豊前国戦国事典

三浦尚司編

海鳥社

かつての香春岳（福岡県田川郡香春町）。大内・毛利・大友によって争奪戦が繰り返された香春岳城は、香春一の岳の山頂から東側中腹に立地する天険の山城であった。現在は石灰石の採掘により山頂は掘削され、城跡は全く消失している。この写真は明治頃の姿と思われる（水谷清則氏提供）

「城井谷絵図」（福岡県立図書館所蔵）。貝原益軒は豊前豊後の史跡調査を行った際、福岡藩の絵師衣笠半助を同行させて絵図を描かせたが、「城井谷絵図」はそのひとつ。この絵図には城井郷城や城井城、城井を攻めた黒田・毛利軍の拠点となった小川内城などが描かれている

大倉周種「城井谷城峡谷之図」（天保13（1842）年／国立公文書館蔵）。城井谷城（城井郷城）は城井谷の最も奥まった地にあり、周囲を屹立した巨岩で囲まれているのがわかる。自然石の表門と裏門がある

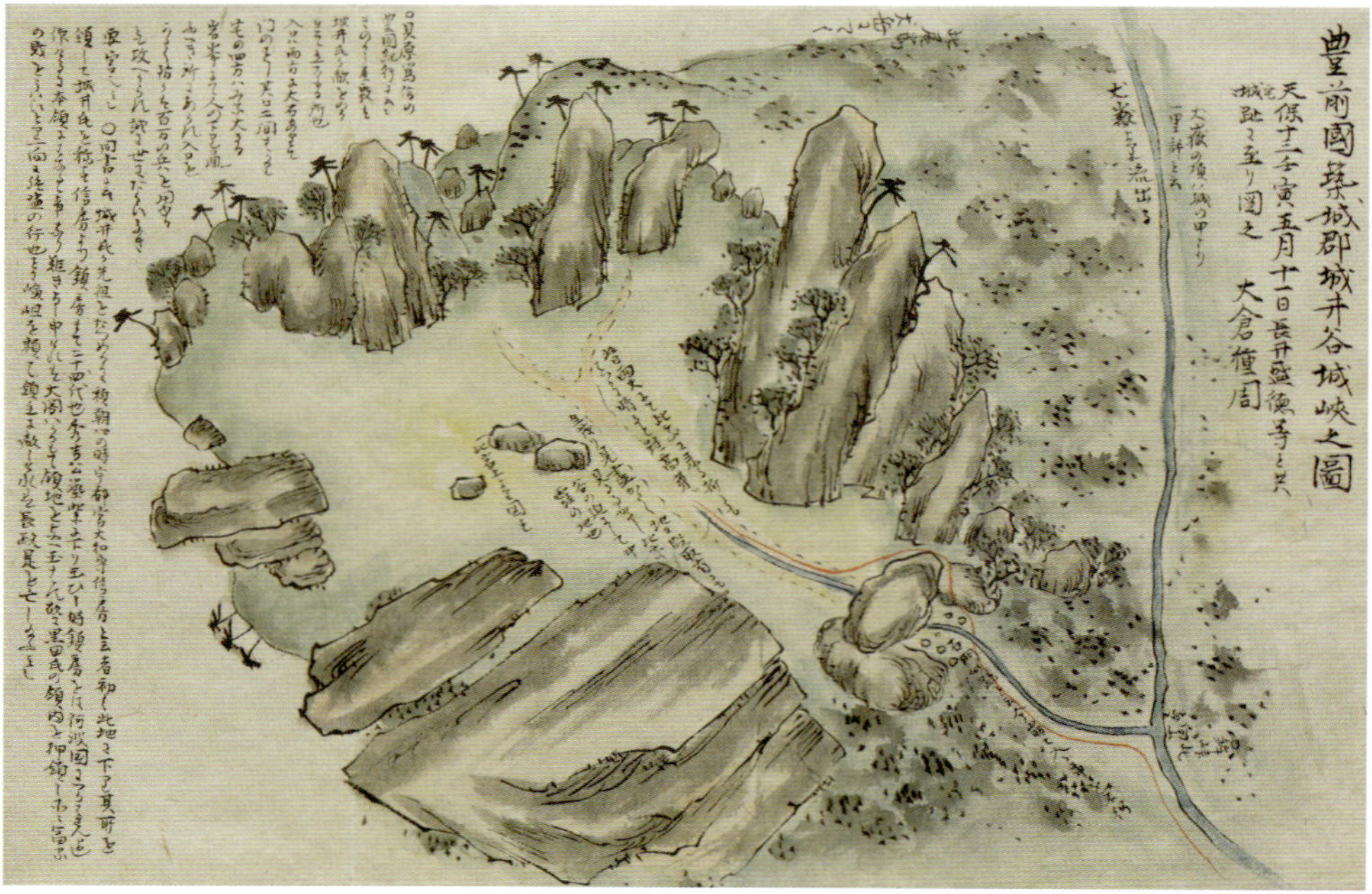

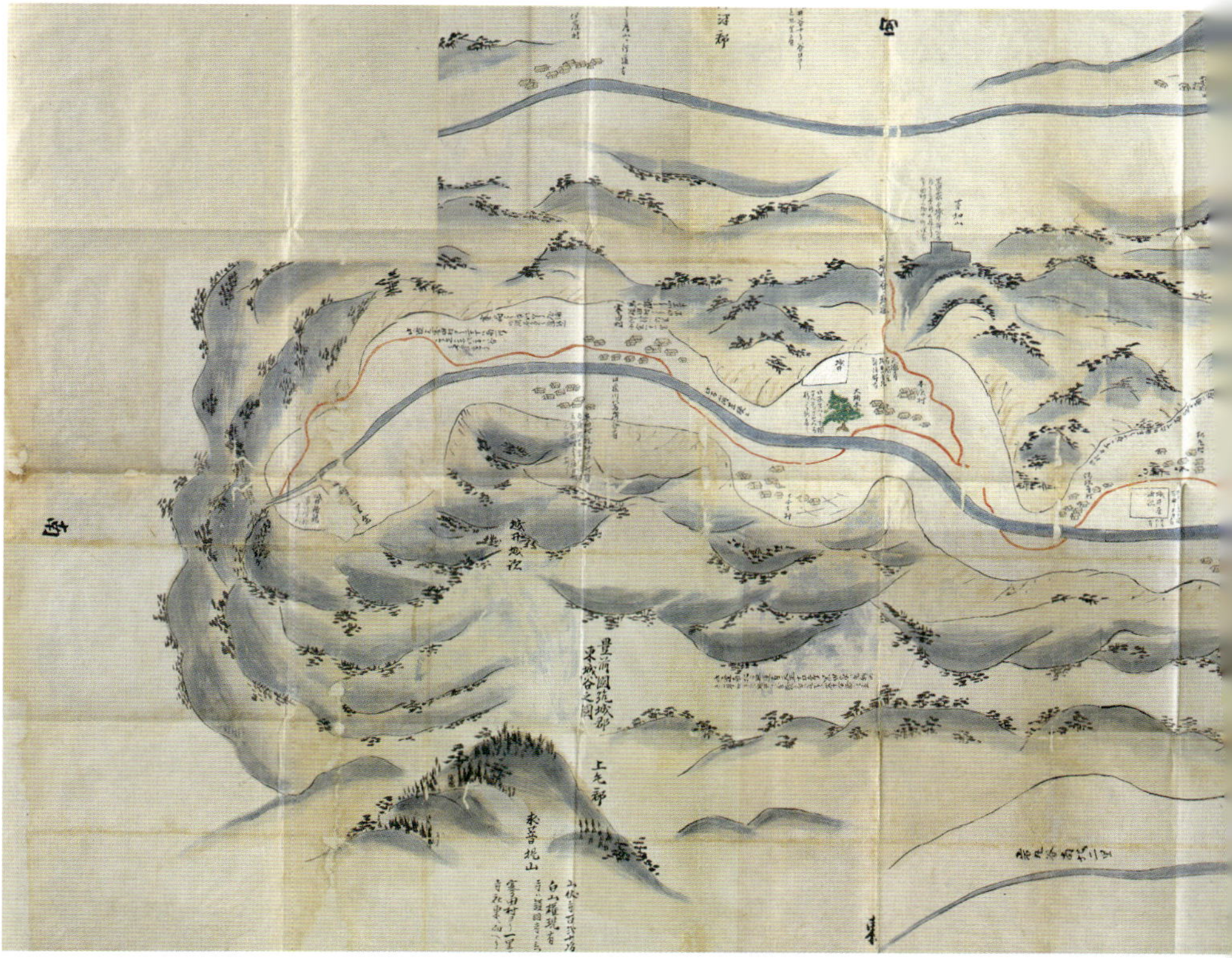

城井郷城表門（築上郡築上町寒田）。右掲「城井谷城峡之図」の中央よりやや右下に描かれた表門の現在の様子（築上町教育委員会提供）

障子ケ岳城（田川郡香春町採掘銅所）跡の階段上に連なる曲輪群。障子ケ岳城は足利尊氏の一族、足利統氏が豊前国の守りとして築城し居城とした。天正15（1587）年、豊臣秀吉の九州平定の際、秀吉の宿舎となったと伝えられる（岡寺良氏提供）

松山城（京都郡苅田町松山）跡の外枡形虎口。戦国期の遺構としては、主郭部周囲に畝状空堀群が確認されている（中西義昌氏提供）

城井郷城（築上郡築上町寒田）跡へ向かう途中にある模型。背後には「弓三丁あれば敵一兵も通さず」とされた「三丁弓の岩」がそびえる（尾座本雅光氏提供）

叶松城（築上郡上毛町東下西）跡へ導く階段。追揚城跡から高良岳山脈の尾根伝いあるが、今はわずかに堀切の跡があるだけで、ほかに遺構は残っていない（尾座本雅光氏提供）

広幡城（築上郡築上町水原）跡。岩丸山の峰尾、広幡山の丘陵上にあり、現在は広畑城公園として整備されている。城跡には岩丸山の尾根道に沿って土塁が残る（尾座本雅光氏提供）

大村城（豊前市大村）跡。城跡は浄土真宗の矢倉山院永寿寺の一帯とされる。城館跡と思われる高台の一部が残っている

（尾座本雅光氏提供）

海老名城（豊前市下川底）跡。別名下川底城ともいう。旧合河小学校の下、岩岳川沿いに下ると貴船神社手前に堀切がある

（尾座本雅光氏提供）

赤幡城（築上郡築上町赤幡）跡は城井川に面した断崖に建つ真言宗淵上寺の上方にあり、城跡は雑木が繁り遺構は不明。土地の人はここを切寄平という（尾座本雅光氏提供）

山田城（豊前市大字川内櫛狩屋）跡への入り口。櫛狩屋城・串狩野城・川内城とも呼ばれる山田城は、豊前宇都宮氏初代信房の子政房を祖とする山田氏の詰城で、山田元房が築いた。平野部から離れた険しい山稜に築かれている。城跡一帯には今でも主郭、曲輪、堀切などが残る（尾座本雅光氏提供）

薬師寺城（豊前市大字薬師寺）跡。城跡は宗像神社の台地付近とされており、堀の内、門前、漆垣の地名が残る（尾座本雅光氏提供）

広津城（築上郡吉富町広津）跡。別名天仲寺城等あるように、天仲寺山の山頂にあった。現在も本丸、二の丸の跡が残っている。写真は大正８年頃のもので、現在は公園として整備されているが、天仲寺古墳などの案内はあるものの、広津城に関する説明板はなく、遺構も確認できない（尾座本雅光氏提供）

日熊城（築上郡上毛町大ノ瀬）跡。かつては日熊山の山頂にあったが、城跡の遺構は残っていない。昭和20年代までは名残を止めていたが、東北側に堀が廻らされていた山頂部は、土砂採取等のため現在はなくなってしまった（尾座本雅光氏提供）

如法寺城（豊前市山内）跡。「宇都宮信房盛綱両公古墳地」の石碑と宇都宮一族の墓がある（尾座本雅光氏提供）

雁股城（築上郡上毛町西友枝）跡に残る石垣。雁股山城は旧大平村第一の高峰であり、福岡県内屈指の断崖絶壁を持つ要害であった（昭和55〈1980〉年撮影／尾座本雅光氏提供）

溝口城（築上郡築上町寒田）跡付近の渓谷
（昭和14–15〈1939－40〉年頃撮影／尾座本雅光氏提供）

雁股山水源にある祠。戦国武将もここで休息をとったのであろう。刀の鍔（つば）が出土している
（昭和59〈1984〉年撮影／尾座本雅光氏提供）

はじめに

平安時代後期、平氏から源氏の時代となり、豊前国では源義経の旗下の武将によって城が築かれた。室町時代応仁期から、いわゆる戦国時代になると、豊前国の城郭史上、激動期を迎える。豊後の太守であった大友氏の豊前進出により、それまで勢力を誇っていた西国の雄・大内氏との攻防が重なり、さらに大内氏の滅亡後、とって代わった毛利氏と覇権が争われた。

こうした大友、大内、毛利に加えて、薩摩から攻め上る島津との戦闘がくり広げられ、戦乱の世を生き延びるために国人、城主達は常に自分の旗幟《きし》を明確にせざるを得ない事態に及び、時には変節や裏切りを余儀なくされた。

とくに豊臣秀吉によって豊前国を与えられた黒田孝高による豊前国入部は、豊前国人一揆を引き起こした。豊前宇都宮氏をはじめ多くの国人達は、義により潔く新勢力たる黒田氏に戦いを挑み徹底抗戦したが、強大な勢力に抗するもむなしく、次々に滅亡していく――。

崩れた古城跡にたたずむと、風によって木々が騒ぐさまは、時代に翻弄されむなしく滅び去った武人達の呟き声の如く聞かれるのである。

彼等の滅亡は、ひとり闘いに敗れた武人のみにとどまらず、妻子は言うに及ばず一族郎党までが命運を共にしたことを思えば、その悲しみが切なく胸中をよぎる。

城郭や城跡に関する本は、これまで数えきれないほど出版されているが、それだけ日本人は、古城跡に対して深い郷愁を感じるとともに、家門を賭けて戦乱の世を生き抜かんとした武人達の〝一所懸命〟の心情に強く惹かれるのであろう。

本書は、私自身が歴史探訪の過程で「こんな本があったら史蹟探訪に役立つのでは」という発想から始まった。

豊前国の城跡のなかでは、復元されて当時の姿を留めるものは、わずか数城にすぎず、本書の城跡編で紹介したほとんどの城跡は、土塁、曲輪《くるわ》、堀切《ほりきり》等の遺構の一部だけをとどめたものや、わずかに地名にのみ名を残しているにすぎない。

これまで豊前国の中世以降の歴史や古城跡に興味を抱き、古文書をはじめ城跡に関連した書籍や学術資料を愛読してきた。ところが現在の福岡県行政区域で区分される豊前国の範疇だけでは中世から戦国時代、さらに江戸時代に連なる歴史の流れを知ることは難しいと感じていた。

そこで現在、大分県に編入されている下毛郡、宇佐郡を含んだ全体像のなかであれば、豊前国の治乱興亡の歴史をたどることで中世から戦国、江戸時代初期までの歴史的な流れを把握することが可能と考え、その範囲からできる限りの文献を繙《ひもと》き、豊前国の城跡と武人を掘り起こすことに主眼を置いて本書をまとめた。

また人名編では中世から近世、戦国時代を中心としたものになったが、豊前国の城跡と武人の興亡に関わった豊後、筑前、肥前、中国、四国の主要な武人についても掲載し、歴史的な背景がわかるように配意した。

しかし、豊前宇都宮氏一族は、黒田氏により完膚無きまでに滅ぼされ、現存する史料が不十分なこと、さらに豊前宇都宮氏に同心して命運をともにした豊前国国人衆の史料も同様に散逸しており、さらには「調査不十分」という事情から、諸資料でもわずか一行の説明にすぎない記述などもあり、全体を斉一にできなかったことをご了承いただきたい。

内容としては、古文書、城郭に関する書籍、歴史書、城郭探訪記、家系図等を参考資料として、豊前国に関わる記述を抜粋して掲載した。

なかには伝聞的なものも含まれている。特に豊前宇都宮氏一族は、現存する史料以上の発掘は期待できない状況であり、その伝聞の根拠を確かめることは不可能に近い。しかし、当時から語り継がれる貴重な一説としてそのまま掲載した。

また参考にした文献の資料価値にもかなり格差があるが、「夢とロマンを求める史跡探訪に役立つ本」という方針で編集したことをあらかじめお断りしておきたい。

史料の不明な点は、むしろ研究の余地が多く残されているということでもあり、大いなるロマンをもって、想像逞しく豊前国の城跡を探訪していただきたい。その際には本書を携えていただき、史跡案内や説明書の記述から本書をひいてもらえれば、興味も一段と深まると思う。

今後、詳《つまびら》かではない記述等は、さらに文献を渉猟《しょうりょう》し、また多くの方々からご指摘やご指導をいただきながら他日充実を図りたいと思う。

二〇一七年十月二十六日

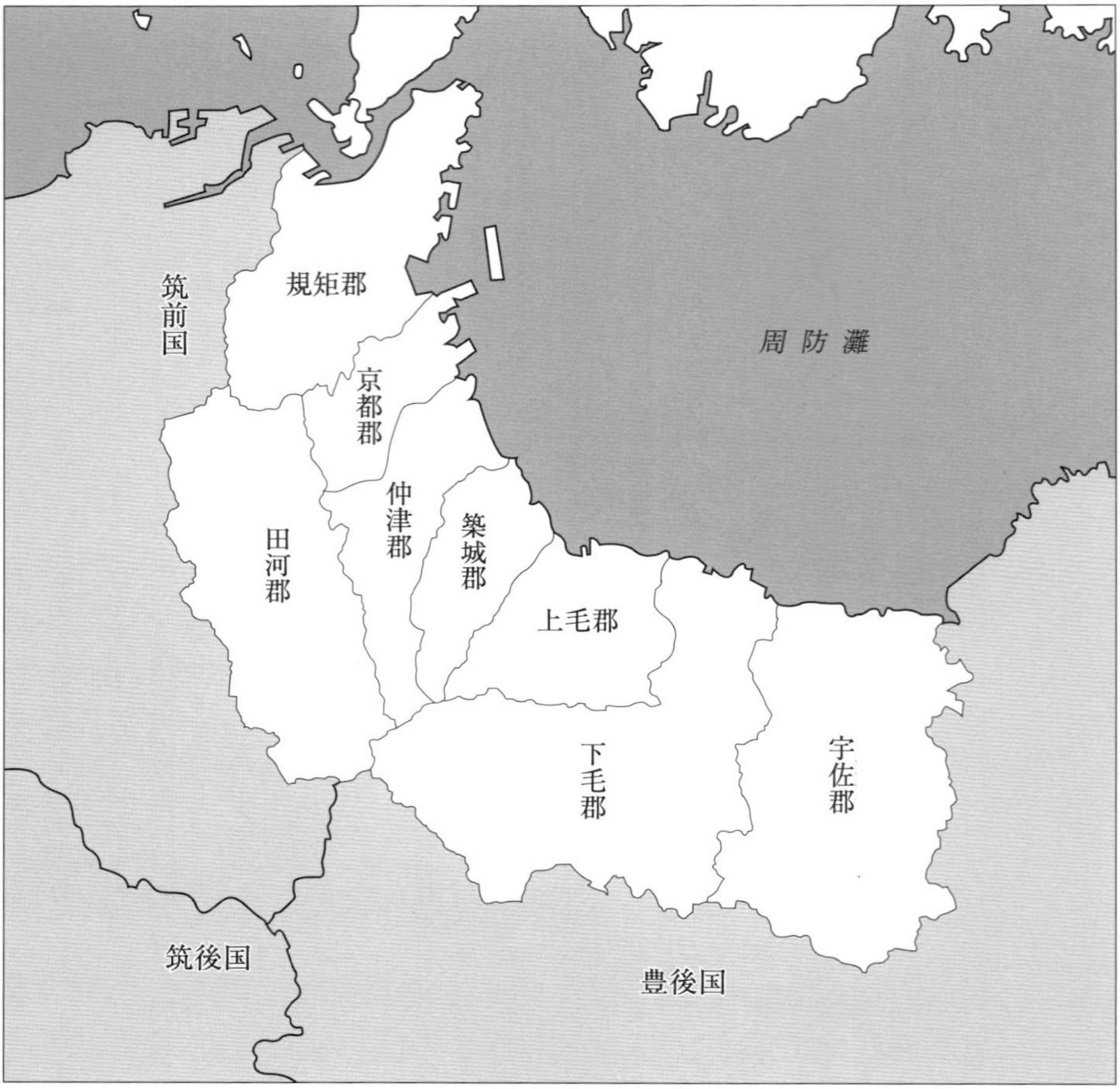

豊前国八郡

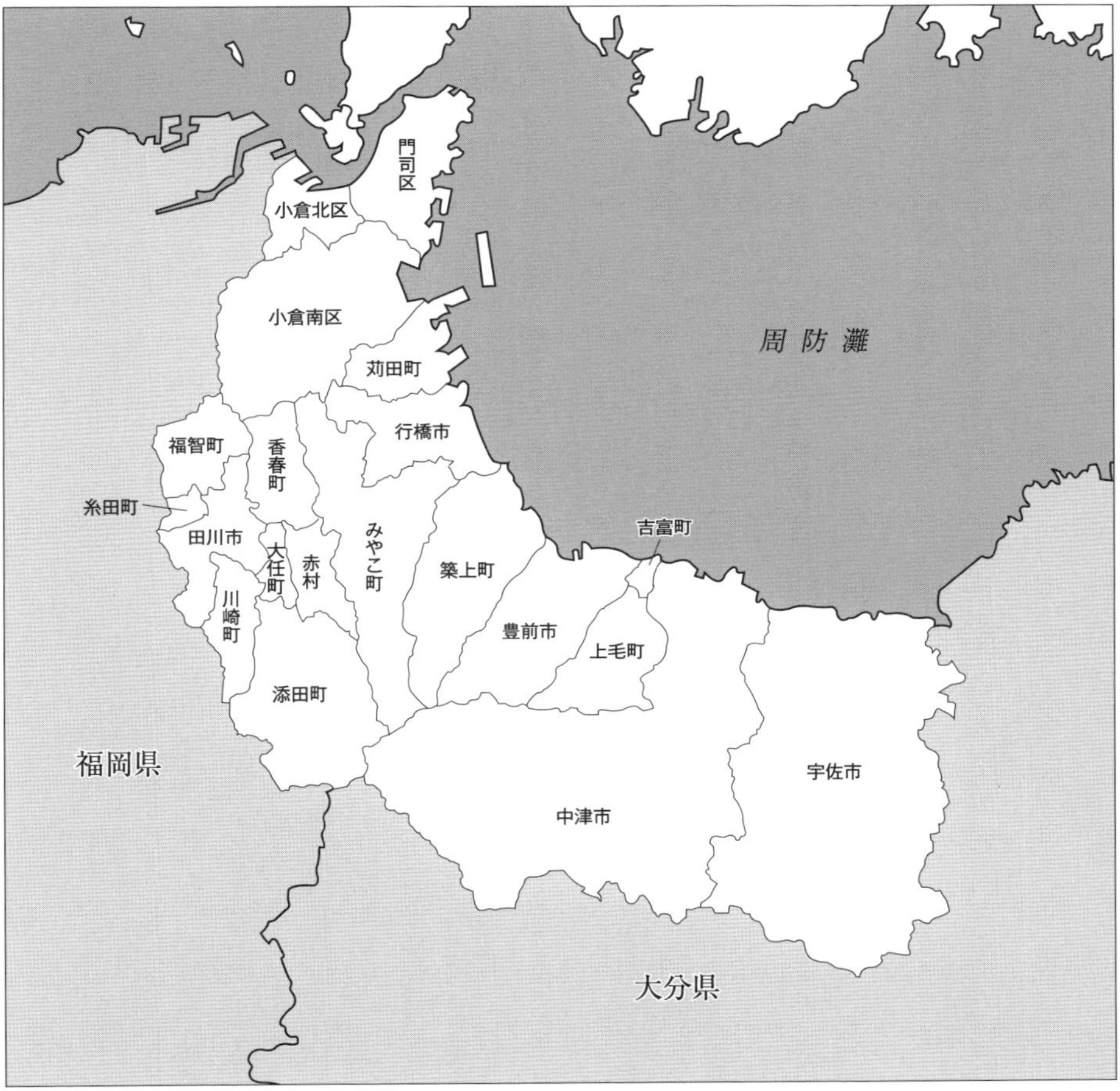

豊前国の現在の範囲

規矩郡（き く ぐ ん）　福岡県北九州市小倉北区・小倉南区・門司区
京都郡（みやこぐん）　福岡県行橋市・苅田町・みやこ町の一部
仲津郡（なかつぐん）　福岡県行橋市・みやこ町の一部
築城郡（ついきぐん）　福岡県築上町・豊前市の一部
上毛郡（こうげぐん）　福岡県豊前市・上毛町・吉富町
下毛郡（しもげぐん）　大分県中津市
宇佐郡（う さ ぐ ん）　大分県宇佐市・豊後高田市の一部
田河郡（たがわぐん）　福岡県田川市・田川郡全域・嘉麻市の一部

凡例

一、本書では、応仁元（一四六七）年の応仁の乱から慶長五（一六〇〇）年の関ヶ原の戦いまでの戦国期における、豊前国の城、国人・武士、合戦を五十音順に掲載するものである

一、各項目を記すにあたって使用した文献（出典）を各項目末に明記した

一、史資料により諸説あり可能な限り整合を図ったが、基本的に出典に記されているままを記した。検証を要する際は出典をご参考願いたい

一、近年以前の資料や古文書の写し等を書き起こした史料等によっては、誤記をそのまま使用したり、写しの際に誤りが生じているものもある。明らかな間違いと思われるものは可能な限り改めた

例・左近将監⇩左近衛将監、大烝⇩大丞、太夫⇩大夫

一、旧漢字は（龍造寺氏などの一部を除いて）すべて新漢字に改めた

一、城跡編での城名の括弧書には、その城の別名を記した

一、人名編での人名の表記においては、基本的に没時の氏または名字・諱を採用し、姓については解説に付記した

一、読み方がさだかではない人名に関しては、地名に準じた名の場合は地名の読みを採用し、または字義などから類推してこれにあてた

一、豊前宇都宮氏からは、城井氏、野仲氏、山田氏、深水氏、西郷氏、如法寺氏、仲八屋氏、佐田氏などが出ており、資料によっては宇都宮を氏として記載するものもあるが、本書では派生した名乗りである名字を主として記載した

例・宇都宮鎮房⇩城井鎮房

一、合戦編については、歴史的によく知られた戦は省略し、大友氏・毛利氏等に関わる戦は豊前国以外の近隣国の合戦も一部加えた

豊前国戦国事典◉目次

はじめに　1
凡例　6
豊前国概略　9
城跡編　13
人名編　139
合戦編　631
年表　679
出典・参考文献　698
あとがき『豊前国戦国事典』について　709
人名編総項目・目次一覧　752
城跡編総項目・目次一覧　767

豊前国概略

豊前国の名が史実に現れるのは、大宝二（七〇二）年である。

大化二（六四六）年、改新の詔に始まる中央集権国家が形成されるなかで地方政治の行政組織として国府が設置された。その国府があった豊前国には、規矩《きく》、京都《みやこ》、仲津《なかつ》、築城《ついき》、上毛《こうげ》、下毛《しもげ》、宇佐《うさ》、田河《たがわ》の八郡が置かれ、さらに四十二郷に分けられた。中央集権に対抗した平将門の乱（九三九―四一年）、前九年の役（一〇五一―六一年）、後三年の役（一〇八三―八七年）などが全国各地で勃発するとともに、次第に武士が台頭していく。そして平安末期の保元元（一一五六）年、平治元（一一五九）年の保元・平治の乱は、もはや武士の力なくして貴族政治は成り立たなくなっていることの表れであった。

そうした全国的な趨勢《すうせい》のなかで、北部九州では土着の豪族達によって武士団が形成されていく。保元三（一一五八）年には平清盛が大宰大弐となり、仁安元（一一六六）年になると大蔵氏の一族である板井種遠が豊前国府の田所《たどころ》、税所《さいしょ》両職を兼任し、豊前国有数の武士団を率いて勢力を振るった。源平争乱の時代は宇佐大宮司、板井氏、長野氏ほか豊前の有力土豪は平氏方となっている。

しかし、文治元（一一八五）年、平氏滅亡後は板井氏や長野氏も没落し、その領地は鎌倉幕府に没収される。そして豊前国には鎌倉幕府に任命された地頭が入部し、国人たちは幕府に服従することで命脈を保った。

この時期、幕府は総追捕使《そうついぶし》、天野遠景《あまのとおかげ》を鎮西奉行人に任命し九州に派遣した。それまでの貴族による統治から、こうした武士による支配へと大きく変化するなかで、東国の御家人も西国九州に下向した。

豊前国の城井宇都宮氏の祖となる城井信房が建久六（一一九五）年、豊前国地頭職に任じられ、下向して城井郷を本拠とした。城井氏は地頭職を基盤として成長し、野仲、山田、大和、如法寺、西郷、友枝、広津、佐田の諸氏を分出させた。とくに佐田氏は、下剋上の戦国時代を乗り切った稀有な存在となる。他方、宇佐大宮司は宇佐神宮という宗教的な権威をもった巨大な荘園領主となった。

戦国期の豊前国には、約四百六十余りの国人が存在したと伝えられるが、それらのほとんどが戦国期に生まれた土豪であった。そうした土豪は西国の大内氏、豊後の大友氏という二大勢力の力関係に支配されながら、被官によって自らの領地と地位を保った。

大内、大友の両氏が豊前国に魅力を感じ豊前支配に力を注いだのは、中国や朝鮮の交易地である筑前の博多という、枢要な地に至る国だからである。とくに大内氏が豊前国を支配するに至ったのは、応安七（一三七四）年、大内義弘が豊前守護職に補任《ぶにん》されたことにあった。この間、一時的に断絶があったが守護職の権威のもとに豊前国の支配を続けた。

他方、大友氏による豊前国の支配は大友義鑑、義鎮（宗麟）の時代に訪れた。

義鑑時代は、天文年間、豊後国における大内氏の最前線の守備城であった妙見岳城をめぐる攻防が続いた。天文三（一五三四）年四月には、速見郡の勢場ケ原で大内、大友両軍の大激戦が展開され、その結果、両軍あわせて六百名を超える戦死者を出し、大内氏が敗退した。その後も両氏の抗争は続き、豊前国の国人にとってはどちら側につくかは、家の存亡に大きな影響を与えた。

天文七年三月、大内氏と大友氏の和睦が成立し、天文二十年に山口周防の雄、大内義隆が重臣であった陶晴賢の謀反により自刃してのち、大内晴英は陶晴賢に推されて山口に入り、大内義長と名を改め跡を嗣いだ。しかし毛利氏の台頭により、弘治元（一五五五）年、陶晴賢は安芸厳島の戦いに敗れて自刃。翌年、大友義鎮が門司城を攻略し、この頃より、毛利・大友の門司城争奪が激化してゆく。弘治三年、大内義長が毛利元就に討たれ大内氏は滅亡となり、筑前、豊前、肥前の領主は毛利氏につき、豊後の大友氏に謀反を起こした。

永禄元（一五五八）年、毛利氏が門司城を奪回。しかし翌年、義鎮は本国の豊後をはじめ筑前・豊前・筑後・肥前・肥後と、九州六国の守護職となり、その後、九州探題に補され、門司城の占領に成功するも、毛利氏がこれを奪回。毛利・大友の門司城争奪が再び激化する。さらに永禄四年、義鎮は再度門司城を攻めるも毛利氏はこれを撃退。そして永禄六年、将軍足利義輝の命により、毛利元就と大友義鎮は和議を認めた。しかし和睦以後も毛利氏と大友氏の門司城や松山城などの豊前国での争奪攻防戦が繰り返された。

元亀二（一五七一）年、毛利元就が死去。毛利方は九州より兵を引き上げ、義鎮は九州六カ国の大名となった。

しかし天正六（一五七八）年、大友氏は薩摩の島津氏との日向耳川の戦いに大敗し、以後、島津氏の侵攻と九州各地の領主の謀反により急速に権威が失墜、上洛して直接、豊臣秀吉に九州征伐を嘆願する。

そして、大義名分を得た秀吉による九州征伐となり、新たな幕が開くのである。

九州平定に功労のあった黒田孝高（如水）は、秀吉から豊前六郡（京都、築城、仲津、上毛、下毛、宇佐）を与えられた。

しかし、ここで旧勢力である豊前宇都宮氏一族を中心とした国人衆による豊前国人一揆が勃発した。激しい戦闘の後、豊前宇都宮氏一族は滅亡し、旧勢力も平定された。

慶長五（一六〇〇）年、豊前六郡を治める黒田孝高、長政父子が筑前国五十二万石の大大名として転封すると、細川忠興が豊前国に入部した。さらに寛永九年（一六三二）には細川氏が肥後に転封し、小笠原氏、奥平氏が入部した。

以後、明治維新まで同氏が代々治めることになる。

さて江戸時代における城郭史上の大きな出来事は、元和元（一六一五）年、江戸幕府により一国一城令が出されたことである。この法令により、豊前国でも多くの名城が廃城となった。

江戸時代は城郭の新築、災害による修復にも江戸幕府の厳格な規制があり、その後大きな城郭の変化は見られなかった。

小倉藩は慶応二（一八六六）年に長州藩との戦争に敗れ、小倉城を自焼して香春に退いた。それ以後は、支藩の千束藩《ちづか》（小倉新田藩《こくらしんでん》）一万石が慶応二年に築城を始め、明治三（一八七〇）年に旭城《あさひ》が完成した。しかし、この城も明治四年七月、廃藩置県によってやむなく廃城となった。

以上、概略を述べたが、城郭史上特筆すべきは、中世に豊前国に築かれた長野城をはじめとする山城《やまじろ》の城跡である。

現在でも貴重な遺構が残り、城郭史研究家による綿密な学術調査によって、極めて貴重な文化遺産であることが明らかになっている。だが残念なことに、こうした城郭遺構は拡大する土地開発のため、次第に崩壊の危機にさらされ、失われている。

遺跡保存のために、さらなる綿密な調査が急がれるところである。

城跡編

あ行

青畑城▽あおはたじょう　　豊前市青畑

築城者、築城年代等は詳《つまび》らかでない。『築上郡史』『福岡県の城郭』「福岡県の中近世城館跡Ⅲ」

青山城▽あおやまじょう　　宇佐市安心院町佐田青山

⇩佐田城（さたじょう）

赤池城（**赤池村城・庄ヶ辻城**）▽あかいけじょう（あかいけむらじょう・しょうがつじじょう）　　田川郡福智町赤池

丘陵上に立地する戦国時代の山城である。市街化により遺構は消滅した。『赤池町史』によれば、『豊前志』には城主は未詳とあるが、古書には「平相国公大宰の権帥時代、正三位重衡公に赤池城を修理させ、長野氏の族将長谷川氏を居らしめた云々」とある。『豊前志』『日本城郭大系』「九州縦貫自動車道関係埋蔵文化財調査報告XXⅨ」『赤池町史』『福岡県の城郭』『添田町誌』「福岡県の中近世城館跡Ⅲ」

赤井城（**菩提寺城**）▽あかいじょう（ぼだいじじょう）　　宇佐市安心院町佐田菩提寺

太尾山（標高約一五〇m）の尾根上に立地する。しかし、『日本城郭大系』では且尾山《かつおやま》の山脚の東南にせり出したところで桜の馬場という七反歩ばかりの平坦地を城跡としている。築城年代、築城者は不詳。明応七（一四九八）年、十月二日、大友軍が佐田庄に乱入、大内方であった佐田氏は菩提寺に立て籠り防戦、同十三日に佐田泰景は飯田山・佐田山の所々の御陣等で奮戦した。天正十五（一五八七）年、黒田氏の豊前国への入部により、佐田統綱は豊後の大友氏を頼り、文禄二（一五九三）年、大友氏の豊後除国で豊前国に戻った。慶長五年（一六〇〇）年、細川氏が豊前国主となり、元和元（一六一五）年、細川氏が佐田氏を家臣とした。寛永九（一六三二年）、細川氏の肥後転封に伴い、孫の宗琢は熊本に移った。赤井城の廃城は豊前一揆鎮圧後か、慶長五年の黒田氏の筑前転封の頃と思われる。「宇都宮氏と豊前の山城シンポジュウム報告書」『安心院町誌』『大宇佐郡史論』『日本城郭大系』

赤井城▽あかいじょう　　宇佐市安心院町佐田青山

⇩佐田城（さたじょう）

赤尾城▽あかおじょう　　宇佐市赤尾

⇩光岡城（みつおかじょう）

赤熊城（**赤熊村城**）▽あかぐまじょう（あかぐまむらじょう）　　豊前市赤熊

築城者は木部和泉守とされるが、立地や築城年代は詳らかではない。『築上郡志』によれば、豊後国の屋形某の息女及び家臣木部和泉の居城とある。城跡は高地屋敷と称し、楼石なども残る。田の字には〈立花御園〉、〈屋鋪〉、〈細工面〉等が残る。『築上郡史』『築上郡志』『豊前志』『日本城郭大系』『福岡県の城郭』「九州縦貫自動車道関係埋蔵文化財調査報告XXⅨ」「福岡県の中近世城館跡Ⅲ」

赤城▽あかじょう　田川郡赤村下赤

山頂に立地する戦国時代の山城である。築城者、築城年代は詳らかでない。『福岡県の城郭』では秋野城と同じか、とある。地名に〈倉谷〉、〈小倉ヶ谷〉などがある。『豊前志』『地名から探る豊前国遺跡』『日本城郭大系』『福岡県の城』『福岡県の城郭』「九州縦貫自動車道関係埋蔵文化財調査報告XXⅨ」

上野城（上野村城・立屋敷）▽あがのじょう（あがのむらじょう・たてやしき）　田川郡福智町上野

旧地名は今立屋敷といい、別称に立屋敷、勝木館とある。戦国時代の城である。築城者は秋月種実の旗下の香月兵庫介輔吉とされ、同城に居城した。『豊前志』によれば、香月兵庫介輔吉は勝木七郎則宗の苗裔とある。『福岡県の城郭』には、江戸時代は上野手永大庄屋屋敷となり、現在は上野焼の窯元となっているとある。『豊前志』『太宰管内志』『地名から探る豊前国遺跡』「九州縦貫自動車道関係埋蔵文化財調査報告XXⅨ」『赤池町史』『福岡県の城郭』『添田町誌』『日本城郭大系』「福岡県の中近世城館跡Ⅲ」

赤幡城（甲山城・淵上寺城）▽あかはたじょう（かぶとやまじょう・えんじょうじじょう）　築上郡築上町赤幡

丘陵上に立地する戦国時代の山城である。城跡は赤幡神社の背後に立地し、城井谷の防衛の最前線たる城であった。天正十五（一五八七）年、城井中務が築城したとされるが、家臣の壁兵助の説もある。また、『築上郡志』によれば城井家尚がこの城を築き、家臣を在城させたとある。いずれにせよ城井氏（豊前宇都宮氏）の出城であった。また『黒田家譜』によれば、城井鎮房の出城で、家臣の壁兵助と城井宮内を置いたとある。天正十五年、黒田氏の武将、母里太兵衛、小河内伝衛門の両名に率いられた軍勢に攻められ、あえなく落城した。『築上郡史』によれば、『豊前志』はこれを淵上寺城としているとある。『豊前志』『築城町の史跡と伝説』『福岡県の城』『日本城郭大系』「九州縦貫自動車道関係埋蔵文化財調査報告XXⅨ」「宇都宮氏と豊前の山城シンポジュウム報告書」『築上郡志』『築上郡史』『福岡県の城郭』「豊前国古城記」「福岡県の中近世城館跡Ⅲ」「史学論叢36」

赤松城（赤松ヶ畑城・赤松ヶ鼻城）▽あかまつじょう（あかまつがはたじょう・あかまつがはなじょう）
北九州市小倉南区道原

赤松山（標高五三九ｍ）の山頂に立地する、南北朝時代に築城された山城である。草創は不明であるが、応永年間（一三九四－一四二八）には赤松太郎義祐が同城に居城した。『豊前志』『北九州の城』『小倉市誌』『日本城郭大系』『福岡県の城』『北九州市史』『門司・小倉の古城史』『小倉市誌補遺』「九州縦貫自動車道関係埋蔵文化財調査報告ＸＸⅨ」『福岡県の城郭』「福岡県の中近世城館跡Ⅲ」

秋永城▽あきながじょう
田川郡大任町大行事秋永

⇩若木城（わかきじょう）

秋野城▽あきのじょう
田川郡赤村下赤

城跡は秋野城山（標高二五四ｍ）の山頂に比定されるが、位置、遺構は詳らかではない。現在、我鹿八幡神社《あがはちまんじんじゃ》の境内に「秋野城跡」と刻まれた三重台の立派な碑が建っている。天文十九（一五五〇）年五月、小澤左衛門祐源隆選は多々羅大宰大弐から赤村の地を与えられ、秋野山に城を築いた。なお、小澤氏の居館跡は里見屋敷と呼ばれ峰岡集落に残っている。〈秋の城倉谷〉の地名も残る。『福岡県の城』『赤村郷土誌』『福岡県の城郭』「赤村郷土史資料」「福岡県の中近世城館跡Ⅲ」

秋葉山城▽あきばやまじょう
田川郡大任町大行事秋永

⇩若木城（わかきじょう）

秋吉城▽あきよしじょう
築上郡上毛町下唐原

⇩下唐原城（しもとうばるじょう）

安雲城（安雲村城）▽あくもじょう（あくもむらじょう）
築上郡上毛町安雲城ヶ森

平地に立地した、南北朝期から戦国時代後期の平城。面積にして約二六七三平方メートルあまりで、東側に黒川を擁する河岸段丘上にあたる高台に立地する。雄熊、日熊の山や中津方面を見渡すことができる。築城者は城井通房とされる。『築上郡志』では城主は詳ならずとある。また、城跡付近には、〈小松堀〉、〈内ヶ丸〉、〈兵衛屋敷〉、〈堀田〉、〈長米屋敷馬場〉、〈鍛冶屋敷〉などの字名ありとある。『築上郡志』『新吉富村誌』『地名から探る豊前国遺跡』『日本城郭大系』「九州縦貫自動車道関係埋蔵文化財調査報告ＸＸⅨ」「宇都宮氏と豊前の山城シンポジュウム報告書」『福岡県の城郭』『築上郡史』「福岡県の中近世城館跡Ⅲ」

旭城（千束城・千束旭城）▽あさひじょう（ちづかじょう・ちづかあさひじょう）
豊前市千束字千束ノ田

城跡には千束神社が鎮座し、見事な石垣が残る平山城である。築城者は豊前小笠原藩主小笠原忠雄の弟、真方の子孫にあたる小倉新田藩（千束藩）一万石の藩主小笠原貞正である。慶応二（一八六六）年八月一日、小倉藩は長州藩との戦いで自ら小倉城に火を放ち、両藩主とも田河郡香春に逃れた。小笠原貞正は慶応二年十月一日、領地内の千束に築城を開始し、明治三（一八七〇）年十月に完成して旭城と名付けた。しかし、明治四年、廃藩置県となり、完成後一年もたたずに廃城となった。日本全国で最後に築城された城としても有名である。『築上郡史』『地名から探る豊前国遺跡』『豊前大鑑』『日本城郭大系』「九州縦貫自動車道関係埋蔵文化財調査報告ＸＸⅨ」『福岡県の城』

麻生城▽あそうじょう　宇佐市麻生

⇩高尾山城（たかおやまじょう）

安宅城（**安居城・陣ヶ尾城**）▽あたかじょう（やすいじょう・じんがおじょう）　田川郡川崎町安眞木

山頂に立地する戦国時代の山城である。築城者は宗像左衛門尉惟方（『添田町誌』には惟代）。『豊前志』『太宰管内志』『地名から探る豊前国遺跡』『日本城郭大系』「九州縦貫自動車道関係埋蔵文化財調査報告ＸＸⅨ」『添田町誌』『福岡県の城郭』「福岡県の中近世城館跡Ⅲ」

足立城（**足立山城・妙見城・妙見山城・吉見城・黒原城**）▽あだちじょう（あだちやまじょう・みょうけんじょう・みょうけんやまじょう・よしみじょう・くろばるじょう）　北九州市小倉北区足原

足立連峰（標高五九八ｍ）の山頂に立地する。通称砲台山山頂。本丸跡等は現在でも東西四〇ｍ、南北六〇ｍ、石塁や空堀等の遺構が残っている。「豊前国古城記」によれば、妙見山の城柵は吉見伊賀守の居城の跡と伝えられる。当時、里人はこれを吉見陣と呼んだ。山頂には樹木はなく雑草が生い茂り、東南部には多くの岩石があった。文治年間（一一八五－九〇）に門司親房が門司城五支城の一つとして築城した。その一族に守らせたものである。『中世北九州落日の譜』には、城主門司顕親とある。延文三・正平十三（一三五八）年には豊後の大友氏時の居城となった。応永年間（一三九四－一四二八）には小野田種尚が在城したと伝えられる。それ以後は明らかではない。『門司・小倉の古城史』『北九州市史』『北九州の城』『小倉市誌』『中世北九州落日の譜』『豊前志』「豊前新大鑑」『福岡県の城』『日本城郭大系』『福岡県の城郭』「九州縦貫自動車道関係埋蔵文化財調査報告ＸＸⅨ」「福岡県の中近世城館跡Ⅲ」

跡田城（**跡田村城**）▽あとだじょう（あとだむらじょう）　中津市本耶馬渓町跡田

天正の頃（一五七三－九二）に活躍した跡田氏の居城。『本耶馬渓町史』では、古羅漢を天然の要害として利用したのではないかと記述している。「葉山神社縁起」には、天正の頃、土居五郎大夫と同十郎大夫が大友勢と戦い討死し、その墓を古羅漢の北辺、法岸寺の上に建てたとある。また天正十六（一五八八）年、黒田長政の来攻をうけ跡田城主因幡守が降伏とある。『本耶馬渓町史』『豊前古城誌』

尼子山城・尼寺山城▽あまこやまじょう・あまでらやまじょう　北九州市小倉南区蒲生

⇩虹山城（にじやまじょう）

天生田城▽あもうだじょう　行橋市天生田

尾根上に立地する戦国時代の山城。馬ヶ岳城の出城と伝えられるが築城者、築城年代は詳らかでない。『行橋市の文化財』『日本城郭大系』『福岡県の城郭』「九州縦貫自動車道関係埋蔵文化財調査報告ＸＸⅨ」

荒木城（荒木村城）▽あらきじょう（あらきむらじょう）　宇佐市荒木

荒木氏代々の居城。天文の頃（一五三二－五五）、荒木三河守の居城。宇佐氏の分流で大友氏に属していたが、天正十四（一五八六）年、大友義統の軍に攻められ焼き討ちにされた。『日本城郭大系』『豊前古城誌』

荒平城▽あらひらじょう　田川郡川崎町安眞木

国指定名勝「藤江氏魚楽園」北西側背後にある山（標高二四三ｍ）の頂上部にあったとされる。地元の伝承では魚楽園の藤江氏の詰城とされている。城郭の遺構は不明である。「福岡県の中近世城館跡Ⅲ」

荒堀城（荒堀村城）▽あらほりじょう（あらほりむらじょう）　豊前市荒堀

城跡は、字名で〈殿屋敷〉と呼ばれ、また、〈殿の塚〉と呼ばれる場所があり、城主の墳墓ではないかと記述されている。田の字名でも〈兵庫屋敷〉とあるが、城主等は詳らかでない。『築上郡史』『築上郡志』『福岡県の城郭』「福岡県の中近世城館跡Ⅲ」

有安城（有安村城）▽ありやすじょう（ありやすむらじょう）　築上郡築上町有安

平地に築城された平城であったが、築城年代は詳らかでない。『応永戦覧』によれば、応永の頃（一三九四－一四二八）に有安小太郎が居城したとある。『地名から探る豊前国遺跡』『日本城郭大系』「九州縦貫自動車道関係埋蔵文化財調査報告ＸＸⅨ」『築上郡史』『福岡県の城郭』『築上郡志』「福岡県の中近世城館跡Ⅲ」

安祥寺城（八屋町城）▽あんじょうじじょう（はちやまちじょう） 豊前市八屋

城跡は、八屋の南方に〈鬮矢〉という地名が残る場所とされる。宇都宮氏一族の宮尾氏の居城で、その祖は宮尾親長である。「有延文書」によれば、宮尾氏は城井信房の孫にあたる親長がこの姓を名乗り、安祥寺の城主となったとある。以後、十八代の宮尾親祝まで四百年にわたり、この城を居城とした。なお、『築上郡志』では「八屋町城跡」として記述され、山田親実の家臣の宮尾織部の居城とされている。天正十五（一五八七）年、日隈城を攻め落とした黒田長政は、三千騎の兵をもって山田城を攻めた。この時、山田城主山田親実は八屋城を弟の山田三郎に守らせていたが、黒田軍に安祥寺城もともに攻められた。城主宮尾親祝は討死したが、舎弟の宮尾親興は下荒堀村に逃れ有延半左衛門親興と名乗り、子孫も有延姓を継いだといわれる。『築上郡史』『築上郡志』「有延文書」「宇都宮氏と豊前の山城シンポジュウム報告書ＸＸⅨ」『福岡県の城』『福岡県の城郭』「福岡県の中近世城館跡Ⅲ」

家籠城▽いえこもりじょう 中津市耶馬溪町深耶馬

城趾あたりを陣尾台と称す。口碑によると、南北朝時代、豊前相良氏は南朝に従い懐良親王を迎えて、この館に滞在したという。『耶馬溪町史』

伊方城▽いかたじょう 田川郡福智町伊方

丘陵上に立地する戦国時代の山城。築城者、築城年代は詳らかでない。『豊前志』『地名から探る豊前国遺跡』『日本城郭大系』『福岡県の城郭』「九州縦貫自動車道関係埋蔵文化財調査報告ＸＸⅨ」

伊加利城▽いかりじょう 田川市伊加利

⇩大善寺城（だいぜんじじょう）

伊川城▽いがわじょう 北九州市門司区伊川

旧伊川郷にあり、城主は門司親澄。県道262号線沿いの円楽寺の裏山一帯が城跡とされるが、遺構はほとんど残っていない。伊川城主の居館跡付近には〈殿屋敷〉の地名が残る。この城は、門司城主の一族、伊川系門司氏の本拠地とされるが、詳しいことは明らかではない。『福岡県の城』『中世北九州落日の譜』『福岡県の城郭』『門司・小倉の古城史』「福岡県の中近世城館跡Ⅲ」

生方城▽いくかたじょう 京都郡苅田町

⇩生方城（うぶかたじょう）

池永城▽いけながじょう 中津市上池永

平城。築城者、築城年代は詳らかでない。『豊前志』によれば、宇佐宮権大宮司で宇佐池守の子で宇佐権大宮司であった宇佐式佐が大貞社の薦池守になって代々この城を守ったとある。また天文の頃（一五三二―五五）、池永筑後守房勝が居城した。天正十六（一五八八）年、黒田軍がこの城を攻めるため寒江堂を本陣として野村、栗山の両将が吹上坂より、また、井上、後藤の両将が金丸から攻め、城主池永左馬頭重則は八百五十余人と堅く守ったが、ついに敗れて一族二十余人と自刃し落城した。『豊前志』『日本城郭大系』『耶馬の奇岩城』『豊前古城誌』

諫山村城▽いさやまむらじょう　　中津市三光諫山
諫山氏代々の居城にして、天正の頃（一五七三―九二）は諫山民部が居城し野仲氏に属した。『豊前古城誌』

石神城▽いしかみじょう　　中津市牛神
天正の頃（一五七三―九二）、小畑甚兵衛が居城した。小畑甚兵衛は黒田軍に加わり池永城攻めで一番乗りをしたと伝えられる。『日本城郭大系』

石松砦▽いしまつとりで　　田川郡福智町市場
切寄城（田川郡福智町）の出城と伝えられる。詳細不明。『福岡県の城郭』

伊田城▽いたじょう　　田川市伊田町
⇩上伊田城（かみいたじょう）

市丸城▽いちまるじょう　　豊前市市丸
城主は詳らかでない。市丸の集落内にあり、中心部は寺院、神社となっている。田の字名に〈泰常〉という名が残るが城主の名ではないかとされる。他に〈堀田〉、〈射場〉、〈的場〉等の名が残る。『築上郡史』『築上郡志』『福岡県の城郭』「福岡県文化財報告書七九集」「福岡県の中近世城館跡Ⅲ」

井手浦城▽いでうらじょう　　北九州市小倉南区井手浦
⇩塔ヶ峰城（とうがみねじょう）

到津城▽いとうづじょう　　北九州市小倉北区到津本町
⇩引地山城（ひきじやまじょう）

糸城（**糸村城・上ノ城・下ノ城**）▽いとじょう（いとむらじょう・かみのしろ・しものしろ）　　田川市位登
山腹に立地する戦国時代の山城である。築城者は星野九郎實旨とされ同氏が居城した。『豊前志』『太宰管内志』『日本城郭大系』『福岡県の城郭』「九州縦貫自動車道関係埋蔵文化財調査報告XXIX」「福岡県の中近世城館跡Ⅲ」

糸田城▽いとだじょう　　田川郡糸田町中糸田
丘陵上に立地する平安末期の平城。築城者は平氏の家人であった糸田左馬頭とされる。『福岡県の城郭』では南北朝期の糸田氏の城、戦国期は荒牧氏が在城したようだとある。竹林内に切岸、曲輪切岸などの遺構が残るとある。『豊前志』『太宰管内志』『地名から探る豊前国遺跡』『日本城郭大系』『福岡県の城郭』「九州縦貫自動車道関係埋蔵文化財調査報告ⅩⅩⅨ」「福岡県の中近世城館跡Ⅲ」

稲童城▽いなどうじょう　**行橋市稲童**

丘陵上に立地した戦国時代の山城であった。築城者、築城年代は詳らかでない。なお、『福岡県の城郭』では、覗山城（行橋市）と同一の城と考えられるとある。『行橋市の文化財』『福岡県の城郭』『日本城郭大系』「九州縦貫自動車道関係埋蔵文化財調査報告ⅩⅩⅨ」

稲光城▽いなみつじょう　**京都郡苅田下片島**

⇩大平山城（たいへいやまじょう）

犬丸城▽いぬまるじょう　**中津市犬丸**

水路をとりこんだ城郭。古くは元暦の頃（一一八四―八五）、源義経の命を受けた緒方惟栄《おがたこれよし》が平氏の九州への押さえの城として造った五城の一つとして犬丸城の名がある。惟栄は一族の加来三郎、佐伯惟定を籠めおいた。惟定は加来を改めて、犬丸を称した。「加来系譜」によると、野仲氏の属臣であった犬丸民部の居城。一説では結城越中守が守ったとあるが、天正十六（一五八八）年、犬丸越中守清俊は黒田氏に攻められ、伏兵に討たれた。この時、城内の兵六百三十人は黒田勢に討ち取られ、まだ七百人には不足なりと、さらに植野城を攻め七十人を討ち取り、それらの首を犬丸往還に梟首したと伝えられる。『豊前志』『日本城郭大系』『耶馬渓文化叢書』「史学論叢36」『豊前古城誌』

犬丸城▽いぬまるじょう　**京都郡みやこ町犀川犬丸**

築城者、築城年代等は詳らかでない。『福岡県の城郭』

犬丸村城▽いぬまるむらじょう　**中津市犬丸**

犬丸村から南方十町の所にあり、中尾河内守が居城した。『豊前古城誌』

猪ノ浦城▽いのうらじょう　**北九州市門司区恒見**

城主、年代、場所すらも不明で、城の名前のみを伝えるという。「福岡県の中近世城館跡Ⅲ」

猪膝城▽いのひざじょう　**田川市猪国**

⇩勝山城（かつやまじょう）

今市城▽いまいちじょう　**豊前市今市**

築城者、築城年代等は詳らかでない。『築上郡史』『福岡県の城郭』「福岡県の中近世城館跡Ⅲ」

今井村城▽いまいむらじょう　**宇佐市安心院町今井**
応永の頃（一三九四－一四二八）、伊惣左衛門弘義が築城した。弘義は後に吉村城を居城とした。『日本城郭大系』『豊前古城誌』

今津村城▽いまづむらじょう　**中津市今津**
今津氏代々の居城なるも、築城者、築城年代は詳らかではない。『豊前古城誌』

今任城（城越城・城腰城）▽いまとうじょう（しろこしじょう・じょうのこしじょう／しろこしじょう）　**田川郡大任町今任原**
上今任の野原八幡の北方にある〈城の越〉と称される尾根上に立地する山城である。城跡と確認できる空堀などの城跡遺構が残り、付近の集落には〈構え口〉という地名も残っている。『福岡県の城』では、建徳寺城主一条氏の出城であった、とある。築城年代や築城者等は詳らかではない。『豊前志』『大任町誌』『日本城郭大系』『福岡県の城』『地名から探る豊前国遺跡』「九州縦貫自動車道関係埋蔵文化財調査報告XXⅨ」「福岡県の中近世城館跡Ⅲ」

今仁城▽いまにじょう　**宇佐市今仁**
享禄年間（一五二八－三二）、今仁伊豆守尚賢が築城し弟の賢直とともに居城した。大内氏に属していた。永禄九（一五六六）年三月、ときの城主今仁主水基実は光岡城主の赤尾鎮房に従い、高尾城の麻生親政を攻めた。光岡城が土井城主佐野親重に攻め滅ぼされると、今仁基実の子正美は敷田城の萩原氏に属した。『日本城郭大系』『豊前志』『豊前古城誌』『大宇佐郡史論』

今村城▽いまむらじょう　**宇佐市下時枝**
旧糸口村にあり、築城者、築城年代等は詳らかでない。『宇佐郡誌』

岩熊城／岩隈城▽いわくまじょう　**京都郡みやこ町勝山岩熊**
⇩尾倉山城（おぐらやまじょう）

岩丸城▽いわまるじょう　**中津市今津岩丸**
水路をとりこんだ中世城郭。「史学論叢36」

岩丸城▽いわまるじょう　**中津市赤迫**
旧桜洲村の赤迫にあったとされるが、築城者、築城年代は詳らかではない。『日本城郭大系』

岩丸城（岩丸村城）▽いわまるじょう（いわまるむらじょう）　**築上郡築上町赤迫岩丸**
尾根上に立地した戦国時代の山城である。『築上郡志』には「岩丸村城跡」との記述あり。築城者、築城年代は詳らかでない。また城主も不詳。今も田の字名に〈城表口〉、〈城表野〉、〈松の堀〉、〈馬場〉等の名が残る。また、〈京の風山〉、〈風の月〉、〈奈古村〉、〈女鹿〉等の風雅な名も残る。『築上郡史』『築上郡志』『地名から探る豊前国遺跡』『豊前志』『日本城郭大系』「九州縦貫自動車道関係埋蔵文化財調査報告ＸＸⅨ」『福岡県の城郭』「福岡県の中近世城館跡Ⅲ」

岩屋城（岩屋村城）▽いわやじょう（いわやむらじょう）　**豊前市岩屋**

尾根上に立地する南北朝時代の山城であった。応永の頃（一三九四－一四二八）、岩屋和泉守が居城とした。『築上郡志』によれば、「今は稲積舊来台と称して東西三十間、南北之に叶う、面積九百坪なり」とある。『豊前大鑑』『築上郡志』『豊前志』『地名から探る豊前国遺跡』『日本城郭大系』『福岡県の城郭』「九州縦貫自動車道関係埋蔵文化財調査報告ＸＸⅨ」「福岡県の中近世城館跡Ⅲ」

因州城▽いんしゅうじょう　**京都郡みやこ町犀川大坂**

⇩大坂山城（おおさかやまじょう）

上田城（上田村城）▽うえだじょう（うえだむらじょう）　**宇佐市上田**

明徳の頃（一三九〇－九四）、上田左衛門道実が鷹居山に築城した。天文の頃（一五三二－五五）には上田氏実は清水姓を称し、その子因幡守実俊は弘治二（一五五六）年、龍王城で大友氏に降った。『日本城郭大系』『豊前古城誌』

植野城（植野村城／上野村城）▽うえのじょう（うえのむらじょう）　**中津市植野**

天正年間（一五七三－九二）、上野新左衛門の居城であった。上野左衛門尉、新右衛門などの記述も見られる。上野氏の祖は上野美作守で蓮如上人の教化によって虚空蔵寺を興した。天正十六年、犬丸城の犬丸越中守とともに城井谷城の城井氏（豊前宇都宮氏）に属し、黒田勢に抗戦したが敗れた。『豊前志』『日本城郭大系』『豊前古城誌』

植野村城／上野村城▽うえのむらじょう　**中津市植野**

⇩植野城（うえのじょう）

上の山城▽うえのやまじょう　**宇佐市麻生**

天文の頃（一五三二－五五）、栄田伊賀守の居城。高尾城の支城と考えられる。『日本城郭大系』『豊前古城誌』

上ノ山城▽うえのやまじょう　**中津市本耶馬渓町今行**

宇佐公通の一統で、今行に住んだ宮成氏の居城という。

八面山（標高六五九m）からの流れの台上で、前面の屋形川から四、五〇mの小高い山の上が平面となり、その後部にタテ堀の跡らしきものが残る。『本耶馬渓町史』

上山城▽うえやまじょう　北九州市門司区恒見
⇩恒見城（つねみじょう）

筌ノ口城▽うけのくちじょう　宇佐市安心院町筌ノ口
大内氏の属臣、筌之口範定の居城。永享七（一四三五）年、新開縫殿允が龍王城を攻めたとき、よくこれを防いだので、その功によって深見郷の一谷を賜り筌之口村とした。文安年間（一四四四－四九）に筌之口清久が居城し、その後孫の重範は天文三（一五三四）年、大内氏に属して勢場ヶ原合戦に出陣し、大友軍と戦った。帰村した重範は入道して霊泉寺を建立した。その後孫は庄屋となり当地に続いた。館の跡には〈局屋敷〉〈射場の本〉などの地名が残る。『日本城郭大系』

筌ノ口城▽うけのくちじょう　宇佐市安心院町松本
⇩茶臼山城（ちゃうすやまじょう）

牛切城▽うしきりじょう　田川郡香春町香春
⇩手切城（てぎりじょう）

臼木村城▽うすきむらじょう　中津市三光臼木
臼木氏代々の居城にして天正のころ、臼木下野守が居城した。『豊前古城誌』

内ヶ瀬城▽うちがせじょう　田川郡添田町落合
⇩上落合城（かみおちあいじょう）

内木城▽うちきじょう　田川郡川崎町安眞木
⇩木城城（きしろじょう）

宇都宮氏館▽うつのみやしやかた　築上郡築上町松丸
⇩松丸村城（まつまるむらじょう）

宇土山城（曾木城）▽うどやまじょう（そぎじょう）　中津市本耶馬渓町曽木
下曽木の大平山登山道を登って行くと、宇土不動堂がある。その付近に宇土山城があった。付近には〈殿岩戸〉、〈局屋敷〉、〈弓の元〉、〈的場〉などの地名が残る。天然の岩壁を利用した山城であった。天正十六（一五八八）年四月、黒田長政は精兵三千五百余騎を率い、長岩城攻めの途次、樋田氏を降し、次いで曾木城を囲んで城主遠入中務丞を自刃させている。『本耶馬溪町史』『耶馬の奇岩城』

生方城▽うぶかたじょう　京都郡苅田町

戦国時代の山城であるが、立地は詳らかでない。毛利左馬頭が築城、または居城したとされる。『豊前志』『日本城郭大系』『福岡県の城郭』「九州縦貫自動車道関係埋蔵文化財調査報告XXⅨ」『京都郡誌』

馬ヶ岳城（大谷城）▽うまがたけじょう（おおたにじょう）　京都郡みやこ町犀川花熊（行橋市津積馬ヶ岳）

城跡は、花熊集落の北方の通称城山と呼ばれる馬ヶ岳（標高二一六m）の頂上に立地し、京都郡と行橋市にまたがる位置にある。天慶五年（九四二）、清和源氏の祖、源経基が大宰大弐として九州に下った時に豊前を治める最もよい地に築城したとされる。経基は同年、小野好古に従って、藤原純友を討つため西下し、ここに城を築いた。経基が築城後、大宰府の直轄の城として重きをなした。なお経基は、大宰大弐橘公頼の子、筑前守昌頼を豊前の守護としてこの城に居城させ、以後七代続いた。仁平元（一一五一）年、源為朝が豊後より豊前に攻め入り、この城も攻められ、城主頼行は自刃した。その後、武藤氏が大宰少弐となり、その城となるが、以後は数知れないほどの興亡の歴史をたどる。応永五（一三九八）年十月、大友一族の大友氏鑑が挙兵して豊前に侵攻。この侵攻に同情的な馬ヶ岳城主、新田義氏は大友方に加わるが、大友軍は築城原で大内軍に破れ、城は応永五年十二月二十八日、大内軍の猛攻撃を受け義氏は降伏した。永享三（一四三一）年より大内盛見の居城となる。文明元（一四六九）年、少弐嘉頼、教頼が謀反を起こした時、城主大内教幸は少弐に味方して馬ヶ岳城に立て籠った。同年十二月二十三日、大内政弘の命を受けた長野義信、千手冬通らに攻められ、教幸は加嘉丸、獅子丸の二人の子を殺し自刃、落城した。天文年間（一五三二－一五五五）、大内氏の実質的な滅亡により、宇都宮氏の城となり、『豊前志』には天正六（一五七八）年より長野助守が城主として居城したとある。天正十五（一五八七）年、豊臣秀吉は九州平定の際、当城に立ち寄り宿舎とした。秀吉が九州平定後は、豊前国は黒田孝高（如水）の所領となり、孝高、長政は中津城完成まで馬ヶ岳城を居城とした。慶長五（一六〇〇）年には細川忠興の持城となったが、元和元（一六一五）年の一国一城令により、この名城も廃城となった。「豊前国古城記」『日本城郭大系』『豊前志』『福岡県の歴史』『太宰府小史』『北九州の城』「九州縦貫自動車道関係埋蔵文化財調査報告XXⅨ」『福岡県の城』『福岡県の城郭』「史学論叢36」「福岡県の中近世城館跡Ⅲ」

浦河内城▽うらかわうちじょう　京都郡みやこ町勝山浦河内

障子ヶ岳城の北の尾根上に立地する戦国時代の山城である。曲輪、堀切が残る。築城者、築城年代は詳らかでない。『地名から探る豊前国遺跡』『日本城郭大系』『福岡県

の城郭』「九州縦貫自動車道関係埋蔵文化財調査報告ＸＸⅨ」

宇留津城（**宇留津村城・潤津城・塩田城／円田城**）
▽うるつじょう（うるつむらじょう・うるつじょう・えんだじょう） 築上郡築上町宇留津

戦国時代に築城された平城であった。築上町の北東にある宇留津の集落一帯が城跡とされる。現在、海岸近くに須佐神社があり、その南を塩田沼といわれるが、これは城の掘跡である。元暦年間（一一八四－八五）に源義経の命を受けた緒方惟栄《おがたこれよし》が築城したものである。この時、賀来次郎が城を守り、以後、代々賀来氏の居城となった。応永五（一三九八）年、大友氏鑑が豊前を攻めた時、城主であった賀来三郎は大友氏に加担した。弘治二（一五五六）年、大友義鎮（宗麟）が豊前に侵攻した時は、降伏し、後、宇都宮氏に属した。『豊前志』によれば、天正の頃（一五七三－九二）の築城者は潤津日向守高衡とされ、同城に居城した。後に加来新外記の子、孫兵衛元邦が居城したとある。天正年間、宇都宮氏の旗下であった賀来基信が居城したが、天正十四年、豊臣秀吉が九州征伐の時、黒田孝高（如水）、吉川元春、小早川隆景の中国勢と長野・宗像等の現地軍を加え二万八千の大軍に攻められてついに落城し、城主賀来与次郎はじめ賀来一族郎党は残らず討死した。『築上郡志』では宇留津城と塩田城は別城としている。『豊前志』『日本城郭大系』「宇都宮氏と豊前の山城シンポジュウム報告・築城郡の城館跡」「九州縦貫自動車道関係埋蔵文化財調査報告ＸＸⅨ」『築上郡史』『福岡県の城』「福岡県の中近世城館跡Ⅲ」

江熊城（**江熊村城**）▽えぐまじょう（えぐまむらじょう） 宇佐市江熊

天正年間（一五七三－九二）に宇佐氏の分流、江熊伊豆守が居城。天正十五年、豊臣秀吉の臣、三好秀次の軍に従い島津軍を追討。同十七年、黒田氏に城地を没収された。『日本城郭大系』『豊前古城誌』

榎木城▽えのきじょう 築上郡上毛町上唐原
⇩壇の城（だんのじょう）

海老名城（**下川底城**）
▽えびなじょう（しもかわそこじょう） 豊前市下川底城井前

尾根上に立地した戦国時代の山城で川底城の出城とも伝えられる。その城跡は合河小学校の敷地であったが、平成九年に廃校となった。『福岡県の城』の記述では、旧合河小学校の東方に鎮座する貴船神社の地に立地したともされる。「豊前国古城記」によれば宇都宮氏の家臣であった遠藤源兵衛が居城としたとある。別に川底甫房の抱城との記述もある。また、城井鎮房の城代、遠山孫六の守城との記録もある。「福岡県の中近世城館跡Ⅲ」

では、下川底城は小畑城の別称であるとしている。『豊前志』『築上郡志』『福岡県の城』『日本城郭大系』「九州縦貫自動車道関係埋蔵文化財調査報告ⅩⅩⅨ」「宇都宮氏と豊前の山城シンポジュウム報告書」「福岡県の中近世城館跡Ⅲ」

海老野城（鬼辺城／木部城・頂吉城・茶臼山城・呼野城）▽えびのじょう（きべじょう・かぐめよしじょう・ちゃうすやまじょう・よぶのじょう）　**北九州市小倉南区頂吉**

小倉南区と香春町との境界線の尾根上に立地する南北朝時代の城跡。築城者は大館九郎源盛見。『豊前志』『北九州の城』『福岡県の城』『福岡県の城郭』『日本城郭大系』「九州縦貫自動車道関係埋蔵文化財調査報告ⅩⅩⅨ」「福岡県の中近世城館跡Ⅲ」

恵里城／恵利城（成腰城）▽えりじょう（なりこしじょう）　**北九州市小倉南区蒲生**

蒲生の鷲峰山の北東に位置し紫川を天然の濠として小高い丘に築城されたが、学校用地として造成されたため遺構は残っていない。南北朝時代に築城されたとされる。築城者は味尾縫殿。応永年間（一三九四－一四二八）は規矩氏一族の規矩太郎親通が居城した。『福岡県の城郭』では城の所在地は小倉北区南丘とし、紫川の西岸の幹線道路を見下す丘（標高三二ｍ）の上にあったとする。宅地化により遺構は消滅した。『豊前志』『北九州の城』『日本城郭大系』『北九州市史』『門司・小倉の古城史』『福岡県の城』『企救郡誌』「九州縦貫自動車道関係埋蔵文化財調査報告ⅩⅩⅨ」『福岡県の城郭』「福岡県の中近世城館跡Ⅲ」

淵上寺城▽えんじょうじじょう　**築上郡築上町赤幡**

⇩赤幡城（あかはたじょう）

塩田城／円田城▽えんだじょう　**築上郡築上町宇留津**

⇩宇留津城（うるつじょう）

追揚城（追揚ヶ城）▽おいあげじょう（おいあげがじょう）　**築上郡上毛町東下**

城跡は、土地の人が城山（標高約一〇〇ｍ）と称する山脈の出鼻に立地する戦国時代の山城である。その場所は、東友枝の界をなす山脈の出鼻で、幾条もの切割り、石塁、空堀等の城跡遺構が残っている。この地より峰伝いに上がっていけば叶松（加能松）城跡に達する。里人は城山と呼び、加能松の出城であったと伝えている。城井鎮房の一族、野仲鎮兼の家臣であった加能松城主、内尾主水正兼元が北面防衛のための出城として築城したとされるが、城主や廃城の年代等は詳らかでない。『築上郡史』『福岡県の城』『豊前志』『地名から探る豊前国遺跡』『豊前大鑑』『日本城郭大系』『築上郡志』「九州縦貫自動車道

関係埋蔵文化財調査報告XXⅨ」「福岡県の中近世城館跡Ⅲ」

王子城（若王子城）▽おうじじょう（じゃくおうじじょう）　**北九州市小倉北区須賀町**

城跡は須賀神社の背後にある陣ヶ尾山頂に立地する。なお、現在の須賀神社の社殿がある場所が城主の居館跡と言われている。後鳥羽天皇の文治五（一一八九）年、門司下総前司源親房が豊後国守護に任じられ九州に下った時、門司城の出城として築いたもので、その一族の城主門司弥三郎入道親忠の居城と伝えられる。応永年間（一三九四－一四二八）、門司一徳斉親俊（門司民部入道一徳斉）が居城としていたが、元和三年（一六一七）に廃城となった。「豊陽古城伝」には、「文治五年三角金山吉志若一王子妙見の五ヶ所に城柵を構う」とあり、また、『応永戦覧』には「応永五年大友氏鑑叛逆の時に門司足立の城は大内に親従す」とある。「山上は二十歩ばかりの平坦地で」山頂から三十間あまり下に段々の平地があり、そこが城の櫓跡と伝えられる。『新豊前大鑑』『北九州の城』『小倉市誌』『日本城郭大系』『中世北九州落日の譜』『福岡県の城』『北九州市史』『門司・小倉の古城史』「九州縦貫自動車道関係埋蔵文化財調査報告XXⅨ」

小内田城▽おうちだじょう　**田川郡赤村**

立地、築城者、築城年代等は詳らかでない。『添田町誌』には小内田に立地とある。『豊前志』『添田町誌』『福岡県の城郭』

小内田城（小内田村城）▽おうちだじょう（おうちだむらじょう）　**田川郡添田町内田小内田**

山頂に立地する。『豊前志』『日本城郭大系』『添田町誌』

合馬城▽おうまじょう　**北九州市小倉南区合馬**

⇩宝積寺城（ほうしゃくじじょう）

大内田城▽おおうちだじょう　**田川郡赤村内田**

尾根上に立地する南北朝時代の山城である。築城者は菊池肥後守武重。『豊前志』『日本城郭大系』『福岡県の城郭』「九州縦貫自動車道関係埋蔵文化財調査報告XXⅨ」

大浦山城▽おおうらやまじょう　**中津市耶馬溪町大野**

字開ノ木にあり、小川新左衛門鑑房の居城であった。小川氏の祖は筑前の立花城主立花貞載。その六代の孫である立花鑑載は大友氏に叛いたため攻められ、立花城は落城した。鑑載は野仲氏に頼って長岩城に逃れ、名を改め小川新左衛門鑑房と称して客将となったが、長岩城が落城した後は帰農したといわれる。『日本城郭大系』『耶馬溪町史』

大桐城（大切城）▽おおきりじょう（おおきりじょう）　**築上郡上毛町東上**

上毛町東上大桐に石垣を長く築いた所がある。里人は城跡と呼んでいる。『築上郡志』には大切城とあり、城主は詳らかにせずとある。『築上郡史』『築上郡志』『福岡県の城郭』「福岡県の中近世城館跡Ⅲ」

大熊城▽おおくまじょう　**京都郡みやこ町犀川大熊**

尾根上に立地する戦国時代の山城。築城者、築城年代は詳らかでない。『京都郡誌』『地名から探る豊前国遺跡』『日本城郭大系』『福岡県の城郭』「九州縦貫自動車道関係埋蔵文化財調査報告ＸＸⅨ」

大河内城▽おおこうちじょう　**豊前市大河内**

尾根上に立地する戦国時代の山城であった。築城者、築城年代は詳らかでない。『豊前志』『地名から探る豊前国遺跡』『日本城郭大系』『福岡県の城郭』「九州縦貫自動車道関係埋蔵文化財調査報告ＸＸⅨ」

大坂山城（因州城）▽おおさかやまじょう（いんしゅうじょう）　**京都郡みやこ町犀川大坂**

『京都郡誌』に「城跡一カ所、大坂村に在り、いんしゅう城という」とある。築城者は杉因幡守。尾根上に立地する山城。「因州」は因幡国の異称。『豊前志』『地名から探る豊前国遺跡』『京都郡誌』『日本城郭大系』『福岡県の城郭』「九州縦貫自動車道関係埋蔵文化財調査報告ＸＸⅨ」『北九州戦国史』「福岡県の中近世城館跡Ⅲ」

大城▽おおじょう（おおしろ）　**中津市耶馬溪町深耶馬**

宇佐市院内に通ずるところにあり、築城年代、築城者は詳らかではない。大城集落後ろの山の丘陵地といわれる。『耶馬溪町史』

大副城▽おおそえじょう　**宇佐市院内町上副**

副氏の被官であった佐藤氏の居城という。『日本城郭大系』『豊前古城誌』

大嶽城▽おおたけじょう　**中津市耶馬溪町戸原**

木ノ子山の山麓に立地する。天徳二（九五八）年、城井庄司三郎元義の居城となった。『日本城郭大系』『耶馬溪町史』

大谷城▽おおたにじょう　**京都郡みやこ町犀川花熊**

⇩馬ヶ岳城（うまがたけじょう）

大豆塚山城（大豆塚城）▽おおづつかやまじょう（おおづつかじょう）　**田川郡添田町桝田**

⇩大豆塚山城（おおまめつかやまじょう）

大積城（**丸山城**）▽おおつみじょう（まるやまじょう）　北九州市門司区大積

『福岡県の城』では、門司氏の支城として文明年間（一四六九―七八）、大積上総介隆鎮が築いたといわれるとある。『福岡県の城』『北九州の城』『門司市史』『日本城郭大系』『福岡県の城郭』

大鍋山城▽おおなべやまじょう　北九州市小倉南区志井

⇩徳力城（とくりきじょう）

大日城▽おおにちじょう／だいにちじょう　中津市耶馬溪町平田

築城年代、築城者等は詳らかではない。この城は、字大日にあったと思われるが、また少し下にある岩洞付近には古城という字名もある。『耶馬溪町史』

大根川城（**大根川館**）▽おおねかわじょう（おおねかわやかた）　宇佐市大根川

天正の頃（一五七三―九二）、土井城主佐野氏の家老、奈良重尚の居城。天正十四年、土井城で佐野氏とともに大友義統に攻められ討死した。『日本城郭大系』『豊前古城誌』

大野城▽おおのじょう　北九州市小倉南区高津尾宮山

⇩稗畑山城（ひえはたやまじょう）

大畑城（**大幡城**／**大簱城**）▽おおはたじょう（おおはたじょう）　中津市加来

現在は中津市の南部、旧三光村と接する大字加来の集落の西にある、わずかに高い丘の一帯が城跡とされる。平山城。古くは元暦元（一一八四）年三月、源義経の命を受けた緒方惟栄《おがたこれよし》が平氏への九州の押さえの城として造った五城の一つとして大畑城の名がある。「加来系譜」『豊前志』には、その後、緒方氏の一族であった賀来惟興が城主とあり、以後、二十二代の安芸守統直が黒田氏に攻められるまで続いたとある。「中津川軍記」には、天正七（一五七九）年から同十四年まで、野仲鎮兼が四十八度も攻めたが落城しなかったとある。大畑城は下毛郡における大友方最後の拠点として、旧下毛郡内の武士を集めて防戦したとされる。天正十四年九月、豊臣秀吉の先発軍として黒田孝高（如水）が豊前国に入国後、国人との激しい戦闘が行われた。「両豊記」によれば天正十六年十二月、城主賀来安芸守統直は城を落ちて、主従五騎、豊後に落ちのびようと秣村境まで来たところで、秣大炊介の伏兵にあって討ち取られたとある。『豊前志』には大畑城址について「三宅三大夫を城番とし、城東に黒水あり、西に三角池ありて要害よき城地なり。今も付城・外堀などという田の字あり」と記述されている。『下毛郡誌』『豊前志』『日本城郭大系』『大分県郷土史料集成』『佐々木文書』『耶馬の奇岩城』『豊前古城誌』

大原城▽おおはらじょう　築上郡上毛町東上

長岩城主、野仲兵庫頭鎮兼の抱城。雁股山城の出城であった。「福岡県の中近世城館跡Ⅲ」

大原館▽おおはらやかた　田川郡香春町中津原

⇩為朝屋敷（ためともやしき）

大平城（城井城）▽おおひらじょう（きいじょう）　築上郡築上町寒田大平

この城は城井氏（豊前宇都宮氏）後期の本城として築城され、本丸、二の丸、馬場を備えた山城であった。「福岡県の中近世城館跡Ⅲ」では、別称城井城とある。求菩提山（標高七八二m）の峰続きに当たる大平山（標高四四〇m）の頂上に立地する典型的な山城である。一部土塁等の城跡遺構が残る。また、城跡の周囲には〈城台〉、〈石蔵〉、〈水の手〉などの地名が残る。天正十五（一五八七）年、九州を平定した豊臣秀吉は、城井氏の所領を黒田孝高（如水）に与え、城井鎮房に伊予（愛媛県）今治に国替えを命じた。しかし、この朱印状を返上して豊前国城井郷に留まることを希望したが、受け入れられる状況ではなかった。これに対し豊前国のうち規矩郡と田河郡の新領主となった毛利勝信の取りなしに望みをつなぎ、一時、田河郡赤郷柿原に移っていたが、同年、大村助右衛門から大平城を奪還し、城井の諸城を修築して黒田氏に対して一揆を起こした。同年十月、黒田長政による城井谷の攻撃が開始され、毛利の援軍も加わり城井谷に進攻した。しかし、城井の軍勢の奇襲に攻撃を断念し、同年十二月、黒田孝高は一万二千の大軍をもって攻撃を開始した。この戦いで味方の諸豪族はことごとく討ち取られ孤立無援の鎮房は、孝高の和議に応じ、和睦の証として鶴姫を黒田長政に嫁がせた。しかし、新しく築城された中津城に招かれた鎮房は酒宴の席で謀殺された。長政率いる黒田兵は、城井谷に攻め込み、不意を突かれた宇都宮一族は抗戦むなしく敗れ大平城は落城した。『豊前志』『築城町の史跡と伝説』『日本城郭大系』「九州縦貫自動車道関係埋蔵文化財調査報告XXⅨ」「宇都宮氏と豊前の山城シンポジュウム報告書」『築上郡志』『築上郡史』『福岡県の城』「福岡県の中近世城館跡Ⅲ」

大船城（大船山城）▽おおぶねじょう（おおぶねやまじょう）　北九州市小倉南区山本

⇩山本城（やまもとじょう）

大豆塚山城（大豆塚城）▽おおまめつかやまじょう／だい

ずつかやまじょう／おおづつかやまじょう（おおづつかじょう）　田川郡添田町桝田

『豊前志』には城の立地を岩石山の麓四五町ほど西にありと記述がある。彦山川右岸の熊野神社の背後の山上に長い曲輪が残る。築城者は前田孫四郎とされ、豊臣秀吉に命じられて築いた。岩石城の付城とされる。『豊前志』『日本城郭大系』『福岡県の城郭』「九州縦貫自動車道関係埋蔵文化財調査報告XXIX」「福岡県の中近世城館跡Ⅲ」

大三岳城▽おおみつたけじょう　北九州市小倉南区長野

⇩三岳城（みつたけじょう）

大三ヶ岳城（大三岳城・三岳城）▽おおみつがたけじょう（おおみつだけじょう・みつたけじょう）　北九州市小倉南区辻三

大三ヶ岳城は辻三集落の北西につらなった三岳連山の中の大三ヶ岳の頂上に立地した。城郭の規模も大きく、現在でも城跡遺構が残っている。弘安年間（一二七八―八八）、長野城主であった長野種盛が築城し、以後長野氏一族がこの城を守った。戦国時代、長野氏は西国の雄、毛利元就に属していたが、弘治二年（一五五六）豊後の大友義鎮（宗麟）が豊前の各城を攻めたため、長野氏は大友の軍門に下った。長野氏の背信に怒った元就は永禄十一（一五六八）年、吉川元春、小早川隆景を将として攻めた。この時の城主長野義時は不在であったが同年九月五日、孫の義孝は千名余りの将兵と防戦につとめたが同月十一日、総攻撃を受けて落城した。小三ヶ岳城は大三ヶ岳城と峰続きであったが、守将長野義孝が討たれたあと大三ヶ岳城の兵が逃げ込み立て籠ったが衆寡敵せず、ついに落城した。『日本城郭大系』『北九州市史』『門司・小倉の古城史』『小倉市誌補遺』「九州縦貫自動車道関係埋蔵文化財調査報告XXIX」「史学論叢36」『福岡県の城』「福岡県の中近世城館跡Ⅲ」

大村城▽おおむらじょう　宇佐市安心院町大村

『豊前古城誌』には、建武の頃（一三三四―三八）に深見太郎政直が、弘治の頃（一五五五―五八）は深見壱岐守が在城し、深見河内守も居城したとある。『豊前志』には深見河内守が築城したとあるが、築城年代等は詳らかでない。深見基愛の弟基直が継いだ。城跡には〈内城〉、〈外城〉などの地名が残っている。大永三（一五二三）年、深見河内守盛時は大友氏に攻められ落城し、一族は滅亡した。『豊前志』『日本城郭大系』『豊前古城誌』

大村城（大村城山城）▽おおむらじょう（おおむらしろやまじょう）　京都郡みやこ町犀川大村

⇩不動ヶ岳城（ふどうがたけじょう）

大村城（**土居城・山田親実居館**）▽おおむらじょう（どいじょう・やまだちかざねきょかん）　豊前市大村

南北朝時代から戦国時代の平城。城跡は浄土真宗の寺院永寿寺の一帯とされる。この寺は山号を矢倉山といい、矢倉、櫓があった跡にこの寺が建てられたと伝えられる。貞和年間（一三四五－五〇）、新田氏の一族、山名相模守が征西府将軍懐良親王に従って豊前に下り大村に城を築くが、筑後川の合戦において討死した。その後、嗣子の武蔵守は大内教弘に従い、武蔵守の子、相模守氏政（氏昌）は応永六年より大内盛見の軍役に服した。大内盛見が豊前の押さえとして家臣に軍令を発して旧上毛郡大村に陣を張ったことが記録にある。その後、宇都宮氏一族の山田氏の抱城となった。天正十五（一五八七）年、山田親実がこの城に籠り黒田軍を防戦したが、圧倒的な勢力に押されついに落城して、親実は木江城に逃れた。その後、山田親実は一旦黒田氏に降って、許されて大村城主となったが、天正十六年九月九日、黒田長政から中津城に招き寄せられ黒田の家臣、小河内伝右衛門に討たれた。その後、城井氏が滅亡するとともに廃城となる。城跡あたりの田の字名に〈城屋鋪〉〈門田〉〈城戸下り〉〈馬場〉〈堀田〉〈一条〉〈三条〉〈出口〉などが残る。大村城下は頗る繁昌し、札の前と称する高札場の遺跡、あるいは慈眼寺、大傳寺、崇藏寺など七堂伽藍を偲ばせる〈座頭屋敷〉〈道場〉〈道心〉〈道面〉〈高道〉等の田の字名が残る。『築上郡史』『築上郡志』『豊前志』『地名から探る豊前国遺跡』『日本城郭大系』『福岡県の城郭』「九州縦貫自動車道関係埋蔵文化財調査報告XXIX」『福岡県の城』「福岡県の中近世城館跡Ⅲ」

岡崎城（**地神城**）▽おかざきじょう（ちかみじょう）　中津市三光田口城山

『下毛郡誌』によると、「天正時代に田口兵部丞が居城して地神城という」とある。昭和三十（一九五五）年ごろ開拓により城跡は破壊された。『下毛郡誌』『三光村誌』

岡城（**岡の鼻城・川底城・城山城**）▽おかじょう（おかのはなじょう・かわそこじょう・しろやまじょう）　豊前市下川底

城跡は経読岳から北東にのびた山脈の稜線上に立地する。高城との中間には尾根道を遮るような巨岩が立ちはだかり要害をなしている。この城は城井氏（豊前宇都宮氏）一族の如法寺氏が築城し、その後、川底氏の居城となった。「宇佐郡記」によれば、天正十五（一五八七）年十月、城主であった城井知房は日隈の合戦において黒田軍と戦い討死したとある。『築上郡志』「宇佐郡記」『福岡県の城』『福岡県の城郭』「福岡県の中近世城館跡Ⅲ」

緒方城（**緒方村城**）▽おがたじょう（おがたむらじょう）

築上郡上毛町緒方

城跡は、佐井川の東岸、緒方の集落一帯に立地して城跡遺構も残っている。築城者は城井家の家臣緒方帯刀とされ、同刑部の兄弟も居城した。「豊陽古城伝」等によれば、天正十六（一五八八）年、黒田軍に日熊城が攻め落とされ、緒方城主の緒方帯刀がその合戦で討死したため城主を失って城は落城し、その後は廃城となった。『築上郡志』によれば、城跡は東西六十八間、南北八十四間の掻揚げにて、堀溝が残るとある。また、〈殿屋敷〉、〈堀〉、〈二条〉、〈馬場〉等の字名が残るとある。南、東、北の三方に内堀、東北に外堀が残っている。面積は七反二歩といわれる。現在は山林と畑である。『豊前志』『築上郡史』『築上郡志』「豊陽古城伝」「両豊記」「豊前国古城記」『日本城郭大系』『福岡県の城郭』「九州縦貫自動車道関係埋蔵文化財調査報告ＸＸⅨ」『福岡県の城』「福岡県の中近世城館跡Ⅲ」

荻迫城▽おぎさこじょう　宇佐市院内町荻迫

大永年間（一五二一－二八）から天文年間（一五三二－五五）の間、大内氏に属した恵良若狭守頼盛が築城したが、のちに西恵良（院内町）に移った。『日本城郭大系』『豊前志』『豊前古城誌』

沖洲城（奥洲城）▽おきすじょう（おきすじょう）　宇佐市長洲

日豊本線柳ヶ浦駅近く北方の高台にあったが、今は水田になっている。貞応元（一二二二）年、芦刈実重が豊後に下り、旧下毛郡の地百五貫を賜り、大友氏に属した。永禄九（一五六六）年、高尾城攻めに出陣した芦刈実蕃は麻生摂津守の首を討ち取り、大友義鎮（宗麟）に献じ、恩賞に預かった。『日本城郭大系』

尾倉山城／小倉山城（岩熊城／岩隈城）▽おぐらやまじょう（いわくまじょう）　京都郡みやこ町勝山岩熊

尾根上に立地する戦国時代の山城。築城者、築城年代は詳らかでない。貞治五・正平二十一（一三六六）年、門司親尚の弟親長は大内氏を援助し、九州に撤退した宮方の菊池武光軍を追撃して尾倉山城と上伊田城、岩石城と合戦している。『豊前志』『京都郡誌』「豊前国古城記」『日本城郭大系』『福岡県の城郭』「九州縦貫自動車道関係埋蔵文化財調査報告ＸＸⅨ」『中世北九州落日の譜』「福岡県の中近世城館跡Ⅲ」

小河内城▽おごうちじょう　築上郡築上町本庄

⇩神楽城（かぐらじょう）

尾立城（尾立館）▽おだてじょう（おだてやかた）　宇佐市安心院町尾立仲下

臼杵惟長が大友親治に従って豊前に入り、尾立村の田畑・荒地二十八町歩分の知行を受けて仲下に住した。『日本城郭大系』

落合城▽おちあいじょう　**中津市本耶馬渓町落合**

御祖神社の背後にある七〇～八〇mの小山に立地した。神社の社家高橋家代々の居城となった。永禄の頃（一五五八－七〇）、高橋宮内大夫の名がある。『日本城郭大系』『本耶馬渓町史』『耶馬の奇岩城』

小友田城▽おともだじょう　**中津市耶馬溪町小友田**

小友田氏代々の居城であった。三尾母川が山国川の本流に合する細長い丘陵上にある平山城であった。野仲氏の勢力が盛んな時代は、その幕下に属して戦いに参加した。大内義興の軍に従い、天正のころ、小友田摂津守、同佐助、同新兵衛の名が見える。天正十六（一五八八）年、新兵衛・黒田氏に降って開城したという。『耶馬溪町史』『日本城郭大系』『豊前古城誌』

尾永井城（**尾永井村城**）

▽おながいじょう（おながいむらじょう）　**宇佐市尾永井**

平田立賀が居城したと伝えられるが詳細は不明。『日本城郭大系』『豊前古城誌』

鬼ヶ城（**鬼ヶ岳城**）▽おにがじょう（おにがたけじょう）

田川郡香春町採銅所

⇩香春岳城（かわらだけじょう）

小畑城（**下川底城・下川底村城**）▽おばたけじょう（しもかわそこじょう・しもかわそこむらじょう）

豊前市下川底

下川底の東方に小畑という所があり、小畑氏の居城の跡。城井氏（豊前宇都宮氏）一族の小畑長重が居城としたとされる。城主長重は黒田氏に攻められ落城して滅びた。「福岡県の中近世城館跡Ⅲ」では、小畑城の別称を下川底城としている。『築上郡史』『築上郡志』『福岡県の城郭』「福岡県の中近世城館跡Ⅲ」

小畑城▽おばたじょう　**中津市北原**

小畑氏代々の居城。保延のころ、小畑宗重、天正のころには小畑甚兵衛が居城し、野仲氏に属した。『豊前古城誌』

小舟山城▽おぶねやまじょう　**北九州市小倉南区山本**

⇩山本城（やまもとじょう）

表屋敷城▽おもてやしきじょう　**中津市野依**

⇩野依城（のよりじょう）

尾屋敷城（築久江城）▽おやしきじょう（つくえじょう）

中津市耶馬溪町柿坂

津民川が山国川本流に突き当たる真上の山上にある。「戸原野仲系図」によると、「宇都宮重房が建久六（一一九五）年下毛郡野仲郷を領して、宇都宮の姓を野仲に改め、尾屋敷之城を築き居住。同九年長岩之城を築いて住む」とあり、その後の城主は不明だが、長岩城主野仲鎮兼の次男重義が、天正十九（一五九一）年から家臣野依弾正と戸原村に住すとあり、この城とすぐ隣の戸原村の高城は山道が通じていることから、野仲重義か家臣の城となったのではないだろうかと『日本城郭大系』にある。城跡は七合目付近に斬岩がとりまいており、南方は頂上から山国川まで切り立った岩山。空堀らしい痕跡と井戸がある。『日本城郭大系』『耶馬溪町史』『耶馬溪文化叢書『耶馬の奇岩城』

小山田城▽おやまだじょう

築上郡築上町本庄

小山田山の山頂に立地し、豊前国の修験道の霊山である求菩提山より北にのびた尾根上の戦国時代の山城である。この城は、大平城の防衛と連絡を目的として築かれた出城で、城井氏（豊前宇都宮氏）一族の小山田氏の居城であった。応永年間（一三九四－一四二八）の城主は小山田兵部少輔であった。天正十五（一五八七）年、黒田長政の軍が城井谷を攻めた時、城井鎮房はこの小山田城に本陣を構え、黒田軍を城井谷に誘って撃破し敗走させた。『築城町の史跡と伝説』『築上郡志』『地名から探る豊前国遺跡』『日本城郭大系』『築上郡史』『福岡県城砦誌』「九州縦貫自動車道関係埋蔵文化財調査報告XXⅨ」『福岡県の城郭』『福岡県の城』「福岡県の中近世城館跡Ⅲ」

鬼木城（鬼木村城）▽おんのきじょう（おんのきむらじょう）

豊前市鬼木

城跡は鬼木の東方、佐井川の河岸近くの字名で〈掃部屋敷〉もしくは〈下屋敷〉と呼ばれた場所に立地する。しかし現在、城跡遺構は残っていない。弘治二（一五五六）年、時枝平大夫は大友氏に属し、時枝氏の支流が鬼木に移り鬼木姓を名乗った。鬼木城は、時枝大和守の二男であった鬼木備前守が築城したとされる。その子、鬼木掃部頭、（備後頭）惟宗は天正十六（一五八八）年、日熊城での合戦で垂水村（築上郡上毛町垂水）の桑野原（観音原）において黒田長政の家臣、上原新右（左）衛門に討たれた。「宇佐郡記」『豊前市史』『築上郡志』『福岡県の城郭』『築上郡史』『福岡県の城』「福岡県の中近世城館跡Ⅲ」

柿坂城（柿坂村城）▽かきさかじょう（かきさかむらじょう）
中津市耶馬溪町柿坂
⇩高城（たかじょう）

柿下城▽かきしたじょう
田川郡香春町柿下
尾根上に立地する戦国時代の山城。築城者、築城年代等は詳らかでない。〈門の下〉、〈堀田〉、〈垣ノ内〉の地名が残る。『地名から探る豊前国遺跡』『日本城郭大系』『福岡県の城郭』「九州縦貫自動車道関係埋蔵文化財調査報告ＸＸⅨ」「福岡県の中近世城館跡Ⅲ」

蠣瀬城（蠣瀬館）▽かきせじょう（かきせやかた）
中津市蠣瀬町
建武の頃（一三三四－三八）、蠣瀬又次郎入道が官軍に従い、玖珠の凶徒を討ったとある。大内氏支配下の天文七（一五三八）年、蠣瀬対馬守は大家郷司に任じられた。『日本城郭大系』

加来城（加来館）▽かくじょう（かくやかた）
宇佐市安心院町下毛南毛
天正十（一五八二）年、龍王城の安心院氏が大友氏に叛いたとき、加来朝宗は安心院氏を保護した。のち、孫は南毛村庄屋となった。『日本城郭大系』

頂吉城▽かぐめよしじょう
北九州市小倉南区頂吉
⇩海老野城（えびのじょう）

神楽城（神楽山城）▽かぐらじょう（かぐらやまじょう）
京都郡みやこ町犀川木井馬場
鎌倉時代から戦国時代までの山城である。城跡は、木井神社の背後の通称城山（標高二七二ｍ）の頂上に立地し、城跡遺構も残っている。文治二（一一八六）年、城井信房は源頼朝から豊前国の地頭職を任ぜられ城井郷を本拠として神楽城を築き、その後、城井氏数代はこの城を本城とした。のち、城井氏は城井谷の本庄に本城を移したため神楽城は出城となった。応永年間（一三九四－一四二八）は城井播磨守直房が城主となる。『豊前志』では今井津某が居城したが、天文年間（一五三二－一五五五）には今出兵衛元国が城主として居城したとある。『豊前志』『豊前古城誌』『豊前国誌』『京都郡誌』『日本城郭大系』『福岡県の城』「九州縦貫自動車道関係埋蔵文化財調査報告ＸＸⅨ」「史学論叢36」「福岡県の中近世城館跡Ⅲ」

神楽城（小河内城・小川内城）▽かぐらじょう（おごうちじょう・こかわちじょう）
築上郡築上町本庄
城跡は、堂山の峰続きの通称丸山の頂上に立地する山城である。周囲は切り立った断崖絶壁で、わずかに石塁や空堀が残る。この城は黒田氏が城井氏を攻めた時に、神楽城と呼ばれた古城を修築して向城とした。また、『日本城郭大系』では築城者は古川美濃守とされるが、『福岡県の城』では吉川広家が築城したという説も紹介している。『豊前志』『築城町の史跡と伝説』『福岡県の城』『日本城郭大系』「九州縦貫自動車道関係埋蔵文化財調査報告ＸＸⅨ」

神楽岳城▽かぐらだけじょう　宇佐市安心院町龍王
⇩龍王城（りゅうおうじょう）

神楽山城▽かぐらやまじょう　京都郡みやこ町犀川木井馬場
⇩神楽城（かぐらじょう）

隠蓑城（**隠蓑村城**）▽かくれみのじょう（かくれみのむらじょう）　北九州市小倉南区隠蓑
尾根上に立地する戦国時代の城跡である。築城者、築城年代、城主等は詳らかでない。『豊前志』『地名から探る豊前国遺跡』『北九州の城』『日本城郭大系』『福岡県の城』「九州縦貫自動車道関係埋蔵文化財調査報告ＸＸⅨ」

片野城（**片野陣屋**）▽かたのじょう（かたのじんや）　北九州市小倉北区片野
詳細は不明。守将、門司顕親と伝えられる。『中世北九州落日の譜』『福岡県の城郭』

勝野城▽かつのじょう　北九州市小倉北区城内
⇩小倉城（こくらじょう）

勝野城▽かつのじょう　北九州市小倉北区
肥後の菊池武時入道寂阿の長男肥後守武重が後醍醐天皇の皇子懐良親王を豊前より肥後に迎えるため、暦応二・延元四（一三三九）年、武光が豊前に討ち入った時、武重の弟の武光が規矩郡小倉に来た。そののち一庵を足立山麓に移し、その跡に一城を築いて勝野城と称した。この城には三男弥太郎武親を置き、長野氏との合戦数度に及んだ。『築上郡史』

勝山城▽かつやまじょう　北九州市小倉北区城内
⇩小倉城（こくらじょう）

勝山城▽かつやまじょう　京都郡みやこ町勝山
尾根上に立地する戦国時代の山城である。築城者は城井氏。城井氏の出城であった。『豊前志』『地名から探る豊前国遺跡』「豊前国古城記」『日本城郭大系』『福岡県の城』「九州縦貫自動車道関係埋蔵文化財調査報告ＸＸⅨ」『太宰管内志』『福岡県の城郭』「福岡県の中近世城館跡Ⅲ」

勝山城▽かつやまじょう　築上郡築上町本庄

『豊前志』には「勝山城阯、同村（本庄村）にあり、城井の出城」とある。「豊前国古城記」にも城井の出城とあるが、詳細は不明である。『豊前志』「豊前国古城記」「福岡県の中近世城館跡Ⅲ」

勝山城（猪膝城）▽かつやまじょう（いのひざじょう）　田川市猪国

築城者、築城年代は詳らかでない「福岡県の中近世城館跡Ⅲ」によれば、「豊前国古城記」に「城跡一ヶ所、猪膝村ノ内、勝山」とあり、細川忠興が築き、一国一城令により廃城になったと記されているが、詳細な位置なども不明で、伝承の域を出ない可能性があると記している。『福岡県の城郭』では、川崎城のことども考えられるとあり、「福岡県の中近世城館跡Ⅲ」では勝山城の別称を猪膝城としている。『添田町誌』『豊前志』「福岡県の中近世城館跡Ⅲ」『太宰管内志』『日本城郭大系』『福岡県の城郭』「九州縦貫自動車道関係埋蔵文化財調査報告ＸＸⅨ」

金岡城▽かなおかじょう　田川郡

南北朝時代に築城されたが、立地等は詳らかでない。築城者は菊池氏一族の城氏で同氏が居城したとされる。『豊前志』『添田町誌』『日本城郭大系』「九州縦貫自動車道関係埋蔵文化財調査報告ＸＸⅨ」

金岡城▽かなおかじょう　田川郡福智町金田

⇩金田城（かねだじょう）

金国城（金国村城・金国大王城・金岡山城・立尾城）▽かなくにじょう（かなくにむらじょう・かなくにだいおうじょう・かなおかやまじょう・たちおじょう）　田川市猪国

山頂に立地する戦国時代の山城である。築城者は星野源太とされ同氏が居城したが、『豊前志』には星野九郎實旨、兄を攻め落としてこの城を奪ったとあり、『添田町誌』には星野源太が居城したとある。『福岡県の城郭』には、金国山の中腹の尾根（標高二九〇ｍ）の上に在り、南北朝期に菊池氏が創築したと伝わる。塀切、土塁、曲輪が良く残るとある。『豊前志』『太宰管内志』『地名から探る豊前国遺跡』『日本城郭大系』「九州縦貫自動車道関係埋蔵文化財調査報告ＸＸⅨ」『添田町誌』『福岡県の城郭』「福岡県の中近世城館跡Ⅲ」

金山城▽かなやまじょう　北九州市門司区黒川金山

城跡は門司区黒川の金山（標高二一六ｍ）の山頂に立地する。門司城の出城であった。巨岩が天然の城壁をなしており、空堀等が残る。文治年間（一一八五－九〇）、門司下総前司親房が築城したとされ、永禄四（一五六一）年の門司合戦の時、毛利軍は大友軍との攻防に備え修築したと考えられる。今なお戦国時代の城郭遺構を残している。廃城の年代は詳らかでない。『北九州市史』『門司市史』『門司・小倉の古城史』『北九州の城』『日本城郭大系』「九州縦貫自動車道関係埋蔵文化財調査報告XXⅨ」『福岡県の城』『福岡県の城郭』

蟹萱城▽かにかやじょう　築上郡築上町畑
⇩畑城（はたじょう）

金田城（金岡城・名木野城／名城野城／那岐野城・堀敷城）▽かねだじょう（かねおかじょう・なぎのじょう・ほりしきじょう）　田川郡福智町金田
丘陵上に立地する戦国時代の山城である。「高橋紹運記」によれば、中世に征西将軍懐良親王が豊前に進入したとき、神崎に日尾城を築き、那岐野尾上に那岐野城を築いて持尾氏に守らせたとある。または、元亀年間（一五七〇－七三）、大友氏の麾下、麻生隆明が築城したともいう。『豊前志』『日本城郭大系』「九州縦貫自動車道関係埋蔵文化財調査報告XXⅨ」『金田町誌』『福岡県の城郭』「高橋紹運記」「福岡県の中近世城館跡Ⅲ」

叶松城／加能松城▽かのうまつじょう　築上郡上毛町東下西
城跡は、追揚城跡から高良岳（標高約二〇〇m）山脈の尾根伝いに、姥ヶ平と称する峰尾に立地する戦国時代の山城であったが、今はわずかに堀切の跡をとどめるに過ぎず、他には城跡遺構は残っていない。築城者は野仲氏の城代であった内尾主水正兼元とされ、長岩城主野仲兵庫頭鎮兼の拘城となり、雁股城の出城となった。『築上郡志』によれば東西二十五間、南北二十間、堀は二重にめぐるとある。山麓の耕地は〈城の越〉と呼ばれ、〈的場〉、〈馬場〉等の名が残る。字の〈内尾〉の名は城主が在住したと伝えられる所である。天文の頃（一五三二－五五）は内尾親賢、天正の頃（一五七三－九二）はその子兼元が居城した。天正十六年三月、兼元は日熊城の合戦において名をなしたが、のち黒田家に降り叶松城を開城した。その後、黒田家々臣となって内尾主水と名を改めた。『豊前志』『福岡県の城』『築上郡史』『築上郡志』『日本城郭大系』「九州縦貫自動車道関係埋蔵文化財調査報告XXⅨ」『福岡県の城郭』「福岡県の中近世城館跡Ⅲ」

甲山城▽かぶとやまじょう　築上郡築上町赤幡
⇩赤幡城（あかはたじょう）

釜蔵城（釜倉城／鎌倉城）▽かまくらじょう（かまくらじょう）　築上郡築上町上香楽
城井谷の東の尾根上に立地する南北朝時代の山城であった。築城者は北条太郎。応永年間（一三九四－一四二八）に落城した。天正十六（一五八八）年の黒田勢との合戦時に城井氏（豊前宇都宮氏）の出城として使われた。『築城町の史跡と伝説』「福岡県遺跡等分布地図」『日本城郭大系』「九州縦貫自動車道関係埋蔵文化財調査報告ＸＸⅨ」「豊前国古城記」『地名から探る豊前国遺跡』『太宰管内志』『福岡県の城郭』『築上郡史』「福岡県の中近世城館跡Ⅲ」

鎌城▽かまじょう　**中津市耶馬溪町金吉鎌城台**

金吉西部の広大な高原状の丘陵上に立地する。江戸時代は牧場で入会地であった。中世の城跡と伝えられるが、築城年代、築城者などは詳らかではない。『日本城郭大系』『耶馬溪町史』

上伊田城（**上伊田村城・伊田城**）▽かみいたじょう（かみいたむらじょう・いたじょう）　**田川市伊田町**

丘陵上に立地する戦国時代の城である。築城者、築城年代は詳らかでない。貞治五・正平二十一（一三六六）年、門司親尚の弟親長は大内氏を援助し、九州に撤退した宮方の菊池武光軍を追撃して尾倉山城と上伊田城、岩石城と合戦している。『豊前志』『日本城郭大系』「九州縦貫自動車道関係埋蔵文化財調査報告ＸＸⅨ」『添田町誌』『福岡県の城郭』

上伊藤田城（**上伊藤田村城・草場城**）▽かみいとうだじょう（かみいとうだむらじょう・くさばじょう）　**中津市伊藤田草場**

天正の頃（一五七三―九二）、大友家の幕下、草場（伊藤田）甲斐守義忠の居城とされ、遺構はなく、〈城が内〉、〈城の本〉、〈城出谷〉等の田の字名が残る。『豊前志』『豊前古城誌』

上伊良原城（**城山城**）▽かみいらはらじょう（しろやまじょう）　**京都郡みやこ町犀川上伊良原**

城山という山名以外に城に関する情報はない。『福岡県の城郭』において「上伊良原城」として初めて報告されている。郭、堀が残る。『福岡県の城郭』「福岡県の中近世城館跡Ⅲ」

上落合城（**上落合村城・内ヶ瀬城**）▽かみおちあいじょう（かみおちあいむらじょう・うちがせじょう）　**田川郡添田町落合**

尾根上に立地する戦国時代の山城である。築城者、築城年代は詳らかでない。『福岡県の城郭』では、『巖石城』で屋形原城とされている城ではないかとある。『豊前志』『日本城郭大系』「九州縦貫自動車道関係埋蔵文化財調査報告ＸＸⅨ」『添田町誌』『福岡県の城郭』「福岡県の中近世城館跡Ⅲ」

上副城（上副村城）▽かみそえじょう（かみそえむらじょう）　**宇佐市院内町上副**

城跡は城山（標高約二〇〇m）に立地する。天文年間（一五三二―五五）の初期、但馬国出石城主副甲斐守が豊前国宇佐郡に流浪し、田原親賢（紹忍）を頼み、上副村にとどまり、副氏を名乗る。『豊前志』『宇佐郡誌』には、年代は詳らかでないが、戦国時代に地方の豪族として勢を振っていた副甲斐守が居城したとある。城跡は院内川の荒瀬の渡しに臨み副谷を一望する。背後は中山谷で要害の地にあった。『宇佐郡誌』によれば、当時、二重の堀があり、内外とも水が深く要害堅固であったため、さすがの大友勢も攻めあぐみ、ついに一策を案じ、西方の外堀を決壊し、堀の水を涸らして攻め落としたという。城跡には「前但州太守但馬守」の碑が建てられている。『日本城郭大系』『豊前志』『宇佐郡誌』『豊前古城誌』『角川日本地名大辞典』

上高屋城▽かみたかやじょう　**京都郡みやこ町犀川上高屋**

⇩戸通城（とみちじょう）

上津野城▽かみつのじょう　**中津市本耶馬渓町落合**

「落合妙見宮縁起」のなかに、保元二（一一五七）年、平清盛が大宰大弐に任ぜられたとき、一門の越中次郎平盛次が豊前国鎮撫使に補せられ、天然の要害である闇谷山に上津野城を築いたとある。さらに天正十六（一五八八）年三月、高橋刑部少輔が城主のとき、中津城主黒田孝高（如水）に攻略されている。『本耶馬渓町史』『耶馬の奇岩城』

上長野城▽かみながのじょう　**北九州市小倉南区長野**

⇩長野城（ながのじょう）

上納持城（上納持村城）▽かみのうじじょう（かみのうじむらじょう）　**宇佐市院内町上納持**

築城者、築城年代は詳らかでないが、徳野尾十郎左衛門尉の居城であった。天文年間（一五三二―五五）に隣村の斉藤駿河守に滅ぼされた。城跡は「通台」といい、貞滝の瀑布に臨む景勝地である。また北には〈的場〉の地名がある。『豊前志』『日本城郭大系』『豊前古城誌』

上ノ城▽かみのしろ　**田川市位登**

⇩糸城（いとじょう）

上の山城▽かみのやまじょう　**中津市本耶馬渓町今行**

宇佐公通の一統で、宮成氏の居城という。八面山からの流れの台上で、前面の屋形川から四・五〇mの小高い山の上とされる。『本耶馬渓町史』

神畑城▽かみはたじょう　豊前市広瀬高田
⇩高田城（たかたじょう）

上宮永村城▽かみみやながむらじょう　中津市上宮永
年代は詳らかではないが、大内氏の家臣河依飛騨守明宗が居城したとある。『豊前古城誌』

蒲生城▽がもうじょう　北九州市小倉南区蒲生
⇩虹山城（にじやまじょう）

萱切城▽かやきりじょう　築上郡築上町
天正十五（一五八七）年、黒田統治に反対して決起した一揆鎮圧のために黒田勢によって造られた小規模の城郭。「史学論叢36」「福岡県の中近世城館跡Ⅲ」

萱切城（萱切山城）▽かやきりじょう（かやきりやまじょう）　築上郡築上町寒田
⇩城井郷城（きいのこじょう）

辛島城／辛嶋城▽からしまじょう　宇佐市辛島
宇佐宮司辛島時並の居城であった。天正十四（一五八六）年、大友義統の大軍に囲まれ、戦わずして宇佐宮に逃亡した。『日本城郭大系』『豊前古城誌』

雁股山城（雁股城）▽かりまたやまじょう（かりまたじょう）　築上郡上毛町西友枝
雁股山（標高八〇七ｍ）頂に立地する南北朝時代から戦国時代までの山城。築城者は友枝大膳丞とされ、長岩城の出城であった。旧大平村・豊前市合河・旧下毛郡（中津市）耶馬溪町の界となる雁股山の山頂にその城跡がある。雁股山は大平村第一の高峰であり、福岡県内屈指の断崖絶壁を持つ要害。城跡には、大石、小石が散乱し、耶馬溪町に面する山頂に天然石を積んだ、俗にいう矢玉と称する石塁が残る。『築上郡史』では、この城は大友氏の抱城で、貞治年間（一三六二―六八）より畠山氏が守っていたが、応永の頃、畠山義冬が大内に降り、正長元（一四二八）年に菊池武忠に攻略され、義冬とその父である戸代山城主義深は自害した説を紹介の上、これは戸代山を大雁股とも呼ぶことから、戸代山城の畠山氏と混同しただけで、雁股山城と畠山氏は無関係であるとしている。雁股山城下毛郡津民庄、長岩城主で城井氏（豊前宇都宮氏）一族の野仲氏の抱城となる。野仲鎮兼の出城となり、野仲鎮兼の城代、友枝大膳丞が在城す。天正十五（一五八七）年、友枝大膳丞は上毛郡唐原村（築上郡上毛町）の観音原（桑野原）において黒田軍との合戦において討死した。黒田長政は、天正十六年三月、雁股城を攻めてついに落城させた。「豊前国古城記」によると余談ながら明治二十六年、三十年の大旱魃に際し、空気の変動を起こし降雨を速やかならしめんがため山頂において郡費を以て三日間（夜間）焚火をした記録もある（大正十年四月二十六日報告）。『大平村誌』『豊前志』『築上郡史』『築上郡志』『福岡県の城』『日本城郭大系』「九州縦貫自動車道関係埋蔵文化財調査報告ＸＸⅨ」「豊前国古城記」『耶馬溪町史』「福岡県の中近世城館跡Ⅲ」

川崎城（城山城）▽かわさきじょう（しろやまじょう）　**田川郡川崎町川崎**

標高一二七ｍの丘陵上に立地する戦国時代の山城で、築城者、築城年代は詳らかでない。『豊前志』『太宰管内志』『地名から探る豊前国遺跡』『日本城郭大系』『福岡県の城郭』「九州縦貫自動車道関係埋蔵文化財調査報告ＸＸⅨ」「福岡県の中近世城館跡Ⅲ」

川底城▽かわそこじょう　**豊前市下川底**

⇩岡城（おかじょう）

川底城（川底村城）▽かわそこじょう（かわそこむらじょう）　**豊前市下川底**

天文十四（一五四五）年、宇都宮常陸介が尾根上に築城した山城である。『豊前志』によれば、宇都宮氏の家臣、遠藤源兵衛が居城したとある。『豊前志』『日本城郭大系』「九州縦貫自動車道関係埋蔵文化財調査報告ＸＸⅨ」『築上郡史』

川底村城▽かわそこむらじょう　**豊前市下川底**

築城者、築城年代は詳らかでないが、『豊前志』等によれば、宇都宮氏の一族である川底甫房が居城したが、黒田家により攻め落とされたとある。『築上郡志』によれば、岡の鼻、城山という場所だったとある。『豊前志』『築上郡志』

川内城▽かわちじょう　**豊前市川内櫛狩屋**

⇩山田城（やまだじょう）

川内城▽かわちじょう　**豊前市川内中田**

⇩八田城（はったじょう）

川内村城▽かわちむらじょう　**豊前市櫛狩屋**

宇都宮一族の山田親実の出城であった。『築上郡志』によれば、城跡は出城といい、祐経、経純の名が残るのは城主の名ではないかとある。また、字名に〈武士田〉、〈武勇田〉、〈恩田〉等が残る。『築上郡志』

河原田城（万田城）▽かわらだじょう（まんだじょう）　**中津市万田**

城跡は田地となり、遺構は残っていない。史書に保延の頃（一一三五－四一）、万田右京権大夫の名がある。『豊前古城誌』によれば、保延のころ、万田右京亮盛堯、弘治のころに小城源六兵衛重通及び万田左近、天正のころに万田三河守鑑実が居城したとある。『日本城郭大系』『豊前古城誌』

香春岳城（鬼ヶ城・鬼岳城）

▽かわらだけじょう（おにがじょう・おにがたけじょう）

田川郡香春町採銅所

城跡は、香春一の岳（二八二m）の山頂から東側中腹に立地する天険の山城であったが、現在は石灰石の採掘により山頂は掘削され、城跡は全く消失している。一の岳から二の岳の尾根にかけて土塁、石塁、空堀も残り、古瓦も出土している。天慶三（九四〇）年に藤原純友が城を築いて二男の純年に守らしめた。これが築城の最初である。保元二（一一五七）年（三年の説あり）、平清盛が大宰大弐となって西下向の時、その臣であった越中次郎兵衛盛次に命じて香春岳山王宮の東に新たに城を築き、香春岳城と名付けたとある。平治二（一一六〇）年、平清盛が京に帰りて後は豊後の緒方惟義、惟時が居城した。治承二（一一七八）年、城井信房が香春荘司孝義兄弟を居城させ、建長の頃（一二四九－五六）は、香春判官友義が居城した。弘安年間（一二七八－八八）には中尾兵部丞が居城した。元弘三・正慶二（一三三三）年には、九州探題北条英時が一族の規矩掃部介高政を城主として守らせた。建武年間（一三三四－三八）、少弐頼尚、その子刑部少輔頼長、その子右馬頭頼光と少弐氏三代の居城となった。応永元（一三九四）年、頼光を討ち滅ぼし千手興房が城主となり、大友氏に属していたが、応永五年には大内盛見の大軍に攻められ、興房と八十三名の家臣は自刃して落城した。以後、原田氏が在城した。永禄四（一五六一）年六月十五日、大友義鎮（宗麟）はこの城の奪回のために、戸次鑑連（立花道雪）、臼杵鑑速、吉弘鑑理ら、一族の武将と三万の大軍を率いて香春岳城を攻めた。この時、毛利氏に従う原田義種はわずか二百余騎で籠城した。初戦は義種が勝利したが、策略で城の秘密の水路を絶たれ城兵は戦意を喪失し、一カ月過ぎた七月十六日、原田義種ほか一族二十三人はともに一列に座を組んで腹を掻き切って死んだ（一説に、義種は自害を決意するが諸将に止められ、間道から筑後に逃げようとするも見つかり斬られたともある）。軍師赤松氏は城門を開き二百余騎で討って出たが、多勢に無勢で次第に討ち取られ、さしもの天険の要害を誇った香春岳城だが、本丸に火を放って玉砕し、ついに落城した。天正の頃（一五七三－九二）は、高橋秋種が居城した。天正十四年、十一月、秋月種実の二男である高橋元種が香春岳城に土塁、石塁、堅濠を築いて防備を固め、豊臣秀吉の九州平定の先遣隊である吉川元春、小早川隆景、黒田孝高

（如水）ら武将を相手に籠城した。しかし、同年十二月十一日の総攻撃にて元種は降伏した。慶長の頃（一五九六ー一六一五）は細川藤孝の次男、中務少輔が居城した。この香春岳城は、江戸時代初めは、細川氏の抱城となったが、元和元（一六一五）年の一国一城令により廃城となった。『豊前志』『岩石城』『日本城郭大系』「九州縦貫自動車道関係埋蔵文化財調査報告ＸＸⅨ」『福岡県の城』『福岡県の城郭』「福岡県の中近世城館跡Ⅲ」

神崎城▽かんざきじょう　**田川郡福智町神崎**

⇩神崎城（こうざきじょう）

岩石城／岩酌城▽がんじゃくじょう　**田川郡添田町添田**

城跡は、添田と赤村との境の岩石山（標高四四六ｍ）の花崗岩で険しい山頂に立地する。保元三（一一五八）年、大宰大弐となった平清盛の命を受けて大庭景親が築城したとされる。「豊陽古城記」には保元二年に「平清盛大宰大弐となって下向のとき岩石城を築き、大庭平三郎景親をおく」とある。この城は、断崖にそびえ立つ巨大な岩石群が天然の要害を形成し、筑豊の難攻不落の城と呼ばれた。承久三（一二二一）年、豊後大友氏の抱城となってからは大友、大内両氏の争奪する城となった。応安元・正平二十三（一三六八）年には熊井親盛が大内氏の命をうけてこの城を守った。応永五（一三九八）年、豊後国の守護職をしていた大友氏時の死後、嫡男であった氏鑑ではなく、甥の親世が父の職を継いだことに長年不満を抱えていた氏鑑が、大内氏麾下の大庭景忠が守る岩石城を三日三晩攻めて落城させ、氏鑑の嫡男氏公を城主とした。しかし翌年、大内盛見の反撃がはじまり、激戦の末、氏公と城兵九十八人が自刃し落城した。大内氏は大庭景忠を置いたが、後景行、景種、景則、景尚に至る大庭氏五代が居城した。天文二十一（一五五二）年には、原田右京進、永禄元（一五五八）年、高橋長幸、天正元（一五七三）年、熊井越中守がそれぞれ城を守り、同十五年より毛利高頼の子、毛利吉十郎が居城した。天正十五年四月、豊臣秀吉は岩石城を九州平定の城攻めの最初の城とした。この時の守将は古処山城（朝倉市秋月野鳥）の城主秋月種実の部将である芥田（飽田）悪六兵衛、熊井越中守久重らであった。一方、豊臣軍は加藤清正、羽柴秀勝、蒲生氏郷、前田利長、片桐且元らの諸将であった。城の兵力三千人に対し約二万（一説によれば十万）の大軍に攻められ、わずか一日で落城した。慶長五（一六〇〇）年十一月、細川忠興の重臣長岡忠直が在城した。元和元（一六一五）年の一国一城令により廃城となった。『豊前志』「岩石城」『日本城郭大系』「九州縦貫自動車道関係埋蔵文化財調査報告ＸＸⅨ」「史学論叢36」『福岡県の城』『福岡県の城郭』「福岡県の中近世城館跡Ⅲ」

寒城▽かんじょう　豊前市松江

城主は詳らかでない。『築上郡史』『築上郡志』「福岡県の中近世城館跡Ⅲ」

苅田城／神田城▽かんだじょう　京都郡苅田町松山

⇩松山城（まつやまじょう）

苅田松山城／神田松山城▽かんだまつやまじょう　京都郡苅田町松山

⇩松山城（まつやまじょう）

寒竹城（吉志城）▽かんちくじょう（きしじょう）　北九州市門司区吉志

城跡は尾根上に立地したが、現在は九州自動車道の吉志パーキングエリアの敷地となっている。このため城跡の遺構は消滅した。現在、エリアの敷地内に「寒竹城址」の石碑が立っている。文治年間（一一八五—九〇）に門司下総前司親房が門司城の端城として築城したものである。後に門司親俊入道が居城したと伝えられるが、正確な年代は詳らかでない。また、城主に門司修理亮親胤の名もあり。『門司市史』『北九州の城』『日本城郭大系』『中世北九州落日の譜』『北九州市史』『門司・小倉の古城史』『福岡県の城』「九州縦貫自動車道関係埋蔵文化財調査報告XXⅨ」『福岡県の城郭』

観音寺城（宗印城）▽かんのんじじょう（そういんじょう）　田川郡福智町上野

尾根上に立地した戦国時代の山城であった。築城者は秋月種実の旗下であった狩野宗印とされ、同氏が居城した。『福岡県の城郭』では、はじめ勝木（香月）氏が築城するが、戦国末期は秋月氏の城番が在城したとある。『豊前志』『太宰管内志』『日本城郭大系』『福岡県の城郭』「九州縦貫自動車道関係埋蔵文化財調査報告XXⅨ」『赤池町史』『添田町誌』『豊陽古城記』「福岡県の中近世城館跡Ⅲ」

上仏来山城▽かんぶくさんじょう　田川郡添田町英彦山

⇩英彦山城（ひこさんじょう）

城井城▽きいじょう　築上郡築上町寒田大平

⇩大平城（おおひらじょう）

城井郷城／城井上城（城井城・城井谷城・木の江城・萱切城・萱切山城・本庄城）▽きいのこじょう（きいじょう・きいだにじょう・きのえじょう・かやきりじょう・かやきりやまじょう・ほんじょうじょう）　築上郡築上町寒田

城井谷の最も奥まった、奇岩が屹立する要害の地に立地する鎌倉時代から戦国時代にかけての山城である。城内には石塁や米倉跡などの城跡遺構が残る。築城者は城井信房とされ、城井氏の本城となった。建久七（一一九六）年、下野国（栃木県）の豪族、宇都宮信房が、源頼朝より豊前地頭職に任ぜられ、神楽城に入り城井氏を名乗った。城井氏は、犀川の木井馬場を本拠とし、南北朝戦乱期に城井谷に本拠を移した。その城井谷は、城井川が流れ険しい渓谷を形成しており、この天然の要害たる地形を利用して十余りの城を築き、一族に守らせた。この城井郷城跡もその一つである。『豊国紀行』の記述によれば、城井氏の詰城とあり、表門、裏門といわれるくり抜かれた自然巨岩があり、本丸といわれる城跡の周囲は高い岩壁に囲まれ、山城としての要害堅固さを今に伝えている。天正十五（一五八七）年、黒田孝高（如水）、長政による城井谷攻めは猛烈な激戦であったが、長政も危機にさらされ、ついに攻撃を断念した。黒田氏と城井氏の講和の後、城井鎮房が中津城において謀殺された後は、黒田軍によって城井谷の諸城は悉く攻め落とされ、ついにこの堅城も廃城となった。「福岡県の中近世城館跡Ⅲ」では、萱切城・萱切山城は城井郷城とは別の城としている。『豊前志』『福岡県の城』『北九州の城』『福岡県の城郭』『日本城郭大系』『豊国紀行』「宇都宮氏と豊前の山城シンポジュウム報告書」『築上郡史』『陰徳大平記』「福岡県の中近世城館跡Ⅲ」

吉志城▽きしじょう　**北九州市門司区吉志**
⇩寒竹城（かんちくじょう）

木城城（木城・内木城）▽きしろじょう（きじょう・うちきじょう）　**田川郡川崎町安眞木**
山頂に立地する戦国時代の山城。秋月氏の端城とされる。川崎町安眞木と嘉麻市上山田との境近くにある内木城集落近くの丘陵に位置する。『田川産業経済大観』には「木城城址」として嘉吉年間（一四四一－四四）に秋月種政の嫡男政時が筑前秋月領大塚庄から移住し城主となり、大塚姓を名乗ったことが記されている。『福岡県の城郭』には屋敷地風の曲輪が残るとある。『豊前志』『大任町誌』『地名から探る豊前国遺跡』『日本城郭大系』「九州縦貫自動車道関係埋蔵文化財調査報告ＸＸⅨ」『福岡県の城郭』『田川産業経済大観』「福岡県の中近世城館跡Ⅲ」

北方城▽きたかたじょう　**北九州市小倉南区若園町**
⇩丸城（まるじょう）

吉川城（小早川城・益田陣）▽きっかわじょう（こばやかわじょう・ますだじん）　**北九州市小倉南区辻三**
豊前国と筑前の国境にあった。毛利方の攻め城という言い伝えがある。吉川城と三角城の両城は三岳城を攻めるために造られた城で、在地性のない城の代表。「史学論叢36」「福岡県の中近世城館跡Ⅲ」

狐坂城▽きつねざかじょう　**宇佐市北宇佐御幡**
源平争乱の時代、元暦元（一一八四）年七月宇佐大宮司公通が築城。源氏方の緒方惟栄《おがたこれよし》の軍を防いだ城である。天文の頃（一五三二―五五）には宇佐氏一族の御幡式部丞の居城となった。『日本城郭大系』『豊前古城誌』

狐塚城▽きつねづかじょう　**宇佐市江須賀住江**
城跡は住吉神社あたり。住江氏代々の居城。明徳の頃（一三九〇―九四）は住江大蔵丞が居城し大友家の幕下となり、弘治年間（一五五五―五八）は住江大蔵少輔時元、天正年間（一五七三―九二）には住江左馬頭が居城とした。『日本城郭大系』『豊前古城誌』

木の江城▽きのえじょう　**築上郡築上町寒田**
⇨城井郷城（きいのこじょう）

木下城（西ノ奥城・西の城・粒城）▽きのしたじょう（にしのおくじょう・にしのしろ・つぶじょう）　**北九州市小倉南区石原町**
木下の西、道原との境にある西の奥山の山頂に立地する。南北朝時代から戦国時代まで居館があった。応永年間（一三九四―一四二八）には小野田兵部少輔種尚が築城し詰城とした。麓に館跡がある。『北九州の城』『北九州市史』『小倉市誌補遺』『門司・小倉の古城史』『企救郡誌』『日本城郭大系』『福岡県の城』「九州縦貫自動車道関係埋蔵文化財調査報告XXIX」『福岡県の城郭』

牙城▽きばじょう　**京都郡みやこ町勝山松田・田川郡香春町採銅所**
⇨障子ヶ岳城（しょうじがだけじょう）

貴船城▽きふねじょう　**田川郡福智町弁城**
「下田川の山城」には貴船城（館）として掲載されているという。弁城ダムの奥、〈城ヶ辻〉を中心にした一体に城跡があったとされるが、明確な城館遺構も見られず詳細は不明である。「福岡県の中近世城館跡Ⅲ」

鬼辺城／木部城▽きべじょう　**北九州市小倉南区頂吉**
⇨海老野城（えびのじょう）

鬼辺城▽きべじょう　**旧仲津郡**
暦応三・興国元（一三四〇）年、征西宮下向の際、重松刑部少輔がこれを迎えて降り、上方の諸将等豊前の各要所に守城するため豊前の八氏の一人大館氏が築いた山城。『応永戦覧』

木部城（木部村城）▽きべじょう（きべむらじょう）　**宇佐市木部**

木部氏代々の居城。天文の頃（一五三二―五五）には木部掃部助、永正の頃（一五〇四―二一）には木部勘解由左衛門尉が居城した。永禄十（一五六七）年、木部武蔵守が大友氏に従い、筑前の岩屋城攻めに参戦し討死した。『日本城郭大系』『豊前古城誌』

木村城▽きむらじょう　宇佐市

松木氏代々の居城にして、天文のころに松木主膳が居城し、大友家の幕下に属した。『豊前古城誌』

清滝城▽きよたきじょう　北九州市門司区清滝町

⇩三角山城（みすみやまじょう）

切寄城▽きりよせじょう　田川郡福智町赤池

⇩草場城（くさばじょう）

切寄城▽きりよせじょう　田川郡大任町大行事

⇩白土城（しらつちじょう）

切寄城（切帝城）▽きりよせじょう（きりみかどじょう）　田川郡福智町市場

長谷川氏の居城であった。春日神社の地が城跡とされる。天正十五（一五八七）年に廃城となった。『福岡県の城郭』「福岡県の中近世城館跡Ⅲ」

草野城▽くさのじょう　行橋市草野

『研究旅行用　面白い種々な見方の福岡県史・史蹟名勝口碑伝説所在地』によれば、延永村草野に「草野城址」とある。詳細な所在や城主等は全く不明である。『研究旅行用　面白い種々な見方の福岡県史・史蹟名勝口碑伝説所在地』「福岡県の中近世城館跡Ⅲ」

草場城▽くさばじょう　中津市伊藤田草場

⇩上伊藤田城（かみいとうだじょう）

草場城（切寄城）▽くさばじょう（きりよせじょう）　田川郡福智町赤池

市津切寄が城の跡といわれている。『太宰管内志』に、興国年間（一三四〇―四六）、南朝の尊良親王がこの地に城を築かせた云々とある。口碑文によれは、鷹取城在城の際、家老職の居住した館址とも言われている。『赤池町史』『太宰管内志』「福岡県の中近世城館跡Ⅲ」

朽網城▽くさみじょう　北九州市小倉南区朽網

日豊本線朽網駅の西方にある貴船神社の南方の小高い山の頂きが城跡といわれる。苅田松山城と向き合う位置にあった単郭の城。東九州道の工事で消滅した。築城の年代は詳らかでない。城主は大友氏の一族、松野中務大輔の居城と伝えられている。貴船神社の西方に浄土宗西山派の宗林寺があり、その境内に城主とされる松野氏の墓等があり、松野一族の墓と伝えられている。『福岡県の城郭』『北九州市史』『福岡県の中近世城館跡Ⅲ』

草本城▽くさもとじょう　**中津市山国町草本**
野仲氏の一族木村氏の代々の居城にして、天正のころ、木村筑後守が居城した。『豊前古城誌』

鎖戸城▽くさりどじょう　**中津市本耶馬渓町樋田**
「遠貴神社縁起」に、長享二（一四八八）年、樋田村遠貴神社の建立に際し、競秀峰中の鎖戸城主樋田右馬之助の活躍が記されている。天正十六（一五八八）年四月、黒田長政は精兵三千五百余騎を率いて長岩城を攻める途次、鎖戸城主樋田山城守を攻め、大勢に抗し難く降伏している。その以前には大友軍が陣をしいたとも伝えられ、〈陣の岩〉の名が残っている。城址が競秀峰中のどのあたりかは不明である。『本耶馬溪町史』

櫛狩屋城（串狩野城）▽くしがりやじょう（くしがりのじょう）　**豊前市川内字櫛狩屋**
⇩山田城（やまだじょう）

櫛野城（櫛野村城）▽くしのじょう（くしのむらじょう）　**宇佐市院内町櫛野**
木付氏の分流である木付弾正忠茂晴が、深見郷櫛野村地頭となって櫛野氏と称し城を築いた。『豊前古城誌』には櫛野家代々の居城にして、櫛野和泉守が築城し、弘治二（一五五六）年、櫛野弾正忠が居城し、大友家の幕下に属したとある。『豊前志』『日本城郭大系』『豊前古城誌』

九十九谷城▽くじゅうくたにじょう　**行橋市沓尾兵庫**
⇩沓尾城（くつおじょう）

楠城▽くすのきじょう　**築上郡築上町上別府**
⇩別府城（べふじょう）

葛原城▽くずはらじょう　**北九州市小倉南区葛原**
詳細不明。城主、門司駿河守親春。『中世北九州落日の譜』『福岡県の城郭』

葛原城（葛原村城）▽くずはらじょう（くずはらむらじょう）　**宇佐市葛原**
葛原氏代々の居城にして、天文年間（一五三二―一五五五）の頃、葛原兵庫助則祐の居城であった。『日本城郭大系』『豊前古城誌』

沓尾城／久津尾城（沓尾崎城・久津尾崎城・九十九谷城）▽くつおじょう（くつおさきじょう・くつおざきじょう・くじゅうくたにじょう・つづれだにじょう）　行橋市沓尾兵庫

城跡は沓尾の集落の背後に鎮座する松山神社の社殿のある一帯とされるが、城跡遺構は残っていない。築城者は北畠顕吉で根津海上警備のため築城したとされ、南北朝時代から戦国時代までの山城であった。この城は、北畠氏の一族である今井祇園社の宮司本郷氏の居城となった。貞和年間（一三四五―五〇）、北畠親房の孫、信親は後醍醐天皇の皇子懐良親王を奉じて九州に下り、筑後の大保原の合戦で討死した。その信親の子が従四位下左少将顕吉で本郷を領して本郷氏を名乗り沓尾に城を築いた。その後、本長山（元永山）城には、嫡男の兵部少輔具信を配置し、沓尾城は二男の兵庫頭吉信に与え、本郷を領させた。天文十八（一五四九）年、兵庫頭吉信から六代のちの本郷兵庫頭顕季の時、宇留津城主の賀来外記入道と領地の境界で争いとなり、ついに合戦となったが、顕季は敗れて自刃し、沓尾城も落城した。その後は城主は置かれず廃城となった。『福岡県の城』『豊前志』『日本城郭大系』「行橋市の文化財」『福岡県の城郭』「福岡県の中近世城館跡Ⅲ」

沓川城（世永城）▽くつがわじょう（よながじょう）　豊前市三毛門

築城者、築城年代等は詳らかでない。『築上郡志』によれば、開墾の際に城跡から古銭、刀剣の類が多出したとある。かつては付近に玉泉寺、真福寺などがあったという。『福岡県の城郭』『築上郡史』『築上郡志』

求菩提山城（求菩提山砦）▽くぼてやまじょう（くぼてやまとりで）　豊前市求菩提

求菩提の小倉口にあったと伝えられる戦国時代の山城である。『築上郡志』によれば、古来砦跡と伝えられるとある。築城者は塩田内記とされ、新田家十三将、求菩提山守将、岡野平四郎義次、新田備前入道覚雲斎とある。なお豊前御領衆に「塩田内記重吉、求菩提山城番」とある。重吉は城井鎮房の家臣にして、天正十五（一五八七）年、岩丸山の合戦において黒田氏の将、大野正重を討ち取った勇者である。城主の居城した年代等は詳らかでない。『豊前志』『築上郡志』『築上郡史』『豊前大鑑』『日本城郭大系』『福岡県の城郭』「九州縦貫自動車道関係埋蔵文化財調査報告ＸⅩⅨ」「福岡県の中近世城館跡Ⅲ」

鞍山城▽くらやまじょう　京都郡みやこ町勝山大久保

⇩十鞍山城（とくらやまじょう）

黒岩城▽くろいわじょう　田川郡添田町津野

上津野の尾根上に立地する戦国時代の山城である。築城者、築城年代等は詳らかでない。『豊前志』『日本城郭大系』「九州縦貫自動車道関係埋蔵文化財調査報告ＸＸⅨ」『福岡県の城郭』「福岡県の中近世城館跡Ⅲ」

黒岩城／黒岩ヶ城▽くろいわがじょう　**京都郡みやこ町光冨**

黒岩城山（標高一八七ｍ）の頂上に立地する山城である。城井氏の本城を守る前線の砦として築城されたものであるが、築城者、築城年代、城主等は詳らかでない。『豊前志』『築上郡志』『京都郡誌』『福岡県の城』『日本城郭大系』『福岡県の城郭』「九州縦貫自動車道関係埋蔵文化財調査報告ＸＸⅨ」「福岡県の中近世城館跡Ⅲ」

黒土城／久路土城▽くろつちじょう　**豊前市久路土**

平地に築城された南北朝時代の平城であった。築城は応永の頃（一三九四－一四二八）、大友氏の旗下にあった黒土十郎がなし、居城したとされる。後に大内氏に降った。遺構は消滅し、城跡の位置は詳らかでない。『豊前大鑑』『築上郡史』『築上郡志』『福岡県の城郭』『日本城郭大系』「九州縦貫自動車道関係埋蔵文化財調査報告ＸＸⅨ」「福岡県の中近世城館跡Ⅲ」

黒原城▽くろばるじょう　**北九州市小倉北区足原**

⇩足立城（あだちじょう）

黒村城▽くろむらじょう　**宇佐市黒**

黒村氏代々の居城であった。永禄九（一五六六）年、城主黒村嘉（喜）多（右）衛門は麻生家のため中村金左衛門とともに高尾城の脇備えとなって北口を防いだが、ついに落城した。『宇佐郡誌』『日本城郭大系』『豊前古城誌』

桑原城▽くわはらじょう　**田川郡大任町今任原桑原**

⇩明神山城（みょうじんやまじょう）

賢女ヶ岳城▽けんじょがだけじょう　**中津市本耶馬渓町多志田**

山国川にのぞむ要害の賢女ヶ岳に、平安時代、下毛の擬大領勝宮守が居城したとされる。宮守が早死したあと、その妻子刀自売が貞節を守り通して朝廷に表彰されたので、その名をつけて賢女ヶ岳と呼んだとある。中世の山城があったといわれるが、城址の痕跡も、何氏に属していたかも明確でない。『本耶馬溪町史』

建徳寺城（**米丸城**）▽けんとくじじょう（よねまるじょう）　**田川郡大任町今任原**

城跡は、上今任の集落の南端、野原八幡宮の南西にある通称城山（標高四〇m）の山頂に立地する。山頂付近には城跡や土塁も残る。『豊前志』では、「釈迦堂原」に立地するとある。天慶二（九三九）年、乱を起こした藤原純友を討伐するため九州に下向した大将軍小野好古《おののよしふる》に従った一条参議今任卿（郷之）が戦功をあげ、この地に築城したとされる。応永五（一三九八）年、大内盛見が田川郡の岩石城を攻めた時、建徳寺城主、一条蓮浄は当時、大友氏に属していたため大友氏への義理を立て応永六年自刃し、その子の伊豆守高任、土佐守惟任は大内氏に属した。以後、高任、惟任は大内盛見から所領を安堵された。以後、永禄十二（一五六九）年まで続いたが、廃城の理由は詳らかでない。『福岡県の城郭』には、城越城と同一とも考えられるとある。『豊前志』『大任町誌』『福岡県の城』『日本城郭大系』「九州縦貫自動車道関係埋蔵文化財調査報告ⅩⅩⅨ」『添田町誌』『福岡県の城郭』「福岡県の中近世城館跡Ⅲ」

小犬丸城▽こいぬまるじょう　中津市二ノ丁
⇩中津城（なかつじょう）

鯉ノ城▽こいのじょう　北九州市小倉北区城内
⇩小倉城（こくらじょう）

神崎城（日王城・日野尾城）▽こうざきじょう（しゃかのおじょう／ひおうじょう・ひのおじょう）　田川郡福智町神崎
丘陵上に立地する戦国時代の山城。築城年・築城者は詳らかではないが、『福岡県の城郭』では、山岳寺院を転用した城だったようだとある。「福岡県の中近世城館跡Ⅲ」では、神崎城と日王城は別の城としている。『地名から探る豊前国遺跡』『日本城郭大系』「九州縦貫自動車道関係埋蔵文化財調査報告ⅩⅩⅨ」『福岡県の城郭』「福岡県の中近世城館跡Ⅲ」

幸子城▽こうしじょう　築上郡吉富町幸子
⇩西光寺城（さいこうじじょう）

幸子城（幸子矢頭田城）▽こうじじょう（こうじやとうだじょう）　築上郡吉富町幸子
幸子西光寺の北にあたる矢頭田にあった。矢頭氏の居城。矢頭氏は矢頭常陸介友国に至り、天正六（一五七八）年十一月二十八日、野仲兵庫頭鎮兼に亡ぼされた。矢頭家が滅びた後は、広津鎮次の出城となったが、間もなくして破却されたという。田の字に〈城留〉〈横堀〉〈門口〉〈烏帽子〉〈矢頭〉などの名が残る。『築上郡志』『築上郡史』『地名から探る豊前国遺跡』『日本城郭大系』『福岡県の城郭』「福岡県の中近世城館跡Ⅲ」

香下城（香下村城）▽こうしたじょう（こうしたむらじょう）　宇佐市院内町香下

大友親治の五男である田原親種の子種重は、深見郷香志田村に封ぜられ香志田氏を称した。大内氏の将、杉氏が守る妙見岳城を攻略した香志田出雲守はしばらくこの城に拠ったが、のちに田原親賢（紹忍）が妙見に居城したので香志田氏もその配下となった。出雲守の子の掃部助は野仲鎮兼の長岩城攻めに参戦している。天正十七（一五八九）年、黒田氏が中津城主として入部すると、香志田氏は城地を没収された。黒田氏が筑前博多に移り、そのあとに細川忠興が入ると大庄屋となり、香志田を香下に改めた。『日本城郭大系』『豊前古城誌』『大宇佐郡史論』

幸子村城▽こうじむらじょう　築上郡吉富町幸子

幸子の西光寺が田部姓広津氏の平城の城であった。「広津旧記」「西光寺旧記」に記録が残るが、城跡は詳らかではない。『築上郡史』

郷城▽ごうじょう　豊前市篠瀬

詳細不明。『福岡県の城郭』

郷城城（郷城）▽ごうしろじょう（ごうじょう）　築上郡築上町畑

⇩畑城（はたじょう）

小内田城（城ノ腰城）▽こうちだじょう（じょうのこしじょう）　田川郡赤村内田・大任町今任原

『豊前志』には小内田村城址、城主不詳とある。「豊前国古城記」には、城跡一カ所、小内田村下今任村の内、城ノ腰とあり、「福岡県の中近世城館跡Ⅲ」では、これを大任町今任原と赤村内田の境にあるとも読めるとしている。『豊前志』「豊前国古城記」「福岡県の中近世城館跡Ⅲ」

甲野城▽こうのじょう　中津市三光上深水・下深水

麻生家の一族。内尾帯刀が築城。嘉吉のころ、内尾孫八が居城した。『豊前古城誌』

鴻の巣城（錆矢堂）▽こうのすじょう（さびやどう）　中津市下池永

応永年間（一三九四－一四二八）、名和伯耆守の末葉、下毛郡司名和刑部入道寂心の居城であった。応永五（一三九八）年十月八日、大友左兵衛督氏広、同少輔太郎氏胤の両人二千余騎に攻め落とされた。『日本城郭大系』『豊前古城誌』

光明寺城▽こうみょうじじょう　築上郡上毛町西友枝

尾根上に立地する山城である。『築上郡志』によれば、初めは佐々木姓の友枝氏が居城し、後に城井氏（豊前宇都宮氏）一族の友枝忠兵衛が居城としたとある。現在も石垣の一部が残る。一方、『友枝村誌』によれば、城井通房の弟の信範の子とされる友枝道範を光明寺城主の祖としている。旧大平村大字西友枝、横川友枝川の東方、人家のある所を「蔭平」といい、堀の跡などが残っている。川の西、山の麓に寺跡や薬師堂、観音堂等があり、これが光明寺跡と思われる。『豊前志』『築上郡史』『築上郡志』『日本城郭大系』『友枝村誌』『福岡県の城郭』「九州縦貫自動車道関係埋蔵文化財調査報告XXⅨ」『耶馬の奇岩城』「福岡県の中近世城館跡Ⅲ」

香楽城▽こうらくじょう　築上郡築上町伝法寺

⇩堂山城（どうやまじょう）

牛王城（牛王山城・本牛王城）▽ごおうじょう（ごおうさんじょう・ほんごおうじょう）　築上郡上毛町矢方

丘陵上に立地する鎌倉時代から戦国時代までの山城である。城跡は、大字矢方の南、矢方池の西方山の出鼻に当たる所にあり、眺望に富む地形に立地する。樫や竹、雑木林の繁る頂上近くのあちこちに空濠が残っている。『豊前志』の上毛郡の部にこの城を「本牛王城」として出している。また、『築上郡志』によれば城郭は東西三十六間、南北九十三間とある。『築上郡史』によれば、肥後人吉の相良氏は鎌倉時代、豊前上毛郡成恒名の地頭職に補せられ、代官として大蔵氏より出たる成恒氏を矢方の牛王城に置き支配せしめたとある。相良氏の貞頼から成恒又五郎種隆あての地頭職の譲与の書状あり。この城は建久六（一一九五）年、鎌倉右大将の命を受けて、佐々木頼綱が当国を領した時にこの城を築き、七代が居城したが、頼広の時菊池氏に亡ぼされた。その後、矢方正綱が城代としてこの城を守り、天正八（一五八〇）年の矢方兵部丞の時、長岩城主野仲鎮兼に攻められ討死したと『築上郡史』に記されている。約四百年間も存続した城である。前記のとおり、この地は眺望風致もよく、古人の詩歌が数多く残っている。『豊前志』『築上郡志』『地名から探る豊前国遺跡』『日本城郭大系』『新吉富村誌』『築上郡史』『福岡県の城郭』「九州縦貫自動車道関係埋蔵文化財調査報告XXⅨ」『福岡県の城』「福岡県の中近世城館跡Ⅲ」

小川内城▽こかわちじょう　築上郡築上町本庄

⇩神楽城（かぐらじょう）

極楽寺城▽ごくらくじじょう　宇佐市院内町香下

⇩妙見岳城（みょうけんだけじょう）

極楽寺城（極楽寺村城）▽ごくらくじじょう（ごくらくじむらじょう）　築上郡築上町築城
⇩築城城（ついきじょう）

小倉城▽こくらじょう　宇佐市四日市
⇩四日市城（よっかいちじょう）

小倉城（勝山城・勝野城・指月城・湧金城・鯉ノ城）
▽こくらじょう（かつやまじょう・かつのじょう・ゆびつきじょう・わきがねじょう・こいのじょう）　北九州市小倉北区城内

築城者は緒方惟重とされる。現在の城郭は、昭和三十四（一九五九）年、天守閣等が復元されたもの。築城は文永年間（一二六四—七五）といわれるが、詳細は明らかではない。歴代の藩主は、地方豪族の興亡により次々と交替したが、現在の城郭の規模をなしたのは細川忠興である。慶長五（一六〇〇）年十月、細川忠興は関ヶ原の合戦において戦功をあげ、徳川家康から豊前国と豊後の二郡三十九万五千石を拝領した。当初、忠興は中津城を居城としたが、交通の要衝である小倉に城を構えることとし、南蛮造りという独特な建築法により慶長十二年に築城した。寛永九（一六三二）年、細川氏は肥後に転封となり、播磨国から小笠原忠真が新領主となって居城した。小倉城の天守閣は天保八（一八三七）年一月と慶応二（一八六六）年夏の二度にわたり焼失したが、二度目は長州藩と戦い敗れて自ら城に火を放ったものであった。『太宰管内志』『細川藩日帳』『倉城大略誌』『日本城郭大系』『門司・小倉の古城史』『北九州の城』『北九州市史』『史学論叢36』『福岡県の城』

越堀城▽こしほりじょう　北九州市小倉南区堀越・横代
⇩堀越城（ほりこしじょう）

古城城▽こじょうじょう　中津市耶馬溪町大鳥
字名の古城にある。広大な台地で東面眼下に金吉支渓を望み、展望絶佳である。築城年代、築城者など詳らかではない。『耶馬溪町史』

小早川城▽こばやかわじょう　北九州市小倉南区辻三
⇩吉川城（きっかわじょう）

小三ヶ岳城（小三岳城・三岳城）▽こみつがたけじょう（こみつだけじょう・みつたけじょう）　北九州市小倉南区合馬
尾根上に立地する。築城者は長野吉辰とされ、弘治年間（一五五五—五八）に居城したとされる。戦国時代の長野氏の出城であったが、峰続きにある大三ヶ岳城が毛利氏に攻められ、守将長野義孝が討たれたあと兵が逃げ込み立て籠ったが衆寡敵せず、ついに落城した。『豊前志』には、小早川、吉川、増田の陣場と伝えられる所があるとの記述がある。『豊前志』『北九州の城』『日本城郭大系』『北九州市史』『門司・小倉の古城史』『小倉市誌補遺』『福岡県の城』『企救郡誌』「九州縦貫自動車道関係埋蔵文化財調査報告XXⅨ」「史学論叢36」「福岡県の中近世城館跡Ⅲ」

米山城▽こめやまじょう　所在地不詳

鴛海国陽氏の『耶馬渓鉄道案内記』（広津商店刊）という著作に出ている。「安曇駅（宇之島鉄道線―三編）」の（三）に、「南十三町覚円寺の後方山巓に在り、遠く雲霞の中に国東の巒峰を眺め、眼下に豊前の大平野を瞰し、実に眺望頗る絶景なり、往昔米山備後守国重の居城せし所にして雌熊興貞、雄熊重貞兄弟のため攻撃せられ、接戦二十四合に及び、危き所、簇形《やがた》左衛門尉経茂の応援に、再び勢を得しが遂に敵せず、舟坂に敗れて自刃せり、依てその首級を埋めて舟坂塚といい、一本の老松生えて其の古跡を遺せり」とある。『新吉富村誌』

小森城▽こもりじょう　北九州市小倉南区小森

築城者、築城年代等は詳らかでない。『福岡県の城郭』

玄己山城▽ごんげんやまじょう　田川郡大任町今任原峰

赤村との境の尾根の頂きにある。応永年間（一三九四―一四二八）に山名五郎氏久の城であったと伝えられている。『福岡県の城郭』「福岡県の中近世城館跡Ⅲ」

西光寺城▽さいこうじじょう　宇佐市大字猿渡

光岡城主赤尾氏の家臣田城内膳（『豊前志』『豊前古城誌』には田代とある）の居城であった。赤尾氏の法要を営むため集合したところを佐野親重の軍に攻められ、光岡城は落城した。その後、弘治年間（一五五五－五八）、田城内記玄孝の名がある。『豊前志』『日本城郭大系』『豊前古城誌』

西光寺城（幸子城）▽さいこうじじょう（こうじじょう）　築上郡吉富町幸子

広津兵庫頭の居城と伝えられる。『吉富町誌』には「幸子村西光寺城跡」として、旧幸子村西光寺がこれにあたるとし、田部系広津氏常駐の宅所であったとある。西光寺の近辺には、〈屋敷〉〈古屋敷〉〈園田〉〈門田〉などの字が残るが、明確な城館の遺構は確認されていない。『吉富町誌』「福岡県の中近世城館跡Ⅲ」

西郷城▽さいごうじょう　京都郡みやこ町犀川

立地、遺構等は詳らかでない。築城者は城井氏の一族の西郷氏とされ、代々が居城した。天文の頃（一五三二－五五）から天正にかけては西郷刑部大甫子息の西郷右衛門大夫が城主として在城した。『豊前志』『豊前古城誌』『京都郡志』『日本城郭大系』「九州縦貫自動車道関係埋蔵文化財調査報告ⅩⅩⅨ」「史学論叢36」

西郷城（西郷大坂城）▽さいごうじょう（さいごうおおさかじょう）　京都郡みやこ町犀川大村

⇩不動ヶ岳城（ふどうがたけじょう）

斎藤城（斎藤村城）▽さいとうじょう（さいとうむらじょう）　宇佐市院内町斎藤

斎藤実盛の後裔の実長が築城した。斎藤駿河守が居城し大友家に従い永正年間（一五〇四－二一）、益実は大内氏に属し、駿河守となった。のち、毛利氏に降り、その子新四郎は大友氏に降り、門司城の戦いに参戦したが、後にまた大友家の幕下となる。『日本城郭大系』『豊前古城誌』

採銅所村新城▽さいどうしょむらしんじょう　田川郡香春町採銅所

新城山（標高四〇四ｍの頂上に曲輪と堀切二条が残る。北の茶臼山城と一体の城と考えられるが、詳細は不明である。『福岡県の城郭』

左衛門之城（左衛門城）▽さえもんのじょう（さえもんじょう）　田川郡添田町中元寺

『豊前誌』には中元寺城とあるが、左衛門之城であろうと『添田町誌』は述べている。城主不明、城跡は中元寺の区有、字を左衛門之城という。『添田町誌』「福岡県の中近世城館跡Ⅲ」

坂手隈城（鶴居城）▽さかてくまじょう（つるいじょう）　**中津市相原**

築城者は藍原左京亮とされるが、築城年代は詳らかでない。『角川日本地名大辞典』によれば、山国川下流右岸に位置する中世城砦とある。藍原氏の子孫藍原内記が居城した。『豊前古城誌』によれば、天正七（一五七九）年正月九日、野仲鎮兼が二千余騎をもって城を囲む。城主藍原新左衛門、同名右近を頼んで降ったとある。城跡の下には鶴市神社が鎮座する。『豊前志』『角川日本地名大辞典40福岡県』『豊前古城誌』

差儀城▽さぎじょう　**田川郡赤村赤・田川郡大任町今任原**

「豊前国古城記」には「城跡一ヶ所、小内田村桑原村堺、差儀」とある。城の由緒は不明。大任町と赤村の境の峰の上に立地するものと考えられるが、その周辺部に明確な城館遺構は確認されておらず、詳細は不明である。「豊前国古城記」「福岡県の中近世城館跡Ⅲ」

崎野城▽さきのじょう　**行橋市崎野字山城**

低い丘陵上に立地する戦国時代の平城であった。築城者、築城年代は詳らかでない。『豊前志』『日本城郭大系』『太宰管内志』『地名から探る豊前国遺跡』『行橋市の文化財』「九州縦貫自動車道関係埋蔵文化財調査報告ＸＸⅨ」

崎山城▽さきやまじょう　**京都郡みやこ町犀川崎山**

⇨燕岩城（つばめいわじょう）

笹加嶋城▽ささかしまじょう　**中津市耶馬溪町**

城跡は詳らかではない。「豊前国古城記」には、野仲氏最初の居城とある。「豊前国古城記」『耶馬溪町史』

佐田城（佐田村城・青山城・赤井城）▽さたじょう（さたむらじょう・あおやまじょう・あかいじょう）　**宇佐市安心院町佐田青山**

大字佐田の東北に標高約三〇〇m、比高二〇〇mの城山があり、その尾根上に立地した要害堅固な山城である。東西二峰に分かれ、東峰は青山城、西峰は赤井城があった。城井郷萱迫より移住した佐田親景が、応永六（一三九九）年、初めて青山に城を築いたといわれる。以後、その子孫が代々居城した。「佐田文書」によれば、佐田因幡守が佐田村を知行したことが記されている。『豊前志』「佐田文書」『宇佐郡誌』『日本城郭大系』『大宇佐郡史論』『安心院町誌』『豊前古城誌』

佐知村城▽さちむらじょう　中津市三光佐知

佐知氏代々の居城にして応仁のころ、佐知刑部が居城した。『豊前古城誌』

佐野城▽さのじょう　宇佐市佐野

⇩土井城（どいじょう）

錆矢堂（錆矢城）▽さびやどう（さびやじょう）　中津市下池永

⇩鴻の巣城（こうのすじょう）

猿喰城（猿喰村城）▽さるはみじょう（さるはみむらじょう）　北九州市門司区猿喰

標高二〇八mの城山の山頂に立地する。この城は文治二（一一八六）年、下総前司、門司親房が門司城の出城として築城した。その後、門司親頼が居城とした。南北朝の時代には門司氏一族も南朝、北朝に二分され門司城と寒竹城は北朝方に、猿喰城と柳城は南朝方となり、一族は骨肉あい争うこととなった。貞治二・正平十八（一三六三）年十二月十三日、落城。門司弾正忠若狭守親頼、門司親澄、門司親清ら南朝方一族七十三名は早暁の猿喰城において全員討死を遂げ、同城は落城とともに廃城となった。本丸跡は南北五七m、東西三〇mである。頂上には猿喰城趾の石碑が立っている。堀切、土塁の遺構が残っている。『豊前志』『北九州の城』『福岡県の城』『日本城郭大系』『企救郡誌』『北九州市史』「九州縦貫自動車道関係埋蔵文化財調査報告ⅩⅩⅨ」『福岡県の城郭』「福岡県の中近世城館跡Ⅲ」

猿山城▽さるやまじょう　北九州市門司区恒見上の山

⇩恒見城（つねみじょう）

志井城▽しいじょう　北九州市小倉南区志井

⇩椎山城（しいやまじょう）

椎木谷城（椎の木城）▽しいのきだにじょう（しいのきじょう）　田川郡川崎町池尻

田川市との境の標高一三六mの峰からの尾根上に立地する連郭式の城で、切岸、土塁、堀切跡等の遺構が残る。築城者、築城年代は詳らかでない。『豊前志』『日本城郭大系』「九州縦貫自動車道関係埋蔵文化財調査報告ⅩⅩⅨ」『添田町誌』『福岡県の城郭』「福岡県の中近世城館跡Ⅲ」

椎山城／志井山城（志井城・古川山城・城ノ粒城・徳光城・陣山城）▽しいやまじょう（しいじょう・ふるかわやまじょう・しろのつぶじょう・とくみつじょう・じんやまじょう）　北九州市小倉南区志井

北九州霊園の西の尾根上（標高二二二m）の山頂に立地する。曲輪、堀切が残る。築城者は長野豊前守種守。

鎌倉時代から戦国時代の城。応永年間（一三九四―一四二八）に落城した。『北九州戦国史』では、長野兵部少輔義富の三男、義衡の築城と伝えるとある。『北九州の城』『福岡県の城』『日本城郭大系』『北九州市史』『門司・小倉の古城史』『小倉市誌補遺』『福岡県の城郭』「九州縦貫自動車道関係埋蔵文化財調査報告ＸＸⅨ」『北九州戦国史』

敷田城（敷田村城）▽しきたじょう（しきたむらじょう）　宇佐市上敷田

萩原氏は宮熊城を居城としたが、天正の頃（一五七三―九二）に萩原山城守種親が上敷田に築城して居城とした。天正十七年、黒田氏に抗したが、後に使者を出して降伏した。『日本城郭大系』『豊前志』

尻高城（尻高村城・司高城・米山城）▽しだかじょう（しだかむらじょう・したかじょう・こめやまじょう）　築上郡上毛町尻高

丘陵上に立地した平城で、創建は南北朝期と考えられる。『築上郡志』には津留光盛の居城とある。大字尻高の覚円寺の西方の山の出鼻がその城跡と伝えられているが、城跡遺構は全く残っていない。観応三・正平七（一三五二）年三月、河依範房の軍忠状に、尻高次郎四郎の名が見え、「宇佐郡記」に尻高五郎左衛門の記述も見られる。「覚円寺伝」には、尻高城主津留光盛は永正年間（一五〇四―二一）に野仲氏と戦い敗れて僧となり、本楽寺という禅寺を継承したが、感ずるところがあって本願寺更如上人に従い名を祐西と改めて寺号を覚円寺と改めたとある（現在覚円寺は浄土真宗）。弘治二（一五五六）年、大友義鎮（宗麟）が豊前に侵攻した時、大友方に尻高氏の名がある。『築上郡史』『築上郡志』「宇佐郡記」『福岡県の城郭』『福岡県の城』『地名から探る豊前国遺跡』『日本城郭大系』「九州縦貫自動車道関係埋蔵文化財調査報告ＸＸⅨ」「福岡県の中近世城館跡Ⅲ」

四ノ瀬城／四野瀬城▽しのせじょう　豊前市篠瀬戸符

⇩火の浦城（ひのうらじょう）

渋見城（節丸城）▽しぶみじょう（せつまるじょう）　京都郡みやこ町節丸

節丸の西方、通称城山、かぐめ山（標高二〇五ｍ）と呼ばれる山の頂きに立地する戦国時代の山城である。山頂は全山が花崗岩の石質で、採石のため北、西、東は削り取られている。城井氏の本城の前線の砦として築かれたが、城主は今村式部とあるだけで、他は詳らかでない。『豊前志』『豊前古城誌』『京都郡誌』『地名から探る豊前国遺跡』『日本城郭大系』「九州縦貫自動車道関係埋蔵文化財調査報告ＸＸⅨ」「福岡県の中近世城館跡Ⅲ」

清水村城▽しみずむらじょう　**宇佐市清水**

築城者、築城年代は詳らかでないが、内尾掃部久重の居城であった。天正十四（一五八六）年、大友義統の土井城攻めに参戦し、土井城主佐野親重と組み討ちとなり、これを討ち取った。『豊前古城誌』には丸山将監の城であったとある。『日本城郭大系』『豊前志』『豊前古城誌』

下赤村城（**下赤城**）▽しもあかむらじょう（しもあかじょう）　**田川郡赤村**

築城者、築城年代は詳らかでない。『豊前志』『添田町誌』「福岡県の中近世城館跡Ⅲ」

下伊藤田城▽しもいとうだじょう　**中津市伊藤田城土**

犬丸城の抱城であった。『豊前古城誌』に犬丸民部が居城したとある。『豊前志』『豊前古城誌』『日本城郭大系』

下伊良原城▽しもいらはらじょう　**京都郡みやこ町犀川下伊良原**

尾根上に立地する戦国時代の山城である。築城者、築城年代は詳らかでない。『地名から探る豊前国遺跡』『日本城郭大系』「九州縦貫自動車道関係埋蔵文化財調査報告ＸＸⅨ」

下恵良城（**萩迫城**）▽しもえらじょう（はぎさこじょう）　**宇佐市院内町下恵良**

大永から天文年間に恵良頼盛が大内氏に属して萩迫村に築城した。嫡男右馬助・次男清三郎あり。右馬助の子鎮実は城を西恵良に移した。弘治・永禄の頃には、恵良左京亮が下恵良に移り、居城とした。『日本城郭大系』『豊前志』

下落合城（**下落合村城**）▽しもおちあいじょう（しもおちあいむらじょう）　**田川郡添田町落合**

山頂に立地する戦国時代の山城である。築城者、築城年代は詳らかでない。『福岡県の城郭』では、殿倉岳城と同じ城ではないかとある。『豊前志』『日本城郭大系』「九州縦貫自動車道関係埋蔵文化財調査報告ＸＸⅨ」『福岡県の城郭』「福岡県の中近世城館跡Ⅲ」

下川底城▽しもかわそこじょう　**豊前市下川底**

⇩海老名城（えびなじょう）

下川底城（**下川底村城**）▽しもかわそこじょう（しもかわそこむらじょう）　**豊前市下川底**

⇩小畑城（おばたけじょう）

下川内城（**下川内村城**）▽しもかわちじょう（しもかわちむらじょう）　**豊前市下河内**

城跡は合河郵便局の北東にあって古城《ふるじょう》と称される小さな丘に立地する。『築上郡史』によれば、山内に近い所に〈歳手の坂〉という所があり、その南道の上の小丘をフルジョウ（古城）と言った。城主は詳らかでないが、その北に山内如法寺家の本城のあとがある。そこから見ると下川内城は如法寺家本城の出城であったようだ。また、〈為國〉、〈友貞〉などの地名が残っているので、或いは城主、家臣の名前ではないかとの記述あり。現在は墓地となり、城跡遺構は残っていない。『築上郡史』『福岡県の城』『築上郡志』『豊前市史』「宇都宮氏と豊前の山城シンポジュウム報告書」『福岡県の城郭』「福岡県の中近世城館跡Ⅲ」

下北方城▽**しもきたがたじょう**　**北九州市小倉南区若園町**
⇩丸城（まるじょう）

下城▽**しもじょう**　**中津市耶馬溪町金吉**
鎌城の続きである「城の首」と呼ばれる境となる、北部の台地上に立地する古城跡。築城年代、城主等は不明。『日本城郭大系』『耶馬溪町史』

下副城（下副村城）▽**しもそいじょう（しもそいむらじょう）**　**宇佐市院内町下副**
応永年間（一三九四－一四二八）に下野小山の住人、小山朝政の子孫の小山義行が築城し、副氏の被官となる。永正年間（一五〇四－二一）、小山大和守とその子義盛が居城とした。義盛は中津城細川家の鍛冶職となり、百八十石を拝領した。『日本城郭大系』『豊前古城誌』

下唐原城（下唐原村城・秋吉城）▽**しもとうばるじょう（しもとうばるむらじょう・あきよしじょう）**　**築上郡上毛町下唐原**
平地に立地した戦国時代の平城である。築城者は秋吉氏とされるが、『築上郡志』によれば、「唐原旧記」に秋吉の旗屋敷より東川岸が城跡だとの解説あり。堀・土居等が残る。田の字名に〈馬場〉、〈堀内〉、〈大溝端〉、〈櫓〉、〈馬立〉、〈鎧田〉等の名が残る。また「秋吉系図」に、秋吉壱岐守が多布原の高瀬川要害に小城を構えたとあり、「唐原系図」に、佐伯治郎が後に秋吉壱岐守を名乗る。大内氏に属す。その後、豊前国吉留郷多布原（唐原）の高瀬川の要害に住み、小城を構えるとある。ある記には、天正の頃（一五七三－九二）、秋吉与右衛門久利が居城したとある。『築上郡志』『築上郡史』『豊前大鑑』『豊前志』『大平村誌』『地名から探る豊前国遺跡』『日本城郭大系』『福岡県の城郭』「宇都宮氏と豊前の山城シンポジュウム報告書」「九州縦貫自動車道関係埋蔵文化財調査報告ＸＸⅨ」「福岡県の中近世城館跡Ⅲ」

下長野城▽しもながのじょう　北九州市小倉南区長野

現在は住宅団地となった平等寺山に城跡があったとされるが、築城者、築城年代等は詳らかでない。『福岡県の城郭』では、長野城攻めの東尾根の陣城群の西端部にある城郭遺構を比定している。『北九州戦国史』では、戦国時代、長野氏の出城として、長野壱岐守の系統が築城したと思われるとある。『福岡県の城郭』『北九州戦国史』

下ノ城▽しものしろ　田川市位登

⇩糸城（いとじょう）

下ノ原城▽しものはるじょう　田川郡福智町上野

「豊前国古城記」には「播上、城一ヶ所同村（上野村）ノ内　下ノ原」とある。詳細な場所は不明。「福岡県の中近世城館跡Ⅲ」では、ほかの上野地内に所在する城と重複している可能性も考えられるとある。「豊前国古城記」「福岡県の中近世城館跡Ⅲ」

下筈城▽しもはずじょう　中津市本耶馬渓町西谷

下筈集落の背後に、地元で城山（標高約四〇〇ｍ）と呼ばれる独立峰がある。野仲氏の家臣で天正年間（一五七三－九二）に名の見える河野右京入道の城であったといわれている。山麓に宝篋印塔と〈殿屋敷〉の名称が残っている。『本耶馬渓町史』

下深水城（**下深水村城**）▽しもふこうずじょう（しもふこうずむらじょう）　中津市三光下深水

深水氏代々の居城。建久七（一一九六）年、宇都宮宗房の四男、深水興房が築城した。『豊前古城誌』によれば、建武の頃（一三三四－三八）には深水伊賀守房直が居城し、今川氏に属していたとある。弘治二（一五五六）年、大友義鎮（宗麟）の豊前制圧に対して戦わずして降伏した。天正六（一五七八）年に廃城となった。『豊前志』では、天正十六年に城は破却されたとある。田の字名に〈代官屋敷〉、〈具足田〉などがある。『豊前志』『日本城郭大系』『豊前古城誌』

日王城▽しゃかのおじょう　田川郡福智町神崎

⇩神崎城（こうざきじょう）

若王子城▽じゃくおうじじょう　北九州市小倉北区須賀町

⇩王子城（おうじじょう）

蛇面城（**蛇面山城**）▽じゃめんじょう（じゃめんやまじょう）　田川郡大任町今任原道善

築城者は曾我太郎祐長とされる。城跡は、野原八幡神社の北方にある丘陵の尾根上に立地し、堀切、土塁、石塁等の城跡遺構が残る。この城は曾我氏の明神山城の支城であった。応永年間（一三九四－一四二八）、この城に曾我祐能が居城したが、応永五（一三九八）年、大内盛見が大友氏の守る岩石城を攻めた時、大友氏に属し岩石城に入ろうとしたが、祐能は兄の明神山城を襲い兄祐長を討ち、大内氏の軍門に降り本領を安堵された。『豊前志』『日本城郭大系』「九州縦貫自動車道関係埋蔵文化財調査報告XXⅨ」『添田町誌』『福岡県の城郭』『応永戦覧』「福岡県の中近世城館跡Ⅲ」

庄ヶ辻城▽しょうがつじじょう　田川郡福智町赤池
⇩赤池城（あかいけじょう）

成腰城▽じょうこしじょう　北九州市小倉南区蒲生
⇩城ノ腰城（じょうのこしじょう）

勝司岳城▽しょうじがだけじょう　田川郡香春町鏡山
採銅所と鏡山との境にある尾根上に立地する戦国時代の山城。築城者は長野氏とされ、馬ヶ岳城の支城であった。『豊前志』には、豊臣秀吉はこの城を「馬ヶ岳城の附城」としたとある。『豊前志』『日本城郭大系』「九州縦貫自動車道関係埋蔵文化財調査報告XXⅨ」『添田町誌』

障子ヶ岳城／障子岳城／勝司岳城（牙城）▽しょうじがだけじょう（きばじょう）　京都郡みやこ町勝山松田・田川郡香春町採銅所
京都郡と田川郡の郡境にある障子岳（標高四二七m）の山頂に立地する山城である。建武三・延元元（一三三六）年、足利尊氏の一族、足利駿河守統氏が豊前国の守りとして築城し居城とした。しかし、応安元・正平二十三（一三六八）年、千葉光胤が統氏を討ち、以後千葉氏の居城となった。応永六（一三九九）年正月元旦、祝賀の宴を開いていた時、大内盛見の率いる大内軍の大軍に攻められ、城主、千葉高胤、嫡男千菊丸等は筑前に逃れ落城した。のち、大内氏の抱城となり、一時、千菊丸が千葉氏を再興し、障子ヶ岳城主となったが、長くは続かず滅んだ。『豊前志』によれば、天正の初め小早川隆景の抱城となったとある。天正十五（一五八七）年、豊臣秀吉の九州平定の際、秀吉の宿舎となったと伝えられる。その後も小早川隆景の持城となったが、天正十七（一五八九）年、名城といわれたこの城は廃城となった。『豊前志』『豊前古城誌』『豊前国誌』『北九州の城』「古城跡実地取調報告書」『日本城郭大系』「九州縦貫自動車道関係埋蔵文化財調査報告XXⅨ」「史学論叢36」『福岡県の城』「福岡県の中近世城館跡Ⅲ」

城道寺城／城導寺城▽じょうどうじじょう　田川郡福智町上野

丘陵上に立地する戦国時代の山城であった。築城者、築城年代は詳らかでない。『赤池町史』によると、一説によれば鷹取城の分城であって、世良、大久保等が居城したとある。また、『福岡県の城郭』では、上野城（福智町）の出城と伝えられる、とある。『豊前志』『日本城郭大系』「九州縦貫自動車道関係埋蔵文化財調査報告XXIX」『赤池町史』『福岡県の城郭』「福岡県の中近世城館跡Ⅲ」

城ノ尾城▽じょうのおじょう　田川郡添田町落合

「豊前国古城記」には、「播上一ヶ所、同村（下落合）ノ内に城ノ尾」とあるが、所在などの詳細は不明である。「豊前国古城記」「福岡県の中近世城館跡Ⅲ」

城の古跡▽じょうのこし　宇佐市院内町五名

城主は久留島伊予守の一族とされるが、後に大友義鎮（宗麟）に攻め落とされた。この城には遁穴が旧院内村宮原に通じていたと伝えられる。古城趾の下方に鼓岩がある。『宇佐郡誌』

城ノ腰城（成腰城）▽じょうのこしじょう（なりこしじょう）　北九州市小倉南区蒲生

「豊前国古城記」には、蒲生村今村由分にあって城ノ腰とし、妹尾加賀を城主としている。『豊前志』には城主不詳の成腰城趾とあり、「福岡県の中近世城館跡Ⅲ」では、『豊前志』以後の文献も成腰城と記載されていることから、成腰と城腰は字が似ているため『豊前志』の誤記の可能性も考えられるとしている。「豊前国古城記」『豊前志』「福岡県の中近世城館跡Ⅲ」

城越城▽じょうのこしじょう　田川郡大任町今任原

⇩今任城（いまとうじょう）

城ノ腰城▽じょうのこしじょう　田川郡赤村内田・大任町今任原

⇩小内田城（こうちだじょう）

成ノ腰城▽じょうのこしじょう　北九州市小倉南区蒲生

⇩虹山城（にじやまじょう）

城の平城（城平城）▽じょうのひらじょう（じょうびらじょう）　田川郡添田町野田

尾根上に立地する戦国時代における岩石城の支城であった。郭跡・堀切が残る。築城者、築城年代は詳らかでない。『岩石城』『日本城郭大系』「九州縦貫自動車道関係埋蔵文化財調査報告XXIX」『福岡県の城郭』「福岡県の中近世城館跡Ⅲ」

城山城▽じょうやまじょう　京都郡みやこ町犀川帆柱

祓川上流、犀川帆柱の中屋敷の集落の南にある山稜に位置する。地元では「城山」として伝承されている。山稜の北西端にあたる標高五〇三mの頂に主郭遺構が残る。城主名は伝わらず詳細は不明。「福岡県の中近世城館跡Ⅲ」

城山城▽じょうやまじょう　田川郡添田町野田
城跡は野田の加茂神社の裏側の丘陵上に位置する。「福岡県の中近世城館跡Ⅲ」によれば、主郭や土塁等の城郭の遺構が確認できている。城主名等は不明であるが、岩石城の出城の一つと考えられている。『岩石城』「北部九州中近世城郭17」「福岡県の中近世城館跡Ⅲ」

城山城▽じょうやまじょう　田川郡福智町上野
福智神社中宮の入り口、城山橋東側にそびえる小丘に位置する。城山橋の東側の頂部には主郭と帯曲輪がめぐり、堀切等も構築されていたが、山道整備により堀切の中央部は埋められている。城館についての文献は見当たらず、「福岡県の中近世城館跡Ⅲ」では近傍の城山橋から「城山城」と仮名して掲載されている。「福岡県の中近世城館跡Ⅲ」

城山砦▽じょうやまとりで　田川郡添田町添田
⇩添田城（そえだじょう）

城坪城▽じょうんつぼじょう　田川郡伊加利
田川市伊加利の南東、須佐神社の背後の丘陵上に位置する。『伊田町誌』には、長谷川氏の居城であったとある。城跡は主郭・曲輪・堀切等の遺構が残る。『伊田町誌』「福岡県の中近世城館跡Ⅲ」

白土城（**白土山城・白土村城・切寄城**）▽しらつちじょう（しらつちやまじょう・しらつちむらじょう・きりよせじょう）　田川郡大任町大行事
東光寺の背後の丘陵上に立地する戦国時代の山城である。遺構は残っていない。築城者、築城年代は詳らかでない。『豊前志』『大任町誌』『日本城郭大系』『福岡県の城郭』「九州縦貫自動車道関係埋蔵文化財調査報告ＸＸⅨ」「福岡県の中近世城館跡Ⅲ」

代金城▽しろかねじょう　築上郡上毛町百留
戦国時代の山城である。百留の西方にある、通称城山と呼ばれる代金山（標高一二〇m）の頂上に立地するが、城跡遺構は、『福岡県の城郭』には尾根筋に曲輪跡の平地が残るとある。築城者は代金氏とされる。天正八（一五八〇）年、代金信濃守が居城していたが、百留城主であった百留河内守兼貞に攻められ討死して落城した。『築上郡史』によれば、「百留社記」に「天正八年、百留河内守兼定、土田より押し寄せ代金信濃守を伐った。井上源太宗信は能く防いだが河内守兼貞、勇を奮って戦い宗信を斬り城は遂に陥つ」とあるという。『築上郡志』によれば、籠城は二日三夜続き、信濃守の家老、井上源太宗信は奮戦のすえ討死したとある。後、兼貞は黒田氏に降り、長岩城の合戦において内応したとある。『築上郡史』『豊前大鑑』『豊前志』『地名から探る豊前国遺跡』『日本城郭大系』『福岡県の城郭』『築上郡志』「九州縦貫自動車道関係埋蔵文化財調査報告XXⅨ」『福岡県の城』「福岡県の中近世城館跡Ⅲ」

城越城▽しろこしじょう　田川郡大任町今任原
⇩今任城（いまとうじょう）

城ノ越城▽しろのこしじょう　北九州市小倉南区下貫別府
⇩貫城（ぬきじょう）

城ノ粒城▽しろのつぶじょう　北九州市小倉南区志井
⇩椎山城（しいやまじょう）

城山城▽しろやまじょう　北九州市小倉南区呼野
『門司・小倉の古城史』には「呼野村の西方城山の頂きにあり、東西十五間、山北三十間の長円平地にして、わずかに城墟の形をなす」とある。城主等の詳細は不明である。『門司・小倉の古城史』「福岡県の中近世城館跡Ⅲ」

城山城▽しろやまじょう　豊前市下川底
⇩岡城（おかじょう）

城山城▽しろやまじょう　田川郡添田町添田
⇩添田城（そえだじょう）

城山城▽しろやまじょう　田川郡川崎町川崎
⇩川崎城（かわさきじょう）

城山城▽しろやまじょう　京都郡みやこ町大村
⇩不動ヶ岳城（ふどうがたけじょう）

城山城▽しろやまじょう　京都郡みやこ町犀川上伊良原
⇩上伊良原城（かみいらはらじょう）

城山城▽しろやまじょう　京都郡みやこ町犀川山鹿
⇩山鹿城（やまがじょう）

城山城▽しろやまじょう　行橋市元永
⇩元永城（もとながじょう）

城山城▽しろやまじょう　北九州市門司区恒見上の山
⇩恒見城（つねみじょう）

城山の城▽しろやまのじょう　**宇佐市院内町**

大字斎藤の恵良川と院内川との合流する所の南方の山を城山という。この屹立した山の頂きに立地した。戦国時代には大友氏の部将が居城したという。『宇佐郡誌』

城山の城▽しろやまのじょう　**宇佐市院内村**

大字上別当の西北の山を城山と称する、西は坦々たる平野に連なり、東北南の三方は絶壁をなす好適の地に立地した。その昔、平氏の一族が城を構えたと伝えられる。『宇佐郡誌』

新開城（新開館）▽しんがいじょう（しんがいやかた）　**宇佐市安心院町木裳**

北条時政の次男時房の曾孫広長が、木之裳《きのも》村滝の下に館を構えて新開氏と称した（「新開系図」による）。館跡は小字の西光寺の一区画である。広長の子広忠は妻垣八幡宮司兼新開庄地頭、その子玄蕃助は康元二（一二五七）年、妻垣社社司および座主となって宇佐宮にも関係した。南北朝時代、新開広秀は弟の勘助と共に南朝方の菊池氏に属し、安心院公重の龍王城を攻めた。

天正十（一五八二）年、新開新五兵衛は安心院千代松丸を九人ヶ峠で襲撃してこれを殺し、龍王落城後、大友義統を龍王城に迎えて馳走して歓待したので、統の一字を賜って統宏と称した。元禄十一（一六九八）年、新開知広のとき妻垣社宮司を罷め、下市の三女神社職となり新原村に移った。『日本城郭大系』

陣ヶ尾城▽じんがおじょう　**田川郡川崎町安眞木**

⇩安宅城（あたかじょう）

陣ヶ尾城（陣ヶ城）▽じんがおじょう（じんがじょう）　**田川郡添田町庄真木**

⇩真木城（まきじょう）

新城▽しんじょう　**田川郡香春町採銅所**

金辺峠の南西にそびえる新城と呼ばれる峰の頂上部に位置する。城主等の伝承がなく、詳細は不明。『福岡県の城郭』「福岡県の中近世城館跡Ⅲ」

真如寺城（真如寺村城）▽しんにょじじょう（しんにょじむらじょう）　**築上郡築上町真如寺**

城跡は尾根上に二カ所あったと伝えられるが、築城者、築城年代は詳らかでない。『築上郡史』『築上郡志』『豊前志』『地名から探る豊前国遺跡』『福岡県の城郭』『日本城郭大系』「九州縦貫自動車道関係埋蔵文化財調査報告ＸＸⅨ」「福岡県の中近世城館跡Ⅲ」

陣山城▽じんやまじょう　**北九州市小倉南区志井**

⇩椎山城（しいやまじょう）

陣山城（畑城）▽じんやまじょう（はたじょう）　**北九州市門司区畑**

城跡は、標高八〇mの独立した小高い山の山頂に立地し、現在でも土塁が残っている。門司城の支城で、西国の雄、大内氏の家臣であった柳田氏が居城したとされるが、詳しいことは分からない。また、『福岡県の城郭』では、大友氏の門司城攻めの時の大友方の陣城あるいは毛利方の出城か不明とある。『福岡県の城郭』『福岡県の城』「福岡県の中近世城館跡Ⅲ」

須江城▽すえじょう　**京都郡みやこ町犀川末江**

尾根上に立地する戦国時代の山城である。築城者は須江太郎。築城年代は詳らかでない。『地名から探る豊前国遺跡』『日本城郭大系』「九州縦貫自動車道関係埋蔵文化財調査報告XXⅨ」『福岡県の城郭』

末広城／末弘城▽すえひろじょう　**中津市永添**

末弘氏代々の居城。築城者は末弘正行とされる。天正七（一五七九）年正月九日、野仲鎮兼が兵二千余騎をもって攻め込んだため、城主正行は剃髪して名を妙玄と改め、降伏し城を明け渡したとある。また野仲氏は城番として跡田主水を置いた。永添の正行寺の境域一帯が城跡となっている。『豊前志』『豊前古城誌』

角田城（角田村城）▽すだじょう（すだむらじょう）　**豊前市角田**

尾根上に立地する戦国時代の山城である。築城者は則行主計頭とされるが、築城年代は詳らかでない。のち城井氏一族であった仲蜂屋刑部丞宗種が居城とした。『豊前志』『日本城郭大系』『地名から探る豊前国遺跡』『築上郡志』『福岡県の城郭』「九州縦貫自動車道関係埋蔵文化財調査報告XXⅨ」「福岡県の中近世城館跡Ⅲ」

須磨園城▽すまぞのじょう　**行橋市須磨園**

尾根上に立地する戦国時代の山城。築城者、築城年代は詳らかでない。『豊前志』『日本城郭大系』『太宰管内志』『地名から探る豊前国遺跡』『行橋市の文化財』『福岡県の城郭』「九州縦貫自動車道関係埋蔵文化財調査報告XXⅨ」

墨城／住城（住城城）▽すみじょう（すみじょうじょう）　**豊前市山内**

城主は詳らかでない。『築上郡志』によれば如法寺氏の一族ではないかと記述されている。城跡付近には、〈住城谷〉、〈城谷〉、〈城の越〉、〈堀の内〉などの字名が残る。『築上郡志』『福岡県の城郭』「福岡県の中近世城館跡Ⅲ」

巣山城▽すやまじょう　北九州市小倉南区蒲生

⇩虹山城（にじやまじょう）

ズリヤネ城▽ずりやねじょう　中津市三光下深水

⇩深水城（ふかみずじょう）

諏訪山城▽すわやまじょう　田川郡福智町上野

旧地名鋤木田村の尾根上に立地する戦国時代の山城。『赤池町史』によれば、天文十一（一五四二）年、大友義統及び義鎮（宗麟）が筑前平定に出陣、まず鷹取城を攻め落とし、城主麻生氏が降参したので、この地方の要塞として諏訪山に築城し、家臣舌間国綱を居城させたとある。また、一説には鷹取御用時代、赤城入道が築城し居城したともいわれている。『福岡県の城郭』では、上野城の出城と伝えられるとある。『豊前志』『日本城郭大系』「九州縦貫自動車道関係埋蔵文化財調査報告XXIX」『赤池町史』『添田町誌』『福岡県の城郭』「福岡県の中近世城館跡Ⅲ」

世上ヶ岳城▽せじょうがたけじょう　田川郡赤村赤

「豊前国古城記」には「同（城跡一ヶ所）同（下赤）村内、世上ヶ岳」とある。「福岡県の中近世城館跡Ⅲ」によれば、城名から峰の上にある山城と想定されているが、明確な所在や読み方も不明であるとしている。「豊前国古城記」「福岡県の中近世城館跡Ⅲ」

節丸城▽せつまるじょう　京都郡豊津町節丸

⇩渋見城（しぶみじょう）

勢見ヶ岳城▽せみがたけじょう　田川郡赤村山浦

⇩山浦村城（やまうらむらじょう）

扇城▽せんじょう　中津市二ノ丁

⇩中津城（なかつじょう）

宗印城▽そういんじょう　田川郡赤池町上野

⇩観音寺城（かんのんじじょう）

惣社城（惣社村古城・辻の屋敷）▽そうしゃじょう（そうしゃむらこじょう・つじのやしき）　京都郡みやこ町惣社

丘陵上に立地する南北朝時代の山城であるが、築城年代不詳。馬ヶ岳城の出城として築城された。築城者は辻野三郎（『京都郡志』には「応永の前辻三郎居城」とある）とされ、応永の頃（一三九四－一四二八）に居城したと伝えられる。『京都郡誌』には、本村の南にあり、東西六十三間、南北三十五間、中央に剣塚、南端に鬼塚があり、総て城主の一類を埋葬せし塚と伝えられるとある。『豊前志』『京都郡誌』『日本城郭大系』『地名から探る

豊前国遺跡』『福岡県の城郭』「九州縦貫自動車道関係埋蔵文化財調査報告ⅩⅩⅨ」「福岡県の中近世城館跡Ⅲ」

副城▽そえじょう　**宇佐市院内町副**

遺構として土塁郭の堀が残る。詳細不明。

添田城（城山城・城山砦）▽そえだじょう（しろやまじょう・じょうやまとりで）　**田川郡添田町添田**

尾根上に立地した、戦国時代の岩石城の支城であった。築城者、築城年代は詳らかでない。曲輪、土塁、堀切等が残る。『福岡県の城郭』では、岩石城あるいは城山砦と同じ城ではないかとある。『添田町誌』『日本城郭大系』「九州縦貫自動車道関係埋蔵文化財調査報告ⅩⅩⅨ」『福岡県の城郭』「福岡県の中近世城館跡Ⅲ」「福岡県の中近世城館跡Ⅲ」

曾木城▽そぎじょう　**中津市本耶馬渓町曽木**

⇩宇土山城（うどやまじょう）

た行

大豆塚山城▽だいずつかやまじょう　田川郡添田町桝田
⇨大豆塚山城（おおまめつかやまじょう）

大善寺城（伊加利城）▽だいぜんじじょう（いかりじょう）　田川市伊加利
山腹に立地する南北朝時代の山城。城跡は彦山川西岸、伊加利の岩亀八幡宮のある裏山の通称城山（標高一二〇m）の山頂に立地する。建武の頃（一三三四－三八）に源頼朝の子孫、豊後の守護大名大友一法師丸能直が築城したもので、代々大友氏一族が在城した。延元年間（一三三六－四〇）、大友右兵衛佐親泰が城主であったが、暦応二・延元四（一三三九）年、菊池武重に攻め落とされ、菊池武光が居城としたが、武重が病没すると武光は肥後に帰り、菊池三郎武明が城主となった。延文二・正平十二（一三五七）年、菊池武明が守るこの城は、大友、少弐の連合軍に攻められ落城した。以後、大友親泰が城主として居城した。応永五（一三九八）年、大内盛見が田河郡に侵攻し、城主であった大友親泰は城代であった天野丹後守に大善寺城を守らせ城兵を引き連れ岩石城に籠って戦ったが、ついに討死し、岩石城も落城したため大善寺城は大内軍に明け渡された。その後、大内盛見は筑紫光親にこの城を守らせた。永享年間（一四二九－四一）、この城は菊池氏、大友氏、大内氏の三大勢力に争奪され、戦国時代には大友、毛利の二大勢力が戦う場となり城主も替わったが、天正十七（一五八九）年、九州平定に下った豊臣秀吉がこの城を廃城とした。『豊前志』『添田町誌』『地名から探る豊前国遺跡』『日本城郭大系』『福岡県の城郭』「九州縦貫自動車道関係埋蔵文化財調査報告XXⅨ」『応永戦覧』「福岡県の中近世城館跡Ⅲ」

大日城▽だいにちじょう　中津市耶馬溪町平田
⇨大日城（おおにちじょう）

大平山城（稲光城）▽たいへいやまじょう（いなみつじょう）　京都郡苅田町下片島
京都平野の北にある高城山から南に続く山並みの頂き（標高三二八m）に築かれた山城。曲輪等が残る。文献等に記録は見ず、築城者、築城年代等は詳らかでない。『福岡県の城郭』「福岡県の中近世城館跡Ⅲ」

手折山城▽たおりやまじょう　宇佐市院内町
旧南院内村と旧院内村大字月俣との境にある、山容方錘形をなす手折山に立地した。この城は戦国時代、大友氏の将であった永田某が築城したという。『宇佐郡誌』

鷹居城▽たかいじょう　宇佐市上田

戦国時代、県社、鷹居八幡神社が鎮座する鷹居山に立地したという。上田氏の居城であったと伝えられる。『宇佐郡誌』

高尾山城▽たかおさんじょう　田川郡福智町赤池

『赤池町史』によれば、尊良親王が草場城を築き、さらに本城を日尾山(日王山)に築いて、その北の要塞として築かれたとある。『赤池町史』「福岡県の中近世城館跡Ⅲ」

高尾山城（高尾城・多賀城・麻生城・高山城）▽たかおやまじょう（たかおじょう・たがじょう・あそうじょう・たかやまじょう）　宇佐市麻生

高尾山城は、急勾配の高尾山（高山・四八〇ｍ）の山上と高山の南の峰続きの茶臼山一帯に立地した。『日本城郭大系』では嘉吉年間（一四四一－一四四四）に麻生常陸介が築城したとある。のち麻生摂津守親政が居城したとあり。『豊前古城誌』には高山城とも称するとある。しかし『宇佐郡誌』によれば、後光厳院の応安二・正平二十四（一三六九）年の普請にかかり、弘治三（一五五七）年、大友氏と兵を交え落城したとある。永禄九（一五六六）年、麻生親政は大友氏の重臣、田原親賢（紹忍）の非道な政策と、人質として大友館に出していた嫡子七郎の非業の死を発端として大友氏に叛いた。そして城に籠り、北口、高並口、櫻岳、深水口、その他に軍兵を配置して、奥野に馬を乗り回し、市河原を陣所として、宣坂より狼煙を揚げた。大友方の赤尾は早田山に柵を結び、元重を本陣とした。中島は小倉原に陣して皇后石に旗を上げた。大友の加勢は糸口原、車坂、轟橋に充満し、城は三方より攻められ親政は三百騎にて極力防戦したが、およそ二十日余に糧食が尽きて一族二十余人は屠腹してついに落城したとある。菩提寺の禅源寺境内に麻生摂津守をはじめ、一族の墳墓が残る。『宇佐郡誌』『豊前志』『日本城郭大系』『大宇佐郡史論』『下毛郡史』『豊前古城誌』『両豊記』『副殿物語』

高来城（高来村城）▽たかくじょう（たかくむらじょう）　行橋市高来

丘陵上に立地する南北朝時代の山城である。応永年間（一三九四－一四二八）に足利尾張守忠氏が築城したとされる。山鹿、足利氏等が居城した。『福岡県の城郭』では遺構は消滅とある。『豊前志』『行橋市の文化財』『京都郡誌』『福岡県の城郭』『日本城郭大系』『地名から探る豊前国遺跡』『豊前大鑑』「九州縦貫自動車道関係埋蔵文化財調査報告ＸＸⅨ」「福岡県の中近世城館跡Ⅲ」

高越城▽たかこしじょう　中津市耶馬溪町戸原

この城跡は、字名に高越城とあるのみで、築城年代、築城者は詳らかではない。『耶馬溪町史』

高城▽たかじょう　**豊前市中川底大稗**

城跡は経読岳から北東にのびた山脈の先端部にある尾根上の通称高城山（標高三六一m）の山頂に立地する戦国時代の山城である。天然の巨岩が石塁をなしている。尾根の稜線をたどれば岡城跡に至る。川底城の一部とされる。築城者は宇都宮氏一族の川底甫房（または武房）といわれる。『豊前志』『日本城郭大系』『豊前市史』『福岡県の城郭』「九州縦貫自動車道関係埋蔵文化財調査報告ＸＸⅨ」『福岡県の城』

高城▽たかじょう　**中津市耶馬溪町山移**

直入畑にあり、築城年代、築城者、城主は詳らかではない。『耶馬溪町史』『耶馬の奇岩城』

高城▽たかじょう　**中津市耶馬溪町戸原**

口ノ林の上に屛風のように聳える一連の山脈の最高所に築かれた山城。『豊前古城誌』には築城年代など詳らかではないとある。「城井若八幡実録」には山田政房（山田氏の祖）の築城とある。『耶馬溪町史』では、一時、政房が野仲郷司として入部したか、または重房の誤りであろうとある。この城は尾屋敷城より通ずる高所にあることから後に抱城となったという。『耶馬溪町史』『日本城郭大系』『豊前古城誌』「城井若八幡実録」

高城（柿坂城・柿坂村城・津久江城）▽たかじょう（かきさかじょう・かきさかむらじょう・つくえじょう）　**中津市耶馬溪町柿坂**

豊前宇都宮氏の抱城。建久六（一一九五）年、宇都宮宗房が野仲郷司となり任に就くや、この城を創築した。宗房の二男重房が津民に長岩城を築いて以来、その抱城として野仲氏が代々居城した。『耶馬渓郡誌』『豊前志』『豊前古城誌』

高城（高城山城・南原城）▽たかじょう（たかじょうやまじょう・みなみばるじょう）　**京都郡苅田町南原**

城跡は、高城山《たかじょう》（標高四一六m）の山頂に立地する天険の要害をもつ山城であり、曲輪等が残る。築城者や居城した城主等は詳らかでないが、高橋氏、千葉氏、長野氏の諸将が在城したといわれる。天正年間（一五七三―九二）は馬ヶ岳城主であった長野三郎左衛門がこの城を抱城にしたとされるが、一説には長野氏のあと杉因幡守が居城したともいわれる。「豊前国古城記」には、城主杉因幡守居城とある。『豊前志』『豊前古城誌』『福岡県の城』「豊前国古城記」『地名から探る豊前国遺跡』『日本城郭大系』『北九州の城』「九州縦貫自動車道関係埋蔵文化財調査報告ＸＸⅨ」『福岡県の城郭』『苅田町史』『京都郡誌』『苅田町誌』「福岡県の中近世城館跡Ⅲ」

高田城（**高田村城・神畑城**）▽たかたじょう（たかたむらじょう・かみはたじょう）
豊前市広瀬高田

城跡は、高田の中心部の平地に立地した平城であった。『築上郡志』には天正十九（一五九一）年の高田城の平面図が載っている。これによれば屋敷の周囲は水を湛えた濠がめぐらされ、佐井川を外濠とした平城であったことが窺える。現在はわずかに土塁の一部が残る『豊国紀行』によれば、高田村は松江の東二里ほどにあり、田の字名に〈切寄〉、〈小土手〉、〈堀割〉等が残る。この城は、宇都宮氏の旗下有吉家の代々の居城であり、築城者は宇都宮大和守の家臣であった有吉内記とされる。また兄弟の宮内も居城した。天正十六年に黒田長政が日熊城を攻めた時、高田城主の有吉清則は黒田軍と戦い、討死して落城した。この時、黒田氏に滅ぼされた高田城主は高田左衛門忠次との説もある。また、「有吉系図」によれば、有吉清則は天正十六年三月、神畑城の落城の時、黒田軍と戦い討死したとある。『築上郡志』には、神畑城廓之図が掲載されている。『築上郡史』『豊前志』『築上郡志』『豊国紀行』『豊前市史』『地名から探る豊前国遺跡』『日本城郭大系』「九州縦貫自動車道関係埋蔵文化財調査報告ＸＸⅨ」『福岡県の城』「福岡県の中近世城館跡Ⅲ」

高塚城（**高塚村城**）▽たかつかじょう（たかつかむらじょう）
築上郡築上町高塚

築城者は衛藤氏とされる。戦国時代に築城された平山城であった。「豊陽古城伝」には、別に後藤氏の居城とあると『築上郡志』『築上郡史』に記載あり。しかし、城跡の所在は詳らかでない。『豊前志』『築上郡志』『築上郡史』『日本城郭大系』「九州縦貫自動車道関係埋蔵文化財調査報告ＸＸⅨ」『福岡県の城郭』「福岡県の中近世城館跡Ⅲ」

高並城（**永原城**）▽たかなみじょう（ながはらじょう）
宇佐市院内町高並

旧宇佐郡高並村大字高並にあり、正平年間（一三四六－七〇）、永原に高並小次郎入道の子、彦八が築城した。したがって永原城とも称した。天文年間（一五三二－五五）、若狭守政広は大内氏に属した。その子、市次郎（主税之介）は大友氏に降った。天正十四（一五八六）年、大友義統に滅ぼされ、子孫は代々庄屋を務めた。『宇佐郡誌』には、天正十四年、城主高並主税之介の時、大友氏に攻められ落城し、以後、廃城となったとある。『日本城郭大系』『宇佐郡誌』『豊前古城誌』

高野山城（**高野谷山城**）▽たかのさんじょう（たかのたにやまじょう）
北九州市小倉南区長行

⇩長尾城（ながおじょう）

高野城（**高野山城・高野谷山城**）▽たかのじょう（たかのさ

んじょう・たかのたにやまじょう）　北九州市小倉南区長行

⇩長尾城（ながおじょう）

高畑城▽たかはたじょう　**築上郡築上町松丸**

松丸の西方の小高い丘陵地に立地する南北朝時代から戦国時代までの平城である。応安四・建徳二（一三七一）年、九州探題の今川貞世が肥前、筑前、筑後において征討を繰り広げた時、城井氏第八代当主直綱がこの城に籠って挙兵した。貞世は、この挙兵に驚き、弟の今川氏兼に討伐を命じた。その大軍は大友氏の田原氏能が大将となり高畑城を攻め寄せた。この時の戦いは稀にみる激戦であったが、ついに同年九月二十五日に落城した。その後、天正年間（一五七三–九二）、城井鎮房が再び築城したが、城井氏の滅亡により廃城となった。現在でも、土塁、濠跡、井戸等の遺構が残り古城の面影を偲ばせる。『豊前志』『築城町の史跡と伝説』『日本城郭大系』「九州縦貫自動車道関係埋蔵文化財調査報告ＸＸⅨ」『築上郡史』『福岡県の城郭』『福岡県の城』

高畑山城（高畑城）▽たかはたやまじょう（たかはたじょう）　**北九州市小倉南区道原**

鱒渕貯水池の北、標高四三九ｍの峰の山頂に立地する。築城者は長野氏で戦国時代に築城され、以後、長野氏の出城であった。尾根上の山城で、わずかに曲輪や土塁が残る。この城の城主、築城年代等は詳らかでない。『北九州の城』『北九州市史』『小倉市誌補遺』『門司・小倉の古城史』『福岡県の城』『福岡県の城郭』『日本城郭大系』「九州縦貫自動車道関係埋蔵文化財調査報告ＸＸⅨ」「福岡県の中近世城館跡Ⅲ」

鷹丸城▽たかまるじょう　**中津市耶馬溪町山移鎌野**

豊前相良氏の居城と伝えられる。城下の下長谷という所に「太郎寺」という寺跡があり、古塔群がある。これらの石塔が相良氏一族のものと伝えられる。『日本城郭大系』『耶馬溪町史』

高森城（高森村城・宝森城）▽たかもりじょう（たかもりむらじょう・たからもりじょう）　**宇佐市高森**

元暦元（一一八四）年、緒方惟栄《おがたこれよし》が源義経の命を受け、平氏の九州への押さえとして築城された五城のうちの一つとして築城したとされる。しかし、『宇佐郡誌』には、源義経が緒方維義に命じて築城したが、後、廃城となったとある。緒方氏一族の加来小太郎綱平が在城し、天文の頃（一五三二–五五）、原田種興が居城した。天正十七（一五八九）年、黒田氏に攻められ、城主加来彦次郎は切腹して落城した。以来、黒田兵庫頭が城代となり、豊後出兵の拠点となった。『宇佐郡誌』『豊前志』『日本城郭大系』『豊前古城誌』

宝ヶ岳城▽たからがたけじょう　田川郡添田町中元寺

⇩中元寺城（ちゅうがんじじょう）

宝山城（宝山村城・宝森城）▽たからやまじょう（たからやまむらじょう・たからもりじょう）　行橋市宝山

南北朝時代に築かれた平城で、今川の西岸にある集落中央の小高い丘陵地に鎮座する王埜八幡宮の社地一帯に立地したが、わずかに城台を残す他は城跡遺構は残っていない。貞和年間（一三四五―五〇）、馬ヶ岳城の出城として宝山伊豆守が築城し、宝山城と称した。のちに新田氏の一族である安東市次郎重秀が城主となり、代々安東氏が居城した。『豊前志』には、年代は詳らかでないが安東万次郎が居城したとある。築城者は宝山伊豆守。天文年間（一五三二―五五）は安東氏の居城となった。永禄年間（一五五八―七〇）、安東市次郎長好（のち淡路守という）が城主となった。天正七（一五七九）年、安東市次郎は、馬ヶ岳城主であった長野助守とともに、杉重吉の籠る簑島城を攻略し攻め落とした。その後の宝山城の廃城の年代は詳らかでない。『豊前志』「両豊記」『豊前古城誌』『太宰管内志』『行橋市の文化財』『京都郡志』『日本城郭大系』「九州縦貫自動車道関係埋蔵文化財調査報告XXⅨ」『京都郡誌』『福岡県の城郭』『北九州戦国史』『福岡県の城』『福岡県城砦誌』「福岡県の中近世城館跡Ⅲ」

滝貞城（瀧貞村城）▽たきさだじょう（たきさだむらじょう）　宇佐市院内町滝貞

築城者、築城年代は詳らかでないが、永禄の頃（一五五八―七〇）は滝貞秀光の居城であった。滝貞氏は田原親賢（紹忍）に属した。『日本城郭大系』『豊前志』『豊前古城誌』

高家城▽たけいじょう　宇佐市東高家

⇩中島城（なかしまじょう）

岳ヶ城▽たけがじょう　田川市伊加利

「豊前国古城記」には伊加利村内にあると記載がある。しかし由緒、所在等の詳細は不明。「豊前国古城記」「福岡県の中近世城館跡Ⅲ」

竹の元城▽たけのもとじょう　中津市本耶馬渓町西谷

竹の元集落の背後にそびえる合羅ヶ岳（標高四八〇m）に、その昔、山城があったという。築城者、築城年代等は詳らかでない。『本耶馬渓町史』

田嶋崎城／田島崎城▽たじまさきじょう　中津市三光成恒

『豊前志』には、正長元（一四二八）年、成恒近江守種隆が築城し、同氏が代々居城したとあり、佐々木朝綱の嫡流とされる。『日本城郭大系』では築城者は成恒越中守とされるが、『築上郡志』によれば南北朝の頃、成恒左衛門種定が居城したとある。以後、次郎左衛門種仲、伊豆守種頼、近江守種隆と相継ぎ、応永十七（一四一〇）年五月、旧下毛郡今行村（現本耶馬渓町今行）に移り、雅楽允種増、その封を受けるとある。野仲鎮兼は、天正六（一五七八）年、大友氏が日向高城（耳川の戦い）で大敗すると、秋月種実と連絡をとり、大友氏からの独立を企て、野仲郷の旧領奪還を企て成恒越中守矩種が守る田嶋崎城を攻略した。『豊前志』には、天正十六（一五八八）年に黒田勢に攻略され焼失してこの城は破却されたとあり。城跡付近には〈堀の内〉、〈馬場〉などの地名が残る。『豊前志』『築上郡志』『耶馬溪町史』『下毛郡誌』『日本城郭大系』「九州縦貫自動車道関係埋蔵文化財調査報告XXⅨ」「三光村誌」『福岡県の城郭』『耶馬の奇岩城』「耶馬渓文化叢書」『豊前古城誌』『成恒家記録』

田代城▽たしろじょう　北九州市小倉南区辻三・八幡東区田代
⇩三角城（みすみじょう）

畳石城▽たたみいしじょう　宇佐市安心院町畳石
清原正高の後裔という松木氏の居城。天文元（一五三二）年、大友義鑑の命を受け、大内氏の家臣、糸永隼人を襲ってその居城を抜き、ここに本拠を構えた。このとき大友氏に畳石四十町をあてがわれた。『日本城郭大系』

立尾城▽たちおじょう　田川市猪国
⇩金国城（かなくにじょう）

立遠城（真崎城・籠円城・龍園城）▽たちとおじょう（まざきじょう・ろうえんじょう・りゅうえんじょう）　田川郡川崎町安眞木上
丘陵上に立地する戦国時代の山城で、土塁、堀切などの城跡遺構を残している。築城者は蔵地左近とされ、岩石城の出城であった。天正年間（一五七三―九二）、秋月氏の抱城であったが、大友氏の家臣蔵内左近の居城とされ、左近が暗殺されたあとは再び秋月氏の抱城となった。『豊前志』『添田町誌』『日本城郭大系』『福岡県の城郭』「九州縦貫自動車道関係埋蔵文化財調査報告XXⅨ」「福岡県の中近世城館跡Ⅲ」

立場ヶ谷城▽たちばがたにじょう　田川郡福智町赤池
城道寺の付近に城があったと言われるが詳細は不明。『赤池町史』

立尾城▽たておじょう　田川市猪国
金国山の支尾根の先端（標高約二〇〇m）にある山城。秋月方であった筑後の星野氏一族の築城と伝えられている。堀切、土塁、曲輪等の遺構が残っている。『福岡県の城郭』

館城▽**たてじょう**　中津市耶馬溪町山移
⇩馬場城（ばばじょう）

立野城▽**たてのじょう**　中津市野依
野依氏代々の居城にして、弘治のころに野依軍兵衛が居城し野仲氏に属した。『豊前古城誌』

立屋敷▽**たてやしき**　田川郡福智町上野
⇩上野城（あがのじょう）

立山城（菱形城・立石城）▽**たてやまじょう（ひしがたじょう・たていしじょう）**　宇佐市南宇佐
宇佐の菱池の戌亥の位置に立地し、宇佐大宮司宇佐氏が代々居城した。『日本城郭大系』によると、文治年間（一一八五－九〇）、宇佐大宮司公房が築城した。『豊前古城誌』には菱形城を一つに立山城と云い、また立石城と云うとある。応永年間（一三九四－一四二八）、菱形刑部少輔宇佐長量の居城となった。長量の子は刑部左衛門尉諸方。その子太郎晴房は真ヶ江を領して真ヶ江氏を名乗る。その孫真加江六郎は大友義鎮（宗麟）の軍に従軍した。天正の頃（一五七三－九二）には、古賀郷六郎が龍王城より還りきて居城したとある。『日本城郭大系』『豊前志』『豊前古城誌』

谷の前城▽**たにのまえじょう**　中津市本耶馬渓町西屋形
屋形諸守が西屋形氏の祖となった鎌倉後期、兄の諸利が谷の前に住し、東屋形氏の祖となった。落合集落の川向こうにある、土饅頭を高く盛り上げたような形のよい山が城山と呼び伝えられている。この地が屋形氏の居城であったと考えられている。『本耶馬渓町史』

狸葉山城▽**たぬきはやまじょう**　北九州市小倉南区朽網
狸山周辺と思われるが、明確な遺構は確認されていない。「福岡県の中近世城館跡Ⅲ」によれば、『応永戦覧』に応永五（一三九八）年、大友方の援兵として貫宗景、長野義種が狸葉山にいたり、松山城の大内方と戦ったが敗走したことが記されており、この狸葉山のことと思われるとある。『応永戦覧』「福岡県の中近世城館跡Ⅲ」

田口城（田口村城）▽**たのくちじょう（たのくちむらじょう）**　宇佐市安心院町田ノ口
弘治の頃（一五五五－五八）、大友家の幕下に属した田口雅楽允の居城であったと伝えられるが、詳細は不明。『日本城郭大系』『豊前古城誌』

田原城（田原平岳城）▽たばるじょう（たばるひらたけじょう）　田川郡川崎町田原

⇩平原城（ひらばるじょう）

田丸城▽たまるじょう　中津市福島

現在の長久寺の境内が城跡である。天慶の頃（九三八―四七）、藤原純友を征伐の為に福島四郎長久が築城したとされる。一説には、文明九（一四七七）年、副島但馬守が山中城から移ったとある。『豊前志』によると天文の頃（一五三二―五五）、深水景氏が居城したとある。『豊前古城誌』には、天正七（一五七九）年、野仲兵庫頭が大畑城を攻めた時、祐了の舎弟安芸守祐玄及び息左馬（了堅）と共に手勢百五十騎を率いて加来氏を授け大いに野仲勢を破るとある。天正十六年、城主であった福島佐渡守は黒田氏に攻められ落城した。現在も〈本丸〉、〈附城〉等の田の字名が残る。『豊前志』『日本城郭大系』『耶馬の奇岩城』『耶馬渓文化叢書』『豊前古城誌』

為朝屋敷（鎮西原城・大原館）▽ためともやしき（ちんぜいばるじょう・おおはらやかた）　田川郡香春町中津原

城跡は、旧田川農林高校の跡地と想定される。城跡の遺構は確認されておらず、同校の正門跡の脇に「鎮西八郎為朝館跡」の石碑があり、源為朝の居館があったことを示している。「鶴岡八幡社縁起」には久寿元（一一五四）年に「為朝鎮西原城を築く」とあり、田川地方の源氏に関する古城とされる。『福岡県の城』『田川郡誌』『添田町史』『福岡県の城郭』

壇の城（榎木城）▽だんのじょう（えのきじょう）　築上郡上毛町下唐原

尾根上に立地する山城で、『福岡県の城郭』では南北朝期からの薬丸氏の城と伝わるとある。堀の一部が残る。旧大平村大字唐原の西南上唐原との境近くの台地を、里人は〈壇の城跡〉と称している。その南に〈縦馬場〉という所もあり、この近くに〈薬丸〉という小字がある。城跡にあたる台地はその西北近くにある。薬丸氏が古来、唐原における名門であったから、この城が同氏の城跡と思われる。また「福岡県の中近世城館跡Ⅲ」では、壇の城は下唐原にあり、榎木城は上唐原にあるとして、同一ではない別の城だとしている。『豊前志』『豊前大鑑』『日本城郭大系』『福岡県の城郭』「九州縦貫自動車道関係埋蔵文化財調査報告ＸⅩⅨ」『築上郡史』「福岡県の中近世城館跡Ⅲ」

地神城▽ちがみじょう　中津市三光田口

旧下毛郡田口村、秣村の境にあたる。築城者、築城年代は詳らかでない。天正の頃（一五七三―九二）は、野依氏に属する田口兵部烝の居城と伝えられる。中ノ土井背後の城山が城跡である。『豊前志』『日本城郭大系』『三光村誌』『豊前古城誌』

千東城（千東旭城）▽ちづかじょう（ちづかあさひじょう）　豊前市千東字千東ノ田

⇩旭城（あさひじょう）

茶臼山城▽ちゃうすやまじょう　築上郡築上町船迫

船迫窯跡公園の西にある小規模山城。沿革等の詳細は不明。『福岡県の城郭』「福岡県の中近世城館跡Ⅲ」

茶臼山城▽ちゃうすやまじょう　北九州市小倉南区頂吉

⇩海老野城（えびのじょう）

茶臼山城▽ちゃうすやまじょう　京都郡みやこ町犀川柳瀬

⇩柳瀬城（やなせじょう）

茶臼山城（筌口城）▽ちゃうすやまじょう（うけのくちじょう）　宇佐市安心院町松本

旧宇佐郡明治村大字筌ノ口から旧津房村へ越す街道に立地した。このため城《じょう》の越《こし》とも呼ばれる。口碑によれば、大職冠藤原鎌足の後裔、筌口範久の子孫、清久の居城であったという。また、「宇佐郡地頭伝記」には、人皇第二十一代安康天皇の皇子の後裔、十九世の小次郎隅時が、大友氏に請いて領地を豊後国高崎城から、烏帽子山下筌ノ口、及び松本辺の地に遷り、茶臼山に築城し、大城山《だいしろ》を外塞としたとある。また、その死後、子の日向守宗利が居城したとも伝えられる。『日本城郭大系』には、享禄三（一五三〇）年、安倍宗任の後裔小次郎隅宗の時に烏帽子山下の筌ノ口松本に築城し、その孫宗実は浪人となり、新洞村から拝田村に移り農を営み、拝田靱負と名乗ったとある。『宇佐郡誌』『日本城郭大系』『安心院町誌』

中元寺城（中元寺村城・宝ヶ岳城）▽ちゅうがんじじょう（ちゅうがんじむらじょう・ほうがたけじょう／たからがたけじょう）　田川郡添田町上中元寺

尾根上に立地する山城である。築城者は平弘依。保元年間（一一五六－五九）、平清盛の臣が主命により築いたとされるが、正確な築城年代は詳らかでない。『豊前志』によれば杢之助平弘依は同城に居城の後、日向国に赴いたとある。天正十五（一五八七）年、九州征伐の戦功によって毛利壱岐守に規矩・田河の二郡が与えられたとき、当城はその配下に属した。城跡として、北斜面に切岸、二つの峰の間に堀切（曲輪か）等が残る。『福岡県の城郭』『豊前志』「九州縦貫自動車道関係埋蔵文化財調査報告ＸＸⅨ」『日本城郭大系』『添田町誌』「福岡県の中近世城館跡Ⅲ」

鎮西原城▽ちんぜいばるじょう　田川郡香春町中津原

⇩為朝屋敷（ためともやしき）

築城城（**築城村城・極楽寺城・極楽寺村城**）▽ついきじょう（ついきむらじょう・ごくらくじじょう・ごくらくじむらじょう）　**築上郡築上町極楽寺**

城跡は旧築城町役場及び極楽寺一帯に立地した南北朝時代の平山城である。伝説によれば、昔、由利若大臣の臣下であった別府太郎が別府村（現在の築城）に居住し、この城を築いたと伝えられている。『豊前志』によれば、同城には別府太郎、同次郎が居城したとある。『築上郡志』『応永戦覧』によれば応永六（一三九九）年、大内盛見が大軍を率いて豊前に侵攻した時、部将の内藤又次郎、野間冠者が豊前国仲津郡鶴の湊に布陣した。その時、釜蔵（鎌倉）、山鹿、大村城の北条、桃井、畠山の諸城主を攻め滅ぼしたが、当時、この城の城主であった塩田弥十郎、同兵部丞は大内氏を怖れ戦わずして降参したとある。「福岡県の中近世城館跡Ⅲ」によれば、明確な城館遺構は確認されておらず、詳細は不明とある。『豊前志』『築上郡史』『築上郡志』『地名から探る豊前国遺跡』『福岡県の城郭』『築城町の史跡と伝説』『日本城郭大系』「九州縦貫自動車道関係埋蔵文化財調査報告XXⅨ」『福岡県の城』「福岡県の中近世城館跡Ⅲ」

月俣城（**月俣村城**）▽つきのまたじょう（つきまたむらじょう）　**宇佐市院内町月ノ俣**

月俣氏代々の居城。河野氏が月俣村に入り月俣氏を名乗る。天文年間（一五三二－五五）に築城した。兵衛入道正覚は長岩城主野仲重兼に属した。天正の頃（一五七三－九二）、月俣普請兵衛が居城した。天正七年、長岩城が落城後、その子太郎員貞は逃れて田北紹鉄に哀訴し、月俣城に帰陣した。『日本城郭大系』『豊前古城誌』

築久江城▽つくえじょう　**中津市耶馬溪町柿坂**

⇩尾屋敷城（おやしきじょう）

津久江城▽つくえのじょう　**中津市耶馬溪町柿坂**

⇩高城（たかじょう）

辻野屋敷城▽つじのやしきじょう　**京都郡みやこ町惣社**

⇩惣社城（そうしゃじょう）

辻畑城（**辻畑陣屋**）▽つじばたけじょう（つじはたじんや）　**北九州市門司区大積**

詳細不明。城主、門司親清。『中世北九州落日の譜』「福岡県の中近世城館跡Ⅲ」

土田城（**土田村城**）▽つちだじょう（つちだむらじょう）　**中津市三光土田二本松**

山国川に臨む標高四七ｍの高地に立地する。野仲氏の臣、百富河内守兼家・兼貞が居城した。『豊前志』では野仲兵庫頭の抱城とある。天正十六（一五八八）年、黒田氏の野仲攻めの時、いち早く黒田氏に内通し、野仲鎮兼の嫡男が周防の杉家に落ちのび行くのを下関で討取った。『豊前古城誌』には、兼貞の妻は矢頭常陸介友国の長女とある。田の字名に〈城が鼻〉、〈城が尾〉等が残る。しかし、遺構は残っていない。『豊前志』『日本城郭大系』『豊前国古城記』『三光村誌』『下毛郡誌』『豊前古城誌』

九十九谷城▽つづれだにじょう　行橋市沓尾兵庫
⇩沓尾城（くつおじょう）

津野城▽つのじょう　田川郡添田町津野
山頂に立地する戦国時代の山城である。築城者、築城年代は詳らかでない。『豊前志』『地名から探る豊前国遺跡』『日本城郭大系』「九州縦貫自動車道関係埋蔵文化財調査報告XXIX」『福岡県の城郭』

燕岩城（崎山城）▽つばめいわじょう（さきやまじょう）　京都郡みやこ町犀川崎山
尾根上に立地する戦国時代の山城である。築城者は長野氏。障子ヶ岳城の出城であった。また、『豊前志』によれば、香春岳城の出城とある。『豊前志』『京都郡誌』『地名から探る豊前国遺跡』『日本城郭大系』「九州縦貫自動車道関係埋蔵文化財調査報告XXIX」「福岡県の中近世城館跡III」

津房村城▽つぶさむらじょう　宇佐市安心院町尾立
津房氏代々の居城。岩尾氏が旧尾立村に入り、津布佐氏を名乗った。天文年間（一五三二―五五）、次郎丸の時に津布佐姓を津房姓に改めた。弘治の頃（一五五五―五八）、大友家の幕下、津房次郎が居城した。天正十七（一五八九）年、黒田氏に降り、観源禅寺を創建して入道法山と称した。その子は帰農し、岩尾氏に復した。『日本城郭大系』『豊前古城誌』

粒城▽つぶじょう　北九州市小倉南区石原町
⇩木下城（きのしたじょう）

潰山城▽つぶれやまじょう　宇佐市安心院町田ノ口
大内氏の属臣中山正房の居城。天文三（一五三四）年、勢場ヶ原合戦に出陣した正房は、速見郡大村山に集結していた大友氏の軍を攻めて、大友軍の武将二人を討ち取ったので大内義隆に軍忠状を賜った。天文十二（一五四三）年、出雲国湯浜合戦に参加した中山重正は戦死した。後孫の角右衛門は、寛永九（一六三二）年、中津城主細川忠興に恒松村三十石を賜り庄屋となって子孫は繁栄した。『日本城郭大系』

鶴居城▽つるいじょう　**中津市相原**
⇩坂手隈城（さかてくまじょう）

津留城▽つるじょう　**中津市耶馬溪町川原口**
野仲氏の麾下の将、津留光盛の居城であった。野仲氏が建久年間（一一九〇－一九九）に築城した。『耶馬溪町史』によれば、津民村とあるが、築城の場所は不明とある。『日本城郭大系』『耶馬溪町史』

鶴林城▽つるはやしじょう　**築上郡上毛町安雲**
南北朝期の城とされる。今でも防塁と塹壕を見ることができる。面積は、約二反半、近くに鶴林の小字名がある。『福岡県の城郭』では、山田集落の山田一号古墳の丘とその北麓が城だったと考えられているとある。西吉富村元村長の鶴田正夫氏の「郷土小史」によれば、鶴林長左衛門徳則の居城であったが、永享二（一四三〇）年、氏の死亡とともにその後の事跡は明らかではないとある。なお、鶴田正夫氏の「郷土小史」によれば、長禄元（一四五七）年、旧上毛郡木留の庄、鶴林の土井には馬ヶ岳で討死した十六臣を祀る稲荷宮があり、征西将軍義氏公の御廟所とある。この御廟所は鶴林城跡の後方山腹にあり、照日稲荷と呼ばれている。『新吉富村誌』『福岡県の城郭』「福岡県の中近世城館跡Ⅲ」

鶴前城▽つるまえじょう　**中津市本耶馬渓町東屋形**
前鶴の七所神社の裏山が、その昔、鶴前城であったといわれている。『本耶馬渓町史』によれば、屋形谷で最初に屋形姓を名乗った宇佐諸成が、近くの殿ヶ迫に住み、その孫諸守が東屋形の祖となったという。天正十六（一五八八）年四月、黒田軍に降った屋形氏の本拠と考えられるとある。『本耶馬渓町史』

恒見城（恒見山城・猿山城・上山城・城山城）▽つねみじょう（つねみやまじょう・さるやまじょう・うえやまじょう・しろやまじょう）　**北九州市門司区恒見上の山**
恒見八幡宮の上の山の山頂に立地した山城であったが、砕石場となり消滅した。この城は、正長元（一四二八）年、阿部入道平道兼が築城し、在城したと伝えられる。後に、大内氏により滅亡した。『豊前志』『北九州の城』『門司市史』『北九州市史』『門司・小倉の古城史』『福岡県の城』『企救郡誌』『日本城郭大系』「九州縦貫自動車道関係埋蔵文化財調査報告ＸＸⅨ」『福岡県の城郭』「福岡県の中近世城館跡Ⅲ」

手切城（牛切城）▽てぎりじょう（うしきりじょう）　**田川郡香春町香春**
香春岳の後方の尾根上に立地する戦国時代の山城であった。築城者は千手氏とされ、同氏の抱城であった。

『豊前志』「豊前国古城記」『日本城郭大系』「九州縦貫自動車道関係埋蔵文化財調査報告ＸＸⅨ」『添田町誌』『福岡県の城郭』「福岡県の中近世城館跡Ⅲ」

寺垣城▽てらがきじょう　宇佐市上高

築城者、築城年代は詳らかでない。『宇佐郡誌』

天仲寺城（天仲寺山城）▽てんちゅうじじょう（てんちゅうじやまじょう）　築上郡吉富町広津

⇩広津城（ひろつじょう）

伝法寺城（伝法寺村城）▽でんぽうじじょう（でんぽうじむらじょう）　築上郡築上町伝法寺

⇩堂山城（どうやまじょう）

天和城（天和村城）▽てんわじょう（てんわむらじょう）　豊前市天和

『築上郡史』によれば、大字天和の西に殿山という所があり、里人は「シロノゾク」と言っている。ゾクは頭の鄙語であるから、城のあった頭という意味である。殿山などといえば出城ではなかったようだが、城主を明らかにしないとある。また『築上郡志』には、如法寺氏の抱城とされるが詳らかではないとある。『築上郡史』『築上郡志』『福岡県の城』『福岡県の城郭』「福岡県の中近世城館跡Ⅲ」

土居ヶ城▽どいがじょう　京都郡みやこ町犀川上高屋

⇩戸通城（とみちじょう）

土居城▽どいじょう　豊前市大村権屋坂東

⇩大村城（おおむらじょう）

土井城（佐野城）▽どいじょう（さのじょう）　宇佐市佐野

天文の頃（一五三二―五五）、萩原山城守種親が居城し、天正三（一五七五）年病死し、天正十六年三月七日、種親の養子、四郎兵衛種治は黒田家の軍門に下った。佐野氏は弘治二（一五五六）年、大友義鎮（宗麟）に降伏して大友氏に属していたが、高尾城にいた一族の麻生氏が大友氏に攻め滅ぼされたため、宇佐時枝・萩原氏らと共に反大友となり、中国の毛利氏に属した。そして城主佐野親重は、時枝平大夫と共に大友方の光岡城（赤尾城）を攻めて滅ぼした。天正十四（一五八六）年、大友義統の大軍に囲まれて、親重は内尾帯刀によって討たれた。『大宇佐郡史論』『日本城郭大系』『豊前志』『宇佐郡地頭伝記』『豊前古城誌』

塔ヶ峰城▽とうがみねじょう　行橋市矢山

⇩矢山城（ややまじょう）

塔ヶ峰城（井手浦城）▽とうがみねじょう（いでうらじょう）

北九州市小倉南区井手浦

平尾台の西にそびえる塔ヶ峰の西に突き出た、標高四一四mの尾根上に立地する戦国時代の山城である。築城者は長野豊前守種盛とされ居城したとあるが、別に天正の頃（一五七三―九二）に大友氏に攻められ築城半ばで落城したとの説もある。『北九州戦国史』には永禄八（一五六五）年、長野氏成敗のとき、長野筑後守の軍勢が立て籠ったので、大友勢に攻め落とされたとある。『豊前志』『小倉市誌補遺』『北九州の城』『福岡県の城』『福岡県の城郭』『北九州市史』『門司・小倉の古城史』『企救郡誌』『日本城郭大系』「九州縦貫自動車道関係埋蔵文化財調査報告ＸＸⅨ」『北九州戦国史』「福岡県の中近世城館跡Ⅲ」

東明寺城（東明寺山城）▽とうみょうじじょう（とうみょうじやまじょう）

北九州市門司区東門司龍門町

東門司龍門町の東明寺山（標高一一二m）の山頂に立地する戦国時代の山城である。現在は「竜門町林間公園」として整備され、遺構もよく残っている。永禄二（一五五九）年、大友氏が規矩郡を勢力圏に収めた時、門司城主に仁保帯刀を配置し、その出城として築城されたものである。『豊前志』によれば、大内氏が城を築き、仁保常陸介をしてこの城を守らせたとある。『豊前志』『門司・小倉の古城史』『北九州の城』『門司市史』『日本城郭大系』「九州縦貫自動車道関係埋蔵文化財調査報告ＸＸⅨ」『北九州戦国史』『福岡県の城郭』『福岡県の城』「福岡県の中近世城館跡Ⅲ」

堂山城（伝法寺城・伝法寺村城・香楽城）▽どうやまじょう（でんぽうじじょう・でんぽうじむらじょう・こうらくじょう）

築上郡築上町伝法寺

城跡は城井谷の最も狭った要所で、堂山の尾根上に立地する山城である。堂山の下には城井川が流れ天然の濠を形成するなど城井谷の要害の地である。通称「一の戸」「遠見番所」と呼ばれ、山頂から周防灘まで一望できる。築城者は城井氏一族の伝法寺貞隆とされ、城井氏の出城であった。『築上郡志』によると、城井景忠が伝法寺氏を名乗り、その氏の祖とされる。城井守綱（冬綱）の時代には伝法寺四郎左衛門の名が見える。また、天正年間（一五七三―九二）には伝法寺鑑満が城主として居城したとある。城跡には遺構として土塁や堀切が残る。平成十年十月の発掘調査で、櫓跡と思われる四基の柱穴が検出された。「福岡県の中近世城館跡Ⅲ」では、伝法寺城と堂山城は別の城だとしている。『豊前志』『福岡県の城』『豊前古城誌』『日本城郭大系』「九州縦貫自動車道関係埋蔵文化財調査報告ＸＸⅨ」『築上郡史』『築上郡志』「宇都宮氏と豊前の山城シンポジュウム報告書」「福岡県の中近世城館跡Ⅲ」

戸垣城▽とがきじょう　京都郡みやこ町犀川上高屋

戦国時代に築城されたが、築城者、築城年代、立地等は詳らかでない。『豊前志』『豊前古城誌』『日本城郭大系』『福岡県の城郭』「九州縦貫自動車道関係埋蔵文化財調査報告ＸＸⅨ」

等覚寺城▽とかくじじょう　京都郡苅田町山口

⇩山口城（やまぐちじょう）

時枝城（時枝村城）▽ときえだじょう（ときえだむらじょう）　宇佐市下時枝

城跡は国道10号線から糸口山を抜け、上時枝を過ぎた畑地。弘治二（一五五六）年、時枝城主時枝惟光の子、鎮継は大友義鎮（宗麟）に降りその配下となった。しかしひそかに毛利氏と通じ、土井城主佐野親重と談合して共に大友方の光岡城を攻めて赤尾氏を滅ぼし、反大友の旗頭となった。しかし、宇佐郡の諸将は大友方が多いため、中国の小早川隆景に派兵の応援を頼んだ。天正十三（一五八五）年、高家城主中島統次は、夜討ちをかけて城を攻め落とした。鎮継は小早川の兵若干名と小早川氏をたより海路、落ち延びた。鎮継は天正十五年、豊臣秀吉の島津討伐軍に従った。黒田孝高（如水）を宇佐郡に導き入れて、同十七年、黒田勢援護のもとに中島統次を攻め滅ぼした。『日本城郭大系』『豊前志』『豊前古城誌』

土岐城▽ときじょう　宇佐市上乙女

明徳年間（一三九〇－九四）、土岐頼忠が旧乙女村に築いた。天正十六（一五八八）年、黒田氏に降伏した。『日本城郭大系』『豊前古城誌』

徳光城▽とくみつじょう　北九州市小倉南区徳吉徳光

尾根上に立地する戦国時代の山城である。築城者、築城年代、城主等は詳らかでない。『福岡県の城』『福岡県の城郭』では、長尾城と同一ではないかと推定している。『豊前志』『日本城郭大系』『小倉市誌補遺』『企救郡誌』「九州縦貫自動車道関係埋蔵文化財調査報告ＸＸⅨ」『福岡県の城郭』『福岡県の城』「福岡県の中近世城館跡Ⅲ」

徳光城▽とくみつじょう　宇佐市院内町下舟木

徳光氏の居城とされるが築城者、築城年代等は詳らかでない。『日本城郭大系』

徳光城▽とくみつじょう　北九州市小倉南区志井

⇩椎山城（しいやまじょう）

十鞍城▽とくらじょう　京都郡みやこ町勝山大久保

⇩十鞍山城（とくらやまじょう）

十鞍山城（鞍山城・十鞍城）▽とくらやまじょう（くらや

まじょう・とくらじょう）　京都郡みやこ町勝山大久保

十鞍山の山頂に立地する、平安時代に築城された山城。元暦の頃（一一八四－八五）、平氏家人が築城し籠ったとされる。『豊前志』『日本城郭大系』『京都郡誌』『福岡県の城郭』「九州縦貫自動車道関係埋蔵文化財調査報告ＸＸⅨ」「福岡県の中近世城館跡Ⅲ」

徳力城（徳力山城・大鍋山城）▽とくりきじょう（とくりきやまじょう・おおなべやまじょう）　北九州市小倉南区志井

尾根上に立地する戦国時代の山城であったが、土取り等でほぼ消滅した。築城者は長野氏とされ、戦国時代、長野氏の支城であった。『北九州の城』『日本城郭大系』『福岡県の城郭』『北九州市史』『門司・小倉の古城史』『企救郡誌』「九州縦貫自動車道関係埋蔵文化財調査報告ＸＸⅨ」「福岡県の中近世城館跡Ⅲ」

戸代山城／戸城山城▽としろやまじょう　田川郡赤村内田

城跡は戸代山（標高三一八ｍ）の山頂に立地し、見事な深い空堀と堅濠等の遺構を備えた山城である。暦応二・延元四（一三三九）年、南朝方の菊池武重が戸代山に築城し、貞和の頃（一三四五－五〇）、武重が大宰府警衛のため帰国後、麻生玄蕃頭、菊池武宗等に居城させたとある。また、「豊前国志」では嫡男武光に守らせたとある。『築上郡史』には、応安三・建徳元（一三七〇）年より畠山義深が在城したとある。応永三十年、義深の子義冬は大内盛見に攻められ、義冬の子義孝ともに滅ぼされた。『築上郡志』等の多くは畠山氏三代の居城とある。後に、長岩城主、城井氏一族の野仲氏がこの城を抱城とし、支流の友枝氏がこれを守ったとある。永享三（一四三一）年、菊池武忠がこの城を攻略し桃井直次を置いたが、同四年、再び大内氏の抱城となり、陶弘護の長男武護が居城した。文明元（一四六九）年より大内氏の代将、杉弘長、天文二十二（一五五三）年、城井氏がこれを攻略し、一族である西郷興正の父入道愚閑が居城した。弘治年間（一五五五－五八）は毛利元就が坂新五右衛門に命じてこの城を守らせた。天正七（一五七九）年、久留米城（久留米市篠山町）城主小早川秀包の弟義平が城主であったが病死。後は、馬屋原元有が城主となった。天正十五（一五八七）年三月二十六日、黒田孝高（如水）に攻められ馬屋助元有は黒田長政を仲介に豊臣秀吉に降伏を申し出たが、秀吉は許さず、元有は兵糧を空堀にて焼き捨て自害した。『豊前志』「豊前国古城記」『日本城郭大系』「九州縦貫自動車道関係埋蔵文化財調査報告ＸＸⅨ」『福岡県の城郭』『福岡県の城』「福岡県の中近世城館跡Ⅲ」

轟城（轟の砦）▽とどろきじょう（とどろきのとりで）　宇佐市拝田

大友氏の妙見城を攻略するにあたり築かれた。里人は「轟の砦」と称したが、その遺跡は詳らかではない。『宇佐郡誌』

殿倉岳城▽とのくらだけじょう　田川郡添田町落合

山頂に立地する戦国時代の山城である。『福岡県の城郭』では、下落合城と同じ城ではないかとある。『地名から探る豊前国遺跡』『日本城郭大系』「九州縦貫自動車道関係埋蔵文化財調査報告XXIX」『福岡県の城郭』

戸通城（上高屋城・土居ヶ城）▽とみちじょう（かみたかやじょう・どいがじょう）　京都郡みやこ町犀川上高屋

尾根上に立地する戦国時代の山城。築城者、築城年代は詳らかでない。『豊前志』『京都郡誌』『日本城郭大系』「九州縦貫自動車道関係埋蔵文化財調査報告XXIX」「福岡県の中近世城館跡Ⅲ」

富野城▽とみのじょう　北九州市小倉北区富野

福岡教育大学付属小・中学校の校地に城があったと伝えられているが、築城者、築城年代等は詳らかでない。『福岡県の城郭』

鳥越城▽とりごえじょう　宇佐市安心院町鳥越

室町時代に深見氏が居城し、後に深見河内守が居城したと伝えられる。戦国時代、この地に城柵を構え、あるいは大内氏に依り、あるいは大友氏に属したもので、大永三（一五二三）年、深見河内守盛時が大友義鑑に攻められ、落城し滅んだとある。地名に〈門口〉、〈堀〉、〈馬場〉などが残り、落城後は帰農して鳥越七門と名乗った。『日本城郭大系』『宇佐郡史論続』『安心院町誌』

鳥越城（鳥越山城）▽とりごえじょう（とりごえやまじょう）　豊前市中村

城跡は戦国時代の当初、中村氏が馬場城（豊前市）の出城として丘陵上に築いた山城で、角田中学校の西の角田川にかかる城鼻橋の背後の丘陵上先端に立地する。現在は城跡の遺構は全く残っていない。〈城鼻〉という地名が鳥越城の名残をとどめる。城跡の一角には「月峰道賢居士俗名則行主計正弘治二年」と刻まれた墓がある。弘治二（一五五六）年、仲蜂谷尾張守宗鎮に従い、大友軍と戦い討死した則行主計正鎮実の墓である。『福岡県の城郭』には、城井氏一族の仲蜂屋氏系の城として伝わるとある。『築上郡志』『築上郡史』『豊前志』『日本城郭大系』『福岡県の城郭』「九州縦貫自動車道関係埋蔵文化財調査報告XXIX」「宇都宮氏と豊前の山城シンポジュウム報告書」『福岡県の城』「福岡県の中近世城館跡Ⅲ」

内蔵寺城（内蔵寺山城）▽ないぞうじじょう（ないぞうじやまじょう）　**築上郡上毛町東下**

丘陵上に築かれた戦国時代の山城である。城跡は上毛町字東下内蔵寺山の山頂に立地し、内堀、外堀という二重の空堀がめぐり、城跡遺構をよく残している。築城者は内尾親賢とされ、叶松城の内尾氏の出城であった。小丘の下東方の耕地をシロノコシ、北を古城畑といい、南方に内蔵寺跡がある。『築上郡史』『豊前志』『福岡県の城』「福岡県遺跡等分布図」『日本城郭大系』「九州縦貫自動車道関係埋蔵文化財調査報告XXⅨ」『福岡県の城郭』「福岡県の中近世城館跡Ⅲ」

長岩城▽ながいわじょう　**中津市耶馬溪町河原口**

津民川に沿った細長い谷の上流、河原口の集落の南側に聳える円錐型の扇山一帯にあり、標高約五九二m、比高約二二〇mをなす要害堅固な山城である。宇都宮宗房の二男、城井信房の弟であった重房が、旧下毛郡野仲郷を領して野仲姓を名乗り、建久九（一一九八）年、一説に同七年に築城したとされ、以後、子孫が代々居城した。また、「戸原野仲系図」によれば、城井信房の舎弟重房（野仲次郎）が建久六年、旧下毛郡野仲郷に入り、初め尾屋敷城を築き、同九年に津田見（津民）荘に長岩城を築いて居城したと『日本城郭大系』にある。弘治三（一五五七）年、大内氏が滅亡すると、大友軍は妙見岳城に入り、豊前進出に着手した。永禄十二（一五六九）年閏五月二十六日付けの大友義鎮（宗麟）の書状（「帆足琢磨文書」）によれば、この時期、野仲氏が大友氏に反旗を翻したことが窺える。天正六（一五七八）年、大友氏の日向遠征が失敗すると、各地に反大友勢力が台頭した。野仲氏は天正八年八月、大友方の賀来安芸守の大畑城、福島佐渡守の福島城を攻撃している。しかし、その後、大友氏に帰順と離反を繰り返した。長岩城主、野仲兵庫頭鎮兼（又は重兼）は、天正十二年頃から独自の勢力拡大を目指していた。天正十五年、豊臣秀吉が九州を平定、黒田孝高（如水）が豊前六郡に入部して間もなく、豊前一揆が勃発した。同年十月下旬、野仲兵庫頭鎮兼はこの城に立て籠り抵抗したが、黒田長政、吉川広家らの軍勢に陥され翌年落城し、鎮兼はじめ一族は自刃し廃城となった。『豊前志』には城攻めは天正十六年四月四日と記述あり。『耶馬溪町史』『耶馬渓文化叢書』『大分県郷土史料集成』『両豊記』『豊前志』『日本城郭大系』「宇都宮氏と豊前の山城シンポジュウム報告書」『築上郡史』『耶馬の奇岩城』『豊前古城誌』

長尾城（高野山城・高野谷山城・高野城）▽ながおじょう（たかのさんじょう・たかのたにやまじょう・たかのじょう）

北九州市小倉南区長行

城跡は高野谷山（標高一二三m）の山頂に立地する戦国時代の山城であるが、所々に土塁も現存する。応永六（一三九九）年の頃、赤松太郎義祐が城主であったとされ、また長尾小次郎景通が居城したともいわれている。なお、長尾氏の祖は関東の三浦氏の臣で、源実朝を暗殺した公暁を討ち取った長尾新六定景や、その子の太郎景茂とされる。戦国時代には長野氏の支城となり、長野氏の家臣、高野三郎能行の居城となった。付近の字名に〈高野〉、〈能行〉などが残る。また、城跡の北方に高野三郎の墓という石碑が残っている。『北九州の城』『日本城郭大系』『北九州市史』『門司・小倉の古城史』『小倉市誌補遺』『福岡県の城』『企救郡誌』『福岡県の城郭』「九州縦貫自動車道関係埋蔵文化財調査報告XXIX」「福岡県の中近世城館跡Ⅲ」

中尾城（中尾屋敷）▽なかおじょう（なかおやしき）　**中津市犬丸**

犬丸城跡の南約一キロmの地に城跡がある。面積約二町歩東、北、西に堀の跡、松林の中に中尾一族の墓がある。『日本城郭大系』

長尾城▽ながおじょう　**行橋市長尾**

丘陵上に立地する戦国時代の山城である。築城者は赤松義祐とされる。〈城山〉、〈堀〉、〈ツイジ〉などの地名が残る。『豊前志』『行橋市の文化財』『豊前大鑑』『日本城郭大系』『福岡県の城郭』『福岡県の城』

中臣城▽なかおみじょう　**中津市豊田町**

『豊前古城誌』には、天平勝宝二（七五〇）年仲津郡中臣郷の中臣今男国教が築城とある。中臣八郎兵衛尉国直の居城であった。天正七（一五七九）年、野仲氏に攻められ落城したが、城主中臣権右衛門国臣は逃れて豊後に走ったとある。田の字名に〈城戸〉、〈中屋敷〉などが残る。『日本城郭大系』『豊前古城誌』

長川城▽ながかわじょう　**京都郡みやこ町勝山長川**

築城者は長川七郎。丘陵上に立地する山城。『地名から探る豊前国遺跡』『福岡県の城』『日本城郭大系』「九州縦貫自動車道関係埋蔵文化財調査報告XXIX」

中敷田城▽なかしきたじょう　**宇佐市中原屋敷**

在地勢力の城館で方形の区画が見られる。「史学論叢36」

中島城（高家城）▽なかしまじょう（たけいじょう）　**宇佐市東高家**

中島宣長が承久の頃（一二一九―二二年。一説には延応（一二三九〜四〇年）頃）築城し、以後、中島氏十五代が居城した。宇佐平野の中心部の平坦な地に城跡があったとされる。日豊本線の鉄道が敷設されるまでは丘陵が残っていたという。中島氏は豊前の諸将と同様に大内氏に属していたが、弘治二（一五五六）年、中島秀俊は龍王城で大友義鎮（宗麟）に謁してから大友氏に属し、以後は宇佐における大友氏の拠点となった。天正十三（一五八五）年、中島氏が時枝城を囲んで攻め立て、時枝軍の首を二百三十も討ち落とした。城主時枝鎮継は海路周防の小早川隆景を頼って逃れた。土井城の佐野親重は時枝氏が討たれてなお大友軍に対抗したが、ついに落城した。豊臣秀吉の九州遠征によって中津に黒田氏が入り、豊前の従わぬ諸城を攻め、城主中島統次は籠城して黒田勢を迎え撃ったが、天正十七（一五八九）年、敗れて自害して果てた。『豊前志』『耶馬渓文化叢書』『豊前古城誌』

長洲城▽ながすじょう　**宇佐市長洲町長洲**

応永五（一三九八）年、城主長洲吉綱は大友氏鑑に属し、英彦山南麓で大友盛見と戦ったが敗れ滅亡した。『宇佐郡誌』には、大友氏に属して大内盛見と戦い落城し、一族は自刃し滅亡後、廃城となったとある。城跡は城が峰と称され、現在の宇佐市立長洲小学校敷地一帯の高台に立地したと伝えられる。妙見田地は城跡の一部とされるとある。『日本城郭大系』『宇佐郡誌』『豊前古城誌』

永添村城▽ながそえむらじょう　**中津市永添**

天文元（一五三二）年のころ、小城宗範が城主として居城した。主家大内氏に叛き臼野蔵人宗次が大内義弘の命を受けて宗範を殺害した。『豊前古城誌』

中津城（丸山城・扇城・小犬丸城）▽なかつじょう（まるやまじょう・せんじょう・こいぬまるじょう）　**中津市二ノ丁**

城跡は詳らかではない。南北朝時代に、重松刑部少輔が居城した。新田系譜によれば、暦応三・興国元（一三四〇）年頃、征西府将軍懐良親王が豊前に御下向された時、丸山城主であった重松刑部少輔は二百余人の城兵を率いて降参し、永く君臣の誓約を行ったとある。その後、天正十五（一五八七）年、黒田孝高（如水）が豊前中津の地に封ぜられ、山国川に臨む丸山の低い丘を削って、犬丸城（中津市）の旧材を用いて城を築いた平城である。慶長五（一六〇〇）年、関ヶ原合戦の後、黒田氏は筑前五十二万石に封ぜられて、のちに細川氏が入城した。中津城は西に山国川、北に豊前海を控えた要害であったため、幕末には海防のため台場も設けられた。『下毛郡誌』『中津藩史』『日本城郭大系』『豊前古城誌』

長野城（上長野城）▽ながのじょう（かみながのじょう）

北九州市小倉南区長野

築城者は長野康盛。長野氏の居城。保元二（一一五七）年、左大臣平時盛の六男康盛が豊前の国司となり九州に下り、規矩郡長野村に城を築き、長野氏を名乗ったとされている（しかし『門司・小倉の古城史』ではこれを否定しており、古くからこの地に住む中原系長野氏の築城としている）。平安末期築城の古い城郭を持つ大規模な山城で、全国でも二百条に及ぶ堅濠群は例がなく、日本最大といわれる。文治二（一一八六）年、康盛の子長盛は規矩郡の地頭職となった。長盛より七世の孫にあたる豊前守種盛の時、大三ヶ岳、小三ヶ岳、下長野、丸ヶ口福相寺、稗畑山（いずれも北九州市小倉南区）に出城を築き、長野氏の父子兄弟が居城した。永禄八（一五六五）年六月、大友勢が長野城を攻撃。三カ月にわたる長期戦で毛利氏の援軍もなく孤軍奮闘したが、大友の軍門に下った。永禄十一年、毛利元就五万の軍勢に攻撃され九月四日に落城した。「佐田文書」『大友宗麟資料集』『企救郡誌』『福岡県の城』『北九州市史』『門司・小倉の古城史』『小倉市誌補遺』『日本城郭大系』『福岡県の城郭』「史学論叢36」「福岡県の中近世城館跡Ⅲ」

永原城▽ながはらじょう　宇佐市院内町高並

⇩高並城（たかなみじょう）

中間城▽なかまじょう　中津市耶馬溪町宮園一ツ戸

⇩一ツ戸城（ひとつどじょう）

中村城▽なかむらじょう　宇佐市中字中村

天文の頃（一五三二～五五）、中村十郎房信の居城。房信の弟である金左衛門は高尾城主麻生氏の家臣であった。麻生氏が大友義統に攻められた時、北方を防いだが、ついに落城した。『宇佐郡誌』によれば、永禄九（一五六六）年、大友勢に攻められた時、金左衛門は脇備えとなり、十郎は警備となったが、ついに味方の敗北となり、十郎は松原左近に討ち取られたとある。『日本城郭大系』『宇佐郡誌』『豊前古城誌』

中村城▽なかむらじょう　築上郡上毛町中村居屋敷

城跡は、日熊城跡の北方に位置する景幽寺一帯に平城として立地したとされるが、城跡遺構は全く残っていない。『築上郡史』によれば、「吉富家家譜」に豊前国守護職城井信房の七代、重行の舎弟にあたる房政の二男、政秀の長男秀種が吉富郷司として此の地に移り住んだのが初めとある。以後、中村（また、吉富）治左衛門と名乗ったとある。景幽寺の斜め前あたりの小高い東方の場所を土地の人は「殿の前」といっている。応永五（一三九八）年、大友氏鑑が豊前に侵攻した時は大友方として吉冨玄蕃頭の名があり、弘治二（一五五六）年、大友義鎮（宗麟）が豊前に侵攻した時の大友方に吉臣氏の名があるが、いずれも中村城主と思われる。安政二（一八五五）年から明治二（一八六九）年まで中村伝多が中村組最後の大庄屋を務めた。中村伝多は旧姓吉富氏で、吉留、吉臣とも書き表わされている。『応永戦覧』『新吉富村誌』『福岡県の城』『福岡県の城郭』『築上郡史』「福岡県の中近世城館跡Ⅲ」

名木野城／名城野城／那岐野城▽なぎのじょう　田川郡福智町金田
⇩金田城（かねだじょう）

楢本城（楢本村城）▽ならもとじょう（ならもとむらじょう）　宇佐市安心院町楢本
正和年間（一三一二－一七）、岡成忠が築城し、その子式部助の時に落城した。城跡は今も城山と称し、城北には成忠が招請した天満宮が現存する。『日本城郭大系』『豊前志』

成腰城▽なりこしじょう　北九州市小倉南区蒲生
⇩恵里城（えりじょう）

成腰城▽なりこしじょう　北九州市小倉南区蒲生
⇩城ノ腰城（じょうのこしじょう）

成越城▽なりこしじょう　北九州市小倉南区蒲生
⇩虹山城（にじやまじょう）

成恒城▽なりつねじょう　築上郡上毛町成恒今村
平地に立地した平城であったが、正確な築城年代は詳らかでない。築城者は成恒氏。堀の一部が残る。城跡は現在、吉富神社が鎮座する台地に立地し、神社の西北側に当たる裏手には濠等の遺構がわずかに残っている。伝承では成恒氏は、宇都宮氏一族の山田政房の子昌俊からとされる。記録によれば成恒越中守が居城したとされる。南北朝の頃、成恒種定、種仲、種隆と継ぎ、応永十七（一四一〇）年五月、旧下毛郡今行村（現中津市三光成恒）に移り、種増が封を受けたとの記述がある。明治三十五～三十六年に地盤掘削の際に青磁鉢二個、香炉一個、南京皿四十枚が発見されている。『地名から探る豊前国遺跡』『福岡県の城』『日本城郭大系』『福岡県の城郭』「九州縦貫自動車道関係埋蔵文化財調査報告ＸＸⅨ」『築上郡史』『新吉富村誌』

成光城▽なりみつじょう　田川郡大任町大行事成光
尾根上に立地する戦国時代の山城である。築城者、築城年代は詳らかでない。『豊前志』『地名から探る豊前国遺跡』『日本城郭大系』『福岡県の城』『福岡県の城郭』「九州縦貫自動車道関係埋蔵文化財調査報告ＸＸⅨ」

西恵良城▽にしえらじょう　　宇佐市院内町上恵良
恵良鎮実が萩迫城から移って居城とした。天文十二（一五四三）年、恵良盛綱は大内義隆の尼子攻めに従軍した。同年、盛綱は家督を子の信勝に譲った。『日本城郭大系』『豊前志』

西ノ奥城（**西の城**）▽にしのおくじょう（にしのしろ）　　北九州市小倉南区石原町
⇩木下城（きのしたじょう）

虹山城（**二神山城・虹城・蒲生城・巣山城・成の越城・尼子山城・尼寺山城**）▽にじやまじょう（ふたがみやまじょう・にじじょう・がもうじょう・すやまじょう・じょうのこしじょう・あまこやまじょう・あまでらやまじょう）　　北九州市小倉南区蒲生
旧豊前規矩郡蒲生。城跡は紫川の西、虹山（標高一一六m）の山頂に立地する、鎌倉時代から戦国時代までの山城である。『福岡県の城郭』には、鎌倉時代の末期、南北朝期に蒲生城として名が記事にあるとあり、築城者は規矩時秋と規矩高政とされ、元弘年間（一三三一〜三四）に築城し居城した。高政は九州探題北条実政の孫で規矩郡を領した。『太平記』によれば、元弘三年七月九日、少弐頼尚が中村、来島、松浦、龍造寺ら肥前の諸雄とともに攻め落として高政を斬るとある。応永年間（一三九四〜一四二八）は規矩親忠が在城した。天文年間（一五三二〜五五）には長野氏の居城となった。城跡には空堀や残塁が各所に残る。「福岡県の中近世城館跡Ⅲ」では虹山城と巣山城は別の城として記載している。『豊前志』『北九州の城』『福岡県の城』『日本城郭大系』『中世北九州落日の譜』『福岡県の城郭』『北九州市史』『門司・小倉の古城史』『企救郡誌』「九州縦貫自動車道関係埋蔵文化財調査報告ＸＸⅨ」『小倉市誌（続）』『北九州市史・古代・中世編』「福岡県の中近世城館跡Ⅲ」

新田城（**弁城**）▽にったじょう（べんじょう）　　田川郡福智町弁城
丘陵上に立地する戦国時代の山城である。弁天城の東の尾根上にあり、弁天城の出城か。築城者は高橋元種とされ、同氏が出城とした。『豊前志』『日本城郭大系』「方城町史」『添田町誌』『福岡県の城郭』「九州縦貫自動車道関係埋蔵文化財調査報告ＸＸⅨ」

若王子城／**若王寺城**（**王子城**）▽にゃっこうじじょう（おうじじょう）　　北九州市小倉北区富野
文治五（一一八九）年、門司下総前司親房が築城した。門司城の出城。『北九州の城』『小倉市誌』『日本城郭大系』『福岡県の城』「福岡県の中近世城館跡Ⅲ」

な
なぎの―にゃっ

貫城（城ノ越城）▽ぬきじょう（しろのこしじょう）　**北九州市小倉南区下貫別府**

城ノ越と呼ばれる丘陵上に立地する。築城者は新田上野介義基とされる。『企救郡誌』によれば、「貫の西南七町余りを距る字城の腰の畑地の中央に高さ一間余りの台地がある。東西十三間、南北十五間ばかりの方形の台地である。東北三十間を距り濠渠の跡を残している」と城跡規模の記述がある。また、『福岡県の城郭』では、戦国期は新田氏の後裔の貫氏の城となり、現在、曲輪や土塁、空堀が一部残り、標高二六mの丘城とある。南北朝の時代の応安年間（一三六八－七五）に築城された。『北九州の城』『福岡県の城郭』「九州縦貫自動車道関係埋蔵文化財調査報告XXIX」『福岡県の城』『日本城郭大系』『企救郡誌』「福岡県の中近世城館跡Ⅲ」

温見谷城▽ぬくみたにじょう　**宇佐市院内町温見**

岩男権太左衛門尉重益の居城であった。大永元（一五二一）年に大内氏に仕え、弟の源太兵衛尉繁殊は大友氏に属して深見郷に三十町を賜ったが、天正十七（一五八九）年、黒田孝高（如水）に城地を没収され、慶長五（一六〇〇）年には大友義統に加わり、石垣原の合戦で敗れた。『日本城郭大系』

沼田城▽ぬまたじょう　**中津市下宮永**

保延のころ、宮永佐兵佐衛義成が居城した。天正七（一五七九）年二月、城主宮永大膳烝に至って野仲勢に亡ぼされた。『豊前古城誌』

如法寺城（山内城・山内村城）▽ねほうじじょう（やまうちじょう・やまうちむらじょう）　**豊前市山内**

城跡は、如法寺のある通称山の神（標高一九七m）の頂上に立地したとされる戦国時代の山城。文治の頃（一一八五～九〇）、宇都宮信房の三男信政が築城したとされる如法寺氏の本城跡である。信政が如法寺氏の坐主となり、その後、子の新左衛門尉資信、太郎左衛門信定、太郎盛信、肥前守公信が代々、如法寺姓を名乗り居城とした。天正十五（一五八七）年十月、旧上毛郡の国人が黒田孝高（如水）に叛乱した時、如法寺城の如法寺輝則も挙兵したが落城した。落城の年は天正十六年の説もある。『築上郡志』『豊前志』『築上郡史』『豊前市史』『福岡県の城』『地名から探る豊前国遺跡』『福岡県の城郭』「九州縦貫自動車道関係埋蔵文化財調査報告XXIX」「福岡県の中近世城館跡Ⅲ」

のそき山城（のりき山城）▽のそきやまじょう（のりきやまじょう）　**京都郡みやこ町犀川木井馬場**

尾根上に立地する戦国時代の山城である。築城者は宇都宮播磨守で居城にしたとされる。神楽城と同じとも伝えられる。『京都郡誌』では城跡名は「のそき山城址」とあり、宇都宮播磨守が居城なりしか、未詳とある。『日本城郭大系』『豊前志』『太宰管内志』『京都郡誌』『地名から探る豊前国遺跡』「九州縦貫自動車道関係埋蔵文化財調査報告XXⅨ」

覗山城（馬場城・稲童城・のりき山城・野前山城）
▽のぞきやまじょう（ばばじょう・いなどうじょう・のりきやまじょう・のまえやまじょう）　行橋市高瀬覗

山頂に立地した平安時代の山城である。築城者は高瀬種忠。天慶の乱の頃の築城とされる。『豊前志』『行橋市の文化財』『日本城郭大系』「九州縦貫自動車道関係埋蔵文化財調査報告XXⅨ」『福岡県の城郭』「福岡県の中近世城館跡Ⅲ」

野田城▽のだじょう　田川郡添田町野田

賀茂神社の背後の山頂に立地する戦国時代の山城である。築城者、築城年代は詳らかでない。堀切、曲輪段が残る。『地名から探る豊前国遺跡』『日本城郭大系』『福岡県の城』『福岡県の城郭』「九州縦貫自動車道関係埋蔵文化財調査報告XXⅨ」

野仲城／野中城（野々中城・八津田城・八田城）
▽のなかじょう（ののなかじょう・はつたじょう・はったじょう）　築上郡築上町西八田

戦国時代、平地に築城された平城であった。現在、航空自衛隊築城基地の隣接地に立地する。築城者は、宇留津城主、賀来外記の旗下にあった万田左近とされる。『築上郡志』によれば、東西百二十間、南北六十間の城郭を形成したとある。応永の頃（一三九四－一四二八）、八田小太郎吉朝、同治部少輔武朝が居城とした。『応永戦覧』には、大内盛見が応永六年に大友氏鑑を討つため豊前国仲津郡鶴の湊に着陣した時、この兄弟が慶賀の酒肴を献じたとある。天正の頃（一五七三－九二）より宇留津城主、加来専順の旗下であった万田左近がこの城を守ったが、天正十四年に豊臣秀吉の九州征伐軍の黒田孝高（如水）、吉川元春等の攻撃を受けて宇留津城とともに落城した。付近の田の字名等に〈矢倉下〉、〈御下屋敷〉、〈外堀〉、〈古坪〉、〈門田〉、〈土居内〉、〈小路〉、〈野仲〉、〈梅清水〉などの名が残る。『豊前志』『築上郡史』『築上郡志』『日本城郭大系』「九州縦貫自動車道関係埋蔵文化財調査報告XXⅨ」『福岡県の城郭』『福岡県の城』「福岡県の中近世城館跡Ⅲ」

野前山城▽のまえやまじょう　行橋市高瀬覗
⇩覗山城（のぞきやまじょう）

野山城▽のやまじょう　宇佐市安心院町野山

戦国時代、大友氏が龍王城に籠っていた城井氏を攻めた時、龍王城が容易に落ち難いのを知り、同じ旧龍王村（現安心院町）に野山城を築城して戦いに備えたという。『宇佐郡誌』

野依城（表屋敷城）▽のよりじょう（おもてやしきじょう）　中津市野依

城井氏の属臣であった野依兼行・兼房らの居城。天正十六（一五八八）年、一族は野仲氏居城である長岩城に立て籠り、黒田勢の攻撃を受けて落城した。城跡には西北の隅に堀の跡がわずかに残っている。『日本城郭大系』

のりき山城▽のりきやまじょう　行橋市高瀬覗

⇩覗山城（のぞきやまじょう）

のりき山城▽のりきやまじょう　京都郡みやこ町犀川木井馬場

⇩のそき山城（のそきやまじょう）

則行城▽のりゆきじょう　豊前市中村

『築上郡史』によれば、角田八幡神社の南西近くに屋敷跡が残るとある。仲八屋氏の居城と思われるが、詳らかではない。『築上郡史』

萩迫城▽はぎさこじょう　宇佐市院内町下恵良

⇩下恵良城（しもえらじょう）

白米城▽はくまいじょう　中津市耶馬溪町平田

⇩白米城（まったけじょう）

狭間城（狭間村城）▽はざまじょう（はざまむらじょう）　豊前市狭間

『築上郡志』によれば由井田あたりが城跡とされる。そこには五輪の塔があり、城主の墓と伝えられる。築城者、築城年代は詳らかでない。『築上郡史』『築上郡志』『福岡県の城郭』「福岡県の中近世城館跡Ⅲ」

橋津城（橋津村城）▽はしづじょう（はしづむらじょう）　宇佐市橋津

応永年間（一三九四－一四二八）、大内氏に属した橋津掃部助実度が居城。大友氏の旧宇佐・旧下毛郡の制圧により大友氏に降ったが、大友氏が日向耳川で島津に敗北すると、時枝氏と共に大友氏に叛いたため田原親賢（紹忍）に攻められた。天正十七（一五八九）年、黒田氏に城地を没収され、その後は代々庄屋となる。『日本城郭大系』『豊前古城誌』

馬台城▽ばだいじょう　中津市耶馬溪町福土

⇩万代平城（まだいだいらじょう）

畑城▽はたじょう　北九州市門司区畑

⇩陣山城（じんやまじょう）

畑田村城▽はたけだむらじょう　宇佐市畑田

天文年間（一五三二－一五五五）、是恒備前守国賀の居城。国賀は日向耳川の合戦にて討死した。その子外記義道は八歳で家督を継いだが、天正十七（一五八九）年、黒田氏に領地を没収された。『日本城郭大系』『豊前古城誌』

畑城（畑村城・蟹萱城・龍城院城・郷城城・郷城）▽はたじょう（はたむらじょう・かにかやじょう・りゅうじょういんじょう・ごうしろじょう・ごうじょう）　築上郡築上町畑

豊前市と旧椎田町の境界の尾根上に立地する戦国時代の山城であった。城跡としては土塁、空堀、一部堅濠となる堀切などの城跡遺構を残して連郭式山城の姿をよくとどめている。世良田氏三代の居城。新田頼氏の一族。世良田大膳大夫が貞和年間（一三四五－一三五〇）、征西府将軍懐良親王の侍大将として九州に下り、このあたりに城を築いたとされる。世良田大膳大夫は後、延文三・正平十三（一三五八）年八月、筑後川の合戦において討死した。その子貞義も大膳大夫と称してこの城を居城としたが、応安五・文中元（一三七二）年、大内義弘の軍に投じ、応永五（一三九八）年には大友氏鑑に属した。その後、間もなくして大内氏の旗下に入る。後、この城は城井氏の抱え城となった。求菩提山城、櫛狩屋城、四ノ瀬城、太平城などの城井氏の各城とは尾根道で連絡できるようになっていた。『築上郡史』『豊前志』『地名から探る豊前国遺跡』『日本城郭大系』『豊前市史』「九州縦貫自動車道関係埋蔵文化財調査報告ＸＸⅨ」「宇都宮氏と豊前の山城シンポジュウム報告書」『福岡県の城』

畑中城▽**はたなかじょう**　**中津市福島**

中世城館。築城者、築城年代は詳らかでない。「平成十八年度中津市歴史民俗資料館埋蔵文化財発掘調査」

八面山城▽**はちめんざんじょう**　**中津市三光田口**

標高六五九m卓状溶岩台地の八面山の山腹にあり、城主、築城年代は詳らかではない。『豊前古城誌』には、城は足利尊氏が築くとある。『豊前古城誌』

八屋城（八屋町城）▽**はちやじょう（はちやまちじょう）**　**豊前市八屋**

躑躅公園として整備されていて東光山宝福寺の南が城跡。戦国時代に丘陵上に築かれた平城。築城者は蜂屋隠岐守とされるが、築城年代は詳らかでない。『築上郡志』には、「新田十三将、八屋に守将、秋吉因幡守久年」とあり、城跡付近には〈鎧〉〈弓場元〉〈烏帽子丸〉などの田の字名が残る。『豊前志』『築上郡志』『日本城郭大系』「九州縦貫自動車道関係埋蔵文化財調査報告ＸＸⅨ」『福岡県の城郭』『福岡県の城』『築上郡史』「福岡県の中近世城館跡Ⅲ」

八屋城（八屋村城）▽**はちやじょう（はちやむらじょう）**　**豊前市川内**

豊前市八屋町前川の小高い台地に立地した平山城であった。築城者は安城寺常陸介の家臣、宮尾織部とされる。天正十五（一五八七）年、黒田長政の豊前国入部に反抗し、山田氏一族の八屋刑部がこの城に籠城したが敗れて落城した。その時、八屋刑部は逃れて行方知れずになったといわれる。城跡の台地は、今は畑になっている。小字を〈城屋敷〉という。台地の東は絶壁で、その下には城根川が流れている。山田氏の出城として重要な役割を果たしていたと思われる。八屋城跡の一角には東光山宝福寺という江戸時代からの禅寺がある。『豊前志』『日本城郭大系』「九州縦貫自動車道関係埋蔵文化財調査報告ＸＸⅨ」『福岡県の城郭』

八屋町城▽**はちやまちじょう**　**豊前市八屋**

⇩安祥寺城（あんじょうじじょう）

八田城（**山田城・川内城**）▽**はったじょう**（**やまだじょう・かわちじょう**）　**豊前市川内中田**

周防灘に流れ込む中川の右岸の南北に延びる屋根筋に立地する。中川に架かる中島橋から東に約四二〇ｍにある。全長一二〇ｍの範囲に土塁、堀切等の遺構が残る中規模の城郭。「福岡県の中近世城館跡Ⅲ」では、山田城と川内城は別城としている。『福岡県の城郭』「福岡県の中近世城館跡Ⅲ」

八津田城（**八田城**）▽**はつだじょう**（**はったじょう**）　**築上郡築上町西八田**

⇩野仲城（のなかじょう）

花立城▽**はなたてじょう**　**田川郡香春町採銅所**

味見峠の西、田川郡と京都郡の境をなす山稜から西側に下った尾根の頂上部に位置する山城。諸文献に記載がなく詳細は不明。「福岡県の中近世城館跡Ⅲ」

馬場城（**馬場村城・城山城**）▽**ばばじょう**（**ばばむらじょう・しろやまじょう**）　**豊前市馬場**

豊前松江駅の西、通称城山と称する小丘の頂きに立地する戦国時代の山城である。東西十五間、南北一町余りの城台を形成し、今もいくつかの礎石等が残る。代々城井一族の仲蜂屋氏が居城としており、角田荘を領有していた。応永の頃（一三九四－一四二八）に宇都宮播磨守が居城した。のち仲蜂屋宗鎮が居城したが、弘治二（一五五六）年四月十八日、大友義鎮（宗麟）と松江浦、福間ヶ江で戦い討死している。天正十六（一五八八）年、馬場城は黒田孝高（如水）の軍勢に攻められ、同年七月十九日に落城したと伝えられる。口碑によれば馬場城落城の時、一族十余人とともに中村の城ヶ鼻にて自刃したとある。城跡は「城山桜公園」として整備されており、現在でもその家臣の末裔が付近に居住している。城跡の西側にある大土塁に「仲蜂屋尾張守宗鎮公」の碑が立つ。福田の字名に〈荒倉〉〈横馬場〉〈関所〉〈札界〉〈堀切〉などが残る。『豊前志』『築上郡志』『日本城郭大系』『福岡県の城』「九州縦貫自動車道関係埋蔵文化財調査報告ＸＸⅨ」「宇都宮氏と豊前の山城シンポジュウム報告書」『福岡県の城郭』『築城町誌』「福岡県の中近世城館跡Ⅲ」

馬場城（**館城・山移城・山移村城**）▽**ばばじょう**（**たてじょう・やまうつりじょう・やまうつりむらじょう**）　**中津市耶馬溪町山移**

天正の頃（一五七三－九二）、山移一族が拠点とした城である。長岩城の野仲氏に属した山移左馬介（允）は山移党の党首という。また一説によれば太田氏一族の甲斐兵庫頭・同左衛門尉が天文の頃（一五三二―五五）、「楯」の城主とある。『日本城郭大系』『耶馬溪町史』『豊前古城誌』

羽馬礼村城▽はばれむらじょう　**宇佐市院内町羽馬礼**

築城者は恵良左京亮とされる。正確な築城年代等は詳らかでない。「恵良文書」によれば、天文十二（一五四三）年五月九日、出雲国宍道において「父隠岐守盛綱が討死して是非に及ばず」と義隆から戦功を伝える恵良三郎宛ての書状が残されている。『豊前志』「恵良文書」『豊前古城誌』

林崎城▽はやしざきじょう　**築上郡上毛町東下**

友枝小学校、旧大平村役場等のある台地を林崎といい、堀の跡などが残っていたが、旧友枝中学校建設の整地により遺構はなくなった。築城者、築城年代は詳らかでない。『大平村の文化財』『福岡県の城郭』『築上郡史』「福岡県の中近世城館跡Ⅲ」

原井城（原井村城）▽はらいじょう（はらいむらじょう）　**築上郡上毛町原井**

尾根上に立地した戦国時代の山城であった。原井の山の出鼻にあたり、旧原井小学校の敷地がその城跡であったが、城跡遺構は全く残っていない。この城の城主等については詳らかでないが、百留城主の百留河内守の出城であったといわれている。百留氏は長岩城主、野仲鎮兼の家臣であった。この城跡の地は丸尾といい、その東南の低い所に〈城ヶ前〉、〈内ヶ丸〉、〈外ヶ丸〉、〈門田〉、北に〈小城戸〉、〈堀田〉、〈井堀〉、〈弓場〉、〈馬場屋敷〉等の字名がある。『豊前志』『築上郡志』『築上郡史』『地名から探る豊前国遺跡』『日本城郭大系』『福岡県の城郭』「九州縦貫自動車道関係埋蔵文化財調査報告ＸＸⅨ」『福岡県の城』「福岡県の中近世城館跡Ⅲ」

原口城▽はるぐちじょう　**宇佐市院内町原口**

清原正高の子孫が原口村に入部し、原口氏を名乗った。建武の頃（一三三四―三八）、兵衛三郎の名が見える。天文年間（一五三二―五五）、原口次郎が旧大門村（現院内町大門）に塁を築いた。弘治二（一五五六）年、大友氏に降り軍役に従った。『豊前古城誌』には、天正のころ、原口藤蔵成信が在城し、中嶋家の幕下に属するとある。天正十七（一五八九）年、黒田氏に降る。原口には二反歩余りの地頭屋敷趾が残っている。『日本城郭大系』『豊前古城誌』

春吉城▽はるよしじょう　**北九州市小倉南区春吉**

築城者、築城年代等は詳らかでない。『福岡県の城郭』では水上城と同一ではないかと推定している。『福岡県の城』には、古城山の地名が残るとある。『福岡県の城郭』『福岡県の城』

万代城▽ばんだいじょう　中津市耶馬溪町福土

⇩万代平城（まだいだいらじょう）

飯田城（飯田村城）▽はんだじょう（はんだむらじょう）　宇佐市安心院町佐田

飯田氏代々の居城。元暦元（一一八四）年、宇治川の戦いで戦死した飯田信濃守頼房の子、大和守重房が建久三（一一九二）年、豊前国に配せられて、安心院長池村に来て、飯田城を築城したという。長池村は旧宇佐郡佐田村大字矢崎の地域内にあり、南西北の三方に川を巡らし、東に山を負い安心院盆地を挟んで龍王山城と対する。重房十二世の孫昌秀、その子貞家、孫弘秀、曾孫興秀等は、大内氏に従い周防山口に住んで、石川氏が城代を務めた。興秀は陶晴賢の謀反に与し最も力を尽くした一人でもある。その次子義忠が飯田城に居城し、長子長秀も陶氏が滅亡後、飯田城に帰る。長秀は弘治二（一五五六）年、四月、龍王山城に行き、大友義鎮（宗麟）に降参し、軍役に従うことを約した。そして左京進に任じられ義鎮の鎮の字を賜り、鎮敦と改めるが、その子重堅は帰農し飯田城は廃城となったという。『宇佐郡誌』『日本城郭大系』『豊前古城誌』

稗田城▽ひえだじょう　行橋市稗田

築城者は長野氏。丘陵上に立地する戦国時代の平城である。『地名から探る豊前国遺跡』『行橋市の文化財』『豊前大鑑』『日本城郭大系』『福岡県の城』『福岡県の城郭』「九州縦貫自動車道関係埋蔵文化財調査報告ⅩⅩⅨ」

稗畑山城（稗畑城・大野城・宮山城・宮尾城）▽ひえはたやまじょう（ひえはたじょう・おおのじょう・みややまじょう・みやおじょう）　北九州市小倉南区山本

尾根上に立地する。長野種盛が築城したとされ、長野氏の出城となった。永禄八（一五六五）年、長野成敗の時、大友義鎮（宗麟）の感状があるが、この時、稗畑山城（宮山城）は大友方となる。永禄十一年五月三日、毛利勢占領、五月二十日大友勢攻略、同年九月毛利勢の総攻撃で落城。元亀元（一五七〇）年、高橋鑑種の居城となった。天正十四（一五八六）年、高橋元種、秀吉の命に従わず毛利勢に攻略された。『豊前志』『北九州の城』『福岡県の城』『北九州市史』『小倉市誌補遺』『門司・小倉の古城史』『福岡県の城郭』『企救郡誌』「九州縦貫自動車道関係埋蔵文化財調査報告ⅩⅩⅨ」『北九州戦国史』『行橋市史』「福岡県の中近世城館跡Ⅲ」

日王城▽ひおうじょう　田川郡福智町神崎

⇩神崎城（こうざきじょう）

東上城（東上村城）▽ひがしかみじょう（ひがしかみむらじょう）　築上郡上毛町東上

今は古城畑という。尾根上に立地した山城である。築城者は野仲氏。城主は明らかでないが、野仲氏の出城であった。『福岡県の城』には野仲氏の臣、雁股城主友枝氏の出城とある。『豊前志』『地名から探る豊前国遺跡』『日本城郭大系』『福岡県の城』『豊前大鑑』「九州縦貫自動車道関係埋蔵文化財調査報告ＸＸⅨ」

東白土城▽ひがししらつちじょう　田川郡大任町大行事

大行事東白土集落の東側背後にある丘陵上に位置する。「福岡県の中近世城館跡Ⅲ」では「豊前国古城記」の白土村切寄にあたる搔上がこれにあたる可能性があるとして、城名も伝わっていないため便宜上として「東白土城」と呼称している。「豊前国古城記」「福岡県の中近世城館跡Ⅲ」

東谷城▽ひがしだにじょう　中津市本耶馬渓町東谷

東谷川の上流に立地する。天正七（一五七九）年、長岩城主野仲鎮兼が大友氏に叛逆し、東谷口を東谷一党に守備させた。『日本城郭大系』『本耶馬渓町史』「宇佐軍記」

引地山城（引地城・到津城）▽ひきじやまじょう（ひきちじょう・いとうづじょう）　北九州市小倉北区到津本町

到津八幡宮に隣接する丘陵上に立地した南北朝時代の山城である。当初の築城者は到津中務とされる。かつては到津荘といい、宇佐神宮の神領であった。平安時代に宇佐大宮司到津中務がここに築城して以来、宇佐大宮司代々の城となって支族が居城した。鎌倉時代は、宇佐大宮司の代官、清末氏が派遣されてからは、代々清末氏の居城となった。天文年間（一五三二－五五）、清末駿河守公朝、同左馬助が城主であった。永禄四（一五六一）年七月、宇佐大宮司公達が大友義鎮（宗麟）と合戦し、宇佐神宮は兵火によって灰燼に帰した。このため宇佐大宮司公達は、この引地山城に天正十一（一五八三）年まで在城したといわれる。土塁や空堀・郭等がわずかに残る。『豊前志』『北九州の城』『小倉市誌』『北九州市史』『門司・小倉の古城史』『日本城郭大系』『福岡県の城』「九州縦貫自動車道関係埋蔵文化財調査報告ＸＸⅨ」『福岡県の城郭』「福岡県の中近世城館跡Ⅲ」

引地城▽ひきちじょう　豊前市山内

如法寺の北方数町の山上、才尾という界に引地という場所があり、里人は如法寺城の出城と伝えるが、詳細は明かではない。『築上郡史』「福岡県の中近世城館跡Ⅲ」

日熊城（日隈城・姫隈城）▽ひぐまじょう（ひぐまじょう・ひめくまじょう）　築上郡上毛町大ノ瀬中村

日熊山（標高五五ｍ）の山頂に立地する戦国時代の山城で、城跡の遺構は残っていない。昭和二十年代までは「城の台」と呼ばれ名残を止めていたが、東北側に堀が廻らされていた山頂部は、土砂採取等のため現在はなくなってしまった。築城者は佐々木氏一族の日熊小資郎直次とされるが、『築上郡志』によれば日熊小次郎直久が初めて築いたとある。『豊前志』によれば、佐々木一族の日熊小次郎直次が居城したとある。天正十五（一五八七）年十月、黒田長政に攻められ落城したとされるが、『築上郡志』によれば天正十六年三月、直忠の子直次に至り、黒田氏に叛いて滅ぼされたとある。この時、旧上毛郡の諸城主は盟約して直次を助けたとある。『豊国紀行』には「姫隈の城あと、高田村より十町東にあり、大ノ瀬のほとりに有り。高瀬に行く道の東北に有り。其南に並びて男隈と云う山あり。何れも小山也。男隈と姫隈との間に池有り云々」と記述されている。大手門の跡には、南麓に榎の老樹があったが惜しくも枯れてしまった。そのあたりは城戸口と呼ばれている。一書によれば、後藤基次をして当城を守らせたとあるが定かではない。日熊城の落城後は廃城となったといわれる。『新吉富村誌』『日本城郭大系』『宇佐史談』『福岡県の城』『築上郡志』『築上郡史』『福岡県の城郭』「九州縦貫自動車道関係埋蔵文化財調査報告ＸＸⅨ」「福岡県の中近世城館跡Ⅲ」

英彦山城／彦山城（上仏来山城）▽ひこさんじょう（かんぶくさんじょう）　田川郡添田町英彦山

城跡は、英彦山の銅鳥居の南南西に位置する上仏来山（標高六八七ｍ）の山頂に立地する。城跡の北、西、南は絶壁であり、北は彦山川、西から南には汐井川が流れて天然の濠を形成し、要害堅固の地となっている。築城者は彦山（英彦山）座主とされる。天正九（一五八一）年四月、大友義鎮（宗麟）が二男の親盛を彦山座主舜有の養嗣子にしようとしたが拒絶され、これを怒り、家臣清田阿波守を総大将にして四千余騎で攻め寄せた。座主の舜有は衆徒三千余名でこの城に立て籠り防戦したため、大友軍は三年間も対陣したが城を落とせず、ついに退却した。『地名から探る豊前国遺跡』『日本城郭大系』「九州縦貫自動車道関係埋蔵文化財調査報告ＸＸⅨ」『福岡県の城』『福岡県の城郭』「福岡県の中近世城館跡Ⅲ」

菱形城▽ひしがたじょう　宇佐市南宇佐

⇩立山城（たてやまじょう）

毘沙門城（毘沙門砦）▽びしゃもんじょう（びしゃもんとりで）　京都郡みやこ町犀川木井馬場

城跡は祓川に架かる神田橋の西方、通称毘沙門、あるいは床の間と呼ばれる所に立地する丘城。文治年間（一一八五－一九〇）に豊前国の地頭職となった城井信房が、神楽城（みやこ町犀川）を築き本城としたが、城の鬼門にあたる東北に毘沙門天を祀り、毘沙門城を築城した。この時に植えられた松の木は樹齢数百年を経て天然記念物に指定されたが、今は枯れて残っていない。今も曲輪、堀切、土塁が残る。つまり、毘沙門城は神楽城の出城の一つであった。『福岡県の城』『福岡県の城郭』「福岡県の中近世城館跡Ⅲ」

樋田村城▽ひだむらじょう　　中津市本耶馬渓町樋田

遠入氏代々の居城にして弘治のころ、遠入隠岐守が居城し、野仲氏の幕下に属したが、黒田勢に殺された。『豊前古城誌』

一ツ戸城（中間城）▽ひとつどじょう（なかまじょう）　　中津市耶馬溪町宮園一ツ戸

城跡は一ツ戸の集落と神谷との間にある峻嶮な山塊で、山国川畔から頂上まで断崖、北も六合目まで断崖で、岩石が切り立って奇観を呈する一ツ戸妙見岳にある山城である。鎌倉時代、大江広元の子孫が地頭職として下向し、築城したと伝えられる。その後、宇都宮の一族が居城とした。天文年間（一五三二―五五）、「宇都宮文書」に中間八郎兵衛の名がある。弘治三（一五五七）年、野仲鎮兼とともに馬台城を攻めた中間弾正忠もその一族とされる。黒田氏が中津城主として入封すると、中間氏は黒田氏に内応して宇都宮一族の山田城攻撃の手引きをして落城させた。その功により、中間統種は黒田姓を賜り、豊前松尾城の城主となった。中間氏が黒田氏に従ってこの一ツ戸城を去ってから廃城となったとある。しかし、『豊前志』には、慶長五（一六〇〇）年、細川忠興が中津城主となるや家臣の荒川和光が城代として居城したとある。『豊前志』『下毛郡誌』『耶馬溪町史』『日本城郭大系』『耶馬渓文化叢書』『太宰管内志』『豊前古城誌』

一ツ松城▽ひとつまつじょう　　中津市一ツ松

一ツ松六郎兵衛清氏の居城であった。また薬丸河内守重正の居城とも伝えられている。『日本城郭大系』『豊前古城誌』

火の浦城（日の浦城・日ノ瀬城・日之瀬城・四ノ瀬城・四野瀬城）▽ひのうらじょう（ひのうらじょう・ひのせじょう・ひのせじょう・しのせじょう・しのせじょう）　　豊前市篠瀬火の浦・篠瀬戸符

戦国時代の山城。城跡は篠瀬橋の東、火の浦と呼ばれる地名の背後にあたる山の頂きに立地する。しかし、城跡遺構は何も残っていない。この山の尾根を伝って行くと畑城（築上郡築上町）跡に至る。また、岩屋中畑には城主の屋敷跡があり、石垣や堀が残る。「城井軍記」や『太宰管内志』等によれば、城主であった渡辺義督は天正十七（一五八九）年四月二十日、城井鎮房の中津城行きに供の一人として随行し、城内で鎮房とともに謀殺された（城井鎮房の謀殺については、『築上郡志』収載の宇都宮系文書や豊前宇都宮一族の菩提寺月光山天徳寺では天正十七年としているが、『黒田家譜』等では天正十六年とされている）。『福岡県の城郭』では、城井氏が滅亡後、廃城と考えられるとある。『築上郡史』によると、築城者は城井氏の家臣、渡辺義督とされ、義督と渡辺房義が居城したとある。また、『豊前志』では、城井鎮房が中津城にて誅殺された際、勇猛果敢に戦って広津広蓮寺まで逃げ延びて、同寺にて同士十六人とともに自刃したとある。さらにこの城には渡辺重国、弟の与十郎が居城したとあるが、重国は渡辺義督と同一人であろう。「城井軍記」『太宰管内志』『豊前市史』『豊前志』『地名から探る豊前国遺跡』『豊前大鑑』『日本城郭大系』『福岡県の城』『福岡県の城郭』「宇都宮氏と豊前の山城シンポジュウム報告書」『築上郡志』「九州縦貫自動車道関係埋蔵文化財調査報告XXⅨ」『築上郡史』「福岡県の中近世城館跡Ⅲ」

日野尾城▽ひのおじょう　田川郡福智町神崎
⇩神崎城（こうざきじょう）

檜木村城▽ひのきむらじょう　旧宇佐郡（不詳）
旧檜木村に城山という名が残る。築城年代は詳らかではない。『豊前古城誌』

日ノ瀬城／日之瀬城▽ひのせじょう　豊前市篠瀬火の浦・篠瀬戸符
⇩火の浦城（ひのうらじょう）

姫隈城▽ひめくまじょう　築上郡上毛町大ノ瀬
豊前一揆を制圧する目的で黒田勢によって造られた小規模な城郭。全長二〇m、単曲輪、横堀で防備されていた。「史学論叢36」

姫隈城▽ひめくまじょう　築上郡上毛町大ノ瀬中村
⇩日熊城（ひぐまじょう）

百留城（百富城）▽ひゃくどみじょう（ひゃくとみじょう）　築上郡上毛町百留
山国川の西岸沿いの百留集落に立地した戦国時代の平城。城跡一帯は宅地化によって遺構は全く残っていない。かつて南方には深い溝があり、もと堀の跡と称した。坪根氏の自宅の西方に元、椋の大木があったが、それが城門の跡といわれている。この城は野仲鎮兼の家臣、下毛郡土田城主百留河内守兼貞が天正七（一五七九）年にこの地に押し寄せ、築城したという。村の名は初め志摩といっていたが、百留氏が居城して以後、百留に改められたという。天正八年、百留河内守兼貞は代金信濃守を討ち取り、天正十六年には、主君であった野仲鎮兼を裏切り長岩城に火を放ち、城内から黒田の兵を導き入れて落城させるに至った。慶長五（一六〇〇）年、百留河内守は黒田長政の転封に従い家臣として筑前に入国したが、その後、長政の憎しみを得て殺された。百留城は慶長年間（一五九六―一六一五）に廃城となったといわれる。『豊前志』『地名から探る豊前国遺跡』『豊前大鑑』『日本城郭大系』『築上郡史』『築上郡志』『福岡県の城』『福岡県の城郭』「九州縦貫自動車道関係埋蔵文化財調査報告ＸＸⅨ」「福岡県の中近世城館跡Ⅲ」

別府城▽びょうじょう　築上郡吉富町別府

成恒氏の城という説があるが、他は詳細不明。昔の郡府の遺跡かとも言われるが、明確な遺構も確認されていない。〈城田〉という字名が残る。『築上郡志』『吉富町誌』『築上郡史』「福岡県の中近世城館跡Ⅲ」

平岡城（平岳城）▽ひらおかじょう（ひらたけじょう）　田川郡添田町添田

戦国時代、山地に立地した山城である。築城者は田原氏とされ、同氏が居城した。『豊前志』『日本城郭大系』『添田町誌』『福岡県の城郭』「九州縦貫自動車道関係埋蔵文化財調査報告ＸＸⅨ」「福岡県の中近世城館跡Ⅲ」

平島城▽ひらしまじょう　行橋市平島

戦国時代に築城された平城である。築城者は平島左衛門佐。『地名から探る豊前国遺跡』『日本城郭大系』「九州縦貫自動車道関係埋蔵文化財調査報告ＸＸⅨ」『福岡県の城郭』

平田城▽ひらたじょう　宇佐市森山

森山安芸守が宇佐大宮司公通を欽慕し、この地に城をかまえて居城した。『豊前古城誌』

平田城▽ひらたじょう　中津市耶馬溪町平田

⇩白米城（まったけじょう）

平原城▽ひらばるじょう　豊前市川内平原

大富神社の西、平原横穴古墳群のある丘陵地の先端部に立地する山城である。現在は城跡遺構は残っていない。『築上郡史』によれば山田氏の出城の跡とあり、櫛狩屋城、八田城（共に豊前市川内）の最前線の城として築かれた砦である。『築上郡史』「宇都宮氏と豊前の山城シンポジュウム報告書」『福岡県の城』『福岡県の城郭』「福岡県の中近世城館跡Ⅲ」

平原城（田原城・田原平岳城・壕城）▽ひらばるじょう（たばるじょう・たばるひらたけじょう・ほりじょう）　田川郡川崎町田原

丘陵上に立地する戦国時代の山城である。築城者は田原氏で、田原氏が居城したという。のちに秋月方であった星野氏の金国城の出城であったと伝えられる。『添田町誌』には菊地一族城氏の居城とある。『福岡県の城郭』『豊前志』『太宰管内志』『地名から探る豊前国遺跡』『日本城郭大系』「九州縦貫自動車道関係埋蔵文化財調査報告ＸＸⅨ」『添田町誌』『福岡県の城』「福岡県の中近世城館跡Ⅲ」

広崎城▽**ひろさきじょう**　**宇佐市中原**

在地勢力が築いた城館。長方形区画の三方を土塁と堀で防備されていた。「史学論叢36」

広瀬城▽**ひろせじょう**　**豊前市広瀬**

『福岡県の城郭』では、築城者、築城年代等は詳らかでないとあり、『福岡県の城』では、応永年間（一三九四－一四二八）、広瀬河波守が築城したとある。『築上郡史』『福岡県の城』『福岡県の城郭』「福岡県の中近世城館跡Ⅲ」

広津城（広津村城・広津山城・天仲寺城・天仲寺山城）▽**ひろつじょう（ひろつむらじょう・ひろつやまじょう・てんちゅうじじょう・てんちゅうじやまじょう）**　**築上郡吉富町広津**

城跡は、山国川の西岸の天仲寺山（臥牛山／三〇ｍ）の山頂に立地する。平安時代から戦国時代までの山城である。本丸、二の丸等の跡が歴然として残る。天慶五（九四二）年六月、藤原純友が筑紫において叛乱を起こした時、その征伐のためこの地に下った源経基が要害の地として中津権現の在地を遷して築城し、その臣、源蔵人行家に守らせた。『豊前志』では天慶三年、源経基が豊前国の守護職となって下向し、三城を築いた中の一つとある。『西州軍談』によると、その後、家貞、行幸、貞胤（種）、貞継と五代相続し、建久六（一一九五）年、城井に攻略されて自害とあるが、『豊前志』には建久七（一一九六）年、五代貞継のとき城井氏に攻め落とされて自刃したとある。以後、城井家より直房が城主として居城し、子孫は広津姓を名乗り、若狭守、弾正等と称した。応永五（一三九八）年、大友氏鑑が国守であった大友親世に叛いた時、これに呼応する豊前国の城主も多く、城主広津義深もこれに属した。しかし、氏鑑が滅亡後は大友親世に降った。弘治二（一五五六）年五月、豊後の大友義鎮（宗麟）が豊前を攻めた時、城主広津鎮次はこれを迎えて慶賀の菖蒲酒を献じ、軍勢を慰めたという。その後、鎮次は毛利氏に降り、また、島津家にも属したが、天正十五（一五八七）年、黒田孝高（如水）が中津川城に入城するや、鎮次はその旗下に馳せ参じて広津城を開城したとある。口碑に広津城を破却した時、その大手門をもって中津城の西門にしたとの記述がある。『福岡県の城郭』には、天正十五年に黒田孝高が中津城を築城する際に廃城となったとある。「福岡県の中近世城館跡Ⅲ」では、広津城（広津村城・広津山城）と天仲寺城（天仲寺山城）は別城としている。『築上郡志』『豊前志』『地名から探る豊前国遺跡』『日本城郭大系』「九州縦貫自動車道関係埋蔵文化財調査報告XXⅨ」『福岡県の城郭』『吉富町史』『築上郡史』『福岡県の城』「福岡県の中近世城館跡Ⅲ」

広幡城（広幡山城）▽ひろはたじょう（ひろはたやまじょう）

築上郡築上町水原

旧椎田町と旧築城町の広末と水原の境にある岩丸山の峰尾、広幡山（標高五〇m）の丘陵上に立地する山城である。「豊前国古城記」によれば、この城は広末村、水原村堺広幡山に立地し、鎌倉時代に宮原忠将が築いたとされるが、その後、城井重房（鎮房）が出城として修築して、家臣、瓜田春永が城代として守ったとある。天正十五（一五八七）年の役において黒田軍に攻められ、瓜田讃岐守春永は降伏し落城した。城跡には岩丸山の尾根道に沿って土塁が残る。『豊前志』によれば、讃岐守瓜田春永は黒田家に内通し城井城への嚮導《きょうどう》（道案内）をなしたとある。『豊前志』『日本城郭大系』『築上郡志』「豊前国古城記」「九州縦貫自動車道関係埋蔵文化財調査報告XXⅨ」『角川日本地名大辞典　40福岡県』『築上郡史』『福岡県の城郭』『築城町誌』『広幡城跡Ⅱ』「福岡県の中近世城館跡Ⅲ」

深水城（ズリヤネ城）▽ふかみずじょう（ずりやねじょう）

中津市三光下深水

昭和四十五（一九七〇）年に村営事業として桑園地造成工事をおこなった際、ブルドーザーなどの重機によって整地したために、原型をとどめないほどに破壊された。遺構としては上辺幅約二メートル、深さ約二メートルの壕、館の建築されていた柱穴、地下倉庫跡、井戸などの遺跡が認められ、それから遺物が発掘されている。須恵器・青磁器・白磁器などによって、十四世紀ごろに館が建てられていたことが確認されている。『三光村誌』

福相寺城（丸ヶ口城・丸ヶ口福相寺城・横代城・横代山城）▽ふくそうじじょう（まるがくちじょう・まるがくちふくそうじじょう・よこしろじょう・よこしろやまじょう）

北九州市小倉南区堀越・横代

尾根上に立地する戦国時代の山城である。築城者は高橋治郎（『豊前志』では高橋治部）とされ、『北九州戦国史』では、長野義種の子義仁の築城と伝える。長野氏の支城であった。『福岡県の城』では、天正年間（一五七三－九一）は丸ヶ口義舎が城主として居城したとある。『福岡県の城郭』では、横代城・横代山城とは別の城と紹介されている。『豊前志』『北九州の城』『福岡県の城郭』

『北九州市史』『福岡県の城』『門司・小倉の古城史』『企救郡誌』『日本城郭大系』「九州縦貫自動車道関係埋蔵文化財調査報告ＸＸⅨ」『北九州戦国史』

福田城（福田村城・宮山城）▽ふくだじょう（ふくだむらじょう・みややまじょう）　**田川郡大任町大行事**

丘陵上に立地する戦国時代の山城である。築城者、築城年代は詳らかでない。『豊前志』『大任町誌』『日本城郭大系』「九州縦貫自動車道関係埋蔵文化財調査報告ＸＸⅨ」『添田町誌』『福岡県の城』『福岡県の城郭』

福富城▽ふくとみじょう　**行橋市泉中央**

平地に築城された戦国時代の平城。築城者は福富対馬守。『地名から探る豊前国遺跡』『日本城郭大系』『福岡県の城』『福岡県の城郭』「九州縦貫自動車道関係埋蔵文化財調査報告ＸＸⅨ」

福土村城（福土城）▽ふくどむらじょう（ふくどじょう）　**中津市耶馬溪町福土**

⇩万代平城（まだいだいらじょう）

福永城（湯屋屋敷）▽ふくながじょう（ゆややしき）　**中津市湯屋**

『豊前古城誌』には湯谷氏の代々の居城であり、保延のころに湯谷基信が居城したとある。瑞泉寺という地域が城跡と伝えられる。〈裏門〉、〈前堀〉、〈前垣〉などの地名が残っている。古記によれば福永城、福成城、福光城の三城をさして湯屋屋敷といわれたとある。そのことから推定すれば、福成城、福光城は支城と思われる。『豊前古城誌』『日本城郭大系』

二塚城▽ふたづかじょう　**行橋市二塚**

丘陵地に立地する戦国時代の山城であるが、築城者、築城年代は詳らかでない。『豊前志』『行橋市の文化財』『福岡県の城』『福岡県の城郭』『日本城郭大系』「九州縦貫自動車道関係埋蔵文化財調査報告ＸＸⅨ」

淵上寺城▽ふちがみじじょう　**築上郡築上町赤幡**

築城者、築城年代、城主等は詳らかでない。『豊前志』

筆垣城▽ふでがきじょう　**豊前市八屋**

八屋字今吉の東北近くに東西約三十間、南北約五十間、幅約三間ばかりの堀を廻らせた所があった。字を筆垣という。築城者、城主等は詳らかでない。『福岡県の城郭』では、詳細不明となるも、安祥寺城と同じではないかとある。『築上郡史』『福岡県の城郭』「福岡県の中近世城館跡Ⅲ」

筆立山城▽ふでたてやまじょう　　北九州市門司区門司

門司城の出城もしくは出城であったと思われる。城跡は門司城の南端の鞍部の南にある標高一〇五ｍの小山にあった。『福岡県の城郭』『門司・小倉の古城史』「福岡県の中近世城館跡Ⅲ」

不動ヶ岳城／不動岳城（大村城・大村城山城・西郷大坂城・西郷城・城山城）▽ふどうがたけじょう（おおむらじょう・おおむらしろやまじょう・さいごうおおさかじょう・さいごうじょう・しろやまじょう）　　京都郡みやこ町犀川大村

南北朝時代から戦国時代までの山城で、三諸神社の北側の背後に位置する通称城山と呼ばれる不動ヶ岳の山頂に立地した。『福岡県の城郭』では、別称として大村城、西郷要害をあげている。『京都郡誌』によれば、城跡は村の北方にあり、東西十七間、南北十三間の壕がある。現在でも空濠や石塁等の城跡遺構が残る。築城者は豊前城井氏一族の西郷高頼（一説には広瀬唯信）とされ、同城に居城したとされる。城主の墓と称する自然石には「廣瀬院唯信居士」の銘が刻まれているが、はたして城主であったか否かは詳らかでない。『豊前志』によれば、西郷高頼は、大坂村興正寺に詣でた時、道中において長野助守に討たれたとある。「大友文書」によれば永禄二（一五五九）年、仲津郡不動岳城主の西郷興正は毛利氏に属していたとある。『豊前志』『京都郡誌』『地名から探る豊前国遺跡』『日本城郭大系』『福岡県の城』『福岡県の城郭』『築上郡史』「九州縦貫自動車道関係埋蔵文化財調査報告XXⅨ」「福岡県の中近世城館跡Ⅲ」

不動滝の砦▽ふどうだきのとりで　　田川郡添田町添田

不動滝の上にあり、巌石城に登城する道を守る砦だったと考えられる。曲輪や堀切跡が残る。『福岡県の城郭』

船木城▽ふなきじょう　　田川郡福智町金田

「豊前国古城記」には、星野九郎実宗が筑前より来て居城したとある。所在等の詳細は明らかではない。「豊前国古城記」「福岡県の中近世城館跡Ⅲ」

古川城▽ふるかわじょう　　宇佐市猿渡

光岡城主赤尾氏の重臣である松原右京の居城。麻生氏の籠る高尾城を攻めに、松原左近行尋は赤尾勢として参戦した。土井城（宇佐市佐野）主佐野親重が光岡城を攻めた時、守備側の将として籠城したが敗れた。『日本城郭大系』『豊前古城誌』

古川山城▽ふるかわやまじょう　　北九州市小倉南区志井

⇩椎山城（しいやまじょう）

古寺城▽ふるでらじょう　**田川郡大任町今任原**

「豊前国古城記」には、「播上一ヶ所、下今任村ノ内古寺」とある。下今任（今任原）の北部に蛇面城とは別の城があったとみられるが、所在地などの詳細は不明である。「豊前国古城記」「福岡県の中近世城館跡Ⅲ」

別府城（別府村城・楠城）▽べふじょう（べふむらじょう・くすのきじょう）　**築上郡築上町上別府**

築城者は時枝鎮継。戦国時代の平山城。東西三十間、南北七十間を有するという。『築上郡志』によれば、永禄の頃（一五五八－七〇）、別府太郎国広、同次郎兄弟の居城であり、天正十七（一五八九）年より黒田孝高（如水）の麾下時枝鎮継が居城したとある。上別府の日吉神社付近が城地と推測されるが、遺構は確認できず詳細不明。『築上郡志』『地名から探る豊前国遺跡』『日本城郭大系』「九州縦貫自動車道関係埋蔵文化財調査報告XXⅨ」『福岡県の城郭』『豊前志』『築城町の史跡と伝説』『福岡県の城』『築上郡史』「福岡県の中近世城館跡Ⅲ」

弁城▽べんじょう　**田川郡福智町弁城**

⇩新田城（にったじょう）

弁城▽べんじょう　**中津市加来**

大畑城の抱城にして天正のころは加来氏の一族、稲尾大蔵烝が居城した。『豊前古城誌』

弁天城▽べんてんじょう　**田川郡福智町上弁城**

城跡は上弁城に立地し、土塁や堀切、堅濠などが雑木林の中に残っているといわれる。保元三（一一五八）年、平清盛が大宰大弐となって筑紫の大宰府に入った時、豊前の守りとして岩石城、香春岳城を築き一族をもって守らせたが、この弁天城もその出城として築かれた。『田川郡誌』によれば、清盛は重衡に命じて上弁城の要害堅固な地を選び弁天城を築かせ、長野新九郎を城主として在城させたとある。『福岡県の城郭』には、弁天城は香春岳城の支城として天正十四（一五八六）年十二月の香春岳城が落城するまで存続したと考察している。『福岡県の城』『田川郡誌』『方城町史』『福岡県の城郭』『方城町の文化財』「福岡県の中近世城館跡Ⅲ」

法蘭寺城（法蘭寺城）▽ほうえんじじょう（ほうらんじじょう）　**宇佐市麻生**

高尾城の支城。応安三・建徳元（一三七〇）年、麻生家の一族麻生家光が築き、嘉吉三（一四四三）年十二月二十九日破却された。『豊前古城誌』『日本城郭大系』

宝ヶ岳城▽ほうがたけじょう　**田川郡添田町中元寺**

⇩中元寺城（ちゅうがんじじょう）

宝積寺城（合馬城）▽ほうしゃくじじょう（おうまじょう）　北九州市小倉南区合馬

合馬川の北岸、合間集落の入口、合馬竹林公園の北川にそびえる宝積寺山の山頂に位置した。城跡は山頂の南北約一〇〇m、東西約五〇mの範囲に展開する。『門司・小倉の古城史』によれば、宝積寺伊賀守が居城したとある。『門司・小倉の古城史』「福岡県の中近世城館跡Ⅲ」

法然寺城▽ほうねんじじょう　築上郡築上町八田

城井川下流の標高約一二mの法然寺の境内に位置した平地の城館。寺伝等によれば、天仁元（一一〇八）年に西願法師の開基とされる。『築上郡史』には、天正十五（一五八七）年、黒田孝高（如水）が同寺を仮の居所としたとある。『築上郡史』『黒田家譜』「福岡県の中近世城館跡Ⅲ」

法蘭寺城▽ほうらんじじょう　宇佐市麻生

⇩法薗寺城（ほうえんじじょう）

菩提寺城▽ぼだいじじょう　宇佐市安心院町佐田菩提寺

⇩赤井城（あかいじょう）

法華寺城▽ほっけじじょう　中津市永添

築城者は田川郡の岩石城主高橋長幸の幕下小城重通とされるが、一説には宗通とある。その後、小城氏の子孫が代々居城した。『日本城郭大系』には、岩石城主高橋長幸の幕下小城重通の居城とある。また『豊前古城誌』には「小城氏代々の居城、本姓臼杵也」とある。『豊前古城誌』には、弘治年間（一五五五－五八）、野仲兵庫頭のために領地を奪われ、民間に蟄居していたが、弘治二（一五五六）年五月二日、長谷城の没落に及び大友氏に請い旧領地を得たとある。天正七（一五七九）年、長岩城主野仲鎮兼が坂手隈城を攻略して法華寺城を攻略したが、城主小城定久は、これを防ぎ野仲軍は退却した。地名に〈小屋敷〉という名が残る。『豊前志』『下毛郡誌』『日本城郭大系』『豊前古城誌』

帆柱山城（帆柱城）▽ほばしらやまじょう（ほばしらじょう）　北九州市八幡西区熊手

帆柱山（四八七m）の山頂を中心に東西の尾根上に曲輪を並べた連郭式の山城である。当初の築城者、築城年は詳らかでない。建武元（一三三四）年一月に、規矩高政は北条氏の再興を図り、山鹿政貞、麻生家直ら遠賀郡の宗氏、弓削氏その他豊前の旧勢力を結集し、五千騎で帆柱山城に挙兵した。豊前の長野政通、貞通兄弟もこれに応じて援軍を送った。結局、七カ月の攻防の後、少弐頼尚軍を中心とした宗像氏範・原田・秋月各氏の連合軍の猛攻にあって落城した。『中世北九州落日の譜』『北九州

市史』『門司・小倉の古城史』『八幡市史　古代・中世編』『増補改訂版　遠賀郡誌』『福岡県の城』『北九州の城』『福岡県の城郭』『北九州市立歴史博物館研究紀要5』

穂本上城▽ほもとかみじょう　　中津市伊藤田

天正のころに、犬丸民部がしばらく居城した。『豊前古城誌』

堀越城（**越堀城・横代城・横代山城・鷲岳城・鷲ヶ城**）▽ほりこしじょう（こしほりじょう・よこしろじょう・よこしろさんじょう・わしだけじょう・わしがじょう）

北九州市小倉南区堀越・横代

鷲ヶ岳（標高三二一m）の頂上に立地する山城。旧丸ヶ口集落の境に大城、小城の二址があった。南大城は東西十間、南北二十四間、北小城は東西十五間、南北六間で平坦な台地を残す。築城者は長野義仁。長野氏の支城であったが、天正年間（一五七三―九二）には長野氏の一族、堀越義忠が在城。また、堀越義豊、同義永も居城していたというが、年代は明らかでない。『北九州戦国史』では、築城者は長野氏の一族、堀越義豊とある。その後、義豊、義永と続いたが、永禄十一（一五六八）年九月、大三岳合戦のとき、堀越義永等が味方の首を持参して、吉川・小早川の大将に近づいたが、見破られて逆に討ち取られた。元亀元（一五七〇）年以降、高橋鑑種の家臣、高橋治部が在城したとある。『豊前新大鑑』『北九州の城』『日本城郭大系』「九州縦貫自動車道関係埋蔵文化財調査報告XXIX」『福岡県の城』『門司・小倉の古城史』『企救郡誌』『福岡県の城郭』『北九州戦国史』『大友宗麟資料集』『吉川元春書状』『掘立家証文写』

堀敷城▽ほりしきじょう　　田川郡福智町金田

⇩金田城（かねだじょう）

壕城▽ほりじょう　　田川郡川崎町田原

⇩平原城（ひらばるじょう）

本牛王城▽ほんごおうじょう　　築上郡上毛町矢方

⇩牛王城（ごおうじょう）

本庄城▽ほんじょうじょう　　築上郡築上町寒田

⇩城井郷城（きいのこじょう）

本城城／**本庄城**▽ほんじょうじょう　　築上郡築上町本庄

⇩若山城（わかやまじょう）

ま行

真木城（真木村城・陣ケ尾城・陣ケ城）▽まきじょう（まきむらじょう・じんがおじょう・じんがじょう）

田川郡添田町庄真木

丘陵上に立地する戦国時代の山城である。築城者、築城年代は詳らかでない。岩石城の出城となる。『豊前志』『日本城郭大系』『添田町誌』『福岡県の城』『福岡県の城郭』「九州縦貫自動車道関係埋蔵文化財調査報告ＸＸⅨ」「福岡県の中近世城館跡Ⅲ」

秣城（秣村城）▽まくさじょう（まぐさむらじょう）

中津市三光上秣城山

築城者、築城年代は詳らかではない。豊前宇都宮氏の一族の居城であった。『下毛郡誌』によると、深水の一族である秣大炊介が居城したとある。天正年間（一五七三－九二）に雅楽介、飛騨守、大炊介が居城した。天正十六（一五八八）年三月、黒田家に降る。黒田長政が大畑城（中津市加来）を攻め落とした時、加来安芸守統直は村に逃れんとしたが、秣大炊介に討ち取られた。『豊前志』『日本城郭大系』『三光村誌』『下毛郡誌』『豊前古城誌』

真崎城▽まざきじょう

田川郡川崎町安眞木上

⇩立遠城（たちとおじょう）

益田陣▽ますだじん

北九州市小倉南区辻三

⇩吉川城（きっかわじょう）

万代平城／馬台平城（馬台城・万代城・福土城・福土村城）▽まだいだいらじょう（ばだいじょう・ばんだいじょう・ふくどじょう・ふくどむらじょう）

中津市耶馬溪町福土

馬台山は福土尾川内谷と福土の谷間に挟まれた馬の形をした山である。築城年代、築城者は詳らかではないが、「大野鶴岡社記」には、福土郷に馬台城を築き出城としたとある。天文二（一五三三）年頃、大内氏の武将であった屋形宗諸が在城したとされる。大友氏の侵攻に対して、大内方の拠点の城の一つであった。大内義弘が豊前守護職を兼帯したことから、大内義長のときは豊田鎮種が守ったが、弘治三（一五五七）年、毛利元就に攻められた義長が自害したのち、長岩城主野仲鎮兼から攻められ鎮種は自害、落城した。『築上郡史』には、弘治年間（一五五五－五八）、豊田鑑種が守城であったが、弘治三年三月、長岩城の野仲鎮兼に攻められ鑑種は自害して落城したとある。豊田鎮種と豊田鑑種の真偽については不明。『豊前志』『耶馬溪町史』『耶馬の奇岩城』『豊前古城誌』『築上郡史』『日本城郭大系』

万田城▽まだじょう

中津市万田

⇩河原田城（かわらだじょう）

万田村城▽**まだむらじょう**　**中津市万田**

築城者、築城年代は詳らかでないが、弘治の頃（一五五五－五八）、小城重通が居城したとあり、「豊筑乱記」には、大友家臣、万田鑑実という名があり、天正の頃（一五七三－九二）に居城したとみられる。『豊前志』「豊筑乱記」

松尾山城▽**まつおやまじょう／まつのおさんじょう**　**築上郡上毛町西友枝**

尾根上に築かれた山城であるが、築城者、築城年代は詳らかでない。『太宰管内志』の松尾山医王寺置札銘文によれば、天正六（一五七八）年頃、野仲氏がここに砦を築いたことが記述されている。『築上郡史』『豊前志』『地名から探る豊前国遺跡』『日本城郭大系』『福岡県の城郭』「福岡県遺跡等分布図」「九州縦貫自動車道関係埋蔵文化財調査報告XXⅨ」「史学論叢36」「福岡県の中近世城館跡Ⅲ」

松ヶ岳城▽**まつがだけじょう**　**中津市耶馬溪町大島**

伊勢山（一九二m）という眺望絶景の山頂に立地する。築城者、築城年等は不明。『日本城郭大系』『耶馬溪町史』

松崎城▽**まつざきじょう**　**築上郡上毛町東下**

丘陵上に立地する戦国時代の山城である。堀の一部が残る。『豊前志』「福岡県遺跡等分布図」『日本城郭大系』「九州縦貫自動車道関係埋蔵文化財調査報告XXⅨ」

町丈城▽**まったけじょう**　**中津市耶馬溪町平田**

⇩白米城（まったけじょう）

白米城（**平田城・町丈城**）▽**まったけじょう／はくまいじょう**（**ひらたじょう・まったけじょう**）　**中津市耶馬溪町平田**

「八幡社実録」に示すように、津久江城、津留城、一ツ戸城、雁股城とともに建久年間（一一九〇－九九）、長岩城主野仲重房が創築し、代々、野仲氏の抱城であった。天正十六（一五八八）年、黒田勢に攻められて一戦も交えず城を明け渡した。同年、長岩城落城の後は黒田氏より命ぜられて栗山備後利安の嫡男栗山大膳が城番として居城し、野仲の旧所領を管治した。畠の字名に〈城口〉、〈城ノ後〉、〈本丸〉、〈西丸〉などが残る。『豊前志』『日本城郭大系』『豊前古城誌』『耶馬渓町史』

松丸村城（**松丸城・宇都宮氏館**）▽**まつまるむらじょう**（**まつまるじょう・うつのみやしやかた**）　**築上郡築上町松丸**

築城者は城井鎮房とされる。『城井闘諍記』によれば、松丸村に朝房がしばらく在城したとある。『築上郡志』『豊前志』「福岡県の中近世城館跡Ⅲ」

松山城（苅田松山城／神田松山城・苅田城／神田城）

▽まつやまじょう（かんだまつやまじょう・かんだじょう）

京都郡苅田町松山

JR苅田駅の北東にある松山城山の頂上及び山腹の要害の地形に立地する、北部九州で最古の山城である。城跡は、よく中世の遺構を残している。「豊前国古城記」によれば、天平十二（七四〇）年、大宰少弐藤原広嗣が乱を起こした時に築かれたとある。天慶三（九四〇）年の藤原純友の乱では、地元の武士、神田権少進光員が古城を修築して居城とした。以後、神田氏は十八代、この城を守った。室町時代には大内、長野、大友氏の抱城となり、たびたび争乱の地となった。応安元・正平二十三（一三六八）年二月、懐良親王は菊池勢力を主力に諸勢七万騎で北上。関門海峡を突破しようとするも大友・門司・細川氏の水軍に阻まれ宮方は破れ、名族厚東氏の軍勢は松山城に敗走した。応永五（一三九八）年十月、豊後の太守大友親世が在京の時、一族の大友氏鑑が親世に叛き挙兵し、豊前の松山城を攻めた。この時、城主の杉弘信は周防山口に在勤して不在であり、弘信の子である孫太郎光治が守将として防戦したが、討死して落城。杉弘信は、すぐさま大内氏の軍勢を率いて大友軍を撃破し、城を奪回した。応永十六（一四〇九）年には杉中務大弼弘重が此の地を所領として在城した。弘治二（一五五六）年、城主であり大内氏の重臣であった杉帯刀重吉が居城したが、大友義鎮（宗麟）に攻められ落城し、一時大友氏の抱城となった。永禄五（一五六二）年、毛利氏の城代の天野紀伊守隆重が守っていたが、大友義鎮に攻められ落城し、再び大友氏の抱城となった。同六年、足利義輝の命により、毛利・大友両氏は和睦し、この城は毛利氏の居城となった。天正年間（一五七三－九二）、長野助守の持城となったが、慶長五（一六〇〇）年になると小倉城（北九州市小倉区城内）を居城とした細川忠興の持城となり、慶長十一年に廃城となった。『太宰管内志』『豊前志』「豊前国古城記」「諸国廃城考」『企救郡（門司・小倉）古城址取調簿』『北九州の城』『日本城郭大系』「九州縦貫自動車道関係埋蔵文化財調査報告XXIX」『福岡県の城郭』『史学論叢36』『福岡県の城』『行橋市史』「福岡県の中近世城館跡Ⅲ」

松山城▽まつやまじょう

宇佐市糸口山

松山壱岐守が一族を引き連れて伊予国から宇佐郡高村に来て、堀や塁を構築し六百十年間はこの地に居住した。城跡はその区域をほぼ推定できるが、中央を豊前善光寺に通じる道路が走り原形を壊している。しかし、およそ方一町といわれ、城跡の中央付近に一族の位牌を安置した定林庵が東面して建っており、東北の隅に自然石の供養塔がある。供養塔には「天文五（一五三六）年」「松山氏一統敬白」の文字が読みとれる。城跡の西側の土塁の上には五輪塔が十基ほど並んでいる。天正十四（一五八六）年、城主松山義寛のとき、大友義統の攻撃によって落城したが、子孫は代々庄屋となって当地に続いた。『中津市史』『下毛郡史』『大宇佐史論』『日本城郭大系』

丸岡城（丸岡山城）▽まるおかじょう（まるおかやまじょう）　田川郡大任町大行事安永

彦山川の西岸に鎮座する安永神社の地と、その背後の丘陵上に立地したとされる。築城・廃城等の沿革は詳らかではない。この城は安永大膳亮秋永が村人の反対を押し切り、鎮座する秋野神社の社地を奪って城を築城し居城したと伝えられる。応永五（一三九八）年、大内盛見は大軍を率いて田川郡添田の岩石城を攻めんとした時、元松に本陣を構えた。当時、大友氏に属していた丸岡城主、安永大膳亮秋永と若木城主、大森阿波守は盛見の重臣であった陶越前権守弘護を介して降参を願ったが盛見はこれを許さず二人を斬首して大行事河原に梟首した。『応永戦覧』『豊前志』『大任町誌』『福岡県の城』『日本城郭大系』『添田町誌』『福岡県の城郭』「九州縦貫自動車道関係埋蔵文化財調査報告ＸＸⅨ」「福岡県の中近世城館跡Ⅲ」

丸尾城▽まるおじょう　宇佐市木ノ内

『豊前志』によれば、築城者は源頼朝に仕えた千葉介（常胤）の三男胤成とあり、永暦の頃（一一六〇－六一）に築城したとある。胤成は寿永三（一一八四）年、宇佐郡横山に下り、紀の内教貫の女《むすめ》を娶り木ノ内（木内）氏を名乗ったとある。天正十五（一五八七）年、木内胤貞は豊臣秀吉の軍に従い島津征伐に参戦している。黒田氏が領主となって後、木内貞春・胤信、貞胤は庄屋職を続けた。『豊前志』『日本城郭大系』

丸尾城▽まるおじょう　宇佐市清水

旧長峰村大字清水の西端の高地（標高約三〇ｍ）に立地した。年代不明なるも内尾公重が築城したが、その後、内尾道貞、同孫三郎、左近尉等が天正の頃（一五七三－九二）まで代々居城した。丸尾集落の詰城と見られる。『宇佐郡誌』『史学論叢36』『豊前古城誌』

丸ヶ口城（丸ヶ口福相寺城）▽まるがくちじょう（まるがくちふくそうじじょう）　北九州市小倉南区堀越・横代

⇨福相寺城（ふくそうじじょう）

丸城（北方城・下北方城）▽まるじょう（きたかたじょう・しもきたがたじょう）　北九州市小倉南区若園町

戦国期の平城で、戦前は陸軍練兵場としてわずかに遺構が残っていたが、現在は住宅地となり、城跡は完全に消滅している。また、付近の地名は〈城野〉と呼ばれる。『応永戦覧』によれば、大内盛見の陣が置かれたという。

築城年代や城主等は詳らかでない。また、『福岡県の城郭』では大内盛見の陣所と伝わるが、詳細不明とある。『企救郡誌』『応永戦覧』『豊前志』『門司・小倉の古城史』『北九州市史』『福岡県の城』『北九州の城』『日本城郭大系』『福岡県の城郭』「九州縦貫自動車道関係埋蔵文化財調査報告XXⅨ」『角川日本地名大辞典』「福岡県の中近世城館跡Ⅲ」

丸角城▽まるすみじょう　田川郡大任町今任原桑原
⇩明神山城（みょうじんやまじょう）

丸山城▽まるやまじょう　北九州市門司区大積
城跡は、大積から白野江に通じる県道脇にある通称丸山の尾根上に立地する。付近には土塁や碑石と思われる大きな石が散在している。「東郷村誌」によれば、後土御門天皇、文明年間（一四六九－八七）、大積上総介隆鎮が築城したと伝えられる。永禄年間（一五五八－七〇）、大内氏の家臣であった仁保帯刀がこの城を守った。昭和三十一年発行の『豊前新大鑑』には、城跡は円形の山で頂上はやや平坦にしてなお柱石及び古井戸等が存在し、白野江山中より連なる山脈の中腹にかけて溝のような跡があり、これが水路といわれると記述している。『豊前志』『北九州の城』『福岡県の城郭』『門司市史』『日本城郭大系』『門司・小倉の古城史』『北九州市史』『中世北九州落日の譜』『豊前新大鑑』『福岡県の城』「九州縦貫自動車道関係埋蔵文化財調査報告XXⅨ」

丸山城▽まるやまじょう　中津市二ノ丁
⇩中津城（なかつじょう）

丸山城▽まるやまじょう　宇佐市矢部
大字下矢部の長興寺旧境内に丸山という山林があり、その山腰の城山が城跡と伝えられる。昔、地頭の居城と言われる。『宇佐郡誌』

三重城▽みえじょう　中津市三光田口
田口と下秣の境に立地する。築城者、築城年代は詳らかでないが、天正のころ、田口太郎右衛門が居城したとある。長岩城籠城軍の中に、田口兵部の名が見える。『豊前志』『日本城郭大系』『豊前古城誌』

御沓村城▽みくつむらじょう　宇佐市院内町御沓
築城者、築城年代は詳らかでない。『豊前志』

三毛門城▽みけかどじょう　豊前市三毛門
大友義鎮（宗麟）の家臣であった緒方備前守鎮盛の居城であった。鎮盛は永禄十二（一五六九）年、大内義弘に従ったが毛利勢と戦い討死したという。地名に〈射場ノ本〉という名が残る。『福岡県の城』『築上郡史』『福岡県の城郭』「福岡県の中近世城館跡Ⅲ」

水上城（**水上山城・水ヶ手城**）▽みずかみじょう（みずかみさんじょう・みずがてじょう）　**北九州市小倉南区山本**

小舟山城の南西、標高四二三ｍの山頂に立地する山城である。曲輪、堀切が残る。戦国時代に長野氏の砦として築かれた。『福岡県の城郭』では、別称水上塁とあり、小舟山《おぶねやま》城と一体の山城と考えられるが沿革等の詳細は不明とある。『豊前志』『北九州の城』『福岡県の城郭』『福岡県の城』『北九州市史』『小倉市誌補遺』『門司・小倉の古城史』『企救郡誌』『日本城郭大系』「九州縦貫自動車道関係埋蔵文化財調査報告ＸＸⅨ」

三角城（**田代城**）▽みすみじょう（たしろじょう）　**北九州市小倉南区辻三・八幡東区田代**

尾根上に立地する戦国時代の城跡である。『福岡県の城郭』では、吉川城とともに三岳城を北側から西側を取囲む形で配置された向城（陣城）群の本陣的な山城とある。築城者は長野氏。曲輪が残る。「史学論叢36」では三岳城を攻めるためにのみ、毛利方が造った城で、在地性のない城の代表とある。『北九州市史』『小倉市誌補遺』『八幡市史』『増補改訂版　遠賀郡誌』『企救郡誌』『福岡県の城郭』『北九州の城』『日本城郭大系』『福岡県の城』「九州縦貫自動車道関係埋蔵文化財調査報告ＸＸⅨ」「史学論叢36」「福岡県の中近世城館跡Ⅲ」

三角山城／**三隅山城**（**清滝城**）▽みすみやまじょう（きよたきじょう）　**北九州市門司区清滝町**

城跡は、風師《かざし》山（標高三六二ｍ）から北にのびた清滝公園北方、標高一九四ｍの三角山の頂上に立地する。本丸東西三〇ｍ。南北四〇ｍ。腰曲輪、出丸城壁に石垣が現存する。城主、門司郷房。この城は鎌倉時代の初期、門司の領主になった門司下総前司親房が門司城の出城として築城した。南北朝時代、門司修理亮親胤、郷房、その子弥三郎外一族が立て籠った。戦国時代になると毛利氏の出城となった。永禄四（一五六一年）年、大友義鎮（宗麟）が門司城を攻めた時、この城も包囲された。この時、大友軍は福田重範と葛原兵庫が内応したが、これを察知した城将杉彦三郎は両名を斬り、大友軍を欺いて、城に引き寄せて討って出て大友軍を破り、豊後に敗走させた。『北九州の城』『福岡県の城』『門司・小倉の古城史』『門司市史』『日本城郭大系』『中世北九州落日の譜』『福岡県の城郭』「九州縦貫自動車道関係埋蔵文化財調査報告ＸＸⅨ」「福岡県の中近世城館跡Ⅲ」

三隅山城▽みすみやまじょう　**北九州市門司区清滝**

規矩郡楠原村にあり、東明寺山城の出城であった。築城者、築城年代は詳らかでない。『豊前志』

溝口城（溝口館）▽みぞぐちじょう（みぞぐちやかた）　築上郡築上町寒田

城跡は、城井川と溝口川の合流点に立地し、本城の大平城（築上郡築上町）の北の麓にあたる。石塁、井戸、倉庫跡が残る。天正十六（一五八八）年、この城を居館としていた城井鎮房が中津城内において黒田長政から謀殺されるや、一気に黒田兵によって攻め込まれてあえなく落城した（城井鎮房の謀殺については、『築上郡志』収載の宇都宮系文書や豊前宇都宮一族の菩提寺月光山天徳寺では天正十七年としているが、『黒田家譜』等では天正十六年とされている）。この城にいた鎮房の妻子等一族三十八名は捕らえられ、山国川の川原において全員殺された。また、城井一族が長い年月をかけて築き上げた城井谷の諸城はことごとく破壊され、廃城となった。『築上郡史』『福岡県の城』『福岡県の城郭』「史学論叢36」「福岡県の中近世城館跡Ⅲ」

光岡城（赤尾城）▽みつおかじょう（あかおじょう）　宇佐市赤尾

建武の頃（一三三四―三八）、高武蔵守が築城したとされる。貞和六・正平五（一三五〇）年より筑前国の原田氏の一族である赤尾種綱と子の親種、鎮房が天正の頃（一五七三―九二）まで居城した。それまで村の名は吉田村と称していたが、以後は赤尾村と称した。光岡城にはその子孫が代々居城した。天正八年、赤尾氏の法要のため家臣の居城（西光寺城）に集合したところを佐野親重の軍に攻められ、光岡城は落城した。城跡は城山と称して、山頂には統秀以下の霊を祀る石祠がある。『宇佐郡誌』『豊前志』『日本城郭大系』『大宇佐郡史論』『豊前古城誌』

三岳城▽みつたけじょう　北九州市小倉南区辻三

⇩大三ヶ岳城（おおみつがたけじょう）

三岳城▽みつたけじょう　北九州市小倉南区合馬

⇩小三ヶ岳城（こみつがたけじょう）

三岳城（大三岳城）▽みつたけじょう（おおみつたけじょう）　北九州市小倉南区長野

規矩郡長野郷に勢力を持っていた長野吉辰が城主であった。『北九州市史』によると、大三岳城という城名が一般に流布しているが、史料的には三岳城が正しいようだとしている。『日本城郭大系』『福岡県の城郭』「長野城」『小倉市誌補遺』『北九州市史』

湊城（湊村城）▽みなとじょう（みなとむらじょう）　築上郡築上町湊

戦国時代の平城。『築上郡志』に湊村城跡と記述されているが、築城者、築城年代、城主等は詳らかでない。

『福岡県の城』には、賀来氏の出城とある。田の字名に〈城の本〉が残る。『築上郡史』『築上郡志』『地名から探る豊前国遺跡』『日本城郭大系』「九州縦貫自動車道関係埋蔵文化財調査報告XXIX」『福岡県の城郭』『福岡県の城』「福岡県の中近世城館跡Ⅲ」

南木城▽みなみぎじょう　田川郡福智町南木

尾根上に立地する戦国時代の山城である。築城者、築城年代は詳らかでない。城ノ尾の地名が残る。『地名から探る豊前国遺跡』『日本城郭大系』『福岡県の城郭』『福岡県の城』「九州縦貫自動車道関係埋蔵文化財調査報告XXIX」「福岡県の中近世城館跡Ⅲ」

南原城▽みなみばるじょう　京都郡苅田町南原

⇩高城（たかじょう）

簑島城／蓑嶋城▽みのしまじょう　行橋市簑島城ヶ辻

今川の河口にある簑島は昔は島であったが、今は陸続きとなっている。城跡は簑島の北側の山頂に立地する山城である。築城者は藤原朝臣邦吉とされる。以後大内氏の重臣であった杉氏の居城となった。天文二十三（一五五四）年、杉隆重は、高杉宗仙と和を結び高杉の人質をとり、代わりに隆重の妹を人質とする手はずであったが、隆重の家老がこれに従わず両家は不和となり、ついに合戦となった。杉隆重は豊後の大友義鎮（宗麟）を頼って豊前に渡り同年二月二十八日、簑島に築城し居城とした。天正七（一五七九）年、隆重の子重吉が城主の時、馬ヶ岳城（行橋市）主の長野助守は宝山城主（行橋市宝山）の安東市次郎と謀り三千余騎で攻め寄せ、重吉の守る蓑島城は奮戦むなしく三月三日に落城したといわれる。『豊前志』では、長門国高倉城主杉因幡守重昌の子、千代丸重良が居城し、海上を警固したが、その後、高橋宗全、長野助守に攻め落とされたとある。『豊前志』『豊前古城誌』『太宰管内志』『京都郡誌』『行橋市の文化財』『福岡県の城』『福岡県の城郭』『日本城郭大系』「九州縦貫自動車道関係埋蔵文化財調査報告XXIX」「福岡県の中近世城館跡Ⅲ」

宮尾城▽みやおじょう　北九州市小倉南区

在地勢力（長野氏）を攻めるために毛利氏が造った中規模城郭。「史学論叢36」

宮熊城（宮熊村城）▽みやぐまじょう（みやぐまむらじょう）　宇佐市宮熊

比高六～一〇mの台地先端部の、台地を切断するように掘られた堀と、裾を取り囲む水堀が特徴である。応永の頃（一三九四－一四二八）、萩原土佐守房円が築城したが、房円はその後、上敷田に移った。年代は詳らかでないが、『豊前志』には萩原鎮房が居城したとある。『日

本城郭大系』『豊前志』「史学論叢36」『豊前古城誌』

宮永城▽みやながじょう　中津市下宮永

貴船神社の東にあり、この地は古くは沼田と称した。宮永義成が居城とした。天正年間（一五七三―九二）には宮永大膳丞が居城とした。長岩城主野仲氏に攻められ滅ぼされた。『日本城郭大系』

宮山城▽みややまじょう　田川郡大任町大行事

⇨福田城（ふくだじょう）

宮山城▽みややまじょう　北九州市小倉南区高津尾宮山

⇨稗畑山城（ひえはたやまじょう）

妙見城（妙見山城）▽みょうけんじょう（みょうけんやまじょう）　北九州市小倉北区足原

⇨足立城（あだちじょう）

妙見城▽みょうけんじょう　宇佐市院内町香下

⇨妙見岳城（みょうけんだけじょう）

妙見岳城（妙見山城・妙見尾城・妙見城・極楽寺城）▽みょうけんだけじょう（みょうけんやまじょう・みょうけんびじょう・みょうけんじょう・ごくらくじじょう）　宇佐市院内町香下

妙見岳に立地する連郭式山城である。恵良川と津房川が合流する地点の西側にそびえる山が妙見岳である。東の峰を小妙見、西に位置する一番高い峰を中妙見といい、この中妙見岳頂上一帯が城跡であり、現在も遺構が残っている。標高四四四mあり、宇佐平野、国東半島、周防灘を隔てて中国地方も望むことができる。「両豊記」によれば、天慶三（九四〇）年、藤原純友が宇佐郡妙見山に城を築き、豊後の押さえとしたとされる。応安（一三六八―七五）以後は、大内氏の抱城となり、杉民部以下、同伯耆守、仁保加賀守、杉兵庫、同勘解由左衛門、貫備後守、古田下野守等七十八代にわたって城代を務めた。やがて大友氏がこの城を奪い、弘治三（一五五七）年から天正九（一五八一）年まで大友義鎮（宗麟）側近の田原親賢（紹忍）及び婿養子親盛（義鎮二男）が城督として居城した。黒田氏が豊前国を領するに及び城郭は廃絶した。「両豊記」『豊前志』『大宇佐郡史論』『宇佐郡地頭伝記』『日本城郭大系』『史学論叢36』『豊前古城誌』

明神山城（山下城・山久井城・丸角城・桑原城）▽みょうじんやまじょう（やましたじょう・やまくいじょう・まるすみじょう・くわはらじょう）　田川郡大任町今任原桑原

城跡は、桑原神社の南に隣接した城山（標高四〇m）と称する丘陵上に立地する。城跡には空堀が残る。康安年間（一三六一―六二）には曾我平次祐有が在城した。祐有は二代将軍足利義詮の怒りをかうが、大内道階の取りなしで所領を安堵されて以来、大内氏に恩義を感じていた。応永五（一三九八）年、大内盛見が田河郡へ侵攻した時、祐有の孫に当たる曾我祐長は明神山城を守り、弟の祐能は支城である蛇面城を守り、岩石城の大友氏に属していた。弟の祐能は過去の大内氏の恩義に報いるため大内氏に降ることを兄祐長に勧めたが、ついに意見が合わず、祐能は明神山城を攻め兄の祐長を討ち、大内氏の軍門に降った。『豊前志』『大任町誌』『福岡県の城』『地名から探る豊前国遺跡』『添田町誌』『日本城郭大系』『福岡県の城郭』「九州縦貫自動車道関係埋蔵文化財調査報告ＸＸⅨ」「福岡県の中近世城館跡Ⅲ」

門司城▽もじじょう　**北九州市門司区門司**

元暦二・寿永四（一一八五）年、平知盛が家臣、紀井通資に命じて古城山（標高一七五ｍ）の山頂に築城した。寛元二（一二四四）年（文治元年の説もある）、鎌倉幕府は藤原親房を豊前代官職に任命し、親房は門司ヶ関六郷を拝領し門司城を居城として門司下総守を名乗ったことから、門司氏の発祥とされる。南北朝時代は、北朝派の門司親尚が居城した。天文の頃（一五三二―五五）、大友氏より奴留湯主水が居城し、天文二十三（一五五四）年の秋、毛利家より小早川隆景を大将とする軍勢に攻められ落城した。その後、小早川隆景がこの城に居城した。永禄二（一五五九）年、大友の軍勢が門司城を攻略したが、大内氏の旗下、仁保常陸介の養子であった仁保帯刀は、楠原村の三隅山に砦を築いて勝利した。後、仁保帯刀は毛利壱岐守と戦って討死した。永禄四年六月、毛利元就と大友義鎮（宗麟）が戦った門司城の合戦は壮絶な戦いを繰り広げたが、大友軍は攻め落とせず多くの戦死者を出し豊後に撤退した。慶長五（一六〇〇）年、細川忠興がこの城を修造して、長岡勘解由左衛門を城代に置いた。要衝かつ風光明媚な地にあり豊前の名城といわれたが、元和元（一六一五）年、廃城となった。現在は瀬戸内海国立公園の一部「和布刈公園」となっており、山頂には「門司城跡」の石碑が立っている。『歴代鎮西要略』『豊前志』『北九州市史』『門司・小倉の古城史』『福岡県の城郭』『門司市史』『北九州の城』『福岡県の城』「九州縦貫自動車道関係埋没文化財調査報告ＸＸⅨ」『日本城郭大系』「史学論叢36」『応永戦覧』

元重城▽もとしげじょう　**宇佐市元重**

『豊前古城誌』には、八幡義家の三男義国の子、頼氏が築くとある。大友氏一族の河谷親朝が、元重村に封ぜられ元重氏と称した。永正八（一五一一）年、親朝の四世の孫の元重繁親は大友親治に従い、豊前馬ヶ岳城攻めに参陣し、戦死した。後に大内氏に属し、妙見岳城を守っていたが、弘治二（一五五六）年、大友義鎮（宗麟）の豊前制圧のとき、龍王城で大友氏に降った。天正六（一五七八）年、日向耳川の合戦に従軍した元重鎮頼は戦死した。同十五年、豊臣秀吉の島津征伐の軍が豊前に入ると、元重統信は、秀吉の将三好秀次の軍に属して薩摩に入った。天正十七年、統信は黒田氏に降伏し、その後は元重村庄屋職となった。『大宇佐郡史論』『宇佐郡地頭伝記』『日本城郭大系』『豊前古城誌』

元永城（**元永村城・本長山城・城山城**）▽もとながじょう（もとながむらじょう・もとながやまじょう・しろやまじょう）　行橋市元永

山頂に立地する戦国時代の山城である。築城者は北畠兵部少輔とされ、以後、北畠氏代々の居城となった。堀切・郭跡が残る。『豊前志』「豊前国古城記」『行橋市の文化財』『太宰管内志』『京都郡志』『日本城郭大系』『福岡県の城』「九州縦貫自動車道関係埋蔵文化財調査報告ＸＸⅨ」「福岡県の中近世城館跡Ⅲ」

母原城▽もはらじょう　北九州市小倉南区母原

築城者、築城年代等は詳らかでない。『福岡県の城』には城台、門田、堀田の地名が残るとある。『福岡県の城郭』『福岡県の城』

元山城（**元山切寄城**）▽もとやまじょう（もとやまきりよせじょう）　築上郡築上町赤幡

戦国時代の平山城である。『築上郡志』によれば、「ある記に渕上寺の城跡と云う。今は切寄平と称す」とある。築城者、築城年代、城主等は詳らかでない。『福岡県の城』では、城井氏の出城とある、平城。『豊前志』『福岡県の城郭』『福岡県の城』『築城町の史跡と伝説』『日本城郭大系』「九州縦貫自動車道関係埋蔵文化財調査報告ＸＸⅨ」「福岡県の中近世城館跡Ⅲ」

森田城▽もりたじょう　宇佐市上時枝森田

築城者、築城年代等は詳らかでない。『宇佐郡誌』

森山城▽もりやまじょう　宇佐市森山

平家一門は安徳天皇を奉じて西下し、宇佐大宮司公通の館を行宮としており、公通が源氏に備えるために築城した。城跡には〈馬場〉、〈弓場〉、〈西の門〉、〈東の門〉などの地名がある。柳ヶ浦で入水した平清経の墓もある。『日本城郭大系』

森山城▽もりやまじょう　宇佐市安心院町森

深見氏の一族が森村の山上に塁を築いて香浄寺氏を名乗った。弘治二（一五五六）年、松本正直に攻められ落城し滅亡した。現在も〈伊賀屋敷〉などの地名が残り、森村西には香浄寺という寺がある。『日本城郭大系』

屋形原城▽やかたばるじょう　田川郡添田町落合
「豊前国古城記」には「掻上一ヶ所、下落合村の内屋形原」とある。「福岡県の中近世城館跡Ⅲ」によれば、現地は自然地形がみられるばかりで、明瞭な城館遺構は確認できず、詳細は不明とある。「豊前国古城記」「福岡県の中近世城館跡Ⅲ」

屋形村城▽やかたむらじょう　旧下毛郡屋形村
屋形氏代々の居城にして、天正の頃（一五七三―九二）に屋形越中守が居城した。『豊前古城誌』

薬師寺城（**薬師寺村城**）▽やくしじじょう（やくしじむらじょう）　豊前市薬師寺
『築上郡志』によれば、応永の頃（一三九四―一四二八）、薬師寺山城守が居城としたとされる。『福岡県の城』には、応永年間（一三九四―一四二八）、大友氏の幕下薬師寺山城守の居城とあり、城跡は宗像神社の台地とされる。堀の内、門前の地名が残る。『築上郡志』『福岡県の城』『福岡県の城郭』「福岡県の中近世城館跡Ⅲ」

薬師山城▽やくしやまじょう　田川郡福智町上野
「下田川の山城」には、薬師寺山城について、上野手永十一世香月秀則が観音寺城の出城として築いたとあるが、出典は明らかでない。「福岡県の中近世城館跡Ⅲ」によれば、明確な城郭遺構は認められず、詳細は不明とある。「福岡県の中近世城館跡Ⅲ」

八雲城▽やぐもじょう　宇佐市院内町
恵良川の上流、大字台の中央に聳える八雲岳に立地したとされる。戦国時代、城主として吉野氏が居城したが、大友氏に攻め滅ぼされた後、廃城となったという。『宇佐郡誌』

弥次郎畑城▽やじろはたじょう　田川郡福智町弁城
彦山川の右岸丘陵上に立地する戦国時代の山城である。築城者は宝珠山弥左衛門で同氏が居城した。遺構は詳らかではない。『豊前志』『地名から探る豊前国遺跡』「九州縦貫自動車道関係埋蔵文化財調査報告ＸＸⅨ」『日本城郭大系』『福岡県の城郭』『方城町史』『添田町誌』「福岡県の中近世城館跡Ⅲ」

安居城▽やすいじょう　田川郡川崎町安真木
⇩安宅城（あたかじょう）

八田城（**八ツ田城・山田城**）▽やつだじょう（やつだじょう・やまだじょう）

豊前市川内中田

櫛狩屋城（豊前市川内）の城主が八田地区に築いた城である。平時はこの八田城を本拠として居住し、非常の際は櫛狩屋城に詰めたという。山麓付近には武家屋敷跡や寺跡があり、地名も〈御所〉、〈番所〉、〈武士田〉、〈恩田〉などが残る。『日本城郭大系』では、山田城として、宇都宮氏一族の山田元房が築城者とある。『日本城郭大系』「宇都宮氏と豊前の山城シンポジュウム報告書」『福岡県の城』『福岡県の城郭』

矢留城▽やどみじょう　**行橋市矢留**

山頂に立地する戦国時代の山城である。馬ヶ岳城の出城と伝えられる。築城者、築城年代は詳らかでない。『豊前志』『行橋市の文化財』『日本城郭大系』『福岡県の城郭』「九州縦貫自動車道関係埋蔵文化財調査報告ＸＸⅨ」

柳城▽やなぎじょう　**北九州市門司区大里寺内町**

城跡は戸ノ上山（標高五一八ｍ）の北東に伸びた尾根の先端部に立地する。門司氏の出城として築かれた山城である。わずかに土塁線が残る。戸ノ上登山道脇に「柳城址」の石碑が現存する。南北朝時代の城主は、南朝方として戦った門司大和守親通であった貞治二・正平十八（一三六三）年十一月、北朝方の門司城主、門司親尚と大内氏の大軍に攻められ、再三これを撃退し、よく防戦した。そこで大内弘世の子満弘は、南朝方の門司氏一族の離反を画策し、軍使を遣わして親通に北朝方への転向を説得した。ついに親通は猿喰城主門司若狭守を裏切り、同年十二月十三日、大内満弘の軍勢を導き攻め寄せたため、猿喰城は落城し、猿喰城主門司若狭守以下全員が討死した。『北九州の城』『北九州市史』『門司・小倉の古城史』『門司市史』『日本城郭大系』『福岡県の城』「九州縦貫自動車道関係埋蔵文化財調査報告ＸＸⅨ」『福岡県の城郭』「福岡県の中近世城館跡Ⅲ」

柳瀬城（茶臼城・茶臼山城・柳瀬村茶臼城）▽やなせじょう（ちゃうすじょう・ちゃうすやまじょう・やなせむらちゃうすじょう）　**京都郡みやこ町犀川柳瀬**

今川の西岸にある茶臼山（標高一〇〇ｍ）の山頂に立地する山城で、山の形が茶臼に似ているため茶臼山城と呼ばれた。『京都郡誌』には空堀が残ると記述されているが、雑木がよく繁り城跡遺構は詳らかでない。築城者は城井氏一族で西郷氏の居城と伝えられる。また、『京都郡誌』によれば、城跡は村の北方一丁余、茶臼山の山嶺にあり、内郭周囲四十間、外郭周囲一丁四十間、東方に一路あり、興廃年記は不詳との記述あり。天正年間（一五七三－九二）から西郷刑部左衛門高頼が城主であったが、天正八年四月十八日、西郷刑部左衛門高頼は菩提寺興正寺（みやこ町犀川大阪）に参詣の途中に馬ヶ岳城主、長野助守の伏兵に遭遇し討死した。このため城主のいない柳瀬城はあえなく落城したという。『豊前志』『京都郡誌』『地名から探る豊前国遺跡』『福岡県の城』『日本城郭大系』『北九州市史』小倉市誌補遺』『門司・小倉の古城史』「企救郡誌」『北九州の城』「九州縦貫自動車道関係埋蔵文化財調査報告XXIX」『福岡県の城郭』「福岡県の中近世城館跡Ⅲ」

八並城（**八並村城**）▽やなみじょう（やなみむらじょう）　中津市永添八並

天正十五（一五八七）年、城主八並右京が居城した。『日本城郭大系』『豊前古城誌』

矢部城（**矢部村城・龍ヶ鼻城**）▽やべじょう（やべむらじょう・りゅうがばなじょう）　宇佐市上矢部

宇佐市の東南部を流れる寄藻川上流の大字上矢部の城山（標高二九八ｍ）にある。応永年間（一三九四－一四二八）に築城されたが、築城者は矢部高朝と高房の二説がある。はじめ大内氏に属していたが、大内氏滅亡後は大友氏の麾下となった。天正六（一五七八）年、日向耳川の合戦で矢部山城守は討死し、黒田氏が入部した時、矢部三郎は黒田氏に降った。田の字名に〈矢部田〉、〈久内屋敷〉、〈吉上屋敷〉、〈下今井屋敷〉などが残り、矢部氏の家臣などの家居の跡とされている。『日本城郭大系』『豊前志』『豊前古城誌』『宇佐郡誌』『角川日本地名大辞典44大分県』

山内城（**山内村城**）▽やまうちじょう（やまうちむらじょう）　豊前市山内

⇩如法寺城（ねほうじじょう）

山移城（**山移村城**）▽やまうつりじょう（やまうつりむらじょう）　中津市耶馬溪町山移

⇩馬場城（ばばじょう）

山浦村城（**勢見ヶ岳城**）▽やまうらむらじょう（せみがたけじょう）　田川郡赤村山浦

赤村にあった。築城者、築城年代等は詳らかでない。『豊前志』『添田町誌』「福岡県の中近世城館跡Ⅲ」

山鹿城（**山鹿村城・山鹿村城山城・城山城**）▽やまがじょう（やまがむらじょう・やまがむらしろやまじょう・しろやまじょう）　京都郡みやこ町犀川山鹿

戦国時代の山城。城跡は、山鹿の南方にある浄喜寺支房の裏山にあたる通称城山に立地し、曲輪、土塁、空堀等が残っている。『京都郡誌』によれば、城跡は村の西方にあり、東西五十間、南北二十間との記述がある。築城者は城井氏一族西郷氏の出城であったが、天正二（一五七四）年頃、城主であった桃井左近は大友軍に攻められ落城したと伝えられる。また、「豊前国古城記」には天文から天正の頃（一五七三－九二）まで西郷氏一族の山鹿藤大夫が居城したとある。『豊前志』「豊前国古城記」『京都郡誌』『福岡県の城』『日本城郭大系』『福岡県の城郭』「九州縦貫自動車道関係埋蔵文化財調査報告ＸＸⅨ」「福岡県の中近世城館跡Ⅲ」

山久井城▽やまくいじょう　田川郡大任町今任原桑原

⇩明神山城（みょうじんやまじょう）

山口城▽やまぐちじょう　宇佐市山口

馬ヶ岳城主大内教幸は本家に対する謀反が露見して自害した。この教幸の嫡男景倫は妙見岳城代の杉伯耆守の計らいで宇佐郡麻生の地を貰い、山口氏を名乗った。後裔は黒田氏入部後は代々庄屋として続いた。『日本城郭大系』『豊前古城誌』

山口城（等覚寺城）▽やまぐちじょう（とかくじじょう）　京都郡苅田町山口

尾根上に立地する戦国時代の山城であった。応永年間（一三九四－一四二八）、城主は等覚寺の座主堯賢。大友氏一族の居城。『北九州戦国史』では、別称・等覚寺城は京都郡の抑えとして長野助守が在城したが、永禄八（一五六五）年、大友義鎮（宗麟）の長野氏成敗のとき、九月二十日ころ陥落とある。『地名から探る豊前国遺跡』『日本城郭大系』『福岡県の城』「九州縦貫自動車道関係埋蔵文化財調査報告ＸＸⅨ」『北九州戦国史』『福岡県の城郭』「福岡県の中近世城館跡Ⅲ」

山下城▽やましたじょう　田川郡大任町今任原桑原

⇩明神山城（みょうじんやまじょう）

山下城（山下村城）▽やましたじょう（やましたむらじょう）　宇佐市山下

天文年間（一五三二－五五）、横山武蔵守末実の居城であった。四日市城主の渡辺氏の被官となる。今も田の字名には、〈末実〉、〈貞信屋敷〉、〈今永〉、〈貞行〉、〈武常〉、〈後藤〉などが残る。『日本城郭大系』『豊前志』『豊前古城誌』

山田城▽やまだじょう　豊前市川内中田

⇩八田城（はったじょう）

山田城（櫛狩屋城・串狩野城・川内城）▽やまだじょう（くしがりやじょう・くしがりのじょう・かわちじょう）　豊前市川内櫛狩屋

八屋城跡から南西に二キロ登った川内谷を更にさかの

ぼること四キロ奥にある。畝状空堀を備えた典型的な中世の山城で、平野部から離れた険しい山稜に築かれている。主郭（本丸）の北側は清水谷と称し、断崖絶壁で南面は空堀がめぐる。城跡一帯には今でも主郭、曲輪、堀切等が残り、北側には陣所平《じんじべら》という地名が残る。宇都宮一族の山田元房が築城し居城、応永年間（一三九四－一四二八）には山田宗利が居城した。「山田郷宗像八幡社記」（宗像八幡社は現在の別表、大富神社）によれば、文治元（一一八五）年、宇都宮藤原泰成が関東より来て上毛郡山田城主となったとある。「宇佐永弘文書」等によれば、山田城は、大友義鎮（宗麟）の軍によって弘治三（一五五七）年六月二十一日に落城したとある。その際、山田城に立て籠っていた上毛郡内の八百余人が首を刎ねられ暴行略奪が行われ、上毛郡の男女の四分の一が逃散したという。天正十五（一五八七）年には、山田城主山田親実が城に立て籠り黒田軍を防いだが衆寡敵せず、ついに落城し、木江城に逃走したという。城跡には、石塁、井戸、石垣、望楼跡などが残る。〈城ヶ谷〉〈陣所平〉〈御所山〉〈詰ヶ谷〉等の地名が残る。『豊前志』『築上郡志』『築上郡史』『日本城郭大系』『豊前市史』「九州縦貫自動車道関係埋蔵文化財調査報告ＸＸⅨ」『福岡県の城郭』『福岡県の城』「福岡県の中近世城館跡Ⅲ」

山田親実居館▽やまだちかざねきょかん　**豊前市大村**

⇩大村城（おおむらじょう）

山中城▽やまなかじょう　**中津市福島山中**

藤原純友の天慶の乱（九四一年）の時、福島長久が築城した。その後十四代が居城した。文明九（一四七七）年、但馬守鎮充が新たに田丸城を築いた。後に深水景氏の居城となった。字名として、〈本丸〉、〈二の丸〉、〈三の丸〉、〈付城〉などが残っている。『日本城郭大系』『豊前古城誌』

山本城（大船城・小舟山城・大船山城）▽やまもとじょう（おおぶねじょう・おぶねやまじょう・おおぶねやまじょう）　**北九州市小倉南区山本**

尾根上に立地する。築城者は長野氏一族の山本義親。南北朝時代から戦国時代に居城した。応永年間（一三九四－一四二八）、長野義富の六男、山本義親が居城した。『豊前志』『北九州の城』『北九州市史』『小倉市誌補遺』『福岡県の城』『企救郡誌』『日本城郭大系』「九州縦貫自動車道関係埋蔵文化財調査報告ＸＸⅨ」『福岡県の城郭』「福岡県の中近世城館跡Ⅲ」

山本村城（山本城）▽やまもとむらじょう（やまもとじょう）　**宇佐市山本**

永正年間（一五〇四－二一）、山本荘左衛門尉重賢の

居城であった。『宇佐郡誌』には、この城が妙見山城の出城であったかも知れぬとある。子孫は医術を業として山本城下に居住した。今も〈大場家屋敷〉、〈陣屋〉等と称する田の字が残る。『宇佐郡誌』『日本城郭大系』『豊前古城誌』

矢山城（塔ヶ峰城）▽ややまじょう（とうがみねじょう）　行橋市矢山

塔ヶ峰（標高三〇六m）の頂上に立地する戦国時代の山城。『福岡県の城郭』には曲輪と堀切が残るとある。築城者、築城年代は詳らかでない。『地名から探る豊前国遺跡』『日本城郭大系』「九州縦貫自動車道関係埋蔵文化財調査報告XXⅨ」『福岡県の城郭』『福岡県の城』「福岡県の中近世城館跡Ⅲ」

指月城▽ゆびつきじょう　北九州市小倉北区城内

⇩小倉城（こくらじょう）

弓張岳城▽ゆみはりだけじょう　田川郡添田町添田

岩石城の南、標高四八〇mの山頂に立地する戦国時代の山城である。築城者は大友氏。天正十五年、豊臣秀吉が岩石城攻撃の時に築いたとも伝えられる。郭・曲輪・土塁等が残る。『添田町誌』『岩石城』『日本城郭大系』『福岡県の城郭』『福岡県の城』「九州縦貫自動車道関係埋蔵文化財調査報告XXⅨ」

湯屋屋敷▽ゆややしき　中津市湯屋

⇩福永城（ふくながじょう）

横代城（横代山城）▽よこしろじょう（よこしろさんじょう）　北九州市小倉南区堀越・横代

⇩堀越城（ほりこしじょう）

横代城（横代山城）▽よこしろじょう（よこしろやまじょう）　北九州市小倉南区堀越・横代

⇩福相寺城（ふくそうじじょう）

横瀬城（横瀬村城）▽よこせじょう（よこせむらじょう）　京都郡みやこ町犀川横瀬

尾根上に立地する戦国時代の山城である。築城者、築城年代は詳らかでない。『福岡県の城郭』と「福岡県の中近世城館跡Ⅲ」では、築上町の神楽城と同一と考えられると述べている。『豊前志』「豊前国古城記」『京都郡誌』『日本城郭大系』『福岡県の城郭』『福岡県の城』「九州縦貫自動車道関係埋蔵文化財調査報告XXⅨ」「福岡県の中近世城館跡Ⅲ」

吉岡城▽よしおかじょう　築上郡上毛町吉岡坪ノ内

丘陵上に立地した平城であったが、正確な築城年代は詳らかでない。築城者は吉岡備前守とされる。城跡は、築上郡新吉富村大字吉岡字坪ノ内と称する吉岡集落一帯に立地する。現在、吉岡集落の北方には〈堀〉の小字名がある。南と西北に、幅の広い堀の跡が残っている。南と北の方向には、それぞれ大塚、五輪塔が二カ所現存する。弘治二（一五五六）年、大友義鎮（宗麟）が豊前に侵攻した時、大友方の中に吉岡の名があり吉岡城主と思われる。天正年間（一五七三―九二）、城主として吉岡備前守が居城したが、天正十五年、黒田長政に降伏して、日熊城の攻略に道案内等の力を貸した。城は同年、黒田氏の入封後に廃城し、破却された。『豊前志』「福岡県遺跡等分布図」『日本城郭大系』『築上郡史』『福岡県の城郭』「九州縦貫自動車道関係埋蔵文化財調査報告XXIX」『福岡県の城』「福岡県の中近世城館跡Ⅲ」

吉木城▽よしきじょう　豊前市吉木

「今市津野田文書」によれば、山田城主山田種賢の旗下、末延氏の居城ではあるまいかとある。『築上郡志』によれば、小森某が居城したとある。田の字名に〈血切〉という名が残るのは、刑場の遺跡、もしくは的場の跡ではないかとの記述あり。『築上郡志』『築上郡史』「福岡県の中近世城館跡Ⅲ」

吉松城（吉松村城）▽よしまつじょう（よしまつむらじょう）　宇佐市吉松

天正の頃（一五七三―九二）、吉松勘解由鎮俊の居城であった。一族の吉松兵部丞は麻生氏の高尾城の攻撃に参戦した。高家城主中島統次に属して籠城し、黒田氏を迎撃したが、討死した。『日本城郭大系』『豊前古城誌』

吉見城▽よしみじょう　北九州市小倉北区足原

⇩足立城（あだちじょう）

吉村城▽よしむらじょう　宇佐市城井

応永の頃（一三九四―一四二八）、吉村伊惣左衛門弘義の居城であった。文明年間（一四六九―八七）左馬助貞種は大内氏に属した。のち孫の左馬允実信は大友氏に降った。その後、黒田氏の入部により所領を没収された。『日本城郭大系』『豊前古城誌』

四日市城（小倉城）▽よっかいちじょう（こくらじょう）　宇佐市四日市

永正年間（一五〇四―二一）、肥前の鬼子岳城主であった渡辺筑後守光が、流浪して四日市に居住し築城したと思われる（一説に備後山田の城主伊惣弘茂が築城）。その子光政は大友氏に降り、統政の名を許された。一族が多く、これを四日市切寄衆、渡辺寄合衆と呼んだ。天正十七（一五八九）年、黒田長政は中島氏の籠る高塚城を攻略して、つぎに、渡辺統政とその一族五百人がたて籠る四日市城に向かった。一隊は糸口山に、長政の本陣は専一山に陣して、城を眼下に見下ろしていた。城主統政は統房・統貞ら八十騎で長政の本陣へ突入したので長政は退却した。しかし時の勢いには抗し難く、和を請うて許され、人質と誓紙を出して戦いは終わった。城跡は不明。『大宇佐郡史論』『宇佐郡地頭伝記』『日本城郭大系』『豊前古城誌』

世永城▽よながじょう　豊前市三毛門
⇩沓川城（くつかわじょう）

米丸城▽よねまるじょう　田川郡大任町今任原
⇩建徳寺城（けんとくじじょう）

呼野城▽よぶのじょう　北九州市小倉南区頂吉
⇩海老野城（えびのじょう）

龍園城（籠円城）▽りゅうえんじょう（ろうえんじょう）　田川郡川崎町安眞木上
⇩立遠城（たちとおじょう）

龍王城（龍王山城・神楽岳城）▽りゅうおうじょう（りゅうおうやまじょう・かぐらだけじょう）　宇佐市安心院町龍王

安心院郷、深見郷を眼下に見渡すことができる龍王山（三二五m）の頂上に立地した。『豊前志』によれば、元正天皇（七一五―七二四）の頃、宇佐兼権大夫緒方何某が八幡宮に詣でて、一国の守護を祈願したところ、安心院の山上と思われる所に経津主神が現れて神楽を奏する夢を見たことから、その山上に城を築いて神楽城と称し、名も安心院氏と改め代々居城したという。後、宇佐大宮司四家の一つとなった。『宇佐郡誌』には正安年間（一二九九―一三〇二）、菟狭津彦四十三世の後裔宇佐公泰が築城したとされ、神楽岳城と称されていたとある。建武の頃（一三三四―三八）より城井氏の抱城となり、龍王城と改めたという。弘治二（一五五六）年四月、大友義鎮（宗麟）に攻められ、城主城井房統は城を明け渡した。永禄四（一五六一）年、大友氏の抱城となって、田原親賢（紹忍）、山内外記等が居城した。天正の頃（一五七三―九二）は、城井氏の一族である古賀清晴が居城した。天正十六年にこの城は破却されたが、徳川時代になって松平重直が居城。のちに豊後の杵築城に封を移した。『豊前志』『宇佐郡誌』『宇佐郡地頭伝記』『安心院町誌』『日本城郭大系』『角川日本地名大辞典44大分県』『豊前古城誌』『築上郡志』『西州軍談』

龍ヶ鼻城▽りゅうがばなじょう　宇佐市上矢部

⇩矢部城（やべじょう）

龍城院城▽りゅうじょういんじょう　築上郡築上町畑

⇩畑城（はたじょう）

籠円城▽ろうえんじょう　田川郡川崎町安眞木上

⇩龍円城（りゅうえんじょう）

六郎丸城（六郎丸村城）▽ろくろうまるじょう（ろくろうまるむらじょう）　宇佐市安心院町六郎丸

弘治の頃（一五五五－五八）、津久見源九郎が居城し、天正の頃（一五七三－九二）は源次郎宗俊が居城した。また、年代は詳らかでないが、『豊前志』には大友氏の旗下、津久見丹波守が居城したとある。今は〈城山〉という地名が残る。『日本城郭大系』『豊前志』『宇佐郡誌』『豊前古城誌』

若王子城／若王寺城▽わかおうじじょう　北九州市小倉北区富野

⇩若王子城（にゃっこうじじょう）

若木城（若木山城・秋葉山城・秋永城）▽わかきじょう（わかぎやまじょう・あきばやまじょう・あきながじょう）　田川郡大任町大行事秋永

城跡は彦山川の西岸の秋永の小高い丘陵地に立地し僅かに古城の面影を残す。応永年間（一三九四－一四二八）頃は大森安房守が城主として居城した。応永五（一三九八）年、大内盛見が田川郡添田の岩石城を攻めた時、大友氏に属していた大森阿波守は丸岡城主であった安永大膳亮秋永とともに大内盛見の重臣であった陶弘護を介して降参を願い出たが、盛見は二人を許さず斬首のうえ大行事河原に梟首された。『豊前志』『大任町誌』『福岡県の城』『日本城郭大系』「九州縦貫自動車道関係埋蔵文化財調査報告ＸＸⅨ」『添田町誌』『福岡県の城郭』「福岡県の中近世城館跡Ⅲ」

若山城（本城城／本庄城）▽わかやまじょう（ほんじょうじょう）　築上郡築上町本庄

城跡は、本庄の南方、若山の北麓にあり、城井氏（豊前宇都宮氏）氏の菩提寺の天徳寺裏山の尾根上に立地する戦国時代の山城である。『築上郡志』によれば、東西五十間、南北五十間を有し、所々に深さ一丈広さ二丈あまりの残濠があると記されているが、現在では遺構は判然としない。築城者は城井氏。城井氏の初期の本城と伝えられ、正慶年間（一三三二－三三四）に第五代城井頼房が月光山天徳寺を創建した時、若山城を本城とされたといわれている。その後に出城となった。城井弘亮（弥三郎）は大内氏の重臣杉弘依の一所衆として大友氏と戦った。明応十（一五〇一）年、大内氏と大友氏の戦いにおいて大友氏に降伏した城井直重は、大内氏が再度豊前に侵攻した時、攻められ落城した。『豊前志』『地名から探る豊前国遺跡』『築城町の史跡と伝説』『日本城郭大系』『築上郡志』『福岡県の城郭』「九州縦貫自動車道関係埋蔵文化財調査報告XXⅨ」「宇都宮氏と豊前の山城シンポジュウム報告書」『築上郡史』『福岡県の城』「福岡県の中近世城館跡Ⅲ」

湧金城▽わきがねじょう　北九州市小倉北区城内

⇩小倉城（こくらじょう）

和気城▽わきじょう　宇佐市和気

全長五〇ｍと小規模で、土塁をめぐらした城趾を残す。農村集落と密接な位置関係にある城郭。『史学論叢36』

人名編

あ行

会沢市助▽あいざわいちすけ
大分県海部《あまべ》郡佐賀関（大分市佐賀関町）を根拠とする、大友海部軍の一族。永禄十二（一五六九）年八月九日、周防秋穂浦における若林鎮興の軍忠状の、大友義鎮（宗麟）が証判を与えた文書の中に、首級を挙げたとして名が見える。「若林文書」『大友宗麟資料集』『北九州戦国史史料集』

愛智義成▽あいちよししげ
斯波氏経の部将。左馬助。貞治二（一三六三）年正月十八日の肥後佐田文書によれば、宇佐宮の神官に出自する南朝方の安心院美濃守を退治するために差し遣わされている。『鎮西宇都宮氏の歴史』

相坪弾正▽あいつぼだんじょう
「城井軍記」「家臣名付」「豊州治覧」等に記された城井鎮房時代の家臣。『築上郡志』『築上郡史』「宇都宮史」

藍原右近允▽あいはらうこんのじょう
元亀、天正年間に下毛郡内に割拠した。天正七年、大友義鎮（宗麟）が日向耳川の合戦にて敗れ諸国の大名が離反し、長岩城主の野仲鎮兼も大友氏に叛いた時、鎮兼に従った近郷の武士団の一人。『築上郡志』『豊前古城誌』

藍原志賀助▽あいはらしがのすけ
藍原忠俊の子。天正の頃（一五七三－九二）、藍原村の坂手隈城に父忠俊とともに居城した。天正七年正月九日、野仲鎮兼が二千余騎をもって城を囲んだ時、父とともに藍原右近に頼んで降った。天正十六年、坂手隈城は破却された。『豊前古城誌』

藍原新右衛門▽あいはらしんえもん
天文、永禄年間に下毛郡内に割拠した。『築上郡志』

藍原忠俊▽あいはらただとし
元亀、天正年間に下毛郡内に割拠した。新左衛門。保延の頃（一一三五－四一）、祖先にあたる藍原左京允が築いた坂手隈城に城主として居城していた。天正七年、豊前長岩城主野仲鎮兼が大友氏に叛旗を翻して豊前の諸城を攻めた。忠俊の籠る坂手隈城も野仲勢二千余騎に攻められ、野仲氏の降伏勧告により開城した。中津城に黒田氏が入るとその幕下に属した。『豊前古城誌』『築上郡志』『日本城郭大系』『下毛郡誌』

藍原内記▽あいはらないき
保延の頃（一一三五－四一）、藍原村の坂手隈城に居城した。『豊前古城誌』

相本兼実▽あいもとかねざね
大友氏の旗下、赤尾鎮房の家臣。麻生親政の謀叛を鎮圧するために赴いた軍奉行田原親賢（紹忍）の下で、追手の大将の鎮房の家臣として同陣営に参軍した。『豊前古城誌』

合山壁重▽あいやまかべしげ
大友氏の旗下、赤尾鎮房の家臣。掃部頭。麻生親政の謀叛を鎮圧するために赴いた軍奉行田原親賢（紹忍）の下で、追手の大将の鎮房の家臣として同陣営に参軍した。『豊前古城誌』

青景彦太郎▽あおかげひこたろう
長門の豪族豊田氏の族、美弥郡（美弥市）秋芳町青景を本貫とする。大内氏から毛利氏に仕え、門多・室田の両家に分かれた。『萩藩閥閲録』『北九州戦国史史料集』

青木次郎兵衛▽あおきじろうひょうえ
元亀、天正年間に下毛郡内に割拠した。天正七（一五七九）年、大友義鎮（宗麟）が日向耳川の合戦にて敗れ諸国の大名が離反し、長岩城主の野仲鎮兼も大友氏に叛いた時、鎮兼に従った近郷の武士団の一人。『築上郡志』

『豊前古城誌』

赤尾孟種▽あかおおさたね
大友氏の家臣。左京進。麻生親政の謀叛を鎮圧するために赴いた軍奉行田原親賢（紹忍）の下で追手の大将の赤尾鎮房の家臣として同陣営に参軍した。早田山に棚を結び元重を本軍とする。その家族として同陣に相伴われた。『豊前古城誌』

赤尾賢種▽あかおかたたね
⇩赤尾鎮房（あかおしずふさ）

赤尾源三郎▽あかおげんざぶろう
光岡城城主。黒田孝高（如水）の宇佐郡の検地に反対し、国人一揆に加わったが黒田軍に敗れて降伏した。『宇佐郡誌』

赤尾薩摩守▽あかおさつまのかみ
宇都宮家一族並びに「家臣名付」に記された城井鎮房挙兵時の家臣。『築上郡志』

赤尾式部少輔▽あかおしきぶしょうゆう
弘治二（一五五六）年秋、大友義鎮（宗麟）が龍王城に在陣した際、着到した。弘治の頃（一五五五－五八）、宇佐郡において三十六氏と称された豪族の一人。大友家に属し、毎年八月朔日には馬太刀の使者を立てて主従の礼を行ったという。なお着陣の時期について、『大友公御家覚書』等では弘治二年四月、大友義鎮龍王に陣を取るとある。「香下文書」『北九州戦国史史料集』『編年大友史料』『豊前古城誌』

赤尾鎮種▽あかおしげたね

大友氏の家臣。弾正忠。麻生親政の謀叛を鎮圧するために赴いた軍奉行田原親賢（紹忍）の下で追手の大将の赤尾鎮房の家臣として同陣営に参軍した。早田山に柵を結び元重を本軍とする。その家族として同陣に相伴われた。『豊前古城誌』

赤尾鎮房▽あかおしずふさ

光岡城主。賢種、左衛門大夫、木工允、備中守、式部少輔、備後守、良覚宗儀。大友氏の家臣。天文、永禄年間（一五三二－七〇）に旧宇佐郡広山郷内に割拠した。弘治二（一五五六）年大友義鎮（宗麟）に降る。『鎮西宇都宮氏の歴史』には赤尾鎮房が山田城の山田安芸守を攻略した時の激戦の模様が知られる弘治三年六月二十八日付の文書「赤尾賢種頸注文」がある。六月二十一日の山田要害落去の時には、城内に立て籠っていたうちの八百人が首をはねられ、上毛郡の男女四分の一が逃散したとある。この戦功により式部少輔に任じられた。永禄九（一五六六）年三月、毛利元就に従う時枝鎮継に赤尾城が攻められたが、渡辺筑後守の伏兵に遮られて助かった。同年、麻生親政の謀叛を鎮圧するために赴いた軍奉行田原親賢（紹忍）の下で追手の大将となる。この麻生氏の征伐で功があり、大友義鎮より感状を受け、かつ諱を一字賜り賢種から鎮房と改めた。天正八（一五八〇）年三月十三日、風寒の病にて死す。『築上郡志』『築上郡史』『宇佐郡誌』『鎮西宇都宮氏の歴史』『日本城郭大系』『豊前古城誌』『門司・小倉の古城史』「佐田文書」『北九州戦国史料集』『大友宗麟資料集』

赤尾純房▽あかおすみふさ

元亀、天正年間に宇佐郡内に割拠した。『築上郡志』

赤尾種綱▽あかおたねつな

筑前原田氏の後裔という。次郎左衛門尉。貞和六・正平五（一三五〇）年より光岡城に居城した。宇佐郡高家郷吉田村の地頭職となって代々大内氏に属した。『豊前志』『宇佐郡誌』『日本城郭大系』

赤尾親種▽あかおちかたね

備後守。貞和（一三四五－五〇）から天正の頃（一五七三－九二）まで、赤尾種綱とともに光岡城に居城した。

『宇佐郡誌』

赤尾信種▽あかおのぶたね
　大友氏の家臣。左衛門大夫。麻生親政の謀叛を鎮圧するために赴いた軍奉行田原親賢（紹忍）の下で追手の大将の赤尾鎮房の家臣として同陣営に参軍した。『豊前古城誌』

赤尾秀種▽あかおひでたね
　⇩赤尾統秀（あかおむねひで）

赤尾三河入道▽あかおみかわにゅうどう
　光岡城主。大友方。「佐田文書」によれば、城井鎮房、長野種信らに居館を攻められ村中を放火された。「佐田文書」

赤尾統秀▽あかおむねひで
　大友氏の家臣。弥次郎、秀種、備後守。光岡城主。鎮房の子。麻生親政の謀叛を鎮圧するために赴いた軍奉行田原親賢（紹忍）の下で追手の大将の赤尾鎮房の家族として同陣に相伴われた。永禄九（一五六六）年、麻生氏征伐の時に父に従い功あり、大友義統の一字を賜り統秀と改める。天正八（一五八〇）年三月父が没した後、家を継ぎ備後守と称す。鎮房の四十九日の夜、鎮房の法要を狙って時枝鎮継と佐野親重に光岡城が襲撃されたため、火を放って死す。一族をはじめ松原・今仁・林の家臣はことごとく討たれた。『豊前古城誌』『日本城郭大系』

赤尾杢木允▽あかおもくのじょう
　⇩赤尾鎮房（あかおしずふさ）

赤尾行種▽あかおゆきたね
　元亀、天正年間に宇佐郡内に割拠した。大友氏に属した光岡城主赤尾統秀の次男。弥三郎、孫三郎。天正八（一五八〇）年、時枝鎮継と佐野親重が赤尾鎮房の法要を狙って光岡城を襲撃した際、その法要に参列していた一人。法要のために集まった一族はじめ松原・今仁・林の家臣はことごとく討たれたが、行種は光岡城落城の後、ひそかに逃げて大友氏を頼って豊府に住む。天正十四年、再び郷里に帰って城を転造し居城した。『築上郡志』『豊前古城誌』『築上郡史』『日本城郭大系』

赤尾義種▽あかおよしたね
　赤尾鎮房の一族の家臣。刑部。天正八（一五八〇）年、時枝鎮継と佐野親重が赤尾鎮房の法要を狙って光岡城を襲撃した際、その法要に参列していた一人。『築上郡史』『豊前古城誌』

赤尾因種▽あかおよりたね
赤尾鎮房の一族の家臣。左衛門尉。天正八（一五八〇）年、時枝鎮継と佐野親重が赤尾鎮房の法要を狙って光岡城を襲撃した際、その法要に参列していた一人。この襲撃により光岡城は落城した。『豊前古城誌』

赤川忠近▽あかがわただちか
小早川氏の庶流、信濃国赤川を氏とする。七郎右衛門尉。萩藩寄組・大組に十数家がある。天正元（一五七三）年三月四日、毛利輝元は、赤川忠近に対し、門司城の前面、和布刈神社裏にある明神の尾の在番を賞し、三戸次郎右衛門尉を交代として差し出した。『萩藩閥閲録』『北九州戦国史史料集』『門司・小倉の古城史』

赤川元徳▽あかがわもとのり
毛利方の部将。桓武平氏小早川氏の旗流。信濃国赤川より起こる。毛利隆元の奉行赤川元保の弟元忠の子。永禄五（一五六二）年、大友家の重臣立花道雪を大将とする大友勢は松山城（京都郡苅田町）と門司城を攻撃した。赤川元徳は十月十三日、門司城攻撃における大里の戦いで討死した。『門司・小倉の古城史』『北九州戦国史』

赤川元保▽あかがわもとやす
左京亮と称した。赤間関衆。小早川氏の庶流、信濃国赤川を氏とする。建武三・延元元（一三三六）年、毛利時親の安芸下向の時、随従した家臣の裔と伝えられる。永禄七（一五六四）年正月二十三日、桂元忠宛て、豊前・筑前両国の動静を注進した書状に連署している。はじめ下関火の山城（下関市藤ヶ谷）を根拠としたが、次第に鍋山城（萩市福栄村か）に移ったと推測される。元保は、毛利隆元の五奉行の一人として活躍したが、永禄六（一五六三）年八月、隆元の食中毒による急死を毒殺と疑われ、永禄十年、元就の命により誅された。『北九州戦国史史料集』

赤染清高▽あかぞめきよたか
近江守。「城井軍記」「家臣名付」「豊州治覧」等に記された城井鎮房の挙兵時の家臣。城井家（豊前宇都宮家）馬廻り役。「家臣名付」と「豊州治覧」には名を清高とあり。大宮司、社務職。城井鎮房の招きに応じ城井城にて籠城し防戦す。天正十七（一五八九）年、黒田孝高（如水）が中津城に鎮房を招いて謀殺すると、清高は広津広運寺（築上郡吉富町）に入り自害した（城井鎮房の謀殺については、『築上郡志』収載の宇都宮系文書や豊前宇都宮一族の菩提寺月光山天徳寺では天正十七年としているが、『黒田家譜』等では天正十六年とされている）。『築上郡志』『築上郡史』「宇都宮史」

赤染高連▽あかぞめたかつら
応永、正長年間に田河郡内に割拠した。『築上郡志』

阿閑太郎左衛門▽あがたろうさえもん
「城井軍記」「家臣名付」「豊州治覧」等に記された城井鎮房時代の家臣。城井家（豊前宇都宮家）馬廻り役。宇都宮大和守信房公七百五十遠諱の大祭が明治四十二年に挙行された際に、宇都宮家菩提寺天徳寺藤原賢然住職等が編集した「宇都宮家故舊重臣の後裔」の姓名録にもその名が見える。「宇都宮家故舊重臣の後裔」『築上郡志』『築上郡史』「宇都宮史」

赤星有隆▽あかぼしありたか
肥後国菊池氏の一族。元寇の恩賞で規矩郡に所領を有した。『北九州市史』『門司・小倉の古城史』

赤松義祐▽あかまつよしすけ
応永、正長年間に京都郡内に割拠した。太郎。応永年間（一三九四－一四二八）、赤松城の城主として在城したとも伝えられる。応永五年正月七日、大内義弘の命を受けた弟の盛見が軍勢三万余の大将として仲津郡鶴の港（今川付近）に在陣した時、郡内から馳せ参じて帰順の意を表わしたため、居城に帰ることを許された。応永六年、大内盛見が豊前に侵攻した時、盛見に降り従った。応永六年頃に長尾城に城主として居城したとの説もあるが、義祐は赤松城の城主であったから、長尾城には長尾小次郎が居城したものと見られる。『福岡県の城』『築上郡志』「豊前国古城記」「豊前国志」『応永戦覧』『企救郡誌』『築上郡史』

秋月鑑良▽あきづきあきよし
⇩長野鑑良（ながのあきよし）

秋月種実▽あきづきたねざね
秋月文種の嫡男。左馬助。古処山城（朝倉市秋月）城主。大宰府府官、大蔵氏の一族。長野種信、高橋元種の兄。弘治三（一五五七）年、大友氏の猛攻により古処山城は陥落し、父文種敗死後は毛利を頼った。その後大友氏が古処山城を守っていたがやがて奪回する。永禄十年、毛利に通じ、挙兵し大友勢を休松で破る。同十二年五月、大友に降伏する。天正六（一五七八）年、大友の耳川敗戦後、大友領の侵略を図り立花道雪等と戦う。同十一年、島津・龍造寺の和睦を斡旋、同十四年島津方として岩屋城（太宰府市観世音寺）攻撃に参加し同十五年、岩石城を秀吉に攻略され降伏。日向高鍋に移された。『北九州戦国史』『太宰管内志』『築上郡史』

秋月種長▽あきづきたねなが

秋月種実の子。弥三郎、長門守と称した。大蔵氏の一族。天正十三（一五八五）年、家督をつぎ、島津氏と提携して筑紫の諸城を攻める。同十五年、豊臣秀吉と戦って敗れ、同年日向高鍋三万石を受領して日向に移った。文禄・慶長の役、関ヶ原の戦いに出陣。この戦では最初西軍についたが、徳川氏の誘いに応じて本領安堵となった。『国史大辞典』

秋月種信▽あきづきたねのぶ
⇩長野種信（ながのたねのぶ）

秋月文種▽あきづきふみたね
古処山城（朝倉市秋月）城主。中務少輔。筑前秋月の国人。大蔵氏の一族。平安時代中期の天慶四（九四一）年、伊予国（愛媛県）で反乱を起こした藤原純友を平定し勇名をはせた大宰府の府官、大蔵春実の末裔とされる。大蔵氏は、漢の高祖（劉邦）を祖と称し、後に原田氏、秋月氏、江上氏、高橋氏などを名乗った。北部九州一帯に根を張った一族である。『北九州戦国史』

秋月元種▽あきづきもとたね
⇩高橋元種（たかはしもとたね）

秋吉壱岐守▽あきよしいきのかみ
下唐原城城主。秋吉久清の父。秋吉氏は周州大内氏の配下で、豊前国吉冨郷多布原に住み、後に高瀬川の要害に小城を築城した。「唐原系図」

秋吉九大夫▽あきよしきゅうだゆう
宇都宮氏一族並びに「家臣名付」に記された城井鎮房時代の家臣。城井家（豊前宇都宮家）馬廻り役。『築上郡志』

秋吉九年▽あきよしくねん
永享、応仁年間に上毛郡内に割拠した。『築上郡志』

秋吉佐介▽あきよしさすけ
元亀、天正年間に上毛郡内に割拠した。天正七（一五七九）年、大友義鎮（宗麟）が日向耳川の合戦にて敗れ諸国の大名が離反し、長岩城主の野仲鎮兼も大友氏に叛いた時、鎮兼に従った近郷の武士団の一人。『豊前古城誌』『築上郡志』

秋吉忠久▽あきよしただひさ
下唐原城主。宇佐清重の跡を継いだ。忠太郎。百富河内守が黒田氏に五百石で召し抱えられ筑前に移ったとき、下毛郡三光村の土田城主がその跡を継いだ。『築上郡志』

秋吉久清▽あきよしひさきよ
下唐原城主。秋吉壱岐守の嗣子。隠岐守。父から領地を引き継いだが、その後次第に没落していったという。「唐原系図」

秋吉久年▽あきよしひさとし
新田十三将として八屋城の守将として名があげられている。因幡守。「平原源内筆記」

飽田悪六兵衛／芥田悪六兵衛▽あくたあくろくひょうえ
古処山城（朝倉市秋月）城主秋月種実の猛将。岩石城の守将。熊井久重と城兵約三千名で岩石城に籠ったが、天正十五（一五八七）年四月、九州平定の豊臣秀吉の軍に攻められ一日の攻防戦で落城し、ともに討死した。『築上郡史』『築上郡志』

浅田弘国▽あさだひろくに
琳聖太子二十代の苗裔。大内氏の一族。兵部丞。大内弘孝の嫡男。大友氏の一族の矢野信重が強弓を引いて大内氏の今山源次郎の首の骨を射切ったことを誉めて、弘国はその矢返しとして矢野信重の前にいた戸次七郎の胸板を射抜き、さらに海部五郎が肱の懸かりを射切って、矢はさらに大手門の扉に突き立てた。『応永戦覧』

麻原貞親▽あさはらさだちか
式部少輔。大内義弘の旗下にある安芸国の住人。応永六（一三九九）年正月四日、城主が敗走した障子ヶ岳城の落城を決定づけるため、援兵の要請を陶筑前守から受けた大内義弘は、兵三万騎を兵船四百余艘に乗せ大内盛見を豊前に遣わせた。その際に従軍した一人。また岩石城を攻略する大内氏総大将大内盛見の軍勢に従い、安芸勢一万余騎の先陣をきって搦め手に向かった一人。『太宰管内志』『応永戦覧』

足利忠氏▽あしかがただうじ
応永、正長年間に仲津郡内に割拠した。駿河守、尾張守。高来城を築城し居城とした。応安四・建徳二（一三七一）年、菊池氏追討のために今川貞世が大内義弘を差し向け、四月に仲津郡鶴の港（今川付近）に着岸した際、多くの給人とともに馳せ参じた。応永五（一三九八）年正月七日、大内義弘の命を受けた弟の盛見が軍勢三万余の大将として鶴の港に在陣した時、郡内から馳せ参じて帰順の意を表わしたため、居城に帰ることを許された。同年、前守護職大友氏時の嫡子である大友氏鑑は、大内義弘の画策により、氏時の甥で猶子である親世が守護職を継いだことを不満とし、親世に叛逆して兵を挙げた。その際、氏鑑から回文を受け一味同心した一人。『築上郡志』『応永戦覧』『築上郡史』『門司・小倉の古城史』

足利統氏▽あしかがむねうじ
足利一族。駿河守。足利尊氏に命じられ建武三・延元元年（一三三六）年、豊前の守りとして障子ヶ岳城を築城した。のち、応安元・正平二十三（一三六八）年に千葉光胤に討たれた。『福岡県の城』『門司・小倉の古城史』

芦刈伊予守▽あしかりいよのかみ
天文、永禄、元亀、天正年間に宇佐郡内に割拠した。弘治の頃（一五五五－五八）、宇佐郡において三十六氏と称された豪族の一人。大友家に属し、毎年八月朔日には馬太刀の使者を立てて主従の礼を行ったという。『豊前古城誌』『築上郡志』

芦刈越前守▽あしかりえちぜんのかみ
天文、永禄年間に宇佐郡内に割拠した。弘治二（一五五六）年、大友勢の豊前進攻に対し土岐掃部頭の将として歩騎二百人をもって防戦するも、衆寡敵せず、軍門に下る。『豊前古城誌』『築上郡志』

芦原勘解由▽あしはらかげゆ
麻生親政の家臣。親政は人質に出していた実子、統重が無念にも切腹したことに遺恨を抱き、大友氏にそむく。この時、城主と一味同心して大友氏の大将、田原親賢（紹忍）の軍勢と戦った。『両豊記』『豊前古城誌』

芦原新兵衛尉▽あしはらしんべいのじょう
麻生親政の家臣。親政は人質に出していた実子、統重が無念にも切腹したことに遺恨を抱き、大友氏にそむく。この時、城主と一味同心して大友氏の大将、田原親賢（紹忍）の軍勢と戦った。『両豊記』『豊前古城誌』

芦原藤内▽あしはらとうない
中島摂津守が謀叛を起こして大友勢と対峙したときに、小倉原に陣を張り皇后石（史跡・築上郡吉富町）に幡を挙げた中島氏族の一人。合山掃部に討たれた。『豊前古城誌』

安心院市正▽あじむいちまさ
天正十五（一五八七）年、豊臣秀吉の島津討伐の際、城井朝房は五百の兵を率いて先駆す。この時の戦役にて安心院市正と城井房勝が戦死した。「宇都宮史」

安心院右馬允▽あじむうまのじょう
応永五（一三九八）年、前守護職大友氏時の長子である大友氏鑑は、大内義弘の画策により、氏時の甥で猶子である親世が守護職を継いだことを不満とし、親世に叛逆して兵を挙げた。その際、氏鑑から回文を受け一味同心した一人。『太宰管内志』には姓名が安清院右馬允とある。『応永戦覧』『築上郡史』『太宰管内志』

安心院右馬助▽あじむうまのすけ
応仁の頃（一四六七―六九）、宇都宮氏の抱城であった龍王城に居城した。『豊前古城誌』

安心院右馬介▽あじむうまのすけ
応永五（一三九八）年十二月、豊前発向の軍議のために府中の大友氏鑑のもとに集まった他家の一人。『応永戦覧』では安心院姓を安清院とあり。『応永戦覧』

安心院興生▽あじむおきなり
龍王城城主。安心院地頭職。五郎、宇佐宿禰、中務太輔。宇佐氏の族、佐田隆居と共に、宇佐郡の旗頭。弘治二（一五五六）年三月十六日、大内方宇佐郡妙見岳城督、杉重昌より出陣を依頼される。天正十一（一五八三）年一月、大友氏に謀叛、龍王城落城により自害した。『北九州戦国史』『北九州戦国史史料集』

安心院公宣▽あじむきみのぶ
明応の頃（一四九二―一五〇一）、龍王城に居城した。筑後守。『豊前古城誌』

安心院公正▽あじむきみまさ
安心院の地頭。美濃守、五郎、麟生。弘治二（一五五六）年、大友義鎮（宗麟）が一万二千の大軍を率いて龍王城に臨むと宇佐郡の地頭はみな降伏した。その時に公正は義鎮に謁して宗麟の一字を賜わり麟生と称した。永禄年間（一五五八―七〇）には、大友・毛利両軍の門司城攻防戦において軍功を立てた。しかし、天正十（一五八二）年十二月、公正は大友氏に叛旗を翻し龍王城に籠城した。攻撃軍はこの城を落とすことができなかったが、佐田氏が降伏すれば本領安堵という条件を出したので、翌十一年正月二十日に開城した。公正はその時すでに自害あるいは戦死していたという。『日本城郭大系』『安心院町誌』『宇佐郡地頭伝記』『大宇佐郡史論』『豊前古城誌』『築上郡志』

安心院公康▽あじむきみやす
五郎。『大宇佐郡史論』にいう宇佐郡三十六士の一人。宇佐郡公方衆三十六人とも称した。正安年間（一二九九―一三〇二）、公康は夢の八幡様の御告げによって龍王山上に龍王城を築いて、安心院氏と称した。『大宇佐郡史論』

安心院小次郎▽あじむこじろう
応永五（一三九八）年十二月、豊前発向の軍議のために府中の大友氏鑑のもとに集まった他家の一人。『応永戦覧』では安心院姓を安清院と記述あり。『応永戦覧』

安心院小太郎▽あじむこたろう
応仁の頃（一四六七—六九）、安心院右馬助とともに宇都宮氏の抱城であった龍王城に居城した。『豊前古城誌』

安心院五郎▽あじむごろう
永禄の頃（一五五八—七〇）、龍王城に居城した。弘治の頃（一五五五—五八）、宇佐郡において三十六氏と称された豪族の一人。大友家に属し、毎年八月朔日には馬太刀の使者を立てて主従の礼を行ったという。弘治二（一五五六）年秋、大友義鎮（宗麟）が龍王城に在陣した際、着到した宇佐郡三十六人衆の一人。なお着陣の時期について、『大友公御家覚書』等では弘治二年四月（二十八日）、大友義鎮龍王に陣を取るとある。「香下文書」『北九州戦国史史料集』『編年大友史料』『豊前古城誌』「宇佐郡記」『築上郡志』

安心院五郎▽あじむごろう
豊前国の国人。建武三・延元元（一三三六）年、足利方として大友近江次郎以下の南朝方の籠城する豊後国玖珠城（玖珠郡玖珠町）を攻撃した時の「野仲道棟軍忠状」が「野仲文書」に記されており、この中に野仲道棟とともに合戦に参加したとして安心院五郎の名が見える。『中世武士団・鎮西宇都宮氏の研究Ⅱ』

安心院左馬允▽あじむさまのじょう
永享、応仁年間に宇佐郡に割拠した。『築上郡志』

安心院知家▽あじむともいえ
安心院公弘の一族。左馬助、左馬介、佐渡守。はじめ大内氏に属していたが、大友氏鑑に一味同心した。『応永戦覧』には姓を安清院と記述あり。応永、正長年間に宇佐郡内に割拠した。建武の頃（一三三四—三八）、宇都宮氏の抱城であった龍王城に居城した。応安四・建徳二（一三七一）年、菊池氏追討のために今川貞世が大内義弘を差し向け、四月に仲津郡鶴の港（今川付近）に着岸した際、多くの給人とともに馳せ参じた。応永六（一三九九）年一月下旬、岩石城の後詰として、肥後から参着した菊池武貞率いる一万余騎と宇佐郡の軍勢、総勢四万五千余騎とともに大友氏鑑に随従した。『応永戦覧』『大宇佐郡史論』『豊前古城誌』『築上郡志』『築上郡史』

安心院美濃守▽あじむみののかみ
宇佐八幡宮の神官に出自する。主に南朝方として活躍した。『鎮西宇都宮氏の歴史』

安心院麟生▽あじむりんせい
⇩安心院公正（あじむきみまさ）

東重量▽あずましげかず
池永城主。右馬允。宇都宮一族並びに「家臣名付」に記された功臣。城井鎮房挙兵時の武将。『築上郡志』

麻生鑑益▽あそうあきます
上総介。雲取山城（直方市上頓野）城主か。麻生系図では判然とせず、山鹿城（遠賀郡芦屋町）城主としている説もある。鑑益の子も上総介を称しているが、諱は不詳。『北九州戦国史』

麻生家政▽あそういえまさ
下野宇都宮宗円の曾孫。筑前国山鹿庄（遠賀郡芦屋町）の地頭職として文治五（一一八九）年下向。麻生を氏として南北朝期、花尾城（北九州市八幡西区）に拠って、室町期には大内氏に仕えた。『北九州戦国史』

麻生家光▽あそういえみつ
常陸介。応永三（一三九六）年、高尾山城の支城であった法薗寺城を築き居城とした。嘉吉三（一四四三）年十二月二十九日破却された。『豊前古城誌』『日本城郭大系』

麻生氏康▽あそううじやす
弘安の頃（一二七八―八八）、高尾山城に居城した。『豊前古城誌』

麻生右馬允▽あそううまのじょう
馬ヶ岳城主新田義氏の家臣。応永五（一三九八）年十月、豊前の守護職新田義氏が大友氏鑑の挙兵に加わったため、新田軍は、大内政弘が差し向けた二万の大軍に対して馬ヶ岳城に籠城、麻生右馬允は二百余騎で矢留坂に陣を張った。『応永戦覧』

麻生乙丸▽あそうおとまる
麻生親政の三男。永禄九（一五六六）年、大友方の総軍奉行田原親賢（紹忍）の軍勢に攻められ麻生親政は二十余人の麻生一族とともに猛火の中で自害して果てた。乙丸は黒村政勝に保護されたが田原軍に捕えられて殺された。麻生乙丸の死によって一族はすべて滅亡した。『日本城郭大系』

麻生公明▽あそうきみあき
⇩麻生統宣（あそうむねのぶ）

麻生公明▽あそうきみあき
高尾山城主、麻生氏康の末裔。摂津守。上野介。嘉吉元（一四四一）年十月、大内氏に襲われて降る。嘉吉二年三月、大内氏に属して所々において功あり、感状をもって賞されている。『豊前古城誌』

麻生公明▽あそうきみあき

永享、応仁年間に宇佐郡内に割拠した。『築上郡志』

麻生公豊▽あそうきみとよ

麻生鎮治の舎弟。左馬頭。『豊前古城誌』には弘治九年三月二十三日没とあるが、弘治は四年までなので定かではない。享年三十七。『豊前古城誌』

麻生公憲▽あそうきみのり

麻生鎮実の子。永徳三・弘和三（一三八三）年、父鎮実が大内氏に背き城を攻められて三角畠で討死した。『豊前古城誌』

麻生公宣▽あそうきみのぶ

麻生鎮実の舎弟。左馬介。鎮実が菊池家に従って大宰府に赴いた時、高尾山城の城番を務めた。『豊前古城誌』

麻生国弘▽あそうくにひろ

城井信房の六男。筑前国の麻生氏、白川氏の祖となる。筑前国遠賀郡山鹿村を所領とした。『鎮西宇都宮氏の歴史』

麻生玄蕃頭▽あそうげんばのかみ

菊池武重の家臣。貞和の頃（一三四五－五〇）、菊池武重が大宰府警備のために帰国したあと戸代山城を菊池武宗とともに守った。『豊前志』

麻生上野介▽あそうこうずけのすけ

麻生系図には麻生上野介の名前は見出せない。上総介鑑益であろうか。永禄十二（一五六九）年八月二十二日、小田村文書によれば、麻生上野介は、毛利元就から二千町の地を宛われている。『北九州戦国史』

麻生左馬介▽あそうさまのすけ

高尾山城主。文亀元（一五〇一）年七月、大友家に従い京都郡馬ヶ岳城を攻めて疵を被る。同年十月十一日、麻生郷十五名主連判して領地を御霊八幡に奉納す。その意味するところは、麻生郷の名主として麻生家の幕下に属することを誓約して連判したものである。『豊前古城誌』

麻生鎮里▽あそうしげさと

右衛門少輔、摂津守。竹の尾城（北九州市八幡西区）城主。兄は隆守。鎮里は同族麻生隆実の毛利方と異なり、大友方であった。永禄四（一五六一）年正月、大友方として若松浦に戦い、同十年七月隆実と対立、隆実と宗像連合軍のために、竹の尾城を追われた。同十一年末、毛利に降参して人質を入れ、毛利方として香春岳城に籠城した。同十二年、毛利勢立花撤退後、大友に降伏し、以後大友方。天正七（一五七九）年以降は秋月方として隆実と対立した。天正十四年頃、鎮里は、秋月・島津に味方して毛利方の麻生家氏と争い、鎮里は敗退した。天正十四年、帆柱山城に拠ったが、敗れて消息は不明。薩摩に逃れたという。『北九州戦国史』「入江文書」『北九州戦国史史料集』『築上郡志』

麻生鎮実▽あそうしげざね
応安の頃（一三六八－七五）、高尾山城に居城した。守実、常陸介、摂津守。菊池家に従って大宰府に赴く。公宣または公俊と改名との記述も見られるが定かではない。応安五・文中元（一三七二）年、大内氏に攻められる。永徳元・弘和元（一三八一）年二月、高尾山城を焼失し、城郭を修理。同三・弘和三年、大内家に背いて城を攻められ討死す。『豊前古城誌』

麻生鎮治▽あそうしげはる
麻生鎮里の子。上野介。弘治三（一五五七）年十月二十三日、大内義長を殺して紀伊に逃走した。『豊前古城誌』

麻生鎮政▽あそうしげまさ
麻生鎮治の舎弟。七郎左衛門。『豊前古城誌』には弘治六年九月十六日没とあるが、弘治は四年までなのでさだかではない。享年二十七。『豊前古城誌』

麻生資政▽あそうすけまさ
承元の頃（一二〇七－一一）、高尾山城に居城した。『豊前古城誌』

麻生摂津守▽あそうせっつのかみ
弘治の頃（一五五五－五八）、宇佐郡において三十六氏と称された豪族の一人。大友家に属し、毎年八月朔日には馬太刀の使者を立てて主従の礼を行ったという。弘治二（一五五六）年秋、大友義鎮（宗麟）が龍王城に在陣した際、着到した宇佐郡三十六人衆の一人。なお着陣の時期について、『大友公御家覚書』等では弘治二年四月、大友義鎮龍王に陣を取るとある。「香下文書」『北九州戦国史史料集』『編年大友史料』『豊前古城誌』

麻生大膳▽あそうだいぜん
麻生鎮実の子。応安七・文中三（一三七四）年、菊池氏に従い、筑後に死す。『豊前古城誌』

麻生隆明▽あそうたかあき
天文、永禄年間に田河郡内に割拠した。弾正忠。大友家の家臣。「稲荷神社記録」によると、元亀元（一五七〇）年、金田城を築いて居城していたとある。『金田町史』には、隆明が年貢の徴収を重くして住民の生活が困窮を極めたことから、金田宮稲荷神社の神職阿部重吉が弾正調伏の祈願をなしたことに怒り、神社の社殿を焼き討ちにした。重吉は一命をとりとめたが、以後、住民の反発は高まり、ついに武器を持って反抗した。隆明は若山城に逃れ再起を図っていたが、悪疫にかかって苦悶のうちに病死し、一家は断絶したという。『豊前志』『築上郡志』『金田町誌』『金田町史』

麻生隆実▽あそうたかざね

右衛門大夫、近江守、摂津守。隆実が山鹿城（遠賀郡芦屋町）城主であったかは詳らかでない。永禄初年から一貫して毛利氏の味方となり、同族竹の尾城（北九州市八幡西区）城主鎮里と対立することが多かった。永禄十二（一五六九）年、毛利勢の立花陣撤退の時、万事を投げ打って芸州に味方したと、小早川隆景は感謝している。元亀二（一五七一）年、防長進撃を目指す大友義鎮（宗麟）の企図を挫折させたのは、隆実の花尾城（北九州市八幡西区）での挙兵のためと推測される。そのため没落した隆実が毛利の援助により、山鹿城を拠点として、本領を回復したのは天正十（一五八二）年頃か。同十三年没、家氏が跡を継いだ。天正十四年頃、麻生鎮里は、秋月・島津に味方して、毛利方の家氏と争い、鎮里は敗退した。しかし秀吉は、家氏が若年であったため筑後に二百町歩を領地替えしたので、麻生氏は遠賀郡から滅んでしまった。『北九州戦国史』

麻生親政▽あそうちかまさ

天文、永禄年間に宇佐郡内に割拠した。宇佐郡の三氏と称して最も強大な力を持ち、大友義鎮（宗麟）に仕えて功あり。摂津守。弘治二（一五五六）年、大友の幕下に属す。弘治二年四月二十八日、大友義鎮、豊府を発して龍王城に陣を取った時、帰服した宇佐郡士三十六人衆の一人。永禄九（一五六六）年、高尾山城に居城。人質に出していた統重が無念にも切腹したことに遺恨を抱き、大友氏にそむいた。大友義統は田原親賢（紹忍）に命じてこれを攻め、親政は三百余騎と極力防戦したが、二十日にして糧食尽き今仁基実に攻め落とされ、一族二十余人、屠腹して果てた。『両豊記』『豊前古城誌』「宇佐郡記」『北九州戦国史史料集』『豊前志』『築上郡志』『西州軍談』

麻生尚鎮▽あそうなおしげ

麻生公明の子。左衛門督。寛正六（一四六五）年に宇都宮氏に高尾山城を奪われたが、同年八月、尚鎮はその城番を追い城を奪回した。『豊前古城誌』

麻生平八▽あそうへいはち
「城井軍記」「家臣名付」「豊州治覧」等に記された城井鎮房時代の家臣。宇都宮大和守信房公七百五十遠諱の大祭が明治四十二年に挙行された際に、宇都宮家菩提寺天徳寺藤原賢然住職等が編集した「宇都宮家故舊重臣の後裔」の姓名録にもその名が見える。「宇都宮家故舊重臣の後裔」『築上郡志』『築上郡史』「宇都宮史」

麻生平八郎▽あそうへいはちろう
「城井軍記」「家臣名付」「豊州治覧」等に記された城井鎮房時代の家臣。城井家（豊前宇都宮家）馬廻り役。『築上郡志』

麻生孫六左衛門▽あそうまごろくさえもん
麻生尚鎮の子。文明三（一四七一）年三月、鳥越の合戦に赴き、同年七月二十八日病没し、狐峯と謚す。『豊前古城誌』

麻生統宣▽あそうむねのぶ
麻生親政の次男。四郎。永禄九（一五六六）年、大友方の総軍奉行田原親賢（紹忍）の軍勢に攻められ麻生親政は二十余人の麻生一族とともに猛火の中で自害して果てた。統宣は筑後柳川に落ちのびたが、後に郷里に帰って麻生公明と称したが、大友方に知られて代官某に毒殺されたという。『日本城郭大系』『豊前古城誌』

麻生統春▽あそうむねはる
竹の尾城（北九州市八幡西区）城主麻生鎮里の子。父鎮里と同族の麻生隆実は対立しており、天正十（一五八二）年八月十二日、小田村元頼に対して、麻生隆実の山鹿城（遠賀郡芦屋町）攻撃の戦功を賞した文書等がある。『北九州戦国史』

麻生守実▽あそうもりざね
⇩麻生鎮実（あそうしげざね）

麻生弥三郎▽あそうやさぶろう
明応八（一四九九）年、大内義興は門司宗房に麻生弥三郎の所領である田河郡弓削田を安堵した。『中世北九州落日の譜』

阿蘇惟豊▽あそこれとよ
肥後の阿蘇氏。阿蘇大宮司。娘を大友氏の家臣入田親誠に嫁がせた。娘婿の入田が「二階崩れの変」の首謀者として大友義鎮（宗麟）に追討された。惟豊は肥後まで逃げ延びてきた入田の暴虐を憎み、首を刎ねて義鎮に送った。『九州戦国の武将たち』

阿蘇惟光▽あそこれみつ
阿蘇大宮司。肥後国愛藤寺城（上益城郡山都町）城主。父惟種の死後、わずか三歳で当主と大宮司を継いだ。その翌年の天正十三（一五八五）年、名将として名高い宿老の甲斐宗運が死去。同年島津義久の侵攻を受け降伏し、母と逃亡した。その後豊臣秀吉に保護を求めわずかばかりの領地を与えられるが、国人一揆を扇動したとの讒言を受けた秀吉に打ち首を命じられ、惟光は十一歳で斬首された。『北九州戦国史史料集』

阿蘇照忠▽あそてるただ
香春岳城主千手興房一族の郎党。刑部丞。応永六（一三九九）年正月、大内盛見の大軍による攻城に対してあくまでも籠城の計略を立てて応戦したが衆寡敵せず、ついに敗れて、正月十二日、興房をはじめ一族郎従八十三人と座を連ねて自刃した。『応永戦覧』

阿曾沼右京大夫▽あそぬまうきょうだゆう
応永の頃（一三九四－一四二八）、岩石城を攻略する大内氏総大将大内盛見の軍勢に従い、安芸勢一万余騎の先陣をきって搦め手に向かった一人。『太宰管内志』

阿曾沼高郷▽あそぬまたかさと
大内義弘の旗下にある安芸国の住人。右京大夫。応永六（一三九九）年正月四日、城主が敗走した障子ヶ岳城の落城を決定づけるため、援兵の要請を陶筑前守から受けた大内義弘は、兵三万騎を兵船四百余艘に乗せ大内盛見を豊前に遣わせた。その際に従軍した一人。『応永戦覧』

足立遠氏▽あだちとおうじ
五郎左衛門尉。武蔵国を本拠とする武士で、安達泰盛の縁類と考えられる。豊前国佐田庄地頭職。霜月騒動で滅んだ。『鎮西宇都宮氏の歴史』

足達兵部少輔▽あだちひょうぶしょうゆう
宝満城（太宰府市北谷）城主高橋鑑種の片腕といわれた。岩屋城（太宰府市観世音寺）城将。永禄十（一五六七）年七月七日、大友軍によって岩屋城を攻められ、二千の城兵とともに討死した。『筑前戦国史』

跡田因幡守▽あとだいなばのかみ
元亀、天正年間に下毛郡内に割拠した。跡田氏の代々の城であった跡田城に、野仲氏の幕下として弟の主水とともに天正の頃（一五七三－九二）に居城した。天正七年、大友義鎮（宗麟）が日向耳川の合戦にて敗れ諸国の大名が離反し、長岩城主の野仲鎮兼も大友氏に叛いた時、鎮兼に従った近郷の武士団の一人。『豊前古城誌』『築上郡志』

跡田主水▽あとだもんど

「城井軍記」「家臣名付」「豊州治覧」等に記された城井鎮房時代の家臣。跡田因幡守の嗣子。跡田氏の代々の城であった跡田城に、兄の因幡守とともに野仲氏の幕下として天正の頃（一五七三－九二）に居城した。末弘正行が剃髪して野仲兵庫頭に降った後、野仲氏は跡田主水を末弘城の城番として置いた。天正七年、大友義鎮（宗麟）が日向耳川の合戦にて敗れ諸国の大名が離反し、長岩城主の野仲鎮兼も大友氏に叛いた時、鎮兼に従った近郷の武士団の一人。宇都宮大和守信房公七百五十遠諱の大祭が明治四十二年に挙行された際に、宇都宮家菩提寺天徳寺藤原賢然住職等が編集した「宇都宮家故舊重臣の後裔」の姓名録にもその名が見える。『築上郡志』『築上郡史』「宇都宮史」『豊前古城誌』「宇都宮家故舊重臣の後裔」

跡田弥三郎▽あとだやさぶろう

豊前国の国人。建武三・延元元（一三三六）年、足利方として大友近江次郎以下の南朝方の籠城する豊後国玖珠城（玖珠郡玖珠町）を攻撃した時の「野仲道棟軍忠状」が「野仲文書」に記されており、この中に野仲道棟とともに合戦に参加したとして跡田弥三郎の名が見える。『中世武士団・鎮西宇都宮氏の研究Ⅱ』

安倍偶宗▽あべぐうそう

安倍宗任の後裔。小次郎。享禄三（一五三〇）年、烏帽子山下の筌ノ口松本に茶臼山城（宇佐市安心院町）を築城した。『日本城郭大系』

阿部入道平道兼▽あべにゅうどうたいらのみちかね

恒見城主。正長元（一四二八）年に恒見城を築城したが、後年、大内氏により滅亡した。『福岡県の城』『豊前志』

安部宗貞▽あべむねさだ

宇都宮家一族並びに「家臣名付」に記された宇都宮家家臣。八郎右衛門。城井家（豊前宇都宮家）馬廻り役。『築上郡史』『築上郡志』「宇都宮史」

安倍宗実▽あべむねざね

安倍宗任の後裔。茶臼山城（宇佐市安心院町）城主安倍偶宗の孫。浪人となり、新洞村から拝田村に移り農を営む。のち拝田靫負と名乗った。『日本城郭大系』

安部六弥太▽あべろくやた

鷹野家家臣。天正十二（一五八四）年八月二十五日、猫尾城（八女市黒木町）攻略の時、佐賀より黒木の援軍として来ていた龍造寺軍との合戦において壮烈な死を遂げた。『筑前戦国史』

尼子勝久▽あまこかつひさ
孫四郎。新宮党尼子誠久の子。天文二十三（一五五四）年、新宮党が粛清された時、助けられて京都東福寺の僧となる。永禄十一（一五六八）年、富田城（安来市広瀬町）落城後、上洛してきた山中鹿之助に擁立され、還俗して尼子氏の再興を志した。同十二年、出雲に入り、富田城奪還を目論むが敗れ、元亀元（一五七〇）年布部山の戦いで敗戦後、織田信長を頼った。天正七（一五七九）年播磨国上月城（佐用郡佐用町）に籠城したが、毛利軍の攻撃により、秀吉は戦略上、上月城を見捨て、七月三日落城、自刃した。『北九州戦国史』

尼子義久▽あまこよしひさ
宇田源氏佐々木氏の族。毛利元就ははじめ尼子氏に仕え、のち大内氏に仕えたため、尼子氏の攻撃を受けることが激しかった。厳島合戦以後、自立した元就は尼子氏の攻略に邁進し、永禄九（一五六六）年十一月二十八日、尼子義久を降伏させ、安芸に籠居させた。『北九州戦国史』

天野顕成▽あまのあきなり
大内氏の家臣。九郎左衛門尉。応永五（一三九八）年頃、大友氏鑑が守っていた松山城（京都郡苅田町）を守護代であった杉弘信をはじめ大内方が奪回して後、天野義顕が二千余騎とともに同年十一月より応永十五年まで城番となった。その時に共に在陣した一人。『応永戦覧』

天野顕則▽あまのあきのり
大内氏の家臣。河内守。応永五（一三九八）年頃、大友氏鑑が守っていた松山城（京都郡苅田町）を守護代であった杉弘信をはじめ大内方が奪回して後、天野義顕が二千余騎とともに同年十一月より応永十五年まで城番となった。その時に共に在陣した一人。『応永戦覧』

天野顕弘▽あまのあきひろ
大内氏の家臣。安芸守、弥三郎。応永五（一三九八）年頃、大友氏鑑が守っていた松山城（京都郡苅田町）を守護代であった杉弘信をはじめ大内方が奪回して後、天野義顕が二千余騎とともに入城。同年十一月より応永十五年まで城番となった。その時に共に在陣した一人。『応永戦覧』

天野顕光▽あまのあきみつ
大内弘世の猶子。太郎。応安元・正平二十三（一三六八）年から四年まで、大内弘世は顕光を配置して松山城（京都郡苅田町）を守った。『豊前志』『歴代鎮西要略』『門司・小倉の古城史』

天野刑部丞▽あまのぎょうぶのじょう

応永五（一三九八）年、前守護職大友氏時の長子である大友氏鑑は、大内義弘の画策により、氏時の甥で猶子である親世が守護職を継いだことを不満とし、親世に叛逆して兵を挙げた。その際、氏鑑から回文を受け一味同心した一人。『応永戦覧』『築上郡史』『太宰管内志』

天野讃岐守▽あまのさぬきのかみ

応永五（一三九八）年、松山城（京都郡苅田町）を攻め、大友方として城を守っていた太田原兵庫介、嫡男行国、弟の行政等を攻めて自刃させ落城させた。『豊前志』『応永戦覧』

天野隆重▽あまのたかしげ

紀伊守。旧伊豆国田方郡より起こり、天野遠景から出る。隆重の系統の天野氏は、はじめ南朝方に属し、後大内氏に仕え、大内氏滅亡の後、毛利元就に仕える。松山城（京都郡苅田町）の代将。元就が永禄四（一五六一）年十一月、松山城（京都郡苅田町）に杉重良を置いた時、隆重はその補佐役となる。同年かその翌年、元就が雲州（松江市）にて尼子晴久と交戦していた際、大友義鎮（宗麟）が尼子氏に使いを遣わし毛利挟撃の策を立て二月、二万余騎の兵を豊前に進発せしめ、隆重の守る松山城は攻め落とされた。永禄九年、尼子義久が毛利に降伏し富田城（安来市広瀬町）を開城すると、隆重は毛利元就の五男元秋を補佐して出雲の富田城を守った。『北九州戦国史』『築上郡史』『門司・小倉の古城史』『豊前志』

天野隆良▽あまのたかよし

源頼朝の臣天野藤内遠景の裔。安芸国米山城（広島市志和町）城主の子。大内義隆に重用され、大寧寺（長門市深川湯本）で大内義隆に殉じた。『北九州戦国史』

天野元秋▽あまのもとあき

元亀、天正年間に京都郡内に割拠した。『築上郡志』

天野元重▽あまのもとしげ

讃岐守。応永の頃（一三九四―一四二八）、岩石城を攻略する大内氏総大将大内盛見の軍勢に従い、安芸勢一万余騎の先陣をきって搦め手に向かった一人。応永五（一三九八）年十二月、大友軍と対決のため大内軍代官、総大将陶弘房のもとに周防、長門、備後、安芸から集まった一人。同月十八日軍勢二万八千余騎とともに周防の多々良浜から船に乗り豊前の神田浦に着陣した。『応永戦覧』『太宰管内志』

天野元種▽あまのもとたね
天文、永禄年間に京都郡内に割拠した。『築上郡志』

天野民部丞▽あまのみんぶのじょう
応永、正長年間に田河郡内に割拠した。『築上郡志』

天野義顕▽あまのよしあき
応永、正長年間に京都郡内に割拠した。安芸守。大内氏の家臣。豊前国守護代。応永五（一三九八）年頃、大友氏鑑が守っていた松山城（京都郡苅田町）を守護代であった杉弘信をはじめ大内方が奪回した後、二千余騎を付けて同年十一月より応永十五年まで杉弘信にかわって守護代をつとめた。『築上郡志』『豊前志』『応永戦覧』『大宇佐郡史論』

海部親盛▽あまべちかもり
弾正少弼。応永五（一三九八）年十二月、豊前発向の軍議のために府中の大友氏鑑のもとに集まった豊後勢の一人。大友氏鑑に一味同心した。同六年一月下旬、岩石城の後詰として、肥後から参着した菊池武貞率いる一万余騎と宇佐郡の軍勢、総勢四万五千余騎とともに大友氏鑑に随従した。同年二月二十二日、上洛していた大友親世が大友氏鑑を誅伐するべく手勢二千騎を率いた軍船にて豊後鶴崎に着岸すると、氏鑑が親世へ叛逆の兵を挙げた際に同心していた心を翻し、ほかの国人ら同様親世に降参した。『応永戦覧』

余屋九大夫▽あまりやきゅうだゆう
「城井軍記」「家臣名付」「豊州治覧」等に記された城井鎮房時代の家臣。『築上郡志』『築上郡史』「宇都宮史」

荒尾四郎太郎▽あらおしろうたろう
宇都宮氏の一族。鎌倉時代に友枝村（築上郡太上毛町）に移住し友枝姓を名乗った友枝道範の弟。荒尾四郎太郎は鎌倉時代に土佐井（同右）に移住した。土佐井には荒尾の地名が残る。『友枝村誌』『築上郡史』

荒川和光▽あらかわかずみつ
細川家の家臣。少兵衛。慶長の頃（一五九六—一六一五）、妙見岳に築かれた一ツ戸城に居城した。『豊前古城誌』『豊前志』

荒川刑部烝▽あらかわぎょうぶのじょう
元亀、天正年間に下毛郡内に割拠した。『築上郡志』

荒木三河守▽あらきみかわのかみ
天文、永禄、元亀、天正年間に宇佐郡内に割拠した。荒木城城主。天文の頃（一五三二—一五五）、大友家の幕下にあって荒木氏の代々の居城であった荒木城に居城した。弘治の頃（一五五五－五八）、宇佐郡において三十六氏と称された豪族の一人。毎年八月朔日には馬太刀の使者を立てて主従の礼を行ったという。弘治二年秋、大友義鎮（宗麟）が龍王城に在陣した際、着到した宇佐郡三十六人衆の一人。なお着陣の時期について、『大友公御家覚書』等では弘治二年四月、大友義鎮龍王に陣を取るとある。宇佐氏の分流として大友氏に属していたが、天正十四（一五八六）年、大友義統の軍に焼き討ちされた。これは、同年の豊臣秀吉からの書状のなかに、「大友氏の内輪に不届きな覚悟を持つ者がおる」とあり、これに該当した人物と思われる。「宇佐郡記」『北九州戦国史史料集』『築上郡志』『豊前古城誌』「香下文書」『編年大友史料』

荒巻源左衛門尉▽あらまきげんざえもんのじょう
延徳四（一四九二）年、豊前国中の悪銭を取り締まる築城郡（または上毛郡）段銭奉行。『大内氏実録』『築上郡史』

荒巻軍兵衛▽あらまきぐんべえ
黒田長政家臣。黒田氏による犬丸城攻略の時、城代の弟犬丸左京を討ち取る。『黒田家譜』

荒巻権之進▽あらまきごんのしん
「貫系図添え書き」の貫宗景に添え書きにある五人の家宰のうちの一人。『門司・小倉の古城史』

荒巻左衛門▽あらまきさえもん
「貫系図添え書き」の貫弘信の添え書きにある五人の家臣のうちの一人。『門司・小倉の古城史』

荒牧武彦▽あらまきたけひこ
「城井軍記」「家臣名付」「豊州治覧」等に記された城井鎮房時代の家臣。『築上郡志』『築上郡史』「宇都宮文書」

有我七郎兵衛▽ありがしちろうべえ
「城井軍記」「家臣名付」「豊州治覧」等に記された城井鎮房時代の家臣。城井家（豊前宇都宮家）家老。『築上郡志』「宇都宮史」

有野種有▽ありのたねあり
与五郎。「城井軍記」「家臣名付」「豊州治覧」等に記された城井鎮房時代の家臣。城井家（豊前宇都宮家）馬廻り役。『築上郡史』『築上郡志』「宇都宮史」

有安小太郎▽ありやすこたろう
応永、正長年間に築城郡内に割拠した。応永の頃（一三九四―一四二八)、有安城城主。『応永戦覧』にその記述がある。応永五(一三九八)年、前守護職大友氏時の長子である大友氏鑑は、大内義弘の画策により、氏時の甥で猶子である親世が守護職を継いだことを不満とし、親世に叛逆して兵を挙げた。その際、氏鑑から回文を受け一味同心した一人。『築上郡志』『応永戦覧』『築上郡史』『太宰管内志』

有吉清高▽ありよしきよたか
高田城城主有吉清則の一族。式部。天正十六(一五八八)年三月五日、黒田軍に攻められ高田城落城の際、清高は危うきを逃れた。『築上郡志』

有吉清則▽ありよしきよのり
高田城城主。兵部少輔。天正十六(一五八八)年三月五日、黒田軍に攻められ高田城の落城の際、討死したが、清則の子の清秀は危うきを逃れた。『築上郡志』

有吉清秀▽ありよしきよひで
高田城主有吉清則の子。清左衛門。天正十六(一五八八)年三月五日、黒田軍に攻められ高田城の落城の際、父清則は討死したが、清秀は危うきを逃れた。『築上郡志』「宇都宮史」

有吉内記▽ありよしないき
豊前国上毛郡高田村国人。別名、高田忠治。天正十五(一五八七)年十月、肥後の国人一揆に呼応して一揆を起こす。『築上郡史』『築上郡志』

有吉内記▽ありよしないき
貝原益軒『豊国紀行』には、弟の有吉宮内守とともに高田城を居城としたとある。『築上郡史』『築上郡志』

粟屋就元▽あわやなりもと
毛利方、吉川氏の部将。天正十四(一五八六)年十一月二十日、夜陰に乗じて高橋元種の籠る香春岳城の三の岳を攻撃した。『九州戦国合戦記』

安国寺恵瓊▽あんこくじえけい
豊臣秀吉の外交僧。安芸の守護武田氏の遺族で、幼時に武田氏が滅亡。安芸の安国寺に入り、長じてその住持となり安国寺を名乗った。天正元(一五七三)年、織田信長と足利義昭のあいだの調停や、天正十年、備中高松城(岡山市北区)の水攻め以後、秀吉との講和を実現した。その後秀吉の信任を得て伊予六万石の大名となった。天正十四年八月、軍監(軍奉行)の黒田孝高(如水)とともに秀吉の九州征伐先遣部隊に加わった。また、東福寺(京都市東山区)住持という禅僧最高の地位を得た。

慶長五（一六〇〇）年、関ヶ原の戦いで毛利氏とともに西軍について敗れ、捕えられ斬られた。『新編日本史事典』

安清院右馬允▽あんせいいんうまのじょう
⇩安心院右馬允（あじむうまのじょう）

安東興俊▽あんどうおきとし
肥後守。安東氏は北条氏の被官として鎌倉末期、京都郡に進出、水運を媒介して財力を形成した。『北九州戦国史料集』『北九州戦国史』

安東重秀▽あんどうしげひで
新田氏の一族。宝山城城主。市次郎。伊豆守。『京都郡誌』『福岡県の城郭』『北九州戦国史』『福岡県の城』

安藤主膳▽あんどうしゅぜん
門司城主仁保帯刀介の家老。元亀二（一五七一）年（天正二・一五七四年とも）、門司城主仁保帯刀介は、十二月十二日、松山城（京都郡苅田町）の長野氏と謀り、小倉城主高橋鑑種を討たんとして敵の伏兵に遭い、伊川村にて討死した。この時、三家老、久藤飛騨守、安藤主膳、柴崎采女もともに討死した。『門司郷土叢書』『門司・小倉の古城史』「豊前国古城記」『北九州戦国史史料集』『萩藩閥閲録』

安東俊国▽あんどうとしくに
肥後守。文明十二（一四八〇）年十二月十三日、大内政弘は安東俊国に対して仲津郡天生田荘の一部を恩賞として与えている。『行橋市史』

安東万次郎▽あんどうまんじろう
旧仲津郡宝山村にあった宝山城に居城した。『豊前志』

飯田興秀▽いいだおきひで
弘秀の子。飯田重房の十二世の孫にあたる飯田《はんだ》城主昌秀の孫。弥五郎、大炊助、石見守。大内義興・義隆期の奉行人。永正五（一五〇八）年、義興に従って上京した。永正十三年興隆寺二月会大頭役。天文三（一五三四）年頃から九州に在陣した。天文十九年七月従五位下。昌秀、貞家らと飯田城を出て大内氏に従い周防山口に住んだ。その間、石井氏が城代をつとめた。興秀は陶晴賢の謀に与して最も力を尽くし、のち義長に仕えた。弓術の故実に通じており、肥前松浦氏の籠手田定経と交流した。『宇佐郡誌』「興隆寺文書」『籠手田文書』「大内氏家臣人名事典」

飯田主計正▽いいだかずえのかみ

飯田《はんだ》城主。天文の頃（一五三二—五五）、この城に居城した。弘治二（一五五六）年秋、大友義鎮（宗麟）が龍王城に在陣した際、着到した宇佐郡三十六人衆の一人。なお着陣の時期について、『大友公御家覚書』等では弘治二年四月、大友義鎮龍王に陣を取るとある。大友家に属し、毎年八月朔日には馬太刀の使者を立てて主従の礼を行ったという。『豊前古城誌』「香下文書」『大宇佐郡史論』『北九州戦国史史料集』『編年大友史料』

飯田貞家▽いいださだいえ
飯田重房の十二世の孫にあたる飯田城主昌秀の子。父とともに飯田城を出て大内氏に従い周防山口に住んだ。その間、石井氏が城代をつとめた。『宇佐郡誌』

飯田鎮敦▽いいだしげあつ
⇩飯田長秀（いいだながひで）

飯田重堅▽いいだしげかた
飯田大和守の末裔。飯田《はんだ》城主飯田長重の子。荘村に帰農して飯田城は廃せられた。『宇佐郡誌』

飯田重房▽いいだしげふさ
飯田頼房の子。大和守。建久三（一一九二）年豊前国に配せられ安心院長池村に来て、飯田《はんだ》城を築いた。『宇佐郡誌』

飯田長重▽いいだながしげ
飯田《はんだ》城番。源長重、専千世、但馬守、麟清。弘治二（一五五六）年三月十六日、大内方妙見岳城督杉重昌より出陣を依頼される。弘治三年、大内氏滅亡後、佐田隆居等と共に大友氏に仕えた。天正九（一五八一）年十二月、秋月勢の下毛郡侵攻に際して妙見岳城を守り、同十一年、安心院氏の謀叛に対して大友方として龍王城を攻略した。「大友家文書」『北九州戦国史史料集』『北九州戦国史』

飯田長秀▽いいだながひで
飯田大和守の末裔。飯田義忠の子。重堅の父。鎮敦、左京進。陶晴賢の滅亡後、周防山口から帰って飯田《はんだ》城に居城した。飯田城主。弘治二（一五五六）年四月、龍王城に行って大友義鎮（宗麟）に降りその軍役に従う。左京進に任じられて義鎮の一字を賜り鎮敦と改めた。『宇佐郡誌』

飯田昌秀▽いいだまさひで
飯田重房の十二世の孫。飯田《はんだ》城を出て大内氏に従い周防山口に住んだ。その間、石井氏が城代をつとめた。『宇佐郡誌』

飯田頼房▽いいだよりふさ
信濃守。元暦元（一一八四）年、宇治川の合戦において戦死した。飯田《はんだ》城主飯田重房の父。『宇佐郡誌』

飯淵江左衛門▽いいぶちえざえもん
「城井軍記」「家臣名付」「豊州治覧」等に記された城井鎮房時代の家臣。『築上郡志』『築上郡史』「宇都宮史」

五十嵐左馬助▽いがらしさまのすけ
千葉光胤の家臣。応永六（一三九九）年正月元旦に大内氏の軍勢が障子ヶ岳城を攻略したときに、大将光胤の命により松島左近衛将監、太田蔵人とともに、同城の東ノ口の守備を堅めた。『応永戦覧』

五十嵐民部▽いがらしみんぶ
上副城主副宗澄の家老。元浪人にして副氏に仕えた。田原親賢（紹忍）に通じて、副氏の家を滅ぼすために養ってきた二十人をもって上副城の館に火をかけ焼き討ちしたが、民部は大勢に取り込められて首を掻かれた。『豊前古城誌』

生野正直▽いくのまさなお
文明、大永年間に宇佐郡内に割拠した。『築上郡志』

生山貞辰▽いくやまさだとき
天文、永禄、元亀、天正年間に宇佐郡内に割拠した。『築上郡志』

生山正貞▽いくやまささだ
文明、大永年間に宇佐郡内に割拠した。『築上郡志』

池尾織部正▽いけおおりべのかみ
「城井軍記」「家臣名付」「豊州治覧」等に記された城井鎮房時代の家臣。城井家（豊前宇都宮家）物頭。別に馬廻り役の記載あり。『築上郡志』『築上郡史』「宇都宮文書」

池尾加兵衛（**池尾和兵衛**）▽いけおかへい（いけおわへえ）
「城井軍記」「家臣名付」「豊州治覧」等に記された城井鎮房時代の家臣。物頭。『築上郡志』「宇都宮文書」

池田内蔵助▽いけだくらのすけ
宇都宮大和守信房公七百五十遠諱の大祭が明治四十二年に挙行された際に、宇都宮家菩提寺天徳寺藤原賢然住職等が編集した「宇都宮家故舊重臣の後裔」の姓名録にその名が見える。「宇都宮家故舊重臣の後裔」

池田九郎兵衛▽いけだくろうべえ

黒田家の家臣。天正十六（一五八八）年三月五日、黒田孝高（如水）とその子長政を将師として歩騎三千余をもって日熊城を攻めた時、副師として攻城した一人。『築上郡志』「宇都宮史」『両豊記』

池田次郎▽いけだじろう
「城井軍記」「家臣名付」「豊州治覧」等に記された城井鎮房時代の家臣。物頭。『築上郡史』『築上郡志』「宇都宮史」『城井闘諍記』『太宰管内志』

池田豊親▽いけだとよちか
加兵衛。宇都宮氏一族並びに「家臣名付」に記された宇都宮家家臣。城井家（豊前宇都宮家）馬廻り役。『築上郡志』

池田平助（**池田平七**）▽いけだへいすけ（いけだへいしち）
「城井軍記」「家臣名付」「豊州治覧」等に記された城井鎮房時代の家臣。物頭。「家臣名付」と『城井闘諍記』には平七とあり。『築上郡史』『築上郡志』「宇都宮文書」『太宰管内志』

池田吉清▽いけだよしきよ
内藏介。「城井軍記」「家臣名付」「豊州治覧」等に記された城井鎮房時代の家臣。城井家（豊前宇都宮家）物頭、別に馬廻り役。『築上郡史』『築上郡志』「宇都宮史」

池永重時▽いけながしげとき
善内。「城井軍記」「家臣名付」「豊州治覧」等に記された城井鎮房時代の家臣。善助。房則の子。城井朝房が肥後に赴くに際して、随行した驍勇二十四騎の一人。『城井闘諍記』『太宰管内志』『築上郡志』「宇都宮史」

池永重則▽いけながしげのり
天文、永禄、元亀、天正年間に下毛郡内に割拠した。左馬頭。池永城主。池永氏は宇佐八幡宮の祖社といわれる薦社（大貞八幡宮、中津市大貞）の大宮司職。黒田長政の一揆鎮圧軍に一族郎党や大貞八幡宮の社僧らが籠城して奮戦したが、多勢に抗せず討死した。『豊前志』によれば、天正十六（一五八八）年、黒田家が池永城を攻めるため、寒江堂を本陣として、野村、栗山の両将は寒江堂の南の吹上坂より向かい、井上、後藤の両将により吹上坂の南、金丸より攻め落とし、城主池永重則は一族二十余人と共に自刃したとある。『築上郡志』『豊前志』『下毛郡誌』『大分県郷土史料集成』

池永次郎左衛門▽いけながじろうざえもん
城井鎮房の挙兵時の重臣。『築上郡志』

池永善左衛門▽いけながぜんざえもん
　宇都宮大和守信房公七百五十遠諱の大祭が明治四十二年に挙行された際に、宇都宮家菩提寺天徳寺藤原賢然住職等が編集した「宇都宮家故舊重臣の後裔」の姓名録にその名が見える。「宇都宮家故舊重臣の後裔」

池永筑前守▽いけながちくぜんのかみ
　宇都宮大和守信房公七百五十遠諱の大祭が明治四十二年に挙行された際に、宇都宮家菩提寺天徳寺藤原賢然住職等が編集した「宇都宮家故舊重臣の後裔」の姓名録にその名が見える。「宇都宮家故舊重臣の後裔」

池永教明▽いけながのりあき
　筑前守。城井鎮房の挙兵時の重臣であった池永善左衛門の子。「城井軍記」「家臣名付」「豊州治覧」等に記された城井鎮房時代の家臣。城井家（豊前宇都宮家）家老。江戸時代初期の明暦四（一六五八）年に「城井闘諍記」という戦記物を著した。この戦記物は、宇都宮軍の側から記述されている。『築上郡志』『築上郡史』「宇都宮史」『城井闘諍記』『太宰管内志』

池永房勝▽いけながふさかつ
　筑後守。天文、永禄、元亀、天正年間に下毛郡内に割拠した。藤四郎五郎。天文の頃（一五三二―一五五）、池永城に居城した。「宇都宮文書」の豊前知行御領衆の一人だが、同文書には筑前守とある。『築上郡史』では池永城主、今高二千百石と「満光寺文書」にあるという。『豊前志』『築上郡志』「宇都宮文書」『築上郡史』

池永房次▽いけながふさつぐ
　筑後守。大友義鎮（宗麟）が大軍の兵を入れ、城井氏（豊前宇都宮氏）の岩屋城（太宰府市観世音寺）を攻めると、城井氏の族党はみな大友の軍に従った。この岩屋城の戦いで城井鎮房の臣であった房次は討死した。『築上郡志』「宇都宮史」

池永房時▽いけながふさとき
　善助。「城井軍記」「家臣名付」「豊州治覧」等に記された城井鎮房時代の家臣。池永房則の子。馬廻り役。『築上郡史』『築上郡志』「宇都宮史」

池永房則▽いけながふさのり
　善右衛門、善左右衛門。「城井軍記」「家臣名付」「豊州治覧」等に記された城井鎮房時代の家臣。城井家（豊前宇都宮家）物頭。「家臣名付」と「豊州治覧」には中老とある。『築上郡史』『築上郡志』「宇都宮史」『宇都宮記』『城井闘諍記』『太宰管内志』

生駒雅楽頭▽いこまうたのかみ
⇩生駒親正（いこまちかまさ）

生駒親正▽いこまちかまさ
雅楽頭、従五位下。美濃の人。織田信長・豊臣秀吉に仕え、仙石秀久のあと讃岐高松城（高松市玉藻町）城主となった。九州の役では、占領地の仕置き役として、秋月氏の城砦受取を担当した。この後、小田原の役、文禄・慶長の朝鮮の役に従軍、関ヶ原の役では西軍に属したが、子の一正は東軍に属して、丸亀十七万石を安堵されたので、隠棲した。『北九州戦国史』

諫山民部▽いさやまみんぶ
天正の頃（一五七三―九二）、野仲氏に属して、諫山氏の代々の城であった諫山村城に居城した。天正七年、大友義鎮（宗麟）が日向耳川の合戦にて敗れ諸国の大名が離反し、長岩城主の野仲鎮兼も大友氏に叛いた時、鎮兼に従った近郷の武士団の一人。『豊前古城誌』

石井実亮▽いしいさねすけ
清左衛門。「城井軍記」「家臣名付」「豊州治覧」等に記された城井鎮房時代の家臣。城井家（豊前宇都宮家）馬廻り役。天正十七（一五八九）年、城井鎮房が中津城で欺かれて謀殺された時、随行先手として供をしていた他の家臣達とともに城内にて討ち取られた（城井鎮房の謀殺については、『築上郡志』収載の宇都宮系文書や豊前宇都宮一族の菩提寺月光山天徳寺では天正十七年としているが、『黒田家譜』等では天正十六年とされている）。『築上郡志』「城井軍記実録」『城井闘諍記』『両豊記』『築上郡史』

石井実元▽いしいさねもと
新五郎。「城井軍記」「家臣名付」「豊州治覧」等に記された城井鎮房時代の家臣。城井家（豊前宇都宮家）馬廻り役。『築上郡志』『築上郡史』「宇都宮史」

石井実美▽いしいさねよし
清右衛門。「城井軍記」「家臣名付」「豊州治覧」等に記された城井鎮房時代の家臣。『築上郡志』『築上郡史』「宇都宮史」『城井闘諍記』『太宰管内志』

石川新左衛門▽いしかわしんざえもん
中島摂津守が謀叛を起こして大友勢と対峙し、小倉原に陣を張り皇后石（史跡・築上郡吉富町）に幡を挙げた時、毘沙門堂に陣を張った成恒氏の一族の一人。『豊前古城誌』

石川長通▽いしかわながみち

九郎兵衛。「城井軍記」「家臣名付」「豊州治覧」等に記された城井鎮房時代の家臣。城井家（豊前宇都宮家）馬廻り役。『築上郡志』『築上郡史』「宇都宮史」

石田盛春▽**いしだもりはる**
長野氏一族。兵庫頭。永禄十一（一五六八）年九月、毛利元就は小早川隆景、吉川元春に命じて長野氏の守る大三ヶ岳城、小三ヶ岳城を五万の大軍をもって総攻撃した。激戦のすえ両城は落城したが、長野勢の石田盛春と堀越義永は味方の首を持って毛利軍の陣地に紛れ込み、首実検にあたる吉川元春、小早川隆景の両将に一矢を報いんとしたが、毛利一族の桂貞澄に見破られその場で討ち取られた。『福岡県の城』

石松廉正▽**いしまつやすまさ**
豊後日田郡の六郡老の一人。肥前守。大友義鑑に命じられて日田の郡政を統治した。後に目代（代官）を追加して八名は八奉行と呼ばれた。『九州戦国合戦記』

石丸外記▽**いしまるげき**
麻生鎮実の家臣。麻生郷の名主の一人。永徳三・弘和三（一三八三）年、鎮実が大内氏に背いて、城を攻められて死す。『豊前古城誌』

伊集院久治▽**いじゅういんひさはる**
島津家久の部将。天正十四（一五八六）年、島津家久が諸将と一万余の将兵とともに豊後領に侵入し、朝日岳城（佐伯市宇目）を守る大友家の将、柴田紹安を内応させ、その後、三重郷の松尾山（豊後大野市三重町）に本陣を置いた。さらに緒方、野津院の大友方の属城を降して佐伯地方を制圧するため、佐伯惟定が守る栂牟礼城を攻めたが、惟定は果敢に戦ったために撃退された。『九州戦国合戦記』『上井覚兼日記』

伊惣弘茂▽**いそうひろしげ**
右左衛門。文明、大永年間に宇佐郡内に割拠した。備後の山田城（詳細不明）城主であった弘茂が、四日市城を築城したとの記述も見られるが、四日市城は鬼子岳城（唐津市北波多）城主だった渡辺筑後守光《ひかる》による築城とも伝えられており、定かではない。渡辺家の祖たり。『豊前古城誌』

伊惣弘義▽**いそうひろよし**
左衛門。応永の頃（一三九四―一四二八）、今井村城を築いた。後に吉村城に移った。『日本城郭大系』

磯田四郎左衛門▽**いそだしろうさえもん**
宇都宮氏一族並びに「家臣名付」に記された宇都宮家

家臣。城井家（豊前宇都宮家）馬廻り役。『築上郡志』

磯田次郎▽いそだじろう

四郎。「城井軍記」「家臣名付」「豊州治覧」等に記された城井鎮房時代の家臣。『築上郡史』『築上郡志』「宇都宮史」

板井種遠▽いたいたねとお

平家の家人。大蔵一族。種久の父。兵衛尉。豊前国税所職、田所職を得ていた。板井氏は豊前国内において最大の武士団の長であり、宇佐八幡宮と結びつき、その傭兵として活躍した豪族であった。平氏滅亡後は、鎌倉幕府から所領（豊前国仲津郡、築城郡伝法寺荘、田河郡柿原名）を没収され、その没官領を城井信房が所領とした。

種遠は大友氏の家臣。天正八（一五八〇）年二月二十一日、田河郡猪ノ膝（田川市）で秋月種実、高橋元種の連合軍と対決した。夜襲により不意を突かれ大敗した。『鎮西御家人の研究』

井田親氏▽いだちかうじ

古処山城（朝倉市秋月）城主、秋月種実の重臣、井田親之の嫡男。次郎。早くから武勇の誉れ高く、立花、高橋の軍勢の陽動作戦に対抗してこれを駆逐する将として一千騎を率い征戦に赴くが、立花家臣の十時摂津守との一騎打ちで討死した。『橘山遺事』『筑前戦国史』

井田親之▽いだちかゆき

古処山城（朝倉市秋月）城主、秋月種実の重臣。左馬助。親之の嫡男親氏は、早くから武勇の誉れ高く、天正九（一五八一）年十一月、立花、高橋の軍勢の陽動作戦に対抗してこれを駆逐する秋月方の将として一千騎を率い征戦におもむくが、立花家臣の十時摂津守との一騎打ちで討死した。我が子に先立たれた親之は、後の戦いに自ら進んで先陣に立ち壮烈な死を遂げて息子の後を追った。「陰徳太平記」『筑前戦国史』

市河親泰▽いちかわちかやす

朽網親満は、永正十二（一五一五）年八月二十六日より父子とも府中（大分市）に幽閉され、その翌年に陰謀人として処罰された。その理由は、永弘氏輔、市河親泰、得永新左衛門らと連絡を取り大友親安を廃して大聖院宗心を大友家家督にしようとしたことによる。『行橋市史』

市川経好▽いちかわつねよし

伊豆守、式部少輔。吉川氏の庶流、安芸国市川を氏とする。吉川興経の老臣、吉川経世の子。毛利元就に仕え、山口鴻峰城番、赤間関在番を務め、元就の北九州経営に関与した。萩藩大組二百五十石。永禄七（一五六四）年正月二十三日、桂元忠宛て、豊前・筑前両国の動静を注進した書状に連署している。はじめ下関火の山城（下関市藤ヶ谷）を根拠としたが、次第に鍋山城（萩市福栄村か）に移ったと推測される。文禄朝鮮の役で討死した。『萩藩閥閲録』『北九州戦国史史料集』『北九州戦国史』

一条兼定▽いちじょうかねさだ
康信、従三位、権中納言。土佐国司。武将で貴族、母は大友義鑑の娘。天文二十一（一五五二）年、従三位、弘治四（一五五八）年以降、土佐に在国。永禄八（一五六五）年以来、大友義鎮（宗麟）の支援により西園寺公広と戦った。天正元（一五七三）年、権中納言となったが、失政のために家督を子の内政に譲り、豊後に移り住んだ。子の内政は長曾我部氏のために土佐を追われた。『北九州戦国史』

一条惟任▽いちじょうこれとう
応永、正長年間に田河郡内に割拠した。『築上郡志』

一条貞政▽いちじょうさだまさ
天文、永禄年間に田河郡内に割拠した。『築上郡志』

一条高成▽いちじょうたかしげ
永享、応仁年間に田河郡内に割拠した。『築上郡志』

一条高任▽いちじょうたかとう
伊豆守。建徳寺城主。蓮浄の子。系図には天慶三（九四〇）年、藤原純友退治として西海に下向した小野好古と源経基と下向した一条今任の末裔とある。『築上郡志』『応永戦覧』

一条時任▽いちじょうときとう
天文、永禄年間に田河郡内に割拠した。『築上郡志』

一条房政▽いちじょうふさまさ
元亀、天正年間に田河郡内に割拠した。『築上郡志』

一条道永▽いちじょうみちなが
元亀、天正年間に田河郡内に割拠した。『築上郡志』

一条宗政▽いちじょうむねまさ
永享、応仁年間に田河郡内に割拠した。『築上郡志』

一条義成▽いちじょうよししげ
文明、大永年間に田河郡内に割拠した。『築上郡志』

一条義宗▽いちじょうよしむね
文明、大永年間に田河郡内に割拠した。『築上郡志』

一条蓮浄▽いちじょうれんじょう
建徳寺城主。三位入道。系図には天慶三（九四〇）年、藤原純友退治として小野好古と源経基と西海に下向した一条今任の末裔とある。純友の乱の後、建徳寺に城を築き蓮浄は十六代となる。応永五（一三九八）年、前守護職大友氏時の長子である大友氏鑑は、大内義弘の画策により、氏時の甥で猶子である親世が守護職を継いだことを不満とし、親世に叛逆して兵を挙げた。その際、氏鑑から回文を受け一味同心した一人。応永六年正月、大内盛見の大軍が九州豊前に侵攻した際、蓮浄は大友氏にも義理があるところから降ることもならず、一身の自害をもって武門の誉れを尽くしたいとの願いを大内盛見に申し入れた。盛見は義死を殊勝だとして検使に鷲頭玄蕃頭と問田刑部大輔を遣わしたが、子や兄弟、郎従の殉死は禁じられた。二十三日、蓮浄は建徳寺の仏殿において自害をとげた。五十九歳。その日、検分を終えた大内盛見は証判を記し入道の首に添えて一条高任と一条惟任には本領の外に新給数カ所を宛い礼を厚くした。『太宰管内志』には一條入道蓮浄と記述あり。『応永戦覧』『太宰管内志』『築上郡史』『築上郡志』

市丸長門頭▽いちまるながとのかみ
天文、永禄年間に宇佐郡内に割拠した。『築上郡志』

市丸日向守▽いちまるひゅうがのかみ
天文、永禄年間に上毛郡内に割拠した。『築上郡志』

一万田鑑実▽いちまんだあきざね
次郎、兵部大輔、兵部入道、式部入道、式部大輔入道、三河入道、宗慶。一万田氏惣領。大野郡小牟礼城（豊後大野市朝地町）城主。天正六（一五七八）年十二月から大友義統の加判衆。鑑相の子。高橋鑑種の甥。天文十九（一五五〇）年、菊池義武を退治。弘治三（一五五七）年秋、秋月文種を退治。永禄四（一五六一）年から末年まで筑前に出陣。天正六年、日向遠征搦め手軍、七年秋月種実退治。八年、熊牟礼の乱の鎮圧にあたるなど、生涯のほとんどを軍陣に過ごしたが、風雅の趣味人でもあった。天正初年、大友義鎮（宗麟）を一万田館（豊後大野市朝地町）に招いて大観桜会を催した。また、元亀二（一五七一）年正月俳諧を興行している。天正十五年頃、義統より自害を命じられて大野郡野津原今畠（大分市野津原）で自刃。これは一族に島津氏に通じた者がいることを断罪されたためとみられる。ここに一万田氏の嫡流は滅亡した。『一萬田氏由緒考』『戦国大名家臣団事典』

一万田鑑相▽いちまんだあきすけ
大友氏の家臣。弾正忠。大友庶流。豊後国大野庄一万

田を本拠とする。居城は小牟礼城（豊後大野市朝地町）、島屋城（詳細不明）。高橋鑑種の兄。天文七（一五三八）年三月、大友義鑑の有力部将等と連署して大内氏との講和を分国諸社に祈願す。同十九年二月十日付け義鑑の遺言状に宿老五人の内の一人として鑑相の名があるが、以後は見られない。同二十二年正月、宗像鑑久・服部右京亮とともに謀叛を企て発覚し誅殺された。これは一説に、服部の妻が美人であったため、大友義鎮（宗麟）がこれを奪い妾にするために服部らを殺害したとも言われているが、真相は未詳。『歴代鎮西要略』『戦国大名家臣団事典』『北九州戦国史』

一万田源介▽いちまんだげんすけ
大友方の武将。永禄四（一五六一）年十月十日の門司城合戦に参戦し、討死した。『九州戦国合戦記』

一万田鎮実▽いちまんだしげざね
大友氏の家臣団。民部少輔。鑑実の子。大友庶流、豊後国大野庄一万田を本拠とした。居城は小牟礼城（豊後大野市朝地町）、島屋城（詳細不明）。妻は大友義鎮（宗麟）の娘。永禄十一（一五六八）年、大叔父である高橋鑑種の乱を鎮圧するために木付氏等を率いて出陣。同十二年鶴原・宗像氏と共に立花城（福岡市東区）城番を命ぜられたが、毛利氏のために入城できず、城外にあって肥前龍造寺氏を牽制した。五月十八日立花表での合戦で吉川・小早川氏と戦い、負傷。「大友家文書録」によると、永禄十三年立花城降伏の時、城将一万田鎮実とあるので入城したものと思われる。元亀元（一五七〇）年、龍造寺隆信が自立を図ると、鎮実も佐賀城攻撃に参加した。天正五（一五七七）年頃、由原（由原八幡宮か）造営奉行を勤仕。八年二月十六日の立花道雪の檄文の宛名の中に鎮実の名が見られる。十四年島津軍の進攻の時、居城鳥屋城に拠っている。のち臼杵において自殺したという。『一萬田氏由緒考』『戦国大名家臣団事典』『北九州戦国史』

一万田祐栄▽いちまんだすけひで
右衛門尉。永正十三（一五一六）年十二月の大友義鑑の加判衆として見えるが、事績については未詳。『戦国大名家臣団事典』

一万田常泰▽いちまんだつねやす
大友氏家臣。喜徳丸、俊翁宗英、治部少輔、治部大輔。大野郡大野庄一万田を本貫とする大友一族。直泰の子。長泰・親泰の父。永正十二（一五一五）年四月、深山八幡社（豊後大野市朝地町）に田地一段を寄進して親泰に男子の授かりを祈願している。文亀二（一五〇二）年四月から永正六年十月まで大友義長の加判衆。『戦国大名家臣団事典』

一万田統賢▽いちまんだむねかた

大友氏の家臣団。六郎、民部少輔。鑑実の子。鎮実の弟。天正七（一五七九）年十月筑前杷木郷の合戦、同八年鞍懸城（豊後高田市佐野）攻撃、十一年十月土井城攻撃などに出陣している。文禄元（一五九二）年朝鮮の役に出陣。文禄二年に義統が秀吉の怒りにふれ帰国した後、黒田長政の軍で戦った。『戦国大名家臣団事典』

一戸与市▽いっこよいち

天文の頃（一五三二－五五）、一ツ戸城に居城した。野仲氏の旗下。天正七（一五七九）年、大友義鎮（宗麟）が日向耳川の合戦にて敗れ諸国の大名が離反し、長岩城主の野仲鎮兼も大友氏に叛いた時、鎮兼の命を受けて日田口を守った。『豊前古城誌』

一色直氏▽いっしきなおうじ

延文元・正平十一（一三五六）年十月十三日、長門から筑前山鹿を経て、麻生宗光と麻生山に陣を構えたが、十月十四日、長谷山合戦で菊池勢に破られ、その間、麻生氏一族の山鹿家直・氏久等の寝返りなどにより再び長門に逃れた。『中世北九州落日の譜』

一色範氏▽いっしきのりうじ

道猷。足利尊氏が九州より東上するにあたり、博多に留めて鎮西の総管領となし、佐竹義尚を以て侍所とした。『築上郡史』

一色藤長▽いっしきふじなが

従五位下、式部少輔。室町幕府御側衆。永禄八（一五六五）年、足利義輝が暗殺された時、義輝の弟義昭を細川藤孝と共に幽閉から救出、還俗させ、織田信長の力を借りて将軍職に就ける事に成功した。天正元（一五七三）年、足利義昭が織田信長から追放され、藤長は将軍復帰に努力したが、その甲斐無く死去した。『北九州戦国史』

一滴彦三郎▽いってきひこさぶろう

中島摂津守が謀叛を起こして大友勢と対峙したときに、小倉原に陣を張り皇后石（史跡・築上郡吉富町）に幡を挙げた中島氏に属した。荒金善吾（または荒金吾）に討たれた。『豊前古城誌』

伊東玄蕃頭▽いとうげんばのかみ

応永、正長年間に田河郡内に割拠した。応永五（一三九八）年、前守護職大友氏時の長子である大友氏鑑は、大内義弘の画策により、氏時の甥で猶子である親世が守護職を継いだことを不満とし、親世に叛逆して兵を挙げた。その際、氏鑑から回文を受け一味同心した一人。『応永戦覧』『築上郡史』『太宰管内志』『築上郡志』

伊藤田義忠▽いとうだよしただ

甲斐守。旧下毛郡上伊藤田村にあった上伊藤田村城に居城した。『豊前志』

到津公澄▽いとうづきみずみ

宇佐大宮司。天文七（一五三八）年十月六日、領地到津庄城（引地山城か）拵えについて大内義隆に訴えている。この日、義隆は、同領地を宇佐神領と同じ扱いにしている。『編年大友史料』『門司・小倉の古城史』

到津公憲▽いとうづきみのり

宇佐大宮司家で宇佐国造の後裔。鎌倉時代、公世の子、公敦は宮成家を称し、弟公連は到津庄を領して到津家を称した。永禄年間（一五五八―七〇）、宮成家は、大友の社寺奉行奈多鑑基のために、領地を没収され、到津公澄・公憲父子も永禄四年毛利加担を疑われて領地を没収されていたが、同九年八月十八日、本領を安堵され、大宮司職を継承し、国家の平穏を祈願するように命じられた。『北九州戦国史』

到津中務▽いとうづなかつかさ

宇佐大宮司。平安時代に宇佐神宮の神領であった到津荘内に引地山城を築城した。以後、この城は代々、宇佐大宮司家の城として支族が守った。『豊前志』

伊藤又次郎▽いとうまたじろう

弘治三（一五五七）年九月二十四日付「豊前（内尾）友枝文書」の中に内尾勘介と伊藤又次郎の両名に対する野仲鎮兼の感状が残る。「豊前友枝（内尾）文書」『豊前市史・文書資料』

糸木蔵人▽いときくらんど

大友氏の矢田太郎配下の郎党。応永五（一三九八）年十二月二十二日、築城原の合戦において大友氏の部将矢田太郎が木坂左京亮によって討ち取られるのを見て駆けつけた糸木蔵人は立ち上がる木坂左京亮を討ち取った。『応永戦覧』

糸田顕義▽いとだあきよし

文保元（一三一七）年から豊前国守護職となる。『国別守護・戦国大名事典』

糸田貞義▽いとださだよし

元享三（一三二三）年から糸田顕義の跡を継ぎ、豊前国守護職となる。『国別守護・戦国大名事典』

糸田左馬允▽いとださまのじょう
応永五（一三九八）年、前守護職大友氏時の長子である大友氏鑑は、大内義弘の画策により、氏時の甥で猶子である親世が守護職を継いだことを不満とし、親世に叛逆して兵を挙げた。その際、氏鑑から回文を受け一味同心した一人。『応永戦覧』には名を左馬之丞とあり。『応永戦覧』『築上郡史』『太宰管内志』

糸田内記▽いとだないき
「城井軍記」「家臣名付」「豊州治覧」等に記された城井鎮房時代の家臣。城井家（豊前宇都宮家）馬廻り役。『築上郡志』「宇都宮史」『築上郡史』

糸田正真▽いとだまさざね
左京允、左馬允、左馬助。応安四・建徳二（一三七一）年、菊池討伐のために今川貞世が大内義弘を豊前国に差し向けた際、四月、鶴の港（今井付近）に着岸した時、多くの給人とともに馳せ参じた。応永の頃（一三九四－一四二八）、岩石城を攻略する大内氏総大将大内盛見の軍勢に豊前国の軍勢二千余騎とともに従った。『応永戦覧』には左馬允とある。『築上郡史』『築上郡志』『太宰管内志』『応永戦覧』

糸永隼人▽いとながはやと
大内氏の家臣。天文の頃（一五三二－五五）、畳石城に居城していたが、大友義鑑の命を受けた松木氏によって居城を抜かれた。『日本城郭大系』『安心院町誌』『大宇佐郡史論』

稲尾大蔵丞▽いなおおくらのじょう
天正の頃（一五七三－九二）、加来統直の家臣。大畑城の抱城であった弁城城主。弁城跡は、大畑城跡から西方約五百メートルの地にあり、源平時代、武蔵坊弁慶が築いたと伝えられる。『豊前古城誌』

稲田弾正▽いなだだんじょう
毛利方の武将として門司城に在城したが、永禄四（一五六一）年十月十日の合戦前夜の九日に、葛原兵庫助とともに門司城中から大友方に内通しようとした陰謀が発覚して密かに誅殺された。「陰徳太平記」には、それを知らない大友方は門司城方の謀略にあって翌日敗退したと記している。「陰徳太平記」『九州戦国合戦記』

稲留羽右衛門尉▽いなどめはえもんのじょう
元亀、天正年間に築城郡内に割拠した。『築上郡志』

稲葉采女▽いなばうねめ

「城井軍記」「家臣名付」「豊州治覧」等に記された城井鎮房時代の家臣。城井家（豊前宇都宮家）馬廻り役。『築上郡志』『築上郡史』「宇都宮史」

犬丸清俊▽いぬまるきよとし

天文、永禄、元亀、天正年間に下毛郡内に割拠した。越中守、民部少輔。犬丸城主。野仲氏の一族。天正十六（一五八八）年、植野城主であった上野新左衛門と共に城井郷城の城井氏（豊前宇都宮氏）に属して黒田長政軍と抗戦したが、伏兵に遭って討死した。この時、城中にいた犬丸城兵士六百三十人も黒田勢によって討ち取られ、なお七百人に足りぬと植野城が攻められ七十人が討ち取られた。犬丸往還に梟首されたという。しかし『豊前古城誌』では、長岩城主の野仲鎮兼が天正七年二月十九日、大友氏に謀叛を起こした際にこれに呼応し、共同して近邑の大友方の末広城、法華寺城を攻め、これをことごとく降した。天正十六年秣大炊助に欺かれて深水村瑞泉寺で殺されたとある。『豊前志』『黒田家譜』『日本城郭大系』『築上郡志』

犬丸清秀▽いぬまるきよひで

犬丸城主清俊の子。善与六郎。寛永十七（一六四〇）年正月八日死去。犬丸城落城のおり家臣に守られ落ち延び、のち城跡のそばで暮らし、討死した父の菩提を弔ったと伝えられる。『豊前志』『黒田家譜』『日本城郭大系』『築上郡志』

犬丸左京▽いぬまるさきょう

犬丸城城代の弟。黒田長政の家臣、荒巻軍兵衛に討ち取られた。『黒田家譜』

犬丸重懐▽いぬまるしげかね

犬丸城主。民部丞。宇都宮家一族並びに「家臣名付」に記された城井鎮房挙兵時に呼応した武将。『築上郡志』

犬丸長門入道▽いぬまるながとにゅうどう

下毛郡代大家郷司。野仲弘道の被官として弘道の命により動いた。『中世武士団・鎮西宇都宮氏の研究Ⅱ』

犬丸民部▽いぬまるみんぶ

「豊前国古城記」によれば、犬丸城の抱城であった下伊藤田城に居城したとあり、『豊前古城誌』には、天正の頃（一五七三―九二）、下伊藤田村にあった穂本の上城（詳細不明）に在城したとある。また、『豊前志』によれば、天正十六年、犬丸民部（一説、結城越中守）が犬丸城を守っていたが、黒田家に攻め落とされたとある。「豊前国古城記」『豊前古城誌』『豊前志』

犬丸民部丞▽いぬまるみんぶのじょう
天正七（一五七九）年、大友義鎮（宗麟）が日向耳川の合戦にて敗れ諸国の大名が離反し、長岩城主の野仲鎮兼も大友氏に叛いた時、鎮兼に従った近郷の武士団の一人。『豊前古城誌』

井上九郎右衛門▽いのうえくろうえもん
黒田氏家臣、黒田八虎の一人。弥太郎、周防守、道柏。姫路近郊松原で生まれた。黒田職隆に仕えて重きをなした。天正十六（一五八八）年三月五日、黒田孝高（如水）とその子長政を将師として歩騎三千余をもって日熊城を攻めた時に副師として攻城した一人。人望はあったが戦功に恵まれなかった。しかし孝高は父の遺命により高禄で召し抱え豊前入国後、六千石を給した。「歴史群像シリーズ38黒田如水」『築上郡志』「宇都宮史」『両豊記』

井上九郎左衛門▽いのうえくろうざえもん
黒田家の家臣。天正十五（一五八七）年の豊前一揆の際に黒田長政に従軍し、求菩提山の麓にある上毛郡川底城の合戦に参戦した。『鎮西宇都宮氏の歴史』『黒田家譜』

井上治部少輔▽いのうえじぶしょうゆう
宇都宮大和守信房公七百五十遠諱の大祭が明治四十二年に挙行された際に、宇都宮家菩提寺天徳寺藤原賢然住職等が編集した「宇都宮家故舊重臣の後裔」の姓名録にその名が見える。「宇都宮家故舊重臣の後裔」

井上主税▽いのうえちから
日熊城主日熊直次の家臣。直次が一旗当千と頼みきった部将の一人。天正十六（一五八八）年三月二十二日、観音原（福岡県築上郡大平村）で黒田長政率いる数万の軍兵に対し大いに戦ったが、多勢の長政の軍勢に押されて日熊城に退いた。この合戦にて討死した。『姓氏家系大辭典』

井上宗信▽いのうえむねのぶ
上毛郡上唐原村大字百留にあったという代金城（詳細不明）の家老。源太。天正八（一五八〇）年、百留城主、百留兼貞に攻められたとき、奮戦したが討死した。この時の籠城は三夜も続いたとある。『築上郡志』「宇都宮史」「唐原系図」

井上六郎右衛門▽いのうえろくろうえもん
「城井軍記」「家臣名付」「豊州治覧」等に記された城井鎮房時代の家臣。城井家（豊前宇都宮家）物頭。別に馬廻り役の記載あり。『城井闘諍記』には井上六郎と記されている。『築上郡志』「宇都宮史」『築上郡史』『城井闘諍記』『太宰管内志』

伊野三左衛門▽いのさんざえもん
宇都宮氏一族並びに「家臣名付」に記された宇都宮家家臣。城井家（豊前宇都宮家）馬廻り役。宇都宮大和守信房公七百五十遠諱の大祭が明治四十二年に挙行された際に、宇都宮家菩提寺天徳寺藤原賢然住職等が編集した「宇都宮家故舊重臣の後裔」の姓名録にその名が見える。『築上郡志』「宇都宮家故舊重臣の後裔」

井上治部介▽いのうえじぶのすけ
治部少輔、治部丞。「城井軍記」「家臣名付」「豊州治覧」等に記された城井鎮房時代の家臣。城井家（豊前宇都宮家）物頭。別に馬廻り役の記載あり。「遺臣姓名録」には治部少輔、『城井闘諍記』には治部丞とあり。『築上郡志』「宇都宮史」『築上郡史』『城井闘諍記』『太宰管内志』

井原伊豆守▽いはらいずのかみ
元亀、天正年間に下毛郡内に割拠した。天正七（一五七九）年、大友義鎮（宗麟）が日向耳川の合戦にて敗れ諸国の大名が離反し、長岩城主の野仲鎮兼も大友氏に叛いた時、鎮兼に従った近郷の武士団の一人。『築上郡志』『豊前古城誌』

井原主馬之介▽いはらしゅめのすけ
天正七（一五七九）年、大友義鎮（宗麟）が日向耳川の合戦にて敗れ諸国の大名が離反し、長岩城主の野仲鎮兼も大友氏に叛いた時、鎮兼に従った近郷の武士団の一人。『豊前古城誌』

今石民部▽いまいしみんぶ
元亀、天正年間に仲津郡内に割拠した。『築上郡史』では「満光寺文書」に今村式部とあり、渋見城主にして今高二千三百石とあるという。「宇都宮文書」の天文年間（一五三二―五五）の豊前知行御領衆の一人。節丸に知行とある。『築上郡志』「宇都宮文書」『築上郡史』

今市綱統▽いまいちつなむね
嘉左衛門尉。天正の頃（一五七三―九二）、渡辺氏の一族として今市城に居城した。『豊前古城誌』

今市統綱▽いまいちむねつな
元亀、天正年間に宇佐郡内に割拠した。『築上郡志』

今川貞世▽いまがわさだよ
南北朝時代の武将。歌人。範国の子。了俊。応安四・建徳二（一三七一）年、鎮西探題となった。応安七・文中三（一三七四）年九月から城井守綱（冬綱）の跡を継ぎ、豊前国守護職となる。備後・安芸・筑前・筑後・肥前・肥後・大隅・薩摩・壱岐・対馬の守護職を兼務。鎮西探題には一色範氏・直氏親子、斯波氏経、渋川義行などが下向したがいずれも南朝方と大内・大友・少弐等の強力な勢力に阻まれて経営を失敗していた。今川貞世は足利一門であったが文武に優れた名将であり、幕府としては南朝方に押さえられていた佐田氏をはじめとする九州の幕府方勢力の愁訴に応えるため、渋川義行の後任として貞世が任命された。応安三・建徳元年十二月十六日京都を発ち、佐田経景を先導に鎮西に下向した。まず子の義範を豊後に、弟の仲秋を肥前に上陸させたが、貞世は中国路で約一年を過ごした。そして翌年十二月十九日備後を発ち、豊前に向かった。この時も佐田経景が先導を務めた。下向した貞世は探題として手腕を十分に発揮したが、応永二（一三九五）年七月、将軍足利義満から鎮西探題を解任され帰京命令が発せられ、遠江、駿河守護となった。応永の乱の折りの政治的失脚を機に隠遁。晩年は和歌、連歌の指導につとめた。『福岡県百科事典』『鎮西宇都宮氏の歴史』『国別守護・戦国大名事典』

今川了俊▽いまがわりょうしゅん

⇩今川貞世（いまがわさだよ）

今城重利▽いましろしげとし

備前守。「城井軍記」「家臣名付」「豊州治覧」等に記された城井鎮房時代の家臣。物頭。別に馬廻り役の記載あり。『城井闘諍記』には姓を今津とあり。『築上郡志』『築上郡史』「宇都宮史」

今城備前▽いましろびぜん

宇都宮大和守信房公七百五十遠諱の大祭が明治四十二年に挙行された際に、宇都宮家菩提寺天徳寺藤原賢然住職等が編集した「宇都宮家故舊重臣の後裔」の姓名録にその名が見える。「宇都宮家故舊重臣の後裔」

今津重貫▽いまづしげぬき

備後守。宇都宮氏一族並びに「家臣名付」に記された宇都宮家家臣。城井家（豊前宇都宮家）馬廻り役。『築上郡志』『城井闘諍記』『太宰管内志』

今出昌吉▽いまでしょうきち

治郎。天正十五（一五八七）年八月二十八日、栗山四郎右衛門尉への書状「友枝文書」に今出治郎昌吉の名が見える。「友枝文書」

今出元国▽いまでもとくに

兵衛。天文の頃（一五三二−五五）、神楽城（京都郡みやこ町）に居城した。『豊前志』

今富権介▽いまとみごんすけ

元亀、天正年間に上毛郡内に割拠した。天正七（一五七九）年、大友義鎮（宗麟）が日向耳川の合戦にて敗れ諸国の大名が離反し、長岩城主の野仲鎮兼も大友氏に叛いた時、鎮兼に従った近郷の武士団の一人。『豊前古城誌』『築上郡志』

今仁尚賢▽いまにひさかた
伊豆守。天文、永禄年間に宇佐郡内に割拠した。今仁城主。享禄の頃（一五二八―三二）、尚賢が今仁城を築き、弟の賢直と大内氏に属していた。『築上郡志』

今仁正実▽いまにまさざね
赤尾鎮房一族の家臣。今仁基実の子。今仁城主。主水。天正八（一五八〇）年、赤尾氏が佐野親重に攻められ赤尾氏が没落すると、城を捨て、敷田城の萩原氏に属した。『豊前古城誌』

今仁基実▽いまにもとざね
今仁城主。主水正。『大宇佐郡史論』にいう准宇佐郡三十六伝の一人。元応年間（一三一九―二一）、宇佐弥勒寺領、高家郷山下の下司職。永禄九（一五六六）年、光岡城主赤尾鎮房が高岡城の麻生親政を攻めた際基実は従軍し、大友氏のために勲功を立てた。『大宇佐郡史論』『豊前古城誌』

今村式部▽いまむらしきぶ
渋見城に居城した。「宇都宮文書」の天文年間（一五三二―五五）の豊前知行御領衆の一人。今高二千三百石とある。『豊前志』「宇都宮文書」『築上郡志』

今村新八▽いまむらしんぱち
「城井軍記」「家臣名付」「豊州治覧」等に記された城井鎮房時代の家臣。城井家（豊前宇都宮家）馬廻り役。『築上郡志』『築上郡史』「宇都宮文書」

今村半四郎▽いまむらはんしろう
「城井軍記」「家臣名付」「豊州治覧」等に記された城井鎮房時代の家臣。城井家（豊前宇都宮家）馬廻り役。宇都宮大和守信房公七百五十遠諱の大祭が明治四十二年に挙行された際に、宇都宮家菩提寺天徳寺藤原賢然住職等が編集した「宇都宮家故舊重臣の後裔」の姓名録にもその名が見える。『築上郡志』『築上郡史』「宇都宮史」「宇都宮家故舊重臣の後裔」

今吉九左衛門（**今吉九郎左衛門**）
▽いまよしくざえもん（いまよしくろうざえもん）
「城井軍記」「家臣名付」「豊州治覧」等に記された城井鎮房時代の家臣。城井家（豊前宇都宮家）馬廻り役。『築上郡志』「宇都宮文書」

伊美弾正左衛門▽いみだんじょうさえもん
豊後国国東郡伊美郷の出身。豊後国図田帳に伊美郷七十町、宇佐弥勒寺領、地頭伊美兵衛次郎永久とあり、弾正左衛門はこの人の後か。豊前権介膳伴光恒の後裔という。門司合戦で討死した。『北九州戦国史』

岩尾繁殊／岩男繁殊▽いわおしげかつ
岩尾重益の弟。兄重益は大内氏に仕えたが、自らは大友氏に属した。源太郎尉、源太郎兵衛。『大宇佐郡史論』にいう准宇佐郡三十六伝の一人。深見郷に三十町を賜る。天文年間（一五三二－五五）に大友氏に仕え、宇佐郡深見郷に居て龍王衆に加わった。天正十七（一五八九）年、黒田孝高（如水）に領地を没収された。慶長十七（一六一二）年、石垣原の合戦には大友義統に従って戦い敗れた。『大宇佐郡史論』には岩男繁殊とある。『日本城郭大系』『大宇佐郡史論』

岩尾重益／岩男重益▽いわおしげます
大永元（一五二一）年、大内氏に仕えた。権太左衛門尉。温見谷《ぬくみたに》城の城主。『日本城郭大系』には姓が「岩男」とある。『日本城郭大系』

岩武民部▽いわたけみんぶ
「貫系図添え書き」の貫弘信に添え書きされた五人の家臣のうちの一人。『門司・小倉の古城史』

岩田左近▽いわたさこん
麻生親政の家臣。親政は人質に出していた実子、統重が無念にも切腹したことに遺恨を抱き、大友氏にそむく。この時、城主と一味同心して大友氏の大将、田原親賢（紹忍）の軍勢と戦った。落城にあたり親政とともに一族二十余人列座し辞世の歌を詠んで切腹した。『両豊記』『豊前古城誌』

岩田唯毎▽いわたただつね
大友氏の旗下、赤尾鎮房の家臣。大膳。麻生親政の謀叛を鎮圧するために赴いた軍奉行田原親賢（紹忍）の下で追手の大将の鎮房の家臣として同陣営に参軍した。『豊前古城誌』

岩田毎重▽いわたつねしげ
宮内介。赤尾鎮房一族の家臣。天正八（一五八〇）年、時枝鎮継と佐野親重が赤尾鎮房の法要を狙って光岡城を襲撃した際、その法要に参列していた一人。この襲撃により光岡城は落城した。『豊前古城誌』

岩田山城▽いわたやましろ
麻生郷の名主の一人。文亀元（一五〇一）年十月十一

日、麻生郷の十五名主の一人として連判して領地を御霊八幡に奉納す。その意味するところは、麻生郷の名主として麻生家の幕下に属すことを誓約して連判したものである。『豊前古城誌』

岩戸見明神権大宮司右衛門▽いわとみみょうじんごんだいぐうじえもん

天正十七（一五八九）年、城井鎮房が中津城で欺かれて謀殺された時、随行先手として供をしていた他の家臣達とともに城内にて討ち取られた（城井鎮房の謀殺については、『築上郡志』収載の宇都宮系文書や豊前宇都宮一族の菩提寺月光山天徳寺では天正十七年としているが、『黒田家譜』等では天正十六年とされている）。「城井軍記実録」『城井闘諍記』『両豊記』『築上郡史』

岩松市之助▽いわまついちのすけ

宇都宮家一族並び「家臣名付」に記された城井鎮房挙兵時の家臣。『築上郡志』

岩見外記▽いわみげき

「城井軍記」「家臣名付」「豊州治覧」等に記された城井鎮房時代の家臣。『築上郡志』『築上郡史』「宇都宮文書」

岩屋和泉守▽いわやいずみのかみ

応永の頃（一三九四―一四二八）、岩屋城を居城とした。応永五年、前守護職大友氏時の嫡子である大友氏鑑は、大内義弘の画策により甥の親世が守護職を継いだことを不満とし、親世に叛逆して兵を挙げた。その際、氏鑑から回文を受け一味同心した一人。『応永戦覧』『築上郡史』

岩屋新左衛門▽いわやしんざえもん

「城井軍記」「家臣名付」「豊州治覧」等に記された城井鎮房時代の家臣。城井家（豊前宇都宮家）馬廻り役。宇都宮大和守信房公七百五十遠諱の大祭が明治四十二年に挙行された際に、宇都宮家菩提寺天徳寺藤原賢然住職等が編集した「宇都宮家故舊重臣の後裔」の姓名録にもその名が見える。『築上郡志』『築上郡史』「宇都宮史」「宇都宮家故舊重臣の後裔」

上田因幡守▽うえだいなばのかみ

宇都宮家一族並びに「家臣名付」に記された城井鎮房挙兵時の家臣。上田村城主。弘治の頃（一五五五―一五五八）、この城に居城した。弘治二年秋、大友義鎮（宗麟）が龍王城に在陣した際、着到した宇佐郡三十六人衆の一人。なお着陣の時期について、『大友公御家覚書』等では弘治二年四月、大友義鎮龍王に陣を取るとある。大友家に属し、毎年八月朔日には馬太刀の使者を立てて主従の礼を行ったという。「香下文書」『北九州戦国史史料集』『編年大友史料』『豊前古城誌』『築上郡志』「宇佐郡記」

上田氏実▽うえだうじざね
　上田城主。上田道貫の後裔。道貫の築いた上田城に居たが天文の頃（一五三二－五五）に清水姓を称した。『日本城郭大系』

植田宮内丞▽うえだくないのじょう
　豊後国大分郡植田庄を氏とする、大神惟基の三男、植田惟定の末裔。「大友家文書録」『北九州戦国史史料集』

上田道実▽うえだみちざね
　上田城主。明徳の頃（一三九〇－九四）、この城に居城し大友家に属した。左衛門佐。応安四・建徳二（一三七一）年、菊池氏追討のために今川貞世が大内義弘を差し向け、四月に仲津郡鶴の港（今川付近）に着岸した際、多くの給人とともに馳せ参じた。『豊前古城誌』『築上郡史』

上田道貫▽うえだみちつら
　明徳年間（一三九〇－九四）、上田城を築いた。左衛門。『日本城郭大系』

上野勘左衛門▽うえのかんざえもん
　宇都宮家一族並びに「家臣名付」に記された城井鎮房挙兵時の家臣。『築上郡志』

上野刑部▽うえのぎょうぶ
　宇都宮家一族並びに「家臣名付」に記された城井鎮房挙兵時の家臣。『築上郡志』

上野左衛門尉▽うえのさえもんのじょう
　『豊前志』には、「宇佐軍記」に植野城の城主として名があると記載されている。『豊前志』

上野貞家▽うえのさだいえ
　香春城主千手興房一族の郎党。治部少輔。応永六（一三九九）年正月、大内盛見の大軍による攻城に対してあくまでも籠城の計略を立てて応戦したがついに敗れて、正月十二日、興房をはじめ一族郎従八十三人と座を連ねて自刃した。『応永戦覧』

上野新右衛門▽うえのしんえもん
　天正の頃（一五七三－九二）、上野村にあった上野氏の代々の上野城に居城した。『豊前古城誌』『築上郡志』

上野新左衛門▽うえのしんざえもん

天正年間（一五七三―九二）、城主として植野城を居城とした。上野氏の祖は、上野美作守で蓮如上人の教化によって虚空蔵寺を興した。天正十六年、犬丸城の犬丸越中守と共に城井郷城の城井氏に属し、黒田氏に抗戦したが敗れた。この時、植野城の兵七十人も討ち取られ、それらの首級が犬丸往還に梟首されたという。『日本城郭大系』

上原新左衛門▽うえはらしんざえもん
黒田長政の家臣。黒田長政が豊前国国人一揆連合軍と合戦した観音原（福岡県築上郡大平村）において鬼木城主、鬼木掃部助を討ち取った。『豊前志』

上野神兵衛尉▽うえのしんべえのじょう
天文元（一五三二）年十一月、大友氏は大内方として佐田朝景が籠る妙見岳城を攻めた。その時に妙見岳合戦に動員されて出陣した大友方の一人。『豊前市史』『増補訂正編年大友史料併大分県古文書全集第16』『大分県の歴史』

上原忠左衛門▽うえはらちゅうざえもん
麻生摂津守が大友家に謀叛した時、深水に出張して毘沙門堂に陣した成恒氏族に供にした郎党。『豊前古城誌』

宇喜多直家▽うきたなおいえ
八郎、三郎右衛門尉、和泉守。備前三宅氏の流れ。祖父能家は、赤松氏の守護代であった浦上氏に仕えたが、島村豊後守に殺された。直家は浦上氏に仕え祖父の仇を討ち、備前の松田・金光氏等を滅ぼし勢力を拡大した。天正元（一五七三）年、岡山城（岡山市北区）を本拠として毛利氏の援助を受け三村元親を討ち、同五年、主家の浦上氏を滅ぼして、ついに備前・美作と播磨の一部を領した。豊臣秀吉の中国侵攻では、はじめ毛利方に属したが、秀吉に通じて毛利攻撃の先鋒となった。同九年に没した。その子秀家は、秀吉の養子となり中納言に進み、五大老に列した。関ヶ原の役では西軍に属し、八丈島に流罪となった。『北九州戦国史』

筌之口清久▽うけのくちきよひさ
文安年間（一四四四―四九）茶臼山城（宇佐市安心院）城主。口碑によれば、藤原鎌足の後裔、筌口範久の子とある。『日本城郭大系』『大宇佐郡史論』『安心院町誌』『宇佐郡誌』

筌之口重範▽うけのくちしげのり
幸之丞。天文三（一五三四）年、大内氏に属して勢場ヶ原合戦に出陣して大友軍と戦い、帰村した重範は入道して霊泉寺（詳細不明）を建立した。その後、孫は庄屋となってその地に続いた。『日本城郭大系』『大宇佐郡史論』『安心院町誌』

筌之口範定▽うけのくちのりさだ
大内氏の属臣。茶臼山城（宇佐市安心院）城主。甚左衛門。永享七（一四三五）年、新開縫殿允が茶臼山城を攻めた時によくこれを防いだ功により、深見郷の一谷を賜わって筌之口村とした。『日本城郭大系』『大宇佐郡史論』『安心院町誌』

宇佐公兼▽うさきみかね
宇佐公晴の嗣子。応永、正長年間に宇佐郡に割拠した。『築上郡志』

宇佐公達▽うさきみたつ
天文、永禄年間に宇佐郡内に割拠した。大宮司。永禄四（一五六一）年七月、大友義鎮（宗麟）と合戦し、宇佐神宮は戦火に焼き尽くされた。そこで神領の到津荘にあった引地山城に居城を移し、天正十一（一五八三）年までいたといわれている。『築上郡志』

宇佐公仲▽うさきみなか
大宮司。応永五（一三九八）年十二月、豊前発向の軍議のために府中の大友氏鑑のもとに集まったうちの一人。『応永戦覧』

宇佐公晴▽うさきみはる
応永、正長年間に宇佐郡に割拠した。『築上郡志』

宇佐公通▽うさきみみち
天養元（一一四四）年十二月二十七日、大宮司の官符を賜る。平氏との結びつきが強く、正三位大宰大弐に叙せられ、豊州、筑州、対州を受領す。従四位の時に宿禰を改め朝臣となる。緒方惟栄によって焼き討ちされた宇佐神宮を再建し、平田別府等を開発した。公通の墓は安楽寺（宇佐市灘）の門の入口左にあり、碑銘には、安楽院殿西先守護大宮司豊筑対三州大守天宮公通大居士とある。『宇佐郡記』『豊前古城誌』

宇佐公基▽うさきみもと
宇佐神宮大宮司。時枝鎮継の子。父鎮継は時枝氏を継ぎ、公基が宇佐大宮司宮成家を継いだ。天正十一（一五八三）年正月五日、宮司職を嫡子松千代丸に譲り、同十五年、黒田孝高（如水）の家臣となり黒田政本と改めた。『北九州戦国史』『北九州戦国史史料集』

宇佐公泰▽うさきみやす
正安年間（一二九九－一三〇一）に龍王城を築いたとされる。大宮司。公泰は安心院荘十六村の地頭を兼ねて入村し、安心院氏となった。公泰は、一国守護の城を神意に従って創建すべしと、宇佐宮に祈願したところ、安心院の山上と覚えるところに経津主神が現れ、神楽を奏した夢をみたのでその山上に城を築いて神楽岳城（龍王城）と名づけたという。『日本城郭大系』『安心院町誌』『宇佐郡地頭伝記』

宇佐清重▽うさきよしげ
宇佐大宮司頼以の子。下唐原村城主として同城に居城した。因幡守。『築上郡志』

宇佐式佐▽うさしきすけ
宇佐権大宮司。宇佐池守の子。後、大貞八幡宮薦神社（中津市大貞）の薦池守となる。『豊前志』

宇佐美成之▽うさみしげゆき
惣三郎。宇都宮氏一族並びに「家臣名付」に記された宇都宮家家臣。城井家（豊前宇都宮家）馬廻り役。『築上郡志』『築上郡史』

宇佐美惣三郎▽うさみそうざぶろう
「城井軍記」「家臣名付」「豊州治覧」等に記された城井鎮房時代の家臣。宇都宮大和守信房公七百五十遠諱の大祭が明治四十二年に挙行された際に、宇都宮家菩提寺天徳寺藤原賢然住職等が編集した「宇都宮家故舊重臣の後裔」の姓名録にもその名が見える。「宇都宮家故舊重臣の後裔」『築上郡志』

宇佐頼以▽うさよりもち
大宮司。秋吉久清が下唐原村城主となり領地を引き継いだが次第に没落していったことから、頼以がその後を引き継いだという。それ以後は、城主の姓は宇佐姓となった。「唐原系図」

牛尾親氏▽うしおちかうじ
応永五（一三九八）年十二月、豊前発向の軍議のために府中に集まった大友氏鑑の一族の重臣。民部少輔。同六年一月下旬、岩石城の後詰として、肥後から参着した菊池武貞率いる一万余騎と宇佐郡の軍勢、総勢四万五千余騎とともに大友氏鑑に随従した。同年二月二十二日、上洛していた大友親世が大友氏鑑を誅伐するべく手勢二千騎を率いた軍船にて豊後鶴崎に着岸すると、氏鑑が親世へ叛逆の兵を挙げた際に同心していた心を翻し、ほかの国人ら同様親世に降参した。『応永戦覧』

牛神利右衛門（**牛津利右衛門**）▽うしがみりえもん（うしづりえもん）
宇都宮一族並びに「家臣名付」に記された功臣。城井鎮房挙兵時の部将。『築上郡志』

牛糞親信▽うしくそちかのぶ
大友氏鑑の一族。出雲守、出羽守。応永五（一三九八）年十二月、豊前発向の軍議のために府中の大友氏鑑のもとに集まった一族の一人。翌年正月、大内盛見の大軍が岩石城を攻略するために伊田原に在陣した際、岩石城を守備する軍勢が少ないことから、大友氏鑑の命により戸次親富とともに軍勢催促のため肥後に遣わされた。同年二月二十二日、上洛していた大友親世が大友氏鑑を誅伐するべく手勢二千騎を率いた軍船にて豊後鶴崎に着岸すると、氏鑑が親世へ叛逆の兵を挙げた際に同心していた心を翻し、ほかの国人ら同様親世に降参した。『応永戦覧』

牛糞親基▽うしくそちかもと
大友氏鑑の一族。出羽守。又太郎。応永五（一三九八）年十二月、豊前発向の軍議のために府中の大友氏鑑のもとに集まった一族の一人。同六年一月下旬、岩石城の後詰として、肥後から参着した菊池武貞率いる一万余騎と宇佐郡の軍勢、総勢四万五千余騎とともに大友氏鑑に随従した。同年二月二十二日、上洛していた大友親世が大友氏鑑を誅伐するべく手勢二千騎を率いた軍船にて豊後鶴崎に着岸すると、氏鑑が親世へ叛逆の兵を挙げた際に同心していた心を翻し、ほかの国人ら同様親世に降参した。『太宰管内志』『応永戦覧』

牛糞親守▽うしくそちかもり
大友氏鑑の一族。岩石城の大友方の守将。左衛門佐。応永六（一三九九）年正月二十六日、岩石城は大内盛見の大軍に攻略されついに落城し、城主大友氏公は自刃。この時に大友氏英はじめ同城の主立った部将等九十八人と列座して後を追い自害をとげた。『応永戦覧』『太宰管内志』『築上郡志』

碓井加十郎／椎井加十郎▽うすいかじゅうろう（しいかじゅうろう）
「城井軍記」「家臣名付」「豊州治覧」等に記された城井鎮房時代の家臣。物頭。『築上郡志』『築上郡史』「宇都宮史」『城井闘諍記』『太宰管内志』

碓井勘十郎（**椎井勘十郎**）▽うすいかんじゅうろう（しいかんじゅうろう）
「城井軍記」「家臣名付」「豊州治覧」等に記された城井鎮房時代の家臣。城井家（豊前宇都宮家）物頭。別に馬廻り役の記載あり。「豊州治覧」には姓を椎井とある。『築上郡志』『築上郡史』「宇都宮文書」

碓井五左衛門（**唯井五左衛門**）▽うすいござえもん（ただいござえもん）
「城井軍記」「家臣名付」「豊州治覧」等に記された城

井鎮房時代の家臣。城井家（豊前宇都宮家）物頭。別に馬廻り役の記載あり。『築上郡志』「家臣名付」には唯井とある。『築上郡志』『築上郡史』「宇都宮文書」

碓井藤内▽うすいとうない
「城井軍記」「家臣名付」「豊州治覧」等に記された城井鎮房時代の家臣。城井家（豊前宇都宮家）馬廻り役。天正十七（一五八九）年、城井鎮房が中津城で欺かれて謀殺された時、随行先手として供をしていた他の家臣達とともに城内にて討ち取られた（城井鎮房の謀殺については、『築上郡志』収載の宇都宮系文書や豊前宇都宮一族の菩提寺月光山天徳寺では天正十七年としているが、『黒田家譜』等では天正十六年とされている）。「城井軍記実録」『城井闘諍記』『両豊記』『築上郡志』『築上郡史』「宇都宮史」

臼杵鑑景▽うすきあきかげ
⇩臼杵鑑速（うすきあきはや）

臼杵鑑続▽うすきあきつぐ
大友氏の家臣。太郎、三郎右衛門尉、安房守、前安房守。長景の子。鑑速の兄。臼杵水ヶ上城（臼杵市江無田）城主。大友氏の一族であった戸次氏の庶流。大友義鑑の時、志摩郡代柑子岳城（福岡市西区）城督となる。大友氏の筑前経営の拠点となった。大友家の外交事務を管掌して、享禄三（一五三〇）年以降、幕府・他大名との交渉の責任者となっている。天文五（一五三六）年八月から弘治三（一五五七）年六月まで義鑑・義鎮（宗麟）二代の大友家加判衆。永禄四（一五六一）年二月十五日死去。『戦国大名家臣団事典』『北九州戦国史史料集』

臼杵鑑速▽うすきあきはや
大友氏の家臣団。鑑景、四郎左衛門尉、越中守。長景の子。鑑続の弟。統景の父。大友戸次庶流。臼杵水ヶ上城（臼杵市江無田）城主。弘治三（一五五七）年十一月から天正三（一五七五）年五月まで大友義鎮（宗麟）の加判衆。吉岡長増・吉弘鑑理とともに豊後の「三老」と称された。外交事務を担当し、天文八（一五三九）年上洛して足利義晴に拝謁、永禄二（一五五九）年義鎮の肥前・豊前・筑前の守護職につき幕府に修礼している。永禄初年から元亀にかけては豊筑肥に出陣して毛利氏とその与党秋月・原田・高橋・立花氏と戦っている。これらの合戦において鑑速は戸次鑑連（立花道雪）、吉弘鑑理とともに大友軍の現地司令官を務めた。天正二年頃から息子の統景が父の代理として肥後に書状を送っている。臼杵市江無田にある鑑速の墓碑銘によれば、天正二年二月八日死去とあるが、「横岳文書」によれば、天正三年五月八日である。『戦国大名家臣団事典』「横岳文書」『北九州戦国史』『北九州戦国史史料集』

臼杵惟隆▽うすきこれたか
次郎。元暦元（一一八四）年七月六日、緒方惟栄から大将軍として八千余騎を引率し宮地に攻め入る。『宇佐郡記』『豊前古城誌』

臼杵惟長▽うすきこれなが
与太郎。大友親治に従って豊前に入り、宇佐郡安心院の尾立村の田畑・荒地二十八町歩分の知行を受けて尾立館を築いたという。また惟長は実如上人の弟子となり西福寺を建てたとあるが、詳細は不明。『日本城郭大系』

臼杵惟貫▽うすきこれぬき
『大宇佐郡史論』にいう准宇佐郡三十六伝の一人。尾立村仲下に居た。与太郎。惟長の孫。惟貫は田原親賢（紹忍）によって大友に仕え、天正十一（一五八三）年十月十八日、時枝氏と戦い元重で戦死した。『大宇佐郡史論』

臼杵鎮氏▽うすきしげうじ
大友方の柑子岳城（福岡市西区）城督。新介、進兵衛。元亀の頃（一五七〇－七三）、志摩地方の東の政所職を務め地方租税の徴収にあたったが、とかく私曲が多かったので民心を摑むことができず、原田方より、しばしばその隙をつかれた。元亀三年一月二十八日、池田河原で原田隆種に攻められ、こらえきれずに敗走。泊城（糸島市泊）に駆け入ろうとしたが、原田の追撃が急で万策尽きた鎮氏はついに郎党二十八人とともに土師の平等寺（糸島市潤）に入って自刃して果てた。『筑前戦国史』

臼杵鎮定▽うすきしげさだ
大友氏の家臣。右京亮。大友臼杵氏庶流。天正末期から大友義統の側近の一人として活躍した。天正十五（一五八七）年、義統から野津院の治安維持を命じられる。同十九年五月、竹田津氏とともに富来氏に台所方につき掟を伝達。九月、京都から帰国した義統夫人を警護。この頃、大友家の財政を担当していたとされる。文禄元（一五九二）年、朝鮮の役に従軍。文禄二年、義統堪忍衆の一人として山口に赴く。四年三月に義統に暇を乞い上洛。その後の消息は未詳。『戦国大名家臣団事典』

臼杵鎮理▽うすきしげただ（うすきしげまさ）
大友氏の家臣。四郎左衛門尉。天正十四（一五八六）年十二月頃から文禄二（一五九三）年まで大友義統の加判衆。天正十一年頃鎮理父子で日田・玖珠郡ほかの大坂普請夫をまとめた。十四、五年頃から寺領関係を扱っている。天正十五年頃にはキリシタンになっていた。『日本史（フロイス）』『戦国大名家臣団事典』

臼杵鎮続▽うすきしげつぐ

大友氏の家臣。新介、新介入道、紹冊。長景の子。監速の弟。立花道雪の伯父。臼杵鑑続の後を受け、志摩郡代柑子岳城（福岡市西区）城督となり、大友義鎮（宗麟）時代に活躍した。柑士岳城を拠点にして志摩郡衆との間に主従関係を結び、「新介与力被官」と呼ばれる一定の勢力を養った。主として筑前西部の経営にあたる。永禄十（一五六七）年九月、毛利方に通じた高祖城（糸島市高祖）の原田隆種に激しい攻撃を受けた。同十一年四月、立花鑑載の反乱討伐のため、大友義鎮の陣触れにより出陣したが、その留守中に原田隆種によって柑子岳城を乗っ取られた。その知らせを聞いた鎮続は、ただちに引き返して原田勢を追い出しこれを奪回した。永禄末頃から元亀年間に博多合戦・志摩郡の防衛に活躍し大友義鎮から感状を受ける。一方、元亀三（一五七二）年正月には原田隆種・親栄と争い、城督を免ぜられる。天正六（一五七八）年十一月、惣領臼杵統景の後見として日向遠征に従軍。十二日高城切岸の合戦において統景とともに戦死した。『筑前戦国史』『戦国大名家臣団事典』『北九州戦国史』

臼木下野守▽うすきしもつけのかみ

天正七（一五七九）年、大友義鎮（宗麟）が日向耳川の合戦にて敗れ諸国の大名が離反し、長岩城主の野仲鎮兼も大友氏に叛いた時、鎮兼に従った近郷の武士団の一人。臼木氏の代々の城であった臼杵城（臼杵市臼杵）に居城した。『豊前古城誌』『築上郡志』

臼杵高直▽うすきたかなお

文明、大永、天文、永禄年間に規矩郡内に割拠した。『築上郡志』

臼杵親連▽うすきちかつら

大友氏の家臣。安芸守。永正中期から天文中期まで筑前志摩郡代柑子岳城（福岡市西区）城督。郡代として筑前における博多津ほか大友領の管理を行い、対馬の宗氏を通じて朝鮮貿易を管掌した。『戦国大名家臣団事典』

臼杵長景▽うすきながかげ

大友氏の家臣。民部少輔。義直の子。大友戸次氏の庶流で臼杵庄水ヶ上城（臼杵市江無田）城主。永正十三（一五一六）年十二月から享禄元（一五二八）年十二月まで大友義鑑の加判衆。永正十七年頃筑後方分、享禄元年頃は速見郡山香郷代官であった。大永七（一五二七）年十月、佐伯惟治の乱に討伐軍の大将として出陣。攻めあぐみ、謀略により惟治を殺す。このため長景はのちに狂死したという。『戦国大名家臣団事典』

臼杵統景▽うすきむねかげ

大友氏の家臣。勝之太郎、少輔太郎。臼杵鑑速の嫡男で、鑑速の死後、臼杵家の家督を継ぐ。若年ながら文武に秀で田原親虎とともに大友義鎮（宗麟）にその才を愛された。とくに能は金春八郎の指導を受け、鼓を能くした。天正六（一五七八）年十一月、叔父鎮続の後見のもと第三軍の将として義鎮の日向遠征に従い、同十二日の高城切岸の合戦において一族被官とともに討死した。十八歳（一説に十七歳）。「大友興廃記」『戦国大名家臣団事典』

臼田美作守▽うすたみまさかのかみ

延徳四（一四九二）年三月、豊前国中の悪銭を取り締まる上毛郡段銭奉行。『大内氏実録』『築上郡史』

臼野宗久▽うすのむねひさ

蔵人。天文、永禄年間に下毛郡内に割拠した。旧下毛郡永添村に八並《やなみ》城を築城した。『豊前古城誌』『築上郡志』

失箱作右衛門▽うせはこさくえもん

宇都宮氏一族並びに「家臣名付」に記された宇都宮家家臣。城井家（豊前宇都宮家）馬廻り役。『築上郡志』

内尾市介▽うちおいちすけ

「城井軍記」「家臣名付」「豊州治覧」等に記された城井鎮房時代の家臣。『築上郡志』『築上郡史』「宇都宮文書」

内尾右京進▽うちおうきょうのしん

「城井軍記」「家臣名付」「豊州治覧」等に記された城井鎮房時代の家臣。『築上郡志』『築上郡史』「宇都宮文書」

内尾雅楽允▽うちおうたのじょう

麻生氏の一族であった内尾帯刀が深水村に築いた甲野城に享禄（一五二八－三二）の頃に居城した。『豊前古城誌』

内尾兼元▽うちおかねもと

元亀、天正年間に上毛郡内に割拠した。叶松城主。親賢の嫡男。藤太郎、主水佐。城井鎮房の挙兵時に呼応した国人。天正の頃（一五七三－九二）、叶松城は宇都宮一族の野仲鎮兼の抱城であった。天正七年、長岩城主野仲鎮兼は家臣として戦功があった内尾兼元を叶松城の城番とした。天正十五年、黒田孝高（如水）が豊前国東部六郡を統治すると、いったんは支配下に入った。しかし、天正十六年三月、兼元は日熊合戦に参戦し、観音原（福岡県築上郡大平村）の戦いで国人一揆連合軍として名をなしたが、ついに黒田軍に破れ、息女鶴千代を人質として黒田長政に降り開城した。「友枝文書」『築上郡志』「宇都宮史」

内尾勘介▽うちおかんすけ
「豊前（内尾）友枝文書」の中に弘治三（一五五七）年九月二十四日付で、内尾勘介と伊藤又次郎の両名に対する野仲鎮兼の感状と、五月三日付、大内輝弘家臣連署状が残る。「豊前友枝（内尾）文書」『豊前市史・文書資料』

内尾公重▽うちおきみしげ
掃部助。旧宇佐郡長峰村清水に丸尾城を築いた。『宇佐郡誌』

内尾公豊▽うちおきみとよ
内尾公吉の次子。但馬守。元亀三（一五七二）年六月一日没。『豊前古城誌』

内尾公吉▽うちおきみよし
麻生氏の一族であった内尾帯刀が深水村に築いた甲野城に享禄の頃（一五二八－三二）居城した。式部。内尾雅楽允の子。事をもって麻生家を恨み、横山、川内等と謀り罪を数えて主家大友氏に訴えた。『豊前古城誌』

内尾伊貞▽うちおこれさだ
内尾公豊の子。民部烝。文禄の役に望んだ。『豊前古城誌』

内尾左近尉▽うちおさこんのじょう
内尾孫三郎の子。丸尾城に父とともに天正の頃（一五七三－九二）まで居城した。『宇佐郡誌』

内尾式部▽うちおしきぶ
麻生郷の名主の一人。文亀元（一五〇一）年十月十一日、麻生郷の十五名主の一人として連判して領地を御霊八幡に奉納す。その意味するところは、麻生郷の名主として麻生家の幕下に属すことを誓約して連判したものである。『豊前古城誌』

内尾式部少輔▽うちおしきぶしょうゆう
麻生親政の家臣。内尾公吉の次子。親政は人質に出していた実子、統重が無念にも切腹したことに遺恨を抱き、大友氏にそむく。この時、城主と一味同心して大友氏の大将、田原親賢（紹忍）の軍勢と戦ったが、落城にいたり討死した。『両豊記』『豊前古城誌』

内尾重住▽うちおしげすみ
叶松城主。勘助、伊豆守。はじめ大内氏に仕え、永禄十二（一五六九）年頃より、長岩城主野仲鎮兼の家臣となり、各所を転戦して戦功をあげた。『友枝村誌』

内尾帯刀▽うちおたてわき
麻生家の一族。下毛郡深水村に甲野城を築く。天正七（一五七九）年、大友義鎮（宗麟）が日向耳川の合戦にて敗れ諸国の大名が離反し、長岩城主の野仲鎮兼も大友氏に叛いた時、鎮兼に従った近郷の武士団の一人。『豊前古城誌』

内尾帯刀▽うちおたてわき
⇩内尾久重（うちおひさしげ）

内尾親賢▽うちおちかかた
天文の頃（一五三二－一五五）、宇都宮一族の長岩城主、野仲鎮兼の抱城であった叶松城の城主。伊豆守。天正の頃（一五七三－九二）は、息子の内尾兼元が叶松城に居城した。内尾氏は野仲氏より出る。天文八年、鎌倉より鶴岡八幡宮を勧請して東上村に八社大神宮を造営した。「宇都宮史」『築上郡志』「豊前友枝（内尾）文書」『豊前市史・文書資料』

内尾藤太郎▽うちおとうたろう
⇩内尾兼元（うちおかねもと）

内尾彦五郎▽うちおひこごろう
叶松城主であった内尾親賢の次男。天正七（一五七九）年、城井、仲八屋両氏が友枝地方に侵攻するや、父親賢、兄兼元とともに防戦に努めた。天正十年、香春岳城主の高橋元種の軍兵が友枝に侵攻した際も、兼元とともに防戦し戦功をあげた。『友枝村誌』

内尾久重▽うちおひさしげ
清水村城主。掃部頭。天正十四（一五八六）年、大友義統の土井城攻めに参戦し、土井城主佐野親重と組み討ちになり、これを討ち取った。『豊前志』『日本城郭大系』『豊前古城誌』『築上郡志』

内尾孫左衛門▽うちおまごさえもん
「城井軍記」「家臣名付」「豊州治覧」等に記された城井鎮房時代の家臣。物頭。宇都宮大和守信房公七百五十遠諱の大祭が明治四十二年に挙行された際に、宇都宮家菩提寺天徳寺藤原賢然住職等が編集した「宇都宮家故舊重臣の後裔」の姓名録にもその名が見える。「宇都宮家故舊重臣の後裔」『築上郡志』『築上郡史』「宇都宮文書」『城井闘諍記』『太宰管内志』

内尾孫三郎▽うちおまごさぶろう
丸尾城に天正の頃（一五七三－九二）まで居城した。

『宇佐郡誌』

内尾孫八▽うちおまごはち
大内義隆の家臣。大内氏に降り、義隆より高尾山城を預かる。麻生氏の一族であった内尾帯刀が深水村に築いた甲野城に嘉吉の頃（一四四一－四四）に居城した。『豊前古城誌』

内尾政高▽うちおまさたか
「城井軍記」「家臣名付」「豊州治覧」等に記された城井鎮房時代の家臣。『築上郡志』『築上郡史』「宇都宮文書」

内尾道貞▽うちおみちさだ
次郎左衛門、治郎左衛門。赤尾種綱の子。丸尾城に天正の頃（一五七三－九二）まで居城した。『宇佐郡誌』

内尾頼長▽うちおよりなが
弥左衛門。宇都宮氏一族並びに「家臣名付」に記された宇都宮家家臣。城井家（豊前宇都宮家）馬廻り役。『築上郡志』

内蔵種久▽うちくらたねひさ
若狭守。「城井軍記」「家臣名付」「豊州治覧」等に記された城井鎮房の挙兵時の家臣。城井家（豊前宇都宮家）家老。『築上郡志』『築上郡史』「宇都宮史」

内田氏胤▽うちだうじたね
応永、正長年間に田河郡内に割拠した。三郎。応安四・建徳二（一三七一）年、菊池氏追討のために今川貞世が大内義弘を差し向け、四月に仲津郡鶴の港（今川付近）に着岸した際、多くの給人とともに馳せ参じた。応永六（一三九九）年正月、大内盛見は伊田原に在陣した時に近辺の諸城は降参し、あるいは開け去って攻めないまま城を抜いた。氏胤は大坂山城の西郷盛正や近隣の城主とともに打ち連れて降礼に努め、名馬酒肴等を進呈して、さらに人質に起請文を添えた。これに対して大内盛見は大いに喜んで饗餐して、引き出物を出して居城へ帰した。『応永戦覧』『築上郡史』『築上郡志』

内田氏利▽うちだうじとし
兵衛尉。応永、正長年間に田河郡内に割拠した。応永六（一三九九）年正月、大内盛見は伊田原に在陣した時に近辺の諸城は降参し、あるいは開け去って攻めないまま城を抜いた。氏利は内田氏胤や近隣の城主とともに打ち連れて降礼に努め、名馬酒肴等を進呈して、さらに人質に起請文を添えた。これに対して大内盛見は大いに喜んで饗餐して、引き出物を出して居城へ帰した。『応永戦覧』『築上郡史』『築上郡志』

内田新十郎▽うちだしんじゅうろう
大分県海部郡佐賀関を根拠とする、大友海部軍の一族。永禄十二（一五六九）年八月九日、周防秋穂浦に於いて大友義鎮（宗麟）が若林鎮興の軍忠状に証判を与えた文書の中に名が見える。「若林文書」『大友宗麟資料集』『北九州戦国史史料集』

内野茂右衛門▽うちのしげえもん
天正十五（一五八七）年、豊臣秀吉の島津征伐の時、城井朝房の五百人の兵とともに従軍して先駆となった。その戦役でもっとも戦功があった一人。『築上郡志』「宇都宮史」

宇都宮明綱▽うつのみやあきつな
下野宇都宮氏第十五代当主。兵部少輔。寛正三（一四六二）年十二月一日、明綱は嗣子がいなかったので、芳賀成時の長子正綱を養嗣とした。明綱は寛正四年十一月十三日没。「宇都宮史」『築上郡志』

宇都宮有房▽うつのみやありふさ
⇩城井有房（きいありふさ）

宇都宮家綱▽うつのみやいえつな
⇩城井家綱（きいいえつな）

宇都宮家尚▽うつのみやいえひさ
⇩城井家尚（きいいえひさ）

宇都宮堂房▽うつのみやいえふさ
⇩城井堂房（きいいえふさ）

宇都宮興綱▽うつのみやおきつな
下野宇都宮氏第十九代当主。弥四郎、三郎左衛門。天文五（一五三六）年八月十六日、屠腹して死す。享年は二十一と五十九の説がある。「宇都宮史」『築上郡志』

宇都宮興房▽うつのみやおきふさ
⇩深水興房（ふかみおきふさ）

宇都宮景隆▽うつのみやかげたか
修理進。建武元（一三三四）年、父景経とともに小倉城に在城中、規矩郡の長野七郎に攻められ、景経とともに奮戦したがついに自害した。『築上郡志』「宇都宮史」

宇都宮景忠▽うつのみやかげただ
⇩伝法寺景忠（でんぽうじかげただ）

宇都宮景経▽うつのみやかげつね
土佐守。建武元（一三三四）年、小倉城に在城中、規

矩郡の長野七郎に攻められ、子景隆とともに奮戦したがついに自害した。『築上郡志』「宇都宮史」

宇都宮景長▽うつのみやかげなが
⇩城井景長（きいかげなが）

宇都宮景房▽うつのみやかげふさ
⇩城井景房（きいかげふさ）

宇都宮兼綱▽うつのみやかねつな
天文、永禄年間に宇佐郡に割拠した。『築上郡志』「宇都宮史」

宇都宮公綱▽うつのみやきみつな
下野宇都宮氏第九代当主。城井守綱（冬綱）の兄。家綱の実父。因幡守。楠木正成に「坂東一の弓取り」と評され武勇を誇った。観応元・正平五（一三五〇）年十二月十二日、足利尊氏によって豊前国元水村、同伊加庄、肥後の岩野村、同木葉村の四カ所を給して地頭職に任命された。「佐田文書」『築上郡志』「宇都宮史」

宇都宮公信▽うつのみやきみのぶ
⇩如法寺公信（ねほうじきみのぶ）

宇都宮小法師▽うつのみやこぼうし
筑後国松門寺（久留米市田主丸町）の地頭。豊前国守護職、大内義弘の節度を受ける。『築上郡史』「宇都宮史」『築上郡志』

宇都宮重綱▽うつのみやしげつな
⇩城井重行（きいしげゆき）

宇都宮鎮房▽うつのみやしげふさ
⇩城井鎮房（きいしげふさ）

宇都宮重行▽うつのみやしげゆき
⇩城井重行（きいしげゆき）

宇都宮末房▽うつのみやすえふさ
⇩城井朝末（きいともすえ）

宇都宮資信▽うつのみやすけのぶ
⇩如法寺資信（ねほうじすけのぶ）

宇都宮宗円▽うつのみやそうえん
藤原宗円。宇都宮氏初代当主。城井信房の祖父。宇都宮大明神の座主栗田関白藤原道兼（道長の兄）の曾孫。「宇都宮史」『築上郡志』

宇都宮高房▽うつのみやたかふさ
⇩城井守綱（きいもりつな）

宇都宮隆房▽うつのみやたかふさ
⇩城井隆房（きいたかふさ）

宇都宮孝義▽うつのみやたかよし
宇都宮一族。香春岳城主。建久三（一一九二）年、豊前国守護職についた城井信房は香春庄司として一族の宇都宮孝義を任命して香春岳城に在城させた。『田川市誌』

宇都宮弾正少弼▽うつのみやだんじょうしょうひつ
建武三・延元元（一三三六）年、筑前多々良浜の合戦において足利尊氏に従って戦った。「宇都宮史」『築上郡志』

宇都宮親実▽うつのみやちかざね
⇩山田親実（やまだちかざね）

宇都宮親綱▽うつのみやちかつな
⇩城井親綱（きいちかつな）

宇都宮土若麿▽うつのみやつちわかまろ
宇和島市吉田町の浄土真宗大楽寺に伝わる豊前宇都宮氏系図によれば、城井氏（豊前宇都宮氏）第十六代当主鎮房の第三子とある。また大楽寺の「堂房系図」によれば、のち池孫九郎と改称したとある。「宇都宮史」『築上郡志』

宇都宮綱房▽うつのみやつなふさ
因幡守。建久の頃（一一九〇－九九）、城井信房によって旧宇佐郡佐田村に配置され佐田村城を築城し、以後、その子孫が代々居城した。『豊前志』「宇都宮史」『築上郡志』「宇都宮系図」

宇都宮経房▽うつのみやつねふさ
⇩城井経房（きいつねふさ）

宇都宮俊明▽うつのみやとしあき
⇩城井俊明（きいとしあき）

宇都宮俊房▽うつのみやとしふさ
⇩城井俊房（きいとしふさ）

宇都宮朝末▽うつのみやともすえ
⇩城井朝末（きいともすえ）

宇都宮朝房▽うつのみやともふさ

⇩城井朝房（きいともふさ）

宇都宮豊綱▽うつのみやとよつな

大洲城（大洲市道後町）城主。伊予宇都宮氏は、城井氏（豊前宇都宮氏）第六代守綱（冬綱）の弟豊房が祖。豊綱は遠江守を称し、土佐一条氏の力を頼みにして、北隣の湯月城（松山市道後町）城主河野通宣を圧迫していた。毛利元就は、厳島の戦いに村上武吉の率いる河野水軍の援助があってこそ、勝利を得たので、元就の娘婿宍戸隆家の長女を河野通宣に嫁がせて姻戚関係を結んでいた。毛利氏としては、尼子氏を滅ぼし、筑前に於いては毛利の味方立花・宝満城の救援のため、重大な時期であったが、通宣の要請により援軍を派遣して、永禄十一年五月豊綱を降伏させ、凱旋した。『北九州戦国史』

宇都宮豊房▽うつのみやとよふさ

⇩城井豊房（きいとよふさ）

宇都宮直重▽うつのみやなおしげ

⇩城井直重（きいなおしげ）

宇都宮直綱▽うつのみやなおつな

⇩城井直綱（きいなおつな）

宇都宮直藤▽うつのみやなおふじ

五郎、新河左衛門。至徳三・元中三（一三八六）年七月四日卒す。「宇都宮史」『築上郡志』

宇都宮仲房▽うつのみやなかふさ

⇩城井仲房（きいなかふさ）

宇都宮長房▽うつのみやながふさ

⇩城井長房（きいながふさ）

宇都宮信景▽うつのみやのぶかげ

⇩城井信景（きいのぶかげ）

宇都宮信定▽うつのみやのぶさだ

⇩西郷信定（さいごうのぶさだ）

宇都宮信綱▽うつのみやのぶつな

⇩城井信綱（きいのぶつな）

宇都宮信範▽うつのみやのぶのり

『太宰管内志』引用の「城井宇都宮系図」に見える。新左衛門。『築上郡史』「宇都宮史」『築上郡志』

宇都宮春房▽うつのみやはるふさ

⇩城井春房（きいはるふさ）

宇都宮信房▽うつのみやのぶふさ
⇩城井信房（きいのぶふさ）

宇都宮信政▽うつのみやのぶまさ
⇩如法寺信政（ねほうじのぶまさ）

宇都宮範景▽うつのみやのりかげ
⇩城井範景（きいのりかげ）

宇都宮範綱▽うつのみやのりつな
⇩城井範綱（きいのりつな）

宇都宮播磨守▽うつのみやはりまのかみ
応永の頃（一三九四－一四二八）、馬場城主として居城した。応安四・建徳二（一三七一）年、菊池氏追討のために今川貞世が大内義弘を差し向け、四月に仲津郡鶴の港（今川付近）に着岸した際、多くの給人とともに馳せ参じた。『築上郡史』「宇都宮史」『築上郡志』

宇都宮尚直▽うつのみやひさなお
⇩城井尚直（きいひさなお）

宇都宮久信▽うつのみやひさのぶ
⇩如法寺久信（ねほうじひさのぶ）

宇都宮秀直▽うつのみやひでなお
⇩城井秀直（きいひでなお）

宇都宮秀房▽うつのみやひでふさ
⇩城井秀房（きいひでふさ）

宇都宮弘尭▽うつのみやひろたか
⇩城井秀房（きいひでふさ）

宇都宮房家▽うつのみやふさいえ
⇩城井房家（きいふさいえ）

宇都宮房政▽うつのみやふさまさ
⇩広津房政（ひろつふさまさ）

宇都宮冬綱▽うつのみやふゆつな
⇩城井守綱（きいもりつな）

宇都宮正綱▽うつのみやまさつな
下野宇都宮氏第十五代当主。明綱の養子。父は芳賀成時。太郎丸、四郎。寛正五（一四六四）年正月十三日、

宇佐宮の社務職となる。「宇都宮史」『築上郡志』

宇都宮正綱▽うつのみやまさつな
⇩山田正綱（やまだまさつな）

宇都宮政房▽うつのみやまさふさ
⇩山田政房（やまだまさふさ）

宇都宮正房▽うつのみやまさふさ
⇩城井正房（きいまさふさ）

宇都宮通房▽うつのみやみちふさ
⇩城井通房（きいみちふさ）

宇都宮光綱▽うつのみやみつつな
「宇都宮系図」では十五世とある。内記兵衛。天正六（一五七八）年十一月十二日日向の耳川の戦いで戦死。二十五歳。法名は徳相院華運昌居士。「宇都宮文書」「宇都宮系図」

宇都宮守綱▽うつのみやもりつな
⇩城井守綱（きいもりつな）

宇都宮盛綱▽うつのみやもりつな
⇩城井盛綱（きいもりつな）

宇都宮盛直▽うつのみやもりなお
⇩城井盛直（きいもりなお）

宇都宮盛房▽うつのみやもりふさ
⇩城井盛房（きいもりふさ）

宇都宮師房▽うつのみやもろふさ
⇩城井師房（きいもろふさ）

宇都宮泰景▽うつのみややすかげ
⇩佐田泰景（さたやすかげ）

宇都宮大和八郎左衛門尉
▽うつのみややまとはちろうさえもんのじょう
観応二・正平六（一三五一）年九月三日「某軍勢催促状写」では、宇都宮大和八郎左衛門尉に「豊前国凶徒誅伐」のために岩松左近衛将監の指揮下で出勤するように命じている。宇都宮大和八郎左衛門尉は大和守頼房の子と推定されている。『中世武士団・鎮西宇都宮氏の研究Ⅱ』

宇都宮頼房▽うつのみやよりふさ
⇩城井頼房（きいよりふさ）

内海三河守▽うつみみかわのかみ

宇都宮氏一族並びに「家臣名付」に記された宇都宮家家臣。城井家（豊前宇都宮家）馬廻り役。宇都宮大和守信房公七百五十遠諱の大祭が明治四十二年に挙行された際に、宇都宮家菩提寺天徳寺藤原賢然住職等が編集した「宇都宮家故舊重臣の後裔」の姓名録に名がある。「宇都宮家故舊重臣の後裔」『築上郡志』

宇野平吉▽うのへいきち

大内義弘の旗下。応永六（一三九九）年正月四日、城主が敗走した障子ヶ岳城の落城を決定づけるため、援兵の要請を陶筑前守から受けた大内義弘は、兵三万騎を兵船四百余艘に乗せ大内盛見を豊前に遣わせた。その際に従軍した一人。大内盛見の岩石城攻城にも参陣した。『応永戦覧』

馬屋原元有▽うまやはらもとあり

元亀、天正年間に田河郡内に割拠した。毛利元就の家臣。左馬之助。城将であった小早川義平の病死後、田河郡大内田村の戸代山城に居城した。『築上郡史』には豊臣秀吉の九州征伐軍に降り、城は破却されたとあり、『太宰管内志』によれば、元有は秀吉の御料を蒙り、黒田甲斐守を頼って降参を乞う、しかし御許容なく、これによって元有は自害して戸城城主は廃絶したとある。

『築上郡史』『築上郡志』『豊前志』『太宰管内志』

梅月弥次郎▽うめつきやじろう

「城井軍記」「家臣名付」「豊州治覧」等に記された城井鎮房の挙兵時の家臣。城井家（豊前宇都宮家）物頭（別に馬廻り役の記載あり）。『築上郡志』『築上郡史』「宇都宮文書」

宇目兵大夫▽うめへいだゆう

麻生親政の家臣。親政は人質に出していた実子、統重が無念にも切腹したことに遺恨を抱き、大友氏にそむく。この時、城主と一味同心して大友氏の大将、田原親賢（紹忍）の軍勢と戦った。『両豊記』『豊前古城誌』

浦上宗鉄▽うらかみそうてつ

大友氏の家臣団の一人。実名は未詳。左京入道、長門入道。宗鉄・校肩斎・道冊と称した。永禄末年から文禄初年までその名が見られる。大友義鎮（宗麟）・義統に重用され、つねに側近にあり、軍事・行政・外交等あらゆる事柄に関与した。天正十六（一五八八）年二月、義統に従って上坂し、秀吉に謁見。天正十八年頃には加判衆格の書状を発している。文禄元（一五九二）年の朝鮮の役出征にあたっては御留守衆として豊後に残った。『戦国大名家臣団事典』

占部右馬助▽うらべうまのすけ
⇩占部尚持（うらべなおもち）

占部貞保▽うらべさだやす
宮菊丸。筑後守。桓武平氏千葉氏の末裔。八郎。永禄三（一五六〇）年八月十七日、許斐岳城防衛で討死した尚持の子。永禄十二年、毛利に味方して長尾原に戦う。天正十四（一五八六）年、宗像氏貞が没して、同十五年秀吉の九州征伐後、宗像領を筑後に与えられたが、貞保は浪人した。その子、末保は黒田家に仕えたが、寛永九（一六三二）年禄を辞して宗像郡に籠居した。『北九州戦国史』

占部尚持▽うらべなおもち
宗像大宮司家の世臣。桓武平氏千葉氏の末裔。尚安の嫡男。甲斐守。右馬助。弘治二（一五五六）年正月十九日、宗像家臣寺内備後守等は、尚持に対し、弘治元年七月七日筑前許斐岳攻略の戦功を賞した。同年十月、父と共に毛利元就に通じ、厳島合戦に参加。永禄二（一五五九）年九月、立花鑑載等大友勢のため、大島に逃れるが、同三年三月（四月の説もあり）許斐岳城を奪回した。同年八月、大友勢の来襲を撃退したが、重傷を負い八月十七日死去。『北九州戦国史』「新撰宗像記考証」『北九州戦国史史料集』

浦宗勝▽うらむねかつ
⇩乃美宗勝（のみむねかつ）

瓜田春永▽うりたはるなが
宇都宮家の家臣。讃岐守。広幡山城の城代となる。「宇都宮文書」の豊前知行御領之衆の中では広幡城主、今高二千七百石とある。黒田家に内通し城井城への嚮導をなした。『豊前志』『築上郡志』「宇都宮文書」

閏津高衡▽うるつたかひら
宇留津城を築城し、初期の頃、城主として居城した。日向守。『豊前志』

上井覚兼▽うわいかくけん
薩摩島津氏の島津家久の部将。為兼、神五郎、神左衛門、仲左衛門、伊勢守、休安、一超宗咄庵主と称す。天文十四（一五四五）年に生まれる。父は薫兼。大隅上井を領し、辺田七人衆の一人。祖父為秋が天文十七年、島津貴久に降り、同二十二年父薫兼は永吉地頭となり、その地を本領とした。天正元（一五七三）年、島津義久の奏者となり、天正四年より同十五年まで老中。この間、天正六年の日向石城攻め、同貴城攻めで軍功を上げた。天正九年より肥後から筑前に出陣し、同十四年には岩屋城（太宰府市観世音寺）攻めで負傷した。天正十四年、島津家久と諸将一万余の将兵とともに豊後領に侵入、朝日岳城（佐伯市）を守る大友家の将、柴田紹安を内応させ、その後、三重郷の松尾山（豊後大野郡三重町）に本陣を置いた。さらに緒方、野津院の大友方の属城を降して佐伯地方を制圧するため、佐伯惟定が守る栂牟礼城（佐伯市）を攻めたが、惟定は果敢に戦ったために撃退された。天正十五年家久と共に羽柴秀長に降和、伊集院（日置市）に隠棲。同十七年に病没した。四十五歳。この間、義久の側近として政務に務め、『伊勢守心得書』や『上井覚兼日記』を書き残した。『九州戦国合戦記』『上井覚兼日記』『戦国大名家臣団事典』

江河主水▽えがわもんど

麻生郷の名主の一人。文亀元（一五〇一）年十月十一日、麻生郷の十五名主の一人として連判して領地を御霊八幡に奉納す。その意味するところは、麻生郷の名主として麻生家の幕下に属すことを誓約して連判したものである。『豊前古城誌』

江熊伊豆守▽えぐまいずのかみ

宇佐氏の分流。江熊城主。天正年間（一五七三－九二）に江熊城に居城した。天正十五年、豊臣秀吉の臣三好秀次の軍に従い島津軍を追討した。天正十七年、黒田氏の豊前入部によって城地を没収された。『日本城郭大系』『豊前古城誌』

江島公綱▽えじまきみつな

天文、永禄年間に宇佐郡内に割拠した。「宇都宮史」

江島義資▽えじまよしすけ

永享、応仁年間に田河郡内に割拠した。『築上郡志』

江田定世▽えださだよ

大内義弘の旗下にある備後国の住人。太郎。応永六（一三九九）年正月四日、城主が敗走した障子ヶ岳城の落城を決定づけるため、援兵の要請を陶筑前守から受けた大内義弘は、兵三万騎を兵船四百余艘に乗せ大内盛見を豊前に遣わせた。その際に従軍した一人。また岩石城を攻略する大内氏総大将大内盛見の軍勢に従い、備後勢九千余騎とともに大手搦め手からの第二陣を務めた一人。『応永戦覧』『太宰管内志』

越中盛次▽えっちゅうもりつぐ

保元二（一一五七）年、平清盛は、太宰大弐に任ぜられると、「西海の権」を握る素地として、平家一族の越中次郎兵衛盛次に田河郡香春岳鬼ヶ城を築かせて、彼に守らせた。次郎兵衛。『田川市誌』

衛藤尾張守▽えとうおわりのかみ
「大友家文書録」の永禄十一（一五六八）年八月に、立花鑑載旧臣に衛藤尾張守とあり、永禄十一年九月三十日、大友義鎮（宗麟）書状に「高橋鑑種家臣衛藤尾張守」とある。立花鑑載が滅亡後に高橋鑑種に仕えたのであろうか。『北九州戦国史』

衛藤尾張守▽えとうおわりのかみ
原田家の家臣。永禄十二（一五六九）年八月、大友方の戸次、臼杵、吉弘の軍勢と戦い、筥崎（福岡市東区）付近で討死した。『筑前戦国史』

衛藤左衛門尉▽えとうさえもんのじょう
天文元（一五三二）年十一月、大友氏は大内方として宇佐郡の佐田朝景が籠る妙見岳城を攻めた。その時に妙見岳合戦に動員されて出陣した大友方の一人。『豊前市史』『増補訂正編年大友史料併大分県古文書全集第16』『大分県の歴史』

衛藤秀重▽えとうひでしげ
『大宇佐郡史論』にいう准宇佐郡三十六伝の一人。弥三郎。祖先が豊後国院内恒松の中山に来住していた。永禄、天正年間に秀重は大友氏に忠勤を尽くした。子孫は滝貞氏となり庄屋となった。『大宇佐郡史論』

榎本大隅▽えのもとおおすみ
宇都宮大和守信房公七百五十遠諱の大祭が明治四十二年に挙行された際に、宇都宮家菩提寺天徳寺藤原賢然住職等が編集した「宇都宮家故舊重臣の後裔」の姓名録にその名が見える。「宇都宮家故舊重臣の後裔」

榎本吉衡▽えのもとよしひら
大隅守。「城井軍記」「家臣名付」「豊州治覧」等に記された城井鎮房の挙兵時の家臣。城井氏（豊前宇都宮氏）馬廻り役。『築上郡史』『築上郡志』「宇都宮史」

恵良和泉守▽えらいずみのかみ
羽馬礼村城主。天文の頃（一五三二—五五）、この城に居城した。『豊前古城誌』

恵良右馬助▽えらうまのすけ
下恵良城主恵良頼盛の嫡男。恵良鎮実の父親。下恵良城を居城とした。『日本城郭大系』

恵良左京亮▽えらさきょうのすけ
羽馬礼村城主。大内氏の家臣。この城を築城した。『豊前古城誌』

恵良左京亮▽えらさきょうのすけ

下恵良村城に在城した。『豊前古城誌』

恵良三郎▽えらさぶろう

「恵良文書」によれば、天文十二（一五四三）年五月九日に出雲宍道において父隠岐守が討死したこと、戦功の働きがあったと天文十七年四月二十八日、大内義隆の恵良三郎あての感状を受けた。『豊前志』「恵良文書」『豊前古城誌』

恵良鎮実▽えらしげざね

恵良右馬助の子。恵良氏の居城は下恵良城であったが、鎮実になって西恵良城を居城とした。『日本城郭大系』

恵良清三郎▽えらせいざぶろう

下恵良城主恵良頼盛の次男。兄は右馬助。『日本城郭大系』

恵良信勝▽えらのぶかつ

恵良盛綱の子。西恵良城城主。天文十二（一五四三）年父より家督を相続した。『日本城郭大系』

恵良盛綱▽えらもりつな

天文、永禄年間に宇佐郡内に割拠した。西恵良城城主。天文十二（一五四三）年、恵良盛綱は大内義隆の尼子攻めに従軍した。同年、盛綱は家督を子の信勝に譲った。『築上郡志』『日本城郭大系』

恵良頼盛▽えらよりもり

若狭守。大永年間から天文年間の間に下恵良城を築城した。大内氏に属した。『日本城郭大系』

遠藤吉兵衛▽えんどうきちべえ

宇都宮大和守信房公七百五十遠諱の大祭が明治四十二年に挙行された際に、宇都宮家菩提寺天徳寺藤原賢然住職等が編集した「宇都宮家故舊重臣の後裔」の姓名録にその名が見える。「宇都宮家故舊重臣の後裔」

遠藤貞信▽えんどうさだのぶ

「城井軍記」「家臣名付」「豊州治覧」等に記された城井鎮房の挙兵時の家臣。城井家（豊前宇都宮家）馬廻り役。「家臣名付」には名を貞信とある。吉兵衛。天正十七（一五八九）年、城井鎮房が中津城で欺かれて謀殺された時、随行先手として供をしていた他の家臣達とともに城内にて討ち取られた（城井鎮房の謀殺については、『築上郡志』収載の宇都宮系文書や豊前宇都宮一族の菩提寺月光山天徳寺では天正十七年としているが、『黒田家譜』等では天正十六年とされている）。「城井軍記実録」『城井闘諍記』『両豊記』『築上郡史』『太宰管内志』『築上郡志』「宇都宮史」

遠藤継能▽えんどうつぐよし

「城井軍記」「家臣名付」「豊州治覧」等に記された城井鎮房の挙兵時の家臣。源兵衛尉。川底甫房の抱城であった下川底村の海老名城に居城した。城井家（豊前宇都宮家）馬廻り役。『築上郡志』には原兵衛とある。天正十四（一五八六）年十一月の如法寺庄川の防戦の時に津野田軍兵衛尉に討ち取られた。『築上郡志』『築上郡史』「宇都宮文書」『鎮西宇都宮氏の歴史』『城井闘諍記』『太宰管内志』

遠藤房勝▽えんどうふさかつ

元亀、天正年間に田河郡内に割拠した。孫六（郎）。『門司・小倉の古城史』には、応永年間（一三九四－一四二八）に大館盛貞の後に、遠藤石見守房司と共に茶臼山城（海老野城）に在城したとあり、『築上郡史』では、「満光寺文書」に海老野城主、今高三千八百石とあるという。しかし「宇都宮文書」には天文年間（一五三二－五五五）の豊前知行御領衆の一人として、海老野の三千石を知行したとある。『築上郡志』『門司・小倉の古城史』『築上郡史』「宇都宮文書」

遠藤房司▽えんどうふさし

石見守。応永年間（一三九四－一四二八）、大館盛貞の後に遠藤房勝と共に茶臼山城に在城した。『門司・小倉の古城史』

遠入隠岐守▽えんにゅうおきのかみ

弘治の頃（一五五五－五八）、遠入氏代々の城であった樋田村城に居城した。天正七（一五七九）年、大友義鎮（宗麟）が日向耳川の合戦にて敗れ諸国の大名が離反し、長岩城主の野仲鎮兼も大友氏に叛いた時、鎮兼に従った近郷の武士団の一人。野仲氏の幕下に属し黒田勢に殺された。『豊前古城誌』『築上郡志』

延入佐渡守▽えんにゅうさどのかみ

宇都宮一族並びに「家臣名付」に記された功臣。城井鎮房挙兵時の部将。『築上郡史』

遠入中務烝▽えんにゅうなかつかさじょう

遠入隠岐守の子。弘治の頃（一五五五－五八）、遠入氏代々の城であった樋田村城に居城し、野仲氏の幕下に属した。『豊前古城誌』

遠入中孫烝▽えんにゅうなかまごのじょう

天正七（一五七九）年、大友義鎮（宗麟）が日向耳川の合戦にて敗れ諸国の大名が離反し、長岩城主の野仲鎮兼も大友氏に叛いた時、鎮兼に従った近郷の武士団の一人。『豊前古城誌』

延入六郎▽えんにゅうろくろう

豊前国の国人。建武三・延元元（一三三六）年、足利方として大友近江次郎以下の南朝方が籠城する豊後国玖珠城（玖珠郡玖珠町）を攻撃した時の「野仲道棟軍忠状」が「野仲文書」に記されている。この軍忠状の中に、野仲道棟とともに合戦に参加したとして名が見える。『中世武士団・鎮西宇都宮氏の研究Ⅱ』

近江内膳▽おうみないぜん

宇都宮氏一族並びに「家臣名付」に記された宇都宮家家臣。城井家（豊前宇都宮家）馬廻り役。『築上郡史』

太石太郎▽おおいしたろう

中島摂津守が謀叛を起こして大友勢と対峙し、小倉原に陣を張り皇后石（史跡・築上郡吉富町）に幡を挙げた時に、深水に出張り、毘沙門堂に陣を張った成恒氏の一族の一人。『豊前古城誌』

大分豊親▽おおいたとよちか

兵庫頭。応永六（一三九九）年二月二十二日、上洛していた大友親世が大友氏鑑を誅伐するべく手勢二千騎を率いた軍船にて豊後鶴崎に着岸すると、氏鑑が親世へ叛逆の兵を挙げた際に同心していた心を翻し、ほかの国人ら同様親世に降参した。『応永戦覧』

大岩伊豆守▽おおいわいずのかみ

『応永戦覧』によれば、応永五（一三九八）年十二月二十日、狸山での大友方長野修理大夫と大内勢の合戦において、大内勢の中に大岩伊豆守の名前が見える。『応永戦覧』『門司・小倉の古城史』

大内親治▽おおうちちかはる

明応七（一四九八）年から大内政弘の後を受けて豊前国守護職となる。筑後の守護職を兼務。『国別守護・戦国大名事典』

大内輝弘▽おおうちてるひろ

大内政弘の孫。父高弘は大内家二十五代大内義興の弟。四郎左衛門輝弘。大内義隆と対立して、父隆弘が家督争いで義興から殺された後、大友家を頼って豊後に亡命した。立花山城を取られた大友義鎮（宗麟）は、先に尼子勝久に出雲の富田城を攻撃させたが、更に大内輝弘を起用して、輝弘の軍勢を若林水軍で護送させ、山口に侵攻ることにした。永禄十二（一五六九）年十一月十二日、輝弘は山口に乱入したが間もなく部下が離反し、筑前より帰還した吉川、小早川の大軍が攻め寄せると聞き、ひとまず秋穂（吉敷郡秋穂町）まで来たが、舟が得られずやむなく茶臼山の山城に立て籠もった。しかし、同年十月二十五日、ついに元春の軍に攻め破られて自刃した。討死した部下は六百ともいう。『筑前戦国史』『北九州戦国史』

大内教弘▽おおうちのりひろ
嘉吉元（一四四一）年豊前国守護職となる。周防権守・大膳大夫。文安元（一四四四）年大友親繁と戦う。文安二年筑前立花城を落す。教弘は寛正四（一四六三）年に勃発した伊予国守護河野通春と管領細川勝元の合戦に通春を応援するために、寛正六年伊予国に出陣し、船中で倒れ、興居島（愛媛県松山市）にて死去した。『歴代鎮西要略』『行橋市史』『総合地方史大年表』

大内教幸▽おおうちのりゆき
掃部頭。大内盛見の嫡男。馬ヶ岳城主。文明元（一四六九）年少弐嘉頼、教頼の謀反に対して味方し城に籠もった。同年十二月二十三日、大内政弘の命を受けた長野五郎義信、千手信濃守冬通らに攻められ、子の加嘉丸、獅子丸を殺して自刃した。『門司・小倉の古城史』

大内晴英▽おおうちはるひで
⇩大内義長（おおうちよしなが）

大内弘暁▽おおうちひろあき
大内義弘の一族。応永六（一三九九）年正月四日、城主が敗走した障子ヶ岳城の落城を決定づけるため、援兵の要請を陶筑前守から受けた大内義弘は、兵三万騎を兵船四百余艘に乗せ大内盛見を豊前に遣わせた。その際に従軍した一人。『応永戦覧』

大内弘茂▽おおうちひろしげ
大内義弘の末弟。兄義弘が応永六（一三九九）年十二月二十二日、泉州堺にて幕府に謀反を起こし敗死した後、降参して将軍に下った。将軍義満は義弘の旧領豊、石、泉、紀四州を削り防長二州を弘茂に与えて、大内盛見を討たしめた。応永七年十一月七日、弘茂は京都を発し、周防山口に下ったので大内盛見は豊後に逃れた。翌八年十二月二十六日、盛見が豊後より大友氏の力を借りて長府に迫り、弘茂は四王寺山の毘沙門堂の戦いで破れて二十九日に敗死した。『応永戦覧』『築上郡史』『門司・小倉の古城史』『築上郡志』

大内弘春▽おおうちひろはる
文明、大永年間に田河郡内に割拠した。『築上郡志』

大内弘世▽おおうちひろよ

大内満盛の七代孫。弘幸の子。石見の国を領して防長石三州の太守となった。修理大夫。法名正寿院殿玄峰道階。居城を山口に築く。正四位上に叙せられ右近近衛少将に任じられ昇殿禁色を赦された。『応永戦覧』

大内政親▽おおうちまさちか

文明元（一四六九）年豊前に乱入す。文明九年六月、幕府から豊後・筑後の守護に任じ、本領・新領を安堵した。政親の妻弘子は、大内政弘の妹。『本耶馬溪町史』『中世北九州落日の譜　門司氏史話』

大内政弘▽おおうちまさひろ

大内氏第十四代当主。寛正六（一四六五）年父教弘の死去により家督を相続し、周防国、長門国、安芸国、石見国、豊前国、筑前国の六国の守護職となる。周防介・左京大夫。応仁元（一四六七）年一月、足利将軍義政の後継をめぐって弟義視と実子の義尚の間に後継問題が起こった。その頃、最も権勢のあった細川勝元と山名宗全の反目および斯波・畠山両家の相続争いがからみあって応仁の大乱となった。大内政弘は山名宗全の招きに応じて応仁元年八月に二万五千の大軍を率いて上京し、これにより山名氏の劣勢は一気に挽回された。政弘は文明九（一四七七）年まで前後十一年間山口を離れて京都に滞在した。この間、細川勝元は政弘の分国を攪乱し、これに呼応した大友親繁は自ら兵を率いて大内政弘勢の手薄な豊前国や筑前国などに攻め込んだ。東軍との単独講和を結んだ大内政弘は、文明八年北部九州に陣を取った少弐や大友勢などへの攻撃を本格化させた。文明十年頃、帰国した政弘は北部九州の分国の奪回に成功した。明応四（一四九五）年死去。法名真正。『行橋市史』

大内満弘▽おおうちみつひろ

大内氏の一族。大内義弘の弟。応永五（一三九八）年、兄の義弘の命により、大内盛見とともに九州に派遣されて菊池・少弐の乱において戦死した。『門司・小倉の古城史』

大内満世▽おおうちみつよ

永享五（一四三三）年京都に入るも、大内家雑掌安富定範に襲われて自殺した。『総合地方史大年表』

大内持盛▽おおうちもちもり

永享三（一四三一）年長門守護職となる。大内盛見が永享三年六月二十八日に筑前深江村での戦いで戦死の後、大内氏の家督を継いだ。『大内氏実録』によれば「豊前の杤網に居って家督を継ぎ、翌永享四年春二月十三日豊前を平定して長門に入部する」とある。その後、大内持世と持盛は大内家の家督を争った結果、永享五年四月、大内持世によって豊前篠崎（小倉北区）で大友方の持盛は討ち取られた。「満済准后日記」『総合地方史大年表』『応永戦覧』『門司・小倉の古城史』『大内氏実録』

大内持世▽おおうちもちよ
　永享年間から豊前国守護職となる。周防、長門、豊前、筑前の守護。小字は安幸丸または九郎と称す。左京大夫、修理大夫、刑部大夫。応永六（一三九九）年父義弘の戦死するや、年なお幼少なるために叔父盛見が家督を継ぐ。永享三年六月、盛見の敗死により、永享三（一四三一）年十月二十三日、幕府により盛見の家督を継いだ。四カ国の守護となる。左京大夫、修理大夫を歴て従四位上に叙せられた。永享五年四月八日、弟の持盛を誅して長門を併せ持った。同年八月、少弐満貞を糸島郡二丈岳城に追い詰めて、盛見の仇を討った。永享六年少弐嘉頼と筑前箱崎にて戦う。同年八月、少弐嘉頼を破る。永享九年一月に山口に凱旋した。嘉吉元（一四四一）年七月二十八日重創により死去す。四十八歳。法名道岩。「赤松記」『日本歴史人名辭典』「満済准后日記」『総合地方史大年表』『門司・小倉の古城史』『国別守護・戦国大名事典』

大内盛高▽おおうちもりたか
　大内義弘の一族。周防太郎。応永六（一三九九）年正月四日、城主が敗走した障子ヶ岳城の落城を決定づけるため、援兵の要請を陶筑前守から受けた大内義弘は、兵三万騎を兵船四百余艘に乗せ大内盛見を豊前に遣わせた。その際に従軍した一人。岩石城の攻略では葛城山より押し寄せる城攻めの手配りや、搦め手の諸大名へも軍使を隙間なく廻した。『応永戦覧』『太宰管内志』

大内盛見▽おおうちもりはる
　大内義弘の三男。周防・長門・豊前守護。修理大夫。応永五（一三九八）年兄義弘の命を受け、大将として軍勢三万余をもって同年正月六日、山口を発し、七日暮れ仲津郡鶴の港（今川付近）に在陣した。また同年十月、少弐・菊池の乱のため九州に出陣して、大友親世の協力により、菊池氏の八代城を陥落させ、少弐貞頼を秋月城に閉塞させ、戦乱を一応集結させた。応永六年、義弘が幕府に反対して堺で討たれ、大内弘茂が将軍義満から防長二州を与えられ盛見を追討したが、これを応永八年十二月弘茂を敗死させた。幕府は盛見を大内氏の跡取りと追認して防長、豊前、筑前の守護職として九州探題渋川満頼の後援をさせた。祝髪して大先道雄と号し後に徳雄と改めた。応永十五年左京大夫。応永三十二年十月二十八日少弐満貞を破る。永享三（一四三一）年六月二十八日、筑前深江村において少弐満貞・大友持直の連合軍と戦い討死にした。法名徳雄。『門司・小倉の古城史』『歴代

鎮西要略』『応永戦覧』『築上郡史』『大内氏実録』『総合地方史大年表』「満済准后日記」「宗像大宮司系譜」『国別守護・戦国大名事典』

大内義興▽おおうちよしおき
大内氏第三十代当主。中国地方の大名、幼名亀童丸、六郎。周防権介、政弘の嫡男として文明三（一四七一）年秋、父の病により家督を相続。左京大夫に任じ、周防・長門・豊前・筑前・石見の守護、のち山城と安芸守護を加える。明応九（一五〇〇）年、前将軍足利義稙（義尹）が義興を頼って山口に来ると、これを保護した。文亀三（一五〇三）年、大友氏の軍兵が籠る馬ヶ岳城を攻め落とした。永正五（一五〇八）年、義稙を擁して大軍を率いて京都に上ると、四月、将軍義澄と細川澄元は戦わず近江に走った。義興は義稙を復職させ自ら管領代として幕政を掌握し山城守護を兼ねた。大内氏の全盛時代である。永正六年から豊前国守護職、周防介・左京大夫。永正九年三月二十六日従三位に昇叙された。同十五年年管領代を辞して周防に帰り、大永元年、尼子経久の軍と戦った。享禄元（一五二八）年七月、安芸佐西郡門山城に病んで帰国を決し、十二月二十日山口にて没した。五十二歳。法名義秀。『戦国武将合戦事典』『行橋市史』『門司・小倉の古城史』『豊前志』『国別守護・戦国大名事典』

大内義国▽おおうちよしくに
豊後・大友氏第二十代太守義鑑の弟。重治、国武、義武、菊池十郎、左兵衛佐。肥後菊池氏を継ぐ。豊後に対してたびたび謀叛を起こす。大友義鎮（宗麟）はこれを責め、義国は剃髪して宗吟と号した。天文二十三（一五五四）年十一月、豊後木原にて自害した。『大分県郷土史料集成』

大内義隆▽おおうちよしたか
周防、長門、安芸、備後、石見と豊前、筑前の守護職。大内介。多々良朝臣。大内家第二十六代当主。先祖は百済の琳聖太子という。享禄元（一五二八）年から周防介・大宰少弐・左京大夫。天文三（一五三四）年四月、陶隆房をして宇佐郡より豊後を攻め大牟礼山合戦となった。義隆は、西日本最大の武将であったが、天文十一（一五四二）年出雲の尼子氏を攻めて敗軍して以来、政治・軍事を顧みず、諸芸文に打ち込んで、政務を重臣に任せたために領国は乱れ、ついに天文二十（一五五一）年九月一日、大内氏の武断派重臣であった陶隆房によって長門大寧寺で亡ぼされた。『北肥戦誌』『門司・小倉の古城史』「豊前国古城記」

大内義長▽おおうちよしなが
大内氏第三十二代当主。大友義鎮（宗麟）の弟。大友

義鑑の次男。童名塩乙丸、通称八郎、初名晴英。左京大夫、従五位下。大内義隆の猶子となる。将軍足利義晴より諱を賜り晴英を名乗り、相伴衆となった。天文十四（一五四五）年、義隆に実子の義尊が誕生したため、猶子関係を解消される。天文二十年、大内義隆と義尊が、重臣であった陶晴賢の謀叛により滅ぼされると、大内家の当主に擁立された。将軍足利義輝より諱字を賜り義長と改名した。弘治二（一五五六）年、陶晴賢が厳島において毛利元就に滅ぼされるや、弘治三年四月三日、覇権を狙う毛利元就から攻められ、長門国の長府（山口県下関市長府町）の長福寺（現在の長府功山寺）で攻撃方の福原貞俊から自刃を求められ、四月三日沐浴したのち自刃して果てた。これにより大内氏は滅亡した。『門司・小倉の古城史』

大内義弘▽おおうちよしひろ
和泉、周防、長門、安芸、備後、石見と豊前、筑前の守護職。左京大夫。大内家第二十代当主。応安七・文中三（一三七四）年、足利氏を扶けた功により、足利義満から豊前の守護職に補せられた。代々三韓の勘合符を職る。応永三（一三九六）年、今川貞世の跡を継ぎ九州探題となる。応永六年十二月二十二日、義弘は謀叛を起こして、和泉の堺で戦死した。法名道美。『築上郡史』『応永戦覧』『門司・小倉の古城史』『国別守護・戦国大名事典』

大江幸範▽おおえゆきのり
天文、永禄年間に下毛郡内に割拠した。『築上郡志』

大神右衛門▽おおがえもん
宇都宮家一族並びに「家臣名付」に記された城井鎮房挙兵時の家臣。『築上郡史』

大神兼増▽おおがかねます
右衛門大夫。元亀、天正年間に上毛郡内に割拠した。天正七（一五七九）年、大友義鎮（宗麟）が日向耳川の合戦にて敗れ諸国の大名が離反し、長岩城主の野仲鎮兼も大友氏に叛いた時、鎮兼の命を受けて野依左馬介兼基・森駿河守とともに長岩城の城番となった。「豊前友枝（内尾）文書」には、内尾伊豆守と窪田石見守宛ての大神兼増書状の文書が残る。『築上郡志』「豊前友枝（内尾）文書」『豊前市史』『豊前古城誌』

大神兼義▽おおがかねよし
天文、永禄年間に上毛郡内に割拠した。『築上郡志』

大神惟貞▽おおがこれさだ
元暦の頃（一一八四－八五）、豊後、緒方三郎惟伊が繋ぎの城を各所に築いた時、犬丸城を築いて、一族である大神惟貞を配置し守らせた。『豊前志』

大神惟道▽おおがこれみち
下唐原城主、宇佐因幡守清重の子。別の記には秋吉久利が居城したとある。右衛門大夫。天正の頃（一五七三―九二）、野仲氏に加わり合戦にて討死した。「豊前友枝（内尾）文書」には、天正八（一五八〇）年十一月九日、大神右衛門大夫宛ての野仲鎮兼感状の文書が残る。「豊前友枝（内尾）文書」『豊前市史・文書資料』

大神惟基▽おおがこれもと
出雲神族の出であり大神惟幾の子、妖怪伝説あり。『九州戦国合戦記』

大神親俊▽おおがちかとし
天文二十一（一五五二）年、豊前守護大内晴英（義長）から八幡宮大宮司職に補任され、社領の領掌を命じられた。『北九州戦国史史料集』

大方豊親▽おおがたとよちか
大友氏鑑に一味同心した豊後勢の一人。兵庫頭。応永六（一三九九）年一月下旬、岩石城の後詰として、肥後から参着した菊池武貞率いる一万余騎と宇佐郡の軍勢、総勢四万五千余騎とともに大友氏鑑に随従した。『応永戦覧』

大神親続▽おおがちかつぐ
大友戸次氏の庶流。速見郡大神庄一戸城主、親照の子。『北九州戦国史』

大神親照▽おおがちかてる
大友氏の家臣団。親照・左衛門大夫・遠江守と称した。大友戸次氏の庶流で速見郡大神庄深江一戸城主。文亀二（一五〇二）年四月から大永二（一五二二）年十月まで、義長・義鑑二代の加判衆を務め、国東郡方分であった。永正十四（一五一七）年の朽網親満の乱には親治・親安方として行動した。永正十七年二月、南親興退治のために肥後に発向した。大永二（一五二二）年冬、親照は府内来迎寺において一族郎党七十五人と共に義鑑により誅伐された。のち讒言を知った義鑑は豊前大内領内に親照実子を尋ね出し、深江城に呼び戻し安堵した。家臣利光氏が彼をもりたてたという。「大神氏略系図」『戦国大名家臣団事典』

大神兵部少輔入道▽おおがひょうぶしょうゆうにゅうどう
大友戸次氏の庶流、速見郡大神庄一戸城主親照の子。「薦神社文書」『北九州戦国史史料集』

大熊内蔵▽おおくまないぞう
「城井軍記」「家臣名付」「豊州治覧」等に記された城

井鎮房の挙兵時の家臣。城井家（豊前宇都宮家）馬廻り役。『築上郡志』『築上郡史』「宇都宮史」

大蔵秀種▽おおくらひでたね
香春社大宮司。大宰府府官であった原田氏の系統と思われる。天文二十一（一五五二）年豊前守護大内周防介（義長）から豊前国香春社大宮司職を安堵された。『北九州戦国史史料集』

大迫監物▽おおさこけんもつ
麻生郷の名主の一人。文亀元（一五〇一）年十月十一日、麻生郷の十五名主の一人として連判して領地を御霊八幡に奉納す。その意味するところは、麻生郷の名主として麻生家の幕下に属すことを誓約して連判したものである。『豊前古城誌』

大島典膳▽おおしまてんぜん
「城井軍記」「家臣名付」「豊州治覧」等に記された城井鎮房の挙兵時の家臣。『築上郡志』『築上郡史』「宇都宮史」

大進吉郎丸▽おおすすみきちろうまる
「貫系図添え書き」の貫加賀守弘信に添え書きされた五人の家臣の一人。『門司・小倉の古城史』

大園監物▽おおぞのけんもつ
弘治二（一五五六）年四月二十八日、大友義鎮（宗麟）が龍王城に在陣した際、着到した宇佐郡三十六人衆の一人。なお着陣の時期について、『大友公御家覚書』等では弘治二年四月、大友義鎮龍王に陣を取るとある。大友家に属し、毎年八月朔日には馬太刀の使者を立てて主従の礼を行ったという。『豊前古城誌』「香下文書」『北九州戦国史史料集』『編年大友史料』『築上郡志』「宇佐郡記」

太田蔵人▽おおたくらんど
松山城（京都郡苅田町）城主千葉高胤の家臣。応永六（一三九九）年正月元旦、大内氏の軍勢が障子ヶ岳城を攻略したときに、大将光胤の命により松島左近衛将監、五十嵐左馬助とともに同城の東ノ口の守備を堅めた。高胤、嫡男千菊丸等を守って筑前に逃れた。『応永戦覧』

太田佐次郎▽おおたさじろう
宇都宮氏一族並びに「家臣名付」に記された宇都宮家家臣。城井家（豊前宇都宮家）馬廻り役。『築上郡志』

大田定弘▽おおたさだひろ
大内氏の家臣。宮内丞。岩石城主大友氏公と異父兄弟である小郡豊房という人物が大内氏のなかにおり、応永六（一三九九）年正月二十四日の大内盛見の岩石城攻城の時、豊房が氏公と矢文をもって内通していることを豊房本人から聞いた定弘は、思案のすえ陶越前守にこの事実を告げ、豊房は誅戮された。この矢文のことが大内勢に露見した事を知らない岩石城の守将大友駿河守は、城外に出たところで大内勢七百余騎の伏兵に遭い五百余騎の兵とともに討死した。『応永戦覧』

太田住太郎▽おおたすみたろう
「城井軍記」「家臣名付」「豊州治覧」等に記された城井鎮房の挙兵時の家臣。『築上郡志』『築上郡史』「宇都宮文書」

太田常仁▽おおたつねひと
永享、応仁年間に上毛郡内に割拠した。『築上郡志』

大館重貞▽おおたてしげさだ
九郎。応永五（一三九八）年正月七日、大内義弘の命を受けた弟の盛見が軍勢三万余の大将として仲津郡鶴港（今川付近）に在陣した時、郡内から馳せ参じて帰順の意を表わしたため、居城に帰ることを許された。『応永戦覧』『築上郡史』

大館盛氏▽おおたてもりうじ
九郎。応永の頃（一三九四－一四二八）、大内方として木部城に居城した。『応永戦覧』『門司・小倉の古城史』

大館盛貞▽おおたてもりさだ
海老野城の城主。応永中には茶臼山城に在城した。九郎。盛貞は新田義基と共に征西将軍宮に随従して下向し、延文元・正平十一（一三五六）年以降に大館氏も呼野に在城したと考えられる。応永年間（一三九四－一四二八）大内盛見が豊前に侵攻した時、金辺峠まで大内盛見を出迎え、酒宴をもって歓待したといわれる。また応永六（一三九九）年二月十日、大内盛見を頂吉の茶亭で供応した。『門司・小倉の古城史』

大舘盛光▽おおたてもりみつ
応永、正長年間に田河郡内に割拠した。『築上郡志』

太田原行国▽おおたわらゆきくに
太田原行房の嫡男。小太郎。応永五（一三九八）年、豊後の大友親世が在京の時、従弟の大友氏鑑は戸次親秀に命じて松山城（京都郡苅田町）を攻め落とした。その後、戸次親秀にこの城を守らせたが、親秀が豊後に帰り留守中に松山城を大内方の杉弘信、門司一徳斎等の軍勢に攻められた。守将であった父太田原兵庫介と、弟小次郎行政とともに防戦したが、ついに力尽きて自刃した。『豊前志』『応永戦覧』『築上郡志』

太田原行房▽おおたわらゆきふさ
大友氏鑑の謀叛に呼応した戸次親秀の重臣。兵庫介。松山城（京都郡苅田町）の守将。応永五（一三九八）年、豊後の大友親世が在京の時、従弟の大友氏鑑は戸次親秀に命じて松山城を攻め落とした。その後、戸次親秀にこの城を守らせたが、親秀が豊後に帰り留守中に松山城を大内方の杉弘信、門司一徳斎等の軍勢に攻められた。守将であった太田原兵庫介は、息子の小太郎行国、弟小次郎行政と防戦したが、ついに力尽きて自刃した。『豊前志』『応永戦覧』『築上郡志』

太田原行政▽おおたわらゆきまさ
太田原行房の子。太田原小太郎の弟。小次郎。応永五（一三九八）年、豊後の大友親世が在京の時、従弟の大友氏鑑は戸次親秀に命じて松山城（京都郡苅田町）を攻め落とした。その後、戸次親秀にこの城を守らせたが、親秀が豊後に帰り留守中に松山城を大内方の杉弘信、門司一徳斎等の軍勢に攻められた。守将であった父太田原兵庫介と、兄小太郎行国とともに防戦したが、ついに力尽きて自刃した。『豊前志』『応永戦覧』『築上郡志』

大積隆鎮▽おおつみたかしげ
後土御門天皇年中・文明年間（一四六九―八七）に門司城の支城として丸山城を築城したと伝えられる。上総介。大積上総介隆鎮は大積系門司氏で、地名をとって大積姓を名乗った。墓は龍福山玉泉寺（門司区畑）にある。『豊前志』『東郷村誌』『福岡県の城』

大積親清▽おおつみちかきよ
貞治元・正平十七（一三六二）年頃の大積系門司氏一族。辻畑城主。猿喰城守将。下総五郎、下総守。貞治二・正平十八年十二月十三日夜、大内勢に奇襲されて南方門司氏の本拠地猿喰城は陥落した。南方総領の門司親頼・伊川親澄・大積親秀・柳能通・片野親奥・柳親通等とともに、猿喰城の大手猿喰峠に梟首された。このために一家は断絶した。『門司・小倉の古城史』『中世北九州落日の譜』

大積親秀▽おおつみちかひで
貞治元・正平十七（一三六二）年頃の大積系門司氏一族。丸山城城主。大積東。貞治二・正平十八年十二月十三日夜、大内勢に奇襲されて南方門司氏の本拠地猿喰城は陥落した。南方総領の門司親頼・伊川親澄・大積親秀・柳能通・片野親奥・柳親通等とともに、猿喰城の大手猿喰峠に梟首された。『門司・小倉の古城史』『中世北九州落日の譜』

大鶴惟貞▽おおつるこれさだ

豊後大分郡大津留を本拠とする大神氏。筑前国那珂郡鷲岳城主もこの系統。和泉守。諸書に鷲岳城主大津留鎮正入道宗秋、大津留相模守等あり、和泉守惟貞はこの一族と思われる。鷲岳城は天正九年、筑紫・龍造寺連合軍のために落城した。『北九州戦国史』

大鶴左京之進▽おおつるさきょうのしん

元、大友氏の家臣。上副村城主、副但馬守の家老。但馬守は大鶴左京進が大友氏の間者であることを見破り、討ち取った。『豊前古城誌』

大津留鎮益▽おおつるしげます

大友義統の家臣。主馬允。天正十四（一五八六）年九月六日、大友義統が土井城の佐野源左ヱ門親重を攻めた時、義統の旗下にて豊前宇佐郡に打ち入り内尾治部丞道貞の居城、丸尾城に本陣を定めて軍勢を指揮して活躍した。田原親貫を宇佐郡善光寺において討ち取る。『両豊記』『豊前古城誌』

大津留次郎太郎▽おおつるじろうたろう

天文元（一五三二）年十一月大友氏は大内方として宇佐郡の佐田朝景が籠る妙見岳城を攻めた。その時に妙見岳合戦に動員されて出陣した大友方の一人。『豊前市史』『増補訂正編年大友史料併大分県古文書全集第16』『大分県の歴史』

大友氏鑑／大友氏顕▽おおともうじあき

豊後国太守親世の一族。氏時の長子。左近衛将監。氏鑑は、氏時の甥であり猶子である親世に豊前守護職と家督が引き継がれたことに不満を抱いていた。親世の妻は大内義弘の娘であったから、この画策によるものと思われる。応永五（一三九八）年九月、氏鑑は親世が在京の隙を狙って、豊前国内に廻文を出し叛逆の兵を挙げた。豊後国府内の親世の館を攻め、さらに十月、大内義弘の将が守る松山城と鴻巣城を攻めた。この報を受けた義弘は十一月、氏鑑討伐のため杉弘信、天野元重を豊前に出動させ松山城を奪回。十二月、氏鑑は築城原にて大内勢と戦うが敗戦。豊前の諸将の多くが大内氏に属した。応永六（一三九九）年一月、氏鑑の子氏公が守る岩石城を大内盛見の兵三万余が攻撃、氏鑑は肥後の菊池武貞の一万余の兵と宇佐郡の軍勢、総勢四万五千余騎とともにこれを迎え討つも、敗れて岩石城は陥落、氏公は自刃した。応永六年二月、親世が手勢二千余兵と共に帰国すると、氏鑑に従っていた諸将は親世に降った。親世の館を居館としていた氏鑑を攻めるべく親世が府内に入ると、氏鑑は七百余騎を以て如来院に立て籠るがついに敗れ六百余騎が戦死、氏鑑は自害、氏広、氏宗、氏貞等が討ち取られた。『応永戦覧』『築上郡史』『金田町史』

大友氏公▽おおともうじきみ

応永、正長年間の田河郡内に割拠した。大友氏鑑の嫡子。豊前国の岩石城主として同城を守った。応永五（一三九八）年十月、父親の氏鑑は甥の大友親世が在京の時、親世に叛逆して兵を挙げた。氏鑑は前守護大友氏時の嫡子であったが、大内義弘の画策により守護職になれなかったことを不満としていた。この頃、大友氏公は豊前国の岩石城を守ったが、応永六（一三九九）年正月二十六日、岩石城は大内盛見の大軍に攻略されついに落城し、氏公は自害をとげた。『応永戦覧』『築上郡志』『太宰管内志』

大友氏貞▽おおともうじさだ

右京大夫。応永五（一三九八）年、前守護職大友氏時の長子である大友氏鑑は、大内義弘の画策により、氏時の甥で猶子である親世が守護職を継いだことを不満とし、親世に叛逆して兵を挙げた。その際、諸国に回文を送る役割を果たした。応永五年十二月晦日、松山城（京都郡苅田町）攻略のために二千余騎の軍勢を率いて戸次親秀を大将として後陣で豊前に赴き行司川に在陣したが、神田の戸次八百騎の軍勢に大敗して戸次親秀と弟の親光が自刃したことを知り、一戦にも及ばず宇佐郡に敗走した。応永六年正月二十六日、大友氏鑑は大内盛見との柳原の合戦において敗れて、彦山（英彦山）へ敗走した。さらに岩石城落城と嫡子氏公の自害、一族数輩の滅亡を聞いて敗北を認めて大小の大名に暇をやってわずかに千余騎にて豊後の府へ立ち帰った氏鑑に隋従した一人。応永六年二月、大友親世により氏鑑とともに討ち取られた。『応永戦覧』『築上郡史』『太宰管内志』

大友氏胤▽おおともうじたね

少輔太郎。応永五（一三九八）年十月八日、鴻の巣城の名和刑部入道寂心を大友氏広と二千騎の兵で攻め落とした。同年十二月、豊前発向の軍議のために府中の大友氏鑑のもとに集まる。応永六年正月二十六日、大友氏鑑は大内盛見との柳原の合戦において敗れて、彦山（英彦山）へ敗走した。さらに岩石城落城と嫡子氏公の自害、一族数輩の滅亡を聞いて敗北を認めて大小の大名に暇をやり、わずかに千余騎にて豊後の府へ立ち帰った。その時に氏鑑に隋従した一人。『応永戦覧』『築上郡史』『太宰管内志』『豊前古城誌』

大友氏親▽おおともうじちか

大友氏胤の弟。孫三郎、少輔太郎。応永五（一三九八）年十二月、豊前発向の軍議のために府中の大友氏鑑のもとに集まった一族の一人。『応永戦覧』

大友氏継▽おおともうじつぐ

豊後大友氏第九代太守。氏時の子。貞治三・正平十九（一三六四）年、家督を継いだ。『大分県郷土史料集成』

大友氏時▽おおともうじとき

豊後大友氏第八代太守。貞和四・正平三（一三四八）年、兄の氏泰から家督を継いだ。大友貞宗の七男。童名宮松丸。通称孫三郎。刑部大輔。足利尊氏の猶子となり氏時と称した。豊後・豊前守護。のち豊前にかわり筑後守護となる。また一時期、肥後守護。従四位下。文和元・正平七（一三五二）年から貞治二・正平十八（一三六三）年まで刑部少輔。文和四・正平十年、懐良親王軍に降伏して一時、南朝方となったが、延文三・正平十三（一三五八）年、北朝方に復帰、高崎城を築城し南朝方の攻撃に耐えた。またこの年、門司城の支城の一つであった足立城を居城とした。延文四・正平十四年、肥後国の守護に任じられる。康安元・正平十六（一三六一）年鎮西管領斯波氏経を迎え、南朝軍と対戦するなど九州における北朝の孤塁を守った。貞治二・正平十八年筑後国の守護に任じられる。貞治三・正平十九年、氏継に家督を譲った。応安元・正平二十三（一三六八）年卒す。法名大応寺殿神州天佑あるいは吉祥寺殿前刑部郎中神州天佑。吉祥寺殿は関東での法名という。『築上郡史』『福岡県の城』

大友氏長▽おおともうじなが

岩石城の守将。駿河守。応永六（一三九九）年正月二十六日、大内盛見の大軍に攻略された。この時大内方の内通情報の計略にはまり城中から出た六百余騎が宮の馬場に進んだ処で三方から大内方の七百余騎の伏兵によって不意打ちにあい、氏長は五百余騎とともに討死した。『応永戦覧』

大友氏英▽おおともうじひで

応永五（一三九八）年十二月、豊前発向の軍議のために府中の大友氏鑑のもとに集まった一族の一人。孫太郎。大将大友氏公の下で岩石城に在城した。応永六年正月二十六日、岩石城は大内盛見の大軍に攻略されついに落城し、城主大友氏公は自刃。この時に同城の主立った部将等九十八人と列座して後を追い自害をとげた。『応永戦覧』『築上郡志』『太宰管内志』

大友氏広▽おおともうじひろ

左兵衛督。応永五（一三九八）年十月八日、鴻の巣城の名和刑部入道寂心を大友太郎氏胤と二千騎の兵で攻め落とした。同年十二月、豊前発向の軍議のために府中の大友氏鑑のもとに集まった一族の一人。応永六年一月下旬、岩石城の後詰として、肥後から参着した菊池武貞率いる一万余騎と宇佐郡の軍勢、総勢四万五千余騎とともに大友氏鑑に随従し、二十五日彦山（英彦山）大南に着陣した。二十六日、大友氏鑑は大内盛見との柳原の合戦において敗れて、彦山へ敗走した。さらに岩石城落城と嫡子氏公の自害、一族数輩の滅亡を聞いて敗北を認めて大小の大名に暇をやり、わずかに千余騎にて豊後の府へ立ち帰った。その時に氏鑑に随従した一人。『豊前古城誌』『応永戦覧』『築上郡史』『太宰管内志』

大友氏宗▽おおともうじむね
　大友氏鑑の一族。新三郎。応永六（一三九九）年正月二十六日、大友氏鑑は大内盛見との柳原の合戦において敗れて、彦山（英彦山）へ敗走した。さらに岩石城落城と嫡子氏公の自害、一族数輩の滅亡を聞いて敗北を認めて大小の大名に暇をやり、わずかに千余騎にて豊後の府へ立ち帰った。その時に氏鑑に随従した一人。『応永戦覧』『築上郡史』『太宰管内志』

大友氏元▽おおともうじもと
　三郎。応永六（一三九九）年二月二十二日、上洛していた大友親世が大友氏鑑を誅伐するべく手勢二千騎を率いた軍船にて豊後鶴崎に着岸すると、氏鑑が親世へ叛逆の兵を挙げた際に同心していた心を翻し、ほかの国人ら同様親世に降参した。『応永戦覧』

大友氏康▽おおともうじやす
　観応二・正平六（一三五一）年から少弐頼尚の後を継ぎ、豊前国守護職となる。肥後守護を兼務。『国別守護・戦国大名事典』

大友氏泰▽おおともうじやす
　豊後大友氏第七代太守。元亨元（一三二一）年生まる。童名千代松丸。孫太郎。式部丞。大友貞宗（六代）の五男。元弘三（一三三三）年、豊後大友氏七代目の家督となる。豊後・豊前守護職。一時期肥前・日向守護職となる。九州に敗走した足利尊氏の猶子となり源氏姓を称し氏泰と名乗った。この年、南朝方であった兄貞順が籠る玖珠城を攻めた。大友の庶家である田原直貞（正曇）の補佐を受けて北朝方として活躍した。貞和四・正平三（一三四八）年八月、後嗣のなかった氏泰は、貞宗が示した氏宗への家督移譲を無視して同母弟の氏時に家督を譲った。貞治元・正平十七（一三六二）年卒す。法名同慈寺殿。『戦国武将合戦事典』

大友氏世▽おおともうじよ
　右馬頭。応永五（一三九八）年十二月、豊前発向の軍議のために府中の大友氏鑑のもとに集まった一族の一人。同六年一月下旬、岩石城の後詰として、肥後から参着した菊池武貞率いる一万余騎と宇佐郡の軍勢、総勢四万五千余騎とともに大友氏鑑に随従し、二十五日には、勢を二手に分けた三万余騎をもって大友氏貞とともに日岳、弓張山に着陣した。『応永戦覧』『太宰管内志』

大友貞親▽おおともさだちか

豊後大友氏第五代太守。寛元四（一二四六）年に生まる。応長元（一三一一）年七月十九日卒す。父は三代頼泰とする系図と四代親時とする系図がある。野津本「北条系図・大友系図」は親時の子に位置づけ、蔵人・新蔵人・左京大夫とのみ記す。他の系図では左近衛将監・左近大夫将監・刑部少輔・出羽守がある。叙位も従四位下・従四位上・従五位上と一定しない。法名万寿寺殿玉山正温。「大友系図」

大友貞載▽おおともさだのり

豊後大友氏一族。南北朝期の武将。大友氏六代貞宗の次男。童名阿多々丸。通称三郎。近江三郎。左近衛将監。筑前国糟屋郡立花に住み、立花氏を氏とし、西大友と称したというが史料上では明らかではない。建武三・延元元（一三三六）年、京都において討死した。同年正月十一日、貞載は京都東寺に陣を構えた。官軍が敗北したのは貞載の裏切りと考えた結城太田判官親光（下総結城の武将）は貞載を討つべく偽りの降参を申し出た。貞載が尊氏の本陣へ連行しようとした途中、親光は貞載に討ちかかり貞載も応戦して親光は討ち取られたが、貞載も重傷を負い翌十二日死亡した「梅松論」にその経緯が記述されている。『国史大辞典』

大友貞宗▽おおともさだむね

豊後大友氏第六代太守。鎌倉時代後期の武将。父は三代頼泰とする系図と四代親時とする系図がある。兄である五代貞親から家督を譲られた。童名孫太郎。左衛門尉。左近將監。近江守。従五位下とも従五位上とも従四位上ともある。『大宇佐郡史論』では、足利尊氏に西走を進めた人物であったが、官軍に味方したり尊氏に従ったりと、叛服は掌を返すが如きであったと記述している。貞宗は少弐貞経を鎮西探題北条英時を滅ぼし、また湊川に楠木正成を撃破して功あり。鎮西探題空位の時、代行を命じられた。恩賞により肥前国守護職を与えられた。兄の貞親同様に禅宗に深く帰依し筑前国顕孝寺・豊後国長興寺の創建。府中の金剛宝戒寺・岩屋寺（総社山円寿寺）再興を果たした。このころ剃髪し具簡と名乗り、直庵と号した。元弘三（一三三三）年氏泰に家督を譲り、同年十二月三十日卒す。法名は顕孝寺殿直庵具簡。『日本歴史人名辭典』『大宇佐郡史論』

大友塩市丸▽おおともしおいちまる

大内氏第二十代太守大内義鑑と後妻（側室とも）の間

に生まれた三男。性格はおとなしく、学問好きの賢い少年であったため、父義鑑に愛された。義鑑は嫡男義鎮（宗麟）を廃嫡し塩市丸を後継者にしたいと考えるようになり、大友氏内部では義鎮派と塩市丸派に分裂。これがもとで、大友館の二階で就寝していた義鑑と塩市丸、その生母を襲撃した「二階崩れの変」が起き、塩市丸と生母が殺された。「大友家文書録」

大友式部大輔▽おおともしきぶたいふ
建武三・延元元（一三三六）年四月、「建武記」の武者所結番事の条に直世とあり、肩書きは大友式部大夫とある。建武四・延元二年、新田禅師等とともに豊前国宇佐郡から宮方として攻め上ったが桑野原の合戦において薬丸兵衛五郎の軍に敗れた。『築上郡史』

大友重治▽おおともしげはる
⇩菊池義武（きくちよしたけ）

大友宗麟▽おおともそうりん
⇩大友義鎮（おおともよししげ）

大友孝親▽おおともたかちか
大友親世の長子。大友親著の養子となる。家督が親世の実子持直に譲られたことに不満を抱き、応永三十三（一四二六）年十一二十九日に挙兵して親著を殺害したと『九州治乱記』にはあるが、親著はその後十年以上も文書を発しているので、親著殺害には至らなかったと思われる。応永三十二年、家臣戸次釆女が諫死している。『大宇佐郡史論』『豊津町史』

大友親著▽おおともちかあき
豊後の大友氏第十一代太守。刑部大輔。大友氏継の子。応永八（一四〇一）年家督を継いだとされる。大友親世には実子持直がいたが、兄氏継の子であった親著に家督を譲った。『大宇佐郡史論』『豊津町史』

大友親家▽おおともちかいえ
⇩田原親家（たはらちかいえ）

大友親雄▽おおともちかお
大友持直の弟。永享四（一四三二）年正月四日、大友親雄は豊前国規矩郡において大内持世と戦った。この時、幕府は、安芸・石見の諸将に命じて大内持世を助けさせている。『編年大友史料』『門司・小倉の古城史』

大友親繁▽おおともちかしげ
豊後の大友氏第十五代太守。室町時代中期の武将。父は十一代親著。応永十八（一四一一）年生まる。童名五郎。親重・親職を名乗る。左馬允、豊後守、従四位下。永享九（一四三七）年頃、親繁は豊筑両後州太守として朝鮮貿易を行った。文安元（一四四四）年、大友親隆は親繁に家督をつがせた。長禄元（一四五七）年とその翌年、使節を朝鮮に遣わす。文明九（一四七七）年六月十九日、豊後・筑後両守護職と筑前・肥前両国の地が親繁の譲与の旨により政親に安堵された。明応二（一四九三）年没。法名心源寺殿心源清公庵主。『豊後大友氏』

大友親隆▽おおともちかたか

豊後大友氏第十四代太守。寛正六（一四六五）年卒す。『大宇佐郡史論』

大友親綱▽おおともちかつな

豊後大友氏第十三代太守。永享四（一四三二）年、足利将軍は親綱に家督を継がせた。『戦国武将合戦事典』

大友親時▽おおともちかとき

豊後大友氏第四代太守。嘉禎二（一二三六）年生まる。親秀の嫡孫頼泰の子。永仁三（一二九五）年卒す。『豊後大友氏』

大友親豊▽おおともちかとよ

⇩大友義右（おおともよしすけ）

大友親治▽おおともちかはる

豊後大友氏第十八代太守。父は十五代親繁。政親の弟。童名小僧丸。通称次郎。修理大夫。備前守。従五位下とも従四位下ともある。「常楽寺蔵大友系図」によれば親繁の四男とされる。幼少より僧籍に入り、肥後国瑞光寺で起居していたが、その後還俗し、明応五（一四九六）年家督を継いだ。大友政親、義右父子の死後、政親の弟、親治は子息の大友義長に家督を継がせようとしたところ、これに反対する重臣たちは大聖院宗心（親綱の子）を擁立しようとして失敗した。一方、親治は杉平左衛門尉武明と共謀して、義興の弟、氷上山興隆寺の僧であった尊光（高弘）を還俗させて大内氏の家督を継がせようとしたが失敗した。武明は自殺し、高弘は豊後国に逃れて大友親治の庇護を受けた。大永四（一五二四）年正月十九日卒すとされるが、他に大永二年説がある。『大宇佐郡史論』には、永正元（一五〇四）年、親治は豊前を抄略して神社仏閣を焼いた。法名見友院梅屋見友とある。『大宇佐郡史論』『行橋市史』

大友親秀▽おおともちかひで

豊後大友氏二代。建久六（一一九五）年、鎌倉にて生まる。親直の子。宝治二（一二四八）年卒す。『豊後大友氏』

大友親盛▽おおともちかもり
⇩田原親盛（たはらちかもり）

大友親泰▽おおともちかやす
大友氏鑑の一族。右兵衛佐。応永六（一三九九）年正月二十六日、岩石城は大内盛見の大軍に攻略されついに落城し、城主大友氏公は自刃。この時に大友氏英はじめ同城の主立った部将等九十八人と列座して後を追い自害をとげた。『応永戦覧』『築上郡志』『太宰管内志』

大友親泰▽おおともちかやす
応永五（一三九八）年、規矩郡にあった大善寺城を守った。『豊前志』

大友親世▽おおともちかよ
豊後大友氏第十代太守。大友氏時の甥。豊後国守護。修理大夫、式部大輔。氏時は氏継に家督を譲るも、氏継が南朝に味方したため、氏時の甥であった親世が猶子となり足利幕府の将軍足利義満の命により家督を相続した。その画策は親世の妻の父であった大内義弘である。このことから氏時の長子であった氏鑑は応永五（一三九八）年十月、親世が在京中に兵を挙げた。応永六年二月、将軍から帰国を許され大内義弘とともに氏鑑を誅伐すべしとの上意を得て二月二十二日難波より軍船にて手勢二千騎を率いて豊後鶴崎に着岸した。同月二十四日如来院に立て籠もった氏鑑ほか大友氏貞、氏宗、氏広、氏胤らを討ち取った。応永八（一四〇一）年ころ、親著（氏継の長男）に家督を譲った。応永二十五（一四一八）年二月二十五日卒す。法名瑞光寺殿勝幢祖高。『応永戦覧』『大宇佐郡史論』『日本歴史人名辞典』『豊前志』『北九州戦国史史料集』

大友晴英▽おおともはるひで
⇩大内義長（おおうちよしなが）

大友右兵衛佐▽おおともうひょうえのすけ
応永の頃（一三九四－一四二八）、大内盛見が大軍を率いて岩石城を攻めた時に、大友氏鑑に従って高城を守った。『太宰管内志』

大友政親▽おおともまさちか
豊後大友氏第十六代太守。父は大友氏十五代の親繁。文安元（一四四四）年に生まる。童名房丸（名房丸・虎丸ともある）。通称五郎。左衛門大夫。豊前守。従五位下。寛正三（一四六二）年、大友親繁は、政親に家督を継がせた。足利義政は同年十月二十五日、政親を豊後国守護職・筑後国半国守護職に任じた。文明元（一四六九）年、宇佐郡糸口原の戦いの大将として出立し、先手大将朽網左馬介繁成、奈田伊賀守隆実をして城井右衛門佐秀房、長野壱岐守行種の軍を破った。『行橋市史』には政親は筑前国立花城におもむき少弐政資から筑前国を奪還しようとして豊後臼杵より船出したところ、赤間関で大内氏の杉信濃守に捕らえられ、明応五（一四九六）年六月十日、長門国船木地蔵院に幽閉されたが、自刃したとある。しかし『大宇佐郡史論』には、明応五年、赤間関で戦死したとあり、また一説では馬ヶ岳で戦死したともある。享年五十三。法名海蔵寺殿珠山如意。『大宇佐郡史論』『行橋市史』

大友持直▽おおともちなお

豊後大友氏第十二代太守。大友親世（十代）の子。童名松岡八郎太郎。中務大輔。応永三十（一四二三）年、十一代親著から家督を継いだ。大友氏初代以来の怪傑にして雄志であり、永享四（一四三二）年、使者を朝鮮に遣わして、自ら九州の太守と称し善隣の交誼を深め、外国交易の端を開いた。永享三年、少弐氏と連合し、大内氏との交戦が始まり大内盛見を筑前にて自刃せしめた。このため幕府の怒りを買い、翌年、幕府は持直の家督を奪い親綱（親著の次男）に安堵した。これ以後幕府から追討を受けたが姫岳に籠城し根強く反抗した。没年は文安二（一四四五）年もしくは長禄三（一四五九）年とされる。『日本歴史人名辭典』『編年大友史料』『門司・小倉の古城史』『大宇佐郡史論』

大友弥三郎▽おおともやさぶろう

応永六（一三九九）年二月二十四日、田原右馬允、高崎主馬判官とともに府中の如来院に立て籠もった氏鑑ほか大友右京大夫氏貞、大友新三郎氏宗、大友左兵衛督氏広、大友少輔氏胤らを討ち取った。『応永戦覧』

大友義鑑▽おおともよしあき

豊後の大友氏第二十代太守。守護職。豊後大友氏第二十代太守。父は大友氏第十九代義長。文亀二（一五〇二）年生まる。童名塩法師丸。長じて次郎親安。五郎親敦。将軍足利義晴より偏諱を賜り義鑒を名乗った。のち義鑑に改めた。修理大夫。従四位上。肥後国守護職。天文四（一五三五）年、大内義隆と和し人質を交換し、以後両家の争いは鎮静した。武勇にたけ、南蛮船を府内に近い神宮寺浦に誘致して貿易の利を図るなど、経済の手腕にもすぐれていた。また、弟の義武を肥後の名家菊池家に入嗣し、肥後支配を固めるなど、九州における大友の基礎を築いた。「二階崩れの変」により重臣の津久見美作の太刀を受け重傷を負う。死の直前、長男義鎮（宗麟）に家督を譲った。天文十九（一五五〇）年二月十二日死去。享年四十九。法名到明寺殿松山紹康。『大宇佐郡史論』

大友義鎮▽おおともよししげ

豊後大友氏第二十一代太守。法号宗麟として知られる。享禄三（一五三〇）年生まる。童名塩法師丸。元服して五郎・新太郎。官途左衛門督。天文九（一五四〇）年、足利義晴の許しにより義鎮と号した。天文十九年、「二階崩れの変」により義鑑から家督を継いだ。天文二十三年、肥前国守護となる。永禄二（一五五九）年、豊前、筑前の守護職と九州探題職を得て、九州六カ国（豊後、肥後、肥前、筑後、筑前、豊前国）の守護職を支配することとなり、大友氏の全盛期を築いた。弘治二（一五五六）年、大軍を率いて豊前宇佐・下毛郡に入り龍王城で宇佐郡衆三十六士を叩頭させた。永禄五（一五六二）年、出家して宗麟と名乗る。別に円斎・三非斎・宗滴と名乗る。永禄六年、臼杵丹生島城を築城。永禄十年、この頃から毛利元就、龍造寺隆信らと合戦に及び、翌年には毛利軍を九州から撃退した。天正六（一五七八）年、キリスト教の洗礼を受ける。キリスト教名ドン・フランシスコ。同年、日向侵攻で耳川合戦において大敗して以後は衰運に向かった。天正十四年には、島津軍団に大友領内を侵攻されたため、義鎮は同年三月、大阪城の豊臣秀吉に救援を申し入れた。天正十五年五月二十三日津久見で没。享年五十八。『大宇佐郡史論』

大友義右▽おおともよしすけ

豊後大友氏第十七代太守。材親、親豊とも称した。文明十六（一四八四）年、大友政親は義右に家督を継がせた。文明十七年頃から大友政親と息子親豊との間に深い亀裂が生じた。『行橋市史』によれば、その亀裂の原因について、四月三十日付（文明十八年か）で政親が田原親宗と思われる人物に出した書状に、親豊は、文明七年の日田七郎親胤の謀反は私たちの一味だと明らかにし、さらに大聖院宗心の件にあると述べている。大聖院宗心とは大友親綱の子が親綱の後世を弔うために出家して称した法名である。明応五（一四九六）年五月二十七日、後継者のいないまま二十八歳という若さで病死した。父、政親も明応五年に卒して大友家は大混乱となった。『大宇佐郡史論』『行橋市史』

大友義親▽おおともよしちか

大友氏第二十四代当主。文亀元（一五〇一）年から大内政弘の後を受けて豊前国守護職となる。筑後・豊後の守護職を兼務。修理大夫。『国別守護・戦国大名事典』

大友能直▽おおともよしなお

豊後大友氏初代太守（始祖）。鎌倉時代の武将。承安二（一一七二）年正月三日に生まれる。別に承安元年に生まれたとする説あり。姓は源氏、幼名を一法師丸、幼年より源頼朝の側近として仕えた。従五位上、豊前守、左近衛将監、左衛門尉。後、入道して能蓮と号した。相模国足柄郡大友郷（神奈川県小田原市大友）の出身。豊後国に入り府内城を本拠とし、田河郡伊加利村に大善寺城を築いた。奥州、藤原泰衡討伐に勲功をたてた。斎院次官中原親能に養育され外戚の姓を継いで大友能直と名乗り、豊後、豊前二カ国の守護職に任じられ鎮西奉行となって府内（大分市）に下り、重臣高田重定を国東郡高田に置き、次男の田原泰弘を豊前、豊後の要衝の地、国東郡田原に置いた。貞応二（一二二三）年十一月二十七日京都にて卒す。享年五十二。謚号勝光寺殿能蓮大禅定門。『豊前志』『筑前戦国史』

大友親貞▽おおともちかさだ

八郎。大友義鎮（宗麟）の弟（一説には甥）、元亀元年に大友義鎮から三千余騎を授けられて、龍造寺隆信の討伐にむかったが、同年八月二十日、今山に布陣していたところ、鍋島信昌の奇襲を受けて、壊滅的な打撃を受け、山伝いに筑前に落ちのびようとしたが、敵中を突破して待ち伏せしていた成松信勝とその配下の者に発見されて討死した。法名無庵玄鑑居士。『筑前戦国史』

大友義長▽おおともよしなが

豊後大友氏第十九代太守。父は大友氏第十八代親治。童名塩法師丸。通称五郎。初め親匡、のち義親・義長。義親は将軍足利義高より偏諱を賜ったもの。「入江文書田原系図」には親元と見える。修理大夫。従四位下。明応七（一四九八）年、大友親治から家督を継いだ。永正十五（一五一八）年卒す。法名大雄院天真清昭（照）。『豊後大友氏』

大友義乗▽おおともよしのり

豊後大友氏第二十三代太守。文禄元（一五九二）年家督を継いだ。『豊後大友氏』

大友義統▽おおともよしむね

豊後大友氏二十二代当主。永禄元（一五五八）年、義鎮（宗麟）の嫡男として生まれる。「生来非常に臆病」と評される。童名は長寿丸また五郎。将軍足利義昭の諱字を賜り義統と名乗る。天正十六（一五八八）年ころ、豊臣秀吉の諱字を賜り吉統と称した。左兵衛督。大友羽柴豊後侍従。文禄二年入道宗巌。のち中庵と改む。キリスト教名コンスタンチノ。天正四年頃、家督相続とあるが、「大友家文書録」では、天正七年一月となっている。天正六年の日向耳川の敗戦後、急速に衰退し、同八年に田北紹鉄・田原親貫・肥前の龍造寺隆信らが反逆、重臣の要請で大友義鎮の出馬により国内だけは鎮定した。十四年島津軍が豊後に侵入、義鎮は上坂して秀吉に救援を求め、翌年九州攻めとなって島津軍は退却した。しかし、秀吉軍の到着前、義統は先鋒仙石秀久・長宗我部元親・信親父子の軍と軽率にも戸次川に出撃して大敗し、宇佐郡龍王城まで遁走して豊後一国のみを安堵された。秀吉の禁教令で棄教、信者を迫害した。文禄二年朝鮮平壌の戦で小西行長軍の危機を無視して退却したため軍律違反で豊臣秀吉の怒りにふれ文禄二年に除国（領土没収）となった。毛利輝元に預けられて山口に幽閉、翌年水戸佐竹義宣に預けられた。慶長五（一六〇〇）年、豊後速見郡石垣原の合戦で黒田孝高（如水）に敗れて降参、出羽秋田の秋田実季に預けられて幽閉。同十年七月十九日常州配所で没した。四十八歳。『戦国武将合戦事典』『北九州戦国史』

大友頼泰▽おおともよりやす

豊後大友氏第三代太守。鎌倉時代後半の武将。貞応元（一二二二）年生まる。父は大友氏第二代親秀。文永の役（一二七四）蒙古襲来に出陣した。これが豊後に土着のきっかけとなった。豊後守護職・鎮西一方奉行職兼帯。初名泰直。童名薬師丸。太郎。大炊助。丹波守。兵庫頭。正安二（一三〇〇）年七月十九日卒す。享年七十九才。法名道忍。謚号常楽寺殿道忍大禅定門。『豊後大友氏』

大沼五兵衛▽おおぬまごへえ

「城井軍記」「家臣名付」「豊州治覧」等に記された城井鎮房の挙兵時の家臣。城井家（豊前宇都宮家）馬廻り役。『築上郡志』『築上郡史』「宇都宮文書」

大野嗣盛▽おおのつぐもり

天文、永禄年間の規矩郡内に割拠した。『築上郡志』

大野正重▽おおのまさしげ

黒田家の家臣。小弁。天正十五（一五八七）年、城井鎮房の一揆鎮圧に向かった黒田軍は、鎮房によって城井谷へおびき寄せられ先陣が崩れ総倒れとなった。大野正重は岩丸山の通称「白岩」で黒田長政の身代わりとなり城井軍を食い止め、城井軍の塩田内記兼矩に討ち取られた。『築上郡史』『豊国紀行』

大野盛晴▽おおのもりはる

長野氏一族。四郎。祖父長野義種、父義清の跡を継ぎ稗畑山城の城主となった。稗畑山城は、永禄十一（一五六八）年五月、大友方の武将、豊嶋美濃守によって攻め落とされた。『編年大友史料』

大庭景忠▽おおばかげただ

永徳元・弘和元（一三八一）年の頃から豊前の守護職となった大内氏の命により岩石城を守った。大内氏の幕下。平太。松山城（京都郡苅田町）城主。応永五（一三九八）年、大友氏鑑の重臣である戸次親秀の二千余騎の兵に二日三晩にわたって攻められて敗走したが、応永六年正月二十六日に合戦により大内盛見が再び城を奪還して、新たに城を築くと景忠は城代として呼びもどされて豊前勢三千余騎で城を守った。『金田町史』『歴代鎮西要略』『門司・小倉の古城史』『応永戦覧』『太宰管内志』

大庭景種▽おおばかげたね
元亀、天正年間に田河郡内に割拠した。『築上郡志』

大庭景親▽おおばかげちか
平三。保元二（一一五七）年、平清盛は、大宰大弐に任ぜられると、「西海の権」を握る素地として、田川郡添田に岩石城を築いて大庭平三景親に守らせた。『田川市誌』『門司・小倉の古城史』

大庭景行▽おおばかげつら
天文、永禄年間に田河郡内に割拠した。『築上郡志』

大庭景尚▽おおばかげひさ
天文、永禄、元亀、天正年間に田河郡内に割拠した。『築上郡志』

大庭景道▽おおばかげみち
十郎左衛門。暦応元・延元三（一三三八）年から、豊後大友氏は大庭景道に田川郡添田町の岩石城を守らせた。『門司・小倉の古城史』

大庭作介▽おおばさくすけ
大友方の武将。永禄四年十月十日の門司城合戦に参戦し、討死した。『九州戦国合戦記』

大旗太郎兵衛▽おおはたたろうひょうえ
「貫系図添え書き」の貫加賀守弘信に添え書きされた五人の家臣の一人。『門司・小倉の古城史』

大宮重吉▽おおみやしげよし
権左衛門。宇都宮氏一族並びに「家臣名付」に記された宇都宮家家臣。城井氏（豊前宇都宮氏）馬廻り役。『築上郡史』

大村助右衛門（大村助左衛門）
▽おおむらすけえもん（おおむらすけざえもん）
黒田孝高（如水）の家臣。城井鎮房が居城としていた城井郷城を黒田孝高から任されていたが、天正十五（一五八七）年十月二日、本領を安堵せんとした鎮房が反黒田の旗を挙げ、一族郎党を率いて城井谷の城に迫ったた

めに城を追われた。その後、鎮房は城井郷城に籠城の構えを示した。『鎮西宇都宮氏の歴史』『築上郡志』「宇都宮史」「城井軍記」

大森阿波守▽おおもりあわのかみ
応永、正長年間に田河郡内に割拠した。若木城主。応永六（一三九九）年正月、大内氏総大将の大内盛見が大軍を率いて岩石城を攻める時、中津原に着陣した。その時、大森阿波守は丸ヶ岡城主安永秋水とともに盛見に降参を乞うたが聞き入れられず斬首され、大行寺河原に梟首された。『太宰管内志』『築上郡志』『応永戦覧』『豊前志』

大森伊予守▽おおもりいよのかみ
建徳二・応安四（一三七一）年、菊池討伐のために今川貞世が大内義弘を豊前国に差し向けた際、四月、鶴の港（今井付近）に着岸した時、多くの給人とともに馳せ参じた。『築上郡史』『応永戦覧』

大森源太▽おおもりげんた
戸次親秀の郎党。軍議により氏鑑は松山城（京都郡苅田町）を攻めることになり、応永五（一三九八）年十二月三十一日　親秀を大将にし、弟刑部少輔親光八百騎を率いて、後陣、右京大夫氏貞二千騎にて宇佐を発ち、松山に向かったが、親秀の伏兵によって火攻めにあい敗れて如意輪寺にて自刃した。その際に坂本宮内とともに防ぎ矢を射たのち、主君の死を見届けてあとを追って自刃した。『応永戦覧』

尾陰冶大夫▽おかげじだゆう
「城井軍記」「家臣名付」「豊州治覧」等に記された城井鎮房の挙兵時の家臣。城井氏（豊前宇都宮氏）馬廻り役。『築上郡史』『築上郡志』「宇都宮史」

岡崎隼人▽おかざきはやと
日熊城主、日熊直次の家臣。天正十六（一五八八）年三月二十一日、黒田長政率いる数万の軍兵に対し日熊城から討って出て勇敢に戦ったが他の忠臣勇士とともに討死した。『姓氏家系大辭典』

岡左兵衛▽おかさひょうえ
中島摂津守が謀叛を起こして大友勢と対峙し、小倉原に陣を張り皇后石（史跡・築上郡吉富町）に幡を挙げた時に、深水に出張り、毘沙門堂に陣を張った成恒氏の一族の一人。『豊前古城誌』

岡三郎▽おかさぶろう
元亀、天正年間に上毛郡内に割拠した。『築上郡志』

岡左馬之介▽おかさまのすけ
中島摂津守が謀叛を起こして大友勢と対峙し、小倉原に陣を張り皇后石（史跡・築上郡吉富町）に幡を挙げた時に、深水に出張り、毘沙門堂に陣を張った成恒氏の一族の一人。『豊前古城誌』

小笠原長堯▽おがさわらおさたか
大内義弘の旗下にある石見国の住人。左衛門督また左衛門尉。応永六（一三九九）年正月四日、城主が敗走した障子ヶ岳城の落城を決定づけるため、援兵の要請を陶筑前守から受けた大内義弘は、兵三万騎を兵船四百余艘に乗せ大内盛見を豊前に遣わせた。その際に従軍した一人。岩石城の攻城にも参陣した。『応永戦覧』『太宰管内志』

岡式部助▽おかしきぶのすけ
岡成忠の子。正和年間に宇佐郡安心院に父親の岡和泉守成忠が楢本城を築いたが、子の岡式部助の時に滅んだ。『日本城郭大系』

岡成忠▽おかしげただ
和泉守。正和年間（一三一二－一七）、楢本城を築城した。城北に天満宮を勧請した。『日本城郭大系』

尾形越中守▽おがたえっちゅうのかみ
天正の頃（一五七三－九二）、尾形氏代々の居城であった尾形村城に居城した。天正七年、大友義鎮（宗麟）が日向耳川の合戦にて敗れ諸国の大名が離反し、長岩城主の野仲鎮兼も大友氏に叛いた時、鎮兼に従った近郷の武士団の一人。『豊前古城誌』

緒方大蔵丞▽おがたおおくらのじょう
豊後国大野郡緒方より起こる。大神氏の一族。永禄十二（一五六七）年八月十日、毛利輝元は、緒方大蔵丞に対して、周防秋穂浦海戦に於ける粉骨砕身を賞した。「緒方文書」『萩藩閥閲録』『北九州戦国史史料集』

尾形掃部▽おがたかもん
宇都宮家一族並びに「家臣名付」に記された城井鎮房挙兵時の家臣。天正七（一五七九）年、大友義鎮（宗麟）が日向耳川の合戦にて敗れ諸国の大名が離反し、長岩城主の野仲鎮兼も大友氏に叛いた時、鎮兼の命を受けて麻生口を守った一人。『豊前古城誌』『築上郡志』

尾形刑部▽おがたぎょうぶ
宇都宮家一族並びに「家臣名付」に記された城井鎮房挙兵時の家臣。『築上郡志』

緒方惟綱▽おがたこれつな

⇩緒方惟世（おがたこれよ）

緒方惟正▽おがたこれまさ

刑部。享禄元（一五二八）年上毛郡緒方村に東西二箇所の台場を築いた。緒方城将士。緒方惟世（帯刀）の兄弟。三郎左衛門。『築上郡史』では、「満光寺文書」に今高三千三百石とあり、「家頼名付」には緒方十三郎惟綱とあるという。天正十六（一五八八）年、黒田氏に降りて開城したとある。緒方城主の惟世と惟正は城井城を警護していたが、鎮房の殺害の報によって城中評議、長甫入道の指図により無抵抗で城明け渡しがきまり、一つは朝房の奥方を守り彦山（英彦山）に落ち行き、一つは求菩提山に落ちて朝房の帰城を待つということになった。しかし朝房は加藤清正に殺害されたとの報により、それぞれ諸所に隠れ住み朝房の子（懐妊中）の成長をまつことになった。惟正は下河内にて農民になりすましていたが、藩主が細川になるに及んで名乗り出て慶長七年庄屋となり、その後天和村を創設し天和緒方家の始祖となり、子孫はこの村の庄屋筋となったとある。『築上郡志』『築上郡史』『応永戦覧』「宇都宮史」「宇都宮文書」

緒方惟世▽おがたこれよ

「城井軍記」「家臣名付」「豊州治覧」等に記された城井鎮房挙兵時の家臣。十六郎惟綱。城井家（豊前宇都宮家）中老。物頭。帯刀。豊前国築上郡吉富村国人。緒方刑部は兄弟。天正年間（一五七三－九二）における緒方村城の守将。天正十五年十月、黒田長政に抗して討死、開城した。『築上郡志』「宇都宮史」『城井闘諍記』『太宰管内志』

緒方惟榮▽おがたこれよし

平安末期から鎌倉時代初期にかけての豊後の武将。源平争乱時の源氏方武将緒方三郎。生没年不詳。伝説的に著名な姥岳（祖母嶽・高千穂とも）大明神の神裔とされる大神惟基五代の孫という。大野郡緒方荘司。平重盛の家人。源範頼軍の渡海援助の大功を立てながら、宇佐宮焼き討ち、宇佐大宮司公通の守る狐坂城（宇佐市大字宇佐）を攻めたことや、源義経先導の罪で捕らえられ惟栄一族も沼田荘に皆配流された。のち許されて帰国したとされるが顛末は明らかではない。源平合戦の悲劇の英雄とされる。惟栄は壇ノ浦合戦の前年、元暦元（一一八四）年、源義経の命を受け、繋ぎの城を五城を造った。加来氏系図の惟興伝によれば、五城とは、豊後国東郡・芝崎城、豊前国宇佐郡・高森城、豊前国下毛郡・犬丸城、豊前国下毛郡・大畑城、豊前国築城郡・塩田城である。『大分歴史辞典』

緒方治左衛門▽おがたじざえもん
宇都宮一族並びに「家臣名付」に記された功臣。城井鎮房挙兵時の部将。『築上郡史』

緒方鎮盛▽おがたしげもり
三毛門城の緒方氏。備後守。大友義鎮（宗麟）に属し、その勧めによって大内輝弘に従い、永禄十二（一五六九）年、中国にわたり毛利元就の軍に破られて戦死したといわれている。『築上郡志』

緒方忠次▽おがたただつぐ
高左衛門。「城井軍記」「豊州治覧」等に記された城井鎮房の挙兵時に加担した武将。『築上郡志』

尾形伝左衛門▽おがたでんざえもん
宇都宮家一族並びに「家臣名付」に記された城井鎮房挙兵時の家臣。『築上郡志』

緒方六郎左衛門▽おがたろくろうさえもん
元亀、天正年間に上毛郡内に割拠した。「宇都宮文書」の天文年間（一五三二－一五五）の豊前知行御領衆の一人に緒方六郎右衛門がいる。緒方の三千三百石を知行したとある。『築上郡志』「宇都宮文書」

岡野源七郎▽おかのげんしちろう
宇都宮家一族並びに「家臣名付」に記された宇都宮家家臣。『城井闘諍記』には岡野源七と記されている。城井家（豊前宇都宮家）馬廻り役。『築上郡志』『城井闘諍記』『太宰管内志』

岡野小三郎▽おかのこさぶろう
宇都宮家一族並びに「家臣名付」に記された城井鎮房挙兵時の家臣。物頭。『築上郡志』『築上郡史』「宇都宮史」

岡野小次郎▽おかのこじろう
城井鎮房の挙兵時の家臣。『築上郡志』『城井闘諍記』『太宰管内志』

岡野七郎（**岡野与七郎**）
▽おかのしちろう（おかのよしちろう）
「城井軍記」「家臣名付」「豊州治覧」等に記された城井鎮房挙兵時の家臣。物頭。「遺臣姓名録」には与七郎とあり。『築上郡志』『築上郡史』「宇都宮文書」

岡野兵蔵▽おかのへいぞう
馬ヶ岳城主新田義氏の家臣。応永五（一三九八）年十月、豊前の守護職馬ヶ岳城主新田義氏が大友氏鑑の挙兵に加わったため、新田軍は、大内政弘が差し向けた二万の大軍に対して馬ヶ岳城に籠城、岡野兵蔵は二百余騎で櫟木畷に陣を張った。『応永戦覧』

岡部隆景▽おかべたかかげ
大内家の世臣、父は讃岐守興景。天文十五（一五四六）年、家督を継ぐ、同十九年、従五位下、大寧寺で大内義隆に殉じた。『北九州戦国史』

岡部伝内▽おかべでんない
天正七（一五七九）年、大友義鎮（宗麟）が日向耳川の合戦にて敗れ諸国の大名が離反し、長岩城主の野仲鎮兼も大友氏に叛いた時、鎮兼に従った近郷の武士団の一人。『豊前古城誌』『築上郡志』

岡部彦左衛門尉▽おかべひこざえもんのじょう
文亀元（一五〇一）年八月十三日付、豊前国馬岳城において大友、少弐の軍勢を追い打ちした功労により大内義興から感状を受けたという記録が「筑前雷山古文書」にある。『豊前志』

岡本古左衛門▽おかもとこざえもん
城井堂房に従って伊予宇和郡に逃れた城井鎮房の家臣。享禄二（一五二九）年生まる。天正十五（一五八七）年、城井堂房に供奉し伊予国に渡る。天正十九年、堂房が僧籍に入り、佐方村に大楽寺を開基するに及び帰農する。慶長十七（一六一二）年八月死去。法名釈教誓居士、八十四歳。「岡本氏系図」

岡本小兵衛▽おかもとこひょうえ
「城井軍記」「豊州治覧」等に記された城井鎮房の挙兵時の家臣で祐筆。別に馬廻り役の記載あり。城井軍と黒田連合軍との岩丸山での合戦において討死したと記述されている。宇都宮大和守信房公七百五十遠諱の大祭が明治四十二年に挙行された際に、宇都宮家菩提寺天徳寺藤原賢然住職等が編集した「宇都宮家故舊重臣の後裔」の姓名録にもその名が見える。「城井軍記」「城井闘諍記」「家臣名付」「豊州治覧」『築上郡志』『築上郡史』「宇都宮文書」「宇都宮家故舊重臣の後裔」

岡本藤治▽おかもととうじ
城井鎮房の家臣、岡本古左衛門の子。弘治三（一五五七）年二月生る。寛永七（一六三〇）年死去。享年七十四。「岡本氏系図」

岡森小三郎▽おかもりこさぶろう
宇都宮氏一族並びに「家臣名付」に記された宇都宮家家臣。城井家（豊前宇都宮家）馬廻り役。『築上郡志』

小川鑑房▽おがわあきふさ

旧下毛郡耶馬渓町字開ノ木にあった大浦山城に居城した。新左衛門。左近衛将監。鑑房は本姓を立花鑑載と称して、もと筑前国立花山城主であったが、本家の大友氏に叛し毛利氏に通じたために永禄八（一五六五）年、同族の戸次鑑連（立花道雪）に攻め落とされ、のがれて長岩城主野仲鎮兼に頼んで名を改めて客将となった。『耶馬溪町史』

小川内九郎兵衛▽おかわうちくろうべえ

「城井軍記」「家臣名付」「豊州治覧」等に記された城井鎮房挙兵時の家臣。『築上郡志』『築上郡史』「宇都宮文書」

小川鎮房▽おがわしげふさ

旧下毛郡耶馬溪町字開ノ木にあった大浦山城に居城した。新左衛。小川氏の祖は筑前の立花城主立花貞載とされる。『日本城郭大系』

小川七郎▽おがわしちろう

「城井軍記」「家臣名付」「豊州治覧」等に記された城井鎮房挙兵時の家臣。城井家（豊前宇都宮家）馬廻り役。『築上郡史』『築上郡志』「宇都宮文書」

小川新造▽おがわしんぞう

日熊城主日熊直次の家臣。直次が一旗当千と頼みきった部将の一人。天正十六（一五八八）年三月二十二日、観音原（福岡県築上郡大平村）で黒田長政率いる数万の軍兵に対し大いに戦ったが、多勢の長政の軍勢に押されて日熊城に退いた。この合戦にて討死した。『姓氏家系大辭典』

小河伝右衛門▽おがわでんえもん

黒田氏の重臣。信章。義利。小河氏は、摂津国八部郡の淡河氏分系とも平安以来姫路を領した在庁官人の子孫ともいう。赤松家の目代として続き、兄の小河良利は小寺政職の家老であった。弟の伝右衛門は、小寺家没落後、黒田孝高（如水）に仕えて日向の陣で名を高めた。豊前国入国後、五千石を拝領した。豊前一揆では、赤幡城を破り、大村城主の山田常陸介を討ち取った。また朝鮮の役にも従軍し、竜泉城を預かった。文禄の役では、敵を食い止め明朝軍の南下を阻止した。比類なき手柄を上げ秀吉から蔵入地一万石を与えるから帰国せよとの命令に従い、帰国の途中、対馬の鰐ノ浦において没した。『黒田家譜』『築上郡史』

小城重通▽おぎしげみち

永添村の法華寺城に居城した。源六兵衛。弘治元（一五五五）年、野仲兵庫頭のために領地を奪われて民間に蟄居したが、同二年五月二日、長谷城の没落するに及んで、大友氏に請い旧領を得た。『豊前古城誌』には、弘治の頃、萬田村にあった河原田城に居城したとある。『豊前古城誌』

沖洲左馬允▽おきすさまのじょう
宇都宮家一族並びに「家臣名付」に記された城井鎮房挙兵時の家臣。『築上郡志』

掟庄左衛門▽おきてしょうざえもん
「城井軍記」「家臣名付」「豊州治覧」等に記された城井鎮房の挙兵時の家臣。『築上郡志』『築上郡史』「宇都宮史」

雄城治景▽おぎはるかげ
若狭守、大分郡植田庄雄城台城主。大友氏の家臣団。治景・若狭守と称した。大神氏庶流。天文五（一五三六）年八月から弘治四（一五五八）年五月まで義鑑・義鎮（宗麟）二代の加判衆を務めた。一貫して国東郡の方分であった。弘治三年秋月文種を成敗する義鎮の出兵の際には、志賀親守と共に留守を務めた。『北九州戦国史史料集』『戦国大名家臣団事典』

奥橋市右衛門（奥橋市左衛門）
▽おくはしいちえもん（おくはしいちざえもん）
城井軍記、豊州治覧等に記された城井鎮房の挙兵時の家臣。城井家（豊前宇都宮家）馬廻り役。『築上郡志』『築上郡史』「宇都宮文書」

奥橋掃部丞（眞橋掃部丞）
▽おくはしかもんのじょう（まはしかもんのじょう）
「城井軍記」「豊州治覧」等に記された城井鎮房の挙兵時の家臣。城井家（豊前宇都宮家）物頭。別に馬廻り役の記載あり。『城井闘争記』には姓を眞橋とあり。『築上郡志』『築上郡史』「宇都宮文書」『城井闘争記』

奥橋彦兵衛▽おくはしひこべえ
「城井軍記」「豊州治覧」等に記された城井鎮房の挙兵時の家臣。物頭。『築上郡志』『築上郡史』「宇都宮文書」

奥村雅楽之助▽おくむらうたのすけ
宇都宮家一族並びに「家臣名付」に記された城井鎮房挙兵時の家臣。『築上郡志』

奥村勘解由▽おくむらかげゆ
宇都宮氏の一族。下川底村城小畑長重の家老。天正十六（一五八八）年三月、日熊城の合戦において二百余騎を率いて黒田軍と戦い討死した。『姓氏家系大辭典』

小栗九郎介／小栗九郎助▽おぐりくろうすけ
「城井軍記」「家臣名付」「豊州治覧」等に記された城井鎮房挙兵時の家臣。城井家（豊前宇都宮家）馬廻り役。『築上郡志』『築上郡史』「宇都宮史」

小河内九郎兵衛▽おごうちくろうひょうえ
宇都宮氏一族並びに「家臣名付」に記された宇都宮家家臣。城井家（豊前宇都宮家）馬廻り役。宇都宮大和守信房公七百五十遠諱の大祭が明治四十二年に挙行された際に、宇都宮家菩提寺天徳寺藤原賢然住職等が編集した「宇都宮家故舊重臣の後裔」の姓名録にもその名が見える。『築上郡志』「宇都宮家故舊重臣の後裔」

小郡豊房▽おごおりとよふさ
大内氏の家臣であったが、岩石城を守る大友氏公とは同じ母親の兄弟であった。兵庫助。応永六（一三九九）年正月二十四日に大内盛見が岩石城攻城の時に氏公と矢文をもって内通しようとしたが、このことを豊房から聞いた長門勢の大田宮内丞定弘は陶越前守にこの事実を告げたために誅戮された。『応永戦覧』

長田孫右衛門▽おさだまごえもん
天文元（一五三二）年十一月、大友氏は大内方として宇佐郡の佐田朝景が籠る妙見岳城を攻めた。その時に妙見岳合戦に動員されて出陣した大友方の一人。東西一揆に関わった。『豊前市史』『増補訂正編年大友史料併大分県古文書全集第16』『大分県の歴史』

長内左内▽おさないさない
「城井軍記」「豊州治覧」等に記された城井鎮房の挙兵時の家臣。『築上郡志』『築上郡史』「宇都宮文書」

推島国行▽おしじまくにゆき
元亀、天正年間に京都郡内に割拠した。『築上郡志』

小田鎮光▽おだしげみつ
多久城に居城。大友方として龍造寺征伐に参陣したが、鍋島信昌の率いる奇襲部隊により元亀二（一五七一）年八月二十日未明から始まった今山決戦において退路を断たれ、居城に帰ることができず、彷徨してようやく筑後へ落ちることができた。『筑前戦国史』

尾立雪峰▽おだてせっぽう
「宇都宮家家系譜」の著者。維孝。宇佐市出身の検察官で、昭和二（一九二七）年に没す。同系譜の中に、城井氏（豊前宇都宮氏）後裔、春房を養育した進三郎左衛門の日記を書き留めている。『宇都宮文書』

小田村備前守▽おだむらびぜんのかみ

麻生氏の家臣。小田村氏の家系は詳らかでない。備前守の諱は不詳。備前守は戸畑中島城主と推定される。一族に元頼がいる。永禄年間、戸畑中嶋（戸畑と若松の間の島）にあった砦を守った。毛利元春、同隆元からの書状あり。永禄年間（一五五八―七〇）は麻生隆実と共に毛利方であったが、元頼の方は天正十四年頃、秋月・島津方であった麻生鎮里に加担したようである。その子孫は佐賀の小城藩に仕えた。『北九州戦国史』『北九州戦国史史料集』

小田村元頼▽おだむらもとより

新四郎。左近大夫。麻生隆実の家臣。戸畑を知行した。戸畑中嶋（戸畑と若松の間の島）の砦を守った小田村備前守とは同族。永禄元（一五五八）年六月、毛利輝元らは元頼を授けられ、同十年六月十六日、毛利輝元左近大夫に任官されている（右近大夫の説あり）。天正十四（一五八六）年頃、秋月・島津方であった麻生鎮里に加担したようである。麻生氏の家系は詳らかでない。元頼の一族である備前守は、戸畑中島城主と推定される。永禄年間（一五五八―七〇）は麻生隆実と共に毛利方であったが、天正十四年頃は、秋月・島津方であった麻生鎮里に加担したようである。その子孫は佐賀の小城藩に仕えた。『北九州戦国史』『北九州戦国史史料集』

小田原鎮郷▽おだわらしげさと

大友氏族。左京亮。天正八（一五八〇）年正月十一日、大友義統は鎮郷に対して、正月八日における宇佐郡平田表（宇佐郡豊川村）の戦功を賞せられた。更に同年、正月二十三日、豊前四日市表に於ける検使、並びに在陣を賞せられ、豊筑の間で五十町地を与えられた。『北九州戦国史史料集』

落合伯永▽おちあいおさなが

大友氏の旗下、赤尾鎮房の家臣。民部。麻生親政の謀叛を鎮圧するために赴いた軍奉行田原親賢（紹忍）の下で、追手の大将の鎮房の家臣として同陣営に参軍した。『豊前古城誌』

落合伯房▽おちあいおさふさ

赤尾鎮房一族の家臣。源五郎。天正八（一五八〇）年、佐野親重が赤尾鎮房の法要を狙って光岡城を襲撃した際、その法要に参列しており、討ち取られた。『豊前古城誌』

小友田佐助／乙友田佐介▽おともださすけ

野仲氏の幕下。小友田城主小友田摂津守の一族。天正

の頃（一五七三―九二）に小友田城に在城した。天正七年、大友義鎮（宗麟）が日向耳川の合戦にて敗れ諸国の大名が離反し、長岩城主の野仲鎮兼も大友氏に叛いた時、鎮兼に従った近郷の武士団の一人。天正七年、坂手隈城を落とした長岩城主野仲鎮兼の幕下に属して、同十年の田嶋城攻め、大畑城攻めにも参加している。天正十六年黒田氏の宇佐郡・下毛郡の諸城の攻撃の際には籠城しており、その中に小友田佐介の名が記録されている。『豊前古城誌』では乙友田とされている。『耶馬渓文化叢書』『耶馬溪町史』『日本城郭大系』『豊前古城誌』

小友田新兵衛／乙友田新兵衛▽おともだしんべえ

野仲氏の幕下、小友田城主小友田摂津守の一族。佐介の子。天正七（一五七九）年、大友義鎮（宗麟）が日向耳川の合戦にて敗れ諸国の大名が離反し、長岩城主の野仲鎮兼も大友氏に叛いた時、鎮兼に従った近郷の武士団の一人。天正十年の田嶋崎城攻め、大畑城合戦に参加した。天正十六年黒田氏に降りて開城した。『豊前古城誌』では乙友田とされている。『耶馬渓文化叢書』『耶馬溪町史』『日本城郭大系』『豊前古城誌』

小友田摂津守／乙友田摂津守▽おともだせっつのかみ

野仲氏の幕下。小友田城主で天正の頃（一五七三―九二）に居城した。天正七年、大友義鎮（宗麟）が日向耳川の合戦にて敗れ諸国の大名が離反し、長岩城主の野仲鎮兼も大友氏に叛いた時、鎮兼に従った近郷の武士団の一人。天正十年の田嶋崎城攻め、大畑城合戦に参加した。『豊前古城誌』では乙友田摂津介とされているが同一と思われる。『耶馬渓文化叢書』『耶馬溪町史』『日本城郭大系』『豊前古城誌』

小友田亦次郎▽おともだまたじろう

野仲氏の幕下、永正九（一五一二）年の長岩城主野仲興道官途挙状に名が見える。大内義興の軍に従い京都に駐屯し船岡山に功名手柄を立てている。『耶馬溪町史』

尾中元助▽おなかもとすけ

「城井軍記」「豊州治覧」等に記された城井鎮房の挙兵時の家臣。『築上郡志』『築上郡史』「宇都宮史」

鬼木惟宗▽おにきこれむね（おんのきこれむね）

鬼木城主。掃部頭。城井鎮房の挙兵時に呼応した国人。鬼木備前守の子。宇佐郡・時枝氏（大分県宇佐市）の一族。父が時枝氏の領有する鬼木村に移り、鬼木氏を称した。天正十五（一五八七）年頃、上毛郡垂水村（福岡県築上郡大平村）の観音原（桑野原）、日熊城の合戦において豊前国国人一揆連合軍に加わり黒田軍と戦い、黒田長政の家臣、上原新右衛門に討ち取られた。『黒田家譜』

によれば鬼木掃部助は、上毛郡鬼木村に居住し、頗る近郷に威を振るいたる大剛の強者と記されていた。惟宗の首級は黒田長政が自らこれを掲げて垂水村の渡しに梟したと伝えられている。『豊前志』『鎮西宇都宮氏の歴史』『黒田家譜』『築上郡志』

鬼口次郎左衛門／鬼口治郎左衛門▽おにぐちじろうざえもん
「城井軍記」「家臣名付」「豊州治覧」等に記された城井鎮房挙兵時の家臣。城井家（豊前宇都宮家）馬廻り役。宇都宮大和守信房公七百五十遠諱の大祭が明治四十二年に挙行された際に、宇都宮家菩提寺天徳寺藤原賢然住職等が編集した「宇都宮家故舊重臣の後裔」の姓名録にもその名が見える。『築上郡志』には治郎とある。『築上郡志』『築上郡史』「宇都宮史」「宇都宮家故舊重臣の後裔」

尾仁八大夫▽おにはちだゆう
「城井軍記」「家臣名付」「豊州治覧」等に記された城井鎮房挙兵時の家臣。城井家（豊前宇都宮家）馬廻り役。『築上郡志』『築上郡史』「宇都宮文書」

小野市助▽おのいちすけ
「城井軍記」「家臣名付」「豊州治覧」等に記された城井鎮房挙兵時の家臣。『築上郡志』『築上郡史』「宇都宮文書」

尾上安右衛門▽おのうえやすえもん
黒田家の家臣。天正十五（一五八七）年十月九日、城井谷の城井鎮房を攻めた時に敵兵に囲まれた長政の緋の羽織を黒田の家臣大野小弁が引き取って、自ら長政と名乗って身代わりとなり、敵に取って返しつつ長政を逃れさせた。その時に小弁に続いた五十六騎の一人。大野小弁とともに討死にした。『築上郡史』

尾上安左衛門▽おのうえやすざえもん
黒田氏の家臣。黒田孝高（如水）の妹婿。天正十五（一五八七）年の豊前一揆に黒田長政に従軍し、求菩提山の麓にある上毛郡川底城の合戦で討死した。『鎮西宇都宮氏の歴史』『黒田家譜』

小野尾二郎左衛門▽おのおじろうさえもん
天文元（一五三二）年十一月、大友氏は大内方として宇佐郡の佐田朝景が籠る妙見岳城を攻めた。その時に妙見岳合戦に動員されて出陣した大友方の一人。東西一揆に関わった。『豊前市史』『増補訂正編年大友史料併大分県古文書全集第16』『大分県の歴史』

小野木武蔵守▽おのきむさしのかみ

馬ヶ岳城主新田義氏の家臣。応永五（一三九八）年十月、豊前の守護職、馬ヶ岳城主新田義氏が大友氏鑑の挙兵に加わったため、新田軍は、大内政弘が差し向けた二万の大軍に対して馬ヶ岳城に籠城して攻防に耐えたが、ついに義氏降参となり、大内氏に忠誠の証として義氏の嫡男左馬頭義高を人質とする条件をもって小野木武蔵守と舟田越後守は名代遠名右馬介を以て陶越前守に申し入れた。『応永戦覧』

小野木義親▽おのきよしちか
永享、応仁年間に京都郡内に割拠した。『築上郡志』

小野玄蕃▽おのげんば
元亀、天正年間に規矩郡内に割拠した。『築上郡志』

小野源八▽おのげんぱち
宇都宮氏一族並びに「家臣名付」に記された宇都宮家家臣。城井家（豊前宇都宮家）馬廻り役。『築上郡志』

小野二郎亮▽おのじろうのすけ
「貫系図添え書き」の貫掃部頭宗景の添え書きされた五人の家宰の一人。『門司・小倉の古城史』

小野新左衛門▽おのしんざえもん
「城井軍記」「家臣名付」「豊州治覧」等に記された城井鎮房挙兵時の家臣。城井家（豊前宇都宮家）馬廻り役。宇都宮大和守信房公七百五十遠諱の大祭が明治四十二年に挙行された際に、宇都宮家菩提寺天徳寺藤原賢然住職等が編集した「宇都宮家故舊重臣の後裔」の姓名録にその名が見える。『築上郡志』『築上郡史』「宇都宮文書」「宇都宮家故舊重臣の後裔」

小野田種尚▽おのだたねひさ
応永、正長年間に規矩郡内に割拠した。兵部少輔。応永年間（一三九四－一四二八）木下城を築城し、さらに門司城の支城の一つであった足立城に居城し城主を兼ねた。また、吉見城に居城していたというもその後のことは明らかではない。『門司・小倉の古城史』には応永の頃、大友方として足立城に居城したとある。『築上郡志』『築上郡史』『豊前新大鑑』『福岡県の城』『門司・小倉の古城史』『応永戦覧』

小野田種尚▽おのだたねひさ
文明、大永年間に規矩郡内に割拠した。『築上郡志』

小野田通忠▽おのだみちただ
応永、正長年間に規矩郡内に割拠した。民部少輔。応永五（一三九八）年、杉弘信が山口にいる間、大友氏の戸次治部大輔から攻め取られた松山城（京都郡苅田町）の奪還のため大内義弘が豊前吉志の浜に着陣した際に、味方として参陣した。『築上郡志』『応永戦覧』

小野太郎▽おのたろう
天文元（一五三二）年十一月大友氏は大内方として宇佐郡の佐田朝景が籠る妙見岳城を攻めた。その時に妙見岳合戦に動員されて出陣した大友方の一人。『豊前市史』『増補訂正編年大友史料併大分県古文書全集第16』『大分県の歴史』

小野正重▽おのまさしげ
黒田家重臣。天正十五（一五八七）年十月九日、城井谷の城井鎮房を攻めた時に敵兵に囲まれた長政の緋の羽織を大野小弁が引き取って、自ら長政と名乗って身代わりとなり、長政を逃れさせて討死した。『黒田家譜』『築上郡志』『築上郡史』

小野弥右衛門▽おのやえもん
「城井軍記」「家臣名付」「豊州治覧」等に記された城井鎮房挙兵時の家臣。小野彌兵衛の弟。『築上郡志』『築上郡史』「宇都宮文書」

小野弥兵衛▽おのやへえ
「城井軍記」「家臣名付」「豊州治覧」等に記された城井鎮房挙兵時の家臣。『築上郡志』『築上郡史』「宇都宮文書」

小野好古▽おののよしふる
天慶四（九四一）年、藤原純友が乱を起こした時、朝廷が大将とし、副将を源経基をもって之を討たしめた。小野好古等は上毛郡上身郷に中津権現の社地を移し、その跡に城を築いた。後に広津城と呼ばれた。『築上郡志』

小野好村▽おのよしむら
『大宇佐郡史論』にいう准宇佐郡三十六伝の一人。弾正。小野好古の十八世の孫、小野監物が承久の乱に官軍に応じ、一族三十六人が豊後に配置された。弾正好村は監物八世の孫にあたる。天文年間（一五三二－一五五五）に高並村に来たって住み、大友義鎮（宗麟）に属した。永禄四（一五六一）年馬ヶ岳の合戦で戦功をたて、慶長元（一五九六）年、一族を率いて高並谷に移住し、小野川村と称した。『大宇佐郡史論』

小幡玄蕃▽おばたげんば
高橋九郎元種の家臣。小倉城の城代。天正十四（一五八六）年十月四日、秀吉の九州先遣隊の吉川元春、小早川隆景、黒田孝高（如水）のために攻められて自刃した。

『築上郡史』

小畑源兵衛▽おばたげんべえ
天文、永禄年間に下毛郡内に割拠した。『築上郡志』

御幡式部烝▽おばたしきぶのじょう
宇佐氏の一族。天文の頃（一五三二―五五）、大友家に属して狐坂城に居城した。『豊前古城誌』

小畑甚兵衛▽おばたじんべえ
石神城主。天正年間（一五七三―九二）石神城に居城し、野仲氏に属した。天正七年、大友義鎮（宗麟）が日向耳川の合戦にて敗れ諸国の大名が離反し、長岩城主の野仲鎮兼も大友氏に叛いた時、鎮兼に従った近郷の武士団の一人。のち黒田勢に従い、池永城攻めの時には一番乗りをしたという。『豊前古城誌』には、北原村にあった小畑氏代々の小畑城に居城し野仲氏に属したとある。『日本城郭大系』『豊前古城誌』

小畑長重▽おばたながしげ
元亀、天正年間に上毛郡内に割拠した。宇都宮家の一族。下川底村城主として居城した。天正十六（一五八八）年三月、日熊城の合戦において黒田軍と戦い討死した。『築上郡志』

小畑宗重▽おばたむねしげ
保延の頃（一一三五―一一四一）、北原村にあった小畑氏代々の小畑城に居城した。四郎左衛門。『豊前古城誌』

小原鑑元▽おばらあきもと
大友氏の家臣団。神五郎・鑑元・四郎左衛門尉、遠江守、遠江入道宗惟と称した。大神阿南氏の庶流、大分郡阿南庄小原を本貫とする。天文十九（一五五〇）年二月十二日付け、大友義鎮（宗麟）宛て義鑑の遺言状に連署以降、二十年三月まで義鎮の加判衆を務めた。十九年閏五月、菊池義武退治のために玖珠郡衆を率いて、志賀親守・吉岡長増等と共に肥後に出陣した。以後、各地を転戦。二十年から南関城（熊本県玉名郡南関町）城督として肥後に在国した。弘治二（一五五六）年五月、本庄新左衛門・中村長直・佐伯惟教等と共に毛利・秋月氏に応じて他姓衆の態勢挽回を図ろうとした。南関城に二万の軍勢をもって籠城したが、豊後からの討伐軍に攻められて滅ぼされた。五月八日に討死。『戦国大名家臣団事典』『北九州戦国史』

小原新助▽おばらしんすけ
元亀、天正年間に下毛郡内に割拠した。天正七（一五七九）年、大友義鎮（宗麟）が日向耳川の合戦にて敗れ諸国の大名が離反し、長岩城主の野仲鎮兼も大友氏に叛いた時、鎮兼に従った近郷の武士団の一人。『豊前古城誌』『築上郡志』

小原右並▽おばらすけなみ
大友氏の家臣団。神五郎・右並・四郎左衛門・左衛門尉・伊予守と称した。鑑元の父。大神阿南氏の庶流で、大分郡阿南庄小原（現庄内町）に本貫を持つ小在地領主で、大友氏との関係はかなり複雑微妙であった。明応七（一四九八）年四月、大内義興は義長への家督贈与に反対し、大友親綱の子、大聖院宗心を擁立せんとした。右並は宗心に加担し、明応十年には宗心の加判衆の一人となった。しかし、永正四（一五〇七）年頃には義長方へ寝返っており、義長の犬追物組のメンバーの中に名が見える。永正五年から六年頃には筑後郡代を務め、永正十三年二月から大永五年十一月頃まで義鑑の加判衆となっている。永正十四年二月には朽網親満の残党退治のために野上氏を案内役にして、高田庄衆を率いて玖珠郡に遠征した。『戦国大名家臣団事典』

尾部弥六左衛門▽おべやろくざえもん
麻生鎮実の家臣。永徳三・弘和三（一三八三）年、鎮実が大内氏に背き城を攻められ、弥六左衛門は石橋にて討死した。『豊前古城誌』

小山田主計▽おやまだかずえ
宇都宮氏一族並びに「家臣名付」に記された宇都宮家家臣。城井家（豊前宇都宮家）馬廻り役。『築上郡史』

小山田兵部少輔（小山田兵部丞少輔）▽おやまだひょうぶのしょうゆう（おやまだひょうぶのじょうしょうゆう）
応永、正長年間に築城郡内に割拠した。応永の頃（一三九四－一四二八）、小山田城主として在城した。応永五年、前守護職大友氏時の嫡子である大友氏鑑は、大内義弘の画策により甥の親世が守護職を継いだことを不満とし、親世に叛逆して兵を挙げた。その際、氏鑑から回文を受け一味同心した一人。『築上郡志』『応永戦覧』『築上郡史』

小山田美作▽おやまだみまさか
「城井軍記」「家臣名付」「豊州治覧」等に記された城井鎮房挙兵時の家臣。『築上郡志』『築上郡史』「宇都宮史」

小山義行▽おやまよしゆき
永享、応仁年間に宇佐郡内に割拠した。『築上郡志』

織部武蔵守▽おりべむさしのかみ
大友氏の家臣。麻生摂津守の謀叛を鎮圧するために赴いた軍奉行田原親賢（紹忍）の目付役。手勢百余騎にて木内帯刀左衛門の居城である丸尾に陣取り、軍の始終を見届け、軍用鉄砲玉薬兵糧攻具に至るまで不足あれば注進した。『豊前古城誌』

尾和種親▽おわたねちか
　備後守。大内政弘の奉行に尾和兵庫介がいる。安芸郡高田庄に尾和備前守の尾和城があり、その一族か。弘治二（一五五六）年五月七日の大内義長年寄衆書状の中に防州御使として名が見える。『北九州戦国史史料集』

甲斐左衛門尉▽かいさえもんのじょう
太田氏の一族。一説によれば、天文の頃（一五三二―五五）、下毛郡耶馬渓の馬場城に居城した。『日本城郭大系』

甲斐左衛門督▽かいさえもんのとく
下毛郡の山移村城（馬場城）に兄の兵庫頭と居城したが、大友氏にほろぼされた。『豊前古城誌』

甲斐宗運▽かいそううん
菊池氏の族。親直、民部太輔、入道して宗運。益城郡御船城城主。阿蘇大宮司惟将の老臣で、阿蘇勢力を代表して大友氏に協力した。天正六（一五七八）年、大友勢、耳川敗戦後、離反した熊本の城、宇土の名和氏等と戦い、同九年肥前の龍造寺には人質を送り、同年島津氏の命で攻め寄せた相良義陽を討ち取り、阿蘇氏勢力の維持に努めた。その子親秀は大友氏の勧めにより、同十三年八月十三日、花の山城を陥落させたが、島津氏に降伏、八代に抑留され、天正十五年、肥後国人一揆に加担して滅んだ。『北九州戦国史』

貝兵庫頭▽かいひょうごのかみ
天文、永禄年間に下毛郡内に割拠した。『築上郡志』

甲斐兵庫頭▽かいひょうごのかみ
一説によれば、太田氏の一族。下毛郡耶馬渓の山移村にあった甲斐氏代々の城、山移村城（馬場城）に弟の左衛門督と居城したが、大友氏にほろぼされた。『豊前古城誌』『日本城郭大系』

我有弾正▽がうだんじょう
「城井軍記」「家臣名付」「豊州治覧」等に記された城井鎮房挙兵時の家臣。宇都宮大和守信房公七百五十遠諱の大祭が明治四十二年に挙行された際に、宇都宮家菩提寺天徳寺藤原賢然住職等が編集した「宇都宮家故舊重臣の後裔」の姓名録にもその名が見える。『築上郡志』『築上郡史』「宇都宮史」「宇都宮家故舊重臣の後裔」

我有師光▽がうもろみつ
宇都宮家一族並びに「家臣名付」に記された城井家（豊前宇都宮家）家臣。馬廻り役。七郎兵衛。『築上郡志』

我有弥正▽がうやしょう
宇都宮家一族並びに「家臣名付」に記された城井鎮房挙兵時の家臣。『築上郡志』

河顔源五郎▽かがおげんごろう
宇都宮氏一族並びに「家臣名付」に記された宇都宮家家臣。『築上郡志』

利光兵庫助▽かがみひょうごのすけ
大友方の部将、永禄十（一五六七）年、休松の合戦の後、筑後をめざして退いた際に、甘木上高場付近で秋月勢に討ち取られた。『筑前戦国史』

香川春継▽かがわはるつぐ
毛利方、吉川氏の部将。天正十四（一五八六）年十一月二十日、夜陰に乗じて高橋元種の籠る香春岳城の三の岳を攻撃した。『九州戦国合戦記』

香川正矩▽かがわまさのり
吉川家家臣。正徳二（一七一二）年に「陰徳太平記」を著す。この戦記物には、天正年間（一五七三―九二）における豊前国国人一揆連合軍と黒田軍の合戦が記述されている。「陰徳太平記」

垣内藏兵衛▽かきうちくらべえ
「城井軍記」「家臣名付」「豊州治覧」等に記された城井鎮房挙兵時の家臣。『築上郡志』『築上郡史』「宇都宮文書」

蠣瀬鎮忠▽かきせしげただ
元亀、天正年間に下毛郡内に割拠した。『築上郡志』

蠣瀬次郎▽かきせじろう
蠣瀬の一族。大友氏に属した。野仲勢の大畑城攻めの時には、籠城してこれを退却させた功により、蠣瀬次郎は大友義統から感状を賜った。『日本城郭大系』

蠣瀬対馬守▽かきせつしまのかみ
天文、永禄年間に下毛郡内に割拠した。中津城城主。山城の人。天文七（一五三八）年、大家の郷司職となって中津城に居城した大家備中守藤原幸範が天文七年十月十五日に病死したため、その後を次いで郷司職となり、この城に入った。後に大友氏に属した。『豊前古城誌』『築上郡志』『日本城郭大系』

蠣瀬又次郎入道▽かきせまたじろうにゅうどう
蠣瀬館に居住した。建武の頃（一三三四―三八）、蠣瀬又次郎入道は官軍に従い凶徒を討ったとあり。『日本城郭大系』

加来阿波守▽かくあわのかみ
常陸介守実、子常陸介友国、次土佐守政之のあと、中務重之が家督を相続し、さらに加来阿波守が相続し、幸子村城主として居城した。『築上郡志』『築上郡史』

加来氏秀▽かくうじひで

自見氏系図によれば、自見源兵衛尉重氏の子。源三郎太神。『豊前古城誌』

加来右馬頭▽かくうまのかみ

弘治元（一五五五）年十一月、大畑城主加来壱岐守国治とともに毛利元就に従って安芸に渡り、厳島において陶晴賢を討つ。『豊前古城誌』

加来景勝▽かくかげかつ

宇留津城の城将。天正十四（一五八六）年の宇留津城の合戦において香川兵庫大輔春継に討たれた。源助。『築上郡志』

加来国禎▽かくくにさだ

筑後守。加来伊予守国基から家督を相続し幸子村城主として居城した。『築上郡志』

加来国治▽かくくにはる

壱岐守。大畑城主。弘治元（一五五五）年十一月毛利元就に随って安芸に渡り厳島に陶晴賢を討った。弘治三年七月、大友義鎮（宗麟）が豊前を攻略した時に、軍門に降った。『豊前古城誌』『国治傳』『築上郡志』

加来国基▽かくくにもと

伊予守。加来阿波守から家督を相続し幸子村城主として居城した。『築上郡志』『築上郡史』

加来源六郎▽かくげんろくろう

築城郡、宇留津城主。加来新外記の子。天正十四（一五八六）年十一月七日、毛利、黒田等の豊臣秀吉の軍勢に攻略され激戦のすえ一族は滅亡した。『太宰管内志』『築上郡史』

加来惟興▽かくこれおき

緒方惟義の弟、惟康の次男。大畑城城主。安芸守。二郎、四郎道善入道。惟興は大畑姓から加来姓を名乗り、子孫は豊前、豊後に根をおろして加来氏を称した。『豊前古城誌』『大分歴史事典』

加来惟直▽かくこれなお

⇩加来統直（かくむねなお）

加来惟貫▽かくこれぬき

加来壱岐守統直の家臣。勘助。天正七（一五七九）年二月十九日、野仲鎮兼が加来壱岐守統直の大畑城を攻めた時に、矢野助四郎と槍を交わして彼に傷を負わせて戦線から退ぞかせた。『豊前古城誌』

加来惟康▽かくこれやす

大畑城主。四郎道善入道。大畑城は元暦元年、源義経が平家追討のために緒方三郎に命じて豊前五城を築いた城の一つ。惟康は惟栄の一族にあたる。『豊前古城誌』

加来惟義▽かくこれよし

元暦の頃（一一八四−八五）、緒方三郎が築いた塩田城（築上郡椎田町東八田）の守将であった。以後、加来氏が代々この城を守った。太郎。『豊前志』

加来三郎▽かくさぶろう

応永五（一三九八）年、前守護職大友氏時の長子である大友氏鑑は、大内義弘の画策により、氏時の甥で猶子である親世が守護職を継いだことを不満とし、親世に叛逆して兵を挙げた。その際、氏鑑から回文を受け一味同心した一人。『応永戦覧』『築上郡史』『太宰管内志』

加来三郎兵衛▽かくさぶろうひょうえ

城井正房の家人。豊前国国津城代。「宇都宮史」『築上郡志』

加来重利▽かくしげとし

自見氏系図によれば、自見重氏の子。善内兵衛尉。『豊前古城誌』

加来治左衛門入道全慶▽かくじざえもんにゅうどうぜんけい

宇留津城主。父は入道専順。宇都宮家一族並びに「家臣名付」に記された城井鎮房挙兵時に呼応した武将。『築上郡志』『築上郡史』

加来次郎▽かくじろう

天文、永禄年間に宇佐郡内に割拠した。弘治二年秋、大友義鎮（宗麟）が龍王城に在陣した際、帰服した宇佐郡三十六人衆の一人。なお着陣の時期について、『大友公御家覚書』等では弘治二年四月、大友義鎮龍王に陣を取るとある。大友家に属し、毎年八月朔日には馬太刀の使者を立てて主従の礼を行ったという。『豊前古城誌』「香下文書」『北九州戦国史史料集』『編年大友史料』『築上郡志』「宇佐郡記」

加来新右衛門▽かくしんえもん

築城郡の宇留津城に在城した。天正十四（一五八六）年秀吉の先遣隊に再三降参を勧められたが応じず、攻められ落城し一族ことごとく討死した。『築上郡志』『築上郡史』『太宰管内志』

賀来神九郎▽かくしんくろう

天文元（一五三二）年十一月大友氏は大内方として宇佐郡の佐田朝景が籠る妙見岳城を攻めた。その時に妙見岳合戦に動員されて出陣した大友方の一人。この合戦で被官数人が傷を負った。『豊前市史』『増補訂正編年大友史料併大分県古文書全集第16』『大分県の歴史』

加来為長▽かくためなが

「城井軍記」「家臣名付」「豊州治覧」等に記された城井鎮房挙兵時の家臣。城井家（豊前宇都宮家）馬廻り役。新左衛門、新三郎。『築上郡志』「宇都宮文書」

加来綱平▽かくつなひら

緒方三郎惟栄の一族。小太郎。元暦元（一一八四）年、緒方三郎惟栄が源義経の命を受けて、豊後制圧の拠点として築かれた高森城（宝森城）に居城した。『豊前古城誌』

加来朝宗▽かくともむね

宇佐郡安心院の加来館に居住した。天正十（一五八二）年、龍王城の安心院氏が大友氏に背いた時に安心院氏を保護し、安心院千代丸を南毛の小松山薬師堂にかくまった。後孫は南毛の庄屋となった。『日本城郭大系』

加来成恒▽かくなりつね

壱岐守。大畑城主。弘治三（一五五七）年、大友義鎮（宗麟）が一万二千の軍勢を率いて宇佐・下毛の諸城を攻撃したが、戦わずして幕下に降ったが、壱岐守成恒も大友軍に降伏した。『日本城郭大系』『下毛郡誌』『大分県郷土史料集成』

加来入道専慶▽かくにゅうどうせんけい

香春城主。島津義久に同心した。『築上郡史』

加来入道専順▽かくにゅうどうせんじゅん

元亀、天正年間に田河郡内に割拠した。築城郡の宇留津城に在城した。天正十四（一五八六）年秀吉の先遣隊に再三降参を勧められたが応じず、攻められ落城し一族ことごとく討死した。『残太平記』によれば、香春城主。島津義久に一味同心し、大軍を敵にまわして戦ったとある。『築上郡志』『築上郡史』『太宰管内志』

加来彦次郎／加来彦治郎▽かくひこじろう

元亀、天正年間に宇佐郡内に割拠した。高森城（宇佐市大字高森）の城主。天正十七（一五八九）年、黒田氏に攻められ切腹のうえ落城した。『築上郡志』『太宰管内志』『豊前古城誌』

加来久盛▽かくひさもり

香春嶽城主、加来入道専順の子（しかし『築上郡史』には全慶の嫡子とある）。孫兵衛。天正十四（一五八六）年、兵二百騎をもって宇留津城（築上郡椎田町東八田）の要害を守ったが黒田勢、中国勢等、二万八千余りの将兵の猛攻を受けて討死した。「残太平記」『太宰管内志』『築上郡史』

加来久之▽かくひさゆき

加来道之から家督を相続し幸子村城主として居城した。伝之允。『築上郡志』

加来久慶▽かくひさよし

宇留津城主。加来治左衛門入道全慶の嫡男。孫兵衛。宇都宮家一族並びに「家臣名付」に記された城井鎮房挙兵時に呼応した武将。『築上郡志』

加来正澄▽かくまさずみ

備前守。「城井軍記」「家臣名付」「豊州治覧」等に記された城井鎮房挙兵時の家臣。物頭（別に馬廻り役の記載もあり）。「家臣名付」と「豊州治覧」に名を正澄とあり。宇都宮大和守信房公七百五十遠諱の大祭が明治四十二年に挙行された際に、宇都宮家菩提寺天徳寺藤原賢然住職等が編集した「宇都宮家故舊重臣の後裔」の姓名録にもその名が見える。「宇都宮史」『太宰管内志』

加来正淙▽かくまさそう

「城井軍記」「家臣名付」「豊州治覧」等に記された城井鎮房挙兵時の家臣。次郎左衛門。「城井軍記」には加来正澄の弟とあり、「豊州治覧」には正澄の男とある。城井家（豊前宇都宮家）馬廻り役。『築上郡志』『築上郡史』「宇都宮史」『太宰管内志』

加来道之▽かくみちゆき

加来筑後守国禎から家督を相続し幸子村城主として居城した。伝左衛門。『築上郡志』

加来統直▽かくむねなお

安芸守。豊後・緒方氏の一族。下毛郡賀来村大畑城（加来城）城主。「城井軍記」「豊州治覧」等に記された城井鎮房挙兵時に呼応した武将。天正七（一五七九）年正月十九日の黒水合戦において野仲鎮兼の軍を破った軍功により、大友義統から感状を受け、一字を賜り、惟直から統直と改めた。天正七年二月十九日、長岩城主、野仲兵庫頭鎮兼が大友方に謀叛を起こした時、斥候により鎮兼の来攻を予期して、前日より、成恒鎮家、福嶋祐子了を城に籠もらせて、中島主殿、渡邊政の援兵を得て野仲勢を破る。成恒進士兵衛をして兵、二百余を率いて大貞山に、また兵二百をもって妙法寺の山に潜伏させて鎮兼の軍を奇襲してこれを破った時、統直は瑞雲寺の僧、萬願寺の僧、天眠をして鎮兼に和を諭した。鎮兼はこの和を受け入れその子、太郎重貞を人質とし、かつ盟約書を交わした。この時、統直は家臣、藤本七郎をして田原親賢（紹忍）に報じた。親賢は大友義統に奏上したことにより、統直は感状を賜った。天正八年、親賢から萩原山城守が反大友方に加担しないように才覚を依頼された。天正十六年三月二十一日、黒田長政に大畑城を攻められ、二十三日に落城。逃れて豊後に走る途上、諫山村の幕の峯を過ぎる時、秣大炊介に殺された。「萩原文書」『北九州戦国史史料集』『豊前古城誌』『野仲記』『築上郡史』

頂吉氏通▽かぐめよしうじみち
頂吉城主か。治部丞。延徳三（一四九一）年七月二十七日、六角高頼征伐のために将軍足利義材が京都を進発した。この時に大内政弘は将軍に供奉するために上洛した。その上洛の経費に充てるために門司主計允は政弘から督促奉行を命じられて豊前国中の寺社に半済米を供出させる任に当たった。「平野文書」『門司・小倉の古城史』

頂吉氏保▽かぐめよしうじやす
明応元（一四九二）年、門司氏頼とともに規矩郡長行八旗八幡神社を修復した。『中世北九州落日の譜　門司氏史話』

加来元国／加来元邦▽かくもとくに
築城郡、宇留津城主。「城井家記」には角田尾城代賀来孫兵衛と記されている。加来新外記の子。孫兵衛尉。『豊前志』には元邦とある。『築上郡史』では、「満光寺文書」に潤津城主、所領の今高は三千八百石収とあるという。天正十四（一五八六）年十一月七日、三万八千の毛利、黒田等の豊臣秀吉の軍勢に攻略され落城、激戦のすえ一族は滅亡した。この時、六百余騎が討ち取られ、香春城に落ち行く残兵四百余騎も捕らえられ、皆獄門に架けたとある。宇都宮大和守信房公七百五十遠諱の大祭が明治四十二年に挙行された際に、宇都宮家菩提寺天徳寺藤原賢然住職等が編集した「宇都宮家故舊重臣の後裔」の姓名録にもその名が見える。『豊前軍記』『築上郡史』『豊前志』『築上郡志』「宇都宮史」『城井闘諍記』『太宰管内志』「宇都宮家故舊重臣の後裔」

加来基信▽かくもとのぶ
豊前国築城郡（福岡県築上郡椎田町）の天正十四（一五八六）年当時の宇留津城主。諱は基信。加来与次郎、

加来新右衛門、加来孫兵衛等、城兵約二千名が守る宇留津城は、天正十四年秀吉の先遣隊に再三降参を勧められたが、これに応じず、十一月七日、中国勢、黒田勢、長野勢、宗像勢、都合二万八千の軍に攻撃を受け、火をかけられ忽ち落城し、主立った将兵は総て討死した。首を取られた兵は一千余、焼死するもの数知れず、男女捕虜約四百名あまりは後で悉く磔となった。秀吉軍の軍監であった黒田孝高（如水）の家臣、母里太兵衛が一番乗りで城攻めで活躍した。「陰徳太平記」『築上郡史』『太宰管内志』『築上郡志』

加来守次▽かくもりつぐ

宇都宮氏の支族。新左衛門尉。「宇都宮文書」には永正九（一五一二）年・十年の両年度の進納米一千百石を宇都宮氏に入れたという大永六年十二月十日の「宇都宮文書」が残る。「宇都宮文書」「宇都宮史」『築上郡志』

加来吉頼▽かくよしより

建武の頃（一三三四－三八）、城主として宝森城に居城したが、今川氏の帯下に属せず。太郎。応安四・建徳二（一三七一）年、菊池氏追討のために今川貞世が大内義弘を差し向け、四月に仲津郡鶴の港（今川付近）に着岸した際、多くの給人とともに馳せ参じた。応永五（一三九八）年、前守護職大友氏時の長子である大友氏鑑は、大内義弘の画策により、氏時の甥で猶子である親世が守護職を継いだことを不満とし、親世に叛逆して兵を挙げた。その際、氏鑑から回文を受け一味同心した一人。『豊前古城誌』『築上郡史』『応永戦覧』

筧喜七郎▽かけいきしちろう

「城井軍記」「家臣名付」「豊州治覧」等に記された城井鎮房時代の家臣。城井家（豊前宇都宮家）馬廻り役。宇都宮大和守信房公七百五十遠諱の大祭が明治四十二年に挙行された際に、宇都宮家菩提寺天徳寺藤原賢然住職等が編集した「宇都宮家故舊重臣の後裔」の姓名録にもその名が見える。『築上郡志』『築上郡志』『築上郡史』「宇都宮史」「宇都宮家故舊重臣の後裔」

笠間有房▽かさまありふさ

城井信房の次男。左衛門尉。次郎。文治元（一一八五）年九月八日、源義経の書をもたらして豊前に下る。『築上郡志』「宇都宮史」

香志田掃部助▽かしたかもんのすけ

宇佐郡香志田を本貫とする。大友親治の裔。天正八（一五八〇）二月十二日、大友義統・義鎮（宗麟）は宇佐郡の香志田氏に対し、田原親貫の逆心を告げて討ち果たしを命じた。「香下文書」『大友宗麟資料集』『北九州戦国史史料集』

柏十郎▽かしわじゅうろう
千葉上総介光胤の家臣。応永六（一三九九）年正月元旦に大内氏の軍勢が障子ヶ岳城を攻略したときに、大将光胤の命により柏十郎、中岡兵部丞とともに同城の西ノ口の搦め手の守備についた。『応永戦覧』には、障子ヶ岳城の落城後、城主光胤をともない大三ヶ岳を目指して落ちのびるうちに野伏二百余人に遭い、矢を射かけられたため、光胤を逃すために松原左近とともに三十余人と踏みとどまって防戦したとある。『応永戦覧』

梶原景鋭▽かじわらかげとし
香春城主千手興房一族の郎党。源太郎左衛門。応永六（一三九九）年正月、大内盛見の大軍による攻城に対してあくまでも籠城の計略を立てて応戦したが衆寡敵せず、ついに敗れて、正月十二日、興房をはじめ一族郎従八十三人と座を連ねて腹を切る前に酒宴を催した。景鋭は興房に酒を薦め、酒宴の興にと扇を開き立ちあがり、今様を謡い舞いをなした後、太刀を抜き腹十文字を掻き切って自決した。『応永戦覧』

梶原多門▽かじわらたもん
「城井軍記」「家臣名付」「豊州治覧」等に記された城井鎮房時代の家臣。『築上郡志』『築上郡史』「宇都宮史」

堅石徳大夫▽かたいしとくだゆう
「城井軍記」「家臣名付」「豊州治覧」等に記された城井鎮房時代の家臣。城井家（豊前宇都宮家）馬廻り役。『築上郡志』『築上郡史』「宇都宮史」

片野親奥▽かたのちかおく
加賀守。貞治元・正平十七（一三六二）年頃の南朝方門司氏一族。柳城主柳大和守親通の養子。貞治二・正平十八年十二月十三日大内勢の奇襲により猿喰城は陥落して討ち取られて軍陣の作法通り、門司若狭守親頼・伊川親澄・大積親清・大積親秀柳大和守親通・柳四郎九郎能通等七名とともに猿喰城の大手猿喰峠に梟首された。『門司・小倉の古城史』

片山左近▽かたやまうこん
日熊城主、日熊直次の家臣。天正十六（一五八八）年三月二十一日、黒田長政率いる数万の軍兵に対し日熊城から討って出て勇敢に戦ったが他の忠臣の十六勇士とともに討死した。『姓氏家系大辞典』

勝木季則▽かつきすえのり
⇩勝木秀則（かつきひでのり）

香月輔吉▽かつきすけよし

兵庫介。天文、永禄年間に田河郡内に割拠した。秋月種実の旗下であり、上野城に居城した。『築上郡志』『豊前志』

勝木秀俊▽かつきひでとし

応永、正長年間に田河郡内に割拠した。『築上郡志』

勝木秀則▽かつきひでのり

右馬助、右馬允。応安四・建徳二（一三七一）年、菊池氏追討のために今川貞世が大内義弘を差し向け、四月に仲津郡鶴の港（今川付近）に着岸した際、多くの給人とともに馳せ参じた。応永五（一三九八）年、前守護職大友氏時の長子である大友氏鑑は、大内義弘の画策により、氏時の甥で猶子である親世が守護職を継いだことを不満とし、親世に叛逆して兵を挙げた。その際、氏鑑から回文を受け一味同心した一人。応永六年正月二十四日には大内方として岩石城の攻城に参陣した。大内盛見は岩石城攻略のため伊田原に在陣した時に近辺の諸城は降参し、あるいはあけ去って攻めないまま城を抜いた。観音寺城の勝木秀則は近隣の城主とともに打ち連れて降礼に努め、名馬酒肴等を進呈して、さらに人質に起請文を添えた。これに対して大内盛見は大いに喜んで饗餐して、引き出物を出して居城へ帰された。『応永戦覧』には名を馬之丞とあり、また勝木季則ともある。『築上郡史』『応永戦覧』『築上郡史』『大宰管内志』「宇佐郡記」

勝間田重晴▽かつまたしげはる

毛利家の武将。彦六左衛門。下津井城々主（岡山県倉敷市）。城井鎮房等の一揆に際し、黒田軍の援軍として中国・毛利から参戦した。重晴は門司ヶ関（北九州市門司区）に駐屯していたが、筑後・久留米に出陣中の毛利氏の統帥、毛利輝元の指令で派遣された。天正十五（一五八七）年十月九日、、城井軍と黒田軍の激戦において岩丸山中にて城井軍の新貝荒次郎（荒次五郎秀之）に討ち取られた。地元では彦六左衛門重晴が討死した処を勝間田越えという。『築上郡志』『鎮西宇都宮氏の歴史』

桂貞澄▽かつらさだずみ

毛利一族の重臣。永禄十一（一五六八）年九月、毛利元就は小早川隆景、吉川元春に命じて長野氏の守る大三ヶ岳城、小三ヶ岳城を五万の大軍をもって総攻撃した。激戦のすえ両城は落城したが、長野勢の石田兵庫頭盛春と堀越義永は味方の首を持って毛利軍の陣地に紛れ込み、吉川、小早川両将に一矢を報いんとしたが、毛利一族の桂貞澄は見破りその場で討ち取った。『福岡県の城』

桂高澄▽かつらたかすみ

大内義弘の旗下にある安芸国の住人。左衛門督。応永六（一三九九）年正月四日、城主が敗走した障子ヶ岳城の落城を決定づけるため、援兵の要請を陶筑前守から受けた大内義弘は、兵三万騎を兵船四百余艘に乗せ大内盛見を豊前に遣わせた。その際に従軍した一人。また岩石城を攻略する大内氏総大将大内盛見の軍勢に従い、安芸勢一万余騎の先陣をきって搦め手に向かった一人。『太宰管内志』『応永戦覧』

桂能登▽かつらのと

毛利方、小早川隆景の家臣。立花城守将。永禄十二（一五六九）年十月、立花城の撤退にあたり、浦宗勝、坂田新五左衛門等と兵二百人余りで残留したが、ほどなく大友軍に降り、立花城を明け渡した。大友義鎮（宗麟）は城兵を勇士として遇し安芸に送還させた。これは前年、大友方が立花城開城の際に受けた、毛利元就の好意に報いるためであった。『筑前戦国史』

桂元重▽かつらもとしげ

孫三郎、左衛門尉。毛利氏の族、安芸国高田郡桂を氏とする。元重の祖父元澄は、毛利元就本家相続の時、連署十五名の一人であった。元澄は同国佐伯郡桜尾城を預かった。元重は立花城に籠城、その子元相、千八百石を領した。『北九州戦国史』

桂元澄▽かつらもとすみ

毛利氏の族、安芸国高田郡桂を氏とする。元澄は、毛利元就本家相続の時、連署十五名の一人であった。元澄は同国佐伯郡桜尾城を預かった。息子は元重、孫は元相、『北九州戦国史』

加藤靫負▽かとうゆきえ

「城井軍記」「家臣名付」「豊州治覧」等に記された城井鎮房時代の家臣。『築上郡志』『築上郡史』「宇都宮史」

門田昌周▽かどたまさちか

応永の頃（一三九四―一四二八）、岩石城を攻略する大内氏総大将大内盛見の軍勢に石見勢七千余騎とともに従った。三郎。『太宰管内志』

金苗五郎左衛門▽かなえごろうざえもん

広津城主、広津鎮種の家臣。黒田軍に降った広津鎮種に対し、土豪の山田、仲間、如法寺等の諸氏が広津城を攻めたとき、よく防戦したことから、その働きを賞して城主から感状を受けた。『鎮西宇都宮氏の歴史』

金沢実政▽かなざわさねまさ

得宗家（北条氏）の一門。元寇の前後には、西国沿岸諸国の守護が大幅に交替した。文永・弘安の役を境として建治元（一二七五）年十一月、豊前国の守護職・鎮西奉行に補任され鎌倉より下向し規矩郡内に所領を有した。そして九州西国の御家人に沿岸警備の防塁工事を請け負わせた。以後、永仁年間（一二九三－九九）に鎮西探題と改称されるころまで引き続き北条氏一門が鎮西武士を掌握した。『添田町史』『国別守護・戦国大名事典』『北九州市史』

金丸雅楽▽かなまるうた
　麻生郷の名主の一人。文亀元（一五〇一）年十月十一日、麻生郷の十五名主の一人として連判して領地を御霊八幡に奉納す。その意味するところは、麻生郷の名主として麻生家の幕下に属すことを誓約して連判したものである。『豊前古城誌』

金丸兵蔵▽かなまるへいぞう
　麻生親政の家臣。親政は人質に出していた実子、統重が無念にも切腹したことに遺恨を抱き、大友氏にそむく。この時、城主と一味同心して大友氏の大将、田原親賢（紹忍）の軍勢と戦った。『両豊記』『豊前古城誌』

金子角彌▽かねこかくや
　「城井軍記」「家臣名付」「豊州治覧」等に記された城井鎮房時代の家臣。『築上郡志』『築上郡史』「宇都宮史」

金子忠次郎▽かねこただじろう
　「城井軍記」「家臣名付」「豊州治覧」等に記された城井鎮房時代の家臣。城井家（豊前宇都宮家）物頭（別に馬廻り役の記載あり）。宇都宮大和守信房公七百五十遠諱の大祭が明治四十二年に挙行された際に、宇都宮家菩提寺天徳寺藤原賢然住職等が編集した「宇都宮家故舊重臣の後裔」の姓名録にもその名が見える。『築上郡志』『築上郡史』「宇都宮史」『城井闘諍記』『太宰管内志』「宇都宮家故舊重臣の後裔」

兼重元宣▽かねしげもとのぶ
　赤間関衆。左衛門尉。弥三郎。兼重氏は毛利氏の庶流、吉田庄の兼重より出る。大組二百五十石の外に数家がある。天正八（一五八〇）年七十二歳で死去。永禄七（一五六四）年正月二十三日、桂元忠宛て、豊前・筑前両国の動静を注進した書状に連署している。始め下関火の山城を根拠としたが、次第に鍋山城（萩市福栄村か）に移ったと推測される。元亀二（一五七一）年四月六日の文書により、兼重元宣は毛利輝元から急ぎ門司城への加番を命じられている。当時、毛利元就は病床に臥し、赤間関は大友・村上水軍により脅威にさらされていた。この頃、元宣は輝元の奉行として側近にあった。『萩藩閥閲録』『北九州戦国史史料集』『北九州戦国史』

金田五郎左右衛門▽かねだごろうざえもん
広津城主、広津鎮種の被官。天正十五（一五八七）年、肥後で起こった一揆に苦慮する佐々成政の救援に黒田孝高（如水）が豊前の領国から筑後に赴いた際、国人が挙兵して広津鎮種の居城を攻めた。この時に、鎮種が被官であった金田五郎左右衛門の軍功に対して感状を与えている。『鎮西宇都宮氏の歴史』

金光光頼▽かねみつみつより
出羽守。中島摂津守が謀叛を起こして大友勢と対峙したときに、小倉原に陣を張り皇后石（史跡・築上郡吉富町）に幡を挙げた中島氏族に相い従った。『豊前古城誌』

鎌田政心▽かまたまさむね
島津氏の家臣団。外記。筑前守と称す。財部地頭。父は政盛。早くより貴久に仕える。大永七（一五二七）年島津実久の襲撃を避けて、貴久に従った八人の一人。天正十二（一五八四）年有馬攻め、天正十五年筑前岩屋城（太宰府市観世音寺）城攻めで軍功があった。『戦国大名家臣団事典』

蒲池鑑広▽かまちあきひろ
筑後山下城主。志摩守。筑後国蒲池を本貫とする豪族。始め松浦氏が継ぎ、後に宇都宮氏が継ぐ。鑑広は上蒲池を称し、八女郡立花町山下城主、大友氏に仕え、天正六（一五七八）年耳川の戦い以後、山下城に拠って龍造寺に対峙し、同七年十一月龍造寺に下る。その子鎮運は秀吉の九州征伐の時、筑後で二百町歩を与えられ、三池の高橋統増の与力となった。『九州戦国史』『北九州戦国史料集』『福岡県の城』

蒲池源十郎▽かまちげんじゅうろう
鎮連、筑後国蒲池を本質、初め松浦氏が継ぎ、後、宇都宮氏が蒲池氏を称し、八女郡立花町山下城主、鑑広の子。『北九州戦国史料集』「蒲池文書」『編年大友史料』

蒲池鎮並▽かまちしげなみ
筑後国蒲池を本貫とする。民部少輔。筑後柳川城主。天正六（一五七八）年暮れ、龍造寺に下り、同八年二月龍造寺に反逆し大友方となる。天正九年五月二十九日、龍造寺隆信のために殺される。「三池文書」『北九州戦国史資料集』『大友宗麟資料集』

蒲池鎮運▽かまちしげゆき
筑後国蒲池を本貫とする土豪。兵庫頭。始め松浦氏が継ぎ、後に宇都宮氏が蒲池氏を継いだ。鎮運は、上蒲池を称した八女郡立花山下城主鑑広の子。大友氏に仕えていたが、天正七（一五七九）年十一月、龍造寺に下った。

天正十二年九月、再び大友氏に下り、次いで島津に味方し、秀吉の九州征伐の後、三池の高橋統増の与力となった。『北九州戦国史』

神代弘綱▽かみしろひろつな
馬ヶ岳城督。与三兵衛尉。弘治二（一五五六）年五月二十四日の佐田弾正忠隆居の書状によれば謀叛により、領地を没収され、同族の神代隆綱に宛われた。「佐田文書」『北九州戦国史史料集』

神遠監物／神達監物（**神遠将監／神達将監**）▽かみとおけんもつ（かみとおしょうげん）
「城井軍記」「家臣名付」「豊州治覧」等に記された城井鎮房時代の家臣。城井家（豊前宇都宮家）物頭（別に馬廻り役の記載あり）。「遺臣姓名録」には姓を神達とある。宇都宮大和守信房公七百五十遠諱の大祭が明治四十二年に挙行された際に、宇都宮家菩提寺天徳寺藤原賢然住職等が編集した「宇都宮家故舊重臣の後裔」の姓名録にもその名が見える。『築上郡志』『築上郡史』「宇都宮文書」『城井闘諍記』『太宰管内志』「宇都宮家故舊重臣の後裔」

神吉新作／神吉新昨▽かみよししんさく
黒田家の家臣。天正十五（一五八七）年の豊前一揆に黒田長政に従軍し、求菩提山の麓にある上毛郡川底城の合戦で討死した。『鎮西宇都宮氏の歴史』『黒田家譜』

亀崎孫十郎▽かめさきまごじゅうろう
宇都宮氏一族並びに「家臣名付」に記された宇都宮家家臣。物頭。城井家（豊前宇都宮家）馬廻り役。宇都宮大和守信房公七百五十遠諱の大祭が明治四十二年に挙行された際に、宇都宮家菩提寺天徳寺藤原賢然住職等が編集した「宇都宮家故舊重臣の後裔」の姓名録にもその名が見える。『築上郡志』『築上郡史』「宇都宮史」『太宰管内志』「宇都宮家故舊重臣の後裔」

香下出雲守▽かもといずものかみ
弘治二（一五五六）年四月二十八日、大友義鎮（宗麟）が豊府を発して豊前国龍王に陣を取った時、帰服した宇佐郡士三十六人衆の一人。『宇佐郡記』『北九州戦国史史料集』

萱津兵庫頭▽かやつひょうごのかみ
応安四・建徳二（一三七一）年、菊池氏追討のために今川貞世が大内義弘を差し向け、四月に仲津郡鶴の港（今川付近）に着岸した際、多くの給人とともに馳せ参じた。『築上郡史』

辛島時並／辛嶋時並（**辛島並時／辛嶋並時**）

▽からしまときなみ（からしまなみとき）
宇佐宮祠官。辛島（嶋）城に居城し、日頃から大友氏の軍役を受けず、当地を守護不入の地と称して、自ら恣威を振るったために、天正十四（一五八六）年の秋に大友義統に攻め落とされた。並時は大友義統の大軍に包囲され戦わずして宇佐神宮に逃れた。寄せ手は力を労せずして辛嶋城を攻め落とした。なお、『日本城郭大系』には名を「並時」とある。『宇佐郡記』『豊前古城誌』『日本城郭大系』

辛島並照▽からしまなみてる
天文、永禄、元亀、天正年間に宇佐郡内に割拠した。『築上郡志』

刈田元国▽かりたもとくに
元亀、天正年間に京都郡内に割拠した。『築上郡志』

狩野宗印▽かりのそういん
天文、永禄年間に田河郡内に割拠した。秋月氏の旗下。旧田河郡上野村にあった観音寺城に居城した。『築上郡志』『豊前志』

川顔重家▽かわがおしげいえ
中島摂津守が謀叛を起こして大友勢と対峙したときに、小倉原に陣を張り皇后石（史跡・築上郡吉富町）に幡を挙げた中島氏族に相い従った。治兵ヱ尉。『豊前古城誌』

川上五大夫▽かわかみごだゆう
宇都宮氏一族並びに「家臣名付」に記された宇都宮家家臣。城井家（豊前宇都宮家）馬廻り役。『築上郡志』

川上忠智▽かわかみただとも
島津氏の家臣団。左京亮、三河守、肱枕と称す。父は忠興。天正八（一五八〇）年、肥後矢崎綱田攻め、同十二年島原合戦において龍造寺隆信の首級をあげるなどの軍功をあげた。義弘の飯野時代の家老という。高鍋・栗野・馬越・蒲生地頭。『戦国大名家臣団事典』

川崎満信▽かわさきみつのぶ
赤尾鎮房一族の家臣。天正八（一五八〇）年、時枝鎮継と佐野親重が赤尾鎮房の法要を狙って光岡城を襲撃した際、その法要に参列していた一人。この襲撃により光岡城は落城した。『豊前古城誌』

川嶋満房▽かわしまみつふさ
大友氏の旗下、赤尾鎮房の家臣。七郎左衛門。麻生親政の謀叛を鎮圧するために赴いた軍奉行田原親賢（紹忍）の下で鎮房は追手の大将となった。その家臣として同陣営に参軍した。『豊前古城誌』

河内伝蔵▽かわちでんぞう
「城井軍記」「家臣名付」「豊州治覧」等に記された城井鎮房時代の家臣。城井家（豊前宇都宮家）馬廻り役。『築上郡志』『築上郡史』「宇都宮史」

河津隆家▽かわつたかいえ
掃部助。河津氏は、藤原姓伊豆の工藤祐経の末裔、貞重が、鎌倉時代、九州探題北条兼時に属して、長門から筑前糟屋郡に来て、高鳥居城を築いた。後、宗像郡西郷庄に移り、飯盛山城を守った。南北朝時代、武家方として活躍した。隆家ははじめ大内氏に仕え、永禄末頃宗像氏に属した。永禄十二（一五六九）年毛利勢立花陣敗北後、宗像氏貞は大友に降参の条件として、隆家の誅伐を命じられ、元亀元（一五七〇）年正月十五日、隆家は氏貞に殺された。『北九州戦国史』

河瀬源五郎▽かわせげんごろう
宇都宮家一族並びに「家臣名付」に記された城井鎮房挙兵時の家臣。『築上郡志』

川底甫房▽かわぞこすけふさ
『豊前志』には川底弥次郎とある。源次郎。宇都宮氏の一族。岡の鼻、城山にあった下川底城を居城としたが、天正十六（一五八八）年三月、黒田軍に攻略され滅びた。『豊前志』

川底知房▽かわぞこともふさ
元亀、天正年間に上毛郡内に割拠した。『築上郡志』

川底信義▽かわぞこのぶよし
天文、永禄年間に上毛郡内に割拠した。『築上郡志』

川底弥三郎▽かわぞこやさぶろう
「城井家記」に記された城井鎮房の挙兵当時の家臣。川底城の城代。『城井闘諍記』『太宰管内志』

河谷親朝▽かわたにちかとも
大友氏の一族。美作守。宇佐郡元重村に封ぜられて元重城を築き元重氏を称した。『日本城郭大系』

川田義朗▽かわだよしあき
島津氏の家臣団。掃部助、駿河守、牛室、鹿児島郡川田城主。川田氏第十二代。伊集院忠朗に兵術を学び、義久軍師。高原攻め以降、多くの合戦に軍配、開戦の日取りの占いにあたった。垂水地頭。文禄四（一五九五）年没。『戦国大名家臣団事典』

河野長久▽かわのながひさ
大内氏の家臣。豊前守。応永五（一三九八）年頃、大友氏鑑が守っていた松山城（京都郡苅田町）を守護代であった杉弘信をはじめ大内方が奪回して後、天野安芸守義顕が二千余騎とともに同年十一月より応永十五年まで城番となった。その時に共に在陣した。『応永戦覧』

河村大蔵大夫▽かわむらおおくらだゆう
『応永戦覧』によれば、応永五（一三九八）年十二月二十日狸山に於いて大友方長野修理大夫と大内勢の合戦に及ぶ。大内勢の中に河村大蔵大夫の名前が見える。『応永戦覧』『門司・小倉の古城史』

河村宗尚▽かわむらむねひさ
大内氏の家臣。内蔵大夫。応永五年頃、大友氏鑑が守っていた松山城（京都郡苅田町）を守護代であった杉弘信をはじめ大内方が奪回して後、天野安芸守義顕が二千余騎とともに同年十一月より応永十五（一四〇八）年まで城番となった。その時に共に在陣した。『応永戦覧』

川本五大夫▽かわもとごだゆう
「城井軍記」「家臣名付」「豊州治覧」等に記された城井鎮房時代の家臣。『築上郡志』『築上郡史』「宇都宮史」

河依明宗▽かわよりあきむね
大内氏の家臣。飛騨守。下毛郡の上宮永村城に居城した。『豊前古城誌』

神崎織部▽かんざきおりべ
天正七（一五七九）年、大友義鎮（宗麟）が日向耳川の合戦にて敗れ諸国の大名が離反し、長岩城主の野仲鎮兼も大友氏に叛いた時、鎮兼に従った近郷の武士団の一人。『豊前古城誌』『築上郡志』

神崎覚左衛門（神崎覚右衛門）
▽かんざきかくざえもん（かんざきかくえもん）
「城井軍記」「家臣名付」「豊州治覧」等に記された城井鎮房時代の家臣。『築上郡志』「宇都宮史」『太宰管内志』では覚右衛門とある。天正十七（一五八九）年四月、城井朝房が肥後に赴くあたって随行した驍勇二十四騎の一人。『築上郡志』『築上郡史』「宇都宮史」『城井闘諍記』『太宰管内志』

神崎源次郎▽かんざきげんじろう
「城井軍記」「家臣名付」「豊州治覧」等に記された城井鎮房時代の家臣。物頭。『築上郡志』『築上郡史』「宇都宮史」

神崎新次郎（神崎神次郎）▽かんざきしんじろう
「城井軍記」「家臣名付」「豊州治覧」等に記された城井鎮房時代の家臣。物頭。『築上郡志』『築上郡史』「宇都宮史」

神崎時親▽かんざきときちか
宇都宮氏一族並びに「家臣名付」に記された宇都宮家家臣。城井家（豊前宇都宮家）馬廻り役。與左衛門。『築上郡志』

神崎房勝▽かんざきふさかつ
三郎右衛門。「城井軍記」「家臣名付」「豊州治覧」等に記された城井鎮房時代の家臣。城井家（豊前宇都宮家）馬廻り役。『太宰管内志』には名を三郎左衛門とある。天正十七（一五八九）年、城井鎮房が中津城で謀殺された時、随行先手として供をしていた他の家臣達とともに城内にて討ち取られた（城井鎮房の謀殺については、『築上郡志』収載の宇都宮系文書や豊前宇都宮一族の菩提寺月光山天徳寺では天正十七年としているが、『黒田家譜』等では天正十六年とされている）。宇都宮大和守信房公七百五十遠諱の大祭が明治四十二年に挙行された際に、宇都宮家菩提寺天徳寺藤原賢然住職等が編集した「宇都宮家故舊重臣の後裔」の姓名録にもその名が見える。「城井軍記実録」『城井闘諍記』『両豊記』『築上郡史』『築上郡志』「宇都宮史」『太宰管内志』「宇都宮家故舊重臣の後裔」

神田隠岐守▽かんだおきのかみ
「城井軍記」「家臣名付」「豊州治覧」等に記された城井鎮房時代の家臣。城井家（豊前宇都宮家）馬廻り役。宇都宮大和守信房公七百五十遠諱の大祭が明治四十二年に挙行された際に、宇都宮家菩提寺天徳寺藤原賢然住職等が編集した「宇都宮家故舊重臣の後裔」の姓名録にもその名が見える。『築上郡志』『築上郡志』『築上郡史』「宇都宮史」「宇都宮家故舊重臣の後裔」

神田元国▽かんだもとくに
隠岐守。『築上郡史』では、「満光寺文書」に松山城（京都郡苅田町）城主、今高八千石を知行とあるという。「宇都宮文書」の天文年間（一五三二－五五）の豊前知行御領衆の一人。名は苅田隠岐元国とあり、苅田松山の八千石を知行したとある。『築上郡志』『築上郡史』「宇都宮文書」

神田元忠▽かんだもとただ
⇩三浦元忠（みうらもとただ）

城井有房▽きいありふさ

信房の子。範房の父。次郎左衛門尉。「城井宇都宮系図」『築上郡史』

城井家綱▽きいいえつな

城井氏（豊前宇都宮氏）第七代。兵部少輔、常陸介。従四位下。下野宇都宮公綱の子。母は名和伯耆守の娘。応長元（一三一一）年十一月十八日生まれる。城井守綱（冬綱）の養子となり城井氏を継いだ。建武三・延元元（一三三六）年、足利尊氏が西奔するや、新田義貞は赤松則時を播磨の白旗城（赤穂郡上郡町）に攻め、家綱は義貞の官軍に合流した。『太平記』ではこの時、「宇都宮冶部大輔公綱、城井常陸守（家綱）、菊池次郎武季三千騎にて下着す」とある。晩年には将軍方として忠勤に励み、足利義満より下野、越後、豊前三カ国の守護職に補せられた。応安三・建徳元（一三七〇）年八月九日京都にて卒す。六十歳。しかし、父守綱とともに叛旗を翻し城井高畑城で挙兵し落城したのは応安七・文中三（一三七四）年と『中世武士団・鎮西宇都宮氏の研究Ⅱ』にある。法名義安院。「宇都宮史」『築上郡志』「宇都宮文書」「城井宇都宮系図」『太平記』『築上郡史』『太宰管内志』『中世武士団・鎮西宇都宮氏の研究Ⅱ』

城井家尚▽きいいえひさ

城井氏（豊前宇都宮氏）第九代当主。民部少輔。盛綱の子。俊房の父。『築上郡史』によれば、赤幡城を築城して家臣を在城させたとある。「宇都宮史」には、永享元（一四二九）年四月二十日、家尚卒、享年五十九、西寿院と諡したとある。「城井宇都宮系図」には、法名道珍、至徳三・元中三（一三八六）年三月二日卒、六十歳とあるが、曾祖父家綱の没年等から見ても間違いと思われる。「宇都宮史」『築上郡志』『中世武士団・鎮西宇都宮氏の研究Ⅰ』『築上郡史』「城井宇都宮系図」『太宰管内志』

城井堂房▽きいいえふさ

城井氏（豊前宇都宮氏）十六代当主鎮房の第三子。天正十五（一五八七）年の黒田長政軍との対決の時、鎮房の命により、家臣五人とともに、伊予国宇和郡矢野村（八幡浜市神山矢野町）に萩城主宇都宮房綱を頼って逃れた。しかし房綱は、二年前の天正十三年一月十五日、土佐の長曾我部氏から攻められ討死していた。さらに宇和郡松尾村（八幡浜市千丈松尾）で浪人中の肥後・菊池氏の後裔で宇都宮房綱の姉婿にあたる菊池武国を頼った。その後、天正十七年、父鎮房、兄朝房の討死を知る（城井鎮房の謀殺については、『築上郡志』収載の宇都宮系文書や豊前宇都宮一族の菩提寺月光山天徳寺では天正十七年としているが、『黒田家譜』等では天正十六年とされている）。天正十九年四月二十日、亡父、亡兄の三回忌供養のため出家。伊予宇和郡喜佐方村（愛媛県北宇和

郡吉田町）の浄土真宗・大楽寺の開基となった。元和四（一六一八）年十一月二十七日死去。四十歳。法名釈正永恵眼大法師。「城井系図」「宇都宮史」『築上郡志』

城井景長▽きいかげなが
三郎。景房の子。山田城主へ養子とある。『築上郡史』「宇都宮史」『築上郡志』

城井景房▽きいかげふさ
城井氏（豊前宇都宮氏）第二代当主。信房の嫡男。新左衛門尉。壱岐守、従五位下。「宇都宮系図」では薩摩守。大和壱岐入道昇蓮。「宇都宮系図」では法名道及、また安貞とある。母は六条関白基実の娘。信景の父。源平の役では父に従い戦功あり。また九州四頭奉行にも任じられた。建暦元（一二一一）年三月、鶴岡八幡宮（鎌倉市雪ノ下）において、城井家一子相伝の「艾蓬の射法」を行う。建保二（一二一四）年五月、勅を奉じて神祇祭に例射を行う。安貞二（一二二八）年二月五日、鎌倉において卒す。七十六歳。「宇都宮史」『築上郡志』「宇都宮系図」「宇都宮文書」『中世武士団・鎮西宇都宮氏の研究Ⅱ』「城井宇都宮系図」『築上郡史』

城井三郎兵衛尉▽きいさぶろうひょうえのじょう
大内氏に属した龍王城の城代。天文年間（一五三二―五五）、大内義隆は大友氏に備えるために宇佐郡安心院の龍王城の城代に置いて宇佐郡地頭たちを大内氏の支配に組み入れた。『日本城郭大系』『安心院町誌』『宇佐郡地頭伝記』

紀伊三郎兵衛▽きいさぶろうべい
弘治二（一五五六）年秋、大友義鎮（宗麟）が龍王城に在陣した際、着到した宇佐郡三十六人衆の一人。なお着陣の時期について、『大友公御家覚書』等では弘治二年四月、大友義鎮龍王に陣を取るとある。「香下文書」『北九州戦国史史料集』『編年大友史料』『豊前古城誌』

城井左馬允▽きいさまのじょう
元亀、天正年間に宇佐郡内に割拠した。『築上郡志』

城井鎮兼▽きいしげかね
蔵人。「宇都宮文書」の天文年間（一五三二―五五）の豊前国知行御領衆の一人。津田見城主、今高三千三百石とある。「宇都宮文書」『築上郡志』

城井重綱▽きいしげつな
⇩城井重行（きいしげゆき）

城井鎮房▽きいしげふさ

城井氏（豊前宇都宮氏）第十六代当主。大平城主。天文、永禄、元亀、天正年間に築城郡内に割拠した。民部少輔、宗永。弘治三（一五五七）年の大内氏滅亡後、大友義鎮（宗麟）の豊前平定の時、鎮房はこれに従った。弘治四年十月一日従五位下となり、後、従四位下侍従に進んだ。元亀元（一五七〇）年六月、織田信長の姉川の合戦に鎮房は勢兵五百余人を率いて信長を助け、姉川において朝倉浅井の二氏を破るという。天正二年二月一日、例射を行う。同六年、大友勢が耳川で敗戦、同七年の長野助守覚書で、鎮房は大友方から毛利に転向したことが分かる。同八年、田原親貫の反乱に救援のために大友勢と戦った。同十年三月、馬ヶ岳城に籠城して高橋元種・秋月種実の攻撃を撃退。同十二年八月、長野氏と共に島津氏に味方する。同十四年、島津勢の筑前進出の際、鎮房は秋月・原田・高橋・長野等とこれに応じて、岩石城攻略に参加した。同十五年、秀吉の九州征伐に対して降伏参陣が遅れ、所領を没収された。これに抗して中津城主黒田孝高（如水）の軍勢と城井谷の本城で戦い、和を結んだ。同十七年四月二十日、中津城中において黒田長政によって謀殺された（城井鎮房の謀殺については、『築上郡志』収載の宇都宮系文書や豊前宇都宮一族の菩提寺月光山天徳寺では天正十七年としているが、『黒田家譜』等では天正十六年とされている）。天徳寺（築上郡築上町）の境外若山の麓に父長房、鎮房、子朝房の三基の墳墓がある。『築上郡史』「宇都宮史」『築上郡志』「宇都宮系図」「宇都宮文書」『中世武士団・鎮西宇都宮氏の研究Ⅰ・Ⅱ』『北九州戦国史』

城井重行▽きいしげゆき
守綱（冬綱）の子。重綱。中務大輔、陸介、大和守。従五位下。正和二（一三一三）年四月、北条高時の願いにより例射を行うと、高時は城井家一子相伝の弓法「艾蓬の射法」の伝授を切に望むが重行がこれを断わったことから、蟄居を命ぜられた。至徳三・元中三（一三八六）年八月四日卒す。法名友保。『築上郡志』「宇都宮史」

城井末房▽きいすえふさ
⇩城井朝末（きいともすえ）

城井甫房▽きいすけふさ
「宇都宮文書」の豊前国知行御領之衆の一人。川底に知行。弥次郎。「宇都宮文書」『築上郡志』

城井純房▽きいすみふさ
天文、永禄年間の宇佐郡内に割拠した。『築上郡志』

城井大蔵▽きいだいぞう
宇都宮大和守信房公七百五十遠諱の大祭が明治四十二

年に挙行された際に、宇都宮家菩提寺天徳寺藤原賢然住職等が編集した「宇都宮家故舊重臣の後裔」の姓名録にその名が見える。「宇都宮家故舊重臣の後裔」

城井隆房▽きいたかふさ
三河守。城井氏（豊前宇都宮氏）第六代当主守綱（冬綱）の弟。征西府の官軍に属した。延文四・正平十四（一三五九）年八月六日、南朝（宮方）の征西府大将軍・懐良親王に従って筑後、大保原（福岡県小郡市）の戦いで、少弐忠資、松浦吉種、佐志少監等を討ち取ったが、北朝（武家方）支持の兄守綱と対決し、鯵坂にて討死した。三十一歳。懐良親王はいたくその忠死を悼み、隆房の霊を慰めるため、同年十二月十五日、旧玉名郡木ノ葉村に宇都宮大明神を祀った。また「宇都宮系図」では墓は筑後大原野にあるという。明治四十四（一九一一）年十一月十五日、従五位を追贈された。『築上郡志』『築上郡史』「宇都宮文書」「宇都宮系図」「宇都宮史」

城井高房▽きいたかふさ
⇩城井守綱（きいもりつな）

城井忠房▽きいただふさ
五郎左衛門。「城井軍記」「家臣名付」「豊州治覧」等に記された城井鎮房時代の家臣。「城井家記」には下毛郡津田城代と記されている。『築上郡志』『築上郡史』『城井闘諍記』『太宰管内志』

城井種遠▽きいたねとお
兵衛尉。城井城（別名木江城）主。平家追討のため緒方三郎が宇佐八幡宮に押し寄せた際、宇佐大宮司公通と語らい、これに防戦のため姨田狐坂に城郭を構えて合戦の用意をしたが、元暦元（一一八四）年七月六日の夜、臼杵次郎惟隆、その弟の佐伯四郎惟憲を大将軍として八千余の大軍に攻め入れられ、防戦するも敗退した。『宇佐郡記』『豊前古城誌』『北九州戦国史』『築上郡志』

城井親綱▽きいちかつな
城井氏（豊前宇都宮氏）氏第六代当主守綱（冬綱）の長子。大和守。延文三・正平十三（一三五八）年九月、親綱は官軍（南朝の九州征西府）に属し、二十九日、菊池武光とともに兵を併せて斯波氏経を旧仲津郡長者原（行橋市南泉か）にて破った。「城井宇都宮系図」には駅館川合戦の大将とある。一方、『築上郡史』には八貫川合戦の一隊の大将をなすとある。『築上郡志』「宇都宮史」「城井宇都宮系図」『築上郡史』

城井経房▽きいつねふさ
城井氏（豊前宇都宮氏）第四代当主通房の子。次郎左衛門尉、薩摩次郎左衛門尉、伊予守。正安二（一三〇〇）年七月一日、第五代当主頼房から筑前山鹿に配置された。貞和六・正平五（一三五〇）年二月卒す。「宇都宮史」『築上郡志』『中世武士団・鎮西宇都宮氏の研究Ⅱ』

城井俊明▽きいとしあき

城井氏（豊前宇都宮氏）第九代当主家久の孫。俊房の子。応永十三（一四〇六）年、第十二代当主秀直の後見となる。越前守。大内氏奉行相良正任が書いた「正任記」に名があり、城井氏の惣領として大内氏の陣営に参加したことが窺える。豊前国から、少弐氏を破った大内氏へのお礼と称して参上し、御太刀、鳥目五百匹を進上している。この後、大内政弘に麻生家延が立て籠る花尾城の攻略に参陣するよう命じられている。「正任記」「宇都宮史」『築上郡志』「城井宇都宮系図」『築上郡史』『太宰管内志』

城井俊明▽きいとしあき

越前守。文明十（一四七八）年、大内政弘の筑前・豊前両国鎮圧を祝す。大内氏奉行相良正任が書いた「正任記」には、文明十年九月、大内義弘が大宰府で少弐政尚を破った後に、戦勝した大内氏に近づこうとした国人の中に城井越前守がいる。明応三（一四九四）年に氷山興隆寺の修二月会の大頭役を籤で引き当てて務めた。「正任記」『鎮西宇都宮氏の歴史』『行橋市史』

城井俊房▽きいとしふさ

常陸介。城井氏の菩提寺である天徳寺（築上郡築上町）には「前城井常陸介俊房」と書かれた墓碑が残されている。俊明の父。「宇都宮史」『築上郡志』『中世武士団・鎮西宇都宮氏の研究Ⅱ』

城井朝末▽きいともすえ

城井氏（豊前宇都宮氏）第十七代当主朝房の子。大助、弥左衛門、末房。慶長十九（一六一四）年七月、近衛信基から家康の孫、松平忠昌を紹介され、以来朝末は忠昌に厚遇される。同年八月、忠昌に頼まれ、城井家一子相伝の弓法で起源は藤原鎌足と伝わる「艾蓬の射法」を駿府城（静岡県静岡市）において伝授した。その後朝末は家康にも引見し、末房から朝末と名乗るように言われ、以後朝末と名乗った。大阪冬の陣が起こるが、骨疽にかかり身体不自由となり、江州・坂本（滋賀県大津市）に住む宇都宮旧臣で渋見城主だった城井時種のもとに寄遇した。寛永十一（一六三四）年一月二十三日死去。「宇都宮史」『築上郡志』「城井宇都宮系図」『太宰管内志』『豊前宇都宮興亡史』

城井朝房▽きいともふさ

城井氏（豊前宇都宮氏）第十七代、最後の当主。鎮房の子。弥三郎、大膳大夫。従五位下。元亀二（一五七一）年十月に生まれる。母は杉豊後守の娘。秀吉の九州小倉入りの際、鎮房の名代として秀吉に拝謁した。天正十七（一五八九）年四月二十日、中津城中にて父鎮房が黒田長政によって謀殺され、城井郷城も落城（城井鎮房の謀殺については、『築上郡志』収載の宇都宮系文書や豊前宇都宮一族の菩提寺月光山天徳寺では天正十七年としているが、『黒田家譜』等では天正十六年とされている）。朝房は和睦の条件として黒田孝高（如水）の肥後検地に随行していたが（別の説では一揆鎮圧に随行していたとある）、玉名にて孝高の兵により討ち取られた。享年十九。玉名郡木ノ葉村（玉東町）に宇都宮大明神として祀られている城井隆房と合祀されている。天徳寺（築上郡築上町）の境内若山の麓に長房、鎮房、朝房の三基の墳墓がある。「城井軍記」「宇都宮史」『築上郡志』「城井系図」「宇都宮系図」『中世武士団・鎮西宇都宮氏の研究Ⅱ』

城井知房▽きいともふさ

左馬頭。天正十六（一五八八）年三月五日、黒田孝高（如水）、子の長政を将師として歩騎三千余にて上毛郡日熊城を攻めた。これに対して城井知房は六百余騎を率いて日熊城の援軍として馳せ来たり長政の軍勢と戦い破れて知房は討死した。『築上郡志』「宇都宮史」『両豊記』

城井豊房▽きいとよふさ

城井氏（豊前宇都宮氏）第六代当主守綱（冬綱）の弟。『築上郡志』には頼房の次男とある。伊予宇都宮氏の祖。薩摩守。伊予守護職に補せられたのち、南北朝の役に官軍として従って功あり、従四位下に進む。応安三・建徳元（一三七〇）年八月八日卒す。享年七十七。萬真と謚し、大津荘に葬られた。豊房には嗣子なく西方遠江守景安の子宗泰が跡を継いだ。「宇都宮史」『築上郡志』

城井直重▽きいなおしげ

日向守。明応十年・文亀元（一五〇一）年二月には大友方となっていた直重は、豊前国築城郡本庄城で蜂起したが、大内氏に攻められ降伏して落城した。宇都宮大和守信房公七百五十遠諱の大祭が明治四十二年に挙行された際に、宇都宮家菩提寺天徳寺藤原賢然住職等が編集した「宇都宮家故舊重臣の後裔」の姓名録にもその名が見える。『鎮西宇都宮氏の歴史』「佐田文書」『築上郡史』「宇都宮家故舊重臣の後裔」

城井直重▽きいなおしげ

城井氏（豊前宇都宮氏）第十二代秀直の子。秀房の弟。日向守。文明十八（一四八六）年より政房（正房）の後見となるとある。『太宰管内志』『築上郡史』「宇都宮史」『築上郡志』

城井直綱▽きいなおつな
城井氏（豊前宇都宮氏）第八代当主。弥三郎、常陸介、播磨守。従五位下。家綱の子。応永三（一三九六）年、父の家督を継いだ。応安七・文中三（一三七四）年一月、九州探題今川貞世の時に豊前城井高畑において挙兵したが、今川氏兼がこれを攻めた。九月、南朝軍は次第に攻められ九カ月屈せず弧城に立て籠もったが、ついに和を乞うに至り、さらに大内義弘が豊前守に補せられるや城井氏は凋落するに至った。「宇都宮史」には、直綱は細川頼之と不和であったことから、将軍足利義満は「之を悪《にく》む」とある。『築上郡史』「宇都宮史」『築上郡志』「宇都宮系図」『中世武士団・鎮西宇都宮氏の研究Ⅱ』『総合地方史大年表』

城井直行▽きいなおゆき
平助（平介）。宇都宮一族並びに「家臣名付」に記された城井鎮房の挙兵時の武将。城井家（豊前宇都宮家）物頭（別に馬廻り役の記載あり）。「家臣名付」には平介とあり。『築上郡志』「宇都宮史」『築上郡史』『城井闘諍記』『太宰管内志』

城井仲房▽きいなかふさ
城井氏（豊前宇都宮氏）第六代当主守綱（冬綱）の弟。能登守。揚梅氏の祖とされる。「宇都宮史」『築上郡志』

城井長房▽きいながふさ
城井氏（豊前宇都宮氏）第十五代当主。長甫、常陸介。従五位下。鎮西探題の評定衆、引付衆となり筑後守護職を兼務した。大永五（一五二五）年六月、近衛前相国尚通ならびにその子関白稙家共に春日宮に詣で七カ日参籠の際、長房は天一弓を献じた。天正十七（一五八九）年四月、黒田孝高（如水）、長政父子は、長房の子鎮房を中津城に招いて謀殺し、ただちに黒田孝高率いる軍勢が城井谷に攻め込んだ（城井鎮房の謀殺については、『築上郡志』収載の宇都宮系文書や豊前宇都宮一族の菩提寺月光山天徳寺では天正十七年としているが、『黒田家譜』等では天正十六年とされている）。不意をつかれた長房は豊後の大友氏を頼って落ちのびようとしたが、追手に捕まり討ち取られた。天徳寺（築上郡築上町）の境外若山の麓に長房、鎮房、朝房の三基の墳墓がある。『築上郡史』「宇都宮史」『築上郡志』「宇都宮系図」『中世武士団・鎮西宇都宮氏の研究Ⅱ』

城井信景▽きいのぶかげ
城井氏（豊前宇都宮氏）第三代当主。頼房の祖父。景

房の子。信景は鎌倉末期の当主。内舎人、左衛門尉、壱岐中内左衛門尉、中内左衛門入道定空義閑。宇都宮文書の「宇都宮系図」では薩摩守とあり。建久五（一一九四）年、九州四頭奉行、その後に評定衆となる。建保元（一二一三）年正月二十三日、従五位下。寛元二（一二四四）年正月、鶴岡八幡宮（鎌倉市雪ノ下）にて神的を射る。康元元（一二五六）年、当時国家的な事業であった宇佐八幡宮遷宮の造営奉行を務めた。この頃、鎌倉に屋敷を構えていた信景は、造営奉行人に任じられ急ぎ鎮西に下向した。「宇都宮系図」では、宝治二（一二四八）年十月三日鎌倉において病死したとされるが、文永五（一二六八）年四月十日に置文が重要な訴訟史料となって判決が下されており、少なくとも文永五年までは生存していたと認められ、没年は明らかでない。北条氏の主導する鎌倉執権政治の安定期から蒙古襲来直前までの時代を生きた人物である。母は西園寺相国公の娘。「宇都宮史」「宇都宮文書」「宇都宮系図」『築上郡志』『中世武士団・鎮西宇都宮氏の研究Ⅰ・Ⅱ』

城井信邦▽きいのぶくに
天文、永禄年間の宇佐郡内に割拠した。『築上郡志』

城井信次▽きいのぶつぐ
川底城主。弥七郎。宇都宮一族並びに「家臣名付」に記された功臣で、城井鎮房挙兵時の武将。『築上郡志』

城井信嗣▽きいのぶつぐ
天文、永禄年間の宇佐郡内に割拠した。『築上郡志』

城井信綱▽きいのぶつな
藤一郎。寛文七（一六六七）年生まれる。春房の子。父春房が筑前の吉村新左衛門の家に寄遇したのち、新左衛門の娘と婚姻し生まれた。城井氏（豊前宇都宮氏）旧臣の子孫、旧仲津郡上伊良原村（京都郡犀川町）の進三郎右衛門に預けられる。以後、旧臣、子孫と交流を深め、城井家の再興に尽力す。元禄三（一六九〇）年五月十一日、第五代福井藩主松平忠親から五十人扶持が与えられた。正徳二（一七一二）年には、五百石に加増。享保七（一七二二）年に百五十石加増され、六百五十石となる越前宇都宮家が誕生した。以後、同家は、明治維新まで越前藩士として仕えた。「宇都宮史」『築上郡志』『豊前宇都宮興亡史』

城井信房▽きいのぶふさ
城井氏（豊前宇都宮氏）初代当主。下野国宇都宮座主藤原宗円の孫。中原宗房の子。保延元（一一三五）年正月七日に生まれる。母は久我雅定の娘。弥三郎、所衆信房、大和守、大和入道道賢。源頼朝の御家人。本姓は藤原、中原とも称す。『豊前志』によれば、粟田関白道兼の五代の裔とある。下野国多気郡宇都宮（栃木県宇都宮市）出身。若い頃は所衆として院庁に仕え、上皇または法皇に奉仕した。その後、関東の宇都宮に下向し、頼朝の幕府創設に参加した。中務丞から伊豆守に進み、大和守となり、従五位下を賜る。元暦元（一一八四）年正月八日、従五位上に叙せられる。文治元（一一八五）年九月五日、頼朝から豊前国の板井種遠の遺領を賜り正四位に陞せられ、また城井郷、伝法寺荘のほか豊前国国衙職の田所・税所職を得た。同二年、上毛郡山内村に如法寺を開き宇都宮氏の菩提所となす。同三年、頼朝に対立した弟義経にくみする者が薩摩鬼界島に潜むということで追討使として苦難の末、同四年二月に同島に渡り阿多忠景を攻め、その功労が頼朝に認められる。建久三（一一九二）年、源頼朝から豊前国伊方荘の地頭職を得て、日向国に平氏没官領地頭職を与えられた。また、律令政治体制の国司の役所であった国衙の税所職も兼ねた。旧仲津郡城井郷（京都郡犀川町）の神楽城を本拠としたが、旧築城郡本庄村（築上郡築上町寒田）の城井郷城に替えた。年老いて仏道に帰依し、出家入道して道賢と名乗った。文暦元（一二三四）年八月二日に九十九歳で卒す。山内村の如法寺に葬られる。「宇都宮史」『築上郡志』「宇都宮系図」『福岡県百科事典』『中世武士団・鎮西宇都宮氏の研究Ⅱ』

城井範景▽きいのりかげ

城井氏（豊前宇都宮氏）第三代当主城井信景の子。通房の弟。壱岐三郎左衛門尉、覚実。『中世武士団・鎮西宇都宮氏の研究Ⅱ』

城井範綱▽きいのりつな

城井氏（豊前宇都宮氏）第五代当主城井頼房の子。肥後宇都宮氏となる。大和太郎左衛門尉。『中世武士団・鎮西宇都宮氏の研究Ⅱ』

城井春房▽きいはるふさ

城井氏（豊前宇都宮氏）第十七代当主朝房の孫。城井朝末の子。大助、左近、信隆。寛文二（一六六二）年四月十日、朝末が寄遇していた城井氏旧臣、城井時種の娘松子との間に生まれた。春房は筑前の吉村新左衛門の家に寄遇。のち、新左衛門の娘を娶る。以後、旧臣、子孫と交流を深め、城井家の再興に尽力す。延宝二（一六七四）年京に上る。貞享四（一六八七）年、越前、福井藩第五代藩主松平忠親と対面。元禄三（一六九〇）年五月十一日、福井藩主から春房の子信綱に五十人扶持が下された。元禄九（一六九六）年、春房は福井藩五代藩主・忠親に対して本格的な取り立てを願う「奉願口上書」を差し出す。元禄十年十月二十一日、七十五歳で死去。「進三郎右衛門日記」「宇都宮史」『築上郡志』

城井半右衛門▽きいはんえもん
城井鎮房挙兵時の家臣。物頭。城井家（豊前宇都宮家）物頭。『築上郡志』「宇都宮史」『築上郡史』『城井闘諍記』『太宰管内志』

城井常陸介▽きいひたちのすけ
延暦四（七八五）年三月、豊前国中の悪銭を取り締まる上毛郡段銭奉行。『大内氏実録』『築上郡史』

城井尚直▽きいひさなお
城井氏（豊前宇都宮氏）第十代当主。弥三郎、左馬介、播磨守。従四位下。盛綱の子。盛直の父。応永六（一三九九）年一月七日、大内盛見は香春岳城の千手興房を攻める。同十一日、尚直は南大手の城門に向かい瀧川昌道の軍を破り、城はこれにより落城した。応永十五年十一月十六日、尚直卒す。享年四十歳。宗保と諡された。しかし、「城井宇都宮系図」では、応永九年十一月十六日卒、六十九歳とある。「宇都宮系図」『応永戦覧』「宇都宮史」『築上郡志』「城井宇都宮系図」『築上郡史』『太宰管内志』

城井秀直▽きいひでなお
城井氏（豊前宇都宮氏）第十二代当主。常陸介。盛直の子。城井俊明の後見を受ける。寛正二（一四六一）年秀直は築城郡角田庄五十町の地を仲八屋信定に賜う。文明十八（一四八六）年二月五日死去。享年八十六。法名安永。「宇都宮系図」「宇都宮史」『築上郡志』『太宰管内志』『築上郡史』「城井宇都宮系図」『中世武士団・鎮西宇都宮氏の研究Ⅱ』

城井秀房▽きいひでふさ
城井氏（豊前宇都宮氏）第十三代当主。弥三郎、興房、弘尭、常陸介、左馬助、右衛門佐、藤原弘堯。上毛郡段銭奉行を務めた。応永三十一（一四二四）年、秀直の子として生まれる。文明九（一四七七）年、従五位下に叙せられ後、従五位常陸介となり、明応四（一四九五）年二月一日、正四位下に叙せらる。文明三年正月、詔を奉じて城井家一子相伝の弓法「艾蓬の射法」七カ日に及ぶ。また足利義政の召しに応ずること五度に達した。文明元年四月、秀房は自立を企て大友氏に叛いた。はじめ、長野行種と結んで兵を起こし、西豊前六郡の諸豪を従えた。さらに東豊前より豊後に入らんとした時、大友親繁は嫡男政親を大将として五千余騎でこれを迎撃した。この戦いで秀房は討死したという説と、生き延びたという二説がある。旧宇佐郡糸口原（宇佐市下時枝付近）において大友軍の朽網繁成、奈田隆実の率いる軍勢と合戦し、敗れて秀房は討死したという説（「佐田系図」によると、秀房を討ち取ったのは佐田盛景の弟繁方とある）、また秀房は本城に帰って城を守り、永正六（一五〇九）年十二月に没し享年八十六とする説（法名は宗仙）。また『大内氏実録』には、永正十年の氷上山二月会（大友氏の氏神、妙見の大祭）の大頭として城井弘堯（秀房）の名が見えるなど、定かではない。『築上郡史』「宇都宮史」『築上郡志』「宇佐郡記」『豊後遺事』『行橋市史』『大内氏実録』『中世武士団・鎮西宇都宮氏の研究Ⅱ』『編年大友史料』「宇都宮文書」「宇都宮系図」『門司・小倉の古城史』

城井弘堯▽きいひろたか
⇩城井秀房（きいひでふさ）

城井房家▽きいふさいえ
城井重行の次男。左馬介、出羽守。永和二・天授二（一三七六）年、香春岳城を攻めて敗死。「城井宇都宮系図」『築上郡史』『太宰管内志』『門司・小倉の古城史』『築上郡志』「宇都宮史」

城井房勝▽きいふさかつ
天正十五（一五八七）年、豊臣秀吉の島津討伐の際、城井朝房は五百の兵を率いて先駆す。この時の戦役にて城井房勝と安心院市正が戦死した。「宇都宮史」

城井房純▽きいふさずみ
右馬允。天文二十（一五五一）年、城井正房に宇佐郡の妙見岳城を任されて居城した。『築上郡志』「豊前国古城記」「宇都宮史」『豊前古城誌』

城井房次▽きいふさつぐ
伴左衛門。宇都宮家一族並びに「家臣名付」に記された宇都宮氏家臣。『築上郡志』

城井房統▽きいふさむね
三郎兵衛。宇佐郡龍王城城主。弘治二（一五五六）年、龍王城を大友氏に渡す。城井氏の庶流か。弘治二年四月二十八日大友義鎮（宗麟）、豊府を発して豊前国龍王に陣を取りたる時、帰服した宇佐郡士三十六人衆の一人。『豊前志』には天文の頃（一五三二―五五）、宇佐郡香下村の妙見岳城に居城したとある。「宇佐郡記」『北九州戦国史史料集』『豊前志』

城井冬綱▽きいふゆつな
⇩城井守綱（きいもりつな）

城井甫助▽きいほすけ
川底城主。弥七郎。宇都宮一族並びに「家臣名付」に記された城井鎮房の挙兵時の武将。宇都宮大和守信房公七百五十遠諱の大祭が明治四十二年に挙行された際に、宇都宮家菩提寺天徳寺藤原賢然住職等が編集した「宇都宮家故舊重臣の後裔」の姓名録にもその名が見える。「城井軍記」「豊州治覧」「家臣名付」『築上郡志』『築上郡史』「宇都宮史」「宇都宮家故舊重臣の後裔」

城井正房▽きいまさふさ

左馬介。城井氏（豊前宇都宮氏）氏第十四代当主。豊後守、正四位下、左馬佐。正房は大内義興の支配からの脱却を考え、少弐・大友と提携して対立したが、一族の佐田俊景に攻められ、義興に従う。応永二十一（一四一四）年正月十七日、将軍義時の命を受けて例射を行う。永正六（一五〇九）年三月、城井家一子相伝の弓法「艾蓬の射法」を行い、将軍足利義稙より太刀を賜った。天文元（一五三二）年、陶興房・隆房に従い、大牟礼山合戦に大友義鑑と戦った。大内・大友和議成立後、平穏にして長房に家督を譲ったが、永禄九（一五六六）年頃まで生存し、実権を握っていたと思われる。天文二十（一五五一）年、大内義隆が滅亡し、陶晴賢に馬ヶ岳城を預けられこの城を守った。弘治三（一五五七）年、宅所を山田隆朝ほか上毛郡衆に攻められたが、これを撃退したとの記述あり。永禄九年卒す。享年八十。法名承永。正房は生涯で戦場に臨むことおよそ五十七度、しかし一度も敵に後れをとったことがなかったと伝えられる。「宇都宮史」『築上郡志』『中世武士団・鎮西宇都宮氏の研究Ⅱ』『北九州戦国史』

紀井通資▽きいみちすけ

平知盛の子・知忠の乳母の子。橘通資とも称した。豊前宇都宮氏（城井氏）より以前の城井氏ともいう。文治元・寿永四（一一八五）年、平知盛の命により門司城及び所々に城郭を構えた。『門司・小倉の古城史』『歴代鎮西要略』

城井通房▽きいみちふさ

城井氏（豊前宇都宮氏）第四代当主。信景の嫡男。景房の嫡孫。壱岐太郎左衛門尉、薩摩守、前薩摩守入道尊覚法師、薩摩前司入道尊覚、可泉。建保元（一二一三）年五月二十四日、城井郷にて出生。従五位下。評定衆。通房は、蒙古襲来、得宗先制政治確立の時代を城井氏の惣領として生き、北条得宗家に接近し、城井氏を発展させた人物。さらに筑後の守護代、鎮西談議所頭人（四人）の一人。筑後国守護職のほか、宇佐八幡宮造営奉行なども歴任。城井氏が本拠を関東地方から九州に移し、豊前国に土着したのも通房の時代からとされる。幕府から蒙古合戦に於ける勲功者の中心的な人物の一人と評価された。正応三（一二九〇）年十月四日、宇佐郡佐田荘の地頭職に任ぜられた。貞永元（一二三二）年十二月、諸国が飢饉になり、通房は米四万二千石、麦種八千石を出して豊前の窮民を救う。「宇都宮系図」には建治元（一二七五）年二月二十六日、六十三歳で卒すとあるが、永仁三（一二九五）年の通房の事跡が史料に見えることから現存の史料では明らかではない。法名は普全。『築上郡志』「宇都宮史」『築上郡史』「宇都宮系図」『鎮西宇都宮氏の歴史』『中世武士団・鎮西宇都宮氏の研究Ⅱ』

城井統房▽きいむねふさ

元亀、天正年間に上毛郡内に割拠した。三郎兵衛。「城井軍記」「家臣名付」「豊州治覧」等に記された城井鎮房時代の家臣。家老職。「城井家記」には宇佐龍王城城代とある。『築上郡志』『築上郡史』『城井闘諍記』『太宰管内志』

城井元義▽きいもとよし

庄司三郎。天徳二（九五八）年大嶽城（中津市耶馬溪町戸原）を居城とした。『耶馬溪町史』『日本城郭大系』

城井守綱▽きいもりつな

城井氏（豊前宇都宮氏）第六代当主。主に冬綱として知られる。高房。大和弥六左衛門尉、常陸介、常陸前司、前常陸介、三河守、常州。常陸前司入道。法名入道宗閑。鎌倉評定衆。「宇都宮系図」では正四位下右近近衛中将、大和守兼常陸介に叙せられたとある。父は頼房。「佐田系図」によれば、下野宇都宮氏第八代当主貞綱の嫡男として生まれたが、二歳の時に頼房の養嗣子となり城井氏を継いだ。正慶二・元弘三（一三三三）年、幕府によって隠岐に流されていた後醍醐天皇の鎌倉幕府倒幕計画に各地の諸将が呼応し、守綱は天皇方についた足利尊氏の元に降り共に挙兵、幕府は滅亡した。守綱は建武政権の誕生とともに筑後国守護に任命される。翌年、後醍醐天皇との関係が悪化し西下した足利尊氏は多々良浜で天皇方の菊池氏と戦い勝利し、そのまま上洛して室町幕府を開いた。一方、後醍醐天皇も独自の朝廷を樹立（南朝）し、南北朝時代となる。守綱は建武三・延元元（一三三六）年、兵を起こして宇佐郡に入り安心院氏を龍王城に、妙見氏を妙見岳城に下し、子親綱を置いてこの二城を守らせた。文和三・正平九（一三五四）年には豊前国守護職となる。翌年、南朝の菊池氏が豊前・豊後を制圧し、守綱もこれに従うが、その後守綱を含む九州の諸将は北朝に復帰している。延文三・正平十三（一三五八）年、京都に於いて礼射を行った。翌年八月、筑後鯵坂において官軍と戦い、南朝方であった弟隆房を討った。北朝の有力武将として活躍していた守綱だったが、晩年の応安七・文中三（一三七四）年、突如南朝に寝返り、南朝方として城井高畑城に挙兵。しかし幕府の九州探題の今川貞世に攻められ、子家綱とともに九カ月もの籠城戦の後に降伏し落城した。「佐田系図」では貞治五・正平二十一（一三六六）年三月三日京都において七十八歳で卒すとされるが、他の文献から見ても永和元・天授元（一三七五）年までは生存していたと思われる。『築上郡史』『鎮西宇都宮氏の歴史』「宇都宮史」『築上郡志』「宇都宮系図」「城井宇都宮系図」『中世武士団・鎮西宇都宮氏の研究Ⅱ』

城井盛綱▽きいもりつな

城井氏（豊前宇都宮氏）第十八代当主直綱の子。出羽守。藤若丸、弥六郎、従五位下。嘉慶二・元中五（一三八八）年正月、京都に於いて天下泰平の射法を行った。如法寺（豊前市山内）墓地に墓がある。「城井宇都宮系図」には、筑前博多に於いて元寇の蒙古大将軍の首を取り唐船を切崩す、家士多数戦死とある。「宇都宮史」『築上郡志』「宇都宮系図」「城井宇都宮系図」『築上郡史』『太宰管内志』

城井盛直▽きいもりなお

城井氏（豊前宇都宮氏）第十一代当主。応永、正長年間に築城郡、仲津郡内に割拠した。尚直の子。弥三郎、治部大夫、播磨守。応永五（一三九八）年正月七日、大内義弘の命を受けた弟の盛見が軍勢三万余の大将として仲津郡鶴の港（今川付近）に在陣した時、郡内から馳せ参じて帰順の意を表わしたため、居城に帰ることを許された。永享五（一四三三）年四月、将軍足利義教は盛直を召して神宮皇后神徳霊弓の縁起を聞き、自らその由来を認めて河内国誉田八幡宮（曳野市誉田）に納め、盛直は天一弓を寄せた。長禄三（一四五九）年二月、将軍義政は盛直を召して、城井家一子相伝の弓法「艾蓬の射法」を行わせた。この時、盛直は将軍に対して射法を伝授し、義実の太刀を賜った。「宇都宮史」には文明元（一四六九）年正月十六日盛直卒す、享年八十三、法名を義永真山、弘徳院と諡したとあるが、「宇都宮系図」には応永十三（一四〇六）年五月十二日卒とある。『応永戦覧』『築上郡史』「宇都宮史」『築上郡志』「宇都宮系図」「城井宇都宮系図」『太宰管内志』『中世武士団・鎮西宇都宮氏の研究Ⅱ』

城井盛房▽きいもりふさ

城井氏（豊前宇都宮氏）第四代当主通房の子。薩摩太郎左衛門尉。岩戸山の合戦において勲功があり、壱岐瀬戸浦預所職を給付された。「佐田系図」では永仁五（一二九七）年に奥州に封じられたとある。「宇都宮史」『築上郡志』『中世武士団・鎮西宇都宮氏の研究Ⅱ』

城井師房▽きいもろふさ

城井氏（豊前宇都宮氏）第六代当主守綱（冬綱）の弟。城井中務少輔。「宇都宮史」『築上郡志』

城井師冬▽きいもろふゆ
中務少輔。貞和五・正平四（一三四九）年、足利尊氏に属して四条畷の合戦で戦死す。『築上郡志』「宇都宮史」「宇都宮系図」

城井大和守▽きいやまとのかみ
元亀、天正年間に宇佐郡合内に割拠した。『築上郡志』

城井頼房▽きいよりふさ
城井氏（豊前宇都宮氏）第五代当主。従五位下、のち従四位下。大和守、大和前司、薩摩六郎左衛門尉、道暁。評定衆。九州四頭奉行の随一とされ要職を兼ねた。筑後守護。守綱（冬綱）の養父。延慶二（一三〇九）年六月十一日、家督を相続。城井氏の菩提寺となった天徳寺（築上郡築上町）を建立した人物とされている。頼房が筑後守護として発給した正和四（一三一五）年十月の「宇都宮頼房書下」の署名には「前大和守中原朝臣」とあり、城井氏において中原氏を名乗った最後の当主ではないかと思われる。正慶二（一三三三）年七月朔日に卒す。八十八歳。法名帰山。母は今出川公有の娘。「宇都宮史」『築上郡志』「宇都宮系図」「城井宇都宮系図」『築上郡史』『中世武士団・鎮西宇都宮氏の研究Ⅱ』

木内左衛門▽きうちさえもん
帯刀。弘治の頃（一五五五―五八）、大友家の幕下にあって丸尾城に居城した。宇都宮一族並びに「家臣名付」に記された城井鎮房の挙兵時の家臣。弘治二（一五五六）年秋、大友義鎮（宗麟）が龍王城に在陣した際、着到した宇佐郡三十六人衆の一人。なお着陣の時期について、『大友公御家覚書』等では弘治二年四月、大友義鎮龍王に陣を取るとある。『豊前古城誌』「香下文書」『北九州戦国史史料集』『編年大友史料』「宇佐郡記」

木内胤貞▽きうちたねさだ
天文、永禄、元亀、天正年間に宇佐郡内に割拠した。天正十五（一五八七）年、豊臣秀吉の島津征伐に参戦した。黒田氏が入部して領地を没収され、その後、子孫の木内貞春、胤信、貞胤は庄屋職を続けた。『築上郡志』『日本城郭大系』

木内胤成▽きうちたねなり
木内千葉介常胤の三男。永暦の頃（一一六〇―六一）、宇佐郡木内村に丸尾城を築城した。『豊前志』『日本城郭大系』

木内常胤▽きうちつねたね
千葉介常重の孫。千葉介。源頼朝に仕えた。『豊前志』『日本城郭大系』

木内弘胤▽きうちひろたね
応永、正長年間に宇佐郡内に割拠した。『築上郡志』

木内道貞▽きうちみちさだ
天正の頃（一五七三―九二）、大友家の幕下にあって丸尾城に居城した。治部烝。『豊前古城誌』

規矩掃部頭▽きくかもんのかみ
天文年間（一五三二―五五）に虹山城（別名神山城・虹山城・蒲生村城）の城主であった。しかし、天文の終わり頃は、この城は長野氏の属城となったといわれている。『福岡県の城』『門司・小倉の古城史』

規矩小四郎▽きくこしろう
門司氏の一族。応永五（一三九八）年十二月、大友軍との対決のため大内軍代官、総大将陶弘房が周防、長門、備後、安芸から集めた軍勢二万八千余騎とともに周防の多々良浜から船に乗り、同月十八日、豊前の神田浦に着陣した。これを迎えて参陣したことにより居城に帰ることを許された。『応永戦覧』

規矩之重▽きくこれしげ
長野氏の一族。掃部頭。規矩郡蒲生村にあった巣山城に居城した。『豊前志』

規矩高政▽きくたかまさ
執権北条義時四代の孫、北条（金沢）実政の子。鎮西探題北条英時の養子。規矩郡を領し規矩氏を名乗った。掃部助。元弘年間（一三三一―三四）に虹山城（二神山城・蒲生城・蒲生村城）を築城し在城した。太平記によれば、北条氏が滅びたのち北条氏の再興を図って挙兵したが失敗し、正慶二・元弘三（一三三三）年、筑前帆柱山城に挙兵（『歴代鎮西要略』では建武元〈一三三四〉年一月の挙兵とある）、少弐頼尚に攻められ建武元年に小倉蒲生城で滅んだとある。『歴代鎮西要略』『門司・小倉の古城史』『中世北九州落日の譜』

規矩種有▽きくたねあり
権守。応永五（一三九八）年、前守護職大友氏時の長子である大友氏鑑は、大内義弘の画策により、氏時の甥で猶子である親世が守護職を継いだことを不満とし、親世に叛逆して兵を挙げた。氏鑑は戸次親秀をもって松山城（京都郡苅田町）を攻略し城主として戸次親秀を置いた。その松山城の奪還のため大内義弘が豊前吉志の浜に着陣した際に、規矩種有は味方として参陣した。しかし『太宰管内志』には応永五年、大友氏鑑の月見と称した宴に招かれて氏鑑の挙兵に同心したとある。『築上郡志』『応永戦覧』『豊前志』『太宰管内志』

規矩種直▽きくたねなお
太郎。応永五（一三九八）年、杉弘信が山口にいる間、大友氏の戸次治部大輔から攻め取られた松山城（京都郡苅田町）の奪還のため大内義弘が豊前吉志の浜に着陣した際に、規矩種有とともに味方として参陣した。『築上郡志』『応永戦覧』

規矩種尚▽きくたねひさ
太郎。『太宰管内志』には応永五（一三九八）年、規矩種有とともに、大友氏鑑の月見と称した宴に招かれて、氏鑑の挙兵に同心したとある。応永五年十二月晦日、大友方の先駆けの大将戸次親秀と弟親光の八百騎の軍勢と後陣、大友氏貞が二千騎の軍勢をもって松山城（京都郡苅田町）を攻略に来るとの情報を得たため、種尚は湜兵二百余騎をもって迎撃のために恵比須堂に陣を構えた。『太宰管内志』『応永戦覧』

規矩太郎▽きくたろう
『応永戦覧』によれば、応永五（一三九八）年十二月二十日、狸山に於いて、大友方長野修理大夫と大内勢の合戦に及ぶ。大内勢の中に規矩太郎の名前が見える。『応永戦覧』『門司・小倉の古城史』

規矩親通▽きくちかみち
規矩一族。太郎。応永年間（一三九四―一四二八）恵里城（北九州市小倉南区今村）に在城したといわれる。応永六（一三九九）年正月七日、大内盛見が豊前今井浜に着岸したときに出迎えた将士の一人。神田合戦（苅田町松山）に参戦したとの記述がある。『門司・小倉の古城史』『応永戦覧』

菊池武也▽きくちたけなり
菊池武忠の甥。左衛門督。永享三（一四三一）年正月十一日（または十五日）、馬ヶ岳城主の新田左馬頭義高が宇佐に留守中に同城を急襲した。義高の嫡子義通と弟の竹王丸等を自殺せしめ城を陥落させた。菊池勢は一時盛んであったが、数日後、大内勢に攻められ正月二十三日、肥後を指して引き上げた。「宇佐郡記」『築上郡史』

菊池惣五郎／**菊地惣五郎**▽きくちそうごろう
宇都宮一族並びに「家臣名付」に記された城井鎮房の挙兵時の家臣。『築上郡志』

菊池惣次郎▽きくちそうじろう
「城井軍記」「家臣名付」「豊州治覧」等に記された城井鎮房時代の家臣。宇都宮大和守信房公七百五十遠諱の大祭が明治四十二年に挙行された際に、宇都宮家菩提寺天徳寺藤原賢然住職等が編集した「宇都宮家故舊重臣の後裔」の姓名録にもその名が見える。『築上郡志』『築上郡史』「宇都宮史」「宇都宮家故舊重臣の後裔」

菊池武重▽きくちたけしげ
肥後守。暦応二・延元四（一三三九）年、旧田河郡大内田村に戸代山城を築城した。貞和の頃（一三四五－五〇）、菊池武重が大宰府警備のため帰国した後、戸代山城を麻生玄蕃頭とともに守った。『豊前志』

菊池武陸▽きくちたけたか
永享、応仁年間に規矩郡に割拠した。『築上郡志』

菊池武忠▽きくちたけただ
太郎。大友親世の代、正長元（一四二八）年正月、菊池氏の旧怨を思いだし、父祖の孝養にも備えるべく豊前に兵を出し、旧田河郡大内田村の戸代山城を取り返し、その守りとして桃井直次を置いた。さらに福知山、牛王山（矢方）等を攻略した。牛王城の城主、成恒種隆の長男弘種は戦に敗れ城を退いた。『築上郡史』には武忠は詫間の一族にして菊池名を名乗るも菊池系図にその名は見えずとある。「宇佐郡記」『築上郡史』『豊前志』

菊池平蔵▽きくちへいぞう
永享、応仁年間に規矩郡に割拠した。『築上郡志』

菊池義武▽きくちよしたけ
肥後国主。大友義長の次男。大友義鑑の弟。初名重治。肥後の名族菊池氏を継ぐが、兄に反抗し大内氏と結び、大友氏と対立した。しかし義鑑との戦いに敗れ亡命。天文十九年義鑑横死後、再び隈本に戻り、肥後制圧をもくろんだが、大友義鎮（宗麟）の軍勢に敗れ島原に落去。天文二十三年、義鎮のために自害させられた。『北九州戦国史』

規矩時秋▽きくときあき
鎮西探題北条英時の子。兵庫助。元弘年間（一三三一－一三三三）に蒲生城（神山城・虹山城・蒲生村城）を築城し在城した。『門司・小倉の古城史』

規矩通忠▽きくみちただ
北条氏の一族規矩高政の末裔。応永期の蒲生城主。新太郎、太郎。応永五（一三九八）年正月七日、大内義弘の命を受けた弟の盛見が軍勢三万余の大将として仲津郡鶴の港（今川付近）に在陣した時、郡内から馳せ参じて帰順の意を表わしたため、居城に帰ることを許された。『応永戦覧』『築上郡史』『門司・小倉の古城史』

木坂左京亮▽きさかさきょうのすけ
大内氏の郎党。応永五（一三九八）年十二月二十二日、

豊前国築城原の合戦において大友氏の部将矢田太郎を討ち取ったが、すぐさま駆けつけた矢田太郎の配下の糸木蔵人に討ち取られた。『応永戦覧』

岸本甚兵衛▽きしもとじんべえ
中島摂津守が謀叛を起こして大友勢と対峙し、小倉原に陣を張り皇后石（史跡・築上郡吉富町）に幡を挙げた時に、深水に出張り、毘沙門堂に陣を張った成恒氏の一族の一人。『豊前古城誌』

木城弾正▽きしろだんじょう
応永六（一三九九）年正月、大内盛見は大軍をもって岩石城を攻城のため松山を本陣とした。白土、鵬岳、落合、新城、安宅の武士は城を明け渡して落ち失せた。木城弾正は息子を人質にして身も剃髪染衣の姿になって、陶越前守に事詫びて降礼に努めた。陶越前守は弾正が僧体になっていることから一命を助けて宇野兵吉に預けた『応永戦覧』

北郷氏基▽きたざとうじもと
応永五（一三九八）年、前守護職大友氏時の長子である大友氏鑑は、大内義弘の画策により、氏時の甥で猶子である親世が守護職を継いだことを不満とし、親世に叛逆して兵を挙げた。その際、氏鑑から回文を受け一味同心した一人。応永六年、大内盛見の軍勢に馬ヶ岳城を降し、小犬丸一族が討ち果たされたことを聞き、自害し滅亡した。『応永戦覧』『築上郡史』『太宰管内志』

北里重義▽きたざとしげよし
阿蘇郡北里を本管とする阿蘇氏の重臣。次郎左衛門尉。天正十一（一五八三）年十月八日、大友義統は北里次郎左衛門尉重義に対して、九月二十四日下毛郡万田城攻略における粉骨の軍功を賞した。「北里文書」『北九州戦国史史料集』

北郷基氏▽きたざともとうじ
応永、正長年間に仲津郡内に割拠した。『築上郡志』

吉川吉左衛門▽きっかわきちざえもん
宇都宮氏一族並びに「家臣名付」に記された宇都宮家家臣。城井家（豊前宇都宮家）馬廻り役。宇都宮大和守信房公七百五十遠諱の大祭が明治四十二年に挙行された際に、宇都宮家菩提寺天徳寺藤原賢然住職等が編集した「宇都宮家故舊重臣の後裔」の姓名録にもその名が見える。『築上郡志』「宇都宮家故舊重臣の後裔」

吉川駿河守▽きっかわするがのかみ
応永六（一三九九）年一月九日、大内盛見は千手興房

の田河郡香春岳を攻めた。「豊前軍記略」には同月十一日晴天、吉川駿河守と宇都宮弥三郎四百余騎城門に寄せたとある。『築上郡志』

吉川孝経▽きっかわたかつね
安芸の人。駿河守。応永五（一三九八）年十二月、大友軍と対決のため大内軍代官、総大将陶弘房のもとに周防、長門、備後、安芸から集まった一人。同月十八日軍勢二万八千余騎とともに周防の多々良浜から船に乗り豊前の神田浦に着陣した。応永の頃（一三九四－一四二八）、岩石城を攻略する大内氏総大将大内盛見の軍勢に従い、安芸勢一万余騎の先陣をきって搦め手に向かった一人。『応永戦覧』『太宰管内志』

吉川広家▽きっかわひろいえ
蔵人頭。初め経言、後広家に改める。黒田長政と共に、城井鎮房を攻める。のち軍使、横道権允を送り和睦交渉に成功した。『築上郡史』「陰徳太平記」

吉川元長▽きっかわもとなが
毛利氏の家臣団。吉川元春の嫡男。天正十（一五八二）年末に父元春から家督を譲り受けた。元長は文武兼備の逸材で毛利氏に対する吉川氏の役割を十分に果たせる人物であったが、天正十五年、九州出征中、日向国都於郡（西都市）の陣中において四十歳で病没した。『戦国大名家臣団事典』

吉川元春▽きっかわもとはる
駿河守。毛利氏の家臣団。毛利元就の次男で、天文十六（一五四七）年に安芸の国人領主吉川氏の養嗣子と決まり、同十九年家臣を伴って吉川領に入部し、毛利氏の山陰地方の進出の基地をつくり、厳島合戦直後の弘治二（一五五六）年には石見出征をはじめている。同三年から元就と兄隆元の要請によって弟の小早川隆景とともに毛利家中に入り、その中枢政策に参画した。永禄十二（一五六九）年十一月十五日、毛利軍の撤退の殿軍であった。元春は天正十（一五八二）年末に家督を嫡男元長に譲り、豊臣政権に奉仕することを好まなかったが、秀吉の強い要請により、天正十四年九州に出征し、十一月十五日、小倉陣中にて病没した。『筑前戦国史』『西国盛衰記』『戦国大名家臣団事典』

木付鑑実▽きつきあきざね
兵部少輔。大友方の柑子岳城督、臼杵鎮氏の後、柑子岳城に入城したが、天正七（一五七九）年冬に開城を余儀なくされて立花に退いた。大友方の西肥前の一角がここに崩れた。『筑前戦国史』

木付茂晴▽きつきしげはる
⇩櫛野茂晴（くしのしげはる）

木付鎮直▽きつきしげなお
大友氏の家臣団。鎮直、新介、中務少輔と称す。鎮秀の子。父の死後、木付家の家督を継ぐ。天正八（一五八〇）年六月田原親貫党が安岐郷実際寺に籠もったので、清田鎮忠・田村作進等と共に攻めた。天正十四年十二月薩摩の新納忠元の進攻を受け、木付城に籠城して撃退した。文禄二（一五九三）年六月二十五日、子、統直が門司浦で入水したのを聞き、夫婦ともに自殺した。『杵築市誌』『戦国大名家臣団事典』

木付鎮秀▽きつきしげひで
大友庶流速見郡木付城主。三郎左衛門、紀伊入道、宗虎、木付六郎、大炊助、美濃守、紀伊守と称した。（中野利夫氏所蔵系図）親諸の子。鎮之・鎮直の父。大友一族で、速見郡八坂郷木付城主。天正六（一五七八）年十二月から八年二月まで義統の加判衆を務めた。天正元年頃、筑前に在陣し、小田部治部討捕において原田親種を賞している。六年春日日向松尾城攻め、十一月日向遠征に従軍し、大友軍の敗戦の後、敗兵をまとめて殿軍として大功ありとして義統から感状を受けた。八年二月、田原親貫の乱において安岐城の攻略のために出陣したが、奈多鎮基の軍が背後から襲い、塩屋原で挟撃にあい二十二日、子の鎮之とともに討死した。『杵築市誌』『戦国大名家臣団事典』

城戸十乗坊▽きどじゅうじょうぼう
丹波国和田城主、天正十五（一五八七）年から秀吉の旗下となる。天正十五年三月二十八日、豊前に入った豊臣秀吉は、城戸十乗坊と丸毛三郎兵衛の両名を門司城の守将にして関門海峡を固めさせた。『歴代鎮西要略』『門司・小倉の古城史』『北九州戦国史』

木梨景則▽きなしかげのり
左兵衛丞。応永の頃（一三九四－一四二八）、岩石城を攻略する大内氏総大将大内盛見の軍勢に従い、備後勢九千余騎とともに大手搦め手からの第二陣を務めた一人。『太宰管内志』

木梨隆久▽きなしたかひさ
大内義弘の旗下にある備後国の住人。兵部丞。応永六（一三九九）年正月四日、城主が敗走した障子ヶ岳城の落城を決定づけるため、援兵の要請を陶筑前守から受けた大内義弘は、兵三万騎を兵船四百余艘に乗せ大内盛見を豊前に遣わせた。その際に従軍した一人。『応永戦覧』

木梨久種▽きなしひさたね
兵部丞。応永の頃（一三九四―一四二八）、岩石城を攻略する大内氏総大将大内盛見の軍勢に従い、備後勢九千余騎とともに大手搦め手からの第二陣を務めた一人。『太宰管内志』

衣笠久右衛門▽きぬがさきゅうえもん
黒田家の功臣。因幡守。景延、佐範。号は卜斉。衣笠氏は、関東発祥の鎌倉御家人の子孫で、明石郡端谷城主の一族とされる。小寺家に仕えていたが、与力として黒田家の家臣となる。天正十五（一五八七）年、豊前一揆の際、上毛郡姫隈城を攻めて井上九郎右衛門、黒田三左衛門らと猛攻し、城主日熊直次を降伏させた。天正十五年三月三日、黒田三左衛門、栗山備後とともに日熊（姫隈）城高田城の両城を攻め落とし戦功をあげた。朝鮮の役に従軍し梁山城の守将として敵軍の猛攻を死守し撃退に成功した。関ヶ原の戦いでは、黒田孝高（如水）に従い、松山城（京都郡苅田町）を守備して小倉口に備えた。黒田長政が筑前に入国後、三千石を拝領し中老職並みの待遇を得た。『豊前志』『黒田官兵衛のすべて』「歴史群像シリーズ38黒田如水」『鎮西宇都宮氏の歴史』『黒田家譜』

木上長秀▽きのえながひで
大友氏の家臣団。長秀・大炊助・筑前守と称す。大神一族で、大分郡植田庄木ノ上を本貫とする。永正十三（一五一六）年十一月から大永五（一五二五）年閏十一月まで義鑑の加判衆を務めた。義長代には社奉行を務めて、求菩提山神殿の造営に関与した。また、永正七年、京都回復をねらう足利義澄のもとに使者として派遣されており、永正十七年には、久保・三代氏等を率い、菊池重治の肥後入部に随従している。『戦国大名家臣団事典』

木部勘解由左衛門尉▽きべかげゆさえもんのじょう
永正の頃（一五〇四―二一）、木部城（宇佐市木部）を居城とした。『日本城郭大系』

木部掃部▽きべかもん
木部村城主。天文の頃（一五三二―五五）、この城に居城した。『豊前古城誌』

木部掃部助▽きべかもんのすけ
天文の頃（一五三二―五五）、木部城（宇佐市木部）を居城とした。『日本城郭大系』

木部九郎兵衛▽きべくろうひょうえ
「倉城大略志」によれば、はじめ兄の居城する赤熊城に在城したが、後、田河郡の香春城に移ったとある。他は詳かではない。『築上郡史』

岐部左近入道▽きべさこんにゅうどう
⇩岐部信泰（きべのぶやす）

岐部信泰▽きべのぶやす
大友氏の家臣団。左近大夫。左近入道、一達、元達、玄達と称す。紀氏。国東郡岐部城主。天正八（一五八〇）年義統の命により波多城に在城した。十五年、洗礼を受けキリシタンとなる。文禄の役に従軍。文禄二年国除後は堪忍衆の一人として義統にしたがい山口に赴く。以後関東・大阪と常に義統の配所にあって義統を補佐。四年二月、竹田津・臼杵氏等とともに義統に誓書を呈す。慶長四年四月大坂天満に移る。慶長五（一六〇〇）年九月義統と共に豊後に帰国。十日木付城攻めに加わる。十三日、石垣原の合戦において討死した。『戦国大名家臣団事典』

木部武蔵守▽きべむさしのかみ
永禄の頃（一五五八－七〇）、木部城（宇佐市木部）を居城とした。永禄十（一五六七）年、大友氏に従い、筑前の岩屋城（太宰府市観世音寺）城攻めに参戦し討死した。『日本城郭大系』

木村仙之助▽きむらせんのすけ
日熊城主、日熊直次の家臣。天正十六（一五八八）年三月二十一日、黒田長政率いる数万の軍兵に対し日熊城から討って出て勇敢に戦ったが他の忠臣の十六勇士とともに討死した。『姓氏家系大辭典』

木村筑後守▽きむらちくごのかみ
天正七（一五七九）年、大友義鎮（宗麟）が日向耳川の合戦にて敗れ諸国の大名が離反し、長岩城主の野仲鎮兼も大友氏に叛いた時、鎮兼に従った近郷の武士団の一人。天正の頃（一五七三－九二）、野仲氏の一族である木村氏代々の居城であった草本城に居城した。『豊前古城誌』『築上郡志』「城井軍記」「豊州治覧」「家臣名付」『築上郡史』「宇都宮文書」

木村与七郎▽きむらよしちろう
中島摂津守が謀叛を起こして大友勢と対峙し、小倉原に陣を張り皇后石（史跡・築上郡吉富町）に幡を挙げた時に、毘沙門堂に陣を張った成恒氏の一族の一人。『豊前古城誌』

清末公朝▽きよすえきみとも
駿河守。天文年間（一五三二－五五）引地山城（別名到津城）の城主であった。引地山城は鎌倉時代から宇佐大宮司家が清末氏を派遣し、以後、代々清末氏の居城となった。『福岡県の城郭』『門司・小倉の古城史』

清末左馬助▽きよすえさまのすけ
天文年間（一五三二－五五）引地山城（別名到津城）の城主であった。引地山城は鎌倉時代から宇佐大宮司家が清末氏を派遣し、以後、代々清末氏の居城となった。『福岡県の城郭』『門司・小倉の古城史』

清田鎮忠▽きよたしげただ
大友氏の家臣団。新五右衛門尉鎮忠と称した。大分郡清田郷清田城主。キリシタンで洗礼名はジュスタ。妻は大友義鎮（宗麟）の娘。天正六（一五七八）年春、日向土持松尾城攻めで高名を立てた。秋、義鎮の日向遠征に従軍した。一説に、天正八年七月田原親貫党を国東郡実際寺に焼き打ちして帰還の途次、馬もろともに安岐川に落ちて重傷を負い七月十九日藤川で死去。鎮忠が熱心なキリシタンで神社仏閣を焼いたために仏罰が当たったのだといわれている。『杵築市誌』『戦国大名家臣団事典』

清原直衛▽きよはらなおえ
中島摂津守が謀叛を起こして大友勢と対峙したときに、小倉原に陣を張り皇后石（史跡・築上郡吉富町）に幡を挙げた中島氏族に相い従った。新兵ヱ尉。『豊前古城誌』

吉良統栄▽きらむねひで
大友氏の家臣団。統栄、伝右衛門尉、伝右衛門と称す。足利吉良氏の庶流。野津院衆。天正末期から義統の側近の一人として活躍した。天正十二（一五八四）年、使者として筑前に赴き、立花一族に宝満城（太宰府市北谷）救援の賞詞を伝えた。十三年八月田原親家に従い筑前長尾城を攻撃。十四年大野郡王子山砦に拠って島津軍に対した。文禄の役に従軍。七月義統の平壌行に随行。二年堪忍衆の一人として山口に赴く。三年水戸へ下向。義統の側近にある。慶長五年九月義統と共に豊後に帰る。十日木付城を攻撃、十三日石垣原の合戦において討死した。『戦国大名家臣団事典』

桐坪民部▽きりつぼみんぶ
「城井軍記」「家臣名付」「豊州治覧」等に記された城井鎮房時代の家臣。物頭。宇都宮大和守信房公七百五十遠諱の大祭が明治四十二年に挙行された際に、宇都宮家菩提寺天徳寺藤原賢然住職等が編集した「宇都宮家故舊重臣の後裔」の姓名録にもその名が見える。『築上郡志』『築上郡史』「宇都宮史」『城井闘諍記』『太宰管内志』「宇都宮家故舊重臣の後裔」

桐坪民部之助▽きりつぼみんぶのすけ
宇都宮家一族並びに「家臣名付」に記された城井鎮房挙兵時の家臣。城井家（豊前宇都宮家）物頭（別に馬廻り役の記載あり）。『築上郡志』

桐山孫兵衛▽きりやままごべえ
黒田氏の重臣。のち丹波守。大炊助、信行。号は丹斎。桐山氏は、近江国坂田郡坂田村の地侍であった。播磨国に移住し、黒田家に仕える。永禄十二（一五六九）年、英保山合戦に初陣する。井上九郎右衛門と同様、黒田職隆に仕えたが具体的な戦功は伝わらない。豊前入国後、九六五石を拝領する。城井城攻めでは三五〇人で神楽山古城を守備した。温厚な性格であったが、文禄の役で母里太兵衛と大喧嘩をして以後三十年間口をきかなかったという。慶長五（一六〇〇）年、の関ヶ原の役では豊前にあって馬ヶ岳城を守備し、筑前入国後は六千石を拝領した。晩年は黒田長政の前で母里太兵衛と和解し、以後協力して交通の難所であった冷水峠を開通させ、のち、筑前六宿の一つ山家宿の初代代官をつとめた。「歴史群像シリーズ38黒田如水」

木綿和泉守▽きわたいずみのかみ
応永、正長年間に規矩郡内に割拠した。少弐一族。応永の初め、少弐忠資とともに門司城に籠城した。応永四（一三九七）年、大内義弘に攻められて落城し、木綿和泉守は討ち取られた。『築上郡志』『門司・小倉の古城史』「後太平記」

草野家仁▽くさのいえひと
馬ヶ岳城主。権守。仁平元（一一五一）年、源為朝が豊後より豊前に入り馬ヶ岳城を攻め落とし、その後、草野権守家仁が居城した。その後、子孫三代が同城に居城した。『豊前志』

草野民部少輔▽くさのみんぶしょうゆう
応永五（一三九八）年、前守護職大友氏時の長子である大友氏鑑は、大内義弘の画策により、氏時の甥で猶子である親世が守護職を継いだことを不満とし、親世に叛逆して兵を挙げた。その際、氏鑑から回文を受け一味同心した一人。『応永戦覧』『築上郡史』『太宰管内志』

草野吉平▽くさのよしひら
大友氏鑑に一味同心した宇佐郡の人。右馬允。応永六（一三九九）年一月下旬、岩石城の後詰として、肥後から参着した菊池武貞率いる一万余騎と宇佐郡の軍勢、総勢四万五千余騎とともに大友氏鑑に随従した。『応永戦覧』

草場義忠▽くさばよしただ
甲斐守。天正の頃（一五七三－九二）、大友家の幕下にあって上伊藤田村城に居城した。『豊前古城誌』『築上郡志』

櫛野和泉守▽くしのいずみのかみ
櫛野村城主。櫛野村城を築城した。『豊前古城誌』『豊前志』

櫛野茂晴▽くしのしげはる
木付氏（木付城主）の分流。深見郷地頭職となって櫛野城を築いた。櫛野氏に改めて櫛野弾正忠茂晴と称した。弘治二（一五五六）年には、大友氏に属し、その軍役に従った。宇佐の時枝・賀来・福島らの宇佐郡衆が大友氏に背いた時は、妙見岳城主田原親賢（紹忍）の軍に属して諸城を攻めて軍功があった。『日本城郭大系』『宇佐郡地頭伝記』『大宇佐郡史論』

櫛野弾正▽くしのだんじょう
櫛野村城主。弘治年間（一五五五―五八）、この城に居城し大友家の幕下に属した。また宇佐郡において三十六氏と称された豪族の一人。大友家に属し、毎年八月朔日には馬太刀の使者を立てて主従の礼を行ったという。弘治二年秋、大友義鎮（宗麟）が龍王城に在陣した際、着到した宇佐郡三十六人衆の一人。なお着陣の時期について、『大友公御家覚書』等では弘治二年四月、大友義鎮龍王に陣を取るとある。『豊前古城誌』「香下文書」『北九州戦国史史料集』『編年大友史料』

櫛野弾正忠▽くしのだんじょうのじょう
天文、永禄年間に宇佐郡内に割拠した。弘治二（一五五六）年四月二十八日、大友義鎮（宗麟）が豊府を発して豊前国龍王に陣を取った時、帰服した宇佐郡士三十六人衆の一人。『築上郡志』『宇佐郡記』『北九州戦国史史料集』

櫛野義晴▽くしのよしはる
木付氏（木付城主）の分流。櫛野弾正忠茂晴の一族。豊臣秀吉の島津征伐には秀吉の将三好秀次の軍に属して島津軍を追討した。天正十七（一五八九）年、中津城主となった黒田氏から城地を没収された。子孫は以後も当地に続いた。櫛野氏一族の墓は菩提寺、久満山宝珠寺にある。『日本城郭大系』

櫛橋三十郎▽くしはしさんじゅうろう
黒田家の家臣。櫛橋左京進の弟。天正十五（一五八七）年、豊前国上毛郡で起きた一揆で黒田長政に従軍し、上川底城の大将、如法寺孫二郎輝則と鎗を合わせて戦い輝則を討ち取る戦功をあげた。『鎮西宇都宮氏の歴史』『黒田家譜』

櫛辺藤蔵人▽くしべとうくらんど
大内氏の家臣。永正八（一五一一）年十月二十五日京

都在陣中に豊前守護大内義興は、門司六郷に大友勢に侵入された。義興は国元にいる櫛辺藤蔵人に敵の追い払いを命じた。「櫛辺文書」『門司・小倉の古城史』

九嶋隼人▽くしまはやと
「城井軍記」「家臣名付」「豊州治覧」等に記された城井鎮房時代の家臣。城井家（豊前宇都宮家）馬廻り役。「家臣名付」『築上郡志』『築上郡史』「宇都宮史」

久代豊勝▽くしろとよかつ
大内義弘の旗下にある備後国の住人。但馬守。応永六（一三九九）年正月四日、城主が敗走した障子ヶ岳城の落城を決定づけるため、援兵の要請を陶筑前守から受けた大内義弘は、兵三万騎を兵船四百余艘に乗せ大内盛見を豊前に遣わせた。その際に従軍した一人。『応永戦覧』

久代豊政▽くしろとよまさ
但馬守。応永の頃（一三九四―一四二八）、岩石城を攻略する大内氏総大将大内盛見の軍勢に従い、備後勢九千余騎とともに大手搦め手からの第二陣を務めた一人。『太宰管内志』

玖珠氏喜▽くすうじよし
判官。応永五（一三九八）年十二月、豊前発向の軍議のために府中の大友氏鑑のもとに集まった一族の一人。『応永戦覧』

葛原則祐▽くずはらのりすけ
葛原城主。兵庫介。天文の頃（一五三二―五五）、葛原氏の代々の居城であった葛原村城に居城した。『豊前古城誌』『日本城郭大系』

葛原兵庫▽くずはらひょうご
三角山城の守将であった杉彦三郎の家臣。永禄四（一五六一）年大友義鎮（宗麟）が門司城を攻略したとき、杉彦三郎が守る三角山城も包囲された。この時、杉彦三郎の家臣であった福田弾正重範と葛原兵庫は内応に応じた。しかし、これを察知した杉彦三郎に両名は討たれた、内応が察知されたことを知らぬ大友軍は計略にかかり一気に攻め寄せたが、引きつけて討って出た城兵のため大友軍はさんざんに討ち取られ豊後に敗走した。『福岡県の城』

葛原兵庫助▽くずはらひょうごのすけ
毛利方の武将として門司城に在城したが、永禄四（一五六一）年十月十日の合戦前夜の九日に、稲田弾正とともに門司城中から大友方に内通しようとした陰謀が発覚して密かに誅殺された。「陰徳太平記」には、それを知らない大友方は城方の謀略にあって翌日敗退したと記している。「陰徳太平記」『九州戦国合戦記』

朽網鑑康▽くたみあきやす

大友氏の家臣団。市正、鑑安、三河守、中務少輔、三河入道、宗歴と称す。大友譜代の郎党で、古庄氏の嫡流。また玖珠郡・筑後国方分《ほうぶん》。直入郡朽網郷山野城主。入田親廉の次男。鎮則の父。朽網親満滅亡後、朽網旧臣古庄氏等は義鑑に愁訴、七歳だった入田市正（鑑康）を迎えて朽網家を再興した。永禄十二（一五六九）年三月から天正十四（一五八六）年末頃まで大友義鎮（宗麟）・義統の加判衆を務めた。永禄四（一五六一）年豊前に出陣。以後永禄末年まで肥前・筑前で毛利氏とその与党と戦う。天正六（一五七八）年四月、日向土持征伐。秋、日向遠征搦手軍として肥後に発向。志賀親守とともに総大将を務めた。天正七年秋月種実攻略に失敗。天正八年二月、熊牟礼の乱に出陣。九月近衛前久から豊薩和睦につき書簡をうけとる。九年から十四年頃まで日田・玖珠郡・筑後国人等を率いて連年の如く筑後・肥後に転戦。天正五年十二月「条々」を鎮則に与え、家中経営について説く。天正十一年十二月二十八日、義統は筑後鷹尾城の田尻鑑種の救援ができず、田尻が龍造寺に降伏したことに就いて善後策を鑑康に依頼する。天正十四年秋、島津侵攻の際、山野城に籠城したが島津に内応、十二月十二日病死。「救民記」『戦国大名家臣団事典』「五条文書」『大友宗麟資料集』「大友家文書録」『北九州戦国史史料集』「田尻文書」

朽網繁成▽くたみしげなり

左馬介。文明元（一四六九）年春、大友氏に叛いた城井秀房と長野行種を大友親繁の嫡子、政親が府中を打出し、国東郡高田を本陣とした時、先手の大将として奈田隆実とともに宇佐郡糸口原の戦いにて戦勝した。「宇佐郡記」『築上郡史』

朽網鎮則▽くたみしげのり

大友氏の家臣団。左近大夫、左近大夫入道、宗策と称す。鑑康の子。妻は田北紹鉄の娘。天正五（一五七七）年十二月、父宗暦から「条々」を与えられ、家中経営の根本を諭された。これより先、朽網家の家督を相続。六年十一月日向遠征搦手軍の一員として肥後へ従軍。耳川敗北後も肥後に滞陣を続け、義統から帰国を命じられる。十二年神父から説教を聞き、洗礼を受けようとしたが親族・僧侶等からの猛反対で止めた。十四年、島津軍の侵攻の際、父宗暦と山野城に籠もったが、内応し、翌年和睦して開城し、河内山の仮館に移った。十五年夏、義統の追討をうけて鎮則は自害を決意するが、岳麓寺住職の言で上方へ落ちることにした。乙津の海で討手に囲まれ、切腹入水した。『戦国大名家臣団事典』

朽網親満▽くたみちかみつ
　大友氏の家臣団。次郎親満、兵庫頭、兵庫介と称す。大友譜代の郎等。藤原古庄氏の末裔で直入郡朽網郷山野城主。法祥の孫、繁貞の子。明応六（一四九七）年三月から永正八（一五一一）年五月まで親治・義長の加判衆を務め、肥後方分であった。明応八年七月一色親元は親満に書状を送り、親治に大内と和睦し、義長の参陣をうながす足利義尹の内意を伝えた。永正十三年、親満は宇佐番長永弘氏輔・田原親述・永弘氏輔・市河親泰・得永新左衛門とともに親安（義鑑）にかえて大聖院宗心（大友親綱の子）を擁立し、大友家督につけようとした。この親満の乱の背後には、永正九年頃、彼が加判衆を罷免され失脚したこと、冷遇されていた他衆の多くの存在があった。この計画は機の熟す前に露見し先制攻撃を受けた。十四年二月、玖珠郡の親満党が蜂起し、田原政定も救援に駆けつけたが、高勝城・松木城は落城し、残党は豊前に逃れた。十五年八月、義長が死去、十二月親述が帰国したので、親満は残党を糾合して高崎城に立て籠もった。二月下旬に陥落。親満は筑前方面に逃亡し、その後の消息は不明。『戦国大名家臣団事典』『行橋市史』

朽木與五郎▽くちきよごろう
　中島摂津守が謀叛を起こして大友勢と対峙し、小倉原に陣を張り皇后石（史跡・築上郡吉富町）に幡を挙げた時に、深水に出張り、毘沙門堂に陣を張った成恒氏の一族の一人。『豊前古城誌』

沓尾壱岐守▽くつおいきのかみ
　安部貞任の次男貞綱から出る。駿河国沓尾郷を氏とし、幕末萩藩大組一七七石外四家がある。『北九州戦国史史料集』

久藤飛騨▽くどうひだ
　天正年間（一五七三―九二）、仁保常陸守が門司城主の時、柴崎采女、安藤主膳とともに三人の家老の一人。天正二年十二月十二日、門司城主、仁保帯刀とともに伊川村の戦いで討死した。『北九州戦国史史料集』『萩藩閥閲録』

工藤飛騨守▽くどうひだのかみ
　『門司郷土叢書』収録の「門司関御城主の記」によれば、門司城主仁保常陸介の養子帯刀介は、天正二（一五七四）年、香春岳城主森壱岐守（高橋鑑種の誤りか）と門司の伊川村で戦い戦死、家老、工藤飛騨守も共に戦死とある。この戦いは、年号の誤伝で、元亀二（一五七一）年と解釈される。天正十四年、毛利方門司城の籠城者の中に工藤飛騨守があることから、伊川で討死したと伝えられる工藤飛騨守と同人か、もしくは、その子ではなかろうか。ちなみに毛利家の家臣で工藤姓は、慶長以前は存在していないという。『北九州戦国史』『門司郷土叢書』

久藤飛騨守▽くどうひだのかみ
門司城主仁保帯刀介の家老。元亀二（一五七一）年門司城主仁保帯刀介は、十二月十二日、松山城（京都郡苅田町）の長野氏と謀り、小倉城主高橋鑑種を討たんとして敵の伏兵に遭い、伊川村にて討死した。この時、三家老、久藤飛騨守、安藤主膳、柴崎采女もともに討死した。『門司郷土叢書』『門司・小倉の古城史』「豊前国古城記」

国崎親照▽くにさきちかてる
大友氏鑑の一族。岩石城に在城した。大和守。応永五（一三九八）年十二月、豊前発向の軍議のために府中の大友氏鑑のもとに集まった一族の一人。応永六年正月二十六日、岩石城は大内盛見の大軍に攻略されついに落城し、城主大友氏公は自刃。この時に大友氏英はじめ同城の主立った部将等九十八人と列座して後を追い自害をとげた。『応永戦覧』『築上郡志』『太宰管内志』

国崎親春▽くにさきちかはる
大友氏鑑の一族。岩石城に在城した。判官。応永六（一三九九）年正月二十六日、岩石城は大内盛見の大軍に攻略されついに落城し、城主大友氏公は自刃。この時に大友氏英はじめ同城の主立った部将等九十八人と列座して後を追い自害をとげた。『応永戦覧』『築上郡志』『太宰管内志』

国崎親広▽くにさきちかひろ
刑部左衛門尉。応永六（一三九九）年二月二十二日、上洛していた大友親世が大友氏鑑を誅伐するべく手勢二千騎を率いた軍船にて豊後鶴崎に着岸すると、氏鑑が親世へ叛逆の兵を挙げた際に同心していた心を翻し、ほかの国人ら同様親世に降参した。『応永戦覧』

久芳賢重▽くばかたしげ
右京進、久芳氏は、長門探題北条実政の裔、安芸国賀茂郡久芳を氏とする。厳島合戦の時、毛利氏に属した。萩藩太祖二百九十石。久芳賢重は児玉就忠に随従して門司城の普請に心労、永禄二（一五五九）年と推定される文書で、十月三日、毛利隆元から賞されている。永禄二年に推定するのは、同五年児玉就忠は死去しており、四年は門司合戦の最中、三年は平和時で緊急性に乏しい。従って二年九月二十六日、門司城落城、取り返しの時と推測される。『北九州戦国史』『萩藩閥閲録』『北九州戦国史史料集』

久保氏弘▽くぼうじひろ
天文元（一五三二）年十一月大友氏は宇佐郡の佐田朝景が籠る妙見岳城を攻めた。その時に動員されて出陣し討死した大友方の人物。『豊前市史』『増補訂正編年大友史料併大分県古文書全集第16』『大分県の歴史』

久保三郎兵衛▽くぼさぶろうべえ
「貫系図添え書き」の貫掃部頭宗景に添え書きされた五人の家宰の一人。『門司・小倉の古城史』

窪田岩見守▽くぼたいわみのかみ
天正七（一五七九）年、大友義鎮（宗麟）が日向耳川の合戦にて敗れ諸国の大名が離反し、長岩城主の野仲鎮兼も大友氏に叛いた時、鎮兼に従った近郷の武士団の一人。『豊前古城誌』

久保田金吾▽くぼたきんご
野仲鎮兼の家臣。鎮兼が大畑城の加来統直を攻めて敗れ、和睦したとき鎮兼の嫡子太郎重貞が大友方に人質として取られた。その際に家の子として重貞の供となった。『豊前古城誌』『宇佐郡記』

窪田治部丞／**窪田治部烝**▽くぼたじぶのじょう
元亀、天正年間に下毛郡内に割拠した。天正七（一五七九）年、大友義鎮（宗麟）が日向耳川の合戦にて敗れ諸国の大名が離反し、長岩城主の野仲鎮兼も大友氏に叛いた時、鎮兼に従った近郷の武士団の一人。『豊前古城誌』『築上郡志』

久保田義持▽くぼたよしもち
永享、応仁年間に築城郡内に割拠した。『築上郡志』

久保中務丞▽くぼなかつかさのじょう
天文元（一五三二）年十一月大友氏は宇佐郡の佐田朝景が籠る妙見岳城を攻めた。その時に妙見岳合戦に動員されて出陣した大友方の一人。『豊前市史』『増補訂正編年大友史料併大分県古文書全集第16』『大分県の歴史』

久保久五郎▽くぼひさごろう
「城井軍記」「家臣名付」「豊州治覧」等に記された城井鎮房時代の家臣。城井家（豊前宇都宮家）馬廻り役。『築上郡志』『築上郡史』「宇都宮史」

久保又太郎▽くぼまたたろう
天文元（一五三二）年十一月大友氏は大内方として宇佐郡の佐田朝景が籠る妙見岳城を攻めた。その時に妙見岳合戦に動員されて出陣し傷を負った大友方の一人。『豊前市史』『増補訂正編年大友史料併大分県古文書全集第

16』『大分県の歴史』

熊井久重▽くまいひさしげ
越中守。古処山城主秋月種実の部将。猛将芥田悪六兵衛とともに城代として岩石城を守備したが、天正十五（一五八七）年四月、九州平定の豊臣秀吉の軍に岩石城を攻められ一日の攻防で落城し討死した。『築上郡史』『築上郡志』

熊谷直宗▽くまがいなおむね
安芸の人。小四郎。応永五（一三九八）年十二月、岩石城を攻略する大内氏総大将大内盛見の軍勢に従って、総大将陶弘房のもとに周防、長門、備後、安芸から集まった一人。同月十八日軍勢二万八千余騎とともに周防の多々良浜から船に乗り豊前の神田浦に着陣した。『応永戦覧』『太宰管内志』

熊谷直義▽くまがいなおよし
永享、応仁年間に田河郡内に割拠した。『築上郡志』

熊川益宜▽くまがわますのぶ
赤尾鎮房一族の家臣。六郎左衛門尉。天正八（一五八〇）年、佐野親重が赤尾鎮房の法要を狙って光岡城を襲撃した際、その法要に参列していたがために、討ち取られた。『豊前古城誌』

熊川益博▽くまがわますひろ
大友氏の旗下、赤尾鎮房の家臣。六郎左衛門尉。麻生親政の謀叛を鎮圧のために赴いた軍奉行田原親賢（紹忍）の下で鎮房は追手の大将となった。その家臣として同陣営に参軍した。『豊前古城誌』

神代長良▽くましろながよし
肥前国神崎郡三瀬城主、神代勝利の子。神代氏は筑後高良山玉垂宮宮司、三井郡神代を氏とした。永正年間（一五〇四―一一）、肥前千布城主陣内氏に請われ娘婿となり、神代氏を再興した。龍造寺氏と戦ったのは、主に父の勝利で、長良は元亀元年龍造寺と和を結び、その麾下となった。『北九州戦国史』

蔵内種久／倉内種久▽くらうちたねひさ
若狭守。「城井軍記」「家臣名付」「豊州治覧」等に記された城井鎮房時代の家臣。馬廻り役。宇都宮大和守信房公七百五十遠諱の大祭が明治四十二年に挙行された際に、宇都宮家菩提寺天徳寺藤原賢然住職等が編集した「宇都宮家故舊重臣の後裔」の姓名録にもその名が見える。「宇都宮家故舊重臣の後裔」『築上郡志』『築上郡史』「宇都宮史」『城井闘諍記』『太宰管内志』

倉田伊織助▽くらたいおりのすけ
「城井軍記」「家臣名付」「豊州治覧」等に記された城井鎮房時代の家臣。城井家（豊前宇都宮家）馬廻り役。宇都宮大和守信房公七百五十遠諱の大祭が明治四十二年に挙行された際に、宇都宮家菩提寺天徳寺藤原賢然住職等が編集した「宇都宮家故舊重臣の後裔」の姓名録にもその名が見える。『築上郡志』『築上郡史』「宇都宮史」「宇都宮家故舊重臣の後裔」

蔵地左近▽くらちさこん
旧田河郡真崎村の立遠城に居城した。『豊前志』『添田町誌』

倉成宣潔▽くらなりのぶきよ
備前守。「城井軍記」「家臣名付」「豊州治覧」等に記された城井鎮房時代の家臣。城井家（豊前宇都宮家）馬廻り役。宇都宮大和守信房公七百五十遠諱の大祭が明治四十二年に挙行された際に、宇都宮家菩提寺天徳寺藤原賢然住職等が編集した「宇都宮家故舊重臣の後裔」の姓名録にもその名が見える。『築上郡志』『築上郡史』「宇都宮史」「宇都宮家故舊重臣の後裔」

蔵吉孫十郎▽くらよしまごじゅうろう
中島摂津守が謀叛を起こして大友勢と対峙したときに、小倉原に陣を張り皇后石（史跡・築上郡吉富町）に幡を挙げた時に、深水に出張り、毘沙門堂に陣を張った成恒氏の一族の一人。『豊前古城誌』

栗原三之助▽くりはらさんのすけ
「城井軍記」「家臣名付」「豊州治覧」等に記された城井鎮房時代の家臣。城井家（豊前宇都宮家）馬廻り役。『築上郡志』には三助とあり。黒田家の家臣。天正十六（一五八八）年三月三日、黒田三左衛門、栗山備後とともに日熊（姫隈）城、高田城の両城を攻め落とし戦功をあげた。『築上郡志』『築上郡史』「宇都宮史」『豊前志』

栗山四郎衛門▽くりやましろうえもん
⇩栗山利安（くりやまとしやす）

栗山大膳▽くりやまだいぜん
福岡黒田藩家臣栗山利安の子。旧下毛郡平田村にあった白米城を番城とした。『豊前志』

栗山利安▽くりやまとしやす
黒田家の重臣、黒田八虎の一人。幼名善助、のち備後守、利安、四郎衛門。号卜庵。姫路近郊の栗山で生まれる。十五歳で黒田孝高（如水）に従う。永禄十（一五六七）年、青山の戦いに初陣し、首二つを取る。孝高が有岡城に幽閉された際は、何度も城に忍び込み激励し、城が炎上した際は、孝高を救出した。その後の軍功は数知れず、孝高が豊前入国後は一ツ戸城を預かり、六千石を領した。黒田孝高とその子長政を将師として歩騎三千余をもって上毛郡日熊（姫隈）城を攻めた時には副師として攻城し、加来城攻略の際、兵三百を率いて糧道をふさいだ。また、藩内の雷山（福岡県糸島市前原町）で執り行われる水火雷電の神の法事鳴弦祈祷などの故事にならい、火魔封じの釘を武家らしく独特の手裏剣で鎮火祭を行った。のち、これが、「筑前藩鎮火祭、火魔封じ火打ち釘」の神事となった。「豊前友枝（内尾）文書」には天正十五年八月二十八日、栗山四郎左衛門尉に宛てた内尾主水佐兼元知行坪付きの文書と天正十五年八月二十八日、森蔵人知行坪付さらに天正十五年八月二十八日、今出治部昌吉知行坪付の三通の文書が残る。「歴史群像シリーズ38黒田如水」『豊前古城誌』『築上郡志』「宇都宮史」『両豊記』『豊前市史』『黒田官兵衛のすべて』「歴史読本黒田官兵衛」

来島通総▽くるしまみちふさ
　出雲守。伊予国来島城主、伊予水軍村上氏の一族、河野氏の臣通康の子、永禄十（一五六七）年、父から家督を継いだ。永禄十二年、村上武吉と抗争したが、天正十（一五八二）年河野氏に背き、秀吉に従い水軍の将として活躍した。同十三年四国攻めの功により、一万四千石を与えられた。朝鮮の役にて戦死、その子、康親は関ヶ原の役にて始め西軍に、後に東軍に属し、豊後森に封を移された。『北九州戦国史』

黒川院藤原朝臣俊幸
▽くろかわいんふじわらのあそんとしゆき
　豊前彦山（英彦山）座主。『海東諸国紀』によれば、応仁元（一四六七）年、使者を朝鮮に遣わしている。応仁の頃（一四六七－六九）、豊前州には八郡があり、水田は一万三二七八町二段あったと記している。『海東諸国紀』『行橋市史』

黒川下総権守▽くろかわしもふさごんのかみ
　黒川城主。『筑前麻生文書』によれば、足利義詮から所領を没収された。このため庶系の南方が南朝に方に属した。『筑前麻生文書』『門司・小倉の古城史』

黒川兵部丞▽くろかわひょうぶのじょう
　著保、大内の族、吉敷郡黒川を氏とする。毛利元就に仕え、周防の奉行となる。幕末萩藩にその名は見えない。『北九州戦国史史料集』

黒木市助▽くろきいちすけ

宇都宮氏一族並びに「家臣名付」に記された宇都宮家家臣。城井家（豊前宇都宮家）馬廻り役。『築上郡志』

黒田炎助▽くろだえんすけ
「城井軍記」「家臣名付」「豊州治覧」等に記された城井鎮房の挙兵時の家臣。『築上郡志』『築上郡史』「宇都宮史」

黒田一茂▽くろだかずしげ
黒田家の家臣。幼名玉松。清兵衛、三左衛門、美作守。号は睡鷗。長政の叔父。黒田八虎の一人。本姓は加藤氏。摂津国伊丹で生まれる。父、加藤重徳は荒木村重の家臣。天正六（一五七八）年、黒田孝高（如水）が有岡城に幽閉された際、加藤重徳は獄舎の看守であったため、孝高はその庇護の恩に報いるため、次男であった三左衛門を養子に譲り受けた。孝高の豊前入国後、八十二石を拝領しその後、瞬く間に加増を受け、四千五百石となった。とくに城井攻めでは長政の影武者となることを欲し、その志を賞された。また、藩内の誰もが引けなかった城井鎮房の遺物の強弓を軽々と射たという。天正十六年三月三日、衣笠因幡、栗山備後とともに日熊（姫隈）城、高田城の両城を攻め落とし戦功をあげた。筑前入国後は一万六千石を拝領し、下座郡三奈木に居館を構えた。寛永十四（一六三七）年、島原の乱では松平信綱に招かれ軍議に加わった。黒田藩士は暴君黒田忠之の指揮に従わず、三左衛門の下知を頼ったという。花鳥風月を愛し、歌を詠み、絵も描いた。子孫は明治に至るまで藩内最高の高禄で大老をつとめた。藩主と区別して三奈木黒田と呼称された。『豊前志』「歴史群像シリーズ38黒田如水」『築上郡史』『鎮西宇都宮氏の歴史』『黒田家譜』『黒田如水　西日本人物誌7』『黒田官兵衛のすべて』

黒田官兵衛▽くろだかんべえ
⇩黒田孝高（くろだよしたか）

黒田三左衛門▽くろださんざえもん
⇩黒田一茂（くろだかずしげ）

黒田重隆▽くろだしげたか
黒田孝高（如水）の祖父。家伝の目薬で財をなし、次第に土地を増やし、家臣を抱えた。『黒田如水　西日本人物誌7』「歴史読本黒田官兵衛」『黒田官兵衛のすべて』

黒田修理助▽くろだしゅりのすけ
黒田八虎の一人。黒田職隆の三男。幼名、甚吉のち利則、長基。号、養心。姫路で生まれ秀吉の馬廻りとなる。賤ヶ岳の合戦で名を高め、羽柴秀長に転任、大和国郡山に住む。黒田孝高（如水）が豊前国を拝領すると、呼び返され二千石を給される。黒田長政に従って文禄の役に従軍する。さらに慶長の役も従軍し名を上げる。関ヶ原の戦いでは国元に残り、黒田孝高とともに富来城を攻めるが、病のため中津城の守備につく。『黒田如水　西日本人物誌7』「歴史読本黒田官兵衛」『黒田官兵衛のすべて』

黒田図書助▽くろだずしょのすけ

⇩黒田直之（くろだなおゆき）

黒田直之▽くろだなおゆき

黒田八虎の一人。幼名総吉、図書助、のち総右衛門、直之。黒田職隆の四男。姫路で生まれる。秀吉の馬廻りとなる。兄修理助と共に秀吉、秀長に仕えた。黒田孝高（如水）が豊前国を拝領すると、兄とともに呼び返され四五五六石を給された。文禄、慶長の役では黒田長政に従い従軍した。長政が筑前入国後、秋月の地に一万二千石を領した。キリスト教を信仰し、図書助はクリスチャンネームをミゲルと言い、秋月には今も天守堂跡とキリシタン橋がある。『黒田如水　西日本人物誌7』「歴史読本黒田官兵衛」『黒田官兵衛のすべて』

黒田長政▽くろだながまさ

安土桃山、江戸時代初期の大名。黒田孝高（如水）の子。吉兵衛。福岡藩の初代藩主。従五位下甲斐守を叙任。織田信長のもとで羽柴秀吉の中国攻めに従軍。賤ヶ岳の戦い後、天正十五（一五八七）年、九州攻めで父と共に日向高鍋城を攻め豊前国に領地を得た。この時、旧勢力の城井氏とその一族との抗争でこれを滅ぼす。父孝高の隠居にともない、天正十七年、所領を譲り受け、豊前国中津城主となる。文禄・慶長の役に従軍、秀吉の死後、石田三成と対立し、関ヶ原の合戦には東軍に属し、戦後、筑前五十二万石の大名となった。『築上郡史』『黒田如水　西日本人物誌7』「歴史読本黒田官兵衛」『黒田官兵衛のすべて』

黒田兵庫頭▽くろだひょうごのかみ

黒田氏一族。黒田八虎の一人。黒田職隆の次男。長政の叔父。姫路で生まれる。黒田孝高（如水）に従い各地を転戦。日向での合戦では長政を助け、豊前入国後は高森城を預かる。天正十五（一五八七）年、豊前国に一揆が起こると、時枝平大夫とともに宇佐宮を守り抜いた。天正十六年三月五日、黒田孝高と長政を将師として歩騎三千余をもって上毛郡日熊城を攻めた時に副師として攻城した。天正十七年、高森城を攻め、城主加来彦次郎を切腹せしめた。以後高森城の城代となり、豊後への出兵の拠点を築いた。文禄の役では朝鮮に従軍、講和休戦中に病にかかり帰国、堺で養生中に病没した。『築上郡史』『豊前古城誌』『築上郡志』「宇都宮史」『両豊記』

黒田政本▽くろだまさもと

⇩宇佐公基（うさきみもと）

黒田統種▽くろだむねたね

⇩中間統種（なかまむねたね）

黒田職隆▽くろだもとたか

黒田重隆の子。重隆の没後、西播摩の御着城（姫路市御国野町）の城主、小寺政職の家臣となった。主君から目をかけられ小寺姓を貰い小寺職隆と名乗った。その後、家老に累進し姫路城を預かった。『黒田如水　西日本人物誌7』「歴史読本黒田官兵衛」『黒田官兵衛のすべて』

黒田孝高▽くろだよしたか

官兵衛、勘解由とも称した。中津城主。号は如水。祖父、重隆。父は職隆。父の跡を継ぎ姫路城の城代となる。備前国邑久郡福岡（岡山県邑久郡長船町）出身。祖父重隆の時より播磨の赤松氏の庶流小寺氏に仕え小寺氏を称する。天正三（一五七五）年、小寺政職の使者として岐阜城（岐阜県岐阜市）で織田信長、木下藤吉郎と会う。この時期、孝高はキリスト教の洗礼を受ける。洗礼名はシメオン。小寺氏の没落後、黒田姓に戻り秀吉の腹臣となる。天正九年、秀吉の因州・高松城攻略等天才的な謀略を発揮した。天正十四年秀吉の九州平定軍の軍監となる。天正十五年、秀吉が九州征伐の論功行賞を行い、孝高は、豊前、京都、仲津、築城、上毛、下毛の六郡十二万石が与えられた。同年、孝高は領内仕置き三ヶ条を出すとともに検地を始めた。天正十六年、黒田氏は前年に引き続き、黒田の治世に反対する国人衆を討ち、領国支配を確立した。この年、中津城の造営を始める。天正十七年夏、隠居。家督を嫡子、長政に譲り、以後如水と号したが、その後も秀吉の帷幕として活躍した。慶長五（一六〇〇）年、関ヶ原役において、嫡男の長政は徳川家康につき、孝高は単独で大友義統を石垣原で敗った。孝高は福岡藩祖となる。『豊前志』『北九州戦国史』『黒田如水　西日本人物誌7』「歴史読本黒田官兵衛」

黒土十郎▽くろつちじゅうろう

応永、正長年間に上毛郡内に割拠した。応永五（一三九八）年、前守護職大友氏時の長子である大友氏鑑は、大内義弘の画策により、氏時の甥で猶子である親世が守護職を継いだことを不満とし、親世に叛逆して兵を挙げた。その際、氏鑑から回文を受け一味同心した一人。『応永戦覧』『築上郡史』『築上郡志』『太宰管内志』

黒水市助▽くろみずいちすけ

城井鎮房の挙兵時の家臣。『城井闘諍記』『太宰管内志』

黒水大炊介／黒水大炊之助▽くろみずおおいのすけ
「城井軍記」「家臣名付」「豊州治覧」等に記された城井鎮房の挙兵時の家臣。城井家（豊前宇都宮家）物頭（別に馬廻り役の記載あり）。『築上郡志』『築上郡史』「宇都宮史」『城井闘諍記』『太宰管内志』

黒水種秀▽くろみずたねひで
左馬介。「貫系図添え書き」の貫掃部頭宗景の添え書きされた五人の家宰の一人。『門司・小倉の古城史』

黒水彦兵衛▽くろみずひこべえ
「城井軍記」「家臣名付」「豊州治覧」等に記された城井鎮房の挙兵時の家臣。物頭。『築上郡志』『築上郡史』「宇都宮史」

黒村嘉多衛門（黒村喜多衛門）▽くろむらかたえもん（くろむらきたえもん）
黒村城（宇佐市黒）城主。麻生親政の家臣。黒村氏代々の居城であった黒村城に永禄年間（一五五八ー七〇）に居城した。永禄九（一五六六）年、麻生摂津守が大友方に叛いた時に中村金左衛門とともに合戦の脇備となって高尾城の北口を防いだが、ついに落城した。『宇佐郡誌』『日本城郭大系』『豊前古城誌』

桑原竜秋▽くわはらたつあき
源姓。宗右衛門尉。安芸国佐東郡を知行。厳島の合戦で感状を受け、大友氏との合戦においても活躍した。子孫萩藩大組士。『萩藩閥閲録』『北九州戦国史史料集』

桑原道兼▽くわはらみちかね
弥四郎。延慶二（一三〇九）年六月十一日、北条政顕から田河郡柿原名地頭職を補任された。「佐田文書」

毛屋武久▽けやたけひさ
黒田家功臣。武蔵守。幼名虎千代、のち金十郎。通称主水。本姓は田原氏。近江国神崎郡の生まれ。父を失い、書家、建部賢文に養育される。永禄十二（一五六九）年、和田正武に出仕。六角承禎、山崎片家と転じ、ある戦場で蒲生氏郷を救う。また柴田勝家に仕えて、長篠の戦で名を高める。その後、前田利家、池田信輝、佐々成政に仕えて物頭となる。成政が失政で切腹後、豊前国へ移り、三百石で黒田家に仕えた。黒田長政が筑前に入国後は、七百石に加増された。「歴史群像シリーズ38黒田如水」

剣持余七郎▽けんもちよしちろう
元亀二（一五七一）年八月八日、剣持余七郎は門司城将の仁保隆慰から謀反人門司左衛門尉（諱は不詳）の討ち果たしを賞されている。『山口県史』『北九州戦国史史料集』

小石川軍次郎▽こいしかわぐんじろう

麻生親政の家臣。親政は人質に差し出していた実子、統重が無念にも切腹したことに遺恨を抱き、大友氏にそむく。この時、城主と一味同心して、旗下にあって大友氏の大将、田原親賢（紹忍）の軍勢と戦った。しかし、城原八郎左衛門に生け捕られて、佐田弾正忠に預けられた。『両豊記』『豊前古城誌』

小泉隆言▽こいずみたかこと

初名は隆名。天文十九（一五五〇）年安芸守。大内義隆に仕え侍大将先手衆に列する。大内義長に仕えた後、毛利氏に下った。『北九州戦国史史料集』

小犬丸左衛門▽こいぬまるさえもん

天正七（一五七九）年、大友義鎮（宗麟）が日向耳川の合戦にて敗れ諸国の大名が離反し、長岩城主の野仲鎮兼も大友氏に叛いた時、鎮兼に従った近郷の武士団の一人。『豊前古城誌』『築上郡志』

小井道源助▽こいみちげんすけ

「城井軍記」「家臣名付」「豊州治覧」等に記された城井鎮房時代の家臣。馬廻り役。宇都宮大和守信房公七百五十遠諱の大祭が明治四十二年に挙行された際に、宇都宮家菩提寺天徳寺藤原賢然住職等が編集した「宇都宮家故舊重臣の後裔」の姓名録にもその名が見える。『築上郡志』『築上郡史』「宇都宮史」「宇都宮家故舊重臣の後裔」

神口郎▽こうくちろう

「城井軍記」「家臣名付」「豊州治覧」等に記された城井鎮房時代の家臣。『築上郡志』

高家玄蕃允▽こうけげんばのじょう

天正十七（一五八九）年三月、黒田長政は三千余騎の兵を率いて時枝平大夫を嚮導として高家の城を攻めた。城中には中島弾正忠、同主殿介、同雅楽允、同源五郎、同民部允、高家玄蕃允、金出出羽守、塚崎新左ヱ門、川顔治兵衛尉、恒吉縫殿允、同谷三郎、吉村治部烝、荒木三河守等、七百五十余騎が堅固に籠城して黒田の先陣、時枝平大夫と戦う。この時、高家玄蕃允は岡田三四郎と駆け合い深手を受けた。『宇佐郡記』『豊前古城誌』

高家孫次郎▽こうけまごじろう

中島摂津守が謀叛を起こして大友勢と対峙したときに、小倉原に陣を張り皇后石（史跡・築上郡吉富町）に幡を挙げた中島氏族に相い従った。『豊前古城誌』

高家宗頼▽こうけむねより
帯刀左衛門尉。中島摂津守が謀叛を起こして大友勢と対峙したときに、小倉原に陣を張り皇后石（史跡・築上郡吉富町）に幡を挙げた中島氏族に相い従った。『豊前古城誌』

神源五郎▽こうげんごろう
宇都宮氏一族並びに「家臣名付」に記された宇都宮家家臣。城井家（豊前宇都宮家）馬廻り役。『築上郡志』『太宰管内志』『城井闘諍記』

香下出雲守▽こうしたいずものかみ
弘治の頃（一五五五－五八）、宇佐郡において三十六氏と称された豪族の一人。大友家に属し、毎年八月朔日には馬太刀の使者を立てて主従の礼を行ったという。『豊前古城誌』

香志田出雲守▽こうしたいずものかみ
大内氏の将。杉氏が守る妙見岳城を攻略の際にしばらく香下城に在城した。のちに田原親賢（紹忍）が妙見岳城に居城したが、香志田氏もその配下となった。『日本城郭大系』『大宇佐郡史論』

香志田掃部助▽こうしたかもんのすけ
香志田出雲守の子。野仲鎮兼の長岩城の攻略に参戦した。天正十七（一五八九）年、黒田氏が中津城に入部すると香志田氏の城地は没収された。黒田氏が筑前博多に移り、後に細川忠興が豊前に入ると大庄屋になり、香志田の姓を香下に改めた。『日本城郭大系』『大宇佐郡史論』

香志田種重▽こうしたたねしげ
与一と称した。大友備前守親治の五男、田原親種の子。天文二十一（一五五二）年十二月十日、大内晴英は宇佐郡香志田重秋の跡を与一種重に相続させた。「大友家文書録」『編年大友史料』『北九州戦国史史料集』

神代貞総▽こうじろさだふさ
大内氏の武将。馬ヶ岳城督。紀伊守。文亀元（一五〇一）年七月二十三日京都郡馬ヶ岳北麓で大内勢は大友方と少弐氏の両軍を攻めている。この時、神代紀伊守貞総は馬ヶ岳城督として指揮を執った。『行橋市史』

神代隆綱▽こうじろたかつな
清和源氏多田氏の流れ、周防国玖阿郡神代を氏とする。中務丞。馬ヶ岳城督であった同族の神代弘綱が謀叛を起こしたことから佐田隆居が弘綱から没収した領地を宛われた。「緒方文書」『北九州戦国史史料集』『編年大友史料』

神代弘綱▽こうじろひろつな

天文二十一（一五五二）年、大内義隆滅亡後、大内義長は神代弘綱を馬ヶ岳城督に任命した。しかし弘治二（一五五六）年八月、秋月氏の軍勢を馬ヶ岳城に引き入れたので、城督を免じられた。その領地は同族の隆綱に与えられた。「緒方文書」『門司・小倉の古城史』

神代余三兵衛尉▽こうじろよぞうひょうえのじょう

大内方の馬ヶ岳城城督。弘治二（一五五六）年に秋月文種が馬ヶ岳城を攻めた時には、神代余三兵衛尉はほとんど抵抗なく、筑前秋月氏の手に落ちた。『行橋市史』

神新七▽こうしんしち

「城井軍記」「家臣名付」「豊州治覧」等に記された城井鎮房時代の家臣。『築上郡志』『築上郡史』「宇都宮史」『太宰管内志』『城井闘諍記』

神新七郎▽こうしんしちろう

宇都宮氏一族並びに「家臣名付」に記された宇都宮家家臣。城井家（豊前宇都宮家）馬廻り役。『築上郡志』

高武蔵守▽こうむさしのかみ

建武の頃（一三三四－三八）、宇佐郡赤尾村に光岡城を築城した。応安四・建徳二（一三七一）年、菊池氏追討のために今川貞世が大内義弘を差し向け、四月に仲津郡鶴の港（今川付近）に着岸した際、多くの給人とともに馳せ参じた。『豊前古城誌』には、貞和年間（一三四五－五〇）までは、光岡城のある赤尾村を領地としたとある。『築上郡史』『豊前志』

小落源四郎▽こおちげんしろう

⇩小路源次郎（こみちげんじろう）

久我三休▽こがさんきゅう

大友氏の家臣団。初名は具堯。久我大納言通堅の次男。母は武田大膳大夫元光の娘。京都本圀寺に入り、日勝と称す。大友義鎮（宗麟）に招かれて豊後に下向。還俗して三休と改める。永禄六（一五六三）年三月、父通堅は将軍義輝の意を奉じて、大友毛利講和斡旋のために豊後に下向したが、この時に父に随従したものか。翌七年義鎮の二女と結婚。臼杵に住み「久我殿」と尊称され、常に大友一門の最上位におかれた。天正十三（一五八五）年頃、秀吉の大坂城建設に普請夫を出す。天正十五年死去。その子、通春は一尾氏と改め、徳川家康に仕えた。『日本史（フロイス）』『戦国大名家臣団事典』

古我城兵部少輔▽こがしろひょうぶしょうゆう

麻生親政の家臣。親政は人質に差し出していた実子、統重が無念にも切腹したことに遺恨を抱き、大友氏にそむく。この時、城主と一味同心して大友氏の大将、田原親賢（紹忍）の軍勢と戦った。恒吉建殿允に討たれた。『両豊記』『豊前古城誌』

古賀惣左衛門▽こがそうざえもん
頼貞、藤原鎌足の末裔と伝え、初め吉見氏に仕え、後、毛利氏に仕えた。萩藩分限帳では、七十石を最高として数家がある。『北九州戦国史史料集』『萩藩閥閲録』

久我宗入▽こがそうにゅう
愚庵と号す。近衛尚通の末子、右大将久我通言の養子。大納言、右大将、正二位。永禄三（一五六〇）年、遊覧のためと称して豊後に下向し、同六年三月将軍足利義輝の意を奉じ、聖護院道澄と共に大友義鎮（宗麟）に毛利氏と和睦を勧め、七年七月和睦が成立した。十二年正月将軍義昭は宗入をして再度毛利との和睦を周旋させたが、義鎮が固辞して成立しなかった。『北九州戦国史』

古賀多門▽こがたもん
「城井軍記」「家臣名付」「豊州治覧」等に記された城井鎮房時代の家臣。『築上郡志』『築上郡史』「宇都宮史」

古賀長春▽こがながはる
若狭守。「城井軍記」「家臣名付」「豊州治覧」等に記された城井鎮房時代の家臣。物頭。『築上郡志』『築上郡史』「宇都宮文書」『城井闘諍記』『太宰管内志』

古閑縫殿▽こがぬいどの
「城井軍記」「家臣名付」「豊州治覧」等に記された城井鎮房時代の家臣。宇都宮大和守信房公七百五十遠諱の大祭が明治四十二年に挙行された際に、宇都宮家菩提寺天徳寺藤原賢然住職等が編集した「宇都宮家故舊重臣の後裔」の姓名録にもその名が見える。『築上郡志』「宇都宮家故舊重臣の後裔」

古賀郷清晴／古賀江清晴▽こがのごうきよはる
六郎。「宇都宮文書」の天文年間（一五三二－一五五五）の豊前知行御領衆の一人。舘山知行、八千七百石とある。城井氏の一族。『築上郡史』では、「満光寺文書」に舘山城主、はじめ宇佐郡龍王村の龍王城の城代、後に舘山城主とあり、今高は一万一千石とあるという。後に若狭守と称する。天文十三年の城井正房の家人として、古賀江若狭守は豊前国龍王城代として名が見える。「宇都宮文書」『築上郡志』『築上郡史』『豊前古城誌』

古賀若狭守▽こがわかさのかみ
宇都宮大和守信房公七百五十遠諱の大祭が明治四十二

年に挙行された際に、宇都宮家菩提寺天徳寺藤原賢然住職等が編集した「宇都宮家故舊重臣の後裔」の姓名録にその名が見える。「宇都宮家故舊重臣の後裔」

国司雅楽丞▽こくしうたのじょう
元信、就信と同族、高師泰の後裔。安芸児玉党の出で、安芸高田郡国司を氏とする国司右京亮の系統が本系。『北九州戦国史史料集』

国司対馬守▽こくしつしまのかみ
就信、高師泰の後裔。安芸高田郡国司を氏とする、国司右京亮の系統が本系。『北九州戦国史史料集』

小熊伝右衛門▽こぐまでんえもん
宇都宮大和守信房公七百五十遠諱の大祭が明治四十二年に挙行された際に、宇都宮家菩提寺天徳寺藤原賢然住職等が編集した「宇都宮家故舊重臣の後裔」の姓名録にその名が見える。「宇都宮家故舊重臣の後裔」

小熊伝左衛門▽こぐまでんざえもん
「城井軍記」「家臣名付」「豊州治覧」等に記された城井鎮房の挙兵時の家臣。『築上郡志』『築上郡史』「宇都宮史」

古後太郎▽こごたろう
天文元（一五三二）年十一月大友氏は宇佐郡の佐田朝景が籠る妙見岳城を攻めた。その時に妙見岳合戦に動員されて出陣した大友方の一人。『豊前市史』『増補訂正編年大友史料併大分県古文書全集第16』『大分県の歴史』

小佐井民部少輔▽こさいみんぶしょうゆう
現大分市の里・市尾・尾山（小佐井郷）を本拠とした。天正十三（一五八五）年六月二十三日、大友義統書状に、小佐井民部少輔の名が見える。『北九州戦国史』

小佐井大和守▽こさいやまとのかみ
豊後・大友氏太守、義鑑の重臣。同氏重臣斉藤播磨守、津久見美作、田口新蔵人とともに天文十九（一五五〇）年二月十日、大友の館に招かれ、義鑑から長男義鎮（宗麟）を廃し、三男塩市丸に家督を定める旨の申し渡しを受けたが、「お家争乱の基になる」とこれに猛反対した。その夜義鑑の急使を受けて登城途中、待ち伏せしていた刺客に斬殺された。『豊後大友物語』「大友家文書録」「大友興廃記」

古志定道▽こしさだみち
玄蕃。応永の頃（一三九四－一四二八）、岩石城を攻略する大内氏総大将大内盛見の軍勢に従い、備後勢九千余騎とともに大手搦め手からの第二陣を務めた一人。

『太宰管内志』

古志実道▽こしさねみち

大内義弘の旗下にある備後国の住人。玄蕃頭。応永六(一三九九)年正月四日、城主が敗走した障子ヶ岳城の落城を決定づけるため、援兵の要請を陶筑前守から受けた大内義弘は、兵三万騎を兵船四百余艘に乗せ大内盛見を豊前に遣わせた。その際に従軍した一人。『応永戦覧』

小城定久▽こじょうさだひさ

法華寺城主。本姓は臼杵氏。小城源六兵衛重道の一族。天正七(一五七九)年に長岩城主野仲鎮兼が坂手隈城を攻めた時に、小城氏の法華寺城に迫った。城主小城定久はよくこれを防いだので野仲軍は退却した。「豊前国古城記」『日本城郭大系』『下毛郡誌』『築上郡志』

五条鎮量▽ごじょうしげかず

清原姓。八女郡矢部村高屋城主。五条氏は、南北朝征西将軍軍営に扈従して下向、室町時代、大友氏に仕えた。永禄二年、父・鑑量の死去により、兄・鎮定が家督を相続して、忠誠を尽くした。『北九州戦国史』

五条鎮定▽ごじょうしげさだ

五条氏は、南北朝征西将軍宮に扈従して、下向、室町時代大友氏に仕えた。永禄二(一五五九)年、父・鑑量の死去により、鎮定が家督を相続した。天正六(一五七八)年以降、筑後にあって長岩の問註所氏と共に、唯一の大友方であった。天正十五年秀吉の九州征伐により領地を失い、その子孫は柳川の立花氏に仕え、明治になって南朝に尽くした功績により男爵を授けられた。『北九州戦国史』

小城重道▽こじょうしげみち

法華寺城主。本姓は臼杵氏。源六兵衛。岩石城主高橋長幸の幕下。「豊前国古城記」『日本城郭大系』『下毛郡誌』

小城重通▽こじょうしげみち

大友家家臣。源六兵衛。旧下毛郡永添村に法華寺城を築城し(一説に宗通が築城とも)。以後、子孫が代々居城した。また、弘治の頃(一五五五—五八)、旧下毛郡萬田村にあった萬田村城に居城した。『豊前志』「豊筑乱記」『築上郡志』

小城宗範▽こじょうむねのり

天文、永禄年間に下毛郡内に割拠した。『築上郡志』

小田部鎮隆▽こたべしずたか

民部少輔。松浦隼人佐鎮隆から改名。嵯峨源氏松浦氏

流。筑前国小田部より起こる。『姓氏家系大辞典』『北九州戦国史』

小田部鎮俊▽こたべしずとし

嵯峨源氏松浦氏流。筑前国小田部より起こる。小田部鎮隆（松浦隼人佐鎮隆）の長子。入道宗雲。平戸の松浦鎮信の兄にあたると『筑後国志』にある。その子、小田部民部少輔鎮元紹叱は、実は那珂郡鷲岳城主大津留相模守次男を養子とする。紹叱の長男を孫二郎統房、次男を九郎紹逸という。『北九州戦国史』

児玉東市丞▽こだまあずまいちのじょう

元貫、毛利氏奉行、児玉元兼の同族、毛利氏奉行。『北九州戦国史史料集』

児玉蔵内丞▽こだまくらのじょう

毛利氏の小早川隆景の武将で、毛利元就の側近児玉就忠の弟。武蔵児玉党から出た。毛利直属の水軍の育成に努め、永禄四（一五六一）年十月十日の門司城合戦において毛利水軍として奮戦し、大友勢の横間を攻め崩すなど、北九州、山陰地方の海上に活躍した。『北九州戦国史』『九州戦国合戦記』

児玉就方▽こだまなりかた

毛利方の武将。毛利水軍の武将か。永禄四（一五六一）年九月六日、行橋市の簑島で合戦があり、児玉就方が率いる軍勢は豊後勢の船八艘と十三人を生け捕った。「児玉就方合戦注文」等によれば、永禄四年九月六日豊前簑島（行橋市）合戦、九月十二日筑前花尾合戦、九月十三日、規矩沼合戦、九月十八日簑島で再度の合戦、十月二十五日、十一月五日の門司城大合戦のすえ、いずれも大友勢が敗れ、さらに毛利水軍に退路を絶たれて総退却したことなどが記されている。『行橋市史』『門司・小倉の古城史』

児玉就忠▽こだまなりただ

三郎右衛門尉。武蔵国児玉より起こる。鎌倉時代、安芸国の地頭職として下向。戦国時代の初め、毛利氏に仕え譜代となった。永禄五（一五六二）年、就忠死後、奉行職はその子元良・元兼と引き継がれた。『北九州戦国史』

児玉元兼▽こだまもとかね

三郎左衛門。若狭守。武蔵国児玉より起こる。鎌倉時代安芸国の地頭職として下向、戦国時代の初め毛利氏に仕え、譜代となった。永禄五（一五六二）年、父・就忠死後、奉行職は元良・元兼と引き継がれた。『北九州戦国史』

児玉元尚▽こだまもとひさ

大内義弘の旗下にある安芸国の住人。太郎。応永六（一三九九）年正月四日、城主が敗走した障子ヶ岳城の落城を決定づけるため、援兵の要請を陶筑前守から受けた大内義弘は、兵三万騎を兵船四百余艘に乗せ大内盛見を豊前に遣わせた。その際に従軍した一人。また岩石城を攻略する大内氏総大将大内盛見の軍勢に従い、安芸勢一万余騎の先陣をきって搦め手に向かった一人。『応永戦覧』『太宰管内志』

古寺源助▽こでらげんすけ

永禄九（一五六六）年三月十九日、時枝平大夫と佐野左衛門の両将が麻生の後詰めをせんとして赤尾が留守中に光岡城に押し寄せた。その際に、十二名主の一人として城中に在番していたが、敵を防戦して、ついに引退させた。『宇佐郡記』『豊前古城誌』

小寺職隆▽こでらもとたか

⇩黒田職隆（くろだもとたか）

後藤右近▽ごとううこん

「城井軍記」「家臣名付」「豊州治覧」等に記された城井鎮房の挙兵時の家臣。『築上郡志』『築上郡史』「宇都宮史」

後藤朝善▽ごとうともよし

八郎之助。「城井軍記」「家臣名付」「豊州治覧」等に記された城井鎮房の挙兵時の家臣。城井家（豊前宇都宮家）物頭。別に馬廻り役の記載あり。物頭。『城井闘諍記』には後藤八郎と記されている。宇都宮大和守信房公七百五十遠諱の大祭が明治四十二年に挙行された際に、宇都宮家菩提寺天徳寺藤原賢然住職等が編集した「宇都宮家故舊重臣の後裔」の姓名録にもその名が見える。『築上郡志』『築上郡史』「宇都宮文書」『城井闘諍記』『太宰管内志』「宇都宮家故舊重臣の後裔」

後藤又兵衛▽ごとうまたべえ

⇩後藤基次（ごとうもとつぐ）

後藤基次▽ごとうもとつぐ

黒田長政家臣。通称又兵衛として知られる。幼名弥八、のち左衛門、基次、政次。隠岐守。黒田八虎の一人。後藤氏は、姫路の北東に位置する春日山城に数代仕えた地侍で、基次はその一族である。父を早く亡くし、黒田孝高（如水）に養育された。しかし、孝高が有岡城に幽閉された時、その伯父が叛逆したため、仙石秀久に仕えた。孝高の長子・長政は基次を呼び返し百石を与え栗山利安の与力とし、その後家老並みに取り立てた。天正十六（一五八八）年三月五日、孝高と長政を将師として歩騎三千余をもって上毛郡日熊城を攻めた時に副師として攻城した。文禄の役では堀右平衛門とともに普州城の一番乗りを果たす。慶長五（一六〇〇）年、長政が筑前五十二万石の大名になると、基次は大隈城（福岡県嘉麻市大隈）一万六千石が与えられた。しかし、慶長九年三月に孝高が死去すると、その二年後に出奔。内部事情を知り尽くした又兵衛の出奔は長政にとって大きな痛手であり、「奉公構」という触れ状を回し他大名への仕官の道を封じた。浪人生活を送っていたが、大阪夏の陣において先駆けて大阪城へ入城し活躍。元和元（一六一五）年五月八日、真田幸村、薄田隼人らと道場寺付近に陣を敷いた水野勝成、本多忠正、松平忠明、伊達政宗等と道明寺河原で激突し、伊達軍の鉄砲隊の銃弾を受け壮絶な討死をしたとされる。「歴史群像シリーズ38黒田如水」『築上郡志』「宇都宮史」『両豊記』

小鳥居信元▽ことりいのぶもと

安楽寺天満宮別当。永禄十（一五六七）年六月、高橋鑑種が大友氏に公然と反旗を翻したとき、武装した僧、社官たちを引き連れて戦闘に参加して、宝満山に入城した。当時、寺社家は、かつての広大な神領が次第に在地諸豪に侵略されて、単なる小領主的司祭者となり、戦禍の中に武士化して自らの神領を守らざるを得なくなっていたからである。『筑前戦国史』

許斐氏鏡▽このみうじかがみ

宗像大宮司家第二十二代氏信の弟氏宗、許斐岳に城を築いて居城とした。安芸守。宮内少輔。その子氏元、許斐氏を称して家臣となる。『北九州戦国史』

小早川隆景▽こばやかわたかかげ

毛利氏の家臣団。元就の三男で、天文十三（一五四四）年に安芸の国人領主竹原小早川氏、ついで同十九年同沼田氏を継いで、沼田・竹原両小早川氏を合体させた。小早川氏一族には内海海域に発展したものが多く、伊予海賊衆とも関係が深かった。毛利氏が弘治元（一五五五）年厳島合戦に圧勝できたのも、小早川水軍とその因縁によって加勢した村上水軍の力であった。隆景は弘治三年から、元就と長兄隆元の要請によって次兄吉川元春とともに再び毛利家中に入り、その中枢政策に参画した。豊臣時代になると、彼は秀吉の信任を得て、天正十三（一五八五）年には伊予一国の大名に封ぜられ、同十五年には、九州平定後の論功行賞により、筑前（福岡県の中心部）と筑後（久留米市の一部と福岡県三井郡）、御井（久留米市）を与えられた。文禄の役では明の大軍を京城北方において撃退して武名を挙げた。毛利氏領内でも安芸国を地中心に六万六千石の知行を得ており、終生、毛利輝元を補佐する立場を忘れなかった。文禄三（一五九四）年筑前・筑後を養子秀包に譲って三原城に隠退し、

慶長二（一五九七）年に没した。「小早川文書」『萩藩閥閲録』『戦国大名家臣団事典』『築上郡志』

小早川春平▽こばやかわはるひら
備後の人。備後守。応永五（一三九八）年十二月、大友軍と対決のため大内軍代官、総大将陶弘房のもとに周防、長門、備後、安芸から集まった一人。同月十八日軍勢二万八千余騎とともに周防の多々良浜から船に乗り豊前の神田浦に着陣した。また岩石城を攻略する大内氏総大将大内盛見の軍勢に従い、備後勢九千余騎とともに大手搦め手からの第二陣を務めた一人。『応永戦覧』『太宰管内志』

小早川秀包▽こばやかわひでかね
伊予国、のち筑後国の大名。永禄十（一五六七）年、毛利元就の末子として生まれる。幼名才菊丸。藤四郎。初め安芸国戸坂氏のあと、ついで備後国大田英綱の跡を継ぎ大田元総と称す。小早川隆景の養子となり、豊臣・毛利和平後、隆景の人質として大坂城に勤仕し、名を秀包と改めた。天正十三（一五八五）年、伊予国宇和郡、同十五年転じて筑後国久留米城を賜う。この頃、豊臣秀吉の斡旋により、大友義鎮（宗麟）の娘と婚姻。肥後一揆の鎮圧、文禄・慶長の役に功あり、慶長五（一六〇〇）年の関ヶ原の戦いに西軍として参戦。翌六年、長門国赤間関（山口県下関市）に没す。三十五歳。『戦国武将合戦事典』『豊公遺文』『編年大友史料』『北九州戦国史史料集』

小早川藤四郎▽こばやかわふじしろう
⇩小早川秀包（こばやかわひでかね）

小早川義平▽こばやかわよしひら
元亀、天正年間に田河郡内に割拠した。小早川秀包の弟。天正年間（一五七三－九二）、旧田河郡大内田村の戸代山城を守ったが、のち、病死した。『築上郡志』

小林作大夫▽こばやしさくだゆう
宇都宮氏一族並びに「家臣名付」に記された宇都宮家家臣。城井家（豊前宇都宮家）馬廻り役。『築上郡志』

小林新介▽こばやししんすけ
宇都宮氏一族並びに「家臣名付」に記された宇都宮家家臣。城井家（豊前宇都宮家）馬廻り役。『築上郡志』

小林藤兵衛▽こばやしとうべえ
「城井軍記」「家臣名付」「豊州治覧」等に記された城井鎮房時代の家臣。『築上郡志』『築上郡史』「宇都宮史」

小林半大夫▽こばやしはんだゆう
宇都宮家一族並びに「家臣名付」に記された城井鎮房挙兵時の家臣。城井家（豊前宇都宮家）物頭。「家臣名付」『築上郡志』『築上郡史』「宇都宮文書」『城井闘諍記』『太宰管内志』

小林平大夫▽こばやしへいだゆう
宇都宮氏一族並びに「家臣名付」に記された宇都宮家家臣。城井家（豊前宇都宮家）馬廻り役。『築上郡志』

小林光任▽こばやしみつとう
応永、正長年間に規矩郡内に割拠した。『築上郡志』

小原隆言▽こはらたかこと
清和源氏、大内義隆の家臣。中務丞、安芸守、侍大将先手衆。大内滅亡後は毛利元就に仕えた。『北九州戦国史史料集』『萩藩閥閲録』『戦国大名家臣団事典』

小袋内蔵▽こぶくろうちぞう
「城井軍記」「家臣名付」「豊州治覧」等に記された城井鎮房時代の家臣。『築上郡志』『築上郡史』「宇都宮文書」『城井闘諍記』『太宰管内志』

小袋二郎▽こぶくろじろう
「城井軍記」「家臣名付」「豊州治覧」等に記された城井鎮房時代の家臣。物頭。『築上郡志』『築上郡史』「宇都宮文書」

小袋新助▽こぶくろしんすけ
小袋氏代々の居城、小袋村城に兄の小袋遠江守とともに天正のはじめ居城した。天正七（一五七九）年、大友義鎮（宗麟）が日向耳川の合戦にて敗れ諸国の大名が離反し、長岩城主の野仲鎮兼も大友氏に叛いた時、鎮兼に従った近郷の武士団の一人。『豊前古城誌』

小袋大藏▽こぶくろだいぞう
内蔵助。宇都宮氏一族並びに「家臣名付」に記された挙兵時の宇都宮家家臣。城井家（豊前宇都宮家）馬廻り役。天正十七（一五八九）年、城井鎮房が中津城で欺かれて謀殺された時、随行先手として供をしていた他の家臣達とともに城内にて討ち取られた（城井鎮房の謀殺については、『築上郡志』収載の宇都宮系文書や豊前宇都宮一族の菩提寺月光山天徳寺では天正十七年としているが、『黒田家譜』等では天正十六年とされている）。「城井軍記実録」『城井闘諍記』『両豊記』『築上郡志』

小袋遠江守▽こぶくろとおとうみのかみ
小袋氏の代々の城であった小袋城に天正の頃（一五七

三－九二）、居城した。天正七年、大友義鎮（宗麟）が日向耳川の合戦にて敗れ諸国の大名が離反し、長岩城主の野仲鎮兼も大友氏に叛いた時、鎮兼に従った近郷の武士団の一人。『豊前古城誌』『築上郡志』

小袋彦三郎▽**こぶくろひこさぶろう**
宇都宮氏一族並びに「家臣名付」に記された宇都宮家家臣。城井家（豊前宇都宮家）馬廻り役。『築上郡志』『城井闘諍記』『太宰管内志』

小袋弘好▽**こぶくろひろよし**
和泉守。「城井軍記」「家臣名付」「豊州治覧」等に記された城井鎮房時代の家臣。城井家（豊前宇都宮家）馬廻り役。宇都宮大和守信房公七百五十遠諱の大祭が明治四十二年に挙行された際に、宇都宮家菩提寺天徳寺藤原賢然住職等が編集した「宇都宮家故舊重臣の後裔」の姓名録にもその名が見える。『築上郡志』『築上郡史』「宇都宮文書」「宇都宮家故舊重臣の後裔」

小路源次（**小路源次郎**）
▽**こみちげんじ**（**こみちげんじろう**）
「城井軍記」「家臣名付」「豊州治覧」等に記された城井鎮房時代の家臣。「宇都宮史」によると、「城井物語」には源治とあり、「城井合戦」には姓名を小落源四郎とあり、「闘争記」には谷五郎とあり、『太宰管内志』には小路善次郎とある。城井朝房が肥後に赴くに際して、随行した驍勇二十四騎の一人。『築上郡志』『築上郡史』「宇都宮史」

小路善次郎▽**こみちぜんじろう**
⇩小路源次（小路源次郎）（こみちげんじ・こみちげんじろう）

小路谷五郎▽**こみちたにごろう**
⇩小路源次（小路源次郎）（こみちげんじ・こみちげんじろう）

薦野増時▽**こものますとき**
三河守。丹治姓。平六兵衛。筑前糟屋郡薦野村より起こる。糟屋郡一帯の領主であった丹治式部少輔峰延の後裔。戦国期の早くから大友氏に仕える。兄は薦野三河守入道浄円で立花鑑載に討たれ、増時が跡を継ぎ、立花道雪（戸次鑑連）に仕え宗像許斐城の抑えとなった。増時は重用され諸所に戦功を挙げ、立花姓を名乗り立花三河と称して柳川立花家に仕えた。『北九州戦国史』『筑前戦国史』

薦野宗鎮▽**こものむねしげ**

三河守。大友家への節義第一で勤仕した国士。永禄十一（一五六八）年の春（一説には八年）、大友一族でかねてから大友義鎮（宗麟）の暴政を恨んでいた立花鑑載は毛利方に通じて、秋月、高橋と同盟を結んで立ち上がり立花城に反旗を翻した。鑑載の謀叛の時、豊後に知らせようとしたが、その気配を察知した鑑載によって米多比大学とともに立花東城の井楼山で討ち取られた。『筑前戦国史』『九州戦国合戦記』『薦野家譜』

薦野弥十郎▽こものやじゅうろう
筑前糟屋郡薦野村より起こり、丹治式部少輔峰延より出る。立花山の立花氏に仕えた。戦国期大友氏に仕え、薦野三河守入道浄円、立花鑑載に討たれ、弟増時、戸次鑑連（立花道雪）に従い、宗像許斐城の抑えとなった。『北九州戦国史』『北九州戦国史史料集』

小山大和守▽こやまやまとのかみ
下野小山の住人小山朝政の後裔。永正年間（一五〇四—二一）、下副城を居城とした。『日本城郭大系』

小山義盛▽こやまよしもり
下野小山の住人小山朝政の後裔。小山大和守の子。永正年間（一五〇四-二一）下副城（宇佐市院内町副）を居城とした。その後、中津城細川家の鍛冶職となり、一八〇石を拝領した。『日本城郭大系』

小山義行▽こやまよしゆき
下野小山の住人小山朝政の孫。副氏の被官となる。応永年間（一三九四—一四二八）、下副城を築城した。『日本城郭大系』

五霊国賀▽ごりょうくにが
大友氏の家臣。判官。麻生摂津守の謀叛を諌めるために大友家の使者として遣わされたが、調停に失敗し、帰路、十五名主の追っ手によって討ち取られた。国賀は死に臨んで眼を睨み「罪なき我を殺さば長く悪鬼となって麻生の家を取絶つべし」と憤激苦悩して死す。その後、種々の奇怪が起こり、十五名主は一宇を建てて国賀堂と号して神社として祀ったという。『豊前古城誌』

是恒国賀▽これつねくにが
備前守。弘治の頃（一五五五—五八）、大友家の幕下に属して、畑田村城に居城した。弘治二年四月二十八日、大友義鎮（宗麟）が豊前国龍王に陣を取った時、帰服した宇佐郡士三十六人衆の一人。なお着陣の時期については弘治二年秋の説もある。大友家に属し、毎年八月朔日には馬太刀の使者を立てて主従の礼を行ったという。日向耳川の合戦に出陣して討死した。『豊前古城誌』「香下

文書」『北九州戦国史史料集』『編年大友史料』『築上郡志』「宇佐郡記」『日本城郭大系』

是恒義道▽これつねよしみち
是恒国賀の子。外記。国賀が日向耳川の合戦において討死したために八歳で家督を継いだ。しかし天正十七(一五八九)年、黒田氏に領地を没収された。『日本城郭大系』

権大宮司衛門▽ごんだいぐうじえもん
城井鎮房が中津城に赴いた際に随行した家臣。黒田長政に城中で討たれた。『城井闘諍記』『太宰管内志』

西園寺公広▽さいおんじきみひろ
左衛門太郎。伊予国宇和郡黒瀬城主。元亀三（一五七二）年、大友勢の侵攻に降伏、後に毛利元就と結び、天正十（一五八二）年、毛利軍の救援を受けた。同十二年、長曾我部元親に攻められて降伏。同十三年、羽柴秀吉の四国攻めに降伏した。同十五年、宇和郡の領主戸田勝隆のために殺された。『北九州戦国史』

西郷有政▽さいごうありまさ
出羽守。「宇都宮西郷系図」では、宇都宮高房（城井守綱）の子とある。宇都宮氏に出自する西郷氏の一族の中で最初に史料にあらわれる。北朝方として活躍して、延文五・正平十五（一三六〇）年三月十日、足利義銓より鎮西での合戦における忠節により感状を受けた。『鎮西宇都宮氏の歴史』「西郷文書」

西郷興政／西郷興正▽さいごうおきまさ
城井氏（豊前宇都宮氏）初代信房の弟業政の支流。遠江守。戦国末期の武将。西郷入道愚閑の子。『太宰管内志』

西郷刑部▽さいごうぎょうぶ
宇都宮大和守信房公七百五十遠諱の大祭が明治四十二年に挙行された際に、宇都宮家菩提寺天徳寺藤原賢然住職等が編集した「宇都宮家故舊重臣の後裔」の姓名録にその名が見える。「宇都宮家故舊重臣の後裔」

西郷刑部正▽さいごうぎょうぶのかみ
「城井軍記」「家臣名付」「豊州治覧」等に記された城井鎮房時代の家臣。城井家（豊前宇都宮家）馬廻り役。『築上郡志』には刑部とあり。『築上郡志』『築上郡史』「宇都宮史」

西郷刑部丞▽さいごうぎょうぶのじょう
応永五（一三九八）年、前守護職大友氏時の長子である大友氏鑑は、大内義弘の画策により、氏時の甥で猶子である親世が守護職を継いだことを不満とし、親世に叛逆して兵を挙げた。その際、氏鑑から回文を受け一味同心した一人。『応永戦覧』『築上郡史』『両豊記』『築上郡志』「宇都宮史」「豊州治覧」

西郷貞正▽さいごうさだまさ
西郷盛正の嗣子。七郎。応永六（一三九九）年正月、大内盛見が伊田原に在陣すると近辺の諸城は降参し、あるいはあけ去って攻めないまま城を抜いた。西郷七郎貞正は大坂山城の西郷刑部丞盛正とともには近隣の城主ととも打ち連れて降礼に努め、名馬酒肴等を進呈して、さらに人質に起請文を添えた。これに対して大内盛見は大いに喜んで饗餐して、引き出物を出して居城へ帰された。『応永戦覧』『築上郡史』『築上郡志』

西郷治部丞▽さいごうじぶのじょう

「西郷文書」には六月十六日、西郷治部丞宛ての大内氏奉行人連署書状と、天文三（一五三四）年六月二十九日の大内義隆受領挙状の文書が残る。「西郷文書」『豊前市史・文書資料』

西郷資正／西郷資政▽さいごうすけまさ

蔵人。「西郷文書」には、明応十（一五〇一）年三月十三日、西郷蔵人資正を北野神領である築城郡高塚村の代官に任命する大内義興の補任状と、文亀元（一五〇一）年七月七日、息子の西郷資正に代官職を譲る譲渡状の文書が残る。「西郷文書」『豊前市史・文書資料』『行橋市史』

西郷高頼▽さいごうたかより

刑部左衛門。元亀、天正年間に京都郡内に割拠した。豊前国京都郡の地頭。西郷出羽守の子孫と思われる。生立八幡神社の旧神体と考えられる僧形八幡神像の胎内銘を残した人物である。旧仲津郡大村にあった不動岳城に居城した。高頼は、大阪村にあった興正寺に詣でた時、長野助守に討たれた。『豊前志』『築上郡志』

西郷隆頼▽さいごうたかより

刑部丞。城井（豊前宇都宮）氏族。城井氏六代守綱の子、有政の支流。遠江守。豊前国仲津郡の大阪村（福岡県京都郡みやこ町）の大阪城主。仲津郡不動岳城主。永禄二（一五五九）年毛利に味方したため、門司城攻撃前、大友勢に攻略された。永録四年、門司城攻防戦のあった年、毛利元就、隆元が隆頼に宛てた軍忠状が残っている。永禄十一（一五六八）年五月、杉因幡守と共に大友氏に降伏する。永禄十二年閏五月十七日、毛利輝元は西郷遠江守に対して、香春岳城籠城に参加するように申し入れるが、この要請に応じなかったので大友義鎮（宗麟）から五十町地を安堵された。「西郷文書」には天文二十一（一五五二）年十一月九日、西郷刑部丞隆頼宛ての大内義長継目安堵状と一月十八日、臼杵鑑続書状と七月一日、高橋鑑種・大庭賢兼連署状の文書が残る。「西郷文書」『福岡県史　資料編』『北九州戦国史史料集』『北九州戦国史』『豊前市史・文書資料』

西郷遠江守▽さいごうとおとうみのかみ

「西郷文書」には潤五月十七日、西郷遠江守宛ての毛利輝元書状と七月二十五日、大友義鎮（宗麟）の預ヶ状の文書が残る。「西郷文書」『豊前市史・文書資料』

西郷業政▽さいごうなりまさ
刑部左衛門尉。城井信房の第六弟。「佐田系図」では西郷氏の先祖とされる。建久三（一一九二）年八月二日より源頼朝の近侍となる。仲津郡大村（福岡県京都郡みやこ町）の不動岳城主西郷氏の祖。あるいは西江氏の祖とも。『築上郡志』「宇都宮史」「宇都宮系図」「佐田系図」『鎮西宇都宮氏の歴史』

西郷入道愚閑▽さいごうにゅうどうぐかん
天文、永禄年間に田河郡内に割拠した。興政の父。天文二十二（一五五三）年、城井正房は兵を起こし、大内氏の代将杉弘長が守る戸代（城）山を攻略し弘長を殺した。この城を西郷入道愚閑に守らせた。弘治二（一五五六）年四月、大友義鎮（宗麟）が大軍をもって豊前に入り、仲津郡の来乗城に宇都宮播磨守を攻略した際、中八屋宗種とともに大友方に降った。『築上郡志』「宇都宮史」『豊前志』『築上郡史』『両豊記』『太宰管内志』

西郷信定▽さいごうのぶさだ
宇都宮氏の一族。如法寺城主。大和氏・西郷氏の祖とされる。太郎左衛門、大和信定、如法寺信定、観仏。父は如法寺資信。豊前国吉富名の地頭。御家人として使節遵行などを務めた。大和を名乗るところから大和守信房の子孫であり、上毛郡で勢力を誇った大和氏、如法寺氏の系統の人物とされる。如法寺資信の子と言われており、また大和時景の跡を継承したともある。公領である吉富名内の秋成・底無二郎丸をめぐって山田政範と争っており、この西郷・山田両氏間の紛争は、城井通房の仲裁によって弘安三（一二八〇）年に和解が成立した。正安元（一二九九）年、宇佐八幡宮から、豊前国下毛郡の宇佐神領で庄入道善阿が押妨し刈田（収穫前の稲を権限なく刈り取る）したとの訴えがあり、信定は鎮西探題、北条実政の命により、御家人山田道円とともに、尋問するための使節の役目を果たしている。『鎮西宇都宮氏の歴史』「宇都宮系図」「宗像神社文書」「到津文書」「宇都宮史」『築上郡志』『築上郡史』『中世武士団・鎮西宇都宮氏の研究Ⅱ』

西郷彦三郎▽さいごうひこさぶろう
「西郷文書」には六月二十二日、西郷彦三郎宛ての大内義隆書下の文書が残る。「西郷文書」『豊前市史・文書資料』

西郷正胤▽さいごうまさたね
永享、応仁年間に京都郡内に割拠をした。『築上郡志』新田義氏の家臣。応永五（一三九八）年十月、豊前の守護職、馬ヶ岳城主新田義氏が大友氏鑑の挙兵に加わったため、新田軍は、大内政弘が差し向けた二万の大軍に対して馬ヶ岳城に籠城、正胤は三百余騎で馬の首という名の要害を守った。この要害を宮下野守、杉大蔵大輔の軍勢に攻められ攻防のすえ討死した。『応永戦覧』

西郷正行▽さいごうまさつら
元亀、天正年間に仲津内に割拠した。西郷興政の子。西郷氏家系図によれば紀ノ高府（城井鎮房の太平城の奥の詰め城）に籠城と記録あり。宇都宮一族の滅亡と運命を共にしたと思われる。『築上郡志』

西郷正満▽さいごうまさみつ
西郷資正の子。文亀元（一五〇一）年七月七日、資正が息子の西郷正満に代官職を譲り渡した文書が残る。「西郷文書」『豊前市史・文書資料』『行橋市史』

西郷政行▽さいごうまさゆき
刑部少輔。「宇都宮文書」の天文年間（一五三二―一五五）の豊前知行御領衆の一人で、西郷を一万石知行したとある。『築上郡史』では、「満光寺文書」に西江城主、西江刑部少輔政行とあり、今高一万千石とあるという。『築上郡志』「宇都宮文書」『築上郡史』

西郷盛正▽さいごうもりまさ
刑部丞。応永、正長年間に仲津郡内に割拠した。応永五（一三九八）年正月七日、大内義弘の命を受けた弟の盛見が軍勢三万余の大将として仲津郡鶴の港（今川付近）に在陣した時、郡内から馳せ参じて帰順の意を表わしたため、居城に帰ることを許された。応永六年正月、大内盛見が伊田原に在陣すると近辺の諸城は降参し、あるいはあけ去って攻めないまま城を抜いた。大坂山城の西郷盛正は近隣の城主とともに打ち連れて降礼に努め、名馬酒肴等を進呈して、さらに人質に起請文を添えた。これに対して大内盛見は大いに喜んで饗餐して、引き出物を出して居城へ帰された。同月二十四日、盛見が岩石城を攻城する時に豊前勢として大内方に参陣した。『応永戦覧』『築上郡史』『築上郡志』「宇都宮史」『太宰管内志』

西郷弥七郎▽さいごうやしちろう
「西郷文書」には永正四（一五〇七）年二月二十三日、大内義興から西郷弥七郎宛ての継目安堵状の文書が残る。「西郷文書」『豊前市史・文書資料』

西郷義綱▽さいごうよしつな
応永、正長年間に仲津郡内に割拠した。『築上郡志』

西郷頼明▽さいごうよりとも
刑部太輔。大友方として天正八（一五八〇）年四月十八日、毛利方馬ヶ岳の長野助守から討たれた。『北九州戦国史』

財津鑑永▽ざいつあきなが
長門守。豊後日田郡の六郡老の一人。大友義鑑に命じられて日田の郡政を統治した。後に目代（代官）を追加して八名は八奉行と呼ばれた。『九州戦国合戦記』

財津鎮則▽ざいつしげのり
大友氏の家臣団。讃岐入道龍閑。鑑永の弟。日田大蔵氏庶流で、日田郡財津城主。坂本道烈と共に天正期日田郡の旗頭であった。天正六（一五七八）年秋、大友義鎮（宗麟）の旗本として日向遠征に従軍、同八年四月、田北紹鉄を五馬庄松原で討ち取った。同十年正月、筑前松尾城（小石原城）を攻撃。十二月義鎮から陣屋設営を命じられた。同十一年九月、坂本道烈と共に筑後出兵を命じられる。同十二年七月、筑後猫尾城攻撃で重傷を負い、療養の甲斐なく死去したことが、同年九月二十三日付、大友義鎮・義統書状で窺える。（『戦国大名家臣団事典』には、負傷後、天正十三年正月日田郡士三千をもって秋月方の針目砦を攻略、八月には筑前松尾城を攻撃し、十四年二月、日田郡財津に侵攻した秋月兵を撃退したとある）。『北九州戦国史』『戦国大名家臣団事典』

斎藤勘解由▽さいとうかげゆ
永禄の頃（一五五八－七〇）、大友氏の家臣。宝森城に居城した。『豊前古城誌』

斎藤菊千世▽さいとうきくちよ
宇佐郡院内斉藤城主。藤原熊四郎。豊後大野郡一万田氏族、後、駿河守に任ず。「佐田文書」『北九州戦国史史料集』『大友宗麟資料集』

斎藤鎮実▽さいとうしげざね
大友義鎮（宗麟）の武断派の重臣。兵部少輔、左馬助、進士兵衛尉と称す。長実の子。大友家譜代の郎党斎藤氏の嫡流、豊後国海部郡丹生庄を本拠とする。天文十九（一五五〇）年に起きた「二階崩れの変」以後の大友義鎮を助け、義鎮が大友氏二十一代の太守に就くために貢献した。天文十九年、父長実の跡を継ぐ。永禄十（一五六七）年、筑紫広門退治のため肥前出陣。同十一年高橋鑑種を攻城。元亀元（一五七〇）年、龍造寺隆信退治のために連年肥前・筑前に転戦した。天正初年、一族の大炊助鑑賢の跡目を惣四郎に継がせるので、惣領として指南するように義鎮と義統に諭された。天正六（一五七八）年十一月十二日、丹生庄衆を率いて日向遠征に従軍し、日向高城合戦において討死した。『北九州戦国史』『戦国大名家臣団事典』「大友家文書録」『大友宗麟書状写』

『編年大友史料』

斎藤進士兵衛尉▽さいとうしんしひょうえのじょう

⇩斉藤鎮実（さいとうしげざね）

斎藤新四郎▽さいとうしんしろう

宇佐郡院内の斎藤村城主。藤原新四郎。大友一万田氏の族。斎藤別当実盛の後裔。斎藤益実の子。大友氏に降り、門司城の役に出陣した。「佐田文書」『北九州戦国史史料集』『日本城郭大系』

斎藤高慶▽さいとうたかよし

斎藤村城主。はじめ大友氏に従い、後、毛利氏に降り、また大友氏の幕下に属した。駿河守。「城井軍記」「家臣名付」「豊州治覧」等に記された城井鎮房時代の家臣。城井家（豊前宇都宮家）馬廻り役。天文、永禄年間に宇佐郡内に割拠した。天文年間（一五三二―五五）、隣村の上納持城主、徳野尾十郎左衛門を攻めて滅ぼした。大友家に属し、毎年八月朔日には馬太刀の使者を立てて主従の礼を行ったという。弘治二（一五五六）年秋、大友義鎮（宗麟）が豊前国龍王山城に在陣した際、着到した宇佐郡三十六人衆の一人。なお着陣の時期について、『大友公御家覚書』等では弘治二年四月、大友義鎮龍王に陣を取るとある。『豊前古城誌』「佐田文書」『北九州戦国史史料集』『築上郡志』『築上郡史』「宇都宮史」『日本城郭大系』

斎藤道瓅▽さいとうどうれき

大友氏の家臣団。実名不詳。紀伊入道道瓅自笑軒と称す。天正八（一五八〇）年田原親貫の乱退治のために辻間村に在陣。同十二年下毛郡野仲兵庫頭への使者を務める。同十三年義統に従って日田郷に在陣。同十四年から末年にかけて義統の加判衆となる。同十五年四月義統と共に洗礼を受けキリシタンとなった。同十五年島津に通じた朽網鎮綱を討った義統は、朽網氏の旧領を道瓅に預けた。同十九年九月義統夫人を護衛して京から豊後に帰る。同二十年三月朝鮮出兵の際には、留守を命じられた。文禄二（一五九三）年国除のため義統に従って山口に赴いた。「救民記」『戦国大名家臣団事典』

斎藤長実▽さいとうながざね

大友氏の家臣団。兵部少輔、播磨守。鎮実の父。お下り衆の子孫で、海部郡丹生庄を本拠とする。大永四（一五二四）年十二月から天文十八（一五四九）年正月まで大友義鑑の加判衆を務めた。天文二年には丹生氏ほかを率いて豊前・筑後に発向し大内氏と戦った。天文十九年二月十日、大友の館に招かれ、義鑑から長男義鎮（宗麟）を廃し、三男塩市丸に家督を定める旨の申し渡しを受けたが、「お家争乱の基になる」とこれに猛反対した。その夜義鑑の急使を受けて登城途中、待ち伏せしていた刺客に斬殺された。しかし、同三月十五日、長実の跡目は義鎮により鎮実に安堵された。『戦国大名家臣団事典』

斎藤益実▽さいとうますざね

三郎左衛門尉。斎藤別当実盛の後裔。後に駿河守。永正年間（一五〇四－二一）に宇佐郡院内に斎藤城に居城し、大内氏に属して駿河守となった。『日本城郭大系』

斎藤弥二郎▽さいとうやじろう

宇佐郡院内斎藤村城主。一万田族。「佐田文書」『北九州戦国史史料集』

財満忠久▽ざいまただひさ

毛利家家臣。菅原氏、安芸国財満を氏とする。赤間関衆。新右衛門尉。越前守。隆久の子。萩藩大組四七五石。永禄七（一五六四）年正月二十三日、桂元忠宛て、豊前・筑前両国の動静を注進した書状に連署している。永禄十二年、立花城にて戦死。『北九州戦国史』『萩藩閥閲録』『北九州戦国史史料集』

佐伯惟定▽さえきこれさだ

大友氏の家臣団。太郎、権正、権之正と称す。惟教の孫。惟真の子。惟教戦死後、佐伯家の家督を継ぐ。栂牟礼城主。天正七（一五七九）年七月日向の島津与党が佐伯木立を侵すがこれを撃退。以後、連年、佐伯諸浦が襲撃されたが、惟定はよく防衛した。十四年十月島津侵攻の際、緒方庄三十六人が惟定に付された。島津家久は使節を送って惟定に和睦を勧めたが、惟定はこの使者を斬り栂牟礼城に籠城して対峙した。十一月土持・新名党二千が栂牟礼城に迫ると、惟定は府坂峠で島津軍を大破した。十五年正月秀吉は惟定に感状を与え栂牟礼城を賞した。文禄元年朝鮮遠征に従軍。大友国除後は藤堂高虎に仕えて伊予宇和島に移住。元和四年六月九日死去。「大友興廃記」「大神氏系譜」『戦国大名家臣団事典』

佐伯惟教▽さえきこれのり

佐伯氏第十二代当主。大友氏の家臣団。紀伊守。太郎、紀伊介、紀伊入道、宗天。大神佐伯氏の嫡流。豊後国佐伯庄栂牟礼城主。父は佐伯惟常、または惟常の子である惟益とされているが、この時期の佐伯氏の系譜には諸説有り系図が確定していない。第十一代は惟常なので、父惟益が相続する前に死亡し、惟教は祖父から継いだとも考えられる。天文十九（一五五〇）年二月の「二階崩れの変」を聞き、兵を率いて別府立石に大友義鎮（宗麟）を迎えて義鎮を支持、先駆して府内に入る。八月、小原鑑元と共に肥後を平定した。弘治三（一五五七）年六月、大友同紋、他紋衆の争いで義鎮を恨み、一族を率いて伊予国に赴く。宇和郡の西園寺公広に仕え、野村白木城代となる。永禄十二（一五六九）年に惟教は帰国し、再び大友家の出仕をのぞむ。義鎮はこれを赦し、佐賀郷烏帽子岳城番とする。のち、惟教は天正の初め頃に栂牟礼城に戻った。永禄十二年から天正六（一五七八）年まで義鎮・義統の加判衆を務めた。元亀三（一五七二）年四月、義鎮の娘婿土佐一条兼定救援のために総大将として出陣し、豊後水軍をもって伊予に派遣され、西園寺公広を攻略した。天正六年四月土持征伐の先鋒として日向松尾城を攻撃、落城後はそのまま城番として日向に在国した。秋の日向遠征にも先鋒として出陣。同年十一月十二日、耳川の合戦において大友勢が島津勢に大敗を期した時に戦死した。『戦国大名家臣団事典』『北九州戦国史史料集』『行橋市史』

佐伯惟治▽さえきこれはる

大友氏の家臣団。薩摩守。正徹入道。大神佐伯氏の総領で、栂牟礼城主。惟世の子。大永五（一五二五）年四月、老臣伊賀の献策を受け入れ、大友家の許可を得ずして祖母岳大明神を領内の上岡に勧請。その外多くの神社仏閣を建立・再興し、信心深いとされる一方で、怪僧春好を師として仰ぎ、その後、春好を近侍に命じて殺害している。大永七年惟治は菊池義国・星野親忠を通じ、謀叛を企てていると讒言され、使者を府内に送り陳弁したが義鑑は使者を斬り、臼杵長景を大将とする討伐軍を派遣。長景は栂牟礼城を包囲攻撃するが戦況苦しく、長景は義鑑への口添えを約束して開城を促した。惟治はこれに従い日向に落ちるが、これは長景の罠であり、途中石神嶺で新名党の待ち伏せに遭い、十一月二十五日討たれた。三十三歳。また、石神嶺で追い詰められた惟治は大岩に駆け上がり腹を切り、血刀で喉を突き、血だるまとなって岩頭から逆さまに落ちて凄絶な最後を遂げたとも言われる。翌八年、長景が病死し、また各地で異変・災厄が相次いだことから、惟治の祟りと恐れられ、惟治の最後の地には尾高知神社が建てられ鎮魂につとめたという。法号は正徹大禅定門。『九州戦国合戦記』「大神系図」「大友興廃記」『戦国大名家臣団事典』

佐伯惟久▽さえきこれひさ

下唐原村城主。治郎。秋吉壱岐守と名乗った。初め大内家に属したが、その後豊前国吉留郷の多布原の高瀬川の要害に小城を築城したとされる。「唐原系図」

佐伯光盛▽さえきみつもり

大内氏の家臣。伊勢守。応永五（一三九八）年頃、大友氏鑑が守っていた松山城（京都郡苅田町）を守護代であった杉弘信をはじめ大内方が奪回して後、天野安芸守義顕が二千余騎とともに同年十一月より応永十五年まで城番となった。その時に共に在陣した一人。『応永戦覧』

栄田伊賀守▽さかえだいがのかみ
天文の頃（一五三二―五五）、上の山城に居城した。『豊前古城誌』『日本城郭大系』

坂折秀家▽さかおりひでいえ
大友氏の家臣団。秀家、新左衛門尉、左衛門尉、上総守と称した。紀氏。本貫は直入郡坂折名か。永正元（一五〇四）年八月から八年五月まで義長の加判衆を務めた。『戦国大名家臣団事典』

坂新五左衛門▽さかしんごさえもん
⇩坂元祐（さかもとすけ）

坂田越後▽さかたえちご
永禄十（一五六七）年九月、秋月方として休松の城を守っていたが、戸次鑑連（立花道雪）に攻められて自刃した。「九州軍記」『筑前戦国史』

坂匡昌▽さかただまさ
大内義弘の旗下にある安芸国の住人。冠者。応永六（一三九九）年正月四日、城主が敗走した障子ヶ岳城の落城を決定づけるため、援兵の要請を陶筑前守から受けた大内義弘は、兵三万騎を兵船四百余艘に乗せ大内盛見を豊前に遣わせた。その際に従軍した一人。また岩石城を攻略する大内氏総大将大内盛見の軍勢に従い、安芸勢一万余騎の先陣をきって搦め手に向かった一人。『応永戦覧』『太宰管内志』

坂田与左衛門▽さかたよざえもん
「城井軍記」「家臣名付」「豊州治覧」等に記された城井鎮房時代の家臣。城井家（豊前宇都宮家）馬廻り役。「豊州治覧」『築上郡志』『築上郡史』「宇都宮史」

坂本鑑次▽さかもとあきつぐ
伯耆守。豊後日田郡の六郡老の一人。大友義鑑に命じられて日田の郡政を統治した。後に目代（代官）を追加して八名は八奉行と呼ばれた。『九州戦国合戦記』

坂本永泉／**坂本栄仙**▽さかもとえいせん
岩石城の城将。新右衛門尉。日田郡坂本道烈の一族、大蔵氏の庶流。『大友家文書』では栄仙とある。山口県文書館所蔵の「無尽集」所載の宗像氏貞書状によれば、永泉とある。天正七（一五七九）年頃（一説に永禄十二年頃）、大友方として岩石城将を務めた。毛利鎮真と共に田河郡における大友方の橋頭堡であった。天正七年九月、長野の馬ヶ岳城に籠城して高橋・秋月両軍の攻撃を受けたがこれを撃退して勝利をおさめた。天正十年三月、毛利方長野氏の馬ヶ岳城の防衛に毛利鎮真と共に参加した。天正十三年冬、秋月種実のために岩石城を攻略され討死した。『大友家文書』『門司・小倉の古城史』『北九州戦国史』

坂本宮内▽さかもとくない
戸次親秀の郎党。軍議により大友氏鑑は松山城(京都郡苅田町)を攻めることになり、応永五(一三九八)年十二月三十一日親秀を大将にし、弟親光八百騎を率いて、後陣、氏貞二千騎にて宇佐を発ち、松山に向かったが、親秀は伏兵によって火攻めにあい敗れて如意輪寺にて自刃した。その際に大森源太とともに防御に尽力したが、主君の死後あとを追って自刃した。『応永戦覧』

坂元祐▽さかもとすけ
赤間関衆。新五左衛門尉。毛利氏の族。安芸国高田郡坂を氏とする。はじめ下関火の山の城番、松山城(京都郡苅田町)城番、立花城番。弘治年間(一五五五―五八)、毛利元就に命じられて戸城山城を守ったとある。永禄七(一五六四)年正月二十三日、桂元忠宛て、豊前・筑前両国の動静を注進した書状に連署している。永禄十二年十月、大友に攻められ毛利勢立花陣撤退の時、乃美(浦)宗勝とともに立花城殿軍として籠城したことは有名。大友義鎮(宗麟)は、この城兵を勇士として遇し、中国に送還させたが、これは同年五月、大友方が毛利方に立花城を落とされたとき、毛利元就が助命してくれたことに報いるためであった。『豊前志』には坂新右衛門とある。『北九州戦国史』『築上郡志』『太宰管内志』『豊前志』

坂本道烈▽さかもとどうれつ
大友氏の家臣団。実名不詳。備中守、備中入道と称す。大蔵氏庶流で、日田郡坂本村原城主。財津鎮則とともに日田郡衆の旗頭を務めた。天正六(一五七八)年十月大友義鎮(宗麟)の旗本として日向遠征に従軍。七年九月秋月種実に通じた竹下兄弟を討つ。十年正月、筑前松尾城を攻める。この頃から連年筑後に出陣。十三年筑前長尾城を攻略。十四年日田郡に出撃した秋月氏を大井庄河内で破り、伯父とともに針目・鳶尾城の残兵を討った。文禄の役に日田衆を率いて従軍、文禄二(一五九三)年朝鮮撤収の時に第二陣を指揮した。『戦国大名家臣団事典』『北九州戦国史』

坂本直清▽さかもとなおきよ
赤尾鎮房の一族の家臣。半三。天正八(一五八〇)年、時枝鎮継と佐野親重が赤尾鎮房の法要を狙って光岡城を襲撃した際、その法要に参列していた一人。この襲撃により光岡城は落城した。『豊前古城誌』

坂本紀直▽さかもとのりなお

彌七左衛門。大友氏の旗下、赤尾鎮房の家臣。麻生親政の謀叛鎮圧のために赴いた軍奉行田原親賢（紹忍）の下で鎮房は追手の大将となった。その家臣として同陣営に参軍した。『豊前古城誌』

相良正任▽さがらただとう

大内氏の家臣団。遠江守。出家して沙弥正任と称す。多良木相良氏（上相良氏）の一族とされる。政弘期から義興初期にかけて奉行人。特に政弘の側近として活躍している。文明十（一四七八）年十月の筑前における陣中日記「正任記」の筆者。有職故実に通じて、連歌をよくする文人でもあった。「大内氏掟書」『戦国大名家臣団事典』

相良主水（相良主水頭）▽さがらもんど（さがらもんどのかみ）

弘治二（一五五六）年秋、大友義鎮（宗麟）が豊前国龍王山城に在陣した際、着到した宇佐郡三十六人衆の一人。なお着陣の時期について、『大友公御家覚書』等では弘治二年四月、大友義鎮龍王に陣を取るとある。大友家に属し、毎年八月朔日には馬太刀の使者を立てて主従の礼を行ったという。『豊前古城誌』「香下文書」『北九州戦国史史料集』『編年大友史料』

相良弥正之忠▽さがらやしょうのじょう

宇都宮家一族並びに「家臣名付」に記された城井鎮房挙兵時の家臣。『築上郡志』

鷺島入道義閑（入道具善）▽さぎしまにゅうどうぎかん（にゅうどうぐぜん）

「城井軍記」「家臣名付」「豊州治覧」等に記された城井鎮房時代の家臣。兵部丞。『築上郡志』

桜井紹介▽さくらいしょうすけ

豊前国の国人。永禄十二（一五六九）年十月十五日、毛利勢は長年豊前支配の要としてきた松山城（京都郡苅田町）を退去した。勝利を収めた大友義鎮（宗麟）は、仲津郡、京都郡などの所領を功績のあった国人たちに恩賞として与えた。その中で桜井紹介は仲津郡安留という同小犬丸を預けたことを、大友加判衆が、仲津郡木井馬場に本拠を置く城井左馬助に披露している。『行橋市史』

桜井主税▽さくらいちから

「城井軍記」「家臣名付」「豊州治覧」等に記された城井鎮房時代の家臣。『築上郡志』『築上郡史』「宇都宮史」

桜井弥一郎▽さくらいやいちろう

城井鎮房の挙兵時の家臣。『城井闘諍記』『太宰管内志』

迫田元長▽さこたもとなが

毛利輝元の家臣。迫田元光の嫡男。新四郎、筑前守。天正十七（一五八九）年十月二十四日、門司城で死去した。享年三十四。法名霜聖院朝誉徳然居士。『門司・小倉の古城史』

迫田元光▽さこたもとみつ

天文十一（一五四二）年二月十三日、十五歳で元服。長陣、又二郎、善兵衛、従五位下、筑前守。毛利元就の師となり、備中迫田庄に住す。天正の頃（一五七三―九二）、大友追討のために豊前門司に在城。九州勢との合戦数度に及び利を得る。故に門司城・毛利一文字三星紋を賜る。天正十年九月晦日門司に於いて卒す。享年五十五。法名高月院妙円信智居士。『門司・小倉の古城史』

佐々木朝綱▽ささきあさつな

三郎大夫。『豊前志』に正長元（一四二八）年に成恒村に田嶋崎城を築いた成恒近江守種隆の祖として名が見える。『豊前志』

佐々木主計頭▽ささきかずえのかみ

中島摂津守が謀叛を起こして大友勢と対峙し、小倉原に陣を張り皇后石（史跡・築上郡吉富町）に幡を挙げた時に、深水に出張り、毘沙門堂に陣を張った成恒氏の一族の一人。『豊前古城誌』

佐々木源吾▽ささきげんご

千葉上総介光胤の家臣。応永六（一三九九）年正月元旦に大内氏の軍勢が障子ヶ岳城を攻略したときに、下崎十蔵大将光胤の命により下崎十蔵とともに同城の北ノ口の守備を堅めた。『応永戦覧』

佐々木種次▽ささきたねつぐ

添田氏。雅楽頭。添田雅楽助。田河郡添田村国人。秋月氏の旗下。元亀、天正年間（一五七三―九二）に田河郡内に割拠した。「城井軍記」「家臣名付」「豊州治覧」等に記された城井鎮房時代の家臣。「神詞祀」には、添田雅楽助とある。「宇都宮文書」の天文年間（一五三二―五五）の豊前知行御領衆の一人。雅楽允とあり、岩石城の三千石を知行した。『築上郡史』では、「満光寺文書」に佐々木雅楽頭とあり、岩石城主、今高三千石とあるという。「城井家記」には岩石城代佐々木雅楽と記されている。難攻不落といわれた岩石城にたて籠もったが、天正十五（一五八七）年四月、秀吉の大軍勢によって一日で攻め落された。宇都宮大和守信房公七百五十遠諱の大祭が明治四十二年に挙行された際に、宇都宮家菩提寺天徳寺藤原賢然住職等が編集した「宇都宮家故舊重臣の後裔」の姓名録にもその名が見える。「宇都宮家故舊重臣の後裔」「宇都宮文書」『築上郡史』「宇都宮史」『城井闘諍記』『太宰管内志』『築上郡志』

佐々木尚之▽ささきひさゆき
雅楽頭。宇都宮氏一族並びに「家臣名付」に記された宇都宮家家臣。城井家（豊前宇都宮家）馬廻り役。『築上郡志』

佐々木頼綱▽ささきよりつな
三郎大夫。伝えによれば建久六（一一九五）年源頼朝から領地を与えられ、上毛郡矢方村に牛王城を築城したとある。またこの時、一族十八人にも諸所に居城を構えさせたという。その後七代が居城したが、後、菊池氏に滅ぼされた。建久六年はすでに宇都宮氏が豊前国を領していたことから、頼綱は一郷一庄の地頭だったとされる。『豊前志』

佐々木頼広▽ささきよりひろ
佐々木下野守永氏の後を継いだ。牛王城主。太郎。征西府懐良親王を擁する菊池武光と戦い、敗れて下毛郡今行村敗走した。以後牛王城は菊池家の家臣、矢方正綱を城代とし、代々、矢方氏が居城とした。しかし、天正八（一五八〇）年、矢方兵部丞は野仲氏と戦い討死して城は絶えた。『福岡県の城』

佐々田左近允▽ささださこんのじょう
天正十（一五八二）年の頃、田河郡香春岳城主の高橋九郎元種が友枝に侵攻した際、内尾主水佐とともにこれを防ぎ、その時に相手の舟越新兵衛を討ち取った。『友枝村誌』

佐田因幡守▽さたいなばのかみ
文安元（一四四四）年三月八日、佐田因幡守は大内義弘より宇佐郡佐田庄、田河郡柿原庄、築城郡名、宇佐郡深見庄等において二十七町五段余を賜った。『築上郡志』「佐田文書」「宇都宮史」

佐田氏治▽さたうじはる
佐田宇都宮氏初代公景の子。経景の弟。因幡守。兄に反して南朝の宮方についていた氏治は、兄経景が戦死するや、経景の子・親景が幼少である隙を窺い探題（鎮西管領）方に行き、北朝の味方と号して佐田庄地頭職を押領しようと企てた。これに対して今川貞世は、永和二・天授二（一三七六）年六月七日に氏治に書下を与え、知行に関する証拠書類の提出を求めた。その知行証拠書類である関東知行状一通は、経景が生前、幼い親景のために、伯父の守綱に預けられていたので、氏治は守綱の若党であった富山弾正左衛門入道と伝法寺四郎左衛門をそそのかして関東知行状一通を誘い取った。これによって佐田庄は二分されて半分は氏冶が知行するようになった。しかし嘉慶二・元中五（一三八八）年、成人して掃部助に任官した親景は、氏冶が押領した豊前国佐田庄の返還を今川貞世に求めた。その申状には、氏冶の悪行が記されており、この愁訴が認められ関東知行状一通は親景に取り戻され、氏冶の佐田庄地頭職は取り上げられた。「宇都宮史」『築上郡志』『鎮西宇都宮氏の歴史』

佐田右兵衛尉▽さたうひょうえのじょう

宇都宮氏一族並びに「家臣名付」に記された宇都宮家家臣。『築上郡志』

佐田隠岐守▽さたおきのかみ

宇佐郡佐田氏の一族。天文元（一五三二）年十月、大友勢が宇佐郡に侵入し大内方の佐田朝景を攻めた。この戦いで隠岐守は戦死した。『豊前市史』

佐田奥成▽さたおくしげ

弾正忠。天文五（一五三六）年正月十一日より、同五月まで宇佐宮の御造営において、一の御殿の造営の職にあたる。天文五年二月、因幡守に任ぜられる。『豊前古城誌』

佐田公景▽さたきみかげ

佐田宇都宮氏初代。佐田氏の祖とされる。公房。城井氏（豊前宇都宮氏）第五代当主頼房の五子。城井守綱（冬綱）の弟。因幡権守。宇佐郡代。従五位下。宇佐郡佐田村（宇佐市安心院町）を所領とした。佐田荘、京都郡吉田荘、仲津郡元村、田河郡伊方荘、筑後国松門村、肥後国山鹿郡岩野村、同国玉名郡木葉村の地頭職を相続して家をおこした。その主たる荘が佐田荘であったため、宇都宮佐田公景と呼ばれた。一貫して北朝方の有力武将として生きた人物で、少弐、大友等の有力守護たちの抵抗にあって苦悩していた幕府の鎮西管領、一色道猷の軍事行動を支え、幕府を裏切ることはなかった。公景自身誠実な人物であり、生涯にわたり足利幕府及び九州探題と、兄の守綱のため忠勤に励み各地を転戦した。その誠実な家風が以後の佐田氏を支える根幹となり、探題の軍事力を支える家として代々幕府から特別な待遇を得ていた。足利尊氏が建武三・延元元（一三三六）年四月三日、兵を率いて大宰府を発した時、守綱を筆頭に公景も手兵を率いてこれに従い征途に上った。佐田氏は戦国時代になってからは宇佐三十六人衆を束ねて活躍し、以後各時代の支配勢力のもとで活躍した。文和三・正平九（一三五四）年八月、合戦にて討死した。また佐田氏は南北朝時代から戦国時代末期までの貴重な古文書「佐田文書」を残している。『熊本県史料』「宇都宮文書」「宇都宮系図」『鎮西宇都宮氏の歴史』『中世武士団・鎮西宇都宮氏の研究Ⅰ・Ⅱ』「宇都宮史」『築上郡志』「佐田文書」

佐竹義兼▽さたけよしかね

式部少輔。応永、正長年間に田河郡内に割拠した。応永五（一三九八）年、前守護職大友氏時の長子である大友氏鑑は、大内義弘の画策により、氏時の甥で猶子である親世が守護職を継いだことを不満とし、親世に叛逆して兵を挙げた。その際、氏鑑から回文を受け一味同心した一人。また岩石城を攻略する大内氏総大将大内盛見の軍勢に豊前国の軍勢二千余騎とともに従った。『応永戦覧』『太宰管内志』

佐田繁方▽さたしげかた

佐田宇都宮氏第四代盛景の弟。伊予守。弓の名手といわれた。文明元（一四六九）年三月、城井秀房と長野行種が乱を起こした際、大友親繁は息子の政親に討伐を命じ、繁方は兄盛景とともに大友政親に従い糸口原で対戦した。この時、繁方は強弓をもって城井秀房を射殺したという。「宇都宮文書」「宇都宮系図」『日本城郭大系』『大宇佐郡史論』『安心院町誌』『宇佐郡地頭伝記』

佐田重次▽さたしげつぐ

佐田村城主。宇都宮宗房の後裔。因幡守。建武の頃（一三三四―三八）、大内氏の幕下に属して佐田村城に居城した。応安四・建徳二（一三七一）年、菊池氏追討のために今川貞世が大内義弘を差し向け、四月に仲津郡鶴の港（今川付近）に着岸した際、多くの給人とともに馳せ参じた。「佐田文書」『豊前古城誌』『築上郡史』

佐田鎮綱▽さたしげつな

佐田宇都宮氏第十一代。次郎、弾正忠、因幡守。隆居の子。佐田荘地頭。大友氏、黒田氏、細川氏に仕える。宇佐国人衆の中心人物。日向土持氏攻め、耳川敗戦以降、田原親貫の反乱、宇佐郡の反乱に常に大友方として忠誠を尽くした。元亀三（一五七二）年正月十三日、家督を相続した。天正八（一五八〇）年二月、田原親貫の造反に対し、大友軍に加わり鞍懸城（豊後高田市佐野）を攻めた。天正九年四月二十日、大友義統から旧宇佐郡下津布佐四十町分地を賜る。同十一年、安心院千代丸を攻めてこれを破る。同十四年、薩摩の軍兵が豊州に入ると、鎮綱は大友氏に依って田原親盛とともに高岩城を守ってこれに備えた。墓は周防にあり。その子統綱の時に大友氏が除封となり、その後細川氏に仕えて肥後に移った。『北九州戦国史』「佐田文書」『北九州戦国史史料集』『日本城郭大系』『大宇佐郡史論』『安心院町誌』『宇佐郡地頭伝記』「宇都宮文書」「宇都宮系図」

佐田重泰▽さたしげやす

佐田宇都宮氏第八代。平次郎。天文元（一五三二）年十月五日、佐田泰景とともに妙見岳城において大友義鑑の兵を防ぐ。天文二年六月十三日、右兵衛尉、後に隠岐守に叙せらる。「宇都宮文書」「宇都宮系図」「佐田文書」『築上郡志』「宇都宮史」

佐田隆居▽さたたかおき

佐田宇都宮氏第十代。次郎、隆景、弾正忠、薩摩守、藤原隆居、入道麟珠。豊前国宇佐郡佐田庄の地頭、郡代。宇佐郡衆の旗頭であった。はじめ大内氏に仕え、弘治三（一五五七）年から大友義鎮（宗麟）に仕えた。上毛郡山田城攻め、門司城、花尾城の攻略、立花陣、日向陣と活躍した。天文二十一（一五五二）年六月五日、家督を相続し、同日豊前守護大内義長から佐田庄の知行を安堵され、宇佐郡上津布佐百石の地を充われた。弘治二年四月二十八日、大友義鎮、豊府を発して豊前国龍王に陣を取った際、宇佐郡士三十六人衆の帰服した中の一人。大友氏は耳川の合戦の敗戦以降は威令を失墜したため多くの離反が出たが佐田氏は変わることなく大友氏に従った。永禄七（一五六四）年薩摩守に任ぜられる。元亀三（一五七二）年正月に隠居、鎮綱に家督を継がせた。元和九（一六二三）年九月二十九日死去。『北九州戦国史史料集』『日本城郭大系』『大宇佐郡史論』『安心院町誌』『宇佐郡地頭伝記』『北九州戦国史』「佐田文書」『大友宗麟資料集』

佐田忠景▽さたただかげ

佐田宇都宮氏第五代。盛景の嗣子。次郎、掃部允、因幡守。豊前国宇佐郡代。宇佐郡代としての宇佐氏は宇佐宮諸職の打ち渡し、直轄領違乱に対する成敗、宇佐宮盗人の誅伐、宇佐宮の造営、諸神事の奉行に関与した。「宇都宮系図」には文正元（一四六六）年四月五日に家督を相続したとある。文明十年九月、公方と単独講和を結んで帰国した大内政弘は太宰府を攻めて少弐氏に戦勝した。この時に忠景は他の国人衆同様、祝言を述べに出頭している。『鎮西宇都宮氏の歴史』『行橋市史』「宇都宮文書」「宇都宮系図」

佐田太兵衛尉▽さたたひょうえのじょう

宇都宮家一族並びに「家臣名付」に記された城井鎮房挙兵時の家臣。『築上郡志』

佐田弾正忠▽さだだんじょうのじょう
佐田村城主。宇都宮宗房の後裔。弘治の頃（一五五五－一五八）、大内氏の幕下に属して佐田村城に居城した。弘治二年秋、大友義鎮（宗麟）が豊前国龍王山城に在陣した際、着到した宇佐郡三十六人衆の一人。なお着陣の時期について、『大友公御家覚書』等では弘治二年四月、大友義鎮龍王に陣を取るとある。「香下文書」『北九州戦国史史料集』『編年大友史料』「佐田文書」『豊前古城誌』

佐田親景▽さたちかかげ
佐田宇都宮氏第三代。佐田氏の祖公景の孫。小法師丸、掃部助、河内小法師、薩摩守、薩摩入道昌節。父経景の戦死後、永和元・天授元（一三七五）年十月二十五日、九州探題の今川貞世が幼い親景の跡目相続を安堵した。佐田荘園地頭職。永徳三・弘和三（一三八三）年に大友親世の名乗りを受けて親景を名乗った。応永六（一三九九）年、豊前国城井より豊前国佐田荘に移った。これは城井から自領の佐田荘が遠隔地であるため、直接に本領を支配しようとすることにあった。同七年に薩摩守に任じられる。また親景は、応永二十六年と永享七（一四三五）年に二度にわたって嫡男盛景に対して相続の譲り状を渡しており、それまでは分割相続であったものが、これ以後には単独相続になったと考えられている。永享七年の譲状では、所領のことごとくを嫡子盛景に譲り渡すといっている。『築上郡志』『築上郡史』「宇都宮史」「宇都宮系図」『鎮西宇都宮氏の歴史』『中世武士団・鎮西宇都宮氏の研究Ⅱ』『大宇佐郡史論』『安心院町誌』『豊前国佐田郷土史』

佐田綱房▽さたつなふさ
佐田村城主。宇都宮宗房の三男。佐田村城を築城した。『豊前古城誌』

佐田経景▽さたつねかげ
佐田宇都宮氏第二代。公景の嫡男。親景の父。大膳亮、因幡守、河内守、因幡次郎。佐田庄等の地頭職。佐田氏は代々宇佐郡代を世襲した。文和三・正平九（一三五四）年に公景が戦死したことにより家督を相続。名探題といわれた今川貞世に従い、貞世を九州探題に迎える際に功績があった。豊前に進出した大内氏が佐田氏の領、伊方庄、元永村を押領しようとしたとき、貞世は大内義弘に書を送り、「父祖討死のあとであり、他家と異なり幕府に対して特別忠節である家」として返付を求めたほか、佐田氏の所領の維持には特に気を配ったとある。佐田氏は幕府の地方機関である九州探題の軍事力を支える信頼すべき家柄として位置づけられていた。この一件以来、佐田氏は大内氏の忠実な被官となった。天授元（一三七五）年十月、筑後国山崎の合戦にて官軍と戦い、父公景と同様に探題方として討死した。今川貞世は経景の子息である親景に十月二十五日、跡目相続を安堵した。『鎮西宇都宮氏の歴史』「肥後国佐田文書」『中世武士団・鎮西宇都宮氏の研究Ⅱ』

佐田俊景▽さたとしかげ

佐田宇都宮氏第六代。次郎、弾正忠。天文、永禄年間に宇佐郡内に割拠した。大内氏に従い所領を賜わる。長享二（一四八八）年七月八日、家督を相続した。大内義興からの古文書あり。『築上郡史』『築上郡志』「佐田文書」『中世武士団・鎮西宇都宮氏の研究Ⅱ』「宇都宮文書」「宇都宮系図」

佐田統綱▽さたむねつな

佐田宇都宮氏第十二代。「宇都宮系図」では十六世とある。次郎、統景、五郎右衛門。天正六（一五七八）年十二月二十二日、十五歳で元服す。大友義統より一字を賜い統景と称し、後に統綱と改める。天正十四年十一月二十八日、家督を相続した。同十五年七月、豊臣秀吉より豊前西六郡を黒田孝高（如水）、東二郡は毛利信勝が賜った。統綱はそのために領地を失い五郎右衛門と改称して豊後大友氏に寄宿する。文禄元（一五九二）年、統綱は義統に従って朝鮮に征く。翌年五月朔日、大友氏国徐となる。統綱は豊後より去って豊前に入り身を黒田氏に托す。慶長五（一六〇〇）年、黒田氏が筑前に移封となり細川忠興が豊前国主になると、この年の九月、統綱は細川氏の家臣となり、三百石を食む。寛永五（一六二八）年四月某日死す。室は田原親賢（紹忍）の娘。「宇都宮文書」「宇都宮系図」『北九州戦国史』「佐田文書」『北九州戦国史史料集』

佐田盛景▽さたもりかげ

佐田宇都宮氏第四代。親景の嫡男。掃部助、因幡守。豊前国宇佐郡代。応永二十六（一四一九）年と永享七（一四三五）年の二度にわたって盛景に対して相続の譲り状が渡されている。それまでは分割相続であったものが、この後には単独相続になったと考えられている。文正元（一四六六）年、その所領を子息、忠景に譲ったが、大内義弘がこれを安堵している。『築上郡志』『鎮西宇都宮氏の歴史』『本耶馬溪町史』

佐田泰景▽さたやすかげ

佐田氏第七代。豊前国宇佐郡代。佐田俊景の子。重泰の父。小法師丸二郎、大膳亮、因幡守。大内氏に従い城井本庄城を攻略した。応安五・建徳三（一三七二）年五月二十八日家督を相続。明応七（一四九八）年十月二日大友親治は大挙して宇佐郡佐田庄に攻め入り、泰景・飯田長重等の軍は赤井城（菩提寺城）に籠城した。二日より八日まで持ちこたえたが、九日の晩に飯田但馬守の宅所も戦場になり、翌十日は終日矢を射合い、被官の数人が傷を負った。十三日に大内氏援軍が到着し、飯田山や佐田山などで戦ったが敗れて退散し、大友勢が宇佐郡を制圧した。以後大内氏と大友氏の攻防が繰り返されたが、この時、泰景もついに大友氏に降った。明応八年十月上旬、宇佐郡院内衆は力を合わせて妙見岳城を築城し立て籠もり、豊後勢は豊前国の大内方を撃退したあと妙見岳城に総攻撃をかけた。佐田泰景らは捕らえられて豊後国府内に幽閉されたが、明応九年正月十日夜半に府内を脱出し、赤井城（菩提寺城）に逃げ帰った。さらに長門国赤間関に亡命していた豊前衆と合流した。明応十年正月五日、豊前国奪還のため、長門に遁れていた宇佐郡衆に渡海の御奉書が出された。十三日は佐田泰景の名代佐田左衛門大夫は人数を率いて中津川（山国川）に着岸した。十三日渡海の折に、神代紀伊守より軍勢不足により佐田泰景にも渡海の催促があった。佐田泰景は催促に従って二十九日に中津川に着岸して、二月九日には築城郡本庄の城井城（本庄城）を攻略して城井弘房の弟城井日向守直重を討ち取った。大永五（一五二五）年十一月十五日、本領をもって嫡孫朝景に属す。『行橋市史』『日本城郭大系』『大宇佐郡史論』『安心院町誌』『宇佐郡地頭伝記』『豊前国佐田郷土史』『行橋市史』「宇都宮文書」「宇都宮系図」

沙田礼権内▽さたれごんない
麻生親政の家臣。親政は人質に差し出していた実子、統重が無念にも切腹したことに遺恨を抱き、大友氏にそむく。この時、城主と一味同心して大友氏の大将、田原親賢（紹忍）の軍勢と戦った。『両豊記』『豊前古城誌』

佐知刑部▽さちぎょうぶ
応仁の頃（一四六七―六九）、佐知氏代々の佐知村城に居城した。『豊前古城誌』

佐知新助▽さちしんすけ
宇都宮家一族並びに「家臣名付」に記された城井鎮房挙兵時の家臣。『築上郡志』

佐々成政▽さっさなりまさ
内蔵助。尾張（愛知県）出身。天正十（一五八二）年の本能寺の変で織田信長が明智光秀に討たれたあと、天正十二年に織田信長の次子信雄や徳川家康らと組んで豊臣秀吉に抵抗したが、その後秀吉に臣従した。越中・富山城（富山県富山市）を本拠とした。しかし、秀吉の九州平定後の論功行賞により、天草、球磨両郡を除く肥後一国を与えられた。成政の本拠は肥後の中心部、飽田郡・隈本城（熊本市古城町）で、この城には、国人城親冬がいたがこれを接収。秀吉は成政に三年間は、検地の禁止を申し渡したが、成政はこれに従わず検地を強行。その検地に反抗して、肥後国人一揆が起こる。秀吉は、天正十五年九月、豊前の黒田孝高（如水）、毛利勝信、筑前の小早川隆景、筑後の小早川秀包、筑紫広門、肥前の龍造寺政家ら肥後周辺の大名を久留米に集結させ一部を肥後国玉名郡南関（熊本県玉名郡南関町）に侵入させた。国人の抵抗烈しく、天正十六年一月、さらに上使派遣軍二万が出動、一揆軍を潰滅させた。成政は同年五月、摂津・尼崎（兵庫県尼崎市）にて切腹させられた。『戦国武将合戦事典』『日本歴史人名辭典』『熊本県史』

佐藤市左衛門▽さとういちざえもん
「城井軍記」「家臣名付」「豊州治覧」等に記された城井鎮房時代の家臣。城井家（豊前宇都宮家）馬廻り役。『築上郡史』『築上郡志』「宇都宮史」

佐藤伝介▽さとうでんすけ
宇都宮家一族並びに「家臣名付」に記された城井鎮房挙兵時の家臣。『築上郡志』

佐藤部五衛▽さとうべごえ
天正七（一五七九）年、大友義鎮（宗麟）が日向耳川の合戦にて敗れ諸国の大名が離反し、長岩城主の野仲鎮兼も大友氏に叛いた時、鎮兼に従った近郷の武士団の一人。『豊前古城誌』

佐藤美濃守▽さとうみののかみ
元亀、天正年間に下毛郡内に割拠した。天正七（一五七九）年、大友義鎮（宗麟）が日向耳川の合戦にて敗れた時に、諸国の大名が離反した。この時、豊前長岩城主であった野仲兵庫頭鎮兼も大友氏に叛いた。この鎮兼に従った近郷の武士団の一人。『豊前古城誌』『築上郡志』

佐土原満足▽さどはらみつたり
天文元（一五三二）年十一月大友氏は宇佐郡の佐田朝景が籠る妙見岳城を攻めた。その時に妙見岳合戦に動員されて出陣した大友方の一人。『豊前市史』『増補訂正編年大友史料併大分県古文書全集第16』『大分県の歴史』

里見義衡▽さとみよしひら
新田義氏の家臣。掃部頭。応永五（一三九八）年十月、豊前の守護職、馬ヶ岳城主新田義氏が大友氏鑑の挙兵に加わったため、新田軍は、大内政弘が差し向けた二万の大軍に対して馬ヶ岳城に籠城、義衡は二百余騎で花隈口を守った。『応永戦覧』

里見義房▽さとみよしふさ
尾張守。応永五（一三九八）年正月七日、大内義弘の

命を受けた弟の盛見が軍勢三万余の大将として仲津郡鶴の港（今川付近）に在陣した時、郡内から馳せ参じて帰順の意を表わしたため、居城に帰ることを許された。また、前守護職大友氏時の嫡子である大友氏鑑が大内義弘の画策により甥の親世が守護職を継いだことを不満とし、親世に叛逆して兵を挙げた際、氏鑑から回文を受け一味同心した一人。『応永戦覧』『築上郡史』『太宰管内志』

里見政通▽さとみまさみち
太郎。応安四・建徳二（一三七一）年、菊池氏追討のために今川貞世が大内義弘を差し向け、四月に仲津郡鶴の港（今川付近）に着岸した際、多くの給人とともに馳せ参じた。『築上郡史』

里宮久太郎▽さとみやひさたろう
「城井軍記」「家臣名付」「豊州治覧」等に記された城井鎮房時代の家臣。『築上郡志』『築上郡史』「宇都宮史」

里見義方▽さとみよしかた
永享、応永、正長年間に京都郡内に割拠した。『築上郡志』

讃岐入道龍閑▽さぬきにゅうどうりゅうかん
⇩財津鎮則（ざいつしげのり）

佐野源右衛門▽さのげんえもん
弘治二（一五五六）年秋、大友義鎮（宗麟）が豊前国龍王山城に在陣した際、着到した宇佐郡三十六人衆の一人。なお着陣の時期について、「大友公御家覚書」等では弘治二年四月、大友義鎮龍王に陣を取るとある。「香下文書」『北九州戦国史史料集』『編年大友史料』

佐野源左衛門▽さのげんざえもん
宇佐氏の余流。宇佐郡蒲生村にあった蒲生城に居城した。天文、弘治、永禄年間に規矩郡内に割拠し、宇都宮家一族並びに「家臣名付」に記された城井鎮房の挙兵時の家臣。弘治の頃（一五五五－五八）、宇佐郡において三十六氏と称された豪族の一人。大友家に属し、毎年八月朔日には馬太刀の使者を立てて主従の礼を行ったという。「弘城伝」によれば弘治二（一五五六）年、大友勢によって蒲生城主、佐野源左衛門滅ぶとある。『豊前志』『築上郡志』『豊前古城誌』

佐野源次郎▽さのげんじろう
佐野源左衛門親重の子。天正十四（一五八六）年九月七日、大友義統の五千余騎の軍勢に土井城を攻められ、大友軍の先鋒、吉弘嘉兵衛統行きの軍兵に討たれた。『両豊記』『佐野氏系図』『豊前古城誌』

佐野親重▽さのちかしげ
佐野氏代々の土井山城（宇佐市佐野）の城主。源左衛門。弘治頃、大友氏に従い筑前に従軍する。永禄四（一五六一）年八月、親重は門司城の戦いにのぞみ、同九年三月大友氏に背いて毛利氏に属す。そして時枝鎮継と光岡城を囲み、同年五月朔日、赤尾氏が法要を営む隙をねらって光岡城を攻め赤尾氏を滅ぼし落城させた。さらに天正七（一五七九）年九月十日、毛利方に一味して時枝平大夫とともに中島城を攻めるが、中島伊予守統次に敗れる。この時に兄の壱岐守死す。天正十一年、大友氏より討たれる（一説に、天正十四年九月六日、清水村城主、内尾帯刀より討ち取られたとある）。『築上郡志』『豊前志』『豊前古城誌』『両豊記』『豊前古城誌』

佐野親通▽さのちかみち
土井城主。助太郎。明徳の頃（一三九〇－九四）、大友家の幕下に属して佐野氏代々の土井城に居城した。『豊前古城誌』

佐野親宗▽さのちかむね
清左衛門。源左衛門は次弟。天正十四（一五八六）年九月七日、大友義統の五千余騎の軍勢に土井城を攻められ、大友軍の先鋒、吉弘嘉兵衛統行きの軍兵に討たれた。『両豊記』『豊前古城誌』

佐野虎寿丸▽さのとらじゅまる
佐野親宗の子。太郎宗範の次弟。天正十四（一五八六）年九月七日、大友義統の五千余騎の軍勢に土井城を攻められ、大友軍の先鋒、吉弘嘉兵衛統行の軍兵に討たれた。『両豊記』『佐野氏系図』『豊前古城誌』

佐野宗範▽さのむねのり
佐野親宗の子。太郎。天正十四（一五八六）年九月七日、大友義統の五千余騎の軍勢に土井城を攻められ、大友軍の先鋒、吉弘嘉兵衛統行きの軍兵に討たれた。『両豊記』『佐野氏系図』『豊前古城誌』

佐野統通▽さのむねみち
助太郎。応安四・建徳二（一三七一）年、菊池氏追討のために今川貞世が大内義弘を差し向け、四月に仲津郡鶴の港（今川付近）に着岸した際、多くの給人とともに馳せ参じた。『築上郡史』

佐保源六▽さほげんろく
中島摂津守が謀叛を起こして大友勢と対峙し、小倉原に陣を張り皇后石（史跡・築上郡吉富町）に幡を挙げた時に、深水に出張り、毘沙門堂に陣を張った成恒氏の一族の一人。『豊前古城誌』

猿木主水▽さるきもんど
「城井軍記」「家臣名付」「豊州治覧」等に記された城井鎮房の挙兵時の家臣。城井家（豊前宇都宮家）馬廻り役。『築上郡志』『築上郡史』「宇都宮史」

佐波隆秀▽さわたかひで
本姓は三善氏、石見国邑智郡佐波郷を本拠として佐波氏とする。常陸介。はじめ大内義隆に仕え、毛利氏の麾下となって弘治二（一五五六）年石見制覇の戦いに先鋒を務めた。永禄十一（一五六八）年九月五日規矩郡の長野氏の三岳城攻略に奮闘して長野弘勝を斬り、賞せられた。『北九州戦国史』

三戸元真▽さんのへもとざね
清和源氏源頼親の後裔。次郎右衛門尉。毛利時親に従い安芸に下向、萩藩大組六百石外庶子家が十数家ある。毛利氏の家臣。天正元（一五七三）年三月四日、毛利輝元が門司城明神尾在番にあった赤川忠近を賞し、三戸次郎右衛門尉が交代として同じく城番となる。同年八月二十日、毛利輝元は門司明神の尾在番の三戸元真に対して、火の山城の城塀の普請を連絡、佐武元真同様に忠勤を励むように命じ、門司城番仁保常陸介に報告するように命じた。『萩藩閥閲録』『北九州戦国史史料集』

椎嶋市助▽しいじまいちすけ
「城井軍記」「家臣名付」「豊州治覧」等に記された城井鎮房の挙兵時の家臣。城井家（豊前宇都宮家）馬廻り役。『築上郡志』『築上郡史』「宇都宮史」

椎島国行▽しいじまくにゆき
与一郎。「宇都宮文書」の天文年間（一五三二―五五）の豊前知行御領衆の一人。北岡に八千石を知行した。『築上郡史』では、「満光寺文書」に推島《ママ》与一国行とあり、北岡城主、今高五千石を知行したとあるという。『築上郡志』「宇都宮文書」『築上郡史』

志井民部丞▽しいみんぶのじょう
諱と伝系は不詳。『北九州市史』では物部氏としている。永享三（一四三一）年十一月、安世（姓不詳）は規矩郡の総公文職志井民部丞に命じて、規矩郡福相寺村内の田地十町を都甲大膳亮に打ち渡させた。『北九州市史』

塩田兼矩▽しおたかねのり
内記。「城井軍記」「家臣名付」「豊州治覧」等に記された城井鎮房の挙兵時の家臣。城井家（豊前宇都宮家）中老職。『築上郡志』『築上郡史』「城井家記」『城井闘諍記』『太宰管内志』

塩田重吉▽しおたしげよし

内記。「城井軍記」「家臣名付」「豊州治覧」等に記された城井鎮房の挙兵時の家臣。城井家（豊前宇都宮家）物頭。「豊州治覧」には兼則とあり。『築上郡志』『築上郡史』「宇都宮史」「城井家記」『城井闘諍記』『太宰管内志』

塩田内記▽しおたないき

宇都宮大和守信房公七百五十遠諱の大祭が明治四十二年に挙行された際に、宇都宮家菩提寺天徳寺藤原賢然住職等が編集した「宇都宮家故舊重臣の後裔」の姓名録にその名が見える。「宇都宮家故舊重臣の後裔」

塩田兵部丞▽しおたひょうぶのじょう

応永五（一三九八）年、前守護職大友氏時の長子である大友氏鑑は、大内義弘の画策により、氏時の甥で猶子である親世が守護職を継いだことを不満とし、親世に叛逆して兵を挙げた。その際、氏鑑から回文を受け一味同心した一人。『応永戦覧』『築上郡史』『太宰管内志』

塩田弥十郎▽しおたやじゅうろう

応永の頃（一三九四－一四二八）、極楽寺村城に塩田兵部とともに居城した。応永五（一三九八）年、前守護職大友氏時の長子である大友氏鑑は、大内義弘の画策により、氏時の甥で猶子である親世が守護職を継いだことを不満とし、親世に叛逆して兵を挙げた。その際、氏鑑から回文を受け一味同心した一人。『応永戦覧』『築上郡史』『豊前志』『太宰管内志』

塩田吉重▽しおたよししげ

内記。『築上郡史』では、「満光寺文書」に内記は初め九郎三郎と称し、求菩提山番として今高千八百石を知行したとあるという。『築上郡史』『築上郡志』「城井家記」『城井闘諍記』『太宰管内志』

塩田吉種▽しおたよしたね

内記。「宇都宮文書」の天文年間（一五三二－一五五五）の豊前知行御領衆の一人。求菩提山番の千百石を知行した。「宇都宮文書」「城井家記」『城井闘諍記』『太宰管内志』

塩根武貞▽しおねたけさだ

孫四郎。中島摂津守が謀叛を起こして大友勢と対峙し、小倉原に陣を張り皇后石（史跡・築上郡吉富町）に幡を挙げた時に、深水に出張り、毘沙門堂に陣を張った成恒氏の一族の一人。『豊前古城誌』

塩根武孚▽しおねたけざね

孫左衛門尉。中島摂津守が謀叛を起こして大友勢と対峙し、小倉原に陣を張り皇后石（史跡・築上郡吉富町）

に幡を挙げた時に、深水に出張り、毘沙門堂に陣を張った成恒氏の一族の一人『豊前古城誌』

志賀鑑隆▽しがあきたか

大友氏の家臣団。鑑綱、鑑隆、常陸介、兵庫頭、兵庫助、越後守、常陸入道道雲、武蔵入道と称す。大友志賀氏庶流の分家で、俗に南志賀氏といわれる。直入郡白仁南山城主。妻は田北鑑生の娘。天文二十二（一五五三）年一万田弾正等の謀叛退治につき大友義鎮（宗麟）から賞される。弘治二（一五五六）年六月二十三日の大友家文書によれば、義鎮は鑑隆に対して、謀反人小原鑑元成敗の功績を賞し、三十貫分の地を与えている。永禄五（一五六二）年豊前香春岳城督を命じられる。同八年豊前に、同十二年に筑前に出陣して毛利方と戦う。天正六（一五七八）年秋の日向遠征には肥後搦手軍として出陣。同八年二月立花道雪は鑑隆父子ほかに檄文を送る。同十一年から十三年までしばしば筑後に出陣して戦った。同十四年六月頃、一時義統の加判衆を務めた。同年十月島津義弘が肥後から豊後に侵攻。鑑隆は南山白仁城に籠城するが、島津氏に降伏した。翌年島津軍が退却すると、筑後の五条鎮定領内に隠住するが、義統の命で誅伐され、天正十六年正月五日死去した。『大友家文書』『戦国大名家臣団事典』『北九州戦国史』『北九州戦国史史料集』『大友宗麟資料集』『九州戦国合戦記』

志賀鎮隆▽しがしげたか

大友氏の家臣団。鎮隆、兵庫頭と称す。鑑隆の子。天正八（一五八〇）年立花道雪から檄文を受けており、当時、すでに南部の有力者と目されていた。親貫の乱退治には父鑑隆が名代として出陣。天正十一年頃から肥後・筑後の各地に転戦した。天正十四年秋、島津軍の侵攻に際して、いったん和睦し、のち武略により討つつもりが悟られて討死した。天正十四年十一月二十三日死去。二十三歳。『戦国大名家臣団事典』

志賀親次▽しがちかつぐ

大友氏の家臣団。大友庶流志賀氏の本流。直入郡岡城主。親善、太郎、小左衛門尉、湖左衛門尉、虎左衛門尉と称す。親守の孫。親度の子。母は大友義鎮（宗麟）夫人奈多氏の娘。永禄九（一五六六）年頃生まれる。天正十二（一五八四）年七月筑後猫尾城攻撃に出陣。九月、十九歳で志賀家の家督を相続。翌十三年府内の学院で洗礼を受けドン・パウロと称す。妻もあわせてキリシタンとなる。十三年閏八月大野郡宇目村に滞在して、島津氏の侵攻に備える。十四年十月、島津義弘の将新納忠元が親次の居城である岡城を攻撃。親次は十二口に兵を配置して島津軍を撃退、以後数度の攻撃を斥け、島津の手に落ちた近隣の城砦も奪還した。十五年正月、豊臣秀吉から感状を送られ岡城固守を賞された。十五年六月秀吉の宣教師追放令以降義統はキリシタンを捨てない親次と対立を深めた。十六年、義統は親次の知行の半分を没収した。文禄元（一五九二）年朝鮮へ出陣。二年後義統国除となる。親次の言動が大友家除封の原因になったという。親次は蜂須賀氏に付せられたが、後に帰国。妻マグダレナを毛利領から連れ戻し、仕官の途を探して上洛。五年日田郡大井庄内で一千石を秀吉から給される。慶長六（一六〇一）年福島正則に一千石で仕える。七年小早川秀詮に九百五十石で仕える。後に肥後細川氏に仕えた。『豊後国大野荘資料』『日本史（フロイス）』『戦国大名家臣団事典』

志賀親度▽しがちかのり

親慶、親教、親孝。民部太輔（大夫）、兵部太輔、安房守。民部大夫入道、道易、道駅。大友庶流。大野郡志賀村を本拠とした親守の子。妻は大友義鎮（宗麟）夫人奈多氏の娘。親守の代に直入郡岡城に移った。天文十九（一五五〇）年二月、義鎮は「二階崩れの変」に関して親守・親度父子に誓書を出し協力を請うた。天文二十一年頃、親守から家督を継ぐ。弘治二（一五五六）年の小原鑑元の乱、同三年の秋月文種退治、永禄四（一五六一）年の豊前発向などに活躍した。永禄十二年から天正四（一五七六）年まで加判衆、肥後方分を務めた。同六年四月、梓口から日向に攻め入り松尾城を攻撃。秋の日向遠征には肥後口搦手軍として出陣。同七年秋月種実の征伐に出陣。同八年から九年日向に在陣して島津軍と対峙。同十二年、親次に家督を譲った。同十四年、入田義実によって島津に内通したために、翌年親次の手で自害させられた。『北九州戦国史』『戦国大名家臣団事典』『北九州戦国史史料編』

志賀親則▽しがちかのり

大友氏の人。天正八（一五八〇）年二月二十一日、田河郡猪ノ膝で秋月種実、高橋元種の連合軍と対決した。夜襲を受けて不意を突かれ大敗した。『田川郡誌』

志賀親守▽しがちかもり

大友氏の家臣団。次郎親守。兵部太輔、兵部少輔、民部大輔、安房守、前安房守、安房入道、伊勢入道、道珠、道輝と称す。大野郡大野庄志賀村を本貫とする大友庶流。親守の代に岡城に移った。親益の子。親次の祖父。天文十九（一五五〇）年から永禄六（一五六三）年までと、天正五（一五七七）年から文禄二（一五九三）年まで大友義鎮（宗麟）・義統の加判衆。また直入政所であった。大友氏家臣団の中で最有力者の一人。天文十九年「二階崩れの変」後、義鎮は親守父子に起請文を送り政権確立のための協力を求めた。閏五月小原・吉岡氏とともに肥後に出陣。二十一年正月大友晴英のために大内家督相続の儀式に参列する。この頃、家督を親度に譲ることを義鎮に安堵されている。弘治三（一五五七）年秋月文種退治に出陣。天正五年頃、義統はじめ親度が失脚し、親守もまた所領を没収され殺されかけたが、義鎮の反対で助かったという。同年十一月義統の加判衆として復帰。同六年、日向遠征の搦手軍の総大将を務めるが積極的に動かず。同七年秋月種実征伐に出陣して敗北した。同十一年大坂城普請夫役をとりまとめる。同十三年島津氏の東上に備えて大野郡宇目在城を命じられる。同十四年十二月義鎮と共に臼杵丹生島龍城。この時に夫婦共に洗礼を受けてキリシタンとなる。文禄の役には留守衆として豊後に在国した。『豊後国志』『戦国大名家臣団事典』『日本史（フロイス）』『北九州戦国史』『北九州戦国史史料集』

志賀親善▽しがちかよし

⇩志賀親次（しがちかつぐ）

志賀道輝▽しがみちてる

⇩志賀親守（しがちかもり）

敷名元紀▽しきなもとのり

兵庫頭。主膳正。大内義弘の旗下にある安芸国の住人。応永六（一三九九）年正月四日、城主が敗走した障子ヶ岳城の落城を決定づけるため、援兵の要請を陶筑前守から受けた大内義弘は、兵三万騎を兵船四百余艘に乗せ大内盛見を豊前に遣わせた。その際に従軍した一人。また岩石城を攻略する大内氏総大将大内盛見の軍勢に従い、安芸勢一万余騎の先陣をきって搦め手に向かった一人。『応永戦覧』『太宰管内志』

重松刑部少輔▽しげまつぎょうぶしょうゆう

下毛郡中津川丸山城主。下毛郡中津川神官。馬ヶ岳城主新田義高の部下、舟田入道玄加の妻の兄にあたる。新田系譜によれば、暦応三・興国元（一三四〇）年頃、菊池肥後守の願いにより、九州の咽喉たる豊前の地を官軍の要衝となすため征西府将軍が下向した。これに対し、重松刑部少輔は城兵二百余人を率いて降参し、永く君臣の誓約をしたとある。この時の世良田、名和、足利、桃井、曾我、田原、大館の諸将を豊前の八氏と号したとある。また永享三（一四三一）年、新田義高が菊池太郎武忠の軍勢の奇襲に遭い自害したあとの埋葬や、城から落ちのびた義高の三男、吉丸の保護をなした。『築上郡史』

重松義忠▽しげまつよしただ

中津城主。刑部少輔。永享の頃（一四二九－四一）、大友家の旗下に属して、往時、丸山にあった中津城に居城した。『豊前古城誌』

重松義盛▽しげまつよしもり
永享、応仁年間に下毛郡内に割拠した。『築上郡志』

宍戸家時▽ししどいえとき
安芸の人。安芸守。応永五（一三九八）年十二月、大友軍と対決のため大内軍代官、総大将陶弘房のもとに周防、長門、備後、安芸から集まった一人。同月十八日軍勢二万八千余騎とともに周防の多々良浜から船に乗り豊前の神田浦に着陣した。また岩石城を攻略する大内氏総大将大内盛見の軍勢に従い、安芸勢一万余騎の先陣をきって搦め手に向かった一人。『応永戦覧』『太宰管内志』

宍戸隆家▽ししどたかいえ
源頼朝に仕えた八田知家から出た。安芸守。建武元（一三三四）年、足利尊氏から安芸国甲立に所領を受け下向した。毛利氏と宍戸氏は近接して争いが多く、元就はその不利を知り、通婚して誼を結んだ。中国地方制覇に大きな役割を果たし、一門と同様な扱いを受け、筆頭家老になった。『北九州戦国史』

宍戸藤四郎▽ししどふじしろう
宇都宮氏一族並びに「家臣名付」に記された宇都宮家家臣。城井家（豊前宇都宮家）馬廻り役。『築上郡志』

下崎十郎▽したさきじゅうろう
千葉光胤の家臣。応永六（一三九九）年正月元旦に大内氏の軍勢が障子ヶ岳城を攻略したときに、下崎十蔵大将光胤の命により佐々木源吾とともに同城の北ノ口の守備を堅めた。『応永戦覧』

下笛右京▽したふえうきょう
宇都宮大和守信房公七百五十遠諱の大祭が明治四十二年に挙行された際に、宇都宮家菩提寺天徳寺藤原賢然住職等が編集した「宇都宮家故舊重臣の後裔」の姓名録にその名が見える。「宇都宮家故舊重臣の後裔」

志道元保▽しどうもとやす
赤間関衆。永禄七（一五六四）年正月二十三日、桂元忠宛てで、豊前・筑前両国の動静を注進した書状に連署している。始め下関火の山城を根拠としたが、次第に鍋山（萩市福栄村か）城に移ったと推測される。『北九州戦国史』

四宮次左衛門▽しのみやじざえもん
黒田家の家臣。天正十五（一五八七）年十月九日、城井氏との峰合戦の時、黒田長政を総大将とする鎮圧軍は、城井鎮房に天嶮の城井谷におびき寄せられ敗退した。この合戦において四宮次左衛門、高橋平大夫、横山与次、大野小弁、益田与六郎等六人鎗を合わせて討死した。『鎮西宇都宮氏の歴史』『黒田家譜』

柴崎采女▽しばさきうねめ

門司城主仁保帯刀の家老を久藤飛騨、安藤主膳とともに務めた。元亀二（一五七一）年、門司城主仁保帯刀介は、十二月十二日、松山城（京都郡苅田町）の長野氏と謀り小倉城主高橋鑑種を討たんとして敵の伏兵に遭い、伊川村にて討死した。この時、三家老、久藤飛騨守、安藤主膳、柴崎采女もともに討死した（仁保帯刀介討死の年は天正二〈一五七四〉年の説もある）。『門司郷土叢書』『門司・小倉の古城史』「豊前国古城記」『萩藩閥閲録』『北九州戦国史史料』

柴田紹安▽しばたしょうあん

大友氏の家臣団。実名は未詳。遠江入道。豊後国大野郡野津院の柴田氏総領。礼能の兄。天正十（一五八二）年、大友義統は島津氏に備えるため、紹安に大野郡宇目に朝日岳城を築城させた。同十四年十月、紹安は、野津院衆を率いて朝日岳城を守ったが、島津の侵攻に際しては内通して一族を率いて城を出た。『豊薩軍記』によれば、義鎮（宗麟）が庶流の柴田礼能ばかりを寵愛し、このため礼能が惣領をないがしろにするようになったのを恨んだためとある。十二月、佐伯惟定は星河砦を襲い紹安妻子等を捕虜としたが、これを聞いた紹安は妻子を助けようと思い、再び島津氏に背こうとして殺された。のちに義統の命令により、惟定は嫡男左京亮等を佐伯西正寺で斬った。『北九州戦国史』『豊薩軍記』『戦国大名家臣団事典』

柴田礼能▽しばたれいのう

大友氏の家臣団。実名は不詳。礼能、礼農、治右衛門入道、筑前入道、伊賀入道と称す。紹安の弟。天正十四（一五八六）年大友義統の命令で天徳寺と改姓している。大野郡野津院の柴田氏の庶流。久三統勝・天徳寺孫太郎の父。キリシタン会士の記録に見られる。礼能は槍の名人で、宣教師たちより「豊後のヘラクレス」といわれた。大友義鎮（宗麟）の側近として重用され、天正中期に活躍した。天正八年親貫の乱で大友親家に付せられ、国東経略にあたる。九年秋月・龍造寺氏の日田針目岳進出に対して彦山（英彦山）高岩城に登城、警戒にあたった。十年、義統から「条々」を与えられ、府内の奉行を務めた。十二年末、これまでの忠勤を賞されて親家の口入・南北国衆の推挙を得て、大友一族に准ぜられ、杏葉紋の使用を許された。十四年三月、天徳寺に改姓。十四年十二月島津氏の豊後侵攻にあたり臼杵丹生島城に籠もった。五日息子久三と共に平清水口に打って出て勇戦して討死した。父の死を聞き久三も引き返して討死した。「大友興廃記」によれば、礼能の死は柴田氏惣領紹安の島津内応の汚名をそそぐためであったとある。十五年十一月義統は礼能父子の戦死を賞して天徳寺孫太郎に跡目を安堵した。「大友興廃記」『戦国大名家臣団事典』

志芳政義▽しはまさよし

大内氏の家臣。和泉守。入道政義。応永五（一三九八）年頃、大友氏鑑が守っていた松山城（京都郡苅田町）を守護代であった杉弘信をはじめ大内方が奪回して後、天野安芸守義顕が二千余騎とともに同年十一月より応永十五年まで城番となった。その時に共に在陣した一人。応永五年十二月晦日、大友方の先駆けの大将戸次親秀と弟親光の八百騎の軍勢と後陣、大友氏貞が二千騎の軍勢をもって松山城を攻略に来るとの情報を得たため、政義は高橋弥十郎種基とともに湜兵四百余騎をもって長野氏、貫氏の敵攻めに備えて狸山に陣を構えた。『応永戦覧』

芝間伊予守▽しばまいよのかみ

元亀、天正年間に下毛郡内に割拠した。天正七（一五七九）年、大友義鎮（宗麟）が日向耳川の合戦にて敗れ諸国の大名が離反し、長岩城主の野仲鎮兼も大友氏に叛いた時、鎮兼に従った近郷の武士団の一人。『豊前古城誌』『築上郡志』

渋川満頼▽しぶかわみつより

渋川義行の子。右兵衛佐。九州探題。豊前守護職。管領職斯波義將の娘婿にあたる。今川貞世が九州探題を罷免され、応永三（一三九六）年三月、満頼は佐田親景に書を送り、九州探題として下向する旨を告げ、あわせて豊前守護職を拝領したこと、さらに九州渡海の際には豊前に船を着けることとあわせて九州探題への支援と協力を要請している。応永五年、豊前守護職兼九州探題となり豊前に下向した。満頼は応永七年十一月十八日、佐田親景の官途、薩摩守を推挙し、翌年には筑後国松門寺地頭職を安堵した。『築上郡史』

渋川義行▽しぶかわよしゆき

九州探題。貞治四（一三六五）年、斯波氏経の後任として九州探題を命じられた。その旨を佐田経景に連絡して協力を要請している。しかし義行は征西府の頑強な抵抗に遭い、一度も九州に下向できなかった。『鎮西宇都宮氏の歴史』

島井左内▽しまいさない

「城井軍記」「家臣名付」「豊州治覧」等に記された城井鎮房時代の家臣。『築上郡志』

島源蔵▽しまげんぞう

「城井軍記」「家臣名付」「豊州治覧」等に記された城井鎮房時代の家臣。城井家（豊前宇都宮家）馬廻り役。「豊州治覧」『築上郡志』『築上郡史』「宇都宮史」

島津家久▽しまづいえひさ
島津氏の家臣団。又七郎、中務少輔、中務大輔。父貴久の四男。義久・義弘の弟。永吉島津氏祖。元亀元（一五七〇）年串木野城主。天正六（一五七八）年佐土原領主。軍功が多く、とくに天正十二年三千の兵で龍造寺六万の大軍を破った島原の合戦での勝利は著名。天正十五年豊臣秀長に降ったが、すぐ毒殺された。享年四十四。『戦国大名家臣団事典』

島津忠国▽しまづただくに
薩摩・大隅・日向の三国の守護。初名貴久、又三郎、修理大夫、陸奥守。島津氏第九代当主。島津久豊の嫡男。はじめ父久豊を助け日向の経営にあたる。父の死後、襲職、将軍足利義教から三州守護職に補任される。文明二（一四七〇）年、正月二十日没。『戦国武将合戦事典』

島津忠長▽しまづただたけ
薩摩国の武将。図書頭。入道して紹益と号す。日新斎島津忠良の第三子尚久の子。天文二十（一五五一）年七月十七日生まれる。従兄にあたる宗家十六代義久をたすけて野戦攻城に英名をうたわれる。天正十二（一五八四）年の島原合戦のため肥前島原に渡り、龍造寺隆信軍の六万余をわずか三千の兵で破り隆信を討った。以後九州の各地に転戦し岩屋城（太宰府市観世音寺）の高橋紹運も攻め滅ぼした。慶長十五（一六一〇）年十一月九日没。六十歳。『戦国武将合戦事典』『鹿児島士人名抄録』

島津義久▽しまづよしひさ
三郎左衛門尉、修理大夫、従四位下、竜伯。島津氏第十六代当主。永禄九（一五六六）年家督を継いだ。元亀三（一五七二）年、伊東氏を日向の木崎原で敗り、天正五（一五七七）年日向から追い落とし、薩摩・大隅・日向を統一した。天正六年、大友氏を耳川で敗り、北九州への進出を図り、同十二年龍造寺隆信を敗死させ九州を制圧した。しかし、天正十五年秀吉の九州攻めで降伏、旧領薩摩・大隅に日向の一部を安堵された。慶長六（一六〇一）年死去。『北九州戦国史』

島村角平▽しまむらかくへい
「城井軍記」「家臣名付」「豊州治覧」等に記された城井鎮房時代の家臣。城井家（豊前宇都宮家）馬廻り役。宇都宮大和守信房公七百五十遠諱の大祭が明治四十二年に挙行された際に、宇都宮家菩提寺天徳寺藤原賢然住職等が編集した「宇都宮家故舊重臣の後裔」の姓名録にもその名が見える。『築上郡志』『築上郡史』「宇都宮文書」「宇都宮家故舊重臣の後裔」

嶋村数馬▽しまむらかずま
「城井軍記」「家臣名付」「豊州治覧」等に記された城井鎮房時代の家臣。『築上郡志』『築上郡史』「宇都宮史」

自見重邦▽じみしげくに
善兵衛尉。自見氏系図によれば自見重貞の子。父重貞は天正十六(一五八八)年、故あって黒田長政に殺された。『豊前古城誌』

自見重貞▽じみしげさだ
善五郎。重宗の子。自見氏代々の城であった自見村城に居城したが、天正十六(一五八八)年、故あって父、重宗とともに黒田長政のために殺された。『豊前古城誌』

自見重宗▽じみしげむね
善七衛門尉。天文、永禄年間に下毛郡内に割拠した。自見氏代々の城であった自見村城に居城したが、天正十六(一五八八)年、故あって子、重貞とともに黒田長政に殺された。『豊前古城誌』『築上郡志』

清水左近衛将監▽しみずさこんえのしょうげん
毛利軍の将。永禄十一(一五六八)年四月六日、関門の海を渡り立花城救援のために糟屋郡に着陣した。永禄十二年八月、大友方から立花城の奪回を図るために遣わされたが奪回できず、逆に追跡されて、新宮の浜より船で長門に落ちのびた。『筑前戦国史』

清水実俊▽しみずさねとし
上田城主。因幡守。上田氏実の子。旧姓は上田。父上田氏実から清水氏を名乗る。弘治二(一五五六)年、龍王城で大友氏に降った。『日本城郭大系』

下留右京▽しもとめうきょう
⇩下畑左京(しもはたさきょう)

下留平兵衛▽しもとめへいべえ
⇩下畠平蔵(しもはたけへいぞう)

下畠市右衛門▽しもはたけいちえもん
「城井軍記」「家臣名付」「豊州治覧」等に記された城井鎮房時代の家臣。『築上郡志』『築上郡史』「宇都宮史」

下畠平蔵▽しもはたけへいぞう
「城井軍記」「家臣名付」「豊州治覧」等に記された城

井鎮房時代の家臣。城井家（豊前宇都宮家）物頭（別に馬廻り役との記載あり）。『城井闘諍記』には平之丞とあり、下留平兵衛とも記載あり。『築上郡志』『築上郡史』「宇都宮史」『城井闘諍記』『太宰管内志』

下畠平之丞▽しもはたけへいのじょう
⇩下畠平蔵（しもはたけへいぞう）

下畠弥市郎▽しもはたけやいちろう
「城井軍記」「家臣名付」「豊州治覧」等に記された城井鎮房時代の家臣。『築上郡志』『築上郡史』「宇都宮史」

下畑左京▽しもはたさきょう
「城井軍記」「家臣名付」「豊州治覧」等に記された城井鎮房時代の家臣。城井家（豊前宇都宮家）馬廻り役。物頭。「家臣名付」には右京、また下留右京とあり。『城井闘諍記』には左京進と記されている。『築上郡志』『築上郡史』「宇都宮史」『城井闘諍記』『太宰管内志』

首藤右京亮▽しゅどううきょうのすけ
天文元（一五三二）年十一月、大友氏は大内方として宇佐郡の佐田朝景が籠る妙見岳城を攻めた。その時に妙見岳合戦に動員されて出陣した大友方の一人。『豊前市史』『増補訂正編年大友史料併大分県古文書全集第16』『大分県の歴史』

聖護院道澄▽しょうごいんどうちょう
聖護院門跡。毛利大友講話調停使聖護院道増の法灯を承継した。永禄五（一五六二）年夏、足利将軍義輝の命により、久我通興とともに、大友、毛利両家の和睦勧告の使者として京都より遣わされた。『北九州戦国史』『筑前戦国史』

城重家▽じょうしげいえ
天文、永禄、元亀、天正年間に宇佐郡内に割拠した。『築上郡志』

城武孝▽じょうたけたか
太郎左衛門尉。応永の頃（一三九四－一四二八）、岩石城を攻略する大内氏総大将大内盛見の軍勢に豊前国の軍勢二千余騎とともに従った。『太宰管内志』

城太郎左衛門▽じょうたろうさえもん
戦国時代、天文、永禄年間に仲津郡内に割拠した。応安四・建徳二（一三七一）年、菊池氏追討のために今川貞世が大内義弘を差し向け、四月に仲津郡鶴の港（今川付近）に着岸した際、多くの給人とともに馳せ参じた。『築上郡志』『築上郡史』

城親冬▽じょうちかふゆ
越前守。肥後の人。永禄十二（一五六九）年四月、大友方の戸次、臼杵、吉弘の三将の命により、肥前の佐嘉（賀）城に籠城していた龍造寺隆信との和平交渉にあたり、和議が成立した。『北九州戦国史』

少弐貞経▽しょうにさだつね
建武元（一三三四）年から糸田貞義の跡を継ぎ、豊前国守護職となる。筑前守護を兼務。『国別守護・戦国大名事典』

少弐頼真▽しょうによりざね
式部少輔。応安四・建徳二（一三七一）年、菊池氏追討のために今川貞世が大内義弘を差し向け、四月に仲津郡鶴の港（今川付近）に着岸した際、多くの給人とともに馳せ参じた。『築上郡史』

少弐頼忠▽しょうによりただ
筑前国守護職。応仁・文明の乱のさなかの文明元（一四六九）年、東軍の総帥となった細川勝元から筑前国守護職を与えられた。それまでは筑前、豊前の両国は大内政弘が兼ねていた。大内氏と敵対関係にあった少弐氏を起用し、京都での権力闘争に影響を与えようとしたものである。文明元年四月二十七日この以前、少弐頼忠、筑前に攻め入り、大内勢力と戦う。『総合地方史大年表』『大内氏実録』

少弐頼尚▽しょうによりひさ
少弐氏当主。建武元（一三三四）年から少弐貞経の後を継ぎ、豊前国守護職となる。筑前・肥後・対馬守護を兼務。大宰少弐。『国別守護・戦国大名事典』

少弐頼冬▽しょうによりふゆ
応永、正長年間に規矩郡内に割拠した。『築上郡志』

少弐頼光▽しょうによりみつ
応永、正長年間に田河郡内に割拠した。『築上郡志』

城縫殿允▽じょうぬいどののじょう
天文年間（一五三二―五五）、大内氏の臣内藤左馬助武時の被官であった城縫殿允は息子の与七郎とひそかに御家人吉村左馬允実信を討ち殺して逐電した。大友氏の臣、一万田鑑実と大内氏の臣杉重輔は連名により、佐田弾正忠に対して城縫殿允と息子の与七郎の重科を明らかにして討ち取りを命じた「宮成文書」が残る。「宮成文書」「宇都宮史」『築上郡志』

庄部伊賀▽しょうぶいが

麻生郷の名主の一人。文亀元（一五〇一）年十月十一日、麻生郷の十五名主の一人として連判し領地を御霊八幡に奉納した。これは麻生郷の名主として麻生家の幕下に属すことを誓約して連判したものである。『豊前古城誌』

菖蒲主馬之介▽しょうぶしゅめのすけ
麻生親政の家臣。親政は人質に差し出していた実子、統重が無念にも切腹したことに遺恨を抱き、大友氏にそむく。この時、城主と一味同心して大友氏の大将、田原親賢（紹忍）の軍勢と戦った。『両豊記』『豊前古城誌』

城弥六左衛門▽じょうやろくざえもん
麻生摂津守の謀叛を攻めた大友方に助勢した。『豊前古城誌』

城祐之丞／城祐之烝▽じょうゆうのじょう
「城井軍記」「家臣名付」「豊州治覧」等に記された城井鎮房時代の家臣。宇都宮大和守信房公七百五十遠諱の大祭が明治四十二年に挙行された際に、宇都宮家菩提寺天徳寺藤原賢然住職等が編集した「宇都宮家故舊重臣の後裔」の姓名録にもその名が見える。「宇都宮家故舊重臣の後裔」『築上郡志』『築上郡史』「宇都宮史」

白石悪七郎衛門▽しらいしあくしちろうえもん
弥右衛門。「城井軍記」「家臣名付」「豊州治覧」等に記された城井鎮房時代の家臣。『築上郡志』『築上郡史』「宇都宮文書」

白石今出兵衛▽しらいしいまでひょうえ
⇩白石房勝（しらいしふさかつ）

白石加兵衛▽しらいしかへえ
「城井家記」には神楽城の城代と記されている。『城井闘諍記』『太宰管内志』

白石監物▽しらいしけんもつ
「宇都宮日記十三年」には、宇都宮家人として豊前の神楽城に居城したとある。『築上郡志』

白石左京▽しらいしさきょう
宇都宮大和守信房公七百五十遠諱の大祭が明治四十二年に挙行された際に、宇都宮家菩提寺天徳寺藤原賢然住職等が編集した「宇都宮家故舊重臣の後裔」の姓名録にその名が見える。「宇都宮家故舊重臣の後裔」

白石善内▽しらいしぜんない
「城井軍記」「家臣名付」「豊州治覧」等に記された城

井鎮房時代の家臣。「家臣名付」には甚内とある。『築上郡志』『築上郡史』「宇都宮文書」

白石忠兵衛▽しらいしちゅうべえ
「城井軍記」「家臣名付」「豊州治覧」等に記された城井鎮房時代の家臣。物頭。『築上郡志』『築上郡史』「宇都宮文書」

白石房勝▽しらいしふさかつ
「城井軍記」「家臣名付」「豊州治覧」等に記された城井鎮房時代の家臣。城井家（豊前宇都宮家）馬廻り役。天文、永禄、元亀、天正年間に仲津郡内に割拠した。『築上郡史』では、「満光寺文書」に名を元国、後に房勝とあるという。今出兵衛。「宇都宮文書」では天文年間（一五三二－五五）の豊前知行御領衆の一人。神楽に知行とあるが禄高は不明。「満光寺文書」では、神楽城主にして、今高二千石とある。天正十五（一五八七）年の豊臣秀吉の薩摩征伐の軍役に城井朝房率いる五百の兵とともに従軍した。宇都宮大和守信房公七百五十遠諱の大祭が明治四十二年に挙行された際に、宇都宮家菩提寺天徳寺藤原賢然住職等が編集した「宇都宮家故舊重臣の後裔」の姓名録にもその名が見える。『築上郡志』『築上郡史』「宇都宮文書」「宇都宮家故舊重臣の後裔」

白石昌繁▽しらいしまさしげ
善次郎また善三郎。「城井軍記」「家臣名付」「豊州治覧」等に記された城井鎮房時代の家臣。城井家（豊前宇都宮家）物頭。別に馬廻り役の記載あり。「豊州治覧」と「家臣名付」には善三郎とある。『築上郡志』『築上郡史』「宇都宮文書」

白石昌懐▽しらいしまさかね
「城井軍記」「家臣名付」「豊州治覧」等に記された城井鎮房時代の家臣。城井家（豊前宇都宮家）馬廻り役。貫（勘）助。『築上郡志』「宇都宮文書」

白石昌建▽しらいしまさたつ
左兵衛門、左衛門。「城井軍記」「家臣名付」「豊州治覧」等に記された城井鎮房時代の家臣。城井家（豊前宇都宮家）馬廻り役。『築上郡志』『築上郡史』「宇都宮文書」

白石昌職／**白石昌識**▽しらいしまさもと
右京亮また左京介。「城井軍記」「家臣名付」「豊州治覧」等に記された城井鎮房時代の家臣。城井家（豊前宇都宮家）馬廻り役。「遺臣姓名録」には左京とあり、「家臣名付」と「豊州治覧」には名を昌識とある。『築上郡志』『築上郡史』「宇都宮文書」

白石昌誉▽**しらいしまさやす**
惣七郎。「城井軍記」「家臣名付」「豊州治覧」等に記された城井鎮房時代の家臣。城井家（豊前宇都宮家）馬廻り役。『築上郡志』「宇都宮文書」

白石元国▽**しらいしもとくに**
⇩白石房勝（しらいしふさかつ）

白石茂兵衛▽**しらいしもへえ**
城井鎮房時代の家臣。『城井闘諍記』『太宰管内志』

白石弥左衛門（白石弥右衛門）
▽**しらいしやざえもん（しらいしやえもん）**
「城井軍記」「家臣名付」「豊州治覧」等に記された城井鎮房時代の家臣。物頭。「遺臣姓名録」には弥右衛門とあり。『築上郡志』『築上郡史』「宇都宮文書」

白石与市▽**しらいしよいち**
「城井軍記」「家臣名付」「豊州治覧」等に記された城井鎮房時代の家臣。『築上郡志』「宇都宮文書」

白川加賀守▽**しらかわかがのかみ**
「城井軍記」「家臣名付」「豊州治覧」等に記された城井鎮房時代の家臣。宇都宮大和守信房公七百五十遠諱の大祭が明治四十二年に挙行された際に、宇都宮家菩提寺天徳寺藤原賢然住職等が編集した「宇都宮家故舊重臣の後裔」の姓名録にもその名が見える。「宇都宮家故舊重臣の後裔」『築上郡志』「宇都宮文書」

白川（白石、白岩）儀兵衛
▽**しらかわ（しらいし、しろいわ）ぎへえ**
「城井軍記」「家臣名付」「豊州治覧」等に記された城井鎮房時代の家臣。「家臣名付」には白石とあり、「遺臣姓名録」には白岩とある。城井家（豊前宇都宮家）物頭。「遺臣姓名録」『築上郡志』「宇都宮文書」

白川作大夫（白川佐大夫）
▽**しらかわさくだゆう（しらかわさだゆう）**
「城井軍記」「家臣名付」「豊州治覧」等に記された城井鎮房時代の家臣。城井家（豊前宇都宮家）馬廻り役。城井朝房が肥後に赴く時に随行した驍勇二十二騎の一人。『築上郡志』『築上郡史』「宇都宮文書」『城井闘諍記』『太宰管内志』

白川遠江／白河遠江▽**しらかわとおとうみ**
「城井軍記」「家臣名付」「豊州治覧」等に記された城井鎮房時代の家臣。宇都宮大和守信房公七百五十遠諱の大祭が明治四十二年に挙行された際に、宇都宮家菩提寺天徳寺藤原賢然住職等が編集した「宇都宮家故舊重臣の後裔」の姓名録にもその名が見える。『築上郡志』『築上郡史』「宇都宮文書」「宇都宮家故舊重臣の後裔」

白川元近▽しらかわもとちか

又三郎。「城井軍記」「家臣名付」「豊州治覧」等に記された城井鎮房時代の家臣。城井家（豊前宇都宮家）馬廻り役。宇都宮大和守信房公七百五十遠諱の大祭が明治四十二年に挙行された際に、宇都宮家菩提寺天徳寺藤原賢然住職等が編集した「宇都宮家故舊重臣の後裔」の姓名録にもその名が見える。『築上郡志』『築上郡史』「宇都宮文書」「宇都宮家故舊重臣の後裔」

白川義邦▽しらかわよしくに

三郎兵衛。「城井軍記」「家臣名付」「豊州治覧」等に記された城井鎮房時代の家臣。城井家（豊前宇都宮家）家老。別に中老職の記載もあり。『太宰管内志』『城井闘諍記』には三郎兵衛と記されている。天正十七（一五八九）年、城井鎮房が中津城で欺かれて謀殺された時、随行後手として供をしていた他の家臣達とともに討ち取られた（城井鎮房の謀殺については、『築上郡志』収載の宇都宮系文書や豊前宇都宮一族の菩提寺月光山天徳寺では天正十七年としているが、『黒田家譜』等では天正十六年とされている）。「城井軍記実録」『城井闘諍記』『両豊記』『築上郡志』『築上郡史』「宇都宮文書」『太宰管内志』

代金信濃守▽しろがねしなののかみ

大字百留（福岡県築上郡）の池田池の上の代金山にあった代金城の城主。この地方の代官であった。天正八（一五八〇）年下毛郡三光村の土田城主であった百富河内守兼貞に攻められ討ち取られた。この時の籠城は二日三夜続いたとある。『福岡県の城』

城原貞常▽しろはらさだつね

八郎。赤尾鎮房一族の家臣。天正八（一五八〇）年、時枝鎮継と佐野親重が赤尾鎮房の法要を狙って光岡城を襲撃した際、その法要に参列していた一人。この襲撃により光岡城は落城した。『豊前古城誌』

城原能負▽しろはらよしえ

八郎左衛門。大友氏の旗下、赤尾鎮房の家臣。麻生親政の謀叛を鎮圧のために赴いた軍奉行田原親賢（紹忍）の下で鎮房は追手の大将となった。その家臣として同陣営に参軍した。『豊前古城誌』

進壱岐守▽しんいきのかみ

宇都宮大和守信房公七百五十遠諱の大祭が明治四十二

年に挙行された際に、宇都宮家菩提寺天徳寺藤原賢然住職等が編集した「宇都宮家故舊重臣の後裔」の姓名録にその名が見える。「宇都宮家故舊重臣の後裔」

進右近▽しんうこん
「城井軍記」「家臣名付」「豊州治覧」等に記された城井鎮房時代の家臣。『築上郡志』『築上郡史』「宇都宮史」

新貝荒五郎▽しんがいあらごろう
「城井軍記」「家臣名付」「豊州治覧」等に記された城井鎮房時代の家臣。城井家（豊前宇都宮家）馬廻り役。「家臣名付」には名を秀之とあり。黒田軍に応援した毛利軍の武将、勝間田重明を岩丸山の戦いにおいて討ち取る。宇都宮大和守信房公七百五十遠諱の大祭が明治四十二年に挙行された際に、宇都宮家菩提寺天徳寺藤原賢然住職等が編集した「宇都宮家故舊重臣の後裔」の姓名録にもその名が見える。「宇都宮家故舊重臣の後裔」『築上郡志』『築上郡史』「宇都宮史」

新貝荒四郎▽しんがいあらしろう
「城井軍記」「家臣名付」「豊州治覧」等に記された城井鎮房時代の家臣。『築上郡志』『築上郡史』「宇都宮史」

新開玄蕃助▽しんかいげんばのすけ
新開広忠の子。康元二（一二五七）年、妻垣社社司および座主となって宇佐宮にも関係した。『日本城郭大系』『安心院町誌』「宇佐地頭伝記」

新開広忠▽しんかいひろただ
北条時政の次男時房の曾孫新開広長の子。妻垣八幡宮兼新開庄地頭となる。『日本城郭大系』『安心院町誌』「宇佐地頭伝記」

新開広長▽しんかいひろなが
鎌倉時代、北条時政の次男時房の曾孫となる。宇佐郡木之裳村滝の下に館を構えて新開氏と称した。『日本城郭大系』『安心院町誌』「宇佐地頭伝記」

新開広秀▽しんかいひろひで
新開館を築いた新開広長の末裔。南北朝時代、新開広秀は弟の勘助とともに南朝方の菊池氏に属して、安心院公重の龍王城を攻めた。『日本城郭大系』『安心院町誌』「宇佐地頭伝記」

新開統宏▽しんかいむねひろ
新五兵衛。天正十（一五八二）年、安心院千代松丸を九人ヶ峠で襲撃して殺した。龍王城の落城後、大友義統を龍王城に迎えて歓待したことにより義統から一字を賜わり統宏と称した。『日本城郭大系』『安心院町誌』「宇佐地頭伝記」史料集」

新貝六助▽しんがいろくすけ

弘治二（一五五六）年四月二十八日、大友義鎮（宗麟）、豊府を発して豊前国龍王に陣を取る。宇佐郡士三十六人衆の帰服した中の一人。「佐田文書」「北九州戦国史史料集」

進惟長▽しんこれなが

壱岐守。「城井軍記」「家臣名付」「豊州治覧」等に記された城井鎮房時代の家臣。城井家（豊前宇都宮家）中老。「家臣名付」と「豊州治覧」には名を惟長とあり。『築上郡志』「宇都宮史」『城井闘諍記』『太宰管内志』

進惟久▽しんこれひさ

和泉守。宇都宮氏一族並びに「家臣名付」に記された宇都宮家家臣。馬廻り役。『築上郡志』

進右近▽しんうこん

宇都宮大和守信房公七百五十遠諱の大祭が明治四十二年に挙行された際に、宇都宮家菩提寺天徳寺藤原賢然住職等が編集した「宇都宮家故舊重臣の後裔」の姓名録にその名が見える。「宇都宮家故舊重臣の後裔」

進三郎左衛門▽しんさぶろうさえもん

城井氏（豊前宇都宮氏）後裔。城井春房から嫡男、藤一郎（のち信綱）を預けられ養育した。豊前国仲津郡上伊良原村（福岡県京都郡犀川町）の人。城井氏の重臣の子孫進三郎左衛門日記を記述した。『京都郡史』

進筑後▽しんちくご

「城井軍記」「家臣名付」「豊州治覧」等に記された城井鎮房時代の家臣。宇都宮大和守信房公七百五十遠諱の大祭が明治四十二年に挙行された際に、宇都宮家菩提寺天徳寺藤原賢然住職等が編集した「宇都宮家故舊重臣の後裔」の姓名録にもその名が見える。『築上郡志』『築上郡史』「宇都宮史」「宇都宮家故舊重臣の後裔」

進藤将監▽しんどうしょうげん

「城井軍記」「家臣名付」「豊州治覧」等に記された城井鎮房時代の家臣。『築上郡志』『築上郡史』「宇都宮史」

陶興房▽すえおきふさ

大内氏の重臣、陶弘護の三男。幼名次郎、のち中務少輔。出家して祥岩道鱗、また道麒と称した。兄武護の早世のあとをうけて家督を継ぐ。大内氏の筆頭家老。義興・義隆期の周防守護代。永正五（一五〇八）年義興に従って上京。武将としても秀れ、数度にわたって安芸・

九州等へ出陣した。永正九年、尾張守。大永二（一五二二）年、防長豊筑芸石の総督に任ぜられた。享禄元（一五二八）年、大内義興が没し義隆に仕えた。同二年尾張守を辞し、剃髪して道麟あるいは道麒と称した。天文元（一五三二）年、北九州出征の主将となり、同三年冬までに転戦し、少弐資元・冬尚を事実上降して目的を達成した。寡言重厚、文武兼備、ことに禅に心を傾けた。和歌、連歌も巧みで、飛鳥井雅俊、宗碩等の公家、文化人とも交流を持った。天文八年四月十八日没。「興隆寺文書」「大内系図」「大内氏家臣人名事典」『戦国武将合戦事典』

末木主膳▽すえきしゅぜん

弘治二（一五五六）年四月二十八日、大友義鎮（宗麟）、豊府を発して豊前国龍王に陣を取る。宇佐郡士三十六人衆の帰服した中の一人。「佐田文書」「北九州戦国史史料集」『築上郡志』『築上郡史』「宇都宮史」

陶全姜▽すえぜんぎょう

⇩陶晴賢（すえはるかた）

陶隆房▽すえたかふさ

⇩陶晴賢（すえはるかた）

陶武護▽すえたけもり

文明、大永年間に田河郡内に割拠した。陶弘護の嫡男。永享四（一四三二）年、旧田河郡大内田村の戸代山城を奪回した大内氏は、陶武護にこの城を守らせた。『築上郡志』『豊前志』

須江太郎▽すえたろう

応永、正長年間に京都郡内に割拠した。応永五（一三九八）年、前守護職大友氏時の長子である大友氏鑑は、大内義弘の画策により、氏時の甥で猶子である親世が守護職を継いだことを不満とし、親世に叛逆して兵を挙げた。その際、氏鑑から回文を受け一味同心した一人。『築上郡志』『応永戦覧』『築上郡史』

陶長弘元▽すえながひろもと

大内義弘の一族。王丸。応永六（一三九九）年正月四日、城主が敗走した障子ヶ岳城の落城を決定づけるため、援兵の要請を陶筑前守から受けた大内義弘は、兵三万騎を兵船四百余艘に乗せ大内盛見を豊前に遣わせた。その際に従軍した一人。『応永戦覧』

陶晴賢▽すえはるかた

大内氏の一族。尾張守。大内氏第九代盛房の末裔。陶興房の次男。大内義隆に仕える武断派重臣。初め隆房と称した。法名全姜。文治派の相良武任と対立して謀反する。大内義隆を討ち、大内氏の血筋を引く豊後の大友晴英（義長）に継がせた。天文二十（一五五一）年二月興隆寺二月会大頭役にあたった。弘治元（一五五五）年十月一日、毛利元就に攻められ厳島で敗死した。『北肥戦誌』「興隆寺文書」「大内系図」「大内氏家臣人名事典」

陶弘春▽すえひろはる

馬ヶ岳城主。文明元（一四六九）年、大内盛見の嫡男で馬ヶ岳城主であった大内掃部頭教幸が攻め滅ぼされて後、城主となった。明応九（一五〇〇）年、大内、大友両氏は軍を発して数回戦ったのち、大友氏が馬ヶ岳城に兵を籠もらせた。『豊前志』

陶弘英▽すえひろひで

大内義弘の重臣。左兵衛佐。応永五（一三九八）年十月、豊前の守護職馬ヶ岳城主新田義氏が大友氏鑑の挙兵に加わったため、新田義氏は大内政弘が差し向けた二万の大軍に対して馬ヶ岳城に籠城しよく守ったが、ついに新田義氏の嫡男左馬頭義高を人質として大内氏への忠誠を誓い大内義弘の代将であった陶越前守に降参した。和平が調い義高は山口に赴くことになり、弘英は海陸路程の守護にあたった。応永五年十二月、大友軍と対決のため大内軍代官、総大将として周防、長門、備後、安芸から集めた軍勢二万八千騎を率い大友軍二万九百騎と築城原で対陣した。『築上郡志』『応永戦覧』

陶弘房▽すえひろふさ

筑前守、尾張守。応永五（一三九八）年、杉弘信が大内義弘の先駆として豊前に向かわした後、義弘から二万八千余騎を授けられ豊前に向かい、同年十二月十八日、豊前神田浦に着岸、二十一日、仲津郡長者原に出張して豊後勢の来襲を待った。この時、蟹萱城（畑城）城主、世良田貞義、嫡子貞行が二百騎ばかりを引きつれて軍内に来り叩頭し降礼してきたため前過を許し味方として居城を許した。同年十二月、松山城（京都郡苅田町）を攻めた大友氏鑑を迎えて陶弘房は築城原で大友軍を破った。『応永戦覧』『築上郡史』『総合地方史大年表』

陶弘護▽すえひろもり

大内政弘の家臣。越前権守。陶弘房の子。文明二（一四七〇）年三月、大内政弘が西方軍として京都に在陣中、政弘の叔父大内教幸が東方軍に誘われ吉見信頼などと共に留守中の周防で反乱（大内道頓の乱）を起こしたため、留守居役の弘護はこれの鎮圧にあたった。翌年十一月二十六日、弘護に追い詰められた教幸は、馬ヶ岳城に走り自害した。文明十四年、帰国した政弘が諸将の慰労のために山口の築山館で開いた宴席で、弘護は吉見信頼に刺されて死亡、信頼はその場で成敗された。『応永戦覧』

『総合地方史大年表』

陶弘義▽すえひろよし

大内義弘の一族。武蔵守。応永六(一三九九)年正月四日、城主が敗走した障子ヶ岳城の落城を決定づけるため、援兵の要請を陶筑前守から受けた大内義弘は、兵三万騎を兵船四百余艘に乗せ大内盛見を豊前に遣わせた。その際に従軍した一人。『応永戦覧』

末弘正行▽すえひろまさつら

対馬守。主膳。旧下毛郡永添村にあった末弘氏代々の城であった末弘城に居城したが、天正七(一五七九)年正月九日、野仲鎮兼の兵二千余騎に攻められた。正行は剃髪して名を妙玄と改め、嫡子四郎を妙秀と改めて降った。『豊前志』『豊前古城誌』

末松伊賀▽すえまついが

城井鎮房時代の家臣。『城井闘諍記』『太宰管内志』

末松加賀守▽すえまつかがのかみ

宇都宮大和守信房公七百五十遠諱の大祭が明治四十二年に挙行された際に、宇都宮家菩提寺天徳寺藤原賢然住職等が編集した「宇都宮家故舊重臣の後裔」の姓名録にその名が見える。「宇都宮家故舊重臣の後裔」

末松清兵衛▽すえまつせいべえ

「城井軍記」「家臣名付」「豊州治覧」等に記された城井鎮房時代の家臣。宇都宮大和守信房公七百五十遠諱の大祭が明治四十二年に挙行された際に、宇都宮家菩提寺天徳寺藤原賢然住職等が編集した「宇都宮家故舊重臣の後裔」の姓名録にもその名が見える。「宇都宮家故舊重臣の後裔」『築上郡志』「宇都宮史」

末松知貞▽すえまつともさだ

末松加賀守の嫡子。出雲守。城井鎮房の挙兵時の家臣。『城井闘諍記』『太宰管内志』『築上郡志』

末松隼人佐▽すえまつはやとのすけ

⇩友枝英盛(ともえだひでもり)

末松房快▽すえまつふさはや

宇都宮氏の旗下。加賀守。天正年間(一五七三―九二)に茶臼山城に在城して城を守った。「城井軍記」「家臣名付」「豊州治覧」等に記された城井鎮房時代の家臣。『築上郡志』『門司・小倉の古城史』

菅六之助▽すがろくのすけ

黒田氏重臣。幼名孫次。のち和泉守。忠利、正利。号、松隠・宗泉。菅氏は美作国の名族。守護赤松氏のはからいで、分派して城山城の麓、中山荘構に移る。二代、菅正元は領地を失い、六之助を黒田孝高（如水）に出仕させた。豊前国入国後、二百石を拝領し、城井攻めの際に長政が敗走したときは、自分の馬を提供して大いに助けた。その戦功により、朱具足を許される。剣術に長じ、疋田文五郎と新免無二之助から奥義を授かった。関ヶ原の戦いでは、鉄砲隊を指揮して島左近を倒した。筑前入国後、高祖城を預かり、三千石を拝領した。『黒田如水西日本人物誌7』「歴史読本黒田官兵衛」『黒田官兵衛のすべて』

杉興重▽すぎおきしげ

豊前国守護代。松山城（京都郡苅田町）城主。兵庫助、三河守、民部大輔。出家して宗長と称す。大内義興・義隆期の奉行人。豊前国社奉行。永正五（一五〇八）年、義興に従って上京した。永正十七年、興隆寺二月会大頭役。天文六（一五三七）年正月、従五位下、六十一歳。「大内氏家臣人名事典」「興隆寺文書」「益永文書」『大宇佐郡史論』

杉興長▽すぎおきなが

大内義弘の家臣。彦四郎、修理亮。豊後守、阿波守。義興期から義隆期にかけて筑前守護代。応永五（一三九八）年十二月、大友軍と対決のため大内軍代官、総大将陶弘房に相い伴って周防、長門、備後、安芸から集めた軍勢二万八千余騎を率い大友軍二万九百騎と築城原で対陣した。永正十六（一五一九）年、興隆寺二月会大頭役。応永六年正月二十四日、大内盛見の岩石城攻城にも参陣した。「大内氏家臣人名事典」「興隆寺文書」『応永戦覧』

杉興成▽すぎおきなり

大内義弘の家臣。大蔵大夫。応永五（一三九八）年十二月、大友軍と対決のため大内軍代官、総大将陶弘房に相い伴って周防、長門、備後、安芸から集めた軍勢二万八千余騎を率い大友軍二万九百騎と築城原で対陣した。『応永戦覧』

杉興信▽すぎおきのぶ

豊前国守護代。松山城（京都郡苅田町）城主。弾正大弼。応安七・文中三（一三七四）年六月より第一代の豊前国守護代を務めた。大内入道道階の猶子天野顕光の時に大内義弘に苅田の地を賜って以来、同族の子孫として松山城に居城した。『豊前志』『大宇佐郡史論』

杉興道▽すぎおきみち

豊前国守護代。豊前国京都郡松山村（福岡県京都郡苅田町）の松山城（京都郡苅田町）城主。勘解由左衛門尉。『大宇佐郡史論』

杉勘解由左衛門▽すぎかげゆさえもん
応安の頃（一三六八－七五）より、宇佐郡香下村の妙見岳城の城代となった。『豊前志』『宇佐郡誌』『豊前古城誌』

杉貞政▽すぎさだまさ
天文、永禄年間に京都郡内に割拠した。京都郡を領して松山城（京都郡苅田町）の城主。杉弘重の子孫。松山城を守って天文元年まで居城した。十郎。『築上郡志』『豊前志』

杉重兼▽すぎしげかね
応永、正長年間に規矩郡内に割拠した。『築上郡志』

杉重清▽すぎしげきよ
大内氏の家臣団。七郎、伯耆守と称す。義興期の豊前守護代。義興の在京中は在国して山口に在った。『戦国大名家臣団事典』

杉重実▽すぎしげざね
豊前国守護代。松山城（京都郡苅田町）城主。伯耆守。大内氏の重臣、杉氏の一族。杉七郎伯耆守重友の子。『大宇佐郡史論』

杉重輔▽すぎしげすけ
豊前国守護代。伯耆守。松山城（京都郡苅田町）城主。天文二十（一五五一）年、大内義隆に任命されて守護代を務めた。弘治元（一五五五）年、父の杉重矩の敵、陶晴賢が厳島にて敗死すると、弘治二年、父の仇を報ずるため若山城を攻め、陶長房兄弟を殺した。しかし、陶の親類にあたる内藤隆世は、重輔の行為は毛利に密通したものとして、重輔は山口にて殺された。『大宇佐郡史論』『行橋市史』

杉重祐▽すぎしげすけ
豊前国守護代。伯耆守。松山城（京都郡苅田町）城主。『大宇佐郡史論』

杉重隆▽すぎしげたか
大内氏の家臣団。三河守と称す。豊前守護代的な動きをしている。応仁・文明の乱中は上京して活躍した。文明十（一四七八）年十月二十八日、在筑前の大内政弘から諸事談合のため参上するように命ぜられている。「正任記」『戦国大名家臣団事典』

杉重綱▽すぎしげつな
豊前国守護代。松山城（京都郡苅田町）城主。伯耆守。杉重信の養子となる。嘉吉元（一四四一）年、大内義弘

の任命により守護代を務めた。『大宇佐郡史論』

杉重友▽すぎしげとも
豊前国守護代。松山城（京都郡苅田町）城主。重綱の子。七郎。伯耆守。『大宇佐郡史論』

杉重信▽すぎしげのぶ
豊前国守護代。七郎。伯耆守。享禄三（一五三〇）年、大内持盛より任命されて守護代を務める。大内家の滅亡後、毛利家に属して長門国厚狭郡万倉村に若干の領地を得て、万倉の近辺にあった志多野城に居城したが、天正七（一五七九）年三月四日に三十五歳で討死したとされるが、実は死せず、名を新右衛門と改めて肥前深堀の鍋島伊豆守の食客となった云々と杉孫七郎の談あり。『築上郡史』『大宇佐郡史論』

杉重矩▽すぎしげのり
七郎、初名は重信。伯耆守。松山城（京都郡苅田町）城主。大内義隆期の豊前国守護代。大内義長の奉行衆。永正七（一五一〇）年に義隆に任命されて守護代を務めた。天文七（一五三八）年十二月従五位下。はじめ陶晴賢と対立したが、天文二十（一五五一）年、陶晴賢が謀反の時、同調して義隆に叛いた。この時には、重矩は陶晴賢に従っている。義隆の死後、二十一年に再び陶晴賢と争い、敗れて長門国厚狭郡長光寺にて自害した。陶晴賢は大内氏の分国で力を振るうが、主人殺しの誹りに苦しめられた。『大内氏実録』「大内氏家臣人名事典」「北九州戦国史史料集」『北九州戦国史』『戦国大名家臣団事典』『大宇佐郡史論』『行橋市史』「歴名士代」

杉重盛▽すぎしげもり
民部少輔。天文、永禄年間に京都郡内に割拠した。豊前国守護代。松山城（京都郡苅田町）城主。天文二（一五三三）年より松山城の城主として城を守る。『豊前志』『築上郡志』『大宇佐郡史論』

杉重保▽すぎしげやす
豊前国守護代。民部。松山城（京都郡苅田町）城主。『大宇佐郡史論』

杉重之▽すぎしげゆき
長門守。応永、正長年間に規矩郡内に割拠した。松山城（京都郡苅田町）の城主杉弘重の子孫。松山城を守って天文元（一五三二）年まで居城した。『豊前志』『築上郡志』

杉重良▽すぎしげよし
大内氏時代、松山城（京都郡苅田町）城主杉重輔の子。

大内氏の世臣重矩の孫。杉氏は大内氏の宿老であったが、大内氏滅亡後、毛利元就は重良を立てて、松山城将に据えた。弘治二（一五五六）年、大友義鎮（宗麟）の部将、田原親弘が松山城を包囲し、野仲鎮兼が奮戦して之を陥したため、城将であった杉帯刀重良は長州に走った。天正七（一五七九）年一月、重良は知行地を減らされたことから、毛利に背き豊前簑島城において大友方となる。このため高橋鑑種が毛利氏の命を受け、天正七年三月三日、高橋宗全、長野助守、宝山城主安藤市次郎の軍勢三千騎に攻撃を受けて奮戦むなしく落城し、重良は自害した。大友側へ走った重良だが、重良は毛利氏の宿老福原貞俊の娘を娶っていたので、重良自害後、家の断絶は免れ嫡子・元良は父の知行地を安堵された。『北九州戦国史』『九州戦国合戦記』『北九州戦国史史料集』『萩藩閥閲録』『戦国大名家臣団事典』『行橋市史』『豊津町史』「豊前国古城記」『築上郡史』『築上郡志』「宇都宮史」『両豊記』

杉重吉▽すぎしげよし

豊前国守護代。松山城（京都郡苅田町）城主。杉氏は周防国（山口県）の杉氏の一族。大内氏の重臣であった。七郎。天文年間（一五三二－五五）、大内義隆は大友氏に備えるために宇佐郡安心院の妙見岳城の城代に置いて宇佐郡の地頭たちを大内氏の支配に組み入れた。天文三（一五三四）年、大将陶興房の副将格として参戦し、豊後大友氏の軍と戦い討死。『大宇佐郡史論』には、弘治二（一五五六）年、大友義鎮（宗麟）に攻め落とされたとある。『豊前志』『大宇佐郡史論』『日本城郭大系』『安心院町誌』『宇佐郡地頭伝記』

杉隆相▽すぎたかすけ

⇩杉元相（すぎもとすけ）

杉隆哉▽すぎたかや

長門国厚狭郡高倉城主。大内氏の家臣。大内氏時代宇佐郡妙見岳城督。因幡守。豊前守護代の一族とされる。重昌。豊前守護代杉氏の族か。大内義隆の時から豊前守護代の下、宇佐郡妙見岳城督を務めた。弘治三（一五五七）年、大内義長横死後、大友方の田原親賢（紹忍）に、妙見岳城を明け渡し大友の麾下となる。永禄四（一五六一）年二月大友に背き、毛利に仕え、苅田高城城番か。永禄十一年六月京都郡大阪山に立て籠り大友勢と戦ったが降伏した。今も京都郡犀川町大村に因州城跡在り。『大友宗麟資料集』「大友家文書」『北九州戦国史』『北九州戦国史史料集』『豊前志』

杉武勝▽すぎたけかつ

大内氏の家臣団。伯耆守。政弘期の豊前守護代。応仁・文明の乱中は京都に在陣した。在洛中『拾遺集』を蒐集したことが知られている。文明十（一四七八）年十月二十一日、豊前四郡の諸闕所地を在筑前の政弘に注進している。「正任記」『戦国大名家臣団事典』

杉田小吉▽すぎたこきち

「城井軍記」「家臣名付」「豊州治覧」等に記された城井鎮房時代の家臣。杉田弥五郎利則の子。『築上郡志』『築上郡史』

杉田利則▽すぎたとしのり

「城井軍記」「家臣名付」「豊州治覧」等に記された城井鎮房時代の家臣。弥五郎。『築上郡志』『築上郡史』

杉連緒▽すぎつらつぐ

大内義隆の筑前守護代をつとめた杉興連の一門。豊後守。杉統連の父。永禄の始め、糟屋、鞍手郡に所領があったが、永禄二（一五五九）年大友勢の攻撃により長州に没落。同三年頃、鞍手郡の所領は回復したようである。永禄五年五月、「毛利元就覚書」に香春城将杉豊後守連緒の名前が見えるが、永禄五年三月、大友義鎮（宗麟）は志賀鑑隆を起用し香春岳城督を命じて所領六百町地を与えており、そのわずか二カ月後に毛利方の杉連緒が城将になっている。『門司・小倉の古城史』の八木田氏は、諸資料で繙いた結果、杉連緒が毛利からの恩賞を条件に香春岳城を乗っ取ったと考えられると考察している。その後、連緒は、鞍手郡の龍徳城へ移っている。永禄七年、毛利・大友講和により、大友に降伏する。永禄十一年から十二年にかけて、毛利勢が立花城を攻撃した際、立花陣に毛利方として参加する。天正九年頃、秋月に味方し、立花勢と争う。同十一年頃から大友方となり、同十二年立花道雪の筑後陣に参加していたが、道雪の死後、島津方となる。天正十四年、秀吉の九州攻めの先鋒、麻生氏の軍勢に敗れて、没落した。『北九州戦国史』『九州戦国合戦記』『門司・小倉の古城史』

杉連並▽すぎつらなみ

鞍手郡竜徳城主、杉豊後守連緒の子。十郎。『北九州戦国史』

杉彦三郎▽すぎひこさぶろう

大内氏の家臣。門司城の重要な出城であった三角山城の城将。永禄四（一五六一）年、大友義鎮（宗麟）が門司城を攻略したとき、三角山城も包囲された。この時、大友軍は同城の守将であった福田弾正重範と葛原兵庫に内応した。これを察知した杉彦三郎は両名を斬り、計略通り大友軍を引きつけ一気に討って出たため大友軍はさんざんに討ち破られ豊後に敗走した。「陰徳太平記」

杉秀連▽すぎひでつら
大内氏の家臣。因幡守。天文元（一五三二）年十一月から翌二年正月まで大友方の佐田朝景が籠城した妙見岳城を攻めたが、ついに陥せずに敗北した。この時期、杉秀連は大友方の森長門守長徳に密書を送り、寝返りを誘ったり、牢人らに働きかけて大友氏に反旗を翻す働きをしたとされる。その結果、同年三月には豊後速見郡の鹿越城に牢人らが立て籠もり反旗を翻した。『豊前市史』

杉弘重▽すぎひろしげ
豊前国守護代。中務大弼。応永十六（一四〇九）年、春、大内家の守護代として松山城（京都郡苅田町）の城主となる。以後、杉弾正少弼正重、長門守重之、左衛門佐行信、十郎貞政等の子孫が、天文元（一五三二）年までこの城を守った。『豊前志』『大宇佐郡史論』

杉弘長▽すぎひろなが
文明、大永年間に田河郡内に割拠した。大内氏の代将。文明の頃（一四六九－八七）より、旧田河郡大内田村の戸代山城を守ったが、天文二十二（一五五三）年、宇都宮氏に攻略された。『築上郡志』『豊前志』

杉兵庫▽すぎひょうご
応安（一三六八－七五）以後、宇佐郡香下村の大内氏の抱城であった妙見岳城に、仁保加賀守の後、城代として居城した。『築上郡志』『豊前志』『豊前古城誌』

杉弘信▽すぎひろのぶ
豊前国守護代。松山城（京都郡苅田町）城主。興信の子。弾正大弼。応永元（一三九四）年より同六年十二月まで大内家の守護代を務めた。周防・山口の大内館にて在勤中、応永五年、豊後国太守大友親世の一族である大友氏鑑に城を攻められ落城させられた。弘信は、同年十一月二十三日、急遽大内氏の先将として三千余騎の援軍を率いて氏鑑に奪われた松山城を包囲し、再び奪回し、我が子、杉光治の仇を討った。『応永戦覧』には光治は弘信の弟とある。『豊前志』『応永戦覧』『大宇佐郡史論』『太宰管内志』

杉弘依▽すぎひろより
大内氏の家臣団。頼明の子。孫三郎・木工助と称す。政弘・義興期の奉行人。明応八（一四九九）年以降豊前に在陣し文亀元（一五〇一）年七月、一所衆及び被官の戦功を山口に注進し、同年八月義興から感状を受けている。永正四（一五〇七）年御相判衆に召し加えられた。『戦国大名家臣団事典』「大内氏家臣人名事典」

杉豊後守▽すぎぶんごのかみ

大内氏の筑前守護代杉興運の族で、鞍手郡竜徳城主であったと思われる。毛利輝元の誘いにより、志賀常陸介の香春岳城を奪い取り、規矩郡柳郷二十町、同郡葛原郷等を恩賞として貰った。『北九州戦国史史料集』

杉伯耆守▽すぎほうきのかみ
応安（一三六八―七五）以後、杉民部の後、大内氏の抱城であった宇佐郡香下村の妙見岳城の城代となる。『豊前志』『宇佐郡誌』『豊前古城誌』

杉正重▽すぎまさしげ
弾正少弼。杉弘重の子孫。応永、正長年間に京都郡内に割拠した。京都郡を領して天文元（一五三二）年まで松山城（京都郡苅田町）を守って居城した城主。『築上郡志』『豊前志』

杉光治▽すぎみつはる
豊前国守護代であった杉弘信の子。弥太郎。松山城（京都郡苅田町）城番。父弘信が周防・山口の大内館にて在勤中の松山城の城代（守将）であった。応永五（一三九八）年、十月、豊後の大友親世が在京の時、従弟にあたる大友氏鑑が挙兵し、戸次親秀をして松山城を攻めた。城主であった杉弘信は周防にあり、城を守っていた杉弥太郎光治をはじめ一族郎党三百人は落城を前に自害した。『豊前志』『応永戦覧』『太宰管内志』

杉民部▽すぎみんぶ
応安の頃（一三六八―七五）より、大内氏の抱城となった宇佐郡香下村の妙見岳城の城代となった。応永、正長年間に宇佐郡に割拠した。『築上郡志』『豊前志』

杉宗重▽すぎむねしげ
但馬守。応永、正長年間に宇佐郡に割拠した。豊前国守護代。豊前国京都郡松山村（京都郡苅田町）の松山城主。『豊前古城誌』には、応永の頃（一三九四―一四二八）より大内氏の抱城であった妙見岳城に城代として居城したとある。『築上郡志』『大宇佐郡史論』『豊前古城誌』

杉統連▽すぎむねつら
豊後守。筑前守護代杉興運の一族か。鞍手郡宮田町竜徳城主・杉連緒の子。父は永禄七（一五六四）年、毛利・大友講話により大友に降伏し、永禄十一年から十二年にかけて、毛利勢が立花城を攻撃した際、立花陣に毛利方として参加する。天正九（一五八一）年頃、秋月に味方し立花勢と争う。同十一年頃から大友方となり、同十二年立花道雪の筑後陣に参加していたが、道雪の死後、島津方となる。天正十四年、秀吉の九州攻めの先鋒、麻生氏の軍勢に敗れて、没落した。『北九州戦国史史料集』

料金受取人払郵便

博多北局
承認

0215

差出有効期間
2020年8月31
日まで
（切手不要）

郵便はがき

812-879

15

福岡市博多区
奈良屋町13番4号

海鳥社営業部 行

通信欄

通信用カード

のはがきを，小社への通信または小社刊行書のご注文にご利用下さい。今
，新刊などのご案内をさせていただきます。ご記入いただいた個人情報は，
注文をいただいた書籍の発送，お支払いの確認などのご連絡及び小社の新
案内をお送りするために利用し，その目的以外での利用はいたしません。

新刊案内を［希望する　希望しない］

☎　　　（　　　）

主所

ガナ
氏名

（　　　　歳）

買い上げの書店名

豊前国戦国事典

心をお持ちの分野

史，民俗，文学，教育，思想，旅行，自然，その他（　　　　）

意見，ご感想

購入申込欄

小社出版物は，本状にて直接小社宛にご注文下さるか（郵便振替用紙同封の上直送いたします。送料実費），トーハン，日販，大阪屋栗田，または地方・小出版流通センターの取扱書ということで最寄りの書店にご注文下さい。
なお小社ホームページでもご注文できます。http://www.kaichosha-f.co.jp

書名	冊
書名	冊

『北九州戦国史』

杉元相▽**すぎもとすけ**

大内家の家臣、のち毛利方の将。杉二郎左衛門隆宣の子。はじめ隆相と称し、従五位下勘解由判官、美作守。毛利氏に帰順後、次（二）郎左衛門尉元相と改めた。『萩藩閥閲録』『北九州戦国史史料集』「萩原文書」

杉元良▽**すぎもとよし**

大内氏の豊前守護代苅田松山城の系統。大内氏の世臣重矩のひ孫。重良の子。千代丸。父・重良は天正七（一五七九）年正月、毛利輝元を裏切り簑島に渡り、大友方となった。このため毛利氏の命を受けた高橋鑑種が重良の軍を椎田で敗り重良は自害した。このため、知行が没収となるところ、毛利氏の宿老で母方の祖父でもある福原貞俊のとりなしにより、元良は毛利輝元から知行を安堵された。『北九州戦国史』

杉守重▽**すぎもりしげ**

長門守。大内方の周防勢の武将。天文三（一五三四）年四月六日、速見郡に侵入した周防勢は勢場ガ原で豊後速見郡国東衆と大規模な合戦を繰り広げ多くの戦死者を出した。杉長門守守重もこの戦いで戦死した。『行橋市史』

椙杜下総守▽**すぎもりしもふさのかみ**

大内盛見の重臣。応永六（一三九九）年正月、大内盛見は大軍をもって香春城主千手興房を攻めて正月十二日に落城させ千手一族を滅ぼした。その後、椙杜下総守を守護代に任命した。『応永戦覧』によれば、椙杜下総守は、神社仏閣の建立、町、架橋、道路の経営、農家の耕作の事法を定めて仁慈撫民の政りをなした。このため諸人は安堵の床に座し恵化を仰ぐこと限りなしとある。『応永戦覧』『築上郡志』

椙杜良貞▽**すぎもりよしさだ**

備後の人。下総守。応永五（一三九八）年十二月、大友軍と対決のため大内軍代官、総大将陶弘房のもとに周防、長門、備後、安芸から集まった一人。同月十八日軍勢二万八千余騎とともに周防の多々良浜から船に乗り豊前の神田浦に着陣した。『応永戦覧』

杉行信▽**すぎゆきのぶ**

京都郡松山城（京都郡苅田町）の城主杉弘重の子孫。松山城を守って天文元年まで居城した。左衛門佐。『豊前志』

椙原盛光／**椙原盛満**▽**すぎわらもりみつ**

太郎左衛門尉。備後の人。応永の頃（一三九四―一四

二八）、岩石城を攻略する大内氏総大将大内盛見の軍勢に従い、備後勢九千余騎とともに大手搦め手からの第二陣を務めた一人。『応永戦覧』には盛満とある。『太宰管内志』『応永戦覧』

鈴木五兵衛▽すずきごへえ
「城井軍記」「家臣名付」「豊州治覧」等に記された城井鎮房時代の家臣。城井家（豊前宇都宮家）馬廻り役。宇都宮大和守信房公七百五十遠諱の大祭が明治四十二年に挙行された際に、宇都宮家菩提寺天徳寺藤原賢然住職等が編集した「宇都宮家故舊重臣の後裔」の姓名録にもその名が見える。『築上郡志』『築上郡史』「宇都宮史」「宇都宮家故舊重臣の後裔」

周布因幡入道士心▽すふいなばのにゅうどうししん
石見国の人。『萩藩閥閲録』の「周布文書」と『大友宗麟資料集』には、応安五・文中元（一三七二）年九月の今川貞世の証判のある周布因幡入道士心の軍忠状が録されている。『萩藩閥閲録』『大友宗麟資料集』『門司・小倉の古城史』

周布兼則▽すふかねのり
大内義弘の旗下にある石見国の住人。竹千代丸。応永六（一三九九）年正月四日、城主が敗走した障子ヶ岳城の落城を決定づけるため、援兵の要請を陶筑前守から受けた大内義弘は、兵三万騎を兵船四百余艘に乗せ大内盛見を豊前に遣わせた。その際に従軍した一人。また岩石城を攻略する大内氏総大将大内盛見の軍勢に石見勢七千余騎とともに従った。『応永戦覧』『太宰管内志』

住江大蔵少輔▽すみのえおおくらのしょうゆう
応永五（一三九八）年十二月、豊前発向の軍議のために府中の大友氏鑑のもとに集まった一人。『応永戦覧』

住江大蔵丞／住江大蔵烝▽すみのえおおくらのじょう
大友家幕下。住江氏は明徳年間（一三九〇―九四）より狐塚城（宇佐市江須賀）を居城とした。天文、永禄年間（一五五八―七〇）に宇佐郡内に割拠し、弘治の頃（一五五五―五八）、宇佐郡において三十六氏と称された豪族と相応する力を持った豪族。『築上郡志』『日本城郭大系』『豊前古城誌』

住江左馬頭▽すみのえさまのかみ
天正年間（一五七三―九二）狐塚城（宇佐市江須賀）を居城とした。住江氏代々のこの城に居城し、大友家の幕下に属した。『豊前古城誌』『日本城郭大系』

住江時允▽すみのえときのじょう

弘治年間（一五五五－五八）狐塚城（宇佐市江須賀）を居城とした。『日本城郭大系』

住江時元▽すみのえときもと
応永、正長年間に宇佐郡内に割拠した。大蔵少輔。狐塚城主。住江氏代々のこの城に居城し、大友家の幕下に属し、大友氏鑑に一味同心した宇佐郡の人。大内盛見と戦って敗れた。応永六（一三九九）年一月下旬、岩石城の後詰として、肥後から参着した菊池武貞率いる一万余騎と宇佐郡の軍勢、総勢四万五千余騎とともに大友氏鑑に随従した。『築上郡志』『応永戦覧』『豊前古城誌』『大宇佐郡史論』『太宰管内志』

住江長門守▽すみのえながとのかみ
天文、永禄年間に宇佐郡内に割拠した。弘治二（一五五六）年、大友勢の豊前侵攻に対し、土岐掃部頭の将として歩騎二百人をもって防戦するも終に敵せず軍門に下る。『豊前古城誌』『築上郡志』

瀬口廣高▽せぐちひろたか
赤尾鎮房一族の家臣。軍次郎。天正八（一五八〇）年、時枝鎮継と佐野親重が光岡城を攻めた時、城中にて法要の席に参列していた。『豊前古城誌』

世越与七郎▽せごしよしちろう
毛利氏の小早川隆景の重臣、浦兵部宗勝の小姓。永禄二（一五五九）年九月二十六日からの門司城合戦において、毛利氏の水軍として参戦。翌日、世良源三郎とともに豊後勢に切り掛かり、敵数人を切り伏せ、ついに討死した。『吉田物語』『九州戦国合戦記』

瀬戸新助▽せとしんすけ
麻生親政の家臣。親政は人質に差し出していた実子、統重が無念にも切腹したことに遺恨を抱き、大友氏にそむく。この時、城主と一味同心して大友氏の大将、田原親賢（紹忍）の軍勢と戦った。千原軍司とともに高尾山城の北口の押さえとして働いた。大友方の垣根孫四郎に生け捕られて、都留左近に預けられた。『両豊記』『豊前古城誌』

世良源三郎▽せらげんざぶろう
毛利氏の小早川隆景の重臣、浦兵部宗勝の小姓。永禄二（一五五九）年九月二十六日からの門司城合戦において、毛利氏の水軍として参戦、翌日、世越与七郎とともに豊後勢に切り掛かり、敵数人を切り伏せ、ついに討死した。『吉田物語』『九州戦国合戦記』

世良田貞行▽せらたさだゆき

右馬頭。応永、正長年間に築城郡内に割拠した。新田頼氏の一族。蟹萱城（畑城）城主、世良田貞義の嫡男。永享二（一四三〇）年正月、馬ヶ岳の新田義高が下毛郡の中津川にて敗死して後、田河郡に移った。『築上郡史』

世良田貞義▽せらたさだよし

大膳大夫。応永、正長年間に築城郡内に割拠した。新田頼氏の一族。父の大膳大夫の名を継ぐ。蟹萱城主として居城する。上毛郡角田、畑城主。応安三・建徳元（一三七〇）年、大内義弘の軍に投じて肥筑の間を転戦した。応安四・建徳二（一三七一）年、菊池氏追討のために今川貞世が大内義弘を差し向け、四月に仲津郡鶴の港（今川付近）に着岸した際、多くの給人とともに馳せ参じた。応永五（一三九八）年、前守護職大友氏時の長子である大友氏鑑は、大内義弘の画策により、氏時の甥で猶子である親世が守護職を継いだことを不満とし、親世に叛逆して兵を挙げた。その際、氏鑑から回文を受け一味同心した一人。一度大友氏鑑に属したが、まもなく大内氏の旗下となった。応永五年正月七日、大内義弘の命を受けた弟の盛見が軍勢三万余の大将として仲津郡鶴の港（今川付近）に在陣した時、郡内から馳せ参じて帰順の意を表わしたため、居城に帰ることを許された。『応永戦覧』『築上郡史』『築上郡志』『太宰管内志』

世良田治部丞▽せらたじぶのじょう

応永五（一三九八）年、前守護職大友氏時の長子である大友氏鑑は、大内義弘の画策により、氏時の甥で猶子である親世が守護職を継いだことを不満とし、親世に叛逆して兵を挙げた。その際、氏鑑から回文を受け一味同心した一人。『応永戦覧』『築上郡史』『太宰管内志』

世良田大膳大夫▽せらただいぜんだいぶ

新田頼氏の一族。蟹萱城主。貞和年間（一三四五―五〇）征西府将軍、懐良親王の侍大将として九州に下り、畑に蟹萱城を築く。『豊前志』には畑村城に居城したとあり。後、延文三・正平十三（一三五八）年八月、筑後川の合戦において討死した。『築上郡志』『太平記』

仙石権兵衛▽せんごくごんべい

秀久。豊臣秀吉の家臣。越前守。天正二（一五七四）年、近江国野州郡で千石。同十一年、淡路洲本城主十五万石。同十三年、四国征伐の功により讃岐一国を与えられ高松城主。同十四年、秀吉の九州征伐で、先陣戸次川の戦いで大敗。同十五年、領地を没収された。同十八年、小田原の陣に参加した功績により、小諸五万石を与えられた。但馬出石藩祖。『北九州戦国史』

千手鑑元▽せんじゅあきもと

入道して宗元。香春岳城主。『北九州戦国史』

千手興房▽せんじゅおきふさ
信濃守。応永、正長年間に田河郡内に割拠した。香春城主。千手一族の頭領。応永六（一三九九）年正月、大内盛見の大軍による攻城に対してあくまでも籠城の計略を立てて応戦したが衆寡敵せず、ついに敗れて、正月十二日、婦女子を刺し殺して一族郎従八十三人と座を連ねて自刃した。『金田町史』には嫡子千手高房は再起をはかるために、雑兵を装い一人落ちのびることができたとある。『築上郡志』『応永戦覧』『金田町史』『大蔵原田一族史話』『香春町誌』

千手尾張守▽せんじゅおわりのかみ
大内氏に従う。永禄七（一五六四）年毛利大友和睦後、大友義鎮（宗麟）はそれまで毛利方であった香春岳城に千手鑑元入道宗元を置いた。尾張守は、鑑元その人であるか、その子であるか不明。同九年末毛利勢香春岳城を回復したが、千手氏の処遇は不明。同、十二年毛利勢立花陣撤退後、尾張守は、毛利の笠木城等を放火して義鎮から賞された。また、義鎮は香春岳城に千手氏を置いたが、天正六・七年頃、高橋鑑種のために、香春岳城を追われ、千手氏は滅んだ。『北九州戦国史』

千手惟隆▽せんじゅこれたか
大内氏に従う。惟隆は永禄九（一五六六）年秋月種実が毛利の味方として旗揚げの時、討ち取られた。『北九州戦国史』

千手貞房▽せんじゅさだふさ
香春城主。信濃守。応永五（一三九八）年、前守護職大友氏時の長子である大友氏鑑は、大内義弘の画策により、氏時の甥で猶子である親世が守護職を継いだことを不満とし、親世に叛逆して兵を挙げた。その際、氏鑑から回文を受け一味同心した一人。『築上郡史』「宇佐郡記」『応永戦覧』『太宰管内志』

千手重盛▽せんじゅしげもり
信濃守。元亀、天正年間に田河郡内に割拠した。香春城主。天正七（一五七九）年九月、重盛の妻が懐妊して臨月になり城から麓の館に移った時に重盛も城を下ると、その隙を狙っていた小倉城主高橋鑑種は謀反人からこの情報を得て一千騎をもって香春岳下の高城寺に陣を取り、夜半になって三之岳にて鬨の声を上げたため城兵は大いに狼狽してついに落城し、重盛は戦死した。重盛の妻は郎党の古多部大炊助等によって外祖父の杵月入道宗固の許に落ち延びた。『築上郡志』『太宰管内志』

千手高房▽せんじゅたかふさ
香春岳鬼ヶ城主、千手興房の嫡男。弾正大弼。次郎。応安四・建徳二（一三七一）年、菊池氏追討のために今川貞世が大内義弘を差し向け、四月に仲津郡鶴の港（今川付近）に着岸した際、多くの給人とともに馳せ参じた。『金田町史』には、応永六（一三九九）年正月九日、大内の大将、大内盛見の率いる軍勢に鬼ヶ城を攻められて、十三日の晩には防衛の策も尽きて城主興房は婦女子を刺し殺して城兵八十余人と自刃した。そのとき一人千手高房は再起をはかるために雑兵を装い一人落ちのびたとある。『香春町誌』の鬼カ城年代表には、応永元年、興房の子高房落城後、筑前に逃げるも大内家より招かれて再び城主となるとある。『香春町誌』『田川郡誌』『応永戦覧』『築上郡史』『金田町史』『築上郡志』

千手房国▽せんじゅふさくに
香春城主千手興房の甥。九郎。応永六（一三九九）年正月、大内盛見の大軍による攻城に対してあくまでも籠城の計略を立てて応戦したが衆寡敵せず、ついに敗れて、正月十二日、興房をはじめ一族郎従八十三人と座を連ねて自刃した。『応永戦覧』

千手房任▽せんじゅふさとう
左衛門佐。香春城主千手興房の一族。興房の伯父千手蔵人光房の子。応永六（一三九九）年正月、大内盛見の大軍による攻城に対してあくまでも籠城の計略を立てて応戦したが衆寡敵せず、ついに敗れて、正月十二日、興房をはじめ一族郎従八十三人と座を連ねて自刃した。『応永戦覧』

千手房長▽せんじゅふさなが
香春城主千手興房の三男。出羽守。応永六（一三九九）年正月、大内盛見の大軍による攻城に対してあくまでも籠城の計略を立てて応戦したが衆寡敵せず、ついに敗れて、正月十二日、父興房をはじめ一族郎従八十三人と座を連ねて自刃した。『応永戦覧』

千手冬房▽せんじゅふゆふさ
香春城主千手興房の次男。三河守。応永六（一三九九）年正月、大内盛見の大軍による攻城に対してあくまでも籠城の計略を立てて応戦したが衆寡敵せず、ついに敗れて、正月十二日、父興房をはじめ一族郎従八十三人と座を連ねて自刃した。『応永戦覧』

千手冬通▽せんじゅふゆみち
信濃守。文明元（一四六九）年少弐嘉頼、教頼が謀反を起こした時、大内政弘の命を受け長野五郎義信らと馬ヶ岳城を攻めた。このため城主の大内義幸は自刃し、落城させせた。『福岡県の城』

千手光房▽**せんじゅみつふさ**

香春城主千手興房の伯父。蔵人。応永六（一三九九）年正月、大内盛見の大軍による攻城に対してあくまでも籠城の計略を立てて応戦したが衆寡敵せず、ついに敗れて、正月十二日、興房をはじめ一族郎従八十三人と座を連ねて自刃した。光房はその時、女性と幼き人々を刺し殺し、自らも腹を切って炎の中に飛び込んで自決した。『応永戦覧』

千手宗元▽**せんじゅむねもと**

永禄五（一五六二）年、香春岳にあって大友氏に反旗をひるがえしたために、戸次鑑連（立花道雪）に攻略された。『金田町史』

千田豊房▽**せんだとよふさ**

大内勢の臣。豊前簑島の生まれ。九郎。杉弘信が豊前国の守護になった時に随従した。応永六（一三九九）年正月七日、大内氏の内藤又次郎に従って鶴の港に在陣した。豊房は故郷の父母に会いたいと思うも軍律厳しく船を出して会いに行くことができなかった。正月十日蓋崎の海岸で両親に思いを馳せていると、たちまち汐が引いて、猛火の光が飛んで島のほうにさかのぼると、今度は龍姫宮から元の方に飛び去った。この光をみちしるべとして簑島に上がり父母と対面することができた。『応永戦覧』には、豊房の孝心に対する神慮加護の物語として記述がある。『応永戦覧』

仙福才左衛門▽**せんふくさざえもん**

麻生親政の家臣。永禄八（一五六五）年、麻生摂津守が大友方にそむき合戦に及び後備えにあたった。『豊前古城誌』

懺法院宗豊▽**せんぽういんむねとよ**

式部少輔。応永の頃（一三九四―一四二八）、岩石城を攻略する大内氏総大将大内盛見の軍勢に豊前国の軍勢二千余騎とともに従った。『太宰管内志』『応永戦覧』『築上郡史』

宗重太▽**そうしげた**

「城井軍記」「家臣名付」「豊州治覧」等に記された城井鎮房時代の家臣。『築上郡志』『築上郡史』「宇都宮史」

副越中守▽**そええっちゅうのかみ**

宇都宮氏一族並びに「家臣名付」に記された宇都宮家家臣。『築上郡志』

副甲斐守▽そえかいのかみ
天文、永禄、元亀、天正年間に宇佐郡内に割拠した。上副村城（宇佐市院内町）に居城した。清和源氏の後裔。天文の頃（一五三二―五五）、但馬出石城の城主であったが、故あって流浪し、九州に下り田原親賢（紹忍）を頼み上副村城に留まり副氏を名乗る。院内川の荒瀬の渡しに臨む副谷を一望できる要害の地に上副城を築城した。所々の合戦に功あり、一万八千石を賜った。弘治二（一五五六）年大友義鎮（宗麟）が豊前国龍王に陣を取った時に帰服した宇佐郡士三十六人衆の一人。龍王城において大友義鎮に謁した。同村にある光善寺に霊位あり、桂林院殿前但州大守鉄山樹翁大居士とある。弘治二年八月に死す。『豊前古城誌』『築上郡志』『豊前志』「宇佐郡記」『北九州戦国史史料集』

添田雅楽介▽そえだうたのすけ
⇩佐々木種次（ささきたねつぐ）

副田九郎▽そえだくろう
応永、正長年間に田河郡内に割拠した。応永五（一三九八）年、前守護職大友氏時の長子である大友氏鑑は、大内義弘の画策により、氏時の甥で猶子である親世が守護職を継いだことを不満とし、親世に叛逆して兵を挙げた。その際、氏鑑から回文を受け一味同心した一人。

『応永戦覧』『築上郡史』『太宰管内志』『築上郡志』

副田左衛門大夫▽そえださえもんたゆう
延徳四（一四九二）年、上毛郡の段銭奉行。『大内氏実録』『築上郡史』

副田良継▽そえだよしつぐ
九郎。大内盛見は応永六（一三九九）年正月二十六日、大友氏公の守る岩石城を攻め落とした。その後城を新たに築くと城代には大庭景忠を城代に任じ、副田九郎良継にはその経営を任せた。『応永戦覧』『太宰管内志』

副兵部少輔▽そえひょうぶのしょうゆう
宇佐郡院内副村荒瀬。山名氏。「佐田文書」『北九州戦国史史料集』

副兵部丞▽そえひょうぶのじょう
院内副村荒瀬城主副但馬守の子。鎮安。新田氏族山名氏の末、上毛郡大村山名相模守の跡か。兵部少輔越中守に任ず。『北九州戦国史』「佐田文書」『北九州戦国史史料集』『大友宗麟資料集』

副宗澄▽そえむねずみ
宇佐郡院内副村荒瀬城主、新田氏山名氏の末、上毛郡

大村山名相模守の跡か。副甲斐守の嗣子。但馬守。天文、永禄年間に宇佐郡内に割拠した。弘治の頃（一五五五―五八）、宇佐郡において三十六士と称された豪族の一人。大友家に属し、毎年八月朔日には馬太刀の使者を立てて主従の礼を行ったという。弘治二（一五五六）年秋、大友義鎮（宗麟）が龍王城に在陣した際、着到した宇佐郡三十六人衆の一人。なお着陣の時期について、『大友公御家覚書』等では弘治二年四月、大友義鎮龍王に陣を取るとある。『北九州戦国史』「香下文書」『北九州戦国史史料集』『編年大友史料』『豊前古城誌』『築上郡志』

曾我祐仲▽**そがすけなか**
大友氏鑑の一族。岩石城に在城した。小太郎。応永六（一三九九）年正月二十六日、岩石城は大内盛見の大軍に攻略されついに落城し、城主大友氏公は自刃。この時に大友氏英はじめ同城の主立った部将等九十八人と列座して後を追い自害をとげた。『応永戦覧』『築上郡史』

曾我祐長▽**そがすけなが**
小太郎。応永六（一三九九）年正月二十六日、岩石城は大内盛見の大軍に攻略されついに落城し、城主大友氏公は自刃。この時に大友氏英はじめ同城の主立った部将等九十八人と列座して後を追い自害をとげた。『応永戦覧』『太宰管内志』

曾我祐能▽**そがすけよし**
応永、正長年間に田河郡内に割拠した。太郎、九郎。旧田河郡下今任村の蛇面城に居城した。また明神山城城主。曾我九郎祐能の祖父。応永六（一三九九）年正月、大内盛見の岩石城攻略の時、曾我祐能は蛇面の棚を守っていた。大善寺城主大友親泰が岩石城に籠城する時に、親泰の内室をはじめ女性や子供たちを祐能に預けた。しかし祐能は心変わりして預かった女性と子供を欺き生け捕って大内盛見に差し出した。それを知った曾我祐有は祐能を討ち果たして岩石城に籠る予定であったが、祐能は事前にこれを察知して急襲して祐有はじめ城兵二百人をことごとく討ち取った。『築上郡志』『応永戦覧』『豊前志』

十川武雄▽**そごうたけお**
対馬守。香春城主千手興房一族の郎党。応永六（一三九九）年正月、大内盛見の大軍による攻城に対してあくまでも籠城の計略を立てて応戦したが衆寡敵せず、ついに敗れて、正月十二日、興房をはじめ一族郎従八十三人と座を連ねて自刃した。『応永戦覧』

祖式長直▽**そしきおさなお**

大内義弘の旗下にある石見国の住人。三郎次郎。応永六（一三九九）年正月四日、城主が敗走した障子ヶ岳城の落城を決定づけるため、援兵の要請を陶筑前守から受けた大内義弘は、兵三万騎を兵船四百余艘に乗せ大内盛見を豊前に遣わせた。その際に従軍した一人。『応永戦覧』

祖式直長▽そしきなおなが

三郎次郎。応永の頃（一三九四−一四二八）、岩石城を攻略する大内氏総大将大内盛見の軍勢に石見勢七千余騎とともに従った。『太宰管内志』

祖上宮内▽そじょうくない

中島摂津守が謀叛を起こして大友勢と対峙し、小倉原に陣を張り皇后石（史跡・築上郡吉富町）に幡を挙げた時に、深水に出張り、毘沙門堂に陣を張った成恒氏の一族の一人。『豊前古城誌』

園田十郎▽そのだじゅうろう

宇都宮家一族並びに「家臣名付」に記された城井鎮房挙兵時の家臣。『築上郡志』

薗田与四郎▽そのだよしろう

雁股城主の友枝大膳丞の家来。天正十五（一五八七）年冬、友枝大膳丞が上毛郡唐原村友枝境の観音原（桑野原）において黒田家家臣、後藤又兵衛と戦い討ち取られた。「友枝文書」

曾根崎助三郎▽そねざきすけさぶろう

天文元（一五三二）年十一月大友氏は宇佐郡の佐田朝景が籠る妙見岳城を攻めた。その時に妙見岳合戦に動員されて出陣した大友方の一人。合戦により傷を負う。『豊前市史』『増補訂正編年大友史料併大分県古文書全集第16』『大分県の歴史』

大宮司権右衛門▽だいぐうじごんえもん
「城井軍記」「家臣名付」「豊州治覧」等に記された城井鎮房時代の家臣。岩戸見。『築上郡志』『築上郡史』「宇都宮史」

平彦治郎▽たいらひこじろう
「城井軍記」「家臣名付」「豊州治覧」等に記された城井鎮房時代の家臣。物頭。『城井闘諍記』には平彦次郎と記されている。『築上郡志』『築上郡史』「宇都宮史」『城井闘諍記』『太宰管内志』

平康盛▽たいらやすもり
保元元（一一五六）年、豊前の守護職に補せられた。左大臣平時盛の六男。修理判官。豊前国に下りて規矩郡長野村に長野城を築き、長野姓を名乗った。『豊前志』

平康頼▽たいらやすより
保元年間（一一五六－五九）、宇佐郡木の内村に丸尾城を築いた。判官。『豊前古城誌』

高田信繁▽たかだのぶしげ
内蔵大夫。大友氏鑑に一味同心した。応永六（一三九九）年一月下旬、岩石城の後詰として、肥後から参着した菊池武貞率いる一万余騎と宇佐郡の軍勢、総勢四万五千余騎とともに大友氏鑑に随従した。同年二月二十二日、上洛していた大友親世が大友氏鑑を誅伐するべく手勢二千騎を率いた軍船にて豊後鶴崎に着岸すると、氏鑑が親世へ叛逆の兵を挙げた際に同心していた心を翻し、ほかの国人ら同様親世に降参した。『応永戦覧』

高崎主馬判官▽たかさきしゅめほうがん
応永六（一三九九）年二月二十四日、田原右馬允、大友弥三郎とともに如来院に立て籠もった氏鑑ほか大友氏貞、大友氏宗、大友氏広、大友氏胤らを討ち取った。『応永戦覧』

高瀬鑑俊▽たかせあきとし
豊後日田郡の六郡老の一人。山城守。大友義鑑に命じられて日田の郡政を統治した。後に目代（代官）を追加して八名は八奉行と呼ばれた。『九州戦国合戦記』

高瀬七郎右衛門▽たかせしちろうえもん
「城井軍記」「家臣名付」「豊州治覧」等に記された城井鎮房時代の家臣。城井家（豊前宇都宮家）物頭（別に馬廻り役の記載あり）。『築上郡志』『築上郡史』「宇都宮史」『城井闘諍記』『太宰管内志』

高瀬次郎兵衛▽たかせじろうひょうえ
「城井軍記」「家臣名付」「豊州治覧」等に記された城井鎮房時代の家臣。『築上郡志』『築上郡史』「宇都宮史」

高瀬満次▽たかせみつつぐ
「城井軍記」「家臣名付」「豊州治覧」等に記された城井鎮房時代の家臣。城井家（豊前宇都宮家）馬廻り役。清兵衛。城井朝房が肥後に赴く時に随行した驍勇二十二騎の一人。宇都宮大和守信房公七百五十遠諱の大祭が明治四十二年に挙行された際に、宇都宮家菩提寺天徳寺藤原賢然住職等が編集した「宇都宮家故舊重臣の後裔」の姓名録にもその名が見える。『築上郡志』『築上郡史』「宇都宮史」『城井闘諍記』『太宰管内志』「宇都宮家故舊重臣の後裔」

高田忠次▽たかだただつぐ
神畑城主（高田城主）。左衛門。天正十六（一五八八）年、神畑城にて籠城の時、黒田軍に攻められ討死した。『福岡県の城』

高田忠治▽たかだただはる
⇩有吉内記（ありよしないき）

高司主膳▽たかつかさしゅぜん
天正十五（一五八七）年、豊臣秀吉が島津征伐の時に城井朝房と五百人の兵とともに従軍して先駆となった。その戦役で最も戦功があった一人。『築上郡志』「宇都宮史」

高塚忠治▽たかつかただはる
赤幡城主。伊予守。伊豆守。城井家（豊前宇都宮家）家老。城井鎮房挙兵時に呼応した。宇都宮大和守信房公七百五十遠諱の大祭が明治四十二年に挙行された際に、宇都宮家菩提寺天徳寺藤原賢然住職等が編集した「宇都宮家故舊重臣の後裔」の姓名録にもその名が見える。「宇都宮家故舊重臣の後裔」『城井闘諍記』『築上郡志』『築上郡史』「宇都宮史」『太宰管内志』

高塚忠頼▽たかつかただより
大蔵亮（助）。「城井軍記」「家臣名付」「豊州治覧」等に記された城井鎮房時代の家臣。物頭。城井家（豊前宇都宮家）馬廻り役。物頭。「家臣名付」と「豊州治覧」には名を忠頼とあり。『築上郡志』『築上郡史』「宇都宮史」

高司政春▽たかつかさまさはる
日向守。宇都宮家一族並びに「家臣名付」に記された城井鎮房挙兵時の家臣。家老職。物頭。城井朝房が肥後に赴く時に随行した驍勇の二十四騎の一人。宇都宮大和守信房公七百五十遠諱の大祭が明治四十二年に挙行された際に、宇都宮家菩提寺天徳寺藤原賢然住職等が編集した「宇都宮家故舊重臣の後裔」の姓名録にもその名が見える。『築上郡志』『築上郡史』「宇都宮史」『城井闘諍記』『太宰管内志』「宇都宮家故舊重臣の後裔」

高塚行長▽たかつかゆきなが
「城井軍記」「家臣名付」「豊州治覧」等に記された城井鎮房時代の家臣。『築上郡志』『築上郡史』「宇都宮史」

高津房主計▽たかつぶさかずえ
宇都宮氏一族並びに「家臣名付」に記された宇都宮家家臣。城井家（豊前宇都宮家）馬廻り役。宇都宮大和守信房公七百五十遠諱の大祭が明治四十二年に挙行された際に、宇都宮家菩提寺天徳寺藤原賢然住職等が編集した「宇都宮家故舊重臣の後裔」の姓名録にもその名が見える。『築上郡志』『築上郡史』「宇都宮史」「宇都宮家故舊重臣の後裔」

高並市次郎▽たかなみいちじろう
主税助。高並政広の子。大友氏に降る。天正十四（一五八六）年大友義統に滅ぼされる。子孫は代々庄屋となった。『日本城郭大系』

高並小次郎入道▽たかなみこじろうにゅうどう
高並彦八の父親。正平年間（一三四六－七〇）に彦八は永原に高並城（宇佐市院内町高並）を築いた。別名永原城と称した。『日本城郭大系』

高並主膳助▽たかなみしゅぜんのすけ
弘治二（一五五六）年秋、大友義鎮（宗麟）が龍王城に在陣した際、着到した宇佐郡三十六人衆の一人。なお着陣の時期について、『大友公御家覚書』等では弘治二年四月、大友義鎮龍王に陣を取るとある。「香下文書」『北九州戦国史史料集』『編年大友史料』

高並主税之介▽たかなみちからのすけ
高並城主。天文、永禄、元亀、天正年間に宇佐郡内に割拠した。弘治の頃（一五五五－五八）、宇佐郡において三十六氏と称された豪族の一人。大友家に属し、毎年八月朔日には馬太刀の使者を立てて主従の礼を行ったという。弘治二年四月二十八日、大友義鎮（宗麟）が豊府を発して豊前国龍王に陣を取った時、帰服した。天正十四年、大友氏に攻め落とされた。『豊前古城誌』『築上郡志』『宇佐郡記』『北九州戦国史史料集』

高並彦八▽たかなみひこはち
高並小次郎入道の子。高並城主。正平年間（一三四六

一七〇）に高並城を築城した。『日本城郭大系』

高並政広▽たかなみまさひろ

高並城に居城したが、天文年間（一五三二―五五）大内氏に属した。若狭守。『日本城郭大系』

高野九左衛門▽たかのくざえもん

「城井軍記」「家臣名付」「豊州治覧」等に記された城井鎮房時代の家臣。『築上郡志』『築上郡史』「宇都宮史」

高野九郎右衛門▽たかのくろうえもん

宇都宮氏一族並びに「家臣名付」に記された宇都宮家家臣。城井家（豊前宇都宮家）馬廻り役。『築上郡志』

高野景治▽たかのかげはる

応永、正長年間に田河郡内に割拠した。湯山の柵を守備した。右馬允。応永五（一三九八）年正月元旦に障子ヶ岳の千葉上総介光胤が大内勢の陶筑前守のために攻略されて落去し、一門がことごとく討死あるいは落ち失せたことから同月八日、湯山の柵に火を放ち落ち失せた。『応永戦覧』『築上郡志』

高野新司左衛門尉▽たかのしんじさえもんのじょう

元亀、天正年間に築城郡内に割拠した。『築上郡志』

高野屋右近将監▽たかのやうこんのしょうげん

元亀、天正年間に築城郡内に割拠した。『築上郡志』

高野能行▽たかのよしゆき

長野氏の家臣。三郎。長尾城を居城とした。現在、長尾城の城跡の北方に、高野三郎の墓という野石の碑が建っている。また城主の名を取り、高野、能行などの字名が残るという。『福岡県の城』

高橋鑑種▽たかはしあきたね

大友氏の家臣団。鑑種、左衛門大夫、左衛門尉、三河守と称す。のち入道して宗仙と号す。鑑種は大友一族一万田親泰の子、一万田鑑相の弟。天文末年頃、筑前の大蔵姓高橋武種の養嗣子となったという。大内義長の山口入りの時、橋爪美濃守と共に付け人奉行となる。天文二十（一五五一）年大友義鎮（宗麟）の弟晴英が大内氏を継ぐに際して、晴英に付随して山口に赴き、九州の担当官となる。弘治三（一五五七）年四月大内義長が毛利元就に滅ぼされると、義鎮の下で筑前の経略にあたる。七月秋月文種鎮圧に戦功をあげた。のち岩屋城（太宰府市観世音寺）・宝満山城（同北谷）城督に任命された。永禄四（一五六一）年、毛利氏の誘いに応じて寝返り、反乱を起こし毛利氏の豊前侵攻を助けた。永禄八（一五六五）年、大友氏と毛利氏の講和では、岩屋・宝満の両城の領有を認められた。鑑種がなぜ裏切ったのか、はっきりした理由はわからないが、大友義鎮のやり方に不信感を抱いたことや、鑑種の兄（一万田鑑実）が謀反の疑いをかけられ親族とともに討伐されたこと、義鎮の一万田鑑実の美貌の妻への横恋慕に原因していたことなどがささやかれている。最近では、義種が毛利氏に筑前国六郡の支配を要求していたことが関係すると考える説もある。永禄八年、大友一族の筑前国立花城督の立花鑑載が毛利氏に内応し、大友義鎮に背いた。永禄九年十一月頃、鑑種は毛利氏・秋月氏に呼応して謀叛を起こした。永禄十年七月戸次鑑連（立花道雪）ほかの追討軍により岩屋城は落城し、鑑種は宝満岳城に籠城した。毛利氏の出兵により、以後、豊前・筑前・肥前において大友と毛利の間で全面戦争が展開された。永禄十年には立花鑑載も背き、戦局は一進一退を続けた。永禄十二年十月大内輝弘と豊後の兵が山口に進攻したため毛利軍は総退却した。十一月鑑種は降伏。義鎮は一族の嘆願を受けて鑑種の一命を助け、小倉城に封じた。大友に降伏の条件により、門司城を攻撃する。しかし、天正六年に大友氏が日向耳川で島津氏に大敗すると翌年再び種実らと大友氏に挑み、香春岳城を陥落させた。天正七年四月二十四（または二十七日）日、小倉城中で波乱の生涯を終えた。鑑種は盟友の秋月種実の子、元種を養子としており、元種は志を継いで大友氏と戦い、同族秋月種実に加担して天正十四年、香春岳籠城、毛利勢と戦う。同年十二月降伏、天正十五年日向の延岡に移された。『北九州戦国史』『大友記』『歴代鎮西要略』『戦国大名家臣団事典』『戦国武将合戦事典』『九州戦国合戦記』『萩藩閥閲録』『築上郡志』『行橋市史』

高橋秋種▽たかはしあきたね
三河守。天正年間（一五七三―九二）、原田貞種が在城する鬼岳城を攻め落としたため城主貞種は自害した。『太宰管内志』

高橋宮内大夫▽たかはしくないだゆう
永禄の頃（一五五八―七〇）、下毛郡本耶馬渓落合の高橋家代々の落合城に居城した。『日本城郭大系』

高橋惟長▽たかはしこれなが
安芸の人。伊賀守。応永五（一三九八）年十二月、大友軍と対決のため大内軍代官、総大将陶弘房のもとに周防、長門、備後、安芸から集まった一人。同月十八日軍勢二万八千余騎とともに周防の多々良浜から船に乗り豊前の神田浦に着陣した。応永の頃（一三九四―一四二八）、岩石城を攻略する大内氏総大将大内盛見の軍勢に従い、安芸勢一万余騎の先陣をきって搦め手に向かった一人。『応永戦覧』『太宰管内志』

高橋鎮種▽たかはししげたね
⇩高橋紹運（たかはしじょううん）

高橋治部▽たかはしじぶ
丸ヶ口城（別名横代山城）に居城した。『豊前志』

高橋紹運▽たかはしじょううん
筑前岩屋城（太宰府市観世音寺）城主。大友氏の家臣団。孫七郎・高橋主膳正鎮種、主膳入道、紹運と称す。立花統虎・高橋統増の父。妻は斎藤鎮実の妹。天文十七（一五四八）年、豊後国東国東郡都甲荘（大分県豊後高田市）長岩屋の筧城主であった吉弘鑑理の次男（一説には弟）として生まれた。吉弘氏は大友一族であり、大友三老の一人として重きをなした。吉弘氏の出自は、初代、大友能直の子、泰弘に始まり、豊後国東国東郡一体を領し、屋山において居城を築き北九州の守りとした。紹運は、初め、名を吉弘弥七郎と言い、後、三河守主膳兵衛（主膳正）鎮理と称し、筑前の名家である高橋家を継ぐ。そして高橋家の通字である「種」の一字をとって鎮種と改めた。ここで高橋家は、高橋鑑種の一万田系と高橋鑑理の吉弘系の二家に分かれることになった。大友義鎮（宗麟）は鎮種に三笠郡一円と宝満岳城（太宰府市北谷）、岩屋城の両城を与えた。後年、剃髪して紹運と号した。永禄十二年十一月高橋鑑種旧臣の請をうけて高橋家を相続、宝満岳城・岩屋城主となった。天正七年秋月種実と戦う。九年十月統虎が立花道雪の婿養子となる。十二年二月筑紫広門は岩屋城を焼き討ちした。紹運は宝満岳城に入る。八月道雪・紹運は大友軍加勢のため筑後に出陣。十三年四月赤司村に在陣。九月十一日道雪陣没する。二十三日広門が宝満岳城を占領。統増・紹運夫人は助命され、岩屋城に送られる。このため諸将談合して開陣。紹運は岩屋城に帰る。冬、広門と紹運は和睦。翌年、広門の娘と統増は結婚。島津氏は広門の和睦を聞き、豊後進攻を延期して十四年七月筑前勝尾城に広門を攻め、さらに高島居・岩屋城に迫った。統虎は紹運に宝満岳城に退くことを説くが、紹運は聞かず岩屋城に籠もった。島津軍は降伏を勧めたが、紹運は下城せぬことを降伏の条件とした。七月二十六日攻撃が開始され、二十七日衆寡敵せず岩屋城は落城し、紹運は自害。享年三十九。『戦国大名家臣団事典』『筑前戦国史』

高橋善太夫▽たかはしぜんだゆう
「城井軍記」「家臣名付」「豊州治覧」等に記された城井鎮房時代の家臣。城井家（豊前宇都宮家）馬廻り役。『築上郡志』『築上郡史』「宇都宮史」

高橋宗全▽たかはしそうぜん
元亀、天正年間（一五七三―九二）に田河郡内に割拠

した。天正の頃、長野助守とともに長門国高倉城主の子、杉千代丸重良が守る旧仲津郡の簑島城を攻め落とした。『築上郡志』『豊前志』

高橋種基▽**たかはしたねもと**

大内氏の家臣。弥十郎。応永五（一三九八）年十二月晦日、大友方の先駆けの大将戸次親秀と弟親光の八百騎の軍勢と後陣、大友氏貞が二千騎の軍勢をもって松山城を攻略に来るとの情報を得たため、種基は志芳政義とともに逞兵四百余騎をもって長野氏、貫氏の敵攻めに備えて狸山に陣を構えた。大友氏鑑が守っていた松山城を守護代であった杉弘信をはじめ大内方が奪回して後、天野安芸守義顕が二千余騎とともに同年十一月より応永十五年まで城番となった。その時に共に在陣した一人。『豊前志』『応永戦覧』

高橋長種▽**たかはしながたね**

三河守。高橋光種の七代の孫。嗣子なく、旧臣は大友義鎮（宗麟）に乞い、大友一族を高橋家に迎えて由緒ある名家が継がれた。『筑前戦国史』

高橋長幸▽**たかはしながゆき**

元亀、天正年間に田河郡内に割拠した。『築上郡志』

高橋平大夫▽**たかはしへいだゆう**

黒田家の家臣。天正十五（一五八七）年十月九日、城井氏との峰合戦の時、黒田長政を総大将とする鎮圧軍は城井鎮房により天嶮の城井谷におびき寄せられて敗退した。この合戦において大野小弁、横山与次、益田与六郎、四宮次左衛門等六人鎗を合わせて討死した。『鎮西宇都宮氏の歴史』『黒田家譜』

高橋統増▽**たかはしむねます**

⇩立花直次（たちばななおつぐ）

高橋元種▽**たかはしもとたね**

九郎。右近太夫。元亀、天正年間に田河郡、規矩郡内に割拠した。香春岳城を居城とした。秋月文種の子。秋月種実の末弟。小倉城主高橋鑑種の養子となる。養父鑑種は、大友の庶流一万田氏から出て、筑後大蔵姓高橋家を継いだ。『築上郡史』では、「満光寺文書」に香春城主、今高三千九百石を知行したとあるという（但し筑前内押領数カ所）。永禄十（一五六七）年、宝満岳城（太宰府市北谷）に拠って大友氏に謀叛、実兄秋月種実も大友と宿敵の関係にあった。天正六（一五七八）年、大友勢が日向で大敗してから、秋月・毛利と連合して大友領を侵略した。天正七年、父高橋鑑種が没するとその志を継ぎ大友氏と戦った。種実との関係から島津氏と結び付いたが、そのため九州征伐の先兵として九州に入った小早川隆景に小倉城を包囲され落城。元種はさらに、香春岳城に籠もって抵抗したが、天正十四年十一月十一日、豊臣秀吉の麾下、吉川元春、小早川隆景、黒田孝高（如水）の三将に香春岳城を攻められる。十一月二十日、豊臣軍は香春岳に総攻撃を開始するも、城兵の士気旺盛により夜襲などを仕掛け、攻撃軍は苦戦した。十二月十一日、豊臣軍は最後の総攻撃を開始。城兵の抗戦むなしく次第に討ち取られ、二十四日ついに元種は降伏した。豊臣秀吉の九州平定後、元種は日向（宮崎県延岡市）五万三千石で移封された。関ヶ原の役では東軍に属し生き延びたが、慶長十八（一六一三）年十月に伊予宇和島の富田知勝の事件に連座し、幕府の犯罪人を匿った咎により七万石を没収された。『築上郡志』「高橋紹運記」『鎮西宇都宮氏の歴史』「萩原文書」『北九州戦国史』『北九州戦国史史料集』『太宰管内志』『戦国武将合戦事典』

高橋義氏▽たかはしよしうじ

小倉城主高橋鑑種の子。鑑種が香春城の高橋九郎元種を養子に迎えたことから、小倉を去って父の昔の同志毛利輝元を頼り芸州に渡り、柳藤左衛門元光と名を変えて毛利輝元に仕えた。しかし毛利家が関ヶ原の戦いで大阪方についたので徳川家から領地を削られて、防長二州に移ると、柳家は家禄が四分の一になった。後裔、高橋元重の時に小倉小笠原藩の島村氏の斡旋で、高橋姓を名乗り、高橋唯之丞元成になって一千石の知行を得た。『大蔵原田一族史話』『愁風小倉城』

高畑種春／高畠種春▽たかはたたねはる

「城井軍記」「家臣名付」「豊州治覧」等に記された城井鎮房時代の家臣。城井家（豊前宇都宮家）馬廻り役。四郎兵衛。『築上郡志』『築上郡史』「宇都宮史」

宝山伊豆守▽たからやまいずのかみ

応永、正長年間に仲津郡内に割拠した。応永五（一三九八）年、前守護職大友氏時の長子である大友氏鑑は、大内義弘の画策により、氏時の甥で猶子である親世が守護職を継いだことを不満とし、親世に叛逆して兵を挙げた。その際、氏鑑から回文を受け一味同心した一人。『築上郡志』『応永戦覧』『築上郡史』『太宰管内志』

瀧川昌道▽たきがわまさみち

香春城主千手興房一族の郎党。左京大夫。応永六（一三九九）年正月、大内盛見の大軍による攻城に対してあくまでも籠城の計略を立てて応戦したが衆寡敵せず、ついに敗れて、正月十二日、興房をはじめ一族郎従八十三人と座を連ねて自刃した。『応永戦覧』

瀧口広仲▽たきぐちひろなか
大友氏の旗下、赤尾鎮房の家臣。麻生親政の謀叛を鎮圧するために赴いた軍奉行田原親賢（紹忍）の下で鎮房は追手の大将となった、その家臣として同陣営に参軍した。将監。『豊前古城誌』

滝貞秀光▽たきさだひでみつ
永禄年間（一五五八－七〇）滝貞城を居城とした。田原親賢（紹忍）に属した。『日本城郭大系』

田北鑑重▽たきたあきしげ
大友氏の家臣団。鑑鉄、鑑富、鑑重、勘解由左衛門、勘解由紹鉄、左近衛将監、大和守、大和入道と称す。豊後国直入郡（大分県直入郡）田北村を本貫とする。親員の子、兄鑑生の順養子。天文十九（一五五〇）年二月、大友義鎮（宗麟）側近にあって申次職にあった。「二階崩れの変」の時の比類無き忠義を賞され、天文十九年二月十五日、義鎮から感状を受けている。弘治二（一五五六）年一族と玖珠軍衆を率いて小原鑑元等を誅伐。永禄五（一五六二）年豊前に出陣。九月宇佐八幡に戦勝を祈願。十月門司合戦に山香郷衆を率いて軍労。八年三ヶ岳城破却。十二年田河郡に滞陣して毛利軍と戦う。天正六（一五七八）年三月日向土持退治に出陣。天正七年、日向陣に参加し、野仲鎮兼が敗れ長岩城落城の際、鎮兼に属した月俣兵衛入道正覚の子、太郎員貞の哀訴をうけ月俣城への帰陣を許した。同七年、豊前出兵して秋月と合戦し大敗、同七年十二月、田原親貫の乱が起こり、田北紹鉄はこれに同情的であったので、讒言され、義鎮から切腹を命じられたが、天正八年四月、豊後国大分郡南庄内（大分県由布市庄内町）の熊牟礼山城に立て籠もった。直入郡阿曾野の戦いに敗れ筑前に落ちるが、四月十三日、日田郡五馬庄松原村で財津・坂本などの日田郡衆に討取られた。法名清台院殿牛翁紹鉄大居士。墓は松原村星ヶ淵にある。『戦国大名家臣団事典』『北九州戦国史』『増補訂正編大友史料』

田北鑑生▽たきたあきなり
大友氏の家臣団。弥十郎、勘解由左衛門尉、大和守と称す。豊後国直入郡（大分県直入郡）田北村を本貫とする。速見郡山香郷日指城（大分県杵築市山香町）城主。親員の子。鎮述・鎮生の父。田原親邦・志賀鑑隆の舅。天文十八（一五四九）年以前に、弟鑑重を順養子にする。天文十九年二月から永禄四（一五六一）年三月まで大友義鎮（宗麟）の加判衆を務めた。大永七（一五二七）年、佐伯惟治成敗に出陣。更に天文三（一五三四）年四月、勢場原の合戦に参陣。七年大内氏との和睦成立を願い、諸社に願文を捧げる。天文十六年二月山香郷日差村に四所明神社を創建した。弘治三（一五五七）年夏、秋月文

種退治に出陣。永禄四（一五六一）年十一月九日死去。『戦国大名家臣団事典』『北九州戦国史史料集』

田北鑑益▽たきたあきます

大友氏庶流。豊後国直入郡（大分県直入郡）田北村を本貫とする。大友家加判衆田北鑑生の弟。立花城に殿軍として残る毛利方乃美宗勝等に対して、大友家加判衆は悪意ある調略を行ったが、鑑益はその非を唱え、今年毛利勢が大友方の立花城衆を無事退城させた例にならい、乃美宗勝等を無事に立花城から退城させた。『北九州戦国史』

田北鑑栄▽たきたあきよし

田北鑑生の一族。大内義長の付け人。大内義長奉行人連署書状に名が見える。「萩原文書」『北九州戦国史史料集』

田北鎮周▽たきたしげかね

大友氏の家臣団。弥十郎、刑部少輔、相模守と称す。鑑生の子。紹鉄の順養子。田北氏惣領。豊後国直入郡（大分県直入郡）田北村を本貫とする。速見郡山香郷甲ノ尾城（大分県杵築市山香町）城主。天正四（一五七六）年二月から六年十一月まで義統の加判衆を務めた。永禄八（一五六五）年、田北一族・山香郷衆を率いて豊前に出陣。三ヶ岳城を攻略。馬岳城に入る。同十一年、苅田表で毛利軍と合戦、松山城を攻める。夏、原田親種退治につき、大友義鎮（宗麟）の使者として高良山に赴く。十二年閏五月立花籠城し、のち下城。天正五（一五七七）年頃、義統は鎮周に命じて由原宮造替用材木の運送を山香郷衆に行わせた。同六年四月、日向国（宮崎県）耳川の合戦において、島津を結んだ土持親成退治のため、紹鉄と共に第二軍として出陣。日向遠征に従軍。日向高城の前線では諸将が総大将の田原親賢（紹忍）の指揮に従わず、大友軍の戦意は低かった。決戦の前夜、鎮周は軍議もそこそこに、陣所で鞍を割って酒を暖め、死を覚悟。十一月十二日鎮周は先鋒右翼として二千五百の兵を率い、島津軍に渡河突進して討死し、全軍壊滅のもととなった。『戦国大名家臣団事典』『北九州戦国史』『行橋市史』「田北文書」「編年大友宗麟資料」『北九州戦国史料集』「薦神社文書」

田北重昌▽たきたしげまさ

大友氏鑑の一族。上総介。応永六（一三九九）年一月下旬、岩石城の後詰として、肥後から参着した菊池武貞率いる一万余騎と宇佐郡の軍勢、総勢四万五千余騎とともに大友氏鑑に随従した。同年二月二十二日、上洛していた大友親世が大友氏鑑を誅伐するべく手勢二千騎を率いた軍船にて豊後鶴崎に着岸すると、氏鑑が親世へ叛逆の兵を挙げた際に同心していた心を翻し、ほかの国人ら同様親世に降参した。『応永戦覧』

田北紹鉄▽たきたしょうてつ

⇨田北鑑重（たきたあきしげ）

田北親員▽たきたちかかず

大友氏の家臣団。勘解由左衛門、勘解由允、勘解由左衛門尉、左衛門尉、大和守と称す。豊後国直入郡（大分県直入郡）田北村を本貫とする。直入郡朽網郷松牟礼城（大分県竹田市直入町）城主。田北親盛の子。鑑生・鑑重・鎮周の父。享禄元（一五二八）年九月から天文九（一五四〇）年四月まで義鑑の加判衆を務めた。永正十三（一五一六）年十二月朽網親満党を討つため宇佐郡士等に工作した。十六年高崎城に親満を攻撃。天文三（一五三四）年二月玖珠郡衆を率いて筑後に出陣し、大内党と戦った。七年三月山下長就・臼杵鑑続と共に義鑑の使節として大内義隆との和睦交渉にあたった。天文九年七月二十五日死去。『戦国大名家臣団事典』

田北親季▽たきたちかすえ

大蔵大夫。応永六（一三九九）年二月二十二日、上洛していた大友親世が大友氏鑑を誅伐するべく手勢二千騎を率いた軍船にて豊後鶴崎に着岸すると、氏鑑が親世へ叛逆の兵を挙げた際に同心していた心を翻し、ほかの国人ら同様親世に降参した。『応永戦覧』

田北親孝▽たきたちかたか

大蔵大輔。大友氏鑑の一族。応永六（一三九九）年正月、大友氏鑑は大内盛見の大軍が豊前国岩石城を攻略するために伊田原に在陣との情報を聞いた。岩石城を守備する軍勢が少ないことから氏鑑の命により中野武蔵守親仁とともに軍勢催促のため筑後に遣わされた。同月下旬、岩石城の後詰として、肥後から参着した菊池武貞率いる一万余騎と宇佐郡の軍勢、総勢四万五千余騎とともに大友氏鑑に随従した。『応永戦覧』

田北親満▽たきたちかみつ

大友氏鑑の一族。新九郎。岩石城に在城した。応永六（一三九九）年正月二十六日、岩石城は大内盛見の大軍に攻略されついに落城し、城主大友氏公は自刃。この時に大友氏英はじめ同城の主立った部将等九十八人と列座して後を追い自害をとげた。『応永戦覧』『築上郡志』

田北民部丞▽たきたみんぶのじょう

永禄十一（一五六八）年、筑前の立花城の城将であった立花鑑載が大友方に反旗を翻したが、立花道雪によって滅ぼされた。その後、大友方として、津留原掃部助、臼杵進士兵衛とともに立花城を守った。『筑前戦国史』

田北統員▽たきたむねかず

大友氏の家臣団。弥十郎、宮内少輔、平介と称す。鎮周の婿養子。実は田原親邦の次男房重の長男。母は佐伯惟教の娘。天正八（一五八〇）年四月大友義統は統員に鎮周の跡目相続を認め、統員を田北氏惣領とした。十四年義統は統員を検使として栂牟礼城に在城させた。十一月因尾で薩摩兵を討つ。文禄の役に出陣。国除後は清成作平と改名。寛永三（一六二六）年、細川忠利に仕え、百石を食む。九年肥後に移る。正保二（一六四五）年正月六日死去。『戦国大名家臣団事典』

田北統辰▽たきたむねたつ

大友義統の家臣。六郎。天正十四（一五八六）年九月六日、大友義統が土井城の佐野源左衛門親重を攻めた時、義統の旗下にて豊前宇佐郡に打ち入り内尾治部烝道貞の居城、丸尾城に本陣を定めて軍勢を指揮して活躍した。『両豊記』『豊前古城誌』

田久仁衛門▽たくじんえもん

「城井軍記」「家臣名付」「豊州治覧」等に記された城井鎮房時代の家臣。宇都宮大和守信房公七百五十遠諱の大祭が明治四十二年に挙行された際に、宇都宮家菩提寺天徳寺藤原賢然住職等が編集した「宇都宮家故舊重臣の後裔」の姓名録にもその名が見える。『築上郡志』『築上郡史』「宇都宮史」「宇都宮家故舊重臣の後裔」

田口雅楽允（田口雅楽守允）▽たぐちうたのじょう（たぐちうたのかみのじょう）

天文、永禄年間に宇佐郡に割拠した。弘治年間（一五五五－五八）の頃、田口城（宇佐市安心院町田ノ口）を居城とした。大友家の幕下に属し、代々大友家に属した。『築上郡志』『豊前古城誌』

田口主計允▽たぐちかずえのじょう

天文元（一五三二）年十一月大友氏は大内方として宇佐郡の佐田朝景が籠る妙見岳城を攻めた。その時に妙見岳合戦に動員されて出陣した大友方の一人。『豊前市史』『増補訂正編年大友史料併大分県古文書全集第16』『大分県の歴史』

田口新蔵人▽たぐちしんくろうど

大友氏の家臣団。実名不詳。俗に蔵人・蔵人佐として知られる。豊後・大友氏太守、義鑑の重臣。天文十九（一五五〇）年に起きた「二階崩れの変」の当事者。小佐井大和守、津久見美作、斎藤播磨守とともに天文十九年二月十日、大友の館に招かれ、義鑑から長男義鎮（宗麟）を廃し、三男塩市丸に家督を定める旨の申し渡しを受けたが、「お家争乱の基になる」とこれに猛反対した。

その夜、義鑑から登城を命じられたが、病気と偽って登城せず。その後、小佐井、斉藤が刺客に斬殺されたことを知り、津久見とともに郎党を集めて大友館を急襲。津久見とともに義鑑とその室、そして塩市丸を斬り殺したが、その場で近習衆に討ち取られ、妻子も皆誅殺せられた。「大友興廃記」「大友家文書録」『戦国大名家臣団事典』

田口太郎右衛門▽たぐちたろうえもん
天正の頃（一五七三―九二）、中津市三光田口と秣村の境界にあった三重城に城主として居城した。『豊前志』『日本城郭大系』『豊前古城誌』

田口親忠▽たぐちちかただ
大友氏の家臣団。掃部助、伊賀守と称す。大友田原氏の庶流。海部郡臼杵庄田野口を本貫とする。享禄元（一五二八）年九月から天文五（一五三六）年十二月まで義鑑の加判衆を務めた。『戦国大名家臣団事典』

田口兵部▽たぐちひょうぶ
元亀、天正年間に下毛郡に割拠した。天正七（一五七九）年、大友義鎮（宗麟）が日向耳川の合戦にて敗れ諸国の大名が離反し、長岩城主の野仲鎮兼も大友氏に叛いた時、鎮兼に従った近郷の武士団の一人。『豊前古城誌』『築上郡志』

田口兵部丞▽たぐちひょうぶのじょう
長岩城籠城軍の中にその名が見える田口氏は、中津市三光田口と秣村の境界にあった三重城を居城とした。また天正の頃（一五七三―九二）、中津市三光田口の中ノ土井背後の城山にあった地神城も居城としたとされる。野仲氏に属し、世に楠木正成の末葉と伝えられた。妻は矢頭伊予守国基の四女。『豊前古城誌』『三光村誌』『日本城郭大系』

詫磨武忠▽たくまたけただ
大友氏の一族。永享三（一四三一）年、馬ヶ岳城を攻めた。この合戦で新田義高、義通は討死した。「馬ヶ岳城史」『門司・小倉の古城史』

武石胤盛▽たけいしたねもり
権之守。保元（一一五六）元年、平判官康頼が築いた丸尾城をまかされて居城す。のち胤盛は木内を氏として代々、この城に居城した。『豊前古城誌』

竹井弥四郎▽たけいやしろう
豊前国の国人。建武三・延元元（一三三六）年、足利方として大友近江次郎以下の南朝方の籠城する豊後国玖珠城を攻撃した時の「野仲道棟軍忠状」が「野仲文書」に記されている。この軍忠状の中に、野仲三郎太郎道棟とともに合戦に参加したとして名が見える。『中世武士団・鎮西宇都宮氏の研究Ⅱ』

竹下民部▽たけしたみんぶ
麻生郷の名主の一人。文亀元（一五〇一）年十月十一日、麻生郷の十五名主の一人として連判して領地を御霊八幡に奉納す。その意味するところは、麻生郷の名主として麻生家の幕下に属すことを誓約して連判したものである。『豊前古城誌』

竹田津鎮満▽たけだつしげみつ
大友氏の家臣団。刑部少輔、志摩入道、一木と称す。大蔵氏。国東郡竹田津城主。永禄十二（一五六九）年吉弘鑑理に従い出陣。賀良山に在城。天正十一（一五八三）年田原親家に同心して佐野城攻略。六月大友義鎮（宗麟）の代官として安心院千世松の居屋敷を受け取る。十三年親家に従って日田に出陣し、筑前杷木郷池田城を攻略。十五年親家重臣の一人に名をつらねる。十九年臼杵氏と共に富来氏に台所方について掟を伝達。天正末期から岐部一達・臼杵鎮定と共に義統の側近として活躍した。文禄の役では豊後に残って義統夫人の警護。文禄二年五月剃髪して一木と改名した。義統の堪忍衆の一人として山口へ赴く。五年義統と共に豊後に入る。十三日石垣原の合戦では木付（細川氏）への備えを命じられる。同日討死した。『戦国大名家臣団事典』

竹田津則康▽たけだつのりやす
大友方の武将。永禄四（一五六一）年十月十日の門司城合戦に参戦し、討死した。『九州戦国合戦記』

武田信房▽たけだのぶふさ
大内氏の家臣。四郎。左衛門尉。応永五（一三九八）年頃、大友氏鑑が守っていた松山城（京都郡苅田町）を守護代であった杉弘信をはじめ大内方が奪回して後、天野安芸守義顕が二千余騎とともに同年十一月より応永十五年まで城番となった。その時に共に在陣した一人。『応永戦覧』

武田信守▽たけだのぶもり
大内氏の部将。安芸守。応永五（一三九八）年十二月、大友軍と対決のため大内軍代官、総大将陶弘房のもとに周防、長門、備後、安芸から集まった一人。同月十八日軍勢二万八千余騎とともに周防の多々良浜から船に乗り豊前の神田浦に着陣した。また岩石城を攻略する大内氏総大将大内盛見の軍勢に従い、安芸勢一万余騎の先陣をきって搦め手に向かった一人。『太宰管内志』『応永戦覧』

竹千代丸兼則▽たけちよまるかねのり

⇩周布兼則（すふかねのり）

竹林三之助（竹林三之助丞）▽たけばやしさんのすけ（たけばやしさんのすけのじょう）

「城井軍記」「家臣名付」「豊州治覧」等に記された城井鎮房時代の家臣。城井家（豊前宇都宮家）馬廻り役。「豊州治覧」『築上郡志』『築上郡史』「宇都宮史」

武宮武蔵守▽たけみやむさしのかみ

大友氏の家臣団。親実、鎮元と称す。大神阿南氏庶流で、大分郡阿南郷辻台城主。永禄四（一五六一）年九月毛利氏と門司合戦で戦い、大友軍敗走の際、殿軍を務めた。六年大友義鎮（宗麟）の臼杵移居に随い臼杵に移住。居館を広原台に構え、大友番城武山城城番を務めつつ臼杵に出仕した。天正十四（一五八六）年十二月島津軍の臼杵侵攻の際には臼杵城に籠もり、義鎮の命により南蛮渡来の大砲を撃ってこれを撃退し、勇名をはせた。義鎮の近臣中第一の大男で、身の丈八尺にも及ぶ偉丈夫であったという。十六年雄城鎮全と共に政所に勤めた。文禄の役に従軍、戦死とも病死ともいう。一説に国除後は浪人して広原台に帰農したという。「大友興廃記」「大友家文書録」『武宮親氏所蔵系図』『戦国大名家臣団事典』

竹森新右衛門▽たけもりしんえもん

黒田家功臣。幼名、新次郎。のち岩見守。号、次貞。本姓は清原氏。父、新兵衛は姫路近郊の大野郡日岡八幡宮の宮司であった。永禄三（一五六〇）年、龍野赤松氏の兵に家を焼かれ、二人の息子を失った新兵衛は新右衛門を連れて黒田職隆の下僕となった。天正三（一五七五）年、新右衛門は初陣し兜首を上げ、さらに佐用郡高倉山城攻めでも名を高める。以後、多くの戦で活躍、黒田孝高（如水）から二百石を給される。豊前国入国後、六百石を拝領し、筑前入国後は二千五百石に加増された。「歴史群像シリーズ38黒田如水」

竹森新左衛門▽たけもりしんざえもん

黒田家の家臣。旗奉行。天正十五（一五八七）年十月九日、城井氏との峰合戦の時、黒田長政を総大将とする鎮圧軍は、城井鎮房により天嶮の城井谷におびき寄せられ敗退した。この合戦において竹森新左衛門は、旗を引いて敵をおびき寄せるという黒田長政の命令に対して「今旗を引けば、敵は高所より突きおろしてくるに違いないので、低い所ににいる味方は防ぐことができないので敗軍は必定である」と強く反対して論争となった。『鎮西宇都宮氏の歴史』『黒田家譜』

大宰少弐頼冬▽だざいしょうによりふゆ

⇩少弐頼冬（しょうによりふゆ）

田尻鑑種▽たじりあきたね
筑後国山門郡鷹尾城主。又三郎。大宰府府官。大蔵氏の一族。筑後田尻を領して氏とする。父親種は、大友方に属して元亀元（一五七〇）年、龍造寺攻めで戦死した。天正七（一五七九）年大友氏耳川の合戦で敗戦後、龍造寺に下る。同十年島津に内通して鷹尾城に挙兵したが、同十一年鍋島直茂の取り成しによって降伏し、以後鍋島の家臣となった。文禄年間（一五九二―九六）、朝鮮の役で病死した。『北九州戦国史』

田尻鑑乗▽たじりあきのり
田尻鑑種の叔父、入道して宗達という。田尻鑑種の龍造寺降伏に尽力した。天正七（一五七九）年六月十日、龍造寺方にあって、大友方の蒲池鑑広と連絡を取り交わしていた。『北九州戦国史』

田尻右衛門尉▽たじりえもんのじょう
天文元（一五三二）年十一月大友氏は大内方として宇佐郡の佐田朝景が籠る妙見岳城を攻めた。その時に妙見岳合戦に動員されて出陣した大友方の一人。『豊前市史』『増補訂正編年大友史料併大分県古文書全集第16』『大分県の歴史』

田代玄孝▽たしろげんこう
西光寺城主。内記。赤尾氏の旗下にあって、弘治の頃（一五五五―五八）にこの城に居城した。『豊前古城誌』

田代玄節▽たしろげんせつ
西光寺城主。内膳。赤尾氏の旗下にあって、天文の頃（一五三二―五五）にこの城に居城した。『豊前古城誌』

田代鹿蔵▽たしろしかぞう
「城井軍記」「家臣名付」「豊州治覧」等に記された城井鎮房時代の家臣。『築上郡志』『築上郡史』「宇都宮史」

田城春節▽たしろしゅんせつ
大友氏の旗下、赤尾鎮房の家臣。内膳。麻生親政の謀叛を鎮圧するために赴いた軍奉行田原親賢（紹忍）の下で鎮房は追手の大将となった。その家臣として同陣営に参軍した。『豊前古城誌』

田城内記▽たしろないき
弘治の頃（一五五五―五八）、西光寺城を居城とした。『日本城郭大系』

田城内膳▽たしろないぜん
光岡城主赤尾氏の家臣。西光寺城を居城とした。赤尾鎮房の法要を営むため光岡城に集まったところを時枝鎮継と佐野親重の軍勢にせめられ、光岡城は落城した。
『日本城郭大系』

田代正種▽**たしろまさたね**
宇都宮氏一族並びに「家臣名付」に記された宇都宮家家臣。物頭。城井家（豊前宇都宮家）馬廻り役。与市。「城井軍記」「家臣名付」「豊州治覧」等に記された城井鎮房時代の家臣。物頭。『築上郡志』『築上郡史』「宇都宮史」『城井闘諍記』『太宰管内志』

田代與一郎▽**たしろよいちろう**
城井鎮房の挙兵時の家臣。宇都宮大和守信房公七百五十遠諱の大祭が明治四十二年に挙行された際に、宇都宮家菩提寺天徳寺藤原賢然住職等が編集した「宇都宮家故舊重臣の後裔」の姓名録にもその名が見える。「宇都宮家故舊重臣の後裔」『築上郡志』

立花鑑載▽**たちばなあきとし**
大友氏の家臣団。弥十郎・鑑載と称す。立花氏は大友貞載の末流で、筑前糟屋郡立花城主。豊後の大友氏に対して「西大友」と呼ばれた。立花氏は、大友六代貞宗の次子貞載を始祖とし、筑前大友勢力の中心。「大友家文書録」によれば、永禄頃立花城主・新五郎某が大友義鎮（宗麟）に背いて誅滅され、その跡は一族の鑑載が相続し、立花山城守と号したという。永禄八（一五六五）年夏、鑑載は義鎮に背くが、大兵に攻められ降伏して下城したとある。義鎮は、吉弘鑑理・戸次鑑連（立花道雪）に立花城の修復を命じ、鑑載は義鎮に許されて奴留湯氏とともに立花東西城を守った。十二年夏、鑑載は毛利方与党に呼応して再び義鎮に謀叛し、東城に籠もった。七月大友軍は立花城を攻めて落とした。鑑載は逃れたが、竈門勘解由允に斬られて、首級は豊後に送られた。八月鑑載の旧臣衛藤尾張守・清水左近衛将監が敗兵をまとめて立花城をうかがったが、九月に大友の兵により討ち取られた。『北九州戦国史』『大友家文書』

立花種重▽**たちばなたねしげ**
大友氏鑑の一族。岩石城に在城した。小太郎。応永六（一三九九）年正月二十六日、岩石城は大内盛見の大軍に攻略されついに落城し、城主大友氏公は自刃。この時に大友氏英はじめ同城の主立った部将等九十八人と列座して後を追い自害をとげた。『応永戦覧』『太宰管内志』『築上郡志』

立花種統▽**たちばなたねむね**
大友氏鑑の一族。筑前守。応永五（一三九八）年十二月、豊前発向の軍議のために府中の大友氏鑑のもとに集まった一人。同六年一月下旬、岩石城の後詰として、肥後から参着した菊池武貞率いる一万余騎と宇佐郡の軍勢、総勢四万五千余騎とともに大友氏鑑に随従した。同年二月二十二日、上洛していた大友親世が大友氏鑑を誅伐するべく手勢二千騎を率いた軍船にて豊後鶴崎に着岸すると、氏鑑が親世へ叛逆の兵を挙げた際に同心していた心を翻し、ほかの国人ら同様親世に降参した。『応永戦覧』

立花道雪▽たちばなどうせつ

鎧岳城（大分県豊後大野市大野町）城主。大友義鎮（宗麟）の腹臣の勇将。大友氏の庶流。戸次鑑連、左衛門大夫、伯耆守、伯耆入道紀伊入道、丹後入道、麟白軒、道雪と称す。門司合戦、立花城の攻略、秋月合戦、立花陣等大友家の勇将として名高い。永正十（一五一三）年三月十七日、大野郡鎧岳城に生まれる。父は戸次親家。永禄四（一五六一）年三月から元亀二（一五七一）年まで義鎮の加判衆を務め、筑後国方分であった。大永六（一五二六）年四月、十四歳で戸次家の家督を相続、元服して鑑連と名のった。この頃、落雷を受けて左足が不具となる。以来、鑑連は輿の上から軍陣の指揮をとったという。天文十九（一五五〇）年三月、義鑑から「二階崩れの変」の首謀者とされる入田親誠の討伐を命じられる。天文二十三年頃、家督を嗣子鎮連（鑑連の猶子）に譲る。弘治三（一五五七）年秋月文種を誅伐。永禄四（一五六一）年、田原親堅、臼杵鑑速らと一万五千の兵で門司城を攻略したが、小早川水軍の援軍にはばまれ退却し、さらに十一月四日水軍に追撃され敗走した。永禄五年五月、義鎮が剃髪して宗麟と号した時、鑑連も主君にならって入道となり、義鎮より法号を贈られて麟伯軒道雪と称した。永禄八年、筑前国立花城を落城させて義鎮から城普請を命じられる。永禄十一年、秋月氏を古処山に攻め、立花鑑載を討つ。十二年龍造寺を攻め、多々良浜で毛利の軍を破る。元亀二（一五七一）年、加判衆を辞して立花家の名跡を継ぐ。これより鑑連は立花氏を号す。この年義鎮は鑑連を立花城督とする。天正三（一五七五）年、義鎮と義統は、鎮連の息子の一人を養子にし、立花城督を譲ることを勧めるが、鑑連は娘の誾千代に家督を譲った。天正九年、高橋紹運の長男統虎を誾千代の婿養子とする。天正七年以降、斜陽の大友氏を支え、筑前、筑後に勇戦奮闘したが、天正十三（一五八五）年筑後北野陣中で病没した。「大友興廃記」『北九州戦国史』

立花直次▽たちばななおつぐ

筑後の大名三池立花家の開祖。高橋鎮種（紹運）の子、立花宗茂の弟。初め高橋を名字とした。統増、宗一と名乗った。官途は、民部少輔、主膳正。天正十三（一五八五）年、父紹運の筑後遠征中に宝満城（太宰府市北谷）を預かり、筑紫広門に城を奪われた。紹運は帰国後、広門の娘と統増を結婚させて、婿引き出物として宝満城を受け取り、統増夫妻を住まわせた。同十四年に島津氏が北上し、紹運の入る岩屋城（太宰府市観世音寺）を落城させると、宝満城を守る統増（立花直次）等の妻子が岩屋城に籠もっていたので、岩屋城落城とともにすぐさま宝満城は降参して島津氏に降った。秀吉の島津氏制圧のあとは、宗茂の与力として筑後三池郡を秀吉より与えられた。朝鮮の役には兄宗茂とともに従軍した。関ヶ原では西軍にて伏見城を攻撃した。敗戦後筑後に戻ったが、佐賀の鍋島氏、肥後の加藤氏に攻められ兄とともに降参。肥後の加藤清正に預けられた。のち、京都北山に隠遁した。慶長十八（一六一三）年に将軍秀忠に拝謁し、同時に立花姓に改めた。同十九年には常陸国筑波郡で五千石を与えられ、同年、大坂冬の陣に従軍した。元和三（一六一七）年七月十九日に没した。子の種次は、跡を継ぎ、筑後三池の大名に復帰した。『戦国武将合戦事典』

立花統虎▽たちばなむねとら

大友氏の家臣団。千熊丸、鎮虎、宗虎、正成、親成、尚政、俊正、経正、信正、宗茂、左近衛将監、羽柴柳川侍従、飛騨守、立斎と称す。立花氏は、南北朝時代、大友貞載が筑前立花山に拠り、立花氏を称した。永禄十（一五六七）年八月十三日高橋鎮種の長男として玖珠郡筧村吉弘鑑理の家で生まれた。母は斎藤鎮実の娘。天正九（一五八一）年十月、立花道雪の婿養子となり、立花氏を名のる。妻は道雪の娘誾千代。十三年九月十一日道雪没。十月家督を相続し立花城主となる。十四年島津氏の進攻が始まり、立花城に籠城し抗戦。豊臣秀吉の九州攻めの先鋒隊の到着により、立花城から高鳥居城を落とし、岩屋城（太宰府市観世音寺）・宝満城（同北谷）を奪回した。九月黒田孝高（如水）・安国寺等が立花城に入り、統虎と会見している。十五年五月島津氏降伏。統虎は秀吉から筑後四郡十三万石を与えられ、豊臣の大名となった。九月肥後国人一揆鎮圧のために隈本に赴く。十六年七月五日従五位下に叙せらる。文禄元（一五九二）年第七軍として朝鮮に渡海。二年正月明軍に包囲された平壌から小西行長を救い、碧蹄館に明軍李如松を大いに破る。慶長二（一五九七）年朝鮮に再度出兵し渡海。安骨浦城に在番。三年蔚山の加藤清正を救援、四年に帰国。五年九月関ヶ原の合戦では西軍に属して領土を没収される。七年十月徳川家康・秀忠に謁見。九年正月家康に仕え、五千石を食む。同年奥州南郷二万五千石。十一年正月棚倉一万石、十五年七月二万石を加増され、十九年大坂両役に従軍。慶長十七年七月高橋直次の四子（忠茂）を養子に迎えた。元和六（一六二〇）年筑後旧領十一万九千石を回復。翌年柳川城に入り藩祖となる。寛永十四年島原の乱を督す。十五年十月剃髪し、立斎と号した。十六年四月隠居。十九年十一月二十五日江戸下谷で死去。享年七十六。「立花鑑連家譜」『戦国大名家臣団事典』

立雪恵心▽たてゆきけいしん

赤間関衆。永禄七（一五六四）年正月二十三日、桂元忠宛て、豊前・筑前両国の動静を注進した書状に連署している。始め下関火の山城を根拠としたが、次第に鍋山城（萩市福栄村か）に移ったと推測される。『北九州戦国史』

田中采女▽たなかうねめ

如法寺輝則の家臣。天正十六（一五八八）年三月二十二日、城兵二百余騎を率いて日熊城兵三百騎、下川底城兵二百騎等、合わせて八百騎は黒田長政の兵一千三百騎と観音原で合戦したが田中采女は外に退いた。ために直次は引貝を吹いて味方各々退いた。『姓氏家系大辞典』『福岡県の城』

田中三郎五郎入道▽たなかさぶろうごろうにゅうどう

豊前国の国人。建武三・延元元（一三三六）年、足利方として大友近江次郎以下の南朝方の籠城する豊後国玖珠城を攻撃した時の「野仲道棟軍忠状」が「野仲文書」に記されている。この軍忠状の中に野仲三郎太郎道棟とともに合戦に参加したとして名が見える。『中世武士団・鎮西宇都宮氏の研究Ⅱ』

田中治部左衛門尉▽たなかじぶさえもんのじょう

応永、正長年間に京都郡内に割拠した。応永五（一三九八）年、前守護職大友氏時の長子である大友氏鑑は、大内義弘の画策により、氏時の甥で猶子である親世が守護職を継いだことを不満とし、親世に叛逆して兵を挙げた。その際、氏鑑から回文を受け一味同心した一人。『応永戦覧』には名を治部右衛門とあり。『築上郡志』『応永戦覧』『築上郡史』『太宰管内志』

田中大膳▽たなかだいぜん

「貫系図添え書き」の貫掃部頭宗景の添え書きされた五人の家宰の一人。『門司・小倉の古城史』

田中政宣▽たなかまさのぶ

杢之烝。大友氏の旗下、赤尾鎮房の家臣。麻生親政の謀叛を鎮圧するために赴いた軍奉行田原親賢（紹忍）の下で鎮房は追手の大将となった。その家臣として同陣営に参軍した。『豊前古城誌』

田中路鎮▽たなかみちしず

赤尾鎮房一族の家臣。長次郎。天正八（一五八〇）年、時枝鎮継と佐野親重が赤尾鎮房の法要を狙って光岡城を襲撃した際、その法要に参列していた一人。この襲撃により光岡城は落城した。『豊前古城誌』

田邊休意▽たなべきゅうい
「城井軍記」「家臣名付」「豊州治覧」等に記された城井鎮房時代の家臣。城井家（豊前宇都宮家）馬廻り役。「豊州治覧」『築上郡志』『築上郡史』「宇都宮史」

谷川正氏▽たにがわまさうじ
大内氏の部将。応永五（一三九八）年十二月、大友氏鑑の豊前侵攻に築城原で対峙した時に二百余騎にて平尾口を警衛した。刑部左右衛門。『応永戦覧』

谷口左京亮▽たにぐちさきょうのすけ
「西郷文書」に（天文十二年）六月十七日、麻生摂津守と谷口左京亮宛ての西郷隆頼所領注文の文書が残る。「西郷文書」『豊前市史・文書資料』

谷口十兵衛▽たにぐちじゅうべえ
「城井軍記」「家臣名付」「豊州治覧」等に記された城井鎮房時代の家臣。城井家（豊前宇都宮家）馬廻り役。「豊州治覧」『築上郡志』『築上郡史』「宇都宮史」

田比重昌▽たびしげまさ
上総介。応永五（一三九八）年十二月、豊前発向の軍議のために府中の大友氏鑑のもとに集まった一人。『応永戦覧』

田比親秀▽たびちかひで
大蔵大輔。応永五（一三九八）年十二月、豊前発向の軍議のために府中の大友氏鑑のもとに集まった一人。『応永戦覧』

田吹与三郎▽たぶきよさぶろう
天文元（一五三二）年十一月大友氏は大内方として宇佐郡の佐田朝景が籠る妙見岳城を攻めた。その時に妙見岳合戦に動員されて出陣した大友方の一人。『豊前市史』『増補訂正編年大友史料併大分県古文書全集第16』『大分県の歴史』

玉石治五之助（**玉石次部介**）▽たまいしじごのすけ（たまいしじぶすけ）
「城井軍記」「家臣名付」「豊州治覧」等に記された城井鎮房時代の家臣。城井家（豊前宇都宮家）馬廻り役。宇都宮大和守信房公七百五十遠諱の大祭が明治四十二年に挙行された際に、宇都宮家菩提寺天徳寺藤原賢然住職等が編集した「宇都宮家故舊重臣の後裔」の姓名録にもその名が見える。「宇都宮家故舊重臣の後裔」『築上郡志』『築上郡史』「宇都宮史」

玉塚長次▽たまつかながつぐ
永享、応仁年間に築城郡内に割拠した。『築上郡志』

玉野井邦吉▽たまのいくにきち
豊前州簑島海賊大将。藤原朝臣。『海東諸国紀』によれば、応仁元（一四六七）年、使者を朝鮮に遣わしている。『海東諸国紀』『行橋市史』

田宮久太郎▽たみやきゅうたろう
宇都宮氏一族並びに「家臣名付」に記された宇都宮家家臣。城井家（豊前宇都宮家）馬廻り役。『築上郡志』

垂水次郎▽たるみじろう
豊前国の国人。建武三・延元元（一三三六）年、足利方として大友近江次郎以下の南朝方の籠城する豊後国玖珠城を攻撃した時の「野仲道棟軍忠状」が「野仲文書」に記されている。この軍忠状の中に野仲三郎太郎道棟とともに合戦に参加したとして名が見える。『中世武士団・鎮西宇都宮氏の研究Ⅱ』

田留見弾正▽たるみだんじょう
宇都宮家一族並びに「家臣名付」に記された城井鎮房挙兵時の家臣。『築上郡史』

田原紹忍▽たわらじょうにん
⇩田原親賢（たわらちかかた）

田原太郎次郎▽たわらたろうじろう
永禄十一（一五六八）年、筑前の立花城の城将であった立花鑑載が大友方に反旗を翻したが、立花道雪によって滅ぼされた。その時、鑑載の首を大友義鎮（宗麟）に贈るために豊後まで持ち帰った。『筑前戦国史』

田原親家▽たわらちかいえ
大友氏の家臣団。大友義鎮（宗麟）の次男。母は奈多鑑基の娘。義鎮の後妻・洗礼名ジュリアの娘・洗礼名キンタを妻とした。親家、林新九郎、田原新九郎、田原常陸介、宗亀、門司勘解由允と称す。文禄初年頃、一時道勝と号し、後に利根川道孝と改めた。永禄四（一五六一）年府内の大友館で生まれた。義鎮は親家を僧侶にして一族の菩提を弔わせるため臼杵郡諏訪山に寿林山を建立、京都の紫野大徳寺の怡雲宗悦を招き、親家を寿林寺に入れ喝食《かつじき》とする。フロイスの『日本史』によれば、親家は僧侶になることを嫌い、武術の修業にのみ専念し、無理に僧侶にするなら自殺すると言ったという。義鎮と兄義統は抑制できず、叛起しないように活動を制限した上で林家の名跡を継がせた。義鎮は激しい気性の親家を心配し、キリシタンにすることを決め天正三（一五七五）年十一月に洗礼を受け、ドン・セバスチャンと称した。親家は受洗後、府内の数カ寺を破却するなどの行動をとり僧侶達の憤激を買った。六年義鎮は日向遠征に出発し、義統と親家・親盛が豊後に残った。天正七年末、田原家総領親貫の反乱により、義鎮は田原総領家の家督に親家を据え討伐の将とした。八年二月十三日親家は起請文を出して義統へ服従を誓った。親家は海上より安岐城を攻めると親貫は鞍懸城に籠城し、九月に安岐城・十月に鞍懸城が落城し、反親家勢力を鎮圧し、実質的な田原家の惣領となった。九年から常陸介と名のり、加判衆にも就任。九年から十一年にかけて反大友の国人を討った。十二年秋、筑後に出陣し、秋月種実と戦い敗れて帰国。翌年日田に在陣して筑前所々で戦った。十四年秋親家は義統に背き、島津氏に通じる。義統は怒り親家を殺そうとしたが、義鎮の取りなしでようやく思いとどまった。しかし役職を罷免し、所領を没収。親家は義鎮に引き取られて臼杵に移った。この頃、門司勘解由允と改め逼塞。豊前門司城・豊後富尾城・鞍懸城などを転々とした。十五年五月二十三日津久見にあって義鎮の臨終に立ち会い、三日後、葬儀をとり行った。十九年八月加判衆に再任され公職に復帰。文禄元(一五九二)年朝鮮に出陣。同二年義統の国除後は立花宗茂に付せられた。慶長十四(一六〇九)年細川三斎に仕えて一三〇人扶持を領した。この頃は利根川道孝と名のった。九年細川氏の肥後入りに従う。寛永十八(一六四一)年三月二十五日死去。享年八十一。法名道孝。大友家の興亡を目の当たりに見た人物であった。『日本史(フロイス)』『戦国大名家臣団事典』『中世北九州落日の譜』『豊前志』『西州軍談』『豊前古城誌』『北九州戦国史』

田原親家▽たわらちかいえ

宇佐郡妙見岳城主。中務大輔、常陸介。大友氏鑑の一族。中務大輔。応永六(一三九九)年一月下旬、岩石城の後詰として、肥後から参着した菊池武貞率いる一万余騎と宇佐郡の軍勢、総勢四万五千余騎とともに大友氏鑑に随従した。同年二月二十二日、上洛していた大友親世が大友氏鑑を誅伐するべく手勢二千騎を率いた軍船にて豊後鶴崎に着岸すると、氏鑑が親世へ叛逆の兵を挙げた際に同心していた心を翻し、ほかの国人ら同様親世に降参した。『応永戦覧』

田原親賢▽たわらちかかた

大友氏の家臣団。民部大輔、尾張守、近江守、近江入道、紹忍、不思軒と称す。田原氏庶流で、国東郡武蔵郷今市城主。武蔵田原を号す。奈多鑑基の子で田原親資の養嗣子となる。姉または妹が大友義鎮(宗麟)の室となる。義統の伯叔父。田原親虎・大友親盛の養父。義鎮の義兄弟、義統の伯叔父として、義鎮・義統二代にわたって大きな権力を振るった。また大友家滅亡の基となった奸臣といわれている。弘治三(一五五七)年(または二年)から天正九(一五八一)年まで妙見岳城督、永禄十二（一五六九）年三月から天正六年頃まで義鎮・義統の加判衆を務めた。豊前・筑後・肥前の方分であった。永禄二年田原親宏と共に豊前北部に発向し、門司・花尾城の残党を討伐、四年香春岳城に賀来氏を討った。七年豊前発向、八年長野筑後守を攻略。永禄九年三月、軍奉行となり、妙見岳城を本陣として多賀城を攻め落とした。十二年筑前で毛利軍と戦う。男子が無いため、永禄十一年頃公家柳原家から養子を迎え、田原親虎と称させた。天正三年親虎がキリシタンになりたいと言い出して今市城に監禁。当時、親賢は義鎮夫人と共に反キリシタン派の頭目であった。結局、親虎を廃嫡とした。天正六年秋、国内の時期尚早の論を押さえて日向遠征に踏み切る。親賢を総大将として前戦に赴いたが、全軍無謀な突入により大敗し、大友家衰退の基を作った。親賢は宇佐郡衆を率いて撤退した。天正八年親貫の乱には妙見岳城にあって豊前の押さえとなった。九年八月頃、義鎮の次男親盛を迎えて婿養子とし、家督を譲り隠居した。十四年秋から十五年初めの島津との合戦においては終始義統の側近にあり、戸次川合戦、高崎山籠城、龍王籠城に行動を共にした。文禄二年義統国除後は秀吉によって三千石を与えられ、中川氏の与力となった。慶長五（一六〇〇）年九月九日かねての約束によって中川氏の旗をもって立石陣の義統軍に合流。十三日義統は黒田孝高（如水）に敗れて降伏。その後、親賢は中川氏の船奉行柴山勘兵衛のもとにあった。そして中川秀成に命じられて臼杵城の太田一吉攻撃に出陣。十月三日太田軍と佐賀関で合戦。四日関神社神主のため中川軍の総大将が討たれて、混乱のうち親賢も討死した。『豊前志』には親堅として記載。『肥後国誌』『戦国大名家臣団事典』『日本史（フロイス）』『豊前志』『築上郡志』『北九州戦国史史料集』『北九州戦国史』『豊前古城誌』

田原親方▽たわらちかかた

源太。応永六（一三九九）年正月二十六日、大友氏鑑は大内盛見との柳原の合戦において敗れて、彦山（英彦山）へ敗走した。そして岩石城落城と嫡子氏公の自害、さらに一族数輩の滅亡を聞いて敗北を認めて大小の大名に暇をやり、わずかに千余騎にて豊後の府へ立ち帰った。その時に氏鑑に随従した一人。『応永戦覧』『築上郡史』

田原親堅▽たわらちかかた

大友氏の支流。永禄元（一五五八）年八月、大友軍の部将、戸次鑑連（立花道雪）・臼杵鑑速とともに一万五千の兵をもって門司城を攻めた。しかし、小早川水軍の救援を受けた門司城を落とすことができず敗走した。「陰徳太平記」

田原親鎮▽たわらちかしげ

右兵衛。応永六（一三九九）年二月二十二日、上洛していた大友親世が大友氏鑑を誅伐するべく手勢二千騎を率いた軍船にて豊後鶴崎に着岸すると、氏鑑が親世へ叛逆の兵を挙げた際に同心していた心を翻し、ほかの国人ら同様親世に降参した。『応永戦覧』

田原親重▽たわらちかしげ
⇩田原親董（たわらちかただ）

田原親資▽たわらちかすけ
大友氏の家臣団。右衛門大夫。近江守と称す。大友田原氏の庶流。武蔵田原氏で国東郡武蔵郷今市城主。田原親栄の子。親賢（紹忍）の養父。天文年間（一五三二―五五）、義鑑代に社奉行、筑後三潴郡代、豊前上毛郡代、安岐、武蔵、国東郷政所職などを歴任した。「二階崩れの変」の際は、殿中にあり、津久見・田口等と戦い、負傷した。天文二十二（一五五三）年十一月以前に死去している。『戦国大名家臣団事典』

田原親董▽たわらちかただ
大友氏の家臣団。親重、治部少輔と称す。大友初代能直の庶子泰広を祖とする。親述の子。母は佐伯惟勝の娘。大永三（一五二三）年から六年まで石見・安芸などに出陣し、大内義興を援けて尼子経久と戦った。七年二月、菊池重治は親董に書状を送り、芸州出陣を慰労している。親董は弟の親宏に家督を譲った。『戦国大名家臣団事典』「田原系図」

田原親貫▽たわらちかつら
大友氏の家臣団。右馬頭。田原本家、安岐田原親宏の婿養子。田原系図によれば、親貫の出自を豊前長野氏の男とある。長野三郎左衛門の次男。田原親宏の長女は秋月種実の室であり、親貫はその次女に婿入りしている。従って、親貫は秋月家から長野壱岐守の系統を継いだ長野種信の養子という。そして田原家を継いだのである。親貫自身の出自は長野弘勝の系か、秋月種実の系か不明。しかし、他姓から入った若年の養子が起こした謀反に、田原家の家臣が心服して従うか疑問が残される。天正六（一五七八）年、日向遠征に従軍、同七年九月、養父親宏死去、同年十二月、養父の遺志を継いで、毛利輝元・秋月種実・田北紹鉄等に通じて謀叛を起こす。海上から府内を襲う作戦は時化により失敗した。鞍懸・安岐城に籠城。大友義鎮（宗麟）・義統は自ら辻間村に出陣し指揮をとり、安岐城攻撃には大友親家を派遣した。同八（一五八〇）年九月、安岐城陥落、十月、鞍懸城落城、親貫は宇佐郡善光寺村に逃れたが、これを追った時枝氏が親貫主従を襲って討ち取った。『戦国大名家臣団事典』では、討ち取ったのは吉弘統幸、大津留鎮益らの軍勢とある。『北九州戦国史』『筑前戦国史』『日本史（フロイス）』『戦国大名家臣団事典』

田原親時▽たわらちかとき

右馬允。応永六（一三九九）年二月二十四日、大友弥三郎、高崎主馬判官とともに如来院に立て籠もった氏鑑ほか大友右京大夫氏貞、大友新三郎氏宗、大友左兵衛督氏広、大友少輔氏胤らを討ち取った。この後、豊後国の平定したことを伝える使者となって、豊前国城野原にいた大内盛見に対謁した。『応永戦覧』

田原親虎▽たわらちかとら

大友氏の家臣団。親虎・勝之四郎と称す。田原親賢（紹忍）の養子。実父は公家柳原諄光か。永禄五（一五六二）年頃生まれた。永禄十一年頃七歳で親賢の養子となる。文武の才能は抜群で、臼杵統景と共に家中若侍の双花として大友義鎮（宗麟）に愛され、義鎮の娘の許嫁となる。天正三（一五七五）年、十四歳の時、親賢に連れられて臼杵の教会を訪れて、洗礼を希望するが、親賢・義鎮夫人に猛反対され、親賢のために国東今市に幽閉された。しかし数ヶ月後臼杵に戻った親虎はついに天正五年四月八日洗礼を受けドン・シマンと称した。天正五年親虎は廃嫡除籍され、臼杵のイエズス会住院で養われた。後義鎮により臼杵城内に引き取られた。天正六年日向耳川の合戦では義鎮の船で出陣。耳川敗戦後、臼杵に住んでいたが、舟で伊予に出奔し、かの地で某夫人と結婚。天正八年巡察師ヴァリニャーニに会うため夫婦で堺に赴き、その後実父に会って伊予に戻った。『日本史（フロイス）』『戦国大名家臣団事典』

田原親述▽たわらちかのぶ

大友氏の家臣団。亀若丸、二郎、親房、中務丞、中務大輔と称す。大友一族。国東郡飯塚城主。田原親宗の子。母は杉三河守の娘。延徳二－三（一四九〇－九一）年頃大友材親（義右）から親宗は跡目を安堵された。明応五（一四九六）年大聖院宗心方となり、大友政親生害に関係する。大永末年頃まで反大友の姿勢を示す。明応末年頃庶家田原親治は国東郷雄渡牟礼城にあってしばしば惣領親述の領地を侵した。このため親述は義鑑の力を借りて親治を討っている。永正十二－三（一五一五－一六）年頃、親述は在京して宗心を大友家督とするため運動した。永正十四年、朽網親満・永弘氏輔等と呼応して立つが、親満党は玖珠郡の合戦に敗れた。十五年帰国し、氏輔に田染庄内の神領の安堵を約し、豊前国境に出兵を永弘重行に要請した。大永二年冬、大神親照の誅伐に働いた。親照の乱は親述の讒言によるともいう。「田原系図」『戦国大名家臣団事典』

田原親宏▽たわらちかひろ
大友氏の家臣団。親実、次郎、常陸介、常陸入道宗亀と称す。田原本家、安岐田原。大友庶流、国東郡田原を氏とする。親述の子。母は佐伯惟勝の娘。兄親董の順養子となる。長女は秋月種実の室となる。豊前長野氏から次女の婿養子に迎えたのが田原親貫である。天文三（一五三四）年四月勢場ヶ原合戦の後軍として出陣。国東方面から、西国の大内氏の将、陶興房の軍を攻めて敵の側面攻撃により大内軍を潰走させた。十三年出雲に赴く。十九年三月親宏は豊後に帰国を許された。二十一年大友義鎮（宗麟）は親宏に安岐郷・国東郷政所職を安堵した。弘治三（一五五七）年豊前に出陣し、山田城・馬岳城、四年には小倉城を攻略。永禄二（一五五九）年西郷・門司・花尾城残党を討つ。四年、到津氏の騒動解決に尽力。十一月門司合戦に敗れて退却。五年豊前下毛郡に出張。八年豊前長野氏を攻略。三ヶ岳城を破却。十一（一五六八）年、筑前に出陣し、高橋鑑種・毛利軍と戦う。天正三（一五七五）年頃跡目を二女於鶴女に譲り安堵された。このの ち親貫を養子にしたようである。六年十二月親宏は突然府内を離れ、国東に戻る。親宏謀叛の風聞が広まるが親宏は耳川敗戦後の混乱を利して旧領地回復を要求。七年正月国東・安岐郷を還付され、豊前出陣を命じられた。この頃から老臣津崎氏を秋月に派遣して謀叛の準備を開始。九月十六日悪腫により死去。法名宗亀居士。墓は国東郷宗林寺にある。父子ともに大友に謀叛の計画があり、親宏死後、天正八年、親貫は謀叛により誅され、大友義統の弟親家が相続した。『戦国大名家臣団事典』『日本史（フロイス）』『北九州戦国史』

田原親盛▽たわらちかもり
大友氏の家臣団。大友義鎮（宗麟）の三男。母は奈田鑑基の娘。永禄十（一五六七）年、臼杵丹生島城で誕生した。初め彦山（英彦山）黒川座主を継ぐ。散位。のち還俗して弥十郎と称す。田原親賢（紹忍）の養子となり、田原与兵衛尉、民部大輔と称した。天正六（一五七八）年秋、義鎮の日向遠征の時には在国して留守を守った。八年義鎮の希望で洗礼、パンタリアンと称す。義鎮から最も信頼された。九年、田原親賢の養嗣子となり、与兵衛と称して、宇佐郡妙見岳城に居城した。十四年二月戸次川の合戦において先鋒として出陣、島津勢に敗れた。文禄元（一五九二）年朝鮮の役に従軍し除封。二年国除の後は豊前細川氏に仕え、松野半斎と名乗る。慶長二十（一六一五）年二千石を受け、のち千石を返上す。元和七（一六二一）年頃は千石。慶長十九年、寛永十三－四（一六三六－三七）年頃と二度転びキリシタンとなる。寛永二十年正月十四日病死。七十七歳。『戦国大名家臣団事典』『北九州戦国史』『豊前古城誌』『築上郡史』

親野駿河守▽ちかのするがのかみ
宇都宮家一族並びに「家臣名付」に記された城井鎮房挙兵時に呼応した武将。『築上郡志』

近見内膳▽ちかみないぜん
「城井軍記」「家臣名付」「豊州治覧」等に記された城井鎮房時代の家臣。『築上郡志』『築上郡史』「宇都宮史」

筑紫但馬守▽ちくしたじまのかみ
応安四・建徳二（一三七一）年、菊池氏追討のために今川貞世が大内義弘を差し向け、四月に仲津郡鶴の港(今川付近）に着岸した際、多くの給人とともに馳せ参じた。『築上郡史』

筑紫種有▽ちくしたねあり
文治二（一一八六）年から筑紫種因とともに岩石城に居城した。しかし、種有は承久の乱で所領を没収された。三郎。『門司・小倉の古城史』

筑紫種因▽ちくしたねより
文治二（一一八六）年から筑紫種有とともに岩石城に居城した。しかし、種有は承久の乱で所領を没収された。弥平治。『門司・小倉の古城史』

筑紫光親▽ちくしみつちか
但馬守。応永の頃（一三九四－一四二八）、大内盛見は大友氏鑑の嫡男の守る岩石城を攻めて落城させた。その後、大内盛見は筑紫光親に大善寺城を預けて守らせた。『太宰管内志』

筑紫統種▽ちくしむねたね
応永、正長年間に田河郡内に割拠した。上総介。応永五（一三九八）年、前守護職大友氏時の長子である大友氏鑑は、大内義弘の画策により、氏時の甥で猶子である親世が守護職を継いだことを不満とし、親世に叛逆して兵を挙げた。その際、氏鑑から回文を受け一味同心した一人。応永六年正月、大内盛見は伊田原に在陣した時に近辺の諸城は降参し、あるいはあけ去って攻めないまま城を抜いた。高鳥井城の筑紫上総介統種は近隣の城主とも打ち連れて降礼に努め、名馬酒肴等を進呈して、さらに人質に起請文を添えた。これに対して大内盛見は大いに喜んで饗餐して、引き出物を出して居城へ帰された。応永の頃（一三九四－一四二八）、岩石城を攻略する大内氏総大将大内盛見の軍勢に豊前国の軍勢二千余騎とともに従った。『応永戦覧』『築上郡史』『築上郡志』『太宰管内志』

千葉三郎▽ちばさぶろう

応永五（一三九八）年、前守護職大友氏時の長子である大友氏鑑は、大内義弘の画策により、氏時の甥で猶子である親世が守護職を継いだことを不満とし、親世に叛逆して兵を挙げた。その際、氏鑑から回文を受け一味同心した一人。『応永戦覧』『築上郡史』『太宰管内志』

千葉千菊丸▽ちばせんぎくまる
千葉高胤の嫡男。応永六（一三九九）年正月元旦に大内盛見の大軍に攻められ父とともに筑前に落ちのびた。その後、千葉氏を再興し、障子ヶ岳城主となったが、長く続かず滅びた。『福岡県の城』

千葉千寿丸▽ちばせんじゅまる
応安四・建徳二（一三七一）年、菊池氏追討のために今川貞世が大内義弘を差し向け、四月に仲津郡鶴の港（今川付近）に着岸した際、多くの給人とともに馳せ参じた。『築上郡史』『応永戦覧』

千葉高胤▽ちばたかたね
障子ヶ岳城主。上総介。従五位上。応永五（一三九八）年、前守護職大友氏時の長子である大友氏鑑は、大内義弘の画策により、氏時の甥で猶子である親世が守護職を継いだことを不満とし、親世に叛逆して兵を挙げた。その際、氏鑑から回文を受け一味同心した一人。応永六年正月元旦に大内盛見の大軍に攻められ妻子とともに筑前に落ちのびた。その後、城は落城し大内氏の抱城となった。『応永戦覧』『築上郡史』『福岡県の城』『太宰管内志』『築上郡志』

千葉胤成▽ちばたねしげ
永暦の頃（一一六〇―六一）、丸尾城（宇佐市大字木ノ内）を築き居城とした。源頼朝に仕えた千葉介常胤の三男。寿永三（一一八四）年宇佐郡横山に下り、紀の内教貫の娘を娶り、木ノ内氏を名乗った。『豊前志』

千葉直胤▽ちばなおたね
左京大夫。千葉上総介光胤の弟。兄光胤とともに障子ヶ岳城に居城した。応永六（一三九九）年正月元旦に大内氏の軍勢が障子ヶ岳城を攻略したときに、大将光胤の命により柏十郎、中岡兵部丞とともに同城の西ノ口の搦め手の守備についた。『応永戦覧』

千葉光胤▽ちばみつたね
上総介。建武三・延元元（一三三六）年、足利尊氏の一族、足利統氏が豊前の守りとして障子ヶ岳城を築城したが、応安元・正平二十三（一三六八）年、障子ヶ岳城を攻め、足利駿河守統氏を討ち、自ら同城に居城した。応永六（一三九九）年正月、元旦の祝賀行事の最中、大内勢に障子ヶ岳城を攻められる。しかし雪が降り積もり城攻めを諦めた大内勢に対して門外に巨石を刎ね落として被害を与えた。正月二日、再び攻略されて油断多くして落城したため妻子とともに落ちのびた。『応永戦覧』には大三ヶ岳にたどり着く途中で野伏に遭い流れ矢に中って負傷して一月三日、ついに卒したとあり。光胤の室は長野蔵人義忠の妹。『豊前志』『応永戦覧』『金田町史』『福岡県の城』『太宰管内志』

千葉頼胤▽ちばよりたね
応永、正長年間に仲津郡内に割拠した。久連城主。三郎。応永五（一三九八）年正月元旦に障子ヶ岳の千葉上総介光胤が大内勢の陶筑前守のために攻略されて落去し、一門がことごとく討死あるいは落ち失せたことから籠城を断念し、正月三日の夜半に城を出て規矩郡に落ちのびた。『応永戦覧』『築上郡志』

千原軍司▽ちはらぐんじ
麻生親政の家臣。親政は人質に差し出していた実子、統重が無念にも切腹したことに遺恨を抱き、大友氏にそむく。この時、城主と一味同心して大友氏の大将、田原親賢（紹忍）の軍勢と戦い、高尾山城の北口の押さえとして働いた。しかし、落城にあたり親政とともに一族十八人列座し辞世の詩歌を詠んで切腹した。『両豊記』『豊前古城誌』

千原源左衛門▽ちはらげんさえもん
麻生親政の家臣。親政は人質に差し出していた実子、統重が無念にも切腹したことに遺恨を抱き、大友氏にそむく。この時、城主と一味同心して、旗下にあって大友氏の大将、田原親賢（紹忍）の軍勢と戦った。しかし、了戒大蔵に生け捕られて、渡邊に預けられた。『両豊記』『豊前古城誌』

智原政時／知原政時▽ちはらまさとき
右京。麻生鎮実の家臣。永徳三・弘和三（一三八三）年、麻生鎮実、大内氏に背き高尾山城を攻められて死す。『豊前古城誌』

長貞連▽ちょうさだつら
応永の頃（一三九四―一四二八）、岩石城を攻略する大内氏総大将大内盛見の軍勢に豊前国の軍勢二千余騎とともに従った。新九郎。『太宰管内志』

長宗我部宮内少輔▽ちょうそかべくないしょうゆう
元親、土佐守。土佐国長岡郡岡豊《おこう》城（高知県南国市岡豊町八幡）城主。息子の信勝は天正十四（一五八六）年十二月、大分郡戸次川の合戦において大友方として戦場に赴き討死した。『北九州戦国史史料集』

鎮西公朝▽ちんぜいきみとも

太郎。応永五（一三九八）年から香春城主千手興房のもとに預けおいた舎弟、三郎吉朝と左馬助為則が、応永六年正月、大内盛見の大軍によって香春城を攻められ、ついに敗れて、正月十二日、興房をはじめ一族郎従八十三人と座を連ねて自刃した。このままでは豊後の大友氏鑑に一味して家を立て名を後世に残すことは難しいと考えて大内の軍門に下るため家の子郎党をともなって高野の陣に参り陶筑前守に降礼をなして嫡子冠者丸を人質に出した。これを承聴した大内盛見は約束をなし、降る武士に異議に及ばずと、やがて公朝と対面し懇ろに饗応した。公朝は喜悦して重代の名剣若緑という太刀を盛見に捧げた。若緑は六条判官源為義の八男、鎮西八郎為朝が九州に下る時に父為義より授かった名剣であったという。『応永戦覧』『築上郡志』

鎮西維朝▽ちんぜいこれとも

太郎。六条判官源為義の八男、鎮西八郎為朝の末裔。鎮西高朝の五代の孫。鎮西太郎公朝の父。『応永戦覧』

鎮西高朝▽ちんぜいたかとも

左馬介。六条判官源為義の八男、鎮西八郎為朝の末裔。鎮西太郎基朝の子。建久元（一一九〇）年上洛し頼朝に降参した。以後、豊前国勾金の地に所領を賜った。『応永戦覧』

鎮西為朝▽ちんぜいためとも

八郎。六条判官源為義の八男。豊後臼杵に居住し九州をうち従え自ら号して鎮西八郎と名乗った。大矢の達人力量の剛強本朝無双の勇将であった。仁平元（一一五一）年の春の頃に豊前国勾金南大原に移り館を建てた。久寿二（一一五五）年に上洛。名剣若緑を嫡子鶴王丸に渡した。『応永戦覧』

鎮西為則▽ちんぜいためのり

左馬助。鎮西公朝の舎弟。応永五（一三九八）年から香春城主千手興房一族に預けおかれていた。応永六年正月、香春城主千手興房は大内盛見の大軍による攻城に対してあくまでも籠城の計略を立てて応戦したが衆寡敵せず、ついに敗れて、正月十二日、興房をはじめ一族郎従八十三人と座を連ねて自刃した。『応永戦覧』

鎮西太郎▽ちんぜいたろう

応永五（一三九八）年、前守護職大友氏時の長子である大友氏鑑は、大内義弘の画策により、氏時の甥で猶子である親世が守護職を継いだことを不満とし、親世に叛逆して兵を挙げた。その際、氏鑑から回文を受け一味同心した一人。『応永戦覧』『築上郡史』『太宰管内志』

鎮西基朝▽ちんぜいもととも

太郎。六条判官源為義の八男、鎮西八郎為朝の末裔。幼名鶴王丸。十五歳で元服して父為朝より名剣若緑を授かった。肥後の国にて没す。『応永戦覧』

鎮西吉朝▽ちんぜいよしとも

鎮西太郎公朝の舎弟。三郎。応永五（一三九八）年から香春城主千手興房に預けおかれていた。応永六年正月、香春城主千手興房は大内盛見の大軍による攻城に対してあくまでも籠城の計略を立てて応戦したが衆寡敵せず、ついに敗れて、正月十二日、興房をはじめ一族郎従八十三人と座を連ねて自刃した。『応永戦覧』

津江鑑弘▽つえあきひろ

伊賀守。「城井軍記」「家臣名付」「豊州治覧」等に記された城井鎮房時代の家臣。馬廻り役。『築上郡志』『築上郡史』「宇都宮史」

津江伊賀守▽つえいがのかみ

天正十五（一五八七）年、豊臣秀吉が島津征伐の時に城井朝房と五百人の兵とともに従軍して先駆となった。その戦役で最も戦功があった一人。宇都宮大和守信房公七百五十遠諱の大祭が明治四十二年に挙行された際に、宇都宮家菩提寺天徳寺藤原賢然住職等が編集した「宇都宮家故舊重臣の後裔」の姓名録にもその名が見える。『築上郡志』「宇都宮史」「宇都宮家故舊重臣の後裔」

津江鎮弘▽つえしげひろ

伊賀守。宇都宮家一族並びに「家臣名付」に記された城井鎮房の挙兵時の家臣。城井家（豊前宇都宮家）家老。『築上郡志』『築上郡史』

津江親信▽つえちかのぶ

長谷部氏の後裔。高倉宮以仁王の侍従長兵衛尉信連の子。信兼。日田郡雪ヶ岳に住んで、口津江といい、その弟信成は栃原にあって奥津江といった。五条家文書に『津江山城守鑑盛、津江信濃守、津江長門守、津江親信』と載せている。鑑盛は信兼の後、十一世の孫、津江城主である。『北九州戦国史』

塚崎頼房▽つかさきよりふさ

新五左衛門尉。中島摂津守が謀叛を起こして大友勢と対峙したときに、小倉原に陣を張り皇后石（史跡・築上郡吉富町）に幡を挙げた中島氏族に相い従った。『豊前古城誌』

塚田兵部丞▽つかだひょうぶのじょう
応永五（一三九八）年、前守護職大友氏時の長子である大友氏鑑は、大内義弘の画策により、氏時の甥で猶子である親世が守護職を継いだことを不満とし、親世に叛逆して兵を挙げた。その際、氏鑑から回文を受け一味同心した一人。『応永戦覧』

月俣員貞▽つきまたかずさだ
太郎。父の月俣兵衛入道正覚とともに野仲鎮兼に属し、天正七（一五七九）年、長岩城に籠もったが攻められて落城した。太郎員貞は逃れて田北紹鉄に哀訴し、月俣城（宇佐市院内町月俣）に帰陣することができた。『日本城郭大系』

月俣兵衛入道正覚
▽つきまたひょうえにゅうどうしょうかく
月俣城の城主。長岩城主野仲鎮兼に属した。息子の太郎員貞とともに長岩城に籠もったが、天正七（一五七九）年、長岩城は落城した。太郎員貞は逃れて田北紹鉄に哀訴し、月俣城に帰陣することができた。『日本城郭大系』

月股普請兵衛▽つきまたふしんひょうえ
元亀、天正年間に宇佐郡内に割拠した。天正の頃（一五七三－九二）、月股氏代々の居城である月股村城に在城した。天正七年、大友義鎮（宗麟）が日向耳川の合戦にて敗れ諸国の大名が離反し、長岩城主の野仲鎮兼も大友氏に叛いた時、鎮兼に従った近郷の武士団の一人。『築上郡志』『豊前古城誌』

津久見鑑清▽つくみあききよ
大友氏の家臣団。左馬助と称す。常清の嫡男と思われる。天文二－三（一五三三－三四）年頃の大内氏との戦いには薬師寺等津久見士を率いて、宇佐郡・速見郡に出兵している。天文十六年頃には田北鑑生と共に財務担当の奉行を務めた。『戦国大名家臣団事典』

津久見丹波守▽つくみたんばのかみ
大友氏の麾下として六郎丸城に居城した。『豊前志』『宇佐郡誌』

津久見常清▽つくみつねきよ
大友氏の家臣団。左馬介、左馬助、備中守と称す。斎藤氏の庶流で、海部郡津久見を本貫とした。常清は津久見氏の総領だったと思われる。大永二（一五二二）年十月から享禄四（一五三一）年七月まで加判衆として義鑑時代の中期を支えた。享禄四年四月頃には社奉行を務めた。『戦国大名家臣団事典』

津久見美作守▽つくみみまさかのかみ
大友氏の家臣団。実名は未詳。豊後・大友氏太守、義鑑の重臣。天文十九（一五五〇）年「二階崩れの変」の当事者。義鑑の重臣斎藤播磨守、小佐井大和守、田口新蔵人とともに天文十九年二月十日、大友の館に招かれ、義鑑から長男義鎮（宗麟）を廃し、三男塩市丸に家督を定める旨の申し渡しを受けたが、「お家争乱の基になる」とこれに猛反対した。その夜、義鑑から登城を命じられたが、病気と偽って登城せず。その後、小佐井、斎藤が刺客に斬殺されたことを知り、津久見とともに郎党を集めて大友館を急襲。津久見とともに義鑑とその室、そして塩市丸を斬り殺したが、その場で近習衆に討ち取られ、妻子も皆誅殺せられた。『大友家文書』「大友興廃記」『戦国大名家臣団事典』

津崎鎮兼▽つざきしげかね
兵庫介。天正八（一五八〇）年正月十七日、田原親家は、田原親貫の家士であった津崎兵庫介鎮兼、津崎備前守父子の、大友家に対する忠節を賞した。『北九州戦国史料集』

津崎備前守▽つざきびぜんのかみ
大友氏の田原親貫の家士。天正八（一五八〇）年正月十七日、父の津崎兵庫介鎮兼とともに田原親家から大友家に対する忠節を賞せられた。「大友家文書録」『北九州戦国史史料集』

津志左京▽つしさきょう
麻生郷の名主の一人。文亀元（一五〇一）年十月十一日、麻生郷の十五名主の一人として連判して領地を御霊八幡に奉納す。その意味するところは、麻生郷の名主として麻生家の幕下に属することを誓約して連判したものである。『豊前古城誌』

辻次郎左衛門／辻治郎左衛門▽つじじろうざえもん
「城井軍記」「家臣名付」「豊州治覧」等に記された城井鎮房時代の家臣。城井家（豊前宇都宮家）物頭（別に馬廻り役の記載あり）。『築上郡志』『築上郡史』「宇都宮史」『城井闘諍記』『太宰管内志』

辻弥一郎▽つじやいちろう
「城井軍記」「家臣名付」「豊州治覧」等に記された城井鎮房時代の家臣。城井家（豊前宇都宮家）物頭（別に馬廻り役の記載あり）。『築上郡志』『築上郡史』「宇都宮史」

津田与左衛門▽つだよざえもん
「城井軍記」「家臣名付」「豊州治覧」等に記された城

井鎮房時代の家臣。『築上郡志』『築上郡史』「宇都宮史」

堤鑑智▽つつみあきとも
越前守。弾正少輔。「堤氏系図」によれば、先祖は源満仲に仕えた織田治部大夫則隆で天慶二（九三九）年、海賊藤原純友の討伐に従い、筑前目代となった。保元二（一一五七）年、十八代通眞の時に日田郡に来て、大蔵永平に仕えた。そして永平の娘を妻にして三隈川北方の堤の丘に城を築き堤大和守と改めた。この大和守より十一代目が鑑智である。豊後日田郡の六郡老の一人。大友義鑑に命じられて日田の郡政を統治した。後に目代（代官）を追加して八名は八奉行と呼ばれた。鑑智はその筆頭として、日田大蔵氏の一族として声望があった。天文十八（一五四九）年、国主、大友義鑑の命により、堤鑑智と高瀬鑑俊は財津長門守鑑永を誅伐にむかったが、大雨のために高瀬勢が参戦できないままの千倉山麓の合戦において、優勢な財津勢に取り囲まれ鑑智主従はことごとく討死した。『九州戦国合戦記』

津々見勘左衛門▽つつみかんざえもん
宇都宮家一族並びに「家臣名付」に記された城井鎮房の挙兵時の家臣。『築上郡志』

津々見源九郎▽つつみげんくろう
六郎丸村城城主。弘治の頃（一五五五－五八）、この城に居城した。弘治二年秋、大友義鎮（宗麟）が龍王城に在陣した際、着到した宇佐郡三十六人衆の一人。なお着陣の時期について、『大友公御家覚書』等では弘治二年四月、大友義鎮龍王に陣を取るとある。『日本城郭大系』「香下文書」『北九州戦国史史料集』『編年大友史料』『豊前古城誌』

津々見源五郎▽つつみげんごろう
弘治二（一五五六）年四月二十八日、大友義鎮（宗麟）、豊府を発して豊前国龍王に陣を取った時、帰服した宇佐郡士三十六人衆の一人。「宇佐郡記」『北九州戦国史史料集』

堤貞之▽つつみさだゆき
備前守。豊後国日田郡有田郷堤村より起こった大友氏の族。堤氏は寛正三（一四六二）年、筑後国三潴郡下田村に移り住んだ。貞之は天正六（一五七八）年十一月、龍造寺隆信に降伏した。『北九州戦国史』

堤鎮方▽つつみしげかた
安芸守。日田大蔵氏、日田郡有田郷堤村より起こる。日田郡老堤越前守鑑智の子、叔父に高井岳城代堤平右衛門がいる。鎮方は天正九（一五八一）年、大友勢の彦山

（英彦山）攻めの時に、大友義統から戦功を賞された。『北九州戦国史』

堤鎮義／堤鎮方▽つつみしげよし
　安芸守。三右衛門。「堤氏系図」によれば、先祖は源満仲に仕えた織田治部大夫則隆で天慶二（九三九）年、海賊藤原純友の討伐に従い、筑前目代となった。保元二（一一五七）年、十八代通真の時に日田郡に来て、大蔵永平に仕えた。そして永平の娘を妻にして三隈川北方の堤の丘に城を築き堤大和守と改めた。この大和守より十一代目が父の鑑智である。鑑智は豊後日田郡の六郡老の一人。大友義鑑に命じられて日田の郡政を統治した。後に目代（代官）を追加して八名は八奉行と呼ばれた。鑑智はその筆頭として、日田大蔵氏の一族として声望があった。天文十八（一五四九）年、国主、大友義鑑の命により、堤鑑智と高瀬鑑俊は財津長門守鑑永を誅伐にむかったが、大雨のために高瀬勢が参戦できないままの千倉山麓の合戦において、優勢な財津勢に取り囲まれ鑑智主従はことごとく討死した。その鑑智の死後、子の鎮義は大友氏の配慮によって日田郡老職となった。郡老となった鎮義は、財津左京亮とともに一族を率いて、天正八年、大友家から内部離反した田北紹鉄以下十数人を大友義鎮（宗麟）の命により日田郡五馬荘松原口において討ち取った。『九州戦国合戦記』

津々見忠房▽つつみただふさ
　天文、永禄年間に宇佐郡内に割拠した。『築上郡志』

津々見丹波守▽つつみたんばのかみ
　六郎丸村城主。年代不詳、この城に居城した。『豊前古城誌』

堤平右衛門尉▽つつみへいえもんのじょう
　大友氏配下にあり、日田郡の八奉行の一人であった堤鑑智の弟。「堤氏系図」によれば、先祖は源満仲に仕えた織田治部大夫則隆で天慶二（九三九）年、海賊藤原純友の討伐に従い、筑前目代となった。保元二（一一五七）年、十八代通眞の時に日田郡に来て、大蔵永平に仕えた。そして永平の娘を妻にして三隈川北方の堤の丘に城を築き堤大和守と改めた。この大和守より十一代目が鑑智である。兄の鑑智は豊後日田郡の六郡老の一人。大友義鑑に命じられて日田の郡政を統治した。後に目代（代官）を追加して八名は八奉行と呼ばれた。鑑智はその筆頭として、日田大蔵氏の一族として声望があった。平右衛門は日田の治安にあたった兄鑑智の命を受けて国境警備のために高井岳城の城番を務めた。『九州戦国合戦記』

津々見宗俊▽つつみむねとし

六郎丸城城主。天正の頃（一五七三―九二）、この城に居城した。源次（二）郎または源三郎。『日本城郭大系』『豊前古城誌』

九十九谷有豊▽つづらたにありとよ
元亀、天正年間に田河郡内に割拠した。『築上郡志』

九十九谷道豊▽つづらたにみちとよ
「城井軍記」「家臣名付」「豊州治覧」等に記された城井鎮房時代の家臣。はじめ上條八郎と称した。玄蕃。「宇都宮文書」の天文年間（一五三二―五五）の豊前知行御領衆の一人。九十九谷を知行とする。『築上郡史』では、「満光寺文書」に九十九谷城主、今高三千二百石を知行したとあるという。「城井家記」には九十谷城の城代と記されている。宇都宮大和守信房公七百五十遠諱の大祭が明治四十二年に挙行された際に、宇都宮家菩提寺天徳寺藤原賢然住職等が編集した「宇都宮家故舊重臣の後裔」の姓名録にもその名が見える。『築上郡志』『築上郡史』「宇都宮史」「宇都宮文書」「城井家記」『太宰管内志』「宇都宮家故舊重臣の後裔」

恒住弾正之忠▽つねすみだんじょうのじょう
宇都宮家一族並びに「家臣名付」に記された城井鎮房の挙兵時の家臣。『築上郡志』

恒任内膳允▽つねとうないぜんのじょう
天正七（一五七九）年、大友義鎮（宗麟）が日向耳川の合戦にて敗れ諸国の大名が離反し、長岩城主の野仲鎮兼も大友氏に叛いた時、鎮兼に従った近郷の武士団の一人。『豊前古城誌』

恒遠内藏允▽つねとおくらのじょう
元亀、天正年間に下毛郡内に割拠した。『築上郡志』

恒成政秀▽つねなりまさひで
永享、応仁年間に築城郡内に割拠した。『築上郡志』

恒吉為治▽つねよしためはる
縫殿助。中島摂津守が謀叛を起こして大友勢と対峙したときに、小倉原に陣を張り皇后石（史跡・築上郡吉富町）に幡を挙げた中島氏族に相い従った。『豊前古城誌』

恒吉為久▽つねよしためひさ
善三郎。中島摂津守が謀叛を起こして大友勢と対峙したときに、小倉原に陣を張り皇后石（史跡・築上郡吉富町）に幡を挙げた中島氏族に相い従った。『豊前古城誌』

角隈石宗▽つのくませきそう
大友氏の家臣団。角隈越前守。大友義鎮（宗麟）の軍

配者。武田流。小笠原流ほかの軍学に通じ、道学兼備の人として諸将の信頼を得ていた。戸次鑑連（立花道雪）は彼の弟子となっている。フロイスは『日本史』の中でこの人物を不明の徒としている。天正六（一五七八）年秋の日向遠征に対し、当年は義鎮四十九の厄年であること、未申の方へ出陣することになり、去年より彗星が出て光の末が西に靡くことなどから凶兆をあげて出兵を延ばすことを説いたが、義鎮は拒否した、前戦では諸将の統一なく田北鎮周は石宗の進言を無視。このため死を決し、秘伝の書を焼き捨てて出陣。力戦して討死したという。「大友興廃記」『日本史（フロイス）』『戦国大名家臣団事典』

津野田軍兵衛尉▽つのだぐんべえのじょう
上毛郡山田城主の山田元房の旗下。津野田軍兵衛が天正十四（一五八六）年十二月七日、如法寺庄川底の合戦で城井鎮房の被官であった遠藤源兵衛（又は円藤源兵衛）を討ち取った戦功を賞する同年十二月十日付けの山田元房の感状が残る。『築上郡史』『鎮西宇都宮氏の歴史』『豊前市史・文書資料』

津房次郎▽つぶさじろう
弘治二（一五五六）年秋、大友義鎮（宗麟）が龍王城に在陣した際、着到した宇佐郡三十六人衆の一人。なお着陣の時期について、『大友公御家覚書』等では弘治二年四月、大友義鎮龍王に陣を取るとある。「香下文書」『北九州戦国史史料集』『増補訂正編年大友史料併大分県古文書全集第16』『豊前古城誌』

津房次郎丸▽つぶさじろうまる
津房村城主。代々この城に居城して、弘治の頃（一五五五－五八）は大友家の幕下に属した。弘治の頃、宇佐郡において三十六士と称された豪族の一人。大友家に属し、毎年八月朔日には馬太刀の使者を立てて主従の礼を行ったという。『豊前古城誌』『築上郡志』

津房弥五郎▽つぶさやごろう
津房の住。足利尊氏が建武三・延元元（一三三六）年四月三日、兵を率いて大宰府を発した時、城井守綱（冬綱）を筆頭に公景、宇佐郡高家、中島宗頼、院内の原口三郎等とともに手兵を率いて之に従い征途に上った。『築上郡史』

坪井掃部助▽つぼいかもんのすけ
宇都宮大和守信房公七百五十遠諱の大祭が明治四十二年に挙行された際に、宇都宮家菩提寺天徳寺藤原賢然住職等が編集した「宇都宮家故舊重臣の後裔」の姓名録にその名が見える。「宇都宮家故舊重臣の後裔」

坪井佐秀▽つぼいすけひで

「城井軍記」「家臣名付」「豊州治覧」等に記された城井鎮房時代の家臣。城井家（豊前宇都宮家）馬廻り役。掃部丞。『城井闘諍記』には坪井掃部と記されている。『築上郡志』『築上郡史』「宇都宮史」『城井闘諍記』『太宰管内志』

爪田衛門尉▽つめだえもんのじょう

「城井軍記」「家臣名付」「豊州治覧」等に記された城井鎮房時代の家臣。宇都宮大和守信房公七百五十遠諱の大祭が明治四十二年に挙行された際に、宇都宮家菩提寺天徳寺藤原賢然住職等が編集した「宇都宮家故舊重臣の後裔」の姓名録にもその名が見える。『築上郡志』『築上郡史』「宇都宮史」「宇都宮家故舊重臣の後裔」

爪田春永▽つめだはるなが

讃岐守。元亀、天正年間に築城郡内に割拠した。城井鎮房の家臣。広幡山城主。天正の役において黒田軍の東道にあたることから抗戦して滅んだ。豊前知行御領之衆の一人。二千八百石。『築上郡志』「宇都宮文書」

鶴市弾正▽つるいちだんじょう

宇都宮家一族並びに「家臣名付」に記された城井鎮房の挙兵時の家臣。『築上郡志』

津留右近▽つるうこん

弘治年間（一五五五－五八）に宇佐郡内に割拠した。弘治二年四月二十八日、大友義鎮（宗麟）、豊府を発して豊前国龍王に陣を取った時、帰服した宇佐郡士三十六人衆の一人。宇佐御馬所の副職を務めた。玄蕃栄鎮の子。なお着陣の時期について、『大友公御家覚書』等では弘治二年四月、大友義鎮龍王に陣を取るとある。「宇佐郡記」『北九州戦国史史料集』「香下文書」『編年大友史料』『大宇佐郡史論』

鶴岡兼俊▽つるおかかねとし

応永、正長年間に田河郡内に割拠した。『築上郡志』

津留左近▽つるさこん

天文、永禄年間に宇佐郡内に割拠した。弘治の頃（一五五五－五八）、宇佐郡において三十六氏と称された豪族の一人。大友家に属し、毎年八月朔日には馬太刀の使者を立てて主従の礼を行ったという。『豊前古城誌』『築上郡志』

津留仙右衛門▽つるせんえもん

宇都宮氏一族並びに「家臣名付」に記された宇都宮家家臣。城井家（豊前宇都宮家）馬廻り役。「城井軍記」「家臣名付」「豊州治覧」等に記された城井鎮房時代の家

臣。『築上郡志』『築上郡史』「宇都宮史」

鶴田実之▽つるたさねゆき

内記。「城井軍記」「家臣名付」「豊州治覧」等に記された城井鎮房時代の家臣。城井家（豊前宇都宮家）物頭。（別に馬廻り役の記載あり）。『築上郡志』『築上郡史』「宇都宮史」『城井闘諍記』『太宰管内志』

鶴田内記▽つるたないき

宇都宮大和守信房七百五十遠諱の大祭が明治四十二年に挙行された際に、宇都宮家菩提寺天徳寺藤原賢然住職等が編集した「宇都宮家故舊重臣の後裔」の姓名録にもその名が見える。「宇都宮家故舊重臣の後裔」

鶴野光盛▽つるのみつもり

弾正。天文、永禄、元亀、天正年間に上毛郡内に割拠した。天正七（一五七九）年、兵を起こした野仲鎮兼に司高城を攻められて鶴野弾正光盛は降りた。『築上郡志』「宇都宮史」「友枝文書」

鶴原一葉軒常喜入道▽つるはらいちようけんじょうきにゅうどう

大友氏鑑の一族。応永六（一三九九）年一月下旬、岩石城の後詰として、肥後から参着した菊池武貞率いる一万余騎と宇佐郡の軍勢、総勢四万五千余騎とともに大友氏鑑に随従した。同年正月二十六日、大友氏鑑は大内盛見との柳原の合戦において敗れて、彦山（英彦山）へ敗走した。さらに岩石城落城と嫡子氏公の自害、さらに一族数輩の滅亡を聞いて敗北を認めて大小の大名に暇をやり、わずかに千余騎にて豊後の府へ立ち帰った。その時に氏鑑に隋従した一人。同年二月二十二日、上洛していた大友親世が大友氏鑑を誅伐するべく手勢二千騎を率いた軍船にて豊後鶴崎に着岸すると、氏鑑が親世へ叛逆の兵を挙げた際に同心していた心を翻し、ほかの国人ら同様親世に降参した。『応永戦覧』『築上郡史』

津留原掃部助▽つるはらかもんのすけ

永禄十一（一五六八）年、筑前の立花城の城将であった立花鑑載が大友方に反旗を翻したが、立花道雪によって滅ぼされた。その後、大友方として、臼杵進士兵衛、田北民部丞とともに立花城を守った。『筑前戦国史』

鶴原刑部少輔▽つるはらぎょうぶしょうゆう

大友庶流。永禄十二（一五六九）年立花山城将。以下不詳。『北九州戦国史』

鶴原親行▽つるはらちかゆき

鶴原一葉軒常喜の子息。佐渡守。応永六（一三九九）

年正月二十六日、大友氏鑑は大内盛見との柳原の合戦において敗れて、彦山（英彦山）へ敗走した。さらに岩石城落城と嫡子氏公の自害、さらに一族数輩の滅亡を聞いて敗北を認めて大小の大名に暇をやり、わずかに千余騎にて豊後の府へ立ち帰った。その時に氏鑑に随従した一人。『応永戦覧』『築上郡史』

鶴原友治▽つるはらともはる
弾正少弼。応永五（一三九八）年十二月、豊前発向の軍議のために府中の大友氏鑑のもとに集まった一人。『応永戦覧』

鶴原長親▽つるはらながちか
治部丞。応永六（一三九九）年二月二十二日、上洛していた大友親世が大友氏鑑を誅伐するべく手勢二千騎を率いた軍船にて豊後鶴崎に着岸すると、氏鑑が親世へ叛逆の兵を挙げた際に同心していた心を翻し、ほかの国人ら同様親世に降参した。『応永戦覧』

鶴原長治／鶴原長春▽つるはらながはる
大友氏鑑の一族。弾正少弼。掃部頭。岩石城に在城した。応永五（一三九八）年十二月、豊前発向の軍議のために府中の大友氏鑑のもとに集まった一人。応永六年正月二十六日、岩石城は大内盛見の大軍に攻略されついに落城し、城主大友氏公は自刃。この時に大友氏英はじめ同城の主立った部将等九十八人と列座して後を追い自害をとげた。『応永戦覧』『太宰管内志』『築上郡志』

津留見源五郎▽つるみげんごろう
弘治の頃（一五五五－五八）、宇佐郡において三十六士と称された豪族の一人。大友家に属し、毎年八月朔日には馬太刀の使者を立てて主従の礼を行ったという。『豊前古城誌』

津留光盛▽つるみつもり
下毛郡川原口にあった津留城の城主。弾正。永正（一五〇四－二一）の初めの頃、野仲氏と競い敗れて出家し、祐西と名乗り覚円寺を継承した。『耶馬溪町史』『日本城郭大系』

津留与右衛門▽つるよえもん
城井鎮房の小姓。城井鎮房が黒田長政に中津城で謀殺された時、討死した。「城井軍記」「家臣名付」「豊州治覧」等に記された城井鎮房時代の家臣。『城井闘諍記』には津留与左衛門と記されている。『日本城郭大系』『城井闘諍記』『太宰管内志』

津留与左衛門▽つるよざえもん

宇都宮氏一族並びに「家臣名付」に記された城井鎮房の挙兵時の家臣。鎮房の小姓。城井家（豊前宇都宮家）馬廻り役。天正十七（一五八九）年、城井鎮房が黒田孝高（如水）から中津城で欺かれて謀殺された時、随行先手として供をしていた他の家臣達とともに城内にて討ち取られた（城井鎮房の謀殺については、『築上郡志』収載の宇都宮系文書や豊前宇都宮一族の菩提寺月光山天徳寺では天正十七年としているが、『黒田家譜』等では天正十六年とされている）。『太宰管内志』などには津留与右衛門と記されている。『築上郡志』『築上郡史』「宇都宮史」「城井軍記実録」『城井闘諍記』『両豊記』

寺野五郎▽てらのごろう

城井朝房の従臣。天正十七（一五八九）年四月二十三日、肥後木葉にて秀吉に命じられた加藤清正の軍兵により急襲されて衆寡敵せず主人、朝房とともに討たれた。『築上郡志』「宇都宮史」『宇都宮記』「宇都宮系図」

寺野兵庫▽てらのひょうご

「城井軍記」「家臣名付」「豊州治覧」等に記された城井鎮房時代の家臣。『築上郡志』「宇都宮史」

寺野与喜助（**寺野与喜郎**）▽てらのよきすけ（てらのよきろう）

「城井軍記」「家臣名付」「豊州治覧」等に記された城井鎮房時代の家臣。城井朝房が肥後に赴くに際して、随行した驍勇二十四騎の一人。城井家（豊前宇都宮家）馬廻り役。宇都宮大和守信房公七百五十遠諱の大祭が明治四十二年に挙行された際に、宇都宮家菩提寺天徳寺藤原賢然住職等が編集した「宇都宮家故舊重臣の後裔」の姓名録にもその名が見える。『城井闘諍記』には与喜郎とある。「豊州治覧」『築上郡志』「宇都宮史」『太宰管内志』「宇都宮家故舊重臣の後裔」

照山雅楽介▽てるやまうたのすけ

天文、永禄年間に宇佐郡に割拠した。弘治の頃（一五五五－五八）、宇佐郡において三十六氏と称された豪族の一人。大友家に属し、毎年八月朔日には馬太刀の使者を立てて主従の礼を行ったという。弘治二年秋、大友義鎮（宗麟）が龍王城に在陣した際、着到した宇佐郡三十六人衆の一人。なお着陣の時期について、『大友公御家覚書』等では弘治二年四月、大友義鎮龍王に陣を取るとある。『豊前古城誌』「香下文書」『北九州戦国史史料集』『編年大友史料』『築上郡志』

伝法寺鑑満▽でんぽうじあきみつ

兵部丞。元亀、天正年間に築城郡内に割拠した。「城井軍記」「家臣名付」「豊州治覧」等に記された城井鎮房

の挙兵時の家臣。城井家（豊前宇都宮家）家老。『築上郡志』『築上郡史』

伝法寺景忠▽でんぽうじかげただ

城井守綱（冬綱）の弟。左馬頭。伝法寺氏の祖とされる。景忠の子貞清は求菩提山法印となり、長順院と称した。子孫は衆徒を率いて戦陣に臨んだ。初めは大内氏に後は大友氏に従った。代々宇都宮家に隷属した。「宇都宮文書」「宇都宮系図」「宇都宮史」『築上郡志』

伝法寺公頼▽でんぽうじきみより

兵部大夫。「城井軍記」「家臣名付」「豊州治覧」等に記された城井鎮房の挙兵時の家臣。宇都宮氏家老。「遺臣姓名録」には兵部丞とあり。『築上郡志』「宇都宮史」

伝法寺貞隆▽でんぽうじさだたか

城井家家臣。伝法寺村城（築上郡築上町伝法寺）に居城した。兵部大輔。『豊前志』「宇都宮文書」記載の豊前知行御領之衆の一人。伝法寺の所領、七千石収。『築上郡志』「宇都宮文書」

伝法寺四郎左衛門▽でんぽうじしろうさえもん

城井守綱（冬綱）の若党。佐田経景が永和元・天授元（一三七五）年十月、筑後山崎の合戦で討死した。この時に経景の子である親景は小法師丸と呼ばれる幼少の身であった。経景には氏冶という弟がいたが、親景が幼少である隙を狙い、佐田庄領地頭職を押領しようとした。今川貞世はその証拠書類の提出を氏冶に求めた。実は、その知行証拠書類である関東知行状一通は、経景が討死する前に、親景が幼少であることから伯父の守綱に預けていた。氏冶は守綱の若党であった富山弾正左衛門入道と伝法寺四郎左衛門をそそのかして関東知行状一通を誘い取った。これによって佐田庄は二分されて半分は氏冶が知行するようになった。しかし嘉慶二・元中五（一三八八）年親景は成人して掃部守に任官すると、ただちに氏冶が押領した豊前国佐田庄の返還を今川貞世に求めた。この愁訴が認められ佐田庄は親景に回復され関東知行状一通を取り戻した。伝法寺四郎左衛門と富山弾正左衛門入道は文書窃盗の共犯者として守綱から追放されたという。『鎮西宇都宮氏の歴史』

伝法寺兵部少輔▽でんぽうじひょうぶしょうゆう

「宇都宮文書」記載の豊前知行御領之衆の一人。伝法寺の所領、七千石。『築上郡志』「宇都宮文書」

伝法寺兵部太夫▽でんぽうじひょうぶだゆう

「城井家記」には伝法寺城の城代とある。天正十五（一五八七）年、豊臣秀吉が島津征伐の時に城井朝房と五百人の兵とともに従軍して先駆となった。その戦役で最も戦功があった一人。『築上郡志』「宇都宮史」『城井闘諍記』『太宰管内志』

伝法寺兵部允▽でんぽうじひょうぶのじょう
宇都宮大和守信房公七百五十遠諱の大祭が明治四十二年に挙行された際に、宇都宮家菩提寺天徳寺藤原賢然住職等が編集した「宇都宮家故舊重臣の後裔」の姓名録にその名が見える。「宇都宮家故舊重臣の後裔」

問田刑部少輔▽といだぎょうぶしょうゆう
大内義弘の旗下。応永六（一三九九）年正月四日、城主が敗走した障子ヶ岳城の落城を決定づけるため、援兵の要請を陶筑前守から受けた大内義弘は、兵三万騎を兵船四百余艘に乗せ大内盛見を豊前に遣わせた。その際に従軍した一人。大内盛見は応永六年正月二十五日に岩石城を攻城したが、これにも参陣した。『応永戦覧』

問田弘尚▽といだひろひさ
大内義弘の家臣。刑部少輔。応永五（一三九八）年十二月、大友軍と対決のため大内軍代官、総大将陶弘房に相伴って周防、長門、備後、安芸から集めた軍勢二万八千余騎を率い大友軍二万九百騎と築城原で対陣した。『応永戦覧』

東郷式部少輔▽とうごうしきぶしょうゆう
応永五（一三九八）年、前守護職大友氏時の長子である大友氏鑑は、大内義弘の画策により、氏時の甥で猶子である親世が守護職を継いだことを不満とし、親世に叛逆して兵を挙げた。その際、氏鑑から回文を受け一味同心した一人。『応永戦覧』『築上郡史』『太宰管内志』

東郷正廣▽とうごうまさひろ
応永、正長年間に京都郡内に割拠した。『築上郡志』

東方主計頭▽とうぼうかずえのかみ
「城井軍記」「家臣名付」「豊州治覧」等に記された城井鎮房の挙兵時の家臣。物頭。『築上郡志』『築上郡史』「宇都宮史」『城井闘諍記』『太宰管内志』

遠山孫六▽とおやままごろく
「城井家記」に記された宇都宮氏一門にあたる海老野城の城代。『城井闘諍記』『太宰管内志』

土岐朝基▽ときあさもと
土岐大和守軟基の後裔。七郎。天文の頃（一五三二―五五）、土岐城に居城した。『豊前古城誌』

時枝亀徳▽ときえだかめのり

宇佐郡高家郷時枝城主。中原鎮継（宇佐大宮司宮成公建）の次男。兵部少輔、備中守、武蔵守。『北九州戦国史史料集』『大友宗麟資料集』

時枝惟光▽ときえだこれみつ

時枝大和守の嗣子。左馬助。応永、正長年間に宇佐郡に割拠した。応永の頃（一三九四－一四二八）、宇佐郡時枝村に時枝村城を築城し時枝氏を称した。本山城国八幡慶安寺の子。大友氏鑑に一味同心した宇佐勢の一人。応永六年一月下旬、岩石城の後詰として、肥後から参着した菊池武貞率いる一万余騎と宇佐郡の軍勢、総勢四万五千余騎とともに大友氏鑑に随従した。『大宇佐郡史論』『築上郡志』『豊前古城誌』『応永戦覧』

時枝左馬介／時枝左馬助▽ときえださまのすけ

応永五（一三九八）年、前守護職大友氏時の長子である大友氏鑑は、大内義弘の画策により、氏時の甥で猶子である親世が守護職を継いだことを不満とし、親世に叛逆して兵を挙げた。その際、氏鑑から回文を受け一味同心した一人。応永五年十二月、豊前発向の軍議のために府中の大友氏鑑のもとに集まった他家の一人。『応永戦覧』『築上郡史』『豊前志』『太宰管内志』

時枝重記▽ときえだしげき

平太夫。天正十四（一五八六）年、黒田孝高（如水）が豊前に入部するに及び、その幕下に馳せ参じて椎田北方の宇留津城攻略の軍役に従事した。『築上郡志』「宇都宮史」

時枝鎮継▽ときえだしげつぐ

弘治の頃（一五五五－五八）、宇佐郡において三十六氏と称された豪族の一人。宇佐郡の国人。時枝城主（大分県宇佐市時枝）。武蔵守、備後守、兵部少輔、平太夫。時枝惟光の五世の孫。宮成公建の子。時枝氏を継ぎ宇佐宮弥勒寺寺務を司る。鎮継の子・公基は宮成家を継いだ。はじめ大友義鎮（宗麟）の旗下に属し、毎年八月朔日には馬太刀の使者を立てて主従の礼を行ったという。義鎮によって諱の一字を賜り、鎮継と改める。弘治二（一五五六）年秋、大友義鎮が龍王城に在陣した際、着到した宇佐郡三十六人衆の一人。なお着陣の時期について、『大友公御家覚書』等では弘治二年四月、大友義鎮龍王に陣を取るとある。永禄九（一五六六）年三月、鎮継は毛利元就に従い、佐野源左衛門と謀って赤尾城を囲み、渡辺筑後守の伏兵に敗れた。天正五（一五七七）年に至って薩摩の島津義久に降る。天正七年九月十日、毛利方に一味して佐野源左衛門と中島城を攻めるが、中島統次に敗れる。天正八年、毛利氏に通じて土井城主佐野親重と談合して大友方の光岡城主赤尾氏を攻め滅ぼした。

天正十三年十月二日、中島統次から攻められ逃れた。鎮継は周防に赴き小早川隆景を頼り山口に留まった。天正十四年、黒田孝高（如水）が豊前に入部するに及び、その幕下に馳せ参じて軍役に服した。以後、長政に用いられて功労を上げ遂に楠城の城主となった。天正十七年頃より、楠城の城主として慶長五（一六〇〇）年まで居城した。その後朝鮮にも従軍し、黒田父子の福岡転封に従って筑前に赴いた。天正十五年七月三日、黒田孝高の検地に対して協力するよう豊臣秀吉からの朱印状を受けている。『豊前志』には天正の頃（一五七三－九二）、黒田家の旗下、時枝平大夫が別府城に居城したとある。『築上郡志』『豊前志』「佐田文書」『北九州戦国史史料集』『大宇佐郡史論』『豊前古城誌』「香下文書」『編年大友史料』『両豊記』『北九州戦国史』

時枝図書六郎兵衛▽ときえだずしょろくろうひょうえ

「宇都宮文書」の天文年間（一五三二－五五）の豊前知行御領之衆の一人。時枝知行、一万一千石とある。『築上郡史』では、「満光寺文書」に時枝城主、今高二千石程とあるという。『築上郡志』「宇都宮文書」『築上郡史』「宇都宮史」

時枝隆令▽ときえだたかよし

天文、永禄年間年間に宇佐郡に割拠した。『築上郡志』

時枝大和守▽ときえだやまとのかみ

時枝鎮継の祖。山城国慶安寺の子。初め宇佐神宮領千六百町のうち益永肥後守が一千町を支配して社務と号し、残りの六百町を山下玄蕃が支配して寺務と称していたが、山下玄蕃が私欲により人心を失うに至って社僧等が遂に玄蕃を放逐して大和守に後事を託した。大和守はこれを受けて宇佐郡時枝に城を築いた。『築上郡志』『豊前志』「佐田文書」『北九州戦国史史料集』

土岐掃部頭▽ときかもんのかみ

土岐城主。弘治の頃（一五五五－五八）、大友勢が豊前に攻め入った時、土岐城主、掃部頭は近郷の諸士らと語らい芦刈越前守、住江長門守の両将と歩騎二百人をもって防戦したが、ついに敵せず大友の軍門に叩頭した。『豊前古城誌』

土岐重房▽ときしげふさ

元亀、天正年間に宇佐郡に割拠した。『築上郡志』

土岐七郎▽ときしちろう

応永五（一三九八）年十二月、豊前発向の軍議のために府中の大友氏鑑のもとに集まった一族の一人。『応永戦覧』

土岐修理允▽ときしゅりのじょう
土岐城主（宇佐市上乙女）。天正十六（一五八八）年三月、人質を黒田家に遣わして和を乞うた。『豊前古城誌』

土岐秀清▽ときひできよ
土岐秀元の嗣子。天文、永禄年間に宇佐郡に割拠した。『築上郡志』

土岐秀元（土岐秀清）▽ときひでもと（ときひできよ）
天文、永禄年間に宇佐郡に割拠した。『築上郡志』

時光軍兵衛▽ときみつぐんべえ
中島摂津守が謀叛を起こして大友勢と対峙し、小倉原に陣を張り皇后石（史跡・築上郡吉富町）に幡を挙げた時に、深水に出張り、毘沙門堂に陣を張った成恒氏の一族の一人。『豊前古城誌』

土岐盛種▽ときもりたね
土岐弥五郎頼資の末裔。土岐大和守頼忠の子。土岐城主。馬ヶ岳城主新田義高の娘を娶った。『大宇佐郡史論』

土岐大和守▽ときやまとのかみ
応永五（一三九八）年、前守護職大友氏時の長子である大友氏鑑は、大内義弘の画策により、氏時の甥で猶子である親世が守護職を継いだことを不満とし、親世に叛逆して兵を挙げた。その際、氏鑑から回文を受け一味同心した一人。『応永戦覧』『築上郡史』『太宰管内志』

土岐頼清▽ときよりきよ
土岐弥五郎頼資の孫。土岐大和守頼実の子。弥五郎。大内義弘に属していた。『大宇佐郡史論』

土岐頼実▽ときよりざね
土岐弥五郎頼資の子。大和守。九州探題今川貞世に属していたが、肥筑の戦いで戦死した。『大宇佐郡史論』

土岐頼資▽ときよりすけ
宇佐郡乙女永井の地三千貫を領したが、康永元・興国三（一三四二）年八月、領地乙女を下り長安寺を建てた。弥五郎。『大宇佐郡史論』

土岐頼忠▽ときよりただ
大和守。明徳の頃（一三九〇－九四）、宇佐郡大字上乙女村に土岐城を築城した。土岐弥五郎頼清の孫。応永六（一三九九）年一月下旬、岩石城の後詰として、肥後から参着した菊池武貞率いる一万余騎と宇佐郡の軍勢、総勢四万五千余騎とともに大友氏鑑に随従した。『応永戦覧』『大宇佐郡史論』『日本城郭大系』『築上郡志』

土岐頼基▽ときよりもと
大友氏鑑に一味同心した宇佐郡の人。七郎。応永、正長年間に宇佐郡に割拠した。応永六（一三九九）年一月下旬、岩石城の後詰として、肥後から参着した菊池武貞率いる一万余騎と宇佐郡の軍勢、総勢四万五千余騎とともに大友氏鑑に随従した。『応永戦覧』『築上郡志』

得永新左衛門▽とくながしんざえもん
朽網親満は、永正十二（一五一五）年八月二十六日より父子とも府中（大分市）に幽閉された。そして永正十三年には「陰謀人」として処罰された。その理由は、永弘氏輔、市河親泰、得永新左衛門らと連絡を取り大友親安を廃して大聖院宗心（大友親実）を大友家家督にしようとしたことによる。『行橋市史』

得永親宣▽とくながちかのぶ
大友氏の家臣団。伊賀亮・前伊賀守と称す。大友帯刀氏の庶流。文亀元（一五〇一）年六月から文亀二年四月まで義長の加判衆を務めた。『戦国大名家臣団事典』

徳野尾十郎左衛門尉▽とくのおじゅうろうさえもんのじょう
宇佐郡上納持村の上納持村城を居城とした。天文年間（一五三二—五四）に隣村の斎藤駿河守に滅ぼされた。『豊前古城誌』『豊前志』『日本城郭大系』

徳丸蔵人佐▽とくまるくらんどのすけ
天文元（一五三二）年十一月大友氏は大内方として宇佐郡の佐田朝景が籠る妙見岳城を攻めた。その時に妙見岳合戦に動員されて出陣し、傷を負った大友方の一人。『豊前市史』『増補訂正編年大友史料併大分県古文書全集第16』『大分県の歴史』

徳丸外記▽とくまるげき
麻生親政の家臣。親政は人質に差し出していた実子、統重が無念にも切腹したことに遺恨を抱き、大友氏にそむく。この時、城主と一味同心して大友氏の大将、田原親賢（紹忍）の軍勢と戦い、山口弾正忠、中野蔵人等とともに深水口の警衛にあたった。『両豊記』『豊前古城誌』

徳丸左近▽とくまるさこん
麻生郷の名主の一人。文亀元（一五〇一）年十月十一日、麻生郷の十五名主の一人として連判して領地を御霊八幡に奉納す。その意味するところは、麻生郷の名主として麻生家の幕下に属すことを誓約して連判したものである。『豊前古城誌』

徳丸治部烝▽とくまるじぶのじょう
麻生親政の家臣。親政は人質に差し出していた実子、統重が無念にも切腹したことに遺恨を抱き、大友氏にそむく。この時、城主と一味同心して、旗下にあって大友氏の大将、田原親賢（紹忍）の軍勢と戦った。『両豊記』『豊前古城誌』

徳丸四郎三郎▽とくまるしろうさぶろう

天文元（一五三二）年十一月大友氏は大内方として宇佐郡の佐田朝景が籠る妙見岳城を攻めた。その時に妙見岳合戦に動員されて出陣し、傷を負った大友方の一人。『豊前市史』『増補訂正編年大友史料併大分県古文書全集第16』『大分県の歴史』

得光監物▽とくみつけんもつ

麻生郷の名主の一人。文亀元（一五〇一）年十月十一日、麻生郷の十五名主の一人として連判して領地を御霊八幡に奉納す。その意味するところは、麻生郷の名主として麻生家の幕下に属すことを誓約して連判したものである。『豊前古城誌』

床並軍平▽とこなみぐんへい

麻生親政の家臣。親政は人質に差し出していた実子、統重が無念にも切腹したことに遺恨を抱き、大友氏にそむく。この時、城主と一味同心して、旗下にあって大友氏の大将、田原親賢（紹忍）の軍勢と戦った。『両豊記』『豊前古城誌』

利光鑑教▽としみつあきのり

大友一族で大分郡戸次郷利光鶴賀城主。宗匡または宗魚と記す。天正九（一五八一）年三月、大友義統の命により日向宮崎で島津忠長・新納忠元と対陣する志賀道易を救援した。天正十三年、大友義鎮（宗麟）の勧めで洗礼を受けてキリシタンとなる。戸次川を眼下に望む鶴賀城は島津軍にとって大友方の要害であった。そこで島津は内応を働きかけたが、その誘いに応じず、大友家への忠節を尽くした。天正十四年肥前に出陣していたが、島津軍が鶴賀城に迫った事を聞き、帰国。十一月十五日島津家久は大分郡大塔梨尾山に兵を出し、鶴賀城をうかがう。鑑教は逆襲して九十六人を討ち取った。十二月七日家久は鶴賀城を攻撃。島津軍は一万八千余の軍勢で鶴賀城を包囲し、城将の利光鑑教は二千の城兵で勇敢に機を見て城外に打ってでてこれを破った。十日、敵の引き揚げるのを櫓の上から見ていたところを、敵兵に狙撃されて絶命した。『豊薩軍記』『九州戦国合戦記』『戦国大名家臣事典』

利光宗魚▽としみつそうぎょ

⇩利光鑑教（としみつあきのり）

十塚行光▽とつかゆきみつ

香春城主千手興房一族の郎党。内蔵大夫助。応永六

（一三九九）年正月、大内盛見の大軍による攻城に対してあくまでも籠城の計略を立てて応戦したが衆寡敵せず、ついに敗れて、正月十二日、興房をはじめ一族郎従八十三人と座を連ねて自刃した。『応永戦覧』

十時惟忠▽とときこれただ
大友方の戸次鑑連（立花道雪）の豪勇の武将。右近。永禄十（一五六七）年九月三日、下座郡柿原村の休松の合戦において討死した。『筑前戦国史』

利根川道孝▽とねがわみちたか
⇩大友親家（おおともちかいえ）

鳶巣隼人▽とびすはやと
「城井軍記」「家臣名付」「豊州治覧」等に記された城井鎮房の挙兵時の家臣。城井家（豊前宇都宮家）馬廻り役。『築上郡志』『築上郡史』「宇都宮史」

戸祭浄久▽とまつりじょうきゅう
「城井軍記」「家臣名付」「豊州治覧」等に記された城井鎮房の挙兵時の家臣。城井家（豊前宇都宮家）馬廻り役。宇都宮大和守信房公七百五十遠諱の大祭が明治四十二年に挙行された際に、宇都宮家菩提寺天徳寺藤原賢然住職等が編集した「宇都宮家故舊重臣の後裔」の姓名録にもその名が見える。『築上郡志』『築上郡史』「宇都宮史」「宇都宮家故舊重臣の後裔」

戸祭安衡▽とまつりやすひら
久大夫。「城井軍記」「家臣名付」「豊州治覧」等に記された城井鎮房の挙兵時の家臣。城井家（豊前宇都宮家）家老（別に馬廻り役の記載もあり）。『築上郡志』『築上郡史』「宇都宮史」『城井闘諍記』『太宰管内志』

泊中務少輔▽とまりなかつかさしょうゆう
大友方の家臣、元亀三（一五七二）年一月二十八日、隊列をもって池田川付近を通過中に、原田方の名のある勇士ほかの三百騎の兵に襲われて池田河原（糸島市）において自害した。『筑前戦国史』

泊又太郎▽とまりまたたろう
大友方の家臣。元亀三（一五七二）年一月二十八日、隊列をもって池田川付近を通過中に、原田方の名のある勇士ほかの三百騎の兵に襲われて、馬場越後とともに池田河原（糸島市）において討死した。『筑前戦国史』

富永市正▽とみながいちまさ
「城井軍記」「家臣名付」「豊州治覧」等に記された城井鎮房の挙兵時の家臣。宇都宮氏一族並びに「家臣名付」に記された宇都宮家家臣。城井家（豊前宇都宮家）馬廻り役。『築上郡志』『築上郡史』「宇都宮史」

富山弾正左衛門入道▽とみやまだんじょうさえもんにゅうどう

城井守綱（冬綱）の若党。永和元・天授元（一三七五）年十月、佐田経景は筑後山崎の合戦で討死した。遺された子親景は当時まだ小法師丸と呼ばれる幼少の身であった。これを狙って経景の弟・氏治は佐田庄領地頭職を押領しようとしたが、今川貞世にその証拠書類の提出を求められた。知行証拠書類である関東知行状一通は、経景が生前、幼い親景のために、伯父の守綱に預けられていたので、氏治は守綱の若党であった富山弾正左衛門入道と伝法寺四郎左衛門をそそのかして関東知行状一通を誘い取った。これによって佐田庄は二分されて、半分は氏治が知行するようになった。しかし嘉慶二・元中五（一三八八）年親景が成人して掃部守に任官すると、ただちに氏治が押領した豊前国佐田庄の返還を今川貞世に求めた。この愁訴が認められ佐田庄は親景に回復され関東知行状一通を取り戻した。富山弾正左衛門入道と伝法寺四郎左衛門は文書窃盗の共犯者として守綱から追放されたという。『鎮西宇都宮氏の歴史』

富吉次郎太夫▽とみよしじろうだゆう

中島摂津守が謀叛を起こして大友勢と対峙したときに、小倉原に陣を張り皇后石（史跡・築上郡吉富町）に幡を挙げた時に、深水に出張り、毘沙門堂に陣を張った成恒氏の一族の一人。『豊前古城誌』

戸村平四郎▽とむらへいしろう

「城井軍記」「家臣名付」「豊州治覧」等に記された城井鎮房の挙兵時の家臣。城井家（豊前宇都宮家）馬廻り役。『築上郡志』

友石吉継▽ともいしよしつぐ

「城井軍記」「家臣名付」「豊州治覧」等に記された城井鎮房時代の家臣。治藤太夫、次太夫、次郎兵衛、治兵衛。城井家（豊前宇都宮家）物頭（別に馬廻り役の記載あり）。「家臣名付」には治藤太夫とあり、『城井闘諍記』には次郎兵衛とあり、「遺臣姓名録」には治兵衛とある。宇都宮大和守信房公七百五十遠諱の大祭が明治四十二年に挙行された際に、宇都宮家菩提寺天徳寺藤原賢然住職等が編集した「宇都宮家故舊重臣の後裔」の姓名録にもその名が見える。『城井闘諍記』『築上郡志』『築上郡史』「宇都宮史」「宇都宮家故舊重臣の後裔」

友枝小三郎▽ともえだこさぶろう

⇩友枝新兵衛（ともえだしんべえ）

友枝小次郎▽ともえだこじろう
黒田家の家臣。土佐井藤左衛門の子。幼名仙千代。黒田長政が、家臣、友枝新兵衛の病死により友枝家が絶えるのを惜しみ、新兵衛にとっては孫にあたる内尾主水の息女、鶴千代女と夫婦になり名跡を継いだ。後、細川三齋に奉公し、その時は、友枝惣右衛門と名乗ったという。以後、子孫は、細川藩、小笠原藩の大庄屋として新兵衛を名乗り、西友枝村に続いた。また、「倉城大略志」では、大庄屋、友枝太右衛門を先祖とする記述もあるという。「友枝文書」『築上郡史』

友枝新兵衛▽ともえだしんべえ
雁股城主（築上郡大平村）。大膳丞。友枝小三郎後に新兵衛と称す。末松大膳丞との記述もあり。城井鎮房の挙兵時の国人。父は友枝隼人佐英盛。初め大内氏に仕え、その滅亡後は下毛郡津民村の長岩城主、野仲鎮兼の家臣となり、各地の戦場で戦功をあげた。天正七（一五七九）年、鎮兼の命により雁股城主となる。天正十五（一五八七）年の冬には上毛、下毛の豊前国国人一揆連合軍に加わり観音原において黒田軍に破れる。その後、黒田長政に降伏したとある。『築上郡志』「宇都宮史」『福岡県の城』「友枝文書」

友枝大膳丞▽ともえだだいぜんのじょう
元亀、天正年間に上毛郡内に割拠した。豊前国上毛郡友枝村雁股山城主友枝隼人佐の子。友枝新兵衛の兄。天正十五（一五八七）年の冬、観音原（桑野原）の合戦において友枝大膳丞は討死した。『友枝村誌』『鎮西宇都宮氏の歴史』『築上郡志』

友枝但馬守▽ともえだたじまのかみ
「友枝文書」によれば、広津氏の死去により、友枝の荻本二十一石足の地を領したとある。友枝丹後守は但馬守の子。「友枝文書」

友枝但馬守▽ともえだたじまのかみ
「豊前（内尾）友枝文書」の中に友枝但馬守・友枝丹波守両名に対する（弘治三年）五月二十四日、鎮久・公助の連署状が残る。「豊前友枝（内尾）文書」『豊前市史・文書資料』

友枝太郎左衛門▽ともえだたろうさえもん
上毛郡大字西友枝の光明寺城主。太郎左衛門と称した。友枝忠兵衛の子と思われる。『友枝村誌』『築上郡史』

友枝丹後守▽ともえだたんごのかみ
友枝但馬守の子。「友枝文書」

友枝丹波守▽ともえだたんばのかみ

「豊前（内尾）友枝文書」の中に友枝但馬守・友枝丹波守両名に対する（弘治三年）五月二十四日、鎮久・公助の連署状が残る。「豊前友枝（内尾）文書」『豊前市史・文書資料』

友枝忠兵衛▽ともえだちゅうべい

⇩友枝昌範（ともえだまさのり）

友枝範興▽ともえだのりおき

六郎左衛門。「宇都宮文書」の天文年間（一五三二—五五）の豊前知行御領衆の一人。友枝の三千二百石を知行した。『築上郡史』では、「満光寺文書」に名は友枝太郎左衛門範興とあり、友枝城主、今高三千二百石を知行したという。『築上郡志』「宇都宮文書」『築上郡史』

友枝隼人佐▽ともえだはやとのすけ

⇩友枝英盛（ともえだひでもり）

友枝彦五郎▽ともえだひこごろう

「豊前友枝（内尾）文書」には（弘治三年）四月二十四日、内尾伊豆守・同藤太郎・同彦五郎宛ての野仲鎮兼感状の文書が残る。「豊前友枝（内尾）文書」『豊前市史・文書資料』

友枝英盛▽ともえだひでもり

本姓は末松氏。隼人佐と称し、内尾氏に属した。上毛郡の叶松城に居城し、その後、西友枝の雁股城を守ったとされる。永正十二（一五一五）年、末松隼人佐は大内氏から隼人佐の官途を許されている。友枝隼人佐は、周防灘に面する築城郡の城井川の河口にある椎田湊の代官であった。長岩城主野仲鎮兼は長岩城の出城として友枝隼人佐に守らせた。享禄五（一五三二）年頃には、大内氏より築城郡椎田浦の支配管理を命じられ弘治三（一五五七）年二月、大内義長のために下毛郡耶福土村（耶馬渓町）の万代城を守った。豊田対馬守鑑種が、上毛郡津民（耶馬渓町）の長岩城主野仲兵庫頭鎮兼、上毛郡山国の一ツ戸城主中間弾正忠より攻められた時、大内方として忠勤に励んだとして大内、大友両氏より賞せられた。『福岡県の城』『鎮西宇都宮氏の歴史』『豊前市史』「友枝文書」

友枝政賢▽ともえだまさかた

山田庄の地頭職にあった友枝政貞の子。八郎。足利直冬は観応元・正平五（一三五〇）年十一月十五日、友枝貞代、子息政資に裏書安堵を行っている。これにより父政貞と政賢は親子して直冬の軍に加わり、直冬が少弐頼尚に擁されて太宰府に入ったときには行動を共にしている。『鎮西宇都宮氏の歴史』

友枝政貞▽ともえだまささだ
豊前国上毛郡の山田庄安光名田畠屋敷と同郡友枝村一方の地頭職であった。壱岐孫三郎。貞和六・正平五（一三五〇）年、足利直冬より豊前国山田庄内名田などを安堵された。当時、直冬は勢力的に九州各地の国人に書状を送り、自己の陣営に参加を呼びかけて、安堵状を乱発していた。『鎮西宇都宮氏の歴史』

友枝昌範▽ともえだまさのり
忠兵衛。「城井軍記」「家臣名付」「豊州治覧」等に記された城井鎮房の挙兵時の武将。上毛郡大字西友枝（築上郡上毛町西友枝）の光明寺城主。天正七年、兵を起こした野仲鎮兼に光明寺城を攻められて降りた。「宇都宮史」には弘治二（一五五六）年四月、大友義鎮（宗麟）が大軍を率いて豊前上毛郡に入ると、上毛郡の族党であった吉富能教、山田安芸守等とただちに降りてこれに従ったとある。天正十五（一五八七）年冬に豊前国に領主として入部した黒田氏に反抗して滅亡した。別の家臣付には馬廻り役の記載あり。宇都宮大和守信房公七百五十遠諱の大祭が明治四十二年に挙行された際に、宇都宮家菩提寺天徳寺藤原賢然住職等が編集した「宇都宮家故舊重臣の後裔」の姓名録にもその名が見える。『友枝村誌』『築上郡志』『豊前志』『築上郡史』「宇都宮史」「友枝文書」「宇佐郡記」『両豊記』『城井闘諍記』『太宰管内志』「城井家記」「宇都宮家故舊重臣の後裔」

友枝道範▽ともえだみちのり
宇都宮氏一族。次郎左衛門。城井通房の弟の信範の子。鎌倉時代、友枝に居住し友枝姓を名乗る。西友枝の光明寺城主の祖である。『友枝村誌』

友枝宗高▽ともえだむねたか
孫次郎。観応元・正平五（一三五〇）年十二月二十五日、足利直冬は友枝孫次郎ならびに一族に対して因幡国富木郷・同国日置郷地頭職を勲功により宛がった。『鎮西宇都宮氏の歴史』

友枝頼興▽ともえだよりおき
元亀、天正年間に上毛郡内に割拠した。『築上郡志』

友杉左馬介▽ともすぎさまのすけ
「山城守。中間由来記」には友杉左馬助の子とあり、「中間系譜」には代々豊前国下毛郡中間庄山国を領し、一戸の城に居城したとある。また中間凡そ三万石の地を領すとある。中間六郎右衛門統胤の父。『耶馬溪町史』

友杉民部▽ともすぎみんぶ
「中摩村郷土誌」には建久三（一一九二）年、友杉民部

が地頭に任じられたとある。『耶馬溪町史』

友久主計允▽ともひさかずえのじょう

如法寺親並の家臣。永禄四（一五六一）年七月二十五日、大友親宏は、配下の如法寺親並に家臣が香春岳合戦で先陣をもって討死したことに対する感状を与えている。「大友家文書録」『九州戦国合戦記』

豊田対馬守▽とよだつしまのかみ

下毛郡耶馬溪町福土の馬台城主。弘治二（一五五六）年三月、長岩城主の野仲鎮兼は一ツ戸城主の中間弾正忠とともに馬台城を攻めた。豊田対馬守は自害して落城した。『下毛郡誌』『耶馬溪町史』『耶馬渓文化叢書』『日本城郭大系』

豊田英種▽とよだひでたね

大内氏家臣。治部少輔。長門国豊浦郡（豊田郡）の領主か。「佐田文書」弘治二（一五五六）年五月七日の大内義長年寄衆書状の中に防州御使として名が見える。『北九州戦国史史料集』

鳥井左内▽とりいさない

宇都宮氏一族並びに「家臣名付」に記された宇都宮家家臣。城井家（豊前宇都宮家）馬廻り役。『築上郡志』

な行

内藤隆春▽ないとうたかはる
左衛門大夫。隆春の父興盛は、大内氏の宿老、長門守護代。総領の隆世が大内義長を奉じて、最後まで毛利軍に抗戦して自刃したため、隆春は家督を相続し、長府勝山（串崎）城に在城して、毛利氏の九州経略に参画することが多かった。門司城代を務め、豊筑の諸士高橋鑑種等を周旋した。『北九州戦国史』

内藤隆世▽ないとうたかよ
大内義隆に仕えた。侍大将先手衆。大内義長を奉じ、弘治三（一五五七）年四月、長府勝山城（下関市田倉）に拠り自刃。弾正忠。『北九州戦国史史料集』

内藤就藤▽ないとうなりふじ
厳島神官の長田内藤氏の系統。越後守。赤間関在番。苅田松山城城番、門司城番。北九州地区においての戦歴がある。『北九州戦国史』

内藤秀春▽ないとうひではる
大内義弘の一族。又次郎。大内盛見が大軍を率いて豊前の諸城を攻めた時の部将。応永六（一三九九）年正月四日、城主が敗走した障子ヶ岳城の落城を決定づけるため、援兵の要請を陶筑前守から受けた大内義弘は、兵三万騎を兵船四百余艘に乗せ大内盛見を豊前に遣わせた。その際に従軍した一人。『応永戦覧』

内藤弘矩▽ないとうひろのり
盛世の子。弥七、弾正忠、肥後守。政弘期の長門守護代。文明四（一四七二）年八月十一日入府。長享二（一四八八）年十月、政弘の名代として近江鈎里に参陣。明応四（一四九五）年二月、政弘の子高弘の擁立を企てたと陶武護から讒言をうけ誅伐された。『戦国大名家臣団事典』

内藤弘春▽ないとうひろはる
大内氏の家臣団。弘矩の弟。掃部助と称す。明応六（一四九七）年九月五日、長門守護代に補任。文亀元（一五〇一）年七月の豊前馬ヶ岳城詰口の合戦に加わり、一所衆、郎党・僕従等の軍忠を山口に注進している。文亀二年十一月没。『長門国守護代記』『戦国大名家臣団事典』「大内氏家臣人名事典」

内藤藤太郎▽ないとうふじたろう
野仲氏武将。上毛郡東友枝（築上郡上毛町）の叶松城主。天正八（一五八〇）年、野仲鎮兼から大友軍との合戦での働きで戦功あり、感状をもらう。「友松文書」『築上郡史』

内藤元栄▽ないとうもとひで
与三右衛門大夫。毛利奉行衆、厳島神官。長田内藤氏。幕末萩藩寄組千四百七十七石。『北九州戦国史史料集』

直加江六郎▽なおかえろくろう
弘治二（一五五六）年秋、大友義鎮が龍王城に在陣した際、着到した宇佐郡三十六人衆の一人。なお着陣の時期について、『大友公御家覚書』等では弘治二年四月、大友義鎮龍王に陣を取るとある。「香下文書」『北九州戦国史史料集』『編年大友史料』

永井左門▽ながいさもん
宇都宮氏一族並びに「家臣名付」に記された宇都宮家家臣。豊前・宇都宮家馬廻り役。『築上郡志』

長井元為▽ながいもとため
永禄年間（一五五八－七〇）。毛利氏の人。右衛門太夫。冷泉元満、仁保隆尉等とともに門司城城番を務めた。『北九州戦国史史料集』

長井元親▽ながいもとちか
元親、毛利氏奉行、大江広元の次男時広より出ずる。武蔵国長井を氏とする。長井元為の族、毛利氏の奉行。『北九州戦国史史料集』

中尾大蔵左衛門▽なかおおおくらさえもん
吉川家士。天正十四（一五八六）年十一月七日、豊臣秀吉の先手として、宇留津城を攻めた時に鉄砲の弾にあたって戦死した。『築上郡志』

長尾景演▽ながおかげのぶ
市正。「城井軍記」「家臣名付」「豊州治覧」等に記された城井鎮房の挙兵時の家臣。豊前・宇都宮家、家老。（別に馬廻り役の記載あり）「豊州治覧」には東市正景演とある。宇都宮大和守信房公七百五十遠諱の大祭が明治四十二年に挙行された際に、宇都宮家菩提寺天徳寺藤原賢然住職等が編集した「宇都宮家故舊重臣の後裔」の姓名録にその名が見える。『築上郡志』「宇都宮文書」「宇都宮家故舊重臣の後裔」『城井闘諍記』『太宰管内志』

長尾景通▽ながおかげみち
応永六（一三九九）年頃に長尾城に城主として居城したといわれる。応永の頃（一三九四－一四二八）、岩石城を攻略する大内氏総大将大内盛見の軍勢に豊前国の軍勢二千余騎とともに従った。小次郎。『応永戦覧』『太宰管内志』

長岡延元▽ながおかのぶもと
細川氏家臣。勘解由左衛門。慶長五（一六〇〇）年、

細川忠興が豊前国を領した際、門司城を修造して城代として守らせたが、元和三（一六一七）年、城は破却された。『豊前志』『門司・小倉の古城史』

中尾河内守▽なかおかわちのかみ
下毛郡犬丸村城に居城。元亀、天正年間に下毛郡に割拠した。天正七（一五七九）年、大友義鎮が日向耳川の合戦にて敗れ諸国の大名が離反し、長岩城主の野仲鎮兼も大友氏に叛いた時、鎮兼に従った近郷の武士団の一人。『築上郡志』『豊前古城誌』

中尾貞常▽なかおさだつね
天文、永禄年間に宇佐郡に割拠した。『築上郡志』

中尾三郎▽なかおさぶろう
天正七（一五七九）年、大友義鎮が日向耳川の合戦にて敗れ諸国の大名が離反し、長岩城主の野仲鎮兼も大友氏に叛いた時、鎮兼に従った近郷の武士団の一人。『豊前古城誌』

中尾三五兵衛▽なかおさんごひょうえ
元亀、天正年間に宇佐郡内に割拠した。『築上郡志』

長尾次郎▽ながおじろう
長尾城主。応永五（一三九八）年、前守護職大友氏時の長子である大友氏鑑は、大内義弘の画策により、氏時の甥で猶子である親世が守護職を継いだことを不満とし、親世に叛逆して兵を挙げた。その際、氏鑑から回文を受け一味同心した一人。『応永戦覧』『築上郡史』『太宰管内志』

中尾友義▽なかおともよし
十郎。香春城主千手興房一族の郎党。応永六（一三九九）年正月、大内盛見の大軍による攻城に対してあくまでも籠城の計略を立てて応戦したが衆寡敵せず。ついに敗れて、正月十二日、興房をはじめ一族郎従八十三人と座を連ねて自刃した。『応永戦覧』

長尾豊道▽ながおとよみち
応永、正長年間に田河郡内に割拠した。『築上郡志』

中尾藤四郎▽なかおふじしろう
中島摂津守が謀叛を起こして大友勢と対峙し、小倉原に陣を張り皇后石（史跡・築上郡吉富町）に幡を挙げた時に、深水に出張り、毘沙門堂に陣を張った成恒氏の一族の一人。『豊前古城誌』

長尾正景▽ながおまさかげ
「城井軍記」「家臣名付」「豊州治覧」等に記された城

井鎮房の挙兵時の家臣。東市。「家臣名付」には名を正景とあり、「豊州治覧」には名を正演とある。『築上郡志』『築上郡史』「宇都宮文書」

中尾三河守▽なかおみかわのかみ

天正七（一五七九）年、大友義鎮が日向耳川の合戦にて敗れ諸国の大名が離反し、長岩城主の野仲鎮兼も大友氏に叛いた時、鎮兼に従った近郷の武士団の一人。『豊前古城誌』

中尾吉国▽なかおよしくに

香春城主千手興房一族の郎党。左近太郎。応永六（一三九九）年正月、大内盛見の大軍による攻城に対してあくまでも籠城の計略を立てて　応戦したが衆寡敵せず、ついに敗れて、正月十二日、興房をはじめ一族郎従八十三人と座を連ねて自刃した。『応永戦覧』

長川七郎▽ながかわしちろう

応永、正長年間に仲津郡内に割拠した。応永五（一三九八）年、前守護職大友氏時の長子である大友氏鑑は、大内義弘の画策により、氏時の甥で猶子である親世が守護職を継いだことを不満とし、親世に叛逆して兵を挙げた。その際、氏鑑から回文を受け一味同心した一人。『応永戦覧』『築上郡志』『築上郡史』

中国臣▽なかくにおみ

元亀、天正年間に下毛郡内に割拠した。『築上郡志』

中里織部（**中里織部正**）▽なかざとおりべ（なかざとおりべのかみ）

「城井軍記」「家臣名付」「豊州治覧」等に記された城井鎮房の挙兵時の家臣。豊前・宇都宮家、馬廻り役。宇都宮大和守信房公七百五十遠諱の大祭が明治四十二年に挙行された際に、宇都宮家菩提寺天徳寺藤原賢然住職等が編集した「宇都宮家故舊重臣の後裔」の姓名録にその名が見える。『築上郡志』『築上郡史』「宇都宮史」「宇都宮家故舊重臣の後裔」

長澤駒之助▽ながさわこまのすけ

日熊城主日熊直次の家臣。直次が一旗当千と頼みきった部将の一人。天正十六（一五八八）年三月二十二日、観音原で黒田長政率いる数万の軍兵に対し大いに戦ったが、多勢の長政の軍勢に押されて日熊城に退いた。この合戦にて討死した。『姓氏家系大辞典』

中島壱岐守▽なかしまいきのかみ

天正七（一五七九）年九月十日、毛利方に一味して、佐野源左衛門と時枝平大夫は中島城（別名高家城）を攻めるが、中島統次に敗れた。この時に兄の中島壱岐守が討死した。『両豊記』『宇佐郡記』『豊前古城誌』

中島雅楽守▽なかしまうたのかみ

天正十七（一五八九）年三月、黒田長政三千余騎の兵を率いて時枝平大夫を嚮導として高家の城を攻める。中島弾正忠、同主殿介、同雅楽允、同源五郎、同民部允、高家玄蕃允、金出出羽守、塚崎新五左ヱ門、川顔治兵衛尉、恒吉縫殿允、同谷三郎、吉村治部烝、荒木三河守等、七百五十余騎が堅固に籠城して黒田の先陣、時枝平大夫と戦う。この時、雅楽守は小郡利右衛門に討たれた。『宇佐郡記』『豊前古城誌』

中島雅楽助▽なかしまうたのすけ

高家城主中島伊予守統次（房直）の一族。豊臣秀吉の九州遠征によって島津軍を退却させると中津に黒田氏が入り、豊前の従わぬ諸城を攻めて従属させたが、中島伊予守は一族の中島弾正忠・中島民部丞・雅楽助等と高家城に籠城して黒田勢を迎え撃った。この時、周防から帰った時枝鎮継が先鋒に加わった。多勢の黒田の軍勢によって城は落ちた。『日本城郭大系』

中島大蔵丞▽なかしまおおくらのじょう

豊前国宇佐郡中島城（別名高家城）城主、尾張国中島の郡司、中島宣長の末裔にあたる。天文、永禄年間に宇佐郡内に割拠した。宣長が故あって宇佐郡中島に来て城を築き、以後、代々、孫がその城に居城したが、大蔵烝は弘治の頃（一五五五—五八）に居城した。大蔵烝は、当時、宇佐郡の三十六氏の豪族の一人で、大友家に属して毎年八月朔日には馬太刀の使者を立てて主従の礼を行ったという。『豊前古城誌』『築上郡志』

中島内蔵助▽なかしまくらのすけ

天文元（一五三二）年十一月大友氏は大内方として宇佐郡の佐田朝景が籠る妙見岳城を攻めた。その時に妙見岳合戦に動員されて出陣した大友方の一人。『豊前市史』『増補訂正編年大友史料併大分県古文書全集第16』『大分県の歴史』

中島惟真▽なかしまこれざね

中島氏中島統次（房直）の一族。永禄九（一五六六）年、大友義鎮は高尾城（麻生城）麻生親政を攻めるために軍を起こし高家城主中島伊予守統次と光岡城主赤尾鎮房・田嶋崎城主成恒矩種に高尾城の攻略を命じた。その時に統次は、搦め手攻めの総大将となって中島秀直・中島惟真・中島俊直・中島光孝らの一族と近隣の士三百五十余騎で高尾城を攻めて麻生親政を自害させた。『日本城郭大系』

中島惟直▽なかしまこれなお
中島摂津守が謀叛を起こして大友勢と対峙したときに、小倉原に陣を張り皇后石（史跡・築上郡吉富町）に幡を挙げた中島氏族の一人。雅楽允。『豊前古城誌』

中島権内▽なかしまごんない
「城井軍記」「家臣名付」「豊州治覧」等に記された城井鎮房の挙兵時の家臣。豊前・宇都宮家馬廻り役。『築上郡志』『築上郡史』「宇都宮史」

長島庄三郎／長嶋庄三郎▽ながしましょうざぶろう
「城井軍記」「家臣名付」「豊州治覧」等に記された城井鎮房の挙兵時の家臣。豊前・宇都宮家馬廻り役。『築上郡志』「宇都宮文書」

中島純次▽なかしますみつぐ
元亀、天正年間に宇佐郡内に割拠した。『築上郡志』

中島弾正忠▽なかしまだんじょうのじょう
高家城主中島統次（房直）の一族。豊臣秀吉の九州遠征によって島津軍を退却させると中津に黒田氏が入り、豊前の従わぬ諸城を攻めて従属させたが、中島伊予守は一族の中島弾正忠・中島民部丞・雅楽助等と高家城に籠城して黒田勢を迎え撃った。この時、周防から帰った時枝鎮継が先鋒に加わった。多勢の黒田の軍勢によって城は落ちた。『日本城郭大系』

中島俊直▽なかしまとしなお
中島氏中島統次（房直）の一族。永禄九（一五六六）年、大友義鎮は高尾城（麻生城）麻生親政を攻めるために軍を起こし高家城主中島統次と光岡城主赤尾鎮房・田嶋崎城主成恒矩種に高尾城の攻略を命じた。その時に房直は、搦め手攻めの総大将となって中島秀直・中島惟真・中島俊直・中島光孝らの一族と近隣の士三百五十余騎で高尾城を攻めて麻生親政を自害させた。天正七年正月十九日の黒水合戦において野仲鎮兼の軍を破った軍功により、大友義統から感状を受け一字を賜り、統俊と改めた。中島摂津守が謀叛を起こして大友勢と対峙したときに、小倉原に陣を張り皇后石に幡を掲げた。『日本城郭大系』『豊前古城誌』

中島直次▽なかしまなおつぐ
中島摂津守が謀叛を起こして大友勢と対峙したときに、小倉原に陣を張り皇后石（史跡・築上郡吉富町）に幡を挙げた中島氏族の一人。民部烝。『豊前古城誌』

中島直之▽なかしまなおゆき
中島摂津守が謀叛を起こして大友勢と対峙したときに、

小倉原に陣を張り皇后石（史跡・築上郡吉富町）に幡を挙げた中島氏族の一人。四郎左右衛門。『豊前古城誌』

中島宣長▽なかしまのぶなが

豊前国宇佐郡中島城（別名高家城）城主。郡司左衛門尉。刑部少輔宣長。伊予守。延応元（一二三九）年十二月（一説に承久の頃）、故あって宇佐郡高家村（大分県宇佐市上高家）に来て城を築く。以後、この城には中島氏十五代が居城した。代々、大友氏に属した。鎮守将軍清原武則五世の孫、中島尾張守の孫。『豊前古城誌』『豊前志』「日本城郭大系」

中島秀俊▽なかしまひでとし

中島氏の一族。高家城主。中島氏は豊前の諸将と同様に大内氏に属していたが、中島秀俊は、弘治二（一五五六）年に龍王城で大友義鎮に謁してから大友氏に属した。『日本城郭大系』

中島秀直▽なかしまひでなお

中島氏中島統次（房直）の一族。弾正忠。永禄九（一五六六）年、大友義鎮は高尾城（麻生城）麻生親政を攻めるために軍を起こし高家城主中島統次と光岡城主赤尾鎮房・田嶋崎城主成恒矩種に高尾城の攻略を命じた。その時に統次は、搦め手攻めの総大将となって中島秀直・中島惟真・中島俊直・中島光孝らの一族と近隣の士三百五十余騎で高尾城を攻めて麻生親政を自害させた。天正十七（一五八九）年三月、黒田長政が三千余騎の兵を率いて時枝平大夫を嚮導として高家の城を攻めた時、中島秀直、同主殿介、同雅楽允、同源五郎、同民部允、高家玄蕃允、金出出羽守、塚崎新左衛門、川顔治兵衛尉、恒吉縫殿允、同谷三郎、吉村治部丞、荒木三河守、等七百五十余騎が堅固に籠城し、黒田の先陣、時枝平大夫と戦う。この時、秀直は井上九郎右衛門に討たれた。『日本城郭大系』『豊前古城誌』『宇佐郡記』

中島房直▽なかしまふさなお

⇨中島統次（なかしまむねつぐ）

中島光孝▽なかしまみつたか

中島氏中島房直の一族。永禄九（一五六六）年、大友義鎮は高尾城（麻生城）麻生親政を攻めるために軍を起こし高家城主中島房直と光岡城主赤尾鎮房・田嶋崎城主成恒矩種に高尾城の攻略を命じた。その時に房直は、搦め手攻めの総大将となって中島秀直・中島惟真・中島俊直・中島光孝らの一族と近隣の士三百五十余騎で高尾城を攻めて麻生親政を自害させた。『日本城郭大系』

中島民部丞▽なかしまみんぶのじょう

高家城主中島房直の一族。豊臣秀吉の九州遠征によって島津軍を退却させると中津に黒田氏が入り、豊前の従わぬ諸城を攻めて従属させたが、中島伊予守は一族の中島弾正忠・中島民部丞・雅楽助等と高家城に籠城して黒田勢を迎え撃った。この時、周防から帰った時枝鎮継が先鋒に加わった。多勢の黒田の軍勢によって城は落ちた。『日本城郭大系』

中島統次▽なかしまむねつぐ

中島大蔵丞の次男。伊予守。房直。大友氏の家臣。中島統俊の弟。中島城城主。弘治二（一五五六）年秋、大友義鎮（宗麟）が龍王城に在陣した際、着到した宇佐郡三十六人衆の一人。なお着陣の時期について、『大友公御家覚書』等では弘治二年四月、大友義鎮龍王に陣を取るとある。永禄九（一五六六）年、大友義鎮は高尾城（麻生城）麻生親政を攻めるために軍を起こし、統次と光岡城主赤尾鎮房・田嶋崎城主成恒矩種に高尾城の攻略を命じた。その時に統次は、搦め手攻めの総大将となって中島秀直・中島惟真・中島俊直・中島光孝らの一族と近隣の士三百五十余騎で高尾城を攻めて麻生親政を自害させた。天正八（一五八〇）年、大友義統から諱の一字を賜り、房直から統次と改めた。兄統俊が時枝鎮継に討たれたのち、天正十三年十月二日、騎兵三百を率いて時枝城を攻め、城主、時枝鎮継は長州に遁走、その功により、大友氏より宇佐郡司の職を受ける。天正十五年三月二十八日、島津家征伐のために秀吉豊前に下りその翌日、三好秀次を先鋒として豊後に赴く。宇佐郡の諸士は追従するものが多く、統次もこれに従った。豊臣秀吉の九州遠征によって島津軍を退却させると中津に黒田氏が入り、豊前の従わぬ諸城を攻めて従属させたが、中島統次は一族の中島弾正忠・中島民部丞・雅楽助等と高家城に籠城して黒田勢を迎え撃った。周防から帰った時枝鎮継が先鋒に加わり、多勢の黒田の軍勢に城は落ちた。統次は外戚である向野城の松尾民部を頼って逃がれたが、民部が黒田氏に通報したので統次は敵十三騎を大弓にて射落としてのち腹十文字に掻ききって自刃した。三月三日未の刻であった。これにより中島家十五代も全く滅亡した。統次の墓は、速見郡向野村（杵築市山香町）四朝屋の森林の中にあるという。『宇佐郡記』『豊前古城誌』「香下文書」『北九州戦国史史料集』『編年大友史料』「中島文書」『築上郡志』『日本城郭大系』

中島統俊▽なかしまむねとし

高家城（宇佐市上高家）城主。壱岐守。豊前国に黒田長政の検地に反対した国人一揆に加わる。天正七（一五七九）年九月十日、時枝鎮継に攻められ、籠城の末に討たれた。『築上郡志』

中島統直▽なかしまむねなお
中島大蔵丞の嗣子。天文、永禄年間に宇佐郡内に割拠した。高家城に居城した。『築上郡志』「日本城郭大系」

中島宗頼▽なかしまむねより
豊前国宇佐郡中島城（高家城）城主。左衛門尉。尾張国中島の郡司、中島左衛門尉宣長の末裔にあたる。宣長が故あって宇佐郡高家村に来て城を築き、以後代々、孫がその城に居城したが、宗頼は建武の頃（一三三四－三八）に居城した。足利尊氏が建武三・延元元年四月三日、兵を率いて大宰府を発した時、城井守綱（冬綱）を筆頭に公景等とともに手兵を率いて之に従い征途に上った。『豊前古城誌』『築上郡史』

中島安通▽なかしまやすみち
大友方の武将。左京亮。文亀元（一五〇一）年七月二十三日京都郡馬ヶ岳北麓で大内勢は大友方と少弐氏の両軍を攻めている。この時、安通はこの合戦で戦死した。『行橋市史』

長州刑部少輔▽ながすぎょうぶしょうゆう
天文、永禄年間に宇佐郡内に割拠した。『築上郡志』

長州左衛門尉▽ながすさえもんのじょう
応永五（一三九八）年十二月、豊前発向の軍議のために府中の大友氏鑑のもとに集まった他家の一人。刑部。『応永戦覧』

長州七郎▽ながすしちろう
応永五（一三九八）年、前守護職大友氏時の長子である大友氏鑑は、大内義弘の画策により、氏時の甥で猶子である親世が守護職を継いだことを不満とし、親世に叛逆して兵を挙げた。その際、氏鑑から回文を受け一味同心した一人。『応永戦覧』『築上郡史』

長洲治部烝▽ながすじぶのじょう
弘治の頃（一五五五－五八）、宇佐郡において三十六士と称された豪族の一人。大友家に属し、毎年八月朔日には馬太刀の使者を立てて主従の礼を行ったという。『豊前古城誌』

長洲吉綱▽ながすよしつな
長洲城を居城とし、応永、正長年間に宇佐郡内に割拠した。刑部左衛門尉。吉綱は初め菊池氏に降り、次いで今川氏の旗下となり、応永五（一三九八）年、前守護職大友氏時の長子である大友氏鑑は、大内義弘の画策により、氏時の甥で猶子である親世が守護職を継いだことを不満とし、親世に叛逆して兵を挙げた。その際、氏鑑から回文を受け一味同心した一人。同年、大友氏鑑に属し、彦山（英彦山）南麓で大内盛見との戦いに敗れ滅亡した。『太宰管内志』には長淵刑部左衛門尉との記述がある。『応永戦覧』『宇佐郡誌』『豊前古城誌』『築上郡志』『築上郡史』『日本城郭大系』『大宇佐郡史論』『太宰管内志』

永添作兵衛▽ながぞえさくべえ
「城井軍記」「家臣名付」「豊州治覧」等に記された城井鎮房の挙兵時の家臣。豊前・宇都宮家馬廻り役。『築上郡志』『築上郡史』「宇都宮史」

中園吉左衛門尉▽なかぞのきちさえもんのじょう
永禄九（一五六六）年三月十九日、時枝平大夫と佐野左衛門の両将が麻生の後詰めをせんとして赤尾が留守中に光岡城に押し寄せた。その際に、十二名主の一人として城中に在番していたが、敵を防戦して、ついに退却させた。『宇佐郡記』『豊前古城誌』

中津江太郎▽なかつえたろう
中津城主。応永の頃（一三九四―一四二八）、大友家の旗下に属して、丸山にあった中津城に居城した。『豊前古城誌』『築上郡志』

中津江判官▽なかつえはんがん
太郎。応永五（一三九八）年、前守護職大友氏時の長子である大友氏鑑は、大内義弘の画策により、氏時の甥で猶子である親世が守護職を継いだことを不満とし、親世に叛逆して兵を挙げた。その際、氏鑑から回文を受け一味同心した一人。『応永戦覧』では姓を仲津郷とある。『応永戦覧』『築上郡史』『太宰管内志』

中務重之▽なかつかさしげゆき
矢頭土佐守政之から家督を相続し幸子村城主として居城した。『築上郡志』

中臣国家▽なかとみくにいえ
中臣の祖は、中臣今男国教。天平勝宝二（七五〇）年、仲津郡中臣村に中臣城を築いた。中臣氏系図には、豊前中津郡中臣村に居住せしを孝謙天皇の時代に下毛郡に城を移し、元の城址の八町歩を宇佐神宮の一御殿御定夜灯料として寄付したとある。八郎右衛門。『豊前古城誌』「中臣氏系図」

中臣国音▽なかとみくにおと
祖、国教は天平勝宝二（七五〇）年、仲津郡中臣村に中臣城を築いた。その国教の子。中臣氏系図には、豊前中津郡中臣村に居住せしを孝謙天皇の時代に下毛郡に城を移し、元の城址の八町歩を宇佐神宮の一御殿御定夜灯料として寄付したとある。今雄。『豊前古城誌』「中臣氏系図」

中臣国臣▽なかとみくにおみ

権右衛門。国臣は権兵衛国彦の子。仲津郡中臣村の中臣城に居城したが、天正七（一五七九）年二月、野仲兵庫頭が大挙して城を攻めてきた。権右衛門国臣はひそかに城を逃れて豊後に走ったという。中臣の祖は、中臣今男国教。天平勝宝二（七五〇）年、仲津郡中臣村に中臣城を築いた。中臣氏系図には、豊前中津郡中臣村に居住せしを孝謙天皇の時代に下毛郡に城を移し、元の城址の八町歩を宇佐神宮の一御殿御定夜灯料として寄付したとある。『豊前古城誌』「中臣氏系図」

中臣国清▽なかとみくにきよ

中臣の祖は、中臣今男国教。天平勝宝二（七五〇）年、仲津郡中臣村に中臣城を築いた。中臣氏系図には、豊前中津郡中臣村に居住せしを孝謙天皇の時代に下毛郡に城を移し、元の城址の八町歩を宇佐神宮の一御殿御定夜灯料として寄付したとある。今麿。国清は国音の子。『豊前古城誌』「中臣氏系図」

中臣国忠▽なかとみくにただ

権右衛門国臣の子息。権右衛門、権兵衛。中臣の祖は、中臣今男国教。天平勝宝二（七五〇）年、仲津郡中臣村に中臣城を築いた。中臣氏系図には、豊前中津郡中臣村に居住せしを孝謙天皇の時代に下毛郡に城を移し、元の城址の八町歩を宇佐神宮の一御殿御定夜灯料として寄付したとある。国忠は父国臣と仲津郡中臣村の中臣城に居城したが、天正七（一五七九）年二月、野仲兵庫頭が大挙して城を攻めてきた。国臣はひそかに城を逃れて豊後に走ったが、国忠も召し連れたという。『豊前古城誌』

中臣国次▽なかとみくにつぐ

中臣の祖は、中臣今男国教。天平勝宝二（七五〇）年、仲津郡中臣村に中臣城を築いた。中臣氏系図には、豊前中津郡中臣村に居住せしを孝謙天皇の時代に下毛郡に城を移し、元の城址の八町歩を宇佐神宮の一御殿御定夜灯料として寄付したとある。八郎左右衛門。国次は国教の子。『豊前古城誌』「中臣氏系図」

中臣国富▽なかとみくにとみ

中臣の祖は、中臣今男国教。天平勝宝二（七五〇）年、仲津郡中臣村に中臣城を築いた。中臣氏系図には、豊前中津郡中臣村に居住せしを孝謙天皇の時代に下毛郡に城を移し、元の城址の八町歩を宇佐神宮の一御殿御定夜灯料として寄付したとある。権大夫。国富は国教の子。『豊前古城誌』「中臣氏系図」

中臣国直▽なかとみくになお

中臣城（中津市豊田町）を居城とした。八郎兵衛。中臣の祖は、中臣今男国教。国直は国次の子。天正七（一五七九）年、野仲氏に攻められ落城した。『豊前古城誌』『日本城郭大系』「中臣氏系図」

中臣国教▽なかとみくにのり

中臣の祖は、中臣今男国教。天平勝宝二（七五〇）年、仲津郡中臣村に中臣城を築いた。中臣氏系図には、豊前中津郡中臣村に居住せしを孝謙天皇の時代に下毛郡に城を移した。そして元の城址の八町歩を宇佐神宮の一御殿御定夜灯料として寄付したとある。八右衛門。国教は国家の子。『豊前古城誌』

中臣国彦▽なかとみくにひこ

中臣の祖。天平勝宝二（七五〇）年、仲津郡中臣村に中臣城を築いた。中臣氏系図には、豊前中津郡中臣村に居住せしを孝謙天皇の時代に下毛郡に城を移した。元の城址の八町歩を宇佐神宮の一御殿御定夜灯料として寄付したとある。権大兵衛。国彦は国富の子。『豊前古城誌』「中臣氏系図」

中臣国政▽なかとみくにまさ

中臣の祖は、中臣今男国教。天平勝宝二（七五〇）年、仲津郡中臣村に中臣城を築いた。中臣氏系図には、豊前仲津郡中臣村に居住せしを孝謙天皇の時代に下毛郡に城を移し、元の城址の八町歩を宇佐神宮の一御殿御定夜灯料として寄付したとある。八郎大夫。国政は国愛の子。『豊前古城誌』「中臣氏系図」

中臣国光▽なかとみくにみつ

中臣の祖は、中臣今男国教。天平勝宝二（七五〇）年、仲津郡中臣村に中臣城を築いた。中臣氏系図には、豊前中津郡中臣村に居住せしを孝謙天皇の時代に下毛郡に城を移し、元の城址の八町歩を宇佐神宮の一御殿御定夜灯料として寄付したとある。今八郎。国光は国清の子。『豊前古城誌』「中臣氏系図」

中臣国愛▽なかとみくによし

中臣の祖は、中臣今男国教。天平勝宝二（七五〇）年、仲津郡中臣村に中臣城を築いた。中臣氏系図には、豊前中津郡中臣村に居住せしを孝謙天皇の時代に下毛郡に城を移した。そして元の城址の八町歩を宇佐神宮の一御殿御定夜灯料として寄付したとある。権八郎。国愛は国光の子。『豊前古城誌』「中臣氏系図」

中西源助▽なかにしげんすけ

「城井軍記」「家臣名付」「豊州治覧」等に記された城

井鎮房の挙兵時の家臣。豊前・宇都宮家馬廻り役。『築上郡志』『築上郡志』『築上郡史』「宇都宮史」

永沼右近▽ながぬまうこん

宇都宮大和守信房公七百五十遠諱の大祭が明治四十二年に挙行された際に、宇都宮家菩提寺天徳寺藤原賢然住職等が編集した「宇都宮家故舊重臣の後裔」の姓名録にその名が見える。「宇都宮家故舊重臣の後裔」

永沼直種▽ながぬまなおたね

右近大夫。「城井軍記」、「家臣名付」、「豊州治覧」等に記された城井鎮房の挙兵時の家臣。豊前・宇都宮家馬廻り役。『城井闘諍記』には与喜郎とあり。『城井闘諍記』「家臣名付」『築上郡志』「宇都宮史」

長野鑑良▽ながのあきよし

秋月文種の次男である長野種信の子。天正十二（一五八四）年頃、種信の兄秋月種実と末弟高橋元種の攻撃を受けた長野助守は敗れ、種信とその子鑑良を養子とし、馬ヶ岳城の城主とした。これにより種信と鑑良父子は規矩郡長野氏を承継した。以後、種信と鑑良父子は高橋、秋月と行動を共にしたが、天正十四年十月、九州征伐の先鋒毛利輝元の陣営に下り、同十五年の九州国割りで、筑後で二百町歩を与えられて移封した。『秋月家譜』『校訂筑後国史』『門司・小倉の古城史』

中野和泉守▽なかのいずみのかみ

宇都宮大和守信房公七百五十遠諱の大祭が明治四十二年に挙行された際に、宇都宮家菩提寺天徳寺藤原賢然住職等が編集した「宇都宮家故舊重臣の後裔」の姓名録にその名が見える。「宇都宮家故舊重臣の後裔」

長野氏長▽ながのうじなが

下長野系長野氏の一族。兵部丞。横代城（福相寺城）に在城した。長野久氏の子。長野長直の父。『門司・小倉の古城史』

長野氏衡▽ながのうじひら

九郎と称す。椎山城主長野（左兵衛佐）義衡の孫。長野義衡（掃部頭）の父。『門司・小倉の古城史』

長野氏盛▽ながのうじもり

左京亮また左京進と称す。長野親氏の子。政盛の父。『門司・小倉の古城史』

長野克盛▽ながのかつもり

天文、永禄年間に規矩郡内に割拠した。『築上郡志』

長野河内守▽ながのかわちのかみ
宇都宮大和守信房公七百五十遠諱の大祭が明治四十二年に挙行された際に、宇都宮家菩提寺天徳寺藤原賢然住職等が編集した「宇都宮家故舊重臣の後裔」の姓名録にその名が見える。「宇都宮家故舊重臣の後裔」

中野蔵人▽なかのくらんど
麻生親政の家臣。親政は人質に差し出していた実子、統重が無念にも切腹したことに遺恨を抱き、大友氏にそむく。この時、城主と一味同心して大友氏の大将、田原親賢（紹忍）の軍勢と戦った。この時、山口弾正忠、徳丸蔵人等とともに深水口の警衛にあたった。『両豊記』『豊前古城誌』

長野九郎▽ながのくろう
応永五（一三九八）年、前守護職大友氏時の長子である大友氏鑑は、大内義弘の画策により、氏時の甥で猶子である親世が守護職を継いだことを不満とし、親世に叛逆して兵を挙げた。その際、氏鑑から回文を受け一味同心した一人。『応永戦覧』『築上郡史』『太宰管内志』

長野左京▽ながのさきょう
永禄十一（一五六八）年八月十六日から渡海した毛利軍によって九月四日小三岳城長野城が陥落し、長野左京と長野兵部少輔弘勝は討死した。「到津文書」『門司・小倉の古城史』

長野貞建▽ながのさだたつ
応永、正長年間に田河郡内に割拠した。『築上郡志』

長野三郎▽ながのさぶろう
宇都宮大和守信房公七百五十遠諱の大祭が明治四十二年に挙行された際に、宇都宮家菩提寺天徳寺藤原賢然住職等が編集した「宇都宮家故舊重臣の後裔」の姓名録にその名が見える。「宇都宮家故舊重臣の後裔」

長野重実▽ながのしげざね
長野豊前守助氏の長男。文明、大永年間に規矩郡内に割拠した。兵七（与七）。明応七（一四九八）年大内義興の怒りに触れ、父長野豊前守助氏とともに赤間ヶ関において切腹した。法名専修院本光西願大居士。明応七年五月十六日卒す。『築上郡志』『福岡県の城』『門司・小倉の古城史』

長野鎮辰▽ながのしげたつ
馬ヶ岳城主。三郎左衛門。規矩郡長野氏であるが、伝系は推定による以外に確証できない。天正十四（一五八六）年十二月二十六日、小早川隆景が、新屋実満に与えた書状の規矩郡長野氏について『萩藩閥閲録』の校注には助盛（助守）としており、天正十六年八月、豊臣秀吉が小早川隆景に与えた長野氏の肥後領地替えに関する書状の長野三郎左衛門の校注は、鎮辰となっている。何を根拠にしたものか不明。仲八屋刑部、広津鎮種、時枝武蔵守、宮成吉右衛門らが小早川隆景を頼って帰順の意志を明確して降伏し、豊臣秀吉は十月十日に検使黒田官兵衛、安国寺らの報告を受けて知行安堵の書状を彼らに与えた。『行橋市史』『北九州戦国史』

中野次郎▽なかのじろう

城井鎮房の挙兵時の家臣。宇都宮大和守信房公七百五十遠諱の大祭が明治四十二年に挙行された際に、宇都宮家菩提寺天徳寺藤原賢然住職等が編集した「宇都宮家故舊重臣の後裔」の姓名録にその名が見える。『築上郡志』「宇都宮家故舊重臣の後裔」

中野次郎右衛門▽なかのじろうえもん

「城井軍記」「家臣名付」「豊州治覧」等に記された城井鎮房の挙兵時の家臣。豊前・宇都宮家馬廻り役。天正十七（一五八九）年、城井鎮房が黒田孝高（如水）から中津城で欺かれて謀殺された時、随行先手として供をしていた他の家臣達とともに城内にて討ち取られた（城井鎮房の謀殺については、『築上郡志』収載の宇都宮系文書や豊前宇都宮一族の菩提寺月光山天徳寺では天正十七年としているが、『黒田家譜』等では天正十六年とされている）。『築上郡志』『築上郡史』「宇都宮史」『城井闘諍記』『太宰管内志』

長野助氏▽ながのすけうじ

長野城主。豊前守。永享、応仁年間に規矩郡内に割拠した。明応七（一四九八）年、大内義興の怒りに触れ長男、長野重実とともに赤間ヶ関において切腹した。その理由について『門司・小倉の古城史』には念仏専らの議論によりとある。次男の岩松丸は出家し、長野一族の菩提寺、護念寺の住職となった。『築上郡志』『福岡県の城』『門司・小倉の古城史』

長野助豊▽ながのすけとよ

長野左衛門三郎助豊と号す。建武三・延元元（一三三六）年七月十日、長野助豊は足利尊氏から感状を受ける。同年九月豊前国の長野左衛門三郎助豊は足利将軍に属し、後醍醐天皇軍との八月二十三日の京都鞍馬合戦・八月二十五日北野から仁和寺に於ける合戦等の軍忠状に証判を請うている。「長野実文書」『門司・小倉の古城史』

長野助直▽ながのすけなお

下長野系長野氏の一族。長野長直の子。左衛門佐と号した。横代城（福相寺城）に在城したが、元和元（一六一五）年に助直が自害して廃城となった。『門司・小倉の古城史』

長野助永▽**ながのすけなが**
大蔵大輔と号す。長野胤盛の子。長野助守・朝氏の弟。『門司・小倉の古城史』

長野助政▽**ながのすけまさ**
左兵衛佐と号す。長野政衡の子。『門司・小倉の古城史』

長野助守／長野祐盛／長野助盛▽**ながのすけもり**
規矩郡長野氏、長野吉辰の族。三郎左衛門尉、三河守。松山城、馬ヶ岳城に居城した。助守は、長野系図では小三岳系の助盛に擬せられる。また祐盛とも記される。永禄八（一五六五）年大友氏の長野攻めに降伏し、同十一年毛利の長野攻めに、京都郡等覚寺城を守り、大友陣営に逃げ込む。永禄十二（一五六九）年以降、大友義鎮から苅田松山城を預けられたと推定される。天正六（一五七八）年、暮れ頃、馬ヶ岳を併せ持ったと解釈される。同年二月、無二の大友方と思われた助守は赤間関奉行吉見正頼を頼りとして毛利氏に降伏した。同年五月六日、毛利輝元から同年四月二十八日の簑島合戦の忠功を賞する感状あり。しかし、秋月種実・高橋鑑種との確執により、天正十年、高橋元種・秋月種実から馬ヶ岳城を攻撃され、城井鎮房・大友方田河郡の毛利鎮真・岩石城の坂本永泉等の応援を得て（この時、城井氏と共に大友方か）これを撃退した。天正十二年、城井氏と共に島津方に味方になると推定される。この頃、嫡子統重に家督を譲ったと解釈される。さらにこの頃、秋月種実・高橋元種に馬ヶ岳城を攻められ敗北、種実の弟種信を養子とし馬ヶ岳城主になり、救矩郡長野氏は滅んだとされる。秀吉の九州征伐後、筑後二百町歩を与えられ、筑後に転封。元和元（一六一五）年五月七日、嫡子統重とともに大阪城において自害したと伝えられる。天正七年九月二十八日付、毛利方使者に対して要望を箇条書きにして申し伝えた「長野助守覚書」が残っている。『北九州戦国史』「神代長野文書」『行橋市史』『門司・小倉の古城史』『北九州戦国史史料集』『豊前志』『築上郡志』『太宰管内志』『大蔵原田一族史話』「宇都宮文書」『築上郡史』

長野助之▽**ながのすけゆき**
下長野系長野氏の一族。横代城（丸ヶ口城・福相寺城）に在城した。左兵衛佐。『門司・小倉の古城史』

長野種貞▽**ながのたねさだ**
文明、大永年間に規矩郡内に割拠した。豊前守、入道、

法名堅空。長野四郎壱岐守行種の子。『門司・小倉の古城史』『築上郡志』

長野種実▽ながのたねざね

長野三郎左衛門の次男。種実は、国東安岐城主田原親宏の養子となり、田原親貫と名乗って、後に、大友方に対して反乱を起こした。『筑前戦国史』

長野種信▽ながのたねのぶ

三郎左衛門。秋月文種の次男。秋月種実の弟、高橋元種の兄。種実と元種の攻撃を受けた馬ヶ岳城主長野助守は敗れ、元種の養父である高橋鑑種は、豊前長野家が断絶したので、種信にその名跡を継がせるべく、大友義鎮（宗麟）に進言に乞うたところ許されたので、天正十二（一五八四）年頃、種信は長野助守の養子となって長野氏を承継した。これは規矩郡長野氏正系は滅んで、その後秋月系長野氏が継いだことになる。島津義久が耳川で大友勢を破ったことにより、大友氏の分国を攻略した。このため天正十三年十月、島津氏の幕下についた。豊臣秀吉の九州征伐先遣隊に服従し、加藤清正に仕えたが、のち日向・財部の秋月氏に吸収された。『築上郡史』『太宰管内志』『門司・小倉の古城史』『北九州戦国史』『筑前戦国史』

中野種春▽なかのたねはる

「城井軍記」「家臣名付」「豊州治覧」等に記された城井鎮房の挙兵時の家臣。豊前・宇都宮家馬廻り役。和泉守。『築上郡志』『築上郡史』「宇都宮史」

長野種盛▽ながのたねもり

長野豊前守長盛の七世の孫。規矩郡・長野城主。福相寺城に在城した。豊前守、従五位下。種盛と景盛の父。長野城を中心に、弘安年間（一二七八－八八）に大三ヶ岳城、稗畑山城等諸城を築き、以後代々長野一族がこの城を守った。弘安九（一二八六）年、卒す。享年七十。法名護念寺殿寛空覚裕大居士。『門司・小倉の古城史』『福岡県の城』『豊前志』『門司・小倉の古城史』

長野胤盛▽ながのたねもり

天文、永禄年間に規矩郡内に割拠した。三郎左衛門、長野助守の父。永禄十二（一五六九）年、小三岳城落城後、豊後へ漂泊す。『門司・小倉の古城史』『築上郡志』

長野為氏▽ながのためうじ

下長野系長野氏の一族。長野義為の子。長野久氏の父。横代城（丸ヶ口城・福相寺城）に在城した。式部丞。『門司・小倉の古城史』

長野為盛▽ながのためもり
立野四郎と称す。長野助守の子。永盛の弟。『門司・小倉の古城史』

長野親氏▽ながのちかうじ
太郎と称す。長野義元の子。氏盛の父。『門司・小倉の古城史』

長野親惟▽ながのちかこれ
八郎と称した。長野親義の子。長野大夫入道休岩の父。『門司・小倉の古城史』

長野親辰▽ながのちかたつ
応永六（一三九九）年二月二十七日、大内盛見が逆徒退治を終えての帰国にあたり金山・三角の両城を与えた。弥三郎。『応永戦覧』『門司・小倉の古城史』

長野親常▽ながのちかつね
応永九（一四〇二）年四月二十日、吉志系の長野親常は大内盛見から門司北方吉志郷国衙分の所領を安堵された。『門司・小倉の古城史』

長野親貫▽ながのちかぬき
長野種信の子。後に大友氏支流の田原親宏の二女の婿養子となる。天正七（一五七九）年に親宏が謀叛の準備を開始するも、九月十六日に悪腫で死去した。親貫は義父の遺志を継いで天正八（一五八〇）年に大友氏に反旗を翻した。『戦国大名家臣団事典』

中野親仁▽なかのちかひと
大友氏鑑の一族。武蔵守。応永六（一三九九）年正月、大友氏鑑は大内盛見の大軍が豊前国岩石城を攻略するために伊田原に在陣との情報を聞いた。岩石城を守備する軍勢が少ないことから、中野親仁は氏鑑の命により田北親孝とともに軍勢催促のため筑後に遣わされた。同月下旬、岩石城の後詰として、肥後から参着した菊池武貞率いる一万余騎と宇佐郡の軍勢、総勢四万五千余騎とともに大友氏鑑に随従した。同年二月二十二日、上洛していた大友親世が大友氏鑑を誅伐するべく手勢二千騎を率いた軍船にて豊後鶴崎に着岸すると、氏鑑が親世へ叛逆の兵を挙げた際に同心していた心を翻し、ほかの国人ら同様親世に降参した。『応永戦覧』

長野親棟▽ながのちかむね
玄蕃頭と号した。長野直氏の子。宗永の父。『門司・小倉の古城史』

長野親義▽ながのちかよし

民部丞と号した。長野義辰の子。長野親惟の父。『門司・小倉の古城史』

長野筑前守▽ながのちくぜんのかみ

天正の頃（一五七三―九二）、規矩郡井手浦にあった塔ヶ峰城に居城した。『豊前志』

長野綱盛▽ながのつなもり

天文、永禄年間に規矩郡内に割拠した。『築上郡志』

長野恒盛▽ながのつねもり

「城井軍記」「家臣名付」「豊州治覧」等に記された城井鎮房の挙兵時の家臣。河内守。豊前・宇都宮家物頭（別に馬廻り役の記載あり）。『築上郡志』『築上郡史』「宇都宮文書」

長野朝氏▽ながのともうじ

氏吉、左衛門尉と称す。長野胤盛の子、長野助守の弟。『門司・小倉の古城史』

長野直盛▽ながのなおもり

豊前守、従五位下、承久元（一二一九）年、卒す。四十一歳。法名憲徳院殿法山弘阿大居士。系図上では長野長盛の子であるが、実は義盛の子とある。『門司・小倉の古城史』

長野長直▽ながのながなお

下長野系長野氏の一族。五郎。横代城（丸ヶ口城・福相寺城）に在城した。長野氏長の子。元和元（一六一五）年、豊前にて自害した長野助直の父。『門司・小倉の古城史』

長野永盛▽ながのながもり

⇩長野統重（ながのむねしげ）

長野長盛▽ながのながもり

左大臣平時盛の六男康盛の子。規矩郡長野城に居城した。長野豊前守。修理大夫、従五位上、長野光盛の兄。光阿。平家滅亡の時、筑前国人であった山鹿兵藤次季遠を頼り、源氏に降参したが平清盛の骨肉の族のため、豊後国住人臼杵次郎惟高、緒方三郎惟義に預けられた。源範頼や池大納言頼盛などから頼朝への再三の嘆願により、文治二（一一八六）年に赦免があって、守護職は取り上げられたが、規矩郡の地頭職を賜った。長盛が四十二歳の時であった。建久七（一一九六）年、城井信房と郡境を争い、信房の抱城であった京都郡の松山城を奪った。以後、松山城は長野氏が建武の頃（一三三四―三八）まで城代を置いた。建保三（一二一五）年卒す。「護念寺記録」には法名大乗院殿明山光雲大居士とある。『築上郡史』『築上郡志』「宇都宮史」『豊前志』『太宰管内志』「長野家譜畧」『門司・小倉の古城史』

長野信盛▽なが の の ぶもり
松山蔵人。京都郡神田庄を領す。松山城（京都郡苅田町）城主。父は長野氏の祖とされる長野康盛。信盛は、元暦二（一一八五）年、西海合戦の役で海に投じ死す。『門司・小倉の古城史』

長野春親▽ながのはるちか
下長野系長野氏の一族。七郎。横代城（福相寺城）に在城した。丸ヶ口殿の養子となった長野義春の子。『門司・小倉の古城史』

長野久氏▽ながのひさうじ
下長野系長野氏の一族。長野為氏の子。長野氏長の父。横代城（福相寺城）に在城した。民部丞。『門司・小倉の古城史』

長野久盛▽ながのひさもり
三郎左衛門、豊前守、従五位下。康暦元・天授五（一三七九）年に卒す。六十五才。法名明照院殿実空真覚大居士。足利尊氏将軍の時に、久盛は忠節を尽くし九州所々に於いて戦功あり。『門司・小倉の古城史』

長野弘勝▽ながのひろかつ
『北九州戦国史』によれば、長野系図には弘勝は見当たらないが、系図添え書きの行跡を検討して下長野系弘勝が最も相応しいとある。『太宰管内志』によれば、高橋鑑種は、長野壱岐守（弘勝か）の系図が戦死断絶のため、大友義鎮に乞いて、秋月種実の弟、種信を充て長野壱岐守の系統を継がせ、馬ヶ岳城主とした説がある。長野系図の義勝の系統に壱岐守を称した者がいるので、毛利と戦って討死した弘勝（義勝）の家を立てた事は妥当と説く。「到津文書」には、永禄十一（一五六八）年八月十六日から渡海した毛利軍によって九月四日小三岳城長野城が陥落し、長野兵部少輔弘勝と長野左京は討死したとある。『北九州戦国史』「到津文書」『門司・小倉の古城史』

長野総盛▽ながのふさもり
従四位下、修理大夫。長野義明の子。長野為盛の兄。『門司・小倉の古城史』

長野政盛▽ながのまさもり
兵衛尉と号す。長野左京亮の子。長野政氏の父。一説に長野義元の弟とある。『門司・小倉の古城史』

長野又兵衛尉▽ながのまたべえのじょう

三河守。天文元（一五三二）年十一月大友氏は大内方として宇佐郡の佐田朝景が籠る妙見岳城を攻めた。その時に妙見岳合戦に動員されて出陣した大友方の一人。『豊前市史』『増補訂正編年大友史料併大分県古文書全集第16』『大分県の歴史』

長野光盛▽ながのみつもり

豊前国の住人。長野豊前守長盛の弟。源平末期、吉志郷を領した。元暦二（一一八五）年二月、平清盛の骨肉の族のため、弟の松山蔵人信盛とともに豊国臼杵次郎惟高と緒方三郎惟栄に預けられた。左馬允。『豊前志』『太宰管内志』「長野家譜畧」

長野宗雄▽ながのむねお

規矩郡長野氏一族。将監入道。文明二（一四七〇）年大友方として奈良興福寺別院の寺領、田河郡糸田・田原荘の代官職に補任された。元は大内方であったが、本来の大友方に帰参したので、問題はないと「大乗院寺社雑記」に記されている。『門司・小倉の古城史』

長野統重▽ながのむねしげ

長野助守の嫡子。長野系図では、小三岳系の永盛に比定される。小三郎、三郎、式部太輔。天正元（一五七三）年より松山城が馬ヶ岳城の抱城となったことにより、助守の命で松山城に居城した。元和元（一六一五）年五月七日、伯父長野義通、伯父長野盛義、伯父長野盛義、実父助守とともに大阪城において豊臣秀頼とともに自害した。これより豊前の長野氏は断絶した。「神代長野文書」に、天正九年十一月三十日付の統重の着到状があり、他に統重宛て年号不明の龍造寺隆信・毛利輝元の書状が各一通ある。統重の名前から、大友家の人質となったと思われる。また天正七年九月二十八日、長野助守覚書に「愚息少輔五郎進退の事」とあることから、統重は少輔その人ではなかろうか。毛利に帰参して上毛郡唐原村では首三十一を取る戦功を挙げた。『応永戦覧』『築上郡志』『門司・小倉の古城史』『豊前志』『北九州戦国史』

長野宗永▽ながのむねなが

七郎と称した。長野親棟の子。長野行宗の父。『門司・小倉の古城史』

長野基盛▽ながのもともり

「城井軍記」「家臣名付」「豊州治覧」等に記された城井鎮房の挙兵時の家臣。豊前・宇都宮家、物頭（別に馬廻り役の記載あり）。新左衛門。『築上郡志』「宇都宮史」「宇都宮文書」『太宰管内志』

長野盛清▽ながのもりきよ
文明、大永年間に規矩郡内に割拠した。長野兵部大輔義清の子。兵部丞。『築上郡志』『門司・小倉の古城史』

長野盛長▽ながのもりなが
長尾新平次と称し、永禄十二（一五六九）年三月二十二日大三岳合戦において父義孝とともに戦死した。『門司・小倉の古城史』

長野盛晴▽ながのもりはる
大野太郎また大野四郎と称す。長野兵部丞盛清の子。『門司・小倉の古城史』

長野盛衡▽ながのもりひら
椎太郎と称す。椎山城主長野左兵衛義衡の子。長野氏衡の父。『門司・小倉の古城史』

長野盛良▽ながのもりよし
長野下野守と称した。長野総盛の子。長野義胤・義教・義澄の弟。『門司・小倉の古城史』

長野盛義▽ながのもりよし
長野蔵人義通の弟。左京大夫。元和元（一六一五）年五月七日、兄義通とともに大阪城において豊臣秀頼とともに自害した。義通は五十八歳。これより豊前の長野氏は断絶した。『門司・小倉の古城史』『応永戦覧』

長野主水助▽ながのもんどのすけ
天文元（一五三二）年十一月大友氏は大内方として宇佐郡の佐田朝景が籠る妙見岳城を攻めた。その時に妙見岳合戦に動員されて出陣した大友方の一人。『豊前市史』『増補訂正編年大友史料併大分県古文書全集第16』『大分県の歴史』

長野康盛▽ながのやすもり
長野氏の祖、左大臣平時盛の六男。童名千歳君。修理大夫。従四位下。豊前の国司となり初めて九州に下り、規矩郡長野村に城を築き、長野氏を名乗った。法名蓮心院殿素山伯栄大居士。『門司・小倉の古城史』

長野大和守▽ながのやまとのかみ
応永、正長年間に規矩郡内に割拠した。応永五（一三九八）年、前守護職大友氏時の嫡子である大友氏鑑は、大内義弘の画策により甥の親世が守護職を継いだことを不満とし、親世に叛逆して兵を挙げた。その際、氏鑑から回文を受け一味同心した一人。『築上郡志』『応永戦覧』『築上郡史』『太宰管内志』

長野行種▽ながのゆきたね

文明、大永年間に規矩郡、田河郡、京都郡内に割拠した。四郎と称す。壱岐守。文明元（一四六九）年春、宇佐郡糸口原の戦いにおいて大友政親を大将とする先手大将、朽網左馬介繁成、奈田伊賀守隆実の軍勢に打ち敗れた。『築上郡志』「宇佐郡記」『築上郡史』『門司・小倉の古城史』

長野行房▽ながのゆきふさ

修理進。下長野城主長野義守の子。文明八（一四七六）年七月、大内政弘の命によって長野行房と門司若狭守は宇佐郡衆に対する合戦の戦功を賞している。「佐田文書」『門司・小倉の古城史』

長野行宗▽ながのゆきむね

六郎次郎と称した。長野宗永の子。『門司・小倉の古城史』

長野義明▽ながのよしあき

文明、大永年間に規矩郡内に割拠した。右京大夫、従四位下。長野義総の子、総盛と顕盛の父。『築上郡志』『門司・小倉の古城史』

長野義有▽ながのよしあり

天文、永禄年間に規矩郡内に割拠した。蔵人、従五位上（従五位下）。永禄十二（一五六九）年三月二十二日大三岳合戦において父、長野義孝と弟、長野盛長とともに戦死した。『築上郡志』『門司・小倉の古城史』

長野義勝▽ながのよしかつ

修理大夫、永禄十二（一五六九）年三月二十二日毛利元就の軍勢に大三岳城を攻められて落城。長野・丸ヶ口・椎・稗畑の諸城も落城し、一族二百余人が戦死した。この時、父長野義季は豊後に在り、義勝は留守居の士三百余人とともに戦死した。『門司・小倉の古城史』

長野義廉▽ながのよしかね

応永、正長年間に規矩郡内に割拠した。左京大夫、従五位下。長野蔵人義忠の子。『築上郡志』『門司・小倉の古城史』

長野義清▽ながのよしきよ

『福岡県の城』では長野義種の子。兵部大輔。永享、応仁年間に規矩郡内に割拠した。長野系図には、兵部少輔長野義富の子とある。応永の頃（一三九四－一四二八）、長野義富の弟となる父親の長野義種から稗畑山城（北九州市小倉南区高津尾）の城主を継ぐとともに、子の大野四郎盛晴に三代目として跡を継がせた。『福岡県の城』『門司・小倉の古城史』『築上郡志』

長野義惟▽ながのよしこれ
長野大夫入道休岩と号した。長野親惟の子。『門司・小倉の古城史』

長野義定▽ながのよしさだ
永享、応仁年間に規矩郡内に割拠した。小三郎、三郎左衛門。小三岳城主長野義基の子。『築上郡志』『門司・小倉の古城史』

長野義季▽ながのよしすえ
天文、永禄年間に規矩郡内に割拠した。従五位下、太郎、修理大夫と称す。長野義房の子。一説によれば、天正十四（一五八六）年の春、嫡子の太郎義正とともに伏見において自害したという。『築上郡志』『門司・小倉の古城史』『応永戦覧』

長野義助▽ながのよしすけ
永享、応仁年間に規矩郡内に割拠した。三郎左衛門、従五位下。長野助氏の弟、長野義定の子。『築上郡志』『門司・小倉の古城史』

長野義澄▽ながのよしずみ
高津尾九郎と号した。長野総盛の子。『門司・小倉の古城史』
長野義孝▽ながのよしたか
長野城守将。左京大夫。永禄十一（一五六八）年九月五日、吉川元春、小早川隆景ら毛利元就の武将ら五万の大軍から総攻撃を受けた。城主長野義時は不在で、親孝ら将兵一千余名は防戦に努めた。親孝の奮戦めざましく、義孝めがけて攻撃して来た三十七騎の武者のうち二十三騎を討ち取ったが、力尽き、毛利の臣、佐波常陸介秀運に討ち取られた。守城の大三ヶ岳城と小三ヶ岳城ともその日に落城した。長野系図には従五位下、左京大夫、永禄十二年三月二十二日、大三岳合戦にて子息義有、盛長と戦死とある。また長野吉辰は義孝に比定されている。『福岡県の城』『豊前志』『門司・小倉の古城史』

長野義忠▽ながのよしただ
大三岳城（小倉南区三岳）主。大三岳系長野一族。長野三郎左衛門久盛の子。蔵人、従五位下。法名真空。母は大友刑部大輔貞宗の娘。応永、正長年間に規矩郡内に割拠した。応永五（一三九八）年、前守護職大友氏時の嫡子である大友氏鑑は、大内義弘の画策により甥の親世が守護職を継いだことを不満とし、親世に叛逆して兵を挙げた。その際、氏鑑から回文を受け一味同心した一人。応永六年二月十一日大内盛見は規矩郡長野一族を降伏させた。一族連署のうえ起請文に人質を添えたことで大内盛見は感悦し、義忠に大三岳城の居城を許された。『応永戦覧』と『門司・小倉の古城史』には大友方として大三岳城に居城したとある。『築上郡志』『応永戦覧』『築上郡史』『太宰管内志』『門司・小倉の古城史』

長野吉辰▽ながのよしたつ

天文、永禄年間に規矩郡内に割拠した。筑後守。平氏の末裔といわれる。規矩郡長野氏。三岳（三ヶ岳）城主。弘治の頃（一五五五－五八）、規矩郡長野郷で勢力を持っていた。後、毛利家により攻め落とされた。吉辰は長野系図にその名はなく、系図上では大三岳系の義孝に比定される。弘治三（一五五七）年四月に、大内義長が自害して大内氏が滅びると大友義鎮は豊前に兵を出して諸城を攻略した。この時吉辰は三岳城を挙げて大友勢に降伏した。永禄二（一五五九）年頃、毛利氏の味方となり大友氏に攻められ、同年一月、人質を取られ降伏。永禄四年十一月、門司合戦以降毛利方となった。永禄七年、毛利大友講話後、尚毛利に随従したので、同八年、大友義鎮の長野成敗により、長野諸城が陥落して降伏した。永禄十一年五月「到津文書」によれば、到津家の家来に暗殺されたとあり、「毛利元就覚書」によれば、永禄十年、長野筑後守吉辰は、毛利方か大友方かの旗幟を明らかにしないため、たまり兼ねた毛利の赤間関奉行衆等は到津家の被官に吉辰を暗殺させたとある。吉辰は大三岳系と考えられるが、系図にその名がなく、義孝に比定される。『築上郡志』『豊前志』「宇佐郡記」「到津文書」『門司・小倉の古城史』『北九州戦国史』

長野義辰▽ながのよしたつ

山本宮内丞と号した。一本に宮内少輔とある。長野義親の子。長野親義の父。『門司・小倉の古城史』

長野義種▽ながのよしたね

下長野系長野氏の一族。規矩郡長野村にあった長野城（小倉南区長野）の城主。横代城（丸ヶ口城・福相寺城）に在城した。従五位上、修理大夫（従五位下）。父久盛存生の時に長野城を次男である義種が譲られる。兄は長野兵部大輔義富。義種の長子は義守下長野と号す。応永五（一三九八）年、前守護職大友氏時の嫡子である大友氏鑑は、大内義弘の画策により甥の親世が守護職を継いだことを不満とし、親世に叛逆して兵を挙げた。その際、氏鑑から回文を受け一味同心した一人。同年十二月晦日、氏鑑に頼まれて兵五百余騎を率いて狸山に向かい、高橋弥十郎種基と志芳和泉守の軍勢と戦い、神田方より門司弥次郎、三角兵衛尉、大岩伊豆守、規矩太郎、河村大蔵大輔等の援軍に打ち負けて引きあげた。応永六年二月十一日、規矩郡長野一族は大内盛見に攻められ降伏した。『応永戦覧』には、一族連署のうえ起請文に人質を添えたことで大内盛見は感悦し、義種に長野城の居城を許したとある。のち、稗畑山城（北九州市小倉南区高津尾）を与えられ、大内氏により破却された城を修築して居城とし、以後、その子の兵部大輔義清、その子、大野四郎盛晴、と三代に亘って城主を務めた。『豊前志』によれば長野城は、なおその後も長野家の本城として天正年間（一五七三－九二）に至ったとある。応永六（一三九九）年二月二十四日（または二十七日）、大友親世は府中の如来院に立て籠もった大友氏鑑ほか大友氏貞、大友氏宗、大友氏広、大友氏胤を討ち取ったことを田原親時を使者に立てて大内盛見に伝えると、誅伐が終わったことから豊前城野原に在陣中の盛見は、大野、椎の城を長野義種に預けた。文安二（一四四五）年卒す。法名満忠院殿陽空春林大居士。『応永戦覧』『太宰管内志』『築上郡志』『豊前志』『門司・小倉の古城史』

長野義為▽ながのよしため
下長野系長野氏の一族。横代城（丸ヶ口城・福相寺城）に在城した。長野春親の子。民部丞。『門司・小倉の古城史』

長野義親▽ながのよしちか
山本八郎と称した。稗畑城主長野義富の子。長野義辰の父。『門司・小倉の古城史』

長野義綱▽ながのよしつな
文明、大永年間に規矩郡内に割拠した。大曾根平太と称した。長野豊前守種貞の次子。『築上郡志』『門司・小倉の古城史』

長野義時▽ながのよしとき
永享、応仁年間に規矩郡内に割拠した。左京大夫、従五位下、吉辰筑後守とも称した。長野義信の嫡子。『築上郡志』『門司・小倉の古城史』

長野義俊▽ながのよしとし
弥六左衛門、長野と号す。法名浄水。長野津田左京亮義敦の子。天正六（一五七八）年より馬ヶ岳城に在城した。同十（一五八二）年京都郡の凶徒及び豊前の逆族退治の時に義俊は立花飛騨守統重の旗下としていた。『門司・小倉の古城史』

長野義富▽ながのよしとみ
応永、正長年間に規矩郡内に割拠した。大野系長野氏一族。長野久盛の四男。兵部少輔、従五位下。法名正空（正性）、稗畑山城（北九州市小倉南区高津尾）の城主としても在城した。息子山本八郎義親は応永年間（一三九四－一四二八）、山本城の城主であった。『門司・小倉の古城史』には応永の頃（一三九四－一四二八）、大野城

（稗畑山城）に居城したとある。応永五年、前守護職大友氏時の嫡子である大友氏鑑は、大内義弘の画策により甥の親世が守護職を継いだことを不満とし、親世に叛逆して兵を挙げた。その際、氏鑑から回文を受け一味同心した一人。応永六年、中国の大内盛見が豊前に侵攻した時、義富は他の諸城主とともにいち早く降伏した。義富はすみやかに城を明け渡したため盛見に許され、引き出物までもらい大三ヶ岳城に送られたが、稗畑山城と椎山城（北九州市小倉南区志井）の両城は破却された。『築上郡志』『応永戦覧』『太宰管内志』『門司・小倉の古城史』

長野義直▽ながのよしなお

矢山冠者と号した。稗畑城主長野義富の子。長野直氏（矢山四郎）の父。『門司・小倉の古城史』

長野義信▽ながのよしのぶ

永享、応仁、文明、大永年間に規矩郡内に割拠した。五郎。『築上郡志』

中野吉紀▽なかのよしのり

大友氏鑑の一族。蔵人。応永五（一三九八）年十二月、豊前発向の軍議のために府中の大友氏鑑のもとに集まった。同六年一月下旬、岩石城の後詰として、肥後から参着した菊池武貞率いる一万余騎と宇佐郡の軍勢、総勢四万五千余騎とともに大友氏鑑に随従した。同年二月二十二日、上洛していた大友親世が大友氏鑑を誅伐するべく手勢二千騎を率いた軍船にて豊後鶴崎に着岸すると、氏鑑が親世へ叛逆の兵を挙げた際に同心していた心を翻し、ほかの国人ら同様親世に降参した。『応永戦覧』

長野良教▽ながのよしのり

護念寺住職の弟子となる。禅僧。長野総盛の次子。『門司・小倉の古城史』

長野義春▽ながのよしはる

応永、正長、永享、応仁年間に規矩郡内に割拠した。下長野系長野氏の一族。横代城（丸ヶ口城・福相寺城）に在城した。太郎、九郎。丸ヶ口殿養子、太郎福相寺殿。『応永戦覧』によれば、応永六（一三九九）年二月十一日大内盛見は規矩郡長野一族を降伏させた。一族連署のうえ起請文に人質を添えたことで大内盛見は感悦し、義春に丸ヶ口城・福相寺城に居城を許された。『築上郡志』『応永戦覧』『築上郡史』『豊前志』『門司・小倉の古城史』

長野義秀▽ながのよしひで

永享、応仁年間に規矩郡内に割拠した。右馬允。長野兵部少輔義富の次子。『築上郡志』『門司・小倉の古城史』

長野義仁▽ながのよしひと

下長野系長野氏の一族。民部少輔、妙楽寺殿。横代城（丸ヶ口城・福相寺城）に在城した。長野城の支城として堀越城を築城した。右馬介。『福岡県の城』『門司・小倉の古城史』

長野義衡▽ながのよしひら

左兵衛佐。永享、応仁年間に規矩郡内に割拠した。長野義富の四男。同名の掃部頭義衡は孫にあたる。応永年間（一三九四－一四二八）、椎山城の城主として居城したが、応永六（一三九九）年二月、大内盛見の攻撃を受けて降伏し、城は破却された。『築上郡志』『門司・小倉の古城史』

長野義衡▽ながのよしひら

掃部頭。長野氏衡の子。長野政衡の父。同名の椎山城主長野左兵衛佐義衡は曾祖父にあたる。『門司・小倉の古城史』

中野吉巌▽なかのよしひろ

大友氏鑑の一族。龍若丸。応永五（一三九八）年十二月、豊前発向の軍議のために府中の大友氏鑑のもとに集まった一人。同六年一月下旬、岩石城の後詰として、肥後から参着した菊池武貞率いる一万余騎と宇佐郡の軍勢、総勢四万五千余騎とともに大友氏鑑に随従した。同年二月二十二日、上洛していた大友親世が大友氏鑑を誅伐するべく手勢二千騎を率いた軍船にて豊後鶴崎に着岸すると、氏鑑が親世へ叛逆の兵を挙げた際に同心していた心を翻し、ほかの国人ら同様親世に降参した。『応永戦覧』

長野義広▽ながのよしひろ

建武三・延元元（一三三六）年、筑前多々良合戦で討死した。足利尊氏将軍の軍列。三郎。『門司・小倉の古城史』

長野義正▽ながのよしまさ

長野義季の嫡子。太郎、太郎左衛門、田原判官と号す。元亀、天正年間（一五七三－九二）に規矩郡内に割拠した。一説によれば、天正十四年の春、父長野義季とともに伏見において自害したという。『応永戦覧』『門司・小倉の古城史』『築上郡志』

長野義政▽ながのよしまさ

元亀、天正年間に規矩郡内に割拠した。（『築上郡志』）修理大夫、元和元（一六一五）年五月七日、大阪城において自害した。『築上郡志』『門司・小倉の古城史』

長野義通▽ながのよしみち

蔵人と号した。長野義有の子。天文、永禄、元亀、天正年間（一五七三ー九二）に規矩郡内に割拠した。元和元（一六一五）年五月七日、弟左京亮盛義とともに大阪城において豊臣秀頼とともに自害した。これより豊前の長野氏は断絶した。『築上郡志』『応永戦覧』『門司・小倉の古城史』

長野義元▽ながのよしもと

七郎と称す。長野盛晴の子。親氏の父。『門司・小倉の古城史』

長野義基▽ながのよしもと

諸大夫、従五位下、三郎左衛門（尉）。法名恵空。大三岳系長野氏一族。本系とされる。小三岳城主。応永、正長年間に規矩郡内に割拠した応永五（一三九八）年、前守護職大友氏時の嫡子である大友氏鑑は、大内義弘の画策により甥の親世が守護職を継いだことを不満とし、親世に叛逆して兵を挙げた。その際、氏鑑から回文を受け一味同心した一人。応永六年二月二十四日、府中の如来院に立て籠もった大友氏鑑ほか大友氏貞、大友氏宗、大友氏広、大友氏胤を討ち取ったことを田原親時を使者に立てて大内盛見に伝えた。誅伐が終わったことから豊前城野原に在陣中の盛見は、赤松、矢山の城を長野三郎左衛門尉義基に預けた。応永六年、長野義種が大内盛見に攻められた時、丸ヶ口・福相寺城を守らしめた。後、義種とともに降伏したとあり。『応永戦覧』には　大内盛見は義基に小三岳城に在城を許したとある。『門司・小倉の古城史』『応永戦覧』『築上郡志』『築上郡史』『豊前志』『太宰管内志』『門司・小倉の古城史』

長野吉盛▽ながのよしもり

小平大夫、従五位下。元暦二（一一八五）年、西海合戦の時に赤間関に於いて、先帝安徳天皇への供奉入水を遂げた。父信盛と同じ入水による死。『門司・小倉の古城史』

長野義盛▽ながのよしもり

元亀、天正年間に規矩郡内に割拠した。伊勢三郎、源義経に随遂した東国の住士。長野安盛の子。『築上郡志』『門司・小倉の古城史』

長野義守▽ながのよしもり

下長野系の一族。下長野城主。従五位下、豊前守。長野義種の嫡子。応永、正長年間に規矩郡内に割拠した。『応永戦覧』によれば、応永六（一三九九）年二月十一日大内盛見は規矩郡長野一族を降伏させた。一族連署のうえ起請文に人質を添えたことで大内盛見は感悦し、義守は下長野城の居城を許された。『門司・小倉の古城史』には応永の頃（一三九四ー一四二八）、大友方として下長野城に居城したとある。『応永戦覧』『門司・小倉の古城史』

長野義行▽ながのよしゆき
永享、応仁年間に規矩郡内に割拠した。従五位下、太郎左衛門。長野豊前守義守の子。『築上郡志』『門司・小倉の古城史』

中八刑部泰次▽なかはちぎょうぶやすつぐ
山田政範の郎従。出自は明らかではない。山田庄の近縁者である角田の国人。室町時代に活躍した中八屋氏の祖となる人物と思われる。『鎮西宇都宮氏の歴史』

仲八屋家信▽なかはちやいえのぶ
宇都宮氏の一族。仲八屋氏の祖とされる。城井信房の五男。築城郡馬場村（福岡県豊前市角田町馬場）の馬場城主。築城郡角田荘を領有した。その角田荘は、平安時代は宇佐神宮の荘園であった。『豊前志』『福岡県の城』

仲八屋武信▽なかはちやたけのぶ
室町時代、上毛郡の段銭奉行を務めた。籐左衛門尉。仲八屋武信は、大内氏が筑前、花尾城（北九州市八幡東区）の麻生氏を攻めたとき、大内軍として出陣している。『大内氏実録』『築上郡史』

中八屋藤左衛門▽なかはちやとうざえもん
元亀、天正年間に上毛郡内に割拠した。豊前知行御領衆の一人。豊前国角田の知行、三千八百石。『築上郡志』

仲八屋藤左衛門尉▽なかはちやとうざえもんのじょう
⇩仲八屋武信（なかはちやたけのぶ）

仲八屋信定▽なかはちやのぶさだ
寛正二（一四六一）年、仲八屋信定は城井秀直より築城郡角田庄五十町の地を賜った。信定は彦太郎信言の子。太郎家信の孫。「宇都宮系図」「宇都宮史」『築上郡志』

仲蜂谷宗鎮／**中八屋宗鎮**▽なかはちやむねしげ
天文、永禄年間に築城郡内に割拠した。尾張守。宇都宮家一族並びに「家臣名付」に記された城井鎮房挙兵時に呼応した武将。馬場城主。城井信房の五男、家信が仲蜂谷氏の祖としている。『豊前志』によれば仲蜂谷宗鎮は弘治二（一五五六）年四月、大友義鎮（宗麟）が豊前に侵攻したとき、一族の則行鎮実、青木忠鎮等を率い、松江、福間江の間（築上郡椎田町）で大友勢と戦い、宗鎮、鎮実、忠鎮等は討死したとあるが、『築上郡史』ではこの説を否定している。また別の口碑によれば、落城時、一族十余人とともに、中村の城ヶ鼻にて自害して果てたともいう。宗鎮の遺骸は角田河内（築上郡椎田町上ノ河内）の奥にある菩提寺妙光寺に葬られた。豊前市大字馬場の馬場城趾には仲蜂屋尾張守宗鎮公碑がある。

『築上郡志』『豊前市史』「宇都宮史」「宇佐郡記」『両豊記』『豊前市史・文書資料』

仲八屋統重／中八屋統重▽なかはちやむねしげ
「倉城大略志」には、馬場城に城井家の中八屋幡十郎統重が居城していたが、天正十七（一五八九）年、黒田孝高（如水）に攻められ落城したとある。幡十郎。『築上郡史』『築上郡志』「大宰管内誌」

中原主計之丞▽なかはらかずえのじょう
宇都宮家一族並びに「家臣名付」に記された城井鎮房挙兵時の家臣。『築上郡志』

中原助光▽なかはらすけみつ
長野庄地頭。治承五（一一八一）年、摂政内大臣家（近衛基通）政所下文に地頭中原助光をして長野庄を知行させる記事がある。中原助光は、平家の強力な与党であった。「宇佐大鏡」『門司・小倉の古城史』

中原親房▽なかはらちかふさ
⇩門司親房（もんじちかふさ）

中原親能▽なかはらちかよし
⇩門司親能（もんじちかよし）

中原宗綱▽なかはらむねつな
宇都宮氏初代。宇都宮別当。常陸国・下野国の開発領主。八田権守。宇都宮氏の始祖とされ、中原氏を名乗った。「宇都宮史」

中原宗房▽なかはらむねふさ
四郎。城井氏（豊前宇都宮氏）の祖である信房の父。中務丞から伊豆守に進み、従五位下に叙せられた。「宇都宮史」には造酒正、待賢門院年預とある。十子一女あり。保延元（一一三五）年正月十五日、伊豆守に任ぜられ、その国を賜る。康治二（一一四三）年正月七日、備後権守に任ぜられ、従五位下に叙せられる。康治四年正月十七日、城井家一子相伝の弓法「艾蓬の射法」を行う。久安六（一一五〇）年八月、勅を奉じて春日の神前において艾蓬射を行う。この艾蓬射は城井氏の秘奥の相伝として代々伝えられた。「宇都宮史」『築上郡志』『豊前志』

永弘氏輔▽ながひろうじすけ
文明三年（一四七一）大内教幸から軍忠を賞せられている。また朽網親満は、永正十二（一五一五）年八月二十六日より父子とも府中（大分市）に幽閉され、翌年には「陰謀人」として処罰されたが、その理由は、永弘氏輔、市河親泰、得永新左衛門らと連絡を取り大友親安を廃して大聖院宗心（大友親実）を大友家家督にしようとしたことによる。『本耶馬溪町史』『行橋市史』

中間弾正忠／仲摩弾正忠▽なかまだんじょうのじょう
一ツ戸城主。弘治三（一五五七）年、大内義長が毛利元就に攻められて自殺した頃、同年三月にて長岩城主野仲兵庫頭鎮兼とともに万代平城（馬台城）の豊田対馬守を攻め、対馬守は抗しきれず自刃した。『下毛郡誌』『耶馬溪町史』『山国町郷土誌叢書』『耶馬渓文化叢書』『日本城郭大系』「宇都宮文書」

永松親統▽ながまつちかむね
応永六（一三九九）年二月二十二日、上洛していた大友親世が大友氏鑑を誅伐するべく手勢二千騎を率いた軍船にて豊後鶴崎に着岸すると、氏鑑が親世へ叛逆の兵を挙げた際に同心していた心を翻し、ほかの国人ら同様親世に降参した。太郎。『応永戦覧』

永松八郎兵衛▽ながまつはちろうべえ
天文、永禄年間に宇佐郡内に割拠した。長村。『築上郡志』

永松孫四郎▽ながまつまごしろう
内藤弾正忠隆世もしくは杉民部大輔の配下、弘治二（一五五六）年六月八日、筑前嘉穂郡の千手・馬見表に於いて討死した。「佐田文書」『北九州戦国史史料集』『熊本県史料』

中間房俊▽なかまふさとし
宇都宮上総介の子。三郎。建久七（一一九六）年の頃に下毛郡に三十町を与えられた。『築上郡志』「宇都宮史」「宇都宮系図」

中間房俊▽なかまふさとし
元亀、天正年間に下毛郡内に割拠した。「宇都宮文書」の天文年間（一五三二－五五）の豊前知行御領衆の一人。八郎兵衛。六郎。一ツ戸城主か。一戸の知行、三千二百石。『築上郡史』では、「満光寺文書」に一戸城主、房俊以後、代々子孫が城を守る、今高三千百石とあるという。「宇都宮文書」『築上郡史』『築上郡志』

中間統種▽なかまむねたね
一ツ戸城主。豊前国下毛郡山国中間領を領した。六郎右衛門。黒田孝高（如水）が豊前入国の時、宇都宮一族である山田大膳（輝家）、城井中務はこれに抵抗し、山田輝家が立て籠る櫛狩屋城は難攻不落の堅固を誇り黒田軍は攻めあぐんだ。黒田孝高の計略により従兄弟にあたる一ツ戸城主であった中間統種は、櫛狩屋城に出向き油断させた。このため輝家は城を攻められ討死した。中間統種はこの功績により黒田姓を貰い、豊前松尾城の城主となり、のち、筑前国、黒田藩に三千七百石の高禄で召し抱えられた。『鎮西宇都宮氏の歴史』には、豊前一揆の中心人物であった中間六郎左衛門とあり、黒田孝高は中間六郎左衛門を誘って降伏させて一揆を分裂させたとある。『下毛郡誌』『耶馬渓町史』「山国史」『山国町郷土誌叢書』『耶馬渓文化叢書』『日本城郭大系』「宇都宮文書」『築上郡史』『黒田家譜』『鎮西宇都宮氏の歴史』『北九州戦国史』

仲間盛秀▽なかまもりひで

若狭守。文明十（一四七八）年九月、公方と単独講和を結んで帰国した大内政弘は太宰府を攻めて少弐氏に戦勝した。この時に豊前国の国人衆が祝言を述べに出頭したうちの一人。『行橋市史』

長光行長▽ながみつゆきなが

香春城主千手興房一族の郎党。右馬助。応永六（一三九九）年正月、大内盛見の大軍による攻城に対してあくまでも籠城の計略を立てて応戦したが衆寡敵せず、ついに敗れて、正月十二日、興房をはじめ一族郎従八十三人と座を連ねて自刃した。『応永戦覧』

中村鑑永▽なかむらあきなが

天文元（一五三二）年十一月、大友氏は大内方として宇佐郡の佐田朝景が籠る妙見岳城を攻めた。その時に妙見岳合戦に動員されて出陣した大友方の一人。合戦で被官二人が傷を負った。『豊前市史』『増補訂正編年大友史料併大分県古文書全集第16』『大分県の歴史』

中村金左衛門▽なかむらきんざえもん

中村城主中村十郎房信の弟。高尾城主麻生親政の家臣。親政は人質に差し出していた実子、統重が無念にも切腹したことに遺恨を抱き、大友氏に叛いた時、城主と一味同心して大友氏の大将、田原親賢（紹忍）の軍勢と戦った。高尾山城の脇備えとして松原掃部介とともに働いた。『両豊記』『豊前古城誌』『日本城郭大系』

中村十郎▽なかむらじゅうろう

応永五（一三九八）年十二月、豊前発向の軍議のために府中の大友氏鑑のもとに集まった他家の一人。『応永戦覧』

中村房信▽なかむらふさのぶ

大友氏鑑に一味同心した宇佐郡の人。十郎。応永六（一三九九）年一月下旬、岩石城の後詰として、肥後から参着した菊池武貞率いる一万余騎と宇佐郡の軍勢、総勢四万五千余騎とともに大友氏鑑に随従した。『応永戦覧』

中村房信▽なかむらふさのぶ
中村城主。永禄九（一五六六）年、麻生氏の家臣として大友勢に攻められた。『豊前古城誌』

中屋鋪仁左衛門▽なかやしきじんざえもん
「城井軍記」「家臣名付」「豊州治覧」等に記された城井鎮房の挙兵時の家臣。宇都宮大和守信房公七百五十遠諱の大祭が明治四十二年に挙行された際に、宇都宮家菩提寺天徳寺藤原賢然住職等が編集した「宇都宮家故舊重臣の後裔」の姓名録にもその名が見える。「宇都宮家故舊重臣の後裔」『築上郡志』『築上郡史』「宇都宮史」

中山勘内▽なかやまかんない
「城井軍記」「家臣名付」「豊州治覧」等に記された城井鎮房の家臣。『築上郡志』『築上郡史』「宇都宮史」

中山左近▽なかやまさこん
天正七（一五七九）年、大友義鎮が日向耳川の合戦にて敗れ諸国の大名が離反し、長岩城主の野仲鎮兼も大友氏に叛いた時、鎮兼に従った近郷の武士団の一人。『豊前古城誌』

中山左近助▽なかやまさこんのすけ
元亀、天正年間に下毛郡内に割拠した。天正九（一五八一）年六月八日、田原親盛は中山左近助に対して時枝表における重働を賞した。『北九州戦国史史料集』『築上郡志』

中山重正▽なかやましげまさ
大内氏の属臣中山正房の一族。天文十二（一五四三）年、出雲国湯浜合戦に参陣して戦死した。『日本城郭大系』「大宇佐郡史論」

中山次郎左衛門／中山治郎左衛門
▽なかやまじろうざえもん
「城井軍記」「家臣名付」「豊州治覧」等に記された城井鎮房の挙兵時の家臣。物頭（別に馬廻り役の記載あり）。『築上郡志』『城井闘諍記』『太宰管内志』『築上郡史』「宇都宮史」

中山正房▽なかやままさふさ
大内氏の属臣。内膳正。宇佐郡安心院の潰山城に居城した。天文三（一五三四）年、勢場ヶ原合戦に出陣して、速見郡大村山に集結していた大友氏の軍を攻めて、大友軍の武将二人を討ち取ったので大内義隆に軍忠状を賜わった。『日本城郭大系』『大宇佐郡史論』

中山弥次郎▽なかやまやじろう

宇佐郡院内中山村漬山城主、後、弾正介に任ず。「佐田文書」『北九州戦国史史料集』『大友宗麟資料集』

梨葉光隆▽なしばみつたか

大内義弘の旗下にある安芸国の住人。中務大輔。応永六（一三九九）年正月四日、城主が敗走した障子ヶ岳城の落城を決定づけるため、援兵の要請を陶筑前守から受けた大内義弘は、兵三万騎を兵船四百余艘に乗せ大内盛見を豊前に遣わせた。その際に従軍した一人。また岩石城を攻略する大内氏総大将大内盛見の軍勢に従い、安芸勢一万余騎の先陣をきって搦め手に向かった一人。『応永戦覧』

奈多鑑基▽なたあきもと

大友氏の家臣団。鑑基、大膳大夫。奈多鎮基・田原親賢（紹忍）・大友義鎮夫人の父。妻は田北親員の娘。義鑑・義鎮二代にわたり社奉行を務める。奈多氏は豊後国国東郡安岐郷に鎮座する宇佐八幡の末社奈多八幡（大分県杵築市）大宮司家。宇佐氏。鑑基は豊後大友氏の武将大友義鎮の時、社奉行に任じられ、豊前・筑前・豊後の社家の社領の紛争などの裁判、万雑公事免許・祈禱・祭事催促、社殿・神輿新造替の執行、軍勢催促にあたった。しかし、大友氏の政策や、大友義鎮（宗麟）の舅であり田原親賢の実父という立場から専横な振る舞いが多かったことから宇佐宮との軋轢を生じさせ、社家としばしば紛争を起こした。永禄五（一五六二）年十一月、豊前苅田松山合戦、永禄八年、豊前長野筑後守討伐、永禄十年、下毛郡・高田来縄郷在陣など武将としてたびたび合戦に出て活躍した。永禄十二年七月十五日（または七日）筑前立花陣中で病没。法名雪江院殿雪江紹瑞大居士。墓は国道二一三号線沿いの旧報恩寺址にある。『杵築市誌』「到津文書」『戦国大名家臣団事典』『北九州戦国史』『北九州戦国史史料集』「薦神社文書」

奈多鎮基▽なたしげもと

大友氏の家臣団。増王、大膳大夫、宗達と称す。鑑基の子。母は田北親員の娘。妻は大友義鎮の娘。奈多八幡の大宮司。父の死後、義鎮・義統の御伽衆として筑後陣中に参陣。父に劣らず非道が多く、親類被官等への乱暴を注意されている。天正七（一五七九）年四月二十八日到津公澄と争い、公澄舘を破却した。天正五年の国東郡間別銭徴収を免除されるなど大友一門に連なるために特別な待遇を受けている。天正六年の日向遠征、天正十四年の秋月種実・時枝氏攻撃、戸次川合戦などで活躍している。天正十五年八月五日死去。鎮基には実子がなく、公家久我晴通の末子万福丸を迎えて養っていたが、彼は鎮基の死後京都に帰り、奈多氏は絶えた。『杵築市誌』『戦国大名家臣団事典』

名田七郎▽なだしちろう
宇都宮家一族並びに「家臣名付」に記された城井鎮房挙兵時の家臣。『築上郡志』

奈田隆実▽なたたかざね
伊賀守。文明元（一四六九）年春、大友氏に叛いた城井秀房、長野行種を大友親繁の嫡子、政親が府中を打出し、国東郡高田を本陣とした時、先手の大将として奈田隆実とともに宇佐郡糸口原の戦いにて戦勝した。「宇佐郡記」『築上郡史』

鍋島直茂▽なべしまなおしげ
⇩鍋島信生（なべしまのぶなり）

鍋島信生▽なべしまのぶなり
彦法師、信安、信昌、直茂、飛騨守、加賀守、肥前佐賀藩主初代。少弐政資の弟経直の子孫という。父は清房、母は龍造寺家兼の子、家純の娘。永禄十二（一五六九）年、大友義鎮の龍造寺攻めに籠城を主張し、善戦し和議をもたらした。元亀元（一五七〇）年の今山陣においては、大友八郎を奇襲して壊滅させた。その後、龍造寺政家を補佐して筑後の経営にあたった。天正十二（一五八四）年、龍造寺隆信の討死の後、政家の後見となる。豊臣秀吉の九州征伐では戦功を挙げたが、政家病身のために大阪に出仕できず、信生が政家の子高房の成人まで、国務を代行した。文禄朝鮮の役に信生が出陣に秀吉から賞された。関ヶ原の役では東軍に属して所領を安堵され、名実ともに、龍造寺家の領土肥前の大半を支配した。『北九州戦国史』

鍋島房重▽なべしまふさしげ
龍造寺隆信の弟。永禄十二（一五六九）年、四月、龍造寺方と大友方との和議に応じて和平条件を受け入れて、大友方に人質として差し出された。豊前守。『筑前戦国史』

奈良重尚▽ならしげなお
大根川城（館）主。頼母。天正の頃（一五七三－九二）、奈良氏の代々の居館であるこの大根川城（宇佐市大根川）を居城とした。土井城主佐野氏の家老。天正十四年、土井城で佐野氏とともに大友義統に攻められて討死した。『日本城郭大系』『豊前古城誌』

成恒右衛門入道道密
▽なりつねえもんにゅうどうどうみつ
正安二（一三〇〇）年、石築地役を勤仕した。今成恒他名主。山田氏の庶家とされる。『鎮西宇都宮氏の歴史』では、成恒姓ではなく、山田右衛門入道道密と記述され

ている。服部教授は論文「軍忠状のかなたに」の中で、山田右衛門入道道密は相良頼里と同一人物としている。『鎮西宇都宮氏の歴史』『中世武士団・鎮西宇都宮氏の研究Ⅱ』

成恒清種▽なりつねきよたね

佐渡守。天文五（一五三六）年正月十一日より、同五月まで宇佐宮の御造営において、三の御殿の造営の職にあたる。三の御殿の杣始めは田川郡岩石山であった。『豊前古城誌』

成恒清種▽なりつねきよたね

大友氏に属した。田嶋崎城主。佐渡守。天正六（一五七八）年、大友義鎮が日向耳川の合戦で島津軍に大敗して退くと、豊前の諸将は大友氏に叛旗を翻した。野仲鎮兼は同志を集め田嶋崎城を攻撃、城は陥落して城主成恒清種は自刃した。『下毛郡誌』『築上郡史』『日本城郭大系』

成恒国守▽なりつねくにもり

成恒太郎の周辺人。在地出身の名主。大三郎。上毛郡司の庶流と思われる。『鎮西宇都宮氏の歴史』では、国守は藤原政吉（政義）を養子としたと推定し、その結果、政義は成恒姓を得たものと考えられると推定している。『鎮西宇都宮氏の歴史』

成恒権之守▽なりつねごんのかみ

成恒兵庫介弘種の子。永享三（一四三一）年、新田氏滅亡の後、宮方の諸士の威勢が衰えたことから光岡城を押領した。『築上郡史』『豊前古城誌』

成恒西迎▽なりつねさいげい

太郎入道。先祖は上毛郡の山田氏の祖とされる山田政房。『鎮西宇都宮氏の歴史』では、西迎を藤原政吉（政義）に比定されるとある。貞永元（一二三二）年、豊前国上毛郡吉冨名主。大和太郎時景と争った。『築上郡史』によれば、末久文書中の「貞永元年右衛門尉書状写」に名が見えるとある。『築上郡史』『鎮西宇都宮氏の歴史』

成恒鎮家▽なりつねしげいえ

田嶋崎城（中津市三光）主成恒佐渡守清種の子。大友氏の家臣。越中守、左馬允、矩種、輔家、鎮直。元亀、天正年間に下毛郡内に割拠した。成恒氏は上毛郡成恒名に拠った一族で、宇都宮氏の有力庶家山田氏から分出した庶家と考えられている。天正六（一五七八）年、大友義鎮が日向耳川の合戦で島津軍に大敗して退くと、豊前の諸将は大友氏に叛旗を翻した。野仲鎮兼は同志を集め田嶋崎城を攻撃し城は陥落。城主成恒佐渡守清種は自刃した。しかし成恒鎮家と子の進士兵衛尉統忠は共に加来安芸守を頼って大畑城に逃れた。天正十四年、豊臣秀吉は島津征伐の軍を起こし、その先鋒豊臣秀長は豊前に入ったが、このとき成恒鎮家は豊前の将六十三人と共に迎えた。天正十六年、黒田氏により加来氏の大畑城も落城し、野仲氏の長岩城も落城して滅亡した。成恒鎮家は剃髪して安信と号して仏門に入った。田嶋崎城外に鎮家の墓がある。法名は大森院殿思恩安信大居士。『築上郡史』には、天正九年十二月十三日の大友義統からの感状がある。『下毛郡誌』『築上郡史』『日本城郭大系』『三光村誌』『築上郡志』『豊前古城誌』

成恒重輔▽**なりつねしげすけ**
天文、永禄年間に下毛郡内に割拠した。『築上郡志』

成恒鎮種▽**なりつねしげたね**
戦国時代、天文、永禄年間に下毛郡内に割拠した。『築上郡志』

成恒鎮直▽**なりつねしげなお**
⇩成恒鎮家（なりつねしげいえ）

成恒輔家▽**なりつねすけいえ**
⇩成恒鎮家（なりつねしげいえ）

成恒種定▽**なりつねたねさだ**
成恒氏は上毛郡成恒名に拠った一族で、宇都宮氏の有力庶家山田氏から分出した庶家と考えられている。左衛門三郎。下毛郡の御家人。成恒左衛門三郎種定の軍忠状によれば、観応元・正平五（一三五〇）年十二月から一色方として「最前に馳参し、宿直警固を行った」とあり、上毛郡友枝、下毛郡永副、宇佐郡猿渡、下毛郡酒手隈においても軍事行動を行っている。『鎮西宇都宮氏の歴史』

成恒種隆▽**なりつねたねたか**
佐々木三郎大夫朝綱の嫡流。上毛郡矢方、牛王山城主。又五郎。近江守。応永、正長年間に下毛郡内に割拠した。応安四・建徳二（一三七一）年、菊池氏追討のために今川貞世が大内義弘を差し向け、四月に仲津郡鶴の港（今川付近）に着岸した際、多くの給人とともに馳せ参じた。正長元（一四二八）年正月、菊池太郎武忠に牛王山城を攻められる。この時、長男兵庫介弘種は戦に敗れ退城した。同年、旧下毛郡成恒村に田嶋崎城を築いた。『豊前志』「宇佐郡記」『築上郡史』『三光村誌』『築上郡志』

成恒種忠▽**なりつねたねただ**
加来壱岐守統直の家臣。進士兵衛尉。天正七（一五七九）年二月十九日、長岩城主、野仲兵庫頭鎮兼が大友方に謀叛を起こした。この時、斥候により鎮兼の来攻を予期して、前日より、大貞山と妙法寺の山に潜伏して、鎮兼の軍勢が来るなり鼓を鳴らして鎮兼の軍勢を破った。中島摂津守が謀叛を起こして大友勢と対峙し、小倉原に陣を張り皇后石（史跡・築上郡吉富町）に幡を挙げた時に、騎馬武者二百騎ばかりにて中陣をかためた成恒氏の一族。『豊前古城誌』

成恒種虎▽なりつねたねとら

中島摂津守が謀叛を起こして大友勢と対峙し、小倉原に陣を張り皇后石（史跡・築上郡吉富町）に幡を挙げた時に、深水に出張り、毘沙門堂に陣を張った成恒氏の一族の一人。兵部丞。『豊前故城誌』

成恒道円▽なりつねどうえん

豊前国・山田荘の地頭職。太郎右衛門入道、山田道円とも称した。山田道密の後継者。今成恒・秋成・底足・福光等の名主であり、惣領山田庄に混じって青木の石築地を修固している。弘安四（一二八一）年、蒙古襲来（弘安の役）に参戦、正安元（一二九九）年十月、同二年十月に異国警固番役を勤仕したほか、蒙古襲来に備えて、石築地・楯・旗などの軍役を果たした。また正安元年、豊前国下毛郡の宇佐神領で庄入道善阿が押妨し刈田（収穫前の稲を権限なく刈り取る）したとの宇佐八幡宮からの訴えに基づき、鎮西探題北条実政の命により、道円は大和太郎左衛門入道観仏とともに尋問するための使節の役目を果たしている。『鎮西宇都宮氏の歴史』『中世武士団・鎮西宇都宮氏の研究Ⅱ』『築上郡史』『鎮西宇都宮氏の歴史』

成恒矩種▽なりつねのりたね

大友氏の家臣。田島崎城主。越中守。成恒氏は上毛郡成恒名に拠った一族で、宇都宮氏の有力庶家山田氏から分出した庶家と考えられている。麻生親政の征討において田原親賢（紹忍）を助けて功あり。天正五（一五七七）年三月二十四日、大友義鎮より感状を受けた天正十六年、黒田孝高（如水）の命令に背いたために黒田勢の攻撃を受けて城を焼失されて滅んだ。『三光村誌』『豊前古城誌』

成恒弘種▽なりつねひろたね

正長元（一四二八）年正月、菊池武忠に牛王山城を攻められ戦に敗れて退城した。兵庫介。「宇佐郡記」『築上郡史』

成恒昌俊▽なりつねまさとし

城井信房の弟の山田政房の子。太郎。成恒姓を継ぐ。『築上郡志』「宇都宮史」

成恒政能▽なりつねまさよし

成恒氏は上毛郡成恒名に拠った一族で、宇都宮氏の有力庶家山田氏から分出した庶家と考えられている。右衛門三郎。正慶二・元弘三（一三三三）年九月、右衛門三郎政能の後家妙阿代の代理人家縄が建武政府に対して着到状を提出している『中世武士団・鎮西宇都宮氏の研究Ⅱ』では、政能は成恒太郎右衛門入道道円の子と説明がある。『中世武士団・鎮西宇都宮氏の研究Ⅱ』『鎮西宇都宮氏の歴史』

成恒統忠▽なりつねむねただ

田嶋崎城主成恒清種の孫。成恒鎮家の子。進士兵衛尉。天正六（一五七八）年、大友義鎮が日向耳川の合戦で島津軍に大敗して退くと、豊前の諸将は大友氏に叛旗を翻した。野仲鎮兼は同志を集め田嶋崎城を攻撃した。城は陥落して城主で祖父の成恒佐渡守清種は自刃した。しかし父親の成恒鎮家と進士兵衛尉統忠は共に加来安芸守を頼って大畑城に逃れた。天正七年二月十九日、野仲鎮兼は大畑城を攻めた時、成恒進士兵衛尉統忠は加来壱岐守統直を援けて城に入って兵を戒めて、二百人を大貞山に、自らは二百余騎の兵を妙法寺の山中に潜ませて、さらには宇佐郡士、中島主殿、渡邉佐渡守統政等三百騎が来て城兵と力をあわせて野仲勢を攻めた。ついに鎮兼の軍は包囲され、鎮兼は息子太郎重貞を人質にし書を統直に送って軍を長岩城に帰した。天正十四年、豊臣秀吉は島津征伐の軍を起こし、その先鋒豊臣秀長は豊前に入ったが、このとき父親の成恒鎮家は豊前の将六十三人と共に迎えた。天正十五年、黒田氏が豊前に入部し、天正十六年、黒田氏により加来氏の大畑城が落城、野仲氏の長岩城も落城して滅亡した。父鎮家は剃髪して安信と号して仏門に入った。進士兵衛尉統忠は父の勧めにより医術を学び、その後裔は医者として繁栄したという。『下毛郡誌』『築上郡史』『日本城郭大系』『築上郡志』「宇都宮史」「宇佐郡記」「加来文書」『両豊記』『三光村誌』

成松遠江守▽なりまつとおとうみのかみ

龍造寺隆信の四天王と言われた。郎党を指揮して隆信を守って島津軍と戦ったが、支えることができずついに敵刃を受けて討死した。「陰徳太平記」『九州戦国合戦記』

成松信勝▽なりまつのぶかつ

龍造寺家の部将。元亀元（一五七〇）年に大友義鎮から三千余騎を授けられた大友八郎親貞は、龍造寺隆信の討伐にむかったが、同年八月二十日、今山に布陣していたところ、鍋島信昌の奇襲を受けて、壊滅的な打撃を受け、山伝いに筑前に落ちのびようとした。龍造寺方の成松信勝は配下の者を引き連れ、敵中を突破して待ち伏せしていて、大将親貞を討ち取った。『筑前戦国史』

名和刑部丞▽なわぎょうぶのじょう

応永五（一三九八）年、前守護職大友氏時の嫡子である大友氏鑑は、大内義弘の画策により甥の親世が守護職を継いだことを不満とし、親世に叛逆して兵を挙げた。その際、氏鑑から回文を受け一味同心した一人。『応永戦覧』『築上郡史』『太宰管内志』

名和寂心▽なわじゃくしん

下毛郡司。名和伯耆守の末葉。刑部入道。応永年間（一三九四―一四二八）鴻の巣城（中津市池永）を居城とした。名和伯耆守の末葉。応永五（一三九八）年十月八日、大友左兵衛督氏廣と大友少輔太郎氏胤の両人の二千余騎に攻め落とされた。応永六年正月二十日、大内盛見の旗下、大内中宮大夫が大村に在陣した際に味方に馳せ加わる。『豊前古城誌』『応永戦覧』『築上郡志』『築上郡史』

南条勘兵衛▽なんじょうかんべえ

毛利氏の武将。伯耆国東伯郡羽衣石《うえし》城（鳥取県東伯郡湯梨浜町）城主、後、筑前立花城を攻略するための兵站基地として永禄十二（一五六九）年二月、小倉城を築き、籠め置かれた。永禄五年に毛利元就に仕え、天正七（一五七九）年、秀吉に仕えた。『萩藩閥閲録』『門司・小倉の古城史』

南条宗勝▽なんじょうむねかつ

南条氏の出自に諸説あり。伯耆国東伯郡羽衣石《うえし》城（鳥取県東伯郡湯梨浜町）城主。大永三（一五二三）年、尼子経久のために領国を追われ、但馬の山名氏を頼っていたが、永禄五（一五六二）年、毛利氏の出雲侵攻により、領国に帰ることができた。永禄十二年、小倉城築城に参加した。天正七（一五七九）年、毛利氏に背き、織田氏に内通した。同十二年に死去した。『北九州戦国史』

南条元続▽なんじょうもとつぐ

勘兵衛、左衛門尉。南条氏の出自に諸説あり。父宗勝は、伯耆国東伯郡羽衣石《うえし》城（鳥取県東伯郡湯梨浜町）城主。大永三（一五二三）年、尼子経久のために領国を追われ、但馬の山名氏を頼っていたが、永禄五（一五六二）年、毛利氏の出雲侵攻により、領国に帰ることができた。永禄十二年、父とともに小倉城築城に参加した。天正七（一五七九）年、毛利氏に背き、織田氏に内通した。同十二年に父宗勝の死去により、羽衣石六万石を相続した。その子、元忠は関ヶ原の役で西軍に属して、改易された。『北九州戦国史』

新屋実満▽にいやさねみつ

右衛門尉。武田氏族、のちに姓を新山に改名。幕末萩藩大組二百石他二家がある。天正十四（一五八六）年十二月二十六日、小早川隆景は、新屋右衛門尉実満に対して、馬ヶ岳城の長野氏を味方に引き入れた功を賞した。『萩藩閥閲録』『北九州戦国史史料集』

新納忠元▽にいろただもと

島津氏の重臣。幼名安万丸、次郎四郎。刑部大輔、武蔵守。入道名は拙斎。賜号為舟。大永六（一五二六）年志布志に生まれる。祐久の嫡子。忠元は本家四代忠治の次男駿河守から数えて五代目。島津忠良・貴久・義久・義弘・忠恒（家久）に仕える。永禄三（一五六〇）年貴久の使者として幕府の命を聞き、同五年横川城を攻め、同十一年馬越城を攻めた。永禄十二（一五六九）年より大口地頭。御船地頭。天正十二（一五八四）年島原城を攻め、同十三年筑紫攻めを企て、同十四年入田志賀氏と連携して鷹取、勝山城を攻略、同十五年玖珠に進み、大野久高らを救い出し、関城で戦い、曾木天堂尾で秀吉に降った。数々の合戦に武勲をあげた知勇兼備の名将で島津氏の柱石といわれる。『古今和歌集』などを愛誦した好学の人で、秀吉の取り立てにも応じない清廉の士であった。慶長十五（一六一〇）年十二月三日、大口にて没す。享年八十五。『戦国武将合戦事典』『戦国大名家臣団事典』

西玄蕃▽にしげんば

「城井軍記」「家臣名付」「豊州治覧」等に記された城井鎮房の挙兵時の家臣。『築上郡志』『築上郡史』「宇都宮史」

西鎮兼▽にししげかね

怡土長石村（糸島市二丈長石）の宝珠岳城に居城した大友家家臣。左近。永禄十（一五六七）年九月十日、高祖城の原田隆種（了栄）に攻め落とされた。『筑前戦国史』

西武政▽にしたけまさ

大内氏の家臣。掃部頭。応永五（一三九八）年頃、大友氏鑑が守っていた松山城を守護代であった杉弘信をはじめ大内方が奪回して後、天野安芸守義顕が二千余騎とともに同年十一月より応永十五年まで城番となった。その時に共に在陣した一人。『応永戦覧』

西徳今斎▽にしとくこんさい

「城井軍記」「家臣名付」「豊州治覧」等に記された城井鎮房の挙兵時の家臣。豊前宇都宮家馬廻り役。宇都宮大和守信房公七百五十遠諱の大祭が明治四十二年に挙行された際に、宇都宮家菩提寺天徳寺藤原賢然住職等が編集した「宇都宮家故舊重臣の後裔」の姓名録にその名が見える。「宇都宮家故舊重臣の後裔」『築上郡志』『築上郡史』「宇都宮史」

西村羽左衛門▽にしむらはざえもん
「城井軍記」「家臣名付」「豊州治覧」等に記された城井鎮房の挙兵時の家臣。豊前・宇都宮家馬廻り役。『築上郡志』『築上郡史』「宇都宮史」

新田覚雲斎▽にったかくうんさい
新田十将の一人。永享、応仁年間に上毛郡内に割拠した宇都宮氏の家臣。求菩提山砦の守将。備前守。馬ヶ岳城主新田義氏の伯父。応永五（一三九八）年十月、豊前の守護職馬ヶ岳城主新田義氏が大友氏鑑の挙兵に加わったため、新田義氏は、大内政弘が差し向けた二万の大軍に対して馬ヶ岳城に籠城。覚雲斎は舎弟義紀とともに五百騎をもって妙見山に守ったが、大内軍の軍勢に取り囲まれて討死した。『築上郡志』『応永戦覧』

新田上野介▽にったこうずけのすけ
応永五（一三九八）年、前守護職大友氏時の嫡子である大友氏鑑は、大内義弘の画策により甥の親世が守護職を継いだことを不満とし、親世に叛逆して兵を挙げた。その際、氏鑑から回文を受け一味同心した一人。『応永戦覧』『築上郡史』『太宰管内志』

新田小次郎（伊達小次郎）▽にったこじろう（だてこじろう）
「下毛郡成恒佐々木文書」に如法寺孫次郎、土岐蔵人太郎とともに名が見える。『築上郡史』

新田禅師▽にったぜんじ
建武四・延元二（一三三七）年、大友式部大夫等とともに豊前国宇佐郡から宮方として攻め上ったが桑野原の合戦（『築上郡史』では築上郡上毛町垂水八坂神社の南方にある桑野原と解説）において薬丸兵衛五郎の軍に敗れた。新田氏の一族と九州に下向し宮方として活動したものであろうか。『築上郡史』

新田竹王丸▽にったたけおうまる
馬ヶ岳城主新田義高の次男。永享三（一四三一）年正月十五日、馬ヶ岳城が落城し、義高をはじめ一族郎党と共に討死した。享年十一。『門司・小倉の古城史』

新田宗景▽にったむねかげ
貫城（北九州市小倉南区）城主。はじめ義春、新田王新丸、別名御所冠者、童名小市郎、貫掃部頭、従五位下（従四位上）、貫王と称す。豊前貫氏の祖。実は征西将軍懐良親王第一王子、故ありて新田氏に賜る。貞和二・正平元（一三四六）年、懐良親王と馬ヶ岳城城主新田義基の妹九重姫との間に馬ヶ岳城で生まれ、三歳にて新田義基の養子となる。延文四・正平十四（一三五九）年父義基に従い、筑前に出陣。同十七年名和伯耆守顕長・同小次郎大夫長生、菊池肥後守武光・同武政と共に、征西将軍宮を奉じて斯波氏経・少弐・大友・宗像等と長者原で戦い、討ってこれを敗る。建徳年間（一三七〇－七二）、規矩郡貫山（北九州市小倉南区）の麓、貫の庄別府に城を築き、父義基とともに居城する。二代征西将軍宮良宗王の御諱の一字を冠して宗景と改めた。天授年間（一三七五－八一）筑前博多に於いて今川勢と戦い、首級二百余級、並びにその一将を討ち取る。応永五（一三九八）年、前守護職大友氏時の嫡子である大友氏鑑は、大内義弘の画策により甥の親世が守護職を継いだことを不満とし、親世に叛逆して兵を挙げた。その際、氏鑑から回文を受け一味同心した一人。長野義種が応永五年十二月晦日、氏鑑に頼まれて兵五百余騎を率いて狸山に向かった際、宗景はこれに加わった。松山城（京都郡苅田町）を攻めたが、狸山を守備していた高橋種基と志芳和泉守の軍勢と戦い、さらに神田方より門司弥次郎、三角兵衛尉、大岩伊豆守、規矩太郎、河村大蔵大輔等の援軍に大敗して帰城した。宗景は本知貫の庄吉田郷京都郡山口浦等に千八百貫の地を領す。代々貫の庄に住し、子孫は貫を氏とした。同暦三十四（一四二七）年一月十五日卒す。享年八十二。『門司・小倉の古城史』『中世北九州落日の譜』『福岡県の城』

新田宗義▽にったむねよし
新田小四郎、貫内記允。松山城主杉弘信の将となる。応永五（一三九八）年十月二日、神田松山城に於いて大友氏鑑の将戸次親秀と戦って不利となり自害した。『門司・小倉の古城史』

新田義有▽にったよしあり
新田一族。新田義氏の弟。式部少輔。『応永戦覧』には姓を里見とある。応永五（一三九八）年十月、豊前の守護職馬ヶ岳城主新田義氏が大友氏鑑の挙兵に加わったため、新田義氏は、大内政弘が差し向けた二万の大軍に対して馬ヶ岳城に籠城しよく守ったが、ついに小野木武蔵守と舟田越後守をもって使者とし、新田義氏の嫡男左馬頭義高を人質として大内氏への忠誠を誓い大内義弘の代将であった陶越前守に降参した。和平が調い義有は義高の付き添いとして山口に赴いた。『築上郡志』『応永戦覧』

新田義氏▽にったよしうじ
八幡義家八代の孫新田基氏の次男、義基の嫡男。上野介。幼名小市郎。応永年間（一三九四－一四二八）、馬ヶ岳城に居城した。元徳二（一三三〇）年に生まれ、南郷、宇佐郡にて辛崎郷広山荘等を合わせて八千貫を領す。『応永戦覧』には上総介とある。応永五（一三九八）年正月七日、大内義弘の命を受けた弟の盛見が軍勢三万余の大将として仲津郡鶴の港（今川付近）に在陣した時、郡内から馳せ参じて帰順の意を表わしたため、居城に帰ることを許された。応永五年十月、義氏は大友氏鑑の挙兵に加わったため、大内政弘が差し向けた二万の大軍に対して馬ヶ岳城に籠城しよく守ったが、ついに小野木武蔵守と舟田越後守をもって使者とし、義氏の嫡男左馬頭義高を人質として大内氏への忠誠を誓い大内義弘の代将であった陶越前守に降参した。「貫系図」によれば、応永九年に卒す。『応永戦覧』『築上郡史』『築上郡志』『門司・小倉の古城史』『豊前志』

新田義高▽にったよしたか

豊前国新田氏第三代馬ヶ岳城主。永享、応仁年間に京都郡内、下毛郡内、宇佐郡内に割拠した。左馬介頭。従四位上、兵部大輔。新田義氏の嫡男。永徳元・弘和元（一三八一）年十二月三日生る。永享三（一四三一）年正月十五日、下毛郡の中津川の戦い（下毛郡大家勾金の庄）において菊池武忠の軍勢に敗れて馬ヶ岳城が落城し、義高は討死した。享年五十一。法名浄清院殿圭英大居士。『門司・小倉の古城史』『豊前志』『築上郡志』『築上郡史』

新田義通▽にったよしみち

馬ヶ岳城主新田義高の宗子。童名徳王丸。左京大夫。従四位下。永享三（一四三一）年正月十五日、馬ヶ岳城が落城し自害。享年十八。法名東光院殿高峰徳明大居士。『門司・小倉の古城史』『門司・小倉の古城史』

新田義紀▽にったよしのり

新田義氏の弟。弾正大弼。応永五（一三九八）年十月、豊前の守護職馬ヶ岳城主新田義氏が大友氏鑑の挙兵に加わったため、新田義氏は、大内政弘が差し向けた二万の大軍に対して馬ヶ岳城に籠城。伯父備前入道覚雲斎とともに五百騎をもって妙見山に守ったが大内軍の軍勢に取り囲まれて討死した。『応永戦覧』

新田吉丸▽にったよしまる

新田義高の三男。永享三（一四三一）年正月十一日、（または十五日）菊池武忠の甥、菊池武也とその手勢に攻められ、嫡子、義通と次男の竹王丸は自害した。吉丸は落城の時、八歳であったが、乳母に抱えられ舟田入道玄加の守護により落ちのびて中津川の重松刑部少輔に身を寄せた。『築上郡史』

新田六郎入道義也

▽にったろくろうにゅうどうよしなり

馬ヶ岳城主新田義高の大叔父。永享三（一四三一）年正月十五日、馬ヶ岳城が落城し、義高をはじめ一族郎党と共に討死した。享年十一。『門司・小倉の古城史』『豊前志』

仁保加賀守▽にほかがのかみ
応永、正長年間に宇佐郡内に割拠した。『豊前志』には応安（一三六八－七五）以後、宇佐郡香下村の大内氏の抱城であった妙見岳城に居城したとある。『築上郡志』

仁保定就▽にほさだなり
天文、永禄年間に規矩郡内に割拠した。『築上郡志』

仁保隆慰▽にほたかやす
大内氏の家臣団。相模三浦氏の一族。周防吉敷郡仁保を氏とする。仁保刑部丞の子。右衛門大夫、従五位下、常陸介、平朝臣。義隆・義長期の奉行人。天文十四（一五四五）年八月二十二日従五位下のち毛利家に仕え、豊前門司城番を務めている。冷泉元満、長井元為等とともに門司城々将として城番を務めた。永禄の頃（一五五八－七〇）、門司六郷のうち柳郷、片野郷、大積郷を知行した。大内義隆の時、奉行として山口にあったが、義隆滅亡の後、大内義長に仕え、義長が滅んだ後毛利元就に仕えた。「宇佐郡記」には弘治三（一五五七）年、大友氏は規矩郡の長野吉辰を降伏させ、門司城を攻めたために仁保隆慰は小舟で逃げ去ったとある。永禄元（一五五八）年六月に門司城を奪い取ると、九州要路の根拠として隆慰は門司城将となり規矩郡代官職に任じた。永禄十年頃、常陸介と名を改めた。門司城の防衛、宮山城・立花山合戦等、天正十年まで門司に足跡を残した。元亀三年頃、息子の元豊が右衛門大夫に任官した。『北九州戦国史料集』『門司郷土叢書』『北九州戦国史』『戦国大名家臣団事典』『新裁軍記』『門司・小倉の古城史』

仁保隆康▽にほたかやす
毛利家家臣。永禄元（一五五八）年六月、門司城の将であった怒留湯主水を追い立てて毛利氏の門司城の城将となった。『福岡古城探訪』

仁保帯刀介▽にほたてわきのすけ
豊後大内氏の家臣。永禄年間（一五五八－七〇）丸山城を居城とした。『豊前志』によれば、仁保帯刀は梅を好み城山の谷に梅の木々を植えたので、今に至るまで山中になお梅の木が多いとされる。元亀二（一五七一）年十二月十二日、松山城の長野氏と謀り、小倉城主高橋鑑種を討たんとして敵の伏兵に遭い、伊川村にて討死した。萩藩仁保系図にはその名を見ないが、『太宰管内志』「門司城址旧記」等に仁保隆慰の養子としてその名があり、出自は杉貞弘の弟とある。いずれも天正二（一五七四）年に討死したとある。しかし『北九州戦国史』では、養父隆慰も杉興重の子で、仁保家の養子になっていることから、嫡子元豊が軍役に従事できないため帯刀を養子にしたことは肯定できるとあり、このことから天正二年は、元亀二（一五七一）年の誤りと推測している。『北九州戦国史』『門司郷土叢書』『門司・小倉の古城史』『門司市史』『豊前新大鑑』『福岡県の城』『豊前志』『北九州戦国史史料集』「豊前国古城記」

仁保就定▽**にほなりさだ**

門司城主。左衛門大夫。弘治二（一五五六）年、門司城は大友氏の奴留湯主水を置き中国の押さえとしたが、翌三（一五五七）年に毛利氏に取り返えされ、小早川隆景の居城となったが、仁保就定を城督にして北九州に橋頭堡を築いた。この報を知った大友義鎮は大いに驚いて麾下の戸次、田原、臼杵、斉藤、吉弘等の精鋭一万五千を以て攻めさせた。十月十三日、両軍よく戦ったが、次第に毛利軍の旗色が悪くなり、十五日になって総崩れとなり、山口に撤退した。『筑前戦国史』『門司・小倉の古城史』

仁保常陸介▽**にほひたちのすけ**

天文年間（一五三二—五五）、大内義隆は仁保常陸介を門司城将にするとある。「豊前国古城記」「豊前国志」『門司・小倉の古城史』

仁保弘包▽**にほひろかね**

大内義弘の家臣。丹波守。応永五（一三九八）年十二月、大友軍と対決のため大内軍代官、総大将陶弘房に相い伴って周防、長門、備後、安芸から集めた軍勢二万八千余騎を率い大友軍二万九百騎と築城原で対陣した。『応永戦覧』

仁保弘名▽**にほひろな**

新左衛門。文明十（一四七八）年十月三日、少弐政尚に与力したために斬られて、頸は筑前国守護代陶弘護によって福岡市土居の称妙寺門前に三日間さらされた。仁保新左衛門は彦山（英彦山）座主頼有法印の計略によって捕らえられたという。『行橋市史』

仁保弘政▽**にほひろまさ**

応永、正長年間に規矩郡内に割拠した。『築上郡志』

仁保元豊▽**にほもととよ**

右衛門大夫。門司城将仁保常陸介隆慰の嫡子。元亀三（一五七二）年頃、帰参を認められた事が、国司元武等奉行の書状から推定される。同年右衛門大夫に任官した。天正十四（一五八六）年七月、また毛利輝元、羽柴秀吉から九州攻めの先鋒を命じられると、同年八月一日父隆慰と共に門司城を死守することを輝元の奉行に願い出ている。よって門司城番に任命され、小倉城の高橋元種の情報提供を命じられた。この時松山城在番であった元豊の交替として湯浅将宗が松山城の在番を命じられている。元豊は門司城在番中、何か不始末を起こしたが、その後、罪を免ぜられた。同十一月毛利勢の香春岳城攻略に参加、豊臣秀吉から感状を与えられ、以後北九州攻めの日向陣に参加した。『北九州戦国史』『北九州戦国史史料集』『門司・小倉の古城史』『萩藩閥閲録』「湯浅文書」

仁保護郷▽にほもりさと
大内氏の武将。左近衛将監。文亀元（一五〇一）年閏六月二十四日、仲津郡沓尾村において大内勢と大友勢による激戦が繰り広げられ、仁保護郷は、この戦いにおいて戦死した。仁保興棟から広中兵部丞に送られた報告によれば、仁保護郷に同道した一所衆や家人のうち三十人が戦死し、三十人が矢、鎗、刀傷を負ったとある。『行橋市史』

仁保盛安▽にほもりやす
豊前国守護代。神田松山城主。宝徳・文明の頃に守護代を務めた。加賀守。『大宇佐郡史論』

入田宗和▽にゅうたそうわ
大友氏一族であったが、天文十九（一五五〇）年、父入田親真は大友義鎮の家督継承にあたって、義鎮の弟塩市丸擁立の立場に立ったために、義鎮の手の者によって攻められ自刃している。また宗和自身も大友義統の家臣に讒言されて、大友軍に攻めれ、支城の小松城に逃れた。そのような主家への恨みから、島津の部将、新納忠元から密書を受けて、島津につくことを決め、島津から所領安堵の誓文を得た。そして島津軍の豊後への進攻に際しては、部下一千余をもって島津義弘を出迎えた。『九州戦国合戦記』

入田親廉▽にゅうたちかかど
大友氏の家臣団。親廉・丹後守と称す。親誠の父。直入郡入田郷を本貫とする大友一族で津賀牟礼城主。大永八（一五二八）年九月から天文十八（一五四九）年正月まで義鑑の加判衆を務めた。祖父の代から戸次氏と争い連年合戦をなした。「入田氏系図」『戦国大名家臣団事典』

入田親誠▽にゅうたちかざね
大友氏二十代太守、大友義鑑の家臣。親実、掃部頭、丹後守と称す。親廉の子。「二階崩れの変」の当事者の一人。大友義鎮（宗麟）の将来を心配した義鑑は親誠を教育係にして義鎮につけた。しかし義鎮は親誠の諫言を喜ばなかった。この頃、義鑑の三男であり側室の子である塩市丸に家督を譲るよう、親誠は塩市丸の母と共謀して画策しており、義鑑は義鎮の廃嫡を決めようとしていた。しかし天文十九（一五五〇）年二月十日、義鎮派の一部が、大友館の二階で就寝していた塩市丸とその生母を斬殺し、同所で斬られた義鑑は翌日死亡した。親誠は義鎮から首謀者として追討された。十二日義鎮は府内の舘に入り、家督を相続した。親誠は津賀牟礼城に籠もったが、三月一日討伐軍に敗れて妻の実父、阿蘇惟豊を頼って肥後に逃れたが、舅の惟豊はかえって入田の暴虐を憎み親誠の首を刎ね、その首を府内に送ったという。四月四日死去。法名天徳陽公大禅定門。墓は入田郷小松山にあるという。「大友家文書録」『大友家興廃記』「入田氏系図」『戦国大名家臣団事典』

入田義実▽にゅうたよしざね

大友氏の家臣団。津賀牟礼城（竹田市入田）城主入田親誠の子。天文二（一五三三）年、入田神原城（竹田市神原）にて生まれる。十郎、左馬頭、丹後入道、宗和、玉林老。天文十九年三月、「二階崩れの変」で父の親誠は討たれたが、義実は当時若年だったことが考慮され赦免された。元亀元（一五七〇）年七月十六日、大友義鎮は義実に鞍手郡若宮庄三百町を与え、笠木城築城と勤番を命じた。天正十二（一五八四）年、戸次玄珊の讒言により、義実は津賀牟礼城に籠城。翌年十一月、義実は島津氏に内応し、志賀親度をも内通させ、天正十四年十月、島津軍の豊後侵攻がはじまると、義実と親度は島津軍を津賀牟礼城に迎え入れた。この時、志賀親次を除く南部衆はみな島津氏に降った。天正十五年三月、島津軍退却に際し、津賀牟礼城を捨てて、島津に同行して家臣となった。島津氏から日向高原後川に給地三十町（一千五十石）を賜る。慶長六（一六〇一）年正月九日死去。『大友宗麟書状』『大友宗麟資料集』「入田氏系図」『戦国大名家臣団事典』『北九州戦国史』

貫越中守▽ぬきえっちゅうのかみ

天文三（一五三四）年四月、豊後速見郡大牟礼山合戦があり、「門司文書」には大内方として参戦した中に貫越中守、貫兵部丞、貫新左衛門尉の名が見える。『門司・小倉の古城史』

貫掃部頭▽ぬきかもんのかみ

応永、正長年間に規矩郡内に割拠した。応永五（一三九八）年、前守護職大友氏時の嫡子である大友氏鑑は、大内義弘の画策により甥の親世が守護職を継いだことを不満とし、親世に叛逆して兵を挙げた。その際、氏鑑から回文を受け一味同心した一人。『応永戦覧』『築上郡史』『太宰管内志』『築上郡志』

貫清助▽ぬききよすけ
　童名助次郎。中右衛門尉、右衛門尉、貫伊豆守。実は分領山口浦貫助守の子である。貫氏一族・貫重依の死去の後、宗子掃部亮が戦死により、入って相続したが、数年の後に病で卒した。猶子親清が家を継いだ。「貫文書」『門司・小倉の古城史』『新裁軍記』

貫重孝▽ぬきしげたか
　父祖の代から貫城に居城し、大内氏に仕えた。助八。大内氏滅亡後は毛利氏に仕えた。永禄元（一五五八）年六月、毛利氏は密かに豊筑の諸豪族を味方に引き入れて門司城を奪い取った。この時、規矩郡貫ノ荘にいた重孝は、毛利軍に所属し、門司城攻防戦で大友軍と戦い討死した。その活躍を賞する古文書が残されている。『新裁軍記』「正任記」『門司・小倉の古城史』

貫重依▽ぬきしげより
　文明、大永年間に規矩郡内に割拠した。貫氏の一族。貫弘泰の嫡子。大内方。初め隆持、童名亀王丸、越中守、下総守、馬ヶ岳城主、貫掃部亮、従五位下。二千五百貫余を領地とした。重依は忠勇の名を著す。天文三（一五三四）年四月、豊後速見郡大牟礼山合戦があり、重依は大内方として参戦して武勇を表した。天文五年四月、大内義隆奏請して、後奈良天皇の即位の資を献ずるの時に、重依、任を帯びて馳走、勲績少なからず、同年五月従五位下に叙せられ下総守を賜る。同二十年、豊前神田松山城合戦の節、功を競って諸軍力戦の際に疵を被り、貫の庄に退く。同年五月十三日卒す。享年四十八。浄土宗長野郷護念寺貫の庄に葬る。「貫文書」『門司・小倉の古城史』

貫新左衛門尉▽ぬきしんざえもんのじょう
　天文三（一五三四）年四月、豊後速見郡大牟礼山合戦があり、「門司文書」には大内方として参戦した中に貫新左衛門尉、貫越中守、貫兵部丞の名が見える。『門司・小倉の古城史』

貫新四郎▽ぬきしんしろう
　宇都宮氏一族並びに「家臣名付」に記された宇都宮家家臣。『太宰管内志』には名を新次郎とあり。豊前・宇都宮家馬廻り役。『築上郡志』『城井闘諍記』『太宰管内志』

貫新助▽ぬきしんすけ
　宇都宮大和守信房公七百五十遠諱の大祭が明治四十二年に挙行された際に、宇都宮家菩提寺天徳寺藤原賢然住職等が編集した「宇都宮家故舊重臣の後裔」の姓名録にその名が見える。「宇都宮家故舊重臣の後裔」

貫助八▽ぬきすけはち
豊前国貫庄に住し、家名とした。忠勇の士。永禄四（一五六一）年十一月二十三日、長州赤間関・門司合戦で討死した。三十一歳。嗣子なく、毛利隆元はその忠義に感じて感状を賜い、弟、助二郎をして家督を継がせた。『北九州戦国史史料集』『萩藩閥閲録』

貫助世▽ぬきすけよ
文明十五（一四八三）年四月二十八日付「宇佐永弘文書」によれば、宇佐宮番長大夫永弘重幸は規矩郡の庄の内の宇佐神領今吉御園の田畑屋敷を、代金十貫で助世に売り渡している。伊勢守。「永弘文書」『門司・小倉の古城史』

貫隆仲▽ぬきたかなか
貫氏の一族、弘泰の子。初め弘道と称した。貫下総守、従五位下。征西将軍懐良親王の子新田王新丸（貫宗景）から出るとされているが、長野氏と同族、中原姓と推定される。大内義隆に仕え、『大内氏実録』には義隆の奉行として名がある。大内義隆の奉行として、陶隆房の謀叛を山口宝泉寺に於いて防ぎ、天文二十（一五五一）年八月二十九日陶晴賢と山口法泉寺に戦って戦死した。『北九州戦国史』『北九州戦国史史料集』『大内氏実録』『門司・小倉の古城史』

貫武助▽ぬきたけすけ
大内氏の家臣団。貫氏の一族。貫新左衛門尉、民部少輔、越中守。大内義隆期の奉行人。豊前国人貫氏の一族か。天文三（一五三四）年七月二十五日付の「門司文書」に豊後玖珠郡合戦として貫新左衛門の名が記されている。『門司・小倉の古城史』「成恒文書」『戦国大名家臣団事典』「大内氏家臣人名事典」

貫親清▽ぬきちかきよ
貫氏の一族。上総守。征西将軍懐良親王の子新田王新丸（貫宗賢）から出るとされているが、長野氏と同族、中原姓と推定される。貫重依の嫡子。清助の後を継ぐ。一万七千貫文余を所領とす。母は黒水安芸守宗種の娘。大内義隆に養われて安芸に住した。容貌雄偉、力七十人を兼ねる。毛利氏とともに勅命により陶隆房を討ち、毛利元就の命により豊前に下向して京都郡馬ヶ岳城に割拠して大友氏の軍勢を防いだ。親清は悟るところあって息子三十郎を人質にして大友の軍門に下った。元亀三（一五七二）年十一月二十四日卒す。享年五十二。法名慈公院殿源宗大居士。しかし『門司・小倉の古城史』には、天正二（一五七四）年に大友義鎮から攻められ落城し、城井氏十六代、鎮房の家臣となったとある。『豊前志』「貫文書」『門司・小倉の古城史』「宇都宮史」『築上郡志』「宇都宮史」『北九州戦国史』

貫親末▽ぬきちかすえ
貫親清の嗣子。天文、永禄年間に京都郡内に割拠した。『築上郡志』

貫内記允▽ぬきないきのじょう
永禄十一（一五六八）年九月二十日、大友義鎮は毛利方の苅田松山城を攻撃した。その戦いでの戦功を松山城将杉重良が毛利元就と輝元に報告している。その文書の中に松山城兵であった規矩郡の貫内記允が右目、下胸に矢疵を負ったという城将杉重良の合戦注文が「杉文書」に記されている。『門司・小倉の古城史』

貫信連▽ぬきのぶつら
「城井軍記」「家臣名付」「豊州治覧」等に記された城井鎮房時代の家臣。加賀守。豊前・宇都宮家馬廻り役。物頭。『築上郡志』『築上郡史』「宇都宮史」

貫兵部丞▽ぬきひょうぶのじょう
天文三（一五三四）年四月、豊後速見郡大牟礼山合戦があり、「門司文書」には大内方として参戦した中に貫兵部丞、貫越中守、貫新左衛門尉の名が見える。『門司・小倉の古城史』

貫弘信▽ぬきひろのぶ
貫氏の一族。貫親清の子。初め信連と称した。童名源太丸、また藤次郎と称す。掃部亮、貫加賀守、主計亮。毛利元就の命により、父の親清とともに京都郡馬ヶ岳城に拠って大友氏の軍勢を防いだが天正二（一五七四）年、大友義鎮と戦い利あらず、城井鎮房の仲津郡木井城に入る。天正十五年、鎮房、黒田毛利両家の勢を引き受け、築城郡岩丸山に於いて合戦の節、弘信は精兵の射手に加わり弓手の部将となる。五十余騎を以て寄せて数百人を倒す。勇名軍中に著し、鎮房喜悦斜めならず、感状を賜う。同十七年四月、宇都宮氏の滅亡の時は籠城して大手門守衛に任じた。その後母方の縁により、主従六人規矩郡井手浦村庄官舟橋右衛門尉方に引き取られた。慶長五（一六〇〇）年、細川越中守忠興公に召し出されて客分となり、弓術の師範となる。寛永十四年九月十六日卒す。享年九十二。法名正高寺殿玄徳大居士。「貫文書」『門司・小倉の古城史』

貫弘春▽ぬきひろはる
初め宗春、童名亀王丸、武蔵守、従五位下、正五位上、父祖の代から貫城に居城し、大内氏に仕えた。貫宗量の子。領地六千八百貫大余を所領した。幼にして防州陶城主従五位上陶弘義に質となる。故に陶氏を称し、後に貫氏に復した。文明元（一四六九）年、少弐嘉頼、教頼が謀反を起こした時、馬ヶ岳城城主大内教幸は少弐に味方して馬ヶ岳城に立て籠ったので、弘春は父宗量とともに大内政弘の討手の戦陣に加わり馬ヶ岳城を攻めた。明応九（一五〇〇）年、大内・大友不和の事あって大宰少弐は大友方に一味して豊後より馬ヶ岳城に押し寄せた。弘春は防戦して努めたがついに落城し、弘春一族郎党は貫城に退いた。父の宗量が貫氏の家督を継いだ頃に応仁の乱がはじまった。貫氏は西軍大内方として領内の防衛に努めた。そして文明元（一四六九）年、大内教幸が、東軍細川勝元の陣営に加わり、馬ヶ岳城に拠って大内氏に反旗を翻したので、父親宗量とともに大内政弘の討っ手の先陣として活躍した。文亀元（一五〇一）年、秋七月二十三日、弘春軍を催し、杉杢助弘依と相謀り、合撃して大友少弐を追い却けた。これにより馬ヶ岳城はまた大内氏の持ち城となり城番を置いた。大永三（一五二三）年卒す。享年七十七。『門司・小倉の古城史』

貫弘泰▽ぬきひろやす

貫弘春の子。童名王寿丸、彦大夫、亀王丸、武助。貫越中守、兵部少輔、従五位下。父弘春とともに貫城に退く。文亀元（一五〇一）年、馬ヶ岳城攻めの時、先陣の功を奏し、大内義興から感状を賜る。永正四（一五〇七）年十一月二十五日、将軍足利義稙を奉職する大内義興に従って上洛し、同五年、足利義稙将軍に任じられる時に、義興の奏請により従五位下に叙せられ侍所別当に補せられたとある。永正十五（一五一八）年、職を辞し、旧領に引き取る。規矩郡の貫城に帰り住んだと思われる。天文十（一五四一）年八月四日に卒す。享年六十八。法名清雲国蔵院殿義岳大居士。『門司・小倉の古城史』

貫備後守▽ぬきびんごのかみ

応安の頃（一三六八－七五）より、大内氏の抱城であった妙見岳城に城代として居城した。『豊前古城誌』

貫備後守▽ぬきびんごのかみ

文明、大永年間に宇佐郡内に割拠した。杉勘解由左衛門の後、大内氏の抱城であった宇佐郡香下村の妙見岳城の城代として居城した。『築上郡志』『豊前志』『宇佐郡誌』

貫道敦▽ぬきみちあつ

天文九（一五四〇）年、宇佐郡妙見岳城の城督を務めたことが「萩原文書」に記されている。備後守。「萩原文書」『門司・小倉の古城史』

貫道教▽ぬきみちのり

豊前国守護代。天文十四（一五四五）年、松山城にあって守護代を務めた。備後守。『大宇佐郡史論』

貫宗景▽ぬきむねかげ

⇩新田宗景（にったむねかげ）

貫宗量▽ぬきむねかず
　童名王代丸、また亀千代と称す。貫掃部頭、下総守、従五位下。二千貫余の地を領す。宗親の嫡男。父祖の代から貫城に居城し、大内氏に仕えた。宗量が貫氏の家督を継いだ頃に応仁の乱がはじまり、貫氏は西軍大内方として領内の防衛に努めた。文明元（一四六九）年、馬ヶ岳城主大内教幸が東軍細川勝元の陣営に加わり、大内氏に反旗を翻したので、同二年、嫡子弘春、新吉郎量種、青影新十郎、黒水又三郎と共に大内政弘の討手の先陣として活躍した。大内政弘が京都に執奏して従五位下に叙し、下総守を賜った。文亀二（一五〇二）年十一月二十三日卒す。享年八十六、法名心霜院殿観照。『門司・小倉の古城史』

貫宗親▽ぬきむねちか
　童名小市郎、別府太郎と称す。貫左馬允、掃部頭、従五位上、伯耆守。母は名和小次郎長生の娘。父祖の代から貫城に居城し、大内氏に仕えた。永享三（一四三一）年、大内盛見に従軍し、少弐満貞・大友持直の連合軍と戦い、六月二十八日深江において敵軍数万の中に戦死した。享年四十九。嫡子がまだ幼いので舎弟宗守が家を継いだ。『門司・小倉の古城史』

貫宗守▽ぬきむねもり
　別府三郎、貫掃部頭、忠右衛門尉、府殿冠者と称す。永享五（一四三三）年四月大内持盛が豊前規矩郡篠崎村に於いて戦死したことから、同年八月大内持世に従軍して少弐と戦い、少弐父子を斬り、首級を京師に送った。文明十八（一四八六）年八月二十九日卒す。法名道恵、享年九十。『門司・小倉の古城史』

貫元助▽ぬきもとすけ
　上総守、征西将軍懐良親王の子新田王新丸（貫宗賢）から出るとされているが、長野氏と同族、中原姓と推定される。貫氏の一族で貫清助（親清の養父）の子。毛利元就に仕えた。永禄元（一五五八）年、大友方の門司城を攻略した戦功により貫庄の地頭となったと「児玉就忠書状」にある。永禄四年十一月門司合戦に於いて討死した。毛利隆元は元助の老母に仮名手紙の感状を与えている。以後、子孫は毛利氏に仕えた。『北九州戦国史』『新裁軍記』『門司・小倉の古城史』

貫由勝▽ぬきよしかつ
　「城井軍記」「家臣名付」「豊州治覧」等に記された城井鎮房の挙兵時の家臣。新助（新介）。豊前・宇都宮家、物頭（別に馬廻り役の記載あり）。「家臣名付」には新介とあり。『築上郡志』『築上郡史』「宇都宮文書」『城井闘諍記』『太宰管内志』

貫善寿▽ぬきよしとし

「城井軍記」「家臣名付」「豊州治覧」等に記された城井鎮房の挙兵時の家臣。助七郎。『太宰管内志』には名を助七とある。豊前・宇都宮家馬廻り役。物頭。『築上郡志』『城井闘諍記』『太宰管内志』「宇都宮文書」

貫義基▽ぬきよしもと

源氏の一族。新田氏。上野介。豊前国規矩郡貫ノ荘（北九州市小倉南区貫）に入部し、九州南朝方の征西府将軍、懐良親王を支えた。以後、新田上野介義基の子孫は、貫氏を名乗り貫ノ荘を本拠とした。『福岡県の城』

沼田源左衛門▽ぬまたげんざえもん

「城井軍記」「家臣名付」「豊州治覧等に記された城井鎮房時代の家臣。豊前・宇都宮家馬廻り役。宇都宮大和守信房公七百五十遠諱の大祭が明治四十二年に挙行された際に、宇都宮家菩提寺天徳寺藤原賢然住職等が編集した「宇都宮家故舊重臣の後裔」の姓名録にその名が見える。『築上郡志』『築上郡史』「宇都宮史」「宇都宮家故舊重臣の後裔」

奴留湯主水正▽ぬるゆもんどのかみ

門司城将。諱は不詳。豊後大神氏の族、由布氏。大分県速見郡湯布院町温湯を本貫とする。天文、永禄年間に規矩郡内に割拠した。大友家家臣。弘治三（一五五七）年四月大内義長自害の後、大友義鎮（宗麟）は筑前と豊前に出兵して諸城を攻略し、門司城に奴留湯主水正を置いたという。その後、永禄元（一五五八）年、毛利家の小早川隆景を大将とする軍勢に攻め破られ落城した。しかし、主水正が門司城将であった確たる資料はないという。『門司・小倉の古城史』『築上郡志』「戸次軍談」『豊前志』『北九州戦国史』

奴留湯融泉▽ぬるゆゆうせん

豊後大神氏の族、由布氏。大分県速見郡湯布院町温湯を本貫とする。一族に門司城将奴留湯主水正がいる。『北九州戦国史』

米多比三右衛門▽ねたみさんえもん

丹波守。丹波守は立花道雪に仕えた。鎮久はその族か。『北九州戦国史』

米多比鎮久▽ねたみしげひさ

筑前国糟屋郡米多比《ねたび》（古賀市米多比）より起こる。その先、熊谷次郎直実から出ると『筑後将士軍談』にある。『北九州戦国史』

米多比大学▽ねたみだいがく

大友氏への節義第一に勤仕した国士。永禄十一（一五六八）年の春（一説には八年）、大友一族でかねてから大友義鎮の陣ぶれの暴政を恨んでいた立花鑑載は毛利方に通じて、秋月、高橋と同盟を結んで立ち上がり、立花城に反旗を翻した。鑑載の謀叛の時、豊後に知らせようとしたが、その気配を察知した鑑載によって国士薦野宗鎮とともに立花東城の井楼山で討ち取られた。『筑前戦国史』

如法寺氏信▽ねほうじうじのぶ

筑後守護代。若狭介氏信。十郎、若狭守。如法寺と号す。応安六・文中二（一三七三）年十一月、大友方の武将として豊後国玖珠郡で戦う。後、大友親世のもとで筑後国守護代となる。大友氏の庶子である田原氏能が今川貞世に宛てた軍忠状の中に如法寺氏信の名が見える。それによれば若狭介氏信は豊後国において幕府方の旗頭の一人として活躍している。「大友田原系図」（『築上郡史』）によれば如法寺氏信は田原貞広の子、田原氏能の兄弟とある。『鎮西宇都宮氏の歴史』『築上郡史』『中世武士団・鎮西宇都宮氏の研究Ⅱ』

如法寺円康▽ねほうじえんこう

北朝方に敵対した人物。孫次郎入道。観応元・正平五（一三五〇）年五月、如法寺円康は新田伊達小次郎・土岐蔵人太郎とともに上毛郡を濫妨して所々を焼く挙に出ており、これを退治するために下毛郡の田口氏は出動を要請されている。この時期に円康は直冬方として下毛地方の中核的な活動をした。『鎮西宇都宮氏の歴史』『中世武士団・鎮西宇都宮氏の研究Ⅱ』『築上郡史』

如法寺円証▽ねほうじえんしょう

文書の上で最初にあらわれる如法寺座主。弥三郎入道。系図上では最初に如法寺を称した人物は如法寺信政がいる。円証は、文保二（一三一八）年、下毛郡麻生郷内の屋敷一所を押領した人物として訴えられている。同年七月の探題御教書によれば、彼は地頭であったが、当時、すでに下毛郡にも進出していたことになる。『鎮西宇都宮氏の歴史』『中世武士団・鎮西宇都宮氏の研究Ⅱ』

如法寺近江守▽ねほうじおおみのかみ

明応八（一四九九）年八月七日、大友親治は上毛郡代に求菩提山領につき如法寺近江守の違乱を停止して求菩提山代官に打渡すように通知している。大内氏が京都で戦っている間に、北九州は大友氏と少弐氏が支配するようになっていた。『鎮西宇都宮氏の歴史』『中世武士団・鎮西宇都宮氏の研究Ⅱ』

如法寺公信▽ねほうじきみのぶ
宇都宮氏の一族。如法寺城主。肥前守。如法寺盛信の嗣子。法名覚空。『築上郡史』「紀井宇都宮系図」「宇都宮史」『築上郡志』

如法寺式部少輔▽ねほうじしきぶしょうゆう
親並。大友氏族。初代大友能直の子、田原十郎泰広の庶流。「大友家文書録」『北九州戦国史史料集』『編年大友史料』

如法寺資信▽ねほうじすけのぶ
宇都宮氏の一族。如法寺城主。新左衛門尉。如法寺氏の祖信政の子とされる。信定の父。『築上郡史』『築上郡志』「宇都宮史」『中世武士団・鎮西宇都宮氏の研究Ⅱ』

如法寺武信▽ねほうじたけのぶ
如法寺依康の子。中務。天文十五（一五四六）年の秋、「分領如法寺村十四町、一段二十代」の知行にあたるうち、斗部五段分は求菩提山領に付けられたものとして段銭を拒否した。この主張に対して郡奉行の山田成一は如法寺氏に段銭を命じている。『鎮西宇都宮氏の歴史』『中世武士団・鎮西宇都宮氏の研究Ⅱ』

如法寺輝則▽ねほうじてるのり
孫次（二）郎。『福岡県の城』には、如法寺城の項において如法寺孫四郎輝則とある。宇都宮一族並びに「家臣名付」に記された功臣。城井鎮房挙兵時の武将。鎮房の従弟。宇都宮氏の支流。「日熊氏系譜」によれば、日熊直次の妻は如法寺輝則の妹とある。豊前国上毛郡山内村（豊前市山内）国人。天正十六（一五八八）年、黒田長政が日熊城を攻撃すると、輝則は緒方惟綱とともに日熊城の後詰めとなって二百から三百の兵で備えを固めたが、黒田の家臣櫛橋三十郎によって討ち取られた。これにより如法寺信政から約四百年続いた如法寺氏も滅亡した。また『築上郡史』では、日熊の系図では名を久明とあり、輝則は久明を指したものとある。「日熊氏系譜」『築上郡志』『築上郡史』『福岡県の城』『鎮西宇都宮氏の歴史』『黒田家譜』「城井軍記」「日熊系図」『中世武士団・鎮西宇都宮氏の研究Ⅱ』

如法寺直信▽ねほうじなおのぶ
宇都宮氏の一族。孫太郎。如法寺肥前守公信の子。『築上郡史』「紀井宇都宮系図」

如法寺縫殿丞▽ねほうじぬいどのじょう
応仁二（一四六八）年十月十五日、求菩提山領の斗部・鳥居畑において違乱した。これに大内政弘の奉行人は、如法寺縫殿丞に違乱を止めるように命じた。しかし応仁の乱のさなかで大内政弘は西軍の中心勢力の一人として戦っていた。つまり大内氏の留守をついた形で大友・少弐が挙兵した。その混乱のさなかで如法寺氏が求菩提山領に介入したのである。『鎮西宇都宮氏の歴史』『築上郡史』『中世武士団・鎮西宇都宮氏の研究Ⅱ』

如法寺信勝▽**ねほうじのぶかつ**

如法寺の座主。座主として彦山（英彦山）とも関わった。六郎。建武二（一三三五）年、御沓村の地頭職の受け渡しの使節を遵行した人物である。如法寺六郎信勝の詳細は不明。「宇都宮大系図」では又太郎盛信の次に現れる人物である。城井頼房が後伏見院の第六皇子安仁親王を如法寺に迎えた時に信勝の娘を後室に迎えた。後に親王は宇都宮氏に推されて彦山座主となり長助法親王と名乗ったとされている。『鎮西宇都宮氏の歴史』『中世武士団・鎮西宇都宮氏の研究Ⅱ』

如法寺信貞▽**ねほうじのぶさだ**

宇都宮氏の一族。左衛門尉。如法寺肥前守公信の子。『築上郡史』「紀井宇都宮系図」

如法寺信定▽**ねほうじのぶさだ**

⇩西郷信定（さいごうのぶさだ）

如法寺信政▽**ねほうじのぶまさ**

豊前宇都氏初代当主城井信房の三男。如法寺氏の祖とされる。上毛郡山内村（豊前市山内）の天台宗如法寺の座主となり、寺領の地頭職も兼ねた。法名は生西。文治の頃（一一八五－九〇）、如法寺城を築城した。しかし「宇都宮史」には文治二年、信房が如法寺を建立し座主となり、少僧正生西と称したとある。宇都宮氏は当初、この寺を菩提所とした。寺院としての如法寺は行基が開基したという伝承を持つ、山岳宗教にかかわる寺であった。『鎮西宇都宮氏の歴史』『築上郡史』『築上郡志』『中世武士団・鎮西宇都宮氏の研究Ⅱ』「宇都宮史」

如法寺久明▽**ねほうじひさあき**

⇩如法寺輝則（ねほうじてるのり）

如法寺久信▽**ねほうじひさのぶ**

宇都宮氏の一族。如法寺城主。孫四郎。天正十六（一五八八）年、日熊城の合戦において黒田軍と戦い討死した。このため、如法寺城は開城したとある。「宇都宮史」『築上郡志』

如法寺孫三郎▽**ねほうじまごさぶろう**

延徳四（一四九二）年、築城郡の段銭奉行となる。如法寺孫三郎は荒巻源左衛門とならんで任じられた。『鎮西宇都宮氏の歴史』

如法寺孫四郎▽ねほうじまごしろう

上毛郡山内村川底城主。天正十六（一五八八）年の黒田軍との戦いにおいて討死したとされる。しかし「豊前軍記」では天正十五年十月上旬に黒田家家臣、橋爪三十郎に討ち取られたとある。『豊前志』

如法寺宗能▽ねほうじむねよし

地頭職。筑前守。応永二十六（一四一九）年、求菩提山領にて違乱した。大内盛見の裁定では如法寺宗能の違乱の停止を命じている。一方では地頭の如法寺宗能の儀に応ずべきものとしている。この年の六月、大内盛見は筑前深江において戦死した。その後、求菩提山は永享三（一四三一）年「求菩提山領田地坪付」を作成して山領の実効支配の回復のための努力をしている。『鎮西宇都宮氏の歴史』『中世武士団・鎮西宇都宮氏の研究Ⅱ』

如法寺盛信▽ねほうじもりのぶ

宇都宮氏の一族。如法寺城主。西郷信定の嗣子。太郎、又太郎。「宇都宮史」『築上郡志』『築上郡史』「紀井宇都宮系図」

如法寺依康▽ねほうじよりやす

助八郎。大内氏の奉行人は大永七（一五二七）年十二月九日、求菩提山領に違乱した如法寺依康に対して求菩提山側は、畑地五反と鳥居畑開発地の三反は求菩提山領だとして文安年間（一四四四－四九）と応仁年間（一四六七－六九）に受けた安堵状を証拠として掲げた。『鎮西宇都宮氏の歴史』『築上郡史』『中世武士団・鎮西宇都宮氏の研究Ⅱ』「求菩提山文書」

根良弾正之忠▽ねらだんじょうのじょう

宇都宮氏一族並びに「家臣名付」に記された宇都宮家家臣。『築上郡志』

納祖紀五郎（納視紀五郎）▽のうそきごろう（のうしきごろう）

「城井軍記」「家臣名付」「豊州治覧」等に記された城井鎮房時代の家臣。豊前・宇都宮家馬廻り役。『築上郡史』には姓が納視とあり。『築上郡志』『築上郡史』「宇都宮史」

野上藤七▽のがみとうしち

天文元（一五三二）年十一月、大友氏は大内方として宇佐郡の佐田朝景が籠る妙見岳城を攻めた。その時に妙見岳合戦に動員されて出陣した大友方の一人。『豊前市史』『増補訂正編年大友史料併大分県古文書全集第16』『大分県の歴史』

野上判官▽のがみはんがん

宇都宮大和守信房公七百五十遠諱の大祭が明治四十二年に挙行された際に、宇都宮家菩提寺天徳寺藤原賢然住職等が編集した「宇都宮家故舊重臣の後裔」の姓名録にその名が見える。「宇都宮家故舊重臣の後裔」

野上弘光▽のがみひろみつ

判官。「城井軍記」「家臣名付」「豊州治覧」等に記された城井鎮房時代の家臣。豊前・宇都宮家物頭（別に馬廻り役の記載あり）。『築上郡志』『築上郡史』「宇都宮文書」『城井闘諍記』『太宰管内志』

野口左助▽のぐちさすけ

黒田家の重臣。参次郎のち藤九郎。号は一成。播磨国加古郡野口村出身。父は黒田孝高（如水）の囲碁仲間で浄金という僧侶であった。左助は十七歳で出仕した。天正五（一五七七）年、佐用郡高倉山城攻めで名を高める。天正十四年、障子ヶ岳城に一人抜け駆けし、槍一本で押さえたと話題になった。豊前国入国後、六三〇石を拝領した。城井鎮房謀殺の際は、従者七人を斬った。朝鮮の役、関ヶ原の戦いにも長政に従軍し、筑前入国後、三千石を拝領し、福岡城築城の際は、普請奉行をつとめた。「歴史群像シリーズ38黒田如水」

野田右衛門大夫▽のだえもんのだいぶ

立花城将、立花鑑載の重臣。永禄十一（一五六八）年、立花道雪の謀略に乗って鑑載を裏切り、戸次軍を城中に引き入れたため、立花城は呆気なく落城した。『筑前戦国史』

野田新助／野田新介▽のだしんすけ

「城井軍記」「家臣名付」「豊州治覧」等に記された城井鎮房の従臣。馬廻り役。天正十七（一五八九）年四月二十日、中津城において城井鎮房が黒田孝高（如水）から謀殺された時、随行先手として供をしていた（城井鎮房の謀殺については、『築上郡志』収載の宇都宮系文書や豊前宇都宮一族の菩提寺月光山天徳寺では天正十七年としているが、『黒田家譜』等では天正十六年とされている）。鎮房が討たれた危急を城井城に報せんとして吉田八大夫、松田左馬助等と城門を切り抜け、上毛郡広津村の広運寺に逃れたが、重傷のため立つことができず同寺にて自刃した。「豊州治覧」によれば、この時、野田新助に続いて十四人が殉死すとある。野田新助の墓は広運寺の境内にある。『築上郡志』『築上郡史』「宇都宮史」『城井闘諍記』『太宰管内志』

野津作右衛門▽のづさくえもん

天正七（一五七九）年、大友義鎮が日向耳川の合戦にて敗れ諸国の大名が離反し、長岩城主の野仲鎮兼も大友氏に叛いた時、鎮兼に従った近郷の武士団の一人。『豊前古城誌』

野仲円空▽のなかえんくう

宇都宮系の野仲氏の一族。道性房。正和二（一三一三）年六月二十二日、野仲道性房円空は、数百騎の人数を乗り入れて豊前国野仲郷内の全得・世永両名を押領したと、宇佐神官永弘愛輔から鎮西探題に訴えられている。鎮西探題は、「野仲円空は宇佐宮の神官とは称し難い」と認定したうえで、神領興行法を適用して円空の違乱を退ける裁許が行われた。「永弘文書」『中世武士団・鎮西宇都宮氏の研究Ⅱ』

野仲興道▽のなかおきみち

長岩城主。兵庫介（助）。永正五（一五〇八）年、将軍義稙を奉じた大内義興に従って上洛し、船岡山合戦に従軍した。永正八年八月二十三日、兵庫介興道は大内氏に従い京都船岡山で戦った。この時敵一人を討ち取った小森田又次郎の忠節に対して修理進を吹挙している。『中世武士団・鎮西宇都宮氏の研究Ⅱ』では、野仲五郎は野仲兵庫助興道の子、野仲重胤と見られ、また、天文十八（一五四九）年、野仲左近将監が下毛郡代とあるのも、野仲五郎が任官したもので同一人物だと推量している。『耶馬溪町史』『耶馬渓文化叢書』『日本城郭大系』『大分県郷土史料集成』『両豊記』『中世武士団・鎮西宇都宮氏の研究Ⅱ』『鎮西宇都宮氏の歴史』

野仲郷司▽のなかごうし

建武三・延元元（一三三六）年四月、大友貞順が豊後国玖珠城にたて籠もり、南朝方として挙兵した。大友貞順の南朝方へ与党した原因は大友氏の家督相続争いにあった。この時、大友方として野仲郷司は玖珠城攻めに参加した。『鎮西宇都宮氏の歴史』

野仲五郎▽のなかごろう

下毛郡代を務めた。延徳四（一四九二）年に発布された大内氏の撰銭令に名が見える。『中世武士団・鎮西宇都宮氏の研究Ⅱ』

野仲作右衛門▽のなかさくえもん

元亀、天正年間に下毛郡内に割拠した。『築上郡志』

野仲重兼▽のなかしげかね

⇩野仲鎮兼（のなかしげかね）

野仲鎮兼▽のなかしげかね

諱は重兼。下毛郡長岩城主。豊前宇都宮氏の族。野仲重房が野仲郷を領し氏とする。城井氏初代、信房の弟・野仲重房から二十三代目にあたる。兵庫頭。野中十郎。大内氏に仕え下毛郡代となった。大内義長滅亡後、弘治三（一五五七）年五月二日、野仲鎮兼は大友軍の侵攻を受けた。鎮兼はこの下毛郡長岩城に立て籠もり六日間にわたり徹底抗戦したあと降伏した。大友義鎮はその勇猛果敢な武勇に感心し、自分の鎮の一字を与え鎮兼と名乗らせたといわれる。永禄二（一五五九）年十年毛利に味方して挙兵、宇佐郡士に攻められ、降伏した。天正七（一五七九）年、大友氏の衰退に乗じて下毛郡を制圧、天正十六年、黒田孝高（如水）のために長岩城を攻略され滅亡した。『北九州戦国史』『豊前古城誌』「佐田文書」『築上郡史』

野仲重貞▽のなかしげさだ

野仲鎮兼の子。太郎。天正七（一五七九）年正月十九日、野仲鎮兼は大畑城の加来安芸守統直を攻めたが、この戦いに敗れて、和議のすえ誓紙を携え人質となって妙見城の田原親家の許に送られた。『豊前古城誌』

野仲重房▽のなかしげふさ

長岩城主。豊前宇都宮氏の祖宗房の次男。城井信房の弟。野仲次郎。伊予守。建久七（一一九六）年、重房は下毛郡野仲郷津田見荘に封じられ、建久九年に長岩城を築いた。以後、子孫が居城した。野仲氏は城井氏と共に豊前における一大勢力を保持し、下毛・宇佐両郡の土豪に大きな影響力を持った。野仲、内尾、友枝氏の祖。『耶馬溪町史』『耶馬渓文化叢書』『日本城郭大系』『大分県郷土史料集成』『両豊記』『豊前古城誌』『豊前志』「宇都宮史」『築上郡志』

野仲重通▽のなかしげみち

長岩城主。建武の頃（一三三四―三八）居城した。次郎。応安四・建徳二（一三七一）年、大内義弘が九州探題の今川貞世を援けて宮方を攻めた時に野仲重通も従っている。『耶馬溪町史』『耶馬渓文化叢書』『日本城郭大系』『大分県郷土史料集成』『両豊記』『豊前古城誌』

野仲重義▽のなかしげよし

長岩城主野仲鎮兼の次男。「戸原野仲系図」によれば、「宇都宮重房が建久六（一一九五）年下毛郡野仲郷を領して、宇都宮の姓を野仲に改め、尾屋敷之城を築き居住。同九年長岩之城を築いて住む」とあり、さらに同名にて「天正十九（一五九一）年から家臣野依弾正と戸原村に住む」とある。『耶馬溪町史』『耶馬渓文化叢書』『日本城郭大系』

野仲助道▽のなかすけみち
弘安二（一二七九）年、豊前国宇佐郡向野において宇佐神領への侵略者として苅田の狼藉を行った。郷司。『中世武士団・鎮西宇都宮氏の研究Ⅱ』

野仲道氏▽のなかみちうじ
豊前宇都宮系の豊前国野仲氏の一族。郷司。宇佐神領の侵略者として史料にあらわれた。嘉暦二（一三二七）年、三月十二日、「宇佐大宮司公敦寄進状写」によれば、宇佐大宮司公敦は宇佐曹司河頬小路屋敷一所と駅館東打上畠二段を、野仲郷司道氏の放券状（権利を放棄する証書）を添えて、永代を限り小山田社に寄進している。『中世武士団・鎮西宇都宮氏の研究Ⅱ』

野仲道雄▽のなかみちお
豊前宇都宮系の豊前国野仲氏の一族。次郎太郎。郷司。宇佐神領の侵略者として史料にあらわれている。文和二・正平八（一三五三）年、下毛郡麻生郷藍原屋敷二カ所を押領した。野仲道雄は鎮西探題北条随時の裁許に応じないために、元応元（一三一九）年の下知状に任せて沙汰付けするために深水弥次郎・津布佐弥五郎入道が派遣されている。『中世武士団・鎮西宇都宮氏の研究Ⅱ』

野仲道俊▽のなかみちとし
宇都宮氏として野仲郷司を最初に名乗ったとされる。郷司。文永元（一二六四）年十一月九日「永弘文書」の「沙弥妙性申状」によれば野仲郷司道俊は豊後国田染庄内恒任名を延応・仁治年間（一二三九—一二四三）に知行していたが、これを宇佐神官吉基に売却している。また、下毛郡山国郷得永名の本主であった。「永弘文書」『中世武士団・鎮西宇都宮氏の研究Ⅱ』

野仲長季▽のなかながすえ
長岩城主。野仲伊予守重房の孫。太郎。蒙古合戦の勲功を表した「蒙古襲来絵詞」で有名な竹崎季長の親類。弘安四（一二八一）年、蒙古襲来（弘安の役）に宇都宮一族の宇都宮有房ほか山田氏、友枝氏などとともに参戦し、筑前にて戦死した。『豊前古城誌』『中世武士団・鎮西宇都宮氏の研究Ⅱ』

野仲弘道▽のなかひろみち
下毛郡代。能登守。将軍あるいは豊前守護大内氏の命により、下地の打渡しなどを行った。『中世武士団・鎮西宇都宮氏の研究Ⅱ』

野仲正行▽のなかまさゆき
豊前国御家人。二郎入道。「永勝院文書」弘安二（一二七九）年六月一日、「関東御教書案」によれば、「豊前国御家人野仲二郎入道正行」以下が宇佐郡向野、封戸郷において刈田（収穫前の稲を権限なく刈り取る）した旨を八幡宇佐中尾寺の座主が訴えている。野仲二郎入道正行は、史料の上で野仲姓の御家人として最初にあらわれる人物とされる。『中世武士団・鎮西宇都宮氏の研究Ⅱ』

野仲道興▽のなかみちおき
原次郎。正和二（一三一三）年八月、「屋形文書・鎮西下知状写」によれば、野仲原次郎道興は、豊前国高家郷大根川社免田七反三十代の田地を質券の地として知行していると訴えられている。この地は宇佐宮官屋形諸成が相伝する所帯であり、宇佐宮の一円神領であり、「神領興行法」により取り戻されるものとして訴訟に及んだものである。『中世武士団・鎮西宇都宮氏の研究Ⅱ』

野仲道棟▽のなかみちむね
⇩野依道棟（のよりみちむね）

野仲宗通▽のなかむねみち
左衛門三郎入道。「比志島文書」の弘安九（一二八六）年、「蒙古合戦勲功地注文」に野仲左衛門三郎宗通法師の名が見える。弘安九年、蒙古合戦の勲功賞として薩摩国鹿児島郷司職を受ける。則松弘明氏は宗通の通が道（宇都宮野仲氏の通字）と考えられるところから豊前国の野仲氏と考えられると推定している。『鎮西宇都宮氏の歴史』『中世武士団・鎮西宇都宮氏の研究Ⅱ』

野原昌久▽のはらまさひさ
天文三（一五三四）年、大内氏との豊後大友軍の戦いの際、地蔵寺峠の守備隊長を務めた勇将。糸口原の猿渡付近での両軍の交戦において三間（約五・四メートル）の大槍を振るい敵兵十六人を突き倒した。『九州の古戦場を歩く』

野間冠者▽のまかんじゃ
大内氏の家臣。大内盛見が大軍を率いて豊前の諸城を攻めた時の部将。『応永戦覧』

野間公高▽のまきみたか
大内義弘の旗下にある安芸国の住人。冠者。応永六（一三九九）年正月四日、城主が敗走した障子ヶ岳城の落城を決定づけるため、援兵の要請を陶筑前守から受けた大内義弘は、兵三万騎を兵船四百余艘に乗せ大内盛見を豊前に遣わせた。その際に従軍した一人。『応永戦覧』

野間源蔵▽のまげんぞう
「城井軍記」「家臣名付」「豊州治覧」等に記された城井鎮房の挙兵時の家臣。豊前・宇都宮家馬廻り役。宇都宮大和守信房公七百五十遠諱の大祭が明治四十二年に挙行された際に、宇都宮家菩提寺天徳寺藤原賢然住職等が編集した「宇都宮家故舊重臣の後裔」の姓名録にその名が見える。「宇都宮家故舊重臣の後裔」『築上郡志』『築上郡史』「宇都宮史」

野間小次郎▽のまこじろう

「城井軍記」「家臣名付」「豊州治覧」等に記された城井鎮房の挙兵時の家臣。『築上郡志』『築上郡史』「宇都宮文書」

乃美宗勝▽のみむねかつ

浦兵部宗勝。小早川隆景の宿老。毛利水軍の統師。兵部丞。宗勝の孫の時に浦氏に復した。本姓は乃美氏。沼田小早川家の庶流。立花城守将。赤間関衆。忠海（広島県竹原市）の賀義（鍵）城主。乃美氏は瀬戸内水軍として活躍し、瀬戸内海の海賊衆村上氏とも姻戚関係にあり、厳島合戦において村上水軍を毛利の味方に引き入れたのは宗勝の奔走によるものであった。永禄四（一五六一）年十月十日の門司城合戦では毛利水軍と大友軍が激突し、明神尾（めかり付近）での戦闘は熾烈を極めた。この時、宗勝は大友の将で国東衆を指揮していた伊美弾正左衛門と鑓を合わせ激闘、伊美の鑓先で負傷するも滴る血をものともせず突き伏せ、伊美弾正の首をあげた。永禄七年正月二十三日、桂元忠宛て、豊前・筑前両国の動静を注進した書状に連署している。永禄十二年十月、毛利勢、立花陣撤退の時、殿軍として立花城籠城は名高い。立花城の撤退にあたり、桂能登、坂田新五左衛門等と兵二百人余りで残留したが、ほどなく大友軍に降り、立花城を明け渡した。大友義鎮（宗麟）は城兵を勇士として遇し安芸に送還させた。これは前年、大友方が立花城開城の際に受けた、毛利元就の好意に報いるためであった。『九州戦国合戦記』『北九州戦国史』『筑前戦国史』

野村市右衛門▽のむらいちえもん

黒田家の家臣。天正十六（一五八八）年三月五日、黒田孝高（如水）とその子長政を将師として歩騎三千余をもって上毛郡日熊城を攻めた時に副師として攻城した。『築上郡志』「宇都宮史」『両豊記』

野村祐勝▽のむらすけかつ

黒田長政家臣。小辰郎。太郎兵衛。母里太兵衛の弟で姫路に生まれる。天正元（一五七三）年、兄とともに初陣。丹波国氷上郡の野村伊予守（太郎兵衛）の娘を娶るが、同三年、野村城の陥落によりその姓名を受け継ぐ。豊前入国後は二九六〇石を拝領する。天正十六年四月二十日、中津城において、長政の命により、城井鎮房の謀殺に加わる（城井鎮房の謀殺については、『築上郡志』

収載の宇都宮系文書や豊前宇都宮一族の菩提寺月光山天徳寺では天正十七年としているが、『黒田家譜』等では天正十六年とされている）。文禄の役に出陣し、開城、普州城で活躍し、帰国後病没した。『黒田家譜』「城井系図」

野村専慶▽のむらせんけい
築城郡、宇留津城の家老。天正十四（一五八六）年、宇留津城に籠城し、黒田、毛利の大軍に攻められ奮戦のすえ討死した。「倉城大略志」に有徳の人と記述されている。籠城前に金銀数多く、京都郡濱町の縁者にこれらを送り遣わしたという。『築上郡志』

野村太郎兵衛▽のむらたろべえ
⇩野村祐勝（のむらすけかつ）

野依兼員▽のよりかねかず
天文、永禄年間に下毛郡内に割拠した。『築上郡志』

野依兼貞▽のよりかねさだ
宇都宮一族並びに「家臣名付」に記された功臣。城井鎮房挙兵時の部将。弾正忠。天正十六（一五八八）年、野仲鎮兼とともに滅亡した。『築上郡志』『築上郡史』「宇都宮史」『中世武士団・鎮西宇都宮氏の研究Ⅱ』

野依兼房▽のよりかねふさ
宇都宮氏の属臣。天正十六（一五八八）年、野依兼行をはじめ、野依氏一族とともに野仲氏の居城である長岩城（下毛郡耶馬渓町津民村）に籠城したが、黒田勢の攻撃を受けて落城した。『日本城郭大系』

野依兼基▽のよりかねもと
左馬介。元亀、天正年間に下毛郡内に割拠した。天正七（一五七九）年、大友義鎮が日向耳川の合戦にて敗れ諸国の大名が離反し、長岩城主の野仲鎮兼も大友氏に叛いた時、鎮兼の命を受けて森兼家・大神兼増とともに長岩城の城番となった。『豊前古城誌』『築上郡志』

野依兼行▽のよりかねゆき
宇都宮氏の属臣。野依城主。天正十六（一五八八）年、野依氏一族とともに野仲氏の居城である長岩城に籠城したが、黒田勢の攻撃を受けて落城した。『日本城郭大系』

野依軍兵衛▽のよりぐんべえ
弘治の頃（一五五五―五八）、野仲氏に属して、野依氏の代々の城であった立野城に居城した。天正七（一五七九）年、大友義鎮（宗麟）が日向耳川の合戦にて敗れ諸国の大名が離反し、長岩城主の野仲鎮兼も大友氏に叛いた時、鎮兼に従った近郷の武士団の一人。『豊前古城誌』

野依貞輔▽のよりさだすけ
観応元・正平五（一三五〇）年十二月二十九日、一色方に忠勤を励んでいた筑前国の土井兵衛五郎種世は豊前国上毛郡友枝で戦った。鎮西探題一色方の大将として野依弾正忠貞輔は戦った。弾正忠。『中世武士団・鎮西宇都宮氏の研究Ⅱ』

野依弾正▽のよりだんじょう
宇都宮大和守信房公七百五十遠諱の大祭が明治四十二年に挙行された際に、宇都宮家菩提寺天徳寺藤原賢然住職等が編集した「宇都宮家故舊重臣の後裔」の姓名録にその名が見える。「宇都宮家故舊重臣の後裔」

野依憲信▽のよりのりのぶ
正安二（一三〇〇）年、探題北条実政の被官となる。鎮西引付衆であった。越前房。史料に最初に見える野依氏を名乗る人物。『鎮西宇都宮氏の歴史』

野依道春▽のよりみちはる
豊前国の国人。野依三郎道棟の子。久郎。建武三・延元元（一三三六）年、足利方として大友近江次郎以下の南朝方の籠城する豊後国玖珠城を攻撃した時の「野仲道棟軍忠状」が「野仲文書」に記されている。この軍忠状の中に野仲三郎太郎道棟とともに合戦に参加したとして野依九郎道春の名が見える。道春はこの合戦で左小腕を射られる傷を負った。『中世武士団・鎮西宇都宮氏の研究Ⅱ』

野依道棟▽のよりみちむね
野仲郷司の庶子。南北朝時代の長岩城主。建武三・延元元（一三三六）年、南北朝時代、野仲郷司とともに豊後国玖珠城を攻撃した。三郎。貞和五・正平四（一三四九）年の「藤原貞房地売券」（「南北朝」・二五九一）に野依三郎道棟の名が見える。また、道棟には、建武三・延元元年、足利方として大友近江次郎以下の南朝方の籠城する豊後国玖珠城を攻撃した時の「野仲道棟軍忠状」が「野仲文書」に記されている。これにより「野仲道棟軍忠状」の野仲三郎太郎道棟と同一人物と考えられる。古くは野仲氏を名乗っていたものと思われる。『中世武士団・鎮西宇都宮氏の研究Ⅱ』『耶馬溪町史』『耶馬溪文化叢書』『日本城郭大系』『大分県郷土史料集成』『両豊記』

野依弥正▽のよりやまさ
宇都宮家一族並びに「家臣名付」に記された城井鎮房挙兵時の家臣。『築上郡志』

則松和泉守▽のりまついずみのかみ
「城井軍記」「家臣名付」「豊州治覧」等に記された城

井鎮房の挙兵時の家臣。物頭。天正十七（一五八九）年四月二十日、城井鎮房が黒田孝高（如水）から中津城で他の家臣達とともに欺かれて謀殺された時、随行後手として供をしていて討たれた（城井鎮房の謀殺については、『築上郡志』収載の宇都宮系文書や豊前宇都宮一族の菩提寺月光山天徳寺では天正十七年としているが、『黒田家譜』等では天正十六年とされている）。宇都宮大和守信房公七百五十遠諱の大祭が明治四十二年に挙行された際に、宇都宮家菩提寺天徳寺藤原賢然住職等が編集した「宇都宮家故舊重臣の後裔」の姓名録にその名が見える。

『城井闘諍記』『築上郡志』『築上郡史』「城井系図」「宇都宮家故舊重臣の後裔」

則松勘解由▽のりまつかげゆ

宇都宮大和守信房公七百五十遠諱の大祭が明治四十二年に挙行された際に、宇都宮家菩提寺天徳寺藤原賢然住職等が編集した「宇都宮家故舊重臣の後裔」の姓名録にその名が見える。「宇都宮家故舊重臣の後裔」

則松信貞▽のりまつのぶさだ

「城井軍記」「家臣名付」「豊州治覧」等に記された城井鎮房の挙兵時の家臣。和泉守。豊前・宇都宮家馬廻り役。「家臣名付」には名を信貞とあり。『築上郡志』『築上郡史』「宇都宮史」『城井闘諍記』『太宰管内志』

則松信行▽のりまつのぶゆき

「城井軍記」「家臣名付」「豊州治覧」等に記された城井鎮房の挙兵時の家臣。勘解由。豊前・宇都宮家、物頭（別に馬廻り役）。「宇都宮史」『築上郡志』『築上郡史』「宇都宮文書」『城井闘諍記』『太宰管内志』

則松備前守▽のりまつびぜんのかみ

「城井軍記」「家臣名付」「豊州治覧」等に記された城井鎮房の挙兵時の家臣。『築上郡志』『築上郡史』「宇都宮史」

則行源鎮重▽のりゆきみなもとのしげしげ

角田村城（詳細不明）城主として居城した。主計頭。『築上郡志』には「角田家系」で宗鎮の従弟にあたり弘治二（一五五六）年四月十八日、討死したとある。戒名は松岩院月峯道居士。『築上郡志』「宇都宮史」『築上郡史』

は行

芳賀晨則▽はがあきのり
対馬守。「城井軍記」「家臣名付」「豊州治覧」等に記された城井鎮房時代の家臣。城井家（豊前宇都宮家）家老（別に中老との記載もあり）。「家臣名付」と「豊州治覧」には名を晨則とあり。『築上郡志』『築上郡史』「宇都宮史」

芳賀吉右衛門▽はがきちえもん
「城井軍記」「家臣名付」「豊州治覧」等に記された城井鎮房の挙兵時の家臣。『築上郡志』『築上郡史』「宇都宮史」

波賀下野守▽はがしもつけのかみ
天正七（一五七九）年、大友義鎮（宗麟）が日向耳川の合戦にて敗れ諸国の大名が離反し、長岩城主の野仲鎮兼も大友氏に叛いた時、鎮兼に従った近郷の武士団の一人。『豊前古城誌』

芳賀時親▽はがときちか
四郎右衛門尉。「城井軍記」「家臣名付」「豊州治覧」等に記された城井鎮房の挙兵時の家臣。家老職（別に馬廻り役の記載あり）。『築上郡志』『築上郡史』「宇都宮史」

芳賀房慶▽はがふさよし
権之助。「城井軍記」「家臣名付」「豊州治覧」等に記された城井鎮房時代の家臣。芳賀晨則の嫡男。城井家（豊前宇都宮家）馬廻り役。『築上郡志』『築上郡史』「宇都宮史」

羽川主計頭▽はがわかずえのかみ
馬ヶ岳城主であった新田義高の従臣。永享三（一四三一）年正月十一日（又は十五日）、宇佐で菊池武忠の伏兵の奇襲にあい、奮戦するも義高の従臣は戦死、主人も自害したため、中津川の神主、重松刑部少輔が義高の部下である舟田入道玄加の妻の兄であることから、羽川は助けを求めた。重松は義高の屍を輿にて迎え庵室の後に葬り、それが終わると羽川は自害した。「宇佐郡記」『築上郡史』

萩原勘解由左衛門▽はぎわらかげゆさえもん
天正七（一五七九）年、大友義鎮（宗麟）が日向耳川の合戦にて敗れ諸国の大名が離反し、長岩城主の野仲鎮兼も大友氏に叛いた時、鎮兼に従った近郷の武士団の一人。『豊前古城誌』

萩原鎮房▽はぎわらしげふさ
宮熊村城城主。土佐守。『豊前古城誌』には宮能村城主とあるが、熊の間違いであろう。『豊前志』『豊前古城誌』

萩原四郎兵衛▽はぎわらしろうべい
弘治二（一五五六）年秋、大友義鎮（宗麟）が龍王城に在陣した際、着到した宇佐郡三十六人衆の一人。なお着陣の時期について、『大友公御家覚書』等では弘治二年四月、大友義鎮龍王に陣を取るとある。『香下文書』『北九州戦国史史料集』『編年大友史料』

萩原種親▽はぎわらたねちか
天文の頃（一五三二―五五）、土井城城主として居城し、その後敷田城を築城し居城とした。山城守。弘治の頃（一五五五―五八）、宇佐郡において三十六士と称された豪族の一人。大友家に属し、毎年八月朔日には馬太刀の使者を立てて主従の礼を行ったという。黒田孝高（如水）入国後、検地を行い国人の存在を認めないことから国人一揆に加わって抵抗したが黒田軍に敗れて降伏した。天正三（一五七五）年病死。久嶽一雲居士と謚す。『豊前古城誌』『築上郡志』『豊前志』

萩原種治▽はぎわらたねはる
山城守。萩原種親の養子。四郎兵衛。元亀、天正年間に宇佐郡内に割拠した。天正十六（一五八八）年三月七日、黒田家の軍門に叩頭す。父、萩原山城守は黒田家に背き、逆心あるものの忠誠を誓った種治は黒田家と主従の約を交わした。『築上郡志』『宇佐郡記』『豊前古城誌』

萩原房円▽はぎわらふさまど
応永の頃（一三九四―一四二八）、宮熊城を築城した。土佐守。『日本城郭大系』

萩原山城守▽はぎわらやましろのかみ
敷田城を居城とした。弘治の頃（一五五五―五八）、宇佐郡において三十六氏と称された豪族の一人。大友家に属し、毎年八月朔日には馬太刀の使者を立てて主従の礼を行ったという。天正八（一五八〇）年、秋月種実・高橋元種等に通じて、田原親貫の反乱に呼応した。このため大友義統によって領地であった識田・宮隈を没収された。天正十七年、黒田氏に抗戦したが、降伏した。「萩原文書」『豊前古城誌』『北九州戦国史』『北九州戦国史料集』

土持親成▽はじちかしげ
右馬頭、弾正少輔弼。日向臼杵郡の国人。田部氏。宇佐八幡宮の惣弁官。松尾城主。支城の汐見・日知屋・門

川を抱えた。大友義鑑の代から大友氏の麾下、天正五（一五七七）年、伊東氏敗退後、島津氏に通じたため、天正六年、大友氏に征討されて親成は斬られた。その子親信は島津勢の豊後侵攻に協力して、南海部郡朝日嶽城（佐伯市宇目）を取った。子孫は島津氏に仕えた。『北九州戦国史』

橋津掃部助▽はしづかもんのすけ
　宇佐郡封戸郷橋津城城主。藤原英度（本多氏）後、佐渡守。佐渡入道と称した。藤原正武。『北九州戦国史』「佐田文書」『大友宗麟資料集』『北九州戦国史史料集』

橋津佐渡入道▽はしづさどにゅうどう
　掃部助莫度。宮成右衛門尉・益永民部少輔・時枝備後守とともに、宇佐宮を焼き討ちした大友氏を深く恨み、大友軍が耳川の合戦で大敗したことに乗じて佐野・萩原等を加えて毛利方となり、大友方の中島・赤尾・渡辺・広崎・矢部・佐田等と闘争を続けた。『北九州戦国史』

橋津実度▽はしづさねのり
　掃部助。応永年間（一三九四－一四二八）、大内氏に属して橋津城に居城した。しかし大友氏の宇佐・下毛郡の制圧によって大友氏に属した。さらに大友氏が日向耳川の合戦で大敗すると時枝氏とともに叛いたので田原親賢（紹忍）に攻められた。天正十七（一五八九）年、黒田氏の豊前入部により城地を没収された。その後、代々庄屋となった。『日本城郭大系』

橋津次郎左衛門▽はしづじろうさえもん
　橋津城（宇佐市橋津）城主。弘治の頃（一五五五－一五五八）、この城に居城した。宇佐郡において三十六氏と称された豪族の一人。大友家に属し、毎年八月朔日には馬太刀の使者を立てて主従の礼を行ったという。『香下文書』『豊前古城誌』「宇佐郡記」『北九州戦国史史料集』『築上郡志』『編年大友史料』

橋津英度▽はしづひでのり
　橋津村城主。掃部助。弘治二（一五五六）年三月十六日、大内方の宇佐郡妙見岳城督杉因幡守から豊前北部の動乱発生により出陣を依頼された。「大友家文書」『北九州戦国史史料集』

橋詰三十郎（**橋詰三郎**）▽はしづめさんじゅうろう（はしづめさぶろう）
　黒田家の家臣。天正十六（一五八八）年三月三日、黒田長政が日熊城を攻めた時、山内村川底城主、如法寺孫四郎を討ち取る戦功をあげた。「豊前軍記」では橋爪三郎と記されている。『豊前志』

橋本玄蕃允▽はしもとげんばのじょう
大友方の部将。永禄十（一五六七）年、休松の合戦の後、筑後をめざして退いた際に、甘木上高場付近で秋月勢に討ち取られた。『筑前戦国史』

長谷川正氏▽はせがわまさうじ
永享、応仁年間に京都郡内に割拠した。刑部。新田義氏の家臣。『応永戦覧』には刑部左衛門尉とあり。応永五（一三九八）年十月、豊前の守護職、馬ヶ岳城主新田義氏が大友氏鑑の挙兵に加わったため、新田軍は、大内政弘が差し向けた二万の大軍に対して二千八百余にて馬ヶ岳城に籠城、正氏は二百余騎で平尾口を守った。『築上郡志』『応永戦覧』

畠山式部大夫▽はたけやましきぶだいぶ
応永五（一三九八）年正月七日、大内義弘の命を受けた弟の盛見が軍勢三万余の大将として仲津郡鶴の港（今川付近）に在陣した時、郡内から馳せ参じて帰順の意を表わしたため、居城に帰ることを許された。『応永戦覧』『築上郡史』

畠山四郎▽はたけやましろう
応永五（一三九八）年、前守護職大友氏時の長子である大友氏鑑は、大内義弘の画策により、氏時の甥で猶子である親世が守護職を継いだことを不満とし、親世に叛逆して兵を挙げた。その際、氏鑑から回文を受け一味同心した一人。応永六年正月二十一日、大内盛見の軍勢に山鹿、大村両城を攻められ桃井左近大夫とともに討死した。『応永戦覧』『築上郡史』

畠山弾正少輔▽はたけやまだんじょうしょうゆう
応永、正長年間に田河郡内に割拠した。応永五（一三九八）年、前守護職大友氏時の長子である大友氏鑑は、大内義弘の画策により、氏時の甥で猶子である親世が守護職を継いだことを不満とし、親世に叛逆して兵を挙げた。その際、氏鑑から回文を受け一味同心した一人。『応永戦覧』には名を弾正少弼とある。『応永戦覧』『築上郡志』『築上郡史』

畠山民部少輔▽はたけやまみんぶしょうゆう
応永五（一三九八）年、前守護職大友氏時の長子である大友氏鑑は、大内義弘の画策により、氏時の甥で猶子である親世が守護職を継いだことを不満とし、親世に叛逆して兵を挙げた。その際、氏鑑から回文を受け一味同心した一人。『太宰管内志』には畠山式部少輔との記述あり。『応永戦覧』『築上郡史』『太宰管内志』

畠山義成▽はたけやまよししげ

応永年間（一三九四―一四二八）に豊前に割拠した。弾正少弼。応永六年正月二十四日、大内盛見が岩石城を攻城する時に畠山義豊とともに大内方として参陣した。『太宰管内志』『応永戦覧』

畠山義隆▽はたけやまよしたか
応永、正長年間に田河郡内に割拠した。『築上郡志』

畠山義豊▽はたけやまよしとよ
民部少輔。雁股城守将。応永六（一三九九）年正月、大内盛見が岩石城を攻城する時に畠山義成とともに大内方として参陣した。大内盛見は伊田原に在陣した時に近辺の諸城は降参し、あるいはあけ去って攻めないまま城を抜いた。戸代山城の畠山義豊は近隣の城主とともに打ち連れて降礼に努め、名馬酒肴等を進呈して、さらに人質に起請文を添えた。これに対して大内盛見は大いに喜んで饗餐して、引き出物を出して居城へ帰された。『応永戦覧』『築上郡史』『太宰府管内志』『福岡県の城』

畠山義深▽はたけやまよしふか
応永、正長年間に仲津郡内に割拠した。式部少輔、式部大輔。畠山国清入道道誓の弟。足利義満により応安三・建徳元（一三七〇）年、豊前国の守護職に補せられ豊前守となって下向し、戸代山城に居城した。義深、義冬、義孝の親子三代が居城したが、応永三十（一四二三）年、義冬の頃に大内盛見に攻められ、親子共々討たれて滅んだ。『築上郡志』『築上郡史』「宇都宮史」『耶馬溪町史』『応永戦覧』

畠山義冬▽はたけやまよしふゆ
応永、正長年間に田河郡内に割拠した。民部少輔。「豊前国古城記」には畠山義深の嫡男とあり、建徳年間（一三七〇―七二）に雁股城を守ったとあるが、戸城山は大雁股とも称したことから、雁股城と混同したもので、義冬在城の確証はないと『福岡県の城』にある。応安三（一三七〇）年、父義深が豊前国の守護職に補せられ下向するや、義深は戸城山城を居城とし、義冬とその子義孝が居城した。応永三十（一四二三）年に大内盛見に攻められ、親子共々討たれて滅亡した。「豊前国古城記」『豊前志』『築上郡志』『福岡県の城』『友枝村誌』

畠中六郎左衛門▽はたなかろくろうさえもん
宇都宮氏一族並びに「家臣名付」に記された宇都宮家家臣。城井家（豊前宇都宮家）馬廻り役。『築上郡志』

畑信義（畑中信義）▽はたのぶよし（はたなかのぶよし）
「城井軍記」「家臣名付」「豊州治覧」等に記された城井鎮房の挙兵時の家臣。六郎右衛門。城井家（豊前宇都宮家）馬廻り役。『城井闘諍記』には畑中とある。城井朝房が肥後に赴くに際して、随行した驍勇二十四騎の一人。『太宰管内志』には畠中六郎左衛門と記述あり。『築上郡志』『築上郡史』「宇都宮史」『城井闘諍記』『太宰管内志』

畑六郎右衛門▽はたろくろうえもん
　宇都宮大和守信房公七百五十遠諱の大祭が明治四十二年に挙行された際に、宇都宮家菩提寺天徳寺藤原賢然住職等が編集した「宇都宮家故舊重臣の後裔」の姓名録にその名が見える。「宇都宮家故舊重臣の後裔」

八屋隠岐守▽はちやおきのかみ
「城井軍記」「家臣名付」「豊州治覧」等に記された城井鎮房の挙兵時の家臣。宇都宮大和守信房公七百五十遠諱の大祭が明治四十二年に挙行された際に、宇都宮家菩提寺天徳寺藤原賢然住職等が編集した「宇都宮家故舊重臣の後裔」の姓名録にその名が見える。「宇都宮家故舊重臣の後裔」『築上郡志』『築上郡史』「宇都宮史」

蜂屋隠岐守▽はちやおきのかみ
　天文、永禄年間に上毛郡内に割拠した。『築上郡志』

八屋刑部▽はちやぎょうぶ
　元亀、天正年間に上毛郡内に割拠した。城井鎮房の挙兵時の国人。岩丸山合戦のあと、上毛郡垂水村（福岡県築上郡上毛町）の観音原（桑野原）の合戦において黒田軍に討ち取られた。『築上郡志』

蜂谷郡司▽はちやぐんじ
「城井軍記」「家臣名付」「豊州治覧」等に記された城井鎮房の挙兵時の家臣。城井家（豊前宇都宮家）馬廻り役。宇都宮大和守信房公七百五十遠諱の大祭が明治四十二年に挙行された際に、宇都宮家菩提寺天徳寺藤原賢然住職等が編集した「宇都宮家故舊重臣の後裔」の姓名録にその名が見える。「宇都宮家故舊重臣の後裔」『築上郡志』『築上郡史』「宇都宮史」

蜂谷照光／蜂屋照光▽はちやてるみつ
　八屋城主とも思われる。兵部少輔。応永五（一三九八）年正月七日、大内義弘の命を受けた弟の盛見が軍勢三万余の大将として仲津郡鶴の港（今川付近）に在陣した時、西郷刑部丞等とともに郡内から馳せ参じて帰順の意を表わしたため、居城に帰ることを許された。『築上郡志』では蜂谷刑部少輔照光とある。『応永戦覧』『築上郡史』『築上郡志』「宇都宮史」

蜂谷信濃守▽はちやしなののかみ

宇都宮氏一族。蜂谷氏代々の馬場城の城主として居城した。『築上郡志』

蜂屋兵部少輔▽はちやひょうぶしょうゆう

上毛郡角田、馬場城主。応安四・建徳二（一三七一）年、菊池氏追討のために今川貞世が大内義弘を差し向け、四月に仲津郡鶴の港（今川付近）に着岸した際、多くの給人とともに馳せ参じた。応永五（一三九八）年、前守護職大友氏時の長子である大友氏鑑は、大内義弘の画策により、氏時の甥で猶子である親世が守護職を継いだことを不満とし、親世に叛逆して兵を挙げた。その際、氏鑑から回文を受け一味同心した一人。『応永戦覧』『築上郡史』『太宰管内志』

波津久忠兵衛尉▽はづくちゅうべえのじょう

大友方の武将。文亀元（一五〇一）年閏六月二十四日、仲津郡沓尾村において大内勢と大友勢による激戦が繰り広げられた。波津久忠兵衛尉は、この沓尾崎の合戦において負傷して帰宅し、大友親治は波津久忠兵衛尉をねぎらって恩賞を与えた。『行橋市史』

波津久弥三郎▽はづくやさぶろう

天文元（一五三二）年十一月、大友氏は大内方として宇佐郡の佐田朝景が籠る妙見岳城を攻めた。その時に妙見岳合戦に動員されて出陣した大友方の一人。『豊前市史』『増補訂正編年大友史料併大分県古文書全集第16』『大分県の歴史』

八田武朝▽はったたけとも

八田義朝の嗣子。応永、正長年間に築城郡内に割拠した。治部少輔。大内盛見が兄義弘の命を受け、大将として軍勢三万余をもって応永五（一三九八）年、正月六日、山口を発し、七日暮れ仲津郡鶴の港（今井付近）に在陣した時、郡内から馳せ参じて酒肴名物を持参して帰順の意を表わしたため饗応懇ろにして居城に帰ることを許された。『築上郡志』『応永戦覧』『築上郡史』

八田義朝▽はったよしとも

応永、正長年間に築城郡内に割拠した。小太郎。応永五（一三九八）年正月七日、大内義弘の命を受けた弟の盛見が軍勢三万余の大将として仲津郡鶴の港（今川付近）に在陣した時、郡内から馳せ参じて帰順の意を表わしたため、居城に帰ることを許された。『応永戦覧』『築上郡史』『築上郡志』

鳩隆重▽はとたかしげ

天文、永禄年間に京都郡内に割拠した。『築上郡志』

塙大六▽はなわだいろく
「城井軍記」「家臣名付」「豊州治覧」等に記された城井鎮房の挙兵時の家臣。城井家（豊前宇都宮家）馬廻り役。宇都宮大和守信房公七百五十遠諱の大祭が明治四十二年に挙行された際に、宇都宮家菩提寺天徳寺藤原賢然住職等が編集した「宇都宮家故舊重臣の後裔」の姓名録にその名が見える。『築上郡志』『築上郡史』「宇都宮史」「宇都宮家故舊重臣の後裔」

羽野鑑房▽はのあきふさ
豊後日田郡の六郡老の一人。遠江守。大友義鑑に命じられて日田の郡政を統治した。後に目代（代官）を追加して八名は八奉行と呼ばれた。『九州戦国合戦記』

馬場越後▽ばばえちご
大友方の家臣、元亀三（一五七二）年一月二十八日、隊列をもって池田川付近を通過中に、原田方の名のある勇士ほかの三百騎の兵に襲われて泊又太郎とともに池田河原（糸島市）において討死した。『筑前戦国史』

早川喜助▽はやかわきすけ
城井鎮房の挙兵時の家臣。宇都宮大和守信房公七百五十遠諱の大祭が明治四十二年に挙行された際に、宇都宮家菩提寺天徳寺藤原賢然住職等が編集した「宇都宮家故舊重臣の後裔」の姓名録にその名が見える。『築上郡志』「宇都宮家故舊重臣の後裔」

早川永成▽はやかわながしげ
「城井軍記」「家臣名付」「豊州治覧」等に記された城井鎮房の挙兵時の家臣。城井家（豊前宇都宮家）物頭（別に馬廻り役の記載あり）。喜兵衛、または儀兵衛、吉兵衛。『築上郡志』「宇都宮史」『城井闘諍記』『太宰管内志』

早川長常▽はやかわながつね
「城井軍記」「家臣名付」「豊州治覧」等に記された城井鎮房の挙兵時の家臣。城井家（豊前宇都宮家）中老。『太宰管内志』には早川左馬とある。左馬佐。左馬介（右馬介）。『築上郡志』『築上郡史』「宇都宮文書」『城井闘諍記』『太宰管内志』

林越後守▽はやしえちごのかみ
元亀、天正年間に下毛郡内に割拠した。天正七（一五七九）年、大友義鎮（宗麟）が日向耳川の合戦にて敗れ諸国の大名が離反し、長岩城主の野仲鎮兼も大友氏に叛いた時、鎮兼に従った近郷の武士団の一人。『築上郡志』『豊前古城誌』

林崎入道常林▽はやしざきにゅうどうじょうりん

中島摂津守が謀叛を起こして大友勢と対峙したときに、小倉原に陣を張り皇后石（史跡・築上郡吉富町）に幡を挙げた中島氏族に相い従った。『豊前古城誌』

林式部▽はやししきぶ
大友方の部将。大友義鎮（宗麟）の弟（一説には甥）。元亀元（一五七〇）年に大友義鎮から三千余騎を授けられ、龍造寺隆信の討伐にむかったが、同年八月二十日、今山に布陣していたところ、鍋島信昌の奇襲を受け死傷者二千を数える壊滅的な打撃を受けて討死した。『筑前戦国史』

林田永公▽はやしだながきみ
成恒氏の一族。麻生摂津守が大友家に謀叛した時、成恒氏と供に毘沙門堂に陣を敷いた。李之烝。『豊前古城誌』

林直利▽はやしなおとし
黒田家の家臣。幼名吉六。掃部亮、太郎右衛門。本姓は松本氏。信濃国軽井沢に生まれた。播磨国に移住して黒田家に仕え、秀吉からの付人、林大学助の養子となる。天正十二（一五八四）年、岸和田の戦いに初陣。豊前入国後、五百十四石を拝領し、足軽大将となった。天正十五年十月九日、黒田が城井谷の城井鎮房を攻めた時、長政が城井軍に囲まれて命が危ういと、黒田の家臣大野小弁が長政の緋の羽織を引き取って長政の身代わりとなった。黒田一茂は自分の馬を下りて長政を乗せようと説得するうちに城井兵に囲まれた長政を林掃部は鎗で救った。槍の達人で文禄の役では虎を仕留めたという。筑前入国後は三千石に加増され、大組頭の筆頭となった。また、屋敷の門には名島城の遺構を拝領し、藩士の中では唯一二階造りの櫓門を許された。慶長十五（一六一〇）年、名護屋城の天下普請に城内最大の大石を運び、結城秀康の付家老であった永見志摩守貞親の娘を娶った。『築上郡史』「歴史群像シリーズ38黒田如水」

林長純▽はやしながずみ
応永の頃（一三九四－一四二八）、岩石城を攻略する大内氏総大将大内盛見の軍勢に石見勢七千余騎とともに従った。源次郎。『太宰管内志』

林長紀▽はやしながのり
大内義弘の旗下にある石見国の住人。源次郎。応永六（一三九九）年正月四日、城主が敗走した障子ヶ岳城の落城を決定づけるため、援兵の要請を陶筑前守から受けた大内義弘は、兵三万騎を兵船四百余艘に乗せ大内盛見を豊前に遣わせた。その際に従軍した一人。『応永戦覧』

林彦五郎▽はやしひこごろう
宇都宮家一族並びに「家臣名付」に記された城井鎮房挙兵時の家臣。『築上郡志』

林光季▽はやしみつとき
中島摂津守が謀叛を起こして大友勢と対峙したときに、小倉原に陣を張り皇后石（史跡・築上郡吉富町）に幡を挙げた中島氏族に相い従った。与左衛門尉。『豊前古城誌』

林光秀▽はやしみつひで
中島摂津守が謀叛を起こして大友勢と対峙したときに、小倉原に陣を張り皇后石（史跡・築上郡吉富町）に幡を挙げた中島氏族に相い従った。与左衛門尉。『豊前古城誌』

林与左衛門▽はやしよざえもん
大友氏の家臣団。与左衛門・宗頓と称す。志賀親守の子。親次の叔父。天正の初め頃キリシタンになり、林ゴンサロ殿と呼ばれ親次に大きな影響を与えた。妻は義鎮新夫人ジュリアの連れ子（教名コインタ）。天正八（一五八〇）年、臼杵の邸宅が全焼し無一物となった。十二年筑後出征中、聖遺物入れのおかげで奇蹟的に助かる。文禄の役に従軍。『日本史（フロイス）』『戦国大名家臣団事典』

速見堅吾▽はやみけんご
「城井軍記」「家臣名付」「豊州治覧」等に記された城井鎮房の挙兵時の家臣。『築上郡志』『築上郡史』「宇都宮史」

速見新六／逸見新六▽はやみしんろく
「城井軍記」「家臣名付」「豊州治覧」等に記された城井鎮房の挙兵時の家臣。城井家（豊前宇都宮家）馬廻り役。『築上郡史』『城井闘諍記』『太宰管内志』には逸見新六とあり。城井朝房が肥後に赴くに際して、随行した驍勇二十四騎の一人。『築上郡志』『築上郡史』「宇都宮史」「宇都宮家故舊重臣の後裔」

原井四郎▽はらいしろう
正嘉二（一二五八）年二月十六日付けの「成恒末久文書」に女院垣政所原井四郎の名が見える。原井城主と見られる。『築上郡史』

原伊予守▽はらいよのかみ
宇都宮氏一族並びに「家臣名付」に記された宇都宮家

家臣。城井家（豊前宇都宮家）馬廻り役。宇都宮大和守信房公七百五十遠諱の大祭が明治四十二年に挙行された際に、宇都宮家菩提寺天徳寺藤原賢然住職等が編集した「宇都宮家故舊重臣の後裔」の姓名録にその名が見える。「宇都宮家故舊重臣の後裔」『築上郡志』

原口成信▽はらぐちしげのぶ

天正の頃（一五七三－九二）、中島家の幕下に属して、原口氏代々の居城であった原口城に居城した。藤蔵。中島摂津守が謀叛を起こして大友勢と対峙したときに、小倉原に陣を張り皇后石（史跡・築上郡吉富町）に幡を挙げた中島氏族に相い従った。『豊前古城誌』

原口次郎▽はらぐちじろう

天文の頃（一五三二－五四）、大友家の幕下に属して、原口氏代々の居城であった原口城に居城した。天文年間宇佐郡大門村に塁を築く。弘治二（一五五六）年秋、大友義鎮（宗麟）が龍王城に在陣した際、着到した宇佐郡三十六人衆の一人。なお着陣の時期について、『大友公御家覚書』等では弘治二年四月、大友義鎮龍王に陣を取るとある。大友家に属し、毎年八月朔日には馬太刀の使者を立てて主従の礼を行ったという。天正十七（一五八九）年、黒田氏に降る。原口村に地頭屋敷が残る。『日本城郭大系』『香下文書』『北九州戦国史史料集』『編年大友史料』『豊前古城誌』『築上郡志』「宇佐郡記」

原口兵衛三郎▽はらぐちひょうえさぶろう

清原正高の子孫が原口村に入部して原口氏を称した。足利尊氏が建武三・延元元（一三三六）年四月三日、兵を率いて大宰府を発した時、城井守綱（冬綱）を筆頭に公景、宇佐郡高家、中島宗頼等とともに手兵を率いてこれに従い征途に上った。『築上郡史』『日本城郭大系』

原田鑑尚▽はらだあきひさ

糸島郡高祖城主原田隆種（了栄）の子。天正元（一五七三）年、大友義鎮（宗麟）の命により、父隆種より誅された親種の氏族となっている。『北九州戦国史』

原大学▽はらだいがく

天正七（一五七九）年、大友義鎮（宗麟）が日向耳川の合戦にて敗れ諸国の大名が離反し、長岩城主の野仲鎮兼も大友氏に叛いた時、鎮兼に従った近郷の武士団の一人。『豊前古城誌』

原田右京進▽はらだうきょうのしん

天文二十一（一五五二）年、岩石城を守った。『太宰管内志』

原田種興▽はらだたねおき
天文の頃（一五三二－五五）、大友氏の幕下にあって宝森城に居城した。伊予守。『豊前古城誌』

原田伊予守（原伊予守）▽はらだいよのかみ（はらいよのかみ）
「城井軍記」「家臣名付」「豊州治覧」等に記された城井鎮房の挙兵時の家臣。「城井家記」には日吉崎城の城代と記されている。宇都宮大和守信房公七百五十遠諱の大祭が明治四十二年に挙行された際に、宇都宮家菩提寺天徳寺藤原賢然住職等が編集した「宇都宮家故舊重臣の後裔」の姓名録にその名が見える。『築上郡志』『築上郡史』「宇都宮文書」「城井家記」『太宰管内志』「宇都宮家故舊重臣の後裔」

原田興種▽はらだおきたね
室町期の原田氏の一族として有名。永正五（一五〇八）年大内義興とともに京に上り、足利将軍義稙を漂泊の境遇から救った人物とされる。足利将軍家から「屋形号」を賜ったが、「原田家はその昔、安徳帝の御所になったところで御所号を賜っているので、従って謹んでご辞退仕る」と申し上げたという逸話が残る。『大蔵原田一族史話』

原田掃部（原田掃部頭）▽はらだかもん（はらだかもんのかみ）
宇都宮氏一族並びに「家臣名付」に記された宇都宮家家臣。城井家（豊前宇都宮家）馬廻り役。宇都宮大和守信房公七百五十遠諱の大祭が明治四十二年に挙行された際に、宇都宮家菩提寺天徳寺藤原賢然住職等が編集した「宇都宮家故舊重臣の後裔」の姓名録にその名が見える。「宇都宮家故舊重臣の後裔」『築上郡志』

原田国種▽はらだくにたね
原田種綱の後裔。原田兵庫介弘種のあとを継ぎ、光岡城に居城した。後に大内氏に属した。修理亮。『豊前古城誌』

原田貞種▽はらださだたね
宇佐宮とともに豊前大社の一つであった香春宮の大宮司原田五郎義種の弟。『太宰管内志』によれば、天文の頃（一五三二－五五）、兄の原田義種とともに鬼岳城（香春岳城の別名）に在城したとある。右衛門大夫。永禄四（一五六一）年七月、大友義鎮（宗麟）の麾下、田原親賢（紹忍）、戸次鑑連（立花道雪）、田北刑部少輔等の六千余騎の軍勢に攻められた。城兵三〇〇余で防戦、数日間の攻防の末、七月十五日の総攻撃で香春岳城は落城した。原田義種ほか一族二十三人はともに一列に座を組んで腹を掻き切って死んだ。貞種は当時、毛利元就に従って雲州（出雲）洗合に在陣していたが、この報に接して長州から五〇〇余騎を率いて香春に急行したが、すでに落城後であった。貞種は空しく引き揚げたと『両豊記』にある。しかし『太宰管内志』には、雲州より立ち帰って再び城を乗っ取り、鬼岳城に在城したが、天正年間（一五七三－九二）に至り、高橋三河守秋種が鬼岳城を攻め落としたために貞種は自害したとある。「陰徳太平記」『両豊記』『築上郡志』『太宰管内志』

原田貞親▽**はらださだちか**
文明、大永年間に規矩郡内に割拠した。『築上郡志』

原田紹忍▽**はらだしょうにん**
元亀、天正年間に宇佐郡内に割拠した。『築上郡志』

原田隆種▽**はらだたかたね**
筑前怡土（糸島）郡高祖城主。原田種直の末裔。入道して了栄。大内氏麾下として大友の筑前支配に抵抗した。志摩郡柑子岳城の大友方城督と戦い、元亀三（一五七二）年柑子岳の臼杵進士兵衛を討ち取った。天正六（一五七八）年以降は、龍造寺隆信と結び、怡土、志摩、早良三郡を制圧した。天正十四年秀吉の麾下に参加せず、誅されたという。『北九州戦国史』

原田種興▽**はらだたねおき**
元暦元（一一八四）年に緒方三郎惟栄が築いた高森城に、天文の頃（一五三二－五五）に居城した。伊予守。『豊前志』

原田種親▽**はらだたねちか**
筑前の人。貞和二・正平元（一三四六）年より、赤尾村にあった光岡城の旧塁を修復して居城し、これより赤尾氏と称した。豊後守。『豊前古城誌』

原田種綱▽**はらだたねつな**
光岡城のある赤尾村を領地とした高武蔵守が改易された後その領地を継ぎ、貞和年間（一三四五－五〇）、光岡城に居城した。次郎左衛門。『豊前古城誌』

原田種遠▽**はらだたねとう**
原田種之の子。父種之は寛正三（一四六二）年、大友

氏の幕下に従い宇佐、下毛両郡の内、少々を領地とした。種遠は大内氏に降参して土井山に城を築いて赤尾丹後守と号した。『豊前古城誌』

原田種成▽**はらだたねなり**

香春城主千手興房幕下の重臣。帯刀左衛門。応永六（一三九九）年正月、大内盛見の大軍による攻城に対してあくまでも籠城の計略を立てて応戦したが衆寡敵せず、ついに敗れて、正月十二日、興房をはじめ一族郎従八十三人と座を連ねて自刃した。『応永戦覧』

原田種房▽**はらだたねふさ**

永享、応仁年間に規矩郡内に割拠した。『築上郡志』

原田種光▽**はらだたねみつ**

大内盛見の家臣。右衛門佐。応永、正長年間に田河郡内に割拠した。応永六（一三九九）年正月、大内盛見は大軍をもって香春城主千手興房を攻めて正月十二日に落城させ千手一族を滅ぼした。その後、原田種光を奉行人とした。『築上郡志』『応永戦覧』

原田種之▽**はらだたねゆき**

寛正三（一四六二）年、大友氏の幕下に従い宇佐、下毛両郡の内、少々を領地とした。三郎。『豊前古城誌』

原田種之▽**はらだたねゆき**

原田種遠の子。大内氏に属して大いに繁栄した。弾正少弼。『豊前古城誌』

原田親種▽**はらだちかたね**

筑前怡土（糸島）郡高祖城主。原田種直の末裔。隆種の四子。永禄十一（一五六八）年八月頃、毛利氏に応じ、立花陣中の柑子岳城督臼杵新介の留守を突いて柑子岳城を攻略したが、臼杵新介から取りかえされた。天正元（一五七三）年二月、大友義鎮（宗麟）の命を受けた隆種により誅された。『北九州戦国史』

原田信種▽**はらだのぶたね**

原田種直の末裔。父は原田隆種。信種は天正十四（一五八六）年、秀吉の麾下に参加せず誅された。『北九州戦国史』

原田秀種▽**はらだひでたね**

原田親種の長男。立花城合戦の時、高祖城から原田勢の救援に駆けつけてきたところ、永禄十二（一五六九）年八月二日、生の松原まで追跡してきた大友方の戸次軍勢と遭遇し戦闘となり、十二歳で討死した。小次郎。『筑前戦国史』

原田弘種▽はらだひろたね
光岡山に光岡城を築いた原田種綱の後裔。同城に居城した。兵庫介。後に大内氏に属した。『豊前古城誌』

原田義茂▽はらだよししげ
原田義種の弟。権之助。永禄年間（一五五八―七〇）香春岳にて没。法名花岳院殿照月義哲大居士。義種の落城後の城の始末に骨を折ったとされる。諸戦記物には義重等の名で出ている。『大蔵原田一族史話』

原田義種▽はらだよしたね
大蔵氏の一族。五郎。宇佐宮とともに豊前大社の一つであった香春宮の大宮司で領主。毛利方の香春岳城将。『太宰管内志』によれば、天文の頃（一五三一―五五）、弟の原田右衛門大夫貞種とともに鬼岳城（香春岳城の別名）に在城したとある。義種は大内氏滅亡後、毛利方に味方したために、永禄四（一五六一）年七月、大友義鎮（宗麟）の麾下、田原親賢（紹忍）、戸次鑑連（立花道雪）、田北刑部少輔等の六千余騎の軍勢に攻められた。城兵二〇〇～三〇〇余で防戦、数日間の攻防の末、七月十五日（又は十六日）の総攻撃で香春岳城は落城した。原田義種ほか一族二十三人はともに一列に座を組んで腹を掻き切って死んだ（一説に、義種は自害を決意するが諸将に止められ、間道から筑後に逃げようとするも見つかり斬られたともある）。『大蔵原田一族史話』には、義種について系図起草に際しての記述には、「従五位下、豊前守、天正十二（一五八四）年十月亡、法名、高明院殿徹心了恵大居士、公燕居と号し、容貌神の如く、寛仁にしてよく人を愛す、永禄四年六月十五日大友義鎮と戦い七月十六日落城して採銅所に閑居す。死後、現人神社に合祀される。室千葉増子」とある。「陰徳太平記」『両豊記』『築上郡史』『太宰管内志』『大蔵原田一族史話』「田尻文書」『門司・小倉の古城史』「後太平記」

原田義貫▽はらだよしつら
「姓氏字典」にはその名を見せている。岩石城に居城した。「夏吉原田系図」の中では原田義種の直系で、若宮八幡宮の原田家を継ぐとある。『大蔵原田一族史話』

原天助▽はらてんすけ
宇都宮家一族並びに「家臣名付」に記された城井鎮房挙兵時の家臣。『築上郡志』

原弥左衛門▽はらやざえもん
黒田家の功臣。左近大夫。伊予守。種良。本姓は原田氏。筑前国の名族の支流で代々、宝珠山を領していた。初め大内家に属し、同氏が滅亡後、大友氏に仕えて豊前国香春岳城主となる。しかし、戦国の争乱により所領を失う。天正十四（一五八六）年、毛利・黒田軍が九州征伐の先駆けとして豊前国に侵攻した際、いち早く秀吉に通じて従った。以後、秀吉の命により黒田家に仕え、五百石を拝領し、地理に暗い黒田軍の先導をした。黒田長政が城井城を攻めて敗走した際は殿をつとめた。その後の合戦において群を抜く働きをなし、黒田長政の筑前入国後は二千石を拝領した。「歴史群像シリーズ38黒田如水」『黒田官兵衛のすべて』『黒田官兵衛のすべて』

原山雅楽助▽**はらやまうたのすけ**
弘治二（一五五六）年四月二十八日、大友義鎮（宗麟）が豊府を発し豊前国龍王に陣を取った時、帰服した宇佐郡士三十六人衆の一人。「宇佐郡記」『北九州戦国史料集』

原六郎▽**はらろくろう**
天正七（一五七九）年、大友義鎮（宗麟）が日向耳川の合戦にて敗れ諸国の大名が離反し、長岩城主の野仲鎮兼も大友氏に叛いた時、鎮兼に従った近郷の武士団の一人。『豊前古城誌』

張古市兵衛▽**はりこいちべえ**
「城井軍記」「家臣名付」「豊州治覧」等に記された城井鎮房の挙兵時の家臣。城井家（豊前宇都宮家）馬廻り役。『築上郡志』『築上郡史』「宇都宮史」

張畑善太郎▽**はりはたぜんたろう**
「城井軍記」「家臣名付」「豊州治覧」等に記された城井鎮房の挙兵時の家臣。宇都宮大和守信房公七百五十遠諱の大祭が明治四十二年に挙行された際に、宇都宮家菩提寺天徳寺藤原賢然住職等が編集した「宇都宮家故舊重臣の後裔」の姓名録にその名が見える。『築上郡志』『築上郡史』「宇都宮文書」「宇都宮家故舊重臣の後裔」

番下出雲守▽**ばんしたいずものかみ**
天文、永禄年間に宇佐郡内に割拠した。『築上郡志』

樋内対馬守▽**ひうちつしまのかみ**
宇都宮大和守信房公七百五十遠諱の大祭が明治四十二年に挙行された際に、宇都宮家菩提寺天徳寺藤原賢然住職等が編集した「宇都宮家故舊重臣の後裔」の姓名録にその名が見える。「宇都宮家故舊重臣の後裔」

稗田木工助▽**ひえだもくのすけ**
天文元（一五三二）年十一月大友氏は大内方として宇佐郡の佐田朝景が籠る妙見岳城を攻めた。その時に妙見岳合戦に動員されて出陣した大友方の一人。『豊前市史』『増補訂正編年大友史料併大分県古文書全集第16』『大分県の歴史』

控庄左衛門▽ひかえしょうざえもん
宇都宮氏一族並びに家臣名付に記された宇都宮家家臣。城井家（豊前宇都宮家）馬廻り役。『築上郡志』

東方主計頭▽ひがしかたかずえのかみ
宇都宮大和守信房公七百五十遠諱の大祭が明治四十二年に挙行された際に、宇都宮家菩提寺天徳寺藤原賢然住職等が編集した「宇都宮家故舊重臣の後裔」の姓名録にその名が見える。「宇都宮家故舊重臣の後裔」

東左衛門▽ひがしさえもん
麻生郷の名主の一人。文亀元（一五〇一）年十月十一日、麻生郷の十五名主の一人として連判して領地を御霊八幡に奉納する。その意味するところは、麻生郷の名主として麻生家の幕下に属すことを誓約して連判したものである。『豊前古城誌』

樋口顕賢▽ひぐちあきかた
「城井軍記」「家臣名付」「豊州治覧」等に記された城井鎮房の挙兵時の家臣。物頭。壱岐守。樋口対馬守顕久の子。城井家（豊前宇都宮家）馬廻り役。『築上郡志』『築上郡史』「宇都宮史」『城井闘諍記』『太宰管内志』

樋口顕久▽ひぐちあきひさ
「城井軍記」「家臣名付」「豊州治覧」等に記された城井鎮房の挙兵時の家臣。物頭。対馬守。別に馬廻り役の記載もある。『築上郡志』『築上郡史』「宇都宮史」『城井闘諍記』『太宰管内志』

樋口尼部允▽ひぐちあまべのじょう
元亀、天正年間に下毛郡内に割拠した。『築上郡志』

樋口左馬助▽ひぐちさまのすけ
大分県海部郡佐賀関を根拠とする、大友海部軍の一族。永禄十二（一五六九）年八月九日、大友義鎮（宗麟）が証判を与えた若林鎮興の周防秋穂浦での軍功を証した軍忠状に、首級を挙げた一人として名が見える。「若林文書」『大友宗麟資料集』『北九州戦国史史料集』

樋口治部烝▽ひぐちじぶのじょう
永禄九（一五六六）年三月十九日、時枝平大夫と佐野左衛門の両将が麻生の後詰めをせんとして赤尾の留守中に光岡城に押し寄せた。その際に、十二名主の一人として城中に在番していたが、敵を防戦してついに引退させた。『宇佐郡記』『豊前古城誌』

樋口敏重▽ひぐちとししげ

七郎（吉七郎）。「城井軍記」「家臣名付」「豊州治覧」等に記された城井鎮房の挙兵時の家臣。物頭。「家臣名付」には吉七郎とあり。『築上郡志』『築上郡史』「宇都宮文書」

樋口民部丞▽ひぐちみんぶのじょう
天正七（一五七九）年、大友義鎮（宗麟）が日向耳川の合戦にて敗れ諸国の大名が離反し、長岩城主の野仲鎮兼も大友氏に叛いた時、鎮兼に従った近郷の武士団の一人。『豊前古城誌』

樋口弥五郎▽ひぐちやごろう
麻生親政の家臣。親政は人質に出していた実子、統重が無念にも切腹したことに遺恨を抱き、大友氏にそむく。この時、城主と一味同心して、旗下にあって大友氏の大将、田原親賢（紹忍）の軍勢と戦った。しかし、荒金忠太郎に生け捕られて、深水内記に預けられた。『両豊記』『豊前古城誌』

樋口若七郎▽ひぐちわかしちろう
宇都宮氏一族並びに「家臣名付」に記された宇都宮家家臣。城井家（豊前宇都宮家）馬廻り役。『築上郡志』

日熊鎮方▽ひぐましずかた
⇩日熊直次（ひぐまなおつぐ）

日熊輝直▽ひぐまてるなお
第十二代日熊城。豊前国上毛郡の豪族にして、熊谷直実の裔と伝えられる。一説に佐々木頼綱より出づるともいう。代々、次郎あるいは小次郎と称す。『築上郡志』『姓氏家系大辭典』

日熊朝直▽ひぐまともなお
第四代日熊城主。豊前国上毛郡の豪族にして、熊谷直実の裔と伝えられる。一説に佐々木頼綱より出づるともいう。代々、次郎あるいは小次郎と称す。『築上郡志』『姓氏家系大辭典』

日熊直明▽ひぐまなおあき
第十四代日熊城主。豊前国上毛郡の豪族にして、熊谷直実の裔と伝えられる。一説に佐々木頼綱より出づるともいう。代々、次郎あるいは小次郎と称す。『築上郡志』『姓氏家系大辭典』

日熊直家▽ひぐまなおいえ
第十一代日熊城主。豊前国上毛郡の豪族にして、熊谷直実の裔と伝えられる。一説に佐々木頼綱より出づるともいう。代々、次郎あるいは小次郎と称す。『築上郡志』

『姓氏家系大辞典』

日熊直植▽ひぐまなおうえ

第十三代日熊城主。豊前国上毛郡の豪族にして、熊谷直実の裔と伝えられる。一説に佐々木頼綱より出づるともいう。代々、次郎あるいは小次郎と称す。『築上郡志』『姓氏家系大辞典』

日熊直景▽ひぐまなおかげ

第六代日熊城主。豊前国上毛郡の豪族にして、熊谷直実の裔と伝えられる。一説に佐々木頼綱より出づるともいう。代々、次郎あるいは小次郎と称す。『築上郡志』『姓氏家系大辞典』

日熊直方▽ひぐまなおかた

第二代日熊城主。しかし『新吉富村誌』に直方の名はなく、直房を第二代当主としている。豊前国上毛郡の豪族にして、熊谷直実の裔と伝えられる。一説に佐々木頼綱より出づるともいう。代々、次郎あるいは小次郎と称す。『新吉富村誌』『築上郡志』『姓氏家系大辞典』

日熊直尊▽ひぐまなおたか

第十代日熊城主。豊前国上毛郡の豪族にして、熊谷直実の裔と伝えられる。一説に佐々木頼綱より出づるともいう。代々、次郎あるいは小次郎と称す。『築上郡志』『姓氏家系大辞典』

日熊直忠▽ひぐまなおただ

第十七代日熊城主。豊前国上毛郡の豪族にして、熊谷直実の裔と伝えられる。一説に佐々木頼綱より出づるともいう。代々、次郎あるいは小次郎と称す。『築上郡志』『姓氏家系大辞典』

日熊直次▽ひぐまなおつぐ

第十八代日熊城主。豊前国上毛郡の豪族にして、熊谷直実の裔と伝えられる。一説に佐々木頼綱より出づるともいう。代々、次郎あるいは小次郎と称す。直忠の嗣子。城井鎮房挙兵時に加担した。天正十五（一五八七）年十月、領主黒田長政の検地に反対し、日熊城に立て籠もって一揆を起こしたが天正十六年三月、長政軍に攻められて討死した。この時、上毛郡の諸城主は直次を援護し垂水村の桑野原で戦ったが、黒田軍に敗れた。日熊小次郎直次は、「城井軍記」には日隈小次郎春信とあり、「豊州治覧」には日隈小次郎鎮方と出ていると『築上郡史』の記述あり。『姓氏家系大辞典』『築上郡史』『築上郡志』『黒田家譜』

日熊直長▽ひぐまなおなが

第五代日熊城主。豊前国上毛郡の豪族にして、熊谷直実の裔と伝えられる。一説に佐々木頼綱より出づるともいう。代々、次郎あるいは小次郎と称す。『築上郡志』

日熊直晴▽ひぐまなおはる

第三代日熊城主。豊前国上毛郡の豪族にして、熊谷直実の裔と伝えられる。一説に佐々木頼綱より出づるともいう。代々、次郎あるいは小次郎と称す。『姓氏家系大辞典』

日熊直久▽ひぐまなおひさ

初代日熊城主。上毛郡の豪族にして、熊谷直実の裔と伝えられる。小次郎。代々、次郎あるいは小次郎と称す。一説に佐々木頼綱より出づるともいう。『築上郡志』には仁治元（一二四〇）年三月、日熊小次郎直久が日熊城を築いたとある。『姓氏家系大辞典』『築上郡志』

日熊直秀▽ひぐまなおひで

第八代日熊城主。豊前国上毛郡の豪族にして、熊谷直実の裔と伝えられる。一説に佐々木頼綱より出づるともいう。代々、次郎あるいは小次郎と称す。『姓氏家系大辞典』

日熊直弘▽ひぐまなおひろ

第九代日熊城主。豊前国上毛郡の豪族にして、熊谷直実の裔と伝えられる。一説に佐々木頼綱より出づるともいう。代々、次郎あるいは小次郎と称す。『築上郡志』

日熊直房▽ひぐまなおふさ

第二代日熊城主。しかし『姓氏家系辞典』には直房の名はなく、直方を第二代当主としている。豊前国上毛郡の豪族にして、熊谷直実の裔と伝えられる。一説に佐々木頼綱より出づるともいう。代々、次郎あるいは小次郎と称す。『築上郡史』『新吉富村誌』『姓氏家系辞典』

日熊直光▽ひぐまなおみつ

第十五代日熊城主。豊前国上毛郡の豪族にして、熊谷直実の裔と伝えられる。一説に佐々木頼綱より出づるともいう。代々、次郎あるいは小次郎と称す。『築上郡志』

日熊直良▽ひぐまなおよし

第十六代日熊城主。豊前国上毛郡の豪族にして、熊谷直実の裔と伝えられる。一説に佐々木頼綱より出づるともいう。代々、次郎あるいは小次郎と称す。『築上郡志』

日熊春信▽ひぐまはるのぶ

⇩日熊直次（ひぐまなおつぐ）

日熊頼直▽ひぐまよりなお

第七代日熊城主。豊前国上毛郡の豪族にして、熊谷直実の裔と伝えられる。一説に佐々木頼綱より出づるともいう。代々、次郎あるいは小次郎と称す。『築上郡志』『姓氏家系大辞典』

久恒宗明▽ひさつねむねあき

文明、大永年間に下毛郡内に割拠した。『築上郡志』

久野四兵衛▽ひさのしひょうえ

黒田氏家臣。右馬之助、善五郎、重勝。代々播磨国加東郡久野村金釣瓶城（兵庫県小野市）城主であった。永禄十二（一五六九）年、父重誠は四兵衛を小姓として黒田孝高（如水）に仕えさせたという。父が別所氏との戦いで負傷すると跡を継いで家老職を命じられた。天正十四（一五八六）年、小早川隆景らが筑前国高祖城を攻めた際、大手門まで一番駆けをして、城主原田信種はその勇気に驚き降伏した。豊前国入国後、五千石を拝領した。文禄の役で朝鮮に従軍し、小西行長に平壌救援を求められた際、敵と遭遇しこれを討ち取ったが、帰陣後負傷した傷がもとで翌日息絶えた。『築上郡志』

菱形刑部烝▽ひしがたぎょうぶしょう

弘治の頃（一五五五－五八）、宇佐郡において三十六士と称された豪族の一人。大友家に属し、毎年八月朔日には馬太刀の使者を立てて主従の礼を行ったという。『豊前古城誌』

菱形刑部少輔▽ひしがたぎょうぶしょうゆう

応永五（一三九八）年、前守護職大友氏時の長子である大友氏鑑は、大内義弘の画策により、氏時の甥で猶子である親世が守護職を継いだことを不満とし、親世に叛逆して兵を挙げた。その際、氏鑑から回文を受け一味同心した一人。『応永戦覧』『築上郡史』

菱形長量▽ひしがたながかず

大友氏鑑に一味同心した宇佐郡の人。刑部少輔宇佐。文治年間（一一八五－九〇）に宇佐大宮司公房が築いた菱形城（別名立山城）に、応永年間（一三九四－一四二八）に居城した。応永六（一三九九）年一月下旬、岩石城の後詰として、肥後から参着した菊池武貞率いる一万余騎と宇佐郡の軍勢、総勢四万五千余騎とともに大友氏鑑に随従した。『応永戦覧』『日本城郭大系』

真ヶ江晴房▽まがえはるふさ

菱形長量の孫。菱形城主菱形諸方の子。真ヶ江を領して真ヶ江氏を称した。太郎。『日本城郭大系』

菱形諸方▽ひしがたもろかた
菱形長量の子。左衛門尉。文治年間（一一八五－九〇）に宇佐大宮司公房が築いた菱形城（別名立山城）に父の後を継いで居城した。『日本城郭大系』

備前入道覚雲斉▽びぜんにゅうどうかくうんさい
⇩新田覚雲斎（にったかくうんさい）

樋田通繁▽ひだみちしげ
天文、永禄年間に宇佐郡内に割拠した。『築上郡志』

樋田民部（**樋田民部之介**）▽ひだみんぶ（ひだみんぶのすけ）
宇都宮家一族並びに「家臣名付」に記された城井鎮房挙兵時の家臣。宇都宮大和守信房公七百五十遠諱の大祭が明治四十二年に挙行された際に、宇都宮家菩提寺天徳寺藤原賢然住職等が編集した「宇都宮家故舊重臣の後裔」の姓名録にもその名が見える。「宇都宮家故舊重臣の後裔」『築上郡志』『築上郡史』「宇都宮史」

日田宗親▽ひたむねちか
大友氏鑑に一味同心した豊後の人。応永六（一三九九）年二月二十二日、上洛していた大友親世が大友氏鑑を誅伐するべく手勢二千騎を率いた軍船にて豊後鶴崎に着岸すると、氏鑑が親世へ叛逆の兵を挙げた際に同心していた心を翻し、ほかの国人ら同様親世に降参した。淡路守。『応永戦覧』

日田宗房▽ひたむねふさ
大友氏鑑の一族。岩石城に在城した。源太左衛門尉。応永六（一三九九）年正月二十六日、岩石城は大内盛見の大軍に攻略されついに落城し、城主大友氏公は自刃。この時に大友氏英はじめ同城の主立った部将等九十八人と列座して後を追い自害をとげた。『応永戦覧』『築上郡志』

日田宗道▽ひたむねみち
豊後の日田陸奥守の次男。応保元（一一六一）年より岩石城に居城した。判官。『門司・小倉の古城史』

樋田山城守▽ひだやましろのかみ
樋田氏代々の城であった樋田村城に居城したが、天正の頃（一五七三－九二）、黒田家の幕下に属した。『豊前古城誌』

尾藤成祐▽びとうしげすけ

ひ
ひぐま－びとう

中島摂津守が謀叛を起こして大友勢と対峙したときに、小倉原に陣を張り皇后石（史跡・築上郡吉富町）に幡を挙げた中島氏族に相い従った輩。尾張守。『豊前古城誌』

一戸与市▽ひとつこよいち
元亀、天正年間に下毛郡内に割拠した。『築上郡志』

一戸与平▽ひとつこよへい
「城井家記」には一戸城代と記されている城井鎮房が挙兵時の家臣。「城井家記」『太宰管内志』

一ツ松清氏▽ひとつまつきようじ
一ツ松城の城主として居城した。六郎兵衛。「日熊系図」『日本城郭大系』

日野三九郎▽ひのさんくろう
大友方の城督。元亀の頃（一五七〇－七三）、志摩地方の西の政所職を務め、小金丸親山城の在城し、大友方の地方租税徴収の任に当たった。『筑前戦国史』

樋本太郎左衛門尉▽ひもとたろうさえもんのじょう
永禄九（一五六六）年三月十九日、時枝平大夫と佐野左衛門の両将が、麻生の後詰めをせんとして赤尾の留守中に光岡城に押し寄せた。その際に、十二名主の一人として城中に在番し敵を防戦して、ついに退却させた。『宇佐郡記』『豊前古城誌』

百富家継▽ひゃくどみいえつぐ
宇都宮一族並びに「家臣名付」に記された功臣。城井鎮房挙兵時の武将。下唐原村城主。秋吉忠久の後を継いだ。河内守。『築上郡志』「唐原系図」

百富兼家▽ひゃくどみかねいえ
野仲氏の家臣。土田城に居城した。天正十六（一五八八）年、黒田氏の野仲攻めに際していち早く黒田氏に内通し、野仲鎮兼の長子が周防の杉家に落ち行くのを下関で討ち取った。河内守。『日本城郭大系』

百富兼奥▽ひゃくどみかねおく
元亀、天正年間に上毛郡内に割拠した。『築上郡志』

百富兼貞▽ひゃくどみかねさだ
百富城主。野仲鎮兼の家臣。河内守。「豊前古城誌」によれば、野仲氏の抱城であった下毛郡三光村（中津市三光土田）の土田城に居城し天正年間（一五七三－九二）は城代であった。下毛郡長岩城主、野仲鎮兼に仕え、天正七（一五七九）年、野仲氏が大友氏に叛くや河内守兼貞は土田城をまもり、翌八年、上毛郡志摩に押し寄せて代金城の代金信濃守を攻め、二日三夜の戦闘の末、討ち取り落城させた。その後、天正十六年、黒田氏が長岩城を攻めたとき、百富兼貞は黒田氏に内通し、長岩城の主家野仲氏を滅ぼした。黒田家が筑前に転封されると五百石にて召し抱えられたが、その後、焼き討ちによって滅ぼされた。『築上郡志』「宇都宮史」「唐原系図」『豊前古城誌』

百富能教▽ひゃくどみよしのり
天文、永禄年間に上毛郡内に割拠した。『築上郡志』

兵頭伊賀守▽ひょうどういがのかみ
城井鎮房の家臣。宇都宮大和守信房公七百五十遠諱の大祭が明治四十二年に挙行された際に、宇都宮家菩提寺天徳寺藤原賢然住職等が編集した「宇都宮家故舊重臣の後裔」の姓名録にもその名が見える。『築上郡志』『城井闘諍記』『太宰管内志』「宇都宮家故舊重臣の後裔」

兵藤勝正▽ひょうどうかつまさ
「宇都宮文書」の天文年間の豊前知行御領衆の一人。立熊の八千石を知行した。『築上郡史』では、「満光寺文書」に立熊城主、今高八千石程を知行とあるという。伊勢守。『築上郡志』「宇都宮文書」『築上郡史』

兵藤広武／兵頭広武▽ひょうどうひろたけ
「城井軍記」「家臣名付」「豊州治覧」等に記された城井鎮房の挙兵時の家臣。城井家（豊前宇都宮家）家老。伊勢守。別に中老職の記載もある。「遺臣姓名録」には姓は兵頭とある。『築上郡志』『築上郡史』「宇都宮史」

平井左衛門尉▽ひらいさえもんのじょう
天文元（一五三二）年十一月、大友氏は大内方として宇佐郡の佐田朝景が籠る妙見岳城を攻めた。その時に妙見岳合戦に動員されて出陣し、傷を負った大友方の一人。『豊前市史』『増補訂正編年大友史料併大分県古文書全集第16』『大分県の歴史』

平石豊弘▽ひらいしとよひろ
応永、正長年間に田河郡内に割拠した。応永の頃（一三九四－一四二八）、岩石城を攻略する大内氏総大将大内盛見の軍勢に豊前国の軍勢二千余騎とともに従った。判官。『太宰管内志』『築上郡志』

平石判官▽ひらいしはんがん
応永五（一三九八）年、前守護職大友氏時の長子である大友氏鑑は、大内義弘の画策により、氏時の甥で猶子である親世が守護職を継いだことを不満とし、親世に叛逆して兵を挙げた。その際、氏鑑から回文を受け一味同心した一人。『応永戦覧』『築上郡史』

平井親宣▽ひらいちかのぶ
天文元（一五三二）年十一月大友氏は大内方として宇佐郡の佐田朝景が籠る妙見岳城を攻めた。その時に妙見岳合戦に動員されて出陣した大友方の一人。被官数人がこの戦いで傷を負った。『豊前市史』『増補訂正編年大友史料併大分県古文書全集第16』『大分県の歴史』

平賀木工頭▽ひらがもくのかみ
大内氏の部将。応永五（一三九八）年十月、豊前の守護職、馬ヶ岳城主新田義氏が大友氏鑑の挙兵に加わったため、大内政弘が差し向けた二万の軍勢の部将として従軍した。『応永戦覧』

平賀義宗▽ひらがよしむね
安芸の人。木工頭。応永五（一三九八）年十二月、大友軍と対決のため大内軍代官、総大将陶弘房のもとに周防、長門、備後、安芸から集まった一人。同月十八日軍勢二万八千余騎とともに周防の多々良浜から船に乗り豊前の神田浦に着陣した。『応永戦覧』『太宰管内志』

平薦源九郎▽ひらこもげんくろう
「城井軍記」「家臣名付」「豊州治覧」等に記された城井鎮房時代の家臣。城井家（豊前宇都宮家）馬廻り役。『築上郡志』『築上郡志』『築上郡史』「宇都宮史」

平嶋左衛門丞▽ひらしまさえもんのじょう
応永五（一三九八）年、前守護職大友氏時の長子である大友氏鑑は、大内義弘の画策により、氏時の甥で猶子である親世が守護職を継いだことを不満とし、親世に叛逆して兵を挙げた。その際、氏鑑から回文を受け一味同心した一人。『応永戦覧』と『太宰管内志』には名を左衛門佐とある。『応永戦覧』『築上郡史』『太宰管内志』

平島左馬佐▽ひらしまさまのすけ
応永、正長年間に仲津郡内に割拠した。『築上郡志』

平田掃部介▽ひらたかもんのすけ
白米城城番。下毛郡耶馬溪平田の地に白米城を築いた野仲氏が長岩城に移るとき、平田掃部介が城番として配置された。天正十六（一五八八）年に黒田勢に攻められると、一戦も交えず城を渡した。「城井軍記」「家臣名付」「豊州治覧」等に記された城井鎮房時代の家臣。城井家（豊前宇都宮家）物頭。別に馬廻り役の記載あり。『城井闘諍記』『太宰管内志』『築上郡志』『築上郡史』「宇都宮文書」『豊前古城誌』『耶馬溪町史』『耶馬渓文化叢書』『日本城郭大系』

平田兵部丞▽ひらたひょうぶのじょう
宇都宮家一族並びに「家臣名付」に記された城井鎮房挙兵時の家臣。『築上郡志』

平田美濃守▽ひらたみののかみ
島津義久の家臣。天正七（一五七九）年、大友義鎮（宗麟）が島津との日向耳川の合戦に敗れた時に、島津義久の命を受けて、かねて大友氏に恨みのある豊前国、長岩城主野仲鎮兼に与力を頼んだ武士。『豊前古城誌』

平田立賀▽ひらたりゅうが
尾永井城城主。この城に居城した。『豊前古城誌』『豊前志』

平野図書▽ひらのずしょ
宇都宮大和守信房公七百五十遠諱の大祭が明治四十二年に挙行された際に、宇都宮家菩提寺天徳寺藤原賢然住職等が編集した「宇都宮家故舊重臣の後裔」の姓名録にその名が見える。「宇都宮家故舊重臣の後裔」

平野為治▽ひらのためはる
「城井軍記」「家臣名付」「豊州治覧」等に記された城井鎮房時代の家臣。物頭。城井家（豊前宇都宮家）馬廻り役。図書頭。『築上郡志』『築上郡史』「宇都宮文書」『城井闘諍記』『太宰管内志』

平野彦四郎▽ひらのひこしろう
宇都宮氏一族並びに「家臣名付」に記された宇都宮家家臣。城井家（豊前宇都宮家）馬廻り役。『築上郡志』

平林太郎兵衛尉▽ひらばやしたろうひょうえのじょう
天文元（一五三二）年十一月大友氏は大内方として宇佐郡の佐田朝景が籠る妙見岳城を攻めた。その時に妙見岳合戦に動員されて出陣し討死した大友方の一人。『豊前市史』『増補訂正編年大友史料併大分県古文書全集第16』『大分県の歴史』

平原監物▽ひらばるけんもつ
宇都宮大和守信房公七百五十遠諱の大祭が明治四十二年に挙行された際に、宇都宮家菩提寺天徳寺藤原賢然住職等が編集した「宇都宮家故舊重臣の後裔」の姓名録にその名が見える。「宇都宮家故舊重臣の後裔」

平原秀節▽ひらばるひでよし
監物。「城井軍記」「家臣名付」「豊州治覧」等に記された城井鎮房時代の家臣。城井家（豊前宇都宮家）物頭。別に馬廻り役の記載あり。『築上郡志』『築上郡史』「宇都宮文書」『城井闘諍記』『太宰管内志』

平野弥市▽ひらのやいち
「城井軍記」「家臣名付」「豊州治覧」等に記された城井鎮房時代の家臣。『築上郡志』『築上郡史』「宇都宮文書」

広尾帯刀▽ひろおたてわき
中島摂津守が謀叛を起こして大友勢と対峙し、小倉原に陣を張り皇后石（史跡・築上郡吉富町）に幡を挙げた時に、深水に出張り、毘沙門堂に陣を張った成恒氏の一族の一人。『豊前古城誌』

広崎但馬守▽ひろさきたじまのかみ
天文、永禄年間に宇佐郡内に割拠した。『築上郡志』

広崎対馬守▽ひろさきつしまのかみ
弘治二（一五五六）年秋、大友義鎮（宗麟）が龍王城に在陣した際、着到した宇佐郡三十六人衆の一人。なお着陣の時期について、「大友公御家覚書」等では弘治二年四月、大友義鎮龍王に陣を取るとある。大友家に属し、毎年八月朔日には馬太刀の使者を立てて主従の礼を行ったという。『香下文書』『北九州戦国史史料集』『編年大友史料』『豊前古城誌』

広沢通里▽ひろさわみちさと
大内義弘の旗下にある備後国の住人。兵庫頭。応永六（一三九九）年正月四日、城主が敗走した障子ヶ岳城の落城を決定づけるため、援兵の要請を陶筑前守から受けた大内義弘は、兵三万騎を兵船四百余艘に乗せ大内盛見を豊前に遣わせた。その際に従軍した一人。『応永戦覧』

広沢通重▽ひろさわみちしげ
応永の頃（一三九四－一四二八）、岩石城を攻略する大内氏総大将大内盛見の軍勢に従い、備後勢九千余騎とともに大手搦め手からの第二陣を務めた一人。兵庫守。『太宰管内志』

広瀬阿波守▽ひろせあわのかみ
応永五（一三九八）年、前守護職大友氏時の長子である大友氏鑑は、大内義弘の画策により、氏時の甥で猶子である親世が守護職を継いだことを不満とし、親世に叛逆して兵を挙げた。その際、氏鑑から回文を受け一味同心した一人。『応永戦覧』『築上郡史』『太宰管内志』

広瀬裕致▽ひろせひろむね
大友義鑑の将。天文三（一五三四）年、大内義隆の将、陶興房の侵攻に対して、大将、吉弘氏直に従い、迎撃にあたった。しかし、反撃にあい壮烈な最期を遂げた。『九州戦国史』

広津阿波守▽ひろつあわのかみ
応永、正長年間に上毛郡内に割拠した。豊後の大友氏鑑が国守の大友親世にそむいて自立せんとした時、これに応じて一味同心した族党の一人。『築上郡志』「宇都宮史」「宇佐郡記」『応永戦覧』『両豊記』「応永治覧」

広津義深▽ひろつよしふか
広津城主。阿波守。応永五（一三九八）年、前守護大友氏時の長子である大友氏鑑は、大内義弘の画策により、氏時の甥で猶子である親世が守護職を継いだことを不満とし、親世に叛逆して兵を挙げた。その際、氏鑑から回文を受け一味同心した一人。氏鑑の滅亡後はにわかに親世に降った。『築上郡志』

広津角兵衛▽ひろつかくべえ
「城井家記」に上毛郡広津城城代との記述がある。「城井家記」『太宰管内志』

広津重種▽ひろつしげたね
「宇都宮文書」の豊前知行御領の衆の一人。角兵衛。広津に知行。弘種と称したが後に重種と称した。「宇都宮文書」の豊前知行御領之衆の中では広津城主、今高二千石とある。「宇都宮文書」『築上郡志』

広津鎮種▽ひろつしげたね
城井氏（豊前宇都宮氏）の支流。広津城主。治部少輔。黒田勢が宇留津城を攻めた時に黒田孝隆に降り参陣した。その後、黒田藩の家臣として活動後、豊前・規矩、田河両郡六万石の毛利勝信の家臣（五百石）となったが、のち再び黒田藩に仕えた。天正十五（一五八七）年、肥後で起こった一揆に苦慮する佐々成政の救援に黒田孝高（如水）が豊前の領国から筑後に赴いた際、国人が挙兵して広津鎮種の居城を攻めた。この時に、広津鎮種の被官であった金田五郎左右衛門に宛てた感状がある。『鎮西宇都宮氏の歴史』『築上郡志』「宇都宮史」

広津鎮継▽ひろつしげつぐ
天文、永禄年間に上毛郡内に割拠した。『築上郡志』

広津鎮次▽ひろつしげつぐ
城井氏（豊前宇都宮氏）の支流。治部少輔。矢頭家が滅びて後、幸子村城を出城としたが、まもなく破却したとある。黒田家家臣に列して黒田氏が筑前に転封した時、藩主に従って移った。鎮次については、諸書記述が同一ではなく「豊州治覧」等では広津彦四郎と記し、「広津系譜」には鎮頼、弾正、後に若狭守という、はじめ元頼と名乗ったとある。『豊前志』には、大友義鎮（宗麟）が当国に攻め入りたるとき広津城に陣す。城主鎮次は莒蒲の酒をもって軍勢を慰めたとある。「広津系譜」には鎮次の名は無いが、鎮頼の嫡男にして、黒田孝高（如水）に従い筑前に移ったので系譜に記されなかったのではないかと『築上郡史』では解釈している。寛永十五（一六三八）年七月六日卒、享年七十五。秋白一葉信士と号す。『築上郡史』「宇都宮史」『両豊記』『豊前志』

広津鎮房▽ひろつしげふさ
「広津系譜」によれば広津種頼の子。広津藤五郎秀信と兄弟。加兵衛。『築上郡志』

広津種頼▽ひろつたねより
⇩広津鎮次（ひろつしげつぐ）

広津鎮頼▽ひろつしげより
田部系。弾正。若狭守。天仲寺山の広津城主。広津鎮次の父。豊前国国人。広津氏は黒田氏の入国に際して、国人一揆に荷担しなかった。天正十四（一五八六）年六月二十七日卒す。享年七十五。広長院殿護庵宗鎮居士と謚す。『築上郡志』

広津新蔵人▽ひろつしんくらんど
延徳四（一四九二）年の大内氏重臣家人。上毛郡郡代。『大内氏実録』『築上郡史』

広津直房▽ひろつなおふさ
城井氏（豊前宇都宮氏）初代当主信房の六男。出羽守。上毛郡広津村（築上郡吉富町）を所領とした。文治元（一一八五）年、上毛郡の広津城の源貞継を討ち、この城に直房を守将としたとある。以後、直房は広津姓を名乗る。「宇都宮史」『築上郡志』「豊前国古城記」

広津彦三郎▽ひろつひこさぶろう
延徳四（一四九二）年、上毛郡の段銭奉行。『大内氏実録』『築上郡史』

広津彦四郎▽ひろつひこしろう
「城井軍記」「豊州治覧」等に記された城井鎮房の挙兵時に呼応した部将。『築上郡志』

広津秀信▽ひろつひでのぶ
「広津系譜」によれば広津種頼の子。藤五郎。広津加兵衛鎮房と兄弟。『築上郡志』

広津兵庫頭▽ひろつひょうごのかみ
地頭。幸子村城（築上郡吉富町）を居城とした。『築上郡志』

広津弘種▽ひろつひろたね

⇩広津重種（ひろつしげたね）

広津房政▽ひろつふさまさ
上毛郡広津城城主。重行の子。右京進。「宇都宮史」『築上郡志』

広津吉種▽ひろつよしたね
広津鎮種の子。黒田藩に仕えた。家禄三百石。『築上郡志』

弘中奥種▽ひろなかおくたね
天文五（一五三六）年正月十一日より同五月まで、山口に於いて宇佐宮の御造営の職にあたる。越中守。『豊前古城誌』

弘中弾正忠▽ひろなかだんじょうのじょう
「西郷文書」には永禄十二（一五六九）年六月二十四日、弘中弾正忠宛ての大内輝弘知行充行坪付の文書が残る。「西郷文書」『豊前市史・文書資料』

広山越後守▽ひろやまえちごのかみ
中島摂津守が謀叛を起こして大友勢と対峙し、小倉原に陣を張り皇后石（史跡・築上郡吉富町）に幡を挙げた時に、大友家の助勢をした。『豊前古城誌』

広山越後守▽ひろやまえちごのかみ
廣山大蔵允の嗣子。天文、永禄年間に宇佐郡内に割拠した。『築上郡志』

広山大蔵允▽ひろやまおおくらのじょう
天文、永禄年間に宇佐郡内に割拠した。『築上郡志』

広山大蔵丞▽ひろやまだいぞうのじょう
弘治の頃（一五五五－五八）、宇佐郡において三十六士と称された豪族の一人。大友家に属し、毎年八月朔日には馬太刀の使者を立てて主従の礼を行ったという。『豊前古城誌』

弘吉藤兵衛（**弘吉頭吉**／**弘吉頭石**）▽ひろよしとうべえ（ひろよしとうきち／ひろよしとうせき）
「城井軍記」「家臣名付」「豊州治覧」等に記された城井鎮房の挙兵時の家臣。城井家（豊前宇都宮家）物頭（別に馬廻り役の記載あり）。『城井闘諍記』では頭石とあり、「遺臣姓名録」では頭吉とある。『築上郡志』『築上郡史』「宇都宮史」『城井闘諍記』『太宰管内志』

深島庫之▽ふかしまくらゆき
元亀、天正年間に下毛郡内に割拠した。『築上郡志』

深田氏栄▽ふかだうじひで
宗像氏の部将。中務少輔。天正十四（一五八六）年十二月三日、香春岳五徳口の攻撃に参加して比類なき手柄により毛利氏の部将、益田元祥から賞されて軍忠状を与えられた。「新撰宗像記考証」『九州戦国合戦記』

深町久理▽ふかまちひさただ
中島摂津守が謀叛を起こして大友勢と対峙し、小倉原に陣を張り皇后石（史跡・築上郡吉富町）に幡を挙げた時に、深水に出張り、毘沙門堂に陣を張った成恒氏の一族の一人。市左衛門。『豊前古城誌』

深水壱岐守▽ふかみいきのかみ
「城井軍記」「家臣名付」「豊州治覧」等に記された城井鎮房時代の家臣。『築上郡志』『築上郡史』「宇都宮史」

深見壱岐守▽ふかみいきのかみ
弘治の頃（一五五五－五八）、宇佐郡内にあった大村城に居城した。大友家に属し、毎年八月朔日には馬太刀の使者を立てて主従の礼を行ったという。弘治二年秋、大友義鎮（宗麟）が龍王城に在陣した際、着到した宇佐郡三十六人衆の一人。なお着陣の時期について、『大友公御家覚書』等では弘治二年四月、大友義鎮龍王に陣を取るとある。『豊前古城誌』『香下文書』『北九州戦国史史料集』『編年大友史料』『築上郡志』「宇佐郡記」『北九州戦国史史料集』

深水隠岐守▽ふかみおきのかみ
「城井軍記」「豊州治覧」等に記された城井鎮房の挙兵時の家臣。城井家（豊前宇都宮家）馬廻り役。宇都宮大和守信房公七百五十遠諱の大祭が明治四十二年に挙行された際に、宇都宮家菩提寺天徳寺藤原賢然住職等が編集した「宇都宮家故舊重臣の後裔」の姓名録にその名が見える。『築上郡志』「宇都宮家故舊重臣の後裔」

深水興房▽ふかみおきふさ
下深水城主。豊前宇都宮氏の祖宗房の四男。城井信房の弟。伊賀守。建久七（一一九六）年、旧下毛郡下深水に深水氏代々の居城となる下深水城を築城した。興房は深水氏の祖として友族の秣氏を出す。「宇都宮史」『築上郡志』『日本城郭大系』「宇都宮系図」『豊前志』『豊前古城誌』「宇都宮文書」

深水景氏▽ふかみかげうじ
文明、大永年間に下毛郡内に割拠した。兵庫介、六郎。天文年間（一五三二－五五）、下毛郡福島村の山中城を居城とした。「長久寺旧記」「宇都宮文書」の天文年間の豊前知行御領衆の一人。福島に知行。『豊前志』には田丸城（中津市福島）に天文の頃居城したとある。『築上郡史』では、「満光寺文書」に福島城主、今高四千八百石、前は深水六郎、後に改めて左衛門景氏とあるという。『築上郡志』『豊前古城誌』『豊前志』「宇都宮文書」「宇都宮史」『築上郡史』

深見河内守▽ふかみかわちのかみ
弘治の頃（一五五五－五八）、宇佐郡内にあった大村城（宇佐市安心院町大村）に居城した。『豊前古城誌』

深見河内守▽ふかみかわちのかみ
宇佐郡安心院の鳥越城に居城したという。『日本城郭大系』

深水内記（**深水内記介**）
▽ふかみないき（ふかみないきのすけ）
深水興房の築いた下深水村城に天正の頃（一五七三－九二）に居城し、野仲氏に属した。天正七年、大友義鎮（宗麟）が日向耳川の合戦にて敗れ諸国の大名が離反し、長岩城主の野仲鎮兼も大友氏に叛いた時、鎮兼に従った近郷の武士団の一人。『豊前古城誌』『築上郡志』

深見中務丞▽ふかみなかつかさのじょう
宇佐郡深見庄大村城主。藤原盛治、宇都宮氏族、後、中務少輔土佐守。「佐田文書」『北九州戦国史史料集』『大友宗麟資料集』

深水房直▽ふかみふさなお
深水興房の築いた下深水村城に建武の頃（一三三四－三八）に居城し、今川氏に属した。伊賀守。応安四・建徳二（一三七一）年、菊池氏追討のために今川貞世が大内義弘を差し向け、四月に仲津郡鶴の港（今川付近）に着岸した際、多くの給人とともに馳せ参じた。『豊前古城誌』『築上郡史』

深見政直▽ふかみまさなお
建武の頃（一三三四－三八）、宇佐郡内にあった大村城に居城した。太郎。『豊前古城誌』

深見基直▽ふかみもとなお
大村城（宇佐郡安心院町大村）を居城とした。深見基愛の弟。兄から家督を相続した。『日本城郭大系』

深見基愛▽ふかみもとよし
大村城（宇佐市安心院町）を居城とした。深見基直の兄。『日本城郭大系』

深見盛時▽ふかみもりとき

河内守。大永三（一五二三）年、大村城（宇佐郡安心院町大村）の城主の時、大友氏に攻められ一族は滅亡した。『豊前志』『続大宇佐郡史論』『日本城郭大系』

福井信定▽ふくいのぶさだ
大内氏の家臣。小四郎。応永五（一三九八）年頃、大友氏鑑が守っていた松山城を守護代であった杉弘信をはじめ大内方が奪回して後、天野安芸守義顕が二千余騎とともに同年十一月より応永十五年まで城番となった。その時に共に在陣した一人。『応永戦覧』

福嶋源賀▽ふくしまげんが
「城井軍記」「家臣名付」「豊州治覧」等に記された城井鎮房時代の家臣。宇都宮大和守信房公七百五十遠諱の大祭が明治四十二年に挙行された際に、宇都宮家菩提寺天徳寺藤原賢然住職等が編集した「宇都宮家故舊重臣の後裔」の姓名録にその名が見える。『築上郡志』『築上郡史』「宇都宮史」「宇都宮家故舊重臣の後裔」

福嶋鎮允▽ふくしましげよし
佐渡守。「城井軍記」「豊州治覧」等に記された城井鎮房の挙兵時に呼応した武将。田丸城（福島城）（中津市福島）城主。天正十六（一五八八）年、黒田軍とその援軍に田丸城を攻略され降伏した。後仏門に入り、長久寺の住職となった。『日本城郭大系』には、山中城主、但馬守、文明九（一四七七）年に新たに田丸城を築いたとある。『築上郡志』『豊前志』

福島但馬守▽ふくしまたじまのかみ
天文、永禄年間に上毛郡内に割拠した。『築上郡志』

福島対馬守▽ふくしまつしまのかみ
応永、正長年間に仲津郡内に割拠した。『築上郡志』

福島虎松▽ふくしまとらまつ
日熊城主日熊直次の家臣。直次が一旗当千と頼みきった部将の一人。天正十六（一五八八）年三月二十二日、観音原で黒田長政率いる数万の軍兵に対し大いに戦ったが、多勢の長政の軍勢に押されて日熊城に退いた。この合戦にて討死した。『姓氏家系大辞典』

福島長久▽ふくしまながひさ
天慶の頃（九三八－九四七）、藤原純友の乱の時に宇佐郡福嶋村に山中城（中津市福島山中）を築いた。以後、十四代がこの城を居城とした。また田丸城（中津市福島）を築城した城主と伝えられる。法名・正善。『豊前古城誌』『日本城郭大系』『豊前志』

福島祐斎／福嶋祐斎▽ふくしまゆうさい
福島長久より十四代後裔。但馬守。文明九（一四七七）年三月、山中城から同村の田丸城を築いて遷った。『豊前古城誌』

福島祐了／福嶋祐了▽ふくしまゆうりょう
田丸城城主。越中守。佐渡守。福島祐斎の子。天正七（一五七九）年、野仲鎮兼が大畑城を攻めた時、加来統直を援けて百五十騎で大いに野仲勢を破る。天正十六年三月二十日、黒田家に降り開城した。『豊前古城誌』『築上郡志』「宇都宮史」「宇佐郡記」「加来文書」『両豊記』

福島了祐▽ふくしまりょうゆう
田丸城城主。安芸守長久入道。天文、永禄、元亀、天正年間に下毛郡内に割拠した。『北九州戦国史』『築上郡志』

福田入道西淵▽ふくだにゅうどうせいえん
中島摂津守が謀叛を起こして大友勢と対峙し、小倉原に陣を張り皇后石（史跡・築上郡吉富町）に幡を挙げた時に、深水に出張り、毘沙門堂に陣を張った成恒氏の一族の一人。『豊前古城誌』

福富対馬守▽ふくとみつしまのかみ
応永五（一三九八）年、前守護職大友氏時の嫡子である大友氏鑑は、大内義弘の画策により甥の親世が守護職を継いだことを不満とし、親世に叛逆して兵を挙げた。その際、氏鑑から回文を受け一味同心した一人。『応永戦覧』『築上郡史』

福原貞俊▽ふくはらさだとし
毛利の庶流。安芸国高田郡福原を氏とする。毛利宿老の筆頭福原広俊の嫡男。毛利元就の信任厚く、隆元の死後、吉川元春・小早川隆景が、毛利氏の中枢政策決定に参画すると、貞俊は口羽通良と共にこれに加わり、輝元を補佐した口羽は山陰方面を担当し、貞俊は隆景を助けて山陽・内海方面の軍事統率にあたった。その子孫は毛利氏の永代家老として宇部一万石を領した。『北九州戦国史』

福原貞俊▽ふくはらさだとし
松山城将、杉重良の重臣。天正七（一五七九）年、松山城将の杉重良が毛利輝元を裏切り簑島に走った時、重良の妻（貞俊の娘）とともに諫言を入れ重良の息子の元良に知行が安堵された。『北九州戦国史史料集』

福間彦三郎▽ふくまひこさぶろう
尼子氏の忠臣、山中鹿之介を討ち取った福間彦右衛門元明の子。『北九州戦国史史料集』

福間元明▽ふくまもとあき

彦右衛門。毛利家の家臣。福間氏は、清和源氏山名氏の庶流で、山名氏滅亡後、尼子氏に仕えた。元明の父政重は天文十七（一五四八）年、毛利元就に召し出された。元明は天正六（一五七八）年、山中鹿之助を、備中国高梁川阿井の渡しで討ち取り高名を挙げた。同十四年、九州攻めの先鋒毛利勢が高橋元種の守る小倉城を攻めた時、八月二十六日、門司の大里で討死した。『北九州戦国史』『門司・小倉の古城史』

藤木左衛門▽ふじきさえもん

宇都宮家一族並びに「家臣名付」に記された城井鎮房挙兵時の家臣。六郎。『築上郡志』

藤本七郎▽ふじもとしちろう

加来壱岐守統直の家臣。天正七（一五七九）年二月十九日、野仲鎮兼の軍勢を破ったこと、和睦をして鎮兼の子息を人質とした際に、統直の命を受けて、その活躍の顛末を田原親賢（紹忍）に報告した。これにより、統直は大友義統から感状を賜った。『豊前古城誌』

藤原純年▽ふじわらすみとし

伊予次郎。天慶三（九四〇）年、藤原純友が香春岳城を築いて次男の純年に守らせたが、同四年純友が滅び純年は逐電した。『豊前志』『門司・小倉の古城史』

藤原親房▽ふじわらちかふさ

⇩門司親房（もんじちかふさ）

藤原政吉／藤原政義▽ふじわらまさよし

仁治元（一二四〇）年、大富神社造営の願主。願主はほかに沙弥観連と長子左衛門少尉政範も名を連ねている。『築上郡志』

藤原幸範▽ふじわらのゆきのり

中津城主。山城の人。大家備中守。明応の頃（一四九二－一五〇一）、大家の郷司職となって中津城に居城した。天文七（一五三八）年十月十五日に病死。『豊前古城誌』

封戸高嗣▽ふべたかつぐ

天文、永禄年間に宇佐郡内に割拠した。『築上郡志』

封戸高基▽ふべたかもと

元亀、天正年間に宇佐郡内に割拠した。『築上郡志』

船迫治大夫▽ふなさこじだゆう
宇都宮氏一族並びに「家臣名付」に記された宇都宮家家臣。城井家（豊前宇都宮家）馬廻り役。宇都宮大和守信房公七百五十遠諱の大祭が明治四十二年に挙行された際に、宇都宮家菩提寺天徳寺藤原賢然住職等が編集した「宇都宮家故舊重臣の後裔」の姓名録にその名が見える。『築上郡志』「宇都宮家故舊重臣の後裔」

舟田越後守▽ふなだえちごのかみ
馬ヶ岳城主新田義氏の家臣。応永五（一三九八）年十月、豊前の守護職、馬ヶ岳城主新田義氏が大友氏鑑の挙兵に加わったため、新田軍は、大内政弘が差し向けた二万の大軍に対して馬ヶ岳城に籠城して攻防に耐えたが、ついに降参となり、大内氏に忠誠の証として義氏の嫡男義高を人質とすることを条件に小野木武蔵守と舟田越後守は名代遠名右馬介を以て陶越前守に申し入れた。『応永戦覧』

舟田新次郎▽ふなだしんじろう
「貫系図添え書き」の貫加賀守弘信に添え書きされた五人の家臣の一人。『門司・小倉の古城史』

舟橋安勝▽ふなはしやすかつ
麻生摂津守が大友氏に謀叛した時、深水の毘沙門堂に陣をとった。その時に供にした郎党の一人。助四郎。『豊前古城誌』

豊饒永源▽ぶにょうえいげん
大友氏の家臣団。永源、美作入道、美作守と称す。永正十七（一五二〇）年、南親興退治のため本郷山城守ほかを率いて肥後に出陣。大永五（一五二五）年閏十一月から天文五（一五三六）年頃まで筑後代官を務めた。天文年間（一五三二―五五）、三原種栄と共に高良山大社造営にあたった。天文十七年八月、大宰府天満宮に分国中段銭を免除した。『戦国大名家臣団事典』

豊饒弾正▽ぶにょうだんじょう
大友方の部将、大友義鎮（宗麟）の弟（一説には甥）。元亀元（一五七〇）年に大友義鎮から三千余騎を授けられて、龍造寺隆信の討伐にむかったが、同年八月二十日、今山に布陣していたところ、鍋島信昌の奇襲を受けて、死傷者二千を数える壊滅的な打撃を受けて討死した。『筑前戦国史』

豊饒親富▽ぶにょうちかとみ
大友氏の家臣団。孫次郎。親富、弾正忠、常陸守と称す。大友一万田氏の庶流で、大分郡荏隈郷豊饒を本貫とする。永正六（一五〇九）年十月から大永二（一五二二）年十月まで義長・義鑑の加判衆を務めた。『戦国大名家臣団事典』

古尾平馬▽ふるおへいま
「城井軍記」「家臣名付」「豊州治覧」等に記された城井鎮房の挙兵時の家臣。『築上郡志』『築上郡史』「宇都宮史」

古門縫殿助▽ふるかどぬいどののすけ
宇都宮氏一族並びに「家臣名付」に記された宇都宮家家臣。城井家（豊前宇都宮家）馬廻り役。『築上郡志』

古庄一閑▽ふるしょういっかん
大友氏の家臣団。実名未詳。右京入道。一閑は天正十年代（一五八二—）の初め国東郡内に百貫文の知行を与えられたが、二年ほどして古庄右馬助に譲った。天正八年当時、一閑兄弟は義統側近にあったが、宿老達の要求により追放された。立花道雪は檄文の中で兄弟について ふれ、再登用すべきことを述べている。その後、義統が勢力を回復すると復帰し、再び義統とその母の寵遇を得ている。またフロイスの『日本史』では天正十年頃、洗礼を受けて義統の側近として活躍している。『日本史（フロイス）』『戦国大名家臣団事典』

古田下野守▽ふるたしもつけのかみ
文明、大永年間の宇佐郡内に割拠した。貫備後守の後、宇佐郡香下村の妙見岳城の城代として居城した。『豊前志』『築上郡志』

戸次鑑連▽べっきあきつら
⇩立花道雪（たちばなどうせつ）

戸次寛山▽べっきかんざん
民部入道。応永五（一三九八）年十二月、豊前発向の軍議のために府中の大友氏鑑のもとに集まった一人。『応永戦覧』

戸次鎮連▽べっきしげつら
大友氏の家臣団。鎧岳城主。千寿、紀伊守鎮連、伯耆守、右近大夫。鑑連の猶子。天文末年頃、父鑑連（道雪）から戸次家の家督を譲られた。永禄十（一五六七）年鑑連と共に出陣、休松の合戦では秋月種実を破る。天正三（一五七五）年、大友義鎮（宗麟）・義統は立花を継いだ道雪に、男子なくば鎮連の息子達の誰かに立花城督をゆずることを諭したが、道雪は承服せず、娘誾千代に家督を譲っている。天正六年、四月日向土持征伐。十月日向遠征の搦手軍。七年十二月秋月を攻略。豊前に出陣して敗戦す。十一年道雪・紹雲・宗歴等とともに筑後各地を鎮定した。鎮連は天正十三年、鎧岳城に籠もって謀叛し誅伐された。これは島津に通じたためという。『戦国大名家臣団事典』

戸次鎮秀▽べっきしげひで
大友氏の家臣団。太郎、太郎入道、山城入道、宗傑と称した。大友戸次氏庶流で、南郡の有力国人。永禄五（一五六二）年豊前に出征。十年秋月・高橋氏等を攻める。元亀元（一五七〇）年肥前三根郡に進出。天正元（一五七三）年筑前派遣軍の一人。連署して小田部治部討捕の原田氏を賞した。天正六年日向遠征の際には肥後搦手軍として出陣。不戦。九年浅岡砦において日向の島津軍を撃退。この頃から朽網宗暦と共に筑後方面に備えた。十三年閏八月阿蘇・御船加勢のために肥後に派遣された。十四年六月加判衆の一人として名が見られる。以後の消息は未詳。『戦国大名家臣団事典』

戸次親雄▽べっきちかお
大友氏鑑の一族。岩石城に在城した。三郎。応永六（一三九九）年正月二十六日、大内氏の総大将大内盛見の大軍に対して岩石城に籠城して戦ったが、葛城口より攻め入られて落城寸前に至り、城主大友氏公が自刃した際、大友氏英はじめ同城の主立った部将等九十八人とともに自害をとげた。『応永戦覧』『築上郡志』『太宰管内志』

戸次親任▽べっきちかとう
岩石城主。下野守。承久の乱以後、岩石城が大友氏の抱城となり、親任が在城した。この頃から大友氏は豊前にも触手を伸ばしはじめることとなった。『田川市誌』

戸次親冨▽べっきちかとみ
大友氏鑑の一族。左京大夫。応永六（一三九九）年正月、大友氏鑑は大内盛見の大軍が豊前国岩石城を攻略するために伊田原に在陣との情報を聞いた。岩石城を守備する軍勢が少ないことから氏鑑の命により牛糞出雲守親信とともに軍勢催促のため肥後に遣わされた。同年正月二十六日、大友氏鑑は大内盛見との柳原の合戦において敗れて、彦山（英彦山）へ敗走した。さらに岩石城落城と嫡子氏公の自害、さらに一族数輩の滅亡を聞いて敗北を認めて大小の大名に暇をやり、わずかに千余騎にて豊後の府へ立ち帰った。その時に氏鑑に随従した。同年二月二十二日、上洛していた大友親世が大友氏鑑を誅伐するべく手勢二千騎を率いた軍船にて豊後鶴崎に着岸すると、氏鑑が親世へ叛逆の兵を挙げた際に同心していた心を翻し、ほかの国人ら同様親世に降参した。『応永戦覧』『築上郡史』

戸次親宣▽べっきちかのぶ
大友氏鑑の一族。九郎。応永六（一三九九）年一月下

旬、岩石城の後詰として、肥後から参着した菊池武貞率いる一万余騎と宇佐郡の軍勢、総勢四万五千余騎とともに大友氏鑑に随従した。『応永戦覧』

戸次親秀▽べっきちかひで

大友氏鑑の重臣。治部大輔。応永五（一三九八）年十月、豊前の守護職、馬ヶ岳城主新田義氏が大友氏鑑の挙兵に加わったため、大内政弘が差し向けた二万の大軍に対して馬ヶ岳城に籠城したが嫡男義高を人質として降参した。このため軍議により氏鑑は松山城を攻めることになり、応永五年十二月三十一日親秀を大将にし、弟刑部少輔親光は八百騎を率いて、後陣、右京大夫氏貞は二千騎にて宇佐を発ち松山に向かったが、伏兵によって火攻めにあい敗れて如意輪寺にて自刃した。五十八歳。『応永戦覧』

戸次親光▽べっきちかみつ

大友氏鑑の家臣。戸次親秀の弟。刑部少輔。応永五（一三九八）年十月、豊前の守護職、馬ヶ岳城主新田義氏が大友氏鑑の挙兵に加わったため、大内政弘が差し向けた二万の大軍に対して馬ヶ岳城に籠城したが嫡男義高を人質として降参した。このため軍議により氏鑑は松山城を攻めることになり、応永五年十二月三十一日親秀を大将にし、弟刑部少輔親光は八百騎を率いて、後陣、右京大夫氏貞は二千騎にて宇佐を発ち松山に向かったが、兄親秀は伏兵によって火攻めにあい敗れて如意輪寺にて自刃した。親光も味方の戸次兵にはぐれて一人になり海際の磯部で我が首を掻き落として自刃した。享年四十二。『応永戦覧』

戸次道雪▽べっきどうせつ

⇩立花道雪（たちばなどうせつ）

戸次統常▽べっきむねつね

大友義統の部将大野郡鎧岳城主戸次鎮連（鑑連の猶子）の子。立花道雪（戸次鑑連）の系図上の孫にあたる。島津の進攻にあたり、父鎮連が内応したため強く諫言したが聞き入れられなかった。統常は、義統の命により利光救援に手勢百余人を率いて出陣したが、父の汚名を濯がんと、戸次川を死に場所と心得て、島津の二陣である新納隊と戦い、ついに壮烈な死を遂げて主家への節義を貫いた。『九州戦国合戦記』

別庄覚八▽べっしょうかくはち

「城井軍記」「家臣名付」「豊州治覧」等に記された城井鎮房の挙兵時の家臣。城井家（豊前宇都宮家）馬廻り役。宇都宮大和守信房公七百五十遠諱の大祭が明治四十二年に挙行された際に、宇都宮家菩提寺天徳寺藤原賢然住職等が編集した「宇都宮家故舊重臣の後裔」の姓名録にその名が見える。『築上郡志』『築上郡史』「宇都宮史」「宇都宮家故舊重臣の後裔」

別府国広▽べっぷくにひろ
豊後の人。由利若大臣の臣下。太郎。別府二郎の兄。太郎、二郎兄弟は初めて別府村に居住した。築城城の本丸、二の丸などの遺跡がその居住跡とされる。永禄の頃（一五五八－七〇）、兄弟で楠城に居城したとある。『築上郡志』

別府二郎／別府次郎▽べっぷじろう
豊後の人。別府太郎の弟。別府太郎（国広）、次郎兄弟が初めて別府村に居住したとされる。築城城の本丸、二の丸などの遺跡がその居住跡とされる。永禄の頃（一五五八－七〇）、兄弟で楠城に居城したとある。『築上郡志』

別府若狭▽べっぷわかさ
「城井軍記」「家臣名付」「豊州治覧」等に記された城井鎮房の挙兵時の家臣。城井家（豊前宇都宮家）馬廻り役。宇都宮大和守信房公七百五十遠諱の大祭が明治四十二年に挙行された際に、宇都宮家菩提寺天徳寺藤原賢然住職等が編集した「宇都宮家故舊重臣の後裔」の姓名録にその名が見える。『築上郡志』『築上郡史』「宇都宮史」「宇都宮家故舊重臣の後裔」

辺春親行▽へばるちかゆき
筑後国上妻郡辺春城主。能登守。天正十五（一五八七）年三月十三日、大友義統は辺原親行に対して、三月六日羽柴秀長の小倉着陣、野上に滞在していた島津勢の敗北を知らせ、忠節を命じた。『増補訂正編年大友史料併大分県古文書全集第16』『北九州戦国史史料集』

法釈寺伊賀守▽ほうしゃくじいがのかみ
応永、正長年間に田河郡内に割拠した。『門司・小倉の古城史』では小倉南区大字合馬の法積寺城に在城したとある。応永五（一三九八）年、前守護職大友氏時の嫡子である大友氏鑑は、大内義弘の画策により甥の親世が守護職を継いだことを不満とし、親世に叛逆して兵を挙げた。その際、氏鑑から回文を受け一味同心した一人。『門司・小倉の古城史』『応永戦覧』『築上郡史』『築上郡志』『太宰管内志』

宝珠山左近将監▽ほうしゅやまさこんえのしょうげん
朝倉郡宝珠山を本拠とする。大蔵姓原田氏の族。始め大友氏に仕えた。永禄六（一五六三）年七月二十一日、大友義鎮（宗麟）の書状で香春岳調略、永禄十年十一月三日義鎮の書状で、麻生鎮里の本領を宛われたとある。『北九州戦国史』

宝珠山弥左衛門▽ほうしゅやまやざえもん

旧田河郡弁城村の弥次郎畑城に居城した。『豊前志』『添田町誌』

北条時直▽ほうじょうときなお

応永、正長年間に仲津郡内に割拠した。四郎左衛門尉。応永五（一三九八）年、前守護職大友氏時の嫡子である大友氏鑑は、大内義弘の画策により甥の親世が守護職を継いだことを不満とし、親世に叛逆して兵を挙げた。その際、氏鑑から回文を受け一味同心した一人。応永六年、釜蔵城（築上郡築上町）にて城攻めに遭い北条民部亟時光以下二百人とともに討死した。『応永戦覧』『築上郡志』『築上郡史』『太宰管内志』

北条時光▽ほうじょうときみつ

北条時直の嗣子。民部丞。応永、正長年間（一三九四－一四二九）に仲津郡内に割拠した。応永六（一三九九）年、釜蔵城（築上郡築上町）にて城攻めに遭い北条四郎左衛門時直以下二百人とともに討死した。『応永戦覧』『築上郡志』『築上郡史』

北条時真▽ほうじょうときざね

武蔵守。応永五（一三九八）年、前守護職大友氏時の嫡子である大友氏鑑は、大内義弘の画策により甥の親世が守護職を継いだことを不満とし、親世に叛逆して兵を挙げた。その際、氏鑑から回文を受け一味同心した一人。『応永戦覧』『築上郡史』『築上郡志』

宝珠山源五兵衛尉▽ほうしゅやまげんごひょうえのじょう

朝倉郡宝珠山を本拠とする。大蔵姓原田氏の族。天正六（一五七八）年四月十三日の大友義鎮（宗麟）の書状に、宝珠山日向守とある。原田種房の跡目相続、天正八年田北紹鉄討ち取りに参加した。『北九州戦国史』

北条民部丞少輔▽ほうじょうみんぶのじょうしょうゆう

釜蔵城（築上郡築上町）城主。応安四・建徳二（一三七一）年、菊池氏追討のために今川貞世が大内義弘を差し向け、四月に仲津郡鶴の港（今川付近）に着岸した際、多くの給人とともに馳せ参じた。応永五（一三九八）年、前守護職大友氏時の嫡子である大友氏鑑は、大内義弘の画策により甥の親世が守護職を継いだことを不満とし、親世に叛逆して兵を挙げた。その際、氏鑑から回文を受け一味同心した一人。『応永戦覧』『築上郡史』『太宰管内志』

星井景山▽**ほしいけいざん**
応永、正長年間に田河郡内に割拠した。『築上郡志』

星井直政▽**ほしいなおまさ**
香春城主千手興房一族の郎党。民部丞。応永六（一三九九）年正月、大内盛見の大軍による攻城に対してあくまでも籠城の計略を立てて応戦したがついに敗れ、正月十二日、興房をはじめ一族郎従八十三人と座を連ねて自刃した。『応永戦覧』

星井則政▽**ほしいのりまさ**
星井景山の嗣子。応永、正長年間に田河郡内に割拠した。『築上郡志』

星野源太▽**ほしのげんた**
金国城に居城したが、弟の星野九郎実旨に攻め落とされ城を奪われた。『豊前志』

星野実旨▽**ほしのさねむね**
旧田河郡糸村の糸村城に居城していたが、田河郡の金国城に居城していた兄の星野源太を攻め落しその城を奪った。九郎。『豊前志』

星野鎮胤▽**ほしのしげたね**
星野氏は黒木氏の同族。調姓黒木氏の黒木助能の次男胤実が星野谷に拠って星野伯耆守と称したことに始まる。「星野系図」によればはじめ福丸城（うきは市吉井福益）に居り、後に内山城（久留米市田主丸町益生田）に移るという。大友方。『北九州戦国史』

星野鎮虎▽**ほしのしげとら**
星野氏は黒木氏の同族。調姓黒木氏の黒木助能の次男胤実が星野谷に拠って星野伯耆守と称したことに始まる。天正七（一五七九）年十一月十八日の大友義統の書状では、大友方星野白石城主（八女市星野村）である。鎮虎は「星野系図」によれば、鎮泰の子にして、秋月方の弟、星野鎮胤の白石城を奪ったとある。『北九州戦国史』

星野四郎三郎▽**ほしのしろうさぶろう**
⇩星野鎮胤（ほしのしげたね）

星野親実▽**ほしのちかざね**
元亀、天正年間に田河郡内に割拠した。『築上郡志』

星野正勝▽**ほしのまさかつ**
惣大夫。「城井軍記」「家臣名付」「豊州治覧」等に記された城井鎮房の挙兵時の家臣。城井家（豊前宇都宮家）馬廻り役。『築上郡史』には正勝とあり。『築上郡志』『築上郡史』「宇都宮史」

細川忠興▽**ほそかわただおき**
小倉城（北九州市小倉北区）の歴代藩主の一人。織田信長に仕え天正八（一五八〇）年、丹後に封ぜられる。織田信長の死後、豊臣秀吉に仕え数々の武勲をあげる。慶長五（一六〇〇）年、関ヶ原の合戦の功により、豊前国一円、豊後の国東、速見二郡の地三十九万五千石の旧領を併せ領し小倉城に居城した。細川幽斎（藤孝）の子。慶長六年、領内の検地を行う。元和五（一六一九）年、閑居して三斉と号し、正保二（一六四五）年十二月二日没した。享年八十二。『豊前新大鑑』

細川藤孝▽**ほそかわふじたか**
幽斎、兵部太輔。幕府公衆三淵晴員の子。晴員の実兄和泉細川元常の養子となる。将軍足利義輝の死後、義昭を奉載して織田信長を頼り、義昭を将軍職に就けた。その功により山城国（京都府南部）青竜寺城主となった。信長から同国長岡を与えられ長岡を名乗った。しかし、次第に義昭を離れ信長の家臣となり、本能寺の変には家督を忠興に譲り、明智光秀に与せず、秀吉の麾下に属した。慶長五（一六〇〇）年関ヶ原の役に東軍に属し、丹後田辺城を攻囲されたが、「古今和歌集」の奥義を伝授された藤孝が古今伝授を行わないうちに死亡することを恐れた後陽成天皇の勅命により、難を免れた。当時一流の文化人で和歌をよくした。その子忠興は小倉三十九万石を拝領し、さらに忠興の子忠利は五十四万石に転封した。『北九州戦国史』

細川幽斎▽**ほそかわゆうさい**
⇨細川藤孝（ほそかわふじたか）

堀江弾蔵▽**ほりえだんぞう**
「城井軍記」「家臣名付」「豊州治覧」等に記された城井鎮房の挙兵時の家臣。『築上郡志』『築上郡史』「宇都宮史」

堀越義忠▽**ほりこしよしただ**
長野氏一族。十郎。天正年間（一五七三－九二）、堀越城（北九州市小倉南区堀越）の城主として居城した。堀越十郎義忠は天正七（一五七九）年三月三日、簑嶋城（行橋市簑嶋）城主の杉重良が毛利氏に反旗を翻した時、毛利軍に味方し、簑嶋城攻めに参戦している。『福岡県の城』

堀越義永▽**ほりこしよしなが**
長野一族。堀越城を居城とした。弥太郎。永禄十一（一五六八）年九月、毛利元就は小早川隆景、吉川元春に命じて、長野氏の守る大三ヶ岳城、小三ヶ岳城を五万の大軍をもって総攻撃した。激戦のすえ両城は落城したが、長野勢の石田兵庫頭盛春と堀越義永は味方の首を持って毛利軍の陣地に紛れ込み、首実検にあたる吉川元春、小早川隆景の両将に一矢を報いんとしたが、毛利一族の桂貞澄に見破られ、その場で討ち取られた。『福岡県の城』

堀立直正▽ほりたてなおまさ
壱岐守と称する。安芸国佐伯郡の人。初め九郎左衛門。毛利元就の勢力が佐伯郡に及んだ時から元就に仕え、主として北九州で活躍した。出自は瀬戸内海の商人で、赤間ヶ関の船番を務め、門司城、花尾城の合戦ならびに香春城、三岳城の攻略に参戦したという。また、元亀元（一五七〇）年六月八日吉川元春は出雲の戦線にあって赤間関在番の堀立直正に、高橋鑑種の動静など北九州方面の情報提供を求めている。『北九州戦国史』『門司・小倉の古城史』『北九州戦国史史料集』

堀平右衛門▽ほりへいえもん
播磨国の生まれ。黒田家臣、住江茂右衛門の従卒であったが、文禄の役で直参百石取りの先手足軽大将という異例の抜擢を受け活躍した。幼名、久七。のち、正俦、貞則。本姓は明石氏。文禄二（一五九三）年の役において戦功を上げ、五百石に加増され、名を堀平右衛門と改めた。黒田長政が筑前に入国後は、二千五百石に加増され、長政の三男、長興の秋月分封に際して五千石に加増され家老となった。律儀で正直であったが、傍若無人のところがあり、寛永五（一六二八）年、家来ともども脱藩し小田原城主、稲葉正勝に無役、三千石で召し抱えられたが、十四歳の二代目藩主に手討ちにされた。「歴史群像シリーズ38黒田如水」

堀弥六左衛門▽ほりやろくざえもん
中島摂津守が謀叛を起こして大友勢と対峙し、小倉原に陣を張り皇后石（史跡・築上郡吉富町）に幡を挙げた時に、大友家の助勢をした輩。『豊前古城誌』

本城勘兵衛▽ほんじょうかんべえ
「城井軍記」「家臣名付」「豊州治覧」等に記された城井鎮房の挙兵時の家臣。宇都宮大和守信房公七百五十遠諱の大祭が明治四十二年に挙行された際に、宇都宮家菩提寺天徳寺藤原賢然住職等が編集した「宇都宮家故舊重臣の後裔」の姓名録にその名が見える。『築上郡志』『築上郡史』「宇都宮史」「宇都宮家故舊重臣の後裔」

本荘宮内少輔▽ほんじょうくないしょうゆう
応永、正長年間に築城郡内に割拠した。応安四・建徳二（一三七一）年、菊池氏追討のために今川貞世が大内義弘を差し向け、四月に仲津郡鶴の港（今川付近）に着岸した際、多くの給人とともに馳せ参じた。『築上郡史』『築上郡志』

本庄宮内丞▽ほんじょうくないのじょう

応永五（一三九八）年、前守護職大友氏時の嫡子である大友氏鑑は、大内義弘の画策により甥の親世が守護職を継いだことを不満とし、親世に叛逆して兵を挙げた。その際、氏鑑から回文を受け一味同心した一人。応永六年正月二十一日、大内盛見の軍勢に攻められ降礼をもって人質と罰文を渡した。『応永戦覧』の中に「内藤又次郎、野間冠者が許より注進の條に、本庄宮内丞は籠城の用意と聞へしかば、手別をして攻動せば、降礼を勧め、人質誓文を渡しけり云々」とある。しかし、いずこの城主か詳かではない。『応永戦覧』『築上郡史』『両豊記』「宇佐郡記」『太宰管内志』

本荘繁栄▽ほんじょうしげよし

大友氏の家臣団。新左衛門尉、伊賀守。明応五（一四九六）年から六年頃に入道。伊賀入道栄阿と号す。寛正六（一四六五）年七月から文亀二（一五〇二）年頃まで、親繁・政親・義右・親治・義長の五代にわたって加判衆を務めた。その間幕府との交渉・外交を所轄した。『戦国大名家臣団事典』

本荘新左衛門尉▽ほんじょうしんざえもんのじょう

大友氏の家臣団。右述の子。父祖以来の伝統により外交事務を管掌した。弘治二（一五五六）年五月、中村・佐伯・小原氏等と謀叛を起こし、府内で誅殺された。『戦国大名家臣団事典』

本荘右述▽ほんじょうすけのぶ

大友氏の家臣団。新左衛門尉、伊予守、伊賀前司、前伊賀守。繁栄の子。永正元（一五〇四）年八月から天文三（一五三四）年閏正月まで、義長・義鑑の二代にわたり加判衆を務めた。義鑑の代には筆頭宿老として幕府との交渉にあたった。天文元（一五三二）年広瀬左京亮ほかを率いて豊前に出陣、同二年春には上筑後に出陣して大内方と戦った。『戦国大名家臣団事典』

本庄図書▽ほんじょうずしょ

「城井軍記」「家臣名付」「豊州治覧」等に記された城井鎮房の挙兵時の家臣。『築上郡志』『築上郡史』「宇都宮史」

本城只徳▽ほんじょうただのり

「城井軍記」「家臣名付」「豊州治覧」等に記された城

井鎮房の挙兵時の家臣。城井家（豊前宇都宮家）馬廻り役。圖書頭。『築上郡志』『築上郡史』

本城弾正▽ほんじょうだんじょう

応永の頃（一三九四－一四二八）、大内氏総大将の大内盛見が大軍を率いて岩石城を攻める時、中津原に着陣した。その時、本城弾正は子息を人質に出して、身は剃髪、黒衣にて陶越前守に頼んで降参を願い出たために、盛見に一命を助けられて宇野兵吉に預けられた。この時、白土、鵬岳、落合、新城、安宅の城主たちは城を開いて落去した。『太宰管内志』

ま行

前田孫四郎▽まえだまごしろう
　豊臣秀吉に命じられて田川郡に岩石城の附城として大豆塚山城を築城した。『日本城郭大系』『豊前志』

真ヶ江六郎／真加江六郎▽まがえろくろう
　真ヶ江晴房の孫。大友義鎮（宗麟）の軍役に従った。宇佐郡において三十六氏と称された豪族の一人。大友家に属し、毎年八月朔日には馬太刀の使者を立てて主従の礼を行ったという。『日本城郭大系』『豊前古城誌』

真ヶ江晴房▽まがえはるふさ
　菱形長量の孫。菱形城主菱形諸方の子。真ヶ江を領して真ヶ江氏を称した。太郎。『日本城郭大系』

真賀四六郎▽まがしろくろう
「城井家記」には宇都宮一門の士として宇佐郡の立山城（宇佐市宇佐）の城代と記されている。「城井家記」『太宰管内志』

牧玄蕃允（**牧野玄蕃之允**）
　▽まきげんばのじょう（まきのげんばのじょう）
「城井軍記」「家臣名付」「豊州治覧」等に記された城井鎮房挙兵時に呼応した武将。城井家（豊前宇都宮家）物頭（別に馬廻り役の記載あり）。「家臣名付」に姓は牧野とある。宇都宮大和守信房公七百五十遠諱の大祭が明治四十二年に挙行された際に、宇都宮家菩提寺天徳寺藤原賢然住職等が編集した「宇都宮家故舊重臣の後裔」の姓名録にその名が見える。『築上郡志』『築上郡史』「宇都宮史」『城井闘諍記』『太宰管内志』「宇都宮家故舊重臣の後裔」

秣雅楽介▽まくさうたのすけ
　宇都宮氏の一族。天正年間（一五七三―九二）、秣氏代々の城であった秣城に、子の大炊介、弟の飛騨守と共に居城した。天正七年、大友義鎮（宗麟）が日向耳川の合戦にて敗れ諸国の大名が離反し、長岩城主の野仲鎮兼も大友氏に叛いた時、鎮兼に従った近郷の武士団の一人。『日本城郭大系』『豊前古城誌』

秣大炊助▽まくさおおいのすけ
　宇都宮氏の一族。秣氏代々の城であった秣城（中津市三光上秣）で秣雅楽介の子として生まれた。天正七（一五七九）年、大友義鎮（宗麟）が日向耳川の合戦にて敗れ諸国の大名が離反し、長岩城主の野仲鎮兼も大友氏に叛いた時、鎮兼に従った近郷の武士団の一人。天正十六年三月、黒田家に降る。黒田長政が大畑城（中津市加来）を攻め落とした時、秣村に逃れんとした加来安芸守統直を幕の峯に討ち、また、犬丸民部少輔を深水村瑞泉寺に欺きて殺した。『日本城郭大系』『豊前古城誌』

秣飛騨守▽まくさひだのかみ
宇都宮氏の一族。天正年間（一五七三－九二）に秣氏代々の城であった秣城に兄の雅楽介とその子大炊介とともに居城した。天正七年、大友義鎮（宗麟）が日向耳川の合戦にて敗れ諸国の大名が離反し、長岩城主の野仲鎮兼も大友氏に叛いた時、鎮兼に従った近郷の武士団の一人。『豊前古城誌』『日本城郭大系』

真込成秀▽まごめしげひで
赤尾鎮房一族の家主。天正八（一五八〇）年、時枝鎮継と佐野親重が赤尾鎮房の法要を狙って光岡城を襲撃した際、その法要に参列していた一人。この襲撃により光岡城は落城した。新五衛門尉。『豊前古城誌』

正木孫左衛門▽まさきまござえもん
宇都宮家一族並びに「家臣名付」に記された城井鎮房挙兵時の家臣。『築上郡志』

益田太郎▽ますだたろう
応永、正長年間に上毛郡に割拠した。大内氏の一族。応永の頃（一三九四－一四二八）、大内盛見の軍令に従って豊前国の押さえとして大内中宮大夫とともに一千余騎をもって上毛郡大村に陣を張った。応永六（一三九九）年、正月二十日郡境を野伏千三百余人をもって驚動したところ上毛郡内の横武、足切、鈴熊、黒土、吉冨、岩屋の武士らを降参させた。『応永戦覧』『築上郡史』『築上郡志』

益田親目▽ますだちかもく
大内義弘の旗下にある石見国の住人。太郎。応永六（一三九九）年正月四日、城主が敗走した障子ヶ岳城の落城を決定づけるため、援兵の要請を陶筑前守から受けた大内義弘は、兵三万騎を兵船四百余艘に乗せ大内盛見を豊前に遣わせた。その際に従軍した一人。『応永戦覧』

増田長盛▽ますだながもり
右衛門尉、右衛門佐、従四位下侍従。出自は尾張または近江説がある。天正十二（一五八四）年、小牧・長久手の合戦の戦功で二万石の大名となり、九州の役においては、兵糧輸送等の軍務を司り、文官として活躍した。天正十五年三月二十八日、豊前に入った豊臣秀吉は、増田右衛門佐長盛には関戸（赤間関城）を経営させ、関門海峡を固めさせた。文禄四（一五九五）年、大和郡山二十万石を領有し、五奉行となった。関ヶ原の役では西軍に属し、領地を没収された。『歴代鎮西要略』『門司・小倉の古城史』『北九州戦国史』

益田元祥▽ますだもとやす
毛利氏の部将。天正十四（一五八六）年十二月三日、香春岳五徳口の攻撃に参加していた宗像氏の部将深田中務少輔氏栄に対して戦功を賞して軍忠状を与えた。「新撰宗像記考証」『九州戦国合戦記』

益田与助▽ますだよすけ
黒田家功臣。幼名与九郎。正親、宗清。黒田二十四騎の一人。黒田孝高（如水）により台所の水汲みから引き立てられ、長刀持ち、次いで徒歩の者となり、やがて士分に取り立てられ八十三石を給された。日向の陣で名を高め、朝鮮の役では五百石に加増となり足軽大将となった。筑前入国後、三千石を拝領した。戦場の働きは一万石に匹敵したが、読み書きができぬため三千石に留め置かれたという。慶長十六（一六一一）年十月十五日没す。享年六十九。『歴史群像シリーズ38』

益田与六郎▽ますだよろくろう
黒田家の家臣。天正十五（一五八七）年十月九日、城井氏との峰合戦の時、黒田長政を総大将とする鎮圧軍は城井鎮房によって城井谷へおびき寄せられ敗退した。この合戦において高橋平大夫、横山与次、大野正重、益田与六郎、四宮次左衛門等六人鎗を合わせて討死した『鎮西宇都宮氏の歴史』『黒田家譜』

益永肥前守▽ますながひぜんのかみ
応永、正長年間に宇佐郡にて割拠した。『築上郡志』

益永民部少輔▽ますながみんぶしょうゆう
⇩益永宗世（ますながむねよ）

益永宗世／益永統世▽ますながむねよ
宇佐宮惣検校。民部少輔。政所惣検校益永相忠（権大宮司）を家祖とする。「惣検益永家系図」には天正八（一五八〇）年五月五日、統世は高森に於いて戦死したとある。「佐田文書」『北九州戦国史』『大分歴史事典』

鱒渕右近▽ますぶちうこん
宇都宮氏一族並びに「家臣名付」に記された宇都宮家家臣。城井家（豊前宇都宮家）馬廻り役。『築上郡志』

鱒渕重太▽ますぶちしげひろ
「城井軍記」「家臣名付」「豊州治覧」等に記された城井鎮房の挙兵時の家臣。『築上郡志』『築上郡史』「宇都宮史」

間田左近▽まださこん
宇都宮氏一族並びに「家臣名付」に記された宇都宮家家臣。『築上郡志』

松浦鎮隆▽まつうらしずたか
⇩小田部鎮隆（こたべしずたか）

松江一松▽まつえいちまつ
宇都宮家一族並びに「家臣名付」に記された城井鎮房挙兵時の家臣。『築上郡志』

松尾市左衛門▽まつおいちざえもん
「城井軍記」「家臣名付」「豊州治覧」等に記された城井鎮房の挙兵時の家臣。城井家（豊前宇都宮家）馬廻り役。宇都宮大和守信房公七百五十遠諱の大祭が明治四十二年に挙行された際に、宇都宮家菩提寺天徳寺藤原賢然住職等が編集した「宇都宮家故舊重臣の後裔」の姓名録にその名が見える。『築上郡志』『築上郡史』「宇都宮文書」「宇都宮家故舊重臣の後裔」

松岡利綱▽まつおかとしつな
十郎。応永六（一三九九）年二月二十二日、上洛していた大友親世が大友氏鑑を誅伐するべく手勢二千騎を率いた軍船にて豊後鶴崎に着岸すると、氏鑑が親世へ叛逆の兵を挙げた際に同心していた心を翻し、ほかの国人ら同様親世に降参した。『応永戦覧』

松尾春賢▽まつおはるかた
宇都宮家一族並びに家臣名付に記された宇都宮家家臣。城井家（豊前宇都宮家）馬廻り役。弥兵衛。『築上郡志』

松尾正貫▽まつおまさぬき
弥兵衛。宇都宮氏一族並びに「家臣名付」に記された宇都宮家家臣。城井家（豊前宇都宮家）馬廻り役。『築上郡志』

松川孫四郎▽まつかわまごしろう
天文元（一五三二）年十一月大友氏は大内方として宇佐郡の佐田朝景が籠る妙見岳城を攻めた。その時に動員されて出陣した大友方の一人。東西一揆に関わった。『豊前市史』『増補訂正編年大友史料併大分県古文書全集第16』『大分県の歴史』

松木主膳▽まつきしゅぜん
天文の頃（一五三二—五五）、大友家の幕下に属して、松木氏代々の居城であった木村城に居城した。弘治の頃（一五五五—五八）、宇佐郡において三十六士と称された豪族の一人。大友家に属し、毎年八月朔日には馬太刀の使者を立てて主従の礼を行ったという。『豊前古城誌』

松木正直▽まつきまさなお
清原正高の後裔。畳石城（宇佐市安心院町）に居城した。森村の香浄寺伊賀守を攻め滅ぼした。和泉守。『日本城郭大系』『安心院町誌』『大宇佐郡史論』

松木正春▽まつきまさはる
清原正高の後裔。松木和泉守正直の子。天正十五（一五八七）年、豊臣秀吉の島津討伐の軍に参加した。後に中津城に入った黒田孝高（如水）に降ったが、黒田氏が筑前に転封となり、細川氏が中津城に入ってから後は、孫は大庄屋となり当地に続いた。『日本城郭大系』『安心院町誌』『大宇佐郡史論』

松木主水▽まつきもんど
清原正高の後裔。松木和泉守正直の弟。日向耳川の合戦に出陣して戦死した。『日本城郭大系』『安心院町誌』『大宇佐郡史論』

松下伊兵衛▽まつしたいへえ
「城井軍記」「家臣名付」「豊州治覧」等に記された城井鎮房の挙兵時の家臣。城井家（豊前宇都宮家）馬廻り役。『築上郡志』『築上郡史』「宇都宮史」

松島兵部入道▽まつしまひょうぶにゅうどう
『城井闘諍記』に記述された宇都宮家家臣。『城井闘諍記』『太宰管内志』

松平重直▽まつだいらしげなお
徳川氏の時代に宇佐郡龍王村の龍王城に居城したが、後、豊後の杵築城に封を移された。『豊前志』

松宅弥兵衛▽まつたくやへい
城井朝房が肥後に赴くに際して、随行した驍勇二十四騎の一人。「城井軍記」「家臣名付」「豊州治覧」等に記された城井鎮房の挙兵時の家臣。宇都宮大和守信房公七百五十遠諱の大祭が明治四十二年に挙行された際に、宇都宮家菩提寺天徳寺藤原賢然住職等が編集した「宇都宮家故舊重臣の後裔」の姓名録にもその名が見える。「宇都宮家故舊重臣の後裔」『築上郡志』『築上郡史』「宇都宮史」『城井闘諍記』『太宰管内志』

松田小吉▽まつだこきち
宇都宮大和守信房公七百五十遠諱の大祭が明治四十二年に挙行された際に、宇都宮家菩提寺天徳寺藤原賢然住職等が編集した「宇都宮家故舊重臣の後裔」の姓名録にその名が見える。「宇都宮家故舊重臣の後裔」

松田実元▽まつださねもと
「城井軍記」「家臣名付」「豊州治覧」等に記された城井鎮房の挙兵時の家臣。左京允。『築上郡志』『築上郡史』「宇都宮文書」

松田朝宣▽まつだとものぶ
「城井軍記」「家臣名付」「豊州治覧」等に記された城井鎮房の挙兵時の家臣。物頭（別に馬廻り役の記載あり）。左馬允。左京亮。『築上郡志』『築上郡史』

松田左馬介／松田左馬允▽まつださまのすけ
城井鎮房の従臣。天正十七（一五八九）年四月二十日、中津城において鎮房が黒田孝高（如水）から謀殺された時、随行後手としていたが鎮房の急を城井城に報せるため吉田八大夫、野田新助等と城門を切り抜け、上毛郡広津村の広運寺に逃れたが、重傷のため立つことができず同寺にて自刃した（城井鎮房の謀殺については、『築上郡志』収載の宇都宮系文書や豊前宇都宮一族の菩提寺月光山天徳寺では天正十七年としているが、『黒田家譜』等では天正十六年とされている）。松田左馬助の墓は広運寺の境内にある。しかし、『城井闘諍記』では、天正十七年四月二十日、城井朝房は驍勇二十四騎を率いて肥後に赴いたが、父に異変があり、左馬介は祖父長甫の命により、これを追跡したとあり、また「宇都宮記諸社集説」には、秀吉に命によった加藤清正の兵により、左馬介は乱戦中に戦死したとある。『太宰管内志』には松田左馬允とある。『築上郡志』『築上郡史』「宇都宮文書」『城井闘諍記』『太宰管内志』

松田善七▽まつだぜんしち
「城井軍記」「家臣名付」「豊州治覧」等に記された城井鎮房の挙兵時の家臣。物頭。「豊州治覧」『築上郡志』『築上郡史』「宇都宮文書」『城井闘諍記』『太宰管内志』

松田利則▽まつだとしのり
「城井軍記」「家臣名付」「豊州治覧」等に記された城井鎮房の挙兵時の家臣。城井家（豊前宇都宮家）馬廻り役。城井朝房が肥後に参候の節に供奉に加わった。弥五郎。『築上郡志』『築上郡史』「宇都宮文書」

松田房則▽まつだふさのり
小吉。「城井軍記」「家臣名付」「豊州治覧」等に記された城井鎮房の挙兵時の家臣。宇都鎮房の小姓。天正十七（一五八九）年四月二十日、城井鎮房が中津城で他の家臣達とともに黒田孝高（如水）に欺かれて謀殺された際、鎮房に従っていた房則は敵十九人を倒したがついに槍に突かれ、命を落とした。齢十七歳だったという（城井鎮房の謀殺については、『築上郡志』収載の宇都宮系文書や豊前宇都宮一族の菩提寺月光山天徳寺では天正十七年としているが、『黒田家譜』等では天正十六年とされている）。『築上郡志』には左馬介の子とある。『築上郡志』『築上郡史』「宇都宮文書」『黒田家譜』『城井闘諍記』『太宰管内志』

松田元重▽まつだもとしげ
　宇都宮氏一族並びに「家臣名付」に記された宇都宮家家臣。城井家（豊前宇都宮家）馬廻り役。善七郎。『築上郡志』

松田元仁▽まつだもとひと
　香春城主千手興房一族の郎党。次郎。応永六（一三九九）年正月、大内盛見の大軍による攻城に対してあくまでも籠城の計略を立てて応戦したが衆寡敵せず、ついに敗れて、正月十二日、興房をはじめ一族郎従八十三人と座を連ねて自刃した。『応永戦覧』

松永景守▽まつながかげもり
　応永年間（一三九四－一四二八）に田河郡内に割拠した。新五。曾我九郎祐能の郎等。応永六年正月二十一日、明神山城に攻め寄せて祐能の祖父にあたる曾我平治祐有を討ち取った。『応永戦覧』

松永久大夫▽まつながひさだゆう
　「城井軍記」「家臣名付」「豊州治覧」等に記された城井鎮房の挙兵時の家臣。城井家（豊前宇都宮家）馬廻り役。『築上郡志』『築上郡史』「宇都宮文書」

松野氏清▽まつのうじきよ
　大友氏鑑の一族。岩石城に在城した。備前守。応永六（一三九九）年正月二十六日、岩石城は大内盛見の大軍に攻略されついに落城し、城主大友氏公は自刃。この時に大友氏英はじめ同城の主立った部将等九十八人と列座して後を追い自害をとげた。『応永戦覧』『築上郡志』『太宰管内志』

松野氏晴▽まつのうじはる
　大友氏鑑の一族。備中守。応永五（一三九八）年十二月、豊前発向の軍議のために府中の大友氏鑑のもとに集まった一人。同六年一月下旬、岩石城の後詰として、肥後から参着した菊池武貞率いる一万余騎と宇佐郡の軍勢、総勢四万五千余騎とともに大友氏鑑に随従した。『応永戦覧』

松野氏増▽まつのうじます
　長寿丸。応永六（一三九九）年二月二十二日、上洛していた大友親世が大友氏鑑を誅伐するべく手勢二千騎を率いた軍船にて豊後鶴崎に着岸すると、氏鑑が親世へ叛逆の兵を挙げた際に同心していた心を翻し、ほかの国人ら同様親世に降参した。『応永戦覧』

松野重矩▽まつのしげのり
天文五（一五三六）年正月十一日より、同五月まで宇佐宮の御造営において、豊前国の裁判者の職にあたる。伯耆守。『豊前古城誌』

松野輔親▽まつのすけちか
大友氏鑑の一族。岩石城に在城した。民部大輔。応永六（一三九九）年正月二十六日、岩石城は大内盛見の大軍に攻略されついに落城し、城主大友氏公は自刃。この時に大友氏英はじめ同城の主立った部将等九十八人と列座して後を追い自害をとげた。『応永戦覧』『築上郡志』『太宰管内志』

松野半斎▽まつのはんさい
⇩大友親盛（おおともちかもり）

松原右京▽まつばらうきょう
古川城を居城とした。光岡城主赤尾氏の家臣。『日本城郭大系』

松原掃部介▽まつばらかもんのすけ
麻生親政の家臣。親政は人質に出していた実子、統重が無念にも切腹したことに遺恨を抱き、大友氏にそむく。この時、城主と一味同心して大友氏の大将、田原親賢（紹忍）の軍勢と戦った。高尾山城の脇備えとして中村金左衛門とともに働いた。『両豊記』『豊前古城誌』

松原宮内亮▽まつばらくないのすけ
麻生親政の家臣。親政は人質に出していた実子、統重が無念にも切腹したことに遺恨を抱き、大友氏にそむく。この時、城主と一味同心して大友氏の大将、田原親賢（紹忍）の軍勢と戦った。『両豊記』『豊前古城誌』

松原孟行▽まつばらたけゆき
赤尾鎮房一族の家臣。右近。天正八（一五八〇）年、時枝鎮継と佐野親重が赤尾鎮房の法要を狙って光岡城を襲撃した際、その法要に参列していた一人。この襲撃により光岡城は落城した。『豊前古城誌』

松原但馬守▽まつばらたじまのかみ
古川城主、天文の頃（一五三二－五五）、古川城に居城した。『豊前古城誌』

松原行尋▽まつばらゆきひろ

松原氏一族。左近。大友氏の旗下、赤尾鎮房の家臣。赤尾氏勢の一軍として麻生氏が籠城する高尾城を攻めた。また赤尾城の守将として籠城中に土井城主、佐野親重に攻められ敗れた。『日本城郭大系』『豊前古城誌』

松室弥兵衛（松尾弥兵衛・松雲弥兵衛）▽まつむろやへえ（まつおやへえ・まつくもやへい）

「城井軍記」「家臣名付」「豊州治覧」等に記された城井鎮房の挙兵時の家臣。「宇都宮史」によると、「城井軍記」と『城井闘諍記』には姓は松尾とあり、「城井合戦」では松雲とある。城井朝房が肥後に赴くに際して、随行した驍勇二十四騎の一人。『城井闘諍記』『築上郡志』『築上郡史』「宇都宮史」「宇都宮文書」

松本主膳▽まつもとしゅぜん

天文、永禄年間に宇佐郡内に割拠した。弘治二（一五五六）年秋、大友義鎮（宗麟）が龍王城に在陣した際、着到した宇佐郡三十六人衆の一人。なお着陣の時期について、『大友公御家覚書』等では弘治二年四月、大友義鎮龍王に陣を取るとある。「香下文書」『築上郡志』『北九州戦国史史料集』『編年大友史料』

松山信盛▽まつやまのぶもり

豊前国の住人、長野豊前守長盛の弟。守護職。蔵人。寿永三（一一八四）年二月、平清盛の骨肉の族のため、豊後国住人臼杵次郎惟高、緒方三郎惟義に預けられた。『豊前志』

松本正直▽まつもとまさなお

弘治二（一五五六）年、深見氏の一族であった森山城（宇佐市安心院町森）の香浄寺氏を攻め滅ぼした。和泉守。『日本城郭大系』

松山源次郎兵衛▽まつやまげんじろうひょうえ

⇩三浦元忠（みうらもとただ）

松山義寛▽まつやまよしひろ

松山城主。天正十四（一五八六）年、大友義統に攻略されて落城した。子孫は庄屋となって代々当地に住んだ。『日本城郭大系』

松山吉盛▽まつやまよしもり

松山信盛の子。小平大夫。寿永三（一一八四）年、父と共に先帝警衛の咎を受けたが、三河守源範頼や池大納言頼盛の嘆願により源頼朝から父とともに罪を許された。『豊前志』

摩手隠岐▽までおき

麻生郷の名主の一人。文亀元（一五〇一）年十月十一日、麻生郷の十五名主の一人として連判して領地を御霊八幡に奉納した。その意味するところは、麻生郷の名主として麻生家の幕下に属すことを誓約して連判したものである。『豊前古城誌』

真辺成住▽まなべしげずみ
大友氏の旗下、赤尾鎮房の家臣。麻生親政の謀叛を鎮圧するために赴いた軍奉行田原親賢（紹忍）の下で鎮房は追手の大将となった。その家臣として同陣営に参軍した。与三右衛門。『豊前古城誌』

真橋市左衛門▽まはしいちざえもん
『城井闘諍記』に記されている城井鎮房の挙兵時の家臣。『城井闘諍記』『太宰管内志』

真橋掃部▽まはしかもん
『城井闘諍記』に記されている城井鎮房の挙兵時の家臣。『城井闘諍記』『太宰管内志』

真橋彦兵衛▽まはしひこべえ
『城井闘諍記』に記されている城井鎮房の挙兵時の家臣。『城井闘諍記』『太宰管内志』

馬淵次郎▽まぶちじろう
中島摂津守が謀叛を起こして大友勢と対峙し、小倉原に陣を張り皇后石（史跡・築上郡吉富町）に幡を挙げた時に、深水に出張り、毘沙門堂に陣を張った成恒氏の一族の一人。『豊前古城誌』

丸ヶ口義舎▽まるがぐちよしいえ
天正年間（一五七三―九二）長野城の支城であった福相寺城の城主であった。民部。『福岡県の城』

丸橋蔵人▽まるはしくらんど
中島摂津守が謀叛を起こして大友勢と対峙し、小倉原に陣を張り皇后石（史跡・築上郡吉富町）に幡を挙げた時に、深水に出張り毘沙門堂に陣を張った成恒氏と供にした郎党。『豊前古城誌』

丸毛兼利▽まるもかねとし
美濃多芸郡の豪族。三郎兵衛。天正十五（一五八七）年三月二十八日、豊前に入った豊臣秀吉は、丸毛三郎兵衛と城戸十乗坊の両名を門司城の守将にして関門海峡を固めさせた。同十七（一五八九）年、美濃国福束藩二万石の城主となる。関ヶ原では西軍に属して、領地を没収された。『北九州戦国史』『歴代鎮西要略』『門司・小倉の古城史』

丸山将監▽まるやましょうげん
清水村城主。年代不詳。『豊前古城誌』

万田鑑実▽まんだあきざね
天文、永禄年間に下毛郡内に割拠した。三河守。「豊筑乱記」には、弘治の頃（一五五五－五八）、大友家家臣万田三河守が河原田城に居城したとあり、『豊前志』『豊前古城誌』には鑑実は天正の頃（一五七三－九二）に居城したものと記述がある。『築上郡志』『豊前志』「豊筑乱記」

万田左京権大夫▽まんださきょうごんのだいぶ
河原田城に居城した。『日本城郭大系』

万田左近▽まんださこん
弘治の頃（一五五五－五八）、河原田城に居城した。天正七（一五七九）年、大友義鎮（宗麟）が日向耳川の合戦にて敗れ諸国の大名が離反し、長岩城主の野仲鎮兼も大友氏に叛いた時、鎮兼に従った近郷の武士団の一人。『豊前古城誌』

万田左近▽まんださこん
元亀、天正年間に下毛郡内に割拠した。宇留津城城主賀来外記の旗下。旧築城郡八田村にあった野仲城に居城した。『築上郡志』『豊前志』

万田盛堯▽まんだもりたか
保延の頃（一一三五－四一）、萬田村にあった河原田城に居城した。右京亮。『豊前古城誌』

万里三郎左衛門尉▽まんりさぶろうさえもんのじょう
麻生親政の家臣。親政は人質に差し出していた実子、統重が無念にも切腹したことに遺恨を抱き、大友氏にそむく。この時、城主と一味同心して旗下として大友氏の軍奉行、田原親賢（紹忍）の軍勢と戦った。親政の辞世の一首を託される。『両豊記』『豊前古城誌』

三池鎮実▽みいけしげざね
上総介。三池氏の出自には諸説があり、大友族説・藤原姓・源姓説がある。いずれも三池師員を祖としている。鎮実は、永禄十（一五六七）年休松合戦（大友方）で戦死した上野介親高（鑑速）の子。三池城主。天正七（一五七九）年龍造寺勢に攻められて没落、筑後と豊後の間に介在した。同十五年、秀吉は鎮実に采地を与え、立花氏の与力とした。『北九州戦国史』

三浦元忠▽みうらもとただ
後の神田惣四郎元忠。松山源次郎兵衛。本姓三浦氏。

仁保元氏（吉川元春次男）の養子となり三浦氏に復した。『萩藩閥閲録』『山口県史』『北九州戦国史史料集』

右田鑑守▽みぎたあきもり
大内氏族、大内氏十六代盛房の弟盛長より出る。弘治二（一五五六）年五月七日の大内義長年寄衆書状の中に防州御使として名が見える。三郎右衛門尉。『北九州戦国史史料集』「佐田文書」『熊本県史』

右田弘量▽みぎたひろかず
馬ヶ岳城督。弥三郎。文明十（一四七八）年九月、公方と単独講和を結んで帰国した大内政弘は太宰府を攻めて少弐氏に戦勝した。この時に豊前国の国人衆が祝言を述べに出頭した一人。『行橋市史』

三隅興行▽みくまおきゆき
応永の頃（一三九四－一四二八）、岩石城を攻略する大内氏総大将大内盛見の軍勢に石見勢七千余騎とともに従った。右馬助。『太宰管内志』

微塵弾正▽みじんだんじょう
周防国、山口の城主毛利元就の臣であったが、同藩の剣客吉岡一味斎の娘の容色がすぐれていたのを見て結婚を申し入れたが、一味斎がその縁組みを断ったため、天正十四（一五八六）年十月、一味斎に闇討ちをかけ出奔。その後、毛谷村六助（のちに貴田孫兵衛）の助けを得た一味斎の妻並びに娘園菊に小倉にて討たれた。『豊前新大鑑』『山口県百科事典』

三隅貞行▽みすみさだゆき
大内義弘の旗下にある石見国の住人。右馬助。応永六（一三九九）年正月四日、城主が敗走した障子ヶ岳城の落城を決定づけるため、援兵の要請を陶筑前守から受けた大内義弘は、兵三万騎を兵船四百余艘に乗せ大内盛見を豊前に遣わせた。その際に従軍した一人。岩石城の攻城にも参陣した。『応永戦覧』

三角兵衛尉▽みすみひょうえのじょう
応永五（一三九八）年十二月晦日、松山城攻略のため大友方の先駆けの大将戸次親秀と弟親光の八百騎の軍勢と神田で対峙し、戸次軍の先手松岡十郎と戦いながら、負けたとみせかけて作戦どおり捨て鞭を打って退却し、戸次軍を八幡宮までおびき寄せた『応永戦覧』

三角兵衛尉▽みすみひょうえのじょう
門司三角山城主。『応永戦覧』よれば、応永五（一三九八）年十二月二十日狸山に於いて大友方長野修理大夫と大内勢の合戦に及ぶ。大内勢の中に門司弥次郎、三角兵衛尉の名前が見える。『応永戦覧』『門司・小倉の古城史』

溝口伊賀▽みぞぐちいが
『城井闘諍記』に記された城井鎮房挙兵時の家臣。『城井闘諍記』『太宰管内志』

溝口左近将監▽みぞぐちさこんえのしょうげん
天文、永禄年間に宇佐郡内に割拠した。弘治の頃（一五五五―五八）、宇佐郡において三十六士と称された豪族と相応する力を持った豪族。『築上郡志』『豊前古城誌』

溝口出羽守▽みぞぐちでわのかみ
「城井軍記」「家臣名付」「豊州治覧」等に記された城井鎮房の挙兵時の家臣。宇都宮大和守信房公七百五十遠諱の大祭が明治四十二年に挙行された際に、宇都宮家菩提寺天徳寺藤原賢然住職等が編集した「宇都宮家故舊重臣の後裔」の姓名録にもその名が見える。『築上郡志』『築上郡史』「宇都宮史」「宇都宮家故舊重臣の後裔」

三田井親武▽みたいちかたけ
越前守。大神氏族。日向臼杵郡三田井より起こった。世々高千穂の領主。松尾城の土持氏と共に日向の豪族であった。天正六（一五七八）年、大友勢の土持攻めの際、大友に加担し、天正十五年、延岡の高橋元種に滅ぼされた。『北九州戦国史』

三田村権右衛門（**三田村権左衛門**）▽みたむらごんえもん（みたむらごんざえもん）
「城井軍記」「家臣名付」「豊州治覧」等に記された城井鎮房の挙兵時の家臣。城井家（豊前宇都宮家）馬廻り役。宇都宮大和守信房公七百五十遠諱の大祭が明治四十二年に挙行された際に、宇都宮家菩提寺天徳寺藤原賢然住職等が編集した「宇都宮家故舊重臣の後裔」の姓名録にその名が見える。『築上郡史』には権左衛門とあり。『築上郡志』『築上郡史』「宇都宮史」「宇都宮家故舊重臣の後裔」

三代九郎▽みつしろくろう
天文元（一五三二）年十一月、大友氏は大内方として宇佐郡の佐田朝景が籠る妙見岳城を攻めた。その時に妙見岳合戦に動員されて出陣した大友方の一人。『豊前市史』『増補訂正編年大友史料併大分県古文書全集第16』『大分県の歴史』

三林与次郎▽みつばやしよじろう
「城井軍記」「家臣名付」「豊州治覧」等に記された城井鎮房の挙兵時の家臣。物頭。『築上郡志』『築上郡史』

「宇都宮史」

御堂資氏▽みどうすけうじ
天文、永禄年間に宇佐郡内に割拠した。『築上郡志』

南方就正▽みなかたなりまさ
出自は中原氏。後に後藤に改め、安芸国山県郡南方を氏とする。その先は門司氏と同族にして大積系と称する。毛利元就が大内義長の山口を攻めた時、就正は毛利方として右田岳を守ったことで有名。九州の役において立花陣に参加し、大内輝弘の追撃等に戦功があった。宮内少輔。壱岐守。『北九州戦国史』『北九州戦国史史料集』

源親房▽みなもとのちかふさ
文治五（一一八九）年門司城、王子城とともに吉見城を築城し、その一族に守らせた。『築上郡史』『豊前新大鑑』

源経基▽みなもとのつねもと
源氏一族。天慶四（九四一）年、藤原純友が乱を起こした時、小野好古を総大将とする討伐軍が西下し、経基は副将を命ぜられた。天慶五年、大宰大弐として下向し大宰府守護のため馬ヶ岳城を築城した。『福岡県の城』

源頼氏▽みなもとのよりうじ
八幡太郎義家の三男、義国の子。宇佐郡佐郡元重村に元重城を築く。治部大夫。『豊前古城誌』

御幡式部烝▽みはたしきぶのじょう
弘治の頃（一五五五－五八）、宇佐郡において三十六士と称された豪族と相応する力を持った豪族。『豊前古城誌』

御幡式部允▽みはたしきぶのじょう
天文、永禄年間に宇佐郡内に割拠した。『築上郡志』

三保図書▽みほずしょ
中島摂津守が謀叛を起こして大友勢と対峙し、小倉原に陣を張り皇后石（史跡・築上郡吉富町）に幡を挙げた時に、深水に出張り、毘沙門堂に陣を張った成恒氏の一族の一人。『豊前古城誌』

三村家親▽みむらいえちか
成羽城（岡山県高梁市）城主、後、松山城城主。修理亮。毛利氏に属し、尼子氏の勢力下にあった荘高資を敗って松山に進出した。さらに、備前美作へ勢力の拡大を図ったが、宇喜多直家のために殺された。その子、元親は毛利氏の援助で宇喜多氏と戦ったが、毛利・宇喜多連携に及び、天正三（一五七五）年、毛利氏から松山城を攻略されて滅んだ。『北九州戦国史』

三村与五郎▽みむらよごろう
宇都宮氏一族並びに「家臣名付」に記された宇都宮家家臣。城井家（豊前宇都宮家）馬廻り役。『築上郡志』

三村与次郎▽みむらよじろう
「城井軍記」「家臣名付」「豊州治覧」等に記された城井鎮房の挙兵時の家臣。『築上郡志』『築上郡史』「宇都宮史」『城井闘諍記』『太宰管内志』

宮尾織部▽みやおおりべ
宇都宮親実の家臣。八屋城（豊前市川内）城主。『築上郡志』

宮川三味（宮川三位佐）▽みやがわさんみ（みやがわさんみのすけ）
「城井軍記」「家臣名付」「豊州治覧」等に記された城井鎮房の挙兵時の家臣。城井家（豊前宇都宮家）馬廻り役。『築上郡史』には三位佐とあり。『築上郡志』『築上郡史』「宇都宮史」

宮川三位▽みやがわさんみ
宇都宮大和守信房公七百五十遠諱の大祭が明治四十二年に挙行された際に、宇都宮家菩提寺天徳寺藤原賢然住職等が編集した「宇都宮家故舊重臣の後裔」の姓名録にその名が見える。「宇都宮家故舊重臣の後裔」

宮木入道▽みやきにゅうどう
堅甫、右兵衛尉。近江国六角氏の家臣。永禄十一（一五六八）年、主家の滅亡により、織田信長、次いで豊臣秀吉に仕え、天正十四（一五八六）年、秀吉の命により、黒田孝高（如水）と共に西国大名のもとに赴き、島津氏牽制を要請したが、土佐出張中に死去した。『北九州戦国史』

三宅家義▽みやけいえよし
黒田家重臣。幼名藤十郎。若狭守。三大夫、家茂。姫路近郊の三宅の地侍。黒田孝高（如水）に求められて家臣となる。その後、戦功を上げ播磨では三百石を拝領し、豊前国入国後は、千五百石を拝領した。城井鎮房の降伏までは、四回にわたり使者を果たし、黒田長政から秘蔵の刀を賜った。朝鮮の役において陣所を出火させ、潔く責任を取った。このため恩賞は剝奪され豊後の陣でも手柄を立てたが、筑前入国後、三千六百石にとどまった。ただし、代官領一万石を預けられ、船手の頭を任された。そこで、豊前国の国境に近い海辺に若松城を築いて一大水軍基地とした。元和八（一六二二）年十月十六日没す。享年七十二。「歴史群像シリーズ38黒田如水」『黒田官兵衛のすべて』

三宅三大夫▽みやけさんだゆう
「城井軍記」「家臣名付」「豊州治覧」等に記された城井鎮房の挙兵時の家臣。宇都宮大和守信房公七百五十遠諱の大祭が明治四十二年に挙行された際に、宇都宮家菩提寺天徳寺藤原賢然住職等が編集した「宇都宮家故舊重臣の後裔」の姓名録にもその名が見える。『築上郡志』『築上郡史』「宇都宮史」「宇都宮家故舊重臣の後裔」

三宅重政▽みやけしげまさ
福井藩重臣。平左衛門。村上三大夫の肥前への出張の際、城井春房からの知らせを受けて、村上氏一行を案内しつつ歓待に努め、村上三大夫の口利きによる城井氏（豊前宇都宮氏）再興の足がかりを作った。『豊前宇都宮興亡史』

宮崎百助／**宮崎百介**▽みやざきももすけ
「城井軍記」「家臣名付」「豊州治覧」等に記された城井鎮房の挙兵時の家臣。城井家（豊前宇都宮家）馬廻り役。『築上郡志』『築上郡史』「宇都宮史」

宮下貞清▽みやしたさだきよ
下野守。応永の頃（一三九四－一四二八）、岩石城を攻略する大内氏総大将大内盛見の軍勢に従い、備後勢九千余騎とともに大手搦め手からの第二陣を務めた一人。『太宰管内志』

宮島郷左衛門▽みやじまさとざえもん
元亀、天正年間に規矩郡内に割拠した。高橋九郎元種の家臣。小倉城の城代。天正十四（一五八六）年十月四日、秀吉の九州先遣隊の吉川元春、小早川隆景、黒田孝高（如水）に攻められ矢にあたって死んだ。『築上郡志』『築上郡史』

宮庄春実▽みやしょうはるざね
太郎左衛門。吉川元長の名代として天正十四（一五八六）年十一月七日、宇留津城を攻め、一千余の首級をあげた。合戦での焼死者は数知れず、捕虜男女四百人は悉く磔にしたとある。『築上郡史』『豊前志』

宮永義成▽みやながよしなり
保延の頃（一一三五－四一）、下毛郡下宮永村の沼田城に城主として居城した。佐兵衛（尉）。『豊前古城誌』『日本城郭大系』

み
みむら―みやな

宮永大膳▽みやながだいぜん
宇都宮家一族並びに「家臣名付」に記された城井鎮房挙兵時の家臣。『築上郡志』

宮永大膳丞▽みやながだいぜんのじょう
天正七（一五七九）年二月、沼田城を野仲勢に攻められ滅んだ。『豊前古城誌』

宮永大膳丞▽みやながだいぜんのじょう
天正の頃（一五七三―九二）、城主として宮永城に居城していたが長岩城主であった野仲氏に滅ぼされた。『日本城郭大系』

宮成右衛門尉▽みやなりうえもんのじょう
⇩宇佐公基（うさきみもと）

宮成公里▽みやなりきみさと
天文、永禄年間に宇佐郡内に割拠した。『築上郡志』

宮成公建▽みやなりきみたけ
宇佐神宮大宮司。永禄四（一五六一）年七月（一説に六月）宇佐宮は大友軍によって焼かれ、宮成公建らは神輿を奉じて規矩郡小倉の到津八幡に逃れ、以後、二十三年間ここを仮宮として留まり、天正六（一五七八）年にようやく宇佐に復帰することができた。『九州戦国合戦記』

宮成正時▽みやなりまさとき
宇佐神宮の神官。天正十四（一五八六）年の十一月七日、中国勢、黒田勢等が椎田北方の宇留津城を攻めたとき、黒田勢に降り参陣した。吉右衛門。『築上郡志』「宇都宮史」

宮原清沼▽みやはらきよぬま
赤尾鎮房の一族の家臣。右馬烝。天正八（一五八〇）年、時枝鎮継と佐野親重が赤尾鎮房の法要を狙って光岡城を襲撃した際、その法要に参列していた一人。この襲撃により光岡城は落城した。『豊前古城誌』

宮原定精▽みやはらさだたね
大友氏の旗下、赤尾鎮房の家臣。麻生親政の謀叛を鎮圧するために赴いた軍奉行田原親賢（紹忍）の下で鎮房は追手の大将となった。その家臣として同陣営に参軍した。孫六左衛門。『豊前古城誌』

宮原左門▽みやはらさもん
「城井軍記」「家臣名付」「豊州治覧」等に記された城井鎮房の挙兵時の家臣。『築上郡志』『築上郡史』「宇都宮史」

宮原忠将▽みやはらただまさ

広幡山城（築上郡築上町）を築いた。『豊前志』

宮原太郎兵衛▽みやはらたろうひょうえ

宇都宮氏一族並びに「家臣名付」に記された宇都宮家家臣。城井家（豊前宇都宮家）馬廻り役。『築上郡志』

妙見伊勢守▽みょうけんいせのかみ

応永五（一三九八）年、前守護職大友氏時の長子である大友氏鑑は、大内義弘の画策により、氏時の甥で猶子である親世が守護職を継いだことを不満とし、親世に叛逆して兵を挙げた。その際、氏鑑から回文を受け一味同心した一人。応永五年十二月、豊前発向の軍議のために府中の大友氏鑑のもとに集まった他家の一人。『応永戦覧』『築上郡史』

妙見重基▽みょうけんしげもと

建武の頃（一三三四－三八）、妙見岳城に居城した。十郎。応安四・建徳二（一三七一）年、菊池氏追討のために今川貞世が大内義弘を差し向け、四月に仲津郡鶴港（今川付近）に着岸した際、多くの給人とともに馳せ参じた。『豊前古城誌』『築上郡史』

妙見兵庫▽みょうけんひょうご

「城井軍記」「家臣名付」「豊州治覧」等に記された城井鎮房の挙兵時の家臣。城井家（豊前宇都宮家）馬廻り役。『築上郡志』『築上郡史』「宇都宮史」

妙見昌親▽みょうけんまさちか

応永の頃（一三九四－一四二八）、妙見岳城内に居城していたが、先祖も子孫も判然としない。伊勢守。大友氏鑑に一味同心した宇佐郡の人。応永六（一三九九）年一月下旬、岩石城の後詰として、肥後から参着した菊池武貞率いる一万余騎と宇佐郡の軍勢、総勢四万五千余騎とともに大友氏鑑に随従した。『応永戦覧』『築上郡志』『大宇佐郡史論』

三好長勝▽みよしおさかつ

大内義弘の旗下にある備後国の住人。安房守。応永六（一三九九）年正月四日、城主が敗走した障子ヶ岳城の落城を決定づけるため、援兵の要請を陶筑前守から受けた大内義弘は、兵三万騎を兵船四百余艘に乗せ大内盛見を豊前に遣わせた。その際に従軍した一人。『応永戦覧』

三好長膳▽みよしちょうぜん

応永の頃（一三九四－一四二八）、岩石城を攻略する大内氏総大将大内盛見の軍勢に従い、備後勢九千余騎とともに大手搦め手からの第二陣を務めた一人。安房守。『太宰管内志』

向石勘内▽むかいしかんない
『城井闘諍記』に記された城井鎮房の挙兵時の家臣。『城井闘諍記』『太宰管内志』

向石善三郎▽むかいしぜんざぶろう
『城井闘諍記』に記された城井鎮房の挙兵時の家臣。『城井闘諍記』『太宰管内志』

椋梨景則▽むくなしかげのり
大内義弘の旗下にある備後国の住人。左兵衛佐。応永六（一三九九）年正月四日、城主が敗走した障子ヶ岳城の落城を決定づけるため、援兵の要請を陶筑前守から受けた大内義弘は、兵三万騎を兵船四百余艘に乗せ大内盛見を豊前に遣わせた。その際に従軍した一人。『応永戦覧』

椋本頼母▽むくもとたのも
宇都宮大和守信房公七百五十遠諱の大祭が明治四十二年に挙行された際に、宇都宮家菩提寺天徳寺藤原賢然住職等が編集した「宇都宮家故舊重臣の後裔」の姓名録にその名が見える。「宇都宮家故舊重臣の後裔」

椋本頼母之亮▽むくもとたのものすけ
宇都宮氏一族並びに「家臣名付」に記された宇都宮家家臣。城井家（豊前宇都宮家）馬廻り役。『築上郡志』

椋本羽衛門／**椋本羽右衛門**▽むくもとはえもん
「城井軍記」「家臣名付」「豊州治覧」等に記された城井鎮房の挙兵時の家臣。城井家（豊前宇都宮家）馬廻り役。宇都宮大和守信房公七百五十遠諱の大祭が明治四十二年に挙行された際に、宇都宮家菩提寺天徳寺藤原賢然住職等が編集した「宇都宮家故舊重臣の後裔」の姓名録にその名が見える。「宇都宮家故舊重臣の後裔」『築上郡志』『築上郡史』「宇都宮史」

武藤治兵衛▽むとうじへえ
「城井軍記」「家臣名付」「豊州治覧」等に記された城井鎮房の挙兵時の家臣。城井家（豊前宇都宮家）馬廻り役。『築上郡志』『築上郡史』「宇都宮史」

武藤資能▽むとうすけよし
正治二年（一二〇〇）頃、豊前国最初の守護職を務めた父武藤資頼の後、豊前国の守護職を引き継いだ。あわせて筑前・肥前・対馬守護を兼務。『国別守護・戦国大名事典』

武藤資頼▽むとうすけより
正治二（一二〇〇）年頃、豊前国最初の守護。あわせて筑前・肥前守護を兼務。嘉禄、安貞年間、守護を務め守護職を嫡男資能に譲った。『国別守護・戦国大名事典』

宗像氏貞▽むなかたうじさだ
古代筑前の豪族宗像の君の後裔にして、世々宗像宮司職となる。宇多天皇の皇子源清氏、宗像大宮司職を継いで以来、宗像郡の豪族として栄えた。第八十代氏貞は、七十八代正氏の子にして、七十九代氏男は大内義隆に殉じたために、陶晴賢の後見により、鍋寿丸氏貞が宗像家を相続した。大内氏滅亡後、氏貞は毛利寄りであったが、毛利・大友相剋の渦中にあって、よく社領を保ち得た。天正九（一五八一）年十一月、鷹取城救援の立花城の立花道雪の軍勢と清水原で合戦、以後毛利方となる。天正十四年に急死し、嗣子が無いために断絶した。『北九州戦国史』『北九州戦国史史料集』

宗像掃部介▽むなかたかもんのすけ
大友義統の家臣。天正十四（一五八六）年九月六日、大友義統が土井城（宇佐市佐野）の佐野源左衛門親重を攻めた時、吉弘嘉兵衛統行とともに先鋒の大将として活躍した。『両豊記』『豊前古城誌』

宗像惟代▽むなかたただよ
安宅城に居城した。左衛門尉。『添田町誌』

宗像弾正忠▽むなかただんじょうのじょう
宗像氏貞の事か、系図には弾正忠の官職はなし。軍記物語に弾正忠とあって許斐城（宗像市王丸）主とある。『北九州戦国史』

宗像鎮続▽むなかたしげつぐ
大友氏の家臣団。掃部助。天正十四（一五八六）年十二月から文禄二（一五九三）年国除まで義統の加判衆を務めた。天正十一（一五八三）年頃、大坂普請夫を出した。同十五年四月、黒田孝高（如水）の勧めで妙見岳城で義統とともに洗礼を受ける。閏五月義統の命により狭間鎮秀を誅伐。文禄の役では義統の子義述に供奉して名護屋に在陣した。文禄二（一五九三）年国除後は秀吉に仕え、秀吉から二千石を与えられた。中川氏の与力となり、慶長五（一六〇〇）年九月九日鎮続・田原親賢（紹忍）は中川氏の旗印をもって石垣原陣に入る。義統・黒田・中川・加藤氏の間の事前の話では大友は東軍方と内談されていたが、義統が豹変し西軍となった。鎮続は義統に殉じ、九月十三日左翼を指揮して黒田孝高と戦い討死した。『日本史（フロイス）』『戦国大名家臣団事典』

宗像重正▽むなかたしげまさ
大友方の武将。永禄四（一五六一）年十月十日の門司城合戦に参戦し、討死した。『九州戦国合戦記』

宗像光盛▽むなかたみつもり
大友氏鑑に一味同心した宇佐郡の人。平太郎判官。応永、正長年間に宇佐郡内に割拠した。応永六（一三九九）年一月下旬、岩石城の後詰として、肥後から参着した菊池武貞率いる一万余騎と宇佐郡の軍勢、総勢四万五千余騎とともに大友氏鑑に随従した。『応永戦覧』『築上郡志』

麦生鑑光▽むにゅうあきみつ
豊後の豪族大神稙田（大神）氏に分かれ、筑後国竹野郡麦生村から起こった。民部太輔。所領三十一町歩。『大友宗麟資料集』によれば、天正九（一五八一）年十一月二十五日、麦生民部入道宗雲（鑑光）の名がある。麦生鑑世の子が鑑光と推定される。『大友宗麟資料集』『北九州戦国史』

麦生鑑世▽むにゅうあきよ
豊後の豪族稙田（大神）氏に分かれ、筑後国竹野郡麦生村より起こる。所領三十一町歩。近江守。『大友宗麟資料集』『北九州戦国史史料集』

村井市之烝▽むらいいちのじょう
中島摂津守が謀叛を起こして大友勢と対峙し、小倉原に陣を張り皇后石（史跡・築上郡吉富町）に幡を挙げた時に、深水に出張り、毘沙門堂に陣を張った成恒氏の一族の一人。『豊前古城誌』

村岡大学▽むらおかだいがく
日熊城城主日熊直次の家臣。直次が一旗当千と頼みきった部将の一人。天正十六（一五八八）年三月二十二日、観音原で黒田長政率いる数万の軍兵に対し大いに戦ったが、多勢の長政の軍勢に押されて日熊城に退いた。この合戦にて討死した。『姓氏家系大辞典』

村上上総介▽むらかみかずさのすけ
応安四・建徳二（一三七一）年、菊池氏追討のために今川貞世が大内義弘を差し向け、四月に仲津郡鶴の港（今川付近）に着岸した際、多くの給人とともに馳せ参じた。『築上郡史』

村上真信▽むらかみさねのぶ
源助。「城井軍記」「家臣名付」「豊州治覧」等に記された城井鎮房の挙兵時の家臣。城井家（豊前宇都宮家）馬廻り役。『城井闘諍記』には村上源助と記されている。『築上郡志』『築上郡史』「宇都宮史」『城井闘諍記』『太宰管内志』

村上三大夫▽むらかみさんだゆう
　宇都宮氏一族並びに「家臣名付」に記された宇都宮家家臣。城井家（豊前宇都宮家）馬廻り役。『築上郡志』

村上治大夫▽むらかみじだゆう
　「城井軍記」「家臣名付」「豊州治覧」等に記された城井鎮房の挙兵時の家臣。『築上郡志』『築上郡史』「宇都宮史」

村上武吉▽むらかみたけよし
　毛利氏の家臣団。掃部頭。能島村上氏で北畠親房の孫師清から出たと伝えられる。瀬戸内海海賊衆で、同門の来島・因島の村上水軍に対して惣領家にあたる。弘治元（一五五五）年の厳島合戦に武吉が陶氏方からの誘いを断り毛利氏に味方して以来、毛利氏の麾下に入り、因島・来島両村上氏とともに毛利水軍の中心となった。永禄十二（一五六九）年から一時的に大友義鎮（宗麟）に味方し、毛利氏に重大な脅威を与えた。その後、毛利氏に復帰し、天正十年一族の来島通昌が毛利氏に反逆し、織田方の武将羽柴秀吉に走っても武吉は毛利氏に止まり、毛利家の船手組頭役となった。慶長九（一六〇四）年、七十二歳で没した。『北九州戦国史』『戦国大名家臣団事典』

村田金助▽むらたきんすけ
　「城井軍記」「家臣名付」「豊州治覧」等に記された城井鎮房の挙兵時の家臣。定使。城井軍と黒田連合軍との岩丸山での合戦において討死したとの記述あり。「城井闘諍記」『築上郡志』『築上郡史』「宇都宮史」

村田金蔵▽むらたきんぞう
　宇都宮氏一族並びに「家臣名付」に記された宇都宮家家臣。城井家（豊前宇都宮家）馬廻り役。『築上郡志』

村田兵助／村田兵介▽むらたへいすけ
　黒田家功臣。黒田二十四騎の一人。出羽守。幼名、与一之助。吉次。本姓は、井口氏。父与次右衛門は龍野の南、栄（兵庫県）の城主であったが、その後、領地を失い小寺氏を頼り帰農した。息子四人は黒田家に出仕したが、天正八（一五八〇）年の町之坪構の戦いにおいて、上の三人は討死した。末子の兵助は人質として長浜城に送られていた松寿丸（長政）に近侍した。豊前入国後は、二百五十石を拝領し、関ヶ原の戦いでは黒田孝高（如水）に従った。朝鮮の役では高名を挙げ、一代朱柄の槍を許される。黒田長政の筑前入国後は二千石に加増され、甘木宿の代官をつとめた。元和七年十月二十九日没す。

享年五十七。『黒田官兵衛のすべて』

毛利勝家▽もうりかついえ

毛利勝永の子。父が土佐に流されるときに帯同された。大阪の陣が起こると父勝永とともに豊臣方について戦い自刃したと伝えられる。『戦争の日本史』

毛利勝永▽もうりかつなが

小倉城主であった壱岐守勝信の子。豊前守と称して父とともに土佐にいたが、大阪の陣が起こると子勝家とともに豊臣方について戦い自刃したと伝えられる。『北九州戦国史』

毛利勝信▽もうりかつのぶ

小倉城主。従五位下壱岐守。尾張出身。豊臣秀吉側近の文官。本姓森。小三次、小三治、吉成、一成、儀成を称する。号は一斎。「黒田文書」天正十五（一五八七）年、豊臣秀吉の九州平定後の論功行賞において毛利勝信には豊前国のうち規矩と田河の二郡六万石が与えられ小倉城を居城とし、香春城を支城とした。文禄二（一五九三）年五月、兵一千六百七十八人を率いて征韓軍に加わり、慶長二年にも再び渡韓した。慶長五（一六〇〇）年、関ヶ原の役では西軍に属したため除封、土佐の山内一豊に預けられた。同十六年五月、土佐で死去。その子、吉政は大阪城に入り、夏の陣で豊臣秀頼に殉じた。『築上郡志』「宇都宮史」『北九州戦国史』「城井軍記」

毛利左馬頭▽もうりさまのかみ

細川三斎の舎弟堯安の城代であった。旧京都郡芥田村にあった生山城に居城した。『豊前志』

毛利鎮真▽もうりしげざね

兵部少輔。大友氏の家臣である豊後清原系森氏の説と、大内氏の家臣の説の二説がある。元亀三（一五七二）年頃から大友方として田川郡と鞍手郡の境にある鷹取城に在城していたようである。この鷹取城は、黒田氏時代、筑前の城であったが、この時鎮真は田河郡に知行を有していたので、田河郡の城であって、岩石城の坂本栄仙と共に田河郡を守った。天正十（一五八二）年四月、宗像氏貞書状によれば、天正九年十一月以降鎮真は鷹取城を落去して、長野氏の馬ヶ岳城に居り、高橋元種・秋月種実と戦うとある。また鎮真は、嘉穂郡の馬見に城を抱え、天正十三年冬、馬見城陥落して豊後に逃げたとある。『北九州戦国史』『門司・小倉の古城史』

毛利隆元▽もうりたかもと

中国地方の武将。毛利元就の嫡男。大永三（一五二三）年安芸郡多治比猿掛城で出生。通称少輔太郎、一字

名は基。備中守、大膳大夫。天文六（一五三七）年、人質として山口に赴き、元服して大内義隆の一字を与えられ隆元と称す。天文十五年に家督を譲られるが、その後も父元就の補佐を受けて中国地方の経略にあたる。永禄六（一五六三）年豊後大友氏との講和が進展したため、対戦の指揮をとっていた防府から出雲攻略中の毛利陣営へ転戦の途中、安芸佐々部（安芸高田市）で部将和智誠春の宿所にて饗応を受けた直後の同年八月四日急死する。四十一歳。『戦国武将合戦事典』『戦国大名系譜人名事典』

毛利輝元▽もうりてるもと
中国地方の武将。毛利元就の孫。隆元の子。幼名は幸鶴丸。少輔、石見頭、右衛門督、右馬頭、参議、権中納言。隆元が永禄六（一五六三）年に急死した時、輝元はわずかに十一歳であった。祖父元就の補佐で家督を相続したために輝元単独の文書は元就が死去した元亀二（一五七一）年以降である。永禄八年元服し、将軍足利義輝の一字を拝領し少輔太郎輝元と称す。元就の死後は、叔父の吉川・小早川の補佐により、勢力を拡大した。天正十（一五八二）年秀吉に属し、四国出征・九州出征の先鋒をつとめ、天正十九年、中国筋九ヶ国百十二万石をあたえられた。慶長二（一五九七）年豊臣政権の五大老に列せられ、秀吉死後は秀頼の補佐を遺託される。慶長五年の関ヶ原の役にて西軍に属して、防長三十六万石に減封された。同年剃髪して法号を宗瑞または幻庵といった。慶長九年十一月長門国阿武郡指月山に築城して移り、寛永二（一六二五）年四月二十七日、萩城内で没した。七十三歳。『戦国武将合戦事典』『北九州戦国史』『北九州戦国史史料集』『黒田家譜』『築上郡史』『戦国人名辞典』『戦国大名系譜人名事典』

毛利広房▽もうりひろふさ
安芸の人。大膳大夫。応永五（一三九八）年十二月、大友軍と対決のため大内軍代官、総大将陶弘房のもとに周防、長門、備後、安芸から集まった一人。同月十八日軍勢二万八千余騎とともに周防の多々良浜から船に乗り豊前の神田浦に着陣した。『応永戦覧』『太宰管内志』『戦国大名系譜人名事典』

毛利元秋▽もうりもとあき
毛利元就の四男。十郎蔵人。永禄六（一五六三）年、松山城に居城した。『豊前志』

毛利元就▽もうりもとなり
明応六（一四九七）年に弘元の次子として生まれる。安芸の戦国大名。幼名は松寿丸。後、少輔二郎と改める。毛利家を継いだ兄興元が永正三（一五〇六）年に急死し、大永三（一五二三）年、興元の子幸松丸が夭折するに及び、家督を継いで郡山城に入る。最初は尼子晴久に仕えたが、大永五年、これを絶ちて大内氏と盟約し、以後尼子氏と戦う。天文二（一五三三）年九月、従五位下左馬頭に叙せらる。天文九年、大内義隆に属する。弘治二（一五五六）年、大内義隆が陶晴賢に滅ぼされると、厳島において陶晴賢と戦い敗死させた。以後、防長二国を手中に納め、更に石見出雲の尼子氏を攻めて滅ぼした。また九州の豊後大友氏と戦い、筑前、豊前にまで勢力を伸ばした。元亀二（一五七一）年六月十四日（一説には四日）、吉田郡山城において死去。享年七十五。毛利家は慶長五（一六〇〇）年、関ヶ原の戦いにおいて豊臣方についた。『日本歴史人名辭典』『北九州戦国史』『行橋市史』『戦国大名系譜人名事典』『筑前戦国史』

毛利吉成▽もうりよしなり

天正十五（一五八七）年、秀吉によって豊前国の北部に二郡を与えられた。この時、城井氏は秀吉から伊予国（愛媛）今治に新領地を与えられることを拒絶しており、秀吉の怒りを買い除封。毛利吉成は城井鎮房を自分の領内の白土・柿原・成光の三村に移ることを勧めた。鎮房はもはや近世大名の道を閉ざされていたが、鎮房は七月九日、田河郡の赤郷の白土・柿原・成光に移ったという。『鎮西宇都宮氏の歴史』『黒田官兵衛のすべて』

杢原但馬▽もくはらたじま

麻生郷の名主の一人。文亀元（一五〇一）年十月十一日、麻生郷の十五名主の一人として連判して領地を御霊八幡に奉納する。これは麻生郷の名主として麻生家の幕下に属することを誓約して連判したものである。『豊前古城誌』

本方主計頭▽もとかたかずえのかみ

宇都宮氏一族並びに「家臣名付」に記された宇都宮家家臣。城井家（豊前宇都宮家）馬廻り役。『築上郡史』

元重安芸守▽もとしげあきのかみ

弘治の頃（一五五五－五八）、宇佐郡において三十六氏と称された豪族の一人。大友家に属し、毎年八月朔日には馬太刀の使者を立てて主従の礼を行ったという。中島摂津守が謀叛を起こして大友勢と対峙し、小倉原に陣を張り皇后石（史跡・築上郡吉富町）に幡を挙げた時に、大友家の助勢をした。弘治二（一五五六）年秋、大友義鎮（宗麟）が龍王城に在陣した際、着到した宇佐郡三十六人衆の一人。なお着陣の時期について、『大友公御家覚書』等では弘治二年四月、大友義鎮龍王に陣を取るとある。「香下文書」『北九州戦国史史料集』『編年大友史料』『豊前古城誌』

元重安芸守▽もとしげあきのかみ
宇都宮家一族並びに「家臣名付」に記された城井鎮房挙兵時の家臣。天正八（一五八〇）年二月二十日、田原親賢（紹忍）は二月十八日、時枝兵部少輔による妙見城攻撃に対する防戦の功を賞した。『北九州戦国史史料集』『豊前志』『築上郡志』

元重隠岐守▽もとしげおきのかみ
繁弘の子。繁弘は京都郡の馬ヶ岳にある大内氏の抱城を攻めて攻口にて戦死した。このため大友家より、感状ならびに父の所領を授かる。中島摂津守が謀叛を起こして大友勢と対峙し、小倉原に陣を張り皇后石（史跡・築上郡吉富町）に幡を挙げた時に、大友家の助勢をした。『豊前古城誌』

元重鎮清▽もとしげしげきよ
元重安芸守とともに元重村の切り寄せにいた。隠岐守。『豊前志』

元重繁親▽もとしげしげちか
元重城城主。大炊助。大友方に属した。河谷親朝の四世の孫。永正八（一五一一）年、大友親春に従い、豊前馬ヶ岳城攻めに参陣し、戦死した。『日本城郭大系』

元重親朝▽もとしげちかとも
⇩河谷親朝（かわたにちかとも）

元重鎮継▽もとしげしげつぐ
天文、永禄年間に宇佐郡内に割拠した。『築上郡志』

元重繁弘▽もとしげしげひろ
大友氏の武将。大炊助。八幡義家の三男、頼氏より十一代の孫。土佐守。文明、大永年間に宇佐郡内に割拠した。大友親治に属し、文亀元（一五〇一）年七月二十三日京都郡馬ヶ岳北麓で大内勢は大友方と少弐氏の両軍を攻めており、繁弘はこの合戦で大内氏の抱城を攻めて戦死した。『行橋市史』『築上郡志』『豊前古城誌』

元重鎮頼▽もとしげしげより
元重城城主。大友方に属した。天正六（一五七八）年、日向耳川の合戦に従軍して戦死した。『日本城郭大系』

元重次郎右衛門▽もとしげじろうえもん
文正年間（一四六六－六七）、大内義弘から式部少輔の官途を許可されている。『本耶馬溪町史』

元重純清▽もとしげすみきよ
元重鎮継の嗣子。天文、永禄年間に宇佐郡内に割拠した。『築上郡志』

元重統信▽もとしげむねのぶ

元重城城主。大友方に属した。天正十五（一五八七）年、豊臣秀吉の島津征伐の軍が豊前に入ると秀吉の将三好秀次の軍に属して薩摩に入った。中津城に黒田孝高（如水）が入ると豊前の諸将は反抗して滅ぼされたが、統信は黒田氏に降り、その後は元重村の庄屋職となった。『日本城郭大系』

元重統資▽もとしげむねもと

元重隠岐守の嫡子。兵部丞。弘治三（一五五七）年、大友義鎮（宗麟）ならびに義統より諱の一字を受けて鎮続と改め、また統資と改めた。天正十五（一五八七）年三月大友氏に従い、日向に赴き高城の合戦にて死す。『豊前古城誌』

元近采女允▽もとちかうねめのじょう

天正七（一五七九）年、大友義鎮（宗麟）が日向耳川の合戦にて敗れ諸国の大名が離反し、長岩城主の野仲鎮兼も大友氏に叛いた時、鎮兼に従った近郷の武士団の一人。『豊前古城誌』

元近飛騨守▽もとちかひだのかみ

元亀、天正年間に下毛郡内に割拠した。天正七（一五七九）年、大友義鎮（宗麟）が日向耳川の合戦にて敗れ諸国の大名が離反し、長岩城主の野仲鎮兼も大友氏に叛いた時、鎮兼に従った近郷の武士団の一人。『豊前古城誌』『築上郡志』

籾本伴知▽もみもとともさと

大友氏の旗下、赤尾鎮房の家臣。玄蕃。麻生親政の謀叛を鎮圧するために赴いた軍奉行田原親賢（紹忍）の下で鎮房は追手の大将となった。その家臣として同陣営に参軍した。『豊前古城誌』

籾本伴成▽もみもとともしげ

赤尾鎮房一族の家臣。源蔵。天正八（一五八〇）年、時枝鎮継と佐野親重が赤尾鎮房の法要を狙って光岡城を襲撃した際、その法要に参列していた一人。この襲撃により光岡城は落城した。『豊前古城誌』

桃井左近大夫▽もいさこんだゆう

応永、正長年間に仲津郡内に割拠した。応永六（一三九九）年正月二十一日、山鹿、大村両城を大内盛見の軍に攻められ討死した。『築上郡志』『応永戦覧』『築上郡史』

桃井左近将監▽もいさこんのしょうげん

応永五（一三九八）年、大友氏鑑の謀叛のとき、その回文を受け一味同心した。『応永戦覧』には名を右近将監とあり。『太宰管内志』には名を右近少将とあり。『応永戦覧』『築上郡史』『太宰管内志』

桃井太郎▽**ももいたろう**
応安四・建徳二（一三七一）年、菊池氏追討のために今川貞世が大内義弘を差し向け、四月に仲津郡鶴の港（今川付近）に着岸した際、多くの給人とともに馳せ参じた。『築上郡史』

桃井直次▽**ももいなおつぐ**
菊池氏武忠の臣。少輔。永享三（一四三一）年、肥後守菊池武忠に命ぜられ旧田河郡大内田村の戸代山城を守ったが、翌永享四年には大内氏に攻められ落城した。『赤村郷土資料』

百富兼貞▽**ももとみかねさだ**
河内守。天正七（一五七九）年、大友義鎮（宗麟）が日向耳川の合戦にて敗れ諸国の大名が離反し、長岩城主の野仲鎮兼も大友氏に叛いた時、鎮兼の命を受けて土田村城を守った。『豊前古城誌』

森大蔵丞▽**もりおおくらのじょう**
天正七（一五七九）年、大友義鎮（宗麟）が日向耳川の合戦にて敗れ諸国の大名が離反し、長岩城主の野仲鎮兼も大友氏に叛いた時、鎮兼に従った近郷の武士団の一人。『豊前古城誌』『築上郡志』

森覚兵衛▽**もりかくべえ**
天正七（一五七九）年、大友義鎮（宗麟）が日向耳川の合戦にて敗れ諸国の大名が離反し、長岩城主の野仲鎮兼も大友氏に叛いた時、鎮兼に従った近郷の武士団の一人。『豊前古城誌』

森兼家▽**もりかねいえ**
天文、永禄、元亀、天正年間に下毛郡内に割拠した。天正七（一五七九）年、大友義鎮（宗麟）が日向耳川の合戦にて敗れ諸国の大名が離反し、長岩城主の野仲鎮兼も大友氏に叛いた時、鎮兼の命を受けて野依左馬介兼基・大神右衛門兼増とともに長岩城の城番となった。駿河守。『豊前古城誌』『築上郡志』

森杏兵衛▽**もりきょうべえ**
天正七（一五七九）年、大友義鎮（宗麟）が日向耳川の合戦にて敗れ諸国の大名が離反し、長岩城主の野仲鎮兼も大友氏に叛いた時、鎮兼に従った近郷の武士団の一人。『豊前古城誌』

森蔵人佐▽もりくらんどのすけ
「豊前友枝（内尾）文書」には、天正七（一五七九）年五月十二日、内尾伊豆守と森蔵人佐宛ての有水麟貞感状の文書が残る。旧上毛郡友枝村大字東上字森の土豪とされる。天正七年四月、城井、仲八屋両氏の軍兵が友枝に侵攻した際、内尾和泉守とともに戦い撃退したが負傷した。また、天正十年五月二十九日の長岩城主野仲鎮兼よりの書状にも蔵人佐の名が見える。『友枝村誌』「豊前友枝（内尾）文書」『豊前市史・文書資料』

森式部烝▽もりしきぶのじょう
天正七（一五七九）年、大友義鎮（宗麟）が日向耳川の合戦にて敗れ諸国の大名が離反し、長岩城主の野仲鎮兼も大友氏に叛いた時、鎮兼に従った近郷の武士団の一人。『豊前古城誌』

森鎮秀▽もりしげひで
角牟礼城（大分県玖珠郡玖珠町）城主。清原鑑隆の子。三郎右衛門尉。『宇都宮文書』「佐田文書」『北九州戦国史料集』『大友宗麟資料集』

森祐貞▽もりすけさだ
天文元（一五三二）年十一月大友氏は大内方として宇佐郡の佐田朝景が籠る妙見岳城を攻めた。その時に妙見岳合戦に動員されて出陣した大友方の一人。『豊前市史』『増補訂正編年大友史料併大分県古文書全集第16』『大分県の歴史』

森田九郎▽もりたくろう
天正七（一五七九）年、大友義鎮（宗麟）が日向耳川の合戦にて敗れ諸国の大名が離反し、長岩城主の野仲鎮兼も大友氏に叛いた時、鎮兼に従った近郷の武士団の一人。『豊前古城誌』『築上郡志』

母里太兵衛（母里多兵衛）▽もりたへえ
⇩母里友信（もりとものぶ）

母里友信▽もりとものぶ
黒田家家臣。黒田八虎の一人。万助、太兵衛、多兵衛。但馬守。父曾我一信は小寺の付き家老として職隆に仕えた。太兵衛は永禄十二（一五六九）年、黒田孝高（如水）に出仕、母方の姓をとって母里姓を名乗る。母里氏は尼子氏に分かれ、稲美町母里（兵庫）の地侍として古くから存在し、太兵衛の祖父であった黒田重隆がこれを継いだ。天正元（一五七三）年、印南野合戦に初陣し、常に黒田氏の先鋒を務めた。豊前入国後は六千石を拝領した。明との講和中、伏見城福島正則邸において大杯の酒を飲みほし日本号の槍をせしめた話は「黒田節」の今様にも伝えられ有名である。黒田氏が筑前に入国後は、一万八千石の鷹取城（直方市福智町）を預かった。慶長十一（一六〇六）年、天下普請で家康が母里を毛利と書いたため、以後この通り毛利と改姓した。元和元年六月六日没す。享年六十。「歴史群像シリーズ38黒田如水」『黒田官兵衛のすべて』『黒田如水』

森長徳▽もりながのり
大友方の武将。長門守。天文元（一五三二）年十月、大友勢は、宇佐郡に侵攻し大内方の佐田朝景を攻めた。朝景は妙見岳城に籠もった。同年十一月から妙見岳城への攻撃が始まって壮絶な戦いとなった。この時、大内氏の臣杉因幡守秀蓮は大友方の森長門守長徳に密書を送り寝返りを誘った。しかし長門守長徳は、そのことを大友氏に報告している。『豊前市史』

森備前守▽もりびぜんのかみ
宇都宮一族並びに「家臣名付」に記された功臣。城井鎮房挙兵時の部将。『築上郡志』

森村種宣▽もりむらたねのぶ
中島摂津守が謀叛を起こして大友勢と対峙し、小倉原に陣を張り皇后石（史跡・築上郡吉富町）に幡を挙げた時に、深水に出張り、毘沙門堂に陣を張った。壱岐守。

『豊前古城誌』

森山安芸守▽もりやまあきのかみ
旧宇佐郡森山村の平田城に居城したという。『豊前古城誌』

森脇春顕▽もりわきはるあき
内蔵大夫。天正十四（一五八六）年十一月、秀吉の九州征伐先遣隊の小早川、吉川、黒田の三将が香春岳城に籠る高橋元種を攻略し、同月二十四日、元種が降ると、春顕が同城の城番を命じられた。しかし『九州戦国合戦記』には、天正十五年十二月一日、香春岳城が落城し、その城請け取りの検使として遣わされた吉川の将とある。『築上郡史』『九州戦国合戦記』

諸田左京▽もろたさきょう
時枝平大夫の家臣。天正十三（一五八五）年の春、毛利氏に対し平大夫の命により防州に遣わされた。『豊前古城誌』

門司顕親▽もんじあきちか
掃部助。門司氏六支族のうちの片野系の祖となる。下総前司親房の孫親忠は嘉元元（一三〇三）年、鎌倉北条一族の駿河守宗方が謀反を起こしたときに、これと戦い討死した。その子の師親には実子がいなかったので次弟の顕親に片野郷を与えて門司氏の総領職とした。そして京都・鎌倉の公役は顕親が務めて、その弟の親連には楠原郷を分与し、親胤には吉志郷を分与して総領職の顕親に追随することを約諾させた。『中世北九州落日の譜』『門司・小倉の古城史』

門司顕秀▽もんじあきひで

下野守。永禄九（一五六六）年、黒川薬王寺大旦那に門司顕秀の名があり、永禄五年門司甲宗八幡宮の門司六郷御神役の伊川郷の中に門司下野守の名前があり、同人と思われる。黒川はこの伊川郷に属したのであろう。しかも下野守は伊川に居住している。伊川系であろうか、伊川系系図にその名は見あたらず、天正十八（一五九〇）年の毛利氏の知行帳にもその名を見ることができない。『北九州戦国史』『門司・小倉の古城史』『毛利元就と門司城』

門司家親▽もんじいえちか

文明十二（一四八〇）年、宗祇法師が門司氏の居館に泊し、「筑紫道記」の第一歩を記した時、家親と能秀は宴を催した。『中世北九州落日の譜　門司氏史話』

門司氏親▽もんじうじちか

伊川系門司氏の一族。年代は詳らかではないが、豊前龍池において討死した。「門司氏系図」『中世北九州落日の譜　門司氏史話』『毛利元就と門司城』

門司氏師▽もんじうじもろ

吉志系門司氏一族。門司親忠の甥。応仁元（一四六七）年（または文明元年）、西軍として上洛の途中、播州広山（兵庫県竜野市）で討死した。『門司・小倉の古城史』『中世北九州落日の譜　門司氏史話』

門司氏頼▽もんじうじより

主計允。伊川系門司氏の一族。『門司・小倉の古城史』では楠原系門司氏とある。延徳三（一四九一）年七月二十七日、六角高頼征伐のために将軍足利義材（義稙）が京都を進発した時に、大内政弘は将軍に供奉するために上洛した。その上洛の経費に充てるために、氏頼は政弘から督促奉行を命じられ、豊前国中の寺社に半済米を供出させる任にあたった。明応元（一四九二）年、豊前国守護大内政弘は門司氏頼と頂吉氏通を奉行として規矩郡長行の八旗八幡神社の社殿を修復した。弘治二（一五五六）年、宗像氏より宗像郡内の知行を受けた。「平野文書」『門司・小倉の古城史』『企救郡誌』『中世北九州落日の譜　門司氏史話』

門司勘解由允▽もんじかげゆのじょう
⇩大友親家（おおともちかいえ）

門司主計允▽もんじかずえのじょう
⇩門司氏頼（もんじうじより）

門司固親▽もんじかたちか
吉志系門司氏一族。門司親忠の孫。門司国親の子。三郎四郎。固親の父国親は、長享元（一四八七）年頃、豊前国京都郡障子ヶ岳の城番をしていたが、大内政弘の上洛にお供ができないので、城番を子息の門司三郎四郎固親に任せたいと申し出ている。しかし、この年、大内政弘は上洛はしなかった。明応十（一五〇一）年三月十二日、門司三郎四郎固親は大病のために、大内家に奉公できがたいと杉勘解由に申し入れ、これに対して大内義興は証判を与えた。『門司・小倉の古城史』

門司清親▽もんじきよちか
⇩門司親由（もんじちかよし）

門司国親▽もんじくにちか
吉志系門司氏一族。竹松丸。門司親忠の子。門司三郎四郎固親の父。永享九（一四三七）年二月二十三日、豊後守護大内持世は西郷合戦で討死した門司親忠の所領を子息の門司竹松丸国親に安堵した。長享元（一四八七）年頃、豊前国京都郡障子ヶ岳の城番をしていたが、大内政弘の上洛の供をして忠勤を励みたいことを訴えて、城番を子息の門司三郎四郎固親に任せたいと申し出て大内政弘に承認を得ている。しかし、この年、大内政弘は上洛はしなかった。『門司・小倉の古城史』

門司源太郎▽もんじげんたろう
楠原系の門司氏一族と考えられる。大友義統から主計允に任官された。長崎県対馬の築城要氏所蔵文書に、年号不明の門司源太郎に対する大友義統の官途状があり、この官途から源太郎は楠原系と考えられる。鎌倉時代から門司六ヶ郷を分領し、弘治三（一五五七）年、大友勢が門司城を奪った時から楠原系門司氏は大友氏に仕えたと思われる。源太郎の名乗りが疑問であるが、門司氏と同族、主家である大友氏も源姓を名乗っているので、それにあやかったものか。『北九州戦国史』『門司・小倉の古城史』

門司左近太郎▽もんじさこんたろう
⇩門司親常（もんじちかつね）

門司郷房▽もんじさとふさ
三角山城城主。『中世北九州落日の譜』

門司重親▽もんじしげちか
楠原系門司氏の一族。孫次（二）郎重親と号した。法名禅伯。大内盛見に属した重親は、永享三（一四三一）年、大内盛見が筑前に出兵した際に従軍し、筑前立花城を攻略したが、志摩郡二丈岳城の少弐満貞・大友持直を攻撃中に深江にて盛見とともに討死した。『編年大友史料』「満済准后日記」『門司・小倉の古城史』『中世北九州落日の譜　門司氏史話』

門司重房▽もんじしげふさ
若狭守。文明八（一四七六）年五月二十九日、行橋市の覗き山合戦で戦功のあった宇佐郡の佐田忠景に対して、門司若狭守重房と長野行房は大内政弘からの賞詞を伝達した。「佐田文書」『門司・小倉の古城史』

門司重盛▽もんじしげもり
伊川系門司氏の一族。尾張守。門司一族は鎌倉時代から門司六ヶ郷を分領し、室町時代の初め、大内氏の家臣となった。『門司・小倉の古城史』によると、永禄三（一五六〇）年八月六日に推定される「門司文書・毛利元就書状」に「門司城番仁保から門司尾張守の屋敷取り立てについて申し入れがあったので、前々の如く云々」と奉行の児玉就忠に指示した文書があるという。永禄四年、毛利元就から吉志系親胤とともに門司籠城を賞された。永禄十二年、息子の宮菊丸に相続の承認を得たが、その後宮菊丸は死亡。そこで重盛は天正十（一五八二）年、息女お福に相続を願い出て、毛利輝元の証判を請うたが、証判はもらえ得ぬまま重盛は死去した。『北九州戦国史』には、天正十三年、毛利輝元は孫宮鶴丸にお福の子である宮亀（丸）が嫁いで相続を承認しているが、不明の点が多いとしている。『門司・小倉の古城史』ではこの事は、門司氏一族が門司六郷の知行を失ったものと解釈している。『北九州戦国史』『門司・小倉の古城史』

門司次郎三郎▽もんじじろうさぶろう
すすんで幕府の指揮下に入るために九州探題となった今川貞世のもとに、門司親尚とともに、貞世が京都をたつ前に馳せ参じた。『中世北九州落日の譜』

門司季公▽もんじすえきみ
陸奥守太郎入道と号す。法名阿念。陸奥守師公の実子。親能の嫡子。季公、能直兄弟の母は、大友四郎経家あるいは波多野四郎と号する者の娘。「門司系図添え書き」には、季公は所労により年齢に従い皆に比べて出仕厳密ならずとある。『門司・小倉の古城史』

門司輔親▽もんじすけちか
伊川系門司氏の一族。父は頼房。民部少輔。民部丞。

父頼房が早逝し、泰親を以て相続するも泰親も早逝し、天文二十一（または二十二年／一五五二または一五五三）年九月二十一日、豊前守護大内義長から祖父依親の遺領の知行を安堵された。『北九州戦国史史料集』『門司・小倉の古城史』『中世北九州落日の譜　門司氏史話』

門司祐盛▽もんじすけもり

文正元（一四六六）年、門司祐盛は遣明一号船泉丸（幕府）の船長として博多港を出航。この船には画僧雪舟も乗船した。『増補改訂中世九州落日の譜』

門司惣五郎（郷司惣五郎）▽もんじそうごろう（ごうしそうごろう）

「城井軍記」「家臣名付」「豊州治覧」等に記された城井鎮房時代の家臣。城井家（豊前宇都宮家）物頭（別に馬廻り役の記載あり）。宇都宮大和守信房公七百五十遠諱の大祭が明治四十二年に挙行された際に、宇都宮家菩提寺天徳寺藤原賢然住職等が編集した「宇都宮家故舊重臣の後裔」の姓名録にその名が見える。「家臣名付」には郷司とある。『築上郡志』『築上郡史』「宇都宮史」「宇都宮家故舊重臣の後裔」

門司隆鎮▽もんじたかしげ

⇩大積隆鎮（おおつみたかしげ）

門司武員▽もんじたけかず

大積系の門司氏一族。藤右衛門尉。明応七（一四九八）年八月、大内義興が討伐した少弐政資・高経父子の残党が、九州探題の渋川尹繁の肥前綾部城を囲んだ。大内義興は仁保盛郷を遣わして、その残党を討って勝利した。この戦役には、門司藤右衛門尉武員が戦功を挙げ褒賞されたことが記されている。「三浦文書」『門司・小倉の古城史』

門司武親▽もんじたけちか

柳系の門司氏一族。対馬守。柳系は門司親寛の弟に嫡系門司親世の系統があり、一族を代表して京都に在勤していたので、正平の猿喰合戦での討死を免れて大内氏に仕えて命脈を保った。武親は永禄四（一五六一）年七月二十八日の「沓尾文書」に、この地方の奉行として仁保右衛門大夫と肩を並べているが、門司系図にはその名を見ないと『北九州戦国史』にはある。武親は永禄四年以降の足跡は摑めないので、永禄十二年、大内義弘の反乱に与して滅んだのであろうか。『北九州戦国史』『門司・小倉の古城史』

門司種俊▽もんじたねとし

六郎。元弘三・正慶二（一三三三）年、長野左京亮政通、規矩掃部助高政に属し、その属袖、坂吉内広貞とともに兵三千を以て門司城を守った。『門司・小倉の古城史』『中世北九州落日の譜』

門司親章▽もんじちかあき

大積系門司氏。豊前国御家人。下総五郎次郎。足利尊氏が九州に下向した際、門司親胤とともに北豊の健軍を率いて参陣した。元弘三・正慶二（一三三三）年七月、藤原親章の名前で着到状を提出している。これは鎌倉幕府滅亡後、所領安堵のために着到状を足利尊氏の奉行に提出したものと推測される。『中世北九州落日の譜』『門司・小倉の古城史』

門司親家▽もんじちかいえ

⇩門司親助（もんじちかすけ）

門司親家▽もんじちかいえ

⇩大友親家（おおともちかいえ）

門司親奥▽もんじちかおく

門司親通の養子。加賀守。片野城守将。今川貞世によって規矩郡片野郷の知行が安堵された。『中世北九州落日の譜』

門司親景▽もんじちかかげ

下総又次郎入道と号す。法名円親、六波羅評定衆。鎌倉最明寺の次男武蔵野守法名道明に随従し、三河、遠州、信州等に所領がある。六波羅においては内評定に加えられる。正和四（一三一五）年、中風になった時、息子の親元が病弱であったために舎弟親用・親武・親繁等を養子となし、所々知行分領を配分せしめた。『毛利元就と門司城』『門司・小倉の古城史』

門司親清▽もんじちかきよ

⇩大積親清（おおつみちかきよ）

門司親弼▽もんじちかすけ

片野系の門司氏一族。三郎次郎、刑部大夫。法名道聖。門司盛親の弟。文明元（一四六九）年、大友政親の豊前乱入の戦いにおいて討死した。門司六郷ならびに所々を知行していた。『門司・小倉の古城史』『毛利元就と門司城』『中世北九州落日の譜　門司氏史話』

門司親資▽もんじちかすけ

片野系の門司氏一族。片野陣屋に居た。左近大夫。吉志系の門司親胤と協議して延文元・正平十一（一三五六）年十月十一日、菊池主水正の軍勢を追い落とした。このあと菊池勢が片野陣屋に三度も押し掛けたが、いずれも撃退した。『門司・小倉の古城史』

門司親助▽もんじちかすけ

下総孫四郎、又鶴丸、親家。勘解由。門司親澄の子。親澄以後今川貞世の吹挙を以て豊州所々本領等の事を京都に注進、同じく大内道階法師入道の奉書がある。貞治二・正平十八（一三六三）年の猿喰城の戦いの後、武家方の九州探題今川貞世は、門司一族統合のために門司親頼の遺族に対して片野郷に知行を与え、門司親澄の子、親助には伊川郷以外の豊州の所々に知行を与えた。親頼・親澄の家系は親澄の曾孫盛末が、親頼の孫親尊の養子となって両家は合体した。『門司・小倉の古城史』『中世北九州落日の譜』

門司親澄▽もんじちかずみ

伊川系の南朝方門司氏一族。伊川郷を領して伊川城に在城したと推量される。猿喰城の守将。下総孫次郎蔵人、民部少輔蔵人、兵部少輔。伊川系、門司若狭守親頼の叔父。親元の養子で親助の父。貞治元・正平十七（一三六二）年、宮方より民部少輔に任じられる。翌年十二月十三日、大内弘世の子の満弘の北朝方への転向の説得に応じた柳城主、門司大和守親通に攻められ総領の親頼、また親清等一族郎党とよく応戦したが落城し、猿喰城に於いて討死した。そのために一家は断絶した。『中世北九州落日の譜　門司氏史話』『門司・小倉の古城史』『毛利元就と門司城』

門司親高▽もんじちかたか

門司城を守る。下総守。応永五（一三九八）年正月七日、大内義弘の命を受けた弟の盛見が軍勢三万余の大将として仲津郡鶴の港（今川付近）に在陣した時、郡内から馳せ参じて帰順の意を表わしたため、居城に帰ることを許された。『応永戦覧』『築上郡史』『企救郡誌』

門司親伊▽もんじちかただ

門司親頼の次子。四郎。応安四・建徳二（一三七一）年、大蔵少輔に叙された。『中世北九州落日の譜』『中世北九州落日の譜　門司氏史話』

門司親忠▽もんじちかただ

吉志系の門司氏一族。門司竹松丸国親の父。下総弥三郎。法名性蓮。永享六（一四三四）年、筑前宗像郡西郷合戦において討死にした。永享九年二月二十三日、豊後守護大内持世は宗像郡福間町西郷（西郷合戦）で討死した親忠の子息、門司竹松丸国親に対して知行を安堵している。『門司・小倉の古城史』「門司氏系図」『中世北九州落日の譜　門司氏史話』

門司親忠▽もんじちかただ

嘉元三（一三〇五）年、嘉元合戦（宗方の乱）の時に駿河守一味のために討死した。「門司氏系図」『中世北九

州落日の譜　門司氏史話』

門司親辰▽もんじちかたつ

王子城城主。下総守。弥三郎。楠原系の門司氏一族。応永六（一三九九）年の頃には、三角山城（門司区清滝）の城主となる。『応永戦覧』には、大内盛見が大友氏鑑の乱を平定した後、親辰に金山城と三角山城を与えたとある。『企救郡誌』『中世北九州落日の譜』『築上郡志』『門司・小倉の古城史』『応永戦覧』

門司親胤▽もんじちかたね

吉志系門司氏一族。修理亮、下総次郎三郎、法名蓮親。寒竹城城主。舎兄宗親の養子となる。吉志郷を与奪。門司親光の三代目の後裔。元弘三（一三三三）年六月二十日、後醍醐天皇から修理亮に任じられた。同年八月には足利尊氏の軍門に着到状を提出し、以後武家方としての活躍はめざましいものがあった。元弘年間に、親光が元寇の戦功で得た会津上荒田村の所領の安堵をめぐって徳政要求をした。吉志系の祖となる。建武三・延元元（一三三六）年二月、尊氏が西走の際には行動を共にし、多々良浜の戦いに参軍した。九月十日足利尊氏は親胤の軍忠を賞し、十月十七日、尊氏の陣所、北朝の光厳上皇の皇居ともいうべき東寺の矢倉並びに役所勤めを賞する。足利尊氏が九州に下向した際、北豊の健軍を率いて参陣した。観応二・正平六（一三五一）年、吉志系一族郎党を率いて南朝方に帰順した長門国守護、厚東駿河守武村の軍を海上合戦で破った。九州探題の今川貞世から中央軍に属して肥後菊池氏殲滅作戦並びに九州経路作戦に始終参戦して感状を得た。『中世北九州落日の譜』『門司・小倉の古城史』

門司親胤▽もんじちかたね

吉志系の門司氏一族。門司城に在城した。修理亮、左近衛将監。大内義隆の時に仁保常陸介が門司城将となってから、門司一族は加判衆として与力となった。弘治三（一五五七）年門司城が大友方に占拠された時、親胤は、大友方として門司城を防衛、大友義鎮（宗麟）から感状を受け、永禄元（一五五八）年、門司城が毛利方となるや、毛利氏に仕え仁保常陸介の与力として門司城の防衛に活躍して元就の感状を得た。永禄四年、門司合戦で戦功があった。元亀二（一五七一）年、門司城にて死去。息子の尉親は、天正六（一五七八）年に吉志郷の十四町二反の地を安堵された。『北九州戦国史』『門司・小倉の古城史』

門司親常▽もんじちかつね

吉志系の門司氏一族。中務少輔、豊前守。左近太郎。応永、正長年間に規矩郡内に割拠した。応永四（一三九七）年、大内義弘は木綿和泉守の籠る門司城を攻めて討ち取り、その後、親常に門司城を警衛させた。『門司・小倉の古城史』には大内方として吉志城（別名寒竹城）にも居城したとある。応永五年、杉弘信が山口にいる間、大友氏の戸次治部大輔から攻め取られた松山城の奪還のため大内義弘が豊前吉志の浜に着陣した際に、味方として参陣し、親常と門司一徳斉は松山城を陥落させた。応永五年十二月晦日、大友方の先駆けの大将戸次親秀と弟親光の八百騎の軍勢と後陣、大友氏貞が二千騎の軍勢をもって松山城を攻略に来るとの情報を得たため、親常は逞兵三百余騎をもって迎撃のために轟橋に陣を構えた。応永六年正月七日、大内盛見が豊前今井浜に着岸したときに出迎えた将士の一人。神田合戦（苅田町松山）に参戦したとの記述がある。応永九年、大内盛見から豊前国門司北方吉志郷、並びに長門国小野光富公領内の地を安堵された。『築上郡志』『応永戦覧』『門司・小倉の古城史』『中世北九州落日の譜　門司氏史話』『豊前志』

門司親連▽もんじちかつら

門司氏六支族のうちの楠原系の祖となる。尾張権守。『中世北九州落日の譜』

門司親俊▽もんじちかとし

吉志系の門司氏一族。民部、一徳斎と号した。大内方。応永年間（一三九四－一四二八）、門司城の支城として築かれた王子城の城主であった。また同じく門司城の支城、寒竹城の城主であったとも伝えられる。ただし、「閥閲録」「付録門司系図」には記載がない。門司親俊は大友氏鑑方の太田原兵庫介行房、嫡男、小太郎行国等が守る松山城（京都郡苅田町）を搦め手から攻略して自刃、落城させている。応永五（一三九八）年正月七日、大内義弘の命を受けた弟の盛見が軍勢三万余の大将として仲津郡鶴の港（今川付近）に在陣した時、郡内から馳せ参じて帰順の意を表わしたため、居城に帰ることを許された。『豊前志』『福岡県の城』『企救郡誌』『門司・小倉の古城史』『応永戦覧』『築上郡志』『築上郡史』

門司親資▽もんじちかとも

片野系の北朝方門司氏一族。左近大夫。南北朝時代、片野系の門司氏の惣領。延文元・正平十一（一三五六）年、宮方の菊池武親が征西宮の令旨を奉じて九州門司半島に迫った時、親資は足立岳の西南端の黒原城に立て籠もり、吉志系の門司親胤とともに一族を下知して菊池勢と三度合戦しこれを放逐した。『中世北九州落日の譜』『門司・小倉の古城史』

門司親直▽もんじちかなお

下総八郎入道親性と号した。筑前香椎院内領主。『毛利元就と門司城』

門司親長▽もんじちかなが

吉志系の北朝方門司氏一族。門司親胤の子。蔵人、左衛門尉。武家方門司親尚の舎弟。観応三・正平七（一三五二）年二月の門司親胤の軍忠状に於いて、前年八月十一日以来の門司関海上合戦等で忠節を尽くしたことが記されている。貞治五・正平二十一（一三六六）年、親尚を助けて軍を指揮し大内氏を援助し、九州に撤退した菊池勢を追撃して岩熊城、伊田城、岩石城と合戦しており、四月、親長は長州宿直、伊田・岩熊城の合戦の軍忠について筑前豊前守護少弐冬資に対して証判を請うている。『門司・小倉の古城史』『中世北九州落日の譜』

門司親信▽もんじちかのぶ

伊川系門司氏の一族。金山城城主。大蔵大輔。法名曇高。『門司史話』には足立城に居城したとある。宮方。門司親頼の長子。貞治二・正平十八（一三六三）年頃、大蔵大輔の官位が授けられた。しかし、その後、探題方に対して謀反の企てがあるとの讒言をこうむり応安四・建徳二（一三七一）年に自害した。『門司史話』『中世北九州落日の譜』「門司氏系図」

門司親春▽もんじちかはる

楠原系の北朝方門司氏一族。駿河守。『中世北九州落日の譜』『門司・小倉の古城史』

門司親秀▽もんじちかひで

⇩大積親秀（おおつみちかひで）

門司親尚▽もんじちかひさ

門司城城主。吉志系の北朝方門司氏一族にあって、父親胤とともに一番の実力者であった。下総左近衛将監。法名聖親。親常の父。親尚は延文四・正平十四（一三五九）年、門司勢を率いて筑後川合戦に参戦し、貞治元・正平十七（一三六二）年、一族を率いて筑前長者原に出陣した。青木合戦で宮方に敗北を期す。この頃より同族による骨肉相食む悲劇が生まれることになった。同年十月十五日、門司親尚は九州探題斯波氏経から規矩郡合戦の忠節を賞されている。貞治二・正平十八年十一月、親尚は大内弘世の軍勢と共に南朝方の門司親通が守る柳城を攻めたが、親通に再三にわたり撃退された。九州探題の今川貞世から中央軍に属して肥後菊池氏殲滅作戦並びに九州経路作戦に始終参戦して感状を得ている。『中世北九州落日の譜　門司氏史話』『門司・小倉の古城史』

門司親寛▽もんじちかひろ

柳系門司氏の一族。下総又次郎。足利尊氏が九州に下向した際、門司親胤とともに北豊の健軍を率いて参陣した。門司氏系図によれば、建武三・延元元（一三三六）年、等持院御入洛の時に門司氏伊川系の伯父門司親用入道の代理として入洛し、二月十日西宮において討死したとあるが、『中世北九州落日の譜』にはその翌年、北九州にて規矩高政による北条政権再興の挙兵に応じている事実もあるという。『門司・小倉の古城史』『中世北九州落日の譜』

門司親房▽もんじちかふさ

従五位下、少輔蔵人内蔵頭、下総前司。藤原親房、中原親房、入道親蓮。楠原系門司氏の一族で門司氏姓の祖とされる。豊前代官職に任じられる。親房は門司ヶ関に於いて九州を経略し、京鎌倉中次役となりこれを見する。六波羅に於いては北方と号する。関東鎌倉和泉谷極楽寺を氏寺とし、極楽寺を浄土寺に改めた。寛元二（一二四四）年（又は文治元年）、鎌倉幕府が中央に反攻するものを取り締まるため、豊前代官職に任じられ、門司ヶ関六郷（現在の門司区と小倉北区の一部）を拝領した。親房は門司城を修築して居城とし、門司氏に改姓した。文治五（一一八九）年、門司城の支城として寒竹城、金山城をはじめ、足立、王子、三角の五支城を築城したとされるが、門司の郷土史家八木田謙氏は、親房が門司五支城を築いたことは肯定できないとする。その理由として鎌倉時代、各地地頭領に支城を置いた例がなく、南北朝の戦乱のために設けたと解釈している。「門司氏系図」『門司・小倉の古城史』「門司城址旧記」『中世北九州落日の譜』『北九州戦国史』

門司親政▽もんじちかまさ

蔵人。延文四・正平十四（一三五九）年、探題の下知に応じて大保寺にて討死した。法名正親。「門司氏系図」『中世北九州落日の譜　門司氏史話』

門司親通▽もんじちかみち

才鶴丸、下総柳大和守。柳城城主。能通の養父。南北朝時代の門司城の出城であった柳城の城主として南朝方で活躍した。貞治二・正平十八（一三六三）年十一月、北朝方の門司親尚と大内弘世の軍勢に柳城を攻められたが撃退。しかし、大内弘世の子の満弘の北朝方への転向の説得に応じ、親通は南朝方の猿喰城主、門司親頼を裏切り猿喰城を攻め、親頼をはじめ一族全員を討死させた。ただし養子の能通は義理を存じ、猿喰城で討死した。門司親頼、伊川親澄、大積親清、大積親秀、片野親奥、柳四郎九郎能通等が猿喰城の大手猿喰峠に梟首された。『中世北九州落日の譜』『門司・小倉の古城史』『毛利元就と門司城』

も
もんじ—もんじ

門司親光▽もんじちかみつ
片野系の門司氏一族。片野城に居城したとされる。門司親房の子。下総、三郎丸、下総三郎入道と号す。法名良親。豊前国の代官職にあった。六波羅評定衆。蒙古警固の戦功による論功行賞によって北条政権から奥羽会津上荒田村に所領を得た。『毛利元就と門司城』『門司・小倉の古城史』『中世北九州落日の譜』

門司親宗▽もんじちかむね
楠原系門司氏の一族。尾張守。孫六。門司重親の子。文明元（一四六九）年、山名霜基是豊が軍を率いて乱入した時に兵庫津薬僊寺において討死した。『門司・小倉の古城史』「門司氏系図」『中世北九州落日の譜　門司氏史話』

門司親用▽もんじちかもち
法名浄親。下総孫四郎入道。親用法師は舎兄（または舎弟）親景（円親）の猶子となる。伊川系の門司氏一族。南方総領職、鎌倉時代の北条方の鎮西引付衆を務めた。伊川郷の片山の館に住した。総領職を長男の親由に相続させず次男の親澄に相続させた。『門司・小倉の古城史』『毛利元就と門司城』

門司親元▽もんじちかもと
南方総領親景の子。土用寿丸、下総蔵人と号す。法名元僧。文保二（一三一八）年、八歳の時に、父親景が三河の国に下向の際に親元も従った。『毛利元就と門司城』『門司・小倉の古城史』

門司親盛▽もんじちかもり
弥三郎。応永五（一三九八）年十二月晦日、大友方の先駆けの大将戸次親秀と弟親光の八百騎の軍勢と後陣、大友左京大夫氏貞が二千騎の軍勢をもって松山城を攻略に来るとの情報を得たため、親盛は逞兵三百余騎をもって迎撃のために如意輪寺の南の山に陣を構えた。『応永戦覧』

門司親世▽もんじちかよ
南方柳系の門司氏一族。下総弥三郎。『門司・小倉の古城史』

門司親由▽もんじちかよし
伊川系の門司氏一族。下総彦四郎。清親、法名曇親。鎌倉時代、北条方の鎮西引付衆（または鎮西評定衆）を務めたが、鎌倉幕府が滅んで所領を失い門司区黒川に逼塞した。『門司・小倉の古城史』の「改訂企救郡古城址取調簿」には、門司下総彦四郎親由は黒川下総権守と考えられるとある。「麻生文書」『門司・小倉の古城史』『毛利元就と門司城』

門司親能▽もんじちかよし
門司氏の祖。従五位上、斉院次官式部大夫、掃部頭、検非違使、幕府寄人、公文書筆頭公事奉行、鎮西守護人、京都守護職。剃髪して寂忍。右大臣右兵衛参議藤原光能の子、外祖父中原広季の養子となり、姓を中原と称す。源頼朝に仕え評定衆となり、後に頼朝の命により藤原姓に復する。建久六（一一九五）年、鎮西奉行となる。承元二（一二〇八）年十二月十八日卒す。六十八歳。『門司・小倉の古城史』『中世北九州落日の譜』

門司親頼▽もんじちかより
伊川系の南朝方門司氏一族。四郎弾正忠、若狭守、下総若狭守と号す。法名曇珍。門司氏一族の猿喰城を築城し城主として南朝方で活躍した。中原親房の四代の孫。『門司・小倉の古城史』では下総彦四郎親の子とある。建武三・延元元（一三三六）年三月、足利尊氏西軍の後、後醍醐天皇側として京都に止宿した武士の中に門司氏の伊川系下総四郎の名がある。親頼は足利尊氏が九州に下向した際、参陣せず天皇方についた模様。貞治元・正平十七（一三六二）年、宮方門司氏の本城として猿喰城を築き、支城として柳城・辻畑城・丸山城を構築した。宮方の総大将。貞治二・正平十八年十二月十三日、伊川の猿喰城に籠もっていたところを、大内弘世の子満弘による北朝方への転向の説得に応じた柳城主、門司大和守親通と北朝の大内弘世の軍に攻められ応戦したが落城し、猿喰城内の一族の全員が討死した。『中世北九州落日の譜門司氏史話』『毛利元就と門司城』『門司・小倉の古城史』『中世北九州落日の譜』

門司長資▽もんじながとも
大積系門司氏の一族。淡路守。大内殿中奉行下総守能秀の系統と思われる。室町時代以降、大内氏に仕え、大内有名衆としてその名がある。後、毛利氏の時、門司城加判衆として、門司城将であった仁保常陸介の下で活躍した。天文二十一（一五五二）年九月十二日、豊前守護大内晴英（義長）により規矩郡のうち十四町の地を安堵された。永禄五（一五六二）年、毛利隆元から大積郷十八町二反余の地を安堵された。天正十八（一五九〇）年毛利知行帳では、長門の豊東郡に知行を有していた。『北九州戦国史』『門司・小倉の古城史』『北九州戦国史史料集』『中世北九州落日の譜　門司氏史話』

門司就正▽もんじなりまさ
門司氏南方派の一族。弘治三（一五五七）年毛利元就が大内義長を攻めた際に就正は参戦し、周防国右田城（防府市上右田）を攻略して、右田城主となる。『中世北九州落日の譜　門司氏史話』

門司備前守▽もんじびぜんのかみ
　片野系門司一族。門司氏の総領片野本系は応仁の乱で討死断絶したが、備前守の系統は残るものの、系図上判然とせず、諱も不明。門司一族は鎌倉時代から門司六ヶ郷を分領し、室町時代の初め大内氏の家臣となった。永禄五（一五六二）年、門司六郷御神役になる。片野郷に居住した。天正十（一五八二）年高橋元種に仕えたと思われる。『北九州戦国史』

門司藤三▽もんじふじぞう
　大積系門司氏一族。武家方。延文四・正平十四（一三五九）年、筑後川の戦いにおいて武家方として討死した。「門司氏系図」『門司・小倉の古城史』『中世北九州落日の譜　門司氏史話』『毛利元就と門司城』

門司兵五郎▽もんじへいごろう
　『城井闘諍記』に記述された宇都宮家家臣。『城井闘諍記』『太宰管内志』

門司孫四郎▽もんじまごしろう
　⇩門司親用（もんじちかもち）

門司民部入道一徳斉
　▽もんじみんぶにゅうどういっとくさい
　⇩門司親俊（もんじちかとし）

門司宗房▽もんじむねふさ
　伊川系門司氏の一族。門司盛季の子。童名乙千代丸彦九郎。民部丞、法名授琳。嫡子宗能が早世したために宗領家を継ぐ。田河郡弓削田庄領主。門司城に在城し大内氏靡下にあった。文明八（一四七六）年五月二十九日行橋市の覗き山合戦において戦功を挙げ、大内政弘から感状を授けられた。さらに同九年四月五日大内政弘から門司籠城の忠節を賞された。明応五（一四九六）年、大内義興が少弐政資を討つため九州に出陣した際に参陣した。同六年、大内義興に従って肥前、筑前、豊前の少弐氏を討つ。門司宗房は戦功により大内義興から宇佐郡内の地、田河郡内の地を安堵された。同八年、門司宗房と依親の軍は豊前侵入の大友軍を放逐した。同年、大内義興によって麻生弥三郎跡の田河郡弓削田庄内を安堵された。文亀元（一五〇一）年七月二十三日、大友親治・少弐資元の軍勢が豊前の馬ヶ岳城にたて籠もった時に、門司民部丞宗房は少弐・大友軍の追討に奮戦して、大内義興から感状を授けられた。『門司・小倉の古城史』『中世北九州落日の譜　門司氏史話』『毛利元就と門司城』『歴代鎮西志』「佐田文書」

門司本親▽もんじもとちか

図書允、備前守。加賀守親奥は片野一類の豊後守親基の実子親通の養子。すなわち親奥の一跡の相続人がいないことから孫の本親が親基の養子となり、片野六分方を知行した。『門司・小倉の古城史』

門司盛季▽もんじもりすえ
孫三郎民部丞、孫四郎式部丞、民部少輔、備前守、尾張守、政親。門司親尊の養子となる。盛季は門司一族を代表して、応仁元（一四六七）年、応仁の乱に西軍山名宗全に与した守護大内政弘に従い上洛した。『中世北九州落日の譜』『門司・小倉の古城史』

門司盛親▽もんじもりちか
片野系門司氏の一族。三郎元親広、下総守。頼親の父。文明十（一四七八）年、大宰少弐一味のために春日岳において討死した。「門司氏系図」「正任記」『中世北九州落日の譜　門司氏史話』『門司・小倉の古城史』『毛利元就と門司城』

門司師親▽もんじもろちか
下総弥三郎入道崇親と号す。実子なく舎弟三人を猶子とした。顕親を総領職とし、親連・親胤をこれに随逐させた。顕親は京鎌倉の公役を務めるべきことを約諾した。『門司・小倉の古城史』『毛利元就と門司城』

門司弥二郎▽もんじやじろう
大内方の武将。文亀元（一五〇一）年七月二十三日京都郡馬ヶ岳北麓で大内勢は大友方と少弐氏の両軍を攻めている。この時、大内方の門司弥二郎は大友軍の佐伯陣に攻め込んでいる。『行橋市史』

門司慰親▽もんじやすちか
余七。吉志系門司親胤の子。天正六（一五七八）年毛利輝元から吉志郷十四町の地を安堵された。しかし慰親はその後死去したと見えて、同十一年六月二十六日子の藤兵衛親宗が、備中福山城番の任を解かれている。『北九州戦国史』

門司弥太郎▽もじやたろう
応永五（一三九八）年十二月晦日、寒田原の合戦において戸次親秀を討ち取った。『応永戦覧』『中世北九州落日の譜　門司氏史話』

門司能孝▽もんじよしたか
大内家家臣。大内有名衆。太郎。文明十五（一四八三）年九月二十二日、長門忌宮神社に神楽料を奉納した。『大内氏実録』『門司・小倉の古城史』

門司能親▽もんじよしちか

吉志系の北朝方門司氏一族。親三郎。左近衛将監。門司城に在城した。門司親胤の舎弟。門司親胤の軍忠状の中に、観応二・正平六（一三五一）年十月五日と七日に子の門司左衛門蔵人親長と門司親三郎能親が郎党を指揮して笠取山で厚東氏と合戦したとある。『門司・小倉の古城史』『中世北九州落日の譜』

門司能秀▽もんじよしひで

大内氏の大内殿中奉行。下総守。弥六藤右衛門尉。猿喰城の戦いで幸いに討死を逃れた門司親章の弟親信は大内家に仕えた。能秀はその親信の曾孫にあたる。文明十二（一四八〇）年、宗祇法師が門司氏の居館に泊し、「筑紫道記」の第一歩を記した時、家親と能秀は宴を催した。『門司・小倉の古城史』『中世北九州落日の譜　門司氏史話』

門司能通▽もんじよしみち

次郎九郎。親通に実子なく養子となる。南朝方門司氏一族。貞治二・正平十八（一三六三）年十二月十三日、大内勢の奇襲により猿喰城に於いて討死した。『門司・小倉の古城史』『毛利元就と門司城』

門司依親▽もんじよりちか

大内義隆の麾下。飛騨守。永正十八（一五二一）年、大内義隆から規矩郡伊川郷、田河郡弓削田庄内の地、宇佐郡辛島郷内の地、宇佐宮弥勒寺爽堂達識等を安堵された。天文三（一五三四）年、豊後国玖珠郡・速見郡の合戦において戦功を挙げたが、勢場ヶ原の合戦において大内氏についたが、敗北した。依親には頼房という子がいたが早世した。天文二十一年、大内義長から知行を安堵された。『北九州戦国史』『中世北九州落日の譜　門司氏史話』

門司頼親▽もんじよりちか

片野系の門司氏一族。三郎。下総守盛親の子。文明十（一四七八）年九月、筑前春日岳において、少弐教頼の一味として戦い討死にした。そのため子孫は断絶した。『門司・小倉の古城史』『毛利元就と門司城』『中世北九州落日の譜　門司氏史話』「門司氏系図」

門司頼房▽もんじよりふさ

宮千代、次郎。天文三（一五三四）年三月六日、豊後守護大内義隆に従い大友勢と戦い戦功あり。同年五月十八日同国高田一戦追い回しの時には防戦し、同七月十五日同国上春田放火、同二十日惣福寺山において抜群の事、この時、郎従あるいは疵を被る凶徒悉く退散したと「門司系図添え書き」にある。『門司・小倉の古城史』

問註所鑑豊▽もんちゅうしょあきとよ

安芸守。鎌倉幕府の問註所執事三善康信の子孫が、その職を襲し職名を氏とした。文永年間、筑後生葉郡に下向、井上城に拠った。戦国期、大友氏に仕え、鑑豊は永禄二（一五五九）年四月二日、筑前国筑紫郡侍島において、筑紫惟門の軍勢と戦い討死した。その後、鎮連・統景に連続して大友氏に忠誠を尽くした。『北九州戦国史』

問註所鎮連▽もんちゅうしょしげつら

刑部太輔、善聴。筑後国生葉郡長岩城主。永禄二（一五五九）年、父安芸守鑑豊の侍島戦死により家督を継いだ。同十年、秋月謀叛の時、朝倉郡左右良《まてら》城に在って大友に忠勤を尽くした。元亀元（一五七〇）年三月頃死去。統景が家督を継いだ。『北九州戦国史』

問註所統景▽もんちゅうしょむねかげ

刑部太輔。筑後国生葉郡長岩城主。元亀元（一五七〇）年三月、父鎮連が死去し家督を継ぐ。天正六（一五七八）年、大友勢が日向で大敗してから、筑後の諸士は秋月・龍造寺に与して統景の長岩城を攻めたが、孤軍奮闘して城を守り、大友義鎮（宗麟）は一国一忠と激賞して、大友の杏葉紋を与えた。天正十五年五月、秀吉の九州征伐後、小早川隆景の麾下に置かれた。統景は文禄朝鮮の役で討死した。『北九州戦国史』

門田長昌▽もんでんながまさ

大内義弘の旗下にある石見国の住人。三郎。応永六（一三九九）年正月四日、城主が敗走した障子ヶ岳城の落城を決定づけるため、援兵の要請を陶筑前守から受けた大内義弘は、兵三万騎を兵船四百余艘に乗せ大内盛見を豊前に遣わせた。その際に従軍した一人。岩石城の攻城にも参陣した。『応永戦覧』

やらわ行

八戸宗暘▽やえむねてる
大友方として龍造寺征伐に参陣したが、鍋島信昌の率いる奇襲部隊により、元亀二（一五七一）年八月二十日未明から始まった今山決戦において、河上に向かって落ちのびる途中に、野武士らに追われて傷手を受け、杠山の付近で絶命した。『筑前戦国史』

屋形越中守▽やかたえっちゅうのかみ
天正の頃（一五七三―九二）、屋形村城に居城していた。天正七（一五七九）年、大友義鎮（宗麟）が日向耳川の合戦にて敗れ諸国の大名が離反し、長岩城主の野仲鎮兼も大友氏に叛いた時、鎮兼に従った近郷の武士団の一人。『豊前古城誌』

屋形数之介▽やかたかずのすけ
宇都宮家一族並びに「家臣名付」に記された城井鎮房挙兵時の家臣。『築上郡志』『築上郡史』「宇都宮文書」

屋方掃部丞▽やかたかもんのじょう
宇都宮氏一族並びに「家臣名付」に記された宇都宮家家臣。『築上郡史』

屋形刑部▽やかたぎょうぶ
宇都宮家一族並びに「家臣名付」に記された城井鎮房挙兵時の家臣。宇都宮大和守信房公七百五十遠諱の大祭が明治四十二年に挙行された際に、宇都宮家菩提寺天徳寺藤原賢然住職等が編集した「宇都宮家故舊重臣の後裔」の姓名録にその名が見える。『築上郡志』『築上郡史』「宇都宮文書」「宇都宮家故舊重臣の後裔」

屋形治郎介▽やかたじろうすけ
宇都宮家一族並びに「家臣名付」に記された城井鎮房挙兵時の家臣。城井家（豊前宇都宮家）物頭。「家臣名付」『築上郡志』『築上郡史』「宇都宮文書」

屋形伝左衛門▽やかたでんざえもん
「城井軍記」「家臣名付」「豊州治覧」等に記された城井鎮房の挙兵時の家臣。宇都宮大和守信房公七百五十遠諱の大祭が明治四十二年に挙行された際に、宇都宮家菩提寺天徳寺藤原賢然住職等が編集した「宇都宮家故舊重臣の後裔」の姓名録にその名が見える。『築上郡志』『築上郡史』「宇都宮文書」「宇都宮家故舊重臣の後裔」

矢方正綱▽やかたまさつな
南朝の忠臣、菊池武光の家臣の末裔。次郎。牛王城主であった佐々木太郎頼廣が菊池武光と戦って破れ、下毛郡に敗走したあと、牛王城の城代となった。天正八（一五八〇）年、長岩城城主野仲鎮兼に牛王城を攻められて討ち取られた。『築上郡志』『西州軍談』『築上郡史』「宇都宮史」『豊前志』

矢方正尚▽やかたまさなお
　天文、永禄年間に上毛郡内に割拠した。『築上郡志』

薬師寺山城守▽やくしじやましろのかみ
　応永、正長年間に上毛郡内に割拠した。薬師寺城に居城。応永五（一三九八）年、前守護職大友氏時の嫡子である大友氏鑑は、大内義弘の画策により甥の親世が守護職を継いだことを不満とし、親世に叛逆して兵を挙げた。その際、氏鑑から回文を受け一味同心した一人。『築上郡志』『応永戦覧』『築上郡史』『太宰管内志』

薬丸重正▽やくまるしげまさ
　一ツ松城の城主として居城したと伝えられる。河内守。『日本城郭大系』

薬丸有世▽やくまるありよ
　兵衛五郎。足利尊氏が元弘三（一三三三）年四月二十九日丹波篠村八幡宮の社前で官軍に応じる旗揚げをなし、これと同時に四方に配布した密書に応じて豊前国から上京した。唐原の薬丸は宇佐宮の社家として古くより神領を支配した宇佐の社家である。建武四・延元二（一三三七）年、宮方に属する新田禅師、大友式部大夫等が宇佐郡より来襲した時、薬丸有世は桑野原に出向いてこれを撃破し、さらに進んで筑前国嘉摩城の戦に参戦し軍功を立てた。『築上郡史』

安川平助▽やすかわへいすけ
　「城井軍記」「家臣名付」「豊州治覧」等に記された城井鎮房の挙兵時の家臣。城井家（豊前宇都宮家）馬廻り役。宇都宮大和守信房公七百五十遠諱の大祭が明治四十二年に挙行された際に、宇都宮家菩提寺天徳寺藤原賢然住職等が編集した「宇都宮家故舊重臣の後裔」の姓名録にその名が見える。『築上郡志』『築上郡史』「宇都宮文書」「宇都宮家故舊重臣の後裔」

安広権大夫▽やすひろごんだゆう
　宇都宮大和守信房公七百五十遠諱の大祭が明治四十二年に挙行された際に、宇都宮家菩提寺天徳寺藤原賢然住職等が編集した「宇都宮家故舊重臣の後裔」の姓名録にその名が見える。「宇都宮家故舊重臣の後裔」

安田五右衛門▽やすだごえもん
　黒田家の家臣。天正十六（一五八八）年三月五日、黒

田孝高（如水）とその子長政を将師として歩騎三千余をもって上毛郡日熊城を攻めた時に副師として攻城した。天正十七（一五八九）年三月五日、黒田長政が三千余騎を率いて四日市の小倉城を攻めた際に、城主、渡辺統政が籠城むなしく和を請うために、嫡子、式部允満を剃髪させ雪要と改め、渡辺兵庫頭を添えて黒田軍の安田五右衛門の陣に遣わした。安田五右衛門は、統政の武勇と忠義に感じて、その旨を黒田長政に進言し、ついに統政は降ることとなった。『築上郡志』「宇都宮史」『両豊記』『宇佐郡記』『豊前古城誌』

安永秋永▽**やすながあきなが**
応永、正長年間に田河郡内に割拠した。丸岡城主。大膳允。応永六（一三九九）年正月、大内氏総大将の大内盛見が大軍を率いて岩石城を攻めるため中津原に着陣した時、丸岡城主安永秋永と若木城主大森阿波守は、降参して詫びて降礼に努めたが、聞き入れられず斬首され、大行寺河原に梟首された。『築上郡志』『応永戦覧』『太宰管内志』

安永安波守▽**やすながあわのかみ**
応安四・建徳二（一三七一）年、菊池氏追討のために今川貞世が大内義弘を差し向け、四月に仲津郡鶴の港（今川付近）に着岸した際、多くの給人とともに馳せ参じた。『築上郡史』

安富房行▽**やすとみふさゆき**
大内氏の家臣団。掃部助、近江守。政弘期の奉行人。文明十（一四七八）年十月、筑前花尾城に在陣した。「正任記」『戦国大名家臣団事典』

安広権大夫▽**やすひろごんだゆう**
宇都宮家一族並びに「家臣名付」に記された城井鎮房挙兵時の家臣。「家臣名付」『築上郡志』「宇都宮史」

矢田太郎▽**やたたろう**
大内友氏の一族。応永五（一三九八）年十二月二十二日、豊前国築城原の合戦において大友氏の郎党木坂左京亮によって討ち取られた。『応永戦覧』

矢田弘光▽**やだひろみつ**
大内義弘の家臣。太郎。応永五（一三九八）年十二月、大友軍と対決のため大内軍代官、総大将陶弘房に相い伴って周防、長門、備後、安芸から集めた軍勢二万八千余騎を率い大友軍二万九百騎と築城原で対陣した。『応永戦覧』

矢頭友国▽**やとうともくに**

元亀、天正年間に上毛郡内に割拠した。矢頭守実の実子。常陸介。父から家督を相続し幸子城城主として居城した天正六（一五七八）年十一月二十八日、野仲鎮兼に滅ぼされた。『築上郡志』『築上郡史』

矢頭孫三郎▽やとうまごさぶろう
麻生親政の征討において戦功があり、天正五（一五七七）年三月、豊後守親重より感状を受けた。『豊前古城誌』

矢頭政之▽やとうまさゆき
矢頭友国から家督を相続し幸子城城主として居城した。土佐守。『築上郡志』

矢頭守実▽やとうもりざね
天文の頃（一五三二－五五）、幸子城城主として居城した。常陸介。『築上郡志』

弥富十郎▽やとみじゅうろう
長門国厚狭郡弥富村（萩市須佐町）の住人。杉一族。弥富孫十郎依重の子。平矩資、滝貞名地頭職。「佐田文書」『北九州戦国史史料集』『大友宗麟資料集』

弥富対馬守▽やとみつしまのかみ
宇佐郡滝貞名地頭。杉氏族。「佐田文書」『北九州戦国史史料集』

屋中元助▽やなかもとすけ
宇都宮氏一族並びに「家臣名付」に記された宇都宮家家臣。城井家（豊前宇都宮家）馬廻り役。『築上郡志』

柳能通▽やなぎよしみち
⇩門司能通（もんじよしみち）

柳親通▽やなぎちかみち
⇩門司親通（もんじちかみち）

屋那須玉助▽やなすたますけ
『城井闘諍記』に記された城井鎮房の挙兵当時の家臣。『城井闘諍記』『太宰管内志』

屋那治主殿▽やなちしゅでん
「城井軍記」「家臣名付」「豊州治覧」等に記された城井鎮房時代の家臣。物頭。『築上郡志』『築上郡史』「宇都宮文書」

屋那治玉之介／**屋那治玉之助**▽やなちたまのすけ
「城井軍記」「家臣名付」「豊州治覧」等に記された城井鎮房時代の家臣。城井家（豊前宇都宮家）物頭（別に馬廻り役の記載あり)。天正十七(一五八九)年四月二十日、中津城で城井鎮房が黒田孝高(如水)から他の家臣達とともに欺かれて謀殺された時、随行後手として供をしていた(城井鎮房の謀殺については、『築上郡志』収載の宇都宮系文書や豊前宇都宮一族の菩提寺月光山天徳寺は天正十七年としているが、『黒田家譜』等では天正十六年とされている)。『城井闘諍記』『築上郡志』『築上郡史』「宇都宮文書」「宇都宮史」

八並右京(八並右京進)▽やなみうきょう(やなみうきょうのしん)
天正十五(一五八七)年、城主として八並城を居城とした。宇都宮家一族並びに「家臣名付」に記された城井鎮房挙兵時に呼応した武将。『築上郡志』『日本城郭大系』

矢野久馬▽やのきゅうま
「城井軍記」「家臣名付」「豊州治覧」等に記された城井鎮房時代の家臣。『築上郡志』『築上郡史』「宇都宮文書」

矢野助四郎▽やのすけしろう
野仲鎮兼の家臣。天正七(一五七九)年二月十九日、加来壱岐守統直の大畑城を攻めた時に、先峰として加来勘助惟貫と槍を交わして負傷し、戦線から退いた。『豊前古城誌』

矢野大吉丸▽やのだいきちまる
応永六(一三九九)年二月二十二日、上洛していた大友親世が大友氏鑑を誅伐するべく手勢二千騎を率いた軍船にて豊後鶴崎に着岸すると、氏鑑が親世へ叛逆の兵を挙げた際に同心していた心を翻し、ほかの国人ら同様親世に降参した。『応永戦覧』

矢野親義▽やのちかよし
杢左衛門。「城井軍記」「家臣名付」「豊州治覧」等に記された城井鎮房時代の家臣。城井家(豊前宇都宮家)物頭(別に馬廻り役の記載あり)。「宇都宮史」によると、「家臣名付」には茂右衛門親義とあり、「城井合戦」には、姓は杉野とある。『築上郡志』『築上郡史』「宇都宮史」

矢野信重▽やののぶしげ
大友氏の一族。大友一法師能直八代の孫、矢野丹波守通重の嫡男。太郎。岩石城に在城した。十八歳で在陣。応永六(一三九九)年正月二十六日、岩石城の西ノ口の警備にあたり大内氏の軍勢を前にして強弓を引いて矢を寄せ手の陣中に放ったところ、今山源次郎の首の骨を射切って後ろにあった大木に突き刺さった。両軍もこれを見て嗚呼の声をあげて感嘆した。岩石城がついに落城し、城主大友氏公が自刃すると、大友氏英はじめ同城の主立った部将等九十八人と列座して後を追い自害をとげた。

『応永戦覧』『太宰管内志』『築上郡志』

矢野政親▽やのまさちか
大友氏鑑の一族。対馬守。応永五（一三九八）年十二月、豊前発向の軍議のために府中の大友氏鑑のもとに集まった一人。応永六年正月、大友氏鑑は大内盛見の大軍が豊前国岩石城を攻略するために伊田原に在陣との情報を聞いた。岩石城を守備する軍勢が少ないことから氏鑑の命により大友新三郎氏宗とともに軍勢催促のため肥前と日向に遣わされた。応永六年正月二十六日、大友氏鑑は大内盛見との柳原の合戦において敗れて、彦山（英彦山）へ敗走した。岩石城落城と嫡子氏公の自害、さらに一族数輩の滅亡を聞いて敗北を認めて大小の大名に暇をやってわずかに千余騎にて豊後の府へ立ち帰った。その時に氏鑑に随従した。『築上郡史』『応永戦覧』

矢野正綱▽やのまさつぐ
永享、応仁年間に上毛郡内に割拠した。『築上郡志』

矢野松右衛門▽やのまつえもん
「城井軍記」「家臣名付」「豊州治覧」等に記された城井鎮房時代の家臣。宇都宮大和守信房公七百五十遠諱の大祭が明治四十二年に挙行された際に、宇都宮家菩提寺天徳寺藤原賢然住職等が編集した「宇都宮家故舊重臣の後裔」の姓名録にその名が見える。『築上郡志』『築上郡史』「宇都宮文書」「宇都宮家故舊重臣の後裔」

矢野通重▽やのみちしげ
大友氏鑑の一族。丹波守。信重の父。応永五（一三九八）年十二月、豊前発向の軍議のために府中の大友氏鑑のもとに集まった一人。応永六年一月下旬、岩石城の後詰として、肥後から参着した菊池武貞率いる一万余騎と宇佐郡の軍勢、総勢四万五千余騎とともに大友氏鑑に随従した。『応永戦覧』

矢野杢左衛門▽やのもくざえもん
『城井闘諍記』に記された城井鎮房時代の家臣。『城井闘諍記』『太宰管内志』

矢箱作左衛門▽やはこさくざえもん
「城井軍記」「家臣名付」「豊州治覧」等に記された城井鎮房時代の家臣。『築上郡史』『築上郡志』『築上郡史』「宇都宮文書」

矢幡勝包▽やはたかつかね
小太郎、刑部少輔。築城、上毛二郡の代官を兼ね石清水宮の祠官であった。無双の怪力にして勇武あり、片手に二百斤を挙げるという。大永六（一五二六）年に没す。

享年八十八。『築上郡志』

矢部伊勢守▽やべいせのかみ

矢部城城主。弘治の頃（一五五五―五八）、在城した。宇佐郡において三十六氏と称された豪族の一人。大友家に属し、毎年八月朔日には馬太刀の使者を立てて主従の礼を行ったという。弘治二（一五五六）年秋、大友義鎮（宗麟）が龍王城に在陣した際、着到した宇佐郡三十六人衆の一人。なお着陣の時期について、『大友公御家覚書』等では弘治二年四月、大友義鎮龍王に陣を取るとある。「香下文書」『北九州戦国史史料集』『編年大友史料』『豊前古城誌』『築上郡志』

矢部高朝▽やべたかとも

近江守。応永年間（一三九四―一四二七）矢部城を築城したとされるが、「豊前故城誌」では矢部城は高房の築城とある。大内氏に属していたが、大内氏滅亡後は大友氏の麾下となった。『豊前志』『日本城郭大系』

矢部高房▽やべたかふさ

矢部城城主。近江守。世々、大友家の幕下に属した。矢部氏代々の居城である矢部城を築城したと伝えられるが、『豊前志』『日本城郭大系』では矢部城は高朝の築城とある。『豊前古城誌』

矢部山城守▽やべやましろのかみ

矢部城主。矢部高朝の後裔。天正六（一五七八）年、日向耳川の島津軍との合戦において討死した。『日本城郭大系』

山内筑後守▽やまうちちくごのかみ

杉豊後守連緒の家臣。永禄五（一五六二）年八月十五日、山内筑後守は杉連緒から規矩郡柳郷・葛原郷の地を与えられた。これは香春岳城の攻略の功労と判断される。『門司・小倉の古城史』

山内通有▽やまうちみちあり

大和守。応永の頃（一三九四―一四二八）、岩石城を攻略する大内氏総大将大内盛見の軍勢に従い、備後勢九千余騎とともに大手搦め手からの第二陣を務めた一人。『太宰管内志』

山移左馬允▽やまうつりさまのじょう

天正の頃（一五七三―九二）、野仲氏の旗下にあって山移氏代々の馬場城に居城した。天正七年、大友義鎮（宗麟）が日向耳川の合戦にて敗れ諸国の大名が離反し、長岩城主の野仲鎮兼も大友氏に叛いた時、鎮兼に従った近郷の武士団の一人。『豊前古城誌』『築上郡志』

山移左馬介▽やまうつりさまのすけ
天正の頃（一五七三―九二）、下毛郡の馬場城があったが、その山移一族の党首と伝えられる。長岩城主野仲氏に属したという。『耶馬溪町史』『日本城郭大系』

山鹿左馬助▽やまがさまのすけ
応安四・建徳二（一三七一）年、菊池氏追討のために今川貞世が大内義弘を差し向け、四月に仲津郡鶴の港（今川付近）に着岸した際、多くの給人とともに馳せ参じた。『築上郡史』

山方右衛門尉（**山形右兵衛尉**）▽やまがたえもんのじょう（やまがたうへえのじょう）
新田義氏の家臣。応永五（一三九八）年十月、豊前の守護職、馬ヶ岳城主新田義氏が大友氏鑑の挙兵に加わったため、新田軍は、大内政弘が差し向けた二万の大軍に対して馬ヶ岳城に籠城、新田義氏が二の岳に移った時、山方右衛門尉は山方主水とともに五百余騎をもって一の岳の要害を堅く守った。しかし一の岳が攻め手に落ちたことを義氏に報告すると、義氏は怒り「討ち捨て軍神に祭らん」と叫ぶと、走り寄った近侍の船田左衛門尉に刺殺された。『応永戦覧』

山方主水／**山形主水**▽やまがたもんど
新田義氏の家臣。応永五（一三九八）年十月、豊前の守護職、馬ヶ岳城主新田義氏が大友氏鑑の挙兵に加わったため、新田軍は、大内政弘が差し向けた二万の大軍に対して馬ヶ岳城に籠城、新田義氏が二の岳に移った時、主水は山方右衛門尉とともに五百余騎をもって一の岳の要害を堅く守ったが猛攻を受け討死した。『応永戦覧』

山形義明▽やまがたよしあき
永享、応仁年間に京都郡内に割拠した。『築上郡志』

山口景倫▽やまぐちかげみち
馬ヶ岳城主大内教幸の嫡子。父教幸は本家に対して謀叛を企て、露見して自害した。妙見岳城代の杉伯耆守の計らいで宇佐郡麻生の地を与えられ山口氏を称した。後裔は庄屋として当地に続いた。『日本城郭大系』

山口外記▽やまぐちげき
天文、永禄年間にに宇佐郡内に割拠した。『築上郡志』

山口弾正忠▽やまぐちだんじょうのじょう
麻生親政の家臣。親政は人質に出していた実子、統重が無念にも切腹したことに遺恨を抱き、大友氏にそむく。この時、城主と一味同心して大友氏の大将、田原親賢（紹忍）の軍勢と戦った。このとき、徳丸外記、中野蔵人等とともに深水口の警衛にあたった。『両豊記』『豊前古城誌』

山口土佐▽やまぐちとさ

麻生郷の名主の一人。文亀元（一五〇一）年十月十一日、麻生郷の十五名主の一人として連判して領地を御霊八幡に奉納す。これは麻生郷の名主として麻生家の幕下に属すことを誓約して連判したものである。『豊前古城誌』

山崎次郎▽やまさきじろう

「城井軍記」「家臣名付」「豊州治覧」等に記された城井鎮房の挙兵時の家臣。城井家（豊前宇都宮家）物頭（別に馬廻り役の記載あり）。『築上郡志』『築上郡史』「宇都宮史」『城井闘諍記』『太宰管内志』

山下長就▽やましたながのり

大友氏の家臣団。治部少輔、和泉守。宇佐氏の一族。享禄四（一五三一）年から天文十九（一五五〇）年まで義鑑・義鎮（宗麟）二代の加判衆。天文二（一五三三）年速見郡鹿越で大内勢と戦う。天文六年臼杵鑑続・田北親貞と共に大内義隆との和睦の会談のため山口に赴いた。『戦国大名家臣団事典』

山下政継▽やましたまさつぐ

伝六兵衛。渡辺氏の旗下にあって、城主か武将か不明だが、横山氏氏代々の城に居城したと伝えられている。「豊前故城誌」

山田安芸守▽やまだあきのかみ

弘治二（一五五六）年四月、大友義鎮（宗麟）が大軍を率いて豊前上毛郡に入ると、上毛郡の族党であった吉富右京進能教、友枝忠兵衛等とただちに降りてこれに従った。『築上郡志』「宇都宮史」「宇佐郡記」『両豊記』

山田安芸守▽やまだあきのかみ

延徳四（一四九二）年、上毛郡段銭奉行。『大内氏実録』『築上郡史』『鎮西宇都宮氏の歴史』

山田有信▽やまだありのぶ

島津氏の家臣団。新介、民部少輔、越前守、理安、利安慶哲。父は有徳。天文十八（一五四九）年に生まれる。島津氏一族山田氏の庶流。島津貴久に仕える。島津義虎の叛を鎮め、大川内を与えられた。天正六（一五七八）年石城攻めで軍功。高城《たかじょう》（宮崎県児湯郡）への大友方の攻撃を退け、耳川に大友方を破り、同七（一五七九）年高城で大施餓鬼、耳川供養の六地蔵塔を建立。同十三年筑後三池へ出陣。堀切城（みやま市瀬高町）を攻略。

同十五年秀吉に対抗し、のち秀長に降る。秀長より天草四万石を与えられたが返上し島津氏への臣従を願ったという。天正十六年義久家老。この年高城の軍功を島津氏より賞された。日置・串木野・隈之城・福山・高城地頭。慶長十四（一六〇九）年没。享年六十一。『戦国大名家臣団事典』『九州戦国合戦記』『上井覚兼日記』

山田右近▽やまだうこん

城井鎮房時代の家臣。山田城城代。天正十五（一五八七）年、豊臣秀吉が島津征伐の時に城井朝房と五百人の兵とともに従軍して先駆となった。その戦役で最も戦功があった一人。『築上郡志』「宇都宮史」「城井家記」『太宰管内志』

山田右近▽やまだうこん

宇都宮大和守信房公七百五十遠諱の大祭が明治四十二年に挙行された際に、宇都宮家菩提寺天徳寺藤原賢然住職等が編集した「宇都宮家故舊重臣の後裔」の姓名録にその名が見える。「宇都宮家故舊重臣の後裔」

山田興成▽やまだおきなり

宇都宮氏の支流で山田城城主。安芸守。七郎兵衛尉、藤原興成。『築上郡史』には、興成は安芸守、朝景安房守ともある。明応二（一四九三）年、大内氏の氏寺である氷上山興隆寺（妙見宮）の二月会において大頭役を務めている。興隆寺の最大行事である二月会の大頭役は大役であり、つまり山田安芸守は豊前国における大内氏の高い地位の国人だったことがわかる。興成は大永五（一五二五）年にも大頭役を務めた（『大内氏実録』には大永四年とある）。天文五（一五三六）年正月十一日より、同五月まで宇佐宮の御造営において、二の御殿の造営の職にあたる。二の御殿の杣始めは上毛郡の山田山であった。『大内氏実録』『築上郡史』『行橋市史』『中世武士団・鎮西宇都宮氏の研究Ⅱ』『鎮西宇都宮氏の歴史』『豊前古城誌』

山田観蓮▽やまだかんれん

宇都宮氏の一族。山田庄地頭職。左衛門入道。兄は成恒太郎政吉（西迎）。正嘉二年頃（一二五八）、成恒太郎が上毛郡吉冨名内に進出した時に跡を継いだ。吉冨名内の秋成、底無、次郎丸、是末、成末の小地頭職（名主職）を保有した。観蓮は山田庄地頭職としてあるいは、吉富名内の名主として他者との対立には一歩も引かず権利を主張する人物だったことが古文書から推定される。『鎮西宇都宮氏の歴史』『中世武士団・鎮西宇都宮氏の研究Ⅱ』

山田宮内左衛門尉▽やまだくないさえもんのじょう

宇都宮系山田氏の一族。南北朝時代の建武三・延元元

（一三三六）年に北朝方に属して京都三条河原法勝寺で戦って活躍した。宇佐大宮司家の庶流で北朝方に参加した吉松公遠からの軍忠状の中に豊前国山田宮内左衛門尉の名が見える。『鎮西宇都宮氏の歴史』

山田貞朝▽やまださだとも

文明四（一四七二）年、大内義弘の筑前・豊前両国の鎮圧を祝す。弥七郎。文明十（一四七八）年九月、大内政弘は軍勢を率いて九州に渡り、これまで勢力を張っていた少弐政尚を大宰府で破り、一月たらずで豊前・筑前を平定した。大内政弘の幕僚として従軍した相良正仁は「正任記」を記録として残しており、勝者であった政弘のもとに九州の国人・社寺などのお祝いの名目で訪れる姿が記録されている。貞朝の特徴は回数の多さと多彩な贈り物であった。御太刀・御馬・鳥目・白鶴などを進上し、また、二十六日には雁一羽を、三十日には雁一羽と狸一匹を献上するなど涙ぐましい努力がうかがえる。こうした国人達に対して政弘は戦後処理の一つである花尾城の攻略戦に参加するように命じている。『鎮西宇都宮氏の歴史』「正任記」『中世武士団・鎮西宇都宮氏の研究Ⅱ』

山田成一▽やまだしげかず

山田氏の嫡流。次郎兵衛尉。山田興成の跡を受け継いでいること、さらに兵衛尉の官途は安芸守拝命以前の興成と同じであることから、興成の子と推定される。天文十五（一五四六）年、大内氏の豊前国上毛郡奉行。また大内氏の段銭奉行として、求菩提山領の上毛郡如法寺村の段銭に関して求菩提山と如法寺が互いに論ずることを決裁している。大内氏の豊前における有力な国人であった。『鎮西宇都宮氏の歴史』『中世武士団・鎮西宇都宮氏の研究Ⅱ』

山田祐綱▽やまだすけつな

宇都宮氏の一族。第七代山田城主。常陸介。山田親祐の跡を継ぐ。『築上郡志』

山田大膳▽やまだだいぜん

⇩山田元房（やまだもとふさ）

山田隆朝▽やまだたかとも

⇩山田元房（やまだもとふさ）

山田種賢▽やまだたねかた

⇩山田元房（やまだもとふさ）

山田太郎右衛門入道▽やまだたろうえもんにゅうどう

⇩成恒道円（なりつねどうえん）

山田親景▽やまだちかかげ
宇都宮氏の一族。第四代山田城主。上総介。山田上総介綱英の跡を継ぐ。『築上郡志』

山田親実▽やまだちかざね
大村城主。常陸介。城井鎮房の挙兵時に呼応した武将。山田城城主元房の子。山田系譜では黒田勢に本城である山田城を攻められ防戦したが、ついに落城に及んで父、元房は自害したとある。この時親実は父の遺命により城を抜け城井鎮房の元に逃れた。その後、幾多の合戦のあと城井鎮房が黒田孝高（如水）と和睦となり、親実は再び大村城を居城とした。天正十六（一五八八）年四月、親実は黒田孝高から中津城（大分県中津市）に呼び出され密かに謀殺されたが、『中世武士団・鎮西宇都宮氏の研究Ⅱ』では、同年、豊前国上毛郡垂水村（福岡県築上郡大平村）の観音原（桑野原）の戦いにおいて黒田軍に討ち取られたとある。『築上郡史』『黒田家譜』『北九州戦国史』『豊前志』『中世武士団・鎮西宇都宮氏の研究Ⅱ』

山田親長▽やまだちかなが
宇都宮氏の一族。刑部少輔。第五代山田城主。山田親景の跡を継ぐ。『築上郡志』

山田親祐▽やまだちかひろ
宇都宮氏の一族。第六代山田城主。常陸介。山田親長の跡を継ぐ。『築上郡志』

山田親総▽やまだちかふさ
宇都宮氏の一族。第二代山田城主。治部少輔。山田泰敏の跡を継ぐ。『築上郡志』

山田千代房丸▽やまだちよふさまる
正和元（一三一二）年に鎌倉幕府が出した神領興行法という法令により、豊前国下毛郡久松名について宇佐宮御前権検校高舜から山田千代房丸の代理人である真景は返付を請求され、やむなく応じている。『鎮西宇都宮氏の歴史』

山田綱継▽やまだつなつぐ
宇都宮氏の一族。第十代山田城主。上総介。山田正綱の跡を継ぐ。『築上郡志』

山田綱英▽やまだつなひで
宇都宮氏の一族。第三代山田城主。上総介。山田親総の跡を継ぐ。『築上郡志』

山田綱光▽やまだつなみつ
宇都宮氏の一族。第八代山田城主。上総介。山田祐綱の跡を継ぐ。『築上郡志』

山田輝家▽やまだてるいえ
⇩山田元房（やまだもとふさ）

山田輝房▽やまだてるふさ
宇都宮氏の一族。第十三代山田城城主。上総介、安芸守。山田弘房の跡を継ぐ。弘治三（一五五七）年六月、輝房は大友氏に叛して居城に籠もった。大友義鎮（宗麟）は臼杵鑑種等をしてこの城を攻めたが、この時宇佐郡の将士の多くが従った。同月二十一日、山田城は落城。輝房は捨てて走ったとも討死したとも言われている。『築上郡志』「宇都宮史」

山田道円▽やまだどうえん
⇩成恒道円（なりつねどうえん）

山田朝景▽やまだともかげ
⇩山田興成（やまだおきなり）

山田弘房▽やまだひろふさ
宇都宮氏の一族。第十二代山田城城主。大膳正。山田房矩の跡を継ぐ。『築上郡志』

山田房矩▽やまだふさのり
宇都宮氏の一族。常陸介。第十一代山田城城主。山田綱継の跡を継ぐ。『築上郡志』

山田正綱▽やまだまさつな
宇都宮氏の一族。第九代山田城城主。上総介。綱光の跡を継ぐ。応永十一（一四〇四）年九月五日、子若光丸と旧上毛郡四郎丸村の宗像大菩薩（現在、別表大富神社）の社殿を建立した。大富神社の宗像大菩薩御宝殿の棟札写には、大願主として父子の名が書かれている。『築上郡志』『鎮西宇都宮氏の歴史』

山田政朝▽やまだまさとも
豊前国の山田氏の一族。観応の乱以降、北部九州はほぼ南朝方が全体を掌握していた。この頃、各地で荘園、公領の押妨が起こり、それを停止して沙汰するように征西府から使節が送られた。その南朝方使節の中に山田政朝の名が見える。『鎮西宇都宮氏の歴史』『中世武士団・鎮西宇都宮氏の研究Ⅱ』

山田政宣▽やまだまさのぶ
山田政綱の子、若光丸の成人後の名乗りと考えられる。上総介。応永三十三（一四二六）年の豊前国上毛郡四郎丸の大富神社の棟札には上毛郡宗像大菩薩御宝殿を再建した大願主として名が残る。父政綱が建立した社殿を子息の政宣が再興したもの。『鎮西宇都宮氏の歴史』『中世武士団・鎮西宇都宮氏の研究Ⅱ』

山田政範▽やまだまさのり
　宇都宮氏の一族。左衛門尉。『築上郡史』によれば、成恒太郎入道西迎の弟で、正嘉、弘長、建治、弘安年間に生きた人物とある。政範は西郷信定から吉冨名内の秋成、底無次郎丸を押領していると幕府に訴えられた。その後、建治二（一二七六）年には西郷信定の孫にあたる地頭代、西郷公信からも再び訴えられた。これは地頭と名主間の土地についての訴訟であった。この西郷・山田両氏間の紛争は、城井通房の仲裁によって弘安三（一二八〇）年に和解が成立した。『築上郡史』

山田政房▽やまだまさふさ
　豊前宇都宮氏の祖宗房の子。城井信房の弟。山田城城主。上総介。建久七（一一九六）年、旧上毛郡山田郷に八十町地を領し、四郎丸に城を築いた。山田氏を称する。成恒、高野氏の祖。「宇都宮文書」「宇都宮系図」『築上郡志』「宇都宮史」

山田政盛▽やまだまさもり
　宇都宮系山田氏の一族。中内右衛門尉。『鎮西宇都宮氏の歴史』によると、中内とは「内舎人である中原氏」という意味である。城井氏第三代当主城井信景が内舎人であったことに由来するとあり。蒙古合戦による恩賞たる勲功地、肥前国神崎庄の一分地頭として名前が見える。正和元（一三一二）年、鎌倉幕府が発した「神領興行法」により政盛は、宇佐八幡宮の神宮寺、弥勒寺の僧、賢信から上毛郡黒土庄田地三段（小石原）を返付するよう請求された。『鎮西宇都宮氏の歴史』

山田政康▽やまだまさやす
　彦三郎。豊前国下毛郡四郎丸名田地一町二段を知行していた政康は、正和元（一三一二）年、鎌倉幕府が発した「神領興行法」により、宇佐八幡宮の神官宇佐美実世から返付を請求された。『鎮西宇都宮氏の歴史』

山田万千代▽やまだまんちよ
　山田元房の子。弘治三（一五五七）年、山田城落城時に死亡したという。『中世武士団・鎮西宇都宮氏の研究Ⅱ』

山田満重▽やまだみつしげ
　清和源氏浦野氏の末裔。尾張国山田を氏とする。民部丞。天文二十三（一五五四）年頃、毛利元就に仕える。満重は毛利隆元の命を受け、高橋鑑種を味方に引き入れ、麻生・宗像氏等の連絡調整に従事する等の功績があった。

『北九州戦国史』

山田宗高▽やまだむねたか

山田庶家。新左衛門。文明十五（一四八三）年、成恒氏と諫山氏の下毛郡末弘名の争論を決裁した。『中世武士団・鎮西宇都宮氏の研究Ⅱ』

山田宗利▽やまだむねとし

大友氏鑑に一味同心した豊後の人。右兵衛尉、右近兵衛。応永六（一三九九）年一月下旬、豊前国岩石城の後詰めとして大友氏鑑とともに宇佐郡の軍勢と肥後から参着した菊池左京大夫武貞の率いる一万余騎の軍勢とともに随従した。同年二月二十二日、上洛していた大友親世が大友氏鑑を誅伐するべく手勢二千騎を率いた軍船にて豊後鶴崎に着岸すると、氏鑑が親世へ叛逆の兵を挙げた際に同心していた心を翻し、ほかの国人ら同様親世に降参した。『応永戦覧』『築上郡志』『築上郡史』「宇都宮史」『豊前志』

山田元房▽やまだもとふさ

山田城に居城した。左近大夫、安芸守。宇都宮氏の一族。大膳、隆朝、種賢、輝家。輝房の跡を継ぐ。「宇都宮文書」の豊前御領之衆の一人。第十四代山田城城主。山田の知行一万石。上毛郡の国人の最大勢力であった。『豊前志』に川内村の宇都宮一族の山田氏について名前が出ているが、支流または城代ではないかとあり、定かではない。『鎮西宇都宮氏の歴史』では、山田氏の当主であり、輝家、種賢とも称したとあり、毛利元就あるいは輝元、秋月種実の名乗りを受けたものと考えると、親毛利、反大友の立場にあったこと、また、元房がいち早く遠征軍に従ったのはその先鋒が毛利軍と小早川軍であったからだと推量している。そして天正十五（一五八七）年四月、元房はさらに秀吉の弟、秀長に従軍して日向国財部の合戦にも参加しており、秀長の遠征軍は、日向国財部において島津軍と激戦のすえ勝利している。元房は黒田孝高（如水）に攻められ討死、山田城は落城した。山田系譜では黒田勢に本城を攻められ防戦したが、次第に股肱の臣が討死し既に落城に及んで元房は自害したとある。この時嫡男の親実は父の遺命により城を抜けて城井鎮房の元に逃れた。天正十四年十二月十日、山田元房の津野田軍兵衛宛ての感状があり、また山田種賢の名で、天正十年五月二十日津野田軍兵衛尉宛ての加冠書出、天正十二年一月十一日継目安堵状、天正十三年三月二日種賢の津野田軍兵衛尉に対する感状、天正十四年十月十六日種賢の末延善五郎宛ての加冠書出がある。『豊前志』『鎮西宇都宮氏の歴史』『豊前市史・文書資料』「宇都宮文書」「宇都宮史」『築上郡志』『中世武士団・鎮西宇都宮氏の研究Ⅱ』『行橋市史』「宇佐郡記」『門司・小倉の古城史』

『北九州戦国史』

山田盛政▽やまだもりまさ
上総介。豊前国京都郡の稲光名、四十町は山田氏の所領であった。その地に鎮座する宇佐八幡宮系の国崎八幡宮の棟札によれば、永享七（一四三五）年の造営の時の大旦那として上総介藤原盛政、代官菅原景宗の名が見える。山田氏が稲光名をいつの時代にどのような経過で知行をしたかは明らかではない。『鎮西宇都宮氏の歴史』『中世武士団・鎮西宇都宮氏の研究Ⅱ』『京都郡誌』

山田泰敏▽やまだやすとし
宇都宮氏の一族。第一代山田城主。上総介。宇都宮上総介藤原泰成の跡を継ぐ。『築上郡志』

大和右近将監▽やまとうこんしょうげん
嘉暦元（一三二六）年、十月二十五日、「平政国・沙弥某連署奉書」（「相良文書」）の宛名人として名が見える。川添昭二氏「鎮西評定衆及び同引付衆・引付奉行人」（「九州中世史研究」）では鎮西探題の引付奉行とあり、服部英雄氏「軍忠状の彼方に」（「史学雑誌」）は肥後国守護代としていることから、則松弘明氏はこの人物の出自や経歴は不明であるものの、宇都宮一族と見られるとしている。『中世武士団・鎮西宇都宮氏の研究Ⅱ』

大和右近允▽やまとうこんのじょう
宗像氏貞の家臣。天正十（一五八二）年三月十六日の立花勢との吉原、八並合戦において大勢とよく戦い、深手を負い、氏貞から戦功を賞された。『筑前戦国史』

大和太郎左衛門入道観仏
▽やまとたろうさえもんのにゅうどうかんぶつ
⇩西郷信定（さいごうのぶさだ）

大和信定▽やまとのぶさだ
⇩西郷信定（さいごうのぶさだ）

大和時景▽やまとときかげ
大友能直の六男。太郎兵衛尉。貞永元（一二三二）年、豊前国吉富名惣地頭。城井景房の養子となった。しかし後年、大友氏に復し大野荘内上村半分地頭職など大友能直の遺領を相続した。「大友系図」では大友氏の祖となった大友能直の子で、城井景房の養子となり、後にまた大友氏に復して一万田氏などの祖先となったとされる人物である。大友氏の六男が城井景房の養子になった事情は不明である。そして、時景が大友氏に復した後、「大和太郎」家および家産は宇都宮氏が相続するところとなった。『鎮西宇都宮氏の歴史』「大友系図」『中世武士団・鎮西宇都宮氏の研究Ⅱ』

大和信茂▽やまとのぶしげ
八郎。正和元年、鎌倉幕府から「神領興行法」が出され、信茂はかつて神領であった豊前国上毛郡三毛門大路六段を展転領知しているとして、宇佐神宮の盛継から返付を請求されている。『中世武士団・鎮西宇都宮氏の研究Ⅱ』

大和範綱▽やまとのりつな
宇都宮大和太郎、太郎左衛門尉。則松弘明氏は『中世武士団・鎮西宇都宮氏の研究Ⅱ』の中で、範綱は城井氏第五代当主の頼房の子、隆房とされる人物と考察している。観応元・正平五（一三五〇）年、肥後国の直冬方の川尻、託磨などに居城を攻撃された。『中世武士団・鎮西宇都宮氏の研究Ⅱ』

大和又三郎▽やまとまたさぶろう
宗像氏貞の家臣。宗像四任の一門。天正十（一五八二）年三月十六日の立花勢との吉原、八並合戦において真っ先に敵と組んで激闘したが、ついに討たれた。『筑前戦国史』

大和道氏▽やまとみちうじ
八郎左衛門尉。観応元・正平五（一三五〇）年十一月十一日には、豊前国門司城を攻め戦功をあげた。観応二・正平六年、幕府方から豊前国の凶徒誅伐の催促を受けた。道氏は九月二日、岩佐義継に属して豊前国の賊徒誅伐の戦功をあげた。『築上郡志』「宇都宮史」「宇都宮文書」

山名和泉守▽やまないずみのかみ
応永五（一三九八）年、前守護職大友氏時の嫡子である大友氏鑑は、大内義弘の画策により甥の親世が守護職を継いだことを不満とし、親世に叛逆して兵を挙げた。その際、氏鑑から回文を受け一味同心した一人。『応永戦覧』『築上郡史』

山名氏久▽やまなうじひさ
応永の頃（一三九四―一四二八）、岩石城を攻略する大内氏総大将大内盛見の軍勢に豊前国の軍勢二千余騎とともに従った。五郎。『太宰管内志』

山名氏政／**山名氏昌**▽やまなうじまさ
新田氏の一族。山名武蔵守の子。大村城（豊前市大村）城主。相模守。応永六（一三九九）年、より大内盛見の軍役に服す。『応永戦覧』に大内盛見が軍令を発して大内中宮大夫、益田太郎に一千余騎を率いて豊前の押さえとして上毛郡大村に陣を張ったことが記述されている。『応永戦覧』『築上郡志』

山名五郎▽やまなごろう
応永五（一三九八）年、前守護職大友氏時の嫡子である大友氏鑑は、大内義弘の画策により甥の親世が守護職を継いだことを不満とし、親世に叛逆して兵を挙げた。その際、氏鑑から回文を受け一味同心した一人。『応永戦覧』『築上郡史』

山名相模守▽やまなさがみのかみ
新田氏の一族。大村城（豊前市大村）を築き居城とした。貞和年間（一三四五ー五〇）、征西府将軍懐良親王に従って豊前に下り、大村に城を築いた後、筑後川の合戦において討死した。『太宰管内志』『応永戦覧』『築上郡史』

山名浄雲▽やまなじょううん
応永、正長年間に田河郡に割拠した。『築上郡志』

山名駿河守▽やまなするがのかみ
応安四・建徳二（一三七一）年、菊池氏追討のために今川貞世が大内義弘を差し向け、四月に仲津郡鶴の港（今川付近）に着岸した際、多くの給人とともに馳せ参じた。『築上郡史』

山名武蔵守▽やまなむさしのかみ
新田氏の一族。山名相模守の子。大村城（豊前市大村）城主。大内教弘に従う。応安四・建徳二（一三七一）年、菊池氏追討のために今川貞世が大内義弘を差し向け、四月に仲津郡鶴の港（今川付近）に着岸した際、多くの給人とともに馳せ参じた。『築上郡史』

山名守氏▽やまなもりうじ
武蔵守。応永五（一三九八）年正月七日、大内義弘の命を受けた弟の盛見が軍勢三万余の大将として仲津郡鶴の港（今川付近）に在陣した時、郡内から馳せ参じて帰順の意を表わしたため、居城に帰ることを許された。『応永戦覧』『築上郡史』『太宰管内志』

山内通有▽やまのうちみちあり
大内義弘の旗下にある備後国の住人。大和守。応永六（一三九九）年正月四日、城主が敗走した障子ヶ岳城の落城を決定づけるため、援兵の要請を陶筑前守から受けた大内義弘は、兵三万騎を兵船四百余艘に乗せ大内盛見を豊前に遣わせた。その際に従軍した一人。『応永戦覧』

山群内膳▽やまむれないぜん
「城井軍記」「家臣名付」「豊州治覧」等に記された城井鎮房の挙兵時の家臣。宇都宮大和守信房公七百五十遠諱の大祭が明治四十二年に挙行された際に、宇都宮家菩提寺天徳寺藤原賢然住職等が編集した「宇都宮家故舊重臣の後裔」の姓名録にその名が見える。『築上郡志』「宇都宮家故舊重臣の後裔」

山群内膳正▽やまむれないぜんのかみ
宇都宮氏一族並びに「家臣名付」に記された宇都宮家家臣。城井家（豊前宇都宮家）馬廻り役。『築上郡志』『築上郡史』「宇都宮史」

山本重賢▽やまもとしげかた
永正年間（一五〇四－二〇）山本村城（宇佐市山本）を居城とした。荘左衛門尉。『築上郡志』には山本重賢は元亀、天正年間（一五七三－九二）に宇佐郡に割拠したとある。後裔は代々、医を業として山本城下に居住した。『豊前古城誌』『築上郡志』『日本城郭大系』

山本伝六兵衛▽やまもとでんろくひょうえ
渡辺統政の家臣。天正十七（一五八九）年三月五日、黒田長政が三千余騎を率いて四日市の小倉城を攻めた際に、城主、統政が籠城むなしく自害しようとした時、走り寄りて和を請うことを進言した。これにより統政は、嫡子、式部允満を剃髪させ雪要と改め、渡辺兵庫頭を添えて黒田軍の安田五右衛門の陣に遣わして黒田に降ることとなった。『宇佐郡記』『豊前古城誌』

山本義親▽やまもとよしちか
応永から応仁年間（一三九四－一四六九）に規矩郡内に割拠した。八郎。応永年間（一三九四－一四二八）山本城（北九州市小倉南区山本）や水上城（北九州市小倉南区山本）の城主。長野兵部少輔義富の六男。『築上郡志』

山脇七大夫▽やまわきしちだゆう
「城井軍記」「家臣名付」「豊州治覧」等に記された城井鎮房の挙兵時の家臣。城井家（豊前宇都宮家）馬廻り役。『築上郡志』『築上郡史』「宇都宮史」

山脇矩利▽やまわきのりとし
赤尾鎮房一族の家臣。新兵衛尉。天正八（一五八〇）年、時枝鎮継と佐野親重が赤尾鎮房の法要を狙って光岡城を襲撃した際、その法要に参列していた一人。佐野勢によって討ち取られた。この襲撃により光岡城は落城した。『豊前古城誌』

山脇規信▽やまわきのりのぶ
源五左衛門。大友氏の旗下、赤尾鎮房の家臣。麻生親政の謀叛を鎮圧するために赴いた軍奉行田原親賢（紹忍）の下で鎮房は追手の大将となった。その家臣として同陣営に参軍した。『豊前古城誌』

屋山種速▽ややまたねはや

中務、三介。岩屋城（太宰府市観世音寺）城代。天正七（一五七九）年正月十八日、高橋紹運は、岩屋城麓に秋月と筑紫の連合軍が押し寄せた際に、城兵を率いて勇敢に打って出て敵を追い散らした種速の戦功を賞した。「大友家文書録」『筑前戦国史』

矢山義直▽ややまよしなお

永享、応仁年間に規矩郡内に割拠した。『築上郡志』

湯浅将宗▽ゆあさまさむね

治部太輔。紀氏。備後尾首山城に居城。毛利氏に仕え、幕末萩藩大組二百四十石他数家がある。天正十四（一五八六）年十二月二日、小早川隆景より、仁保元豊の替わりとして松山城在番を命じられた。『萩藩閥閲録』『北九州戦国史料集』『門司・小倉の古城史』

由比親満▽ゆいちかみつ

九郎。応永六（一三九九）年正月二十六日、岩石城は大内盛見の大軍に攻略されついに落城し、城主大友氏公は自刃。この時に大友氏英はじめ同城の主立った部将等九十八人と列座して後を追い自害をとげた。『応永戦覧』『太宰管内志』

雄城治景▽ゆうきはるかげ

若狭守。豊後大神氏庶流。天文五（一五三六）年から弘治四（一五五八）年まで大友義鑑・義鎮（宗麟）の加判衆を務めた。弘治三年、秋月文種退治の時、志賀親守と共に留守を預かった。『北九州戦国史』『北九州戦国史料集』

弓戒征因▽ゆがいゆきもと

大友氏の旗下、赤尾鎮房の家臣。大蔵丞。麻生親政の謀叛を鎮圧のために赴いた軍奉行田原親賢（紹忍）の下で鎮房は追手の大将となった。その家臣として同陣営に参軍した。『豊前古城誌』

由岐岩見守▽ゆきいわみのかみ

応永五（一三九八）年十二月晦日、大友方の先駆けの大将戸次親秀と弟親光の八百騎の軍勢と後陣、大友左京大夫氏貞が二千騎の軍勢をもって松山城を攻略に来るとの情報を得たため、由岐岩見守は河村大蔵大輔とともに兵二百余騎をもって迎撃のために清経塚に陣を構えた。合戦の後、由岐岩見守は門司弥太郎とともに如意輪寺に駆け上がり、同寺で自害した戸次親秀ならびに郎党の首取り持たせて帰城した。『応永戦覧』

幸野平兵衛尉▽ゆきのへいべえのじょう

天文元（一五三二）年十一月大友氏は大内方として宇佐郡の佐田朝景が籠る妙見岳城を攻めた。その時に妙見岳合戦に動員されて出陣した大友方の一人。『豊前市史』『増補訂正編年大友史料併大分県古文書全集第16』『大分県の歴史』

湯谷弾正▽ゆたにだんじょう
宇都宮家一族並びに「家臣名付」に記された城井鎮房挙兵時の家臣。『築上郡志』

湯谷基信▽ゆたにもとのぶ
保延の頃（一一三五－四一）、湯谷村にあった湯谷氏代々の居城、福永城に在城した。弾正忠。「鶴市社紀」には、下毛郡逆手隈御神と秋津秀秋津姫の二神を祀る。その後、千余町の田地を湯屋弾正基信等七人が支配したが、洪水にて氾濫する高瀬川に堰を築いて鶴、市太郎という二人の人柱を立てたという。『豊前古城誌』

湯原平次▽ゆはらへいじ
豊前守元綱。天智天皇の皇孫湯原親王より出る。永禄五（一五六二）年毛利氏に仕えた。萩藩大組百石。『萩藩閥閲録』『北九州戦国史史料集』

由良為家▽ゆらためいえ
応永から応仁年間（一三九四－一四六九）に田河郡内に割拠した。藤九郎。新田義氏の家臣。応永五（一三九八）年十月、豊前の守護職、馬ヶ岳城主新田義氏が大友氏鑑の挙兵に加わったため、新田軍は、大内政弘が差し向けた二万の大軍に対して馬ヶ岳城に籠城、為家は四百余騎で堤口を守った。『築上郡志』『応永戦覧』

余一種重▽よいちたねしげ
大友親治の五男、田原親種の子。天文年間（一五三二－五五）に宇佐郡香志田を領する。天文二十一年、大内晴英（義長）は宇佐郡香志田重秋の跡を余一種重に相続を安堵した。「大友家文書」『北九州戦国史史料集』

横尾兵部▽よこおひょうぶ
宇都宮大和守信房公七百五十遠諱の大祭が明治四十二年に挙行された際に、宇都宮家菩提寺天徳寺藤原賢然住職等が編集した「宇都宮家故舊重臣の後裔」の姓名録にその名が見える。「宇都宮家故舊重臣の後裔」

横尾兵部少輔▽よこおひょうぶしょうゆう
「城井軍記」「家臣名付」「豊州治覧」等に記された城井鎮房の挙兵時の家臣。城井家（豊前宇都宮家）物頭（別に馬廻り役の記載あり）。『築上郡志』『築上郡志』『築上郡史』「宇都宮史」

横尾兵部丞▽よこおひょうぶのじょう
宇都宮氏一族並びに「家臣名付」に記された宇都宮家家臣。城井家（豊前宇都宮家）馬廻り役。『築上郡志』『城井闘諍記』『太宰管内志』

横岳鎮貞▽よこたけしずさだ
弥十郎、頼貞。のち龍造寺に仕え名を家実に改めた。中務太輔。少弐氏の支流。肥前国三養基郡三根町西島城主。父資誠とともに少弐氏に仕え、後、大友氏に仕えた。元亀元（一五七〇）年八月龍造寺・大友和睦以後、龍造寺氏から西島城を攻められたが、旧主、少弐政興を擁して孤軍奮闘した。天正二（一五七四）年五月二十八日、大友義鎮（宗麟）は横岳鎮貞に対して、筑紫民部少輔、宗筑後守と協議して肥前西島城の堅固な防衛を命じた。天正三年一族の横岳頼継の仲介により、龍造寺と和解した。『横岳家所伝文書』『大友宗麟書状写』『北九州戦国史料集』『北九州戦国史』

横道権允▽よこみちごんのじょう
吉川広家の家臣。黒田、吉川連合軍の軍使として城井鎮房の大平城に赴き和睦を勧める。「陰徳太平記」

横光元邑▽よこみつもとむら
帯刀。赤尾鎮房の一族の家臣。天正八（一五八〇）年、時枝鎮継と佐野親重が赤尾鎮房の法要を狙って光岡城を襲撃した際、その法要に参列していた一人。この襲撃により光岡城は落城した。『豊前古城誌』

横光元准▽よこみつもとより
大友氏の旗下、赤尾鎮房の家臣。左函。麻生親政の謀叛を鎮圧するために赴いた軍奉行田原親賢（紹忍）の下で鎮房は追手の大将となった。その家臣として同陣営に参軍した。『豊前古城誌』

横山吉次郎▽よこやまきちじろう
「城井軍記」「家臣名付」「豊州治覧」等に記された城井鎮房の挙兵時の家臣。城井家（豊前宇都宮家）物頭（別に馬廻り役の記載あり）。『築上郡志』『築上郡史』「宇都宮史」『城井闘諍記』『太宰管内志』

横山末実▽よこやますえざね
天文年間（一五三二―五四）山下城を居城とした。武蔵守。四日市城渡辺氏の被官となる。『築上郡志』『豊前志』『日本城郭大系』『豊前古城誌』

横山周防守▽よこやますおうのかみ
「城井軍記」「家臣名付」「豊州治覧」等に記された城井鎮房の挙兵時の家臣。城井家（豊前宇都宮家）馬廻り役。『築上郡史』には周防守とあり。『築上郡志』『築上郡史』「宇都宮史」

横山兵部少輔▽よこやまひょうぶしょうゆう
渡辺左馬頭統政の家臣。天正十七（一五八九）年三月五日、黒田長政が三千余騎を率いて四日市の小倉城を攻めた際に、手勢、数五三十騎にて城より討って出て奮戦した。『宇佐郡記』『豊前古城誌』

横山武蔵守▽よこやまむさしのかみ
渡辺氏の旗下にあって、横山氏氏代々の山下城に居城した。『豊前古城誌』

横山与次▽よこやまよじ
黒田家の家臣。天正十五（一五八七）年十月九日、城井氏との峰合戦の時黒田長政を総大将とする鎮圧軍は城井鎮房に天嶮の城井谷におびき寄せられ敗退した。この合戦において高橋平大夫、大野小弁、益田与六郎、四宮次左衛門等六人鎗を合わせて討死した。『鎮西宇都宮氏の歴史』『黒田家譜』

吉井重之助▽よしいしげのすけ
「城井軍記」「家臣名付」「豊州治覧」等に記された城井鎮房の挙兵時の家臣。城井家（豊前宇都宮家）馬廻り役。『築上郡志』『築上郡史』「宇都宮文書」

吉岡鑑興▽よしおかあきおき
大友氏の家臣団。掃部助、越中守、越中入道と称す。大友野津氏庶流、父は長増（宗歓）。甚吉の父。妻は林左京亮の娘。永禄四（一五六一）年頃、大友義鎮（宗麟）の側近にあり、申次職を務めた。天正四（一五七六）年二月から天正六年まで義統の加判衆。天正六年十一月十二日、日向国（宮崎県）耳川の合戦（日向高城の合戦）において大友勢が島津勢に大敗を喫した時に戦死した。『戦国大名家臣団事典』『北九州戦国史』『行橋市史』「長野文書」『大友宗麟資料集』『北九州戦国史史料集』

吉岡掃部助▽よしおかかもんのすけ
⇨吉岡鑑興（よしおかあきおき）

吉岡五郎▽よしおかごろう
「城井軍記」「家臣名付」「豊州治覧」等に記された城井鎮房の挙兵時の家臣。『築上郡志』『築上郡史』「宇都宮文書」

吉岡甚吉▽よしおかじんきち
大友氏の家臣団。甚橘とも書く。吉岡鑑興の子。鑑興戦死後、吉岡家の家督を継ぐ。天正十四（一五八六）年十二月島津軍の臼杵侵攻の時、大友義鎮（宗麟）に従って臼杵丹生島城に籠城した。仁王座口を守って武功をたてた。大友除国後は浪人、椎原五郎右衛門と改名。嫡男瀬兵衛は元和七年細川忠利に仕える。以後子孫は代々細川家に仕え、幕末に至った。「大友興廃記」『戦国大名家臣団事典』

吉岡宗歓▽よしおかそうかん
⇩吉岡長増（よしおかながます）

吉岡宗顧▽よしおかそうこ
大友氏の重臣。弘治三（一五五七）年九月十九日の連著書状に名をつらねる。『豊前古城誌』

吉岡親道▽よしおかちかみち
兵部少輔、治部少輔。応永五（一三九八）年十二月、豊前発向の軍議のために府中の大友氏鑑のもとに集まった一人。応永六年正月二十六日、大友氏鑑は大内盛見との柳原の合戦において敗れて、彦山へ敗走した。さらに岩石城落城と嫡子氏公の自害、さらに一族数輩の滅亡を聞いて敗北を認めて大小の大名に暇をやってわずかに千余騎にて豊後の府へ立ち帰った。その時に氏鑑に随従した一人。同年二月二十二日、上洛していた大友親世が大友氏鑑を誅伐するべく手勢二千騎を率いた軍船にて豊後鶴崎に着岸すると、氏鑑が親世へ叛逆の兵を挙げた際に同心していた心を翻し、ほかの国人ら同様親世に降参した。『応永戦覧』『築上郡史』

吉岡長増▽よしおかながます
左衛門尉、左衛門大夫、越前守、越前入道、宗歓。大友氏の家臣団。大友氏の一族である野津氏の庶流。大分郡高田庄鶴崎千歳城主。鑑興の父。享禄四（一五三一）年から天文三（一五三四）年までと天文十九年から元亀三（一五七二）年まで、大友義鑑、義鎮（宗麟）二代にわたり大友家の加判衆として活躍した。義鎮が大友氏を継ぐとその最長老として臼杵鑑速、吉弘鑑理とともに「豊後の三老」と称された。天文初年の大内氏との戦いには高田庄衆を率いて各地に転戦し、天文十九年の肥後経略、永禄年間に毛利氏と戦った。とくに毛利戦では総司令官的な立場で筑前に在陣して大友全軍を指揮した。大内家の再興のために亡命をしていた大内隆弘の子四郎左衛門輝弘を毛利作戦の捨て駒として活用を進言したり、永禄十二（一五六九）年九月、船奉行若林鎮興に軍船百余隻を率いさせて合尾浦周辺に浮かべて、毛利方の武器、糧米の補給路を断たせて、毛利の将、市川経好を討ち取るなど、毛利方に甚大な被害を与えた。没年は天正初年と思われる。『北九州戦国史』『戦国大名家臣団事典』「佐田文書」『大友宗麟資料集』『北九州戦国史史料集』『筑前戦国史』

吉岡八大夫▽よしおかはちだゆう
宇都宮家一族並びに「家臣名付」に記された城井鎮房挙兵時に呼応した家臣。城井家（豊前宇都宮家）物頭（別に馬廻り役の記載あり）。天正十七（一五八九）年四月二十日、中津城において鎮房が黒田孝高（如水）から謀殺された時、随行後手を務めていた（城井鎮房の謀殺については、『築上郡志』収載の宇都宮系文書や豊前宇都宮一族の菩提寺月光山天徳寺では天正十七年としているが、『黒田家譜』等では天正十六年とされている）。鎮房危難の急を城井城に報せんとして、野田新介、吉田八大夫、松田左馬助等と城門を切り抜け、血潮たる太刀を杖つきながら上毛郡広津村の広運寺に逃れたが、重傷のため立つことができず同寺にて自刃した。「豊州治覧」によれば、この時、野田新助に続いて十四人が殉死すとある。吉岡八大夫の野田新助の二墓は広運寺の境内にある。『城井闘諍記』『築上郡志』「宇都宮史」

吉岡備前守▽よしおかびぜんのかみ
宇都宮一族並びに「家臣名付」に記された功臣。城井鎮房挙兵時の部将。『築上郡志』

吉岡豊前守▽よしおかぶぜんのかみ
宇都宮家一族並びに「家臣名付」に記された城井鎮房挙兵時に呼応した武将。『築上郡志』

芳賀織部▽よしがおりべ
宇都宮大和守信房公七百五十遠諱の大祭が明治四十二年に挙行された際に、宇都宮家菩提寺天徳寺藤原賢然住職等が編集した「宇都宮家故舊重臣の後裔」の姓名録にその名が見える。「宇都宮家故舊重臣の後裔」

芳賀四郎▽よしがしろう
宇都宮大和守信房公七百五十遠諱の大祭が明治四十二年に挙行された際に、宇都宮家菩提寺天徳寺藤原賢然住職等が編集した「宇都宮家故舊重臣の後裔」の姓名録にその名が見える。「宇都宮家故舊重臣の後裔」

吉川静衛▽よしかわしずえ
「城井軍記」「家臣名付」「豊州治覧」等に記された城井鎮房の挙兵時の家臣。『築上郡志』『築上郡史』「宇都宮文書」

吉崎刑部▽よしざきぎょうぶ
日熊城主日熊直次の家臣。天正十六（一五八八）年三月二十一日、黒田長政率いる数万の軍兵に対し日熊城から討って出て勇敢に戦ったが他の忠臣の十六勇士とともに討死した。『姓氏家系大辞典』

吉田市左衛門▽よしだいちざえもん

「城井軍記」「家臣名付」「豊州治覧」等に記された城井鎮房の挙兵時の家臣。物頭。『築上郡志』『築上郡史』「宇都宮文書」

吉田興種▽よしだおきたね

大内氏の家臣団。佐兵衛尉、若狭守と称す。義隆期の奉行人。「大内殿有名衆」には侍大将並先手衆として見える。義隆没後義長に仕え、のち毛利氏に仕えるが、永禄十二（一五六九）年謀叛を起こす。「成恒文書」「大内殿有名衆」『戦国大名家臣団事典』『北九州戦国史史料集』

吉田作兵衛▽よしださくべえ

「城井軍記」「家臣名付」「豊州治覧」等に記された城井鎮房の挙兵時の家臣。宇都宮大和守信房公七百五十遠諱の大祭が明治四十二年に挙行された際に、宇都宮家菩提寺天徳寺藤原賢然住職等が編集した「宇都宮家故舊重臣の後裔」の姓名録にその名が見える。『築上郡志』『築上郡史』「宇都宮文書」「宇都宮家故舊重臣の後裔」

吉田左兵衛　**（吉田左兵衛佐）**

▽よしださひょうえ（よしださひょうえのすけ）

「城井軍記」「家臣名付」「豊州治覧」等に記された城井鎮房の挙兵時の家臣。城井家（豊前宇都宮家）物頭。別に馬廻り役の記載あり。『城井闘諍記』『太宰管内志』には吉田左兵衛佐と記されている。『築上郡志』『築上郡史』「宇都宮文書」『太宰管内志』

吉田重成▽よしだしげなり

吉田家初代、長利の次子。兄、興次の死後、吉田家の惣領となる。又助、吉田壱岐。元亀二（一五七一）年に生まれる。天正十五（一五八七）年、豊臣秀吉の九州島津征討に加わる。天正十六年四月二十日、中津城において、藩主、黒田長政の命により豊前国有力国人であった城井鎮房の謀殺に加わる（城井鎮房の謀殺については、『築上郡志』収載の宇都宮系文書や豊前宇都宮一族の菩提寺月光山天徳寺は天正十七年としているが、『黒田家譜』等では天正十六年とされている）。元和九（一六二三）年黒田長政の死去の際、遺言により、三男高政に東蓮寺藩（のち直方藩）、四万石が宛てられた。吉田重成は、知行二千石から四千石に加増され、支藩の東蓮寺藩家老（のち子孫は本藩へ）となった。寛永十五（一六三八）年の島原天草の乱に肥前・原城（長崎県南高来郡南有馬町）に出陣。この時、鉄砲弾を受けて倒れ重傷。三十日後の三月二十一日、六十八歳で死去した。『吉田家伝録』

吉田重致▽よしだしげむね

宗像家の世臣。伯耆守。弘治元（一五五五）年二月、

吉田家の棟梁となった。同三年七月八日、多賀美作守隆忠追討の時に戦功があった。永禄三（一五六〇）年八月、長尾原・許斐城で戦功あり、同四年四月十八日、十九日の両日、許斐岳籠城忠功、同十年九月十日、飯盛山下で戦功、同十二年八月二十五日、新宮湊で戦功があった。『北九州戦国史』

吉田下野守▽よしだしもつけのかみ
応安の頃（一三六八—七五）より、大内氏の抱城であった極楽寺城に城代として居城した。『豊前古城誌』

吉田照政▽よしだてるまさ
大友氏の旗下、赤尾鎮房の家臣。内記。麻生親政の謀叛を鎮圧するために赴いた軍奉行田原親賢（紹忍）の下で鎮房は追手の大将となった。その家臣として同陣営に参軍した。『豊前古城誌』

吉田長利▽よしだながとし
黒田氏重臣。長坊、与太郎、六之助、六郎大夫、壱岐守、翠庵。本姓は八代氏。赤松家に仕え、代々姫路近郊の地侍であった。父、道慶の時、黒田職隆に仕える。十七歳で出仕し、黒田孝高（如水）より赤松氏の名門である吉田姓を賜る。永禄十（一五六七）年、龍野赤松氏との戦いや翌年の別所氏との戦いで戦功をあげる。豊前国入国後は一千八百石を拝領する。城井鎮房謀殺には、息子の又助が加わっている。慶長五（一六〇〇）年、関ヶ原の戦いでは、父子で孝高に従軍した。筑前入国後は、自分の隠居領千五百石、又助は二千石を拝領した。「歴史群像シリーズ38黒田如水」

吉田八大夫▽よしだはちだゆう
城井鎮房の従臣。天正十七（一五八九）年四月二十日、中津城において鎮房が黒田孝高（如水）から謀殺された時、危急を城井城に報せんとして野田新助、松田左馬助等と城門を切り抜け、上毛郡広津村の広運寺に逃れたが、重傷のため立つことができず同寺にて自刃した（城井鎮房の謀殺については、『築上郡志』収載の宇都宮系文書や豊前宇都宮一族の菩提寺月光山天徳寺では天正十七年としているが、『黒田家譜』等では天正十六年とされている）。「豊州治覧」によれば、この時、野田新助に続いて十四人が殉死すとある。野田新助の墓は広運寺の境内にある。『城井闘諍記』

吉田平兵衛尉▽よしだへいべいのじょう
若狭守、侍大将先手衆。義長の後、毛利氏に仕え、永禄十二（一五六九）年、大内輝弘に与して滅ぶ。『北九州戦国史史料集』

吉田政春▽よしだまさはる

赤尾鎮房一族の家臣。杢之烝。天正八（一五八〇）年、時枝鎮継と佐野親重が赤尾鎮房の法要を狙って光岡城を襲撃した際、その法要に参列していた一人。この襲撃により光岡城は落城した。『豊前古城誌』

吉田又助▽よしだまたすけ

⇩吉田重成（よしだしげなり）

吉田弥六左衛門▽よしだやろくさえもん

弘治二（一五五六）年秋、大友義鎮（宗麟）が龍王城に在陣した際、着到した宇佐郡三十六人衆の一人。なお着陣の時期について、『大友公御家覚書』等では弘治二年四月、大友義鎮龍王に陣を取るとある。「香下文書」『北九州戦国史史料集』『編年大友史料』

吉利忠澄▽よしとしただずみ

薩摩島津氏の島津家久の部将。天正十四（一五八六）年、島津家久が諸将と一万余の将兵とともに日向口から府内を目指し、日向国付近の梓峠を越えて豊後領に侵入、朝日岳城（佐伯市宇目）を守る大友家の将、柴田紹安を内応させ、その後、三重郷の松尾山（豊後大野市三重町）に本陣を置いた。さらに緒方、野津院の大友方の属城を降して佐伯地方を制圧するため、佐伯惟定が守る栂《とが》牟《む》礼《れ》城《じょう》（佐伯市弥生）を攻めたが、惟定は果敢に戦ったために撃退された。『九州戦国合戦記』『上井覚兼日記』

吉留玄蕃頭▽よしとみげんばのかみ

応永五（一三九八）年、大友氏鑑が謀反の時、回文を受けて一味同心した。『応永戦覧』『築上郡史』「宇都宮史」「宇佐郡記」『両豊記』「豊州治覧」

吉富左京進▽よしとみさきょうのしん

麻生親政の征討の際、麻生氏に助勢する軍勢を動かさなかった功により、天正五（一五七七）年三月、大友義鎮（宗麟）より感状を受けた。『豊前古城誌』

吉富秀種▽よしとみひでたね

応永、正長年間に上毛郡内に割拠した。『築上郡志』

吉富能教▽よしとみよしのり

右京進。「宇都宮史」には弘治二（一五五六）年四月、大友義鎮（宗麟）が大軍を率いて豊前上毛郡に入ると、上毛郡の族党であった友枝忠兵衛、山田安芸守等とただちに降りてこれに従った。『築上郡志』「宇都宮史」「宇佐郡記」『両豊記』

吉原源内▽よしはらげんない

元亀、天正年間に下毛郡内に割拠した。天正七（一五七九）年、大友義鎮（宗麟）が日向耳川の合戦にて敗れ諸国の大名が離反し、長岩城主の野仲鎮兼も大友氏に叛いた時、鎮兼に従った近郷の武士団の一人。『豊前古城誌』『築上郡志』

吉弘鑑理▽よしひろあきただ

大友氏の家臣団。太郎、鑑直、左近大夫、伊予守と称した。大友田原氏の庶流、国東郡吉弘城（国東市武蔵町）から同郡屋山城（豊後高田市加礼川）に移った。氏直の子。鎮信の父。娘は大友義統の妻で義乗の母。天文末年頃、大友義鎮（宗麟）の申次職にあったと思われる。弘治三（一五五七）年十一月から元亀二（一五七一）年頃まで義鎮の加判衆を務めた。吉岡長増・臼杵鑑速とともに豊後の「三老」と敬称された。天文三（一五三四）年三月由原八幡に大内氏との和睦を祈願しており、四月父に従い勢場ヶ原で大内方と合戦し撃退した。弘治二（一五五六）年一族を率いて小原鑑元等を誅伐。四月秋月文種を攻略。永禄五（一五六二）年、豊前に在陣して毛利方を討つ。同八年立花城落城につき修築し、城番として入ることを義鎮に命じられた。同十年高橋鑑種を攻撃。十一月原田親種を討つ。同十二年五月多々良浜の合戦で毛利軍を敗る。鑑理は永禄末年頃の毛利戦における大友軍の総大将の一人であった。同十二年十一月頃、次男孫七郎は高橋鑑種の旧領を受け継ぎ、宝満城（太宰府市北谷）・岩屋城（同観世音寺）の主となり、高橋鎮種と改めた。元亀二（一五七一）年頃病死した。『戦国大名家臣団事典』『吉弘文書』『北九州戦国史史料集』『北九州戦国史』『筑前戦国史』

吉弘氏直▽よしひろうじなお

大友氏の家臣団。氏直、石見守。吉弘親信の子。大友田原氏の庶流で、国東郡屋山城（豊後高田市加礼川）・筧城《かけいじょう》（高田市長岩屋）城主。天文三（一五三四）年二月広瀬左京亮は氏直と相論していたが、義鑑に時期を諭されてこれを棚上げしている。四月氏直は寒田親将と共に大友軍の将として速見郡大村山に大内義隆を迎え討った。四月六日、氏直は兵を三分して大内軍に備えたが、氏直等の本隊は間道から不意を突かれて勇戦したが討死した。この戦闘により、大内方三百五十八人、大友方二百八十三人、両軍合わせて六百四十余人の戦死者を出した激戦であった。後に別隊が駆けつけて大内軍に突入したため大内軍は大敗して退却して豊後に侵攻することができなかった。『戦国大名家臣団事典』『行橋市史』

吉弘鎮種▽よしひろしげたね

大友原田氏の庶流。吉弘鑑理の次男。孫七郎。高橋鑑種の旧領を受け継ぐ。『北九州戦国史』

吉弘鎮信▽よしひろしげのぶ
　大友氏の家臣団。加兵衛、加兵衛尉、太郎入道、新介入道、加兵衛入道、左近入道、宗鳳、宗仞と称す。大友田原の庶流。国東郡吉弘を本拠とし同郡屋山城（豊後高田市加礼川）に居城。鑑理の嫡男。母は義鑑の娘。統幸・鎮種（高橋紹運）の父。幼少から大友義鎮（宗麟）に近侍。永禄末年父と共に筑前に出陣して毛利軍と戦った。永禄十二（一五六九）年十二月毛利勢を追撃。筑前在陣衆として一軍を指揮すると共に、兵站奉行をも務めた。元亀二（一五七一）年頃父鑑理死去。七月、鎮信は与力衆を率いて立花城に入城、立花西城督となった。永禄の半ば頃から臼杵新介と共に博多経営にあたった。島井宗室とも交際があり、義鎮の「楢柴」の茶入れ入手に奔走した。天正五（一五七七）年六月の国東郡間別銭徴収にあたっては鎮信領は免除されており、このことから義統が大友家臣団の中で最有力者の一人となっていたことが窺える。六年春、土持征伐に出陣。秋、日向高城合戦においても出陣し十一月十二日に討死した。『戦国大名家臣団事典』『北九州戦国史』『大友宗麟書状』『大友宗麟資料集』『筑前戦国史』

吉弘新介入道▽よしひろしんすけにゅうどう
⇩吉弘鎮信（よしひろしげのぶ）

吉弘宗仞▽よしひろそうじん
⇩吉弘鎮信（よしひろしげのぶ）

吉弘大蔵▽よしひろだいぞう
　大友方の部将。元亀元（一五七〇）年に大友義鎮から三千余騎を授けられて、龍造寺隆信の討伐にむかったが、同年八月二十日、今山に布陣していたところ、鍋島信昌の奇襲を受けて、死傷者二千を数える壊滅的な打撃を受けて討死した。『筑前戦国史』

吉弘中務少輔▽よしひろなかつかさしょうゆう
　弘治二（一五五六）年十一月十九日、大友義鎮（宗麟）から小原鑑元退治の合戦功労によって豊後国国東郡の伊美庄等の地を与えられた。「大友家文書録」『大友宗麟資料集』『北九州戦国史史料集』

吉弘統清▽よしひろむねきよ
　大友方の武将。永禄四（一五六一）年十月十日の門司城合戦に参戦し、討死した。『九州戦国合戦記』

吉弘統行▽よしひろむねゆき
　大友義統の家臣。嘉兵衛。天正十四（一五八六）年九月六日、大友義統が土井城（宇佐市佐野）の佐野源左衛門親重を攻めた時、宗像掃部介とともに先鋒の大将として活躍した。『両豊記』『豊前古城誌』

吉弘統幸▽よしひろむねゆき

大友氏の家臣団。松市、統運、太郎、統幸、左近大夫、左近入道、加兵衛尉と称す。吉弘鎮信の嫡男。母は臼杵鑑速の娘。元亀二（一五七一）年頃、祖父鑑理の希望により大友義鎮（宗麟）から国衆に准じての奉公を認められた。天正七（一五七九）年頃義統から屋山城（豊後高田市加礼川）修築を命ぜられる。八年親貫の乱に際して屋山城に籠城し、鞍懸城の搦手を押さえる。閏三月鞍懸攻撃に参陣。同九、十年豊前の反大友党を討つ。同十一年大坂普請夫を出す。文禄の役に出陣。文禄二（一五九三）年明軍の平壌攻撃の報に、義統の帰陣を待って退却するか否かを決定すべきと主張。義統国除後は、立花宗茂を頼りに柳川に住む。慶長五（一六〇〇）年九月関ヶ原の役に江戸に赴き能乗（義統の子）を補佐せんと小倉から乗船。下向して来る義統と上関で会い、時勢を説き、東軍につくことを勧めるが義統は聴かず。このため統幸も共に豊後に入る。九月八日高崎着、九日立石に上陸し、兵を集める。十三日右翼を率い立石原で黒田孝高（如水）と合戦し討死した。享年三十七。『戦国大名家臣団事典』『筑前戦国史』

吉松鎮俊▽よしまつしげとし

渡辺統政の家臣。勘解由。天正の頃（一五七三―九二）、吉村氏代々の居城である吉松城に在城した。中島摂津守が謀叛を起こして大友勢と対峙し、小倉原に陣を張り皇后石（史跡・築上郡吉富町）に幡を挙げた時に、大友家の助勢をした。天正十七年三月五日、黒田長政が三千余騎を率いて四日市の小倉城を攻めた際に、手勢、数五三十騎にて城より討って出て奮戦した。『豊前古城誌』『宇佐郡記』『築上郡志』『日本城郭大系』

吉松兵部丞▽よしまつひょうぶのじょう

吉松氏一族。麻生氏の高尾城攻めに参戦した。高家城主中島統次に属して籠城し、黒田軍を迎え討ったが討死した。『日本城郭大系』

吉見貞頼▽よしみさだより

大内義弘の旗下にある石見国の住人。大蔵大輔。応永六（一三九九）年正月四日、城主が敗走した障子ヶ岳城の落城を決定づけるため、援兵の要請を陶筑前守から受けた大内義弘は、兵三万騎を兵船四百余艘に乗せ大内盛見を豊前に遣わせた。その際に従軍した一人。また同年正月二十四日、岩石城を攻略する大内氏総大将大内盛見の軍勢に石見勢七千余騎とともに従った。『応永戦覧』『太宰管内志』

吉見広頼▽よしみひろより

吉見正頼の子。父正頼は石見津和野城（島根県鹿足郡）城主。蒲の冠者範頼の末裔。大内氏に属し、大内義隆滅亡後、陶氏打倒の兵を挙げた。弘治元（一五五五）年毛利元就挙兵の時に、呼応して陶晴賢を滅ぼし、以後、毛利氏に仕えた。この時期、赤間関に在番した。広頼は立花陣から父正頼に同行、高松陣、父隠居後九州攻め、小田原陣に参加した。広頼の直系は故あって絶えたが、吉川家から入って大野毛利家として幕末に至った。『北九州戦国史』

吉見正頼▽よしみまさより

石見津和野城（島根県鹿足郡）城主。蒲の冠者範頼の末裔。大内氏に属し、大内義隆滅亡後、陶氏打倒の兵を挙げた。弘治元（一五五五）年毛利元就挙兵の時に、呼応して陶晴賢を滅ぼし、以後毛利氏に仕えた。毛利氏の防長制覇に大きな役割を果たす。以後、毛利氏の重臣として活躍した。この時期赤間関に在番した。永禄七（一五六四）年正月二十三日、桂元忠宛て、豊前・筑前両国の動静を注進した書状に連署している。はじめ火の山城（下関市みもすそ川町）を根拠としたが、次第に鍋山城（萩市福栄村か）に移ったと推測される。天正七（一五七九）年二月、大友方であった馬ヶ岳城主長野三河守助守が毛利方に降伏したいという頼みを受けて毛利元就に橋渡しの役目をした。『北九州戦国史』「神代長野文書」『門司・小倉の古城史』

吉見光頼▽よしみみつより

大内義弘の旗下にある石見国の住人。菊寿丸。応永六（一三九九）年正月四日、城主が敗走した障子ヶ岳城の落城を決定づけるため、援兵の要請を陶筑前守から受けた大内義弘は、兵三万騎を兵船四百余艘に乗せ大内盛見を豊前に遣わせた。その際に従軍した一人。また同年正月二十四日、岩石城を攻略する大内氏総大将大内盛見の軍勢に石見勢七千余騎とともに従った。『応永戦覧』『太宰管内志』

吉村雅楽允▽よしむらうたのじょう

土井城主萩原種親の重臣。元亀、天正年間に宇佐郡内に割拠した。圧倒的な黒田軍に抗戦して敗れることの非を説得して、黒田の軍門に降る使者を立て、萩原の家の滅亡を防いだ功臣。『宇佐郡記』『豊前古城誌』『築上郡志』

吉村源六左衛門▽よしむらげんろくさえもん

弘治の頃（一五五五－五八）、宇佐郡において三十六氏と称された豪族の一人。大友家に属し、毎年八月朔日には馬太刀の使者を立てて主従の礼を行ったという。『豊前古城誌』『築上郡志』

吉村五兵衛▽よしむらごへえ
宇都宮氏一族並びに「家臣名付」に記された宇都宮家家臣。城井家（豊前宇都宮家）馬廻り役。『築上郡志』

吉村貞種▽よしむらさだたね
吉村城を居城とした。文明年間（一四六九－八六）大内氏に属した。左馬助。『日本城郭大系』

吉村実信▽よしむらさねのぶ
吉村城（宇佐市大字城井）を居城とした。左馬允。大内氏の臣、内藤武時の御家人。吉村貞種の孫。吉村内蔵允の子。父親の内蔵允は天文年間（一五三二－五五）に城縫殿允とその息子の与七郎にひそかに討ち殺された。城縫殿允父子はその場から逐電したので、大内氏杉重輔、大友氏の一万田鑑実の連名により城縫殿允の重科を明らかにした佐田弾正忠にあてた文書が「宮成文書」として残っている。実信はその後、大友氏に降った。また、その後に入部した黒田氏に領地を没収された。『築上郡志』「宇都宮史」「宮成文書」『日本城郭大系』

吉村兵部烝▽よしむらひょうぶのじょう
中島家の幕下にあって、天正の頃（一五七三－九二）、吉村氏の代々の居城であった吉村城に居城した。『豊前古城誌』

吉村弘義▽よしむらひろよし
伊惣左衛門。応永の頃（一三九四－一四二八）、今井村城を築城したが、さらに吉村城を築城して居城とした。『日本城郭大系』

吉村弥三左衛門▽よしむらやさんざえもん
大友家の幕下にあって、天文の頃（一五三二－五五）、吉村氏の代々の居城であった吉村城に居城した。『豊前古城誌』

吉下五兵衛▽よしもとごへい
「城井軍記」「家臣名付」「豊州治覧」等に記された城井鎮房の挙兵時の家臣。『築上郡志』『築上郡史』「宇都宮文書」

米原源五郎▽よねはらげんごろう
中島摂津守が謀叛を起こして大友勢と対峙し、小倉原に陣を張り皇后石（史跡・築上郡吉富町）に幡を挙げた時に、深水に出張り、毘沙門堂に陣を張った成恒氏の一族の一人。『豊前古城誌』

頼木円康▽よりきえんこう
三河入道。中島摂津守が謀叛を起こして大友勢と対峙し、小倉原に陣を張り皇后石（史跡・築上郡吉富町）に幡を挙げた時に、深水に出張り、毘沙門堂に陣を張った成恒氏の一族の一人。『豊前古城誌』

笠氏貞（笠氏興）▽りゅううじさだ（りゅううじおき）

藤兵衛。「城井軍記」「家臣名付」「豊州治覧」等に記された城井鎮房時代の家臣。物頭。「宇都宮史」によると、「城井合戦」には勝兵衛とあり、「豊州治覧」には氏興とある。『築上郡志』『築上郡史』「宇都宮文書」『城井闘諍記』『太宰管内志』

龍造寺隆信▽りゅうぞうじたかのぶ

肥前国の大名。享禄二（一五二九）年生まれる。初名は胤信。天文四（一五三五）年、七歳で出家し一族の豪覚和尚の弟子となる。同十五（一五四六）年に龍造寺家兼が没した時、還俗して胤信と名乗り、水ヶ江龍造寺家の家督を継いだ。龍造寺氏の本家胤栄は、少弐冬尚のために佐賀を追われたため大内氏に頼った。十六年、胤栄は肥前に帰り少弐冬尚を筑後に追ったが、翌十七年三月に没した。このため胤信が龍造寺の本家の家督を継いだ。十九年七月一日、民部大輔であった胤信は大内義隆から山城守に推挙され、同時に一字を与えられ隆信と称した。家督を継いで以後の隆信の後半生は戦乱の連続であった。天正十二（一五八四）年三月二十四日、島原半島に出陣した隆信は島津氏の家臣川上忠堅によって島原沖田畷で討たれた。享年五十六。『戦国武将合戦事典』

龍造寺信周▽りゅうぞうじのぶちか

元亀、天正年間に京都郡内に割拠した。安房守。天正八（一五八〇）年九月、馬ヶ岳に居城したが、同十五年より黒田家の抱城となった。『築上郡志』

笠忠清▽りゅうただきよ

左（佐）兵衛。「城井軍記」「家臣名付」「豊州治覧」等に記された城井鎮房時代の家臣。物頭。『築上郡志』『築上郡史』「宇都宮文書」『城井闘諍記』『太宰管内志』

笠藤彦四郎▽りゅうとうひこしろう

宇都宮氏一族並びに「家臣名付」に記された宇都宮家家臣。城井家（豊前宇都宮家）馬廻り役。『築上郡志』

笠藤兵衛▽りゅうとうべえ

宇都宮大和守信房公七百五十遠諱の大祭が明治四十二年に挙行された際に、宇都宮家菩提寺天徳寺藤原賢然住職等が編集した「宇都宮家故舊重臣の後裔」の姓名録にその名が見える。「宇都宮家故舊重臣の後裔」

笠彦次郎（笠彦三郎）▽りゅうひこじろう（りゅうひこさぶろう）

「城井軍記」「家臣名付」「豊州治覧」等に記された城井鎮房時代の家臣。物頭。「家臣名付」と「豊州治覧」には彦三郎とあり。『築上郡志』『築上郡史』「宇都宮文書」

笠兵助▽りゅうへいすけ
「城井軍記」「家臣名付」「豊州治覧」等に記された城井鎮房時代の家臣。『築上郡志』『築上郡史』「宇都宮文書」

笠吉信▽りゅうよしのぶ
藤平七郎。宇都宮氏一族並びに「家臣名付」に記された宇都宮家家臣。城井家（豊前宇都宮家）馬廻り役。『築上郡志』

了戒征基▽りょうかいゆきもと
赤尾鎮房一族の家臣。内蔵烝。天正八（一五八〇）年、時枝鎮継と佐野親重が赤尾鎮房の法要を狙って光岡城を襲撃した際、その法要に参列していた一人。この襲撃により光岡城は落城した。『豊前古城誌』

冷泉隆豊▽れいぜんたかとよ
大内氏の族。大内義隆の側近の勇者として名高い。天文二十（一五五一）年義隆大寧寺にて自害の時、包囲する陶勢を追い払い、義隆を介錯し、自らは火中にて勇壮な最期を遂げた。『北九州戦国史』

冷泉元豊▽れいぜんもととよ
大内氏の族。毛利方の部将。隆豊の子。元満の兄。永禄五（一五六二）年大友家の重臣戸次鑑連（立花道雪）を大将とする大友勢は苅田松山城と門司城を攻撃し、十月十三日、門司城攻撃における大里の戦いで赤川元徳らと共に討死した。『北九州戦国史』『門司・小倉の古城史』

冷泉元満▽れいぜんもとみつ
大内氏の族。永禄年間の門司城の城番。毛利元就に仕え、勇将として名高い。元豊の弟。民部大輔。永禄十二（一五六九）年、毛利元就は山口が大内輝弘に奇襲され、筑前では大友勢に攻められる状況にあったため、その局面打開のために筑前立花城からの全軍撤退を決意した。このとき冷泉元満は九州の足掛かりとして門司城を確保するための城番を毛利元就から命じられた。この時、毛利氏は小倉城・香春岳城・松山城等をすべて放棄した。元満は朝鮮の役で戦死した。『門司・小倉の古城史』『北九州戦国史』

若林鎮興▽わかばやししげおき
中務少輔、弾正忠、藤兵衛尉、越後入道、道閑、橘氏。大分県海部郡佐賀関を根拠とする、大友氏の海部水軍の将。佐賀関から佐志生を本拠とした。統昌の父。永禄十二（一五六九）年山口侵攻作戦、元亀三（一五七二）年伊予西園寺攻略、天正八（一五八〇）年、田原親貫反乱の安岐沖海戦など、大友水軍として活躍した。永禄十二（一五六九）年八月九日、大友義鎮（宗麟）は、周防秋穂浦に於ける若林鎮興の軍忠状に証判を与えている。「若林文書」『大友宗麟資料集』『北九州戦国史史料集』『北九州戦国史』

若林統昌▽わかばやしむねまさ
　大友氏の家臣団。八郎、甚内、甚内允統興、甚右衛門、勘兵衛、橘氏。永禄十一（一五六八）年十二月二十七日、海部郡一尺屋丸尾砦で生まれた。父は若林鎮興、母は浦上宗鉄の娘、妻は志賀鎮則の娘。強弓を引き、柳生流の免許皆伝を授かる。天正十四（一五八六）年島津氏の臼杵侵攻の際、父と臼杵城（大分県臼杵市臼杵）に籠城。文禄元（一五九二）年朝鮮に出陣。文禄二年義統堪忍衆の一人として山口表に赴く。慶長四（一五九九）年義統の大坂御格護衆の一人。のち、一時松平定勝に仕えて二百石を食む。老後は肥前長崎に遊び、寛永十四（一六三七）年三月六日、同地にて病死。享年七十。『戦国大名家臣団事典』

稙田惟満▽わさだこれみつ
　天文元（一五三二）年十一月大友氏は宇佐郡の佐田朝景が籠る妙見岳城を攻めた。その時に妙見岳合戦に動員されて出陣し討死した大友方の人物。『豊前市史』『増補訂正編年大友史料併大分県古文書全集第16』『大分県の歴史』

鷲島義寛▽わしじまよしひろ
　兵部入道。宇都宮大和守信房公七百五十遠諱の大祭が明治四十二年に挙行された際に、宇都宮家菩提寺天徳寺藤原賢然住職等が編集した「宇都宮家故舊重臣の後裔」の姓名録にその名が見える。「宇都宮家故舊重臣の後裔」

渡辺壱岐守▽わたなべいきのかみ
　渡辺鎮弘の族党の一人。この族党は大友義統より数々の感状を受けており、四日市切寄衆と称せられた。『豊前古城誌』

渡辺市左衛門▽わたなべいちざえもん
　渡辺鎮弘の族党の一人。この族党は大友義統より数々の感状を受けており、四日市切寄衆と称せられた。『豊前古城誌』

渡辺石見守▽わたなべいわみのかみ
　渡辺鎮弘の族党の一人。この族党は大友義統より数々の感状を受けており、四日市切寄衆と称せられた。『豊前古城誌』

渡辺右京之進▽わたなべうきょうのしん
宇都宮大和守信房公七百五十遠諱の大祭が明治四十二年に挙行された際に、宇都宮家菩提寺天徳寺藤原賢然住職等が編集した「宇都宮家故舊重臣の後裔」の姓名録にその名が見える。「宇都宮家故舊重臣の後裔」

渡辺加賀守▽わたなべかがのかみ
渡辺鎮弘の族党の一人。この族党は大友義統より数々の感状を受けており、四日市切寄衆と称せられた。『豊前古城誌』

渡辺三郎右衛門▽わたなべさぶろうえもん
渡辺鎮弘の族党の一人。この族党は大友義統より数々の感状を受けており、四日市切寄衆と称せられた。『豊前古城誌』

渡辺鎮弘▽わたなべしげひろ
宇佐郡小倉城主。渡辺筑後守の子。左馬頭統政の父。和泉守。弘治の頃（一五五五―五八）、宇佐郡において三十六氏と称された豪族の一人。大友家に属し、毎年八月朔日には馬太刀の使者を立てて主従の礼を行ったという。中島摂津守が謀叛を起こして大友勢と対峙し、小倉原に陣を張り皇后石（史跡・築上郡吉富町）に幡を挙げた時、大友方として参陣した。大友義鎮（宗麟）に属して功を以て諱を一字下賜せられ、鎮弘と改めた。鎮弘の族党は大友義統より数々の感状を受けており、四日市切寄衆と称せられた。『豊前古城誌』「香下文書」『北九州戦国史史料集』『編年大友史料』

渡辺宗覚▽わたなべそうかく
大友氏の家臣団。三郎太郎と称す。大友家御用鉄砲鍛冶渡辺氏の出と思われる。大砲の採用を考えた大友義鎮（宗麟）の命により唐国に渡り、大砲鋳造・砲術の伝習を受けた。帰国後は大友家の大砲鋳造責任者となったと思われる。大友国除後は浪人して名を宗覚と改め逼塞した。府内城主早川主馬に見出され、その食客となった。主馬が徳川家康に宗覚鋳造の大砲を献上し、これが機縁となって宗覚父子は家康に仕えた。慶長九（一六〇四）年五月九日家康から大分郡葛飾村内百石を給され、「康」の字を許された。以後宗覚の子孫は代々「康某」を名乗る。慶長十年代、幕府領大分郡生石村三百石の代官となり、府内に役所を置いた。大坂冬の陣前、駿河に召し出され大砲を鋳造。夏の陣には家康に供奉、大坂落城後は同地にとどまり、焼け残り銅鉄類を吹きまとめた。のち発病し、暇を乞い、生石村代官職も辞し葛城村に隠退した。「譜牒余録」『戦国大名家臣団事典』

渡辺筑後守▽わたなべちくごのかみ

中島摂津守が謀叛を起こして大友勢と対峙し、小倉原に陣を張り皇后石（史跡・築上郡吉富町）に幡を挙げた時、大友家の助勢をした輩。『豊前古城誌』

渡辺内記▽わたなべないき
宇都宮大和守信房公七百五十遠諱の大祭が明治四十二年に挙行された際に、宇都宮家菩提寺天徳寺藤原賢然住職等が編集した「宇都宮家故舊重臣の後裔」の姓名録にその名が見える。「宇都宮家故舊重臣の後裔」

渡辺光▽わたなべひかる
筑後守。渡辺綱の系譜か。永正年間（一五〇四－一二一）、肥前の鬼子岳城主であったが、故あって流浪し、四日市城の切寄に住したという。渡辺筑後守は、肥前松浦潟より蛭子宮の尊像を背負い来たって四日市氏神として勧請し、商売繁盛の神と称して毎年十一月十四、十五日に祭礼を行っている。『豊前古城誌』

渡辺兵庫頭▽わたなべひょうごのかみ
渡辺鎮弘の族党の一人。この族党は大友義統より数々の感状を受けており、四日市切寄衆と称せられた。天正十七（一五八九）年三月、黒田長政が四日市の小倉城を攻めた際に、城主渡辺統政と共に籠城して戦った。しかし三千余騎の黒田軍に抗することかなわず、統政が嫡子式部允満を剃髪して、和を請うために人質として遣わした際に、その介添えとして黒田軍の武将、安田五右衛門の陣に遣わされた。その結果、遂に降ることができた。『豊前古城誌』

渡辺統政▽わたなべむねまさ
渡辺鎮弘の子。左馬頭。天正七（一五七九）年正月十九日、中島主殿とともに兵三百騎を率いて大畑城を援けて野仲鎮兼勢を破った軍功により、大友義統から感状を受け一字を賜り、統政と改めた。同十七年三月五日、兵三千騎を率いた黒田長政に攻められ、統政は五百三十余騎をもって小倉城に籠城。激戦数合、ついに破れて嫡子、式部允満を人質として降りた。『豊前古城誌』

渡辺元重▽わたなべもとしげ
渡辺石見守の弟。但馬守。『北九州戦国史史料集』

合戦編

赤井城合戦▽あかいじょうかっせん

明応七（一四九八）年十月二日、豊後勢が佐田庄に乱入したため、佐田泰景は菩提寺砦（赤井城／宇佐市安心院町）に構えて父弾正忠俊景と籠城し、同月五日、豊後勢の頸二つを討ち取った。その後、八日まで防戦に努め、大内勢の援軍を待ったが維持できず、同月九日、菩提寺砦を捨て、飯田但馬守の城へ移って大内軍の到着を待った。このときは援軍が到着したものの、豊後勢に敗れて防長へ亡命した。『豊津町史』

赤間合戦▽あかまかっせん

永禄三（一五六〇）年八月二十日、宗像氏貞は占部宮若丸に対して八月十六日の赤間合戦（宗像市蔦ヶ岳麓）に防戦し、同十七日許斐城（宗像市王丸）防衛戦で討死した父占部尚持の忠義を賞した。「新撰宗像記考証」『北九州戦国史史料集』

赤間関・門司合戦▽あかまぜき・もじかっせん

永禄四（一五六一）年十一月二十三日、長州赤間関（下関）・門司の合戦において毛利方として豊前貫庄に住した貫助八が討死した。時に二十一歳、継子なく老母がいた。毛利隆元は、助八の軍功を賞して母親に家名存続と知行を安堵し、弟助二郎に家跡を継がせる感状を与えた。『萩藩閥閲録（巻百五十貫文書）』『北九州戦国史史料集』

安岐・鞍懸城合戦▽あき・くらかけじょうかっせん

天正八（一五八〇）年九月七日の合戦。大友義統は田原親家に命じて両城の城砦を攻撃させた。親家は九月十一日、山伏尾に放火し、九月十三日には安岐高櫓口合戦（国東市安岐町）、九月十五日には高田表千部口合戦（豊後高田市来縄）がなされた。十月八日には、大友義鎮（宗麟）は佐田鎮綱に対して安岐城の落城通報を賞した。また義鎮は、十月十一日、佐田鎮綱に対して鞍懸城（豊後高田市佐野）が落城したので、田原親貫を見つけ次第に討ち取ることを命じた。十月二十九日、秋月種実は萩原山城守に対して、田原親貫を救援する軍勢を派遣している。田原親貫は鞍懸城の落城後、宇佐郡善光寺村に逃れ、時枝氏に殺された。秋月種実が田原親実を救援に送った援軍も敗れた。「大友家文書録」『北九州戦国史史料集』

安岐城合戦▽あきじょうかっせん

天正八（一五八〇）年七月十四日の合戦。八月十五日、安岐城（国東市安岐町）城主田原親貫は毛利・秋月に加担し大友義鎮（宗麟）に謀叛し、鞍懸（豊後高田市）から出撃して津崎氏を迎撃した。八月二十日、毛利輝元は小早川等の軍船数十艘で、安岐城を救援したが、若林鎮興の水軍はこれを迎撃して破った。戦国最強といわれた毛利水軍が大友水軍に敗れた戦いであった。敗因は村上水軍の分裂と、石山本願寺への兵糧輸送の時に織田方の九鬼水軍に敗れたことによるのではないかと『北九州戦国史史料集』にある。「大友家文書録」『北九州戦国史史料集』

秋月合戦▽あきづきかっせん

永禄十一（一五六八）年二月十四日、大友義鎮（宗麟）は筑前の諸将に命じて秋月種実を討った。この秋月攻めにおいて戸次鑑連（立花道雪）・臼杵鑑速・吉弘鑑理等は力戦して、種実を古処山城（朝倉市秋月）に追い込み、戸次は休松に、臼杵・吉弘は荘山に陣を置いた。この時に邑城（秋月の荒平城か杉本城）が落城した。「大友家文書録」『北九州戦国史史料集』

浅川城合戦▽あさかわじょうかっせん

天正十四（一五八六）年十月十六日、羽柴秀吉は麻生家氏に対して、秋月端城剣岳城（鞍手郡鞍手町）・浅川城（北九州市八幡西区）・古賀城（遠賀郡水巻町）の攻略を賞した。「麻生文書」『筑前麻生文書　中世史料集』『北九州戦国史史料集』

朝日岳城合戦▽あさひだけじょうかっせん

天正十四（一五八六）年十月、島津家久は朝日岳城（佐伯市宇目）の柴田紹安を下し、土持親信をして朝日岳城を守らせ豊後国三重郡松尾山に陣をしいた。「大友家文書録」『北九州戦国史史料集』

朝日岳城合戦▽あさひだけじょうかっせん

天正十五（一五八七）年三月十三日、大友義鎮（宗麟）は、佐伯太郎惟定に対して、土持親信の拠る朝日岳城（佐伯市宇目）の攻略を賞した。「佐伯文書」「大友宗麟書状写」『北九州戦国史史料集』

麻生山合戦▽あそうやまかっせん

貞治三・正平十九（一三六四）年十月十七日、菊池武光が救援する厚東義統の軍が麻生山（花尾山城）に襲来した際、門司親尚は少弐冬資に御供して宿直した。この年月頃に香月・上津役（北九州市八幡西区）、到津・小倉合戦（北九州市小倉）があり、親尚は鷹見山を警固した。「貞治四年四月門司親尚軍忠状」『北九州市史』

甘木・長谷山合戦▽あまぎ・はせやまかっせん

永禄十（一五六七）年八月十四日、甘木、長谷山において秋月勢と大友勢との間に一日の中で七度もの合戦が行われた。この合戦では、戸次鑑連（立花道雪）は七度の槍合わせをして七度ながら太刀打ちして武者多数を討ち取った。この戦いは同年九月三日の休松合戦（朝倉市）の前哨戦であった。敗れた秋月種実は古処山城（朝倉市秋月）に引き籠もり、毛利氏に援軍を請うた。「九州軍記」『九州戦国合戦記』

安楽平城合戦▽あらひらじょうかっせん

天正八（一五八〇）年十二月十三日、大友義統は小田部源次郎統房（安楽平城主小田部鎮元紹叱の長男）に対し、戸次鑑連（立花道雪）了解の上、安楽平城（福岡市早良区東入部）の退城（落城）を了承し、筑前戦乱の決着をつけるために、来年出陣するので、それまで安楽平城の回復を図ることを命じた。天正八年七月七日、安楽平城は龍造寺隆信のために落城していた。『編年大友史料』『北九州戦国史料集』

飯田城・佐田山城合戦

▽いいだじょう・さだやまじょうかっせん

明応七（一四九八）年十月十三日、佐田泰景は、大内義興が宇佐郡に到着して以後、大内勢に加わって飯田城（宇佐市安心院町）、佐田山城（宇佐市安心院町）ほかでの合戦に加わり戦功をあげた。『豊津町史』

生松原合戦▽いきのまつばらかっせん

天正七（一五七九）年八月十三日、柑子岳城（福岡市西区）城督木付鑑実の要請により、立花道雪（戸次鑑連）は兵糧支援のために原田勢と生の松原（福岡市西区）において合戦。同九月木付鑑実は柑子岳城を保ち難く立花山城（糟屋郡新宮町）に退いた。『豊前覚書』『北九州戦国史史料集』

生松原合戦▽いきのまつばらかっせん

天正十二（一五八四）年八月二十六日、立花道雪（戸次鑑連）は江上惣兵衛尉に対して、八月十四日の生の松原合戦（福岡市西区）の高名を賞する。『立花道雪書状』『編年大友史料』『北九州戦国史史料集』

生松原八窪合戦▽いきのまつばらはちくぼかっせん

天正十三（一五八五）年二月十五日、原田信種は波多江民部に対して、二月十三日生松原・八窪（福岡市西区）において立花勢との合戦の戦功を賞した。「原田信種知行宛行状」『北九州戦国史史料集』

生見村合戦▽いくみむらかっせん

永禄元（一五五八）年十一月十三日、宗像氏貞は河津隆家に対して、同月九日生見村（宮若市宮田）における杉豊後守連緒との合戦、戦功を賞している。『河津伝記』『太宰管内志』『宗像市市史料編』『北九州戦国史史料集』

池永城合戦▽いけながじょうかっせん
天正十六（一五八八）年三月十日、黒田長政は兵三千余騎をもって、池永左馬頭重則の居城する池永城（中津市池永）を攻略した。この時、重則は八五〇余人とこの城を堅く守ったが、ついに敗れて重則は一族二十余人とともに自刃した。『大分縣郷土史料集成　戦記篇』「両豊記」『中津川軍記』

伊田城合戦▽いたじょうかっせん
貞治五・正平二十一（一三六六）年六月十一日。門司親長は伊田城合戦（田川市伊田）に参陣した。「貞治五年六月門司親長軍忠状」『北九州市史』

犬丸城合戦▽いぬまるじょうかっせん
天正十六（一五八八）年三月二十三日の合戦。黒田長政は兵三千余騎をもって大畑城（中津市加来）を攻めた余勢をもって、犬丸清俊の居城である犬丸城（中津市池永）を攻め寄せた。清俊は一族郎党二〇〇余騎とともに城に立て籠もったが、秣大炊助が清俊を深水村瑞泉寺において欺いて殺したために犬丸城は落城した。『豊津町史』『豊前古城誌』『豊前志』

猪嶽合戦▽いのだけかっせん
応永十二（一四〇五）年十二月五日。豊前猪嶽（飯山、いのたけ山、大坂山／京都郡犀川町と田川郡香春町との境にある）で宮方軍と武家方の両軍が激突し、武家方が勝利した。この合戦では、原明了、武藤自頼、御領本仏らの九州国人が戦死した。御領本仏とは越後入道本仏をさす。『北九州市史』『大日本史料』七編之七「詫摩文書」「猪嶽合戦について―御領越後入道本仏の死・続考」「豊前猪嶽合戦について」「阿蘇文書」

猪膝合戦▽いのひざかっせん
天正七（一五七九）年十二月、大友義統は秋月種実を討つために志賀道輝、田北紹鉄等を遣わして、長野氏の宝森城（行橋市宝山）を抜き、猪膝（田川市猪国）で開戦、大友勢が敗れた。「大友家文書録」『北九州戦国史史料集』

岩隈城合戦▽いわくまじょうかっせん
貞治五・正平二十一（一三六六）年六月九日、門司親長は岩隈城（岩熊城／京都郡みやこ町）合戦に参陣した。「貞治五年六月門司親長軍忠状」『北九州市史』

岩戸表合戦▽いわとおもてかっせん
永禄十二（一五六九）年六月四日、毛利元就・輝元は粟屋元如に対して、高井藤右衛門尉元任の筑前岩戸表（筑紫郡那珂川町）の合戦の戦功を賞した。『萩藩閥閲録

（巻百三十五高井文書）』『北九州戦国史史料集』

岩戸合戦▽いわとかっせん

天正十（一五八二）年四月十六日、龍造寺方に属して筑前西部に勢力を伸ばしていた原田信種は長臣の笠大炊介以下三百余人で猫峠城（猫嶺城／筑紫郡那珂川町）を守らせた。『福岡県の城』『日本城郭大系』

岩屋城合戦▽いわやじょうかっせん

永禄十（一五六七）年七月七日、戸次鑑連（立花道雪）らは太宰府に陣して高橋鑑種の岩屋城（太宰府市内山）を攻略したが、鑑種は宝満城（太宰府市内山）に籠城した。「大友家文書録」『北九州戦国史史料集』

岩屋城合戦▽いわやじょうかっせん

天正七（一五七九）年十一月十七日、秋月種実と筑紫広門らは高橋紹運の岩屋城（太宰府市内山）を攻撃して敗退した。『大友家文書』『北九州戦国史史料集』

岩屋城合戦▽いわやじょうかっせん

天正十四（一五八六）年七月二十七日、岩屋城（太宰府市内山）陥落、高橋紹運以下数百名討死する。紹運は奮戦して敵数人を斬り自刃し、その妻斉藤氏は捕らわれて城は陥落した。島津忠長等は宝満城（太宰府市内山）の高橋統増に降参を説いてこれを降らす。岩屋・宝満両城を秋月種実に守らせた。「大友家文書録」『北九州戦国史史料集』

岩屋城合戦▽いわやじょうかっせん

天正十四（一五八六）年八月二十四日、島津忠長等、上方勢の先鋒の渡海を聞き、立花山の囲みを解き、肥後に退く。同二十五日、立花統虎は出撃して高鳥居城（糟屋郡須恵町）を陥れ、岩屋城（太宰府市内山）を回復した。「大友家文書録」『北九州戦国史史料集』

宇佐郡尾長城合戦▽うさぐんおながじょうかっせん

天正八（一五八〇）年十二月十三日、尾長城（宇佐市尾長）城主田原親家は津崎兵庫助鎮兼に対して、尾長城における防戦の功を賞した。「大友家文書録」『北九州戦国史史料集』

畝町川原合戦▽うねまちかわはらかっせん

弘治三（一五五七）年七月八日、宗像氏貞は占部尚持に対して多賀隆忠を宗像郡畝町川原の合戦（福津市本木）において討ち取った戦功を賞している。「新撰宗像記考証」では、多賀美作守隆忠は大内氏の家臣で筑前方面の検断職とある。「新撰宗像記考証」『北九州戦国史史料集』

馬ヶ岳城合戦▽うまがだけじょうかっせん
文亀元（一五〇一）年七月二十三日の合戦。佐田泰景は杉重清の軍勢に属して後陣の笠松（所在不明）に在陣した。中陣に馳せ向かうように命令を受けて駆けつけたが、豊後勢は敗退して、合戦に間に合わなかったものの諸所において敗走する敵数人を討ち留めた。「永正二年の佐田泰景の軍忠状」

馬ヶ岳城合戦▽うまがだけじょうかっせん
弘治三（一五五七）年七月四日の合戦。大友方田原親宏の率いる佐田隆居の豊後勢は弘治三年七月三日、豊前国仲津郡に攻め入り七月四日、馬ヶ岳城（京都郡みやこ町）を攻めて陥落。城督ヨシカイ（吉開）、城督美奈木（三奈木）甲斐守、その他秋月衆百人ばかりを討ち取っている。一方で大友勢も松木甲斐、萱島などの家臣を失った。『北九州市史』『北九州戦国史史料集』

馬ヶ岳城合戦▽うまがだけじょうかっせん
永禄十一（一五六八）年六月十五日、秋月種実から援軍の要請を受けた毛利元就は、その援軍要請に添えて、馬ヶ岳城（京都郡みやこ町）と岩石城（田川郡添田町）が大友方の攻略によって落城したことを報じている。元就は、吉川元春に出陣を急がせている。『北九州戦国史史料集』

馬ヶ岳城北麓合戦▽うまがだけじょうほくろくかっせん
文亀元（一五〇一）年七月二十三日、馬ヶ岳城（京都郡みやこ町）の北麓において大内勢と大友勢が互いに攻め合った。この合戦では大内方門司弥二郎は佐伯軍に攻め込んでいる。大内軍は神代紀伊守貞総が馬ヶ岳城督として指揮を執ったようである。大友方は中嶋左京亮安通、元重大炊助繁弘らが戦死した。『北九州市史』

宇留津城合戦▽うるつじょうかっせん
天正十四（一五八六）年十一月七日の合戦。天正十四年十一月六日、毛利輝元は福原就直に対し、先陣が宇留津城（築上郡築上町）の攻撃を開始したことを伝え、人質替えに応じない事を命じた。同年十一月八日、毛利輝元は、児玉三郎右衛門尉元兼に対して宇留津城攻略の戦功を賞した。宇留津城は十一月七日落城。『萩藩閥閲録（巻百福原文書／巻十七児玉文書）』『北九州戦国史史料集』

潤野原・石坂・八木山合戦
▽うるのばる・いしざか・やぎやまかっせん
天正九（一五八一）年十一月六日、秋月領の嘉麻、穂波地方へ立花道雪（戸次鑑連）、高橋紹運の両軍六千人が攻め込んだが、これは秋月勢への陽動作戦であった。元生葉（うきは市吉井町）で大友軍に釘付けになっていた秋月種実は、急ぎ上野、坂田の家老に命じて、兵の一部

を割いて対峙し、豊前の長野、城井、千手、宗像らの応援を得て、その勢八千をもってこれに対し、潤野原、石坂、大日寺（以上飯塚市）等で戦い、土師村（嘉穂郡桂川町）に至って高橋勢はついに秋月方の首三百を獲て帰陣せんとした。それに対して秋月勢が新手をもって追跡してきたので再び激しい合戦となった。この時、立花と高橋の兵三百が討ち取られたと「九州軍記」に記している。石坂の合戦では秋月方の損害は戦死者七六〇名に及び、一方、高橋、立花にも三百名の戦死者が出たと「九州軍記」に記されている。「九州軍記」『立花文書』『筑後国史』『陰徳太平記』『北肥戦誌　九州治乱記』『橘山遺事』『筑前戦国史』『歴代鎮西要略』『北九州戦国史史料集』

王子山・岩瀬合戦▽おうじやま・いわせかっせん

天正十（一五八二）年十月、島津に降伏した柴田紹安・野津院士等は背いて王子山（豊後大野市大野町）・岩瀬（竹田市岩瀬）両塁に拠るが、島津勢はこれを陥落させた。しかし、野津院士は再び岩瀬塁を回復した。「大友家文書録」

大井荘河内合戦▽おおいのしょうかわうちかっせん

天正十四（一五八六）年二月、大友義統は、日田郡（日田市）に進発してきた秋月勢を大井荘河内（大肥河内、日田市大肥川）に敗り、針目砦（朝倉市杷木）、鳶尾砦（針目付近）を攻略した。「大友家文書録」『北九州戦国史史料集』

大根川合戦▽おおねがわかっせん

天正十（一五八二）年二月十日、宇佐郡士内尾鎮常は天正九年十月二十七日宇佐郡大根川他における軍忠状に田原親賢（紹忍）の証判を請うた。「大友家文書録」『北九州戦国史史料集』

大橋・簑島合戦▽おおはし・みのしまかっせん

天正七（一五七九）年二月二十八日の合戦。大友方田原親宏は毛利方を裏切った杉重良と協力して戦う。毛利方高橋鑑種・長野助守（規矩郡）らは、簑島（行橋市）に兵を出して簑島を囲む。田原親宏の兵は防戦して敵数百人を斬ったが、田原軍も戦死者が多かった。三月七日、大友義鎮（宗麟）は、田原親宏に対して大橋（行橋市）・簑島合戦の軍労を謝し、秋月調略を命じた。天正七年三月七日付けで義鎮から田原親宏へ送られた書状によれば、杉重良は田原惣領家から宗亀に通じて簑島に立て籠もり、二月二十八日に、大橋の合戦で勝利を収めたとある。五月六日、毛利輝元は長野助守に対して四月二十八日の簑島合戦の忠功を賞した。「大友家文書録」『大友宗麟資料集』「入江文書」『北九州戦国史史料集』『行橋市史』『犀川町誌』

大畑城合戦▽おおはたじょうかっせん
天正七（一五七九）年二月十九日の合戦（一月九日、また一月十九日と諸説ある）。長岩城（中津市耶馬溪町）城主、野仲鎮兼は二千余騎を率いて大畑城（中津市加来）を攻めた。城主、加来壱岐守統直及び成恒越中守鎮家、福嶋佐渡守祐了等は本城に立て籠もった。この時に中嶋主殿、渡辺政等の援兵が駆けつけて共に野仲勢を破った。野仲鎮兼は子息の太郎重貞を人質としてその罪を謝し兵を退いた。『下毛郡史』『北九州戦国史年表』『日本城郭大系』

大畑城合戦▽おおはたじょうかっせん
天正十六（一五八八）年三月二十一日の合戦。黒田長政に三千余騎の兵をもって攻められた加来安芸守統直は約八〇〇余人の軍勢で堅く城を守ったが、同二十三日ついに落城。統直は逃れて豊後に逃走せんとしたが、諌山村の幕の峰を過ぎるあたりで秣大炊助の伏兵に遭って殺された。『日本城郭大系』

岡城篠原目合戦▽おかじょうささはらめかっせん
天正十四（一五八六）年十二月、島津義弘の軍勢が岡城（竹田市竹田）の駄原畑塁（竹田市戸上）を攻め、守将朝倉一玄は夜に乗じて城を去った。二十二日志賀親善は駄原畑を攻め一玄を助ける。二十四日、島津勢が篠原目塁（竹田市久保）を攻めると、守将阿南惟秀が降伏した。二十八日、志賀親善は篠原目を攻め、阿南惟秀が内部より離反して薩摩勢を破った。志賀親善は駄原畑・篠原目両所の戦功を秀吉に報告した。「大友家文書録」『北九州戦国史史料集』

か行

神楽岳城合戦▽かぐらだけじょうかっせん
天正十（一五八二）年十月二十一日の合戦。大友義鎮（宗麟）は十月二十五日、佐田鎮綱に対し、この合戦で安心院興生の籠もる神楽岳城（宇佐市安心院町）の攻撃における軍忠を賞した。翌年一月二十四日、義鎮は、佐田鎮綱に対して去る十月二十一日に神楽岳城の落去と安心院千代松を下城させたことを賞した。神楽岳城主安心院興生は佐田鎮綱に後事を頼み自害した。「佐田文書」『大友宗麟資料集』『北九州戦国史史料集』

笠木城合戦▽かさぎじょうかっせん
天正十四（一五八六）年十一月四日、立花統虎は朝倉元息等に対して、上田秋宣の笠木城（宮若市宮田）攻略の粉骨を賞するように申し入れた。『萩藩閥閲録（巻百五十四朝倉文書）』『北九州戦国史史料集』

柏野・小牧合戦▽かしわの・こまきかっせん
天正十四（一五八六）年十月、島津家久は、佐伯惟定の属、大野郡緒方庄（豊後大野市緒方町）柏野・小牧塁を攻めて陥落させた。「大友家文書録」『北九州戦国史史料集』

桑野原合戦▽かのばるかっせん
天正十五（一五八七）年十月、旧地城井奪回を企て挙兵した城井鎮房と、これに呼応した在地の土豪（鬼木・山田・八屋などの各氏）勢が黒田勢と桑野原《かのばる》（築上郡上毛町）で戦った。『豊津町史』『大平村誌』

上長野城合戦▽かみながのじょうかっせん
永禄八（一五六五）年七月二十二日の合戦。大友義鎮（宗麟）は同年七月二十七日、佐田隆居に対して、三岳城（北九州市小倉南区）城主長野吉辰の出城である下長野城（北九州市小倉南区）攻略の軍労を賞した。「佐田文書」『大友宗麟書状』『大友宗麟資料集』『北九州戦国史料集』

賀良山城合戦▽がらやまじょうかっせん
永禄十二（一五六九）年九月十日、大友義鎮（宗麟）は、竹田津刑部少輔に対して、筑紫郡賀良山（大野城市乙金にあり、井野山、立花山と宝満山との繋ぎの位置にある）在城の辛労を賞し、九月二日の賀良山城防戦の粉骨を賞した。『竹田津文書』『大友宗麟書状』『大友宗麟資料集』『北九州戦国史料集』

川内村城合戦（**山田城合戦**）
▽かわちむらじょうかっせん（やまだじょうかっせん）

弘治三（一五五七）年六月二十一日、川内村城（豊前市櫛狩屋）城主山田隆朝は宇都宮氏族であったが、大友の将、杉因幡守、城井左馬介等の軍勢に攻められ陥落した。この時、隆朝と一類衆は行方知れず。山田安芸守隆朝の子、満千世丸は十一歳であったが、秣刑部に討ち取られ、首級を田原親宏に届けられた。この合戦で討ち取られた首級は八百余となり、また女数人も討たれて、上毛郡内の男女四分の一を失った。ところが、「佐田文書」では満千世丸は人質として佐田隆居に出し置かれたとある。後に山田大膳正輝家と称したが、天正十六（一五八八）年黒田長政に攻められ自害したという。『編年大友史料』『北九州戦国史史料集』

香春岳城合戦▽かわらだけかっせん

永禄二（一五五九）年十月一日、田原親賢（紹忍）は香春岳城（田川郡香春町）を攻めた佐田弾正忠隆居の合戦注文に証判を与えた。この時の合戦では原田義種の守る香春岳城は落城しなかった。「佐田文書」『北九州戦国史史料集』

香春岳合戦▽かわらだけかっせん

永禄四（一五六一）年七月二十五日、大友方田原親宏は大友氏族、如法寺式部少輔親並が香春岳城の攻撃に参加した軍忠を賞した。同年十一月二日、大友義鎮は、大友族戸次庶流の臼杵掃部助に対して香春岳城の攻略と門司表への布陣の軍労を賞した。この時の合戦では香春岳城が落城している。『後太平記』によれば香春岳城の落城は永禄四年七月十六日とある。『陰徳太平記』によれば、永禄四年七月、大友義鎮は、麾下の将、田原親賢（紹忍）、戸次鑑連（立花道雪）、田北刑部少輔、同民部大輔らの諸勢と国東・宇佐郡衆らを合わせた六千余騎をもって豊前に進攻し、毛利方の香春社大宮司の原田五郎義種が手勢三百余の兵で守る香春岳城を攻めたとある。「両豊記」には、数日の合戦により香春岳城は落城し、一族二十三人は一列に座を組み腹を掻き切って死んだとある。「大友家文書録」『北九州戦国史史料集』『陰徳太平記』「両豊記」「大友義鎮書状写」『大友宗麟資料集』

香春岳合戦▽かわらだけかっせん

天正七（一五七九）年九月の合戦。香春岳城（田川郡香春町）を高橋元種が攻略した。長野助守の覚え書きによれば、城井鎮房が毛利に一味したことに対する高橋元種の攻略であった。十月二十四日、城井鎮房は家臣、進主計允の意見を受け入れ高橋元種に釈明のために、同人を高橋元種へ派遣している。当時、大友勢は天正六年十一月日向耳川において大敗し、北九州の諸豪族は皆毛利方となっていた。城井鎮房は天正七年九月二十八日、周囲に遅れて毛利方に転向したために、高橋元種の攻撃を受ける情況にあり、家臣の進主計允を派遣して釈明する必要があったという。「神代長野文書」『編年大友史料』『北九州戦国史料集』

香春岳合戦▽かわらだけかっせん
天正八（一五八〇）年三月八日、宗像氏貞は、竹井八郎に対して、七月二十一日の香春岳麓（田川郡香春町）における高橋勢との合戦に於いて、防戦を遂げた親父宮内丞の討死を賞した。『編年大友史料』『北九州戦国史料集』

香春岳合戦▽かわらだけかっせん
天正十四（一五八六）年十二月十二日、秀吉先遣軍の小早川隆景は、香春岳城（田川郡香春町）を包囲し、柵をつくり「付城」と呼んで防御陣地とし、十一月二十日水の手を断ち切るなどの攻撃ぶりを賞された。島津方の高橋元種は香春岳城に籠城し、三の岳が落とされたが、天険を利用して二の岳、及び本城の守備を固め激しく抵抗を続けた。十二月十一日、秀吉軍は総攻撃を開始し、圧倒的な火器をもって一斉に猛攻を加えた。元種は二十日間あまりも持ちこたえよく部下を指揮して戦ったが、ついに本城を落とされて降伏した。『萩藩閥閲録（巻十の二堅田文書）』『北九州戦国史料集』『陰徳太平記』

香春岳五徳口合戦▽かわらだけごとくぐちかっせん
天正十四（一五八六）年十二月三日、毛利の将、益田元祥は、宗像氏の部将深田中務少輔氏栄に対し、十二月二日香春岳（田川郡香春町）五徳口における戦功を賞した。「新撰宗像記考証」『北九州戦国史料集』『九州戦国合戦記』

香春岳山麓合戦▽かわらだけさんろくかっせん
永禄十二（一五六九）年八月二十九日、大友義鎮（宗麟）は、香春岳城（田川郡香春町）山麓干飯村に於ける田原親宏の分捕り注文に証判を与えた。この合戦の後、香春岳城は大友勢に攻略されたと考察される。この年の十月九日小倉と戸畑を攻撃している。「大友家文書録」『大友宗麟資料集』『北九州戦国史料集』

香春岳城合戦▽かわらだけじょうかっせん
貞治六・正平二十二（一三六七）年七月、香春岳城（田川郡香春町）に少弐冬資が陣取っていたが、これを征西府の菊池武光側が攻略した。菊池氏の指揮によって肥前の武士を動員した結果、ついに香春岳城は陥落した。『北九州市史』『大宰府・太宰府天満宮史料』

岩石城合戦▽がんじゃくじょうかっせん
永禄十一（一五六八）年六月十五日、秋月種実から援

軍の要請を受けた毛利元就は、その援軍要請に添えて、馬ヶ岳城（京都郡みやこ町）と岩石城（田川郡添田町）が大友方の攻略によって落城したことを報じている。元就は、吉川元春に出陣を急がせている。『北九州戦国史史料集』

岩石城合戦▽がんじゃくじょうかっせん

天正十三（一五八五）年冬、筑紫広門は、高橋紹運と和睦する。大友方の岩石城（田川郡添田町）城将坂本永泉は落城討死し、馬見の城将毛利鎮真は豊後に奔るという。「大友家文書録」『北九州戦国史史料集』

岩石城合戦▽がんじゃくじょうかっせん

天正十五（一五八七）年四月一日の合戦。豊臣秀吉は前田利長・蒲生氏郷等に命じて岩石城（田川郡添田町）を攻略させた。四月三日、秋月種実は降伏し、古処山城（朝倉市野鳥）と呼ばれた本城以下抱城二十五城を生駒雅楽頭に引き渡した。「大友家文書録」『北九州戦国史史料集』

苅田松山城合戦▽かんだまつやまじょうかっせん

⇩松山城合戦（まつやまじょうかっせん）

城井表合戦▽きいおもてかっせん

永禄四（一五六一）年十二月十三日、大友方城井表（築上郡築上町）における合戦。毛利元就の奉行、児玉就忠等は十二月二十一日、杉親直に対して首分捕りの戦功を賞する。『萩藩閥閲録（巻百五十一杉文書）』『児玉就忠・市川経好連署状』『北九州戦国史史料集』

城井城合戦▽きいじょうかっせん

明応十（一五〇一）年二月九日の合戦。明応十年一月十五日、佐田泰景は、豊前国奪還のために赴く大内方の神代紀伊守から、軍勢の不足により渡海の要請を受け、一月二十九日に渡海した。中津川（山国川）に着岸すると、二月九日には城井城（築上郡築上町）を攻略し、城井弘房の弟城井日向守直重を討ち取った。『北九州市史』「永正二年の佐田泰景の軍忠状」

木井馬場合戦▽きいばばかっせん

弘治三（一五五七）年五月十八日、山田安芸守隆朝と仲八屋宗種は秋月文種に呼応して城井左馬助の宅所（京都郡みやこ町）に押し寄せて放火した。大友義鎮（宗麟）は杉因幡守や城井左馬助、佐田隆居らの「一意之衆」に仲八屋、山田衆以下の悪党を撃退するように命じた。城井左馬助は八屋衆とともに仲八屋衆や山田衆以下の悪党を撃退して頸十三を討ち取った。『北九州市史』『編年大友史料』『北九州戦国史史料集』

規矩郡合戦▽きくぐんかっせん
貞治二・正平十八（一三六三）年十一月の合戦。大内弘世は康安二・正平十七（一三六二）年の時は宮方として渡海して菊池武光たちと連携したが、貞治二・正平十八年十一月には武家方として規矩郡合戦に加わった。弘世が武家方に転じたのは、規矩郡合戦の途中であった。貞治二年春には、幕府側に降って斯波氏経を助けている。『大日本史料』『北九州市史』

規矩城合戦▽きくじょうかっせん
康安二・正平十七（一三六二）年十月二日。門司親尚は門司元親とともに規矩城に在陣し、長門勢の来襲に際して防戦した。「康安二年十一月門司親尚軍忠状」「貞治四年四月門司親尚軍忠状」『北九州市史』

沓尾崎合戦▽くつおざきかっせん
文亀元（一五〇一）年閏六月二十四日、仲津郡沓尾崎（行橋市沓尾）における大内勢と大友・少弐連合軍との合戦。大内勢は武将仁保左近将監護郷が戦死した。仁保興棟から広中兵部丞への報告によれば、仁保護郷に同道した一所衆や家人のうち三十四人が戦死し、三十人が矢、槍、刀傷を負った。負傷者のうち二十六人が矢疵であることから海戦であった可能性が高い。大友方の波津久忠兵衛尉は沓尾崎合戦で負傷した。大友親治は波津久忠兵衛尉をねぎらって恩賞を与えている。『北九州市史』『豊津町史』

久原口合戦▽くばらぐちかっせん
永禄二（一五五九）年九月十九日、杉連緒は黒瀬弥次郎に対して、九月十五日の久原口（糟屋郡久山町）における大友勢との合戦において父親、黒瀬長実の討死を賞する感状と糟屋郡江辻四町五段地を与えている。『筑前町村書上帳』『北九州戦国史史料集』

隈上村合戦▽くまがみむらかっせん
天正十（一五八二）年正月十四日、大友義統は、長岩城（うきは市浮羽）城主の問註所刑部大輔統景に対して、正月十一日浮羽郡隈上村（うきは市浮羽町東隈の上と西隈の上）において星野勢との合戦、夜討ち、焼き討ちを賞する。「問註所文書」『北九州戦国史史料集』

鞍懸城合戦▽くらかけじょうかっせん
天正八（一五八〇）年六月二十七日、田原親賢（紹忍）、萩原山城入道に対し、鞍懸城（国東市）の攻め囲み堅固を賞した。「萩原文書」「田原紹忍書状写」『北九州戦国史史料集』「北九州市立歴史博物館研究紀要四」

鞍懸城合戦▽くらかけじょうかっせん

天正八（一五八〇）年七月十三日の合戦。八月十五日には、田原親貫は鞍懸（豊後高田市佐野）から出撃して津崎氏を迎撃した。『北九州戦国史史料集』『北九州戦国史年表』

鞍持合戦▽くらもちかっせん

永享六（一四三四）年九月六日、麻生家春や小早川煕平が、大内持世に従って、鞍持において大友・少弐軍と合戦した。『豊津町史』では、犀川町の鞍持山と比定している。その根拠の一つとして、鞍持山の講堂の向かいには北山殿、北山に行く所に修験者たちの墓塔と異なる五輪の塔が多くあり、この奥には更に多くの五輪塔があることから、戦死した武士たちの墓ではなかろうかと想定している。『豊津町史』

久留米祇園原合戦▽くるめぎおんばらかっせん

天正十三（一五八五）年五月二十五日、大友義統は、稲員式部丞（高良山座主分流）に対し、久留米祇園原（久留米市高良山祇園山古墳付近か）において龍造寺勢との合戦、その戦功を賞した。「稲員家記」『編年大友史料』『北九州戦国史史料集』

黒木城合戦▽くろきじょうかっせん

天正十（一五八二）年九月二十七日、大友義統は、黒木城（猫尾城／八女市黒木町）の攻撃における麦生鎮綱の軍忠状に証判を与えた。「麦生文書」『編年大友史料』『北九州戦国史史料集』

黒木城合戦▽くろきじょうかっせん

天正十二（一五八四）年八月二十八日、立花道雪（戸次鑑連）等は、五条・津江氏等に対し、七月二十日の黒木兵庫頭の黒木里城攻略の粉骨を賞し、黒木城（猫尾城／八女市黒木町）攻略を督励した。また同年九月三日、立花道雪は、筑後表にて秋月・星野勢を敗り、黒木兵庫頭を降伏させたこと、また山下城主、蒲池鎮運も降伏の予定、さらに豊前の城井・長野氏が協定して敵方となったことを立花城（糟屋郡新宮町）の留守薦野増時に書状で伝えている。この書状では、黒木城の落城を天正十二年九月一日と伝えている。「五条文書」『編年大友史料』『北九州戦国史史料集』

黒田原合戦▽くろだばるかっせん

永禄四（一五六一）年十一月十六日、大友義鎮は、渡辺左京亮に対し、門司表敗軍後、十一月六日京都郡黒田原（京都郡みやこ町）における防戦を賞した。十一月五日夜、大友勢は門司城周辺から撤退したが、この退却を知った毛利方の小早川水軍は海路を先回りして翌六日、黒田原と国分寺原（京都郡みやこ町）に待ち伏せて、これを襲撃した。大友軍は甚大な損害を出して退却した。「大友義鎮書状」『大友宗麟資料集』『北九州戦国史史料集』『九州戦国合戦記』

上津役城合戦▽こうじゃくじょうかっせん
永禄十（一五六七）年七月十日、宗像氏貞は占部八郎に対して、麻生隆実に味方して、大友方の麻生鎮里の上津役城（竹の尾城／北九州市八幡西区）を切り崩し敵討ち取りの戦功を賞した。「新撰宗像記考証」『北九州戦国史史料集』

甲宗八幡表合戦▽こうそうはちまんおもてかっせん
永禄四（一五六一）年十一月六日、毛利元就は毛利方の児玉就方に対して十月二十六日、門司甲宗八幡宮前（北九州市門司区）の合戦での高名を賞した。児玉氏は武蔵七党児玉党の出、安芸国豊田郡の地頭として南北朝から毛利氏に仕えた。『萩藩閥閲録（巻百児玉文書）』『北九州戦国史史料集』

上津野村合戦▽こうづのむらかっせん
天正十（一五八二）年十月五日、大友義統は、臼杵左近大夫等に対し、十月三日、野仲兵庫頭の領内である下毛郡上津野村（中津市耶馬溪町上津）における戦功を賞した。『中野幡能所蔵文書』『大友義統軍忠状』『編年大友史料』『北九州戦国史史料集』

鴻の巣城合戦▽こうのすじょうかっせん
応永五（一三九八）年十月八日の合戦。鴻の巣城（中津市下池永）は名和伯耆守の末葉、下毛の郡司、名和刑部入道寂心の居城であったが、応永五年十月八日、大友左兵衛督氏廣と大友少輔太郎氏胤の両人の率いる二千余騎の軍勢に攻め落とされた。『日本城郭大系』

小馬ヶ岳麓合戦▽こうまがだけふもとかっせん
文亀元（一五〇一）年閏七月二十三日、小馬ヶ岳の麓において大内軍と大友・少弐連合軍との大規模な合戦が行われ、両者多数の犠牲者を出して、大友方が豊前から退去した。『豊津町史』

古賀城合戦▽こがじょうかっせん
天正十四（一五八六）年十月十六日、羽柴秀吉は麻生家氏に対して、秋月端城剣岳城（鞍手郡鞍手町）・浅川城（北九州市八幡西区）・古賀城（遠賀郡水巻町）の攻略を賞した。「麻生文書」『筑前麻生文書　中世史料集』『北九州戦国史史料集』

小金原合戦（**清水原合戦**）
▽こがねばるかっせん（しみずはらかっせん）

宗像、杉、秋月方と立花方との合戦であった。天正九（一五八一）年十一月十二日、立花城主立花道雪（戸次鑑連）は大友方の鷹取城（直方市永満寺）城主の毛利鎮真に兵糧を送る。宗像氏貞の家臣、河津修理進をはじめ宗像衆等は、氏貞の命を聞かず、戸次勢の帰途を迎撃して合戦に及び、宗像勢敗れる。同年十一月二十四日、宗像氏貞は吉田島若に対し、同月十三日の鞍手郡吉川庄での立花勢との合戦における討死の忠義を賞した。立花方ではこの合戦を清水原合戦と呼んだ。「大友家文書録」『北九州戦国史史料集』『筑前戦国史』『宗像郡誌』『宗像市史史料編』

古賀原合戦▽こがはらかっせん
永禄元（一五五八）年一月二十七日、宗像氏貞は、占部甲斐守尚安に対して同月二十二日村山田郷（宗像市村山田・王丸・平井・福津市八並）の古賀原（糟屋郡古賀町）における立花勢との合戦勝利の戦功を賞している。「新撰宗像記考証」『北九州戦国史史料集』

五箇山合戦▽ごかやまかっせん
天正十四（一五八六）年七月十日、島津忠長・伊集院忠棟の軍勢は筑紫広門を下して、筑後大善寺に囚禁する。次いで高鳥居城（糟屋郡須恵町）の筑紫左衛門佐を斬り、五箇山城（筑紫郡那珂川町）を秋月種実に、高鳥居城を星野鎮豊に守らせた。「大友家文書録」『北九州戦国史史料集』

五箇山合戦▽ごかやまかっせん
天正十四（一五八六）年九月、黒田孝高（如水）・宮木入道・安国寺恵瓊は、筑前立花に到る。この頃、筑紫広門は囚禁中の筑後大善寺から逃れ兵を催し、五箇山城（筑紫郡那珂川町）に至り、城守坂田蔵人・板井大炊助を斬って、その城を復して黒田孝高に告げてこれに属した。「大友家文書録」『北九州戦国史史料集』

五箇山城合戦▽ごかやまじょうかっせん
永禄十（一五六七）年七月十一日、大友家譜代の郎党、斉藤鎮実は五箇山城（筑紫郡那珂川町）を攻め、同二十七日筑紫広門降参、鎮実は人質を取り太宰府に参陣した。「大友家文書録」『北九州戦国史史料集』

小倉城合戦▽こくらじょうかっせん
弘治四（一五五八）年六月二十八日、田原親宏は京都郡へ陣を取り、同二十九日規矩郡の小倉（北九州市）に攻め入った。城は海陸より至り、兵を合わせてこれを撃ち平らげた。麦生鑑光に授ける書状有り。「到津文書」『編年大友史料』『北九州戦国史史料集』

小倉城合戦▽**こくらじょうかっせん**

天正十四（一五八六）年十月四日、小早川隆景等は麻生家氏に対して、小倉城（北九州市小倉北区）落城を報じて田河郡出陣を賞し、帆柱山城（北九州市八幡西区）攻撃を命じた。同月十四日、羽柴秀吉は吉川元春等に対して小倉城の陥落を賞し、すでに豊前を平定したと輝元の手柄を推賞した。毛利氏の主力、吉川元春と小早川隆景は十月十四日、小倉城を攻略したが、城将を助命したうえ、香春岳城（田川郡香春町）へ退却を許した。これは小倉城の接収が目的とされた措置と考えられる。「麻生文書」『筑前麻生文書　中世史料集』『北九州戦国史史料集』

小倉城・戸畑村合戦
▽**こくらじょう・とばたむらかっせん**

永禄十二（一五六九）年十月二日、小早川・吉川は大友勢の小倉城（北九州市小倉北区）襲撃の報に接し小田村元頼と麻生上総介に小倉城籠城を依頼する。十月八日、毛利元就は堀立直正に対して、大鉄砲の使い手高屋小三郎を派遣するので、共に小倉城を防衛するよう命じる。この時期、香春岳城（田川郡香春町）は落城したと考えられると『北九州戦国史史料集』にある。十月十日、毛利元就は堀立直正に対して、小倉での敵討ち取りを賞し、在陣中の長府に呼び戻している。永禄十二年十月九日、大友義鎮（宗麟）は、小倉城及び小田村備前守宅所戸畑村における田原親宏の軍忠状に証判を与えた。「堀立家証文写」「大友家文書録」『北九州戦国史史料集』

小倉津合戦▽**こくらつかっせん**

永禄二（一五五九）年七月五日、佐田弾正忠隆居は同月一日に規矩郡の小倉津（北九州市）を攻めて戦労のあった麾下に感状を与えた。同年十月十一日田原親宏は今富三郎左衛門尉に対し、同年七月の小倉津合戦の首討ち取りの戦功を賞した。「今富文書」『大分県史料』『北九州戦国史史料集』

小倉津合戦▽**こくらつかっせん**

永禄四（一五六一）年七月一日、田原親宏は規矩郡小倉津（北九州市）における敵をうち崩し、敵多数の討ち取りに功労があり、大友義鎮は七月五日、田原親宏の戦功を賞した。「大友家文書録」「大友義鎮書状写」『大友宗麟資料集』『北九州戦国史史料集』

古処山城合戦▽**こしょさんじょうかっせん**

弘治三（一五五七）年七月七日、大友義鎮は戸次鑑連（立花道雪）、田北鑑生等をして古処山城（朝倉市秋月野鳥）を攻略した。この時、秋月文種の臣、小野四郎左衛門尉は、毛利の調略に応じて大友に叛旗を翻した文種を弑してその首を持ち降る。その子、種実（九歳）は長州に逃れ毛利元就に頼った。「大友家文書録」『北九州戦国史史料集』「田北文書」

許斐城合戦▽このみじょうかっせん

弘治二（一五五六）年七月八日の許斐城（宗像市王丸）合戦。宗像氏貞の奉行、寺内備後守尚秀、占部越後守賢安、許斐三河守の連署状に占部右馬助尚持の戦功を賞する記述あり。「新撰宗像記考証」

許斐城合戦▽このみじょうかっせん

永禄二（一五五九）年九月二十五日、宗像氏の占部尚安の守る許斐城（宗像市王丸）は、大友方の立花城（糟屋郡新宮町）城主立花鑑載勢と大友勢から攻められて落城、また、宗像氏貞の白山城（宗像市山田）も攻略された。この時、宗像大宮司家の宗像氏貞以下宗像勢は大島に退いた。「大友家文書録」『大友宗麟資料集』「宗像記追考」『北九州戦国史料集』

許斐城合戦▽このみじょうかっせん

永禄三（一五六〇）年三月二十八日、占部尚安・尚持等は神湊《こうのみなと》の草崎城（宗像市神湊）を出撃して、大友方に奪われていた許斐城（宗像市王丸）を奪還した。この時まで大友方の立花城（糟屋郡新宮町）の奴留湯融泉・麻生鎮氏が占拠していた。「宗像記追考」『新撰宗像記追考証』『宗像郡誌』『北九州戦国史料集』

許斐城合戦▽このみじょうかっせん

永禄三（一五六〇）年八月二十日、宗像氏貞は占部宮若丸に対して八月十六日の赤間合戦（宗像市蔦ヶ岳麓）に防戦し、同十七日許斐城（宗像市王丸）防衛戦の合戦に討死した父占部尚持の忠義を賞した。「新撰宗像記考証」『北九州戦国史料集』

許斐城合戦▽このみじょうかっせん

永禄四（一五六一）年四月十八日、十九日、大友勢が許斐城（宗像市王丸）を攻略したが毛利方の占部甲斐守尚安等四百余騎が立て籠もった。多勢に囲まれて一時は難儀に及ぶところついに大敵を追い崩し、これを撃退した。毛利元就・隆元は五月二十九日、宗像家臣占部甲斐守の戦功を賞した。また、この時の合戦における吉田和泉守秀時の戦功を賞した宗像氏貞の感状もある。「宗像記追考」『北九州戦国史料集』「新撰宗像記考証」

許斐城合戦▽このみじょうかっせん

天正十一（一五八三）年三月十八日、立花道雪（戸次鑑連）・統虎は、鷹野三河守増時に対し、同月十六日に許斐城（宗像市王丸）攻撃の際、吉原口における戦功を

賞した。『薦野家譜』『編年大友史料』『北九州戦国史史料集』

許斐城麓合戦▽このみじょうふもとかっせん

永禄十二（一五六九）年十月二十日、宗像氏貞は占部八郎貞保に対し、毛利勢立花陣退き口援助のため、十六日許斐城（宗像市王丸）麓で防戦した功を賞した。「新撰宗像記考証」『北九州戦国史史料集』『宗像市史史料編』

許斐岳麓合戦▽このみだけふもとかっせん

永禄四（一五六一）年三月二十日、宗像氏貞は占部尚安に対して、三月十五日、許斐岳麓（吉原里城／福津市八並か）において立花鑑載及び奴留湯融泉等の立花勢との合戦における粉骨を賞した。「新撰宗像記考証」『北九州戦国史史料集』

是則砦合戦▽これのりのとりでかっせん

天正十一（一五八三）年十月十六日の合戦。大友義統は下毛郡野仲郷内にある野仲鎮兼の砦、是則砦（中津市）を陥れた。この時、玖珠郡衆の古後玄蕃允・小田民部少輔等がよく奮戦した。「大友家文書録」『北九州戦国史史料集』

佐田庄合戦▽さだのしょうかっせん
明応七（一四九八）年十月二日、大友親治は宇佐郡佐田庄（宇佐市安心院町）に攻め入り、佐田泰景・飯田長重等の軍は菩提寺に籠城した。二日より八日まで持ちこたえたが、九日の晩に宅所（館）も戦場となった。翌十日には終日矢を射合い、被官の数人が傷を負った。十三日に大内から援軍が到着し、飯田山や佐田山などで戦ったが、佐田軍は敗れて退散した。これにより大友勢が宇佐郡を制圧した。『北九州市史』『門司・小倉の古城史』『編年大友史料』

佐野合戦▽さのかっせん
天正十一（一五八三）年十一月十二日、大友義鎮（宗麟）は津崎大和入道に対し、宇佐郡佐野切り寄せ（土居城／宇佐市佐野）攻略の時、同陣の田原親家手の衆の分捕り高名、疵を被るを賞する。宇佐氏族佐野氏は、天正七年から時枝氏とともに反大友方となっていた。「津崎文書」『大友宗麟資料集』『北九州戦国史史料集』

侍島合戦▽さむらいじまかっせん
永禄二（一五五九）年四月二日の筑前国侍島（筑前国御笠郡にあった荘園の名）における合戦において、田尻伯耆守親種は戦死もしくは疵をこうむった部下のために大友義鎮に対して討死手負い注文を請うている。また、大友義鎮は、同合戦において問註所鎮連に対して父問註所鑑豊、親類数十人の戦死を悼んで書状を送っている。「田尻文書」『大友宗麟資料集』『問註所文書』「大友義鎮書状」『大友宗麟資料集』『北九州戦国史史料集』

猿喰城合戦▽さるはみじょうかっせん
貞治元・正平十七（一三六二）年に入ると、門司一族は南北に分かれて、武家方の門司左近将監親尚は門司城（北九州市門司区）を本拠とした。南朝方の門司若狭守親頼は、報復のために門司城を奪いとった。貞治二・正平十八年、周防の大内弘世が武家方に寝返ったため親尚が門司城を奪回すると、親頼は猿喰城に立て籠った。同年十二月十三日、大内軍と親尚連合軍のため猿喰城は陥落して親類等一族討死した。『門司・小倉の古城史』

山王山・沼口合戦▽さんのうさん・ぬまぐちかっせん
弘治二（一五五六）年七月七日の鞍手郡吉河庄（宮若市若宮町）山王山と沼口（宮若市沼口）川原における合戦。宗像氏貞の奉行、寺内尚秀等の連署にて杉越中守、河津民部少輔と合戦に際し、石松兵部丞典宗の粉骨の戦功を賞した。『宗像市史史料編』「宗像氏重臣連署奉書」「石松文書」『北九州戦国史史料集』

敷田城合戦▽しきたじょうかっせん
　天正十三（一五八五）年閏八月十日、高橋元種は萩原民部丞に対し、敷田城（宇佐市上敷田）に於ける、大友勢との合戦でこれを撃退したことを賞した。『萩原文書』「北九州市立歴史博物館研究紀要四」『北九州戦国史史料集』

清水原合戦▽しみずはらかっせん
　天正十二（一五八四）年十一月二十四日、立花道雪・統虎は十時刑部少輔に対して、十一月十三日清水原合戦における敵討ち取りの戦功を賞した。この清水原については、那珂郡三宅村清水（福岡市南区）と、鞍手郡若宮町小金原（宮若市）の両説があるが、『北九州戦国史史料集』では、『薦野家譜』『豊前覚書』により、宮若市を妥当としている。「十時文書」『北九州戦国史史料集』『薦野家譜』『豊前覚書』

障子ヶ岳城合戦▽しょうじがだけじょうかっせん
　天正十四（一五八六）年十一月十五日、毛利輝元は児玉元兼に対して、香春岳城（田川郡香春町）の支城であった障子ヶ岳城（京都郡みやこ町）の攻撃に財満右京亮父子を遣わして応援させることを伝え、情況報告を命じた。この十一月十五日に障子ヶ岳城は落城した。『萩藩閥閲録（巻十七児玉文書』『北九州戦国史史料集』『行橋市史』

城野合戦▽じょうのかっせん
　康安二・正平十七（一三六二）年九月十日、門司親尚は規矩郡の城野合戦（小倉南区城野か）において戦功をあげた。「康安二年十一月門司親尚軍忠状」「貞治四年四月門司親尚軍忠状」『北九州市史』「門司文書」

勢場ヶ原合戦▽せいばがはるかっせん
　天文三（一五三四）年。大内軍が速見郡に侵攻し、大牟礼山麓の勢場ヶ原（杵築市山香町）で大規模な合戦があった。大内軍は吉弘氏直ら多数を戦死させる勝利を得たが、立石峠を守っていた大友方の到着により敗北して撤退した。『豊津町史』

千手・馬見合戦▽せんず・うまみかっせん
　弘治二（一五五六）年六月八日、佐田隆居は秋月氏と千手・馬見表（嘉麻市千手・馬見）にて合戦する。佐田隆居は戦功のあった内藤弾正忠隆世と杉民部大輔長清に対する軍忠状を提出している。大内義長はこれを披見し、八月十日付けで感状を与えた。「佐田文書」

大里表合戦▽だいりおもてかっせん

永禄五（一五六二）年十月十三日の合戦。大友義鎮（宗麟）は永禄五年十月二十日、戸次鑑連（立花道雪）と吉弘鑑理に対して大里表（北九州市門司区）における赤川助右衛門元徳・冷泉五郎元豊・桂兵部大夫等の討ち取りの戦功を賞する。同月二十七日、毛利隆元は赤川元忠に対して同月十三日大里（北九州市門司区）において討死した赤川元徳を賞した。赤川、冷泉の両名は門司城（北九州市門司区）に進撃中に迎撃されて討ち取られた。『吉弘文書』『大友宗麟資料集』「大友宗麟書状」『萩藩閥閲録（巻五十赤川文書）』『北九州戦国史史料集』『立花文書』

大里表合戦▽だいりおもてかっせん

天正十四（一五八六）年九月四日、毛利輝元は福間彦三郎に対して、父彦右衛門の規矩郡大里表（北九州市門司区）での八月二十六日の合戦において討死を悼み、忘却しないことを書状をもって告げた。島津方として小倉城（北九州市小倉北区）にあった高橋元種は小倉城代稲津見羽右衛門に五百の兵を率させて門司と小倉の中間にあたる大里において毛利軍と合戦した。この時、秋月種実の兵が突如として側面より毛利軍を攻撃したので、毛利軍は苦戦に陥り桂兵部丞、福間元明は壮烈な討死を遂げた。しかし毛利軍は援軍の到着により危機を脱して門司城（北九州市門司区）に帰ることができた。『萩藩閥閲録（巻八十三福間文書）』『北九州戦国史史料集』『九州戦国合戦記』

大里合戦▽だいりかっせん

永禄五（一五六二）年七月二十四日、戸次鑑連（立花道雪）は由布源五左衛門尉に対して、七月十三日の規矩郡大里（北九州市門司区）合戦における戦功を賞している。『北九州戦国史史料集』

大里合戦▽だいりかっせん

天正九（一五八一）年九月十八日、門司城将仁保隆慰は、剣持余七郎に対して、規矩郡大里（北九州市門司区）における敵討ち取りを賞する。この大里合戦は、小倉城（北九州市小倉北区）主高橋元種の軍勢と考えられる。『剣持家文書』『山口県史』『北九州戦国史史料集』『山口県史史料編』

高祖城合戦▽たかすじょうかっせん

天文二十二（一五五三）年四月十六日、大内義隆自害後、高祖城（糸島市高祖）城主原田隆種が大内義長、陶晴賢に従わず、大内勢から攻撃され高祖城は陥落した。大内晴英は城攻略に功労のあった王丸兵庫允に軍忠状の証判を与えた。また、宗像氏貞に対して大内義長の代官弘中隆兼が戦功を賞した。「宗像神社文書」『北九州戦国史史料集』『編年大友史料』

高祖城合戦▽たかすじょうかっせん

天正七（一五七九）年九月、故原田親種の氏族親秀等、高祖城（糸島市高祖）に兵を挙げ、秋月種実に与す。戸次鑑連（立花道雪）はこれを攻め、親秀は志賀親度によって大友に降参する。同原田鑑尚は同じ頃、戸次・高橋の両名により誅された。「大友家文書録」『歴代鎮西要略』『北九州戦国史史料集』

高千尾塁合戦▽たかちおるいかっせん

天正十四（一五八六）年十月二十七日、島津家久の部隊は佐伯氏の守る豊後大野郡緒方庄（豊後大野市緒方町）の高千尾塁を攻め陥落させた。「大友家文書録」『北九州戦国史史料集』

高鳥居城合戦▽たかとりいじょうかっせん

永禄十二（一五六九）年九月二日の合戦。大友義鎮（宗麟）は、九月二十四日、筑後の田尻弾正忠に対して高鳥居城（糟屋郡須恵町）に於ける防戦の戦功を賞した。「小田原文書」『大友宗麟書状』『大友宗麟資料集』『北九州戦国史史料集』

高鳥居城合戦▽たかとりいじょうかっせん

天正十四（一五八六）年七月十日、島津忠長・伊集院忠棟の軍勢は、筑紫広門を下して、筑後大善寺に囚禁する。次いで高鳥居城（糟屋郡須恵町）の筑紫左衛門佐を斬り、五箇山城（筑紫郡那珂川町）を秋月種実に、高鳥居城を星野鎮豊に守らせた。「大友家文書録」『北九州戦国史史料集』

高鳥居城合戦▽たかとりいじょうかっせん

天正十四（一五八六）年八月二十四日、島津忠長等、上方勢の先鋒の渡海を聞き、立花山の囲みを解き肥後に退く。同二十五日、立花統虎は出撃して高鳥居城（糟屋郡須恵町）を陥れ、岩屋城を回復した。同年九月十日、羽柴秀吉は立花統虎に対し、島津退却を追撃して、八月二十四日の高鳥居城攻略を賞した。「大友家文書録」『北九州戦国史史料集』

宝山城合戦▽たからやまじょうかっせん

天正七（一五七九）年十二月、大友義統は秋月種実を討つために志賀道輝・田北紹鉄等を遣わして、長野氏の宝山城（行橋市）を抜き、猪膝（田川市猪国）で合戦、大友勢が敗れた。「大友家文書録」『北九州戦国史史料集』

竹田岡城合戦▽たけだおかじょうかっせん

天正十四（一五八六）年十月二十一日、島津義弘の先鋒、新納忠元は志賀親善の籠もる岡城（竹田市竹田）を攻撃した。天正十四年十月二十二日、島津義弘の部将稲富新介等五千余は岡城下滑瀬橋《ぬめりぜばし》に至るも、志賀親善の弓砲に敗れた。この合戦は薩摩軍が敗退した。「大友家文書録」『北九州戦国史料集』

多々良浜合戦▽たたらはまかっせん
　永禄十二（一五六九）年五月二十八日、吉川元春と小早川隆景は諸軍を率い、多々良浜にそなえる戸次鑑連（立花道雪）、臼杵鑑速・吉弘鑑理の大友軍と戦うこと数回（『九州戦国合戦記』では、五月から十月半ばまでの間に、大小十八回もの合戦が行われたとある）。互いに勝利有り、鑑連は特に死戦、元春・隆景軍はついに敗れて毛利勢は兵を引き立花山（糟屋郡新宮町）に入った。これより休戦となり累月におよんだ。「大友家文書録」『北九州戦国史料集』『立花文書』『筑前国続風土記』『北肥戦誌　九州治乱記』『大分縣郷土史料集成』

立花表合戦▽たちばなおもてかっせん
　永禄十二（一五六九）年八月十日、大友義鎮（宗麟）は田北甚介（大友庶流、豊後直入郡田北村を本貫とする）に対して、同七月十八日立花表（糟屋郡新宮町）の合戦における粉骨を賞した。「田北文書」『大友宗麟書状』『大友宗麟資料集』『北九州戦国史料集』

立花口合戦▽たちばなぐちかっせん
　永禄十（一五六七）年九月十三日、宗像氏貞は吉田和泉守に対して九月十日、糟屋郡立花口（糟屋郡新宮町立花山麓）への攻め込みと、飯盛山（福津市上西郷）における防戦を賞した。この合戦は、同年九月七日、立花勢が氏貞の居城を攻撃したことの仕返しとして、攻め込んだものである。「新撰宗像記考証」『北九州戦国史料集』

立花山城合戦▽たちばなやまじょうかっせん
　永禄十一（一五六八）年七月四日、大友義鎮（宗麟）は立花山城（糟屋郡新宮町）攻略における、麦生民部大輔および蒲池鑑広衆の戦傷着到状に証判を与えた。七月四日、立花鑑載は討ち取られて、立花山城は陥落した。「小野文書」『大友宗麟資料集』『北九州戦国史料集』

立花山城合戦▽たちばなやまじょうかっせん
　永禄十二（一五六九）年五月三日、口羽春良は、三戸元勝に対して、立花攻めの宍戸陣（宍戸隆家の陣）尾崎において五月二日の鉄砲による粉骨の戦功を賞した。五月三日、立花城（糟屋郡新宮町）は毛利方のために落城した。『萩藩閥閲録（巻百九三戸文書）』『北九州戦国史料集』

立花山城合戦▽たちばなやまじょうかっせん

永禄十二（一五六九）年五月六日、大友義鎮（宗麟）は、立花陣切岸における田尻鑑種の人数戦傷の軍忠状に証判を与えた。「田尻文書」『大友宗麟資料集』『北九州戦国史史料集』

立花山城合戦▽たちばなやまじょうかっせん

永禄十二（一五六九）年五月十八日の合戦。大友義鎮（宗麟）は筑前に兵を遣わして吉川元春・小早川隆景の軍を討った。元春と隆景は軍を分かちこれに備えた。この立花表（糟屋郡新宮町）の長尾切岸では、大友方の問註所鑑景・麦生鑑光・田北鑑忠・一万田鎮実等が戦功をあげた。しかしこの戦の後、元春・隆景が水道を断ったために立花山城は渇水に耐えず、鶴原氏、田北氏は忍者を高良山に遣わし、城兵が渇きに耐えないことを告げた。義鎮は速やかに敵に降るべしと返事をした。これを受けた鶴原・田北は降参を元春・隆景に請うた。元春・隆景はこれを受託し、鶴原・田北を大友陣に送還した。大友義鎮は立花陣における問註所鎮連の家来の戦傷の軍忠状に証判を与えた。『大友家文書』「問註所文書」『大友宗麟資料集』『北九州戦国史史料集』

立石原合戦▽たていしはらかっせん

天文二十三（一五五四）年十月。奴留湯主水が門司城（北九州市門司区）を攻略されたことから、大友義鎮は戸次鑑連（立花道雪）を追手の大将として、斉藤兵部少輔鑑実、吉弘鑑理、田原、臼杵をはじめとして二万余騎をもって門司城を攻略のために豊前国立石原（大分県速見郡）に陣を敷いた。これを迎え討つ小早川隆景の将兵が門司城を出て攻撃したが、この合戦では小早川軍は三千の戸次兵に切立てられて小早川が敗軍となり大友勢が勝利した。「永正二年の佐田泰景の軍忠状」

築城櫟木原合戦▽ついきくぬぎばるかっせん

天正十（一五八二）年五月八日の合戦。城井鎮房は五月十三日、情九郎右衛門（系統不詳）に対し、高橋元種・広津鎮種・仲八屋統重等との五月八日、築城櫟木原（築上郡築上町櫟木原）合戦に於ける戦功を賞した。『築上郡志』『北九州戦国史』『北九州戦国史史料集』

恒見合戦▽つねみかっせん

永禄四（一五六一）年十月九日、児玉就方の門司恒見（北九州市門司区）の合戦注文の中に、敵の首級二をあげ馬二匹を捕らえたことをもって元就・隆元の証判を請うている。『萩藩閥閲録（巻百児玉文書）』『北九州戦国史史料集』

鶴賀城利光表合戦

▽つるがじょうとしみつおもてかっせん
天正十四（一五八六）年九月十九日、大友義統は、小原新四郎に対し、大分郡利光表（大分市上戸次）における祖父の忠死を賞した。『編年大友史料』『北九州戦国史史料集』

鶴賀城合戦（利光城合戦）
▽つるがじょうかっせん（としみつじょうかっせん）
天正十四（一五八六）年十二月七日、島津家久は利光宗魚の守る大分郡利光城（大分市上戸次）を囲む。同十日宗魚力戦して死す。十一日大友義統・仙石秀久等は救援に赴き、十二日秀久の無謀な戦いにより敗戦。長曽我部信親は戦死、義統・秀久等豊前に逃げ、家久は豊後府内に入る。「大友家文書録」『北九州戦国史史料集』

剣岳城合戦▽つるぎだけじょうかっせん
天正十四（一五八六）年十月十六日、羽柴秀吉は麻生家氏に対して、秋月端城剣岳城（鞍手郡鞍手）・浅川城（北九州市八幡西区）古賀城の攻略を賞した。「麻生文書」『筑前麻生文書　中世史料集』『北九州戦国史史料集』

唐原村合戦▽とうばるむらかっせん
天正九（一五八一）年十一月二十八日の合戦。長野統重は、上毛郡唐原村（築上郡上毛町）他で大友氏の軍勢と戦い、首三十一、戦死九、戦傷二十一という軍忠状を門司城番の仁保常陸介を通じて毛利輝元に披露し証判を受けた。「神代長野文書」『編年大友史料』『北九州戦国史料集』『北九州戦国史』『北九州市立歴史博物館紀要二』

遠矢原合戦▽とおやのはらかっせん
永禄十二（一五六九）年八月十六日、大友義鎮（宗麟）は、同月七日の立花山麓の遠矢原（福岡市東区下原）における合戦において田原親宏の粉骨なる軍労を賞した。「大友家文書録」「大友宗麟書状写」『大友宗麟資料集』『北九州戦国史史料集』

栂牟礼城合戦▽とがむれじょうかっせん
天正十四（一五八六）年十一月三日、島津家久は土持親信・新名次郎左衛門尉・外城狩野介等を遣わして佐伯惟定の拠る栂牟礼城（佐伯市弥生）を攻撃させた。「大友家文書録」『北九州戦国史史料集』

栂牟礼城合戦▽とがむれじょうかっせん
天正十五（一五八七）年二月二日、大友義鎮（宗麟）は田北統員に対して、検使役として佐伯惟定の栂牟礼城（佐伯市弥生）にあって島津勢撃退の粉骨を賞し、尚一層の忠義を命じた。「大友家文書録」『大友宗麟資料集』『北九州戦国史史料集』

時枝城合戦▽ときえだじょうかっせん

天正八（一五八〇）年五月十五日、大友義統は、佐田鎮綱に対して、謀叛を起こした時枝兵部少輔鎮継の宇佐郡時枝城（宇佐市下時枝）を攻撃した戦功を賞した。「佐田文書」「宇都宮文書」『北九州戦国史史料集』

時枝城合戦▽ときえだじょうかっせん

天正十（一五八二）年四月二十三日の合戦。大友義統は田原親賢（紹忍）をして、宇佐郡の宇佐宮司一族にあたる時枝兵部少輔鎮継の時枝城（宇佐市下時枝）を攻撃させた。そして義統は戦功のあった飯田麟清等の軍忠状に証判を与えた。「大友家文書録」『北九州戦国史史料集』

時枝城合戦▽ときえだじょうかっせん

天正十一（一五八三）年十月十八日の合戦。田原親賢（紹忍）は、十月十九日中島主殿助に対して、時枝衆との合戦で戦死した父・壱岐守の死を悼み戦功を賞して五町地を与えた。「中島文書」「田原紹忍書状写」『編年大友史料』『北九州戦国史史料集』

時枝城合戦▽ときえだじょうかっせん

天正十三（一五八五）年十月二日、中嶋統次は騎兵三〇〇を率いて時枝城（宇佐市下時枝）を奇襲した。城主、時枝平大夫鎮継は狼狽し、からくも虎口をのがれて長州に走った。統次はその功をもって宇佐郡司の職を大友氏から受けた。「佐田文書」『豊前古城誌』『北九州戦国史史料集』

利光城合戦▽としみつじょうかっせん

⇩鶴賀城合戦（つるがじょうかっせん）

鳥飼村合戦▽とりかいむらかっせん

天正七（一五七九）年七月二十八日、立花道雪（戸次鑑連）は薦野増時に対し、東郷三九郎の十八日鳥飼村（福岡市中央区・城南区鳥飼）における粉骨を賞した。『薦野家譜』『編年大友史料』『北九州戦国史史料集』

長岩城合戦▽ながいわじょうかっせん

大内氏の滅亡を機会に大友氏は豊前国の侵攻を本格化させた。これにより宇佐郡の佐田隆居ら宇佐三十六人衆とよばれる国人らは、大友の軍門に降り、佐伯惟教、志賀親教を大将とした豊後勢とともに弘治三（一五五七）年十月六日、下毛郡の長岩城（中津市耶馬溪町）を攻めて野仲鎮兼を降伏させた。『北九州市史』

長岩城合戦▽ながいわじょうかっせん

永禄二（一五五九）年十月二十日、田原親賢（紹忍）は佐田隆居に対して、野仲氏の拠る下毛郡津民村の長岩城（中津市耶馬溪町）攻略の戦功を賞している。「佐田文書」『北九州戦国史史料集』

長岩城合戦▽ながいわじょうかっせん

天正八（一五八〇）年七月二十日の合戦。大友義統は、七月二十四日、問註所刑部大輔統景に対して長岩城（うきは市浮羽町）に於ける防戦、秋月等を撃退した功労を賞した。「問註所文書」『北九州戦国史史料集』

長岩城合戦▽ながいわじょうかっせん

天正十三（一五八五）年正月三日、大友義統は問註所与兵衛尉に対して、去年十二月二十五日長岩城（うきは市浮羽町）における秋月・星野勢の撃退を賞した。「問註所文書」『北九州戦国史史料集』

長尾合戦▽ながおかっせん

永禄十二（一五六九）年七月十三日、大友義鎮（宗麟）は板井民部少輔に対して、五月十八日の立花山麓の長尾（福岡市東区水谷）合戦の粉骨を賞し、一層の忠節を命じた。「利光文書」『大友宗麟書状』『大友宗麟資料集』『北九州戦国史史料集』

長野城合戦▽ながのじょうかっせん

永禄八（一五六五）年六月二十二日、規矩郡長野城（北九州小倉南区）の合戦。佐田隆居は田原親賢（紹忍）の手に属して長野吉辰の城を攻撃した。そして部下が矢疵を被り同年七月二日に合戦注文を田原親賢に提出した。『北九州戦国史史料集』では、永禄七年大友・毛利の講和後、規矩郡長野氏が毛利に服属した処（規矩郡は門司城支配）、大友義鎮（宗麟）は「長野征伐」と称して八年九月から長野一族を討伐し、大友勢は長野に在陣した。このため毛利元就は門司城（北九州市門司区）を気遣った。長野吉辰の城は、大友勢が小倉南区葛原に陣取り攻城したので、地形的には下長野城と解説している。「佐田文書」『北九州戦国史史料集』『萩藩閥閲録（巻百四十坂文書）』

長野城合戦▽ながのじょうかっせん

永禄八（一八六五）年八月十三日、佐田隆居は規矩郡長野城（北九州市小倉南区）における合戦注文に田原親賢（紹忍）の証判を請う。疵を被るものは鉄砲によるもので、北九州で鉄砲が使われたことを知る合戦注文である。八月二十日には、大友義鎮（宗麟）から佐田隆居や清原系長野右馬助等に対して十三日長野城合戦の粉骨の軍労を賞された。『北九州戦国史史料集』では、この城が六月の合戦と同一の城か別個の城を攻めたか不明としている。「佐田文書」「長野文書」『大友宗麟書状』『北九州戦国史史料集』

並石城合戦▽なめしじょうかっせん

天正十四（一五八六）年十一月十一日の合戦。田北鎮利の並石城（大分市今市）が陥落した。鎮利は島津に降伏したが、城将塩手鎮貞は力戦して斃れた。「大友家文書録」『北九州戦国史史料集』

沼間江口合戦▽ぬまえぐちかっせん

永禄四（一五六一）年十一月十三日、門司城将仁保隆慰等は、岩武対馬守良秀に対して、九月十三日、規矩郡沼間江口（北九州市小倉南区沼）の大友勢との合戦において疵を被った軍忠状を差し出した。これに毛利元就と毛利隆元が証判したことを通知してその軍忠を励ました。『萩藩閥閲録（巻百六十の二岩武文書）』『北九州戦国史史料集』

猫尾城合戦▽ねこおじょうかっせん

天正十二（一五八四）年七月二十日、大友勢は猫尾城（黒木城／八女市黒木町）を陥落させた。同月二十八日、立花道雪等は財津竜閑に対し、二十日の黒木猫尾城攻略の戦功を賞し、猫尾城を最後まで取り詰めて落城させるように依頼した。『大友家文書』「財津文書」『北九州戦国史史料集』

根小城合戦▽ねこじょうかっせん

天正七（一五七九）年五月上旬、鷹取城（直方市永満寺）城主毛利鎮真は千人あまりの軍勢をもって宗像氏の持ち城である根小城（猫城／中間市上底井野）を攻めた。根小城には吉田倫行という者が兵六百余人とともに籠もっていたが、宗像方へ狼煙を上げて通報、急報を受けた援軍とともに鎮真の軍勢を討ち破った。毛利鎮真は鷹取城に逃げ帰って籠城した。なお、「九州軍記」では天正八年とある。『北九州戦国史史料集』

覗山合戦▽のぞきやまかっせん

文明八（一四七六）年五月二十九日。豊前国覗山（行橋市馬場）での合戦。少弐政尚は旧領を回復すべく宗職盛、宗国久ら兵四千を率いて豊前国に侵入し、古城（馬ヶ岳城、岩石城か）に立て籠もった。大内氏の代官陶弘護が兵二千を率いて新城（行橋市覗山か）を築き対陣し、五月の合戦で大友方六十名、少弐方六名の戦死者を出したが、決着はつかなかったという。『北九州市史』『大日本史料』「詫摩文書」『福岡県の城郭』

は行

博多表合戦▽はかたおもてかっせん

永禄十二（一五六九）年九月二十六日、大友義鎮（宗麟）は、志摩郡（糸島市）の元岡右衛門大夫・小金丸民部大夫・泊中務少輔・古庄能登守・波多江上総介等に対して、九月五日、博多表の合戦においての粉骨を賞し、一層の忠義を命じた。『大友宗麟資料集』『大友宗麟書状』『北九州戦国史史料集』

博多松原合戦▽はかたまつばらかっせん

永禄十二（一五六九）年五月二十三日、吉川元春は高橋鑑種と計を通じて博多松原（旧那珂郡。詳細不明）に出張し大友軍と合戦したが敗れた。「大友家文書録」『北九州戦国史史料集』

杷木池田里城合戦▽はきいけださとじょうかっせん

天正十三（一五八五）年閏八月二十三日、田原親家は片山熊千代に対し、杷木郷池田里城（朝倉市杷木）攻め口において、熊千代の父、源六兵衛尉の戦死を悼み、一跡相続を了承した。「大友家文書録」『田原親家感状写』『北九州戦国史史料集』

白山城合戦▽はくさんじょうかっせん

永禄二（一五五九）年九月二十五日、宗像氏の占部尚安の守る許斐城（宗像市王丸）は、大友方の立花城（糟屋郡新宮町）城主立花但馬守鑑載勢と大友勢から攻められて落城。また、宗像氏貞の白山城（宗像市）も攻略された。この時、宗像大宮司家の宗像氏貞以下宗像勢は大島に退いた。「大友家文書録」『大友宗麟資料集』「宗像記追考」『宗像郡誌』『北九州戦国史史料集』

橋津合戦（橋宇津合戦）

▽はしづかっせん（はしうづかっせん）

天正八（一五八〇）年七月十五日、毛利輝元は赤間関在番堀立壱岐守に対して、宇佐郡橋宇津（宇佐市橋津）合戦の注進と米百俵の贈り物を謝する。『北九州戦国史料集』『大友家文書禄』「堀立家証文写」「毛利輝元書状」

花尾合戦▽はなおかっせん

永禄四（一五六一）年九月十二日、花尾（北九州市八幡西区花尾町）合戦においての軍功を毛利方の児玉就方は毛利元就・隆元に対して証判を請う。『萩藩閥閲録（巻百児玉文書）』

花尾城合戦▽はなおじょうかっせん

天文二十（一五五一）年日付不明。大内義隆が死に臨むにあたり家臣であった相良遠江守武任に遺言あり。吉見正頼と毛利輝元に遺命を伝えると、武任は直ちに鎮西に下って花山城（花尾城／北九州市八幡西区元城町）に隠れた。武任はさらに義隆の遺命を筑前・肥前・豊前の諸将に伝えるためであった。長門深川において大内義隆を弑《しい》した陶晴賢は、家臣野上隠岐守を大将に命じて軍兵を差し遣わし筑前遠賀郡花尾城に隠れていた相良武任を攻め、数回にわたる戦いの結果、武任を討ち果たした。『歴代鎮西要略』『北九州戦国史史料集』

花尾城合戦▽**はなおじょうかっせん**

永禄四（一五六一）年十一月七日、小早川隆景は堀立壱岐守直正に対して花尾城（北九州市八幡西区元城町）の攻略を賞した。この戦いは同月五日、門司表において大友勢が敗北した時に、毛利方の堀立壱岐守が大友勢の拠る花尾城を攻略したのである。「堀立家証文写」『小早川隆景書状』『北九州戦国史史料集』

針目岳合戦▽**はりめだけかっせん**

天正九（一五八一）年十一月二十一日の合戦。大友義鎮（宗麟）は、十一月二十五日、麦生民部大輔鑑光に対して針目岳（針目城／朝倉市杷木と日田市の境）に籠もる秋月・龍造寺の軍勢との合戦に於ける軍功を賞した。「大友家文書録」『大友宗麟資料集』『北九州戦国史史料集』

樋井郷合戦▽**ひいごうかっせん**

永禄十二（一五六九）年六月十五日、毛利方の仁保隆慰は、木原左馬助に対し、六月十三日の早良郡樋井郷（旧樋井川村）での大友勢との合戦で、敵を討ち取った戦功を賞した。『萩藩閥閲録（巻百四十一重見文書）』『北九州戦国史史料集』

彦山合戦▽**ひこさんかっせん**

天正九（一五八一）年十月、大友義鎮（宗麟）は嗣子に恵まれない彦山（英彦山）座主の跡目に自分の弟を立てようと使者を送ったが、先例がないと一山宗徒がこぞって反対、交渉は決裂し大友の使者を殺してしまった。烈火の如く怒った義鎮は、大軍をもって彦山を襲撃させ、戦闘一カ月余にして座主舜有は降伏した。天正九（一五八一）年十月十一日、大友義鎮は、日田郡士堤鎮方に対して彦山攻めにおける戦功を賞している。「大友家文書録」『大友宗麟資料集』『北九州戦国史史料集』

久末村合戦▽**ひさまつむらかっせん**

天正九（一五八一）年十一月二十四日、宗像氏貞は、許斐氏備に対して十六日、宗像郡久末村（福津市久末）の合戦における忠義を賞した。「新撰宗像記考証」『北九州戦国史史料集』

姫岳合戦▽ひめだけかっせん

永享七（一四三五）年六月、豊後府内から船出して行方不明になっていた大友持直は、臼杵・津久見堺の姫岳（標高六二〇ｍ）に立て籠もっていた。これを討伐するように幕府から命令を受けた大友持世・河野通久・大友親綱らが襲撃した。この戦いで伊予の河野通久が戦死した。姫岳の攻防は続き、翌永享八年六月になって、城内の武士に対して、同族からの調略にあわせて通謀者が出て、同年六月十一日、城は陥ちて焼き払われた。大友持世は城を捨てて、豊後奥地に姿を消した。姫岳合戦はここで一応終了した。『日本城郭大系』『豊後国志』『豊後遺事』

平田表合戦▽ひらたおもてかっせん

天正八（一五八〇）年一月八日の合戦。大友義統は、大友族、小田原左京亮鎮郷に対して、正月十一日に宇佐郡平田表（宇佐市四日市の平田井堰あたりか）に於ける戦功を賞する。また同月二十三日、義統は鎮郷に対して四日市在陣を賞している。「大友家文書録」『北九州戦国史史料集』

平田表合戦▽ひらたおもてかっせん

天正八（一五八〇）年二月八日、大友義統は、宇佐郡三十六地頭職の一人、渡辺加賀守に対して、二月一日の宇佐郡平田表（宇佐市四日市の平田井堰あたりか）に於ける橋津衆（宇佐郡士、橋津村城主、佐渡守藤原莫度か）との合戦の戦功を賞している。『編年大友史料』『北九州戦国史史料集』

広津城合戦▽ひろつじょうかっせん

大内氏の重臣杉因幡守は弘治三（一五五七）年六月一日に大友加判衆田原親実、木付鎮秀に妙見岳城を明け渡して広津城に入った。同月十八日、山田隆朝が広津城を攻め、宇佐郡衆・杉因幡守・野中鎮兼が防戦した。また大友家の加判衆は佐田隆居に対し広津城合戦の功を賞している。十九日、山田隆朝は敗退した。『北九州市史』「佐田文書」『北九州戦国史史料集』

福間冠村合戦▽ふくまかんむりむらかっせん

永禄十（一五六七）年十一月三日、宗像氏貞は、小樋宗頼に対して、十月二十五日、大友勢の田島・東郷（共に宗像市）侵略の時に、福間冠村の合戦における粉骨を賞した。「児玉韞採集文書」『宗像市史史料編』『北九州戦国史史料集』

豊前表海戦▽ぶぜんおもてかいせん

永禄十二（一五六九）年閏五月二十九日、毛利元就と輝元は水軍の乃美宗勝に対して、大友勢の背後豊前表の攻撃の戦功を賞した。この豊前表の位置は不詳。この頃、大友勢は苅田松山城（京都郡苅田町）付近を攻撃中であり、乃美宗勝も水軍で上毛郡あたりを攻撃したのであろう。『萩藩閥閲録（巻十一浦文書）』『北九州戦国史史料集』

不動岳城合戦▽ふどうだけじょうかっせん
永禄二（一五五九）年八月二十二日、大友義鎮は、西郷遠江守隆頼の居城であった不動岳城（京都郡みやこ町犀川）の攻略に参加した佐田弾正忠隆居に対して合戦注文の証判を与えている。また、田原親宏は、溝部九郎兵衛尉に対して、不動岳城攻めで子息孫太郎の討死を悼み恩賞を与えている。この不動岳城合戦は大友勢が門司城攻めの前に攻略したものである。「佐田文書」『大友宗麟資料集』『編年大友史料』『北九州戦国史史料集』

古河村合戦▽ふるかわむらかっせん
永禄三（一五六〇）年四月十八日、宗像氏貞は瓜生益定に対して大友方の古河村（遠賀郡水巻町）における戦功を賞した。「瓜生文書」『宗像市史史料編』『北九州戦国史史料集』

戸次川合戦▽へつぎがわかっせん
戸次川の合戦は、豊臣秀吉の九州征伐の前哨戦であった。天正十四（一五八六）年十二月十五日、大友義鎮（宗麟）は、長曽我部元親に対し、戸次川（大分市）合戦の応援を謝し、日振島（愛媛県）に無事渡海、安堵したので、子息信親戦場の儀、分かり次第連絡する事を伝えた。『土佐国蠹簡集』『大友宗麟資料集』『北九州戦国史史料集』

辺春城合戦▽へばるじょうかっせん
天正十（一五八二）年十月十六日、筑後の大友族、堤筑前守貞元は、龍造寺隆信の助勢を得て、辺春城（八女郡立花町）を襲撃した。この戦いにより、辺春一族と鏡山保常等が戦死した。「大友家文書録」『北九州戦国史史料集』

宝満城合戦▽ほうまんじょうかっせん
永禄十（一五六七）年八月四日、大友義鎮（宗麟）は佐土原彦十郎（太宰府市北谷）に対し、同年七月十日、宝満城攻め口における軍忠を賞した。また筑後の田尻鑑種の戦傷者着到状にも証判を与えた。『大友宗麟書状』「田尻文書」『大友宗麟資料集』『北九州戦国史史料集』『編年大友史料』

宝満岳城合戦▽ほうまんだけじょうかっせん
天正十三（一五八五）年閏九月二十三日、筑紫広門は立花道雪（戸次鑑連）の喪中に乗じ、宝満岳城（太宰府

市北谷）を攻めて陥落させ、筑紫四郎右衛門尉に守らせた。高橋紹運は留守の変を聞き筑後北野を発して岩屋城に入る。「大友家文書録」『北肥戰誌　九州治乱記』『北九州戦国史料集』

穂波潤野合戦▽ほなみうるのかっせん

天正九（一五八一）年十一月十一日、戸次鑑連（立花道雪）・統虎は東郷三九郎に対して十一月六日の穂波郡潤野合戦（飯塚市）の敵討ち取りを賞した。『東郷文書』『北九州戦国史料集』

帆柱岳・花尾城合戦

▽ほばしらだけ・はなおじょうかっせん

弘治三（一五五七）年四月二日、大内義長が長福寺（現功山寺・下関市長府）にて自害し、一族共に滅んだ。これにより豊前・筑前の諸将で大友方に従わず皆、毛利に内通した。この時筑前国麻生鑑益はあくまで豊後国大友方となって帆柱岳（八幡西区市ノ瀬）・花尾城（八幡西区元城町）を守ったが、大兵をもって毛利方の諸将に攻められ鑑益は利を失い父子共に討死した。『歴代鎮西志』『北九州戦国史料集』

堀切城合戦▽ほりきりじょうかっせん

天正十三（一五八五）年九月十九日、伊集院忠棟は山下城（八女市立花町）城主蒲池鎮運に対し、肥後の阿蘇氏は降伏、筑後の堀切城（田尻鑑種の支城で豊後の平井弾正少弼が拠っていた）は陥落させたので、味方になって忠節を尽くすように申し入れた。「蒲池文書」「伊集院忠棟書状」『北九州戦国史料集』

本庄城合戦▽ほんじょうじょうかっせん

明応十（一五〇一）年二月九日。佐田泰景は城井氏の本庄城（若山城／築上郡築上町）で戦功を挙げている。泰景の軍忠状によれば豊前屈指の有力国人城井氏が大友氏に通じて大内軍に攻撃されたことが窺える。『福岡県の城郭』

万代城合戦▽まだいじょうかっせん
弘治三（一五五七）年二月、下毛郡野仲郷津民の長岩城（中津市耶馬溪町）城主、野仲鎮兼が毛利氏に味方し、大友方の万代城（中津市耶馬溪町）を攻めて城主、豊田対馬守を討った。「佐田文書」『大友宗麟資料集』『北九州戦国史料集』

万田城合戦▽まだじょうかっせん
天正十一（一五八三）年十月八日、大友義統は、阿蘇氏麾下の北里次郎左衛門尉重義に対して、九月二十四日、下毛郡の広津治部少輔の拠る万田城（中津市万田）の攻略における戦功を賞した。この万田城攻略には、肥後阿蘇大宮司家の阿蘇惟久の軍勢のほか一万田市進・中島主殿助・野上民部少輔・小田民部少輔・平井弾正忠等が参戦した。「北里文書」『編年大友史料』『北九州戦国史料集』

松尾城合戦▽まつおじょうかっせん
天正十（一五八二）年正月十六日、大友義鎮（宗麟）は、赤尾兵庫助鎮辰に対して、正月十二日、坂本村城（日田市坂井町）城主坂本備中入道とともに松尾城（朝倉郡東峰村小石原）攻撃における粉骨を賞した。「大友家文書録」『大友宗麟資料集』『北九州戦国史料集』

松延合戦▽まつのぶかっせん
天正十二（一五八四）年十一月四日、大友義統は、筑後松延（筑後国山門郡瀬高町）において龍造寺家晴と合戦した溝口掃部頭の軍忠状に証判を与えた。「大友家文書録」『大友宗麟史料集』『北九州戦国史料集』

松山城合戦▽まつやまじょうかっせん
弘治三（一五五七）年八月十三日、大友義鎮は、戸次中務少輔に対して大内の豊前守護代杉氏の居城である松山城（京都郡苅田町）攻略の戦功を賞している。『横山文書』「大友義鎮書状写」『北九州戦国史料集』

松山城合戦▽まつやまじょうかっせん
永禄四（一五六一）年十一月一日、大友義統（永禄四年大友義統は四歳につき義鎮の誤りか）は鶴原掃部頭に対して十月十二日苅田松山城の合戦における戦功を賞した。この合戦は同年十月に大友勢が大挙して門司城を攻めた時に、大友方が守る松山城（京都郡苅田町）を毛利勢が攻めた戦いであった。『北九州戦国史料集』

松山城合戦▽まつやまじょうかっせん
永禄四（一五六一）年十一月初め、松山城（京都郡苅

田町）が毛利方の手に落ちた。同年十二月八日、苅田松山城に在陣中の小早川隆景の書状によれば、国中見渡して苅田松山城が堅固の在所の第一と考えていたことが分かる。また筑前の花尾城（八幡西区元城町）に人数を差し籠め、筑前・豊前の堅固を企図したことが窺える。さらに隆景が豊前松山に下向していたことは、同年十一月十九日の「堀立文書」にある。この頃、大友方の高橋鑑種が規矩郡を攻めるために、苅田松山城を攻撃したことが窺える。「麻生文書」『小早川隆景書状写』『九州史料叢書中世史料集筑前麻生文書』『九州史料叢書・中世史料集』『北九州戦国史史料集』

松山城合戦▽まつやまじょうかっせん
永禄五（一五六二）年九月一日の合戦。戸次鑑連（立花道雪）の軍勢が苅田松山城（京都郡苅田町）を夜討ちして攻撃した。『立花文書』『北九州戦国史史料集』『編年大友史料』「眞修寺文書」

松山城合戦▽まつやまじょうかっせん
永禄五（一五六二）年十月二十日、大友義鎮（宗麟）は問田木工助に対して、同年九月十三日苅田松山城（京都郡苅田町）合戦における粉骨を賞した。「大友家文書録」「大友宗麟書状写」『大友宗麟資料集』『北九州戦国史史料集』

松山城合戦▽まつやまじょうかっせん
永禄五（一五六二）年十月二十六日の合戦。同年十月三十日、大友義鎮（宗麟）は、林中務少輔に対して同年十月二十六日、苅田松山城（京都郡苅田町）切岸における合戦の戦功を賞した。「大友家文書録」「大友宗麟書状写」『大友宗麟資料集』『北九州戦国史史料集』

松山城合戦▽まつやまじょうかっせん
永禄五（一五六二）年十一月九日の合戦。同年十一月十三日、大友方の奈多鑑基は糸永越中守に対して、同月九日苅田松山城（京都郡苅田町）切岸における合戦での粉骨高名を賞した。「糸永文書」『奈多鑑基書状』『編年大友史料』『北九州戦国史史料集』

松山城合戦▽まつやまじょうかっせん
永禄五（一五六二）年十一月十九日、松山城（京都郡苅田町）攻め口において粉骨を尽くし大友義鎮（宗麟）より戸次鑑連（立花道雪）に軍忠を与えられたことが、天正三（一五七五）年六月十八日、立花城督立花道雪の娘闇千代に対する城督・城領の譲り状に記述がある。『立花文書』『編年大友史料』『北九州戦国史史料集』

松山城合戦▽まつやまじょうかっせん
永禄五（一五六二）年十二月五日の合戦。同月二十八

日、大友義鎮（宗麟）は豊後大神氏の族、奴留湯主計允に対して同月五日の苅田松山城（京都郡苅田町）合戦における敵討ち取りの戦功を賞した。『大友宗麟書状』『編年大友史料』『北九州戦国史料集』

松山城合戦▽まつやまじょうかっせん
永禄六（一五六三）年正月二十七日、苅田松山城（京都郡苅田町）在番衆、神代若狭守元兼、守田越中守忠能、岩武備後守就豊、内藤小二郎直綱等は、その日、苅田松山城における防戦に勝利したことを赤間関衆を通じて報告している。これに対して毛利隆元は証判を与えた。この合戦は十二時から十六時までの戦闘であった。『萩藩閥閲録（巻七十九杉文書）』『北九州戦国史料集』

松山城合戦▽まつやまじょうかっせん
永禄九（一五六六）年十一月九日、毛利方の松山城（京都郡苅田町）は、大友勢の攻撃を受ける。『萩藩閥閲録（巻三十一山田文書）』『北九州戦国史料集』

松山城切岸合戦▽まつやまじょうきりぎしかっせん
永禄五（一五六二）年十月十二日、大友義鎮は長野主水助に対して同年九月十三日苅田松山城（京都郡苅田町）切岸合戦における忠貞を賞した。『立花文書』「眞修寺文書」「大友義鎮書状」『北九州戦国史史料集』『大友宗麟資料集』

松山城切岸合戦▽まつやまじょうきりぎしかっせん
天正三（一五七五）年六月十八日、立花道雪は娘誾千代に対して、城督・城領を譲り渡す。その譲り状の中の勲功書には、「永禄五（一五六二）年九月一日上毛郡より松山城（京都郡苅田町）を夜駆けに急襲し、同年九月十三日には松山城切岸において防戦し粉骨を尽し、同年十一月十九日、松山城攻め口において家中の者とともに粉骨を尽くした」とある。「立花文書」「真修寺文書」「大友義鎮書状」『北九州戦国史料集』『大友宗麟資料集』

松山城切岸合戦▽まつやまじょうきりぎしかっせん
永禄十一（一五六八）年六月十三日の合戦。大友義鎮（宗麟）は七月十二日、松山要害（京都郡苅田町松山城）切岸合戦で戦功のあった豊後清原系の長野主水助を賞した。また、速見郡山香甲の尾城（杵築市山香町）城主田北鎮周衆の戦死・戦傷者の軍忠状に証判を与えた。「長野文書」「田北文書」「大友宗麟書状写」『北九州戦国史料集』

三岳城合戦▽みたけじょうかっせん
永禄八（一五六五）年九月十九日、大友家加判衆は長野攻めの田北鑑重、志賀兵庫助、田北弥十郎、田原常陸介等に対し、規矩郡三岳城の攻略を賞している。同年十月二十三日、宇佐郡妙見岳城督田原親賢（紹忍）は、長野太郎に対して、規矩郡三岳城（北九州市小倉南区）攻略に討死した長野右馬助（清原系）の戦功を賞し、五町地を与えた。「田北文書」『大友宗麟資料集』「長野義照文書」『編年大友史料』『北九州戦国史史料集』

光岡城合戦▽みつおかじょうかっせん

天正八（一五八〇）年九月八日、大友義鎮（宗麟）は、佐田鎮綱に対して、城井郷城城主城井鎮房と馬ヶ岳城主長野氏率いる反大友軍勢が、光岡城城主赤尾統秀の宅所を攻撃した際、それを撃退した戦功を賞した。『行橋市史』「佐田文書」『大友宗麟資料集』『北九州戦国史史料集』

光富城合戦▽みつとみじょうかっせん

観応二・正平六（一三五一）年八月十三日、豊津町の光富城にたて籠る豊田太郎左衛門種本を討ち取った小野三郎左衛門資村の軍忠状に一色道猷が証判を与えた。『豊津町史上巻』『萩藩閥閲録』

簑島海戦▽みのしまかいせん

永禄四（一五六一）年十一月六日の海戦。毛利隆元は村上水軍の伊予国越智郡能島城（今治市宮窪町）城主、村上掃部頭武吉に対し、門司敗軍の大友勢を追撃して豊前蓑島（行橋市蓑島）の海戦において敵船切り取りの戦功を賞した。『萩藩閥閲録（巻二十二村上文書）』『北九州戦国史史料集』

蓑島合戦▽みのしまかっせん

永禄四（一五六一）年九月六日、豊前蓑島（行橋市蓑島）において毛利方の児玉就方勢は船八艘と兵十三人を生け捕る戦功をあげて毛利元就・隆元の証判を請う。『萩藩閥閲録（巻百児玉文書）』『北九州戦国史史料集』『北九州市史』

蓑島合戦▽みのしまかっせん

永禄四（一五六一）年九月二十八日、豊前蓑島（行橋市蓑島）表での合戦において毛利方の児玉就方は戦功をあげ、毛利元就・隆元の証判を請う。『萩藩閥閲録（巻百児玉文書）』『北九州戦国史史料集』

宮地岳・鶫岳城合戦
▽みやじだけ・つぐみだけじょうかっせん

天正九（一五八一）年、立花道雪勢は、大友方鞍手郡鷹取城（直方市永満寺）城将毛利鎮真の兵糧援助のため、立花山城の道雪は兵糧を入れ帰り道、宗像勢と十一月十三日吉川庄に於いて合戦、十四日その余勢をもって立花勢は宗像郡宮地岳と鶫岳城（古賀市薦野）を奪う。『北九州戦国史史料集』では、宗像氏貞から小早川隆景に宛てた書状を根拠として宮地岳陥落は天正九年十一月十四日と考察している。『豊前覚書』『北九州戦国史史料集』

宮山城合戦▽みややまじょうかっせん
永禄十一（一五六八）年五月三日、毛利勢は、規矩郡の長野筑後守吉辰を謀殺して宮山城（稗畑山城／小倉南区高津尾）等を攻略した。長野兵部少輔弘勝は三岳城を守り、長野三河守助守は、京都郡等覚寺城を守って、豊後に進上して大友方の味方をした。「到津文書」『毛利家文書』『編年大友史料』『北九州戦国史史料集』

宮山城合戦▽みややまじょうかっせん
永禄十一（一五六八）年五月二十日の合戦。大友勢が宮山城（稗畑山城／小倉南区高津尾）を攻略した戦であった。ために毛利勢は五十余人が討たれた。杉因幡守、西郷隆頼の両人は京都郡大坂山に立て籠もるが、大友勢に攻め落とされて降伏した。毛利方の内藤隆昌は六月二十二日、宮山城で討死した勝間田春保の戦功を賞し、息子の元信に知行を安堵した。六月二十八日、大友方の田原親宏は萱島美濃守に対して五月二十日の宮山城合戦における軍勲と杉・西郷両将の降伏に於ける戦功を賞した。五月三十日、毛利元就・輝元は、香春岳城在番の堀立壱岐守に、小早川隆景と吉川元春を派遣するので宮山城の陥落に挫けずに香春岳城の防衛を命じた。「堀立家証文写」「到津文書」『編年大友史料』『北九州戦国史史料集』

宮山城合戦▽みややまじょうかっせん
天正十四（一五八六）年十月二十九日に、平賀元相は桂右衛門尉に対し、宮山城（稗畑山城／小倉南区高津尾）攻略の時、敵討ち取りを賞した。合戦の日付は不明。『萩藩閥閲録原本（桂保心文書）』『北九州戦国史史料集』

妙見岳城合戦▽みょうけんだけじょうかっせん
明応八（一四九九）年十月〜十一月か。明応八年七月二十五日、大友氏に宇佐郡を制圧された大内氏は再び渡海して諸処にて合戦に至った。十月中旬から宇佐郡院内衆は力をあわせて妙見岳城を築城し、立て籠もって大友氏に対抗した。大友勢は妙見岳城を攻めずに豊前国西部の大内勢を撃退したのち、妙見岳城に総攻撃をかけた。佐田泰景らは捕らえられて豊後府内に幽閉されたが、明応九年正月十日夜半に府内を脱出し菩提寺城（宇佐市安心院町）に逃げ帰った。さらに長門の赤間ヶ関に亡命していた豊前衆と合流した。『北九州市史』「永正二年の佐田泰景の軍忠状」

妙見岳城合戦▽みょうけんだけじょうかっせん
天正八（一五八〇）年二月二十日、妙見岳城城督の田原親賢（紹忍）は、元重城（宇佐市元重）城主元重安芸

守に対して二月十八日の戦功を賞した。謀叛を起こした時枝兵部少輔の軍勢が妙見岳城を攻略したが、これに粉骨した元重安芸守の防戦の功を賞したのである。「田原紹忍書状写」『編年大友史料』『北九州戦国史史料集』

妙見岳城合戦▽みょうけんだけじょうかっせん

明応八（一四九九）年十月上旬。佐田泰景は宇佐郡院内衆と妙見岳城を修築して守備についた。豊後勢が出陣して城内に計策状（内応を誘う手紙）をよこしたが、これを飛脚に持たせて大内方に注進した。その後、豊後勢の猛攻を受けるが、防戦して持ちこたえたため、豊後勢は、戸次・田原衆・木付・大神らの軍勢を妙見岳の押さえとして残し、他の軍勢は豊前西部に転戦した。再度豊後勢が攻め寄せた際に、泰景は安心院氏・飯田氏と談合のうえ、いったん大友方に降伏し、ことの次第を大内氏に報告した。「永正二年の佐田泰景の軍忠状」

妙見岳城合戦▽みょうけんだけじょうかっせん

明応十（一五〇一）年正月五日、豊前国奪還のために、長門国に逃れていた佐田軍衆に渡海する御奉書が出された。十三日には、佐田泰景の名代佐田左衛門大夫が人数を率いて船で出発し、中津川（山国川）に着岸した。二十九日には妙見岳城を奪還した。『北九州市史』「永正二年の佐田泰景の軍忠状」

妙見岳城合戦▽みょうけんだけじょうかっせん

文亀元（一五〇一）年二月二十九日。妙見岳奪回に際して、佐田泰景の我世者（倅者、すなわち佐田氏の奉公人）賀来神兵衛尉は太刀討ちの高名をあげた。「永正二年の佐田泰景の軍忠状」

明神の尾根合戦▽みょうじんのおねかっせん

永禄四（一五六一）年十月十日の門司和布刈神社裏にあたる明神の尾根合戦において、伊美弾正左衛門を討ち取った小早川氏の庶流、乃美兵部丞宗勝に対して十月十六日、毛利元就はその太刀打ちの高名を賞した。乃美兵部宗勝は、浦兵部宗勝とも称した。『萩藩閥閲録（巻十一の一浦文書）』『北九州戦国史史料集』『九州戦国合戦記』

宗像城合戦▽むなかたじょうかっせん

永禄十（一五六七）年九月七日、大友義鎮（宗麟）は米多比鎮久に対して、宗像氏の居城を攻撃した時の軍忠および米多比宅所における防戦を賞した。同日付けで大友義鎮は鷹野弥十郎に対しても軍忠状を与えている。この合戦は、永禄十年秋月攻城軍から無断で領国に帰った宗像氏に対し、立花城兵をもって攻撃させたのである。「米多比文書」『大友宗麟書状』『大友宗麟資料集』『北九州戦国史史料集』

門司伊川村合戦▽もじいかわむらかっせん
元亀二（一五七一）年十二月十二日の合戦。門司城（北九州市門司区）城主の仁保常陸介の養子帯刀が高橋鑑種のために門司伊川村で討死したために、城を攻略され、落城した。元亀二年十二月十二日、門司城将仁保常陸介養子帯刀介は、苅田松山城（京都郡苅田町）の長野氏と諮り、小倉城主高橋鑑種を討たんとして敵の伏兵に遇い、伊川村で討死した。『門司郷土叢書』『北九州戦国史史料集』

門司表合戦▽もじおもてかっせん
永禄五（一五六二）年四月十八日、津崎善兵衛尉は永禄四（一五六一）年十一月五日の門司表の合戦において敗軍の際にも田原親宏の側を離れず、比類なき忠勤を励んだが恩賞に預かれず、このままでは子孫の代になって所領が無くなり零落したときに、奉公が足りなかったと嘲りを受けるとして、家老職に恩賞を督促している。この「津崎文書」から門司表合戦が行われたことが窺える。「津崎文書」「津崎董勝申し状写」『編年大友史料』『北九州戦国史史料集』

門司表合戦▽もじおもてかっせん
永禄四（一五六一）年十月二日、大友勢が大挙して門司城（北九州市門司区）を攻めた。児玉就方はこの合戦の分捕り注文に証人を添えて毛利元就・隆元に証判を請う。『萩藩閥閲録（巻百児玉文書）』『北九州戦国史史料集』

門司関城合戦▽もじがせきじょうかっせん
貞治二・正平十八（一三六三）年七月二十一日。門司親尚は、門司元親とともに菊地代官鞍楠氏・門司親頼などの襲来につき、門司関城で合戦して戦功をあげた。「貞治四年四月門司親尚軍忠状」「貞治三年三月門司親尚軍忠状」『北九州市史』

門司城合戦▽もじじょうかっせん
天文二十三（一五五四）年秋（八月）。毛利元就は小早川隆景を大将として、二万の軍勢を差し向けて門司城を攻略した。奴留湯主水が城を守っていたが、守り切れず落城し、城督の奴留湯主水は辛く逃れて豊後の地に落行した。「永正二年の佐田泰景の軍忠状」

門司城合戦▽もじじょうかっせん
天文二十三（一五五四）年十月十三日。奴留湯主水が門司城（北九州市門司区）を攻略されたことから、大友義鎮は戸次鑑連（立花道雪）を追手の大将として、斉藤鑑実、吉弘鑑理、田原、臼杵をはじめとして二万余騎をもって門司城を攻略した。これを迎え討つ小早川隆景一万二千余騎が出向かい、十月十三日に合戦が始まった。

この合戦では大友勢が勝利し大将の小早川隆景は事故なく芸州に引取ったが毛利家は多くの将士が討ち取られた。「永正二年の佐田泰景の軍忠状」

門司城合戦▽もじじょうかっせん
弘治元（一五五五）年十二月か。毛利元就は小早川隆景を大将として宍戸、熊谷、桂、梨羽、児玉、出羽、国司以下の二万余人の諸将兵を従えて門司浦に押し渡し、大友方の奴留湯主水正が守っていた門司城を攻略した。城督の奴留湯主水は辛く逃れて豊後の地に落行した。『史料にみる門司城及び永禄の門司城合戦』『北肥戰誌　九州治乱記』

門司城合戦▽もじじょうかっせん
永禄元（一五五八）年六月、毛利元就は、小早川隆景をして大友方の門司城を攻略した。この合戦について毛利元就の側近であった児玉三郎右衛門就忠による貫助八（元助）の粉骨砕身の戦功ぶりを示す証状あり。『新裁軍記』『北九州戦国史史料集』「貫半左衛門家証文」

門司城合戦▽もじじょうかっせん
永禄二（一五五九）年九月の門司城合戦の史料は、毛利方波多野氏の討死と門司城が攻略された記事以外に見当たらない。『吉田物語』によれば、同年九月二十六日、豊後衆大友勢は門司城を攻撃し、毛利方で防戦していた波多野大和守、波多野兵庫允が手柄を立てたが、ともに討死落城した。翌日、毛利勢は門司と小倉の間に上陸して大友勢を攻撃し、中津沖の大友水軍を撃退させ、毛利方の勝利、大友勢は門司より退却したとある。『吉田物語』『北九州戦国史史料集』『九州戦国合戦記』

門司城合戦▽もじじょうかっせん
永禄五（一五六二）年五月以前、大友義鎮（宗麟）は永禄五年三月に門司城城督を置いており、同年七月には毛利元就は毛利方の杉豊後守連緒が城将になっていることから、この間に合戦が行われ門司城を奪還したことが窺える。この事と合わせて永禄五年三月には大友義鎮が香春岳城に城督を置いたが、五月には毛利方になっている。また、永禄五年七月六日、毛利隆元は堀立直正に対して、門司合戦勝利後、豊筑の国衆を味方に引き入れるため、国人衆の意見の取り次ぎを命じている。『北九州戦国史史料集』「堀立家証文写」

門司城合戦▽もじじょうかっせん
元亀元（一五七〇）年二月十二日の合戦。毛利輝元は、桂元忠に対して、門司城城番の内藤隆春の油断により、高橋鑑種と大友勢に門司城を攻撃されたことを伝えている。同年三月二十七日、門司城加番剣持家久は粟屋元勝への文中に、大友義鎮（宗麟）に降伏した高橋鑑種が本陣を鷹ヶ岡（北九州市小倉北区篠崎）に置いて、大友勢とともに門司城を攻撃したとある。『萩藩閥閲録（巻四十七南方文書）』『北九州戦国史史料集』

門司城合戦▽もじじょうかっせん
元亀元（一五七〇）年七月七日の合戦。同年八月十三日、毛利元就は堀立壱岐守に対して赤間関から安芸吉田へ上国を命じ、大庭加賀守を派遣した。この書状の中に、七月七日に小倉城主、高橋鑑種（永禄十二年毛利勢立花城撤退の後、永禄十二年十一月末日に大友義鎮（宗麟）に降参し小倉城主となった）が、二月頃大友勢と門司城を攻めた記述がある。「堀立家証文写」『北九州戦国史史料集』

門司城要害合戦▽もじじょうようがいかっせん
永禄元（一五五八）年三月十五日、大友義鎮は、門司親胤に対して、三月八日門司対馬守要害に牢人が攻めかかり合戦となったが、これを防戦した戦功を賞している。この要害とは、門司城の枝城、対馬守が柳系であることから藤松城（北九州市門司区上藤松）と『北九州戦国史史料集』は比定している。『門司文書』「大友義鎮書状」『門司郷土叢書』『北九州戦国史史料集』

門司浜合戦▽もじはまかっせん
永禄四（一五六一）年十一月二日、毛利元就は乃美兵部丞宗勝に対して十月十日の門司浜での合戦において大友方の伊美弾正左衛門を討ち取った戦功を賞した。この戦功により、毛利元就は相生（山口県光市）・白松（山口市阿知須）の知行を宛った。『萩藩閥閲録（巻十一の一浦文書）』『北九州戦国史史料集』

門司平城口合戦▽もじひらじょうぐちかっせん
永禄四（一五六一）年十二月二十一日、大友義鎮は、大友族、一万田治部少輔鎮実に対して、十月二十六日の門司平城口における合戦で防戦した戦功を賞した。「一万田文書」「大友義鎮書状」『大友宗麟資料集』『北九州戦国史史料集』

門司柳城合戦▽もじやなぎじょうかっせん
貞治二・正平十八（一三六三）年十二月十三日。小野資教は柳城（北九州市門司区大里）合戦において負傷し、足利義詮から感状を受けた。『北九州市史』

やらわ行

休松合戦▽やすみまつかっせん

永禄十（一五六七）年九月三日、筑前、秋月の休松（朝倉市柿原の安見城山付近）において、大友勢は秋月勢と合戦。秋月勢の夜襲により大友勢が敗れ、戸次鑑連（立花道雪）は全軍に後退を命じ、筑後山隈（三井郡大刀洗町）方面に引き揚げた。大友方は四百人以上の戦死者を出し、大将、戸次鑑連の五人の弟が一度に討死し、家中も五十人余の戦死者を出した戦いであった。しかし、『大友家文書』では敗北としていない。宗像・麻生氏等が毛利方について大友勢の古処山城への攻撃を遮った。また、この筑前休松合戦における田尻鑑種（山門郡鷹尾城主）の合戦注文に大友宗麟は証判を与えた。大友宗麟は九月八日、鑑連に対して一族の死を悼み、書状を送り、今後の方策を講じ、秘蔵の太刀を贈っている。「大友家文書録」「田尻文書」『大友宗麟資料集』『九州戦国合戦記』『北九州戦国史史料集』『立花文書』『大友宗麟書状』

八尋・室木合戦▽やひろ・むろきかっせん

弘治二（一五五六）年月日不詳。同年十二月二日、宗像奉行吉田致勝、寺内尚秀、占部賢安の連署にて寺内治部丞に対して鞍手郡室木・八尋での合戦勝利を賞した。「新撰宗像記考証」『宗像市史史料編』『北九州戦国史史料集』

山鹿城合戦▽やまがじょうかっせん

永禄二（一五五九）年九月二十五日、宗像氏の占部尚安の守る許斐城（宗像市王丸の福間町境にあった）は、大友方の立花城主立花鑑載勢と大友勢から攻められて落城。また、宗像氏貞の白山城も攻略された。この時、宗像大宮司家の宗像氏貞以下宗像勢は大島に退いた。この時に麻生氏の居城であった山鹿城も攻められて麻生家助は城を開けて長門の彦島に落ちた。「佐田文書」『大友宗麟資料集』「宗像記追考」『宗像郡誌』『北九州戦国史史料』

山鹿城合戦▽やまがじょうかっせん

天正十（一五八二）年八月十二日、麻生統春は、小田村元頼に対し、麻生隆実の山鹿城（遠賀郡芦屋町）攻撃の戦功を賞した。『小田村文書』『麻生統春書状』『佐賀県史料集成』『北九州戦国史史料集』

山口尾合戦▽やまぐちおかっせん

天正十一（一五八三）年五月二十四日、杉統連は宛名不明に対し、五月二十二日山口尾（宮若市若宮町）における秋月勢との合戦、槍折れの粉骨を賞する。『児玉韞採集文書』『編年大友史料』『北九州戦国史史料集』

山田城合戦▽やまだじょうかっせん

弘治三（一五五七）年六月二十一日。大友義鎮の軍勢

は山田安芸守隆朝の館を攻略ののち弘治三年六月二十一日、山田氏の詰め城であった山田城（櫛狩屋城）を攻略した。この闘いで秣刑部は、山田隆朝の子息千代丸十一歳の頸を取って田原親宏に差し出したが、山田隆朝は行方が分からず。山田安芸守隆朝に肩入れした者の頸八百あまりが取られて、上毛郡の四分の一の男女を失った。六月二十七日には仲八屋備前守英信の頸も田原親宏のもとに差し出された。『北九州市史』「佐田文書」『編年大友史料』『北九州戦国史料集』

山田城合戦▽やまだじょうかっせん

⇩川内村城合戦（かわちむらじょうかっせん）

山田隆朝館合戦▽やまだたかとものやかたかっせん

弘治三（一五五七）年六月二十一日。大友義鎮は、長門国長府で大内義長が自害した弘治三年六月二十日には、上毛郡にことごとく放火し、山田隆朝の宅所（館）を攻略した。六月二十八日には、山田隆朝の要害攻略に参加した赤尾鎮房が田原親宏に提出した首分捕り注文に大友義鎮が証判を与えている。『北九州市史』『北九州戦国史料集』「時枝良太氏文書」「赤尾賢種分捕り注文」『編年大友史料』

吉原・八並合戦▽よしはら・やつなみかっせん

天正十（一五八二）年三月十六日、前年の小金原の合戦で怒りの収まらない立花道雪は、重臣小野和泉を将として五百騎を添えて宗像氏貞を許斐口の吉原と八並（共に福津市八並）を攻めた。これを知った氏貞は領内から軍勢を召集して合戦となった。宗像勢は若干の死傷者を出したが、この時の戦況は、立花方に旗色が悪く、引き足となり立花城に退いた。『筑前戦国史』

若松浦合戦▽わかまつうらかっせん

永禄四（一五六一）年正月十八日、大友方筑前麻生氏頭領で遠賀郡上津役城（八幡西区下上津役）城主であった麻生鎮里は、藤村右京亮に対して正月十六日遠賀郡若松浦の合戦において分捕りの高名を賞した。この時、若松浦に立て籠もったのは門司城の毛利勢と毛利方麻生一派麻生隆実と推定される。『太宰管内志』『麻生鎮里書状写』『北九州戦国史料集』

若宮合戦▽わかみやかっせん

弘治二（一五五六）年九月二日鞍手郡若宮での合戦。同年十月十七日、大内義長の奉行内藤隆世は有馬与四郎に対して若宮合戦の戦功を賞した。『北九州戦国史史料集』

脇山合戦▽わきやまかっせん

天正七（一五七九）年九月二十三日、大友義統は大鶴安芸入道に対して、荒平城主（福岡市早良区東入部）であった小田部紹叱父子等の戦死を賞した。天正七年九月、筑前脇山合戦での戦死であった。「大友家文書録」『北肥戰誌　九州治乱記』『北九州戦国史史料集』

年表

応仁元年	一四六七	五月、応仁の乱。この年、少弐教頼、東軍に応じ、宗盛直と共に筑前に攻め入る。大内勢はこれを破り、教頼、盛直敗死す（「海東諸国記」） 七月三十日、大内政弘、西軍山名持豊に与し東上す（「山口県年表」）
応仁二年	一四六八	十月二十八日、幕府は九州の諸将に対して少弐氏本国をのぞく、大内氏とその与同の分国攻略を命ずる（「相良文書」）
文明元年	一四六九	二月某、大内氏重臣、仁保弘直、反旗を挙げ東軍に加担す、陶弘房これを平定す（「山口県年表」） 四月二十七日、この以前に少弐頼忠、筑前に攻め入り大内勢と戦う（「大内氏実録土代」） 五月二十七日、この以前、大友、少弐連合し大内氏を攻め、大内氏苦戦の風聞（「大乗寺社雑事記」）。この年、少弐氏、筑前を手中にす（「高野山文書」）
文明二年	一四七〇	三月某、政弘の伯父大内教幸、大友親繁に誘われ仁保盛保らと東軍赤松政則に応じ赤間関に挙兵す。陶弘護はこれを破る。ついで教幸、長門一之瀬城・豊前小倉城に弘護と戦い、京都郡馬岳城を最後として敗れる（「陶弘護肖像讃・大乗院寺社雑事記」）
文明三年	一四七一	十一月二十六日、政弘、大内教幸と戦う。教幸ついに敗れて馬岳城に走り、是の日自殺す（「山口県年表」）
文明四年	一四七二	一月十五日、山名宗全、細川勝元に和議を申し入れるが不調（「親長卿記」「日本史総合年表」）
文明五年	一四七三	十二月十九日、足利義尚、元服し、将軍宣下を受ける（「親長卿記」「日本史総合年表」）
文明六年	一四七四	七月二十六日、山名政豊、大内政弘・畠山義就らと京都北野に戦う（「親長卿記」「日本史総合年表」）

文明七年	一四七五	十一月十三日、豊前守護代讃岐守、彦山（英彦山）に禁制す（「彦山文書」「総合地方史大年表」）
文明八年	一四七六	九月十四日、足利義政、大内政弘に東西両軍の和平を計らせる（「蜷川家文書」「日本史総合年表」）
文明九年	一四七七	十一月十一日、応仁の乱以来の戦乱終わり、政弘および将兵、分国に帰る（「大友家文書録」）
文明十年	一四七八	九月十六日、大内政弘、大内教幸と戦い教幸ついに敗れて馬岳城に走り、是の日自殺す（「山口県年表」）。九月十九日、政弘、豊前・筑前に戦い、少弐氏を破る（「蜷川親元日記」）。九月二十五日、少弐氏、太宰府で敗れ筑前より退散する（「陶弘護肖像讃」）。
文明十一年	一四七九	五月二十二日、渋川教直、九州探題となる（「日本史総合年表」）
文明十二年	一四八〇	二月二十五日、足利成氏、細川政元に和議斡旋を依頼（「蜷川家文書」「日本史総合年表」）
文明十三年	一四八一	一月六日、足利義政、室日野富子との不和、守護などの不従により閉居（「宣胤卿記」「日本史総合年表」）
文明十四年	一四八二	三月十日、大内義弘、豊前津隈の地を毛利弘元に知行せしむ（「山口県年表」）
文明十五年	一四八三	十一月十一日、豊前守護代、宇佐宮番長永弘氏輔をして行幸会を行わしむ（「永弘文書」）
文明十六年	一四八四	五月、大内政弘、分国内の金・銀・銭の交換比率を定める（「大内家壁書」「日本史総合年表」）
文明十七年	一四八五	四月十五日、大内政弘、撰銭などについて禁制制札を定める（「大内氏実録」「日本史総合年表」）
文明十八年	一四八六	三月二十三日、政弘、善福寺に中津郡の地を寄進する（「山口県年表」）

長享元年	一四八七	この年、大内氏、豊前への渡船賃を定める（「増補改訂　中世北九州落日の譜」）
長享二年	一四八八	一月二日、足利義尚、畠山義就追討の御内書を政長に下す（「蔭涼軒」「日本史総合年表」）
延暦元年	一四八九	三月二十六日、足利義煕（義尚）、近江鈎で陣没（「日本史総合年表」）
延暦二年	一四九〇	一月七日、足利義政没（「日本史総合年表」）
延暦三年	一四九一	十二月二十五日、大内義興入京。ついで近江に参陣（「日本史総合年表」）
明応元年	一四九二	一月二十二日、政弘、近江に参陣、豊前国中の社寺領に兵糧米を徴す（「平野文書」） 五月二日、大内政弘、少弐政資と筑前箱崎に戦う（「山口県年表」）。
明応二年	一四九三	二月十五日、足利義材、畠山政長・尚順父子や斯波義寛らを率い、畠山基家追討のため出陣（「雑事記」「日本史総合年表」）
明応三年	一四九四	九月二十一日、足利義材、越中で挙兵（「雑事記」「日本史総合年表」） 十二月二十七日、足利義高、元服・将軍宣下（「公卿補任」「日本史総合年表」）
明応四年	一四九五	五月一日、政弘、中風再発、家督を義興に譲る（「山口県年表」）。九月十八日、政弘死す。五十歳（「山口県年表」）
明応五年	一四九六	一月、少弐政資、筑前の諸城を攻略し、大宰府に移る（「歴代鎮西要略」「日本史総合年表」）
明応六年	一四九七	三月十五日、大内義興、少弐政資を筑前で破る（「三浦家文書」「日本史総合年表」）
明応七年	一四九八	十一月七日、大内義興、豊後に兵を進め、大友親治に豊後青内山において破らる（「山口県年表」）
明応八年	一四九九	二月十六日、杉武明、大内義興を廃し、弟の高弘を立てんとし、露見して自殺（「大乗寺社雑事記」）。四月二十九日、大友親治、求菩提山にその寺領を安堵せしむ（「求菩提山文書」）。七月二十五日、杉弘固を豊前に遣わし大友親治の属城を討たす（「山口県

		年表」）
明応九年	一五〇〇	この年、周防の足利義尹、九州・四国の諸将に助勢を依頼（「相良家文書」「日本史総合年表」）
文亀元年	一五〇一	閏、六月十日、幕府、大内義興追討の綸旨を給う（「大乗寺社雑事記」）。六月二十四日是より前、大友親治および少弐資元の馬岳城を攻む。是の日、援軍神代与兵衛、入城す。義興、仁保護郷を遣わすも、護郷、中津郡沓屋で戦い敗死す（「大友家文書録」）。七月二十三日、義興、重代の剣を氷上妙見に納めて九州平定を祈り、諸将に馬岳を救援せしめ、是日、大友、少弐を破る（「大友家文書録」）。十二月三日、幕府、大友義親に命じて安芸・石見の将とともに義興のもとにある足利義稙を討たしむ
文亀二年	一五〇二	足利義澄（義高）、政元と不和となる（「戦国武将合戦事典」）
文亀三年	一五〇三	三月、幕府、朝鮮に通信符を求める（「日本史総合年表」）
永正元年	一五〇四	京都に土一揆蜂起、幕府、徳政を行う（「戦国武将合戦事典」）
永正二年	一五〇五	一月二十六日、足利義澄、大友親治を賞し、大内高弘に大友親治と協力することを求む（「山口県年表」）
永正三年	一五〇六	三月、大友親治・少弐資元、豊前・筑前の大内義興方諸城を攻撃（「萩藩閥閲録」「日本史総合年表」）
永正四年	一五〇七	十二月十五日、大内義興、足利義尹を奉じて上洛を図る（「御内書案」「日本史総合年表」）
永正五年	一五〇八	足利義稙入京し、義興これに従う（「山口県年表」）。七月一日、義稙、将軍に任ぜられ、義興を管領代に任ず（「山口県年表」）
永正六年	一五〇九	この年、少弐の残党、豊前・筑前に蜂起する。大内義興、豊前国守護職を回復する（「豊津町史」）

永正七年	一五一〇	二月二十八日、細川高国・大内義興ら、近江で足利義澄を攻めるが敗北（「実隆公記」「日本史総合年表」）
永正八年	一五一一	八月十六日、足利義尹、細川高国・大内義興ら丹波に逃る（「尚通公記」「日本史総合年表」）
永正九年	一五一二	三月二十六日、大内義興、船岡山の軍功により従三位に叙せらる（「山口県年表」）
永正十年	一五一三	十一月九日、義尹、義稙と改名（「拾芥記」「日本史総合年表」）
永正十一年	一五一四	四月十日、幕府、私闘を禁じる（「日本史総合年表」）
永正十二年	一五一五	この年、武田元繁、大内義興方の安芸己斐城を攻撃（「毛利家文書」「日本史総合年表」）
永正十三年	一五一六	四月十九日、幕府、渡唐船の事を大内義興に管掌させる（「御内書案」「日本史総合年表」）
永正十四年	一五一七	十月二十二日、毛利元就、安芸有田で武田元繁を討つ（「萩藩閥閲録」「日本史総合年表」）
永正十五年	一五一八	八月、足利義稙、大内義興の周防帰国を許す（「戦国武将合戦事典」）
永正十六年	一五一九	十一月三日、足利義稙、赤松義村に細川高国との和睦と上洛を催促（「御内書案」「日本史総合年表」）
永正十七年	一五二〇	十二月、大内氏豊前国の寺社領を安堵する（「豊津町史」）
大永元年	一五二一	十二月二十五日、足利義晴に将軍宣下（「公卿補任」「日本史総合年表」）
大永二年	一五二二	三月、大内義興勢、安芸で尼子経久方と戦う（「萩藩閥閲録」「日本史総合年表」）
大永三年	一五二三	六月、尼子経久、安芸に侵入、毛利氏、大内氏の鏡山城を攻撃、毛利元就、家督に就く（「戦国武将合戦事典」）
大永四年	一五二四	五月十二日、大内義興の将陶興房、尼子方の安芸大野城を攻略（「棚守房顕手記」「日

		本史総合年表」）
大永五年	一五二五	十二月、義興、安芸において尼子経久と戦う。大友義鑑、援兵を送る（「山口県年表」）
大永六年	一五二六	三月二十日、大友方立花鑑連、馬ケ岳に陣して大内方の佐野親基を破る（「山口県年表」）。七月五日、義興と大友義鑑の援兵、安芸にて尼子経久と戦い、府中城を落とす（「山口県年表」）。この戦いにおいて豊前の武士多く死す（「湯屋文書」）
大永七年	一五二七	十一月二十五日、栂牟礼城主佐伯惟治、大友の将臼杵長景に攻められて敗死す（「増補訂正編年大友史料」）
享禄元年	一五二八	七月十四日、義興病む、十二月二十日義興死す。五十二歳。嫡子、義隆が家督をつぐ（「山口県年表」）
享禄二年	一五二九	七月二十七日、義隆、杉重信に豊前守護代を命じ、周防彦次郎に豊前の地を宛う（「山口県年表」）
享禄三年	一五三〇	三月九日、幕府、大内義隆の遣明船再開の要請を許可（「後鑑所収伊勢家書」「日本史総合年表」）
享禄四年	一五三一	四月五日、義隆、家臣、楊井長盛に豊前宇佐郡内の地等を宛う（「山口県年表」）
天文元年	一五三二	一月十四日、山田清高ら友枝隼人佐に椎田町御領分屋敷を注進す（「友枝文書」）。八月、周防大内義隆の豊後来攻を迎え、大友、少弐は同盟を結んだ（「筑前戦国史」）。十一月十四日、大友義鑑、宇佐郡妙見岳に佐田朝景を攻む。朝景、大友軍を破る（「山口県年表・佐田文書」）。十一月十五日、陶興房九州に出陣
天文二年	一五三三	七月五日、佐田朝景、義鑑の兵と豊前で戦う（「佐田文書」）
天文三年	一五三四	二月二十日、大友方薬師寺右京亮ら宇佐郡佐田口に佐田朝景を攻める。朝景、大友軍を破る（「山口県年表・佐田文書」）。四月二十四日、大内方陶興房、杉重信、佐田朝景

		ら大友方吉弘氏直、寒田親将らと豊後速見郡勢場ケ原に戦い、氏直、親将、戦死す（「佐田文書」）。是時、下毛郡衆参加す（「賀来文書」）。五月十八日、大内方、豊後高田薄野浦で大友方と戦う。下毛郡賀来新左衛門ら戦功を立つ（「賀来文書」）。九月十八日、大内勢、筑後大生寺城を攻め落とした（「筑前戦国史」）。同年十月、大内勢肥前盛福寺を囲み、少弐冬尚遁る（「筑前戦国史」）。十二月十四日、足利幕府は大友氏に大内氏との和睦を勧告した（「筑前戦国史」）
天文四年	一五三五	十二月十四日、将軍、足利義晴、大内方大友方の三年の戦いに和議をすすめる（「山口県年表」）。十二月二十九日、義隆、興房をして少弐資元、冬尚父子を追い、肥前三根郡を占領す（「山口県年表」）
天文五年	一五三六	五月十六日、大内義隆、大宰大弐に任ぜられ昇殿を許さる。九月、陶興房は多久城を攻めて少弐資元を滅ぼした（「筑前戦国史」「山口県年表」）。十二月二十九日、杉重信、友枝小三郎を新兵衛尉に任ず（「友枝文書」）
天文六年	一五三七	九月十一日、大内義隆、京都郡吉田荘野分・築城郡徳市名を恵良守綱に宛う（「恵良文書」）
天文七年	一五三八	五月二十九日、筑前秋月種方、大友大内に和議を行わしめ、是日、和議成立す（「山口県年表」）。十月十五日、大弐大内義隆、蠣瀬幸範を下毛郡大家郷司職に補任す（「蠣瀬文書」）
天文八年	一五三九	大内義隆、豊前興国寺に禁制を掲げる（「豊津町史」）
天文九年	一五四〇	八月十六日、尼子詮久、大内義隆の石見大森銀山を攻めるが敗北（「銀山旧記」） 九月四日、詮久、毛利元就の安芸郡山城を攻囲（「毛利家文書」） 十月十一日、元就、安芸相合口などで詮久軍を破る（「毛利家文書」「日本史総合年表」）

天文十年	一五四一	一月、毛利元就・陶隆房ら大内義隆勢、安芸宮崎等で尼子経久を破る（「戦国武将合戦事典」）
天文十一年	一五四二	三月、大内義隆・毛利元就、出雲富田城（月山城）に尼子晴久を攻める（「戦国武将合戦事典」）
天文十二年	一五四三	四月十六日、恵良盛綱、宇佐郡恒松名・京都郡窪荘・田河郡弓削田荘内・上毛郡宇野村等を子息、信勝に譲る（「恵良文書」）。八月、ポルトガル人数名、大隅種子島に来たり鉄砲を伝えた（「筑前戦国史」）
天文十三年	一五四四	三月十一日、宇佐郡麻生表に小乱あり。敷田荘萩原孫三郎、貫道教に従い妙見岳に登城し、是日、功によって賞せらる（「萩原文書」）。六月二十日、大内義隆、築城郡角田荘内を平盛定に宛う（「甲宗八幡文書」）。十一月、毛利隆景、竹原小早川を嗣ぐ（「戦国武将合戦事典」）
天文十四年	一五四五	正月、龍造寺家兼、少弐氏に攻められ柳川蒲池鑑盛を頼る（「北肥戦誌」）。六月三十日、元重次郎左衛門を妙見岳に上番せしむ（「河合文書」）。少弐の部将肥前龍造寺家兼（剛忠）は、大内方の陶氏や杉氏に攻められたが、よく防いで譲らなかった。しかし、少弐家臣馬場頼周の讒言により、正月、少弐冬尚に追われて筑後に奔り、蒲池鑑盛の庇護で間もなく勢いを盛り返し佐賀城を襲撃してこれを奪回した（「筑前戦国史」）
天文十五年	一五四六	三月十日、家兼九十三歳で没し、その曽孫胤信、龍造寺を継ぎ、隆信と改めた。八月十五日、大内義隆、伊豫を攻め、豊前の諸将士これに従う（「山口県年表・屋形文書」）。
天文十六年	一五四七	大内義隆上京して九州探題職となる（「筑前戦国史」）
天文十七年	一五四八	四月二十八日、大内義隆、恵良三郎の軍忠を賞す（「恵良文書」）
天文十八年	一五四九	八月十五日、フランシスコ・ザビエル鹿児島に上陸、布教を開始した（「筑前戦国史」）

天文十九年	一五五〇	二月、大友義鑑、継嗣問題に端を発し家臣津久見、田口のために殺さる。世にこれを「二階崩れの変」という。嫡子大友義鎮（宗麟）家督を継ぐ。時に二十一歳（「筑前戦国史」「大友家文書録」）
天文二十年	一五五一	五月、陶隆房、大友義鎮に密書を与え、大友晴英に大内家を継がせんとし晴英これを諾す（「山口県年表」）。八月二十日、陶隆房、厳島を攻略す（「山口県年表」）。八月二十六日、陶隆房、山口を襲う（「前同」）。九月一日、義隆、長門国大寧寺で自刃す。殉死の岡部隆景等、裏切りの小原隆言等に臨終の書を送る（「北九州戦国史」）。十月、龍造寺隆信、老臣土橋栄益の叛乱で筑後に逃れ、蒲池鑑盛を頼る（「筑前戦国史」）。十月、貫親清、大内氏の抱城、馬ケ岳城を守る。また、城井房純も宇佐の妙見岳を守る（「豊津町史」）
天文二十一年	一五五二	三月三日、大友晴英、山口に入り、大内氏を継ぎ義長と改む（「山口県年表」）。義鎮、菊池の本城隈府城を攻め取る。義武は島原に逃れた。「筑前戦国史」九月十一日、大内義長、門司八幡宮司職を安堵す（「甲宗八幡文書」）。十月、陶隆房、杉重矩を殺す（「山口県年表」）
天文二十二年	一五五三	十月、龍造寺隆信、佐賀城を奪回し、土橋栄盛を討ち旧領を回復する（「筑前戦国史」）
天文二十三年	一五五四	八月、大友義鎮、肥前守護に任ぜらる。「筑前戦国史」秋、毛利元就、北九州へ進攻のため大友方の門司城を小早川隆景の二万余騎で攻めさせこれを奪った（「筑前戦国史」）。十一月、義鎮、菊池義武を直入郡木原に誘殺、南朝以来の名門菊池氏ここに滅ぶ（「筑前戦国史」）
弘治元年	一五五五	十月、毛利元就、陶晴賢を安芸厳島に破り、自害させる（「戦国武将合戦事典」）
弘治二年	一五五六	二月宇佐郡の武士、大友に叛し、大友義鎮は、志賀、田北、朽網、利光らを出向せし

む（「九州軍記」）。三月二日、義長方内藤隆世、杉重輔の邸に放火（「山口県年表」）。五月、毛利元就・吉川元春は尼子晴久を石見銀山に破る（「戦国武将合戦事典」）。五月九日、内藤隆世、杉隆相をして大畠道志に下毛郡吉永山領下作職を安堵せしむ（「緒方文書」）。五月二十日、義長、上毛郡成恒名内杉重輔を成恒輔家に領知せしむ（「成恒文書」）。八月五日、是より先、大内氏、奉行人をして妙見岳の城誘《しろこしらえ》をせしむ（「永弘文書」）。八月二十日、大内氏、宇佐郡田村等を隆綱に宛う（「緒方文書」）。是秋、大友義鎮、大軍を以て宇佐郡龍王城に入る。三十六人衆降る。ついで長岩城・松山城・馬ケ岳城・三ケ岳城・神田城・佐野城降る。妙見岳を田原親賢に、龍王城を山内内記に、田河岩石城を城本氏に守らしむ（「軍紀略・豊府記聞」）。十月六日、野仲氏、大友方に対し、岩石城に挙兵（「中津川軍記・九州軍記」）。十月二十日、佐伯惟教、羅漢寺玄承和尚をして和せしめ、野仲氏、鎮兼と号し大友方の被官となる（「中津川軍記・九州軍記」）。是年、大友義鎮、門司城を落とし、奴留湯主水を城番におく（「山口県年表」）

弘治三年　一五五七

一月、大内義長、山口に鴻峯城を築く（「山口県年表」）。二月義長、内藤隆世とともに入城す（「山口県年表」）。二月二十五日、野仲鎮兼、中摩弾正と共に馬台城を落とす。（「友枝文書」）。三月十八日、義長、友枝隼人佐の忠義を賞す（「友枝文書」）。四月三日、義長、長府長福寺に自害。防長二州毛利氏の領有となる（「山口県年表」）。六月二十三日、末久雅楽允を越中守に任ず（「末久文書」）。是月、大友義鎮、上毛郡山田隆朝を攻め放火落城せしむ（「永弘・時枝・蠣瀬・田原・今任・萩原文書」）。六月、大友義鎮、豊前に進出して馬ケ岳城の長野吉辰を討伐する（「豊津町史」）。七月、大友方、京都郡馬ケ岳城を攻める（「蠣瀬・萩原・恵良文書」）。十一月二十六日、立願により義鎮、田染少宮司の神領を安堵す（「永弘文書」）。

永禄元年　一五五八

この年、毛利氏、門司城を奪回す（「増補改訂中世北九州落日の譜」）

永禄二年	一五五九	一月、是頃、宇佐下毛の武士、大友氏の安堵を受く（「蠣瀬・萩原・恵良文書」）。四月、筑前侍島で大友義鎮と筑紫惟門が戦う（侍島の合戦）。六月二十六日、大友義鎮、豊前・筑前の守護職に補せらる（「大友史料」）。十月、さらに九州探題に任ぜられる（「豊津町史」）。七月一日、小倉津にて戦いあり佐田隆居、某を賞す（「佐田文書」）。九月二十六日是より前、門司城、毛利氏に落とされ仁保隆慰、城番となる。是日、義鎮、田原親宏に命じて門司城を攻めしむるも、小早川隆景の援けにより大友方敗北す（「山口県年表」）。十一月九日、将軍、大友義鎮を九州探題職に補し大内家家督を一任す（「大友史料1」）
永禄三年	一五六〇	三月某、義鎮、使いを豊前・筑前に遣わし、筑紫より秋月、毛利の軍を退けしむ（「歴代鎮西要略」）
永禄四年	一五六一	一月、豊前探題田原親賢、大丸、中尾分の知行を乙咩公綱に授く（「乙咩文書」）。三月六日、田原親賢、某給分を乙咩公綱に預く（「乙咩文書」）。八月一日、門司城を回復す。毛利方松山城の矢野隆重、夜陰に逃る。大友方、宇佐郡龍王城へ帰る（「西豊記」）。十一月、大友・毛利軍、門司城を中心に豊前の地で戦う。毛利方が豊前を制圧、大友方は香春岳・松山両城を放棄して退く（「豊津町史」）
永禄五年	一五六二	一月二十七日、大友方、松山城を攻め敗る（「国史便覧」）。三月、義鎮豊前に出兵、勅使和を入れ、輝元に義鎮の娘を嫁す（「鎮西要略」）。六月十二日、備中守某門司左近将監として規矩郡吉志郡内の地を安堵す（「門司文書」）。七月二十六日、門司八幡大宮司親俊、六ケ郷諸神役を注進す（「甲宗八幡文書」）。是年、大友氏方宇佐大宮司に門司城討伐を誘う。大宮司拒絶す。よって宇佐宮を焼き討ちす。宇佐宮到津八幡宮へ遷座す（「両豊記・小山田・到津文書」）。九月～十一月、大友軍、松山城を攻める（「豊津町史」）。十月、筑前・豊前をめぐり、大友勢が毛利勢を破る（柳浦の戦）（「豊津町史」）

永禄六年	一五六三	一月、大友義鎮、松山城を囲み破れず（「豊津町史」）。三月二十四日、毛利元就、将軍義輝の命により大友義鎮と和議を認む（「山口県年表」）。三月、松山城は大友方へ渡し、香春からも撤退（「豊津町史」）。五月十六日、佐田隆居、兵庫允に築城郡光重内居宅を宛う（「佐田文書」）
永禄七年	一五六四	三月十日、足利義輝、上杉輝虎と北条氏康・武田信玄の和平を促す（「歴代古案」「日本史総合年表」）
永禄八年	一五六五	六月二十二日、豊前岩石城長野筑後守、大友氏に叛く。是日、田原親賢、奈多鑑基里城を攻める（「永弘文書・入江文書」）。八月十三日、義鎮、再び長野筑後守を攻める（「大友史料1」）。是年、宇佐郡麻生親政、使者を彦山（英彦山）に潜る（「彦山史」）
永禄九年	一五六六	三月二十日、宇佐郡麻生親政、大友氏に叛し、田原親賢これを滅ぼす（「両豊記」）。十一月、毛利元就、尼子義久を出雲富田城に攻め、降伏させる（「戦国武将合戦事典」）。十二月六日、大内輝弘、上毛郡内を緒方鎮盛に安堵す（「緒方文書」）
永禄十年	一五六七	八月十五日、織田信長、斎藤竜興の稲葉山城を攻略、岐阜と改めて同城に移る（「信長公記」「日本史総合年表」）
永禄十一年	一五六七	六月十五日、龍造寺隆信、彦山（英彦山）を焼く（「彦山史」）。八月、毛利方の小早川隆景・吉川元春・豊前に入り、大友方に寝返った長野弘勝の三岳城・助守の等覚寺城を攻略す。毛利方、大友義鎮の兵を豊前沖で戦い、大友水軍を破る。九月、大友方、毛利方の松山城を攻めるが、杉重長はこれを防ぐ（「豊津町史」）
永禄十二年	一五六九	一月二十七日、輝弘、長門国内四ケ所、安芸国内一ケ所の知行を緒方鎮盛に安堵す（「緒方文書」）。五月、筑前立花城に拠る毛利勢が博多の大友勢を攻める、（多々良浜の戦）五月三日、大内義弘、内尾勘介に賞として多田飛騨守一跡を宛う（「友枝文書」）。五月十三日、是頃より前、輝弘、大友義鎮の命により大内家再興を企てる。是日、輝弘、

		緒方に軍勢を催す（「緒方文書」）。九月二十四日、野仲鎮兼は、内尾勘介、伊藤又二郎二人をして長岩における忠義を賞す（「友枝文書」）。是月、輝弘、宇佐下毛・上毛郡の武士により軍を編成す（「吉村・恵良文書」）。十月十二日、輝弘、周防秋穂に上陸、高嶺城を攻める。（「山口県年表」）十月十五日、元就、立花城より、元春、隆景を召還す。十月、吉川元春・小早川隆景は大内輝弘を討つ（「戦国武将合戦事典」「山口県年表」）。十月二十五日、輝弘、東走し、是日、茶臼山で自殺す（「大内氏実録」）。高橋鑑種、大友氏に降伏、大友義鎮は鑑種を小倉城に移す。豊前の諸士も相次いで大友氏に降る（「豊津町史」）
元亀元年	一五七〇	十二月二十五日、門司親胤、門司余七に門司関吉志半分西方地頭職、上毛郡内垂水・規矩郡吉志郷内国衙分内門司当住屋敷・柳郷内・片野郷内等の所職を譲与す（「門司文書」）
元亀二年	一五七一	四月二日、大友軍赤間関を掠め毛利に破らる（「山口県年表」）。六月十四日、毛利元就、死去（「山口県年表」）。ついで毛利方、九州より兵を引揚ぐ。よって義鎮、九州六ケ国の大名となる（「豊津町史」）
元亀三年	一五七二	四月、土佐一条兼定、伊予西園寺公広に攻められ、義鎮に救援をする。よって佐伯惟教を遣わして公広を降す（「大友史料」）
天正元年	一五七三	七月十九日、室町幕府滅亡
天正二年	一五七四	九月、織田信長、伊勢長島一揆を鎮圧（「戦国武将合戦事典」）
天正三年	一五七五	五月二十二日、小早川隆景、備中国松城に三村政親を滅ぼす（「吉川家文書」「日本史総合年表」）
天正四年	一五七六	七月、毛利輝元の水軍、摂津木津川口に信長水軍を破り、本願寺に兵糧を入れる（「戦国武将合戦事典」）

天正五年	一五七七	一月、是より先、伊東義祐、島津義久に散る。是頃、大友に身を寄す（「大友興廃記」）
天正六年	一五七八	十月、大友義統、九州六ケ国の兵を以て日向の高城、耳川の合戦において島津義久の軍に大敗す（「大友家文書録」「大友史料」「豊津町史」）
天正七年	一五七九	一月九日、下毛郡野仲鎮兼、毛利に通じて大友方諸城を攻める（「蠣瀬・成恒・加来文書」）。二月、秋月種実、高橋鑑種、城井（宇都宮）鎮房らと通じ、大友氏に背く（「豊津町史」）。二月十九日野仲氏、下毛郡大畑城加来安芸を攻める。成恒・蠣瀬氏等、大友氏を助ける、是日、長岩城に帰る（「成瀬・蠣瀬文書・九州軍記」）。三月、高橋鑑種、大友方の香春城の千手鑑元を襲って自殺させ、さらに四月には杉重良を蓑島城に攻める。杉重良は敗死（「豊津町史」）。四月二十四日野仲鎮兼、友枝表の忠貞を賞す（「友枝文書」）。四月二十八日、大友義統、加来安芸守、福島佐渡守の軍功を賞す（「蠣瀬文書」）。四月宇佐宮奈多鑑基の暴状を訴う（「小山田・永弘・到津文書」）。五月十三日、田原紹忍、内尾伊豆らをしてその表の忠貞を賞す（「友枝文書」）。十月二十一日下毛郡に反大友の悪党蜂起す。十二月二十七日、加来安芸、妙見岳攻略を命ぜらる（「成瀬文書」）
天正八年	一五八〇	一月八日、宇佐郡平田表に橋津氏に叛す。一月十一日、義統、鎮基に命じて豊筑悪党退治を宇佐宮に祈る（「永弘文書」）。二月、田原親貫は肥前龍造寺、筑前秋月、豊前高橋元種、城井鎮房と謀り、国東鞍懸城に兵を挙げ大友に叛す。是月、義統、田原親貫を攻める。豊前の高橋、長野、千手、斉藤ら筑前秋月と通じ大友領を犯す。大友方出陣するも中津城に引く、龍造寺、肥後・筑後・筑前を征し、西豊前これに従う。「軍紀略、鎮西要略、豊府紀聞、陰徳太平記」三月、中津川表に乱（「成恒文書」）。閏三月、鞍懸城落ち、親貫死す。三月十八日、広津鎮種は、金苗帯刀丞がさる家宮永、取懸りの忠節

天正九年	一五八一	を賞す（「金苗文書」）。五月、宇佐郡高森の武士、葛原表に叛す。七月六日、宇佐郡小菊合戦（「渡辺文書」）。二十日某、津野田善兵衛の忠節を賞して、山田荘内一町を扶助せしむ（「津野田文書」）。八月、野仲鎮兼、加来福嶋氏を攻める（「加来文書」）。是頃、西表の悪党大友氏に叛す。十月五日、義統、宇佐郡衆を催し、安心院公正等を野仲鎮兼領内に攻め入る（「飯田文書」）。十五日、野仲鎮兼、内尾藤太郎をして田口表の忠貞を賞す（「友枝文書」）。十二月二十日、津野田善兵衛、広瀬跡一町を渡す（「津野田文書」） 二月二十二日、下毛郡に合戦あり（「成恒文書」）。四月七日、野仲氏、加来氏を攻める。五月十日、広津鎮頼、金苗帯刀をして下毛郡内西の五町を扶助せしむ（「金苗文書」）。五月二十七日、柳川城主蒲池鎮並、佐賀で龍造寺隆信に謀殺される（「北肥戦誌」）。十月八日、大友氏、彦山（英彦山）を焼き討ちす（「イエズス会通信」）。十月、大友義鎮は彦山宗徒が秋月・龍造寺氏を援けたことにより、坊舎を焼く、山伏は、上仏来山に立て籠もり、応戦する（「豊津町史」）
天正十年	一五八二	四月十八日、広津鎮頼ら下毛郡宮永・万田・陽屋村の内を向野掃部丞に宛う（「向野文書」）。四月二十三日、宇佐郡時枝大友に叛す。渡辺氏これを討つ（「渡辺文書」）。五月十三日城井鎮房、清九郎衛門の五月八日櫟木原における取り懸りの軍忠を賞す（「高倉文書」）。五月二十日命を奉じて津野田軍兵士に久次を加冠す（「津野田文書」）。五月二十一日高橋元種、末久左馬允に上野郡内を給す（「末久文書」）。五月二十九日野仲鎮兼は内尾、羽津手、長野らをして、その表を普請せしむ（「友枝文書」）。九月十一日、高橋元種、如法寺に三十町を寄付す（「如法寺文書」）。十月、神楽岳城の戦いに時枝衆蜂起す（「広崎文書」）。高橋元種（鑑種の養子）、下毛郡・宇佐郡に進出して、大友勢は宇佐妙見岳城に孤立す（「豊津町史」）
天正十一年	一五八三	大友勢が反撃を始め、下毛・宇佐郡で激戦が続く。是年、宇佐宮上宮造営成る（「小

天正十二年	一五八四	山田文書」） 一月十一日、種賢、森山登城につき久次一跡を子に相続せしむ（「津野田文書」）。三月二日、種賢、津野田久次の森山における軍忠を賞す（「前同」）。十一月十七日、高橋元種、如法寺座主坊職を子息道原に安堵す（「如法寺文書」）
天正十三年	一五八五	城井鎮房、高橋鑑種、秋月種実、長野種信らが島津氏の幕下となる。十月二日、宇佐郡時枝氏、大友氏に叛す。是日、中島氏これを滅ぼす（「広崎文書」）。九月十三日、立花道雪、筑後の陣中で没す。七十三歳（「豊前覚書」「九州戦国合戦記」）
天正十四年	一五八六	四月、大友義鎮、上坂して関白豊臣秀吉に謁し、島津討伐のことを上訴する（「大友史料」「大友家文書録」）。七月、島津勢の筑前の戦いに、城井・高橋・秋月・長野各氏も島津方として参戦（「豊津町史」）。九月六日、宇佐郡佐野義重、大友に叛すも、是日、滅ぼされる（「宇佐郡記」）。十月十六日、種賢、末延養五郎に加冠。賢氏と名付ける（「津野田文書」）。是日、大友義統、豊前に入るも大敗す（「歴代鎮西要略」）。十一月十三日、城井鎮房、築城・中津・上毛三郡内を十町、渡辺右京進に扶助せしむ（「渡辺文書」）。十二月十日、秀吉、広津鎮種に島津討伐を催す（「広津文書」）。是頃、元房が十一月七日の如法寺河底防戦の時、城井鎮房被官を討ち取り、津野田軍兵衛尉の功名を賞す（「津野田文書」）。十二月二十一日、元房、津野田久次に末光名水門村を宛う（「津野田文書」）。十二月義統、宇佐郡龍王城に逃れる（「歴代鎮西要略」）。十二月、島津家久、豊後戸次川に仙石秀久・長宗我部信親を破る（「戦国武将合戦事典」）
天正十五年	一五八七	三月、秀吉、小倉を経て馬ケ岳城に入る（「豊津町史」）。三月、秀吉、大軍を出して大友を救く。島津氏降る。四月岩石城を攻め落とす（「豊津町史」）。六月、秀吉は豊前の田河・規矩二郡を毛利勝信に、京都・仲津・築城・上毛・下毛・宇佐六郡を黒田孝高に与える（「黒田家譜」）。七月、黒田孝高は築城郡法念寺に、長政は京都郡馬ケ岳に入

		る（「黒田家譜」）。八月二十八日、内尾兼元、栗山某へ坪付きを注進せしむ（「友枝文書」）。十月、宇佐・下毛・上毛の土豪連合して黒田に抗す。上毛郡観音原に戦い、鬼木掃部討死する（「友枝文書」）
天正十六年	一五八八	一月一日、黒田氏、丸山城を修築して、まもなく入城（「黒田家譜・宇佐軍記・豊前志」）。三月、下毛・宇佐の土豪課役を拒み黒田氏に叛す（「中津川軍記」）。池永重量（重則）討死す（「中津川軍記」）。四月八日、下毛郡長岩城野仲鎮兼滅ぼされる（「黒田長政記」）。五月、下毛郡、犬丸清俊も滅ぼされる（「豊前故城誌・豊前志」）
天正十七年	一五八九	四月二十日、城井鎮房、中津城に誘殺さる（「城井闘争記」）。九月一日、豊臣秀吉、諸大名に妻子の在京を命じる（「多聞院日記」「日本史総合年表」）
天正十八年	一五九〇	四月、黒田孝高（如水）、小田原に従う（「中津年表」）
天正十九年	一五九一	十二月二十八日、豊臣秀次、関白となる（「木下家文書」「日本史総合年表」）
文禄元年	一五九二	四月、黒田長政朝鮮に渡海す。五月、孝高朝鮮に渡海し、九月に帰国す
文禄二年	一五九三	三月、孝高、渡鮮す（「中津年表」）。是年、宇都宮立柱上棟す（「大宇佐郡史」）
文禄三年	一五九四	豊臣秀吉、キリシタンを長崎で処刑（「長崎志」「日本史総合年表」）
文禄四年	一五九五	七月八日、秀吉、豊臣秀次を高野山に追放。七月十五日、秀次、自殺（「言経卿記」「日本史総合年表」）
慶長元年	一五九六	一月、豊臣秀吉、毛利・小早川ら諸大名に淀川築堤を命じる（「毛利家文書」「日本史総合年表」）
慶長二年	一五九七	三月、黒田長政・加藤清正ら、朝鮮梁山・西生浦等に倭城を普請す（「浅野家文書・黒田家譜」「日本史総合年表」）
慶長三年	一五九八	八月十八日、秀吉没（「戦国武将合戦事典」「日本史総合年表」）
慶長四年	一五九九	一月十日、豊臣秀頼、伏見状より大坂城に移る（「義演准后日記」「日本史総合年表」）

慶長五年	一六〇〇	九月十五日、関ヶ原の役起こる。是時、大友義統、豊後に帰り石田方となる。孝高、兵を率いて石垣原に戦い、義統を擒にする（「軍記略・豊陽志・豊城世譜・大友興廃記・豊府紀聞・吉弘系図」）
慶長六年	一六〇一	黒田氏、筑前五十二万石に転封す（「黒田家譜」）

■出典・参考文献

文書・資料等

「赤松記」（『羣書類従』第二十一輯合戦部、塙保己一編・続群書類従完成会校、続群書類従完成会刊、一九六〇年）

「麻生文書」（『福岡県史資料』第三輯、福岡県編・刊、一九三四年）

「阿蘇文書」（熊本県教育委員会編、『熊本県文化財調査報告』第十一集、熊本県刊、一九七三年）

「石松文書」（大分県史料刊行会編『大分県史料』第十三巻、大分県立教育研究所刊、一九五七年）

「伊集院忠棟書状」（『佐賀県史料集成』古文書編第二十五巻、佐賀県立図書館編・刊、一九八四年）

「一万田文書」（大分県史料刊行会編『大分県史料』第九巻、大分県立教育研究所刊、一九五六年）

「到津文書」（『大分県史料』第十六巻、大分県史料刊行会編、大分県立教育研究所、一九六四年）

「糸永文書」（大分県史料刊行会編『大分県史料』第八巻、大分県立教育研究所刊、一九五八年）

「稲員家記」（『福岡県史資料』第七輯、福岡県編・刊、一九三七年）

「猪嶽合戦について――御領越後入道本仏の死・続考」有川宣博著（『記録』二二冊、小倉郷土会編集委員会編・刊、一九八二年）

「今富文書」（大分県史料刊行会編『大分県史料』第二十五巻、大分県立教育研究所刊、一九六四年）

「入江文書」（『大分県史料10』第二部、大分県史料刊行会編、大分県立教育研究所、一九五五年）

「陰徳太平記」（『通俗日本全史』十三、十四巻、早稲田大学編輯部編、早稲田大学出版部刊、一九一三年）

「宇佐永弘文書」（『大分県史料』第一部三、大分県史料刊行会編、大分県教育研究所刊、一九二八年）

「宇佐郡記」（『築上郡志』上下巻、福岡県教育会築上支会編、雄山閣刊、一九七二年）

「宇佐大鏡」（『大分県史料24』第一部、大分県史料刊行会編・刊、一九六四年）

「宇都宮系図」（『続群書類従』第六輯下巻、塙保己一編、続群書類従完成会刊、一九七九年）

「宇都宮家故舊重臣の後裔」明治四十二（一九〇九）年に宇都宮家菩提寺天徳寺藤原賢然住職等が編集した姓名録

「宇都宮史」（『築上郡史』上下、築上郡史編纂委員会編、臨川書店刊、一九八六年）

「宇都宮氏と豊前山城シンポジウム報告書」一九九八年十一月二十九日、築城町教育委員会主催、築城町公民館にて開催

「宇都宮文書」（『大分県史料10』第二部各郡市諸家文書三、大分県教育委員会編、大分県立教育研究所刊、一九五五年）

「瓜生文書」（『方城町史』別冊、方城町編・刊、一九七二年）

「永正二年の佐田泰景の軍忠状」（『西国の戦国合戦』戦争の

日本史12、山本浩樹著、吉川弘館刊、二〇〇七年）
「恵良文書」（『大分県史料８』第二部、大分県史料刊行会編、大分県立教育研究所刊、一九五八年）
「大内氏掟書」（『太宰府市史』通史編二、太宰府市史編集委員会編、太宰府市刊、二〇〇四年）
「大内系図」（『続群書類従』第七輯下、塙保己一編、続群書類従完成会刊、一九七三年）
「大内氏家臣人名事典」佐伯弘次著（『大内義隆のすべて』米原正義著、新人物往来社刊、一九八八年）
「大内殿有名衆」（『大内氏実録　増補復刻版』付録二、近藤清石著、マツノ書店刊、一九八四年）
「大神系図」（『続群書類従』第七輯下、塙保己一編、続群書類従完成会刊、一九七三年）
「大神氏系譜」（『諸家系譜』中山主膳編、門司市立図書館、一九六一年）
「大神氏略系図」（『増補訂正編年大友史料 併大分県古文書全集第33』諸家系図篇二、田北学編、田北ユキ刊、一九七一年）
「大友記」（『大友豊筑乱記　大友軍記資料』歴史図書社刊、一九八〇年）
「大友系図」（『大分県郷土史料集成』系図篇戦記編一、垣本言雄校訂、臨川書店刊、一九七三年）
「大友興廃記」（『大分県郷土史料集成』系図篇戦記編一、垣本言雄校訂、臨川書店刊、一九七三年）
「大友家文書」（『大分県史料31』－『大分県史料34』第二部補遺三～六、大分県教育委員会編、大分県中世文書研究会刊、一九七九～一九八〇年）
「大友宗麟書状写」（『佐賀県史料集成』古文書編第二十五巻、佐賀県立図書館編・刊、一九八四年）
「大友義鎮書状」（『南関町史　資料』南関町史編集委員会編、南関町刊、一九九七年）
「大友義鎮書状写」（『南関町史　資料』南関町史編集委員会編、南関町刊、一九九七年）
「緒方文書」（『大分県史料８』第二部、大分県史料刊行会編、大分県立教育研究所刊、一九五八年）
「小田原文書」（『續大友史料』家わけ第一、田北學編、別府大学会刊、一九五五年）
「小野文書」（『熊本県史料』中世篇第五、県外史料、熊本県編・刊、一九六六年）
「家臣名付」（『築上郡志』所載の「宇都宮史」に記載あり）
「蒲池文書」（『福岡県史資料』第五輯、福岡県編・刊、一九三五年）
「城井宇都宮系図」（『太宰管内志』伊藤常足編、文献出版刊、一九八九年）
「城井家記」（『太宰管内志』伊藤常足編、文献出版刊、一九八九年）
「城井軍記」（『築上郡志』所載の「宇都宮史」に記載あり）
「城井軍記実録」個人蔵
「城井系図」大楽寺（宇和島市吉田町）所蔵
「城井若八幡実録」築上町歴史民俗資料館蔵

「北九州市立歴史博物館研究紀要四」北九州市立歴史博物館編・刊、一九九六年
「九州軍記」（『大日本史料』第十一編之二十、東京大学史料編纂所編、東京大学刊、一九九三年）
「北九州戦国史年表」（『北九州戦国史』八木田謙著、今井書店刊、一九九九年）
「北里文書」（『熊本県史料』中世篇第一、熊本県編・刊、一九六一年）
「九州縦貫自動車道関係埋蔵文化財調査報告XXIX」福岡県教育委員会編・刊、一九七九年
「求菩提山文書」（『福岡県史資料』第二輯、福岡県編・刊、一九三三年）
「救民記」（『大分県郷土史料集成』戦記篇二、垣本言雄校訂、臨川書店刊、一九七三年）
「康安二年十一月門司親尚軍忠状」（『門司文書』中世史料集、北九州市立自然史・歴史博物館編・刊、二〇〇五年）
「香下文書」（『大分県史料8』第二部、大分県史料刊行会編、大分県立教育研究所、一九五八年）
「神代長野文書」（『古文書集成』第一巻、宮崎県編、宮崎県立図書館刊、一九七七年）
「興隆寺文書」（『防府史料』第五輯、防府市教育委員会編、防府史料保存会刊、一九六二年）
「五条文書」（『熊本県史料』中世篇第四、熊本県編・刊、一九六七年）
「後太平記」（『通俗日本全史』六、七巻、早稲田大学編輯部編、早稲田大学出版部刊、一九一三年）
「児玉韞採集文書」川添昭二輯、福岡大学所蔵
「小早川文書」（『熊本県史料中世篇』第五県外史料、熊本県編・刊、一九六六年）
「薦神社文書」（『大分県史料30』第二部補遺二、大分県教育委員会編、大分県中世文書研究会刊、一九七八年）
「西郷文書」（『福岡県史資料』第十輯、福岡県編、名著出版刊、一九七二年）
「財津文書」（『續大友史料』家わけ第三、田北學編、別府大学会刊、一九五五年）
「佐伯文書」（『續大友史料』家わけ第四、田北學編、別府大学会刊、一九五五年）
「佐田文書」（『熊本県史料』中世篇第二、熊本県編・刊、一九六二年）
「佐田文書」（『西国武士団関係史料集27』芥川竜男・福川一徳編校訂、文献出版刊、一九九六年）
「佐土原文書」（『大分県史料』第十三巻、大分県史料刊行会編、大分県立教育研究所刊、一九五七年）
「残太平記」全十一巻、南宗庵一竜編、和古書、刊年不明
「史学論叢36」別府大学史学研究会編、別府大学史学研究会刊、二〇〇六年
「諸国廃城考」（『日本城郭史料集』大類伸編、人物往来社刊、一九六八年
「真修寺文書」（『大分県史料』第十三巻、大分県史料刊行会編、大分県立教育研究所刊、一九五七年）

「新撰宗像記考証」（『福岡県宗像郡誌』中巻、伊東尾四郎編、名著出版刊、一九七二年）
「高橋紹運記」（『史籍集覧』第二十一冊、近藤瓶城原編、角田文衛・五来重編、臨川書店刊、一九六七年）
「詫摩文書」（『大日本史料』第七編之七、東京大学史料編纂所編、東京大学刊、一九八四年）
「田原文書」（『福岡県史資料』第九輯、福岡県編、名著出版、一九七二年）
「田原系図」（『増補訂正編年大友史料併大分県古文書全集第33』諸家系図篇二、田北学編、田北ユキ刊、一九七一年）
「田原紹忍書状写」（『佐賀県史料集成』古文書編第二十五巻、佐賀県立図書館編・刊、一九八四年）
「田尻文書」（『大分県史料13』第二部、大分県史料刊行会編、大分県立教育研究所刊、一九五七年）
「田北文書」（『西国武士団関係史料集9』芥川竜男・福川一徳編校訂、文献出版刊、一九九三年）
「竹田津文書」（『大分県史料』第十巻、大分県史料刊行会編、大分県立教育研究所、一九五五年）
「筑前国続風土記付録」（『福岡県史資料』第一輯、福岡県編、名著出版刊、一九七二年）
「津崎文書」（『大分県史料』第十巻、大分県史料刊行会編、大分県立教育研究所、一九五五年）
「貞治五年六月門司親長軍忠状」（『門司文書』中世史料集、北九州市立自然史・歴史博物館編・刊、二〇〇五年）
「貞治三年三月門司親尚軍忠状」（『門司文書』中世史料集、北九州市立自然史・歴史博物館編・刊、二〇〇五年）
「貞治四年四月門司親尚軍忠状」（『門司文書』中世史料集、北九州市立自然史・歴史博物館編・刊、二〇〇五年）
「唐原系図」（『築上郡志』上下、福岡県教育会築上支会編、雄山閣刊、一九七二年）
「利光文書」（『大分県史料』第十三巻、大分県史料刊行会編、大分県立教育研究所、一九五七年）
「十時文書」（『福岡県史資料』第九輯、福岡県編、名著出版刊、一九七二年）
「友枝文書」（『築上郡史』上下、築上郡史編纂委員会編、臨川書店刊、一九八六年）
「中島文書」（『大分県史料26』第四部、大分県教育委員会編、大分県中世文書研究会刊、一九七四年）
「中臣氏系図」（『続群書類従』第七輯下、塙保己一編、続群書類従完成会刊、一九七三年）
「長野家譜畧」（『長野義言著述写本二』巻之下、長野義言〈主膳〉著、出版年等不明）
「長野文書」（『大分県史料13』第二部各郡市諸家文書六、大分県史料刊行会編、大分県立教育研究所、一九五七年）
「長野義照文書」（『大分県史料』第十巻、大分県史料刊行会編、大分県立教育研究所、一九五七年）
「成恒文書」（『大分県史料8』第二部、大分県史料刊行会編、大分県立教育研究所刊、一九五八年）
「入田氏系図」（『増補訂正編年大友史料併大分県古文書全集第32』諸家系図篇1、田北学編、田北ユキ刊、一九七一

年）
「貫文書」（『福岡県史資料』第十輯、福岡県編、名著出版刊、一九七二年）
「米多比文書」（『西国武士団関係史料集』19－21、芥川竜男、福川一徳編校訂、文献出版刊、一九九五年）
「萩原文書」（『大分県史料8』第二部、大分県史料刊行会編、大分県立教育研究所刊、一九五八年）
「原田信種知行宛行状」（『新修福岡市史』資料編中世二、史外所在文書、福岡市史編集委員会編、福岡市刊、二〇一四年）
「肥後佐田文書」（『西国武士団関係史料集27』、芥川龍男・福川一徳編校訂、文献出版刊、一九九六年）
「平野文書」（『福岡県史資料』第十輯、福岡県編、名著出版刊、一九七二年）
「福岡県の中近世城館跡Ⅲ」（福岡県文化財調査報告書第二五四集、福岡県中近世城館遺跡等詳細分布調査報告書三）福岡県教育委員会編・刊、二〇一六年
「福岡県中世山城跡」（「九州縦貫自動車道関係埋蔵文化財調査報告XXⅨ」付録、福岡県教育委員会編・刊、一九七九年）
「豊前猪嶽合戦について」有川宣博（「大宰府研究会会報」二十八号、大宰府研究会編・刊、一九七九年）
「豊前（内尾）友枝文書」（『築上郡史』上下、築上郡史編纂委員会編、臨川書店刊、一九八六年）
「豊前国古城記」（『福岡県郷土叢書』第一輯、有吉憲彰編、東西文化社刊、一九三一年）
「豊前国志」（『大分県郷土史料集成』垣本言雄校訂、臨川書店刊、一九七三年）
「戸次軍談」（『九州戦国誌　復刻版戸次軍談』上中下、彦城散人校訂、歴史図書刊、一九七八年）
「帆足琢磨文書」（『大分県史料13』第二部、大分県史料刊行会編、大分県立教育研究所、一九五七年
「豊州治覧」（『築上郡志』所載の「宇都宮史」に記載あり）
「豊筑乱記」（『大分県郷土史料集成』垣本言雄校訂、臨川書店刊、一九七三年）
「北部九州中近世城郭17」北部九州中近世城郭研究会編・刊、二〇〇九年
「堀立家証文写」（『廿日市町史』資料編一、廿日市町編・刊、一九七九年）
「豊陽古城伝」（『築上郡史』上下、築上郡史編纂委員会編、臨川書店刊、一九八六年）
「義演准后日記」（『続羣書類従』補遺第一、上下、塙保己一編、太田藤四郎補、八木書店古書出版部刊、二〇一三年）
「問註所文書」（『福岡県史資料』第十輯、福岡県編・刊、一九三九年）
「正任記」（『筑前博多史料』廣渡正利編、文献出版刊、一九九四年）
「三池文書」（『福岡県史資料』第十輯、福岡県編・刊、一九三九年）
「三浦文書」（『大分県史料10』第二部、大分県史料刊行会編、

大分県立教育研究所刊、一九五五年）
「京都郡志」（『築上郡志抜粋』黒岩萬次郎筆写、一九一〇年）
「宮成文書」（『大分県史料24』第一部宇佐八幡宮文書之一、大分県史料刊行会編、大分県立教育研究所刊、一九六四年）
「麦生文書」（『新修福岡市史』資料編中世一、史外所在文書、福岡市史編集委員会編、福岡市刊、二〇一〇年）
「宗像記追考」（『宗像郡誌』中編、伊東尾四郎編、名著出版刊、一九七二年）
「宗像神社文書」（『福岡県史資料』第二輯、福岡県編・刊、一九三三年）
「宗像大宮司系譜」（『福岡県宗像郡誌』中巻、伊東尾四郎編著、名著出版刊、一九七二年）
「門司城址旧記」（『門司市史』門司市役所編、門司市役所刊、一九三三年）
「両豊記」（『大分県郷土史料集成』垣本言雄校訂、臨川書店刊、一九七三年）
「歴史群像シリーズ38黒田如水」学習研究社編、学研刊、一九九四年
「歴史読本黒田官兵衛」第五十八巻第五号、新人物往来社刊、二〇一三年
「歴名士代」（『群書類従』第二十九輯、塙保己一編、続群書類従完成会刊、一九七七年）
「若林文書」（『大分県史料13』第二部、大分県史料刊行会編、大分県立教育研究所刊、一九五七年）

書籍

『赤村郷土誌』森口正史著・刊、一九八一年
『赤村郷土資料』赤村教育委員会編・刊、一九六三年
『赤池町史』赤池町史編纂委員会編、赤池町刊、一九七七年
『秋月家譜　書秋月家譜後』福岡県立図書館、出版年不明
『安心院町誌』安心院町誌編集委員会編・刊、一九七〇年
『伊田町誌』和田泰光著、筑豊之実業社刊、一九三〇年
『一萬田氏由緒考』久多羅木儀一郎著、上田保刊、一九五〇年
『宇佐郡誌』宇佐郡教育会編・刊、一九八三年
『宇佐郡地頭伝記』尾立維孝著、三浦魯一刊、一九一一年
『宇佐史談』国書刊行会、一九八四年
『宇都宮記』徳田浩淳校閲、郷土資料研究会刊、一九六一年、和装本
『宇都宮文書』尾立維孝著、城井道太郎刊、一九一五年（非売品）
『上井覚兼日記　大日本古記録』上中下、東京大学史料編纂所編、岩波書店刊、一九五四－一九五七年
『応永戦覧』陣山綏校注、美夜古文化懇話会刊、一九七五年
『大内氏実録』近藤清石著・三坂圭治校訂、マツノ書店刊、一九七四年
『大分県郷土史料集成』垣本言雄校訂、臨川書店刊、一九七三年
『大分県史料』全三十七巻、大分県史料刊行会編、大分県史

料刊行会・大分県立教育研究所刊、一九五三―一九八四年
『大分県の歴史』豊田寛三著、山川出版社、二〇一一年
『大分歴史事典』大分放送大分歴史事典刊行本部編、大分放送刊、一九九〇年
『大蔵原田一族史話　海を渡った系図』原田夢果史著・刊、一九七三年
『大任町誌』大任町誌編纂委員会編、大任町刊、一九七〇年
『大友宗麟資料集』大分県先哲叢書全五巻、大分県教育庁文化課編、大分県教育委員会刊、一九九三―一九九四年
『海東諸国紀』申叔舟著、国書刊行会刊、一九七五年
『鹿児島士人名抄録』上野尭史著、高城書房刊、二〇〇五年
『角川日本地名大辞典44大分県』「角川日本地名大辞典」編纂委員会編、角川書店刊、一九八〇年
『金田町誌』金田町教育委員会編、金田町刊、一九九九年
『河津伝記』乾上・下、古野元軌著、福岡市民図書館刊、一九七九年
『香春町誌』香春町誌編集委員会編、香春町刊、一九六六年
『岩石城』添田町教育委員会内岩石城史編集委員会編、添田町刊、一九七七年
『城井闘諍記』福岡市民図書館刊、一九七九年
『企救郡誌』伊東尾四郎編、ナガリ書店刊、一九八三年
『企救郡（門司・小倉）古城址取調簿』八木田謙著・刊、一九九八年
『北九州市史』全十巻、北九州市史編さん委員会編、北九州市刊、一九八三―一九九三年
『北九州戦国史』八木田謙著、今井書店刊、一九九九年
『北九州戦国史史料集』上下、八木田謙編著、今井書店刊、二〇〇四年
『北九州の城』廣崎篤夫著・刊、一九六九年
『杵築市誌』杵築市誌編集委員会編、杵築市刊、二〇〇五年
『橘山遺事』帆足萬里著、紫陰堂刊、一八五五年、和古書（福岡県立図書館蔵）
『九州戦国合戦記　増補改訂版』吉永正春著、海鳥社刊、二〇〇六年
『九州戦国史』吉永正春著、葦書房刊、一九八一年
『九州戦国の武将たち』吉永正春著、海鳥社刊、二〇〇〇年
『九州の古戦場を歩く』吉永正春著、葦書房刊、一九九八年
『国別守護・戦国大名事典』西ケ谷恭弘編、東京堂出版刊、一九九八年
『熊本県史』熊本県編・刊、一九六一―一九六五年
『熊本県史料』中世編第二、熊本県編・刊、一九六二年
『黒田家譜』全十二巻、川添昭二校訂、文献出版刊、一九八三―一九八七年
『黒田官兵衛のすべて』安藤英男編、中経出版刊、二〇一三年
『黒田如水　西日本人物誌7』三浦明彦著、西日本新聞社刊、二〇〇〇年
『黒田如水　福岡市文学館選書1』福本日南著、海鳥社刊、二〇一三年
『校訂筑後国史　筑後将士軍談』上中下、矢野一貞著、名著

出版刊、一九七二年
『小倉市誌』小倉市市役所編、小倉市刊、一九二一年
『小倉市誌』続編、福岡県小倉市役所編、小倉市刊、一九四〇年
『小倉市誌補遺』福岡県小倉市役所編、小倉市刊、一九五五年
『籠手田文書』前田育徳会尊経閣文庫編、八木書店古書出版部刊、二〇一三年
『薦野家譜』全七巻、福岡県立図書館刊、一九七四年
『西国盛衰記』馬場信意著、早稲田大学出版部刊、一九八一年
『西州軍談』碩田叢史、大分県立大分図書館刊、一九九三年
『犀川町誌』犀川町誌編集委員会編、犀川町刊、一九九四年
『佐賀県史料集成』全三十巻、佐賀県史編纂委員会・佐賀県立図書館編、佐賀県立図書館刊、一九五五―一九九〇年
『三光村誌』三光村誌刊行委員会編、三光村刊、一九八八年
『下毛郡史』山本艸堂著、歴史図書社刊、一九七七年
『下毛郡誌』下毛郡教育会編、名著出版刊、一九七二年
『愁風小倉城』原田茂安著、臨川書店刊、一九八七年
『史料に見る中世の門司』八木田謙著、今井書店刊、二〇一〇年
『史料にみる門司城及び永禄の門司城合戦』門司宣里編・刊、一九八一年
『新吉富村誌』新吉富村誌編集室編、新吉富村刊、一九九〇年
『新裁軍記　毛利元就軍記考証』田村哲夫校訂・著、マツノ書店刊、一九九三年
『新編日本史事典』京大日本史辞典編纂会編、東京創元社刊、一九九〇年
『姓氏家系大辭典』全三巻、太田亮編、角川書店刊、一九六三年
『戦国人名辞典』戦国人名辞典編集委員会編、吉川弘文館刊、二〇〇六年
『戦国大名家臣団事典』西国編、山本大・小和田哲男編、新人物往来社刊、一九八一年
『戦国大名系譜人名辞典　西国編』山本大・小和田哲男編、新人物往来社刊、一九八六
『戦国大名論集7　九州大名の研究』木村忠夫編、吉川弘文館刊、一九四三年
『戦国武将合戦事典』峰岸純夫・片桐昭彦編、吉川弘文館刊、二〇〇五年
『戦争の日本史』小和田哲男著、吉川弘文館刊、二〇〇七年
『総合地方史大年表』岡山泰四・金井円編、人物往来社刊、一九六七年
『増補改訂版　遠賀郡誌』上下巻、遠賀郡教育会遠賀郡誌復刊刊行会刊、一九六一年
『増補訂正編年大友史料併大分県古文書全集第16』田北学編・刊、一九六五年
『続大宇佐郡史論日本歴史地名大系大分県、小野精一編、宇佐郡史談会刊、一九四三年

『太宰管内志』伊藤常足編、文献出版刊、一九八九年
『大宰府・太宰府天満宮史料』（巻一二）竹内理三・川添昭二編、太宰府天満宮刊、一九八四年
『太宰府小史』太宰府天満宮編、太宰府天満宮刊、一九五二年
『太平記』鷲尾順敬校訂、太平記刊行会刊、一九三六年
『太平村の文化財』大平村教育委員会編、大平村教育委員会刊、一九七五年
『大宇佐郡史論』小野精一著、宇佐市役所刊、一九七二年
『大宇佐郡史論続』小野精一著、宇佐市役所刊、一九七三年
『大平村誌』大平村誌編集委員会編、大平村刊、一九八六年
『友枝村誌』上巻、福岡市総合図書館刊、二〇〇四年
『立花文書』福岡県文化会館刊、一九七八年
『築上郡史』上下、築上郡史編纂委員会編、臨川書店刊、一九八六年
『築上郡志』上下、福岡県教育会築上支会編、雄山閣刊、一九七二年
『築城町の史跡と伝説』全二巻、築城町史跡調査委員会編、築城町教育委員会刊、一九七二・一九七六年
『筑後国史　筑後将士軍談』上中下、矢野一貞著、筑後遺籍刊行会刊、一九二六年
『筑前国続風土記』貝原益軒編、伊東尾四郎校訂、名著出版刊、一九八八年
『筑前戦国史』吉永正春著、海鳥社刊、二〇〇九年
『筑前戦国史』増補改訂版、吉永正春著、海鳥社刊、二〇〇九年
『筑前町村書上帳』青柳種信著、福岡古文書を読む会校訂、文献出版刊、一九九二年
『筑前麻生文書　中世史料集』北九州市立歴史博物館編・刊、二〇〇一年
『地名から探る豊前国遺跡』定村責二著、美夜古郷土史学校刊、一九七六年
『中世武士団・鎮西宇都宮氏の研究』Ⅰ－Ⅲ、則松弘明著、翠峰堂、二〇一一年
『中世北九州落日の譜　門司氏史話』門司宣里著・刊、一九七五年
『中津藩史』黒屋直房著、国書刊行会刊、一九九一年
『鎮西宇都宮氏の歴史』則松弘明著・刊、一九八五年
『鎮西御家人の研究』瀬野精一郎著、吉川弘文館刊、一九八五年
『添田町史』上下、添田町史編纂委員会編、添田町刊、一九九二年
『添田町誌』金子七郎著、添田町刊、一九五九年
『田川郡誌』全十巻、高橋種之編纂・糸永茂昌校正、福岡県文化会館刊、一九七一年
『田川市誌』田川市誌編纂委員会編、田川市刊、一九五四年
『土佐国蠹簡集』奥宮正明編、横川末吉校訂、前田和男刊、一九六六年
『東郷村誌　修訂増補版』東郷村郷土誌編纂会編・刊、一九六七年

『豊津町史』上下、豊津町史編纂委員会編、豊津町刊、一九九八年
『日本史（フロイス）』全十二巻、フロイス著・松田毅一・川崎桃太訳、中央公論社刊、一九八一－一九八二年
『日本城郭大系』（大分・宮崎・愛媛　第十六巻）三重野元他編、新人物往来社刊、一九八〇年
『日本城郭大系』（福岡・熊本・鹿児島　第十八巻）磯村幸男他編、新人物往来社刊、一九七九年
『日本城郭大系』全十八巻、平井聖他編、新人物往来社、一九七九年
『日本城郭大系』全二十巻、新人物往来社刊、一九七九－一九八一年
『日本歴史人名辞典』日置昌一著、改造社刊、一九三八年
『萩藩閥閲録』全六巻、山口県文書館編・刊、一九六七～一九八九年
『肥後国誌』森本一瑞遺纂・水島貫之校補・後藤是山編、九州日日新聞社印刷部刊、一九一七年
『譜牒余録』上中下、国立公文書館内閣文庫刊、一九七三－一九七五年
『福岡県の城』廣崎篤夫著、海鳥社刊、一九九五年
『福岡県の城郭』福岡県の城郭刊行会編、銀山書房刊、二〇〇九年
『福岡県城砦誌』第一－十五集、廣崎篤夫著・刊、出版年不明
『福岡県百科事典』上下巻、西日本新聞社福岡県百科事典刊行本部編、西日本新聞社刊、一九八二年
『方城町の文化財』方城町文化財専門委員会編、方城町教育委員会刊、一九九三年
『方城町史』方城町史編纂委員会編、方城町刊、一九六九年
『豊後遺事』上下（複製本）、加藤賢成編、大分県立大分図書館刊、一九九三年
『豊後国志』唐橋世済著、文献出版刊、一九七五年
『豊後大友物語』狭間久著、大分合同新聞社刊、一九七三年
『豊公遺文』豊臣秀吉著・日下寛編、博文館刊、一九一四年
『豊国紀行』貝原益軒著、筑紫豊校訂・刊、一九五六年
『豊前宇都宮興亡史』小川武志著、海鳥社刊、一九八八年
『豊前覚書』（複製本）城戸清種著、福岡市民図書館刊、一九七九年
『豊前古城誌』上巻、熊谷克巳編、野依書店、一九〇三年
『豊前国誌』高田吉近著、出版社不明、二〇〇五年
『豊前市史』上下、豊前市史編纂委員会編、豊前市刊、一九九一年
『豊前市史・文書資料』豊前市史編纂委員会編、豊前市刊、一九九一年
『豊前志』渡辺重春著・渡辺重兄校・今村孝次著、二豊文献刊行会刊、一九三一年
『豊前新大鑑』藤川宏紳編、豊前史蹟研究会刊、一九五六年
『豊後大友氏』戦国史叢書九、芥川龍男著、新人物往来社、一九七二年
『北肥戰誌　九州治乱記』馬渡俊継著、高野和人編、青潮社

刊、一九九五年
『本耶馬渓町史』本耶馬溪町史刊行会編、本耶馬溪町刊、一九八七年
『京都郡誌』伊東尾四郎編、美夜古文化懇話会刊、一九七五年
『宗像郡誌』伊東尾四郎編、臨川書店刊、一九八六年
『宗像市史史料編』（第一―四巻・別巻）宗像市史編纂委員会編、宗像市刊、一九九四―一九九六年
『毛利元就と門司城　北九州戦国史余話』八木田謙著、今井書店刊、二〇〇六年
『門司郷土叢書』全十巻、門司郷土叢書刊行会編、国書刊行会、一九八一年
『門司・小倉の古城史　改訂企救郡古城址取調簿』八木田謙著、今井書店刊、二〇〇一年
『門司市史』門司市役所編、門司市役所刊、一九三三年
『門司文書』北九州市立自然史・歴史博物館編・刊、二〇〇五年
『耶馬溪町史』耶馬溪町教育委員会編、耶馬溪町教育委員会刊、一九七五年
『耶馬渓文化叢書』全四巻、山崎利秋著、耶馬渓文化協会刊、二〇〇〇年
『八幡市史』福岡県八幡市役所編、八幡市刊、一九三六年
『耶馬の奇岩城』松林史郎著、葦書房刊、一九八四年
『山口県史』山口県編・刊、二〇〇一～二〇〇六年
『山口県百科事典』山口県教育会編、大和書房刊、一九八二年
『山国町郷土誌叢書』第一集、山国町誌刊行会編、山国町教育委員会刊、一九七八年
『行橋市の文化財』行橋市文化財調査委員会編、美夜古文化懇話会刊、一九七六年
『行橋市史』行橋市史編纂委員会編、行橋市刊、二〇〇四―二〇〇六年
『吉田家伝録　福岡藩』全三巻、太宰府天満宮刊、一九八一年
『吉田物語』杉岡就房著、歴史図書社刊、一九七九年
『両豊記』全十二巻、中島魯直著、大分県立大分図書館刊、一九九三年
『歴代鎮西志　鍋島家文庫蔵』全三巻、犬塚盛純著、青潮社刊、一九九二年
『歴代鎮西要略』上下、近藤瓶城編、文献出版刊、一九七六年

あとがき　『豊前国戦国事典』について

私の郷里は福岡県旧築上郡山田村大字川内（現豊前市）である。私は母の実家桐迫《きりさこ》という山裾の農家で生まれ、小学校に入学する直前までは生地で育った。

八幡市立の小学校に入学した後は、父が新日本製鐵株式會社（現新日鐵住金株式会社）の前身、八幡製鐵所に勤務していたことから、北九州の五市が合併する前の旧八幡市と旧戸畑市の製鉄社宅で育った。

その間、小学校の夏休みは母親の実家に滞在しては、祖母の慈愛のもと、のびのびと野山を駈け回って遊んだ懐かしい思い出がある。

福岡県立戸畑高等学校を卒業後は、福岡県警察の警察官に任官して以降、県内外の各地を転勤した。転勤先では、その土地柄や歴史と民情にふれるたびに、生まれ故郷、豊前への愛郷心が次第に強くなっていったように思う。中学・高等学校の授業は社会科の歴史が得意な科目となり、とくに地方史に興味が深まっていた。そういった経緯から、勤務の余暇には城跡や史跡を巡っては、その土地の偉人や出来事を調べては趣味の漢詩を作詩していた。

本書の出版の動機は、歴史の好きな方々の研究や、史跡の探訪に役立つような本ができたらいいなということだった。

領域をあまり広げ過ぎてはオーバー・ワークになると考えて、旧豊前国の戦国時代に限ってまとめることにした。現在の福岡県の行政区域ではなく戦国当時の旧豊前国での下毛郡の領域、つまり、現在の大分県の中津市、耶馬溪町、宇佐市や豊後高田市などの一部も含めた領域をまとめれば、旧豊前国の戦国時代の全体像がより理解しやすいに違いないと思ったからである。

最初は、既に刊行されている郷土史関係の著書から手当たり次第に人名等を抜き書きしては、パソコン内にデータベースとして収録することにした。

余暇を利用しては、県立、市立、大学等の各図書館にかよって関係資料を閲覧することが私のライフワークとなった。

そんな折り、平成二十四（二〇一二）年、私がこれまで歴史総合雑誌『海路』〈海鳥社〉に寄稿してきたものを一冊にまとめて『豊前幕末傑人列伝』と題して出版した。

その編集は海鳥社の編集者、柏村美央さんが担当された。緻密な編集と卓越した校正能力によって出版することができ、お陰で『豊前幕末傑人列伝』は、地方史の愛好家から思いがけない好評をいただくことができた。

『豊前国戦国事典』の編集も柏村美央さんに依頼すれば、長年、抱いてきた出版の夢が実現するのではないか、しかし、厖大な資料の編集は地道かつ難解な校正作業をともなうであろうことを承知しつつも、編集の依頼をした。嬉しいことに、柏村さんは、出版すればユニークな事典として役に立つという編集者としての意見をもって快諾いただいた。

データ・ベースの分量から推定しても、一、二年間では到底、出版は難しいと思っていたのだが、その予想を遙かに超える難しい編集作業となってしまった。

約五年間にわたる、ねばり強い編集作業を継続した結果、このたびの出版にこぎつけることができた。

大きく、分類項目は、城跡、活躍した武人の人名、合戦、地方史年表とした。

とくに武人等の人名については、諸々の書籍から抜き出したことから、パソコン入力の間に、同一人物の重複があったり、また情報量においてもかなりの格差があり、また姓名の誤りや本字や略字などが頻出・混在して、校正作業に悩むことがたびたびであった。

いまだ調査と研究の余地はあるものの、旧豊前国に特定した事典としては、今までにない形式でまとめることができたと思っている。

各項目は、つとめて出典を明らかにしている。掲載人物等についてさらに研究を深めたい読者は、情報を取捨して有効に活用していただければ誠に幸いである。

本書の記述や解説等の不備や誤りについては、将来にわたって探求、補訂に努める所存であり、何卒諸賢のご教示をお願いする次第である。

多くの著書を活用させていただいた著者各位には心から感謝を申し上げたい。

とくに豊前の山城の研究に詳しい尾座本雅光氏（豊前市文化財審議会会長）は、みずから実地踏査された当時の貴重な写真の掲載をご快諾の上、さらに郷土史の専門的な立場から適切な助言をいただき、感謝の念に耐えない。

また、カバー・グラビアに掲載している香春岳の写真は、博多の「味処赤手拭」（現在は廃業）代表水谷清則氏が所有していたもので、本書への使用をご了承くださり、ご協力のもと複写させて頂いた。改めてここにお礼を申し上げる所存である。

むすびに、長い間、根気をもって黙々と編集を担当していただいた海鳥社の柏村美央さんに、心より感謝とお礼を申し上げたい。

二〇一八年一月

三浦尚司

笠兵助 りゅうへいすけ ……………………………626
笠吉信 りゅうよしのぶ ……………………………626
了戒征基 りょうかいゆきもと ……………………626
冷泉隆豊 れいぜんたかとよ ………………………626
冷泉元豊 れいぜんもととよ ………………………626
冷泉元満 れいぜんもとみつ ………………………626
若林鎮興 わかばやししげおき ……………………626
若林統昌 わかばやしむねまさ ……………………627
稙田惟満 わさだこれみつ …………………………627
鷲島義寛 わしじまよしひろ ………………………627
渡辺壱岐守 わたなべいきのかみ …………………627
渡辺市左衛門 わたなべいちざえもん ……627
渡辺石見守 わたなべいわみのかみ ………627
渡辺右京之進 わたなべうきょうのしん 628
渡辺加賀守 わたなべかがのかみ …………628
渡辺三郎右衛門 わたなべさぶろうえもん ………………………………………………………………628
渡辺鎮弘 わたなべしげひろ ………………………628
渡辺宗覚 わたなべそうかく ………………………628
渡辺筑後守 わたなべちくごのかみ ………628
渡辺内記 わたなべないき …………………………629
渡辺光 わたなべひかる ……………………………629
渡辺兵庫頭 わたなべひょうごのかみ ……629
渡辺統政 わたなべむねまさ ………………………629
渡辺元重 わたなべもとしげ ………………………629

横光元准　よこみつもとより　……………………613
横山吉次郎　よこやまきちじろう　…………613
横山末実　よこやますえざね　…………………613
横山周防守　よこやますおうのかみ　………613
横山兵部少輔　よこやまひょうぶしょうゆう
…………………………………………………………614
横山武蔵守　よこやまむさしのかみ　………614
横山与次　よこやまよじ　……………………………614
吉井重之助　よしいしげのすけ　………………614
吉岡鑑興　よしおかあきおき　…………………614
吉岡掃部助　よしおかかもんのすけ⇨吉岡鑑興（よしおかあきおき）
吉岡五郎　よしおかごろう　……………………… 614
吉岡甚吉　よしおかじんきち　…………………614
吉岡宗歓　よしおかそうかん⇨吉岡長増（よしおかながます）
吉岡宗顧　よしおかそうこ　……………………… 615
吉岡親道　よしおかちかみち　…………………615
吉岡長増　よしおかながます　…………………615
吉岡八大夫　よしおかはちだゆう　…………616
吉岡備前守　よしおかびぜんのかみ　………616
吉岡豊前守　よしおかぶぜんのかみ　………616
芳賀織部　よしがおりべ　……………………………616
芳賀四郎　よしがしろう　……………………………616
吉川静衛　よしかわしずえ　………………………616
吉崎刑部　よしざきぎょうぶ　…………………616
吉田市左衛門　よしだいちざえもん　………616
吉田興種　よしだおきたね　………………………617
吉田作兵衛　よしださくべえ　…………………617
吉田左兵衛（吉田左兵衛佐）よしださひょうえ（よしださひょうえのすけ）　…………617
吉田重成　よしだしげなり　………………………617
吉田重致　よしだしげむね　………………………617
吉田下野守　よしだしもつけのかみ　………618
吉田照政　よしだてるまさ　………………………618
吉田長利　よしだながとし　………………………618
吉田八大夫　よしだはちだゆう　………………618
吉田平兵衛尉　よしだへいべいのじょう　618
吉田政春　よしだまさはる　……………………… 619
吉田又助　よしだまたすけ⇨吉田重成（よしだしげなり）
吉田弥六左衛門　よしだやろくさえもん　619
吉利忠澄　よしとしただずみ　…………………619
吉留玄蕃頭　よしとみげんばのかみ　………619
吉富左京進　よしとみさきょうのしん　…619
吉冨秀種　よしとみひでたね　…………………619
吉富能教　よしとみよしのり　…………………619
吉原源内　よしはらげんない　…………………619
吉弘鑑理　よしひろあきただ　…………………620
吉弘氏直　よしひろうじなお　…………………620
吉弘鎮種　よしひろしげたね　…………………620
吉弘鎮信　よしひろしげのぶ　…………………621
吉弘新介入道　よしひろしんすけにゅうどう⇨吉弘鎮信（よしひろしげのぶ）
吉弘宗仭　よしひろそうじん⇨吉弘鎮信（よしひろしげのぶ）
吉弘大蔵　よしひろだいぞう　…………………621
吉弘中務少輔　よしひろなかつかさしょうゆう　……………………………………………………621
吉弘統清　よしひろむねきよ　…………………621
吉弘統行　よしひろむねゆき　…………………621
吉弘統幸　よしひろむねゆき　…………………622
吉松鎮俊　よしまつしげとし　…………………622
吉松兵部丞　よしまつひょうぶのじょう　622
吉見貞頼　よしみさだより　……………………… 622
吉見広頼　よしみひろより　……………………… 623
吉見正頼　よしみまさより　……………………… 623
吉見光頼　よしみみつより　………………………623
吉村雅楽允　よしむらうたのじょう　………623
吉村源六左衛門　よしむらげんろくさえもん
…………………………………………………………623
吉村五兵衛　よしむらごへえ　…………………624
吉村貞種　よしむらさだたね　…………………624
吉村実信　よしむらさねのぶ　…………………624
吉村兵部烝　よしむらひょうぶのじょう　624
吉村弘義　よしむらひろよし　…………………624
吉村弥三左衛門　よしむらやさんざえもん
…………………………………………………………624
吉下五兵衛　よしもとごへい　…………………624
米原源五郎　よねはらげんごろう　…………624
頼木円康　よりきえんこう　……………………… 624
笠氏貞（笠氏興）りゅううじさだ（りゅううじおき）　……………………………………625
龍造寺隆信　りゅうぞうじたかのぶ　………625
龍造寺信周　りゅうぞうじのぶちか　………625
笠忠清　りゅうただきよ　……………………………625
笠藤彦四郎　りゅうとうひこしろう　………625
笠藤兵衛　りゅうとうべえ　………………………625
笠彦次郎（笠彦三郎）りゅうひこじろう（りゅうひこさぶろう）……………………………625

山田隆朝 やまだたかとも⇨山田元房（やまだもとふさ）
山田種賢 やまだたねかた⇨山田元房（やまだもとふさ）
山田太郎右衛門入道 やまだたろうえもんにゅうどう⇨成恒道円（なりつねどうえん）
山田親景 やまだちかかげ ……603
山田親実 やまだちかざね ……603
山田親長 やまだちかなが ……603
山田親祐 やまだちかひろ ……603
山田親総 やまだちかふさ ……603
山田千代房丸 やまだちよふさまる ……603
山田綱継 やまだつなつぐ ……603
山田綱英 やまだつなひで ……603
山田綱光 やまだつなみつ ……603
山田輝家 やまだてるいえ⇨山田元房（やまだもとふさ）
山田輝房 やまだてるふさ ……604
山田道円 やまだどうえん⇨成恒道円（なりつねどうえん）
山田朝景 やまだともかげ⇨山田興成（やまだおきなり）
山田弘房 やまだひろふさ ……604
山田房矩 やまだふさのり ……604
山田正綱 やまだまさつな ……604
山田政朝 やまだまさとも ……604
山田政宣 やまだまさのぶ ……604
山田政範 やまだまさのり ……605
山田政房 やまだまさふさ ……605
山田政盛 やまだまさもり ……605
山田政康 やまだまさやす ……605
山田万千代 やまだまんちよ ……605
山田満重 やまだみつしげ ……605
山田宗高 やまだむねたか ……606
山田宗利 やまだむねとし ……606
山田元房 やまだもとふさ ……606
山田盛政 やまだもりまさ ……607
山田泰敏 やまだやすとし ……607
大和右近将監 やまとうこんしょうげん 607
大和右近允 やまとうこんのじょう ……607
大和太郎左衛門入道観仏 やまとたろうさえもんのにゅうどうかんぶつ⇨西郷信定（さいごうのぶさだ）
大和信定 やまとのぶさだ⇨西郷信定（さいごうのぶさだ）
大和時景 やまとときかげ ……607
大和信茂 やまとのぶしげ ……608
大和範綱 やまとのりつな ……608
大和又三郎 やまとまたさぶろう ……608
大和道氏 やまとみちうじ ……608
山名和泉守 やまないずみのかみ ……608
山名氏久 やまなうじひさ ……608
山名氏政／山名氏昌 やまなうじまさ ……608
山名五郎 やまなごろう ……609
山名相模守 やまなさがみのかみ ……609
山名淨雲 やまなじょううん ……609
山名駿河守 やまなするがのかみ ……609
山名武蔵守 やまなむさしのかみ ……609
山名守氏 やまなもりうじ ……609
山内通有 やまのうちみちあり ……609
山群内膳 やまむれないぜん ……609
山群内膳正 やまむれないぜんのかみ ……610
山本重賢 やまもとしげかた ……610
山本伝六兵衛 やまもとでんろくひょうえ ……610
山本義親 やまもとよしちか ……610
山脇七大夫 やまわきしちだゆう ……610
山脇矩利 やまわきのりとし ……610
山脇規信 やまわきのりのぶ ……610
屋山種速 ややまたねはや ……611
矢山義直 ややまよしなお ……611
湯浅将宗 ゆあさまさむね ……611
由比親満 ゆいちかみつ ……611
雄城治景 ゆうきはるかげ ……611
弓戒征因 ゆがいゆきもと ……611
由岐岩見守 ゆきいわみのかみ ……611
幸野平兵衛尉 ゆきのへいべえのじょう 611
湯谷弾正 ゆたにだんじょう ……612
湯谷基信 ゆたにもとのぶ ……612
湯原平次 ゆはらへいじ ……612
由良為家 ゆらためいえ ……612
余一種重 よいちたねしげ ……612
横尾兵部 よこおひょうぶ ……612
横尾兵部少輔 よこおひょうぶしょうゆう ……612
横尾兵部丞 よこおひょうぶのじょう ……613
横岳鎮貞 よこたけしずさだ ……613
横道権允 よこみちごんのじょう ……613
横光元邑 よこみつもとむら ……613

問註所統景 もんちゅうしょむねかげ ····591
門田長昌 もんでんながまさ ·····················591

やらわ行

八戸宗暘　やえむねてる ···························592
屋形越中守 やかたえっちゅうのかみ ····592
屋形数之介 やかたかずのすけ ················592
屋方掃部丞 やかたかもんのじょう ········592
屋形刑部 やかたぎょうぶ ·························592
屋形治郎介 やかたじろうすけ ················592
屋形伝左衛門 やかたでんざえもん ········592
矢方正綱 やかたまさつな ························592
矢方正尚 やかたまさなお ························593
薬師寺山城守 やくしじやましろのかみ 593
薬丸重正 やくまるしげまさ ····················593
薬丸有世 やくまるありよ ························593
安川平助 やすかわへいすけ ····················593
安広権大夫 やすひろごんだゆう ············593
安田五右衛門 やすだごえもん ················593
安永秋永 やすながあきなが ····················594
安永安波守 やすながあわのかみ ············594
安富房行 やすとみふさゆき ····················594
安広権大夫 やすひろごんだゆう ············594
矢田太郎 やたたろう ·······························594
矢田弘光 やだひろみつ ···························594
矢頭友国 やとうともくに ························594
矢頭孫三郎 やとうまごさぶろう ············595
矢頭政之 やとうまさゆき ························595
矢頭守実 やとうもりざね ························595
弥富十郎 やとみじゅうろう ····················595
弥富対馬守 やとみつしまのかみ ············595
屋中元助 やなかもとすけ ························595
柳能通 やなぎよしみち⇨門司能通（もんじよしみち）
柳親通 やなぎちかみち⇨門司親通（もんじちかみち
屋那須玉助 やなすたますけ ····················595
屋那冶主殿 やなちしゅでん ····················595
屋那冶玉之介／屋那冶玉之助 やなちたまのすけ ···595
八並右京（八並右京進）やなみうきょう（やなみうきょうのしん）···························596
矢野久馬 やのきゅうま ···························596
矢野助四郎 やのすけしろう ····················596
矢野大吉丸 やのだいきちまる ················596
矢野親義 やのちかよし ···························596
矢野信重 やののぶしげ ···························596
矢野政親 やのまさちか ···························597
矢野正綱 やのまさつぐ ···························597
矢野松右衛門 やのまつえもん ················597
矢野通重 やのみちしげ ···························597
矢野杢左衛門 やのもくざえもん ············597
矢箱作左衛門 やはこさくざえもん ········597
矢幡勝包 やはたかつかね ························597
矢部伊勢守 やべいせのかみ ····················598
矢部高朝 やべたかとも ···························598
矢部高房 やべたかふさ ···························598
矢部山城守 やべやましろのかみ ············598
山内筑後守 やまうちちくごのかみ ········598
山内通有 やまうちみちあり ····················598
山移左馬允 やまうつりさまのじょう ····598
山移左馬介 やまうつりさまのすけ ········599
山鹿左馬助 やまがさまのすけ ················599
山方右衛門尉（山形右兵衛尉）やまがたえもんのじょう（やまがたうへえのじょう）
···599
山方主水／山形主水 やまがたもんど ····599
山形義明 やまがたよしあき ····················599
山口景倫 やまぐちかげみち ····················599
山口外記 やまぐちげき ···························599
山口弾正忠 やまぐちだんじょうのじょう
···599
山口土佐 やまぐちとさ ···························600
山崎次郎 やまさきじろう ························600
山下長就 やましたながのり ····················600
山下政継 やましたまさつぐ ····················600
山田安芸守 やまだあきのかみ ················600
山田安芸守 やまだあきのかみ ················600
山田有信 やまだありのぶ ························600
山田右近 やまだうこん ···························601
山田右近 やまだうこん ···························601
山田興成 やまだおきなり ························601
山田観蓮 やまだかんれん ························601
山田宮内左衛門尉 やまだくないさえもんのじょう ···601
山田貞朝 やまださだとも ························602
山田成一 やまだしげかず ························602
山田祐綱 やまだすけつな ························602
山田大膳 やまだだいぜん⇨山田元房（やまだもとふさ）

門司国親　もんじくにちか　……………………577
門司源太郎　もんじげんたろう　………………577
門司左近太郎　もんじさこんたろう⇨門司親常（もんじちかつね）
門司郷房　もんじさとふさ　……………………577
門司重親　もんじしげちか　……………………578
門司重房　もんじしげふさ　……………………578
門司重盛　もんじしげもり　……………………578
門司次郎三郎　もんじじろうさぶろう　…578
門司季公　もんじすえきみ　……………………578
門司輔親　もんじすけちか　……………………578
門司祐盛　もんじすけもり　……………………579
門司惣五郎（郷司惣五郎）　もんじそうごろう（ごうしそうごろう）　……………………579
門司隆鎮　もんじたかしげ⇨大積隆鎮（おおつみたかしげ）
門司武員　もんじたけかず　……………………579
門司武親　もんじたけちか　……………………579
門司種俊　もんじたねとし　……………………579
門司親章　もんじちかあき　……………………580
門司親家　もんじちかいえ⇨門司親助（もんじちかすけ）
門司親家　もんじちかいえ⇨大友親家（おおともちかいえ）
門司親奥　もんじちかおく　……………………580
門司親景　もんじちかかげ　……………………580
門司親清　もんじちかきよ⇨大積親清（おおつみちかきよ）
門司親弼　もんじちかすけ　……………………580
門司親資　もんじちかすけ　……………………580
門司親助　もんじちかすけ　……………………581
門司親澄　もんじちかずみ　……………………581
門司親高　もんじちかたか　……………………581
門司親伊　もんじちかただ　……………………581
門司親忠　もんじちかただ　……………………581
門司親忠　もんじちかただ　……………………581
門司親辰　もんじちかたつ　……………………582
門司親胤　もんじちかたね　……………………582
門司親胤　もんじちかたね　……………………582
門司親常　もんじちかつね　……………………582
門司親連　もんじちかつら　……………………583
門司親俊　もんじちかとし　……………………583
門司親資　もんじちかとも　……………………583
門司親直　もんじちかなお　……………………583
門司親長　もんじちかなが　……………………584
門司親信　もんじちかのぶ　……………………584
門司親春　もんじちかはる　……………………584
門司親秀　もんじちかひで⇨大積親秀（おおつみちかひで）
門司親尚　もんじちかひさ　……………………584
門司親寛　んじちかひろ　………………………584
門司親房　もんじちかふさ　……………………585
門司親政　もんじちかまさ　……………………585
門司親通　もんじちかみち　……………………585
門司親光　もんじちかみつ　……………………586
門司親宗　んじちかむね　………………………586
門司親用　もんじちかもち　……………………586
門司親元　もんじちかもと　……………………586
門司親盛　もんじちかもり　……………………586
門司親世　もんじちかよ　………………………586
門司親由　もんじちかよし　……………………586
門司親能　もんじちかよし　……………………587
門司親頼　もんじちかより　……………………587
門司長資　もんじながとも　……………………587
門司就正　もんじなりまさ　……………………587
門司備前守　もんじびぜんのかみ　…………588
門司藤三　もんじふじぞう　……………………588
門司兵五郎　もんじへいごろう　……………588
門司孫四郎　もんじまごしろう⇨門司親用（もんじちかもち）
門司民部入道一徳斉　もんじみんぶにゅうどういっとくさい⇨門司親俊（もんじちかとし）
門司宗房　もんじむねふさ　……………………588
門司本親　もんじもとちか　……………………588
門司盛季　もんじもりすえ　……………………589
門司盛親　もんじもりちか　……………………589
門司師親　もんじもろちか　……………………589
門司弥二郎　もんじやじろう　………………589
門司慰親　もんじやすちか　……………………589
門司弥太郎　もじやたろう　……………………589
門司能孝　もんじよしたか　……………………589
門司能親　もんじよしちか　……………………589
門司能秀　もんじよしひで　……………………590
門司能通　もんじよしみち　……………………590
門司依親　もんじよりちか　……………………590
門司頼親　もんじよりちか　……………………590
門司頼房　もんじよりふさ　……………………590
問註所鑑豊　もんちゅうしょあきとよ　…591
問註所鎮連　もんちゅうしょしげつら　…591

武藤資能 むとうすけよし ……………………564
武藤資頼 むとうすけより ……………………565
宗像氏貞 むなかたうじさだ …………………565
宗像掃部介 むなかたかもんのすけ ………565
宗像惟代 むなかたただよ ……………………565
宗像弾正忠 むなかただんじょうのじょう
……………………………………………………565
宗像鎮続 むなかたしげつぐ …………………565
宗像重正 むなかたしげまさ …………………566
宗像光盛 むなかたみつもり …………………566
麦生鑑光 むにゅうあきみつ …………………566
麦生鑑世 むにゅうあきよ ……………………566
村井市之烝 むらいいちのじょう ……………566
村岡大学 むらおかだいがく …………………566
村上上総介 むらかみかずさのすけ ………566
村上真信 むらかみさねのぶ …………………566
村上三大夫 むらかみさんだゆう ……………567
村上冶大夫 むらかみじだゆう ………………567
村上武吉 むらかみたけよし …………………567
村田金助 むらたきんすけ ……………………567
村田金藏 むらたきんぞう ……………………567
村田兵助／村田兵介 むらたへいすけ ……567
毛利勝家 もうりかついえ ……………………568
毛利勝永 もうりかつなが ……………………568
毛利勝信 もうりかつのぶ ……………………568
毛利左馬頭 もうりさまのかみ ………………568
毛利鎮真 もうりしげざね ……………………568
毛利隆元 もうりたかもと ……………………568
毛利輝元 もうりてるもと ……………………569
毛利広房 もうりひろふさ ……………………569
毛利元秋 もうりもとあき ……………………569
毛利元就 もうりもとなり ……………………569
毛利吉成 もうりよしなり ……………………570
杢原但馬 もくはらたじま ……………………570
本方主計頭 もとかたかずえのかみ ………570
元重安芸守 もとしげあきのかみ ……………570
元重安芸守 もとしげあきのかみ ……………571
元重隠岐守 もとしげおきのかみ ……………571
元重鎮清 もとしげしげきよ …………………571
元重繁親 もとしげしげちか …………………571
元重親朝 もとしげちかとも⇨河谷親朝（かわたにちかとも）
元重鎮継 もとしげしげつぐ …………………571
元重繁弘 もとしげしげひろ …………………571
元重鎮頼 もとしげしげより …………………571
元重次郎右衛門 もとしげじろうえもん 571
元重純清 もとしげすみきよ …………………571
元重統信 もとしげむねのぶ …………………572
元重統資 もとしげむねもと …………………572
元近采女允 もとちかうねめのじょう ……572
元近飛騨守 もとちかひだのかみ ……………572
籾本伴知 もみもとともさと …………………572
籾本伴成 もみもとともしげ …………………572
桃井左近大夫 ももいさこんだゆう ………572
桃井左近将監 ももいさこんのしょうげん
……………………………………………………572
桃井太郎 ももいたろう ………………………573
桃井直次 ももいなおつぐ ……………………573
百富兼貞 ももとみかねさだ …………………573
森大蔵丞 もりおおくらのじょう ……………573
森覚兵衛 もりかくべえ ………………………573
森兼家 もりかねいえ …………………………573
森杏兵衛 もりきょうべえ ……………………573
森蔵人佐 もりくらんどのすけ ………………574
森式部烝 もりしきぶのじょう ………………574
森鎮秀 もりしげひで …………………………574
森祐貞 もりすけさだ …………………………574
森田九郎 もりたくろう ………………………574
母里太兵衛（母里多兵衛） もりたへえ⇨母里友信（もりとものぶ）
母里友信 もりとものぶ ………………………574
森長徳 もりながのり …………………………575
森備前守 もりびぜんのかみ …………………575
森村種宣 もりむらたねのぶ …………………575
森山安芸守 もりやまあきのかみ ……………575
森脇春顕 もりわきはるあき …………………575
諸田左京 もろたさきょう ……………………575
門司顕親 もんじあきちか ……………………575
門司顕秀 もんじあきひで ……………………576
門司家親 もんじいえちか ……………………576
門司氏親 もんじうじちか ……………………576
門司氏師 もんじうじもろ ……………………576
門司氏頼 もんじうじより ……………………576
門司勘解由允 もんじかげゆのじょう⇨田原親家（たわらちかいえ）
門司主計允 もんじかずえのじょう⇨門司氏頼（もんじうじより）
門司固親 もんじかたちか ……………………577
門司清親 もんじきよちか⇨門司親由（もんじちかよし）

え⇨三浦元忠（みうらもとただ）
松山義寛 まつやまよしひろ ……………………554
松山吉盛 まつやまよしもり ……………………554
摩手隠岐 まておき ……………………………554
真辺成住 まなべしげずみ ………………………555
真橋市左衛門 まはしいちざえもん ………555
真橋掃部 まはしかもん ………………………555
真橋彦兵衛 まはしひこべえ ……………………555
馬淵次郎 まぶちじろう ………………………555
丸ヶ口義舎 まるがぐちよしいえ …………555
丸橋蔵人 まるはしくらんど ……………………555
丸毛兼利 まるもかねとし ………………………555
丸山将監 まるやましょうげん ………………556
万田鑑実 まんだあきざね ………………………556
万田左京権大夫 まんださきょうごんのだいぶ ………………………………………556
万田左近 まんださこん ………………………556
万田左近 まんださこん ………………………556
万田盛堯 まんだもりたか ………………………556
万里三郎左衛門尉 まんりさぶろうさえもんのじょう ………………………………556
三池鎮実 みいけしげざね ………………………556
三浦元忠 みうらもとただ ………………………556
右田鑑守 みぎたあきもり ………………………557
右田弘量 みぎたひろかず ………………………557
三隅興行 みくまおきゆき ………………………557
微塵弾正 みじんだんじょう ……………………557
三隅貞行 みすみさだゆき ………………………557
三角兵衛尉 みすみひょうえのじょう ……557
三角兵衛尉 みすみひょうえのじょう ……557
溝口伊賀 みぞぐちいが …………………………558
溝口左近将監 みぞぐちさこんえのしょうげん ………………………………………558
溝口出羽守 みぞぐちでわのかみ …………558
三田井親武 みたいちかたけ ……………………558
三田村権右衛門（三田村権左衛門）みたむらごんえもん（みたむらごんざえもん） 558
三代九郎 みつしろくろう ………………………558
三林与次郎 みつばやしよじろう …………558
御堂資氏 みどうすけうじ ………………………559
南方就正 みなかたなりまさ ……………………559
源親房 みなもとのちかふさ ……………………559
源経基 みなもとのつねもと ……………………559
源頼氏 みなもとのよりうじ ……………………559
御幡式部烝 みはたしきぶのじょう ………559
御幡式部允 みはたしきぶのじょう ………559
三保図書 みほずしょ ……………………………559
三村家親 みむらいえちか ………………………559
三村与五郎 みむらよごろう ……………………560
三村与次郎 みむらよじろう ……………………560
宮尾織部 みやおおりべ …………………………560
宮川三味（宮川三位佐）みやがわさんみ（みやがわさんみのすけ） ……………………560
宮川三位 みやがわさんみ ………………………560
宮木入道 みやきにゅうどう ……………………560
三宅家義 みやけいえよし ………………………560
三宅三大夫 みやけさんだゆう ………………561
三宅重政 みやけしげまさ ………………………561
宮崎百助／宮崎百介 みやざきももすけ 561
宮下貞清 みやしたさだきよ ……………………561
宮島郷左衛門 みやじまさとざえもん …561
宮庄春実 みやしょうはるざね ………………561
宮永義成 みやながよしなり ……………………561
宮永大膳 みやながだいぜん ……………………562
宮永大膳丞 みやながだいぜんのじょう 562
宮永大膳丞 みやながだいぜんのじょう 562
宮成右衛門尉 みやなりうえもんのじょう⇨宇佐公基（うさきみもと）
宮成公里 みやなりきみさと ……………………562
宮成公建 みやなりきみたけ ……………………562
宮成正時 みやなりまさとき ……………………562
宮原清沼 みやはらきよぬま ……………………562
宮原定精 みやはらさだたね ……………………562
宮原左門 みやはらさもん ………………………562
宮原忠将 みやはらただまさ ……………………563
宮原太郎兵衛 みやはらたろうひょうえ 563
妙見伊勢守 みょうけんいせのかみ ………563
妙見重基 みょうけんしげもと ………………563
妙見兵庫 みょうけんひょうご ………………563
妙見昌親 みょうけんまさちか ………………563
三好長勝 みよしおさかつ ………………………563
三好長膳 みよしちょうぜん ……………………563
向石勘内 むかいしかんない ……………………564
向石善三郎 むかいしぜんざぶろう ………564
椋梨景則 むくなしかげのり ……………………564
椋本頼母 むくもとたのも ………………………564
椋本頼母之亮 むくもとたのものすけ …564
椋本羽衛門／椋本羽右衛門 むくもとはえもん ………………………………………564
武藤冶兵衛 むとうじへえ ………………………564

堀立直正 ほりたてなおまさ ……………………543
堀平右衛門 ほりへいえもん ……………………543
堀弥六左衛門 ほりやろくざえもん ………543
本城勘兵衛 ほんじょうかんべえ …………543
本荘宮内少輔 ほんじょうくないしょうゆう ……………………………………………………543
本庄宮内丞 ほんじょうくないのじょう 544
本荘繁栄 ほんじょうしげよし ……………544
本荘新左衛門尉 ほんじょうしんざえもんのじょう ………………………………………………544
本荘右述 ほんじょうすけのぶ ……………544
本庄図書 ほんじょうずしょ ………………544
本城只徳 ほんじょうただのり ……………544
本城弾正 ほんじょうだんじょう …………545

ま行

前田孫四郎 まえだまごしろう ……………546
真ヶ江六郎／真加江六郎 まがえろくろう ……………………………………………………546
真ヶ江晴房 まがえはるふさ ………………546
真賀四六郎 まがしろくろう ………………546
牧玄蕃允（牧野玄蕃之允）まきげんばのじょう（まきのげんばのじょう）……………546
秣雅楽介 まくさうたのすけ ………………546
秣大炊助 まくさおおいのすけ ……………546
秣飛騨守 まくさひだのかみ ………………547
真込成秀 まごめしげひで …………………547
正木孫左衛門 まさきまござえもん ………547
益田太郎 ますだたろう ……………………547
益田親目 ますだちかもく …………………547
増田長盛 ますだながもり …………………547
益田元祥 ますだもとやす …………………548
益田与助 ますだよすけ ……………………548
益田与六郎 ますだよろくろう ……………548
益永肥前守 ますながひぜんのかみ ………548
益永民部少輔 ますながみんぶしょうゆう⇨益永宗世（ますながむねよ）
益永宗世／益永統世 ますながむねよ ……548
鱒淵右近 ますぶちうこん …………………548
鱒淵重太 ますぶちしげひろ ………………548
間田左近 まださこん ………………………549
松浦鎮隆 まつうらしずたか⇨小田部鎮隆（こたべしずたか）
松江一松 まつえいちまつ …………………549
松尾市左衛門 まつおいちざえもん ………549
松岡利綱 まつおかとしつな ………………549
松尾春賢 まつおはるかた …………………549
松尾正貫 まつおまさぬき …………………549
松川孫四郎 まつかわまごしろう …………549
松木主膳 まつきしゅぜん …………………549
松木正直 まつきまさなお …………………550
松木正春 まつきまさはる …………………550
松木主水 まつきもんど ……………………550
松下伊兵衛 まつしたいへえ ………………550
松島兵部入道 まつしまひょうぶにゅうどう ……………………………………………………550
松平重直 まつだいらしげなお ……………550
松宅弥兵衛 まつたくやへい ………………550
松田小吉 まつだこきち ……………………550
松田実元 まつださねもと …………………551
松田朝宣 まつだとものぶ …………………551
松田左馬介／松田左馬允 まつださまのすけ ……………………………………………………551
松田善七 まつだぜんしち …………………551
松田利則 まつだとしのり …………………551
松田房則 まつだふさのり …………………551
松田元重 まつだもとしげ …………………552
松田元仁 まつだもとひと …………………552
松永景守 まつながかげもり ………………552
松永久大夫 まつながひさだゆう …………552
松野氏清 まつのうじきよ …………………552
松野氏晴 まつのうじはる …………………552
松野氏増 まつのうじます …………………552
松野重矩 まつのしげのり …………………553
松野輔親 まつのすけちか …………………553
松野半斎 まつのはんさい⇨大友親盛（おおともちかもり）
松原右京 まつばらうきょう ………………553
松原掃部介 まつばらかもんのすけ ………553
松原宮内亮 まつばらくないのすけ ………553
松原孟行 まつばらたけゆき ………………553
松原但馬守 まつばらたじまのかみ ………553
松原行尋 まつばらゆきひろ ………………553
松室弥兵衛（松尾弥兵衛・松雲弥兵衛）まつむろやへえ（まつおやへえ・まつくもやへい）……………………………………554
松本主膳 まつもとしゅぜん ………………554
松山信盛 まつやまのぶもり ………………554
松本正直 まつもとまさなお ………………554
松山源次郎兵衛 まつやまげんじろうひょう

深見基直　ふかみもとなお　……………………531
深見基愛　ふかみもとよし　……………………531
深見盛時　ふかみもりとき　……………………531
福井信定　ふくいのぶさだ　……………………532
福嶋源賀　ふくしまげんが　……………………532
福嶋鎮允　ふくしましげよし　…………………532
福島但馬守　ふくしまたじまのかみ　……532
福島対馬守　ふくしまつしまのかみ　……532
福島虎松　ふくしまとらまつ　…………………532
福島長久　ふくしまながひさ　…………………532
福島祐斎／福嶋祐斎　ふくしまゆうさい　533
福島祐了／福嶋祐了　ふくしまゆうりょう　……………………………………………………533
福島了祐　ふくしまりょうゆう　………………533
福田入道西淵　ふくだにゅうどうせいえん　……………………………………………………533
福富対馬守　ふくとみつしまのかみ　……533
福原貞俊　ふくはらさだとし　…………………533
福原貞俊　ふくはらさだとし　…………………533
福間彦三郎　ふくまひこさぶろう　…………533
福間元明　ふくまもとあき　……………………534
藤木左衛門　ふじきさえもん　…………………534
藤本七郎　ふじもとしちろう　…………………534
藤原純年　ふじわらすみとし　…………………534
藤原親房　ふじわらちかふさ⇨門司親房（もんじちかふさ）
藤原政吉／藤原政義　ふじわらまさよし　534
藤原幸範　ふじわらのゆきのり　………………534
封戸高嗣　ふべたかつぐ　………………………534
封戸高基　ふべたかもと　………………………534
船迫治大夫　ふなさこじだゆう　………………535
舟田越後守　ふなだえちごのかみ　…………535
舟田新次郎　ふなだしんじろう　………………535
舟橋安勝　ふなはしやすかつ　…………………535
豊饒永源　ぶにょうえいげん　…………………535
豊饒弾正　ぶにょうだんじょう　………………535
豊饒親富　ぶにょうちかとみ　…………………535
古尾平馬　ふるおへいま　………………………536
古門縫殿助　ふるかどぬいどののすけ　…536
古庄一閑　ふるしょういっかん　………………536
古田下野守　ふるたしもつけのかみ　……536
戸次鑑連　べっきあきつら⇨立花道雪（たちばなどうせつ）
戸次寛山　べっきかんざん　……………………536
戸次鎮連　べっきしげつら　……………………536
戸次鎮秀　べっきしげひで　……………………537
戸次親雄　べっきちかお　………………………537
戸次親任　べっきちかとう　……………………537
戸次親冨　べっきちかとみ　……………………537
戸次親宣　べっきちかのぶ　……………………537
戸次親秀　べっきちかひで　……………………538
戸次親光　べっきちかみつ　……………………538
戸次道雪　べっきどうせつ⇨立花道雪（たちばなどうせつ）
戸次統常　べっきむねつね　……………………538
別庄覚八　べっしょうかくはち　………………538
別府国広　べっぷくにひろ　……………………539
別府二郎／別府次郎　べっぷじろう　……539
別府若狭　べっぷわかさ　………………………539
辺春親行　へばるちかゆき　……………………539
法釈寺伊賀守　ほうしゃくじいがのかみ　539
宝珠山左近将監　ほうしゅやまさこんえのしょうげん　…………………………………539
宝珠山弥左衛門　ほうしゅやまやざえもん　……………………………………………………540
北条時直　ほうじょうときなお　………………540
北条時光　ほうじょうときみつ　………………540
北条時真　ほうじょうときざね　………………540
宝珠山源五兵衛尉　ほうしゅやまげんごひょうえのじょう　……………………………540
北条民部丞少輔　ほうじょうみんぶのじょうしょうゆう　………………………………540
星井景山　ほしいけいざん　……………………541
星井直政　ほしいなおまさ　……………………541
星井則政　ほしいのりまさ　……………………541
星野源太　ほしのげんた　………………………541
星野実旨　ほしのさねむね　……………………541
星野鎮胤　ほしのしげたね　……………………541
星野鎮虎　ほしのしげとら　……………………541
星野四郎三郎　ほしのしろうさぶろう⇨星野鎮胤（ほしのしげたね）
星野親実　ほしのちかざね　……………………541
星野正勝　ほしのまさかつ　……………………541
細川忠興　ほそかわただおき　…………………542
細川藤孝　ほそかわふじたか　…………………542
細川幽斎　ほそかわゆうさい⇨細川藤孝（ほそかわふじたか）
堀江弾藏　ほりえだんぞう　……………………542
堀越義忠　ほりこしよしただ　…………………542
堀越義永　ほりこしよしなが　…………………542

一戸与市 ひとつこよいち ……………………522
一戸与平 ひとつこよへい ……………………522
一ツ松清氏 ひとつまつきようじ …………522
日野三九郎 ひのさんくろう …………………522
樋本太郎左衛門尉 ひもとたろうさえもんのじょう …………………………………………522
百富家継 ひゃくどみいえつぐ ……………522
百富兼家 ひゃくどみかねいえ ……………522
百富兼奥 ひゃくどみかねおく ……………522
百富兼貞 ひゃくどみかねさだ ……………522
百富能教 ひゃくどみよしのり ……………523
兵頭伊賀守 ひょうどういがのかみ ………523
兵藤勝正 ひょうどうかつまさ ……………523
兵藤広武／兵頭広武 ひょうどうひろたけ …………………………………………………523
平井左衛門尉 ひらいさえもんのじょう 523
平石豊弘 ひらいしとよひろ ………………523
平石判官 ひらいしはんがん ………………523
平井親宣 ひらいちかのぶ …………………524
平賀木工頭 ひらがもくのかみ ……………524
平賀義宗 ひらがよしむね …………………524
平薦源九郎 ひらこもげんくろう …………524
平嶋左衛門丞 ひらしまさえもんのじょう …………………………………………………524
平島左馬佐 ひらしまさまのすけ …………524
平田掃部介 ひらたかもんのすけ …………524
平田兵部丞 ひらたひょうぶのじょう ……525
平田美濃守 ひらたみののかみ ……………525
平田立賀 ひらたりゅうが …………………525
平野図書 ひらのずしょ ……………………525
平野為治 ひらのためはる …………………525
平野彦四郎 ひらのひこしろう ……………525
平林太郎兵衛尉 ひらばやしたろうひょうえのじょう …………………………………………525
平原監物 ひらばるけんもつ ………………525
平原秀節 ひらばるひでよし ………………525
平野弥市 ひらのやいち ……………………526
広尾帯刀 ひろおたてわき …………………526
広崎但馬守 ひろさきたじまのかみ ………526
広崎対馬守 ひろさきつしまのかみ ………526
広沢通里 ひろさわみちさと ………………526
広沢通重 ひろさわみちしげ ………………526
広瀬阿波守 ひろせあわのかみ ……………526
広瀬裕致 ひろせひろむね …………………526
広津阿波守 ひろつあわのかみ ……………527
広津義深 ひろつよしふか …………………527
広津角兵衛 ひろつかくべえ ………………527
広津重種 ひろつしげたね …………………527
広津鎮種 ひろつしげたね …………………527
広津鎮継 ひろつしげつぐ …………………527
広津鎮次 ひろつしげつぐ …………………527
広津鎮房 ひろつしげふさ …………………528
広津種頼 ひろつたねより⇨広津鎮次（ひろつしげつぐ）
広津鎮頼 ひろつしげより …………………528
広津新蔵人 ひろつしんくらんど …………528
広津直房 ひろつなおふさ …………………528
広津彦三郎 ひろつひこさぶろう …………528
広津彦四郎 ひろつひこしろう ……………528
広津秀信 ひろつひでのぶ …………………528
広津兵庫頭 ひろつひょうごのかみ ………528
広津弘種 ひろつひろたね⇨広津重種（ひろつしげたね）
広津房政 ひろつふさまさ …………………529
広津吉種 ひろつよしたね …………………529
弘中奥種 ひろなかおくたね ………………529
弘中弾正忠 ひろなかだんじょうのじょう …………………………………………………529
広山越後守 ひろやまえちごのかみ ………529
広山越後守 ひろやまえちごのかみ ………529
広山大蔵允 ひろやまおおくらのじょう 529
広山大蔵丞 ひろやまだいぞうのじょう 529
弘吉藤兵衛（弘吉頭吉／弘吉頭石）ひろよしとうべえ（ひろよしとうきち／ひろよしとうせき）……………………………………529
深島庫之 ふかしまくらゆき ………………529
深田氏栄 ふかだうじひで …………………530
深町久理 ふかまちひさただ ………………530
深水壱岐守 ふかみいきのかみ ……………530
深見壱岐守 ふかみいきのかみ ……………530
深水隠岐守 ふかみおきのかみ ……………530
深水興房 ふかみおきふさ …………………530
深水景氏 ふかみかげうじ …………………530
深見河内守 ふかみかわちのかみ …………531
深見河内守 ふかみかわちのかみ …………531
深水内記（深水内記介）ふかみないき（ふかみないきのすけ）……………………………531
深見中務丞 ふかみなかつかさのじょう 531
深水房直 ふかみふさなお …………………531
深見政直 ふかみまさなお …………………531

原田右京進 はらだうきょうのしん ……510
原田種興 はらだたねおき ……511
原田伊予守（原伊予守）はらだいよのかみ（はらいよのかみ）……511
原田興種 はらだおきたね ……511
原田掃部（原田掃部頭）はらだかもん（はらだかもんのかみ）……511
原田国種 はらだくにたね ……511
原田貞種 はらださだたね ……511
原田貞親 はらださだちか ……512
原田紹忍 はらだしょうにん ……512
原田隆種 はらだたかたね ……512
原田種興 はらだたねおき ……512
原田種親 はらだたねちか ……512
原田種綱 はらだたねつな ……512
原田種遠 はらだたねとう ……512
原田種成 はらだたねなり ……513
原田種房 はらだたねふさ ……513
原田種光 はらだたねみつ ……513
原田種之 はらだたねゆき ……513
原田種之 はらだたねゆき ……513
原田親種 はらだちかたね ……513
原田信種 はらだのぶたね ……513
原田秀種 はらだひでたね ……513
原田弘種 はらだひろたね ……514
原田義茂 はらだよししげ ……514
原田義種 はらだよしたね ……514
原田義貫 はらだよしつら ……514
原天助 はらてんすけ ……514
原弥左衛門 はらやざえもん ……514
原山雅楽助 はらやまうたのすけ ……515
原六郎 はらろくろう ……515
張古市兵衛 はりこいちべえ ……515
張畑善太郎 はりはたぜんたろう ……515
番下出雲守 ばんしたいずものかみ ……515
樋内対馬守 ひうちつしまのかみ ……515
稗田木工助 ひえだもくのすけ ……515
控庄左衛門 ひかえしょうざえもん ……516
東方主計頭 ひがしかたかずえのかみ ……516
東左衛門 ひがしさえもん ……516
樋口顕賢 ひぐちあきかた ……516
樋口顕久 ひぐちあきひさ ……516
樋口尼部允 ひぐちあまべのじょう ……516
樋口左馬助 ひぐちさまのすけ ……516
樋口治部烝 ひぐちじぶのじょう ……516
樋口敏重 ひぐちとししげ ……516
樋口民部烝 ひぐちみんぶのじょう ……517
樋口弥五郎 ひぐちやごろう ……517
樋口若七郎 ひぐちわかしちろう ……517
日熊鎮方 ひぐましずかた⇨日熊直次（ひぐまなおつぐ）
日熊輝直 ひぐまてるなお ……517
日熊朝直 ひぐまともなお ……517
日熊直明 ひぐまなおあき ……517
日熊直家 ひぐまなおいえ ……517
日熊直植 ひぐまなおうえ ……518
日熊直景 ひぐまなおかげ ……518
日熊直方 ひぐまなおかた ……518
日熊直尊 ひぐまなおたか ……518
日熊直忠 ひぐまなおただ ……518
日熊直次 ひぐまなおつぐ ……518
日熊直長 ひぐまなおなが ……518
日熊直晴 ひぐまなおはる ……519
日熊直久 ひぐまなおひさ ……519
日熊直秀 ひぐまなおひで ……519
日熊直弘 ひぐまなおひろ ……519
日熊直房 ひぐまなおふさ ……519
日熊直光 ひぐまなおみつ ……519
日熊直良 ひぐまなおよし ……519
日熊春信 ひぐまはるのぶ⇨日熊直次（ひぐまなおつぐ）
日熊頼直 ひぐまよりなお ……520
久恒宗明 ひさつねむねあき ……520
久野四兵衛 ひさのしひょうえ ……520
菱形刑部烝 ひしがたぎょうぶしょう ……520
菱形刑部少輔 ひしがたぎょうぶしょうゆう ……520
菱形長量 ひしがたながかず ……520
真ヶ江晴房 まがえはるふさ ……520
菱形諸方 ひしがたもろかた ……521
備前入道覚雲斉 びぜんにゅうどうかくうんさい⇨新田覚雲斎（にったかくうんさい）
樋田通繁 ひだみちしげ ……521
樋田民部（樋田民部之介）ひだみんぶ（ひだみんぶのすけ）……521
日田宗親 ひたむねちか ……521
日田宗房 ひたむねふさ ……521
日田宗道 ひたむねみち ……521
樋田山城守 ひだやましろのかみ ……521
尾藤成祐 びとうしげすけ ……521

則松勘解由　のりまつかげゆ　……………………499
則松信貞　のりまつのぶさだ　……………………499
則松信行　のりまつのぶゆき　……………………499
則松備前守　のりまつびぜんのかみ　………499
則行源鎮重　のりゆきみなもとのしげしげ
……………………………………………………499

は行

芳賀晨則　はがあきのり　…………………………500
芳賀吉右衛門　はがきちえもん　………………500
波賀下野守　はがしもつけのかみ　……………500
芳賀時親　はがときちか　…………………………500
芳賀房慶　はがふさよし　…………………………500
羽川主計頭　はがわかずえのかみ　……………500
萩原勘解由左衛門　はぎわらかげゆさえもん
……………………………………………………500
萩原鎮房　はぎわらしげふさ　……………………501
萩原四郎兵衛　はぎわらしろうべい　…………501
萩原種親　はぎわらたねちか　……………………501
荻原種治　はぎわらたねはる　……………………501
萩原房円　はぎわらふさまど　……………………501
萩原山城守　はぎわらやましろのかみ　……501
土持親成　はじちかしげ　…………………………501
橋津掃部助　はしづかもんのすけ　……………502
橋津佐渡入道　はしづさどにゅうどう　……502
橋津実度　はしづさねのり　………………………502
橋津次郎左衛門　はしづじろうさえもん　502
橋津英度　はしづひでのり　………………………502
橋詰三十郎（橋詰三郎）はしづめさんじゅうろう（はしづめさぶろう）……………502
橋本玄蕃允　はしもとげんばのじょう　……503
長谷川正氏　はせがわまさうじ　………………503
畠山式部大夫　はたけやましきぶだいぶ　503
畠山四郎　はたけやましろう　……………………503
畠山弾正少輔　はたけやまだんじょうしょうゆう　……………………………………503
畠山民部少輔　はたけやまみんぶしょうゆう
……………………………………………………503
畠山義成　はたけやまよししげ　………………503
畠山義隆　はたけやまよしたか　………………504
畠山義豊　はたけやまよしとよ　………………504
畠山義深　はたけやまよしふか　………………504
畠山義冬　はたけやまよしふゆ　………………504
畠中六郎左衛門　はたなかろくろうさえもん
……………………………………………………504
畑信義（畑中信義）はたのぶよし（はたなかのぶよし）……………………………504
畑六郎右衛門　たろくろうえもん　……………505
八屋隠岐守　はちやおきのかみ　………………505
蜂屋隠岐守　はちやおきのかみ　………………505
八屋刑部　はちやぎょうぶ　………………………505
蜂谷郡司　はちやぐんじ　…………………………505
蜂谷照光／蜂屋照光　はちやてるみつ　……505
蜂谷信濃守　はちやしなののかみ　……………505
蜂屋兵部少輔　はちやひょうぶしょうゆう
……………………………………………………506
波津久忠兵衛尉　はづくちゅうべえのじょう
……………………………………………………506
波津久弥三郎　はづくやさぶろう　……………506
八田武朝　はったたけとも　………………………506
八田義朝　はったよしとも　………………………506
鳩隆重　はとたかしげ　……………………………506
塙大六　はなわだいろく　…………………………507
羽野鑑房　はのあきふさ　…………………………507
馬場越後　ばばえちご　……………………………507
早川喜助　はやかわきすけ　………………………507
早川永成　はやかわながしげ　……………………507
早川長常　はやかわながつね　……………………507
林越後守　はやしえちごのかみ　………………507
林崎入道常林　はやしざきにゅうどうじょうりん　……………………………………507
林式部　はやししきぶ　……………………………508
林田永公　はやしだながきみ　……………………508
林直利　はやしなおとし　…………………………508
林長純　はやしながずみ　…………………………508
林長紀　はやしながのり　…………………………508
林彦五郎　はやしひこごろう　……………………509
林光季　はやしみつとき　…………………………509
林光秀　はやしみつひで　…………………………509
林与左衛門　はやしよざえもん　………………509
速見堅吾　はやみけんご　…………………………509
速見新六／逸見新六　はやみしんろく　……509
原井四郎　はらいしろう　…………………………509
原伊予守　はらいよのかみ　………………………509
原口成信　はらぐちしげのぶ　……………………510
原口次郎　はらぐちじろう　………………………510
原口兵衛三郎　はらぐちひょうえさぶろう
……………………………………………………510
原田鑑尚　はらだあきひさ　………………………510
原大学　はらだいがく　……………………………510

貫善寿 ぬきよしとし ……………………486
貫義基 ぬきよしもと ……………………486
沼田源左衛門 ぬまたげんざえもん ………486
奴留湯主水正 ぬるゆもんどのかみ ………486
奴留湯融泉 ぬるゆゆうせん ………………486
米多比三右衛門 ねたみさんえもん ………486
米多比鎮久 ねたみしげひさ ………………486
米多比大学 ねたみだいがく ………………487
如法寺氏信 ねほうじうじのぶ ……………487
如法寺円康 ねほうじえんこう ……………487
如法寺円証 ねほうじえんしょう …………487
如法寺近江守 ねほうじおおみのかみ ……487
如法寺公信 ねほうじきみのぶ ……………488
如法寺式部少輔 ねほうじしきぶしょうゆう ……………………………………………488
如法寺資信 ねほうじすけのぶ ……………488
如法寺武信 ねほうじたけのぶ ……………488
如法寺輝則 ねほうじてるのり ……………488
如法寺直信 ねほうじなおのぶ ……………488
如法寺縫殿丞 ねほうじぬいどのじょう 488
如法寺信勝 ねほうじのぶかつ ……………489
如法寺信貞 ねほうじのぶさだ ……………489
如法寺信定 ねほうじのぶさだ⇨西郷信定（さいごうのぶさだ）
如法寺信政 ねほうじのぶまさ……………489
如法寺久明 ねほうじひさあき⇨如法寺輝則（ねほうじてるのり）
如法寺久信 ねほうじひさのぶ ……………489
如法寺孫三郎 ねほうじまごさぶろう ……489
如法寺孫四郎 ねほうじまごしろう ………490
如法寺宗能 ねほうじむねよし ……………490
如法寺盛信 ねほうじもりのぶ ……………490
如法寺依康 ねほうじよりやす ……………490
根良弾正之忠 ねらだんじょうのじょう 490
納祖紀五郎（納視紀五郎）のうそきごろう（のうしきごろう）……………………………490
野上藤七 のがみとうしち …………………490
野上判官 のがみはんがん …………………491
野上弘光 のがみひろみつ …………………491
野口左助 のぐちさすけ……………………491
野田右衛門大夫 のだえもんのだいぶ ……491
野田新助／野田新介 のだしんすけ ………491
野津作右衛門 のづさくえもん ……………492
野仲円空 のなかえんくう …………………492
野仲興道 のなかおきみち …………………492
野仲郷司 のなかごうし ……………………492
野仲五郎 のなかごろう ……………………492
野仲作右衛門 のなかさくえもん …………492
野仲重兼 のなかしげかね⇨野仲鎮兼（のなかしげかね）
野仲鎮兼 のなかしげかね …………………493
野仲重貞 のなかしげさだ …………………493
野仲重房 のなかしげふさ …………………493
野仲重通 のなかしげみち …………………493
野仲重義 のなかしげよし …………………493
野仲助道 のなかすけみち …………………494
野仲道氏 のなかみちうじ …………………494
野仲道雄 のなかみちお ……………………494
野仲道俊 のなかみちとし …………………494
野仲長季 のなかながすえ …………………494
野仲弘道 のなかひろみち …………………494
野仲正行 のなかまさゆき …………………494
野仲道興 のなかみちおき …………………495
野仲道棟 のなかみちむね⇨野依道棟（のよりみちむね）
野仲宗通 のなかむねみち …………………495
野原昌久 のはらまさひさ …………………495
野間冠者 のまかんじゃ ……………………495
野間公高 のまきみたか ……………………495
野間源蔵 のまげんぞう ……………………495
野間小次郎 のまこじろう …………………496
乃美宗勝 のみむねかつ ……………………496
野村市右衛門 のむらいちえもん …………496
野村祐勝 のむらすけかつ …………………496
野村専慶 のむらせんけい …………………497
野村太郎兵衛 のむらたろべえ⇨野村祐勝（のむらすけかつ）
野依兼員 のよりかねかず …………………497
野依兼貞 のよりかねさだ …………………497
野依兼房 のよりかねふさ …………………497
野依兼基 のよりかねもと …………………497
野依兼行 のよりかねゆき …………………497
野依軍兵衛 のよりぐんべえ ………………497
野依貞輔 のよりさだすけ …………………498
野依弾正 のよりだんじょう ………………498
野依憲信 のよりのりのぶ …………………498
野依道春 のよりみちはる …………………498
野依道棟 のよりみちむね …………………498
野依弥正 のよりやまさ ……………………498
則松和泉守 のりまついずみのかみ ………498

成恒輔家 なりつねすけいえ⇨成恒鎮家（なりつねしげいえ）
成恒種定 なりつねたねさだ ……469
成恒種隆 なりつねたねたか ……469
成恒種忠 なりつねたねただ ……469
成恒種虎 なりつねたねとら ……470
成恒道円 なりつねどうえん ……470
成恒矩種 なりつねのりたね ……470
成恒弘種 なりつねひろたね ……470
成恒昌俊 なりつねまさとし ……470
成恒政能 なりつねまさよし ……470
成恒統忠 なりつねむねただ ……471
成松遠江守 なりまつとおとうみのかみ 471
成松信勝 なりまつのぶかつ ……471
名和刑部丞 なわぎょうぶのじょう ……472
名和寂心 なわじゃくしん ……472
南条勘兵衛 なんじょうかんべえ ……472
南条宗勝 なんじょうむねかつ ……472
南条元続 なんじょうもとつぐ ……472
新屋実満 にいやさねみつ ……472
新納忠元 にいろただもと ……473
西玄蕃 にしげんば ……473
西鎮兼 にししげかね ……473
西武政 にしたけまさ ……473
西徳今斎 にしとくこんさい ……473
西村羽左衛門 にしむらはざえもん ……474
新田覚雲斎 にったかくうんさい ……474
新田上野介 にったこうずけのすけ ……474
新田小次郎（伊達小次郎）にったこじろう（だてこじろう）……474
新田禅師 にったぜんじ ……474
新田竹王丸 にったたけおうまる ……474
新田宗景 にったむねかげ ……474
新田宗義 にったむねよし ……475
新田義有 にったよしあり ……475
新田義氏 にったよしうじ ……475
新田義高 にったよしたか ……476
新田義通 にったよしみち ……476
新田義紀 にったよしのり ……476
新田吉丸 にったよしまる ……476
新田六郎入道義也 にったろくろうにゅうどうよしなり ……476
仁保加賀守 にほかがのかみ ……477
仁保定就 にほさだなり ……477
仁保隆慰 にほたかやす ……477
仁保隆康 にほたかやす ……477
仁保帯刀介 にほたてわきのすけ ……477
仁保就定 にほなりさだ ……478
仁保常陸介 にほひたちのすけ ……478
仁保弘包 にほひろかね ……478
仁保弘名 にほひろな ……478
仁保弘政 にほひろまさ ……478
仁保元豊 にほもととよ ……478
仁保護郷 にほもりさと ……479
仁保盛安 にほもりやす ……479
入田宗和 にゅうたそうわ ……479
入田親廉 にゅうたちかかど ……479
入田親誠 にゅうたちかざね ……479
入田義実 にゅうたよしざね ……480
貫越中守 ぬきえっちゅうのかみ ……480
貫掃部頭 ぬきかもんのかみ ……480
貫清助 ぬききよすけ ……481
貫重孝 ぬきしげたか ……481
貫重依 ぬきしげより ……481
貫新左衛門尉 ぬきしんざえもんのじょう481
貫新四郎 ぬきしんしろう ……481
貫新助 ぬきしんすけ ……481
貫助八 きすけはち ……482
貫助世 ぬきすけよ ……482
貫隆仲 ぬきたかなか ……482
貫武助 ぬきたけすけ ……482
貫親清 ぬきちかきよ ……482
貫親末 ぬきちかすえ ……483
貫内記允 ぬきないきのじょう ……483
貫信連 ぬきのぶつら ……483
貫兵部丞ぬきひょうぶのじょう ……483
貫弘信ぬきひろのぶ ……483
貫弘春ぬきひろはる ……483
貫弘泰 ぬきひろやす ……484
貫備後守 ぬきびんごのかみ ……484
貫備後守 ぬきびんごのかみ ……484
貫道敦 ぬきみちあつ ……484
貫道教 ぬきみちのり ……484
貫宗景 ぬきむねかげ⇨新田宗景（にったむねかげ）
貫宗量 ぬきむねかず ……485
貫宗親 ぬきむねちか ……485
貫宗守 ぬきむねもり ……485
貫元助 ぬきもとすけ ……485
貫由勝 ぬきよしかつ ……485

長野義直　ながのよしなお　……………………458
長野義信　ながのよしのぶ　……………………458
中野吉紀　なかのよしのり　……………………458
長野良教　ながのよしのり　……………………458
長野義春　ながのよしはる　……………………458
長野義秀　ながのよしひで　……………………458
長野義仁　ながのよしひと　……………………459
長野義衡　ながのよしひら　……………………459
長野義衡　ながのよしひら　……………………459
中野吉巌　なかのよしひろ　……………………459
長野義広　ながのよしひろ　……………………459
長野義正　ながのよしまさ　……………………459
長野義政　ながのよしまさ　……………………459
長野義通　ながのよしみち　……………………459
長野義元　ながのよしもと　……………………460
長野義基　ながのよしもと　……………………460
長野吉盛　ながのよしもり　……………………460
長野義盛　ながのよしもり　……………………460
長野義守　ながのよしもり　……………………460
長野義行　ながのよしゆき　……………………461
中八刑部泰次　なかはちぎょうぶやすつぐ
……………………………………………461
仲八屋家信　なかはちやいえのぶ　…………461
仲八屋武信　なかはちやたけのぶ　…………461
中八屋藤左衛門　なかはちやとうざえもん
……………………………………………461
仲八屋藤左衛門尉　なかはちやとうざえもんのじょう⇨仲八屋武信（なかはちやたけのぶ）
仲八屋信定　なかはちやのぶさだ　…………461
仲蜂谷宗鎮／中八屋宗鎮　なかはちやむねしげ　……………………………………461
仲八屋統重／中八屋統重　なかはちやむねしげ　……………………………………462
中原主計之丞　なかはらかずえのじょう　462
中原助光　なかはらすけみつ　………………462
中原親房　なかはらちかふさ⇨門司親房（もんじちかふさ）
中原親能なかはらちかよし⇨門司親能（もんじちかよし）
中原宗綱　なかはらむねつな　………………462
中原宗房　なかはらむねふさ　………………462
永弘氏輔　ながひろうじすけ　………………462
中間弾正忠／仲摩弾正忠　なかまだんじょうのじょう　……………………………………463
永松親統　ながまつちかむね　………………463
永松八郎兵衛　ながまつはちろうべえ　…463
永松孫四郎　ながまつまごしろう　…………463
中間房俊　なかまふさとし　…………………463
中間房俊　なかまふさとし　…………………463
中間統種　なかまむねたね　…………………463
仲間盛秀　なかまもりひで　…………………464
長光行長　ながみつゆきなが　………………464
中村鑑永　なかむらあきなが　………………464
中村金左衛門　なかむらきんざえもん　…464
中村十郎　なかむらじゅうろう　……………464
中村房信　なかむらふさのぶ　………………464
中村房信　なかむらふさのぶ　………………465
中屋鋪仁左衛門　なかやしきじんざえもん
……………………………………………465
中山勘内　なかやまかんない　………………465
中山左近　なかやまさこん　…………………465
中山左近助　なかやまさこんのすけ　………465
中山重正　なかやましげまさ　………………465
中山次郎左衛門／中山治郎左衛門　なかやまじろうざえもん　……………………………465
中山正房　なかやままさふさ　………………465
中山弥次郎　なかやまやじろう　……………465
梨葉光隆　なしばみつたか　…………………466
奈多鑑基　なたあきもと　……………………466
奈多鎮基　なたしげもと　……………………466
名田七郎　なだしちろう　……………………467
奈田隆実　なたたかざね　……………………467
鍋島直茂　なべしまなおしげ⇨鍋島信生（なべしまのぶなり）
鍋島信生　なべしまのぶなり　………………467
鍋島房重　なべしまふさしげ　………………467
奈良重尚　ならしげなお　……………………467
成恒右衛門入道道密　なりつねえもんにゅうどうどうみつ　……………………………467
成恒清種　なりつねきよたね　………………468
成恒清種　なりつねきよたね　………………468
成恒国守　なりつねくにもり　………………468
成恒権之守　なりつねごんのかみ　…………468
成恒西迎　なりつねさいげい　………………468
成恒鎮家　なりつねしげいえ　………………468
成恒重輔　なりつねしげすけ　………………469
成恒鎮種　なりつねしげたね　………………469
成恒鎮直　なりつねしげなお⇨成恒鎮家（なりつねしげいえ）

長野克盛 ながのかつもり ……………………444
長野河内守 ながのかわちのかみ …………445
中野蔵人 なかのくらんど ……………………445
長野九郎 ながのくろう ………………………445
長野左京 ながのさきょう ……………………445
長野貞建 ながのさだたつ ……………………445
長野三郎 ながのさぶろう ……………………445
長野重実 ながのしげざね ……………………445
長野鎮辰 ながのしげたつ ……………………445
中野次郎 なかのじろう ………………………446
中野次郎右衛門 なかのじろうえもん ……446
長野助氏 ながのすけうじ ……………………446
長野助豊 ながのすけとよ ……………………446
長野助直 ながのすけなお ……………………446
長野助永 ながのすけなが ……………………447
長野助政 ながのすけまさ ……………………447
長野助守／長野祐盛／長野助盛 ながのすけもり ……………………………………………447
長野助之　447 ながのすけゆき …………447
長野種貞 ながのたねさだ ……………………447
長野種実 ながのたねざね ……………………448
長野種信 ながのたねのぶ ……………………448
中野種春 なかのたねはる ……………………448
長野種盛 ながのたねもり ……………………448
長野胤盛 ながのたねもり ……………………448
長野為氏 ながのためうじ ……………………448
長野為盛 ながのためもり ……………………449
長野親氏 ながのちかうじ ……………………449
長野親惟 ながのちかこれ ……………………449
長野親辰 ながのちかたつ ……………………449
長野親常 ながのちかつね ……………………449
長野親貫 ながのちかぬき ……………………449
中野親仁 なかのちかひと ……………………449
長野親棟 ながのちかむね ……………………449
長野親義 ながのちかよし ……………………449
長野筑前守 ながのちくぜんのかみ ………450
長野綱盛 ながのつなもり ……………………450
長野恒盛 ながのつねもり ……………………450
長野朝氏 ながのともうじ ……………………450
長野直盛 ながのなおもり ……………………450
長野長直 ながのながなお ……………………450
長野永盛 ながのながもり⇨長野統重（ながのむねしげ）
長野長盛 ながのながもり ……………………450
長野信盛 ながののぶもり ……………………451
長野春親 ながのはるちか ……………………451
長野久氏 ながのひさうじ ……………………451
長野久盛 ながのひさもり ……………………451
長野弘勝 ながのひろかつ ……………………451
長野総盛 ながのふさもり ……………………451
長野政盛 ながのまさもり ……………………451
長野又兵衛尉 ながのまたべえのじょう 452
長野光盛 ながのみつもり ……………………452
長野宗雄 ながのむねお ………………………452
長野統重 ながのむねしげ ……………………452
長野宗永 ながのむねなが ……………………452
長野基盛 ながのもともり ……………………452
長野盛清 ながのもりきよ ……………………453
長野盛長 ながのもりなが ……………………453
長野盛晴 ながのもりはる ……………………453
長野盛衡 ながのもりひら ……………………453
長野盛良 ながのもりよし ……………………453
長野盛義 ながのもりよし ……………………453
長野主水助 ながのもんどのすけ …………453
長野康盛 ながのやすもり ……………………453
長野大和守 ながのやまとのかみ …………453
長野行種 ながのゆきたね ……………………454
長野行房 ながのゆきふさ ……………………454
長野行宗 ながのゆきむね ……………………454
長野義明 ながのよしあき ……………………454
長野義有 ながのよしあり ……………………454
長野義勝 ながのよしかつ ……………………454
長野義廉 ながのよしかね ……………………454
長野義清 ながのよしきよ ……………………454
長野義惟 ながのよしこれ ……………………455
長野義定 ながのよしさだ ……………………455
長野義季 ながのよしすえ ……………………455
長野義助 ながのよしすけ ……………………455
長野義澄 ながのよしずみ ……………………455
長野義孝 ながのよしたか ……………………455
長野義忠 ながのよしただ ……………………455
長野吉辰 ながのよしたつ ……………………456
長野義辰 ながのよしたつ ……………………456
長野義種 ながのよしたね ……………………456
長野義為 ながのよしため ……………………457
長野義親 ながのよしちか ……………………457
長野義綱 ながのよしつな ……………………457
長野義時 がのよしとき ………………………457
長野義俊 ながのよしとし ……………………457
長野義富 ながのよしとみ ……………………457

内藤弘矩 ないとうひろのり ……………………432
内藤弘春 ないとうひろはる ……………………432
内藤藤太郎 ないとうふじたろう …………432
内藤元栄 ないとうもとひで ……………………433
直加江六郎 なおかえろくろう ………………433
永井左門 ながいさもん ……………………………433
長井元為 ながいもとため ………………………433
長井元親 ながいもとちか ………………………433
中尾大蔵左衛門 なかおおおくらさえもん
……………………………………………………………433
長尾景演 ながおかげのぶ ………………………433
長尾景通 ながおかげみち ………………………433
長岡延元 ながおかのぶもと ……………………433
中尾河内守 なかおかわちのかみ …………434
中尾貞常 なかおさだつね ………………………434
中尾三郎 なかおさぶろう ………………………434
中尾三五兵衛 なかおさんごひょうえ ….434
長尾次郎 ながおじろう ……………………………434
中尾友義 なかおともよし ………………………434
長尾豊道 ながおとよみち ………………………434
中尾藤四郎 なかおふじしろう ……………434
長尾正景 ながおまさかげ ………………………434
中尾三河守 なかおみかわのかみ …………435
中尾吉国 なかおよしくに ………………………435
長川七郎 ながかわしちろう ……………………435
中国臣 なかくにおみ …………………………………435
中里織部（中里織部正）なかざとおりべ（なかざとおりべのかみ） ……………………………435
長澤駒之助 ながさわこまのすけ …………435
中島壱岐守 なかしまいきのかみ …………435
中島雅楽守 なかしまうたのかみ …………436
中島雅楽助 なかしまうたのすけ …………436
中島大蔵丞 なかしまおおくらのじょう 436
中島内蔵助 なかしまくらのすけ …………436
中島惟真 なかしまこれざね ……………………436
中島惟直 なかしまこれなお ……………………437
中島権内 なかしまごんない ……………………437
長島庄三郎／長嶋庄三郎 ながしましょうざぶろう ……………………………………………………437
中島純次 なかしますみつぐ ……………………437
中島弾正忠 なかしまだんじょうのじょう
……………………………………………………………437
中島俊直 なかしまとしなお ……………………437
中島直次 なかしまなおつぐ ……………………437
中島直之 なかしまなおゆき ……………………437
中島宣長 なかしまのぶなが ……………………438
中島秀俊 なかしまひでとし ……………………438
中島秀直 なかしまひでなお ……………………438
中島房直 なかしまふさなお⇨中島統次（なかしまむねつぐ）
中島光孝 なかしまみつたか ……………………438
中島民部丞 なかしまみんぶのじょう ….438
中島統次 なかしまむねつぐ ……………………439
中島統俊 なかしまむねとし ……………………439
中島統直 なかしまむねなお ……………………440
中島宗頼 なかしまむねより ……………………440
中島安通 なかしまやすみち ……………………440
長州刑部少輔 ながすぎょうぶしょうゆう
……………………………………………………………440
長州左衛門尉 ながすさえもんのじょう 440
長州七郎 ながすしちろう …………………………440
長洲治部烝 ながすじぶのじょう …………440
長洲吉綱 ながすよしつな …………………………440
永添作兵衛 ながぞえさくべえ ………………441
中園吉左衛門尉 なかぞのきちさえもんのじょう ……………………………………………………441
中津江太郎 なかつえたろう ……………………441
中津江判官 なかつえはんがん ………………441
中務重之 なかつかさしげゆき ………………441
中臣国家 なかとみくにいえ ……………………441
中臣国音 なかとみくにおと ……………………441
中臣国臣 なかとみくにおみ ……………………442
中臣国清 なかとみくにきよ ……………………442
中臣国忠 なかとみくにただ ……………………442
中臣国次 なかとみくにつぐ ……………………442
中臣国富 なかとみくにとみ ……………………442
中臣国直 なかとみくになお ……………………443
中臣国教 なかとみくにのり ……………………443
中臣国彦 なかとみくにひこ ……………………443
中臣国政 なかとみくにまさ ……………………443
中臣国光 なかとみくにみつ ……………………443
中臣国愛 なかとみくによし ……………………443
中西源助 なかにしげんすけ ……………………443
永沼右近 ながぬまうこん …………………………444
永沼直種 ながぬまなおたね ……………………444
長野鑑良 ながのあきよし …………………………444
中野和泉守 なかのいずみのかみ …………444
長野氏長 ながのうじなが …………………………444
長野氏衡 ながのうじひら …………………………444
長野氏盛 ながのうじもり …………………………444

時枝惟光 ときえだこれみつ ……………………421
時枝左馬介／時枝左馬助 ときえださまのすけ ……………………………………………………421
時枝重記 ときえだしげき ……………………421
時枝鎮継 ときえだしげつぐ ……………………421
時枝図書六郎兵衛 ときえだずしょろくろうひょうえ ……………………………………………422
時枝隆令 ときえだたかよし ……………………422
時枝大和守 ときえだやまとのかみ ………422
土岐掃部頭 ときかもんのかみ ……………422
土岐重房 ときしげふさ ……………………422
土岐七郎 ときしちろう ……………………422
土岐修理允 ときしゅりのじょう …………423
土岐秀清 ときひできよ ……………………423
土岐秀元（土岐秀清）ときひでもと（ときひできよ）………………………………………423
時光軍兵衛 ときみつぐんべえ ……………423
土岐盛種 ときもりたね ……………………423
土岐大和守 ときやまとのかみ ……………423
土岐頼清 ときよりきよ ……………………423
土岐頼実 ときよりざね ……………………423
土岐頼資 ときよりすけ ……………………423
土岐頼忠 ときよりただ ……………………423
土岐頼基 ときよりもと ……………………424
得永新左衛門 とくながしんざえもん ….424
得永親宣 とくながちかのぶ ………………424
徳野尾十郎左衛門尉 とくのおじゅうろうさえもんのじょう ……………………………424
徳丸蔵人佐 とくまるくらんどのすけ ….424
徳丸外記 とくまるげき ……………………424
徳丸左近 とくまるさこん …………………424
徳丸治部烝 とくまるじぶのじょう ……424
徳丸四郎三郎 とくまるしろうさぶろう 425
得光監物 とくみつけんもつ ………………425
床並軍平 とこなみぐんへい ………………425
利光鑑教 としみつあきのり ………………425
利光宗魚 としみつそうぎょ⇨利光鑑教（としみつあきのり）
十塚行光 とつかゆきみつ …………………425
十時惟忠 とときこれただ …………………426
利根川道孝 とねがわみちたか ⇨大友親家（おおともちかいえ）
鳶巣隼人 とびすはやと ……………………426
戸祭浄久 とまつりじょうきゅう …………426
戸祭安衡 とまつりやすひら ………………426
泊中務少輔 とまりなかつかさしょうゆう ……………………………………………………426
泊又太郎 とまりまたたろう ………………426
富永市正 とみながいちまさ ………………426
富山弾正左衛門入道 とみやまだんじょうさえもんにゅうどう ……………………………427
富吉次郎太夫 とみよしじろうだゆう ….427
戸村平四郎 とむらへいしろう ……………427
友石吉継 ともいしよしつぐ ………………427
友枝小三郎 ともえだこさぶろう⇨友枝新兵衛（ともえだしんべえ）
友枝小次郎 ともえだこじろう ……………428
友枝新兵衛 ともえだしんべえ ……………428
友枝大膳丞 ともえだだいぜんのじょう 428
友枝但馬守 ともえだたじまのかみ ………428
友枝但馬守 ともえだたじまのかみ ………428
友枝太郎左衛門 ともえだたろうさえもん ……………………………………………………428
友枝丹後守 ともえだたんごのかみ ………428
友枝丹波守 ともえだたんばのかみ ………429
友枝忠兵衛 ともえだちゅうべい ⇨友枝昌範（ともえだまさのり）
友枝範興 ともえだのりおき ………………429
友枝隼人佐 ともえだはやとのすけ⇨友枝英盛（ともえだひでもり）
友枝彦五郎 ともえだひこごろう …………429
友枝英盛 ともえだひでもり ………………429
友枝政賢 ともえだまさかた ……………… 429
友枝政貞 ともえだまささだ ………………430
友枝昌範 ともえだまさのり ……………… 430
友枝道範 ともえだみちのり ………………430
友枝宗高 ともえだむねたか ………………430
友枝頼興 ともえだよりおき ………………430
友杉左馬介 ともすぎさまのすけ …………430
友杉民部 ともすぎみんぶ …………………430
友久主計允 ともひさかずえのじょう ….431
豊田対馬守 とよだつしまのかみ …………431
豊田英種 とよだひでたね ………………… 431
鳥井左内 とりいさない ……………………431

な 行

内藤隆春 ないとうたかはる ………………432
内藤隆世 ないとうたかよ …………………432
内藤就藤 ないとうなりふじ ………………432
内藤秀春 ないとうひではる ………………432

月股普請兵衛　つきまたふしんひょうえ　409
津久見鑑清　つくみあききよ　……409
津久見丹波守　つくみたんばのかみ　……409
津久見常清　つくみつねきよ　……409
津久見美作守　つくみみまさかのかみ　……410
津崎鎮兼　つざきしげかね　……410
津崎備前守　つざきびぜんのかみ　……410
津志左京　つしさきょう　……410
辻次郎左衛門／辻治郎左衛門　つじじろうざえもん　……410
辻弥一郎　つじやいちろう　……410
津田与左衛門　つだよざえもん　……410
堤鑑智　つつみあきとも　……411
津々見勘左衛門　つつみかんざえもん　……411
津々見源九郎　つつみげんくろう　……411
津々見源五郎　つつみげんごろう　……411
堤貞之　つつみさだゆき　……411
堤鎮方　つつみしげかた　……411
堤鎮義／堤鎮方　つつみしげよし　……412
津々見忠房　つつみただふさ　……412
津々見丹波守　つつみたんばのかみ　……412
堤平右衛門尉　つつみへいえもんのじょう　……412
津々見宗俊　つつみむねとし　……412
九十九谷有豊　つづらたにありとよ　……413
九十九谷道豊　つづらたにみちとよ　……413
恒住弾正之忠　つねすみだんじょうのじょう　……413
恒任内膳允　つねとうないぜんのじょう　413
恒遠内藏允　つねとおくらのじょう　……413
恒成政秀　つねなりまさひで　……413
恒吉為治　つねよしためはる　……413
恒吉為久　つねよしためひさ　……413
角隈石宗　つのくませきそう　……413
津野田軍兵衛尉　つのだぐんべえのじょう　……414
津房次郎　つぶさじろう　……414
津房次郎丸　つぶさじろうまる　……414
津房弥五郎　つぶさやごろう　……414
坪井掃部助　つぼいかもんのすけ　……414
坪井佐秀　つぼいすけひで　……415
爪田衛門尉　つめだえもんのじょう　……415
爪田春永　つめだはるなが　……415
鶴市弾正　つるいちだんじょう　……415
津留右近　つるうこん　……415
鶴岡兼俊　つるおかかねとし　……415
津留左近　つるさこん　……415
津留仙右衛門　つるせんえもん　……415
鶴田実之　つるたさねゆき　……416
鶴田内記　つるたないき　……416
鶴野光盛　つるのみつもり　……416
鶴原一葉軒常喜入道　つるはらいちようけんじょうきにゅうどう　……416
津留原掃部助　つるはらかもんのすけ　……416
鶴原刑部少輔　つるはらぎょうぶしょうゆう　……416
鶴原親行　つるはらちかゆき　……416
鶴原友治　つるはらともはる　……417
鶴原長親　つるはらながちか　……417
鶴原長治／鶴原長春　つるはらながはる　417
津留見源五郎　つるみげんごろう　……417
津留光盛　つるみつもり　……417
津留与右衛門　つるよえもん　……417
津留与左衛門　つるよざえもん　……417
寺野五郎　てらのごろう　……418
寺野兵庫　てらのひょうご　……418
寺野与喜助（寺野与喜郎）てらのよきすけ（てらのよきろう）……418
照山雅楽介　てるやまうたのすけ　……418
伝法寺鑑満　でんぽうじあきみつ　……418
伝法寺景忠　でんぽうじかげただ　……419
伝法寺公頼　でんぽうじきみより　……419
伝法寺貞隆　でんぽうじさだたか　……419
伝法寺四郎左衛門　でんぽうじしろうさえもん　……419
伝法寺兵部少輔　でんぽうじひょうぶしょうゆう　……419
伝法寺兵部太夫　でんぽうじひょうぶだゆう　……419
伝法寺兵部允　でんぽうじひょうぶのじょう　……420
問田刑部少輔　といだぎょうぶしょうゆう　……420
問田弘尚　といだひろひさ　……420
東郷式部少輔　とうごうしきぶしょうゆう420
東郷正廣　とうごうまさひろ　……420
東方主計頭　とうぼうかずえのかみ　……420
遠山孫六　とおやままごろく　……420
土岐朝基　ときあさもと　……420
時枝亀徳　ときえだかめのり　……420

田城内記 たしろないき ……………………392
田城内膳 たしろないぜん ……………………392
田代正種 たしろまさたね ……………………393
田代與一郎 たしろよいちろう ………………393
立花鑑載 たちばなあきとし …………………393
立花種重 たちばなたねしげ …………………393
立花種統 たちばなたねむね ………………… 393
立花道雪 たちばなどうせつ …………………394
立花直次 たちばななおつぐ …………………394
立花統虎 たちばなむねとら …………………395
立雪恵心 たてゆきけいしん …………………396
田中采女 たなかうねめ ………………………396
田中三郎五郎入道 たなかさぶろうごろうにゅうどう ………………………………………396
田中治部左衛門尉 たなかじぶさえもんのじょう ………………………………………………396
田中大膳 たなかだいぜん ……………………396
田中政宣 たなかまさのぶ ……………………396
田中路鎮 たなかみちしず ……………………396
田邊休意 たなべきゅうい ……………………397
谷川正氏 たにがわまさうじ …………………397
谷口左京亮 たにぐちさきょうのすけ ……397
谷口十兵衛 たにぐちじゅうべえ ……………397
田比重昌 たびしげまさ ………………………397
田比親秀 たびちかひで ………………………397
田吹与三郎 たぶきよさぶろう ………………397
玉石治五之助（玉石次部介）たまいしじごのすけ（たまいしじぶすけ） ………………397
玉塚長次 たまつかながつぐ …………………397
玉野井邦吉 たまのいくにきち ………………398
田宮久太郎 たみやきゅうたろう ……………398
垂水次郎 たるみじろう ………………………398
田留見弾正 たるみだんじょう ………………398
田原紹忍 たわらじょうにん⇨田原親賢（たわらちかかた）
田原太郎次郎 たわらたろうじろう ………398
田原親家 たわらちかいえ ……………………398
田原親家 たわらちかいえ ……………………399
田原親賢 たわらちかかた ……………………399
田原親方 たわらちかかた ……………………400
田原親堅 たわらちかかた ……………………400
田原親鎮 たわらちかしげ ……………………400
田原親重 たわらちかしげ⇨田原親董（たわらちかただ）
田原親資 たわらちかすけ ……………………401
田原親董 たわらちかただ ……………………401
田原親貫 たわらちかつら ……………………401
田原親時 たわらちかとき ……………………402
田原親虎 たわらちかとら ……………………402
田原親述 たわらちかのぶ ……………………402
田原親宏 たわらちかひろ ……………………403
田原親盛 たわらちかもり ……………………403
親野駿河守 ちかのするがのかみ …………404
近見内膳 ちかみないぜん ……………………404
筑紫但馬守 ちくしたじまのかみ …………404
筑紫種有 ちくしたねあり ……………………404
筑紫種因 ちくしたねより ……………………404
筑紫光親 ちくしみつちか ……………………404
筑紫統種 ちくしむねたね ……………………404
千葉三郎 ちばさぶろう ………………………404
千葉千菊丸 ちばせんぎくまる ……………405
千葉千寿丸 ちばせんじゅまる ……………405
千葉高胤 ちばたかたね ………………………405
千葉胤成 ちばたねしげ ………………………405
千葉直胤 ちばなおたね ………………………405
千葉光胤 ちばみつたね ………………………405
千葉頼胤 ちばよりたね ………………………406
千原軍司 ちはらぐんじ ………………………406
千原源左衛門 ちはらげんさえもん ………406
智原政時／知原政時 ちはらまさとき ……406
長貞連 ちょうさだつら ………………………406
長宗我部宮内少輔 ちょうそかべくないしょうゆう ………………………………………………406
鎮西公朝 ちんぜいきみとも …………………407
鎮西維朝 ちんぜいこれとも …………………407
鎮西高朝 ちんぜいたかとも …………………407
鎮西為朝 ちんぜいためとも …………………407
鎮西為則 ちんぜいためのり …………………407
鎮西太郎 ちんぜいたろう ……………………407
鎮西基朝 ちんぜいもととも …………………408
鎮西吉朝 ちんぜいよしとも …………………408
津江鑑弘 つえあきひろ ………………………408
津江伊賀守 つえいがのかみ …………………408
津江鎮弘 つえしげひろ ………………………408
津江親信 つえちかのぶ ………………………408
塚崎頼房 つかさきよりふさ …………………408
塚田兵部丞 つかだひょうぶのじょう ……409
月俣員貞 つきまたかずさだ …………………409
月俣兵衛入道正覚 つきまたひょうえにゅうどうしょうかく ………………………………409

高司政春 たかつかさまさはる ……………378
高塚行長 たかつかゆきなが …………………379
高津房主計 たかつぶさかずえ ……………379
高並市次郎 たかなみいちじろう …………379
高並小次郎入道 たかなみこじろうにゅうどう …………………………………………………379
高並主膳助 たかなみしゅぜんのすけ ….379
高並主税之介 たかなみちからのすけ ….379
高並彦八 たかなみひこはち …………………379
高並政広 たかなみまさひろ …………………380
高野九左衛門 たかのくざえもん …………380
高野九郎右衛門 たかのくろうえもん ….380
高野景治 たかのかげはる ……………………380
高野新司左衛門尉 たかのしんじさえもんのじょう ……………………………………………380
高野屋右近将監 たかのやうこんのしょうげん ………………………………………………380
高野能行 たかのよしゆき ……………………380
高橋鑑種 たかはしあきたね …………………380
高橋秋種 たかはしあきたね …………………381
高橋宮内大夫 たかはしくないだゆう ….381
高橋惟長 たかはしこれなが …………………381
高橋鎮種 たかはししげたね⇨高橋紹運（たかはしじょううん）
高橋治部 たかはしじぶ ………………………382
高橋紹運 たかはしじょううん ……………382
高橋善太夫 たかはしぜんだゆう …………382
高橋宗全 たかはしそうぜん …………………382
高橋種基 たかはしたねもと …………………383
高橋長種 たかはしながたね …………………383
高橋長幸 たかはしながゆき …………………383
高橋平大夫 たかはしへいだゆう …………383
高橋統増 たかはしむねます⇨立花直次（たちばななおつぐ）
高橋元種 たかはしもとたね …………………383
高橋義氏 たかはしよしうじ …………………384
高畑種春／高畠種春 たかはたたねはる 384
宝山伊豆守 たからやまいずのかみ ……..384
瀧川昌道 たきがわまさみち …………………384
瀧口広仲 たきぐちひろなか …………………385
滝貞秀光 たきさだひでみつ …………………385
田北鑑重 たきたあきしげ ……………………385
田北鑑生 たきたあきなり ……………………385
田北鑑益 たきたあきます ……………………386
田北鑑栄 たきたあきよし ……………………386
田北鎮周 たきたしげかね ……………………386
田北重昌 たきたしげまさ ……………………386
田北紹鉄 たきたしょうてつ⇨田北鑑重（たきたあきしげ）
田北親員 たきたちかかず ……………………387
田北親季 たきたちかすえ ……………………387
田北親孝 たきたちかたか ……………………387
田北親満 たきたちかみつ ……………………387
田北民部丞 たきたみんぶのじょう ……..387
田北統員 たきたむねかず ……………………388
田北統辰 たきたむねたつ ……………………388
田久仁衛門 たくじんえもん …………………388
田口雅楽允（田口雅楽守允）たぐちうたのじょう（たぐちうたのかみのじょう） 388
田口主計允 たぐちかずえのじょう ……..388
田口新蔵人 たぐちしんくろうど …………388
田口太郎右衛門 たぐちたろうえもん ….389
田口親忠 たぐちちかただ ……………………389
田口兵部 たぐちひょうぶ ……………………389
田口兵部丞 たぐちひょうぶのじょう ….389
詫磨武忠 たくまたけただ ……………………389
武石胤盛 たけいしたねもり …………………389
竹井弥四郎 たけいやしろう …………………389
竹下民部 たけしたみんぶ ……………………390
竹田津鎮満 たけだつしげみつ ……………390
竹田津則康 たけだつのりやす ……………390
武田信房 たけだのぶふさ ……………………390
武田信守 たけだのぶもり ……………………390
竹千代丸兼則 たけちよまるかねのり⇨周布兼則（すふかねのり）
竹林三之助（竹林三之助丞）たけばやしさんのすけ（たけばやしさんのすけのじょう）……………………………………………………391
武宮武蔵守 たけみやむさしのかみ ……..391
竹森新右衛門 たけもりしんえもん ……..391
竹森新左衛門 たけもりしんざえもん ….391
大宰少弐頼冬 だざいしょうによりふゆ⇨ 少弐頼冬（しょうによりふゆ）
田尻鑑種 たじりあきたね ……………………392
田尻鑑乗 たじりあきのり ……………………392
田尻右衛門尉 たじりえもんのじょう ….392
田代玄孝 たしろげんこう ……………………392
田代玄節 たしろげんせつ ……………………392
田代鹿蔵 たしろしかぞう ……………………392
田城春節 たしろしゅんせつ …………………392

杉伯耆守 すぎほうきのかみ ……366
杉正重 すぎまさしげ ……366
杉光治 すぎみつはる ……366
杉民部 すぎみんぶ ……366
杉宗重 すぎむねしげ ……366
杉統連 すぎむねつら ……366
杉元相 すぎもとすけ ……367
杉元良 すぎもとよし ……367
杉守重 すぎもりしげ ……367
椙杜下総守 すぎもりしもふさのかみ ……367
椙杜良貞 すぎもりよしさだ ……367
杉行信 すぎゆきのぶ ……367
椙原盛光／椙原盛満 すぎわらもりみつ 367
鈴木五兵衛 すずきごへえ ……368
周布因幡入道士心 すふいなばのにゅうどうししん ……368
周布兼則 すふかねのり ……368
住江大蔵少輔 すみのえおおくらのしょうゆう ……368
住江大蔵丞／住江大蔵烝 すみのえおおくらのじょう ……368
住江左馬頭 すみのえさまのかみ ……368
住江時允 すみのえときのじょう ……368
住江時元 すみのえときもと ……369
住江長門守 すみのえながとのかみ ……369
瀬口廣高 せぐちひろたか ……369
世越与七郎 せごしよしちろう ……369
瀬戸新助 せとしんすけ ……369
世良源三郎 せらげんざぶろう ……369
世良田貞行 せらたさだゆき ……369
世良田貞義 せらたさだよし ……370
世良田治部丞 せらたじぶのじょう ……370
世良田大膳大夫 せらただいぜんだいぶ 370
仙石権兵衛 せんごくごんべい ……370
千手鑑元 せんじゅあきもと ……370
千手興房 せんじゅおきふさ ……371
千手尾張守 せんじゅおわりのかみ ……371
千手惟隆 せんじゅこれたか ……371
千手貞房 せんじゅさだふさ ……371
千手重盛 せんじゅしげもり ……371
千手高房 せんじゅたかふさ ……372
千手房国 せんじゅふさくに ……372
千手房任 せんじゅふさとう ……372
千手房長 せんじゅふさなが ……372
千手冬房 せんじゅふゆふさ ……372
千手冬通 せんじゅふゆみち ……372
千手光房 せんじゅみつふさ ……373
千手宗元 せんじゅむねもと ……373
千田豊房 せんだとよふさ ……373
仙福才左衛門 せんふくさざえもん ……373
懺法院宗豊 せんぽういんむねとよ ……373
宗重太 そうしげた ……373
副越中守 そええっちゅうのかみ ……373
副甲斐守 そえかいのかみ ……374
添田雅楽介 そえだうたのすけ⇨佐々木種次（ささきたねつぐ）
副田九郎 そえだくろう ……374
副田左衛門大夫 そえださえもんたゆう 374
副田良継 そえだよしつぐ ……374
副兵部少輔 そえひょうぶのしょうゆう 374
副兵部丞 そえひょうぶのじょう ……374
副宗澄 そえむねずみ ……374
曾我祐仲 そがすけなか ……375
曾我祐長 そがすけなが ……375
曾我祐能 そがすけよし ……375
十川武雄 そごうたけお ……375
祖式長直 そしきおさなお ……375
祖式直長 そしきなおなが ……376
祖上宮内 そじょうくない ……376
園田十郎 そのだじゅうろう ……376
薗田与四郎 そのだよしろう ……376
曾根崎助三郎 そねざきすけさぶろう ……376

た 行

大宮司権右衛門 だいぐうじごんえもん 377
平彦治郎 たいらひこじろう ……377
平康盛 たいらやすもり ……377
平康頼 たいらやすより ……377
高田信繁 たかだのぶしげ ……377
高崎主馬判官 たかさきしゅめほうがん 377
高瀬鑑俊 たかせあきとし ……377
高瀬七郎右衛門 たかせしちろうえもん 377
高瀬次郎兵衛 たかせじろうひょうえ ……378
高瀬満次 たかせみつつぐ ……378
高田忠次 たかだただつぐ ……378
高田忠治 たかだただはる⇨有吉内記（ありよしないき）
高司主膳 たかつかさしゅぜん ……378
高塚忠治 たかつかただはる ……378
高塚忠頼 たかつかただより ……378

白川加賀守 しらかわかがのかみ …………353
白川（白石、白岩）儀兵衛 しらかわ（しらいし、しろいわ）ぎへえ ……………………353
白川作大夫（白川佐大夫） しらかわさくだゆう（しらかわさだゆう） ………………353
白川遠江／白河遠江 しらかわとおとうみ ………………………………………………353
白川元近 しらかわもとちか ………………354
白川義邦 しらかわよしくに ………………354
代金信濃守 しろがねしなののかみ ……354
城原貞常 しろはらさだつね ………………354
城原能負 しろはらよしえ …………………354
進壱岐守 しんいきのかみ …………………354
進右近 しんうこん ……………………… 355
新貝荒五郎 しんがいあらごろう …………355
新貝荒四郎 しんがいあらしろう …………355
新開玄蕃助 しんかいげんばのすけ ……355
新開広忠 しんかいひろただ ………………355
新開広長 しんかいひろなが ………………355
新開広秀 しんかいひろひで ………………355
新開統宏 しんかいむねひろ ………………355
新貝六助 しんがいろくすけ ………………356
進惟長 しんこれなが ………………………356
進惟久 しんこれひさ ………………………356
進右近 しんうこん …………………………356
進三郎左衛門 しんさぶろうさえもん …356
進筑後 しんちくご …………………………356
進藤将監 しんどうしょうげん ……………356
陶興房 すえおきふさ ………………………356
末木主膳 すえきしゅぜん …………………357
陶全姜 すえぜんぎょう⇨陶晴賢（すえはるかた）
陶隆房 すえたかふさ⇨陶晴賢（すえはるかた）
陶武護 すえたけもり ………………………357
須江太郎 すえたろう ………………………357
陶長弘元 すえながひろもと ………………357
陶晴賢 すえはるかた ………………………357
陶弘春 すえひろはる ………………………358
陶弘英 すえひろひで ………………………358
陶弘房 すえひろふさ ………………………358
陶弘護 すえひろもり ………………………358
陶弘義 すえひろよし ………………………359
末弘正行 すえひろまさつら ………………359
末松伊賀 すえまついが ……………………359
末松加賀守 すえまつかがのかみ …………359
末松清兵衛 すえまつせいべえ ……………359
末松知貞 すえまつともさだ ………………359
末松隼人佐 すえまつはやとのすけ⇨友枝英盛（ともえだひでもり）
末松房快 すえまつふさはや ………………359
菅六之助 すがろくのすけ …………………359
杉興重 すぎおきしげ ………………………360
杉興長 すぎおきなが ………………………360
杉興成 すぎおきなり ………………………360
杉興信 すぎおきのぶ ………………………360
杉興道 すぎおきみち ………………………360
杉勘解由左衛門 すぎかげゆさえもん …361
杉貞政 すぎさだまさ ………………………361
杉重兼 すぎしげかね ………………………361
杉重清 すぎしげきよ ………………………361
杉重実 すぎしげざね ………………………361
杉重輔 すぎしげすけ ………………………361
杉重祐 すぎしげすけ ………………………361
杉重隆 すぎしげたか ………………………361
杉重綱 すぎしげつな ………………………361
杉重友 すぎしげとも ………………………362
杉重信 すぎしげのぶ ………………………362
杉重矩 すぎしげのり ………………………362
杉重盛 すぎしげもり ………………………362
杉重保 すぎしげやす ………………………362
杉重之 すぎしげゆき ………………………362
杉重良 すぎしげよし ………………………362
杉重吉 すぎしげよし ………………………363
杉隆相 すぎたかすけ⇨杉元相（すぎもとすけ）
杉隆哉 すぎたかや …………………………363
杉武勝 すぎたけかつ ………………………363
杉田小吉 すぎたこきち ……………………364
杉田利則 すぎたとしのり …………………364
杉連緒 すぎつらつぐ ………………………364
杉連並 すぎつらなみ ………………………364
杉彦三郎 すぎひこさぶろう ………………364
杉秀連 すぎひでつら ………………………365
杉弘重 すぎひろしげ ………………………365
杉弘長 すぎひろなが ………………………365
杉兵庫 すぎひょうご ………………………365
杉弘信 すぎひろのぶ ………………………365
杉弘依 すぎひろより ………………………365
杉豊後守 すぎぶんごのかみ ………………365

志賀親次 しがちかつぐ……341
志賀親度 しがちかのり……342
志賀親則 しがちかのり……342
志賀親守 しがちかもり……342
志賀親善 しがちかよし⇨志賀親次（しがちかつぐ）
志賀道輝 しがみちてる⇨志賀親守（しがちかもり）
敷名元紀 しきなもとのり……343
重松刑部少輔 しげまつぎょうぶしょうゆう……343
重松義忠 しげまつよしただ……343
重松義盛 しげまつよしもり……344
宍戸家時 ししどいえとき……344
宍戸隆家 ししどたかいえ……344
宍戸藤四郎 ししどふじしろう……344
下崎十郎 したさきじゅうろう……344
下笛右京 したふえうきょう……344
志道元保 しどうもとやす……344
四宮次左衛門 しのみやじざえもん……344
柴崎采女 しばさきうねめ……345
柴田紹安 しばたしょうあん……345
柴田礼能 しばたれいのう……345
志芳政義 しはまさよし……346
芝間伊予守 しばまいよのかみ……346
渋川満頼 しぶかわみつより……346
渋川義行 しぶかわよしゆき……346
島井左内 しまいさない……346
島源蔵 しまげんぞう……346
島津家久 しまづいえひさ……347
島津忠国 しまづただくに……347
島津忠長 しまづただたけ……347
島津義久 しまづよしひさ……347
島村角平 しまむらかくへい……347
嶋村数馬 しまむらかずま……348
自見重邦 じみしげくに……348
自見重貞 じみしげさだ……348
自見重宗 じみしげむね……348
清水左近衛将監 しみずさこんえのしょうげん……348
清水実俊 しみずさねとし……348
下留右京 しもとめうきょう⇨下畑左京（しもはたさきょう）
下留平兵衛 しもとめへいべえ ⇨下畠平蔵（しもはたけへいぞう）
下畠市右衛門 しもはたけいちえもん……348
下畠平蔵 しもはたけへいぞう……348
下畠平之丞 しもはたけへいのじょう⇨下畠平蔵（しもはたけへいぞう）
下畠弥市郎 しもはたけやいちろう……349
下畑左京 しもはたさきょう……349
首藤右京亮 しゅどううきょうのすけ……349
聖護院道澄 しょうごいんどうちょう……349
城重家 じょうしげいえ……349
城武孝 じょうたけたか……349
城太郎左衛門 じょうたろうさえもん……349
城親冬 じょうちかふゆ……350
少弐貞経 しょうにさだつね……350
少弐頼真 しょうによりざね……350
少弐頼忠 しょうによりただ……350
少弐頼尚 しょうによりひさ……350
少弐頼冬 しょうによりふゆ……350
少弐頼光 しょうによりみつ……350
城縫殿允 じょうぬいどののじょう……350
庄部伊賀 しょうぶいが……350
菖蒲主馬之介 しょうぶしゅめのすけ……351
城弥六左衛門 じょうやろくざえもん……351
城祐之丞／城祐之烝 じょうゆうのじょう……351
白石悪七郎衛門 しらいしあくしちろうえもん……351
白石今出兵衛 しらいしいまでひょうえ⇨白石房勝（しらいしふさかつ）
白石加兵衛 しらいしかへえ……351
白石監物 しらいしけんもつ……351
白石左京 しらいしさきょう……351
白石善内 しらいしぜんない……351
白石忠兵衛 しらいしちゅうべえ……352
白石房勝 しらいしふさかつ……352
白石昌繁 しらいしまさしげ……352
白石昌懐 しらいしまさかね……352
白石昌建 しらいしまさたつ……352
白石昌職／白石昌識 しらいしまさもと 352
白石昌誉 しらいしまさやす……353
白石元国 しらいしもとくに⇨白石房勝（しらいしふさかつ）
白石茂兵衛 しらいしもへえ……353
白石弥左衛門（白石弥右衛門）しらいしやざえもん（しらいしやえもん）……353
白石与市 しらいしよいち……353

坂本永泉／坂本栄仙 さかもとえいせん 325
坂本宮内 さかもとくない……326
坂元祐 さかもとすけ……326
坂本道烈 さかもとどうれつ……326
坂本直清 さかもとなおきよ……326
坂本紀直 さかもとのりなお……327
相良正任 さがらただとう……327
相良主水（相良主水頭）さがらもんど（さがらもんどのかみ）……327
相良弥正之忠 さがらやしょうのじょう 327
鷺島入道義閑（入道具善）さぎしまにゅうどうぎかん（にゅうどうぐぜん）……327
桜井紹介 さくらいしょうすけ……327
桜井主税 さくらいちから……327
桜井弥一郎 さくらいやいちろう……328
迫田元長 さこたもとなが……328
迫田元光 さこたもとみつ……328
佐々木朝綱 ささきあさつな……328
佐々木主計頭 ささきかずえのかみ……328
佐々木源吾 ささきげんご……328
佐々木種次 ささきたねつぐ……328
佐々木尚之 ささきひさゆき……329
佐々木頼綱 ささきよりつな……329
佐々木頼広 ささきよりひろ……329
佐々田左近允 さささこんのじょう……329
佐田因幡守 さたいなばのかみ……329
佐田氏治 さたうじはる……329
佐田右兵衛尉 さたうひょうえのじょう 330
佐田隠岐守 さたおきのかみ……330
佐田奥成 さたおくしげ……330
佐田公景 さたきみかげ……330
佐竹義兼 さたけよしかね……331
佐田繁方 さたしげかた……331
佐田重次 さたしげつぐ……331
佐田鎮綱 さたしげつな……331
佐田重泰 さたしげやす……332
佐田隆居 さたたかおき……332
佐田忠景 さたただかげ……332
佐田太兵衛尉 さたたひょうえのじょう 332
佐田弾正忠 さただんじょうのじょう……333
佐田親景 さたちかかげ……333
佐田綱房 さたつなふさ……333
佐田経景 さたつねかげ……333
佐田俊景 さたとしかげ……334
佐田統綱 さたむねつな……334
佐田盛景 さたもりかげ……334
佐田泰景 さたやすかげ……334
沙田礼権内 さたれごんない……335
佐知刑部 さちぎょうぶ……335
佐知新助 さちしんすけ……335
佐々成政 さっさなりまさ……335
佐藤市左衛門 さとういちざえもん……336
佐藤伝介 さとうでんすけ……336
佐藤部五衛 さとうべごえ……336
佐藤美濃守 さとうみののかみ……336
佐土原満足 さどはらみつたり……336
里見義衡 さとみよしひら……336
里見義房 さとみよしふさ……336
里見政通 さとみまさみち……337
里宮久太郎 さとみやひさたろう……337
里見義方 さとみよしかた……337
讃岐入道龍閑 さぬきにゅうどうりゅうかん
⇨財津鎮則（ざいつしげのり）
佐野源右衛門 さのげんえもん……337
佐野源左衛門 さのげんざえもん……337
佐野源次郎 さのげんじろう……337
佐野親重 さのちかしげ……338
佐野親通 さのちかみち……338
佐野親宗 さのちかむね……338
佐野虎寿丸 さのとらじゅまる……338
佐野宗範 さのむねのり……338
佐野統通 さのむねみち……338
佐保源六 さほげんろく……338
猿木主水 さるきもんど……339
佐波隆秀 さわたかひで……339
三戸元真 さんのへもとざね……339
椎嶋市助 しいじまいちすけ……339
椎島国行 しいじまくにゆき……339
志井民部丞 しいみんぶのじょう……339
塩田兼矩 しおたかねのり……339
塩田重吉 しおたしげよし……340
塩田内記 しおたないき……340
塩田兵部丞 しおたひょうぶのじょう……340
塩田弥十郎 しおたやじゅうろう……340
塩田吉重 しおたよししげ……340
塩田吉種 しおたよしたね……340
塩根武貞 しおねたけさだ……340
塩根武孚 しおねたけざね……340
志賀鑑隆 しがあきたか……341
志賀鎮隆 しがしげたか……341

小早川秀包 こばやかわひでかね …………312
小早川藤四郎 こばやかわふじしろう⇨小早川秀包（こばやかわひでかね）
小早川義平 こばやかわよしひら …………312
小林作大夫 こばやしさくだゆう …………312
小林新介 こばやししんすけ …………312
小林藤兵衛 こばやしとうべえ …………312
小林半大夫 こばやしはんだゆう …………313
小林平大夫 こばやしへいだゆう …………313
小林光任 こばやしみつとう …………313
小原隆言 こはらたかこと …………313
小袋内蔵 こぶくろうちぞう …………313
小袋二郎 こぶくろじろう …………313
小袋新助 こぶくろしんすけ …………313
小袋大藏 こぶくろだいぞう …………313
小袋遠江守 こぶくろとおとうみのかみ 313
小袋彦三郎 こぶくろひこさぶろう ……314
小袋弘好 こぶくろひろよし …………314
小路源次（小路源次郎）こみちげんじ（こみちげんじろう）…………314
小路善次郎 こみちぜんじろう⇨小路源次（小路源次郎）（こみちげんじ・こみちげんじろう）
小路谷五郎 こみちたにごろう⇨小路源次（小路源次郎）（こみちげんじ・こみちげんじろう）
薦野増時 こものますとき …………314
薦野宗鎮 こものむねしげ …………314
薦野弥十郎 こものやじゅうろう …………315
小山大和守 こやまやまとのかみ …………315
小山義盛 こやまよしもり …………315
小山義行 こやまよしゆき …………315
五霊国賀 ごりょうくにが …………315
是恒国賀 これつねくにが …………315
是恒義道 これつねよしみち …………316
権大宮司衛門 ごんだいぐうじえもん …316

さ 行

西園寺公広 さいおんじきみひろ …………317
西郷有政 さいごうありまさ …………317
西郷興政／西郷興正 さいごうおきまさ 317
西郷刑部 さいごうぎょうぶ …………317
西郷刑部正 さいごうぎょうぶのかみ …317
西郷刑部丞 さいごうぎょうぶのじょう 317
西郷貞正 さいごうさだまさ …………317
西郷治部丞 さいごうじぶのじょう ……318
西郷資正／西郷資政 さいごうすけまさ 318
西郷高頼 さいごうたかより …………318
西郷隆頼 さいごうたかより …………318
西郷遠江守 さいごうとおとうみのかみ 318
西郷業政 さいごうなりまさ …………319
西郷入道愚閑 さいごうにゅうどうぐかん …………319
西郷信定 さいごうのぶさだ …………319
西郷彦三郎 さいごうひこさぶろう ……319
西郷正胤 さいごうまさたね …………319
西郷正行 さいごうまさつら …………320
西郷正満 さいごうまさみつ …………320
西郷政行 さいごうまさゆき …………320
西郷盛正 さいごうもりまさ …………320
西郷弥七郎 さいごうやしちろう …………320
西郷義綱 さいごうよしつな …………320
西郷頼明 さいごうよりとも …………320
財津鑑永 ざいつあきなが …………321
財津鎮則 ざいつしげのり …………321
斎藤勘解由 さいとうかげゆ …………321
斎藤菊千世 さいとうきくちよ …………321
斎藤鎮実 さいとうしげざね …………321
斎藤進士兵衛尉 さいとうしんしひょうえのじょう⇨斉藤鎮実（さいとうしげざね）
斎藤新四郎 さいとうしんしろう …………322
斎藤高慶 さいとうたかよし …………322
斎藤道瓅 さいとうどうれき …………322
斎藤長実 さいとうながざね …………322
斎藤益実 さいとうますざね …………323
斎藤弥二郎 さいとうやじろう …………323
財満忠久 ざいまただひさ …………323
佐伯惟定 さえきこれさだ …………323
佐伯惟教 さえきこれのり …………323
佐伯惟治 さえきこれはる …………324
佐伯惟久 さえきこれひさ …………324
佐伯光盛 さえきみつもり …………324
栄田伊賀守 さかえだいがのかみ …………325
坂折秀家 さかおりひでいえ …………325
坂新五左衛門 さかしんごさえもん⇨坂元祐（さかもとすけ）
坂田越後 さかたえちご …………325
坂匡昌 さかただまさ …………325
坂田与左衛門 さかたよざえもん …………325
坂本鑑次 さかもとあきつぐ …………325

黒田長政 くろだながまさ ……………………300
黒田兵庫頭 くろだひょうごのかみ ………300
黒田政本 くろだまさもと⇨宇佐公基（うさきみもと）
黒田統種 くろだむねたね⇨中間統種（なかまむねたね）
黒田職隆 くろだもとたか ……………………301
黒田孝高 くろだよしたか ……………………301
黒土十郎 くろつちじゅうろう ………………301
黒水市助 くろみずいちすけ …………………301
黒水大炊介／黒水大炊之助 くろみずおおいのすけ ……………………………………………302
黒水種秀 くろみずたねひで …………………302
黒水彦兵衛 くろみずひこべえ ………………302
黒村嘉多衛門（黒村喜多衛門） くろむらかたえもん（くろむらきたえもん） …………302
桑原竜秋 くわはらたつあき …………………302
桑原道兼 くわはらみちかね …………………302
毛屋武久 けやたけひさ ………………………302
剣持余七郎 けんもちよしちろう ……………302
小石川軍次郎 こいしかわぐんじろう ……303
小泉隆言 こいずみたかこと …………………303
小犬丸左衛門 こいぬまるさえもん ………303
小井道源助 こいみちげんすけ ………………303
神口郎 こうくちろう …………………………303
高家玄蕃允 こうけげんばのじょう ………303
高家孫次郎 こうけまごじろう ………………303
高家宗頼 こうけむねより ……………………304
神源五郎 こうげんごろう ……………………304
香下出雲守 こうしたいずものかみ ………304
香志田出雲守 こうしたいずものかみ ……304
香志田掃部助 こうしたかもんのすけ ……304
香志田種重 こうしたたねしげ ………………304
神代貞総 こうじろさだふさ …………………304
神代隆綱 こうじろたかつな …………………304
神代弘綱 こうじろひろつな …………………305
神代余三兵衛尉 こうじろよぞうひょうえのじょう ………………………………………305
神新七 こうしんしち …………………………305
神新七郎 こうしんしちろう …………………305
高武蔵守 こうむさしのかみ …………………305
小落源四郎 こおちげんしろう⇨小路源次郎（こみちげんじろう）
久我三休 こがさんきゅう ……………………305
古我城兵部少輔 こがしろひょうぶしょうゆう ……………………………………………305
古賀惣左衛門 こがそうざえもん ……………306
久我宗入 こがそうにゅう ……………………306
古賀多門 こがたもん …………………………306
古賀長春 こがながはる ………………………306
古閑縫殿 こがぬいどの ………………………306
古賀郷清晴／古賀江清晴 こがのごうきよはる ……………………………………………306
古賀若狭守 こがわかさのかみ ………………306
国司雅楽丞 こくしうたのじょう ……………307
国司対馬守 こくしつしまのかみ ……………307
小熊伝右衛門 こぐまでんえもん ……………307
小熊伝左衛門 こぐまでんざえもん …………307
古後太郎 こごたろう …………………………307
小佐井民部少輔 こさいみんぶしょうゆう ……………………………………………307
小佐井大和守 こさいやまとのかみ …………307
古志定道 こしさだみち ………………………307
古志実道 こしさねみち ………………………308
小城定久 こじょうさだひさ …………………308
五条鎮量 ごじょうしげかず …………………308
五条鎮定 ごじょうしげさだ …………………308
小城重道 こじょうしげみち …………………308
小城重通 こじょうしげみち …………………308
小城宗範 こじょうむねのり …………………308
小田部鎮隆 こたべしずたか …………………308
小田部鎮俊 こたべしずとし …………………309
児玉東市丞 こだまあずまいちのじょう 309
児玉蔵内丞 こだまくらのじょう ……………309
児玉就方 こだまなりかた ……………………309
児玉就忠 こだまなりただ ……………………309
児玉元兼 こだまもとかね ……………………309
児玉元尚 こだまもとひさ ……………………310
古寺源助 こでらげんすけ ……………………310
小寺職隆 こでらもとたか⇨黒田職隆（くろだもとたか）
後藤右近 ごとううこん ………………………310
後藤朝善 ごとうともよし ……………………310
後藤又兵衛 ごとうまたべえ⇨後藤基次（ごとうもとつぐ）
後藤基次 ごとうもとつぐ ……………………310
小鳥居信元 ことりいのぶもと ………………311
許斐氏鏡 このみうじかがみ …………………311
小早川隆景 こばやかわたかかげ ……………311
小早川春平 こばやかわはるひら ……………312

信泰（きべのぶやす）
岐部信泰　きべのぶやす　……………………………287
木部武蔵守　きべむさしのかみ　………………287
木村仙之助　きむらせんのすけ　………………287
木村筑後守　きむらちくごのかみ　……………287
木村与七郎　きむらよしちろう　………………287
清末公朝　きよすえきみとも　…………………287
清末左馬助　きよすえさまのすけ　……………288
清田鎮忠　きよたしげただ　……………………288
清原直衛　きよはらなおえ　……………………288
吉良統栄　きらむねひで　………………………288
桐坪民部　きりつぼみんぶ　……………………288
桐坪民部之助　きりつぼみんぶのすけ　…288
桐山孫兵衛　きりやままごべえ　………………289
木綿和泉守　きわたいずみのかみ　……………289
草野家仁　くさのいえひと　……………………289
草野民部少輔　くさのみんぶしょうゆう　289
草野吉平　くさのよしひら　……………………289
草場義忠　くさばよしただ　……………………289
櫛野和泉守　くしのいずみのかみ　……………290
櫛野茂晴　くしのしげはる　……………………290
櫛野弾正　くしのだんじょう　…………………290
櫛野弾正忠　くしのだんじょうのじょう　290
櫛野義晴　くしのよしはる　……………………290
櫛橋三十郎　くしはしさんじゅうろう　…290
櫛辺藤蔵人　くしべとうくらんど　……………290
九嶋隼人　くしまはやと　………………………291
久代豊勝　くしろとよかつ　……………………291
久代豊政　くしろとよまさ　……………………291
玖珠氏喜　くすうじよし　………………………291
葛原則祐　くずはらのりすけ　…………………291
葛原兵庫　くずはらひょうご　…………………291
葛原兵庫助　くずはらひょうごのすけ　…291
朽網鑑康　くたみあきやす　……………………292
朽網繁成　くたみしげなり　……………………292
朽網鎮則　くたみしげのり　……………………292
朽網親満　くたみちかみつ　……………………293
朽木與五郎　くちきよごろう　…………………293
沓尾壱岐守　くつおいきのかみ　………………293
久藤飛騨　くどうひだ　…………………………293
工藤飛騨守　くどうひだのかみ　………………293
久藤飛騨守　くどうひだのかみ　………………294
国崎親照　くにさきちかてる　…………………294
国崎親春　くにさきちかはる　…………………294
国崎親広　くにさきちかひろ　…………………294
久芳賢重　くばかたしげ　………………………294
久保氏弘　くぼうじひろ　………………………295
久保三郎兵衛　くぼさぶろうべえ　……………295
窪田岩見守　くぼたいわみのかみ　……………295
久保田金吾　くぼたきんご　……………………295
窪田治部丞／窪田治部烝　くぼたじぶのじょう　……………………………………………295
久保田義持　くぼたよしもち　…………………295
久保中務丞　くぼなかつかさのじょう　…295
久保久五郎　くぼひさごろう　…………………295
久保又太郎　くぼまたたろう　…………………295
熊井久重　くまいひさしげ　……………………296
熊谷直宗　くまがいなおむね　…………………296
熊谷直義　くまがいなおよし　…………………296
熊川益宜　くまがわますのぶ　…………………296
熊川益博　くまがわますひろ　…………………296
神代長良　くましろながよし　…………………296
蔵内種久／倉内種久　くらうちたねひさ　296
倉田伊織助　くらたいおりのすけ　……………297
蔵地左近　くらちさこん　………………………297
倉成宣潔　くらなりのぶきよ　…………………297
蔵吉孫十郎　くらよしまごじゅうろう　…297
栗原三之助　くりはらさんのすけ　……………297
栗山四郎衛門　くりやましろうえもん⇨栗山利安（くりやまとしやす）
栗山大膳　くりやまだいぜん　…………………297
栗山利安　くりやまとしやす　…………………297
来島通総　くるしまみちふさ　…………………298
黒川院藤原朝臣俊幸　くろかわいんふじわらのあそんとしゆき　…………………………298
黒川下総権守　くろかわしもふさごんのかみ　……………………………………………298
黒川兵部丞　くろかわひょうぶのじょう　298
黒木市助　くろきいちすけ　……………………298
黒田炎助　くろだえんすけ　……………………299
黒田一茂　くろだかずしげ　……………………299
黒田官兵衛　くろだかんべえ⇨黒田孝高（くろだよしたか）
黒田三左衛門　くろださんざえもん⇨黒田一茂（くろだかずしげ）
黒田重隆　くろだしげたか　……………………299
黒田修理助　くろだしゅりのすけ　……………299
黒田図書助　くろだずしょのすけ⇨黒田直之（くろだなおゆき）
黒田直之　くろだなおゆき　……………………300

城井信次 きいのぶつぐ ……………………272
城井信嗣 きいのぶつぐ ……………………272
城井信綱 きいのぶつな ……………………272
城井信房 きいのぶふさ ……………………272
城井範景 きいのりかげ ……………………273
城井範綱 きいのりつな ……………………273
城井春房 きいはるふさ ……………………273
城井半右衛門 きいはんえもん ……………274
城井常陸介 きいひたちのすけ ……………274
城井尚直 きいひさなお ……………………274
城井秀直 きいひでなお ……………………274
城井秀房 きいひでふさ ……………………274
城井弘堯 きいひろたか⇨城井秀房（きいひでふさ）
城井房家 きいふさいえ ……………………275
城井房勝 きいふさかつ ……………………275
城井房純 きいふさずみ ……………………275
城井房次 きいふさつぐ ……………………275
城井房統 きいふさむね ……………………275
城井冬綱 きいふゆつな⇨城井守綱（きいもりつな）
城井甫助 きいほすけ ………………………275
城井正房 きいまさふさ ……………………276
紀井通資 きいみちすけ ……………………276
城井通房 きいみちふさ ……………………276
城井統房 きいむねふさ ……………………277
城井元義 きいもとよし ……………………277
城井守綱 きいもりつな ……………………277
城井盛綱 きいもりつな ……………………278
城井盛直 きいもりなお ……………………278
城井盛房 きいもりふさ ……………………278
城井師房 きいもろふさ ……………………278
城井師冬 きいもろふゆ ……………………279
城井大和守 きいやまとのかみ ……………279
城井頼房 きいよりふさ ……………………279
木内左衛門 きうちさえもん ………………279
木内胤貞 きうちたねさだ …………………279
木内胤成 きうちたねなり …………………279
木内常胤 きうちつねたね …………………279
木内弘胤 きうちひろたね …………………280
木内道貞 きうちみちさだ …………………280
規矩掃部頭 きくかもんのかみ ……………280
規矩小四郎 きくこしろう …………………280
規矩之重 きくこれしげ ……………………280
規矩高政 きくたかまさ ……………………280
規矩種有 きくたねあり ……………………280
規矩種直 きくたねなお ……………………281
規矩種尚 きくたねひさ ……………………281
規矩太郎 きくたろう ………………………281
規矩親通 きくちかみち ……………………281
菊池武也 きくちたけなり …………………281
菊池惣五郎／菊地惣五郎 きくちそうごろう ……………………………………281
菊池惣次郎 きくちそうじろう ……………281
菊池武重 きくちたけしげ …………………282
菊池武陸 きくちたけたか …………………282
菊池武忠 きくちたけただ …………………282
菊池平蔵 きくちへいぞう …………………282
菊池義武 きくちよしたけ …………………282
規矩時秋 きくときあき ……………………282
規矩通忠 きくみちただ ……………………282
木坂左京亮 きさかさきょうのすけ ………282
岸本甚兵衛 きしもとじんべえ ……………283
木城弾正 きしろだんじょう ………………283
北郷氏基 きたざとうじもと ………………283
北里重義 きたざとしげよし ………………283
北郷基氏 きたざともとうじ ………………283
吉川吉左衛門 きっかわきちざえもん ……283
吉川駿河守 きっかわするがのかみ ………283
吉川孝経 きっかわたかつね ………………284
吉川広家 きっかわひろいえ ………………284
吉川元長 きっかわもとなが ………………284
吉川元春 きっかわもとはる ………………284
木付鑑実 きつきあきざね …………………284
木付茂晴きつきしげはる⇨櫛野茂晴（くしのしげはる）
木付鎮直 きつきしげなお …………………285
木付鎮秀 きつきしげひで …………………285
城戸十乗坊 きどじゅじょうぼう …………285
木梨景則 きなしかげのり …………………285
木梨隆久 きなしたかひさ …………………285
木梨久種 きなしひさたね …………………286
衣笠久右衛門 きぬがさきゅうえもん ……286
木上長秀 きのえながひで …………………286
木部勘解由左衛門尉 きべかげゆさえもんのじょう ………………………………286
木部掃部 きべかもん ………………………286
木部掃部助 きべかもんのすけ ……………286
木部九郎兵衛 きべくろうひょうえ ………286
岐部左近入道 きべさこんにゅうどう⇨岐部

蒲池源十郎 かまちげんじゅうろう ……259
蒲池鎮並 かまちしげなみ ……259
蒲池鎮運 かまちしげゆき ……259
神代弘綱 かみしろひろつな ……260
神遠監物／神達監物（神遠将監／神達将監） かみとおけんもつ（かみとおしょうげん） ……260
神吉新作／神吉新昨 かみよししんさく 260
亀崎孫十郎 かめさきまごじゅうろう ……260
香下出雲守 かもといずものかみ ……260
萱津兵庫頭 かやつひょうごのかみ ……260
辛島時並／辛嶋時並（辛島並時／辛嶋並時） からしまときなみ（からしまなみとき） ……260
辛島並照 からしまなみてる ……261
刈田元国 かりたもとくに ……261
狩野宗印 かりのそういん ……261
川顔重家 かわがおしげいえ ……261
川上五大夫 かわかみごだゆう ……261
川上忠智 かわかみただとも ……261
川崎満信 かわさきみつのぶ ……261
川嶋満房 かわしまみつふさ ……261
河内伝蔵 かわちでんぞう ……262
河津隆家 かわつたかいえ ……262
河瀬源五郎 かわせげんごろう ……262
川底甫房 かわぞこすけふさ ……262
川底知房 かわぞこともふさ ……262
川底信義 かわぞこのぶよし ……262
川底弥三郎 かわぞこやさぶろう ……262
河谷親朝 かわたにちかとも ……262
川田義朗 かわだよしあき ……262
河野長久 かわのながひさ ……263
河村大蔵大夫 かわむらおおくらだゆう 263
河村宗尚 かわむらむねひさ ……263
川本五大夫 かわもとごだゆう ……263
河依明宗 かわよりあきむね ……263
神崎織部 かんざきおりべ ……263
神崎覚左衛門（神崎覚右衛門） かんざきかくざえもん（かんざきかくえもん） ……263
神崎源次郎 かんざきげんじろう ……263
神崎新次郎（神崎神次郎） かんざきしんじろう ……264
神崎時親 かんざきときちか ……264
神崎房勝 かんざきふさかつ ……264
神田隠岐守 かんだおきのかみ ……264
神田元国 かんだもとくに ……264
神田元忠 かんだもとただ⇨三浦元忠（みうらもとただ）
城井有房 きいありふさ ……264
城井家綱 きいいえつな ……265
城井家尚 きいいえひさ ……265
城井堂房 きいいえふさ ……265
城井景長 きいかげなが ……266
城井景房 きいかげふさ ……266
城井三郎兵衛尉 きいさぶろうひょうえのじょう ……266
紀伊三郎兵衛 きいさぶろうべい ……266
城井左馬允 きいさまのじょう ……266
城井鎮兼 きいしげかね ……266
城井重綱 きいしげつな⇨城井重行（きいしげゆき）
城井鎮房 きいしげふさ ……266
城井重行 きいしげゆき ……267
城井末房きいすえふさ⇨城井朝末（きいともすえ）
城井甫房 きいすけふさ ……267
城井純房 きいすみふさ ……267
城井大蔵 きいだいぞう ……267
城井隆房 きいたかふさ ……268
城井高房 きいたかふさ⇨城井守綱（きいもりつな）
城井忠房 きいただふさ ……268
城井種遠 きいたねとお ……268
城井親綱 きいちかつな ……268
城井経房 きいつねふさ ……268
城井俊明 きいとしあき ……269
城井俊明 きいとしあき ……269
城井俊房 きいとしふさ ……269
城井朝末 きいともすえ ……269
城井朝房 きいともふさ ……269
城井知房 きいともふさ ……270
城井豊房 きいとよふさ ……270
城井直重 きいなおしげ ……270
城井直重 きいなおしげ ……270
城井直綱 きいなおつな ……271
城井直行 きいなおゆき ……271
城井仲房 きいなかふさ ……271
城井長房 きいながふさ ……271
城井信景 きいのぶかげ ……271
城井信邦 きいのぶくに ……272

我有師光　がうもろみつ　……247
我有弥正　がうやしょう　……247
河顔源五郎　かがおげんごろう　……248
利光兵庫助　かがみひょうごのすけ　……248
香川春継　かがわはるつぐ　……248
香川正矩　かがわまさのり　……248
垣内藏兵衛　かきうちくらべえ　……248
蠣瀬鎭忠　かきせしげただ　……248
蠣瀬次郎　かきせじろう　……248
蠣瀬対馬守　かきせつしまのかみ　……248
蠣瀬又次郎入道　かきせまたじろうにゅうどう　……248
加来阿波守　かくあわのかみ　……248
加来氏秀　かくうじひで　……249
加来右馬頭　かくうまのかみ　……249
加来景勝　かくかげかつ　……249
加来国禎　かくくにさだ　……249
加来国治　かくくにはる　……249
加来国基　かくくにもと　……249
加来源六郎　かくげんろくろう　……249
加来惟興　かくこれおき　……249
加来惟直　かくこれなお⇨加来統直（かくむねなお）
加来惟貫　かくこれぬき　……249
加来惟康　かくこれやす　……250
加来惟義　かくこれよし　……250
加来三郎　かくさぶろう　……250
加来三郎兵衛　かくさぶろうひょうえ　……250
加来重利　かくしげとし　……250
加来治左衛門入道全慶　かくじざえもんにゅうどうぜんけい　……250
加来次郎　かくじろう　……250
加来新右衛門　かくしんえもん　……250
賀来神九郎　かくしんくろう　……251
加来為長　かくためなが　……251
加来綱平　かくつなひら　……251
加来朝宗　かくともむね　……251
加来成恒　かくなりつね　……251
加来入道専慶　かくにゅうどうせんけい　251
加来入道専順　かくにゅうどうせんじゅん　……251
加来彦次郎／加来彦治郎　かくひこじろう　……251
加来久盛　かくひさもり　……252
加来久之　かくひさゆき　……252
加来久慶　かくひさよし　……252
加来正澄　かくまさずみ　……252
加来正淙　かくまさそう　……252
加来道之　かくみちゆき　……252
加来統直　かくむねなお　……252
頂吉氏通　かぐめよしうじみち　……253
頂吉氏保　かぐめよしうじやす　……253
加来元国／加来元邦　かくもとくに　……253
加来基信　かくもとのぶ　……253
加来守次　かくもりつぐ　……254
加来吉頼　かくよしより　……254
筧喜七郎　かけいきしちろう　……254
笠間有房　かさまありふさ　……254
香志田掃部助　かしたかもんのすけ　……254
柏十郎　かしわじゅうろう　……255
梶原景鋭　かじわらかげとし　……255
梶原多門　かじわらたもん　……255
堅石徳大夫　かたいしとくだゆう　……255
片野親奥　かたのちかおく　……255
片山左近　かたやまうこん　……255
勝木季則　かつきすえのり⇨勝木秀則（かつきひでのり）
香月輔吉　かつきすけよし　……256
勝木秀俊　かつきひでとし　……256
勝木秀則　かつきひでのり　……256
勝間田重晴　かつまたしげはる　……256
桂貞澄　かつらさだずみ　……256
桂高澄　かつらたかすみ　……256
桂能登　かつらのと　……257
桂元重　かつらもとしげ　……257
桂元澄　かつらもとすみ　……257
加藤靱負　かとうゆきえ　……257
門田昌周　かどたまさちか　……257
金苗五郎左衛門　かなえごろうざえもん　257
金沢実政　かなざわさねまさ　……257
金丸雅楽　かなまるうた　……258
金丸兵蔵　かなまるへいぞう　……258
金子角彌　かねこかくや　……258
金子忠次郎　かねこただじろう　……258
兼重元宣　かねしげもとのぶ　……258
金田五郎左右衛門　かねだごろうざえもん　……259
金光光頼　かねみつみつより　……259
鎌田政心　かまたまさむね　……259
蒲池鑑広　かまちあきひろ　……259

小川内九郎兵衛　おかわうちくろうべえ　236
小川鎮房　おがわしげふさ　……236
小川七郎　おがわしちろう　……236
小川新造　おがわしんぞう　……236
小河伝右衛門　おがわでんえもん　……236
小城重通　おぎしげみち　……236
沖洲左馬允　おきすさまのじょう　……237
掟庄左衛門　おきてしょうざえもん　……237
雄城治景　おぎはるかげ　……237
奥橋市右衛門（奥橋市左衛門）おくはしいちえもん（おくはしいちざえもん）……237
奥橋掃部丞（眞橋掃部丞）おくはしかもんのじょう（まはしかもんのじょう）……237
奥橋彦兵衛　おくはしひこべえ　……237
奥村雅楽之助　おくむらうたのすけ　……237
奥村勘解由　おくむらかげゆ　……237
小栗九郎介／小栗九郎助　おぐりくろうすけ……238
小河内九郎兵衛　おごうちくろうひょうえ……238
小郡豊房　おごおりとよふさ　……238
長田孫右衛門　おさだまごえもん　……238
長内左内　おさないさない　……238
推島国行　おしじまくにゆき　……238
小田鎮光　おだしげみつ　……238
尾立雪峰　おだてせっぽう　……238
小田村備前守　おだむらびぜんのかみ　……239
小田村元頼　おだむらもとより　……239
小田原鎮郷　おだわらしげさと　……239
落合伯永　おちあいおさなが　……239
落合伯房　おちあいおさふさ　……239
小友田佐助／乙友田佐介　おともださすけ……239
小友田新兵衛／乙友田新兵衛　おともだしんべえ……240
小友田摂津守／乙友田摂津守　おともだせっつのかみ……240
小友田亦次郎　おともだまたじろう　……240
尾中元助　おなかもとすけ　……240
鬼木惟宗　おにきこれむね（おんのきこれむね）……240
鬼口次郎左衛門／鬼口治郎左衛門　おにぐちじろうざえもん……241
尾仁八大夫　おにはちだゆう　……241
小野市助　おのいちすけ　……241
尾上安右衛門　おのうえやすえもん　……241
尾上安左衛門　おのうえやすざえもん　……241
小野尾二郎左衛門　おのおじろうさえもん……241
小野木武蔵守　おのきむさしのかみ　……241
小野木義親　おのきよしちか　……242
小野玄蕃　おのげんば　……242
小野源八　おのげんぱち　……242
小野二郎亮　おのじろうのすけ　……242
小野新左衛門　おのしんざえもん　……242
小野田種尚　おのだたねひさ　……242
小野田種尚　おのだたねひさ　……242
小野田通忠　おのだみちただ　……242
小野太郎　おのたろう　……243
小野正重　おのまさしげ　……243
小野弥右衛門　おのやえもん　……243
小野弥兵衛　おのやへえ　……243
小野好古　おののよしふる　……243
小野好村　おのよしむら　……243
小幡玄蕃　おばたげんば　……243
小畑源兵衛　おばたげんべえ　……244
御幡式部烝　おばたしきぶのじょう　……244
小畑甚兵衛　おばたじんべえ　……244
小畑長重　おばたながしげ　……244
小畑宗重　おばたむねしげ　……244
小原鑑元　おばらあきもと　……244
小原新助　おばらしんすけ　……244
小原右並　おばらすけなみ　……245
尾部弥六左衛門　おべやろくざえもん　……245
小山田主計　おやまだかずえ　……245
小山田兵部少輔（小山田兵部丞少輔）おやまだひょうぶのしょうゆう（おやまだひょうぶのじょうしょうゆう）……245
小山田美作　おやまだみまさか　……245
小山義行　おやまよしゆき　……245
織部武蔵守　おりべむさしのかみ　……245
尾和種親　おわたねちか　……246

か 行

甲斐左衛門尉　かいさえもんのじょう　……247
甲斐左衛門督　かいさえもんのとく　……247
甲斐宗運　かいそううん　……247
貝兵庫頭　かいひょうごのかみ　……247
甲斐兵庫頭　かいひょうごのかみ　……247
我有弾正　がうだんじょう　……247

大友親著　おおともちかあき　……………………223
大友親家　おおともちかいえ⇨田原親家（たはらちかいえ）
大友親雄　おおともちかお　………………………223
大友親繁　おおともちかしげ　……………………223
大友親隆　おおともちかたか　……………………224
大友親綱　おおともちかつな　……………………224
大友親時　おおともちかとき　……………………224
大友親豊　おおともちかとよ⇨大友義右（おおともよしすけ）
大友親治　おおともちかはる　……………………224
大友親秀　おおともちかひで　……………………224
大友親盛　おおともちかもり⇨田原親盛（たはらちかもり）
大友親泰　おおともちかやす　……………………225
大友親泰　おおともちかやす　……………………225
大友親世　おおともちかよ　………………………225
大友晴英　おおともはるひで⇨大内義長（おおうちよしなが）
大友右兵衛佐　おおともうひょうえのすけ　……………………………………………………………225
大友政親　おおともまさちか　……………………225
大友持直　おおとももちなお　……………………226
大友弥三郎　おおともやさぶろう　………………226
大友義鑑　おともよしあき　………………………226
大友義鎮　おおともよししげ　……………………227
大友義右　おおともよしすけ　……………………227
大友義親　おおともよしちか　……………………227
大友能直　おおともよしなお　……………………227
大友親貞　おおともちかさだ　……………………228
大友義長　おおともよしなが　……………………228
大友義乗　おおともよしのり　……………………228
大友義統　おおともよしむね　……………………228
大友頼泰　おおともよりやす　……………………229
大沼五兵衛　おおぬまごへえ　……………………229
大野嗣盛　おおのつぐもり　………………………229
大野正重　おおのまさしげ　………………………229
大野盛晴　おおのもりはる　………………………229
大庭景忠　おおばかげただ　………………………229
大庭景種　おおばかげたね　………………………230
大庭景親　おおばかげちか　………………………230
大庭景行　おおばかげつら　………………………230
大庭景尚　おおばかげひさ　………………………230
大庭景道　おおばかげみち　………………………230
大庭作介　おおばさくすけ　………………………230
大旗太郎兵衛　おおはたたろうひょうえ　230
大宮重吉　おおみやしげよし　……………………230
大村助右衛門（大村助左衛門）おおむらすけえもん（おおむらすけざえもん）………230
大森阿波守　おおもりあわのかみ　………………231
大森伊予守　おおもりいよのかみ　………………231
大森源太　おおもりげんた　………………………231
尾陰治大夫　おかげじだゆう　……………………231
岡崎隼人　おかざきはやと　………………………231
岡左兵衛　おかさひょうえ　………………………231
岡三郎　おかさぶろう　……………………………231
岡左馬之介　おかさまのすけ　……………………232
小笠原長堯　おがさわらおさたか　………………232
岡式部助　おかしきぶのすけ　……………………232
岡成忠　おかしげただ　……………………………232
尾形越中守　おがたえっちゅうのかみ　…232
緒方大蔵丞　おがたおおくらのじょう　…232
尾形掃部　おがたかもん　…………………………232
尾形刑部　おがたぎょうぶ　………………………232
緒方惟綱　おがたこれつな⇨緒方惟世（おがたこれよ）
緒方惟正　おがたこれまさ　………………………233
緒方惟世　おがたこれよ　…………………………233
緒方惟榮　おがたこれよし　………………………233
緒方治左衛門　おがたじざえもん　………………234
緒方鎮盛　おがたしげもり　………………………234
緒方忠次　おがたただつぐ　………………………234
尾形伝左衛門　おがたでんざえもん　……234
緒方六郎左衛門　おがたろくろうさえもん　……………………………………………………………234
岡野源七郎　おかのげんしちろう　………………234
岡野小三郎　おかのこさぶろう　…………………234
岡野小次郎　おかのこじろう　……………………234
岡野七郎（岡野与七郎）おかのしちろう（おかのよしちろう）……………………234
岡野兵蔵　おかのへいぞう　………………………234
岡部隆景　おかべたかかげ　………………………235
岡部伝内　おかべでんない　………………………235
岡部彦左衛門尉　おかべひこざえもんのじょう　………………………………………………………235
岡本古左衛門　おかもとこざえもん　……235
岡本小兵衛　おかもとこひょうえ　………………235
岡本藤治　おかもととうじ　………………………235
岡森小三郎　おかもりこさぶろう　………………235
小川鑑房　おがわあきふさ　………………………236

近江内膳 おうみないぜん ……………………208
太石太郎 おおいしたろう ……………………208
大分豊親 おおいたとよちか …………………208
大岩伊豆守 おおいわいずのかみ ……………208
大内親治 おおうちちかはる …………………208
大内輝弘 おおうちてるひろ …………………208
大内教弘 おおうちのりひろ …………………209
大内教幸 おおうちのりゆき …………………209
大内晴英 おおうちはるひで⇨大内義長（おおうちよしなが）
大内弘暁 おおうちひろあき …………………209
大内弘茂 おおうちひろしげ …………………209
大内弘春 おおうちひろはる …………………209
大内弘世 おおうちひろよ ……………………210
大内政親 おおうちまさちか …………………210
大内政弘 おおうちまさひろ …………………210
大内満弘 おおうちみつひろ …………………210
大内満世 おおうちみつよ ……………………210
大内持盛 おおうちもちもり …………………210
大内持世 おおうちもちよ ……………………211
大内盛高 おおうちもりたか …………………211
大内盛見 おおうちもりはる …………………211
大内義興 おおうちよしおき …………………212
大内義国 おおうちよしくに …………………212
大内義隆 おおうちよしたか …………………212
大内義長 おおうちよしなが …………………212
大内義弘 おおうちよしひろ …………………213
大江幸範 おおえゆきのり ……………………213
大神右衛門 おおがえもん ……………………213
大神兼増 おおがかねます ……………………213
大神兼義 おおがかねよし ……………………213
大神惟貞 おおがこれさだ ……………………213
大神惟道 おおがこれみち ……………………214
大神惟基 おおがこれもと ……………………214
大神親俊 おおがちかとし ……………………214
大方豊親 おおがたとよちか …………………214
大神親続 おおがちかつぐ ……………………214
大神親照 おおがちかてる ……………………214
大神兵部少輔入道 おおがひょうぶしょうゆうにゅうどう ……………………………………214
大熊内藏 おおくまないぞう …………………214
大蔵秀種 おおくらひでたね …………………215
大迫監物 おおさこけんもつ …………………215
大島典膳 おおしまてんぜん …………………215
大進吉郎丸 おおすすみきちろうまる ……215
大園監物 おおぞのけんもつ …………………215
太田蔵人 おおたくらんど ……………………215
太田佐次郎 おおたさじろう …………………215
大田定弘 おおたさだひろ ……………………215
太田住太郎 おおたすみたろう ………………216
太田常仁 おおたつねひと ……………………216
大館重貞 おおたてしげさだ ………………… 216
大館盛氏 おおたてもりうじ …………………216
大館盛貞 おおたてもりさだ …………………216
大舘盛光 おおたてもりみつ …………………216
太田原行国 おおたわらゆきくに ……………216
太田原行房 おおたわらゆきふさ ……………217
太田原行政 おおたわらゆきまさ ……………217
大積隆鎮 おおつみたかしげ …………………217
大積親清 おおつみちかきよ …………………217
大積親秀 おおつみちかひで …………………217
大鶴惟貞 おおつるこれさだ …………………217
大鶴左京之進 おおつるさきょうのしん 218
大津留鎮益 おおつるしげます ………………218
大津留次郎太郎 おおつるじろうたろう 218
大友氏鑑／大友氏顕 おおともうじあき 218
大友氏公 おおともうじきみ …………………219
大友氏貞 おおともうじさだ …………………219
大友氏胤 おおともうじたね …………………219
大友氏親 おおともうじちか …………………219
大友氏継 おおともうじつぐ …………………219
大友氏時 おおともうじとき …………………220
大友氏長 おおともうじなが …………………220
大友氏英 おおともうじひで …………………220
大友氏広 おおともうじひろ …………………220
大友氏宗 おおともうじむね …………………221
大友氏元 おおともうじもと …………………221
大友氏康 おおともうじやす …………………221
大友氏泰 おおともうじやす …………………221
大友氏世 おおともうじよ ……………………221
大友貞親 おおともさだちか …………………222
大友貞載 おおともさだのり …………………222
大友貞宗 おおともさだむね …………………222
大友塩市丸 おおともしおいちまる …………222
大友式部大輔 おおともしきぶたいふ ……223
大友重治 おおともしげはる⇨菊池義武（きくちよしたけ）
大友宗麟 おおともそうりん⇨大友義鎮（おおともよししげ）
大友孝親 おおともたかちか …………………223

（きいひさなお）
宇都宮久信 うつのみやひさのぶ⇨如法寺久信（ねほうじひさのぶ）
宇都宮秀直 うつのみやひでなお⇨城井秀直（きいひでなお）
宇都宮秀房 うつのみやひでふさ⇨城井秀房（きいひでふさ）
宇都宮弘尭 うつのみやひろたか⇨城井秀房（きいひでふさ）
宇都宮房家 うつのみやふさいえ⇨城井房家（きいふさいえ）
宇都宮房政 うつのみやふさまさ⇨広津房政（ひろつふさまさ）
宇都宮冬綱 うつのみやふゆつな⇨城井守綱（きいもりつな）
宇都宮正綱 うつのみやまさつな …………200
宇都宮正綱 うつのみやまさつな⇨山田正綱（やまだまさつな）
宇都宮政房 うつのみやまさふさ⇨山田政房（やまだまさふさ）
宇都宮正房 うつのみやまさふさ⇨城井正房（きいまさふさ）
宇都宮通房 うつのみやみちふさ⇨城井通房（きいみちふさ）
宇都宮光綱 うつのみやみつつな …………201
宇都宮守綱うつのみやもりつな⇨城井守綱（きいもりつな）
宇都宮盛綱 うつのみやもりつな⇨城井盛綱（きいもりつな）
宇都宮盛直 うつのみやもりなお⇨城井盛直（きいもりなお）
宇都宮盛房 うつのみやもりふさ⇨城井盛房（きいもりふさ）
宇都宮師房 うつのみやもろふさ⇨城井師房（きいもろふさ）
宇都宮泰景 うつのみややすかげ⇨佐田泰景（さたやすかげ）
宇都宮大和八郎左衛門尉 うつのみややまとはちろうさえもんのじょう …………………201
宇都宮頼房 うつのみやよりふさ⇨城井頼房（きいよりふさ）
内海三河守 うつみみかわのかみ …………202
宇野平吉 うのへいきち ………………………202
馬屋原元有 うまやはらもとあり …………202
梅月弥次郎 うめつきやじろう ……………202
宇目兵大夫 うめへいだゆう …………………202
浦上宗鉄 うらかみそうてつ …………………202
占部右馬助 うらべうまのすけ⇨占部尚持（うらべなおもち）
占部貞保 うらべさだやす ……………………203
占部尚持 うらべなおもち ……………………203
浦宗勝 うらむねかつ⇨乃美宗勝（のみむねかつ）
瓜田春永 うりたはるなが ……………………203
閏津高衡 うるつたかひら ……………………203
上井覚兼 うわいかくけん ……………………203
江河主水 えがわもんど ………………………204
江熊伊豆守 えぐまいずのかみ ………………204
江島公綱 えじまきみつな ……………………204
江島義資 えじまよしすけ ……………………204
江田定世 えださだよ …………………………204
越中盛次 えっちゅうもりつぐ ………………204
衛藤尾張守 えとうおわりのかみ ……………205
衛藤尾張守 えとうおわりのかみ ……………205
衛藤左衛門尉 えとうさえもんのじょう 205
衛藤秀重 えとうひでしげ ……………………205
榎本大隅 えのもとおおすみ …………………205
榎本吉衡 えのもとよしひら …………………205
恵良和泉守 えらいずみのかみ ………………205
恵良右馬助 えらうまのすけ …………………205
恵良左京亮 えらさきょうのすけ ……………205
恵良左京亮 えらさきょうのすけ ……………205
恵良三郎 えらさぶろう ………………………206
恵良鎮実 えらしげざね ………………………206
恵良清三郎 えらせいざぶろう ………………206
恵良信勝 えらのぶかつ ………………………206
恵良盛綱 えらもりつな ………………………206
恵良頼盛 えらよりもり ………………………206
遠藤吉兵衛 えんどうきちべえ ………………206
遠藤貞信 えんどうさだのぶ …………………206
遠藤継能 えんどうつぐよし …………………207
遠藤房勝 えんどうふさかつ …………………207
遠藤房司 えんどうふさし ……………………207
遠入隠岐守 えんにゅうおきのかみ …………207
延入佐渡守 えんにゅうさどのかみ …………207
遠入中務烝 えんにゅうなかつかさじょう ……………………………………………207
遠入中孫烝 えんにゅうなかまごのじょう ……………………………………………207
延入六郎 えんにゅうろくろう ………………208

宇都宮明綱 うつのみやあきつな……………196
宇都宮有房 うつのみやありふさ⇨城井有房（きいありふさ）
宇都宮家綱うつのみやいえつな⇨城井家綱（きいいえつな）
宇都宮家尚 うつのみやいえひさ⇨城井家尚（きいいえひさ）
宇都宮堂房 うつのみやいえふさ⇨城井堂房（きいいえふさ）
宇都宮興綱 うつのみやおきつな……………196
宇都宮興房 うつのみやおきふさ⇨深水興房（ふかみおきふさ）
宇都宮景隆 うつのみやかげたか……………196
宇都宮景忠 うつのみやかげただ⇨伝法寺景忠（でんぼうじかげただ）
宇都宮景経 うつのみやかげつね……………196
宇都宮景長 うつのみやかげなが⇨城井景長（きいかげなが）
宇都宮景房 うつのみやかげふさ⇨城井景房（きいかげふさ）
宇都宮兼綱 うつのみやかねつな……………197
宇都宮公綱 うつのみやきみつな……………197
宇都宮公信 うつのみやきみのぶ⇨如法寺公信（ねほうじきみのぶ）
宇都宮小法師 うつのみやこぼうし…………197
宇都宮重綱 うつのみやしげつな⇨城井重行（きいしげゆき）
宇都宮鎮房 うつのみやしげふさ⇨城井鎮房（きいしげふさ）
宇都宮重行 うつのみやしげゆき⇨城井重行（きいしげゆき）
宇都宮末房 うつのみやすえふさ⇨城井朝末（きいともすえ）
宇都宮資信 うつのみやすけのぶ⇨如法寺資信（ねほうじすけのぶ）
宇都宮宗円 うつのみやそうえん……………197
宇都宮高房 うつのみやたかふさ⇨城井守綱（きいもりつな）
宇都宮隆房 うつのみやたかふさ⇨城井隆房（きいたかふさ）
宇都宮孝義 うつのみやたかよし……………198
宇都宮弾正少弼 うつのみやだんじょうしょうひつ……………………………………198
宇都宮親実 うつのみやちかざね⇨山田親実（やまだちかざね）
宇都宮親綱 うつのみやちかつな⇨城井親綱（きいちかつな）
宇都宮土若麿 うつのみやつちわかまろ 198
宇都宮綱房 うつのみやつなふさ……………198
宇都宮経房 うつのみやつねふさ⇨城井経房（きいつねふさ）
宇都宮俊明 うつのみやとしあき⇨城井俊明（きいとしあき）
宇都宮俊房 うつのみやとしふさ⇨城井俊房（きいとしふさ）
宇都宮朝末 うつのみやともすえ⇨城井朝末（きいともすえ）
宇都宮朝房 うつのみやともふさ⇨城井朝房（きいともふさ）
宇都宮豊綱 うつのみやとよつな……………199
宇都宮豊房 うつのみやとよふさ⇨城井豊房（きいとよふさ）
宇都宮直重 うつのみやなおしげ⇨城井直重（きいなおしげ）
宇都宮直綱 うつのみやなおつな⇨城井直綱（きいなおつな）
宇都宮直藤 うつのみやなおふじ …………199
宇都宮仲房 うつのみやなかふさ⇨城井仲房（きいなかふさ）
宇都宮長房 うつのみやながふさ⇨城井長房（きいながふさ）
宇都宮信景 うつのみやのぶかげ⇨城井信景（きいのぶかげ）
宇都宮信定 うつのみやのぶさだ⇨西郷信定（さいごうのぶさだ）
宇都宮信綱 うつのみやのぶつな⇨城井信綱（きいのぶつな）
宇都宮信範 うつのみやのぶのり …………199
宇都宮春房 うつのみやはるふさ⇨城井春房（きいはるふさ）
宇都宮信房 うつのみやのぶふさ⇨城井信房（きいのぶふさ）
宇都宮信政 うつのみやのぶまさ⇨如法寺信政（ねほうじのぶまさ）
宇都宮範景 うつのみやのりかげ⇨城井範景（きいのりかげ）
宇都宮範綱 うつのみやのりつな⇨城井範綱（きいのりつな）
宇都宮播磨守 うつのみやはりまのかみ 200
宇都宮尚直 うつのみやひさなお⇨城井尚直

上野勘左衛門 うえのかんざえもん ……184
上野刑部 うえのぎょうぶ ……184
上野左衛門尉 うえのさえもんのじょう 184
上野貞家 うえのさだいえ ……184
上野新右衛門 うえのしんえもん ……184
上野新左衛門 うえのしんざえもん ……184
上原新左衛門 うえはらしんざえもん …185
上野神兵衛尉 うえのしんべえのじょう 185
上原忠左衛門 うえはらちゅうざえもん 185
宇喜多直家 うきたなおいえ ……185
筌之口清久 うけのくちきよひさ ……185
筌之口重範 うけのくちしげのり ……185
筌之口範定 うけのくちのりさだ ……186
宇佐公兼 うさきみかね ……186
宇佐公達 うさきみたつ ……186
宇佐公仲 うさきみなか ……186
宇佐公晴 うさきみはる ……186
宇佐公通 うさきみみち ……186
宇佐公基 うさきみもと ……186
宇佐公泰 うさきみやす ……186
宇佐清重 うさきよしげ ……187
宇佐式佐 うさしきすけ ……187
宇佐美成之 うさみしげゆき ……187
宇佐美惣三郎 うさみそうざぶろう ……187
宇佐頼以 うさよりもち ……187
牛尾親氏 うしおちかうじ ……187
牛神利右衛門（牛津利右衛門）うしがみりえもん（うしづりえもん） ……187
牛糞親信 うしくそちかのぶ ……188
牛糞親基 うしくそちかもと ……188
牛糞親守 うしくそちかもり ……188
碓井加十郎／椎井加十郎 うすいかじゅうろう（しいかじゅうろう） ……188
碓井勘十郎（椎井勘十郎）うすいかんじゅうろう（しいかんじゅうろう） ……188
碓井五左衛門（唯井五左衛門）うすいござえもん（ただいござえもん） ……188
碓井藤内 うすいとうない ……189
臼杵鑑景 うすきあきかげ⇨臼杵鑑速（うすきあきはや）
臼杵鑑続 うすきあきつぐ ……189
臼杵鑑速 うすきあきはや ……189
臼杵惟隆 うすきこれたか ……190
臼杵惟長 うすきこれなが ……190
臼杵惟貫 うすきこれぬき ……190
臼杵鎮氏 うすきしげうじ ……190
臼杵鎮定 うすきしげさだ ……190
臼杵鎮理 うすきしげただ（うすきしげまさ） ……190
臼杵鎮続 うすきしげつぐ ……191
臼木下野守 うすきしもつけのかみ ……191
臼杵高直 うすきたかなお ……191
臼杵親連 うすきちかつら ……191
臼杵長景 うすきながかげ ……191
臼杵統景 うすきむねかげ ……192
臼田美作守 うすたみまさかのかみ ……192
臼野宗久 うすのむねひさ ……192
失箱作右衛門 うせはこさくえもん ……192
内尾市介 うちおいちすけ ……192
内尾右京進 ちおうきょうのしん ……192
内尾雅楽允 うちおうたのじょう ……192
内尾兼元 うちおかねもと ……192
内尾勘介 うちおかんすけ ……193
内尾公重 うちおきみしげ ……193
内尾公豊 うちおきみとよ ……193
内尾公吉 うちおきみよし ……193
内尾伊貞 うちおこれさだ ……193
内尾左近尉 うちおさこんのじょう ……193
内尾式部 うちおしきぶ ……193
内尾式部少輔 うちおしきぶしょうゆう 193
内尾重住 うちおしげすみ ……193
内尾帯刀 うちおたてわき ……194
内尾帯刀 うちおたてわき⇨内尾久重（うちおひさしげ）
内尾親賢 うちおちかかた ……194
内尾藤太郎 うちおとうたろう⇨内尾兼元（うちおかねもと）
内尾彦五郎 うちおひこごろう ……194
内尾久重 うちおひさしげ ……194
内尾孫左衛門 うちおまごさえもん ……194
内尾孫三郎 うちおまごさぶろう ……194
内尾孫八 うちおまごはち ……195
内尾政高 うちおまさたか ……195
内尾道貞 うちおみちさだ ……195
内尾頼長 うちおよりなが ……195
内蔵種久 うちくらたねひさ ……195
内田氏胤 うちだうじたね ……195
内田氏利 うちだうじとし ……195
内田新十郎 うちだしんじゅうろう ……196
内野茂右衛門 うちのしげえもん ……196

一万田鑑実 いちまんだあきざね …………172
一万田鑑相 いちまんだあきすけ …………172
一万田源介 いちまんだげんすけ …………173
一万田鎮実 いちまんだしげざね …………173
一万田祐栄 いちまんだすけひで …………173
一万田常泰 いちまんだつねやす …………173
一万田統賢 いちまんだむねかた …………174
一戸与市 いっこよいち ……………………174
一色直氏 いっしきなおうじ ………………174
一色範氏 いっしきのりうじ ………………174
一色藤長 いっしきふじなが ………………174
一滴彦三郎 いってきひこさぶろう ………174
伊東玄蕃頭 いとうげんばのかみ …………174
伊藤田義忠 いとうだよしただ ……………175
到津公澄 いとうづきみずみ ………………175
到津公憲 いとうづきみのり ………………175
到津中務 いとうづなかつかさ ……………175
伊藤又次郎 いとうまたじろう ……………175
糸木蔵人 いときくらんど …………………175
糸田顕義 いとだあきよし …………………175
糸田貞義 いとださだよし …………………175
糸田左馬允 いとださまのじょう …………176
糸田内記 いとだないき ……………………176
糸田正真 いとだまさざね …………………176
糸永隼人 いとながはやと …………………176
稲尾大蔵丞 いなおおおくらのじょう ……176
稲田弾正 いなだだんじょう ………………176
稲留羽右衛門尉 いなどめはえもんのじょう
……………………………………………………176
稲葉采女 いなばうねめ ……………………176
犬丸清俊 いぬまるきよとし ………………177
犬丸清秀 いぬまるきよひで ………………177
犬丸左京 いぬまるさきょう ………………177
犬丸重懐 いぬまるしげかね ………………177
犬丸長門入道 いぬまるながとにゅうどう
……………………………………………………177
犬丸民部 いぬまるみんぶ …………………177
犬丸民部丞 いぬまるみんぶのじょう ……178
井上九郎右衛門 いのうえくろうえもん 178
井上九郎左衛門 いのうえくろうざえもん
……………………………………………………178
井上治部少輔 いのうえじぶしょうゆう 178
井上主税 いのうえちから …………………178
井上宗信 いのうえむねのぶ ………………178
井上六郎右衛門 いのうえろくろうえもん
……………………………………………………178
伊野三左衛門 いのさんざえもん …………179
井上治部介 いのうえじぶのすけ …………179
井原伊豆守 いはらいずのかみ ……………179
井原主馬之介 いはらしゅめのすけ ………179
今石民部 いまいしみんぶ …………………179
今市綱統 いまいちつなむね ………………179
今市統綱 いまいちむねつな ………………179
今川貞世 いまがわさだよ …………………179
今川了俊 いまがわりょうしゅん⇨今川貞世（いまがわさだよ）
今城重利 いましろしげとし ………………180
今城備前 いましろびぜん …………………180
今津重貫 いまづしげぬき …………………180
今出昌吉 いまでしょうきち ………………180
今出元国 いまでもとくに …………………180
今富権介 いまとみごんすけ ………………180
今仁尚賢 いまにひさかた …………………181
今仁正実 いまにまさざね …………………181
今仁基実 いまにもとざね …………………181
今村式部 いまむらしきぶ …………………181
今村新八 いまむらしんぱち ………………181
今村半四郎 いまむらはんしろう …………181
今吉九左衛門（今吉九郎左衛門）いまよしくざえもん（いまよしくろうざえもん） 181
伊美弾正左衛門 いみだんじょうさえもん
……………………………………………………182
岩尾繁殊／岩男繁殊 いわおしげかつ ……182
岩尾重益／岩男重益 いわおしげます ……182
岩武民部 いわたけみんぶ …………………182
岩田左近 いわたさこん ……………………182
岩田唯毎 いわたただつね …………………182
岩田毎重 いわたつねしげ …………………182
岩田山城 いわたやましろ …………………182
岩戸見明神権大宮司右衛門 いわとみみょうじんごんだいぐうじえもん ……183
岩松市之助 いわまついちのすけ …………183
岩見外記 いわみげき ………………………183
岩屋和泉守 いわやいずみのかみ …………183
岩屋新左衛門 いわやしんざえもん ………183
上田因幡守 うえだいなばのかみ …………183
上田氏実 うえだうじざね …………………184
植田宮内丞 うえだくないのじょう ………184
上田道実 うえだみちざね …………………184
上田道貫 うえだみちつら …………………184

有野種有 ありのたねあり ……………………161
有安小太郎 ありやすこたろう ………………161
有吉清高 ありよしきよたか …………………162
有吉清則 ありよしきよのり …………………162
有吉清秀 ありよしきよひで …………………162
有吉内記 ありよしないき ……………………162
有吉内記 ありよしないき ……………………162
粟屋就元 あわやなりもと ……………………162
安国寺恵瓊 あんこくじえけい ………………162
安清院右馬允 あんせいいんうまのじょう⇨安心院右馬允（あじむうまのじょう）
安東興俊 あんどうおきとし …………………163
安東重秀 あんどうしげひで …………………163
安藤主膳 あんどうしゅぜん …………………163
安東俊国 あんどうとしくに …………………163
安東万次郎 あんどうまんじろう ……………163
飯田興秀 いいだおきひで ……………………163
飯田主計正 いいだかずえのかみ ……………163
飯田貞家 いいださだいえ ……………………164
飯田鎮敦 いいだしげあつ⇨飯田長秀（いいだながひで）
飯田重堅 いいだしげかた ……………………164
飯田重房 いいだしげふさ ……………………164
飯田長重 いいだながしげ ……………………164
飯田長秀 いいだながひで ……………………164
飯田昌秀 いいだまさひで ……………………164
飯田頼房 いいだよりふさ ……………………165
飯淵江左衛門 いいぶちえざえもん …………165
五十嵐左馬助 いがらしさまのすけ …………165
五十嵐民部 いがらしみんぶ …………………165
生野正直 いくのまさなお ……………………165
生山貞辰 いくやまさだとき …………………165
生山正貞 いくやままささだ …………………165
池尾織部正 いけおおりべのかみ ……………165
池尾加兵衛（池尾和兵衛）いけおかへい（いけおわへえ）……………………………165
池田内蔵助 いけだくらのすけ ………………165
池田九郎兵衛 いけだくろうべえ ……………165
池田次郎 いけだじろう ………………………166
池田豊親 いけだとよちか ……………………166
池田平助（池田平七）いけだへいすけ（いけだへいしち）…………………………………166
池田吉清 いけだよしきよ ……………………166
池永重時 いけながしげとき …………………166
池永重則 いけながしげのり …………………166
池永次郎左衛門 いけながじろうざえもん ……………………………………………………166
池永善左衛門 いけながぜんざえもん ……167
池永筑前守 いけながちくぜんのかみ ……167
池永教明 いけながのりあき …………………167
池永房勝 いけながふさかつ …………………167
池永房次 いけながふさつぐ …………………167
池永房時 いけながふさとき …………………167
池永房則 いけながふさのり …………………167
生駒雅楽頭 いこまうたのかみ⇨生駒親正（いこまちかまさ）
生駒親正 いこまちかまさ ……………………168
諫山民部 いさやまみんぶ ……………………168
石井実亮 いしいさねすけ ……………………168
石井実元 いしいさねもと ……………………168
石井実美 いしいさねよし ……………………168
石川新左衛門 いしかわしんざえもん ………168
石川長通 いしかわながみち …………………168
石田盛春 いしだもりはる ……………………169
石松廉正 いしまつやすまさ …………………169
石丸外記 いしまるげき ………………………169
伊集院久治 いじゅういんひさはる …………169
伊惣弘茂 いそうひろしげ ……………………169
伊惣弘義 いそうひろよし ……………………169
磯田四郎左衛門 いそだしろうさえもん ……169
磯田次郎 いそだじろう ………………………170
板井種遠 いたいたねとお ……………………170
井田親氏 いだちかうじ ………………………170
井田親之 いだちかゆき ………………………170
市河親泰 いちかわちかやす …………………170
市川経好 いちかわつねよし …………………170
一条兼定 いちじょうかねさだ ………………171
一条惟任 いちじょうこれとう ………………171
一条貞政 いちじょうさだまさ ………………171
一条高成 いちじょうたかしげ ………………171
一条高任 いちじょうたかとう ………………171
一条時任 いちじょうときとう ………………171
一条房政 いちじょうふさまさ ………………171
一条道永 いちじょうみちなが ………………171
一条宗政 いちじょうむねまさ ………………171
一条義成 いちじょうよししげ ………………171
一条義宗 いちじょうよしむね ………………171
一条蓮浄 いちじょうれんじょう ……………172
市丸長門頭 いちまるながとのかみ …………172
市丸日向守 いちまるひゅうがのかみ ………172

安心院五郎　あじむごろう　……………………150
安心院左馬允　あじむさまのじょう　……150
安心院知家　あじむともいえ　……………150
安心院美濃守　あじむみののかみ　………150
安心院麟生　あじむりんせい⇨安心院公正（あじむきみまさ）
東重量　あずましげかず　……………………151
麻生鑑益　あそうあきます　…………………151
麻生家政　あそういえまさ　…………………151
麻生家光　あそういえみつ　…………………151
麻生氏康　あそううじやす　…………………151
麻生右馬允　あそううまのじょう　………151
麻生乙丸　あそうおとまる　…………………151
麻生公明　あそうきみあき⇨麻生統宣（あそうむねのぶ）
麻生公明　あそうきみあき　…………………151
麻生公明　あそうきみあき　…………………152
麻生公豊　あそうきみとよ　…………………152
麻生公憲　あそうきみのり　…………………152
麻生公宣　あそうきみのぶ　…………………152
麻生国弘　あそうくにひろ　…………………152
麻生玄蕃頭　あそうげんばのかみ　………152
麻生上野介　あそうこうずけのすけ　……152
麻生左馬介　あそうさまのすけ　…………152
麻生鎮里　あそうしげさと　…………………152
麻生鎮実　あそうしげざね　…………………153
麻生鎮治　あそうしげはる　…………………153
麻生鎮政　あそうしげまさ　…………………153
麻生資政　あそうすけまさ　…………………153
麻生摂津守　あそうせっつのかみ　………153
麻生大膳　あそうだいぜん　…………………153
麻生隆明　あそうたかあき　…………………153
麻生隆実　あそうたかざね　…………………154
麻生親政　あそうちかまさ　…………………154
麻生尚鎮　あそうなおしげ　…………………154
麻生平八　あそうへいはち　…………………155
麻生平八郎　あそうへいはちろう　………155
麻生孫六左衛門　あそうまごろくさえもん
……………………………………………………155
麻生統宣　あそうむねのぶ　…………………155
麻生統春　あそうむねはる　…………………155
麻生守実　あそうもりざね⇨麻生鎮実（あそうしげざね）
麻生弥三郎　あそうやさぶろう　…………155
阿蘇惟豊　あそこれとよ　……………………155
阿蘇惟光　あそこれみつ　……………………156
阿蘇照忠　あそてるただ　……………………156
阿曽沼右京大夫　あそぬまうきょうだゆう
……………………………………………………156
阿曽沼高郷　あそぬまたかさと　…………156
足立遠氏　あだちとおうじ　…………………156
足達兵部少輔　あだちひょうぶしょうゆう
……………………………………………………156
跡田因幡守　あとだいなばのかみ　………156
跡田主水　あとだもんど　……………………157
跡田弥三郎　あとだやさぶろう　…………157
安倍偶宗　あべぐうそう　……………………157
阿部入道平道兼　あべにゅうどうたいらのみちかね　……………………………………157
安部宗貞　あべむねさだ　……………………157
安倍宗実　あべむねざね　……………………157
安部六弥太　あべろくやた　…………………157
尼子勝久　あまこかつひさ　…………………158
尼子義久　あまこよしひさ　…………………158
天野顕成　あまのあきなり　…………………158
天野顕則　あまのあきのり　…………………158
天野顕弘　あまのあきひろ　…………………158
天野顕光　あまのあきみつ　…………………158
天野刑部亟　あまのぎょうぶのじょう　…159
天野讃岐守　あまのさぬきのかみ　………159
天野隆重　あまのたかしげ　…………………159
天野隆良　あまのたかよし　…………………159
天野元秋　あまのもとあき　…………………159
天野元重　あまのもとしげ　…………………159
天野元種　あまのもとたね　…………………160
天野民部丞　あまのみんぶのじょう　……160
天野義顕　あまのよしあき　…………………160
海部親盛　あまべちかもり　…………………160
余屋九大夫　あまりやきゅうだゆう　……160
荒尾四郎太郎　あらおしろうたろう　……160
荒川和光　あらかわかずみつ　……………160
荒川刑部烝　あらかわぎょうぶのじょう　160
荒木三河守　あらきみかわのかみ　………160
荒巻源左衛門尉　あらまきげんざえもんのじょう　……………………………………161
荒巻軍兵衛　あらまきぐんべえ　…………161
荒巻権之進　あらまきごんのしん　………161
荒巻左衛門　あらまきさえもん　…………161
荒牧武彦　あらまきたけひこ　……………161
有我七郎兵衛　ありがしちろうべえ　……161

人名編総項目・目次一覧

あ 行

会沢市助 あいざわいちすけ ……140
愛智義成 あいちよししげ ……140
相坪弾正 あいつぼだんじょう ……140
藍原右近允 あいはらうこんのじょう ……140
藍原志賀助 あいはらしがのすけ ……140
藍原新右衛門 あいはらしんえもん ……140
藍原忠俊 あいはらただとし ……140
藍原内記 あいはらないき ……140
相本兼実 あいもとかねざね ……141
合山壁重 あいやまかべしげ ……141
青景彦太郎 あおかげひこたろう ……141
青木次郎兵衛 あおきじろうひょうえ ……141
赤尾孟種 あかおおさたね ……141
赤尾賢種 あかおかたたね⇨赤尾鎮房（あかおしずふさ）
赤尾源三郎 あかおげんざぶろう ……141
赤尾薩摩守 あかおさつまのかみ ……141
赤尾式部少輔 あかおしきぶしょうゆう 141
赤尾鎮種 あかおしげたね ……142
赤尾鎮房 あかおしずふさ ……142
赤尾純房 あかおすみふさ ……142
赤尾種綱 あかおたねつな ……142
赤尾親種 あかおちかたね ……142
赤尾信種 あかおのぶたね ……143
赤尾秀種 あかおひでたね⇨赤尾統秀（あかおむねひで）
赤尾三河入道 あかおみかわにゅうどう 143
赤尾統秀 あかおむねひで ……143
赤尾杢木允 あかおもくのじょう⇨赤尾鎮房（あかおしずふさ）
赤尾行種 あかおゆきたね ……143
赤尾義種 あかおよしたね ……143
赤尾因種 あかおよりたね ……144
赤川忠近 あかがわただちか ……144
赤川元徳 あかがわもとのり ……144
赤川元保 あかがわもとやす ……144
赤染清高 あかぞめきよたか ……144
赤染高連 あかぞめたかつら ……145
阿閑太郎左衛門 あがたろうさえもん ……145
赤星有隆 あかぼしありたか ……145
赤松義祐 あかまつよしすけ ……145
秋月鑑良 あきづきあきよし⇨長野鑑良（ながのあきよし）
秋月種実 あきづきたねざね ……145
秋月種長 あきづきたねなが ……145
秋月種信 あきづきたねのぶ⇨長野種信（ながのたねのぶ）
秋月文種 あきづきふみたね ……146
秋月元種 あきづきもとたね⇨高橋元種（たかはしもとたね）
秋吉壱岐守 あきよしいきのかみ ……146
秋吉九大夫 あきよしきゅうだゆう ……146
秋吉九年 あきよしくねん ……146
秋吉佐介 あきよしさすけ …… 146
秋吉忠久 あきよしただひさ ……146
秋吉久清 あきよしひさきよ ……147
秋吉久年 あきよしひさとし ……147
飽田悪六兵衛／芥田悪六兵衛 あくたあくろくひょうえ ……147
浅田弘国 あさだひろくに ……147
麻原貞親 あさはらさだちか ……147
足利忠氏 あしかがただうじ ……147
足利統氏 あしかがむねうじ ……148
芦刈伊予守 あしかりいよのかみ ……148
芦刈越前守 あしかりえちぜんのかみ ……148
芦原勘解由 あしはらかげゆ ……148
芦原新兵衛尉 あしはらしんべいのじょう ……148
芦原藤内 あしはらとうない ……148
安心院市正 あじむいちまさ ……148
安心院右馬允 あじむうまのじょう ……148
安心院右馬助 あじむうまのすけ ……149
安心院右馬介 あじむうまのすけ ……149
安心院興生 あじむおきなり ……149
安心院公宣 あじむきみのぶ ……149
安心院公正 あじむきみまさ ……149
安心院公康 あじむきみやす ……149
安心院小次郎 あじむこじろう ……149
安心院小太郎 あじむこたろう ……150
安心院五郎 あじむごろう ……150

山久井城 やまくいじょう ……………………132
山口城 やまぐちじょう ……………………132
山口城（等覚寺城）やまぐちじょう（とかくじじょう）…………………………………… 132
山下城 やましたじょう ……………………132
山下城（山下村城）やましたじょう（やましたむらじょう）…………………………………132
山田城 やまだじょう …………………………132
山田城（櫛狩屋城・串狩野城・川内城）やまだじょう（くしがりやじょう・くしがりのじょう・かわちじょう）……………………132
山田親実居館 やまだちかざねきょかん 133
山中城 やまなかじょう ……………………… 133
山本城（大船城・小舟山城・大船山城）やまもとじょう（おおぶねじょう・おぶねやまじょう・おおぶねやまじょう）…………133
山本村城（山本城）やまもとむらじょう（やまもとじょう）…………………………………133
矢山城（塔ヶ峰城）ややまじょう（とうがみねじょう）……………………………………134
指月城 ゆびつきじょう⇨小倉城（こくらじょう）
弓張岳城 ゆみはりだけじょう ……………134
湯屋屋敷 ゆややしき⇨福永城（ふくながじょう）
横代城（横代山城）よこしろじょう（よこしろさんじょう）……………………………… 134
横代城（横代山城）よこしろじょう（よこしろやまじょう）⇨福相寺城（ふくそうじじょう）
横瀬城（横瀬村城）よこせじょう（よこせむらじょう）……………………………………134
吉岡城 よしおかじょう ……………………134
吉木城 よしきじょう ………………………135
吉松城（吉松村城）よしまつじょう（よしまつむらじょう）…………………………………135
吉見城 よしみじょう⇨足立城（あだちじょう）
吉村城 よしむらじょう ……………………135
四日市城（小倉城）よっかいちじょう（こくらじょう）……………………………………135
世永城 よながじょう⇨沓川城（くつかわじょう）
米丸城 よねまるじょう⇨建徳寺城（けんとくじじょう）
呼野城 よぶのじょう ⇨海老野城（えびのじょう）
龍園城（籠円城）りゅうえんじょう（ろうえんじょう）⇨立遠城（たちとおじょう）
龍王城（龍王山城・神楽岳城）りゅうおうじょう（りゅうおうやまじょう・かぐらだけじょう）……………………………………136
龍ヶ鼻城 りゅうがばなじょう⇨矢部城（やべじょう）
龍城院城 りゅうじょういんじょう ……… 137
籠円城 ろうえんじょう⇨龍円城（りゅうえんじょう）
六郎丸城（六郎丸村城）ろくろうまるじょう（ろくろうまるむらじょう）………………137
若王子城／若王寺城 わかおうじじょう⇨若王子城（にゃっこうじじょう）
若木城（若木山城・秋葉山城・秋永城）わかきじょう（わかぎやまじょう・あきばやまじょう・あきながじょう）………………137
若山城（本城城／本庄城）わかやまじょう（ほんじょうじょう）………………………137
湧金城 わきがねじょう⇨小倉城（こくらじょう）
和気城 わきじょう …………………………138

水上城（水上山城・水ヶ手城）みずかみじょう（みずかみさんじょう・みずがてじょう）……123
三角城（田代城）みすみじょう（たしろじょう）……123
三角山城／三隅山城（清滝城）みすみやまじょう（きよたきじょう）……123
三隅山城 みすみやまじょう ……123
溝口城（溝口館）みぞぐちじょう（みぞぐちやかた）……124
光岡城（赤尾城）みつおかじょう（あかおじょう）……124
三岳城 みつたけじょう⇨大三ヶ岳城（おおみつがたけじょう）
三岳城 みつたけじょう⇨小三ヶ岳城（こみつがたけじょう）
三岳城（大三岳城）みつたけじょう（おおみつたけじょう）……124
湊城（湊村城）みなとじょう（みなとむらじょう）……124
南木城 みなみぎじょう ……125
南原城 みなみばるじょう⇨高城（たかじょう）
簑島城／蓑嶋城 みのしまじょう ……125
宮尾城 みやおじょう ……125
宮熊城（宮熊村城）みやぐまじょう（みやぐまむらじょう）……125
宮永城 みやながじょう ……126
宮山城 みややまじょう ……126
宮山城 みややまじょう⇨稗畑山城（ひえはたやまじょう）
妙見城（妙見山城）みょうけんじょう（みょうけんやまじょう）⇨足立城（あだちじょう）
妙見城 みょうけんじょう⇨妙見岳城（みょうけんだけじょう）
妙見岳城（妙見山城・妙見尾城・妙見城・極楽寺城）みょうけんだけじょう（みょうけんやまじょう・みょうけんびじょう・みょうけんじょう・ごくらくじじょう）……126
明神山城（山下城・山久井城・丸角城・桑原城）みょうじんやまじょう（やましたじょう・やまくいじょう・まるすみじょう・くわはらじょう）……126
門司城 もじじょう ……127
元重城 もとしげじょう ……128
元永城（元永村城・本長山城・城山城）もとながじょう（もとながむらじょう・もとながやまじょう・しろやまじょう）……128
母原城 もはらじょう ……128
元山城（元山切寄城）もとやまじょう（もとやまきりよせじょう）……128
森田城 もりたじょう ……128
森山城 もりやまじょう ……128
森山城 もりやまじょう ……128

やらわ行

屋形原城 やかたばるじょう ……129
屋形村城 やかたむらじょう ……129
薬師寺城（薬師寺村城）やくしじじょう（やくしじむらじょう）……129
薬師山城 やくしやまじょう …… 129
八雲城 やぐもじょう …… 129
弥次郎畑城 やじろはたじょう ……129
安居城 やすいじょう ⇨安宅城（あたかじょう）
八田城（八ツ田城・山田城）やつだじょう（やつだじょう・やまだじょう） ……130
矢留城 やどみじょう ……130
柳城 やなぎじょう ……130
柳瀬城（茶臼城・茶臼山城・柳瀬村茶臼城）やなせじょう（ちゃうすじょう・ちゃうすやまじょう・やなせむらちゃうすじょう）……130
八並城（八並村城）やなみじょう（やなみむらじょう）……131
矢部城（矢部村城・龍ヶ鼻城）やべじょう（やべむらじょう・りゅうがばなじょう）…… 131
山内城（山内村城）やまうちじょう（やまうちむらじょう）……131
山移城（山移村城）やまうつりじょう（やまうつりむらじょう）⇨馬場城（ばばじょう）
山浦村城（勢見ヶ岳城）やまうらむらじょう（せみがたけじょう） …… 131
山鹿城（山鹿村城・山鹿村城山城・城山城）やまがじょう（やまがむらじょう・やまがむらしろやまじょう・しろやまじょう）…… 131

不動滝の砦 ふどうだきのとりで …………114
船木城 ふなきじょう …………114
古川城 ふるかわじょう …………114
古川山城 ふるかわやまじょう ⇨椎山城（しいやまじょう）
古寺城 ふるでらじょう …………115
別府城（別府村城・楠城）べふじょう（べふむらじょう・くすのきじょう）…………115
弁城 べんじょう⇨新田城（にったじょう）
弁城 べんじょう …………115
弁天城 べんてんじょう …………115
法薗寺城（法蘭寺城）ほうえんじじょう（ほうらんじじょう）…………115
宝ヶ岳城（ほうがたけじょう）⇨中元寺城（ちゅうがんじじょう）
宝積寺城（合馬城）ほうしゃくじじょう（おうまじょう）…………116
法然寺城 ほうねんじじょう …………116
法蘭寺城 ほうらんじじょう⇨法薗寺城（ほうえんじじょう）
菩提寺城 ぼだいじじょう⇨赤井城（あかいじょう）
法華寺城 ほっけじじょう …………116
帆柱山城（帆柱城）ほばしらやまじょう（ほばしらじょう）…………116
穂本上城 ほもとかみじょう …………117
堀越城（越堀城・横代城・横代山城・鷲岳城・鷲ヶ城）ほりこしじょう（こしほりじょう・よこしろじょう・よこしろさんじょう・わしだけじょう・わしがじょう）…………117
堀敷城 ほりしきじょう⇨金田城（かねだじょう）…………117
壕城 ほりじょう⇨平原城（ひらばるじょう）
本牛王城 ほんごおうじょう⇨牛王城（ごおうじょう）
本庄城 ほんじょうじょう⇨城井郷城（きいのこじょう）
本城城／本庄城 ほんじょうじょう⇨若山城（わかやまじょう）

ま 行

真木城（真木村城・陣ケ尾城・陣ケ城）まきじょう（まきむらじょう・じんがおじょう・じんがじょう）…………118
秣城（秣村城）まくさじょう（まぐさむらじょう）…………118
真崎城 まざきじょう⇨立遠城（たちとおじょう）
益田陣 ますだじん …………118
万代平城／馬台平城（馬台城・万代城・福土城・福土村城）まだいだいらじょう（ばだいじょう・ばんだいじょう・ふくどじょう・ふくどむらじょう）…………118
万田城 まだじょう ⇨河原田城（かわらだじょう）
万田村城 まだむらじょう …………119
松尾山城 まつおやまじょう／まつのおさんじょう …………119
松ヶ岳城 まつがだけじょう …………119
松崎城 まつざきじょう …………119
町丈城 まったけじょう⇨白米城（まったけじょう）
白米城（平田城・町丈城）まったけじょう／はくまいじょう（ひらたじょう・まったけじょう）…………119
松丸村城（松丸城・宇都宮氏館）まつまるむらじょう（まつまるじょう・うつのみやしやかた）…………119
松山城（苅田松山城／神田松山城・苅田城／神田城）まつやまじょう（かんだまつやまじょう・かんだじょう）…………120
松山城 まつやまじょう …………121
丸岡城（丸岡山城）まるおかじょう（まるおかやまじょう）…………121
丸尾城 まるおじょう …………121
丸尾城 まるおじょう …………121
丸ヶ口城（丸ヶ口福相寺城）まるがくちじょう（まるがくちふくそうじじょう）⇨福相寺城（ふくそうじじょう）
丸城（北方城・下北方城）まるじょう（きたかたじょう・しもきたがたじょう）…121
丸角城 まるすみじょう …………122
丸山城 まるやまじょう …………122
丸山城 まるやまじょう⇨中津城（なかつじょう）
丸山城 まるやまじょう 宇佐市矢部……122
三重城 みえじょう …………122
御沓村城 みくつむらじょう …………122
三毛門城 みけかどじょう …………122

らじょう）……104
原口城 はるぐちじょう……104
春吉城 はるよしじょう……105
万代城 ばんだいじょう⇨万代平城（まだいだいらじょう）
飯田城（飯田村城）はんだじょう（はんだむらじょう）……105
稗田城 ひえだじょう……105
稗畑山城（稗畑城・大野城・宮山城・宮尾城）ひえはたやまじょう（ひえはたじょう・おおのじょう・みややまじょう・みやおじょう）……105
日王城 ひおうじょう⇨神崎城（こうざきじょう）
東上城（東上村城）ひがしかみじょう……106
東白土城 ひがししらつちじょう……106
東谷城 ひがしだにじょう……106
引地山城（引地城・到津城）ひきじやまじょう（ひきちじょう・いとうづじょう）106
引地城 ひきちじょう……106
日熊城（日隈城・姫隈城）ひぐまじょう（ひぐまじょう・ひめくまじょう）……106
英彦山城／彦山城（上仏来山城）ひこさんじょう（かんぶくさんじょう）……107
菱形城 ひしがたじょう⇨立山城（たてやまじょう）
毘沙門城（毘沙門砦）びしゃもんじょう（びしゃもんとりで）……108
樋田村城 ひだむらじょう……108
一ツ戸城（中間城）ひとつどじょう（なかまじょう）……108
一ツ松城 ひとつまつじょう……108
火の浦城（日の浦城・日ノ瀬城・日之瀬城・四ノ瀬城・四野瀬城）ひのうらじょう（ひのうらじょう・ひのせじょう・ひのせじょう・しのせじょう・しのせじょう）……108
日野尾城 ひのおじょう⇨神崎城（こうざきじょう）
檜木村城 ひのきむらじょう……109
日ノ瀬城／日之瀬城 ひのせじょう⇨火の浦城（ひのうらじょう）
姫隈城 ひめくまじょう……109
姫隈城 ひめくまじょう⇨日熊城（ひぐまじょう）
百留城（百富城）ひゃくどみじょう（ひゃくとみじょう）……109
別府城 びょうじょう……110
平岡城（平岳城）ひらおかじょう（ひらたけじょう）……110
平島城 ひらしまじょう……110
平田城 ひらたじょう……110
平田城 ひらたじょう⇨白米城（まったけじょう）
平原城 ひらばるじょう……110
平原城（田原城・田原平岳城・壕城）ひらばるじょう（たばるじょう・たばるひらたけじょう・ほりじょう）……110
広崎城 ひろさきじょう……111
広瀬城 ひろせじょう……111
広津城（広津村城・広津山城・天仲寺城・天仲寺山城）ひろつじょう（ひろつむらじょう・ひろつやまじょう・てんちゅうじじょう・てんちゅうじやまじょう）……111
広幡城（広幡山城）ひろはたじょう（ひろはたやまじょう）……112
深水城（ズリヤネ城）ふかみずじょう（ずりやねじょう）……112
福相寺城（丸ヶ口城・丸ヶ口福相寺城・横代城・横代山城）ふくそうじじょう（まるがくちじょう・まるがくちふくそうじじょう・よこしろじょう・よこしろやまじょう）……112
福田城（福田村城・宮山城）ふくだじょう（ふくだむらじょう・みややまじょう）113
福富城 ふくとみじょう……113
福土村城（福土城）ふくどむらじょう（ふくどじょう）⇨万代平城（まだいだいらじょう）
福永城（湯屋屋敷）ふくながじょう（ゆややしき）……113
二塚城 ふたづかじょう……113
淵上寺城 ふちがみじじょう……113
筆垣城 ふでがきじょう……113
筆立山城 ふでたてやまじょう……114
不動ヶ岳城／不動岳城（大村城・大村城山城・西郷大坂城・西郷城・城山城）ふどうがたけじょう（おおむらじょう・おおむらしろやまじょう・さいごうおおさかじょう・さいごうじょう・しろやまじょう）……114

楢本城（楢本村城）ならもとじょう（ならもとむらじょう）……96
成腰城 なりこしじょう⇨恵里城（えりじょう）
成腰城 なりこしじょう⇨城ノ腰城（じょうのこしじょう）
成越城 なりこしじょう⇨虹山城（にじやまじょう）
成恒城 なりつねじょう……96
成光城 なりみつじょう……96
西恵良城 にしえらじょう……97
西ノ奥城（西の城）にしのおくじょう（にしのしろ）⇨木下城（きのしたじょう）
虹山城（二神山城・虹城・蒲生城・巣山城・成の越城・尼子山城・尼寺山城）にじやまじょう（ふたがみやまじょう・にじじょう・がもうじょう・すやまじょう・じょうのこしじょう・あまこやまじょう・あまでらやまじょう）……97
新田城（弁城）にったじょう（べんじょう）……97
若王子城／若王寺城（王子城）にゃっこうじじょう（おうじじょう）……97
貫城（城ノ越城）ぬきじょう（しろのこしじょう）……98
温見谷城 ぬくみたにじょう……98
沼田城 ぬまたじょう……98
如法寺城（山内城・山内村城）ねほうじじょう（やまうちじょう・やまうちむらじょう）……98
のそき山城（のりき山城）のそきやまじょう（のりきやまじょう）……98
覗山城（馬場城・稲童城・のりき山城・野前山城）のぞきやまじょう（ばばじょう・いなどうじょう・のりきやまじょう・のまえやまじょう）……99
野田城 のだじょう……99
野仲城／野中城（野々中城・八津田城・八田城）のなかじょう（ののなかじょう・はつたじょう・はったじょう）……99
野前山城 のまえやまじょう⇨覗山城（のぞきやまじょう）
野山城 のやまじょう……100
野依城（表屋敷城）のよりじょう（おもてやしきじょう）……100
のりき山城 のりきやまじょう⇨覗山城（のぞきやまじょう）
のりき山城 のりきやまじょう⇨のそき山城（のそきやまじょう）
則行城 のりゆきじょう……100

は 行

萩迫城 はぎさこじょう⇨下恵良城（しもえらじょう）
白米城 はくまいじょう⇨白米城（まったけじょう）
狭間城（狭間村城）はざまじょう（はざまむらじょう）……101
橋津城（橋津村城）はしづじょう（はしづむらじょう）……101
馬台城 ばだいじょう⇨万代平城（まだいだいらじょう）
畑城 はたじょう⇨陣山城（じんやまじょう）
畑田村城 はたけだむらじょう……101
畑城（畑村城・蟹萱城・龍城院城・郷城城・郷城）はたじょう（はたむらじょう・かにかやじょう・りゅうじょういんじょう・ごうしろじょう・ごうじょう）……101
畑中城 はたなかじょう……102
八面山城 はちめんざんじょう……102
八屋城（八屋町城）はちやじょう（はちやまちじょう）……102
豊前市八屋……102
八屋城（八屋村城）はちやじょう（はちやむらじょう）……102
八屋町城 はちやまちじょう⇨安祥寺城（あんじょうじじょう）
八田城（山田城・川内城）はったじょう（やまだじょう・かわちじょう）……103
八津田城（八田城）はつだじょう（はったじょう）⇨野仲城（のなかじょう）
花立城 はなたてじょう……103
馬場城（馬場村城・城山城）ばばじょう（ばばむらじょう・しろやまじょう）……103
馬場城（館城・山移城・山移村城）ばばじょう（たてじょう・やまうつりじょう・やまうつりむらじょう）……104
羽馬礼村城 はばれむらじょう……104
林崎城 はやしざきじょう……104
原井城（原井村城）はらいじょう（はらいむ

鶴林城 つるはやしじょう ……………………… 86
鶴前城 つるまえじょう …………………………86
恒見城（恒見山城・猿山城・上山城・城山城）つねみじょう（つねみやまじょう・さるやまじょう・うえやまじょう・しろやまじょう） ……………………………………………… 86
手切城（牛切城）てぎりじょう（うしきりじょう） ……………………………………………… 86
寺垣城 てらがきじょう ………………………………87
天仲寺城（天仲寺山城）てんちゅうじじょう（てんちゅうじやまじょう）⇨広津城（ひろつじょう）
伝法寺城（伝法寺村城）でんぽうじじょう（でんぽうじむらじょう）⇨堂山城（どうやまじょう）
天和城（天和村城）てんわじょう（てんわむらじょう） ……………………………………… 87
土居ヶ城 どいがじょう⇨戸通城（とみちじょう）
土居城 どいじょう⇨大村城（おおむらじょう）
土井城（佐野城）どいじょう（さのじょう）……………………………………………………………87
塔ヶ峰城 とうがみねじょう⇨矢山城（ややまじょう）
塔ヶ峰城（井手浦城）とうがみねじょう（いでうらじょう） ………………………………88
東明寺城（東明寺山城）とうみょうじじょう（とうみょうじやまじょう） …………………88
堂山城（伝法寺城・伝法寺村城・香楽城）どうやまじょう（でんぽうじじょう・でんぽうじむらじょう・こうらくじょう）……… 88
戸垣城 とがきじょう ………………………………89
等覚寺城 とかくじじょう⇨山口城（やまぐちじょう）
時枝城（時枝村城）ときえだじょう（ときえだむらじょう） ………………………………89
土岐城 ときじょう ……………………………………89
徳光城 とくみつじょう ……………………… 89
徳光城 とくみつじょう …………………………89
徳光城 とくみつじょう⇨椎山城（しいやまじょう）
十鞍城 とくらじょう⇨十鞍山城（とくらやまじょう）
十鞍山城（鞍山城・十鞍城）とくらやまじょう（くらやまじょう・とくらじょう）….89
徳力城（徳力山城・大鍋山城）とくりきじょう（とくりきやまじょう・おおなべやまじょう） ……………………………………………90
戸代山城／戸城山城 としろやまじょう…. 90
轟城（轟の砦）とどろきじょう（とどろきのとりで） ………………………………………… 90
殿倉岳城 とのくらだけじょう ………………… 91
戸通城（上高屋城・土居ヶ城）とみちじょう（かみたかやじょう・どいがじょう）…. 91
富野城 とみのじょう ……………………………… 91
鳥越城 とりごえじょう ………………………… 91
鳥越城（鳥越山城）とりごえじょう（とりごえやまじょう） …………………………………… 91

な 行

内蔵寺城（内蔵寺山城）ないぞうじじょう（ないぞうじやまじょう）…………………… 92
長岩城 ながいわじょう ………………………… 92
長尾城（高野山城・高野谷山城・高野城）ながおじょう（たかのさんじょう・たかのたにやまじょう・たかのじょう） ………… 92
中尾城（中尾屋敷）なかおじょう（なかおやしき） ………………………………………………93
長尾城 ながおじょう …………………………… 93
中臣城 なかおみじょう ………………………… 93
長川城 ながかわじょう …………………………93
中敷田城 なかしきたじょう ……………… 93
中島城（高家城）なかしまじょう（たけいじょう） ………………………………………… 93
長洲城 ながすじょう …………………………………94
永添村城 ながそえむらじょう ………………94
中津城（丸山城・扇城・小犬丸城）なかつじょう（まるやまじょう・せんじょう・こいぬまるじょう） ……………………………94
長野城（上長野城）ながのじょう（かみながのじょう） ……………………………………… 94
永原城 ながはらじょう⇨高並城（たかなみじょう）
中間城 なかまじょう⇨一ツ戸城（ひとつどじょう）
中村城 なかむらじょう ……………………………95
中村城 なかむらじょう ……………………………96
名木野城／名城野城／那岐野城 なぎのじょう⇨金田城（かねだじょう）

高野城（高野山城・高野谷山城）たかのじょう（たかのさんじょう・たかのたにやまじょう）⇨長尾城（ながおじょう）
高畑城 たかはたじょう ………… 78
高畑山城（高畑城）たかはたやまじょう（たかはたじょう）………… 78
鷹丸城 たかまるじょう …………78
高森城（高森村城・宝森城）たかもりじょう（たかもりむらじょう・たからもりじょう）………… 78
宝ヶ岳城 たからがたけじょう⇨中元寺城（ちゅうがんじじょう）
宝山城（宝山村城・宝森城）たからやまじょう（たからやまむらじょう・たからもりじょう）………… 79
滝貞城（瀧貞村城）たきさだじょう（たきさだむらじょう）………… 79
高家城 たけいじょう⇨中島城（なかしまじょう）
岳ヶ城 たけがじょう ………… 79
竹の元城 たけのもとじょう ………… 79
田嶋崎城／田島崎城 たじまさきじょう… 79
田代城 たしろじょう⇨三角城（みすみじょう）
畳石城 たたみいしじょう ………… 80
立尾城 たちおじょう⇨金国城（かなくにじょう）
立遠城（真崎城・籠円城・龍園城）たちとおじょう（まざきじょう・ろうえんじょう・りゅうえんじょう）………… 80
立場ヶ谷城 たちばがたにじょう …………80
立尾城 たておじょう ………… 81
館城 たてじょう⇨馬場城（ばばじょう）
立野城 たてのじょう ………… 81
立屋敷 たてやしき⇨上野城（あがのじょう）
立山城（菱形城・立石城）たてやまじょう（ひしがたじょう・たていしじょう）…81
谷の前城 たにのまえじょう ………… 81
狸葉山城 たぬきはやまじょう ………… 81
田口城（田口村城）たのくちじょう（たのくちむらじょう）………… 81
田原城（田原平岳城）たばるじょう⇨平原城（ひらばるじょう）
田丸城 たまるじょう ………… 82
為朝屋敷（鎮西原城・大原館）ためともやしき（ちんぜいばるじょう・おおはらやかた）…………82
壇の城（榎木城）だんのじょう（えのきじょう）…………82
地神城 ちがみじょう ………… 82
千束城（千束旭城）ちづかじょう（ちづかあさひじょう）⇨旭城（あさひじょう）
茶臼山城 ちゃうすやまじょう ………… 83
茶臼山城 ちゃうすやまじょう⇨海老野城（えびのじょう）
茶臼山城 ちゃうすやまじょう⇨柳瀬城（やなせじょう）
茶臼山城（筌口城）ちゃうすやまじょう（うけのくちじょう）………… 83
中元寺城（中元寺村城・宝ヶ岳城）ちゅうがんじじょう（ちゅうがんじむらじょう・ほうがたけじょう／たからがたけじょう）83
鎮西原城 ちんぜいばるじょう⇨為朝屋敷（ためともやしき）
築城城（築城村城・極楽寺城・極楽寺村城）ついきじょう（ついきむらじょう・ごくらくじじょう・ごくらくじむらじょう）84
月俣城（月俣村城）つきのまたじょう（つきまたむらじょう）…………84
築久江城 つくえじょう⇨尾屋敷城（おやしきじょう）
津久江城 つくえのじょう⇨高城（たかじょう）
辻野屋敷城 つじのやしきじょう⇨惣社城（そうしゃじょう）
辻畑城（辻畑陣屋）つじばたけじょう（つじはたじんや）………… 84
土田城（土田村城）つちだじょう（つちだむらじょう）…………84
九十九谷城 つづれだにじょう⇨沓尾城（くつおじょう）
津野城 つのじょう ………… 85
燕岩城（崎山城）つばめいわじょう（さきやまじょう）…………85
津房村城 つぶさむらじょう ………… 85
粒城 つぶじょう⇨木下城（きのしたじょう）
潰山城 つぶれやまじょう ………… 85
鶴居城 つるいじょう⇨坂手隈城（さかてくまじょう）
津留城 つるじょう …………86

城山城 しろやまじょう⇨不動ヶ岳城（ふどうがたけじょう）
城山城 しろやまじょう⇨上伊良原城（かみいらはらじょう）……69
城山城 しろやまじょう⇨山鹿城（やまがじょう）
城山城 しろやまじょう⇨元永城（もとながじょう）
城山城 しろやまじょう⇨恒見城（つねみじょう）
城山の城 しろやまのじょう ……70
城山の城 しろやまのじょう ……70
新開城（新開館）しんがいじょう（しんがいやかた）……70
陣ヶ尾城 じんがおじょう⇨安宅城（あたかじょう）
陣ヶ尾城（陣ヶ城）じんがおじょう（じんがじょう）⇨真木城（まきじょう）
新城 しんじょう ……70
真如寺城（真如寺村城）しんにょじじょう（しんにょじむらじょう）……70
陣山城 じんやまじょう ⇨椎山城（しいやまじょう）
陣山城（畑城）じんやまじょう（はたじょう）……71
須江城 すえじょう ……71
末広城／末弘城 すえひろじょう ……71
角田城（角田村城）すだじょう（すだむらじょう）……71
須磨園城 すまぞのじょう ……71
墨城／住城（住城城）すみじょう（すみじょうじょう）……71
巣山城 すやまじょう⇨虹山城（にじやまじょう）
ズリヤネ城 ずりやねじょう⇨深水城（ふかみずじょう）
諏訪山城 すわやまじょう ……72
世上ヶ岳城 せじょうがたけじょう ……72
節丸城 せつまるじょう⇨渋見城（しぶみじょう）
勢見ヶ岳城 せみがたけじょう⇨山浦村城（やまうらむらじょう）
扇城 せんじょう⇨中津城（なかつじょう）
宗印城 そういんじょう⇨観音寺城（かんのんじじょう）
惣社城（惣社村古城・辻の屋敷）そうしゃじょう（そうしゃむらこじょう・つじのやしき）……72
副城 そえじょう ……73
添田城（城山城・城山砦）そえだじょう（しろやまじょう・じょうやまとりで）……73
曾木城 そぎじょう⇨宇土山城（うどやまじょう）

た 行

大豆塚山城 だいずつかやまじょう⇨大豆塚山城（おおまめつかやまじょう）
大善寺城（伊加利城）だいぜんじじょう（いかりじょう）……74
大日城 だいにちじょう⇨大日城（おおにちじょう）
大平山城（稲光城）たいへいやまじょう（いなみつじょう）……74
手折山城 たおりやまじょう ……74
鷹居城 たかいじょう ……75
高尾山城 たかおさんじょう ……75
高尾山城（高尾城・多賀城・麻生城・高山城）たかおやまじょう（たかおじょう・たがじょう・あそうじょう・たかやまじょう）……75
高来城（高来村城）たかくじょう（たかくむらじょう）……75
高越城 たかこしじょう ……75
高城 たかじょう ……76
高城 たかじょう ……76
高城 たかじょう ……76
高城（柿坂城・柿坂村城・津久江城）たかじょう（かきさかじょう・かきさかむらじょう・つくえじょう）……76
高城（高城山城・南原城）たかじょう（たかじょうやまじょう・みなみばるじょう）76
高田城（高田村城・神畑城）たかたじょう（たかたむらじょう・かみはたじょう） 77
高塚城（高塚村城）たかつかじょう（たかつかむらじょう）……77
高並城（永原城）たかなみじょう（ながはらじょう）……77
高野山城（高野谷山城）たかのさんじょう（たかのたにやまじょう）⇨長尾城（ながおじょう）

（しいじょう・ふるかわやまじょう・しろのつぶじょう・とくみつじょう・じんやまじょう）……61
敷田城（敷田村城）しきたじょう（しきたむらじょう）……62
尻高城（尻高村城・司高城・米山城）だかじょう（しだかむらじょう・したかじょう・こめやまじょう）……62
四ノ瀬城／四野瀬城 しのせじょう⇨火の浦城（ひのうらじょう）
渋見城（節丸城）しぶみじょう（せつまるじょう）……62
清水村城 しみずむらじょう ……63
下赤村城（下赤城）しもあかむらじょう（しもあかじょう）……63
下伊藤田城 しもいとうだじょう ……63
下伊良原城 しもいらはらじょう ……63
下恵良城（萩迫城）しもえらじょう（はぎさこじょう）……63
下落合城（下落合村城）しもおちあいじょう（しもおちあいむらじょう） ……63
下川底城 しもかわそこじょう⇨海老名城（えびなじょう）
下川底城（下川底村城）しもかわそこじょう（しもかわそこむらじょう）⇨小畑城（おばたけじょう）
下川内城（下川内村城）しもかわちじょう（しもかわちむらじょう） ……63
下北方城 しもきたがたじょう⇨丸城（まるじょう）
下城 しもじょう ……64
下副城（下副村城）しもそいじょう（しもそいむらじょう）……64
下唐原城（下唐原村城・秋吉城）しもとうばるじょう（しもとうばるむらじょう・あきよしじょう）……64
下長野城 しもながのじょう ……65
下ノ城 しものしろ⇨糸城（いとじょう）
下ノ原城 しものはるじょう ……65
下筈城 しもはずじょう ……65
下深水城（下深水村城）しもふこうずじょう（しもふこうずむらじょう） ……65
日王城 しゃかのおじょう⇨神崎城（こうざきじょう）
若王子城 じゃくおうじじょう⇨王子城（おうじじょう）
蛇面城（蛇面山城）じゃめんじょう（じゃめんやまじょう）……65
庄ヶ辻城 しょうがつじじょう⇨赤池城（あかいけじょう）
成腰城 じょうこしじょう⇨城ノ腰城（じょうのこしじょう）
勝司岳城 しょうじがだけじょう ……66
障子ヶ岳城／障子岳城／勝司岳城（牙城）しょうじがだけじょう（きばじょう）…66
城道寺城／城導寺城 じょうどうじじょう 66
城ノ尾城 じょうのおじょう ……67
城の古趾 じょうのこし ……67
城ノ腰城（成腰城）じょうのこしじょう（なりこしじょう）……67
城越城 じょうのこしじょう⇨今任城（いまとうじょう）
城ノ腰城 じょうのこしじょう⇨小内田城（こうちだじょう）
成ノ腰城 じょうのこしじょう⇨虹山城（にじやまじょう）
城の平城（城平城）じょうのひらじょう（じょうびらじょう） ……67
城山城 じょうやまじょう ……67
城山城 じょうやまじょう ……68
城山城 じょうやまじょう ……68
城山砦 じょうやまとりで ⇨添田城（そえだじょう）
城坪城 じょうんつぼじょう ……68
白土城（白土山城・白土村城・切寄城）しらつちじょう（しらつちやまじょう・しらつちむらじょう・きりよせじょう）……68
代金城 しろかねじょう ……68
城越城 しろこしじょう⇨今任城（いまとうじょう）
城ノ越城 しろのこしじょう⇨貫城（ぬきじょう）
城ノ粒城 しろのつぶじょう⇨椎山城（しいやまじょう）
城山城 しろやまじょう ……69
城山城 しろやまじょう⇨岡城（おかじょう）
城山城 しろやまじょう⇨添田城（そえだじょう）
城山城 しろやまじょう⇨川崎城（かわさきじょう）

つじょう）
鯉ノ城 こいのじょう⇨小倉城（こくらじょう）
神崎城（日王城・日野尾城）こうざきじょう（しゃかのおじょう／ひおうじょう・ひのおじょう）……54
幸子城 こうしじょう⇨西光寺城（さいこうじじょう）
幸子城（幸子矢頭田城）こうじじょう（こうじやとうだじょう）……54
香下城（香下村城）こうしたじょう（こうしたむらじょう）……55
幸子村城 こうじむらじょう ……55
郷城 ごうじょう ……55
郷城城（郷城）ごうしろじょう（ごうじょう）⇨畑城（はたじょう）
小内田城（城ノ腰城）こうちだじょう（じょうのこしじょう）……55
甲野城 こうのじょう ……55
鴻の巣城（錆矢堂）こうのすじょう（さびやどう）……55
光明寺城 こうみょうじじょう ……55
香楽城 こうらくじょう⇨堂山城（どうやまじょう）
牛王城（牛王山城・本牛王城）ごおうじょう（ごおうさんじょう・ほんごおうじょう）……56
小川内城 こかわちじょう⇨神楽城（かぐらじょう）
極楽寺城 ごくらくじじょう⇨妙見岳城（みょうけんだけじょう）
極楽寺城（極楽寺村城）ごくらくじじょう（ごくらくじむらじょう）⇨築城城（ついきじょう）
小倉城 こくらじょう⇨四日市城（よっかいちじょう）
小倉城（勝山城・勝野城・指月城・湧金城・鯉ノ城）こくらじょう（かつやまじょう・かつのじょう・ゆびつきじょう・わきがねじょう・こいのじょう）……57
越堀城 こしほりじょう⇨堀越城（ほりこしじょう）
古城城 こじょうじょう ……57
小早川城 こばやかわじょう⇨吉川城（きっかわじょう）
小三ヶ岳城（小三岳城・三岳城）こみつがたけじょう（こみつだけじょう・みつたけじょう）……57
米山城 こめやまじょう ……58
小森城 こもりじょう ……58
玄己山城 ごんげんやまじょう ……58

さ 行

西光寺城 さいこうじじょう ……59
西光寺城（幸子城）さいこうじじょう（こうじじょう）……59
西郷城 さいごうじょう ……59
西郷城（西郷大坂城）さいごうじょう（さいごうおおさかじょう）⇨不動ヶ岳城（ふどうがたけじょう）
斎藤城（斎藤村城）さいとうじょう（さいとうむらじょう）……59
採銅所村新城 さいどうしょむらしんじょう ……59
左衛門之城（左衛門城）さえもんのじょう（さえもんじょう）……59
坂手隈城（鶴居城）さかてくまじょう（つるいじょう）……60
差儀城 さぎじょう ……60
崎野城 さきのじょう ……60
崎山城 さきやまじょう⇨燕岩城（つばめいわじょう）
笹加嶋城 ささかしまじょう ……60
佐田城（佐田村城・青山城・赤井城）さたじょう（さたむらじょう・あおやまじょう・あかいじょう）……60
佐知村城 さちむらじょう ……61
佐野城 さのじょう⇨土井城（どいじょう）
錆矢堂（錆矢城）さびやどう（さびやじょう）⇨鴻の巣城（こうのすじょう）
猿喰城（猿喰村城）さるはみじょう（さるはみむらじょう）……61
猿山城 さるやまじょう⇨恒見城（つねみじょう）
志井城 しいじょう⇨椎山城（しいやまじょう）
椎木谷城（椎の木城）しいのきだにじょう（しいのきじょう）……61
椎山城／志井山城（志井城・古川山城・城ノ粒城・徳光城・陣山城）しいやまじょう

寒城 かんじょう ……………………………47
苅田城／神田城 かんだじょう⇨松山城（まつやまじょう）
苅田松山城／神田松山城 かんだまつやまじょう⇨松山城（まつやまじょう）
寒竹城（吉志城）かんちくじょう（きしじょう）……………………………47
観音寺城（宗印城）かんのんじじょう（そういんじょう）……………………………47
上仏来山城 かんぶくさんじょう ⇨英彦山城（ひこさんじょう）
城井城 きいじょう⇨大平城（おおひらじょう）
城井郷城／城井上城（城井城・城井谷城・木の江城・萱切城・萱切山城・本庄城）きいのこじょう（きいじょう・きいだにじょう・きのえじょう・かやきりじょう・かやきりやまじょう・ほんじょうじょう）…47
吉志城 きしじょう⇨寒竹城（かんちくじょう）
木城城（木城・内木城）きしろじょう（きじょう・うちきじょう）……………………………48
北方城 きたかたじょう⇨丸城（まるじょう）
吉川城（小早川城・益田陣）きっかわじょう（こばやかわじょう・ますだじん）……48
狐坂城 きつねざかじょう ……………………………49
狐塚城 きつねづかじょう ……………………………49
木の江城 きのえじょう⇨城井郷城（きいのこじょう）
木下城（西ノ奥城・西の城・粒城）きのしたじょう（にしのおくじょう・にしのしろ・つぶじょう）……………………………49
牙城 きばじょう⇨障子ヶ岳城（しょうじがだけじょう）
貴船城 きふねじょう ……………………………49
鬼辺城／木部城 きべじょう⇨海老野城（えびのじょう）
鬼辺城 きべじょう ……………………………49
木部城（木部村城）きべじょう（きべむらじょう）……………………………49
木村城 きむらじょう ……………………………50
清滝城 きよたきじょう⇨三角山城（みすみやまじょう）
切寄城 きりよせじょう⇨草場城（くさばじょう）
切寄城 きりよせじょう⇨白土城（しらつちじょう）
切寄城（切帝城）きりよせじょう（きりみかどじょう）……………………………50
草野城 くさのじょう ……………………………50
草場城 くさばじょう⇨上伊藤田城（かみいとうだじょう）
草場城（切寄城）くさばじょう（きりよせじょう）……………………………50
朽網城 くさみじょう ……………………………50
草本城 くさもとじょう ……………………………51
鎖戸城 くさりどじょう ……………………………51
櫛狩屋城（串狩野城）くしがりやじょう（くしがりのじょう）⇨山田城（やまだじょう）
櫛野城（櫛野村城）くしのじょう（くしのむらじょう）……………………………51
九十九谷城 くじゅうくたにじょう⇨沓尾城（くつおじょう）
楠城 くすのきじょう⇨別府城（べふじょう）
葛原城 くずはらじょう ……………………………51
葛原城（葛原村城）くずはらじょう（くずはらむらじょう）……………………………51
沓尾城／久津尾城（沓尾崎城・久津尾崎城・九十九谷城）くつおじょう（くつおさきじょう・くつおざきじょう・くじゅうくたにじょう・つづれだにじょう）……………52
沓川城（世永城）くつがわじょう（よながじょう）……………………………52
求菩提山城（求菩提山砦）くぼてやまじょう（くぼてやまとりで） ……………………52
鞍山城（くらやまじょう）⇨十鞍山城（とくらやまじょう）
黒岩城 くろいわじょう ……………………………52
黒岩城／黒岩ヶ城 くろいわがじょう ………53
黒土城／久路土城 くろつちじょう …………53
黒原城 くろばるじょう⇨足立城（あだちじょう）
黒村城 くろむらじょう ……………………………53
桑原城 くわはらじょう ⇨明神山城（みょうじんやまじょう）
賢女ヶ岳城 けんじょがだけじょう …………53
建徳寺城（米丸城）けんとくじじょう（よねまるじょう）……………………………53
小犬丸城 こいぬまるじょう⇨中津城（なか

神楽城（小河内城・小川内城）かぐらじょう（おごうちじょう・こかわちじょう）……37
神楽岳城 かぐらだけじょう⇨龍王城（りゅうおうじょう）
神楽山城 かぐらやまじょう⇨神楽城（かぐらじょう）
隠蓑城（隠蓑村城）かくれみのじょう（かくれみのむらじょう）……38
片野城（片野陣屋）かたのじょう（かたのじんや）……38
勝野城 かつのじょう⇨小倉城（こくらじょう）
勝野城 かつのじょう ……38
勝山城 かつやまじょう ⇨小倉城（こくらじょう）
勝山城 かつやまじょう ……38
勝山城 かつやまじょう ……39
勝山城（猪膝城）かつやまじょう（いのひざじょう）……39
金岡城 かなおかじょう ……39
金岡城 かなおかじょう⇨金田城（かねだじょう）
金国城（金国村城・金国大王城・金岡山城・立尾城）かなくにじょう（かなくにむらじょう・かなくにだいおうじょう・かなおかやまじょう・たちおじょう）……39
金山城 かなやまじょう ……39
蟹萱城 かにかやじょう⇨畑城（はたじょう）
金田城（金岡城・名木野城／名城野城／那岐野城・堀敷城）かねだじょう（かねおかじょう・なぎのじょう・ほりしきじょう）……40
叶松城／加能松城 かのうまつじょう ……40
甲山城 かぶとやまじょう⇨赤幡城（あかはたじょう）
釜蔵城（釜倉城／鎌倉城）かまくらじょう（かまくらじょう） ……40
鎌城 かまじょう ……41
上伊田城（上伊田村城・伊田城）かみいたじょう（かみいたむらじょう・いたじょう）……41
上伊藤田城（上伊藤田村城・草場城）かみいとうだじょう（かみいとうだむらじょう・くさばじょう）……41
上伊良原城（城山城）かみいらはらじょう（しろやまじょう） ……41
上落合城（上落合村城・内ヶ瀬城）かみおちあいじょう（かみおちあいむらじょう・うちがせじょう）……41
上副城（上副村城）かみそえじょう（かみそえむらじょう）……42
上高屋城 かみたかやじょう⇨戸通城（とみちじょう）
上津野城 かみつのじょう ……42
上長野城 かみながのじょう ⇨長野城（ながのじょう）
上納持城（上納持村城）かみのうじじょう（かみのうじむらじょう） ……42
上ノ城 かみのしろ⇨糸城（いとじょう）
上の山城 かみのやまじょう ……42
神畑城 かみはたじょう⇨高田城（たかたじょう）
上宮永村城 かみみやながむらじょう ……43
蒲生城 がもうじょう⇨虹山城（にじやまじょう）
萱切城 かやきりじょう ……43
萱切城（萱切山城）かやきりじょう（かやきりやまじょう）⇨城井郷城（きいのこじょう）
辛島城／辛嶋城 からしまじょう ……43
雁股山城（雁股城）かりまたやまじょう（かりまたじょう）……43
川崎城（城山城）かわさきじょう（しろやまじょう）……44
川底城 かわそこじょう ……44
川底城（川底村城）かわそこじょう（かわそこむらじょう）……44
川底村城 かわそこむらじょう ……44
川内城 かわちじょう⇨山田城（やまだじょう）
川内城 かわちじょう⇨八田城（はったじょう）
川内村城 かわちむらじょう ……44
河原田城（万田城）かわらだじょう（まんだじょう）……44
香春岳城（鬼ヶ城・鬼岳城）かわらだけじょう（おにがじょう・おにがたけじょう）45
神崎城 かんざきじょう⇨神崎城（こうざきじょう）
岩石城／岩酌城 がんじゃくじょう ……46

大副城 おおそえじょう ……………………29
大嶽城 おおたけじょう ……………………29
大谷城 おおたにじょう⇨馬ヶ岳城（うまがたけじょう）
大豆塚山城（大豆塚城）おおづづかやまじょう（おおづつかじょう）⇨大豆塚山城（おおまめつかやまじょう）
大積城（丸山城）おおつみじょう（まるやまじょう）……………………30
大鍋山城 おおなべやまじょう⇨徳力城（とくりきじょう）
大日城 おおにちじょう／だいにちじょう 30
大根川城（大根川館）おおねかわじょう（おおねかわやかた）……………………30
大野城 おおのじょう⇨稗畑山城（ひえはたやまじょう）
大畑城（大幡城／大旛城）おおはたじょう（おおはたじょう）……………………30
大原城 おおはらじょう ……………………31
大原館 おおはらやかた⇨為朝屋敷（ためともやしき）
大平城（城井城）おおひらじょう（きいじょう）……………………31
大船城（大船山城）おおぶねじょう（おおぶねやまじょう）⇨山本城（やまもとじょう）
大豆塚山城（大豆塚城）おおまめつかやまじょう／だいずつかやまじょう／おおづつかやまじょう（おおづつかじょう）……31
大三岳城 おおみつたけじょう⇨三岳城（みつたけじょう）
大三ヶ岳城（大三岳城・三岳城）おおみつがたけじょう（おおみつだけじょう・みつたけじょう）……………………32
大村城 おおむらじょう ……………………32
大村城（大村城山城）おおむらじょう（おおむらしろやまじょう）⇨不動ヶ岳城（ふどうがたけじょう）
大村城（土居城・山田親実居館）おおむらじょう（どいじょう・やまだちかざねきょかん）……………………33
岡崎城（地神城）おかざきじょう（ちかみじょう）……………………33
岡城（岡の鼻城・川底城・城山城）おかじょう（おかのはなじょう・かわそこじょう・しろやまじょう）……………………33
緒方城（緒方村城）おがたじょう（おがたむらじょう）……………………34
荻迫城 おぎさこじょう ……………………34
沖洲城（奥洲城）おきすじょう（おきすじょう）……………………34
尾倉山城／小倉山城（岩熊城／岩隈城）おぐらやまじょう（いわくまじょう）…………34
小河内城 おごうちじょう ⇨神楽城（かぐらじょう）
尾立城（尾立館）おだてじょう（おだてやかた）……………………34
落合城 おちあいじょう ……………………35
小友田城 おともだじょう ……………………35
尾永井城（尾永井村城）おながいじょう（おながいむらじょう）……………………35
鬼ヶ城（鬼ヶ岳城）おにがじょう（おにがたけじょう）⇨香春岳城（かわらだけじょう）
小畑城（下川底城・下川底村城）おばたけじょう（しもかわそこじょう・しもかわそこむらじょう）……………………35
小畑城 おばたじょう ……………………35
小舟山城 おぶねやまじょう⇨山本城（やまもとじょう）
表屋敷城 おもてやしきじょう⇨野依城（のよりじょう）
尾屋敷城（築久江城）おやしきじょう（つくえじょう）……………………36
小山田城 おやまだじょう ……………………36
鬼木城（鬼木村城）おんのきじょう（おんのきむらじょう）……………………36

か 行

柿坂城（柿坂村城）かきさかじょう（かきさかむらじょう）⇨高城（たかじょう）
柿下城 かきしたじょう ……………………37
蠣瀬城（蠣瀬館）かきせじょう（かきせやかた）……………………37
加来城（加来館）かくじょう（かくやかた）……………………37
頂吉城 かぐめよしじょう⇨海老野城（えびのじょう）
神楽城（神楽山城）かぐらじょう（かぐらやまじょう）……………………37

糸田城 いとだじょう ……………………………20
稲童城 いなどうじょう …………………………21
稲光城 いなみつじょう⇨大平山城（たいへいやまじょう）
犬丸城 いぬまるじょう …………………………21
犬丸城 いぬまるじょう …………………………21
犬丸村城 いぬまるむらじょう …………………21
猪ノ浦城 いのうらじょう ………………………21
猪膝城 いのひざじょう …………………………21
今市城 いまいちじょう …………………………21
今井村城 いまいむらじょう ……………………22
今津村城 いまづむらじょう ……………………22
今任城（城越城・城腰城）いまとうじょう（しろこしじょう・じょうのこしじょう／しろこしじょう）…………………………22
今仁城 いまにじょう ……………………………22
今村城 いまむらじょう …………………………22
岩熊城／岩隈城 いわくまじょう ………………22
岩丸城 いわまるじょう …………………………22
岩丸城 いわまるじょう …………………………22
岩丸城（岩丸村城）いわまるじょう（いわまるむらじょう）…………………………………22
岩屋城（岩屋村城）いわやじょう（いわやむらじょう）………………………………………23
因州城 いんしゅうじょう ………………………23
上田城（上田村城）うえだじょう（うえだむらじょう）………………………………………23
植野城（植野村城／上野村城）うえのじょう（うえのむらじょう） ………………………23
植野村城／上野村城 うえのむらじょう⇨植野城（うえのじょう）
上の山城 うえのやまじょう ……………………23
上ノ山城 うえのやまじょう ……………………23
上山城 うえやまじょう⇨恒見城（つねみじょう）
筌ノ口城 うけのくちじょう ……………………24
筌ノ口城うけのくちじょう⇨茶臼山城（ちゃうすやまじょう）
牛切城 うしきりじょう⇨手切城（てぎりじょう）
臼木村城 うすきむらじょう ……………………24
内ヶ瀬城 うちがせじょう⇨上落合城（かみおちあいじょう）
内木城 うちきじょう⇨木城城（きしろじょう）
宇都宮氏館 うつのみやしやかた⇨松丸村城（まつまるむらじょう）
宇土山城（曽木城）うどやまじょう（そぎじょう）………………………………………………24
生方城 うぶかたじょう …………………………25
馬ヶ岳城（大谷城）うまがたけじょう（おおたにじょう）……………………………………25
浦河内城 うらかわうちじょう …………………25
宇留津城（宇留津村城・潤津城・塩田城／円田城）うるつじょう（うるつむらじょう・うるつじょう・えんだじょう）……………26
江熊城（江熊村城）えぐまじょう（えぐまむらじょう）………………………………………26
榎木城 えのきじょう⇨壇の城（だんのじょう）
海老名城（下川底城）えびなじょう（しもかわそこじょう）…………………………………26
海老野城（鬼辺城／木部城・頂吉城・茶臼山城・呼野城）えびのじょう（きべじょう・かぐめよしじょう・ちゃうすやまじょう・よぶのじょう）……………………………………27
恵里城／恵利城（成腰城） えりじょう（なりこしじょう）……………………………………27
淵上寺城 えんじょうじじょう⇨赤幡城（あかはたじょう）
塩田城／円田城 えんだじょう⇨宇留津城（うるつじょう） ………………………………27
追揚城（追揚ヶ城）おいあげじょう（おいあげがじょう）……………………………………27
王子城（若王子城）おうじじょう（じゃくおうじじょう）……………………………………28
小内田城 おうちだじょう ………………………28
小内田城（小内田村城）おうちだじょう（おうちだむらじょう） …………………………28
合馬城 おうまじょう ⇨宝積寺城（ほうしゃくじじょう）
大内田城 おおうちだじょう ……………………28
大浦山城 おおうらやまじょう …………………28
大桐城（大切城）おおきりじょう（おおきりじょう）…………………………………………29
大熊城 おおくまじょう …………………………29
大河内城 おおこうちじょう ……………………29
大坂山城（因州城）おおさかやまじょう（いんしゅうじょう）………………………………29
大城 おおじょう（おおしろ） …………………29

城跡編総項目・目次一覧

あ 行

青畑城 あおはたじょう ……14
青山城 あおやまじょう⇨佐田城（さたじょう）
赤池城（赤池村城・庄ヶ辻城）あかいけじょう（あかいけむらじょう・しょうがつじじょう ……14
赤井城（菩提寺城）あかいじょう（ぼだいじじょう）……14
赤井城 あかいじょう⇨佐田城（さたじょう）
赤尾城 あかおじょう⇨光岡城（みつおかじょう）
赤熊城（赤熊村城）あかぐまじょう（あかぐまむらじょう）……14
赤城 あかじょう ……15
上野城（上野村城・立屋敷）あがのじょう（あがのむらじょう・たてやしき） ……15
赤幡城（甲山城・淵上寺城）あかはたじょう（かぶとやまじょう・えんじょうじじょう）……15
赤松城（赤松ヶ畑城・赤松ヶ鼻城）あかまつじょう（あかまつがはたじょう・あかまつがはなじょう）……16
秋永城 あきながじょう⇨若木城（わかきじょう）
秋野城 あきのじょう ……16
秋葉山城 あきばやまじょう⇨若木城（わかきじょう）
秋吉城 あきよしじょう⇨下唐原城（しもとうばるじょう）
安雲城（安雲村城）あくもじょう（あくもむらじょう）……16
旭城（千束城・千束旭城）あさひじょう（ちづかじょう・ちづかあさひじょう）……16
麻生城 あそうじょう⇨高尾山城（たかおやまじょう）
安宅城（安居城・陣ヶ尾城）あたかじょう（やすいじょう・じんがおじょう） ……17
足立城（足立山城・妙見城・妙見山城・吉見城・黒原城）あだちじょう（あだちやまじょう・みょうけんじょう・みょうけんやまじょう・よしみじょう・くろばるじょう） ……17
跡田城（跡田村城）あとだじょう（あとだむらじょう）……17
尼子山城・尼寺山城 あまこやまじょう・あまでらやまじょう⇨虹山城（にじやまじょう）
天生田城 あもうだじょう ……18
荒木城（荒木村城）あらきじょう（あらきむらじょう）……18
荒平城 あらひらじょう ……18
荒堀城（荒堀村城）あらほりじょう（あらほりむらじょう）……18
有安城（有安村城）ありやすじょう（ありやすむらじょう）……18
安祥寺城（八屋町城）あんじょうじじょう（はちやまちじょう） ……19
家籠城 いえこもりじょう ……19
伊方城 いかたじょう ……19
伊加利城 いかりじょう⇨大善寺城（だいぜんじじょう）
伊川城 いがわじょう ……19
生方城 いくかたじょう⇨生方城（うぶかたじょう）
池永城 いけながじょう ……19
諫山村城 いさやまむらじょう ……20
石神城 いしかみじょう ……20
石松砦 いしまつとりで ……20
伊田城 いたじょう⇨上伊田城（かみいたじょう）
市丸城 いちまるじょう ……20
井手浦城 いでうらじょう⇨塔ヶ峰城（とうがみねじょう）
到津城 いとうづじょう⇨引地山城（ひきじやまじょう）……20
糸城（糸村城・上ノ城・下ノ城）いとじょう（いとむらじょう・かみのしろ・しものしろ）……20

三浦尚司（みうら・なおじ）
昭和19（1944）年，福岡県豊前市に生まれる。昭和43（1968）年，中央大学法学部法律学科卒業。北九州市警察部長を経て，平成16（2004）年福岡県警察（地方警務官）を退官。現在，九州国際大学客員教授，公益社団法人日本詩吟学院認可筑紫岳風会会長，全日本漢詩連盟理事，福岡県漢詩連盟会長。朝日カルチャーセンター福岡の元講師。
校註著書に『遠帆楼詩鈔』（草文書林），『白石廉作漢詩稿集』『東陽円月吟稿集』（共に恒遠醒窓顕彰会），『和語陰隲録』『こどもたちへ　積善と陰徳のすすめ』『柳河藩の女流漢詩人 立花玉蘭の『中山詩稿』を読む』（以上梓書院），監修に『湯地丈雄　復刊』（梓書院），著書に『消えた妻女』（梓書院），『豊前幕末傑人列伝』（海鳥社）がある。

豊前国戦国事典《ぶぜんこくせんごくじてん》

■

2018年11月7日　第1刷発行

■

編者　三浦　尚司
発行者　杉本　雅子
発行所　有限会社海鳥社
〒812-0023 福岡市博多区奈良屋町13番4号
電話092(272)0120　FAX092(272)0121
http://www.kaichosha-f.co.jp
印刷・製本　有限会社九州コンピュータ印刷
ISBN978-4-86656-040-3
［定価は表紙カバーに表示］